Über die Herausgeber

Harald Kerber, Prof. Dr. phil., geb. 1932, ist Hochschullehrer für erkenntnistheoretische und methodologische Grundlagen der Psychologie am Fachbereich Sozialwissenschaften der Universität Osnabrück.
Arnold Schmieder, Dr. phil., geb. 1947, ist Akademischer Rat für Soziologie und Sozialpsychologie am Fachbereich Sozialwissenschaften der Universität Osnabrück.

Harald Kerber/
Arnold Schmieder (Hg.)

Handbuch Soziologie

Zur Theorie und Praxis sozialer Beziehungen

rororo

rowohlts enzyklopädie

rowohlts enzyklopädie
Lektorat Burghard König

Originalausgabe
Umschlagentwurf Werner Rebhuhn
Veröffentlicht im Rowohlt Taschenbuch Verlag GmbH,
Reinbek bei Hamburg, Oktober 1984

Satz Times (Linotron 202)
Gesamtherstellung Clausen & Bosse, Leck
Printed in Germany
2980-ISBN 3 499 55407 0

Inhalt

Vorwort

Die öffentliche Einschätzung der Wissenschaft hat sich in den letzten Jahren erheblich geändert. Die verbreitete Annahme, wissenschaftlicher Erkenntnisfortschritt befördere immer auch den gesellschaftlichen Fortschritt, überhaupt sei Wissenschaft in der Lage, Instrumente zur Lösung praktischer Probleme bereitzustellen, ist einem ebenso verbreiteten Mißtrauen gewichen – und dies nicht nur in bezug auf die Naturwissenschaften und die Anwendung ihrer Ergebnisse.

Die Sozialwissenschaften stehen im Verdacht, sozialtechnologische Handlungsanweisungen und damit Herrschaftswissen zu produzieren. Eine gesellschaftskritisch orientierte Sozialwissenschaft, deren Gegenstand die Kritik der Herrschaft über Mensch und Natur ist, ist weitgehend dem einzelwissenschaftlichen, durch die Öffentlichkeit nicht kontrollierbaren Expertenwissen zum Zwecke sozialtechnisch orientierter Handlungsanweisungen auf der einen und der Folgenlosigkeit gesamtgesellschaftlicher Entwürfe auf der anderen Seite gewichen.

Die Intention einer kritisch orientierten Soziologie, nämlich im Verbund mit einer Analyse der ökonomischen Strukturen Aufklärung über die Struktur kapitalistisch verfaßter wie auch Kritik nachkapitalistischer Gesellschaftssysteme zu leisten, scheint inzwischen ersetzt zu sein durch ein in den ausdifferenzierten Einzelwissenschaften gespeichertes und empirisch gestütztes Wissen über separate Gegenstandsbereiche, wobei dieses einzelwissenschaftlich zersplitterte Wissen kaum noch zusammenzubringen ist. Der gesamtgesellschaftliche Prozeß gerät hierbei immer mehr in dem Sinne aus dem Blick, daß er als eine zu vernachlässigende Größe erscheint. Dieser Tendenz gegenüber scheint es geboten, unter den heutigen gesellschaftlichen Bedingungen erneut den Versuch einer kritisch orientierten Soziologie zu unternehmen. Sie hätte an eine Tradition von Gesellschaftstheorie anzuknüpfen, wonach Kritik konkret an den durch die Gesellschaftsstruktur selbst vermittelten Zusammenhängen von Gesellschaft und dem wissenschaftlichen Wissen über diese Zusammenhänge anzusetzen hat, um von dorther wiederum den Horizont besserer Möglichkeiten für die Organisation gesellschaftlicher Verhältnisse und Prozesse freizulegen. Dies erscheint um so dringlicher, als die heutige Situation der Soziologie neben dem Expertenwissen für spezifische gesellschaftliche Bereiche durch eine Vielzahl konkurrierender theoretischer Gesellschaftsentwürfe gekennzeichnet ist, die alle beanspruchen, die Realität von Gesellschaft zu erklären.

Dabei ist dann schon die Frage strittig, was Gesellschaften sind und wie sie interpretiert werden können. Die einstige Programmatik einer praktischen Bildung durch Wissenschaft ist zudem nur noch zu technokratischen und immer neuen, aber nur variierten Revisionen sozialwissenschaftlicher Curricula verkommen. In politischen Entscheidungsprozessen wird sozialwissenschaftliches Einzelwissen – abgekoppelt von seinem jeweiligen und überhaupt pragmatisch beliebigen theoretischen Hintergrund – in Form von aspektverengten Informationsbündeln für die interessierten Zwecke der kontroversen politischen Positionen verwandt. Insofern ist die Dimension von Krisen- und Planungswissenschaft, welche die Soziologie von Anfang an begleitet hat, vielfach zur Suggestion wissenschaftlicher Politikberatung geworden, in der die Perspektive auf gesellschaftliche Totalität nur noch begrenzt vorhanden oder ganz ausgeblendet ist.

Auf der Theorieebene lassen sich allerdings bestimmte Positionen festmachen. Abgesehen u. a. von einer positiv verfahrenden sowie einer phänomenologisch und interpretativ orientierten Soziologie verlaufen heute die theoretischen Kontroversen – vor allem in der deutschen Soziologie – grob gesehen zwischen systemtheoretischen Ansätzen und der Theorie des kommunikativen Handelns, in der von der historisch gewordenen Entkoppelung von System und Lebenswelt ausgegangen wird. Das Selbstverständnis der Theorie des kommunikativen Handelns ist neben einer Kritik sozialtechnologischer Einstellungen auch dadurch geprägt, daß sich diese Theorie als Selbstkritik der älteren, von Marx überkommenen emanzipatorisch ausgerichteten Gesellschaftstheorie und deren Totalitätsbegriff versteht. Die Frage nach der Struktur einer kritischen Gesellschaftstheorie unter den derzeitigen gesellschaftlichen Bedingungen sowie den Bedingungen der Theoriebildung müßte u. a. auch in immanenter Auseinandersetzung mit dieser Theorie erneut durchdacht werden.

Dieser Gesichtspunkt, Soziologie in der Tradition kritischer Gesellschaftstheorie als kritisch orientierte Sozialtheorie auszuweisen, war nun neben der Darstellung des Kernbestandes soziologischen Wissens mit entscheidend für die Auswahl der stichwortartig abgehandelten Inhalte. Neben dem Rekurs auf die Herleitung der Geschichte soziologischen Denkens, der Darstellung der wissenschaftstheoretischen Voraussetzungen soziologischen Forschens, der Rekapitulation der empirischen Sozialforschung sowie der Thematisierung der für die Soziologie im einzelnen wichtigen Gegenstandsbereiche erfolgt auch eine immanente Auseinandersetzung mit Theorien, die sich als soziologische verstehen und damit eine Selbstreflexion der Soziologie als kritisch orientierte Wissenschaft von der Gesellschaft. Auf eine enzyklopädische Überschau soziologischen Wissens wurde bewußt verzichtet, um zentrale Bereiche dieses Wissens ausführlicher abhandeln zu können. Vor allem soll die Synopse der in diesem Handbuch diskutierten Gegenstände die Möglichkeit eröffnen, zu einem Verständnis von Soziologie zu gelangen, das deren kritische Gehalte zum Vorschein bringt. Entsprechend soll unter der Prämisse des Aufweises kritischer Implikationen soziologischen Denkens in das soziologisch relevante Wissen eingeführt werden.

Neben einem Namen- und Sachregister und einer Übersicht über die Autoren findet sich im Anhang eine ausführliche Liste wichtiger Nachschlagewerke, Bibliographien sowie deutschsprachiger Zeitschriften zur Soziologie, die Wilhelm Köstermann, Bibliotheksrat an der Universität Osnabrück, für uns sichtete und zusammenstellte, wofür wir ihm herzlich danken. Das Namenregister soll Einblick in zusammenhängende Argumentationsfiguren wichtiger (nicht nur) soziologischer Denker, die für diese Wissenschaft – nach derzeitigem Erkenntnisstand – wichtig wurden, ermöglichen.

Abschließend dürfen wir uns bei all denjenigen bedanken, die dieses Handbuch ermöglicht und die uns bei der Diskussion über seine Konzeption beraten haben.

Osnabrück und Wehrendorf,
im Frühjahr 1984

Harald Kerber/Arnold Schmieder

Aktionsforschung

A. (auch: Handlungsforschung, aktivierende Sozialforschung) unterscheidet sich von anderen sozialwissenschaftlichen Methoden (→ Methodenprobleme) dadurch, daß im Forschungsprozeß wissenschaftlich gesichertes Wissen direkt in praktische Veränderung des Untersuchungsfeldes umgesetzt wird und der Forscher an diesem Prozeß mitverantwortlich teilnimmt. Lewin, der ‹Vater› der A., ging davon aus, daß in den Sozialwissenschaften der Beitrag zur Lösung sozialer Probleme verbessert werden kann, wenn Laborexperimente durch «wirkliche Experimente innerhalb ‹natürlich› vorkommender sozialer Gruppen» (Lewin 1963, 201) ersetzt werden. Die damit erreichte enge Verbindung von Theorie und Praxis sollte befruchtend auf die Theorieentwicklung wirken (Lewin 1963, 205). A. ist als eine ‹Spirale von Schritten› angelegt, «deren jeder aus einem Kreis von Planung, Handlung und Tatsachenfindung über das Ergebnis der Handlung zusammengesetzt ist» (Lewin 1953, 284); sie ermöglicht damit, Daten über Entscheidungsprozesse (→ Entscheidungstheorien) und deren Folgen zu erheben. Seine A.-Erfahrungen mit Gruppen führten Lewin dazu, sie noch um eine normative Dimension zu erweitern: Handeln, Forschen und Erziehung sollen in dieser Forschungsstrategie als gleichwertig gelten (Lewin 1953, 291).

Die Entwicklung der A. nach Lewin fand unter weitgehender Vernachlässigung des bei ihm noch vorhandenen sozialreformerischen Impetus in Richtung → Sozialtechnologie statt. Systematisierende Analysen wie die von Clark (1972) verorten die A. im Spannungsfeld von reiner → Forschung und politischen Interventionsstrategien und zeigen Verbindungslinien zu anderen anwendungsorientierten Forschungsstrategien. In der Folge der → Human-Relations-Forschung hat die A. einen festen Platz in der anwendungsorientierten Organisationsforschung gefunden.

Die Verbindung von Effektivierung von Organisationsstrukturen bei gleichzeitiger Verbesserung der Kommunikation unter den Mitarbeitern zeigen Sievers/Trebesch (1981). Den historischen und gesellschaftlichen Stellenwert der sozialtechnologischen A.-Variante, die im Wohlfahrtsstaat zum reibungsarmen Abbau und der antizipatorischen Verhinderung von Konflikten beitragen soll, analysieren Cremer/Klehm (1978).

Ende der 60er Jahre wurde die A. in die bundesrepublikanische soziologische Diskussion über die Möglichkeit alternativer Forschungsstrategien eingeführt. Diese basierte zum einen auf der Kritik der Frankfurter Schule (→ Kritische Theorie) am szientistischen Mißverständnis und am Wertfreiheitspostulat des Neo-Positivismus (→ Positivismus), ohne eine empirische Forschungsalternative anzudeuten, zum anderen auf einer verstärkten Marx-Rezeption während der → Studentenbewegung, in der das Theorie/Praxis-Verhältnis zwar thematisiert, aber nicht gelöst wurde. Die A. versprach eine Lösung dieser offenen wissenschaftstheoretischen und methodologischen Probleme. Hinzu kam eine öffentliche Bereitschaft zu gesellschaftlichen Reformen, insbesondere im Bildungsbereich, zu deren Durchführung die innovative Anwendung sozialwissenschaftlichen Wissens nachgefragt war; damit waren Forschungsfelder und -aufträge vorgegeben.

Eine kritische A. wollte Forschung mit parteiergreifendem Engagement für gesellschaftlich benachteiligte → Gruppen verbinden und deren Lebensbedingungen durch eine gemeinsame Praxis verbessern. Die forschungsstrategischen Postulate einer politisch-aufklärerischen A. formulierten Klüver/Krüger (1972, 76). Ihre Essentials sind: Die Untersuchten sollen als Subjekte im Forschungsprozeß anerkannt werden und Zieldefinition und Mitteleinsatz mitbestimmen; im Forschungs- und Handlungsprozeß sollen Forscher und Erforschte voll beteiligt sein und einen gemeinsamen Lernprozeß durchlaufen, in dem für die Forscher neue Erkenntnisse und für die Erforschten eine verbesserte und reflexive Handlungspraxis entstehen; der Verwendungszusammenhang wissenschaftlichen Wissens wird dabei mitreflektiert und durch alle Beteiligten kontrolliert. Die wichtigsten A.-Felder waren: Schulforschung (Klafki 1973; Zinnecker et al. 1975), → Sozialarbeit (b:e Sonderdruck 1976), Jugendarbeit (Projektgruppe Jugendbüro 1975). Erste Felderfahrungen zeigten bald die forschungsstrategische Unterbestimmtheit der Postulate zur Bewältigung der Schwierigkeiten einer kritischen Forschungspraxis. Insbesondere die Wissens- und Interessenunterschiede zwischen Forschern und Erforschten stellten die A. vor forschungsstrategische und methodische Probleme. Die intendierte Vermittlung der Wissensunterschiede und die Bestimmung gemeinsamer Ziele im → Diskurs (Moser 1977, 65) zeigten, daß dieser, verstanden als Medium rationaler Auseinandersetzung, die sprachgewandten Forscher begünstigte (Gstettner 1976). Solche und ähnliche Erfahrungen, die in den Projektberichten sehr offen und detailliert dargestellt werden, führten zu einer ersten systematisierenden Aufarbeitung in der A. In den «Restriktionsanalysen» (Eberling/Wiese 1981, 475) wird zwischen zwei, eine aufklärerische A. behindernden, Dimensionen unterschieden: Gesellschaftlich-institutionelle Restriktionen bezeichnen Behinderungen einer innovativen Praxis durch Auftraggeber, aber auch durch Betroffene, die mit Mißtrauen und Kooperationsentzug auf die A. reagieren. Subjektive Restriktionen bezeichnen vom Forscherverhalten bedingte Interaktionsprobleme (→ Interaktion), die nicht selten auf dem psychologischen und methodischen Problem der «Gegenbeobachtung» (Gstettner 1979) beruhen. Gerade solche Daten (→ Datenverarbeitung) gehören zu den relevanten A.-Erkenntnissen. Die unterschiedlichen Reaktionen von Betroffenen auf Wissenschaft und Wissenschaftler (Betroffene 1975) und die Erfahrungen der Wissenschaftler mit einer kritischen Forschungspraxis sind Daten, «die eine unverzerrte Wahrnehmung gesellschaftlicher Zusammenhänge erst möglich machen» (Gstettner 1979, 195). Daß dies nicht immer erreicht wurde, war nicht zuletzt Folge mangelnder A.-Erfahrungen, daß es erreichbar ist, dazu siehe weiter unten.

Der aktuelle Handlungsdruck und die genannten Schwierigkeiten ließen schnell den Forschungs- hinter den Handlungsaspekt zurücktreten, was eine Instrumentalisierung von Theorie (Krüger et al. 1975, 11) und Methoden (Moser 1977, 23) begünstigte. Der aktuelle Praxisbezug wurde zum Kriterium für die Bewertung der Theorie, womit letztlich nur noch ihre Brauchbarkeit zur Lösung von Handlungsproblemen gemeint ist und ihr prinzipiell situationsüberschreitender Erkenntnisgehalt negiert wird. Ihr Kritikpotential für die Praxis verkümmert; gleichzeitig wird der gesellschaftliche Praxisbegriff dezisionistisch verkürzt (Eberling/Wiese 1981, 501). Die Reduktion der Forschungspraxis auf den Handlungsaspekt hatte zur ungeplanten Folge, daß eine Verwissenschaftlichung der Berufspraxis von Pädagogen, Sozialpädagogen und Sozialarbeitern eintrat, die auch den größten Teil der A.-Forscher stellten. Der von Lewin eingebrachte normative Teil der A., die Erziehung der Betroffenen zur besseren Praxis, hat sich unter der Hand in Form der Popularisierung wissenschaftlicher Methoden und ideologiekritischer Argumente und in Formen der advokatorischen bis paternalistischen Interessenvertretung durchgesetzt.

Die A. hat damit keine neue soziologische Forschungsalternative begründet. Aus ihren forschungsleitenden Postulaten entwickelte sich keine Heuristik, die theoretische und methodische Forschungslinien festgelegt hätte. Eine Verstärkung des Forschungsaspekts kann dann erreicht werden, wenn die gesellschaftstheoretischen Annahmen der Forscher in einem Prozeß der «doppelten Operationalisierung» (Ritsert 1975, 42) in Beziehung gesetzt werden zu den Handlungen und Sinndeutungen der Erforschten, deren reflexive und kritische Momente nicht übersehen werden dürfen. Durch die Einbeziehung theoretischer und methodologischer Überlegungen zu solchen und ähnlichen Verfahren, wie sie Gstettner (1979, 184) andeutet, kann die A. sowohl zu einer Weiterentwicklung von Theorien wie auch zur Initiierung neuer Praxisformen beitragen.

b:e Sonderdruck Nr. 4: Handlungsforschung. Weinheim 1976.

Betroffene des Märkischen Viertels: Jetzt reden wir. Reinbek bei Hamburg 1975.

Clark, P. A.: Action Research and Organisational Change. London/New York/Evanston/San Francisco 1972.
Cremer, C. & W. R. Klehm: Aktionsforschung. Weinheim 1978.
Eberling, W. & M. Wiese: Sozialwissenschaftliche Forschungsprogramme. Frankfurt/M. 1981.
Gstettner, P.: Handlungsforschung unter dem Anspruch diskursiver Verständigung. In: Z.f.Päd., 1976, 231 ff.
–: Distanz und Verweigerung. In: K. Horn (Hrsg.): Aktionsforschung – Ein Balanceakt ohne Netz. Frankfurt/M. 1979.
Klafki, W.: Handlungsforschung im Schulfeld. In: Z.f.Päd., 1973, 487 ff.
Klüver, J. & H. Krüger: Aktionsforschung und soziologische Theorie. In: Haag, F. et al. (Hrsg.): Aktionsforschung. München 1972.
Krüger, H./Klüver, J. & F. Haag: Aktionsforschung in der Diskussion. In: Soziale Welt, 1975.
Lewin, K.: Tatforschung und Minderheitenprobleme. In: Ders.: Die Lösung sozialer Konflikte. Bad Nauheim 1953.
–: Feldtheorie in den Sozialwissenschaften. Bern 1963.
Moser, H.: Methoden der Aktionsforschung. München 1977.
Projektgruppe Jugendbüro: Die Lebenswelt von Hauptschülern. München 1975.
Ritsert, J.: Wissenschaftsanalyse als Ideologiekritik. Frankfurt/M. 1975.
Sievers, B. & K. Trebesch: Bessere Arbeit durch OE: Offenheit und Effizienz. In: Psychologie heute. Sonderband: Lebenswandel. Weinheim 1981.
Zinnecker, J./Stickelmann, B./Müller, E. & T. Heinze: Die Praxis von Handlungsforschung. München 1975.

Michael Wiese

Alltag

Die Wiedergeburt der Idee des Alltags in der Soziologie
A. als Perspektive und Forschungsgegenstand der Sozialwissenschaften hat entgegen der aktuellen Konjunktur des Begriffs und der gegenwärtig fast modisch erscheinenden A.-Welle bereits eine lange Tradition. Die Hinwendung zum A. und das damit einhergehende sozialwissenschaftliche Interesse an Phänomenen des Alltäglichen, Lebensnahen und Überschaubaren ist seit jeher an Phasen sozialkultureller und sozialökonomischer Krisenhaftigkeit, zeitgeistigen Strömungen vermehrter Zivilisationskritik und an – wie auch immer verursachte – Erschütterungen der → Ideologie des Fortschrittsoptimismus gebunden. Die modernen Sozialwissenschaften wie auch ihre geschichtsphilosophischen und geisteswissenschaftlichen Vorläufer haben wiederholt – mit politisch progressiven ebenso wie mit restaurativ-konservativen Intentionen – gesellschaftlich ambivalente Wandlungsprozesse reflektiert, die durch Zivilisationsmüdigkeit, den Katzenjammer ‹großer› Reform- und Revolutionshoffnungen, die Rückbesin-

nung auf die Potenzen der Privatheit, Individualität und nicht zweckrational entfremdete A.-Welt (→ Lebenswelt) gekennzeichnet und mit prämodernen → Deutungsmustern der gesellschaftlichen Entwicklung verbunden waren. Die Idee des A. kann somit prinzipiell als Kritik einer institutionell-bürokratischen wie auch szientifisch bzw. ideologisch verfremdeten Lebenspraxis gelten.

Solche Tendenzen lassen sich gesellschaftlich etwa für die Zeit um die Jahrhundertwende, für die späten 20er Jahre und die Gegenwart identifizieren. Im engeren Sinne kann man von einer sozialwissenschaftlichen Reflexion dieser Wenden lediglich in bezug auf die beiden zuletzt genannten Zeiträume sprechen (vgl. Jaspers 1931; Habermas 1979).

So ist es keineswegs überraschend, daß sich seit Mitte der 70er Jahre der Begriff ‹Alltag› samt seinen zahlreichen Komposita (A.-Leben, -Handeln, -Wissen, -Bewußtsein usw.) im soziologischen Sprachgebrauch zusehends etabliert hat. A. als Forschungsobjekt der → Soziologie kann gegenwärtig als fester Bestandteil des soziologischen Wissenschaftsbetriebs angesehen werden. Sowohl die Vielzahl sehr divergenter, aus heterogenen sozialphilosophischen bzw. sozialwissenschaftlichen Denkströmungen stammenden theoretisch-kategorialen Bestimmungsversuche des A.-Begriffs wie auch eine Fülle qualitativ verfahrender empirischer Untersuchungen zu A.-Phänomenen und A.-Handeln sind darüber hinaus Ausdruck einer sich entwickelnden Soziologie des A. (so Rudolph 1976; Hammerich/Klein 1978; Balog 1980; Arbeitsgruppe Bielefelder Soziologen 1973; Javeau 1983). Die soziologische A.-Diskussion ist von einer begrifflich hinreichenden Definition zur Zeit jedoch weit entfernt.

Definitionsversuche

Versucht man, die von Elias (1978) und Bergmann (1981) vorgestellten Bestimmungs- und Definitionsversuche des Alltagsbegriffs mit seinen jeweils implizierten Gegenbegriffen zu präzisieren, dann können als Ingredienzen einer Bestimmung des Alltags samt seiner für Forschung folgenreichen Implikate gelten:

Alltag/Alltäglichkeit	=	Historisch sich verändernde Kategorie	–	‹Tagtäglichkeit› als historisch indifferente Kategorie zur Kennzeichnung von voluntaristischen, wiederkehrenden, immer gleichen sozialen Handlungs- und Naturprozessen
Alltag	=	Bekanntsein mit anderen	–	Anonymität, Fremdheit
Alltag	=	Alltäglicher Handlungs- und Erfahrungszusammenhang sozialer Klassen	–	Entsubjektivierung des (Klassen-)Subjekts durch Vorhutorganisationen/Kaderparteien sowie das Programm des ‹szientifischen Marxismus›

Alltag	= Inbegriff des gesellschaftlich ‹Partikularen›	– Gesellschaftlich induziertes ‹Gattungssubjekt› in geschichtlicher ‹Totalität›
Alltag	= Gesellschaftlicher ‹Ort› hinsichtlich der Konstitution ‹notwendig falschen Bewußtseins›	– Wissenschaftliche Reflexion als Durchdringung des Mystifikationszusammenhangs warenproduzierender Gesellschaften
Alltag	= ‹Common sense›	– Wissenschaft(spraxis) als Dekomposition bzw. ‹Verunstaltung› des ‹gesunden Menschenverstandes› von jederfrau/jedermann
Alltag	= ‹Soziale Lebenswelt›	– ‹System› als ‹objektive Welt› (‹materielles Substrat›)/innerpsychische Repräsentation als ‹subjektive Welt›
Alltag	= Ethnomethodologisches Zulassen ‹situativistischer Exzesse›	– Wissenschaft als Begrenzung menschlicher Wirklichkeitserfahrung – Wissenschaft als methodengeleitetes und kontrolliertes systematisches Handeln
Alltag	= Forum eines an ‹Konventionen› des ‹Milieus›, der (Sub-)Kultur etc. gebundenen ‹subjektiv rationalen Handelns›, zentrales Kennzeichen: Situationsbezogene Legitimation von Handeln in biographischen Entwürfen	– gesellschaftliche Domänen der bürokratischen Handlungsrationalität (Verwaltungs- und Dienstleistungshandeln/zentrales Kennzeichen: Regelhaftigkeit); der utilitaristischen, auf ökonomische Zwecke gerichtete Handlungsrationalität (zentrales Kennzeichen: tauschwertbezogenes Markthandeln); kognitive Rationalität (wissenschaftliche Erkenntnisweisen) (Kennzeichen: intersubjektive, methodengeleitete Überprüfbarkeit von Handlungen)
Alltag	= Gesellschaftliches Handlungsfeld laisierter Handlungskompetenzen in ‹postmodernen Gesellschaften›/Dienstleistungsgesellschaften	– Wissenschaft, Politik, Kunst etc. als gesellschaftliche Handlungsfelder professionalisierter/expertenhafter Interventionspraxen (Entmündigung/Enteignung)
Alltag	= ‹Sinnprovinz› des ‹grenzziehenden Faktischen› bei angelegter ‹konkreter Utopie›	– Mystische, übersinnliche, transzendentale ‹Sinnwelten› hinsichtlich des ‹Über-den-Zaun-Blikkens›/die Erkenntnisweisen des ‹mainstream Rationalismus› ‹hinter sich lassen› bzw. überspringen

Diesen Definitionsversuchen liegt – zumindest in weiten Teilen – die ‹Logik› zugrunde, Alltag in seiner – von Wissenschaft noch nicht verformten – grundlegenden

Dimension in erster Linie als Gegeninstanz zu Epistemen/Wissenschaft(lichkeit) bzw. einem abstrakten Wissenschaftsverständnis zu begreifen.

Zum Interesse an einer *Soziologie* des A., die gegenwärtig noch eher als eine wissenschaftliche Suchbewegung bzw. als ein Anfang der Konstitution eines neuen soziologischen Feldes, dessen Substanz und Umrisse noch nicht in allen Dimensionen klar erkennbar sind, bewertet werden kann denn als ‹normale›, d. h. konventionelle soziologische Teil-Disziplin (vgl. Levy 1983), haben im wesentlichen die durch *aktuelle* Prozesse → sozialen Wandels in den entwickelten kapitalistischen Industriegesellschaften hervorgerufenen sozialkulturellen wie auch die damit vermittelten innersoziologischen Tendenzen beigetragen.

Außerwissenschaftliche und innerwissenschaftliche Motive
Die folgenden Elemente des gegenwärtigen soziopolitischen Zeitgeistes lassen sich hinter der Tendenz zum A. vermuten:

- Die von neuen sozialen Bewegungen (etwa die neuere Jugendbewegung, die → Frauenbewegung, die ökologische Bewegung sowie die erneuerte pazifistische Bewegung) artikulierten Bedenken, inwieweit die Struktur- und Wachstumskrisen der sozialstaatlichen Industriegesellschaften mit ihren herkömmlichen, der technisch-ökonomischen Rationalität folgenden Problemlösungsstrategien in der Lage sein werden, eine der Logik des Systems folgende neue und krisengeheilte Fortschrittlichkeit in allen Lebensbereichen herauszubilden;
- die damit verbundene nachlassende Überzeugungskraft von Systemstrukturen und Systemideologien als die wichtigste Ursache der Bewegung in Richtung auf eine neue ‹Lebensweise›, die die Welt vom → Individuum her aufzubauen versucht;
- die mit der Rückwendung auf das Überschaubare und dem Individuum nahe verbundene ‹neue Sensibilität›, die Ideale der inhaltlichen Lebensqualität und Mitmenschlichkeit gegenüber den – durch die Krise der Arbeitsgesellschaft wieder als weniger zugänglich erscheinenden – materiellen Werten des Lebensstandards favorisiert und alternative Wissens- oder besser Weisheitsquellen positiv bewertet;
- der zunehmende Funktions- und Deutungsverlust ehemals kulturelle Lebensbereiche übergreifender bzw. umspannender und in diesem Sinne identitätsstiftender → Weltbilder und die damit verbundene Bereitschaft des Rückzugs auf den vermeintlich sicheren Boden einer fraglosen, durch die Intimität unmittelbaren Umgangs bestimmten, selbstverständlichen alltäglichen Wirklichkeit.

Als die im engeren Sinne soziologieinternen bzw. wissenschaftlichen Entwicklungen, welche das soziologische Interesse am A. gefördert haben, können gelten:

- Die aktuell zunehmenden Probleme der Selbstidentität der Soziologen angesichts überhöhter, aber auch diffuser Erwartungen der Öffentlichkeit, d.h. der fehlenden Autonomie (Lepsius 1973) der Sozialwissenschaften gegenüber ihrem Gegenstand und die damit verbundene Versuchung praktisch arbeitender Soziologen, die Kluft zwischen Wissenschaft und A. durch eine unmittelbare Hinwendung zum Alltäglichen einseitig zu überbrücken;
- die wachsende forschungspraktische Gewißheit der Irrelevanz szientistischer Methodenideale, die vorwiegend in der akademischen Außendarstellung von Bedeutung sind, sowie die Kritik an dem vom positivistischen Kanon geforderte Beschränkung und Verdünnung der Realitätserfahrung und des Reichtums der A.-Phänomene (→ Positivismus). Durch ‹weichere› Forschungskonzeptionen, wie sie unter den Stichworten der → Aktions- bzw. Praxisforschung, der kommunikativ-explorativen Soziologie, der qualitativen Biographie-Analysen bis hin zur sinnverstehenden-hermeneutischen Methodologie entwikkelt worden sind, ist einsichtig geworden, daß die der positivistischen Tatsachenempirie entsprechenden Kriterien der Kategorienbildung, Reliabilität, Validität und Verallgemeinerung empirische Entitäten repräsentieren und die Spezifik einer schließlich dem alltäglichen Leben aufruhenden sozialwissenschaftlichen Empirie häufig verfehlen (→ Aktionsforschung);
- die deprimierende Zurkenntnisnahme einer (soziologisch mit zu verantwortenden) paradoxen Versozialwissenschaftlichung des gesellschaftlichen Lebens, selbst wenn diese im Namen emanzipatorischer Gesellschaftsveränderungen auftritt (→ Emanzipation). Es ergibt sich nämlich die Frage, inwiefern die Soziologie gerade dann, wenn sie praktisch folgenreich sein will, die Lebenspraxis und das A.-Wissen als Basis ihrer Kritik destruiert und sich so technokratisch immunisiert (→ Sozialtechnologie). Dem Imperativ der praktischen Veränderung seitens der Soziologie korrespondiert zudem nicht selten eine Gebrauchsanweisungserwartung gegenüber den Sozialwissenschaften auf seiten der Laien;
- die Auswirkungen der aktuellen wissenschaftstheoretischen wie auch wissenschaftssoziologischen Debatten (etwa Feyerabend, Duerr sowie Böhme) mit ihrer zeitgenössischen Kritik an der Wissenschaft und ihren Thesen eines sozialen oder gar kognitiven Relativismus sozialwissenschaftlicher Wissenselemente und die damit verbundene Erfahrung der relativen Rationalität soziologischer Erkenntnisse (→ Paradigma/ → Wissenschaftstheorie). Diese theorieimmanente Demontage des wissenschaftlichen Rationalitätsprinzips führt konsequenterweise – etwa neben Liessmanns (1983) Vorschlag zu einer «hermeneutischen Soziologie der Vernunft», Böhmes (1980) Konzept einer «Betroffenwissenschaft» – auch zu einer verstärkten Sympathiebekundung für die

«Idee des Alltags in den Sozialwissenschaften» (so Grathoff/Sprondel 1979 im Anschluß an A. Schütz);
- die Wiedergewinnung der mit letzterer verbundenen Einsicht, daß auf sinnhaften Verstehensprozessen nicht nur der A. selbst wie auch das Forschungsprogramm der (soziologischen) scientific community beruhen, sondern auch die Interaktionsbeziehungen zwischen eben diesen. Mit «Konstruktionen zweiten Grades» als idealtypischen Modellen stützt sich – so betrachtet – die Soziologie auf die alltagsweltlichen Konstruktionen ‹ersten Grades›, auf welchen Verstehensprozesse zwischen Forscher und A.-Handelnden prinzipiell basieren. Dadurch wird das A.-Wissen des jedermann als konstruktive Laien-Soziologie rehabilitiert und infolgedessen Lebensnähe und ‹wirkliche› Konkretheit sozialwissenschaftlicher Aussagen angestrebt.

Die Theorietraditionen

Die Paradoxie einer Soziologie des A. besteht nun unter anderem darin, daß durch die (soziologische) Hinwendung zum Alltäglichen entgegen der eigenen Intention bereits begrifflich ‹A.› zu einem recht unalltäglichen Begriff geworden ist, beladen mit dem Gewicht schwerer theoretischer Reflexionen, folglich denkbar ungeeignet als eine gemeinsame Plattform einer neuartigen Beziehung zwischen Laien und Sozialwissenschaftlern (vgl. Stagl 1981). Gerade die Karriere des A.-Begriffs, der eben neben seiner recht unproblematischen alltäglichen Verwendung vor ein paar Jahren noch im terminologischen Reservoir vergleichsweise exklusiver sozialwissenschaftlicher Schulen schlummerte (Rudolf 1983), läßt leicht vergessen, daß im aktuell gehandelten soziologischen A.-Verständnis nicht zuletzt miteinander unvereinbare philosophische und sozialwissenschaftliche Theorie- und Denkströmungen konvergieren:
- Die Soziologie Simmels mit dem auch in den heutigen alltagssoziologischen Methodologiediskussionen ungelösten Problemfokus des kontrollierten (historischen) Fremd-Verstehens;
- die erkenntnistheoretische Untersuchung Kracauers zur Soziologie als Wissenschaft;
- Vierkandts Untersuchung über die ‹Überwindung des Positivismus in der deutschen Soziologie der Gegenwart› von 1926, in der Argumente vorweggenommen werden, die im Rahmen einer Soziologie des A. erneut vorgetragen werden;
- die → Phänomenologie Husserls mit ihrer transzendental-philosophischen Kategorie der Lebenswelt als kritisches Fundament der neuzeitlichen Wissenschaften;
- die vor allem von Schütz inspirierte phänomenologische Sozialtheorie mit ihrer soziologisch-empirischen Kategorie des ‹A.› (vgl. zur Diffe-

renz der soziologisch gefaßten Kategorie ‹A.› und dem transzendental philosophischen Lebenswelt-Begriff: Grathoff 1978; Sommer 1980);
- die von der Daseinsanalytik geprägte existentiale Phänomenologie Heideggers;
- die an die Arbeiten des späten Wittgenstein anknüpfende Philosophie der ‹normalen Sprache›;
- die um die Analyse des A.-Wissens bemühte Neuere → Wissenssoziologie (Holzner, Berger, Luckmann);
- die an den Regelstrukturen des A.-Lebens interessierte → Ethnomethodologie (etwa Garfinkel);
- der auf der Philosophie des → Pragmatismus (Peirce) ruhende → Symbolische Interaktionismus mit dem Problemkreis des situativen (Aus-) Handelns von sozialer Wirklichkeit;
- die geisteswissenschaftlich-hermeneutische Philosophie Diltheys und Gadamers, die in ihrer betont geschichtlichen Ausrichtung historische Verstehensprozesse rekonstruieren will (→ Hermeneutik);
- die materialistisch-hermeneutische Richtung, wie sie von Lefebvre, aber auch Heller vertreten wird;
- Kossiks Studien über die «Pseudokonkretheit» des A. und ihrer Aufhebung.

Aporien und Perspektiven
Auf die Merkmale und Schwierigkeiten dieser heterogenen Theorierichtungen und Denktraditionen sowie ihren Beitrag zur Konstitution einer gemeinsamen theoretischen Grundlegung der Soziologie des A. kann an dieser Stelle nicht im einzelnen eingegangen werden. Es muß der Hinweis genügen, daß die Bedeutung dieser Theorierichtungen darin bestehen kann, die allgemeinen Kategorien zur Erforschung konkreter alltagsweltlicher Handlungs- und Deutungssysteme bereitzustellen und darüber hinaus die quaestio juris gegenüber einer fragilen, an der ‹Logik der Naturwissenschaften› samt ihres Anspruchs auf epistemologische Autonomie wissenschaftlicher Erkenntnis orientierten soziologischen Forschung auf ein gleichsam solideres Fundament zu stellen. Folglich ist der grundlagentheoretische Konsens der erwähnten theoretischen Richtungen und Schulen im Prisma einer sich entwickelnden Soziologie des A. nur negativ bestimmbar. Als kleinster gemeinsamer Nenner kann die Kritik am übersozialisierten und rational verkürzten soziologischen Homunculus gelten. Die Ansätze zu einer Soziologie des A. versperren somit der um sich greifenden Technisierung sozialwissenschaftlichen Wissens den Weg.

Trotz vorhandener Divergenzen dürfte es für die Konsolidierung einer alltagsorientierten Soziologie darauf ankommen, daß in der A.-Diskussion zukünftig methodologischen sowie erkenntnistheoretischen Fragen stärkere Aufmerksamkeit gewidmet wird als bisher (→ Methodenprobleme). Denn nur eine Einsicht in das Verfahren, in dem Aussagen über alltagsweltliche Strukturen gewonnen werden, läßt eine Verständigung über den Status und die Tragfähigkeit dieser Aussagen zu (Weiss 1976). In der Folge könnten die von Elias (1978) und Greverus (1983) vorgetragenen Inkonsistenzen der soziologischen A.-Orientierung positiv überwunden werden: «Als modischer Trend, schwankend zwischen philosophierenden Reflexionen ohne Empiriebezug und detailreichen Deskriptionen ohne Theoriebezug» (Greverus 1983, 1).

Dies setzt jedoch grundsätzlich voraus, daß die Soziologie des A. dem folgenden Umstand Rechnung trägt: Die Sozialwissenschaften sind in ihrer faktischen Institutionalisierung und Ausdifferenzierung aus dem Kontext des alltäglichen Handelns nicht aus der Pflicht zu entlassen, lebenspraktische Handlungsprobleme stellvertretend für die A.-Praxis zu deuten. In diesem Sinne sind sozialwissenschaftliche Diskurse «Inseln im Meer der Praxis» (Habermas 1973). Die Soziologie deutet demnach stellvertretend für die A.-Praxis dort entstehende Handlungsprobleme; sie darf aber keine Therapie der Gesellschaft oder ihrer Subsysteme betreiben – wie es die A.-Diskussion nahelegt –, sondern muß ihre Aufgabe darin sehen, dem A.-Handeln im Sinne der Kritik durch eine extensive Explikation mögliche Alternativen aufzuzeigen.

Albrecht, G. u. a. (Hrsg.): Soziologie – Sprache, Bezug zur Praxis, Verhältnis zu anderen Wissenschaften. René König zum 65. Geburtstag. Opladen 1973.

Arbeitsgruppe Bielefelder Soziologen (Hrsg.): Alltagswissen, Interaktion und gesellschaftliche Wirklichkeit. 2 Bände. Reinbek bei Hamburg 1973.

Balog, A.: Alltag als Objekt der Soziologie – Kategoriale Bestimmungen und empirische Untersuchungen. In: Oesterreichische Zeitschrift für Soziologie, 1980, 2/3, 118–127.

Bergmann, W.: Lebenswelt. Lebenswelt des Alltags oder Alltagswelt? Ein grundbegriffliches Problem alltagstheoretischer Ansätze. In: Kölner Zeitschrift für Soziologie und Sozialpsychologie, 1981, 1, 33. Jg., 50–72.

Böhme, G.: Alternativen der Wissenschaft. Frankfurt/M. 1980.

Dewe, B. u. a.: Alltagswende – Korrektiv einer rationalistischen Wissenschaftspraxis? In: Sozialwissenschaftliche Literatur Rundschau, 1981, 5/6, 175–186.

– u. a.: Alltagstheorien. In: Eyferth, H. u. a. (Hrsg.): Handbuch der Sozialpädagogik und Sozialarbeit. Neuwied 1984, 56–72.

Eickelpasch, R. & B. Lehmann: Phänomenologie der Lebenswelt oder Soziologie des Alltags? In: Dies.: Soziologie ohne Gesellschaft? Probleme einer phänomenologischen Grundlegung der Soziologie. München 1983.

Elias, N.: Zum Begriff des Alltags. In: Hammerlich, K. & M. Klein (Hrsg.): Materialien zur Soziologie des Alltags. Kölner Zeitschrift für Soziologie und Sozialpsychologie, 1978, SH 20, 22–29.

Grathoff, R. & M. Sprondel: Alfred Schütz und die Idee des Alltags in den Sozialwissenschaften. Stuttgart 1979.

Grathoff, R.: Alltag und Lebenswelt als Gegenstand der phänomenologischen Sozialtheorie. In: Hammerich, K. & M. Klein (Hrsg.): Materialien zur Soziologie des Alltags. Kölner Zeitschrift für Soziologie und Sozialpsychologie, 1978, SH20, 7–21.

Greverus, I. M.: Alltag und Alltagswelt: Problemfeld oder Spekulation im Wissenschaftsbetrieb. In: Zeitschrift für Volkskunde, 1983, 79. Jg., 1–14.

Habermas, J.: Wahrheitstheorien. In: Fahrenbach, H. (Hrsg.): Wirklichkeit und Reflexion – Festschrift für W. Schulz. Pfullingen 1973, 211–265.

Habermas, J. (Hrsg.): Stichworte zur Geistigen Situation der Zeit. 2 Bände. Frankfurt/M. 1979.

Hammerich, K. & M. Klein: Alltag und Soziologie. In: Dies. (Hrsg.): Materialien zur Soziologie des Alltags. Kölner Zeitschrift für Soziologie und Sozialpsychologie, 1978, SH20, 7–21.

Jaspers, K.: Die geistige Situation der Zeit. Berlin 1931.

Javeau, Cl.: La Sociologie du quotidien: paradigmes et enjeux. In: Revue suisse de sociologie, 1983, Vol. 9, No. 1, 21–36.

Lepsius, R. M.: Gesellschaftsanalyse und Sinngebungszwang. In: G. Albrecht u. a. (Hrsg.): Soziologie – Sprache, Bezug zur Praxis, Verhältnis zu anderen Wissenschaften. René König zum 65. Geburtstag. Opladen 1973, 105–116.

Levy, R.: Alltagsleben – Forschungsproblem oder Problem der Forscher. In: Schweizerische Zeitschrift für Soziologie, 1983, 1, 85–89.

Liessmann, K.: Zaungäste – Über die Grenzen des Denkens. Prolegomena zu einer hermeneutischen Soziologie der Vernunft. In: Oesterreichische Zeitschrift für Soziologie, 1983, 2, 17–28.

Rudolf, H.: Das Unbehagen an der Politik. In: Merkur 1983, 3, 365–375.

Rudolph, F.: Zur Soziologie des Alltags: Eine Einführung in die sozialwissenschaftliche Forschung über Alltagswissen. In: Politische Bildung, 1976, 2, 6–18.

Sommer, M.: Der Alltagsbegriff in der Phänomenologie und seine gegenwärtige Rezeption in den Sozialwissenschaften. In: Lenzen, D. (Hrsg.): Pädagogik und Alltag. Stuttgart 1980, 27–43.

Stagl, J.: Die Beschreibung des Fremden in der Wissenschaft. In: Duerr, H. P. (Hrsg.): Der Wissenschaftler und das Irrationale, Band 1. Frankfurt/M. 1981, 273–295.

Weiss, J.: Der Rückgang auf die Lebenswelt in der neuen Philosophie und in den Sozialwissenschaften. In: Politische Bildung, 1976, 2, 19–28.

Bernd Dewe/Wilfried Ferchhoff

Anomie

Der Begriff A. ist vom griechischen *nomos* (Gesetz) abgeleitet mit der Doppelbedeutung (a) als Feststellung des Tatbestandes «es liegt kein Gesetz vor/ohne Gesetz», (b) als Werturteil «gegen das Gesetz» im Sinne von Unrecht-Tun bzw. Sünde (vgl. Theologisches Wörterbuch zum Neuen Testament, Bd. IV, 1077). Bereits in klassischer Zeit wurde zwischen legaler und sozialer Wortbedeutung unterschieden, was sich so zusammenfassen läßt: Ein Gesetz kann juristisch korrekt, d.h. in Einklang mit einer Rechtsdogmatik sein, aber zugleich gegen soziale → Normen verstoßen, also anomisch wirken. Die beiden aufgezeigten Bedeutungen von A. haben in der Wirkungsgeschichte strukturelle Folgen gehabt, die sich bis in die gegenwärtige soziologische Verwendung nachzeichnen lassen.

Der Ambiguität des Begriffs A. entsprach in der christlichen Staatslehre die institutionelle Rollenteilung von Staat als Gesetzgeber und Kirche als Interpretin moralisch-normativer Vorstellungen. Diese Rollenteilung, die der Kirche Distanz zum staatlich-weltlichen Handeln und zu eigenen Urteilsmöglichkeiten gestattete, wird in W. Lambardes (1536–1601) 1591 verfaßten Schrift «Archeion» amalgamiert. Lambarde versteht unter «anomy» «disregard of law», wobei für ihn als einen dem Staatsverständnis der Tudors zuneigenden Juristen «law» weltliches *und* göttliches Gesetz meint, da nach anglikanischer Auffassung weltliche Gesetze göttlich inspiriert sind (vgl. The Cambridge Hist. of Engl. Lit., Vol. VIII, 315; The Shorter Engl. Dic. Vol. 1, 71). 1755 erfährt in Samuel Johnsons Dictionary «anomy» eine auf die weltliche Bedeutung verengte Interpretation: «anomy» wird nur noch mit «lawlessness» (Gesetzlosigkeit) wiedergegeben. Im Französischen wird der Begriff «anomie» wesentlich erweitert, indem darunter «l'absence d'organisation légale ou naturelle» verstanden wird (vgl. Dic. de la Langue Philosophique, 1978, 35), gleichzeitig eine weitere Bedeutung aufgenommen wird: «alienation». Diese ‹Entfremdung› gelangt zwischen 1150 und 1450 in den englischen Wortschatz und meint synonym zu A.: «loss or derangement of mental faculties; insanity» (vgl. The Shorter Oxf. Engl. Dic., 43). In dieser nach heutigem Sprachgebrauch ‹klinischen› Bedeutung läßt sich → Entfremdung 1482 zuerst nachweisen.

Die aufgewiesene Doppelstruktur des Begriffs ist auch Durkheims (1858–1917) Interpretation von A. inhärent und damit der heutigen soziologischen Verwendung. Durkheims A.-Begriff hat mehrere Wurzeln, die der aufgewiesenen Ambiguität entsprechen. Er verwendet den Begriff zuerst in «De la division du travail social» (1893). In der Auseinandersetzung mit A. Comte beruft er sich dort auf H. Spencers «First Principles» (1862), wenn er Arbeitsteilung analog zur biologischen Evolution und Differenzierung als ein vom sozialen Organismus stets wiederherzustellendes Gleichgewicht begreift (Durkheim 1977, 406). A. resultiert für ihn aus der Verschmelzung ehemals getrennter und damit überschaubarer Märkte zu einem einzigen, unüberschaubaren Markt mit der Tendenz, universell zu werden. Marktausdehnung aber zeitigt Großindustrie, bedeutet Arbeitsteilung, zügellose → Konkurrenz, bewirkt Entfremdung (Marx) und A. Diese «ökonomische Anomie» (Durkheim 1973, 296) ist eine «Art Dauerzustand ... in der Welt des Handels und der Industrie» (ebd., 290). Sie bewirkt anomische Selbstmorde, besonders bei Oberschichtangehörigen, deren «Handeln regellos wird und (die) darunter leiden» (ebd., 296). Davon zu unterscheiden ist der in allen sozialen Schichten mögliche *egoistische* Selbstmord, der sich daraus bestimmt, «daß die Menschen im Leben keinen Sinn mehr sehen». Beide Arten haben gemeinsam, daß «Gesellschaft dem Einzelnen nicht mehr gegenwärtig genug ist» (ebd., 296). Es zeigt sich das Antinomische in Durkheims Konzept: Der Mensch ist ein ungerichtetes Triebbündel (Hobbes), das soziale Normen (contraintes sociales) benötigt (Hynes 1975, 87), andererseits ist in der arbeitsteiligen Gesellschaft individualistisches Verhalten hochfunktional. A. ist bei Durkheim *mikro*soziologisch auf Gruppenprozesse bezogen (→ Gruppe); Arbeitsteilung als *makro*soziologischer Prozeß ist in einer Industriegesellschaft jedoch offensichtlich nomisch, d. h. Zeichen einer normalen Entwicklung. So wie bei Durkheim Mikro- und Makroebene ineinander verschliffen sind, so amalgamieren bei ihm auch strukturelle und normativ-moralische Bezüge. Ökonomische A. ist ein Charakteristikum moderner Industriegesellschaften, und der anomische Selbstmord ist strukturbedingt (und mithin nicht verhinderbar) ein empirischer Indikator für A. (weitere: Alkoholmißbrauch, Drogen, Ehescheidungen); daher sein Hinweis in «Le Suicide» (1897), daß soziologisches Interesse sich auf die steigende oder sinkende Selbstmord-(Scheidungs- etc.)*Rate* zu konzentrieren habe.

Die bisherige Erörterung gestattet eine Zwischenbilanz der beiden soziologischen Dimensionen von A.: Sie bedeutet (a) den rapiden Zusammenbruch eines sozialen Norm- und Wertgefüges in einer Gesellschaft und (b) den Zustand der Orientierungslosigkeit, den einzelne oder Gruppen in einer solchen Situation (a) erfahren bzw. an sich wahrnehmen und die sie zu unkalkulierbaren Handlungen veranlaßt. Ein sozialpsychologischer A.-Begriff läßt sich aus (b) ableiten: (c) die Wahrnehmung einer Orientierungslosigkeit, die ein → Individuum oder eine Kleingruppe (z. B. Familie) derart in seelische Konflikte/Krisen stürzt, daß es/sie Drogen mißbraucht, daß es zu Aggressionen unter Ehepartnern kommt, daß Scheidungen erfolgen, daß Selbstmord begangen wird etc., weil andere Handlungsmuster nicht (mehr) zur Verfügung stehen bzw. nicht (mehr) ausgebildet werden können.

Die amerikanische Rezeption des A.-Begriffs – vor allem durch Parsons und Merton – beruht auf einer Mentalität, die schon Mills (1943) kritisierte, einer Mentalität, die ‹deviant behavior› synonym zu A. als der sozialen Konformität der Kleingruppe einer Landgemeinde entgegenstehend begreift. In der Tat ist ‹social control› durch die Gruppe nahezu das Gegenteil von → Integration gegen A., wie Durkheim es vorschwebte (→ soziale Kontrolle). Die soziale Amnesie der amerikanischen Soziologie für gesellschaftliche Zusammenhänge hat den Begriff A. zugunsten von ‹deviant behavior› aus den Fachlexika verdrängt, so wie auch ein vorwiegend technologisches Verständnis von → Soziologie (als social engineering) dafür verantwortlich ist (→ Sozialtechnologie), daß einer der zentralen Durkheimschen Begriffe, «milieu», mit «internal constitution of the social group» wiedergegeben wird (Durkheim 1938, 113, amerik. Übers.). Für Parsons ist folgerichtig ‹social control› das Präventiv gegen A., und er hofft, daß «verbunden mit der modernen psychologischen Einsicht in die Persönlichkeit, (daraus) eine Theorie der Motivation werden könnte, der ein Kontinuum von Konformität und Devianz unterliegt» (1968, 28).

Damit ist Durkheims formales Problem der Integration inhaltlich beantwortet: Eine Gesellschaft muß Konformität sichern, um stabil, d. h. für Parsons funktional zu sein. Merton (1968) verbindet Durkheims A.-Konzept mit dem Devianz-Begriff und entfaltet so überhaupt erst nach Cohens Urteil (1968, 151) die Implikationen des A.-Begriffs. Für ihn resultiert A. aus dem Zusammenbruch der kulturellen Struktur, d. h. eines Komplexes gemeinsamer Wertvorstellungen, die das Verhalten der Mitglieder einer Gruppe oder Gesellschaft regeln, eines Bruchs, der sich aus der scharfen Diskrepanz zwischen kulturellen Normen und Zielen einerseits, den sozialstrukturierten Zugangsmöglichkeiten andererseits ergibt (→ Kultur). Die Sozialstruktur kann sich hemmend oder fördernd auf die Verwirklichung kultureller Ziele auswirken, da sie auf jedes Mitglied Druck zur Anpassung ausübt. Es gibt fünf Arten der Anpassung, von denen die verbreitetste, Konformität, nichtanomisch ist, da bei ihr kulturelle Ziele und institutionalisierte Mittel übereinstimmen; alle anderen Arten (Innovation, Ritualismus, Apathie und Rebellion) sind anomisch oder abweichendes Verhalten. Mertons A.-Begriff beruht auf einer problematischen Prämisse: Er unterstellt das Konstrukt einer «offenen Gesellschaft» (Popper), in der alle Mitglieder die freie Möglichkeit haben, zu einer anderen (Art der Anpassung; d. Verf.) übergehen zu können, je nachdem, in welchem sozialen Bereich sie sich befinden» (Merton 1968, 293). Das bedeutet z. B., jeder Verbrecher *entscheidet* sich rational für seine Rolle, die eine freiwillige Absage ist an die an sich richtigen Normen der überwiegenden Mehrheit der Gesellschaft. Damit aber nimmt Merton seinen Anspruch, aus Sozialstrukturen Handeln zu erklären, individualistisch zurück. Durkheim und Merton unterschieden sich dadurch, daß Durkheim seine Makroanalyse abbricht zugunsten einer pädagogischen Doktrin, die Systemloyalität als Präventiv gegen A. und letztlich Anarchie sichern soll, während für Merton diese Systemloyalität in konformer Anpassung an den ‹american way of life› besteht.

Die meisten Autoren sind sich einig, daß Devianz nicht anomisch ist. Darin stimmen sie mit Durkheim überein, der selbst auf die sozialintegrierende, gesellschaftsstabilisierende Funktion der «Normverletzer» hingewiesen hat. Eine Gesellschaft wird nämlich – eine gern verdrängte Einsicht – nicht nur durch A. bedroht, sondern ebensosehr durch Uniformität

(Durkheim 1976, 159). Mertons A.-Konzept ist das am meisten rezipierte, da er auf eine Reihe von (Gemeinde-)Untersuchungen (über Prostitution, Bandenkriminalität etc.) verweisen kann, die sein Konzept empirisch stützen. Gleichwohl erfährt in Deutschland dieses Konzept eine scharfe Kritik (vgl. Dreitzel 1972; Opp 1974), die sich in der These zusammenfassen läßt, daß, statt die A.-Theorie als Theorie voranzutreiben, nur neue Operationalisierungen des Mertonschen Devianzkonzepts publikumswirksam erprobt werden (→ Kriminalität/→ Labeling Approach).

Außer den im Text nachgewiesenen Quellen wurden folgende Arbeiten herangezogen und, sofern verfügbar, in deutscher Übersetzung zitiert:

Cohen, A. K.: Deviant Behavior. In: Intern. Enc. of the Coc. Sc., Vol. 4, London/New York 1968.

Dreitzel, H. P.: Die gesellschaftlichen Leiden und das Leiden an der Gesellschaft. Stuttgart 1972.

Durkheim, E.: De la division du travail social. Paris 1893 (dt. 1977).

–: Les Règles de la méthode sociologique. Paris 1895 (engl. 1938; dt. 1976).

–: Le Suicide. Paris 1897 (dt. 1973).

Hynes, E.: Suicide and Homo Duplex. In: Soc. Quart., Vol. 16, 1975.

Kirchhoff, G. F.: Kriminalsoziologie. In: Die Psychologie des 20. Jahrhunderts. Bd. XIV, Zürich 1981.

Merton, R. K.: Social Theory and Social Structure. Glencoe 1976 (dt. in: Sack, F. & R. König (Hrsg.): Kriminalsoziologie. Frankfurt/M. 1968).

Mills, C. W.: The Professional Ideology of Social Pathologists. In: AJS, Vol. 49, 1943, 2.

Opp, K.-D.: Abweichendes Verhalten und Gesellschaftsstruktur. Darmstadt/Neuwied 1974.

Parsons, T.: The Structure of Social Action. New York 1968.

Sack, F.: Probleme der Kriminalsoziologie. In: König, R. (Hrsg.): Handbuch der empirischen Sozialforschung. Bd. 12. Stuttgart 1978.

Schneider, H.-J.: Hauptrichtungen der Kriminologie. In: Die Psychologie des 20. Jahrhunderts. Bd. XIV. Zürich 1981.

Holm P. v. Sternstein

Anthropologie

Der Begriff A. bezeichnet keine fest umgrenzte und institutionalisierte wissenschaftliche Disziplin, sondern wechselt in seiner Bedeutung in Abhängigkeit von nationalen Wissenschaftsmilieus und disziplinären Zusammenhängen. Theologische und philosophische Behauptungen über das ‹Wesen› des Menschen fallen ebenso unter diesen Begriff wie die biologische Erforschung des Menschen und ethnologische Untersuchungen insbesondere, aber nicht nur ‹primitiver› Kulturen (als Überblick über Kultur- und Sozialanthropologie Harris 1971; Mair 1972) (→ Ethnologie). In Deutschland hat sich, anders als in den angelsächsischen Ländern und in Frankreich, sicher auch durch ein geringeres Ausmaß ethnologischer Erfahrung, unter dem Titel Philosophische Anthropologie eine Denkströmung ausgebildet, deren Einfluß den gesamten Bereich der Sozial- und Kulturwissenschaften umfaßt. Diese ist keine Einzeldisziplin mit eigenen Methoden. Denn wenn akzeptiert wird, daß weder von der Biologie aus festgelegt werden kann, was als Grundcharakteristika des Menschen in die zentralen Kategorien der Sozial- und Kulturwissenschaften und die globale Selbstdeutung von Gesellschaften eingeht, noch durch die Philosophie im direkten Zugriff erfolgende Wesensbestimmungen erfolgreich sein können, dann ist klar, daß A. nicht den Status einer Fundamentalwissenschaft beanspruchen sollte. Wenn andererseits einzelwissenschaftliche Erkenntnisse nicht durch eine eigene Wissenschaft zusammengefügt werden können, erübrigt sich auch der Anspruch, A. als Synthese biologischer, ethnologischer, linguistischer (usw.) Erkenntnisse über den Menschen aufzufassen. Wenn schließlich das Mißverständnis außer Kraft tritt, das A. als notwendig unhistorische und ethnozentrische Lehre von sich durch die Geschichte hindurch erhaltenden Konstanten der menschlichen Kulturen oder einer unveräußerlichen Substanz der menschlichen Natur denkt, dann läßt sich als plausible Bestimmung angeben, daß A. aufzufassen sei als Selbstreflexion der Sozial- und Kulturwissenschaften auf ihre biologischen Grundlagen (Koflers «unveränderliche Voraussetzungen menschlicher Veränderlichkeit») und ihre normativen Gehalte in bestimmten historisch-politischen Problemlagen. Die metatheoretische Reflexion auf grundlegende Kategorien wird dadurch selbst wieder empiriehaltig (vgl. zu dieser Bestimmung und konkurrierenden Ansätzen Honneth/Joas 1980, Einleitung).

A. in diesem Sinne geht auf eine der charakteristischen philosophisch-wissenschaftlichen Strömungen der Zeit der Weimarer Republik zurück. Die Bezeichnung ‹Philosophische Anthropologie› ist insofern irreführend, als es ihr gerade um den nicht-spekulativen Versuch ging, am Vergleich von Mensch und Tier und durch eine Rezeption eines Maximums natur- und kulturwissenschaftlicher Ergebnisse die ‹Grundstruktur des Menschseins› zu erkennen. Wichtig dafür war nicht die lange Tradition philosophischer Bestimmungen, sieht man von den anthropologischen Argumentationen Herders, Kants und Nietzsches ab – sowie Feuerbachs und des jungen Marx, doch deren Beiträge werden von einigen der Hauptautoren nur am Rande berücksichtigt. Pionier des Unternehmens A. war dann Max Scheler, der sich – allerdings auf der Grundlage eines metaphysischen Begriffs des Geistes – gegen Versuche wandte, die Spezifika des Menschen in einer bloß graduellen Steigerung der praktischen Intelligenz oder der Gehirngröße zu sehen. Für ihn folgt aus der Personhaftigkeit des Menschen dagegen eine radikale Diskontinuität. Die phänomenologische Vorgehensweise in der Philosophie wird ihm zum Musterbeispiel der menschlichen Fähigkeit zur Distanzierung von den Umweltgegebenheiten und den eigenen Triebregungen und Affekten. Diese Distanz ermöglicht Sachlichkeit, Sachangemessenheit der Wahrnehmung, ‹Selbstinnewerden› und ‹Weltoffenheit›. Scheler entwickelt ein Stufenschema, in dem von der Pflanze zum Menschen die wesentlichen Strukturen der Umweltverarbeitung enthalten sein sollen, und konstruiert die menschliche Entwicklung aus dem Charakter eines in seine Umwelt schlecht eingepaßten Mängelwesens, das seine naturalen Mängel durch die kulturellen Leistungen ausgleichen muß.

Vielerlei Anregungen von Scheler aufnehmend, entwickelt sich das Werk Helmuth Plessners, der einige der klassischen anthropologischen Arbeiten verfaßt hat. Zu seinen Grundbegriffen gehört die «Positionalität», womit die Struktur der Einbettung eines Organismus in seine Umwelt bezeichnet wird. Für die Struktur der menschlichen Lebensweise findet Plessner die Formel von der «exzentrischen Positionalität»; damit meint er den Bruch zwischen Leibsein und Körperhaben, von zuständlicher Leibexistenz und gegenständlicher Körperexistenz. Die Einsicht in diesen Bruch und die Weisen der Vermittlung zwischen den beiden Existenzweisen wird zur Grundlage für Plessners Beiträge zur → Hermeneutik des nichtsprachlichen Ausdrucks, insbesondere des Lachens und Weinens.

Ihren Höhepunkt erreichte die anthropologische Diskussion und Wissensakkumulation in dem zuerst 1940 erschienenen Werk Arnold Gehlens «Der Mensch» (1971). Gehlen erreicht eine innere Systematik der A. und ihren fruchtbaren Bezug auf die Sozial- und Kulturwissenschaften, indem er – als Resultat seiner philosophischen Frühschriften und unter teilweiser Anähnelung an den amerikanischen → Pragmatismus – den Begriff *Handlung* zum Angelpunkt der Konzeption macht. Dieser kennzeichnet die Struktur des spezifischen Mensch-Umwelt-Bezugs in einer Weise, welche sich von alten Dualismen (Geist – Körper) oder Reduktionismen (Mensch als Gehirnspezialist) radikal unterscheidet. Unter Verarbeitung einer Fülle biologischer Erkenntnisse erklärt sich Gehlen die humanspezifische Handlungsfähigkeit aus der These vom Menschen als Mängelwesen. Die relativ geringe organische Spezialisiertheit des Menschen auf bestimmte Umwelten hin werde nicht evolutionär abgebaut, sondern zur Chance eines selbsttätigen Entwicklungsprozesses. Evolutionstheoretisch begründet Gehlen die organische Unspezialisiertheit des Menschen mit Portmanns Überlegungen einer «normalisierten Frühgeburt». Die Organprimitivismen erweisen sich danach als permanent gewordene fötale Zustände. Entscheidende Phasen des organischen Reifungsprozesses finden beim Menschen außerhalb des Mutterleibes, damit unter schlechteren natürlichen Bedingungen, aber mit der Chance zur kulturellen Formung statt.

Abgesehen von gewissen philosophischen Überstilisierungen, erweist sich die Mängelwesen-These als höchst plausibel. Aus den veränderten organischen Voraussetzungen der frühkindlichen Entwicklung wird nun geschlossen auf eine Unterbrechung aller drei Seiten in dem Dreieck von Antriebssystem, Wahrnehmung von Auslösereizen und Bewegungsreaktionen, das für instinktgeleitete Wesen charakteristisch ist. Gehlen verfolgt dies mit den Thesen von der Instinktreduktion, der Plastizität der menschlichen Antriebe und dem konstitutionellen Antriebsüberschuß einerseits, mit der Analyse der «gegenstandsintimen» Wahrnehmung und der Gefahren einer unverarbeitbaren Eindrucksfülle andererseits, schließlich mit der Aufnahme der Unterscheidung von Erb- und Erwerbmotorik, der Analyse der «Bewegungsphantasie» und der symbolischen Struktur der menschlichen Körperbewegung. Der Grundgedanke ist dabei immer der gleiche. Das plastische Antriebssystem, die reizüberflutete Wahrnehmung und die konturlose Motorik zwingen den Menschen schon biologisch zu einem Handeln, das die Bedürfnisse formt, die Wahrnehmung strukturiert und die Motorik leitet; der Mensch entlastet sich daher in der Handlung von den Überlebensrisiken, die die organische Ausgangslage eines Mängelwesens mit sich führt. Gehlens (1956) extrem konservativ gezielte Institutionenlehre knüpft hieran an; sie zeitigt trotz vielfacher Problematik auf begrifflicher Ebene die Analyse des rituell-darstellenden Verhaltens. Gehlen bezieht für sein Werk wichtige Elemente aus der ‹anthropologischen› Diskussion amerikanischer Autoren (Dewey 1922; Mead 1968, 1980/83), weicht aber von deren Zielsetzungen stark ab und verfehlt dadurch insbesondere die Möglichkeit einer anthropologischen Theorie der menschlichen Kommunikation.

Ist schon A. im hier verwendeten Sinn keine un- oder antihistorische Bemühung, so mehrten sich in der jüngeren Diskussion Versuche zu einer ‹historischen Anthropologie›. Diese versucht, über traditionelle Ereignisgeschichte einerseits, eine auf sozialstrukturelle und ökonomische Wandlungsprozesse konzentrierte → Sozialgeschichte andererseits hinauszugehen, um den zivilisationsgeschichtlichen Prozeß zu untersuchen, in dem sich die menschliche Natur formt und ändert: Zu ihrem Gegenstand gehören vornehmlich die Veränderungen, die der Mensch in seinem körperlichen Auftreten, in seinen psychischen Erlebnisweisen, in seinen sozialen Handlungsmustern und in seinen Motivlagen historisch an sich erfahren hat (vgl. historische Familienforschung, Sozialgeschichte des Körpers, Geschichte der ‹Mentalitäten›) (→ Handeln, soziales). Für die Diskussion hierzulande zentral wurde die verspätete Aufmerksamkeit auf das Hauptwerk von Norbert Elias 1976; dazu Honneth/Joas 1980, 115ff).

A. lebt von der Intensität, mit der sie ihre Brückenfunktion zwischen den disziplinär zersplitterten Bereichen des Wissens wahrnimmt und sich gegen reduktionistische Versuche, sei es biologischer (Ethologie, Soziobiologie; vgl. dazu Reynolds 1980), sei es sozialwissenschaftlicher Art, durchzusetzen versteht.

Count, E.: Das Biogramm. Frankfurt/M. 1971.
Dewey, J.: Human Nature and Conduct. New York 1922.
Elias, N.: Über den Prozeß der Zivilisation. 2 Bde. Frankfurt/M. 1976.
Gadamer, H. G. & P. Vogler (Hrsg.): Neue Anthropologie. 7 Bde. Stuttgart 1972–1974.
Gehlen, A.: Der Mensch. Frankfurt/M. 1971.
–: Urmensch und Spätkultur. Frankfurt/M. 1956.
Harris, M.: Culture, Man, and Nature. An Introduction to General Anthropology. New York 1971.
Honneth, A. & H. Joas: Soziales Handeln und menschliche Natur. Anthropologische Grundlagen der Sozialwissenschaften. Frankfurt/M. 1980.
Lenneberg, E.: Biologische Grundlagen der Sprache. Frankfurt/M. 1972.
Leroi-Gourhan, A.: Hand und Wort. Die Evolution von Technik, Sprache und Kunst. Frankfurt/M. 1980.
Lorenz, K. & P. Leyhausen: Antriebe tierischen und menschlichen Verhaltens. München 1969.
Mair, L.: An Introduction to Social Anthropology. Oxford 1972.
Mead, G. H.: Geist, Identität und Gesellschaft. Frankfurt/M. 1968.
–: Gesammelte Aufsätze. 2 Bde. Frankfurt/M. 1980/83.
Merleau-Ponty, M.: Phänomenologie der Wahrnehmung. Berlin 1966.
–: Die Struktur des Verhaltens. Berlin 1976.
Piaget, J.: Biologie und Erkenntnis. Frankfurt/M. 1974.
Plessner, H.: Die Stufen des Organischen und der Mensch. Berlin 1975.
–: Philosophische Anthropologie (Lachen und Weinen. Das Lächeln. Anthropologie der Sinne). Frankfurt/M. 1970.
Reynolds, V.: The Biology of Human Action. Oxford 1980^2.
Scheler, M.: Die Stellung des Menschen im Kosmos. Bern/München 1966.
Schurig, V.: Die Entstehung des Bewußtseins. Frankfurt/M. 1976.
Uexküll, J. v. & G. Kriszat: Streifzüge durch die Umwelten von Tieren und Menschen/Bedeutungslehre. Hamburg 1956.
Weizsäcker, V. v.: Der Gestaltkreis. Theorie der Einheit von Wahrnehmen und Bewegen. Frankfurt/M. 1973.

Hans Joas

Arbeit

Der *heutige A.-Begriff* wird wesentlich von fünf z. T. widerstreitenden Elementen geprägt, die im Verlaufe der Menschheitsentwicklung – zugleich mit der Herausbildung wissenschaftlicher Teildisziplinen – Bedeutung erlangten: dem philosophischen, theologischen, ökonomischen, sozialen und dem ökologischen Element. Aufschluß über den historischen, d. h. veränderbaren Charakter des A.-Begriffs bzw. seiner Elemente vermittelt die Darstellung der Repräsentanten des A.-Verständnisses auf dem Hintergrund ihrer jeweiligen gesellschaftlichen Bedingungen (Zusammenhang von Ideen- und → Sozialgeschichte der A.).

In der *griechischen* wie in der *christlichen Mythologie* hat A. Schicksalscharakter mit einem ambivalenten Bedeutungsinhalt: ‹Arbeit als Fluch›, als Rache Gottes gegenüber dem frevelnden Menschen (Diebstahl der Göttergaben Feuer und Weisheit; Sündenfall), und ‹Arbeit als Segen›, als Ausdruck göttlicher Barmherzigkeit, die der Mensch durch fleißige, selbstlose A. erlangen kann. Platon und Aristoteles haben darüber hinaus die hierarchische Trennung von geistiger und körperlicher A. naturrechtlich begründet (→ Naturrecht). Politik, Wissenschaft und Philosophie repräsentierten die eigentlich humanen Lebensbereiche; körperliche A. dagegen, die man unterworfenen Völkern (Sklaven) zuwies, wurde verachtet, weil sie der Befriedigung der bloß körperlichen Bedürfnisse diente (vgl. Nölker 1979). Auch für Thomas v. Aquin stand die geistige / geistliche A. *(vita contemplativa)* noch über der körperlichen A. *(vita activa)*; entsprechend galt ihm die hierarchisch gegliederte Ständeordnung des Mittelalters als Ausdruck eines gottgewollten Naturgesetzes.

Erst mit Beginn der Neuzeit erfährt die körperliche A. eine *theologische* Aufwertung. Luther hieß Handarbeit wie geistige A. unterschiedslos gut und betonte die Möglichkeit gottgefälligen Tuns für jeden → Beruf, da es seiner Auffassung nach wesentlich auf die ‹Arbeitshaltung› ankam (vgl. Büchner 1982). Mit dem Übergang von der feudalen zur bürgerlichen Gesellschaft bedurfte die A. keiner theologischen Aufwertung mehr. ‹Glückseligkeit› erfuhr man fortan nicht mehr aus der Verbindung von A. und Gebet, sie erwuchs vielmehr aus ‹productive powers› und ‹Industrie› (vgl. Conze 1972, 179). Dem realen Prozeß der Ökonomisierung der A., d. h. ihrer Ausrichtung auf quantitativ wachsende Leistung, entsprach die wichtige Rolle des A.-Begriffs in der neu entstehenden Wirtschaftswissenschaft (Nationalökonomie). A. wurde als die eigentliche Quelle des → Eigentums (Locke) sowie des gesellschaftlichen Reichtums (Smith) hervorgehoben und so zum politischen Kampfbegriff des (‹produktiv›) arbeitenden Bürgertums gegenüber dem (‹unproduktiv›) besitzenden Adel. Die englischen Nationalökonomen Smith und Ricardo entwickelten die A.-Wertlehre, die Theorie des sich aus den Fesseln des Feudalsystems lösenden Bürgertums. Danach bemißt sich der Wert eines Produkts einzig nach der in ihm vergegenständlichten A.

Mit der Durchsetzung der bürgerlichen Gesellschaft verlor der A.-Begriff seinen emanzipatorischen Kern. Entscheidend blieb zwar die reale wie begriffliche *Ökonomisierung* der A. als Teil des Ökonomisierungsprozesses der Gesellschaft überhaupt (vgl. Polanyi 1979); doch entwickelten sich hierzu zwei konträre Positionen: Die einen beschränkten ihre Betrachtung auf das ökonomische Resultat von A., sahen vor allem Vorteile in der wachsenden Produktivität des ‹Produktionsfaktors Arbeit› (Say); die anderen kritisierten die ökonomische Eindimensionalität der A. als Abstraktion vom Menschen und damit den Entfremdungs- bzw. Ausbeutungscharakter der A. in der historischen Form der ‹Lohnarbeit› (Marx) (→ Ausbeutung/→ Entfremdung).

Mit der *Sayschen Theorie* von den drei Produktionsfaktoren (Arbeit, Kapital, Boden) löste sich die nationalökonomische Theorie von der ‹Arbeitswertlehre›. Die Entstehung des Sozialprodukts bzw. Volkseinkommens wird von jetzt an drei Produktionsfaktoren, mithin drei → Klassen zugeschrieben: Arbeitern (Lohn), Kapitalisten (Profit, Zins) und Grundbesitzern (Bodenrente). In der weiteren ökonomischen Theoriebildung werden Entscheidungskalküle für rationales Verhalten entwickelt (Neoklassik), die allen Wirtschaftssubjekten (Lohnarbeitern wie Kapitalisten) strukturell ähnliche Entscheidungssituationen unterstellen, mithin von den bestehenden sozialen Unterschieden und den historisch besonderen Abhängigkeitsverhältnissen der Lohnarbeit abstrahieren (→ Entscheidungstheorien). Der Arbeiter wird zum *homo oeconomicus* und erreicht sein Nutzenmaximum, wenn der Lohn für eine zusätzliche von ihm angebotene A.-Stunde (‹Grenzlohn›) nicht mehr das Leid kompensiert (‹Grenzleid›), welches er durch diese zusätzliche Stunde erfahren würde (vgl. Zerche 1979, 47). Der wachsenden Bedeutung des ökonomischen Kalküls entspricht der bis heute anhaltende reale Prozeß der Ökonomisierung aller Lebensbereiche wie Politik, Gesundheitswesen, Bildung, Freizeit u. a. (vgl. Lepage 1979). Im Hinblick auf die betriebliche Lohnarbeit hatte Taylor (1913) (→ Taylorismus) bereits um die Jahrhundertwende durch systematische A.-Studien (‹the one best way›) und Lohnanreizsysteme Methoden zur Steigerung der A.-Produktivität entwickelt. Mit dem arbeitswissenschaftlichen bzw. betriebswirtschaftlichen Ziel der optimalen Ergiebigkeit der A. korrespondiert das Ziel der Vollbeschäftigung des ‹Produktionsfaktors Arbeit› in der volkswirtschaftlichen Forschung seit Keynes (1936). ‹Arbeit überhaupt›, auch in Form staatlich finanzierter A.-Beschaffungsmaßnahmen, hat nach diesem primär quantitativen Konzept Vorrang vor der Frage nach der gesellschaftlichen Nützlichkeit der Produkte bzw. nach den Auswirkungen ökonomisierter A. auf die Arbeitenden.

Die *Marxsche Kritik* der → Politischen Ökonomie ist der bis heute nachhaltigste theoretische Ausdruck des Widerstands gegen die Ökonomisierung der A. in Gestalt der Lohnarbeit. Im «Kapital» hält Marx wie die klassischen Ökonomen am Begriff der produktiven/wertschaffenden A. fest und entwickelt darauf aufbauend die *Mehrwerttheorie.* Danach produziert die Ware A.-Kraft für ihren Käufer (den Kapitalisten) mehr Wert, als dieser dafür auf dem A.-Markt an Lohn zahlen muß. Der Kapitalist versucht darüber hinaus, durch vielfältige Methoden den Mehrwert zu steigern (Verlängerung des A.-Tages, Lohnsenkung, A.-Intensivierung). Marx räumt jedoch dem Kapitalisten zugleich ein «historisches Existenzrecht» ein, durch das die Menschheit «zu einer Entwicklung der gesellschaftlichen Produktivkräfte und zur Schöpfung von materiellen Produktionsbedingungen» gezwungen wird, «welche allein die reale Basis einer höheren Gesellschaftsform bilden können, deren Grundprinzip die volle und freie Entwicklung des Individuums ist» (Marx: Das Kapital. 1. Bd., 618).

Die Steigerung der A.-Produktivität bei gleichzeitiger Zunahme der *sozialen, psychischen* wie *ökologischen Probleme* hat eine Technologie-Debatte ausgelöst, in deren Verlauf die Rationalität von Technik und A. grundsätzlich thematisiert wurde (vgl. Ullrich 1977). Basiert die sozialwissenschaftliche Erforschung der A. heute zumindest implizit auf dem von Smith/Ricardo (‹gesellschaftlicher Reichtum›) wie auch von Hegel/Marx (‹Selbstverwirklichung›) vertretenen Zusammenhang von A. und → Emanzipation (vgl. Arndt 1982), so wird von der → ‹Kritischen Theorie der Gesellschaft› generell die Möglichkeit bezweifelt, über die Steigerung der Produktivkraft der A. (Mittel) zur Verwirklichung der neuen Gesellschaft (Zweck) zu gelangen (Marcuse 1967). Tatsächlich führt die steigende A.-Produktivität dazu, daß der ‹Arbeitsgesellschaft die Arbeit ausgeht› (Arendt 1956) und die auf betriebliche Lohnarbeit konditionierten Individuen in psychische Krisen bringt (vgl. Groskurth 1979); steigende A.-Intensität läßt immer weniger unmittelbaren (‹Selbstverwirklichung›) oder mittelbaren (‹höheren Lohn für höhere Leistung›) Sinn der A. erkennen, und das Wirtschaftswachstum untergräbt durch seine ökologischen Folgekosten zunehmend den angestrebten gesellschaftlichen Wohlstand. Die internationale A.-Teilung sowie die derzeit praktizierte Energie- und Rohstoffverteilung zwischen Industrie- und Entwicklungsländern verstärken die weltweit bestehenden sozialen Unterschiede (vgl. Fröbel u. a. 1977). Unter Hinweis auf diese Entwicklungen wird die ‹Zukunft der Arbeit› im Industriesystem, zumal auf der Höhe seines gegenwärtigen Produktionsniveaus, ebenso bezweifelt (vgl. Berger u. a. 1982) wie der Sinn von A.-Beschaffungsmaßnahmen ohne gleichzeitige Änderung der pathogenen A.-Platzstrukturen. Mit Bezug auf anthropologische Studien (vgl. Sahlins 1978) wird für alternative Formen der A.-Organisation (→ Arbeitswissenschaften), der Technik, des Verhältnisses von A. und Freizeit und für die Aufhebung der geschlechtsspezifischen A.-Teilung plädiert (vgl. Ostner 1979). Es soll «die Arbeit dem Leben organisch eingefügt werden» (Huber 1979, 117). In dieser Perspektive einer (Re-)Integration getrennter Lebensbereiche würde der heute noch überwiegend anerkannte A.-Begriff (‹bezahlte Berufstätigkeit im Betrieb›) seine realhistorische Basis verlieren.

Arendt, H.: Vita Activa. Stuttgart 1956.
Arndt, H.: Arbeit und Emanzipation. Diss. Universität Oldenburg. Oldenburg 1982.
Berger, J./Müller, J. & R. Pfriem (Red.): Kongreß Zukunft der Arbeit. Wege aus Massenarbeitslosigkeit und Umweltzerstörung. Materialienband. Bielefeld 1982.
Büchner, U.: Arbeit und Individuierung. Weinheim/Basel 1982.
Conze, W.: Arbeit. In: Geschichtliche Grundbegriffe. Historisches Lexikon zur politisch-sozialen Sprache in Deutschland. Hrsg. v. Brunner/Conze/Kosellek. Bd. 1. Stuttgart 1972, 154–215.
Fröbel, F./Heinrichs, J. & G. Kreye: Die neue internationale Arbeitsteilung. Reinbek bei Hamburg 1977.
Groskurth, P. (Hrsg.): Arbeit und Persönlichkeit. Reinbek bei Hamburg 1979.
Huber, J. (Hrsg.): Anders arbeiten – anders wirtschaften. Dualwirtschaft – Nicht jede Arbeit muß ein Job sein. Frankfurt/M. 1979.
Keynes, J.: Allgemeine Theorie der Beschäftigung, des Zinses und des Geldes. München 1936 (Neudruck 1955).
Lepage, H.: Der Kapitalismus von morgen. Frankfurt/M. 1979.
Marcuse, H.: Über die philosophischen Grundlagen des wirtschaftswissenschaftlichen Arbeitsbegriffs. In: Ders.: Kultur und Gesellschaft II. Frankfurt/M. 1967.
Marx, K.: Das Kapital Bd. 1–3. Marx-Engels-Werke. Berlin (DDR) 1957ff.
Nölker, H.: Die zwiespältige Deutung der Arbeit. Ein historischer Exkurs. In: Schoenfeldt, E. (Hrsg.): Polytechnik und Arbeit. Bad Heilbrunn 1979.
Ostner, I.: Berufsarbeit und Hausarbeit. Frankfurt/New York 1979^2.
Polanyi, K.: Ökonomie und Gesellschaft. Frankfurt/M. 1979.
Sahlins, M.: Ökonomie der Fülle – Die Subsistenzwirtschaft der Jäger und Sammler. In: Technologie und Politik 12. Reinbek bei Hamburg 1978.
Say, J. B.: Traité d'économie politique. 2 Bde. Paris 1803.
Taylor, F. W.: The principles of scientific management. München 1913.
Ullrich, O.: Technik und Herrschaft. Frankfurt/M. 1977.
Zerche, J.: Arbeitsökonomik. Berlin/New York 1979.

Gerd-E. Famulla

Arbeiterbewegung

Als A. werden seit den 40er Jahren des 19. Jahrhunderts alle Aktivitäten der infolge der Durchsetzung der → Industrialisierung auf der Basis kapitalistischer Produktionsweise entstandenen Lohnarbeiterschaft begriffen, die auf politische und soziale → Emanzipation dieses ‹vierten› Standes zielten. Damit verliert der Begriff die Bedeutung von Unruhe und Revolte, den er noch in dem bekannten Staatslexikon von Rotteck und Welcker hat, in dem Lage und Aufbegehren der Arbeiter gegen ihr Los unter dem Stichwort «Arbeiterunruhen» abgehandelt werden. Selbst noch in dem (im Jahre 1854 erschienenen) ersten Band von Grimms Wörterbuch heißt es lapidar: «Arbeiterbewegung = Aufruhr der Arbeiter, Arbeiterkrawall». A. im modernen Sinn bedeutet nicht nur Auflehnung gegen soziale Mißstände, → Ausbeutung und Elend, vor allem infolge der Erhöhung der Arbeitszeit, auf der Grundlage eines sich spontan herausbildenden Solidaritätsbewußtseins (‹they are few and we are many›), sondern beinhaltet auch die Vorstellung von einer neuen besseren Gesellschaftsordnung, von der notwendigen, gegebenenfalls auch revolutionären Änderung des Bestehenden. Gemäß dem Charakter der industriellen → Revolution ist die Herausbildung der A. als ein gesamteuropäisches Ereignis (unter Einbeziehung der USA) zu begreifen, wobei sich im Verlauf der Geschichte der A. verschiedene Typen herausgebildet haben:

1. der angelsächsische Typus, der charakteristisch ist für Großbritannien und die USA. Der sehr begrenzte Einfluß von → Ideologie ging hier zusammen mit einer bei aller Schärfe der konkreten Klassenauseinandersetzung grundsätzlichen Anerkennung der bestehenden Staats- und Gesellschaftsordnung (→ Klassengesellschaften). Dabei kam es erst sehr spät bzw. überhaupt nicht zu einer nennenswerten politischen Vertretung der Arbeiter in Form einer eigenständigen Arbeiterpartei. Die lange Vorherrschaft gewerkschaftlichen Bewußtseins hat die These von der mit Extraprofiten bestochenen Arbeiteraristokratie hervorgerufen. Demgegenüber war und ist offensichtlich weniger die tatsächlich gar nicht so vorteilhafte materielle Lage der Arbeiter, sondern die Flexibilität des politischen Systems verantwortlich für diesen Typus von A.

2. Auf dem Kontinent war die Entwicklung der A. viel stärker von einem prinzipiellen Gegensatz zum bürgerlichen Klassenstaat bzw. zum Klassenstaat, in dem alte → Eliten noch dominierten, bestimmt. Dabei bildeten sich zwei Richtungen heraus, die sozialistische A. und eine anarchistisch-syndikalistische A., die vor allem in Spanien, Frankreich und Italien eine starke Anhängerschaft rekrutierte und bis weit in das 20. Jahrhundert hinein ein bestimmender Faktor in der A. dieser Länder war.

Durchgesetzt hat sich schließlich bis zum Ersten Weltkrieg die sozialistische oder nach dem deutschen Vorbild so genannte sozialdemokratische A. Ziel der sozialistischen A. war es, die proletarischen Massen als politische Partei mit dem Ziel der Eroberung der politischen → Macht zu organisieren. Dies geschah in der Regel in einem Prozeß der Ablösung der proletarischen von der bürgerlichen Demokratie. Dabei war den → Gewerkschaften nur eine begrenzte Rolle zugewiesen, und die Genossenschaften blieben entweder vernachlässigt oder wurden als Brutstätten des Reformismus diffamiert.

Von besonderer Bedeutung für die Geschichte der deutschen und internationalen A. war die Verbindung von A. und marxistischer Theorie (→ Marxismus), wobei wiederum die deutsche Entwicklung Modellcharakter hatte. Unter dem Sozialistengesetz wurden von den Führungseliten der deutschen Sozialdemokratie marxistische Theoreme rezipiert, was seinen Niederschlag im Erfurter Programm fand, das Pate stand bei der Formulierung von programmatischen Aussagen in anderen Parteien, vor allem im südosteuropäischen Bereich. Mit dem Ende der großen Depression in der zweiten Hälfte der 90er Jahre, die die Rezeption marxistischer Theorie in der A. begünstigt hatte, setzten in der sozialistischen A. schwere theoretisch-strategische Auseinandersetzungen ein, wobei Begriffe wie Reformismus, Revisionismus, Zentrismus, linker Radikalismus die verschiedenen Positionen kennzeichneten. Ursache all dieses Debattierens war der Versuch, angesichts von → Imperialismus und Kriegsgefahr adäquate Konzepte zu finden (→ Krieg).

Der Erste Weltkrieg machte dann überdeutlich, daß sich die sozialistische A. in den einzelnen Ländern im nationalen Rahmen entwickelt hatte und daß der Internationalismus, den die sozialistische A. propagiert hatte, auf tönernen Füßen stand.

Der Erste Weltkrieg brachte auch die Spaltung der sozialistischen A. und den ersten sozialistischen Staat, in seinem Gefolge aber auch die Niederlage der A., ob sozialistischer, kommunistischer oder anarchosyndikalistischer Couleur in den kapitalistischen Ländern. Von besonderer Bedeutung waren die schwere Krise der italienischen A., die dazu führte, daß zum erstenmal eine faschistische Bewegung in einem Land an die Macht kam, sowie die Tatsache, daß die Sowjetunion isoliert blieb, was unter dem Stichwort → Sozialismus in einem Lande zu folgenreichen Deformierungen geführt hat.

Die Zwischenkriegszeit war nicht zuletzt dadurch bestimmt, daß der europäischen A. – das gilt für die Sozialdemokraten wie für die Kommunisten – der Bewegungscharakter abhanden kam. Darüber kann auch die für diese Jahre typische und beeindruckende Fülle der Aktivitäten an der Basis, vor allem im Bereich der Arbeiterkultur, nicht hinwegtäuschen. Auf der einen Seite dominierten Immobilismus und Phantasielosigkeit, auf der anderen Seite lief ein öder Gleichschaltungsprozeß ab, mit dessen Hilfe, vermittelt durch die Komintern, die durchaus einsichtigen Interessen der außenpolitisch permanent gefährdeten Sowjetunion den kommunistischen Parteien als eigene Interessen aufgezwungen wurden. Das ‹goldene Zeitalter› der A., wie man die Epoche der 2. Internationale genannt hatte, war unwiderruflich vorbei, sie war überall in die Defensive gedrängt worden und stand denen, die jetzt für sich beanspruchten, ‹Bewegung› zu sein, hilflos gegenüber. Faschismustheorien in der A. hatte man nur – und in begrenztem Maße – in den Splittergruppen. Die Spaltung der A. wird mitverantwortlich gemacht für den Sieg des → Faschismus in Deutschland. Das ist zweifellos richtig, doch wird dabei die generelle Schwäche der A. in dieser Zeit wirtschaftlicher Krise und politischer Ernüchterung übersehen. Das Beispiel der de facto einheitlichen österreichischen A. spricht für sich.

Wenn auch die A. seit Mitte der 20er Jahre ihren Bewegungscharakter verloren hatte, so war sie doch für die Stabilisierung faschistischer Herrschaft eine Gefahr, so daß ihre Organisationen aufgelöst und ihre Mitglieder verfolgt wurden. Das war nicht nur in Deutschland so. Andererseits verschaffte der New Deal in den USA zur selben Zeit den unpolitischen Gewerkschaften eine Position beachtlicher Stärke, was nach 1945 nachhaltigen und folgenschweren Eindruck in Europa und nicht zuletzt in Deutschland machte.

Nach dem Zweiten Weltkrieg läßt sich in Europa eine Rekonstruktion der A. beobachten. Es handelte sich jedoch um einen relativ kurzen Prozeß, der bald auf beiden Seiten des Eisernen Vorhangs, der 1948 niederging, gestoppt wurde. Der Boom, der seit Anfang der 50er Jahre global in den kapitalistischen Industrieländern einsetzte, hat die A. weitgehend in die bestehenden Staatssysteme und Gesellschaftsordnungen integriert, womit sie endgültig aufhörte, A. zu sein. In den Ländern des sogenannten real existierenden Sozialismus ist zwar permanent und bis zum Überdruß von der A. die Rede; aber daß etwa mit der Gründung der Deutschen Demokratischen Republik alle Bemühungen der deutschen A. ihr glückliches Ende erreicht haben, will man nicht so recht glauben.

Was die kapitalistischen Industrieländer angeht (→ Kapitalismus), hat offensichtlich seit den 50er Jahren und verstärkt seit Mitte der 60er Jahre ein säkularer Wandel begonnen, der immer deutlicher Konturen gewinnt; gemeint ist der signifikante Rückgang der lohnabhängigen Handarbeiter (im weitesten Sinn) an der Gesamtbevölkerung, gleichsam der allmähliche Austritt der Arbeiterklasse und damit der A. aus der Weltgeschichte. A. als eine Bewegung, die mit dem begründeten Anspruch auftritt, die bestehende Gesellschaftsordnung in den Industrieländern oder gar in den Ländern des sogenannten real existierenden Sozialismus von Grund auf zu verändern, existiert nicht mehr. Kurzlebige selbsternannte Avantgarden der A., wie sie sich Ende der 60er und Anfang der 70er Jahre konstituiert haben, sind inzwischen nicht mehr ernst zu nehmen.

A. existiert heute nur noch in den Ländern der Dritten Welt, wobei hier in der Tat die Gefahr gegeben ist, daß die A., wenn sie nicht die Interessen der kleinen Bauern, der Landarbeiter und der Arbeitslosen mitvertritt (ein klassisches Desideratum der europäischen A. sozialistischer Prägung), in die Situation einer Organisation von Privilegierten gerät, eine späte Bestätigung der Theorie von der Arbeiteraristokratie.

Da gerade in Mittel- und Südamerika die A. oft in direktem Kontakt mit der katholischen Kirche wirkt, so ist auf die christliche A.

als eine Form der Organisierung der Arbeiter in Europa zu verweisen. In der Schweiz, den Niederlanden, in Deutschland unter den katholischen Arbeitern, vor allem den Bergarbeitern, in Belgien, weniger in Frankreich, haben christliche Gewerkschaften zeitweise eine bestimmte Rolle spielen können. In Deutschland sind sie schließlich in der Einheitsgewerkschaft aufgegangen, und generell hat die stärker reformistisch orientierte A. der christlichen A. den Boden entzogen. Eine liberale A. hat nur in Deutschland in Form der Hirsch-Dunckerschen Gewerkvereine ein Schattendasein zwischen → Arbeit und Kapital geführt. Auch hier markiert die Einheitsgewerkschaft das Ende.

Einführung in die Problematik

Mommsen, H.: Arbeiterbewegung. In: Kernig, C. D. (Hrsg.): Sowjetsystem und demokratische Gesellschaft. Eine vergleichende Enzyklopädie. Bd. 1. Freiburg/Basel/Wien 1966, Sp. 273–313.

Zur internationalen Arbeiterbewegung

Braunthal, J.: Geschichte der Internationale. 3 Bde. Bonn 1978; demgegenüber: Die internationale Arbeiterbewegung. Fragen der Geschichte und der Theorie. In sieben Bänden, bisher 2 Bände. Moskau 1980/81.

Bibliographien zur deutschen Arbeiterbewegung

Dowe, D.: Bibliographie zur Geschichte der deutschen Arbeiterbewegung, sozialistischen und kommunistischen Bewegungen von den Anfängen bis 1863 unter Berücksichtigung der politischen, wirtschaftlichen und sozialen Rahmenbedingungen. Bonn 1981^3.

Günther, K. & K. Th. Schmitz: SPD, KPD/DKP, DGB in den Westzonen und in der Bundesrepublik Deutschland 1945–1975. Eine Bibliographie. Bonn 1980^2.

Klotzbach, K.: Bibliographie zur Geschichte der deutschen Arbeiterbewegung 1914–1945. Sozialdemokratie, Freie Gewerkschaften, Christlich-Soziale Bewegungen, Kommunistische Bewegung und linke Splittergruppen. Bonn 1981^3.

Steinberg, H.-J.: Die deutsche sozialistische Arbeiterbewegung bis 1914. Eine bibliographische Einführung. Frankfurt/New York 1979.

Tenfelde, K. & G. A. Ritter: Bibliographie zur Geschichte der deutschen Arbeiterschaft und Arbeiterbewegung 1863–1914. Bonn 1981.

Hans-Josef Steinberg

Arbeiterbewußtsein

Die Frage nach Struktur und Inhalt des A. beinhaltet über die sozialwissenschaftliche Klärung der Abhängigkeit gesellschaftlicher Bewußtseinsstrukturen vom gesellschaftlichen Sein ihrer Träger hinaus

(→ Wissenssoziologie) immer auch die Frage nach dem politischen Handlungspotential der Arbeiterklasse.

Der Marxschen Theorie zufolge führt der durch zyklisch wiederkehrende Krisen sich vollziehende Akkumulationsprozeß des Kapitals zu einer zunehmenden relativen Verschlechterung und internen Homogenisierung der sozio-ökonomischen Lebensverhältnisse der Arbeiter (→ Krisentheorien/→Verelendungstheorien). Aus Überlebensgründen werden die Arbeiter dazu veranlaßt, die Mystifikationen ihres Bewußtseins durch die Verkehrsstruktur der bürgerlichen Gesellschaft (Warenfetischismus, → Verdinglichung) zu durchdringen, um die richtige Einsicht in die Grundstruktur und die Funktionsweise der kapitalistischen Gesellschaft zu gewinnen und die bürgerliche → Klassengesellschaft revolutionär zu überwinden. Eine zentrale Aufgabe der Organisationen der →Arbeiterbewegung (Partei und → Gewerkschaften) war die Förderung des Erkenntnis- und Bewußtseinsbildungsprozesses der Arbeiterschaft durch theoretische Schulung und politisch-strategische Organisation und Interpretation der betrieblichen und politischen Kämpfe. Dieses politisch aufgeklärte, in seiner Struktur durch die gesellschaftlichen und politischen Grundeinsichten der Marxschen Analyse der kapitalistischen Gesellschaft bestimmte Bewußtsein wurde *Klassenbewußtsein* genannt und als normativer Maßstab dem im Erfahrungszusammenhang des betrieblichen und außerbetrieblichen Alltags sich bildenden ‹gewöhnlichen› A. gegenübergestellt. Träger dieses den Arbeitern als ihrer Lage gemäß zugerechneten – normativ richtigen – Klassenbewußtseins (Lukács 1923) waren in erster Linie die Organisationen der Arbeiterbewegung mit ihrer Programmatik und nur zum geringen Teil die Arbeiter selbst. In den Auseinandersetzungen in der Arbeiterbewegung um die richtige politische Linie bildeten allerdings Aussagen über Veränderungen in der sozio-ökonomischen Lage und über die faktischen Bewußtseinsstrukturen der Arbeiterschaft oft zentrale Argumente für die Stützung oder Bekämpfung der jeweils kontroversen Programmatiken.

Sozialwissenschaftliche Untersuchungen über das ‹empirische› A. (insbesondere in Deutschland/BRD) wurden bis auf wenige Ausnahmen kontinuierlich erst nach dem Zweiten Weltkrieg durchgeführt. Die sozialwissenschaftliche Diskussion in Westeuropa um Klassenlage und Bewußtsein der Arbeiter wurde in den 50er Jahren durch zwei sich ergänzende – gegen die Marxsche Kapitalismusanalyse gerichtete – Thesen bestimmt. Auf Grund der Produktivitätsfortschritte des restaurierten Kapitalismus werde ein klassenunspezifischer Massenwohlstand bewirkt (nivellierte Mittelstandsgesellschaft), der zur Verbürgerlichung der Arbeiter führe, weil diese zunehmend die normativen Orientierungen des Mittelstands übernähmen. Methodologisch gesehen wurde also ein Wirkungszusammenhang zwischen objektiven Lebensbedingungen in außerbetrieblichen

Lebensbereichen (Konsumchancen) und subjektivem Bewußtsein und Verhalten der Arbeiter behauptet.

Komplementär zur außerbetrieblichen Lebenssphäre wurde die Verbürgerlichung der Arbeiterschaft auch mit Entwicklungen in der Produktionssphäre zu belegen versucht: Die → Automatisierung führe zu einer Requalifizierung und neuen Beruflichkeit der Industriearbeit und darüber vermittelt zur sozialen Integration der Arbeiterschaft in das betriebliche Sozialsystem (Blauner 1964).

Zwischen 1962 und 1964 führten Goldthorpe, Lockwood et al. eine methodisch anspruchsvolle Untersuchung über den ‹Wohlstandsarbeiter› in England durch, um die These von der Verbürgerlichung der Arbeiter inhaltlich zu überprüfen und zugleich mit einer methodologischen Kritik der ihr zugrundeliegenden Erklärungsstrategie zu verknüpfen. Das in beiden Varianten der Verbürgerlichungsthese auf methodologischer Ebene enthaltene Determinationsverhältnis von objektiven Bedingungen (Einkommen/Arbeitsverhältnisse) und subjektiven Orientierungen (→ Normen, Verhaltensmuster) wird aufgelöst und durch einen handlungstheoretischen Ansatz ersetzt, in dem methodologisch die Orientierungen, die die Situationsdefinitionen der Handelnden in ihren verschiedenen Lebensbereichen bestimmen, den Ausgangspunkt für die Erklärung des Verhaltens und der Beziehungsmuster in der betrieblichen und außerbetrieblichen Wirklichkeit bilden. Die zentrale Aussage der Untersuchung ist die *Instrumentalismusthese*, derzufolge die dominante Arbeitsorientierung des gutverdienenden Wohlstandsarbeiters durch ein von normativen Loyalitätsbindungen freies, allein am «cash-nexus» orientiertes Verhältnis zum Betrieb und den Organisationen der Arbeiterbewegung (Gewerkschaften, Partei) bestimmt ist. Die ‹instrumentellen› Wohlstandsarbeiter sind also trotz aller Angleichungen an mittelständische Freizeit- und Konsumverhaltensweisen weder bürokratisch orientierte, loyale Mitarbeiter wie die Angestellten noch kollektiv ‹solidarisch› orientierte Klassenmitglieder der traditionellen Arbeiterschaft.

Die bedeutendste Untersuchung über das A. von Hüttenarbeitern in der BRD der 50er Jahre unternahmen Popitz/Bahrdt u. a.: «Das Gesellschaftsbild des Arbeiters» (1957). Methodologisch sind ‹Gesellschaftsbilder› die auf die Gesamtgesellschaft bezogenen Deutungsmodelle, durch die ihre Träger die Gesellschaftsstruktur interpretieren und sich in ihr sozial verorten. Inhaltlich zeigte sich bei allen Hüttenarbeitern der Untersuchung ein dichotomes Gesellschaftsbild mit einer klaren Trennlinie zwischen ‹denen da oben› und ‹uns Arbeitern hier unten›. Zwar ließen sich sechs verschiedene Typen der interpretativen Verarbeitung dieser Dichotomie – als unveränderbares Ordnungsgefüge oder als wandelbares Spannungsverhältnis, das durch Reformen oder durch Klassenkampf zu verändern ist – feststellen; gemeinsam war aber allen Varianten des dichotomen Gesellschaftsbildes die Verankerung in einem spezifischen, an der Körperlichkeit der Arbeit festgemachten Leistungsbewußtsein der Arbeiter, das die Basis ihrer kollektiven → Identität als Klasse bildet.

Die Aufsplitterung dieser, kollektive Gemeinsamkeit stiftenden, Arbeitserfahrung konstatierten Kern und Schumann in ihrer Mitte der 60er Jahre durchgeführten Untersuchung «Industriearbeit und Arbeiterbewußtsein» (1970), in der sie methodologisch das technologiebestimmte Erklärungsmodell von A. differenzierten und kritisch gegen den ‹orientierten to work›-Ansatz von Goldthorpe und Lockwood wendeten.

Relativ eindeutig sind die Ergebnisse bezüglich der technischen Entwicklung von Produktionsverfahren: Keine Linearität des technischen Fortschritts, sondern Mechanisierungssprünge kennzeichnen die Technisierungsprozesse der Produktion, wobei die Auswirkungen auf die Arbeitssituation zu einer Polarisierung der Qualifikationsanforderungen, Dispositionschancen und Belastungen führen. Die Befunde über das Bewußtsein der Arbeiter sind weniger eindeutig: In seinen kritischen Momenten reduziert sich das Bewußtsein der Arbeiter immer mehr auf ein *Arbeitsbewußtsein*, wobei die Erfahrung von Arbeit wegen der Heterogenität der – technisch bedingt – sehr verschiedenartigen Arbeitssituationen kaum noch eine Kollektivitätserfahrung ermöglicht, auf die sich ein besonderes arbeiterspezifisches politisches und gesellschaftliches Bewußtsein gründen könne. Die durchgängige Ambivalenz im A. wird in der These zusammengefaßt, daß die Arbeiter weder in die Gesellschaft integriert sind (Blauner 1964) noch sich in konfliktorischem Gegensatz zu ihr befinden (Mallet 1963/69), sondern sich an die bestehenden Verhältnisse im Betrieb wie in der Gesellschaft allgemein adaptiert bzw. assimiliert haben (→ Integration/→ Konflikt).

Die verschiedenen Ansätze der A.-forschung der 70er Jahre lassen sich durch ihre Art der Auseinandersetzung mit der Marxschen Theorie und deren Relevanz für Bewußtseinsanalysen bestimmen. Auf der einen Seite steht die Gruppe um S. Herkommer, J. Bischoff u. a., die aus dem werttheoretisch gefaßten Kapitalverwertungsprozeß über verschiedene Analyseebenen hinweg die Formen des A. theoretisch abzuleiten und empirisch – oft durch Anwendung konventioneller, meist standardisierter Forschungsverfahren – zu bestätigen versuchen. Auf der anderen Seite wird mit dem ‹Deutungsmuster-Ansatz› (Neuendorff/Sabel 1978) gegenüber den objektivistischen «Ableitungsstrategien» die relative Autonomie sozialer → Deutungsmuster behauptet, die es in ihrer inneren Logik (durch extensive Sinnauslegung von Bewußtseinstexten) zu rekonstruieren gilt, um gültige Aussagen über die Strukturen des A. treffen zu können. Erst nach der Rekonstruktion der Strukturen lassen sich dann Fragen der Genesis von Deutungsmustern und ihrer Abhängigkeit von Handlungsproblemen in verschiedenen Lebensbereichen beantworten. Theoretisch und methodisch vermittelnde Positionen werden repräsentiert z. B. durch den Forschungsansatz der Gruppe um Kudera u. a. (1979), die das besondere Gewicht der Konflikterfahrungsgeschichte von Belegschaften für die Konstitution des A. herausgearbeitet haben, und durch den theoretisch und empirisch sehr anspruchsvollen Ansatz der Gruppe um Hack u. a. (1979), in dem mit dem Konzept der ‹doppelten Konstitution von Bewußtsein› die objektiven und subjektiven Formen der Produktion und Aneignung von Wirklichkeit miteinander zu vermitteln versucht wird. Methodisch sind die neueren Untersuchungen vor allem durch die verstärkte Verwendung qualitativer Forschungsverfahren in der Erhebung (offene Gesprächsführung) und Auswertung (hermeneutische Sinnauslegung) bestimmt. Außerhalb der industriesoziologischen Forschung liefert verstärkt auch die → Sozialgeschichte mit ihrer Wendung zur Alltagsgeschichte (Geschichte von unten) und zur Oral History (erzählte Lebensgeschichte) wichtige Beiträge zur A.-Forschung (→ Alltag).

Überblickdarstellungen

Kudera, W./Ruff, K. & R. Schmidt: Soziale Lage und Bewußtsein von Arbeitern. In: Littek, W./Rammert, W. & G. Wachtler (Hrsg.): Einführung in die Arbeits- und Industriesoziologie. Frankfurt/M. 1982.

Lukács, G.: Geschichte und Klassenbewußtsein (1923). Neuwied 1968.

Lutz, B. & G. Schmidt: Industriesoziologie. In: König, R. (Hrsg.): Handbuch der empirischen Sozialforschung. Bd. 8. Stuttgart 1977[2].

Neuendorff, H. & Ch. Sabel: Zur relativen Autonomie der Deutungsmuster. In: Bolte, K. M. (Hrsg.): Materialien aus der soziologischen Forschung. Verhandlungen des 18. Deutschen Soziologentages 1976 in Bielefeld. Darmstadt 1978.

Voss, G. G.: Arbeitssituation und Bewußtsein. Zur Kritik arbeitssoziologischer Erklärungen gesellschaftlichen Bewußtseins. Frankfurt/M. 1980.

Empirische Untersuchungen

Bierbaum, C. & J. Bischoff u. a.: Ende der Illusionen? Frankfurt/M. 1977.

Blauner, R.: Alienation & Freedom. Chicago 1964.

Goldthorpe, J. H. & D. Lockwood u. a.: Der «wohlhabende» Arbeiter in England. (dt.) München 1971.

Hack, L. & H. G. Brose u. a.: Leistung und Herrschaft. Frankfurt/M. 1979.

Kern, H. & M. Schumann: Industriearbeit und Arbeiterbewußtsein. Frankfurt/M. 1970.

Kudera, W. & W. Mangold u. a.: Gesellschaftliches und politisches Bewußtsein von Arbeitern. Frankfurt/M. 1979.

Mallet, S.: Die neue Arbeiterklasse (1963/69). Neuwied 1972.

Popitz, H. & H. P. Bahrdt u. a.: Das Gesellschaftsbild des Arbeiters. Tübingen 1957.

Hartmut Neuendorff

Arbeitslosigkeit

A. im modernen Sinne meint die «Nichtbeschäftigung lohnabhängiger Arbeitskräfte ..., die zwar rechtlich frei, aber wirtschaftlich auf die Fremdverwertung ihrer Arbeitsleistung als des einzigen und persönlichen Mittels ihrer Existenzerhaltung angewiesen sind» (Bogs 1956, 312). Als Massenerscheinung begleitet sie den Prozeß der Entfaltung und Ausdehnung der kapitalistischen Produktionsweise (→ Kapitalismus) und setzt im zyklischen Verlauf der Konjunkturrhythmen und Krisen (→ Krisentheorien/→ Zyklentheorien) periodisch mehr oder minder große Teile der Arbeitsbevölkerung zeitweilig oder auf Dauer von den Verwirklichungsbedingungen ihres Arbeitsvermögens frei.

A. – als vom Willen und den Fähigkeiten der einzelnen unabhängiger gesellschaftlicher Tatbestand – ist daher ein Strukturmerkmal kapitalistisch organisierter Wirtschaft und erscheint als Mangel an entlohnten Beschäftigungsmöglichkeiten.

Mit der Verwandlung der Mehrheit der Bevölkerung in lohnabhängig Beschäftigte, die ihre Arbeitskraft marktgemäß anbieten mußten, um ihren Lebensunterhalt bestreiten zu können, haben sich parallel die individuell verfügbaren Daseinsressourcen drastisch verringert, so daß im Falle längerfristiger A. – ähnlich wie bei anderen Existenzrisiken (z. B. Krankheit) – der Zugang zu lebensnotwendigen Gütern (Wohnung, Nahrung, Kleidung) erschwert bzw. gefährdet war. Der Tatbestand der A. wurde so zu einem Auslöser des Aufbaus sozialstaatlicher Regelungen, die die Gefährdungen der materiellen Reproduktion in der kapitalistischen Verkehrswirtschaft mindern sollten. Im 20. Jahrhundert nahmen diese Sicherungen in den meisten entwickelten Industrieländern eine versicherungsrechtliche Form an.

Hierfür gilt immer noch: «Der versicherungsmäßige Schutz gegen Arbeitslosigkeit ist insofern problematisch, als ihr voraussichtlicher Umfang – anders als etwa die voraussichtliche Zahl von Krankheitsfällen – nicht mit hinreichender Sicherheit erfaßbar ist. Es fehlt also eine sichere Grundlage für die Schätzung des Risikos und damit auch eine hinreichende Grundlage für eine versicherungsmäßige Berechnung der Beiträge» (Bogs 1956, 313).

A. ist diesem Verständnis zufolge an drei Voraussetzungen gebunden, objektiv: Mangel an bezahlter Arbeit, subjektiv: Arbeitsfähigkeit und Arbeitswilligkeit.

Um den Arbeitsmarkt und die A. durchsichtig und in Grenzen steuerbar zu machen, war es notwendig, Angebot und Nachfrage nach Arbeitskräften und ihr Verhältnis zu kennen. *Arbeitsmarktstatistik* und *Arbeitsvermittlung* dienen diesem Ziel und bilden das notwendige Gegenstück zur Arbeitslosenversicherung. Mit der üblichen Berechnung der *Arbeitslosenquote* (= prozentualer Anteil der registrierten Arbeitslosen [Al.] an der Gesamtheit der abhängig Beschäftigten) wird jedoch das wirkliche Ausmaß der Unterbeschäftigung in einer Gesellschaft regelmäßig unterschätzt. Auch die BA rechnet daher mit der sog. stillen Reserve. Ihre Zahl ergibt sich aus der Differenz zwischen dem Erwerbspersonenpotential und den registrierten Al. Die Al.-Quote allein läßt keine Rückschlüsse auf die *Arbeitsmarktkonstellation* zu. Wichtig sind neben regionalen Ungleichgewichten z. B. das Ausmaß der Dauererwerbslosigkeit und die Betroffenheitsquote. Die *Betroffenheitsquote* bezeichnet die Zahl der Erwerbstätigen, die sich innerhalb eines definierten Zeitraums arbeitslos gemeldet haben. Sie lag 1978 z. B. bei ca. 10 %, während die durchschnittliche Al.-Quote knapp 4 % betrug.

Kriterien zur Beurteilung der Arbeitsfähigkeit sind gesellschaftlich definiert und unterliegen einem historischen und soziokulturellen Wandlungsprozeß (Kinder- und Frauenarbeit, Definition der Berufsunfähigkeit, soziale Normierung des Eintritts und des Ausscheidens aus dem Erwerbsleben).

Die Frage der Arbeitswilligkeit gibt bis heute den klassischen Konfliktstoff der Diskussion über die Unterscheidung zwischen ‹freiwilliger› und ‹unfreiwilliger› A. und die angemessene Höhe der Al.-Unterstützung ab. Im wirtschaftsliberalen Denken erscheint A. primär als selbstverschuldete Ausgrenzung aus der Gesellschaft, als Folge unzureichender Qualifikationsanstrengungen, von Untüchtigkeit, übersteigerten Ansprüchen und/oder fehlender Arbeitsmotivation. Repressive Maßnahmen gegen Al. sind daher im Verlauf der → Sozialgeschichte keine Seltenheit (Kriminalisierung, Einrichtung von Arbeits- und Zuchthäusern) (→ Kriminalität).

Auch heute dominieren in der gesellschaftlichen Wahrnehmung der A. und ihrer Ursachen partikulare Schuldzuschreibungen (z. B. Gastarbeiter), fatalistische Deutungen (‹Schicksal›) und individualisierende Pseudoerklärungen (z. B. Arbeitsscheuverdacht). Sozialpsychologisch spiegelt sich in der Stigmatisierungsbereitschaft gegenüber Al. nicht nur die Tradierung wirtschaftsliberaler Denkmuster, sondern auch die Dynamik sozialer Vorurteile (Angstabwehr): Indem ich Al. Arbeitswilligkeit und vielleicht auch Arbeitsfähigkeit abspreche, kann ich im Falle der Entlassung darauf vertrauen, wieder eine Beschäftigung zu finden. Im System der Arbeitslosenversicherung erscheint die Frage der Arbeitswilligkeit unter dem Aspekt der *Zumutbarkeit* eines bestimmten Arbeitsplatzes (vgl. Wacker/Paul 1975).

Die Heftigkeit, mit der seit den Anfängen bürgerlicher Gesellschaft um die Frage der Arbeitswilligkeit von Al. gestritten wird, verweist auf die politische Brisanz, die dem Tatbestand unfreiwilliger A. zukommt.

Er bedeutet nämlich die Zurückweisung von Leistungsfähigkeit und Leistungsbereitschaft, die – gemäß den Legitimationsgrundlagen kapitalistischer Marktwirtschaft – Lebenslagen sozial gerecht zuweisen sollen. Des weiteren ist die Integration in die Arbeitswelt zentraler Bestandteil des Systems → *sozialer Kontrolle*: «Die Regelung sozialer Verhaltensweisen ist in allen Gesellschaften wesentlich von einer stabilen Beschäftigungsstruktur abhängig. Solange Menschen in ihren Arbeitsrollen festgelegt sind, sind sie es auch in ihren Aktivitäten und Anschauungen» (Piven/Cloward 1977, 79).

Massenarbeitslosigkeit, für die Betroffenen verbunden mit der Abhängigkeit von sozialstaatlich gewährter Unterstützung, der Verletzung normativer Erwartungen und der Ausgrenzung aus dem sozialisatorischen Kontext der Arbeitswelt, gefährdet daher die sozialstaatlich intendierte → Integration aller Bevölkerungsgruppen. Obgleich sich zeigen läßt, daß diese Situation zu sozialen Unruhen und zum Aufbau einer Al.-Bewegung führen kann und historisch geführt hat, wird man die verelendungstheoretische Deutung (→ Verelendungstheorien) der Massenarbeitslosigkeit – als Nährboden antikapitalistischer sozialer → Revolutionen – für die Industriegesellschaften verwerfen müssen (Wacker 1981).

Wie die *empirische* Al.-Forschung belegen kann, führen die mit A. verbundenen Belastungen und Konflikte überwiegend zu individualisierten Bewältigungsstrategien und Verarbeitungsformen (Wacker 1981, 1983). Die Belastungen sind besonders hoch bei der Gruppe der Dauererwerbslosen und aktualisieren das Problem der Armut in der Wohlstandsgesellschaft.

Dennoch gilt festzuhalten, daß die arbeits- und verwaltungsrechtliche Etikettierung von Personen als ‹arbeitslos› relativ belastungsfreie Übergangsphasen in ein neues Beschäftigungsverhältnis ebenso abdeckt wie Lebenssituationen, die für die Betroffenen zur persönlichen Katastrophe werden. Forschungsstrategisch ist daher eine *differentielle* Al.-Forschung angezeigt. Die neuere Forschung hat vor allem drei Moderatorvariablen ermittelt, die Unterschiede in der Erfahrungsverarbeitung von A. aufklären können: (1) Eine Vielzahl von Merkmalen der Al.-Situation lassen sich unter der Fragestellung bündeln, inwieweit sie Wahrnehmungen und Gefühle der Ohnmacht und Hilflosigkeit provozieren (z. B. vergebliche Arbeitssuche). (2) In Einklang mit den Befunden der Stressforschung kann soziale Unterstützung durch wichtige Bezugspersonen die Verarbeitung belastender Lebensereignisse erleichtern (Pufferfunktion). (3) Al., für die → Arbeit und → Beruf zentraler Orientierungspunkt ihrer Selbstdefinition sind, erfahren A. – unabhängig vom Ausmaß der finanziellen Restriktionen – als belastender als Al. mit einem weiteren Interessenhorizont und Identitätsrahmen. Nach einer neueren Umfrage charakterisierten fast drei Viertel aller befragten Al. ihre Situation als ‹sehr unangenehm› bzw. als ‹Katastrophe›.

Verstärkte Beachtung hat in der neueren Forschung die Frage der Auswirkungen von A. auf den Gesundheitszustand und das psychische Wohlbefinden gefunden. Obwohl ätiologische Modelle erst in Ansätzen existieren, machen Untersuchungen deutlich, daß A. und die Antizipation von A. physiologisch nachweisbare Veränderungen mit sich bringt, die zu psychosomatischen Störungen führen können (vegetative Beschwerden, Störungen im Herz-Kreislauf-System, Erkrankungen des Magen-Darm-Trakts und depressive Verstimmungen) (→ Medizinsoziologie).

Der mit A. verbundene volkswirtschaftliche Schaden und die Gefährdung der sozialen Integration lassen Massenarbeitslosigkeit auf Dauer gesellschaftlich als nicht tolerabel erscheinen. Konsequenterweise hat daher in den letzten Jahren verstärkt eine Auseinandersetzung um die Möglichkeit der Umverteilung der Arbeit begonnen. A. ist hiernach «eine undemokratische Fehlform bei der Lösung des Problems gesellschaftlicher Neudefinition von disponibler Zeit» (Nahrstedt 1980). Soweit diese Diskussion ökologische Fragestellungen einbezieht und die traditionelle Arbeitsteilung der Geschlechter problematisiert, impliziert sie ein kulturrevolutionäres Programm, das Lösungen der Arbeitsmarktprobleme in einer Transformation wachstumsorientierter Industriegesellschaften sucht (Krise der Arbeitsgesellschaft).

Mit Blick auf die mit A. verbundenen finanziellen und psychosozialen Problemlagen sind in der BRD wie in anderen Ländern in den letzten Jahren Al.-Selbsthilfegruppen und Al.-Initiativen gegründet worden. Erste Erfahrungen zeigen, daß ihnen – im Vergleich mit herkömmlichen Verwaltungs- und Beratungsinstitutionen – eine wichtige Ergänzungs- und Korrektivfunktion zukommt.

Bogs, W.: Arbeitslosigkeit. In: Handwörterbuch der Sozialwissenschaften. Bd. 1. Göttingen 1956, 312–320.

Bundesanstalt für Arbeit (BA): Überlegungen II zu einer vorausschauenden Arbeitsmarktpolitik. Nürnberg 1979[2].

Jahoda, M.: Wieviel Arbeit braucht der Mensch? Arbeit und Arbeitslosigkeit im 20. Jahrhundert. Weinheim 1983.

Nahrstedt, W.: Lernziel «Arbeitslosigkeit»: Organisierte Langeweile oder Demokratisierung der Gesamtzeit? In: Freizeitpädagogik, 1980, 4, 12–16.

Piven, F. F. & R. A. Cloward: Regulierung der Armut. Frankfurt/M. 1977.

Wacker, A. & G. Paul: Der Zumutbarkeitsbegriff des Arbeitsförderungsgesetzes oder ein Lehrstück der Widersprüche von Reformen im Sozialstaat. In: Kritische Justiz, 1975, 8, 339–356.

Wacker, A.: «Und wir können den Zeitpunkt beinahe berechnen, wo die Arbeits-

losen ihre Geduld verlieren» – Überlegungen zur Geschichte der Arbeitslosenbewegungen. In: Schülein, J. A. u. a.: Politische Psychologie. Frankfurt/M. 1981, 125–150.
– (Hrsg.): Vom Schock zum Fatalismus? Frankfurt/M. 1981².
–: Arbeitslosigkeit. Frankfurt/M. 1983³.

Ali Wacker

Arbeitswissenschaft

Von A. im heutigen Sinn spricht man in Deutschland erst seit dem Ersten Weltkrieg, wobei bis heute umstritten ist, ob es *eine* A. oder vielmehr Arbeitswissenschaft*en* gibt (Fürstenberg 1981, 5). Dieser Richtungsstreit, der auf unterschiedlichen theoretischen und methodischen Grundlagen beruht, fand seinen jüngsten Ausdruck in der Kontroverse um die Denkschrift der Deutschen Forschungsgemeinschaft «Zur Lage der Arbeitsmedizin und der Ergonomie in der Bundesrepublik Deutschland» (1980). Hier stehen sich wie seit Beginn der systematischen Beschäftigung mit dem Arbeitsprozeß ingenieur- und sozialwissenschaftlicher oder technokratischer und emanzipatorischer Ansatz gegenüber (Schweres 1980; Frankfurter Rundschau 15. 9. 1980).

1. Der enge Begriff der A. geht davon aus, daß es sich um ein Teil- oder Randgebiet der Wirtschaftswissenschaft handele (Gablers Wirtschaftslexikon). Hauptziel der A. sei der ökonomische Einsatz der Arbeitskraft (Brockhaus Enzyklopädie). Diese Richtung basiert im wesentlichen auf den Arbeiten von Taylor bzw. im weiteren Verlauf Münsterberg (Handbuch der Wirtschaftswissenschaft, Betriebswirtschaft 1, 1966, 86). Taylor, ein amerikanischer Ingenieur, veröffentlichte 1911 sein Hauptwerk «Die Grundsätze wissenschaftlicher Betriebsführung» (→ Taylorismus). Der Franzose Friedmann schreibt dazu: «Vom Taylorismus leiten sich in der Folgezeit alle Systeme ab, die den Anspruch auf ‹rationale› und ‹wissenschaftliche› Organisation der Produktion erheben» (1952, 31). Es wurde zwar bestritten, ob tatsächlich Taylor der erste war, der diesen Ansatz entwickelt hat. Zweifelsohne kann er jedoch als erster gelten, der systematisch und zusammenhängend den modernen Produktionsprozeß im Sinne kapitalistischer → *Rationalisierung* auf den Begriff gebracht hat und praktische Umsetzungen ausarbeitete (Bravermann 1977, 74). Die vier Hauptziele nach Taylors eigenen Worten sind: «1. Ableitung und Aufstellung einer wirklichen Wissenschaft. 2. Die systematische Auslese der Arbeiter. 3. Ihre wissenschaftliche Erziehung und Weiterbildung. 4. Inniges Zusammenarbeiten zwischen Leitung und Arbei-

tern» (1977, 140). Als Mittel entwickelte Taylor: Zeitstudien, Normierung der Produktionsmittel und menschlichen Bewegungen, Festsetzung des Pensums, Lohnform, Personalauswahl, Arbeitsunterweisung, Arbeitsbüro und Meistersystem (1977, 139). Die Schüler von Taylor, Gilbreth und Gantt, entwickelten das System weiter, insbesondere das Verfahren MTM. In Deutschland fand sehr früh eine Übertragung des Systems in Form der REFA-Methodenlehre (Spitzley 1980) statt. Daneben entwickelte sich die «Psychotechnik», die mit dem Namen von Hugo Münsterberg verbunden ist (Mentrup/Trieba 1983; Hinrichs 1981). So wie die Anfänge des technokratischen Ansatzes umstritten sind, ist auch seine heutige Bedeutung. Zweifelsohne findet in den letzten Jahren eine zunehmende Übertragung der tayloristischen Prinzipien in Büro und Verwaltung in Form der Zeitmessung, der Arbeitsteilung und -zergliederung statt (Rolf 1983). Schon früh gab es seitens der Arbeiterschaft Widerstand. So entstand als Reaktion darauf in den 30er Jahren die → «Human-Relations-Bewegung», die mit dem Namen Mayo und der Hawthorne-Studie verbunden ist. Betriebliche Maßnahmen zielten nun auf Produktionserhöhungen durch Einbeziehung der Gruppen (Gruppenakkord, Umweltbeeinflussungen). Die dritte Stufe dieser Art von A. entwickelt sich seit den 50er Jahren, indem versucht wird, eine Optimierung des Mensch-Maschine-Verhältnisses zu erreichen. Folgerichtig hatte die Kommission der DFG auch ihren Auftrag, einen Bericht über den Stand der A. anzufertigen, auf den Aspekt *Arbeitsmedizin* und *Ergonomie* reduziert. Tatsächlich wird institutionalisierte A. in der Bundesrepublik und der Schweiz vorwiegend als Laborforschung an TUs und THs betrieben und ist ein Anhängsel des Maschinenbaus. (In den Ländern des ‹real existierenden Sozialismus› wird dieser Ansatz unter dem Signum der «Wissenschaftlichen Arbeitsorganisation» – WAO – praktiziert.)

2. Dieser dominanten, an Kapitalinteressen (→ Kapitalismus) orientierten Auffassung traten nicht nur die betroffenen Arbeiter entgegen, sondern seit den 20er Jahren auch Wissenschaftler wie Fritz Giese, die einen umfassenderen Begriff von A. hatten. 1930 erschien das von Giese herausgegebene Handwörterbuch der A., in dem A. wie folgt beschrieben wird: «Die Arbeitswissenschaft sieht ... in der Arbeit ein besonderes Phänomen, parallel gesetzt anderen Kulturinhalten, wie z. B. der Religion, Kunst, Sprache usw.» (Bd. 1, 418); «Arbeitswissenschaft ist mithin übergeordneter Begriff; Betriebswissenschaft dagegen Sonderfall» (ebd., 420). Wenn auch nicht materialistisch begründet, so entspricht dieser Ansatz sicherlich eher der allem menschlichen Leben zugrundeliegenden Tätigkeit, der → Arbeit. In den 50er Jahren, insbesondere durch das Tavistock-Institut in London, wurden als Reaktion auf zunehmenden Widerstand der Arbeiter in Form von Absentismus,

Fluktuation, Sabotage die sogenannten «Neuen Formen der Arbeitsorganisation» entwickelt. Man unterscheidet dabei hauptsächlich folgende: «Arbeitsplatzwechsel, Arbeitserweiterung, Arbeitsanreicherung, (teil)autonome Gruppen». Diese Strategien sind weiterhin in erster Linie auf die Erhöhung der Arbeitsproduktivität gerichtet, wenn auch häufig der Begriff «Arbeitszufriedenheit» in diesem Zusammenhang auftaucht. Der A. wuchs eine neue grundlegende Aufgabe durch das Betriebsverfassungsgesetz von 1972 zu. Neue Anlagen und Veränderungen dürfen nicht «gesicherten arbeitswissenschaftlichen Erkenntnissen» (§§ 90, 91) widersprechen. Die Gesellschaft für A. hat daraufhin 1973 eine «Denkschrift Arbeitswissenschaft in der Gesetzgebung» verfaßt, die von allen maßgeblichen Fachvertretern unterzeichnet worden ist. Es heißt dort in der Definition: «Inhalt der Arbeitswissenschaft ist die Analyse und Gestaltung von Arbeitssystemen und Arbeitsmitteln, wobei der arbeitende Mensch in seinen individuellen und sozialen Beziehungen zu den übrigen Elementen des Arbeitssystems Ausgang und Ziel der Betrachtungen ist ... Gestaltung der Arbeit nach arbeitswissenschaftlichen Erkenntnissen umfaßt damit alle Maßnahmen, durch die das System Mensch und Arbeit menschengerecht, d. h. gemessen am Maßstab Mensch und seinen Eigengesetzen, beeinflußt werden kann. Diese vielfältigen und vielseitigen Aufgaben können nur durch das Zusammenwirken einschlägiger Wissenschaftsbereiche gelöst werden ... der Medizin ..., der Sozialwissenschaften ..., der technischen Wissenschaften, der Wirtschaftswissenschaften und ... der Rechtswissenschaften.» Konsequenterweise wurde daraufhin die «Konzeption einer interdisziplinär organisierten Arbeitswissenschaft» (Fürstenberg 1975) bzw. sogar einer «integrierten» A. (Fürstenberg 1981) formuliert.

3. Ein noch weitergehender, radikalerer Ansatz im Hinblick auf die gesellschaftswissenschaftliche Orientierung basiert auf der Marxschen Analyse und Methode (→ Marxismus). Wenn man davon ausgeht, daß der Arbeitsprozeß der die Gesellschaft konstituierende Prozeß ist, wobei in bezug auf die Ökonomie die *Arbeitswertlehre* diesem Umstand Rechnung trägt, so ist A. im umfassenden Sinne → Gesellschaftstheorie schlechthin. Ein solcher historisch-materialistischer (→ Historischer Materialismus) Ansatz grenzt sich ab gegen partikularistische sozialwissenschaftliche Ansätze wie Arbeitssoziologie, -pädagogik etc., die der Arbeit nur einen Stellenwert als gesellschaftlichen Teilbereich wie Freizeit, Familie, Jugend etc. beimessen (→ Familiensoziologie/→ Jugendsoziologie). Eine solche begrenzte Betrachtungsweise kann naturgemäß dem Gegenstand Arbeit nicht gerecht werden und muß notwendigerweise zu verkürzten Erklärungsansätzen und inadäquaten Methoden gelangen. Wenn man Arbeit in dem eben skizzierten Sinn versteht und gleichzeitig die Forderung der Gesellschaft für A. von 1973 ernst

nimmt, nämlich → Forschung als gesellschaftlichen und politischen Emanzipationsprozeß zu begreifen, so hat das methodische Konsequenzen. Eine Arbeitsteilung zwischen Forschern und Beforschten, zwischen Subjekten und Objekten des Forschungsprozesses erscheint nicht mehr gerechtfertigt. Daher haben sich insbesondere in Skandinavien, aber auch in Italien, Frankreich und in der Bundesrepublik Partizipationsforschungsmodelle entwickelt (→ Partizipation) (Georg/Kissler 1982). Die Konsequenz einer so praktizierten A. bedeutet auch nicht nur, den Arbeitsprozeß zu analysieren, sondern ihn im Sinne der → Emanzipation zu verändern; wobei erst die Gesellschaft *demokratisiert* sein wird, wenn es der Arbeitsprozeß ist.

Braverman, H.: Die Arbeit im modernen Produktionsprozeß. Frankfurt/M. 1977.
Deutsche Forschungsgemeinschaft (Hrsg.): Denkschrift zur Lage der Arbeitsmedizin und der Ergonomie in der Bundesrepublik Deutschland. Boppard 1980.
Friedmann, G.: Der Mensch in der mechanisierten Produktion. Köln 1952.
Fürstenberg, F.: Konzeption einer interdisziplinär organisierten Arbeitswissenschaft. Göttingen 1975.
–: Gibt es eine «integrierte» Arbeitswissenschaft? Utrecht 1981.
Georg, W. & L. Kissler (Hrsg.): Arbeit und Lernen. Frankfurt/M. 1982.
Gesellschaft für Arbeitswissenschaft: Arbeitswissenschaft in der Gesetzgebung. Frankfurt/M. 1973.
Gikas, M. / Hartmann, M. / Schmieder, A. & G. Széll: Technologie, Arbeitsorganisation und gesellschaftliches Bewußtsein. Osnabrück 1983.
Hackstein, R.: Arbeitswissenschaft im Umriß. Essen 1977.
Hinrichs, P.: Um die Seele des Arbeiters. Köln 1981.
Janny, B. & L. Wallmuth: Arbeit und Gesellschaft. Weinheim 1978.
Marx, K.: Grundrisse der Kritik der Politischen Ökonomie. Frankfurt/M. 1970.
Mentrup, U. & V. Trieba: Entwicklung der Arbeitswissenschaft in Deutschland. München 1983.
Pornschlegel, H. & H. Scholz (Hrsg.): Arbeitswissenschaft in der Gesellschaftspolitik. Berlin 1978.
Rolf, A.: Zur Veränderung der Arbeit in Büro und Verwaltung durch Informationstechnik. Münster 1983.
Schweres, M.: Vom engen und vom weiten Begriff der Arbeitswissenschaft. AFA-Informationen Sept./Okt. 1980, 30, 8–10.
Spitzley, H.: Wissenschaftliche Betriebsführung, REFA-Methodenlehre und Neuorientierung der Arbeitswissenschaft. Köln 1980.
Taylor, F. W.: Die Grundsätze der wissenschaftlichen Betriebsführung. Weinheim 1977.
Ulrich, E. u. a.: Neue Formen der Arbeitsgestaltung. Frankfurt/M. 1973.

György Széll

Ausbeutung

Ursprünglich diente das Wort A. dazu, Vorgänge der Extraktion von Bodenschätzen in Erzminen, Kohlegruben etc. zu bezeichnen. Dieser umgangssprachliche Sinn (‹Ausbeutung von Bodenschätzen›) hat sich bis heute erhalten. Eine sozialwissenschaftliche Karriere machte der Begriff in der westlichen → Gesellschaftstheorie. Allgemein wurde und wird er dazu benutzt, im Kontext von Annahmen über Ungleichheit als ‹ungerecht› oder ‹unfair› empfundene Beziehungen zwischen Personen oder Gruppen mit dem Sachverhalt der A. in Verbindung zu bringen. In der Tat besitzt jede A.-Behauptung insofern einen normativen Bezugspunkt, als sie von der Vorstellung einer ausbeutungsfreien, als ‹fair› empfundenen Beziehung angeleitet ist.

Seine erste strengere wissenschaftliche Ausarbeitung erhält der Begriff in der → Politischen Ökonomie von Adam Smith und insbesondere in der Wert- und Mehrwerttheorie Ricardos. Im antikapitalistischen und sozialistischen Schrifttum des 19. Jahrhunderts hat der A.-Begriff dann eine zentrale Rolle in der Kritik an Verhältnissen gespielt, in denen eine Personengruppe (die Kapitalisten) sich ungerechtfertigt das Produkt einer anderen Gruppe (der Arbeiter) aneignet. Obwohl entsprechende Gedanken schon in der Ricardo-Schule formuliert worden waren und die Kritik am Privateigentum das ganze 19. Jahrhunderts durchzieht (vgl. vor allem die französischen Sozialisten von Saint-Simon bis Proudhon), ist die A.-Theorie wissenschaftlich wirksam erst mit Marx geworden.

Die Aufgabe, die Marx im «Kapital» zu lösen hatte, war, zu zeigen, daß in der modernen, auf der Französischen Revolution fußenden bürgerlichen Gesellschaft, in der die Leibeigenschaft abgeschafft ist und alle → Individuen gleiche subjektive Freiheitsrechte genießen, die die gesamte ökonomische Geschichte charakterisierende A. nicht verschwunden ist, sondern fortexistiert. Die ökonomische Grundtatsache der bürgerlichen Gesellschaft ist die Marktvergesellschaftung. Alle Tauschakte geschehen freiwillig, die einzelnen Tauschakte sind durch das Äquivalenzprinzip reguliert: Austausch aller Waren zu ihren Werten, letztere verstanden als in den Waren vergegenständlichte Mengen der zu ihrer Erzeugung durchschnittlich erforderlichen gesellschaftlichen → Arbeit (→ Tausch). Es muß eine ‹Stelle› geben, an der das Äquivalenzprinzip durchbrochen wird, anderenfalls gibt es keine A. im → Kapitalismus. Diese ‹Stelle› ist die kapitalistische Unternehmung. Zum Nachweis der A. der Arbeiter in der kapitalistischen Unternehmung benötigt Marx neben dem Wertbegriff ein zweites fundamentales Konzept: die Unterscheidung zwischen Arbeitskraft des Arbeiters und der Arbeit, die er (pro Tag) leistet. Die Ware, die der Arbeiter dem Kapitalisten auf dem Arbeitsmarkt verkauft (täglich, wöchentlich etc.), ist nicht seine Arbeit, sondern seine Arbeitskraft. Deren Wert bestimmt sich wie der Wert jeder anderen Ware durch die zu ihrer Produktion (was in diesem Falle heißt: zu ihrer Erhaltung) notwendige Arbeitszeit. Marx setzt sie gleich der Arbeitszeit, die nötig ist, um das in den Arbeiterkonsum eingehende Warenbündel zu produzieren.

Wenn nun ein Arbeiter an einem Arbeitstag länger arbeitet, als nötig wäre, die zu seiner Reproduktion erforderlichen Waren zu produzieren, dann leistet er (unbezahlte) Mehrarbeit. In diesem Falle zerfällt der Arbeitstag des Arbeiters in zwei Teile, eine Periode, in der der Arbeiter die für seine eigene Reproduktion *notwendige* Arbeit leistet, und in eine zweite, in der er *Mehrarbeit* leistet (Marx 1968, 231). In der Aneignung der Mehrarbeit des Arbeiters durch den Kapitalisten besteht der Grundtatbestand der A. im Kapitalismus. Der *Umfang* der A. wird gemessen durch die positive Differenz zwischen der Tagesarbeitszeit und der *notwendigen* Arbeitszeit pro Tag, der *Grad* der A. durch die Mehrwertrate, das Verhältnis von Mehrarbeit zu notwendiger Arbeit. Den A.-Grad faßt Marx auch noch als Verhältnis von Mehrwert (der im Mehrprodukt vergegenständlichten Mehrarbeit) zum Wert der Arbeitskraft und als Verhältnis von unbezahlter zu bezahlter Arbeit. Alle Ausdrücke sind, wie sich zeigen läßt, deckungsgleich (Morishima 1973, 46ff).

Marx' exakte, von den Konfusionen seiner Vorgänger bereinigte Formulierung einer *Mehrarbeitstheorie* der A., die den Kern seiner Kritik der Politischen Ökonomie bildet, und seine Bestimmung eines quantitativen Maßes für A. bilden eine theoretische Leistung ersten Ranges. Marx bindet die Tatsache der A. strikt an eine empirisch beobachtbare A.-Beziehung zwischen zwei ökonomischen Akteuren (oder Gruppen von Akteuren). Eine solche A.-Beziehung liegt nur dann vor, wenn die Tatsache, daß ein Akteur ausgebeutet ist, dem Umstand geschuldet ist, daß ein anderer Akteur ausbeutet. Eine solche Beziehung besteht im Rahmen kapitalistischer Produktionsverhältnisse zwischen Arbeitern und Kapitalisten, aber nicht z. B. zwischen Arbeitern und Grundbesitzern.

Der Kern der A. besteht in der direkten oder über die respektiven Arbeitsprodukte vermittelten *Aneignung von Arbeitszeiten ohne Äquivalent*, im Falle des Kapitalisten konkreter in der Expropriation des Mehrwerts (der äquivalentlosen Mehrarbeit des Arbeiters). Wegen dieser strikt auf einen Vergleich von übertragenen Arbeitszeiten bezogenen Fassung des Begriffs darf A. nicht mit ‹Unterdrückung› oder → ‹Entfremdung› gleichgesetzt werden. Aber damit aus der ungleichen Übertragung von Arbeitszeiten A. wird, muß ein Element der ‹Entfremdung› im Sinne eines *Antagonismus* der Partner der ökonomischen Transaktion hinzukommen. Der andere, der die Arbeit aneignet, ist nicht irgendein zweites Subjekt, sondern z. B. Angehöriger einer anderen → Klasse. Insoweit wird der Klassenbegriff nicht aus der A. abgeleitet, sondern setzt der A.-Begriff vielmehr den Klassenbegriff voraus. Ohne Vorliegen einer antagonistischen Beziehung würden auch durch Intimität oder Solidarität gekennzeichnete Beziehungen sich schon dann in ausbeuterische verwandeln, wenn nur eine Nettoübertragung von Arbeitszeit von einem Akteur auf den anderen vorliegt. Z. B. könnte dann behauptet werden, die Kinder beuteten (wegen der einseitigen Übertragung von Erziehungsleistungen) ihre Eltern aus.

Marx' Fassung des A.-Begriffs und seine Existenzbehauptung für A. im Kapitalismus sind einer anhaltenden Kritik ausgesetzt gewesen, die teils auf Bestreitung des Sachverhalts hinauslief, teils Marx' A.-Idee im Rahmen einer allgemeineren Theorie der A. zu verbessern und von ihrer spezifisch werttheoretischen Fassung zu bereinigen trachtete (Holländer 1982; Roemer 1982a). Marx' A.-Begriff war der der → Arbeiterbewegung. Andere A.-Begriffe sind natürlich denkbar; z. B. für die ökonomische Neoklassik existiert A. nur dann, wenn die Arbeiter unterhalb des Grenzprodukts ihrer Arbeit entlohnt werden (vgl. Gerster 1973). Die bloße Existenz von Profiten, die als Kompensation für Zeitpräferenzen und eingegangene Risiken gedacht werden können, konstituiert dann an sich noch nicht A. (vgl. Holländer 1982). Morishima (1973) hat, auf einen frühen Artikel von Okishio (1963) aufbauend, versucht, einen strengen Beweis für A. im Marxschen Sinne zu liefern. Der Beweis besteht darin, die Wahrheit der folgenden Äquivalenzbehauptung zu demonstrieren: In einer durch bestimmte Eigenschaften charakterisierten kapitalistischen Ökonomie existiert eine positive *Preis*profitrate dann und nur dann, wenn die Mehrwertrate positiv ist. Die im Anschluß an Morishimas Buch aufbrechende Diskussion hat teils die Frage behandelt, ob dieses sog. Marxsche *Fundamentaltheorem* auch für kompliziertere Modelle z. B. mit Kuppelproduktion und mit Arbeit verschiedenen Qualifikationsgrades gilt, teils hat sie zu zeigen versucht, daß, seine Gültigkeit vorausgesetzt, A. durch es gar nicht bewiesen werden kann. Dies einmal, weil die Beziehung zwischen A. und Profiten eine *kausale* Relation und keine Äquivalenzrelation (Marx: Ausbeutung ist die Ursache oder die «Quelle» des Profits) ist, sodann, weil alle A.-Beweise in den Fußstapfen von Morishima mit der Annahme einer *produktiven Technik* arbeiten, d. h. einer Technik, die garantiert, daß von jedem Produkt jährlich mehr erzeugt als verbraucht wird. Samuelson (1971) hat als erster darauf hingewiesen, daß es diese Annahme einer produktiven Technik und nicht die positive Mehrwertrate ist, die eine positive Profitrate impliziert.

Über die Auseinandersetzung um das Marxsche Fundamentaltheorem hinaus führt eine Diskussion, die A. auch für nicht über den Arbeitsmarkt vermittelte Beziehungen behauptet. Ein frühes Vorbild hierfür bildet die in den Imperialismustheorien marxistischer Provenienz seit Lenin (1970) (Ansätze bei Marx 1968, 583ff) aufgestellte Behauptung, die armen, nicht industrialisierten Entwicklungsländer würden über den Mechanismus des *ungleichen Tauschs* auf dem Weltmarkt von den reichen, industriell entwickelten Ländern ausgebeutet (vgl. Emmanuel 1972; Schmidt 1979) (→ Imperialismus/→ unterentwickelte Länder).

In der feministischen Diskussion werden Haushalt und Familie als ‹Ort› der A. der Frau durch den Mann oder durch den den Mann beschäftigenden Kapitalisten angesehen (vgl. den Überblick bei Folbre 1981). Anknüpfungspunkt für diese Annahme bildet der Sachverhalt, daß in die Marxsche Lohngleichung, die den Lohn mit dem über den *Markt* bezogenen Arbeiterkonsum gleichsetzt, kein Ausdruck für den im Hause geleisteten Beitrag zur Reproduktion der Arbeitskraft eingeht. Aus der jüngsten Zeit stammen Versuche, die ‹Marxsche Ausbeutung› (Expropriation von Mehrarbeit) als speziellen Fall einer allgemeinen A., die auf ungleicher Ausstattung der Marktteilnehmer mit Produktionsmitteln beruht, aufzufassen (vgl. Roemer 1982b) und den A.-Begriff der Arbeiterbewegung ohne Bezugnahme auf die Werttheorie zu reformulieren (Roemer 1982a; Holländer 1982).

Emmanuel, A.: Unequal Exchange. A Study of the Imperialism of Trade. London 1972.
Folbre, N.: Exploitation comes home: A Critique of the Marxian Theory of Family Labour. In: Cambridge Journal of Economics 1982, Vol. 6, 317–329.
Gerster, R.: Ausbeutung. Agonie eines wirtschaftswissenschaftlichen Begriffs. Zürich 1973.
Holländer, H.: Class Antagonism. Exploitation and the Labour Theory of Value. In: The Economic Journal, Vol. 92, 1982, 868–885.
Lenin, W. I.: Der Imperialismus als höchstes Stadium des Kapitalismus. In: Ders.: Ausgewählte Werke. Band 1. 1970.
Marx, K.: Das Kapital. Kritik der Politischen Ökonomie. Erster Band. Berlin 1968 (Marx-Engels-Werke. Band 23).
Morishima, M.: Marx's Economics. A Dual Theory of Value and Growth. Cambridge 1973.
Okishio, N.: A Mathematical Note on Marxian Theorems. In: Weltwirtschaftliches Archiv, Bd. 91, 1963, 287ff (dt. in: Nutzinger, H. G. & E. Wolfstetter: Die Marxsche Theorie und ihre Kritik. Bd. 2. Frankfurt/M. 1979).
Roemer, J.: A General Theory of Exploitation and Class. Cambridge (Mass.) 1982a.
–: New Directions in the Marxian Theory of Exploitation and Class. In: Politics and Society. Vol. 11, 1982b.
Samuelson, P. A.: Understanding the Marxian Notion of Exploitation. A Summary of the so-called Transformation Problem between Marxian Values and

Competitive Prices. In: Journal of Economic Literature Vol. 9, 1971, 399–431 (dt. in: Nutzinger/Wolfstetter, a. a. O).
Schmidt, A.: Internationale Arbeitsteilung oder ungleicher Tausch. Kontroversen über den Handel zwischen Industrie- und Entwicklungsländern. Frankfurt/New York 1979.

Johannes Berger

Automatisierung

«Sobald die Arbeitsmaschine alle zur Bearbeitung des Rohstoffs nötigen Bewegungen ohne menschliche Beihilfen verrichtet und nur noch menschlicher Nachhilfe bedarf, haben wir ein automatisches System der Maschinerie, das indes beständiger Ausarbeitung im Detail fähig ist» (MEW, Bd. 23, 402). Diese von Marx im 19. Jahrhundert entwickelte Begriffsbestimmung der A. verweist auf die unmittelbare Loslösung des Menschen von der Maschinenbedienung als eine Erscheinung der A.-Arbeit. Überblickt man die Literatur zur A., so verweisen zumindest die Definitionen, die A. mit einer kurzen Formel zu erklären suchen, auf entweder rein technische Merkmale der A. oder auf die Auswirkungen der A. im geänderten Arbeitsprozeß (Mendner 1975).

Neuere sozialwissenschaftliche Forschungen suchen A. jedoch nicht über einen technischen Determinismus zu erklären, sondern: «Wesentlich gemeint ist vielmehr die Art des Produktionsprozesses, also die Art und Stufe der Auseinandersetzung des Menschen mit der Natur, die Art der Lebensbewältigung» (Das Argument, AS 7, 1975).

In Deutschland beginnt die öffentliche A.-Diskussion, angeführt von den → Gewerkschaften, in der zweiten Hälfte der 50er Jahre, welche ihren ersten Höhepunkt in den internationalen Arbeitstagungen zur «Rationalisierung, Automation und technischen Fortschritt» findet. Weitere Tagungen folgten 1968 und 1977. Verweisen die deutschen Gewerkschaften auf die möglichen Risiken der A. wie Entstehen struktureller → Arbeitslosigkeit, Entwertung beruflicher Kenntnisse und Erfahrungen usw., so verneint die deutsche Unternehmerschaft diese ‹Gefahrensmomente› und prognostiziert für die weitere technische und volkswirtschaftliche Entwicklung: «Automation und technischer Fortschritt bewirken keine Massenarbeitslosigkeit, wohl aber Wirtschaftswachstum und steigenden Wohlstand» (Deutsches Industrieinstitut 1965, 6).

Verläuft die A. bis Ende der 60er Jahre hauptsächlich in Verfahrensindustrien (Stahlerzeugung, Chemieindustrie, erdölverarbeitender Industrie), so setzt sich durch die EDV, Robotertechnologie und numerische

Steuerungssysteme im Maschinenbau der komplexe Einsatz von A. in der Fertigungsindustrie (Automobilbau, Maschinenbau, Radio- und Fernsehtechnik) immer stärker durch. Betroffen sind hier überwiegend Produktionsbereiche, in denen schematisierbare, gleichförmige und formalisierbare Tätigkeiten regelmäßig im Produktions- und Fertigungsprozeß auftreten. Im Tertiärsektor lassen sich Arbeitsgänge der Datenerfassung, Dokumentation, der Textverarbeitung, Speicherung und Informationsübermittlung über EDV teil- bzw. voll automatisieren.

Die empirisch ausgerichtete industriesoziologische Forschung richtet ihren Schwerpunkt bei der Erforschung des technischen Wandels überwiegend auf Tätigkeitsuntersuchungen, Studien zur Qualifikationsentwicklung und Forschungen über die Auswirkungen des technischen Wandels auf das → Arbeiterbewußtsein. Diskutiert werden drei Formen von Qualifikationsentwicklungen, die jeweils mit empirischen Untersuchungen untermauert werden. (1) Höherqualifizierung (Bahrdt 1958, 1972), (2) Dequalifizierung (Bright 1958; Gerstenberger 1974) und (3) Polarisierung (Kern/Schumann 1970; Fuhrmann 1971).

Eine detaillierte Übersicht zur industriesoziologischen Qualifikationsforschung findet sich im «Argument» (Sonderband AS 31, Berlin 1978).

In Untersuchungen zur Arbeitsorganisation und Qualifikation verweisen Fricke/Fricke (1976) auf Dispositionsspielräume zwischen technischem Produktionsapparat und Arbeitsorganisation, die, wenn sinnvoll genutzt, zu mehr Autonomie und Selbstbestimmung der Beschäftigten führen können. Mickler u. a. (1976) gehen in ihrer Studie zur «Technik, Arbeitsorganisation und Arbeit» davon aus, daß der unter kapitalistischen Verwertungsbedingungen entwickelte und eingesetzte Produktionsapparat einer Arbeitsorganisation bedarf, die unter gleichen ökonomischen Prämissen entwickelt und eingesetzt wird. Die Herleitung der betrieblichen Arbeitsorganisation vom technischen System wird daher von den Verwertungsansprüchen des Kapitals überlagert (→ Taylorismus).

Der insgesamt widersprüchliche Gehalt industriesoziologischer Erklärungen in der Literatur verweist dann eigentlich nur auf den derzeit unterschiedlichen Grad automatisierter Produktionsabläufe in den einzelnen Industrien, der zeitlich und räumlich in seiner Komplexität graduell unterschiedlich gelagert und von daher nicht unmittelbar vergleichbar ist.

Die technologische Basis der A. ist die elektronische → Datenverarbeitung, gestützt auf die Mikroelektronik, deren zentraler Baustein der Mikroprozessor ist. Das Besondere an der Mikroelektronik ist, daß durch ihren Träger – den Mikroprozessor – integrierte Schalt- und Speicherwerke auf einem Siliziumchip von der Größe einer Briefmarke zusammengefaßt sind und so komplexe programmierbare Informationen und Steuerimpulse ausgegeben werden können. Das ermöglicht den Bau, bezogen auf die Leistungseinheit, immer kostengünstigerer Computer, deren vielseitige und dezentrale Einsatzbreite zunehmend steigt (Briefs 1980).

Diese innovative Basistechnologie ersetzt in fast allen Produktionsbereichen in Industrie, Verwaltung und Bankgewerbe immer mehr traditionelle, manuelle, mechanisierte und personalintensive Produktionsverfahren. Die qualitative Veränderung der → Arbeit durch A. läßt sich über ihre Abgrenzung zum mechanisierten Produktionsprozeß klären (→ Rationalisierung). A. als entwickeltste Stufe der Produktivkraftentwicklung substituiert auf ihrer niedrigsten Stufe die Steuer- und Bedienungsfunktionen des Menschen auf die Maschine. Die verbleibenden Arbeiten beziehen sich dann nur noch auf Kontroll-, Überwachungs- und Wartungstätigkeiten. Die entwickeltere Stufe von A. ist die Substitution der Überwachungs- und Kontrolltätigkeiten durch die A. (Mendner 1975), also die weitere Ablösung geistiger Tätigkeiten durch die Technologie. Der Mensch tritt neben die Maschinerie, verlagert seine Tätigkeit aus dem unmittelbaren Produktionsprozeß, übernimmt zunehmend nur noch Steuerung und Regelung komplexer Anlagensysteme. Die Verwissenschaftlichung der Produktion wird bedeutsame betriebswirtschaftliche Größe für innovative Entwicklungs- und Produktionsentscheidungen. Vorgelagerte Arbeiten in Forschung und Entwicklung werden zur eigentlichen produktiven Tätigkeit – Wissenschaft verwandelt sich in eine unmittelbare Produktivkraft, die, gestützt durch neue Informations- und Datenverarbeitungssysteme, die Verfestigung der Interessen- und Machtstrukturen unter kapitalistischen Produktionsverhältnissen auf einer entwickelteren Stufe bedeutet (Littek u. a. 1982). Die formale Organisation der ‹Arbeit› setzte den Menschen zum Bezugspunkt seiner Tätigkeit. Durch die A. wird die Technik selbst zum Gegenstand gesellschaftlicher → Interessen und Herrschaftskonflikte.

Erster Ausdruck dieser Diskussionen ist die wissenschaftliche wie gesellschaftliche Auseinandersetzung um die ‹Zukunft der Arbeit› oder: ‹Geht der Arbeitsgesellschaft die Arbeit aus?› Strukturelle Arbeitslosigkeit bestimmt das sozialpolitische Klima aller westlichen Industrieländer. Otten (1982) sieht die Gefahr der Entstehung säkularer Arbeitslosigkeit. Der identitätsstiftende Gehalt von ‹Arbeit›, wie er in den Industrieländern mit konstituierend ist, scheint in Ablösung begriffen (→ Identität). Die Trennung von Arbeitsbesitzern und Nicht-Arbeitsbesitzern kann zu gesellschaftlichen Veränderungen führen, bei der die A.-Technologie ein Hebel für eine sinnhafte Gebrauchswertproduktion und Verteilung sein kann.

Bahrdt, H. P.: Industriebürokratie. Versuch einer Soziologie des industrialisierten Bürobetriebes und seiner Angestellten. Stuttgart 1972 (1958).
Briefs, U.: Arbeiten ohne Sinn und Perspektive? Köln 1980.
Bright, J. R.: Automation und Management. Boston 1958.
Deutsches Industrieinstitut: Die Automation – unsere Aufgabe. Sondertagung der Unternehmer vom 2.–3. Februar 1965. Köln 1965.
Fricke, W.: Arbeitsorganisation und Qualifikation. Bonn-Bad Godesberg 1975.
– & W. Fricke: Berufsausbildung und Beschäftigungssystem. Opladen 1976.
Fuhrmann, J.: Automation und Angestellte. Frankfurt/M. 1971.
Gerstenberger, F. u. a.: Produktion und Qualifikation. Göttingen 1974.
Haug, W. F. (Hrsg.): Das Argument AS 7, Automation in der BRD. Berlin 1975.
– (Hrsg.): Das Argument AS 31. Theorien über Automationsarbeit. Berlin 1978.
Kern, H. & M. Schumann: Industriearbeit und Arbeiterbewußtsein. Frankfurt/M. 1970.
Littek, W. u. a. (Hrsg.): Einführung in die Arbeits- und Industriesoziologie. Frankfurt/New York 1982.
Mendner, J. H.: Technologische Entwicklung und Arbeitsprozeß. Frankfurt/M. 1975.
Mickler, O. u. a.: Technik, Arbeitsorganisation und Arbeit. Frankfurt/M. 1976.
Otten, D.: Das Roboter-Syndrom. In: Benseler, F. u. a. (Hrsg.): Zukunft der Arbeit. Hamburg 1982.
Rolf, A.: Zur Veränderung der Arbeit in Büro und Verwaltung durch Informationstechnik. Münster 1983.

Volker Trieba

Behaviorismus

B. ist das neben der Psychoanalyse einflußreichste Paradigma der Psychologie, mit dem versucht wird, Verhalten aus seinen Bedingungen, den Lebensbedingungen des → Individuums zu erklären ohne Rekurs auf ‹innere› (psychische) Zustände. Entstanden ist der B. um die Jahrhundertwende in den USA aus den Untersuchungen über ‹animal psychology› im psychologischen Labor der Universität Chicago, dem Wirkungsort J. Deweys (1858–1952) und seines → Pragmatismus der Reform.

Chicago war zu dieser Zeit einer der Brennpunkte der amerikanischen Gesellschaft in jener entscheidenden Umbruchphase vom agrarisch bestimmten Land zur industriellen (→ Industrialisierung) Weltmacht, Brennpunkt der sozialen Probleme und sozialen Bewegungen sowie Zentrum der Reformdiskussion (→ Chicago-Schule).

Der B. ist zugleich die Konsequenz der schrittweisen Verengung emanzipatorischer Theoriebildung im Rahmen der Reformdiskussion zu sozialtechnischen Vorstellungen (→ Sozialtechnologie), parallel zum Niedergang der sozialen Bewegung und dem Scheitern der Reform wie das Versprechen, die Ziele der Reform mit Hilfe der Wissenschaft (vom Verhalten) zu verwirklichen, in den Händen der neu entstehenden ‹social engineers›.

Der Begriff B. wurde zum erstenmal von J. B. Watson (1878–1958) in seinem Artikel «Psychology as the Behaviorist views it» von 1913 in die Diskussion gebracht, in dem er mit der Psychologie seiner Zeit abrechnete: der Untersuchung von Bewußtseinsstrukturen mit der Methode der Selbstbeobachtung (Introspektion). Sein Argument war die experimentelle Unbestimmbarkeit der Strukturen des Bewußtseins, die Unmöglichkeit ihrer objektiven Erfassung.

Mit seiner Forderung, Psychologie solle sich beschränken auf das, was objektiv (experimentell) beobachtbar: das Verhalten und die verhaltensauslösenden Bedingungen, habe er, so Mackenzie (1977), den Knoten durchschlagen, in dem sich die experimentelle Psychologie seiner Zeit verstrickt hatte, gleichzeitig objektive (Natur-)Wissenschaft sein zu wollen und sich auf subjektive Daten stützen zu müssen. Doch damit hat er zugleich diese subjektiven Daten auf den Status bloß zusätzlicher Interpretation der beobachteten Verhaltens- und Bedingungsdaten reduziert, um sie für die Erklärung des Verhaltens als irrelevant erklären zu können.

Den Beweis für die Irrelevanz der subjektiven Daten und die Möglichkeit einer objektiven Psychologie, die sich allein auf beobachtetes Verhalten und seine auslösenden Bedingungen stütze, fand Watson erst nach seinem programmatischen Artikel in den Konditionierungsexperimenten von V. M. Bechterew (1857–1927) und I. P. Pawlow (1849–1936). Pawlow war es gelungen, Reflexverhalten auch durch andere als den Reflex normalerweise auslösende Reize hervorzurufen, indem er sie in zeitliche Nähe zueinander brachte. Wenn es gelang, Verhalten auszulösen durch diese Variation der auslösenden Bedingungen allein, so war das für Watson der Beweis, daß es eines Bewußtseins nicht bedürfe. Zwar hatte Pawlow seine Versuche mit Tieren gemacht, aber die Möglichkeit, Ergebnisse aus Tierexperimenten auf menschliches Verhalten zu übertragen, war Konsens der experimentellen Psychologie dieser Zeit. Trotzdem wurde Watsons B. nicht als Beitrag zur animal psychology von Chicago akzeptiert, weil er mit dem Bewußtsein den eigentlichen Gegenstand der dortigen Untersuchungen aus der psychologischen Theorie ausgeschlossen hat.

Diese Ausschaltung des Bewußtseins aus der Psychologie ist aber der Kern des B. Und sie ist insofern auch als Konsequenz der Psychologie von Chicago zu betrachten, als in dieser bereits jene Veränderung (des Status) des Bewußtseins stattfand, die schließlich zu seinem Ausschluß im B. führte. Hatte Dewey diesem noch die Aufgabe der «intelligenten Anpassung» der Umstände an die Bedürfnisse des gesellschaftlichen Individuums zugesprochen, so wurde seine Funktion bei J. R. Angell (1869–1949) auf die der Anpassung des Individuums an die Umstände reduziert. Aus diesem Wechsel von der Anpassung der Umstände zur Anpassung an die Umstände, parallel zum Niedergang der Reformbewegung, speist sich die behavioristische Konsequenz bzw. rechtfertigt diese sozusagen im nachhinein.

Im nachhinein wurde diese auch akzeptiert: von der nachfolgenden Psychologengeneration. Sie haben den Wechsel des Gegenstands akzeptiert: vom Bewußtsein zum Verhalten. Sofern ‹innere Zustände› berücksichtigt wurden – wie bei E. C. Tolman (1886–1959): «sign-gestalt», «cognitive map», und C. L. Hull (1884–1952): «Reaktionstendenzen», «Triebzustände» –, so als «intervenierende Variablen», als aus den Beobachtungsdaten Verhalten und verhaltensauslösende Bedingungen erschlossene Konstrukte, keinesfalls als Kategorien der Selbstbeobachtung.

Mit dem zentralen Stellenwert der «Konditionierung» als experimenteller Methode der behavioristischen Psychologie hängt auch zusammen, daß diese sich auf die Untersuchung der Gesetze des Lernens konzentrierte, und zwar beinahe unter Ausschluß jeder anderen Richtung der Psychologie. B. und Lernpsychologie wurden für lange Zeit synonym (→ Lerntheorien). Das Modell der Verknüpfung von «S» und «R» («Stimulus», verhaltensauslösende Bedingung, und Verhalten als «Reaktion») wurde zum Prinzip des Erwerbs neuer Verhaltensweisen schlechthin.

Gleichzeitig wurde die Methode der Konditionierung zur Technik der Herstellung von Verhalten («behavior shaping») in Schule («Programmierter Unterricht») und Psychiatrie/Therapie. Vor allem B. F. Skinner (geb. 1904) hat diese Anwendung gefördert. Er hat das durch eine wesentliche Modifikation des B. erreicht: durch das Konzept der «operanten Konditionierung». Im Unterschied zur «klassischen» («respondenten») Konditionierung Watsons wird bei der operanten nicht die verhaltensauslösende Stimulusbedingung manipuliert, sondern die auf das Verhalten folgende «Konsequenz». Es ist dies das Modell der Belohnung von (erwünschtem) Verhalten, das dadurch aus dem Verhaltensrepertoire des Individuums herausgehoben wird, um seine erneute Äußerung wahrscheinlicher zu machen («reinforcement»).

Für Skinner ist das Prinzip der Verhaltensmodifikation durch Belohnung das Grundprinzip der Verhaltensregulation, die Technik der Konditionierung lediglich dessen systematische Anwendung. Und in der Anwendung dieses Prinzips auf alle Lebensbereiche behauptet er die Möglichkeit einer menschlichen Gesellschaft («Walden Two», 1948), die Verwirklichung der utopischen Träume der Menschheit.

Allerdings ist seine Utopie angewiesen auf die Experten der Konditionierung, in deren Händen die systematische Anwendung des Reinforcement-Prinzips liegt. Damit nimmt Skinner Stellung gegen die sozialrevolutionären Bewegungen, gegen deren Ablehnung von Herrschaft in jeder Gestalt, auch in der der Technokraten der Kontrolle, explizit in «Jenseits von Freiheit und Würde» (1971) – in gewisser Weise bereits in «Science and Human Behavior» (1953) –, wo er die Parolen der Freiheitsbewegungen als «Fiktionen» entlarvt angesichts der unumstößlichen «Gesetze» des Verhaltens, nach denen unter allen Bedingungen Verhalten «kontrolliert» werde: durch die «Kontingenzen des reinforcement». «Freiheit» und «Würde» seien nur dazu angetan, diese tatsächlich stattfindende Kontrolle zu verschleiern. Diese Kontrolle sei nicht abzuschaffen, sie könne lediglich offengelegt, wissenschaftlich geplant und sozial positiv eingesetzt werden – für das «Überleben unserer Kultur» (Skinner 1971).

Dies ist natürlich keine Schlußfolgerung aus Ergebnissen empirischer Untersuchungen oder Experimenten (des B.), sondern die (philosophische) Vorannahme und das Programm des → Positivismus: «Fortschritt in Ordnung». Dieses führt der B. fort als Propaganda der sozialen Kontrolle, faszinierend für die ‹Experten› der → sozialen Kontrolle an der Basis der Gesellschaft, in Schulen, Heimen, Therapieeinrichtungen, Gefängnissen, deren Kontrollpraxis er legitimiert als Anwendung der Wissenschaft für einen akzeptierten Zweck: der Hilfe für den einzelnen. Er stellt diese als technisch durchsetzbar dar – gegen den Willen und das Bewußtsein der Kontrollierten, indem er von den gesellschaftlichen Bedingungen abstrahiert und statt dessen die Bedingungen der Möglichkeit der Kontrolle in die «Gesetze des Verhaltens» verlegt. Damit trägt er bei zur allgemeinen Akzeptierung des Kontrolldenkens bis in die letzten Nischen des persönlichen → Alltags: «Selbstkontrolle».

Bandura, A.: Social Learning Theory. Morristown 1971.

Bruder, K. J.: Psychologie ohne Bewußtsein. Die Geburt der behavioristischen Sozialtechnologie. Frankfurt/M 1982.

Mackenzie, B. D.: Behaviourism and the Limits of Scientific Method. London 1977.

Mahoney, M. J. & G. E. Thoresen: Self-Control: Power to the Person. Monterey 1974.

Miller, G. A./Galanter, E. & K. H. Pribram: Plans and the Structure of Behavior. Stuttgart 1973.

Skinner, B. F.: Wissenschaft und menschliches Verhalten. München 1973 (amer. Ausgabe New York 1953).

–: Jenseits von Freiheit und Würde. Reinbek bei Hamburg 1973 (amer. Ausgabe New York 1971).

Klaus-Jürgen Bruder

Beruf

B.e stellen eine spezifische Organisationsform der gesellschaftlichen → Arbeit dar. Sie sind historisch mit der kapitalistischen Industriegesellschaft entstanden. Im Gegensatz zur bis in die Frühzeit zurückgehenden sozialen Arbeitsteilung, etwa nach Geschlecht und Alter, oder der für die Feudalgesellschaft der einfachen Warenproduktion charakteristischen Teilung der Gesellschaft nach Ständen (Bauern/Landarbeiter, Handwerker, Adel/Kaufleute/Klerus) erfolgte zunächst mit der Manufaktur, später im gegliederten Fabriksystem der Industrie eine ökonomisch begründete Arbeitsteilung, die mit der fortschreitenden Zerlegung des Arbeitsprozesses die Steigerung der Produktivität zur Erzielung von Mehrwert anstrebt. Die vormals ganzheitliche Tätigkeit wird zerteilt in einfache und komplexere Arbeitsaufgaben, zur Ware erst das gemeinsame Produkt vieler Teilarbeiter (Marx 1962). Mit der kapitalistischen Warenproduktion trennt sich das Arbeitsverhältnis vom Gütertausch; der Arbeitsmarkt entsteht: Arbeit wird Lohnarbeit; nicht mehr das Arbeitsergebnis, sondern die Arbeitskraft selbst wird getauscht. Sie erhält «Tauschwert» für den Arbeitenden und «Gebrauchswert» für den Käufer, d. h. den Unternehmer. Ihm fällt die inhaltliche Bestimmung der Arbeit nach den Erfordernissen der Mehrwertproduktion zu. Gehörten im zunftmäßigen Handwerksberuf, der «Ur- oder Vorform der heutigen Berufe» (Beck/Brater 1978, 103), Fähigkeit und Tätigkeit noch zusammen, so treten sie nun auseinander. Die Notwendigkeit zur Vermarktung des Arbeitsvermögens führt zur inhaltlichen Ausprägung der Ware Arbeitskraft als B. (→ Feudalismus/→ Kapitalismus). Nach M. Weber (1972, 80) soll deshalb «Beruf jene Spezifizierung, Spezialisierung und Kombination von Leistungen einer Person heißen, welche für sie Grundlage einer kontinuierlichen Versorgungs- oder Erwerbschance ist».

Da die Arbeitsaufgaben sich aus der Logik des Arbeitsprozesses als Verwertungsprozeß ergeben, sich i. d. R. also nicht nach individuellen Fähigkeiten und → Interessen richten, beruht die berufliche Differenzierung auch nicht auf individuellen Unterschieden der Personen. Allerdings hat der B. für deren sozialen Status eine eminente Bedeutung (→ Schicht). Je nach Arbeitsmarktwert, der den ökonomischen Erfordernissen, aber auch kulturellen Bewertungen folgt, unterscheiden nicht nur das Einkommen, sondern auch die gesellschaftliche → Macht und das Ansehen die B.e. Sie bezeichnen damit auch soziale Positionen, nach denen sich die gesellschaftliche Hierarchie gliedert, und strukturieren so wesentlich das Geflecht der sozialen Beziehungen. Für Daheim (1970, 15ff) dient in Anlehnung an die Theorie des sozialen → Handelns der B. z. B. wesentlich als Element der Organisation der sozialen Positionen in der modernen Gesellschaft. Lüscher (1968, 1), der sich an der → Rollentheorie orientiert, sieht dagegen in den B.en die wichtigsten strukturellen Einheiten von Teilsystemen, in denen sich die gesellschaftliche Arbeitsteilung manifestiert, also als soziale Positionen, an die bestimmte Rollenerwartungen geknüpft sind.

Der Industrialisierungsprozeß, vor allem der technisch-organisatorische Wandel der Produktion, welcher der optimalen Nutzung der Arbeitskraft dient, hat freilich mit der Zerlegung ganzheitlicher Tätigkeiten in immer komplexeren Kooperationszusammenhängen eine enorme Vermehrung der B.e mit sich gebracht. Zählte man vor Beginn der → Industrialisierung etwa 100 verschiedene B.e, so gibt es gegenwärtig deren mehr als 20000, die in beinahe 500 B.-Klassen zusammengefaßt sind. Allerdings sind die Versuche, die Unterschiede derartig vieler B.e systematisch zu katalogisieren, stets auf Schwierigkeiten gestoßen. Entsprechend problematisch sind die Bemühungen, den gesellschaftlichen Status nach B. und deren Relevanz für die Sozialstruktur zu bestimmen. Die Probleme der in allen Industrieländern existierenden B.-Systematiken rühren jedoch nicht nur aus der zunehmenden Differenzierung, sondern auch aus dem permanenten Strukturwandel der B.e. Mit dem Wandel der Arbeitsprozesse entstehen nicht nur neue B.e, es sterben auch alte aus bzw. verändern sich inhaltlich unter der Beibehaltung überkommener Bezeichnungen. Hesse (1968, 148) definiert deshalb den B. als Mittel zur Anpassung des → Individuums an die sich beständig ändernden technisch-ökonomischen Erfordernisse.

Dieser zunehmende Zwang zur Anpassung, für den ein Indiz die Tatsache ist, daß z. Zt. von den Erwerbstätigen in der Bundesrepublik etwa die Hälfte den B. gewechselt hat, dürfte auch die subjektive Bedeutung mindern, die man den B. als Mittel zur Selbstbestätigung und Selbstbewertung zuschreibt. Verstanden als sinnhafte Tätigkeit, in der man Fähigkeiten und Fertigkeiten realisieren kann, scheint der zentrale Einfluß des B. auf Genese und Struktur der → Identität abzunehmen. → Rationalisierung und Mechanisierung führen in zunehmendem Maße zu sog. Jedermannstätigkeiten, die keine besonderen Qualifikationen erfordern, und fördern so eine Tendenz zur Polarisierung und Entberuflichung. Institutionalisierte Qualifikationsprozesse im beruflichen Ausbildungssystem (Baethge 1970), die sich oft noch an ständischen → Traditionen orientieren, entsprechen darum immer weniger jenem traditionellen B.-Begriff, der B. als Lebensberuf versteht. Die Abgrenzung zwischen den B.en, die mit der Formalisierung und öffentlichen Anerkennung der Ausbildung, welche die Gleichartigkeit der Qualifikation voraussetzt, eine überindividuelle und überzeitliche Stabilität und Standardisierung erhalten, ist damit hinsichtlich der gesellschaftlichen Produktivität auch nicht optimal (Lutz 1974). Die faktisch vorhandenen Fähigkeiten und Fertigkeiten werden zum Vollzug der Arbeitshandlungen keineswegs immer vollständig genutzt, ihre Nutzung richtet sich nach den ökonomischen Bedingungen.

Demgegenüber versuchen die Anbieter von Arbeitskraft strategisch ihre Erwerbschancen individuell zu verbessern, indem sie z. B. Spezialwissen erwerben (Kompetenz) und so die → Konkurrenz auf dem Arbeitsmarkt reduzieren. Unter diesem Gesichtspunkt stellen B.e das Ergebnis des strategischen Handelns zur Optimierung der Erwerbschancen dar. Die Verfügbarkeit über berufliche Qualifikationen, die im Produktionsprozeß benötigt werden, ist außerdem zugleich Voraussetzung für kollektive Gegenstrategien. Auf ihnen gründet jene Gegenmacht, die sich in organisierter Form in den → Gewerkschaften verkörpert. Mit der Minderung beruflicher Qualifikationsanforderungen reduziert sich allerdings dieses politische Handlungspotential, dem nur eine entsprechende B.-Bildungspolitik entgegenwirken kann.

Baethge, M.: Ausbildung und Herrschaft. Frankfurt/M. 1970.
Beck, U. & M. Brater: Berufliche Arbeitsteilung und soziale Ungleichheit. Frankfurt/M. 1978.
– – & H. J. Daheim: Soziologie der Arbeit und Berufe. Reinbek bei Hamburg 1980.
Daheim, H. J.: Der Beruf in der modernen Gesellschaft. Köln 1970.
Hesse, H. A.: Berufe im Wandel. Stuttgart 1968.
Hörning, P. K. & Th. Knicker: Soziologie des Berufs. Hamburg 1981.
Luckmann, T. & W. M. Sprondel (Hrsg.): Berufssoziologie. Köln/Berlin 1962.
Lüscher, K.: Der Prozeß der beruflichen Sozialisation. Stuttgart 1968.
Lutz, B.: Vorläufige Notizen zur gesellschaftlichen und politischen Funktion von Beruf. In: Crusius, R. u. a., Berufsausbildung – Reformpolitik in der Sackgasse? Reinbek bei Hamburg 1974.
Marx, K.: Das Kapital. Berlin (DDR) 1962.
Scharmann, T.: Arbeit und Beruf. Tübingen 1956.
Weber, M.: Wirtschaft und Gesellschaft. Tübingen 1972.

Martin Osterland

Bürokratie

Mit B. wird in den verschiedenen gesellschaftlichen → Institutionen und Organisationen der Bereich bezeichnet, in dem Verwaltungstätigkeiten getrennt (in den ‹Büros›) von den jeweiligen konkreten Prozessen (z. B. der Produktion) durchgeführt werden, um derentwillen die jeweilige Institution und Organisation existiert oder existieren sollte. Man spricht so

u. a. von Staatsbürokratie, Wirtschaftsbürokratie, Gewerkschaftsbürokratie, Kulturbürokratie usw.

Der Begriff Bürokratisierung wird insbesondere gebraucht, um Prozesse der Verselbständigung und Erstarrung von verwaltenden Teilen von Organisationen zu bezeichnen, die eigentlich den Zielen und Vorgängen in diesen Organisationen untergeordnet sein müßten. Diese Verselbständigung geht häufig bis zur Umkehrung der Verhältnisse: Die B. drückt den sonstigen Teilen der Organisation ihre Ziele und Regeln auf. Sie herrscht dann über die Organisation, der sie eigentlich zu dienen hätte.

Verwaltung in der und durch die B. bedeutet Verwaltung von Sachen und Mitteln, Dispositionen über Leistung, Verhalten, Einkommen usw. der die Organisation und die Organisationsprozesse tragenden Menschen. Sie bedeutet das laufende Schaffen und Erhalten von Regeln (in Rechts- oder zumindest in rechtsähnlicher Form mit entsprechenden Sanktionsmöglichkeiten), nach denen diese Prozesse in den anderen Teilen der Organisation und in der B. abzulaufen haben. In den komplexen heutigen Organisationen, insbesondere den Großorganisationen übernimmt die B. gerade auch die Aufgaben der Planung und Kontrolle der Tätigkeiten und der Strukturen der Organisation und übt über diese Planungs- und Kontrollprozesse → Herrschaft über die Organisation aus.

B. ist somit einerseits die spezifische Funktion der im Rahmen von Organisationen notwendigen Verwaltung von Mitteln und Einrichtungen (Ressourcen) sowie das Sammeln, Speichern und Verarbeiten von Informationen dazu. Sie ist andererseits ein Bereich in der Organisation und in der Gesellschaft, über den Herrschaft ausgeübt wird. Außer der Ausübung von Herrschaft von Teilen der Organisation über die gesamte Organisation dient die B. dabei gerade auch der Durchsetzung von den jeweiligen konkreten Organisationen äußerer → Interessen, also der Fremdbestimmung, z. B. in Betrieben durch die Vorbereitung und Durchführung von Planungs- und Kontrollprozessen im Interesse äußerer Kapitalgruppen (z. B. der Banken) (→ soziale Kontrolle).

B. ist in der Regel gebunden an hierarchische Organisationsstrukturen (→ Organisationssoziologie). Hierarchisierte Organisationsstrukturen, gleichgültig auf welcher Legitimation sie beruhen, bedürfen stets der B., d. h. bestimmter Instanzen in der Organisation, die Informationen sammeln, Entscheidungen vorbereiten, Planungen durchführen und durchsetzen, Kontrollen der Ausführung praktizieren usw.

B. ist somit ein entscheidender Bestandteil der heute entwickelten und die Verhältnisse insbesondere in der Produktion, aber auch in anderen gesellschaftlichen Bereichen prägenden hierarchisierten Arbeitsteilung zwischen Planung und Kontrolle einerseits, Ausführung andererseits. Historisch ist sie, wie das Militär, entstanden als Bestandteil insbesondere der feudalen Staatsorganisation, die für die Besteuerung, d. h. für die systematische Auspressung der produzierenden Bevölkerung (insbesondere der Bauern), Informationen und Kontrollen sowie entsprechend wirksame Anweisungen an die Repressionsinstrumente der jeweils herrschenden Kräfte brauchten. In bestimmten feudalen Systemen, etwa im islamischen Kalifenreich des 9. Jahrhunderts n. Chr., ist die B. vorübergehend sogar ihr entscheidender gesellschaftlicher Machtfaktor gewesen, der durch die Monopolisierung der Schrift auch tiefe kulturelle Transformationsprozesse bewirkt hat. Ansonsten hat die B. keine eigenen Machtmittel, sondern stützt sich für die Durchsetzung ihrer Ziele auf die Faktoren, von denen die strukturelle → Gewalt der jeweiligen Gesellschaftsformation (also z. B. auf das Lehenseigentum, die militärische Gewalt, das Kapitaleigentum u. ä.) ausgeht (→ Eigentum/→ Feudalismus/ → Kapitalismus/→ Macht).

Funktionsvoraussetzung für die B. ist die → Rationalisierung der Informationen, Kommunikationsflüsse und Anweisungen, ihre Vereinheitlichung, Standardisierung und Regulierung, damit aus der B. heraus über Sachverhalte entschieden werden kann, zu denen keine unmittelbare und zumal keine schöpferische Verbindung besteht.

B. ist somit ein heute historisch breit entfalteter und an Herrschaft und großenteils an Fremdherrschaft gebundener Bestandteil von Organisation. B. ist zugleich an und für sich nicht existenzfähig. Sie braucht einerseits eine wirkliche Machtbasis (das Militär, das Kapitaleigentum, das staatliche Gewaltmonopol o. ä.). Sie ist im wirklichen Sinne des Wortes ein Papiertiger. Sie benötigt andererseits die Annahme, Unterstützung und Mitwirkung der der B. unterworfenen, der verwalteten und ihrer z. B. in der Produktion auf dem Wege der Eigenorganisation geschaffenen Strukturen. Fremdorganisation und Eigenorganisation greifen in der Regel in unterschiedlichen Formen ineinander, die Gestaltung der Prozesse in der Organisation durch Vorgaben (Pläne u. ä.) von oben und durch die reale Praxis ‹von unten› kombinieren und ergänzen sich: Kein Betrieb kann wirklich so funktionieren, wie es sich das → Management und die dazugehörige B. (mit ihren vielen Dokumenten, Handbüchern, Plänen usw.) vorstellen. Die B., so wichtig und umfangreich sie im Rahmen der heutigen Organisationen und Organisationsstrukturen geworden ist, findet in dieser notwendigen Unterstützung und ‹Akzeptanz› durch die Verwalteten stets ihre Schranken. Dieses Ineinandergreifen von Fremd- und Selbstorganisation, von B. und spontanem Organisationsprozeß der Beschäftigten in den Betrieben, der Bürger in anderen gesellschaftlichen Bereichen ist zugleich der entscheidende, einer weiteren wissenschaftlichen Bearbeitung harrende Gegenstandsbereich im Bereich der B.-Forschung.

Praktiken in den Betrieben (wie der Dienst nach Vorschrift, der zeigt, daß die Betriebe zusammenbrechen, wenn gearbeitet wird, wie es die

Hierarchie und ihre zugehörige B. wollen) und in der Gesellschaft zeigen, wie ohnmächtig die B. dennoch wird, wenn Massenwiderstand praktiziert wird. Massenhafter Widerstand, z. B. in der Form, daß sich 100000 Menschen in der BRD politisch verdächtig und damit die Abhörung ihrer Telefone notwendig machen würden, würde zum Zusammenbruch der Telefonabhörung durch die Geheimdienste – ein besonders wichtiger Bestandteil der heute existierenden Repressionsbürokratie – führen. Gegen das Prinzip des massenhaften zivilen Widerstands erweisen sich B. in der Regel als auf Dauer wenig widerstandsfähig.

B. und bürokratische Herrschaft beruhen auf der stillschweigenden, durch Erziehung, sozialen Druck, Repression und Sanktionsmechanismen vermittelten bzw. erzwungenen ‹Akzeptanz› durch die Massen der Menschen.

Zugleich ist die B. nicht in der Lage, selbst die grundlegenden Leistungen zu erbringen, aus denen sie erstens unterhalten wird und die zweitens erst die Masse von Gütern und Dienstleistungen erbringen, über die sie dann in irgendwelchen Formen disponieren kann.

Ein Großteil bürokratischer Tätigkeiten besteht in der laufenden Propagierung eines Bewußtseins, nach dem es die B. sind, die die Leistungen der Organisation erbringen.

B. ist daher in der heutigen Gesellschaft der Apparat zur anonymisierten, in abstrakte Regeln gefaßten Verfügung über Menschen und Sachen.

Neue Technologien, insbesondere die universelle Rationalisierungs- und Kontrolltechnik, die mit der Computertechnik und den sonstigen Informationstechnologien entstanden ist (→ Automatisierung), unterstützen die B. durch die laufende und ins einzelne gehende Erfassung und Auswertung von Informationen in den Organisationen. Da zugleich unter den bestehenden ökonomischen und gesellschaftlichen Bedingungen die Möglichkeiten zu Lösungen der ökonomischen, finanziellen und durchsetzungsbezogenen Probleme in der Umwelt der Organisation eher zurückgehen, muß ein Ausgleich durch verstärkte Repression in den Organisationen geschaffen werden. Hierzu eignen sich die neuen Technologien hervorragend. Die B. erhalten dadurch Verhaltensorientierungen mit entsprechenden Folgerungen für die Veränderungen ihrer eigenen Strukturen, die Parallelen zu früheren vergleichbaren Phasen ökonomischer Entwicklung sichtbar werden lassen (z. B. die 20er/30er Jahre).

Im Zusammenhang mit der flächendeckenden Ausbreitung der neuen Technologien muß sich zugleich das Spektrum von der empirisch nachvollziehenden Analyse von B.-Bildung und Bürokratisierungsprozessen zur Analyse neuer grundlegende Veränderungen mit sich bringender Konzepte der Bürokratien erweitern – Konzepte wie das Büro 1990 (Siemens) oder Büro der Zukunft (Rank Xerox), das ‹Aktenlose Büro› oder die Konzepte der Polizei-Informationssysteme sind hierfür bezeichnend.

Neue Dimensionen der Bürokratisierung durch flächendeckende Erfassung von Daten über Mediengebrauch und andere Gewohnheiten der Bevölkerung kann die ‹Verkabelung› bringen. Die B. stoßen gegenwärtig auf zunehmende Schranken der Ausübung ihrer Herrschaft und der weiteren Entfaltung. Die Entwicklung und der Einsatz neuer Technologien (insbesondere der Computertechnik) sind ein Ansatz zur Lösung dieser Probleme. Weitere Ansätze sind die Entwicklung flexibler Organisationsstrukturen und der systematische Einsatz von subtilen Sozialtechniken (→ Sozialtechnologie). Andererseits ergeben sich durch die zunehmende Komplexität der Organisationen und durch die Entwicklung von neuen wirksamen Organisationsstrukturen, vor allem im Militärwesen, Anstöße zur verstärkten Übernahme von Organisationsstrukturen aus dem Militär. Die dadurch seit jeher gegebenen Strukturähnlichkeiten zwischen B. und Militär werden dadurch in der zukünftigen Entwicklung noch verstärkt. Ein Bereich, in dem Alternativen zu den B. heute praktisch entwickelt werden, sind die Alternativprojekte.

Auch die gewerkschaftliche Forderung nach umfassender Mitbestimmung enthält im Prinzip Ansätze zum Abbau von B. (→ Gewerkschaften).

Braverman, H.: Die Arbeit im modernen Produktionsprozeß. Frankfurt/New York 1978.
Crozier, M.: Le phénomène bureaucratique. Paris 1963.
Emery, J. E. (ed.): Systems Thinking. Harmondsworth 1969.
Marx, K.: Das Kapital. Bd. I, insbes. Kapitel 12 und 13. In: MEW. Berlin (DDR) 1974.
Weber, M.: Wirtschaft und Gesellschaft. 2 Bde. Köln/Berlin 1964.
Whyte, W. H.: The Organization Man. New York 1956.

Ulrich Briefs

Datenverarbeitung

Daten sind das (Zwischen-)Ergebnis systematischer Beobachtung (im weitesten Sinne) mit den Mitteln → empirischer Sozialforschung an einem durch die jeweilige sozialwissenschaftliche Fragestellung definierten Untersuchungsgegenstand. Es handelt sich um Information, die aus einer Menge empirischer Objekte und bestimmten empirischen Beziehungen zwischen ihnen (vereinfacht: Variablen) besteht (→ Statistik). Dabei gilt zu beachten, daß – im Gegensatz zur Physik – die beobachteten (manifesten) Variablen meist mit den im Theorie- und Begriffsgebäude der Sozialwissenschaft verwendeten (latenten) Variablen nur über Operationalisierungen verbunden sind. So wird über Status, Intelligenz, Dogmatismus etc. gesprochen, beobachtbar hingegen sind Einkommen, Berufsausbildung, gelöste Testaufgaben oder bestimmte Wörter in Texten. Je nach Operationalisierung und Erhebungsmodell erhält man unterschiedliche Perspektiven desselben Untersuchungsgegenstandes. Die vom Sozialwissenschaftler erfaßte Realität ist somit methodenrelativ konstituiert.

Im Idealfall (vgl. aber → Methodenprobleme) stellen Daten also methodenabhängig manifestierte Beziehungsmuster in einem durch die Forschungsfrage definierten Untersuchungsausschnitt sozialer Realität dar. Dabei spielt es keine Rolle, ob solche Daten unter expliziten Hypothesen im Hinblick auf eine gezielte Fragestellung erst erhoben werden (z. B. Befragung, Experiment), unter impliziten Fragestellungen regelmäßig anfallen (z. B. Daten der statistischen Jahrbücher) oder bereits in anderen sozialen Prozessen manifest geworden sind (z. B. Texte in Massenmedien, die dann erst im Hinblick auf eine Fragestellung inhaltsanalytisch untersucht werden).

Da die Elemente sozialwissenschaftlicher Forschung, zwischen denen Beziehungsmuster untersucht werden sollen, in der Regel Menschen oder Mengen von Menschen sind und da Sprache eines der wichtigsten Mittel menschlicher → Interaktion ist, sollte man annehmen, daß sprachliche Daten und deren Verarbeitung in den Sozialwissenschaften vorherrschen. Ein Durchblättern der Fachliteratur zeigt, daß dies nicht der Fall ist: Daten werden fast ausschließlich in numerischer Form (Zahlen) verarbeitet, und – was entscheidender ist – diese Zahlen sind kaum jemals Codierungen für Sprachstrukturen. Sprachliche Information hat zwar oft die Funktion eines Mediators: So sind z. B. Fragebogen-Antworten verbal (oder Codierungen für Verbales), aber das Augenmerk der Verarbeitung wird auf den durch Sprache vermittelten Sachverhalt gelegt und nicht etwa auf die Sprach- und Kommunikationsstruktur selbst. Grund für dieses Mißverhältnis zwischen gesellschaftlicher Relevanz und Forschungsinteresse hinsichtlich Kommunikation ist sowohl die Unterschätzung und mangelhafte Entwicklung von entsprechenden sozialwissenschaftlichen Erhebungsmodellen (z. B. Inhaltsanalyse) als auch von nichtnumerischer DV.

Die empirische Information wird daher meist in Zahlen transformiert und so verarbeitet. Dies macht dann Sinn, wenn diese Zahlen – gemäß üblichen meßtheoretischen Forderungen – die erfaßten und interessierenden empirischen Sachverhalte (und das könnten auch Kommunikationsstrukturen sein) adäquat abbilden. Unter ‹adäquat abbilden› wird dabei üblicherweise ein Isomorphismus (Strukturgleichheit) verstanden; das bedeutet, grob gesagt, daß alle (erfaßten) empirischen Beziehungen solchen zwischen Zahlen entsprechen und umgekehrt (wobei es auch abgeschwächte Formen gibt). So ist sichergestellt, daß bei der DV – z. B.

mittels Statistik – nur und genau solche Information verwendet wird, die empirischen Sinn hat (vorausgesetzt, daß die Erhebung der Daten mängelfrei war). Diese notwendige Forderung für eine sinnvolle DV ist allerdings nur allzuoft nicht einmal annähernd erfüllt. Ursachen hierfür sind weitverbreitete fundamentale Mißverständnisse des Stellenwertes von Daten und Zahlen in den Sozialwissenschaften. So werden häufig auch solche numerischen Beziehungen zwischen den Zahlen in Verarbeitungsprogrammen verwendet, denen jede empirische Grundlage fehlt. Dieser Mißstand hat während der letzten zwei Jahrzehnte in der Forschungspraxis eher noch zugenommen, trotz verstärkter Methodendiskussion in den Fachzeitschriften. Ursache hierfür ist die Eroberung des DV-Sektors durch den Computer, der in der EDV (elektronischen Daten-Verarbeitung) – neben den unbestreitbar positiven Möglichkeiten – die Grundlage dafür geschaffen hat, daß methodische Kenntnisse und methodischer Aufwand eines Sozialwissenschaftlers leider allzuoft in keinem Zusammenhang mehr stehen.

DV in den Sozialwissenschaften ist heute somit fast ausschließlich eine Anwendung der EDV mittels des Computers. Dazu beigetragen hat nicht zuletzt die rasante technologische Entwicklung: So sind heute Computer, die noch vor 15 Jahren einen ganzen Saal füllten, bei gleicher oder eher erhöhter Leistung auf einem Schreibtisch unterbringbar und auch für den einzelnen Forscher erschwinglich. Ein Ende dieser Entwicklung ist noch nicht auszumachen. Hinzu kommt, daß neben den ‹physischen› Komponenten eines Computers, der Hardware – d. h. den Bauteilen –, auch die ‹logischen› Komponenten, die Software – Betriebssysteme, Programme –, ebenfalls einer (wenn auch langsameren) Entwicklung unterworfen sind.

Trotz dieser Veränderungen sind die Komponenten von EDV-Anlagen funktionell praktisch gleichgeblieben (vgl. Schema): Kern ist die Zentraleinheit oder CPU (Central Processing Unit), bestehend aus dem Rechenwerk (1), wo Operationen wie arithmetische und logische Verknüpfungen, Vergleiche von Information etc. durchgeführt werden, dem Leitwerk (2), das die Arbeit des Rechenwerks steuert (und z. B. auch eine Taktfrequenz erzeugt), und dem Ein-, Ausgabe-Werk (3 u. 4), das den Informationsfluß steuert. Die Aggregate 1, 2 und z. T. 3 und 4 sind bei heutigen Mikrocomputern in einem einzigen Chip, dem Mikroprozessor, zusammengefaßt; oft enthalten Computer mehrere solcher Mikroprozessoren unterschiedlicher Bauart. Auch der Arbeitsspeicher (5) (früher einmal Kernspeicher, heute Halbleiterspeicher) wird gelegentlich mit zur CPU gezählt, ist aber auf jeden Fall in unmittelbarer Nähe (meist sogar im selben Gehäuse) von 1 bis 4 untergebracht; nur so sind die hohen Verarbeitungsgeschwindigkeiten von vielen Millionen Operationen pro Sekunde realisierbar.

An externen Speichern (6) sind heute am häufigsten Magnetplatten

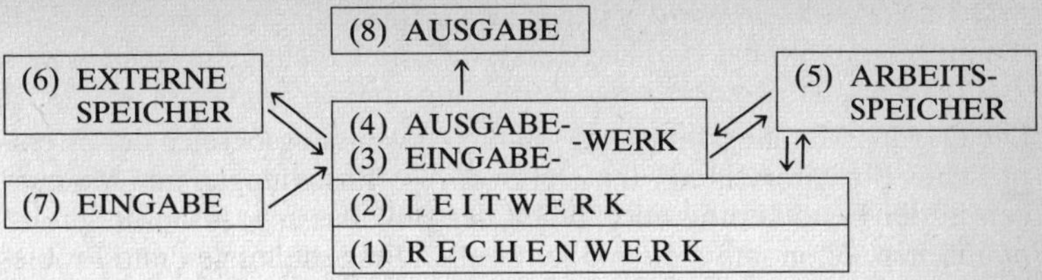

und Magnetbänder in unterschiedlichen Technologien zu finden: von den Festplattentürmen und großen Magnetbandstationen an Großrechenanlagen bis hin zu den magnetisierbar beschichteten Plastik-Scheibchen (Floppy Disks von 5,25″ und 8″) und handelsüblichen (Musik-)Kassetten bei Mikrocomputern. Eingabe-Medium (7), bis vor kurzem noch überwiegend die Lochkarte, ist heute schon vielfach identisch mit (6), auf das unmittelbar über eine Tastatur ‹geschrieben› wird; Ausgabe-Medium (8) ist meist der Schnelldrucker, oft aber auch die anschließbare Schreibmaschine, der Bildmonitor oder einfach der Bildschirm des Heimfernsehgerätes.

Bei der Software wird grundsätzlich unterschieden zwischen: (a) dem Betriebssystem, das prozessorspezifisch das Zusammenspiel der einzelnen Aggregate für den Anwender organisiert, (b) den höheren Programmier-Sprachen, die in Form von Compilern oder Interpretern Programme der Anwender in die ‹Computer-Sprache› auf einmal (Compiler) oder nach und nach (Interpreter) übersetzen, und (c) den eigentlichen Anwendungsprogrammen (User-Software) – z. B. Berechnung von Kennwerten, Varianzanalyse etc. Auch letzteres liegt für praktisch jeden Computer und Zweck vor – oft in Form von Programmpaketen wie SPSS, SSP, OSIRIS, Data-Text, MICRO-STAT, so daß der Anwender die computer- und programmtechnischen Kenntnisse zur DV in wenigen Stunden erlernen kann. Da es praktisch keine Systeme gibt, die auch nur ansatzweise prüfen, ob das, was der Anwender formal richtig tut, denn auch inhaltlich sinnvoll ist, liegt in dieser leichten Zugänglichkeit zur DV für jedermann auch die Möglichkeit zu nahezu unbegrenztem Mißbrauch – und Publikationen zeigen leider, daß hiervon auch rege Gebrauch gemacht wird (→ Methodenprobleme).

Allerbeck, K.: Datenverarbeitung in der empirischen Sozialforschung. Stuttgart 1972.
Kriz, J.: Datenverarbeitung für Sozialwissenschaftler. Reinbek bei Hamburg 1975.

Jürgen Kriz

Demoskopie

Die D. (dt.: Meinungsforschung) ist ein Anwendungsbereich der → empirischen Sozialforschung. Ihr Ziel ist es, → Einstellungen und Meinungen in der Bevölkerung oder Teilen der Bevölkerung, insbesondere zu politischen, ökonomischen und kulturellen Fragestellungen und Problemen, systematisch an Hand von Untersuchungen kleiner, zumeist repräsentativer Stichproben zu ermitteln.

Typische Beispiele für demoskopische Untersuchungen sind Wahlprognosen, Studien zur Beliebtheit und Bekanntheit von Politikern ebenso wie von Konsumgütern, Befragungen zur Einstellung der Bevölkerung zu Kernkraftwerken oder ähnlichen die Allgemeinheit interessierenden Fragen.

Der Ursprung der D. liegt in den USA. Anfang des 20. Jahrhunderts führten dort große Zeitschriftenverlage zunächst noch recht unsystematische Befragungen von Passanten und Lesern zu aktuellen Problemen durch. Anfang der 20er Jahre begannen auch die Werbeagenturen mit ähnlichen Untersuchungen. Das Ziel solcher Studien war es, über möglichst solide Informationsgrundlagen in Entscheidungsprozessen zu verfügen. Aber erst mit der Entwicklung verfeinerter und zugleich praktikabler Stichprobenmodelle und einer Weiterentwicklung der Befragung gelang in den 30er Jahren der D. der große Durchbruch. Zur gleichen Zeit etablierten sich erstmals selbständige Meinungsforschungsinstitute, und die erste Fachzeitschrift erschien unter dem Titel «Public Opinion Quarterly».

Ins Bewußtsein der Deutschen drang die D. zunächst mit einer Fehlprognose: Gallups American Institute of Public Opinion hatte sich 1948 bei der Vorhersage der amerikanischen Präsidentschaftswahl geirrt und Trumans Chancen falsch beurteilt. Es ist immer wieder vermutet worden, daß dieser Fehlstart der Meinungsforschung im Bewußtsein der Deutschen mit verantwortlich ist für die erhebliche Skepsis, die ihr entgegengebracht wird.

In Deutschland entwickelt sich erst in den 50er Jahren ein Markt für demoskopische Untersuchungen. Der methodische Entwicklungsstand wird weiterhin von den USA bestimmt, wo die Zusammenarbeit von universitären und kommerziellen, zum Teil auch militärischen Forschern das demoskopische Instrumentarium erheblich weiterentwickeln hilft.

Heute ist eine Vielzahl von kommerziellen Markt- und Meinungsforschungsinstituten in der Bundesrepublik tätig. Das bekannteste unter ihnen ist das Institut für Demoskopie Allensbach von E. Noelle-Neumann. Sie hat wesentlich die Entwicklung der D. in Deutschland bestimmt. Noch heute gilt sie als Symbolfigur für diesen Dienstleistungsbereich.

Weitere bedeutende Institute, die häufig mit Untersuchungsergebnissen, insbesondere Wahlprognosen, an die Öffentlichkeit treten, sind das Institut für angewandte Sozialforschung (Infas) in Bonn, Infratest in München und das Bielefelder Emnid-Institut.

D. wird nicht zufällig häufig mit Umfrageforschung gleichgesetzt. Tatsächlich zeichnen sich demoskopische Untersuchungen in der Praxis durch eine erhebliche Einseitigkeit in ihrer methodischen Anlage aus. Nahezu alle Studien beruhen auf mehr oder weniger repräsentativen Befragungen. Das müßte nicht so sein. Andere Methoden der empirischen Sozialforschung wie beispielsweise die Beobachtung oder Inhaltsanalyse sind nicht per se weniger geeignet zur Erforschung von Meinungen und Einstellungen. Hier ist bisher noch viel zuwenig innovative Forschungsarbeit geleistet worden.

Meinungsforschung zeichnet sich weiterhin durch eine erhebliche statistische Schlichtheit aus. Der Eindruck scheint berechtigt, daß die zunehmend kritischere Diskussion der Methodologie und Methoden der empirischen Sozialforschung und → Statistik an der Praxis demoskopischer Forschung bisher nahezu spurlos vorübergegangen ist. Meinungsforschung beschränkt sich weitestgehend auf ein- und zweidimensionale Häufigkeitsauszählungen. Komplexere statistische Fragestellungen und Modelle vermißt man beinahe gänzlich (→ Methodenprobleme).

Die Ursachen für die methodische Selbstbeschränkung dürften zum einen in den immens hohen Kosten demoskopischer Untersuchungen liegen. Eine Befragung von rund 1000 zufällig ausgewählten Bundesbürgern von jeweils 45 Minuten Dauer einschließlich Auswertung kostet etwa 70000 bis 90000 DM. Zum anderen sind die Ursachen in der Schwierigkeit zu suchen, komplexere statistische Überlegungen dem Auftraggeber oder der Öffentlichkeit zu vermitteln.

Das Kernproblem demoskopischer Forschung bleibt jedoch die Frage nach ihrer gesellschaftspolitischen Funktion. Einmal vorausgesetzt, daß alle Untersuchungen unter Anwendung allgemein anerkannter wissenschaftlicher Kriterien ablaufen (was zuweilen zweifelhaft erscheint, da demoskopische → Forschung zumeist Auftragsforschung ist und häufig nur eine Legitimation für längst gefällte Entscheidungen bieten soll), stellen ihre Ergebnisse doch Herrschaftswissen dar.

Das Wissen über Meinungen und Einstellungen im Volk bietet erhebliche manipulative Möglichkeiten. Allein schon die Entscheidung, ob ein Ergebnis publiziert wird oder nicht, kann eine Manipulation der Öffentlichkeit darstellen.

Noch weitaus deutlicher wird das Problem im Zusammenhang mit der Veröffentlichung von Wahlprognosen. Wenn beispielsweise Zweifel daran bestehen, ob eine Partei die Fünf-Prozent-Hürde schafft, werden viele potentielle Wähler ihr nur dann ihre Stimme geben, wenn sicher ist, daß diese Stimmen nicht letztendlich doch verlorengehen. Prognosen, die der Partei mehr als fünf Prozent zusprechen, können so die Bereitschaft zum entsprechenden Kreuz auf dem Stimmzettel fördern.

Die Grenzen zwischen Meinungsforschung und Meinungsmache sind fließend. Wegen dieser schwer kontrollierbaren Zusammenhänge dürfen in einigen Ländern, wie etwa Frankreich, unmittelbar vor Wahlen keine entsprechenden Umfrageergebnisse publiziert werden.

An die Demoskopen gerichtet, erhebt sich damit die Forderung, sich ihrer Macht bewußter zu werden und einem Mißbrauch ihrer Ergebnisse stärker entgegenzuwirken. Den Rezipienten demoskopischer Untersuchungen ist demgegenüber dringend eine verstärkt kritische Haltung gegenüber den präsentierten Ergebnissen anzuraten. Die Frage nach deren möglicherweise intendierter Funktion und dem Kontextrahmen, in dem sie Gültigkeit beanspruchen, sollte deshalb immer wieder gestellt werden.

Allensbacher Jahrbuch der Demoskopie. Allensbach 1977.
Institut für Demoskopie Allensbach: Allensbacher Berichte. Allensbach.
Kriz, J.: Methodenkritik empirischer Sozialforschung. Stuttgart 1981.
Lisch, R.: Beliebte Mißverständnisse in der empirischen Sozialforschung. Zeitschrift für Markt-, Meinungs- und wirtschaftliche Zukunftsforschung (im Druck).
Noelle, E.: Umfragen in der Massengesellschaft. Reinbek bei Hamburg 1963.

Ralf Lisch

Deutungsmuster

Der Terminus D. bezeichnet allgemein die praktisch handlungsrelevanten überindividuell geltenden und logisch konsistent miteinander verknüpften Sinninterpretationen sozialer Sachverhalte. D. stellen die generative, sich historisch wandelnde Tiefenstruktur des gesellschaftlichen Bewußtseins dar, aus der heraus Vorstellungen, Argumentationen und Handlungsintentionen ihrerseits erst erzeugt werden. Die Anerkennung der relativen Autonomie milieuspezifischer Erfahrung, der ‹Kultur› gegen die ‹Gesellschaft›, der D. der sozialen, psychischen und physischen Welt gegen die sozialstrukturellen Realverhältnisse, kann als wissenschaftstheoretische Prämisse des Konzepts der D. betrachtet werden.

Die in der kulturellen Überlieferung eingefrorenen D. beanspruchen transzendentale Geltung, da sie Spuren der kumulierten Erfahrung der Gattung in deren Gedächtnis sind, eine Struktur fixieren, die gegen den unmittelbaren Handlungskontext, die je gegenwärtige Geschichte zwar nicht invariant bleibt, jedoch die evolutionäre Autonomie gewinnt, welche es erst möglich macht, daß Handlungssituationen an kulturellen Traditionen gemessen, daß die gesellschaftlichen Verhältnisse in normativen Diskursen kritisiert, daß Lösungen von sozialen Problemen an Geltung beanspruchenden Standards überhaupt legitimiert werden können (vgl. Edelstein 1973; Allert 1976; Dewe u. a. 1978).

Das Konzept der D. greift auf verschiedene Theorietraditionen zurück, wobei deren Verarbeitung sich weitgehend noch in einem eklektizistischen Vorfeld befindet. Neben Themen der strukturalistischen Marx-Interpretation der Althusser-Schule (Althusser 1977), Elementen aus der marxistischen Ideologiekritik (vgl. Lenk 1976), der Theorie des Gesellschaftsbildes (Popitz u. a. 1961), der Weberschen Religionssoziologie (vgl. Weber 1920) stehen Elemente der phänomenologischen Handlungstheorie (Schütz 1974), der linguistischen Pragmatik (Searle 1971), der neueren Wissenssoziologie (Berger/Luckmann 1979) und der kognitiven Entwicklungspsychologie (Kohlberg 1970). Mit dem Konzept der D. wird

1. die im → symbolischen Interaktionismus und der → Ethnomethodologie enthaltene Neigung umgangen, Objektivationen sozialer Regelsysteme ausschließlich aus der Sicht partikularer Interaktionsprozesse und weniger als Teil gesellschaftlicher wie historisch wandelbarer objektiver (Bedeutungs-)Strukturen zu erfassen;
2. der in der phänomenologischen Sozialtheorie enthaltenen Tendenz ausgewichen, soziale Sinnstrukturen losgelöst von Handlungsproblemen in vornehmlich bewußtseinsanalytischer Absicht zu untersuchen, obwohl insbesondere die Schützsche formale Analyse der ‹Strukturen der Lebenswelt› die wohl trennschärfsten Kategorien für den internen Aufbau handlungsleitender Regelsysteme bereitstellt;
3. die den kultursoziologischen Studien Bourdieus (vgl. etwa 1970) immanente Annahme nicht geteilt, kulturelle Repräsentationen als statisch vorgegebene gleichsam soziale Tatbestände aufzufassen. Bei dem Entwurf einer soziologischen Theorie der symbolischen Formen hat Bourdieu den Regelbegriff der generativen Grammatik N. Chomskys (vgl. etwa 1977) aus der Perspektive des Konzepts D. unvermittelt adaptiert.

Das begriffliche Instrumentarium Bourdieus leidet an einem Formalismus, der durch Reflexion nicht mehr aufgebrochen werden kann. Dem formalistischen Regelbegriff, einem generativen, aber ahistorischen Habitus korrespondiert hier ein hermetisch verschlossenes kulturelles Unbewußtes, dem sämtliche sozialen Orientierungen und Bewußtseinsstrukturen zugeschrieben werden (Honegger 1978). Demgegenüber geht das Konzept D. von der Annahme der prinzipiellen historischen Offenheit und subjektiven Veränderbarkeit kultureller Symbole (Goux 1975) aus, indem besonders unter der Kategorie der Deutung der entwicklungsoffene Charakter von Regelsystemen gesehen wird. Als soziologisch-analytische Kategorie weist das Konzept der D. Affinitäten zum Gesellschaftsbildkonzept wie auch zum Konzept der Images auf. Gegenüber dem kontemplativen Charakter des Gesellschaftsbildes nach Popitz u. a. sowie dem aus der marktpsychologischen Forschung stammenden Image-Begriff (vgl. Gartner/Levy 1959), der seinerseits schon frühzeitig von Kleining in die soziologische Diskussion transformiert und von Dreitzel (1963) wissenssoziologisch interpretiert wurde, hebt das Konzept der D. im strengeren Sinn auf das produktive Deutungspotential ab, das in einer engen Beziehung zu Handlungsentwürfen und -intentionen steht. D. stellen im wesentlichen eine Strukturkategorie dar, beziehen sich auf das in einem Weltbild zugrundeliegende Muster, während ‹Image› eher das Ganze im Sinne einer Totalität bezeichnet, indem sich ein Muster oder eine Struktur auswirkt. Ferner steht der Terminus D. in einem spezifischen Verhältnis zum Begriff der Erfahrung. Während Popitz u. a. die Möglichkeit der individuellen Erfahrung für relativ irrelevant halten und dementsprechend stärker den kollektiven Erfahrungsschatz betonen, der in Gestalt von sprachlichen respektive versprachlichten Bildern – Topoi – zum Ausdruck kommt (vgl. Radtke 1983), versucht das Konzept der D. mit Rekurs auf phänomenologische Handlungstheorien die Frage zu klären, unter welchen sozialen Bedingungen D. in der Lage und/oder gezwungen sind, Erfahrungen zu verarbeiten, die zu einer mehr oder weniger differenzierenden Veränderung der bisher bewährten Interpretationen und gültigen Problemlösungsmuster im lebenspraktischen Handlungszusammenhang führen. Es konstituiert aber nicht nur die jeweils subjektiv realisierte ‹Definition der sozialen Situation› die soziale Wirklichkeit, sondern zugleich die objektiven Strukturen von Bedeutungsmöglichkeiten. Andererseits bilden D und objektive sozioökonomische Strukturen zwei relativ eigenständige Wirklichkeitsbereiche, die jedoch in einem Bedingungszusammenhang stehen, und zwar in der Weise, daß die besonderen Verhältnisse in einem Bereich Existenzbedingungen in dem anderen Bereich auf Grund dessen spezifischer Wirksamkeit haben (vgl. Althusser 1968). Folglich wendet sich das Konzept der D. gegen den Versuch, den Gehalt und die Entwicklung von D. als bloßen Reflex sozialstruktureller Differenzierungsvorgänge zu betrachten, und entlarvt eine derartige Vorgehensweise als letztlich vulgärmarxistische Strategie, etwa belief-systems direkt aus der Struktur des ökonomischen Systems abzuleiten (Döbert 1973).

D. lassen sich demzufolge unter Steuerungsimperativen nicht beliebig funktionalisieren, sondern sie gehorchen weitgehend ihren eigenen Gesetzen und sind insofern für das ökonomische wie für das politische System gleichsam restriktive Bedingungen, die nicht schlicht hintergangen werden können. Damit wird nicht behauptet, daß es keine Interaktionen zwischen dem kulturellen System und anderen Subsystemen gibt (→ Systemtheorie). Behauptet wird aus der Perspektive des Konzepts D. lediglich, daß es auf jeder Entwicklungsstufe sozusagen einen inneren strukturellen Kern eines Deutungssystems gibt (vgl. Webers Analysen zur protestantischen Ethik), der nicht ohne weiteres manipulierbar ist und von dem abhängt, in welche Richtung sozialstrukturelle Faktoren wirksam werden können.

Zusammenfassend betrachtet läßt sich feststellen, daß D. – in ihrer real historischen Wirkweise gesehen – mit kulturellen bzw. subkulturellen, ökonomischen, ökologischen und lebensgeschichtlich biographisch subjektiven Bestimmungen derart interferieren, daß sie sich gegenseitig überformen, mithin modifizieren bzw. behindern können. Diese zentrale Annahme basiert bewußtseinstheoretisch auf der begründeten Zurückweisung konstitutionstheoretischer Annahmen, welche Kausalverbindungen zwischen gesellschaftlichen Lebenszusammenhängen unterstellen. Jedes der erwähnten Elemente kann letztendlich als «überdeterminiert» (Althusser) betrachtet werden, wirkt also als Ergebnis verschiedenster Bestimmungen und ist somit nicht mehr ohne Einschränkung einfach als Ausdruck von etwa ökonomischen Grundstrukturen erklärbar.

Das Konzept Deutungsmuster ist in sehr heterogene soziologische Forschungsbereiche eingegangen. So liegen theoretische wie empirische Studien im Kontext industriesoziologischer Forschung über den Zusammenhang von Klassenlage, Bewußtsein und industrieller Alltagswelt vor (einen Überblick geben Braczyk / v. d. Knesebeck / Schmidt 1982). In der bildungssoziologischen Forschung gewann das Konzept D. besondere Relevanz im Hinblick auf die dort zentral gehandelte Fragestellung nach strukturellen Vergleichbarkeiten von Wissenschaftswissen und Formen gesellschaftlichen Allgemeinwissens – den D. des Alltagslebens (vgl. Dewe 1982; Dewe / Otto 1980).

In der Sozialisationsforschung versteht sich das Konzept D. als kritisches Korrektiv der verhaltenstheoretisch orientierten, aber auch der subjektivistisch verkürzten interaktionistischen Sozialisationskonzepte (vgl. Oevermann 1976). Im Rahmen der seit Mitte der 70er Jahre lauter gewordenen Kritik an dem konventionellen Methodologieverständnis und den damit verbundenen, an den Naturwissenschaften orientierten Methodenidealen verschaffte sich die empirische Analyse und Rekonstruktion der Struktur sozialer D. zusehends Gehör (vgl. etwa Kreppner 1976; Brunkhorst et al. 1978). Das Konzept D. enthält somit im

Zuge seiner weiteren theoretischen und empirischen Ausarbeitung offenbar Ansätze, um zahlreiche soziologische Themen neu zu fassen. Es schließt bspw. Vorstellungen über Prozesse kulturellen und sozialen (Wert-)Wandels, über die ideologischen und normativen Strukturen sozialer Ungleichheit ebenso wie Überlegungen zu den Bedingungen der Möglichkeit der Entwicklung und Behauptung einer autonomen, mit sich selbst identischen Subjektivität ein. Begriffen wie dem der (soziologischen) Aufklärung und dem der (Handlungs-)Rationalität gibt es eine weitergehende Bedeutung.

Allert, T.: Legitimation und gesellschaftliche Deutungsmuster. In: Ebbighausen, R. (Hrsg.): Bürgerlicher Staat und politische Legitimation. Frankfurt/M. 1976, 217–246.

Althusser, L.: Ideologie und ideologische Staatsapparate. Berlin 1977.

–: Für Marx. Frankfurt/M. 1968.

Berger, P. L. & Th. Luckmann: Die gesellschaftliche Konstruktion der Wirklichkeit. Eine Theorie der Wissenssoziologie. Frankfurt/M. 1979.

Bourdieu, P.: Zur Soziologie der symbolischen Formen. Frankfurt/M. 1970.

Braczyk, H.-J./Knesebeck, J.v.d. & G. Schmidt: Nach einer Renaissance – Zur gegenwärtigen Situation von Industriesoziologie in der Bundesrepublik Deutschland. In: Schmidt, G./Braczyk, H.-J. & J. Knesebeck: Materialien zur Industriesoziologie. Sonderheft 24 der Kölner Zeitschrift für Soziologie und Sozialpsychologie, 1982, 16–56.

Brunkhorst, H. u. a.: Deutungsmuster und Definitionen problematischer Lebenssituationen von Jugendlichen. Göttingen 1978.

Chomsky, N.: Reflexionen über die Sprache. Frankfurt/M. 1977.

Dewe, B.: Zur Wissenssoziologie institutionalisierter Bildungsprozesse. In: Axmacher, D. u. a. (Hrsg.): Beiträge zur sozialwissenschaftlichen Begründung von Bildungstheorie. Sozialwissenschaft und Gesellschaft. Bd. 4. Osnabrück 1982, 85–136.

–/ Ferchhoff, W. & F. Peters: Grenzen interaktionstheoretischer Theoriebildung. In: Neue Praxis, 1978, 4, 352–360.

– & H.-U. Otto: Über den Zusammenhang von Handlungspraxis und Wissensstrukturen. Einleitende Bemerkungen zum regulativen Handlungsbezug sozialer Deutungsmuster. In: Neue Praxis, 1980, 2, 127–153.

Döbert, R.: Systemtheorie und die Entwicklung religiöser Deutungssysteme. Zur Logik des sozialwissenschaftlichen Funktionalismus. Frankfurt/M. 1973.

Dreitzel, H. P.: Selbstbild und Gesellschaftsbild, Wissenssoziologische Überlegungen zum Image-Begriff. In: Arch. europ. sociol. III, 1963, 181–228.

Gartner, B. & S. Levy: The Product and the Brand. In: Harvard Business Review XXII, 1959, 206–219.

Goux, J.-J.: Freud, Marx. Ökonomie und Symbolik. Berlin 1975.

Honegger, C.: Die Hexen der Neuzeit. Studien zur Sozialgeschichte eines kulturellen Deutungsmusters. Frankfurt/M. 1978.

Kleining, G. & H. Moore: Das Bild der sozialen Wirklichkeit. In: Kölner Zeitschrift für Soziologie und Sozialpsychologie. 11. Jg., 1959, 353–376.

Kohlberg, L.: Moral Development and the Education of Adolescents. In: Evans,

E. D. (ed.): Adolescents. Readings in Behavior and Development. Illinois 1970.
Kreppner, K.: Typisches im Individuellen. Max Planck Institut für Bildungsforschung. Berlin 1976.
Lenk, K. (Hrsg.): Ideologie, Ideologiekritik und Wissenssoziologie. Neuwied/Darmstadt 1976[7].
Oevermann, U.: Programmatische Überlegungen zu einer Theorie der Bildungsprozesse und zur Strategie der Sozialisationsforschung. In: Hurrelmann, K. (Hrsg.): Sozialisation und Lebenslauf. Reinbek bei Hamburg 1976, 34–52.
Popitz, H./Bahrdt, H. P./Jüres, E. A. & H. Kesting: Das Gesellschaftsbild des Arbeiters. Tübingen 1961.
Radtke, F. O.: Pädagogische Konventionen. Zur Topik eines Berufsstandes. Weinheim/Basel 1983.
Ricoeur, P.: Rückfrage und Reduktion der Idealitäten in Husserls «Krisis» und Marx' «Deutscher Ideologie». In: Waldenfels, B./Broekman, J. M. & A. Pazanin (Hrsg.): Phänomenologie und Marxismus. Bd. 3. Frankfurt/M. 1978, 207–240.
Schütz, A.: Der sinnhafte Aufbau der sozialen Welt. Frankfurt/M. 1974.
Searle, J. R.: Sprechakte. Frankfurt/M. 1971.
Weber, M.: Die protestantische Ethik und der Geist des Kapitalismus. In: Ders.: Gesammelte Aufsätze zur Religionssoziologie. Tübingen 1920.

Bernd Dewe / Wilfried Ferchhoff

Dialektik

Die Geschichte der D. reicht zurück in die Antike. Die griechischen Philosophen Heraklit, Zenon, die Sophisten und Sokrates sind Dialektiker, bei Platon ist D. Technik des Gesprächs. Es ist der philosophisch-pädagogische Anspruch der platonischen Dialoge, durch abwägendes Für und Wider (These und Gegenthese), daß der Philosoph den in seiner Meinung *(doxa)* befangenen Schüler durch *(dia)* Vorurteile und Teilwahrheiten zur Erkenntnis der als Idee (Wesen) bestimmten → Vernunft *(logos)* führt. Im Zusammenhang der durch Aristoteles ausgebildeten formalen Logik ist D. eine Lehre vom Denken, und als solche wird sie in der Spätantike durch Neuplatonismus und Scholastik neben Grammatik und Rhetorik in den Bestand der *artes liberales* aufgenommen. In der Neuzeit kommt es zu historisch-systematischer Begründung der D. mit der Umorientierung der Philosophie im deutschen Idealismus. Zumal in I. Kants «transzendentaler» D. findet G. W. F. Hegel die Problemlage vor, die Ausgangspunkt für seine in der «Wissenschaft der Logik» dargestellten Theorie der D. wird. Kant bestimmte die D. in kritischer Funktion als eine «Logik des Scheins». Wo Kategorien des Verstandes mißbräuchlich auf erkenntnistranszendente (metaphysische) Gegenstände angewendet werden, gerät das Denken unvermeidlich in Widersprüche, die aufzulösen nicht in seiner Kompetenz liegt. Wie Kant ist Hegel Kritiker der metaphysischen Ontologie, jedoch mit der Konsequenz, daß er sie zur dialektischen Ontologie umbildet. Die Wirklichkeit des Seienden (Endlichen) wird als Selbstentwicklung der Idee begriffen, deren Monismus den einzigen Gegenstand der Philosophie bilde (F. Fulda). D. ist als objektive die Bewegung des Begriffs selbst und die absolute Idee die Invariante (Entwicklung an sich) jeder Entwicklung. Hegel entfaltet sein Konzept von D. als Entwicklungstheorie, deren Systematik sich historisch darstellt.

Bei den Klassikern des → historisch-dialektischen Materialismus ist bei aller Kritik der Hegelschen Spekulation (des Mystizismus) – so K. Marx in den «Ökonomisch-philosophischen Manuskripten», der «Kritik des Hegelschen Staatsrechts», Marx und F. Engels in der «Heiligen Familie», W. I. Lenin in den «Philosophischen Heften» – die Aneignung von Hegels D. notwendige Voraussetzung für eine Theorie der materialistischen D. Marx bezeichnet die D. Hegels als «Grundform aller Dialektik», Engels erkennt in dessen dialektischer Methode die «revolutionäre Seite», und Lenin fordert für ein angemessenes Verständnis des Marxschen «Kapitals» das gründliche Studium von Hegels «Wissenschaft der Logik». Die materialistische Kritik am idealistischen Monismus ist so nur ein Element des seit Hegel als «Aufhebung vorgängiger Philosophie» bezeichneten Verfahrens, durch das in Marx' ökonomischer → Gesellschafts- und Geschichtstheorie, in Engels' Naturtheorie, in Lenins Imperialismusanalyse die entwicklungstheoretische Funktion der D. Hegels und ihrer Kategorien als Voraussetzung erhalten bleiben.

Ist D. in Marx' «Kapital» als kategorale Analyse fachwissenschaftlicher (ökonomischer) Begriffe sowie als methodische Einheit von Darstellung und Forschung durchgeführt, so erarbeitet Engels sein Konzept objektiver Natur-D. in stetiger Beziehung auf die von ihm seit Mitte des 19. Jahrhunderts beobachtete Wendung der Naturwissenschaften zur D. und den naturwissenschaftlichen Monismus Ch. Darwins bei gleichzeitiger Kritik der auf Empirismus und Klassifikation festgelegten Naturforschung (→ Positivismus). Für das Verständnis der D. als «Wissenschaft des Gesamtzusammenhangs» bzw. «von den allgemeinen Bewegungs- und Entwicklungsgesetzen der Natur, der Gesellschaft und des Denkens» unterscheidet Engels drei Grundgesetze der materialistischen D.: des «Umschlagens von der Quantität in Qualität», der «Durchdringung der Gegensätze», der «Negation der Negation» (MEW 20, 348). Während im Anschluß an Engels durch K. Kautsky D. als Entwicklungstheorie für den historischen Materialismus in ontologischer Funktion bestimmt bleibt, wogegen sich E. Bernstein mit dem Vorwurf positivistischer Dogmatisierung der D. wendet, wirkt mit M. Adler der Neukantianismus in die Geltungsbestimmung der D. für Theorie und Praxis der → Arbeiterbewegung hinein. Der innermarxistische Streit um die D. in der II. Internationale hat einen Höhepunkt in der Auseinandersetzung um G. Lukács' «Geschichte und Klassenbewußtsein» von 1923. Während Adler und Bernstein im Rückgriff auf Kant und Fichte und in der Kritik des Objektivismus dialektischen Totalitätsdenkens eine reflexionsphilosophisch begründete Theorie der Autonomie des Subjekts für den historischen Materialismus fordern, erneuert Lukács Hegelsche Grundpositionen für die Neubestimmung der materialistischen D. Lukács legt die D. der Marxschen Kapitalismusanalyse so aus, daß mit ihr revolutionäre Praxis vermittels der Erkenntnis gesellschaftlicher → Totalität, d. h. der Antagonismen von Produktivkräften und Produktionsverhältnissen, theoretisch bestimmt wird; für K. Korsch ist im Anschluß an Lukács die materialistische D. unverzichtbare Grundlage des wissenschaftlichen → Sozialismus, weil theoretischer Ausdruck der historischen → Emanzipation der Arbeiterklasse: D. ist Einheit von Theorie und Praxis selbst.

Die neuere Diskussion um Anspruch und theoretische Reichweite der D. entsteht aus einer Konfrontation von → kritischem Rationalismus und analytischer → Wissenschaftstheorie auf der einen, der → Kritischen Theorie der Frankfurter Schule auf der anderen Seite. In dem von Th. W. Adorno und K. R. Popper 1961 eingeleiteten ‹Positivismusstreit› über wissenschaftstheoretische Grundfragen der Soziologie wird mit Adornos «Negativer Dialektik» eine antipositivistische Wende vollzogen, derzufolge die neuzeitliche Wissenschaftsentwicklung als Niedergang der ursprünglich aufklärerischen, kritischen Funktion von Wissenschaft zu herrschaftskonformen Medien der → Entfremdung und → Verdinglichung zu verstehen ist. D. ist als negative D. Bewußtsein von Nichtidentität, Kritik geschlossener Systeme (Adorno) instrumenteller Vernunft (Horkheimer), an Herrschaft des Allgemeinen der Gesellschaft, des Abstrakten über das Einzelne, über Individuum und Sinnlichkeit (Marcuse). D. ist so wesentlich Wissenschaftskritik und in praktischer Absicht Gesellschaftskritik.

Seitens der analytischen Wissenschaftstheorie wird Poppers Hegel-Kritik erneuert und der D. Irrationalismus sowie Unvereinbarkeit wissenschaftslogischer Begriffe mit den Kategorien der D. vorgeworfen. D. gilt als metaphysischer Dogmatismus, ja Obskurantismus, und insofern jede Entwicklung mit dialektischen Kategorien verstanden werden kann, ist D. wissenschaftlich nicht zu rechtfertigen, da Widerlegung ihrer Aussagen durch empirische Erfahrungen nicht zu erreichen ist. Popper, Topitsch u. a. erneuern Motive einer Kritik an der D., die bereits in der nachhegelschen Periode durch A. Schopenhauer, F. Trendelenburg, E. v. Hartmann vorgebracht wurden. Die D. der Frankfurter Schule erneuert ihrerseits Positionen des Linkshegelianismus des 19. Jahrhunderts und damit die Erkenntnistheorie Kants bei vorausgesetzter Geschichtsphilosophie Hegels. Indem D. kritische, d. h. ihre eigenen Voraussetzungen reflektierende Philosophie ist, übt sie Kritik auch am Objektivismus der D. bei Hegel und Marx, dem Verständnis der D. als objektiver Naturdialektik, der D. als Ontologie. Die kantianische Wende im D.-Verständnis der Frankfurter Schule bleibt auch bei ihren Nachfolgern grundsätzlich erhalten, die sich in den Anfängen der 70er Jahre um eine verstärkte Rekonstruktion der D. des Marxschen «Kapitals» bemühen, D. vornehmlich als Gesellschaftskritik verstehen. Die objektive Wirklichkeit kapitalistischer Verhältnisse gilt als ein Zusammenhang von Objektivationen bzw. Setzungen des transzendentalen Gesellschaftssubjektes, die den systematischen Zusammenhang von Wissenschaft und → Kultur als → Ideologie bilden. Die bürgerliche Gesellschaft, verstanden als universelles Kapitalverhältnis, gilt als genetische Voraussetzung der D., einer Methode, die so gut oder so schlecht ist wie die Gesellschaft, der sie entspricht, und mit den gesellschaftlichen Bedingungen ihrer Existenz verschwindet. Kategorien der D. ebenso wie wissenschaftliche Denkformen und Methoden überhaupt entspringen den ökonomischen und institutionellen Verkehrsformen der Gesellschaft. Die mit der marxistischen Aufhebung Hegels hervorgetretene Differenz von Begriff und Realität wurde gleichsam rückgängig gemacht und ist im Kontext der historischen bzw. sozialontologischen Auslegung der D. kein relevantes Problem. Eher bleibt als deren Grundannahme die Hegelsche Identifizierung von Begriff und sozialer wie natürlicher Wirklichkeit so erhalten, daß z. B. Hegels Geist-Begriff durch den Marxschen Kapital-Begriff als substituierbar angenommen wird. D. wird Ontologie der verkehrten Welt, Logik der Entfremdung und damit wesentlich Ideologiekritik (Krahl; Bischoff; Reichelt).

Mit weiterreichender Konsequenz für die Arbeit an der Theorie der D. und als Gegenpositionen hinsichtlich der Voraussetzungen dialektischen Denkens ist vornehmlich im Zusammenhang methodologischer Überlegungen ein Konzept von D. entstanden, in dem als deren genetische Voraussetzung nicht Gesellschaft schlechthin, sondern die materielle Produktion, außermenschliche wie menschliche Arbeit verstanden und D. als materialistische Theorie der → Widerspiegelung konzipiert wird (Furth; Ruben). Es gehört zu den Grundannahmen dieser Richtung, daß der D. als philosophischer Theorie der Unterschied und die Beziehung zu den empirischen Natur- und Sozialwissenschaften eigentümlich ist, insbesondere zu Theorien der biologischen, sozio-ökonomischen und -kulturellen Evolution. Demgegenüber möchte N. Luhmann bspw. sozio-kulturelle Entwicklung unter definitivem Ausschluß der D. realisieren, welche – so seine Kritik – mit ihren Kategorien der «Negation», des «Konkreten», des → «Widerspruchs» als Prozeßtheorie versage. Insofern nun aber D. keine empirische Wissenschaft ist, setzt sie diese als Bestandteil ihres Gegenstandes erkenntnistheoretisch im Sinne subjektiver D.

(→ Widerspiegelungstheorie) voraus und wird als eine Methode verstanden, die von der Erscheinung zum Wesen (Hegel), vom Abstrakten zum Konkreten (Marx) gelangt. Andererseits unterstellt jede analytische Abstraktion und Systembildung in den empirischen Wissenschaften objektive D. ontologisch. Soziale wie natürliche Entwicklungen sind vom Standpunkt der D. als Einheit von Abstraktion und Konkretion theoretisch zu rekonstruieren, eine Rekonstruktion, die im Begriff des dialektischen → Widerspruchs und des Konkreten ihre zentralen Kategorien hat.

Diemer, A.: Elementarkurs Philosophie – Dialektik. Düsseldorf/Wien 1976.
Fulda, H. F.: Dialektik in Konfrontation mit Hegel. In: Dialektik 1981, 2, 63–85.
Furth, P. (Hrsg.): Arbeit und Reflexion. Köln 1980.
Heidtmann, B.: Dialektik und Entwicklung. In: Dialektik 1982, 5, 79–94.
Ritter, J. & K. F. Gründer (Hrsg.): Historisches Wörterbuch der Philosophie. Artikel Dialektik. Basel/Stuttgart 1972.
Ruben, P.: Dialektik und Arbeit der Philosophie. Köln 1978.
Theunissen, M.: Hegel und die Dialektik. In: Meyers Großes Universallexikon. Bd. VI. Mannheim/Wien/Zürich 1982.

Bernhard Heidtmann

Diskurs

D. ist als wichtiger Begriff der sozialwissenschaftlichen Theorie relativ neu, erst im Zusammenhang mit dem → Strukturalismus als Mode und Methode aufgetreten. Er soll/könnte tendenziell dazu dienen, ältere Einheiten wie ‹Quelle›, ‹Denken›, ‹Subjekt› sowie die damit zusammenhängenden Probleme – wie verhalten sich Sprache und Realität, wie kann Intentionalität in Fakten ausgemacht werden etc. – zu verdrängen und so eine neue Basis einer Kulturtheorie aufzustellen.

Linguistische Bedeutung
Im linguistischen Strukturalismus soll die ‹Discourse Analysis› (Harris) systematisch die Einheiten oberhalb der ‹Satzgrenze› untersuchen, d. h. Satzverknüpfungsoperationen, Sprechereinschätzungen, die Beziehungen von Sachkenntnis und Sprachkenntnis, verschiedene Textsignale und (Selbst-)Referenzen etc. Solchermaßen sollen → Kultur und Sprache (als Feld der Grammatiktheorie) korreliert werden. Praktisch läuft das in der jetzigen Linguistik darauf hinaus, daß man die theoretisch gut durchforschten (und in mathematischen Modellen repräsentierbaren) Partien

der traditionellen Grammatik mit allerlei mehr oder weniger gut motivierten Zusätzen ‹übervölkert› (→ Sprachsoziologie).

Lacans sprachtheoretische Fassung der Psychoanalyse
Wenn die Versprachlichung das ist, was den Säugling zum Menschen macht, so untersucht die Psychoanalyse im Sprechen ihrer Patienten die ‹erste› Sprache. Das Unbewußte ist somit Diskurs des ‹Anderen› (d. h. dem Nicht-Subjekt, von dem ‹Ich› seine Anerkennung als Subjekt begehrt). Lacan knüpft damit an diejenigen Automatismen an, die auch die Linguisten untersuchen. Die Geschichte des Subjekts kann daher nicht mehr aus dem Selbstbewußtsein (dem *cogito ergo sum,* Descartes) verstanden werden, sondern wird ursprünglich durch die Regeln des D. bestimmt, die eben deshalb – im üblichen Verständnis – ‹unbewußt› sind. Das Unbewußte ist daher strukturiert wie eine Sprache. Bei Nachbetern Lacans wird dieses Konzept schließlich verabsolutiert: ‹Die Realität ist nichts anderes als Diskurs›, womit man dann jeglicher historischen und politökonomischen Betrachtung enthoben ist (→ Politische Ökonomie).

Foucaults Ordnung des Diskurses
D. als Leitetikett einer neuen Kulturanalyse hat Foucault bisher am weitesten ausgearbeitet: An die Stelle von Ideologiekritik (→ Ideologie) und Entfremdungsproblematik (→ Entfremdung) tritt bei ihm die Untersuchung über die Diskurse, die die Macht anregt und mit denen sie den Raum der Gesellschaft besetzt. So ist ‹Wahnsinn› etwas, worüber das Abendland in Ablehnung D.e hält und damit – unabsichtlich – sich selbst darstellt. Foucault hat sodann (in «Die Ordnung der Dinge») herauszufinden versucht, ob und wie zwischen verschiedenen Disziplinen einer bestimmten Epoche, die untereinander kein ‹Objekt› gemeinsam haben, gleichwohl starke Ähnlichkeitsbeziehungen bestehen. Den «Raum der Streuung» für D.e einer bestimmten Epoche und eines bestimmten Wissenstypus nennt er «Episteme». In «Archäologie des Wissens» stellt Foucault ein Modell für D.e auf sowohl nach dem formalen Aufbau, ausgehend von stets wiederkehrenden Formeln, als auch nach der «diskursiven Polizei», d. h. nach den vielfältigen Abstufungen der Berechtigung in der Anwendung von Diskursregeln. Eine Kurzfassung dieser – etwas formalistischen, inhaltlich wenig gefüllten – Lehre bietet «Die Ordnung des Diskurses». Foucault macht den Unterschied zwischen einer Textsammlung und einem «unbewußten» Regelsystem deutlich: So haben Marx und Freud nicht bloß Texte hinterlassen, sondern sind darüber hinaus «Diskursivitätsbegründer», d. h., sie geben Anlaß zu endlosen Kommentaren und einander widersprechenden Theorien. Foucaults Entwurf zieht deshalb Aufmerksamkeit auf sich, weil er es unternimmt, die traditionelle Frage (und tendenziell die damit zusammenhängende Problemlage), wie

sich das Bewußtsein auf die Realität beziehe, zu eliminieren; denn was er «Diskurs» nennt, enthält – in traditionellen Termini – eine undurchschaubare Verfilzung von Bewußtseinsäußerungen und Faktenfeststellungen. Foucaults Ziel ist eine mild-anarchistische Theorie der Wissen-Macht-Beziehungen in historischen Konstellationen.

Literatursoziologische und ideologietheoretische Bedeutung
Vor allem Barthes hat angeregt, nicht von außen politisch-soziologische Kategorien an einen Text heranzutragen, sondern im Aufbau des D., der mit einem oder vielen Texten gehalten wird, die historisch-politische Dimension zu beschreiben (was man nicht mit der ‹textimmanenten Interpretation› der apolitischen Innerlichkeit deutscher Germanisten verwechseln soll). «Indem wir schreiben, machen wir uns zum Gegenstand einer Psychoanalyse» (Barthes 1973, 34). «Zu den Kritiken der Vernunft, die die Philosophie geliefert hat, mag man sich eine Kritik der Sprache denken, und das ist die Literatur selbst» (Barthes 1967, 67). Es gibt so keinen wesentlichen Unterschied mehr zwischen Literatur und Literaturtheorie, keine Auszeichnung des ‹wissenschaftlichen› D. im wilden Tierreich der D.e.

Ein ehrgeiziges Projekt innerhalb der Althusser-Schule hat Pêcheux vorgeschlagen, das die verschiedenen Entwicklungslinien, die durch die Namen Althusser, Frege, Freud und Harris vage umschrieben werden, zu einer automatischen Analyse des D. verknüpfen soll. Kern ist hierbei die ‹Paraphrase›, d. i. die unterschiedliche Präsentation des (scheinbar) ‹Gleichen› in verschiedenen Stellungen und aus verschiedenen Blickwinkeln. Ziel einer solchen ‹materialistischen Theorie des Diskurses› ist es, als Ersatz für eine allzusehr ideologisierte Sozialpsychologie zu fungieren.

Habermas: Die Unterstellung einer idealen Sprechsituation in jedem Diskurs
D. ist bei Habermas der Rahmen der Geltungsansprüche von Kommunikation. Eine Theorie des D. muß die (möglicherweise kontrafaktischen) Bedingungen herausbringen, unter denen zwangfrei kommuniziert werden kann. Die Grundbedingung ist, «daß für alle möglichen Beteiligten eine symmetrische Verteilung der Chancen, Sprechakte zu wählen und auszuüben, gegeben ist». Im Gegensatz zur ‹französischen› Verwendung von D. hält Habermas in kritisch-aufklärerischem Pathos am vernünftigen Einzelsubjekt fest, das sich in Dialogen mit anderen auseinandersetzt in demokratischer Gleichberechtigung. Die Herkunft und die Vergleichbarkeit von Habermas' Ansatz mit der → Hermeneutik (z. B. Buber und Gadamer) legen eher den Terminus ‹Dialog› nahe als D. im oben geschriebenen Sinn (auch Habermas' wichtige Stütze der Argumentation,

die «Sprechakttheorie» von Searle und Wunderlich, ist letztlich nur eine technisierte Version der bildungsbürgerlichen ‹wohlanständigen› Rhetorik). Es stehen sich also auch in der Verwendung dieses Begriffs ‹kritische› und ‹Franzosentheorie› gegenüber: Sprechakt (‹Intentionalität›) gegen Sprache (‹unbewußte Regelsysteme der *parole*›), ‹Bewußtsein› gegen ‹Raum der Streuung der Aussagen›, ‹Rationalität› gegen ‹körperdurchdringendes Machtwissen›, ‹Dialog› gegen ‹D.›, ‹Dialektik der Aufklärung› gegen eine ‹Kritik der Aufklärung›.

Barthes, R.: Mythen des Alltags. Frankfurt/M. 1964.
–: Kritik und Wahrheit. Frankfurt/M. 1967.
–: In: Reif, A. (Hrsg.): Antworten der Strukturalisten. Hamburg 1973.
Foucault, M.: Die Ordnung der Dinge. Frankfurt/M. 1971.
–: Archäologie des Wissens. Frankfurt/M. 1973.
–: Die Ordnung des Diskurses. Frankfurt/M. 1977.
Habermas, J. & N. Luhmann: Theorie der Gesellschaft oder Sozialtechnologie. Frankfurt/M. 1971.
Harris, Z. S.: Papers. Dordrecht 1970.
Lacan, J.: Schriften I–III. Freiburg 1973ff.
Langages 37 (1975): Analyse du discours. Langue et idéologies.
Pêcheux, M.: Les vérités de la palice. Paris 1975.
Schiwy, G.: Der französische Strukturalismus. Reinbek bei Hamburg 1969 u. 1984.

Martin Lang

Eigentum

Der Begriff des E. bezeichnet umfassend → Institutionen, die die einer Person oder Gemeinschaft angehörenden, entweder ‹von Natur› oder im Laufe der Zeit erworbenen Güter als ‹Besitz› oder ‹Recht› festlegen. Was der Gesellschaft oder einzelnen ihrer Mitglieder ‹eigen› ist, ergibt sich aus dem historischen Typ gesellschaftlicher Aneignungsformen, die das Menschenbild der sozialen Akteure und die Beziehung der Menschen zueinander in einer Gesellschaft bestimmen. Immer impliziert der E.-Begriff den Ausschluß eines Personenkreises vom E.-Gut, so beim Privateigentum den Ausschluß von jedem Nichteigentümer, beim Kollektiveigentum der nicht zum Kollegium gehörenden, aber auch derjenigen Miteigentümer, für die ein beschränkter Zugang zu den kollektiven Gütern festgelegt worden ist.

Historisch entwickelt sich der E.-Begriff zunächst an konkreten Gebrauchsgegenständen und orientiert sich an kulturellen Werten (→ Wertbeziehung). So bedeutet der frühe griechische E.-Begriff *(probaton)* «Schaf» (von *probasis*: wandernder Reichtum); aus dem lateinischen Stamm *peku* (Reichtum) stammt die Vorstellung eines Gebrauchswertes («Schaf»), aber auch des Tauschwertes (→ Geld). Die philosophische Sprache vereinigt begrifflich das dem Menschen ‹Eigentümliche› mit seinem E. So bedeutet der griechische philosophische Substanzbegriff schlicht «Vermögen», d. i. das, was für die Akteure wesentlich, ihr ‹eigenes› ist. (Auch im englischen Wort *property* und im deutschen *Vermögen* werden das E.-Verhältnis und das erkenntnistheoretische Seelenvermögen zusammengedacht.)

Nach Aristoteles sind äußere Güter notwendige Voraussetzung des glückseligen Lebens, d. h. Mittel, um Tugenden wie Großzügigkeit und Gerechtigkeit zu realisieren. Der E.-Begriff ist also in der Idee der Polis-Sittlichkeit integriert. Auch in Rom ist der E.-Begriff stark sittlich gebunden. Er charakterisiert zunächst Sklaven- und Viehstand (da das Ackerland ursprünglich in Feldgemeinschaft benutzt worden ist). Die freie Bestimmung über das Vermögen war für den Todesfall an die Einwilligung der Gemeinde geknüpft, die für das Aufrechterhalten von Gemeinsinn und Sitte sorgte (Mommsen). Die frühen Nutzungsrechte des Gemeindelandes verwandelten sich allmählich in persönliche Besitzrechte. Während der Kriege des 3. und 2. Jahrhunderts (v. Chr.) (Sklavenzufuhr) entstand der große römische Grundbesitz. Der E.-Begriff wird jedoch erst im entwickelten römischen Recht des 5. und 6. Jahrhunderts eine juristisch abstrakte Form, die des absoluten E. *(dominium)* erhalten.

Die frühmittelalterliche Agrarverfassung basiert auf Grundherrschaft, die durch die Institution des Kolonats relativiert wird. Durch die Verwandlung der Kolonen – ursprünglich freie Pächter – zu hörigen Bauern entsteht ein kompliziertes System von Ansprüchen (Nießbrauchrechten) gegenüber dem Herrn, das durch ein System von Abgaben an ihn ergänzt wird. Obereigentümer des gesamten Landes ist der König, der sein E. (Lehnsgut) dem Vasallen als Benefizium zur Verfügung stellt; diesem stehen Nutzungen wie einem Eigentümer zu. Die Juristen des Mittelalters haben diese Beziehung in der Theorie von Ober- und Untereigentum erfaßt. Neben dieser ‹politischen› Bindung des Grundeigentums entwickelt sich auch im Handwerk das E.-Verhältnis in ‹gebundener› Form, da hier Techniken, Größe des Betriebs, der Produktion, Anzahl der Beschäftigten etc. von der Zunft strikt reglementiert werden (→ Feudalismus).

Das traditionelle ‹gebundene› E.-Verhältnis wird im Zuge der Entwicklung der bürgerlichen Gesellschaft zum freien E. – ein Prozeß, der parallel zur Befreiung der → Arbeit aus der feudalen Abhängigkeit verläuft.

In der politischen Theorie werden diese Entwicklungen in Ideen der Freiheit von Person und E. und der Begründung der Gesellschaft auf

Konsens (Gesellschaftsvertrag) antizipiert. In der englischen Theorie des 17. Jahrhunderts hat J. Locke Privatbesitz auf Arbeit reduziert, die der Natur, die ursprünglicher Gemeinbesitz der Menschheit ist, hinzugefügt wird. Der Erwerb von E. über das Erarbeitete hinaus wird durch das → Naturrecht verboten. Dieses Prinzip wird jedoch durch die ‹Erfindung› des Geldes gebrochen, so daß in der modernen Gesellschaft, die auf dem Gesellschaftsvertrag beruht, die Akkumulation von Reichtum zulässig, ja Korrelat individueller Freiheit ist.

War bei Locke die Theorie des E. der Gesellschaftsvertragstheorie vorgelagert, so wird bei Rousseau die E.-Beziehung erst durch die Vertragsstiftung konstituiert. Auch hier wird E. auf Arbeit zurückgeführt – eine Argumentation, die sich im vorrevolutionären Frankreich gegen spätfeudale E.-Ansprüche richtet.

Der selbstverständliche Bezug der E.-Theorie auf den Arbeitsbegriff fehlt in der deutschen idealistischen Philosophie: E. wird bei Kant von der politisch-legalen Form her begründet als Einrichtung der bürgerlichen Rechtsgesellschaft. Es ist Ausdruck der Selbständigkeit des Staatsbürgers, der Mitgesetzgeber und Partner des Gesellschaftsvertrags ist. Der Aneignungsakt selbst ist notwendiger Stiftungsakt moderner politischer Verfassungsordnung, als solcher, trotz seiner egoistischen Motivierung, «vernünftig» (→ Vernunft). Diese Idee wirkt in Hegels Einsicht weiter, E. sei das Schicksal der modernen Welt, so daß eine Trennung von ihm nicht mehr denkbar sei. In der modernen souveränen Rechtsgesellschaft ist es die spezifische Form, durch die sich die freie Person eine äußere Sphäre ihrer Freiheit gibt. Als Mittel der Realisierung der Freiheit wird es vom modernen Staat gesichert, der den sittlichen Zweck ausmacht. (Der institutionelle Rahmen der bürgerlichen Gesellschaft wird durch den philosophischen Begriff «angeeignet».)

Gegenüber den bürgerlichen Staatsvertragstheorien und der idealistischen Dialektik stellt die Marxsche Gesellschaftskritik schon 1844 die Forderung einer ‹Erklärung› des Privateigentums. Die frühe Erklärung besteht in dem Nachweis, daß in der bürgerlichen Gesellschaft die menschliche Vergegenständlichung als Entäußerung (→ Entfremdung) des Arbeiters und als Aneignung durch den Privateigentümer erfolgt. Seit der «Deutschen Ideologie» wird der Entfremdungsprozeß als Prozeß der historischen Entwicklung der Arbeitsteilung interpretiert. Privateigentum ist die Form, wie sich in der bürgerlichen Gesellschaft naturwüchsige Arbeitsteilung vollzieht. Konkreter faßt die Kapitalismus-Kritik des Spätwerks Privateigentum als die Form der Beteiligung einer → Klasse nichtarbeitender Eigentümer von Produktionsmitteln am kapitalistischen → Ausbeutungsprozeß und der Aneignung des durch die Arbeiterklasse produzierten gesellschaftlichen Produkts auf. Durch die widersprüchliche Entwicklung der Gesellschaft, die zur proletarischen → Revolution führen muß, wird nach Marx Privateigentum als historische Form negiert und durch Gemeinbesitz, bewußte kommunistische Planung und Kooperation ersetzt (→ Arbeiterbewegung/→ Kapitalismus/→ Kommunismus/ → Sozialismus).

Die Forderungen der bürgerlichen politischen Theorie haben sich mit der Entwicklung der bürgerlichen Gesellschaft in Verfassungstexten und juristischen Theorien niedergeschlagen. Der traditionelle ‹Untereigentümer› wird als ‹eigentlicher› Eigentümer anerkannt, der sein Recht von der eigenen Arbeit (bzw. seiner unternehmerischen Tätigkeit) herleitet. In diesem Sinne ist für die französische «Erklärung der Menschenrechte» von 1789 E. «unverletzlich» und «heilig». In Deutschland hat sich die bürgerliche Vorstellung vom Privateigentum als unbeschränktes Herrschaftsrecht über die Sache nicht revolutionär durchgesetzt, sondern allmählich durch die theoretischen Leistungen der Pandektenwissenschaft entwickelt. Schon 1801 prägte Thibaud den Begriff des «wahren» E. und lehnte die Theorie des geteilten E. ab. Der am «heutigen römischen Recht» (Savigny) orientierte formale E.-Begriff sollte erst mit der Kodifikation (1900) positives Recht werden.

Die Entwicklung der kapitalistischen Wirtschaft seit dem 19. Jahrhundert bedeutete die Konzentration von E. in der Form großer Kapitalgesellschaften. Die im 20. Jahrhundert vorherrschende positivistische E.-Theorie wurde durch die nationalsozialistischen Juristen abgelehnt. Sie faßten das kapitalistische Unternehmen als organische «Arbeits- und Betriebsgemeinschaft» auf und verwischten so das antagonistische Element in der E.-Beziehung (→ Faschismus/→ Rechtssoziologie).

In der Nachkriegszeit wurde die Idee des absoluten, unverletzlichen E. (BGB) wieder vorherrschend, ergänzt durch die Konzeption der Sozialgebundenheit des E. (GG). Wie diese interpretiert wird, ist zum großen Teil eine politische Frage. Gegenüber der Konzentration wirtschaftlicher → Macht in wenigen Händen, zu der in der modernen Wirtschaft der Aktiengesellschaften, mit Ausschluß der → Öffentlichkeit, der Aktientransfer führt, erhebt sich die Forderung nach Kontrolle wirtschaftlicher Entscheidungen durch Demokratisierung von Gesellschaft und Ökonomie. Der Rechtsanspruch der Arbeiter auf Kontrolle der Produktionsmittel drückt sich in Mitbestimmungsbestrebungen der Arbeiter in den Betrieben und der betroffenen Bürger in Entscheidungen der kommunalen Verwaltung aus (→ Partizipation). In Gesellschaften des ‹real existierenden Sozialismus› ergibt sich das Problem einer substantiellen Mitbestimmung bei Planungsentscheidungen, die den Zugang des Bürgers zum ‹Gemeineigentum› reglementieren.

Coing, H. & W. Wilhelm (Hrsg.): Wissenschaft und Kodifikation des Privatrechts im 19. Jahrhundert. Bd. III. Frankfurt/M. 1976.
Däubler, W. u. a.: Eigentum und Recht. Darmstadt/Neuwied 1976.
Hedemann, J. W.: Die Fortschritte des Zivilrechts im 19. Jahrhundert. Berlin 1930.
Mertens, H. J./Kirchner, Ch. & E. Schanze: Wirtschaftsrecht. Reinbek bei Hamburg 1978.
Neumann, F.: Behemoth. Köln/Frankfurt 1977.
Renner, K.: Die Rechtsinstitute des Privatrechts und ihre soziale Funktion. Stuttgart 1965.
Wesenberg, G. & G. Wesener: Neuere deutsche Privatrechtsgeschichte. Lahr/Schwarzwald 1976.
Wieacker, F.: Wandlungen der Eigentumsverfassung. Hamburg 1935.

Kosmas Psychopedis

Einstellung

E. (engl. attitude) ist die internalisierte Haltung gegenüber individuell bedeutsamen Gegenständen oder Gegenstandsklassen. Als solche ist sie urteils- und handlungsdisponierend. Für den Begriff konstituierend ist die Verknüpfung perzeptiver, kognitiver und affektiver Komponenten in einer Handlungsprädisposition. Insofern handelt es sich um eine funktionale Kategorie der objektbezogenen Orientierungsdisposition des psychophysischen Organismus. Deshalb handelt es sich bei E.en auch nicht um kausal zurechenbare Handlungsursachen, sondern um «vermittelnde Bedingungen, die ihrerseits wieder von anderen Bedingungen abhängig sind» (Newcomb 1959, 96), z. B. von Lernprozessen, Erfahrungen oder Inkonsistenzen in Situationsdeutungen.

Der E.-Begriff entstammt der Tradition der behavioristischen Sozialpsychologie (→ Behaviorismus). In ihr stellt er eine jener hypothetischen Konstrukte unbeobachtbarer, interner Prozesse dar, mit denen die psychophysische Reizverarbeitung zu Verhaltensmustern erklärt werden. Daher auch die Verknüpfung der verschiedenen Komponenten im E.-Begriff, da sie differentiell für die theoretische Rekonstruktion von Verhaltensschemata irrelevant sein sollen. Der Begriff stellt also nicht den Anspruch, eine Realabstraktion zu sein – dem widerspricht seine logische Struktur der additiven Verknüpfung –, sondern er ist eine reine Konstruktion. So gewinnt er in der experimentellen → Sozialpsychologie, die sich der erwähnten theoretischen Rolle des Begriffs wegen in einem erheblichen Ausmaß mit dem Aufbau, der Persistenz und dem Wandel von

E.en befaßt, den logischen Status einer intervenierenden Variablen zur Erklärung von Verhaltensänderungen (Irle 1969, 187–377). Von dort aus ist er in die Massenkommunikationsforschung (→ Massenkommunikation) gelangt, wo er eine zentrale Kategorie der Medienwirkungsforschung bildet (Stosberg 1972; kritisch Dröge u. a. 1973, XIVf).

Der zentrale Funktionsaspekt von E.en in der individuellen Handlungswirklichkeit ist der der bedeutungsvollen Gegenstandsselektion und damit der Aufbau eines orientierungsfähigen Bezugshorizonts durch die Hierarchisierung von Gegenstandsbedeutungen. Dadurch sichern sie eine zeitliche Verhaltenskonstanz und eine soziale Verhaltenskonsistenz in sich wandelnden sozialen Situationen und unter wechselnden inneren Zuständen des Organismus. Sie sind der sozialpsychologischen Lehrmeinung nach die dynamischen Grundlagen von Vorurteilen und → Stereotypen und damit meinungs- und überzeugungsbildend.

Der Funktionsaspekt macht deutlich, daß → Individuen im allgemeinen E.-*Systeme* ausbilden. Das ist darauf zurückzuführen, daß sie ätiologisch einerseits auf die soziale Konstitution von → Sozialisation zurückzuführen sind, sich andererseits funktional in Handlungssituationen bewähren, deren soziale Struktur im allgemeinen von ebendenselben Konstitutionsfaktoren (klassen-, schichten- und gruppenspezifisch) bestimmt wird. Insoweit, als sie unter diesen Bedingungen sich herausbilden, perennieren und eventuell wandeln, kann man E.en – über ihren behavioristischen terminologischen Sinn hinaus – als eine Form vergesellschafteter dispositionaler Subjektivität begreifen, weil sie in einer aggregatspezifischen Lebenspraxis als mehr oder weniger gemeinsam geteilte praktische Gegenstandsbedeutungen für die Subjekte ausgebildet und wirksam werden. (Von daher sind auch sozialpsychologische Experimente und die Medienwirkungsforschung zu kritisieren, welche einzelne an einem vorgegebenen Objekt definierten E.en aus ihrem Systemzusammenhang isolieren und damit den Totalitätscharakter von Orientierungssystemen zerstören.) E.en gelten demnach als erlernt, und ihre Änderungen, etwa durch Wechsel von Bezugsgruppen (→ Gruppe), sozialer Situationsbedingungen, Zwang, Objektänderungen oder Informationen, werden ebenfalls als Lernen oder als Beeinflussung aufgefaßt (Krech/Crutchfield 1976, 487–501).

Ihrer ausgeführten realen Konstitution und ihrem gesellschaftlichen Charakter nach sind E.en auch Elemente der Gruppenkohäsion, aber selbstredend auch solche des Konformitätszwangs. Gleichzeitig gehören sie zum Anmutungscharakter und zum Erwartungshorizont von sozialen Rollen (→ Rollentheorie). Insofern hat der Begriff erhebliche alltagspraktische Bedeutung, die allerdings im wesentlichen die o. a. instrumentelle Deutung der experimentellen Sozialpsychologie reflektiert.

Ermittelt werden E.en über verbale Äußerungen in Laborexperimenten oder aus beobachteten Verhaltensänderungen geschlossen. E.en werden gemessen mit E.-Skalen, durch Schätzungen oder projektive Verfahren (Stosberg 1972; Krech/Crutchfield 1976, 505ff).

Die theoretische Verwendung des E.-Begriffs in der Soziologie außerhalb des empirischen Konstitutionszusammenhanges von Subjektivität tendiert zum psychologischen Reduktionismus. Insbesondere in der Soziologie der Massenkommunikation hat seine Zentralstellung in der Wirkungsforschung den methodischen Individualismus radikalisiert und die Zentralstücke der Medientheorie als eine psychologische Theorie ausgeformt.

Dröge, F./Weißenborn, R. & H. Haft: Wirkungen der Massenkommunikation. Frankfurt/M. 1973[2].

Irle, M. (Hrsg.): Texte aus der experimentellen Sozialpsychologie (= Soziologische Texte, Bd. 45). Neuwied/Berlin 1969.

Krech, D. & R. S. Crutchfield: Grundlagen der Psychologie. Bd. I. Weinheim/Basel 1976[7].

Newcomb, T. M.: Sozialpsychologie. Meisenheim 1959.

Sherif, C./Sherif, M. & R. E. Nebergall: Attitude and attitude change. The social judgement-involvement approach. Philadelphia/London 1965.

Stosberg, M.: Analyse der Massenkommunikation: Einstellungsmessung. Düsseldorf 1972.

Franz Dröge

Elite (bürgerliche)

E. läßt sich nur schwerlich rein formal als durch stets dieselben Eigenschaften, als ‹E. schlechthin›, erkennbar definieren – etwa durch Askese, Ethik, geistige Überlegenheit, Verhaltensformen, Sensibilität oder durch ein ‹Gesetz› des Aufstiegs und Niedergangs (Pareto) usw. Vielmehr stellt sie ein sich qualitativ immer von neuem bildendes und sich von den übrigen elitären Erscheinungen der Geschichte unterscheidendes Phänomen dar. Wir haben es in diesem Beitrag explizit mit der hochbürgerlichen E. zu tun, wobei wir einen Blick auf die vorangehenden bürgerlichen E.n werfen.

Die bürgerliche E. tritt historisch zum erstenmal in der Epoche der Frührenaissance (11.–13. Jahrhundert) auf, und zwar ökonomisch als Handelsbürgertum und ideologisch als individualistisches Bildungsbürgertum. Sie setzt sich in der reifen Renaissance (besonders Italiens, der

Niederlande und vermittelt Englands) als eigentliche und eindrucksvolle Renaissanceelite fort. Ihr Hauptmerkmal besteht, wie Jacob Burckhardt und Friedrich Engels unabhängig voneinander erkannt haben, in der vielseitigen persönlichkeitsbildenden Entfaltung der subjektiven Eigenschaften; Engels hebt hierbei als Voraussetzung das Fehlen der persönlichkeitszerstörenden Arbeitsteilung hervor – welches Problem auch Schiller, übrigens neben anderen vor ihm, sehr deutlich erkannt hat –, selbstverständlich unter der Bedingung von Reichtum und Muße.

Das sich seit dem beginnenden 17. Jahrhundert ausbreitende und aus der handwerklichen Meisterschaft herausbildende Manufakturbürgertum zeigt einen geradezu entgegengesetzten Charakter. Unter dem Drucke der ‹ursprünglichen Akkumulation› des entstehenden Betriebskapitalismus und damit zusammenhängend aus der handwerklichen Kapitalarmut sich erklärenden elitären Askese (Prädestinationslehre) zwang es die von ihm abhängigen und ideologisch beeinflußten Schichten in die → Ideologie der calvinistischen Religiosität, die diesem Prozeß der vom Volke große Opfer abfordernden Kapitalakkumulation voll und ganz angepaßt war. Insbesondere die führende E. des Manufakturbürgertums erlebte sich unter Hinweis auf ihren irdischen Erfolg als von Gott ‹zur ewigen Seligkeit prädestiniert›.

Das mit der industriellen Revolution um 1900 (→ Industrialisierung) entstehende Industriebürgertum, das sich mit dem liberalen Handels- und Finanzbürgertum vermischte (→ Kapitalismus), knüpft an bestimmte elitäre Züge der Renaissance an, jedoch unter dem Aspekt einer verschärften Form des Konkurrenzindividualismus. Im Malthusianismus und im Manchesterliberalismus nimmt die elitäre Überheblichkeit gegenüber dem Volk, das schutzlos seinem Schicksal überlassen werden soll, die ideologische Gestalt der liberalen ‹Freiheit› an. Eine gewisse, ins Entgegengesetzte weisende Pendelbewegung, wodurch dem arbeitenden und verelendeten Volk ein gewisser gesetzlicher Schutz gewährt werden soll, kennzeichnet vor allem die englischen und die deutschen Sozialkonservativen bis zu den ‹Kathedersozialisten› (die keine Sozialisten, sondern überwiegend konservative Professoren waren) zu Ende des 19. Jahrhunderts. Der seit der antirevolutionären und antibürgerlichen katholischen Romantik weiterwirkende Haß gegen den das Volk mißbrauchenden bürgerlichen ‹Spießer› findet hierin einen späten Niederschlag; auch der feudale Bismarck schuf (wenn auch nur schwächliche) Schutzgesetze.

Die spätliberale E. des Bürgertums (bis zum Ersten Weltkrieg) zeigt bereits, im Zusammenhang mit dem beginnenden → Imperialismus, konservative Züge: schrittweise Abwendung von der liberalen Idee der Vorherrschaft des Fortschritts in der Geschichte und Rückfall in die Ständestaatsideologie. Der heute herrschende bürgerliche Konservatismus wird damit eingeleitet und schließlich herrschend; wofür wir darin ein bezeichnendes Symptom haben, daß die noch im traditionellen Sinne liberalen Parteien in allen kapitalistischen Industrieländern bei den Wahlen nur geringe Erfolge verzeichnen können (durchschnittlich um zehn Prozent herum).

Die im eigentlichen Sinne hochbürgerliche E. der Gegenwart wird auf etwa ein bis drei Prozent der Gesamtbevölkerung geschätzt. Sie stellt eine noch wenig erforschte Erscheinung dar, wofür der Hauptgrund nach der Meinung verschiedener Autoren (L. von Wiese, Kleining und Moore, Pritzkoleit, Kofler) darin zu suchen ist, daß sie sich aus der Öffentlichkeit zurückzieht und eine starke Animosität gegen jede empirisch-theoretische Befragung, wie sie sonst bei allen Bevölkerungsschichten durchgeführt wird, zeigt. Nach Leopold von Wiese, dessen Ansichten sich auf den verschiedenen Ebenen der ökonomischen, sozialpsychologischen und ideologischen Erkenntnis bestätigen lassen, zeigt die moderne bürgerliche E. vornehmlich die folgenden Eigenschaften: Sie sieht sich an der Spitze der Gesellschaft und fühlt ein Maximum an → Macht in ihren Händen; es beschäftigt sie die Formung der großen Ideen der Welt: Weltpolitik, Wirtschaft, Handel, Finanzen, Kultur, Politik und Moral; ihr Verhalten ist gekennzeichnet dadurch, daß sie ihren Einfluß aus dem Hintergrunde auszuüben sucht; die Bemühung um die Vermehrung ihres Besitzes geht einher mit der Verfügung über ein großes Ausmaß von Muße.

Die Tatsache des Eintritts der hochbürgerlichen E. in das Stadium der Dekadenz ergibt sich aus der genauen Analyse dieses Begriffs, wie er sich (etwa in Parallele, aber auch im Unterschied zum niedergehenden Adel des 18. Jahrhunderts) als soziale Erscheinungsform dieser E. nachweisen läßt.

Der hochbürgerliche Begriff der Dekadenz läßt sich ebenso durch den subjektivistischen Drang zum elitären Kulturgenuß wie auch durch den der hier vorherrschenden Kulturauffassung zugrundeliegenden Zug zum Nihilismus umschreiben – genauer, durch den Übergang vom liberalen Humanismus, der sich mit subjektiver öffentlichkeitsfreudiger Aktivität verband, zum konservativen Nihilismus, der jede öffentliche Betätigung (mit Ausnahme von Einzelfällen) meidet. Für diesen modernen Nihilismus, der in vielen theoretischen und literarischen Werken seinen Niederschlag findet, ist die ideologische Erhebung der Verfallserscheinungen der spätbürgerlichen Gesellschaft zu ewigen ‹ontologischen› Wesenheiten menschlicher Existenz überhaupt leitend geworden.

Dazu kommt, daß der zwanghafte Hang zur Demonstration der elitären Exklusivität jene subtile Verfeinerung der Sitten (der «Etikette», sagt Max Weber in einem ähnlichen Zusammenhang) und des Kulturgenusses nach sich zieht, durch die sich die bürgerliche E. sichtbar selbst von den ihr sozial benachbarten → Schichten unterscheidet. Im gleichen Zuge entwickelt sie ein erhebliches Maß von ideologischer und sich in der

Theorie niederschlagender (z. B. Heidegger) Weltverachtung. Für alle spätbürgerlichen E.-Individuen gilt die Bestimmung des ideologischen Bruchs zwischen den weltzugewandten → Interessen und der Welt der ichbezogenen, für nihilistisch-verinnerlichte Aspekte empfänglichen Verfeinerung: einer ‹Haltung›, die auf die Umgebung ausstrahlt und sie zutiefst beeinflußt. Denn E. in allen ihren historischen Formen galt stets auch als nachahmenswertes Vorbild. Hinter der elitär geübten Kunst des «Aufsichnehmens» der bedrohlichen Welt (E. Tillich) – das bedeutet, des Sichabfindens mit ihr – verbirgt sich die Tatsache der geübten Kunst der Ausnutzung ihrer materiellen Quellen, ohne sich die Finger schmutzig zu machen. Dieser Widerspruch zwischen der Abhängigkeit von den diesseitsgerichteten Interessen und dem ideologischen Bekenntnis zu einer subtil-verinnerlichten Weltauffassung mündet naturgemäß in einem Zynismus, der nicht zu übersehen ist. Bereits Goethe und Hegel haben, wenn auch im Blick auf eine mehr adelige E., die ‹Falschheit› der ‹schönen Seele› einer scharfen Kritik unterzogen.

Die eigentliche Tragik der hochbürgerlichen E. ist zu suchen in der Bestimmtheit durch das vorhandene ‹Herr-Knecht-Verhältnis›. Die vielschichtige antikapitalistische Kritik zwingt sie einerseits, die Existenz einer → Klassengesellschaft zu leugnen, andererseits und in Widerspruch dazu das Proletariat als sozial und menschlich zutiefst unterschiedene Klasse dauernd reproduzieren zu müssen. Der Widerspruch zwischen der angeblichen Interesselosigkeit an der Erhaltung des ‹Knechts› und der dauernden praktischen und ideologischen Anstrengung, ihn zu erzeugen und zu erhalten, kann der bürgerlichen E. auf lange Sicht zum Verhängnis werden, vergleichbar der adeligen E., die die Gesamtheit der Adelsklasse mit in den Abgrund zog.

Carrel, A.: Der Mensch ein unbekanntes Wesen. Frankfurt/M. 1967.
Edwards, C. D.: Control of Cartels and Monopolies. New York 1967.
Geiger, Th.: Ideologie und Wahrheit. Neuwied/Berlin 1968.
Hegel, G. W. F.: Phänomenologie. Leipzig 1949 (Abschnitt: Das Gewissen. Die schöne Seele etc.).
Heidegger, M.: Über die Linie (o. A.).
Heydte, F. A. v. d.: Formen der Gesamtgliederung und Ordnung der Gesellschaft. In: Handbuch der Soziologie II. Stuttgart 1956.
Kleining, H. & A. Moore: Das Selbstbild der sozialen Schichten. In: Zeitschrift für Soziologie und Sozialpsychologie. 1960, 1.
Kofler, L.: Staat, Gesellschaft und Elite zwischen Humanismus und Nihilismus. Ulm 1960.
–: Der Konservatismus. Zwischen Dekadenz und Reaktion. Hamburg 1984.
Nell-Breuning, O.: In: Gewerkschaftliche Monatshefte, 1956, 8.
Ortega y Gasset, J.: Der Aufstand der Massen. Reinbek bei Hamburg 1964.
Pritzkoleit, K.: Wem gehört Deutschland? Wien/München 1957.

Riesman, D.: Die einsame Masse. Reinbek bei Hamburg 1962.
Sethe, P.: In: Die Welt. 27. Juni 1958.
Taine, H.: Die Entstehung des modernen Frankreichs. Berlin/Frankfurt 1954.
Veblen, Th.: Theorie der feinen Leute. Frankfurt/M. 1958.
Weinstock, H.: Die Tragödie des Humanismus. Hamburg 1953.
Wiese, L. von: Die leitenden Eliten. In: Universitas, 1955, 3.

Leo Kofler

Emanzipation

Noch 1973, in frischer Erinnerung an die → Studentenbewegung, die mit dieser sozialen und politischen Leitparole ihr Selbstverständnis artikulierte, mochte gelten, E. bezeichne «als ein hochbrisanter Begriff den politischen Frontverlauf zwischen gegnerischen Linien» (Greiffenhagen 1973, 7); angesichts der Vielfalt und Unschärfe seiner Verwendungen erscheint dies heute fraglich. Als sozialwissenschaftlicher Terminus jedenfalls kann E. nur nützlich sein, wenn er im jeweiligen Kontext präzise gefaßt ist; auch dann gewinnt er weniger den Charakter einer analytischen als den einer diagnostischen Kategorie, in der sich ein kritisches, mitunter utopisches Interesse erkenntnisleitend ausspricht. Dazu müssen (1) die Bezugsbegriffe, die E. als Prozeß abstecken (z. B. Fremdbestimmung/Selbstbestimmung; → Herrschaft/Freiheit), in ihrer empirischen Relevanz und analytischen Qualität geklärt sein; (2) das Medium bzw. die Mittel – und damit auch die Verhaltens- bzw. Handlungsweisen – des Subjekts des emanzipatorischen Prozesses (z. B. Lernen/Wissen; sozialer/politischer Kampf; Verweigerung; Technik/Naturbeherrschung) bedacht sein; und (3) muß das Subjekt dieses Prozesses selbst (→ Individuum; → Gruppen/→ Schichten/→ Klassen; die Gattung Menschheit) bestimmt sein.

Je nachdem, wie diese Momente konturiert und in Beziehung zueinander gesetzt werden, variieren die Bedeutungen von E. Wenn diese aber dennoch stets auch vage ineinander oszillieren, so deshalb, weil sie sich als Aspekte einer Logik der Bedeutungsausweitung des Begriffs denselben geschichtlichen Nötigungen verdanken und in ihnen die gemeinsame Substanz finden: den ökonomischen, sozialen und dann politischen Zwängen, die den Übergang zur Neuzeit als Entstehung und Entfaltung der *bürgerlichen Gesellschaft* bewirkten.

E., wie heute selbstverständlich, als *Prozeß* zu begreifen, den Ausdruck also als «Bewegungs- und Zielbegriff» (Grass/Koselleck 1975, 153) zu verstehen, steht im Widerspruch zum Ursprungssinn des Wortes als terminus technicus des römischen Rechtes, wonach (lat.: *e manu capere*) der pater familias seine Söhne in die zivilrechtliche Selbständigkeit entlassen konnte. Zwar wurde in der weiteren Rechtsgeschichte dann der Anspruch auf E. bis zu ihrem automatischen Eintreten bei Mündigkeit entwickelt; doch blieb der Begriff in diesem originären Kontext an die Bezeichnung eines einmaligen Aktes gebunden, der ohne Zutun des Betroffenen geschieht. Der erste, alle weiteren bestimmende Bedeutungswandel des Begriffs vollzieht sich als Übergang von diesem transitiven zu seinem *reflexiven* Gebrauch: vom Zugeständnis zur Selbstermächtigung, womit der ehemalige juristische Sinn des Wortes hinfällig wurde, obwohl ihm auch eine rechtliche Bedeutungskomponente blieb. Zeitverschoben in den Kernländern Europas, in Deutschland zuletzt, setzt sich dieser Gebrauch seit der Mitte des 14. Jahrhunderts allmählich durch, und zwar, solange die Bildungssprache von der Aristokratie bestimmt blieb, zunächst besonders in pejorativem Sinne: E. bezeichnet Freiheit(en), die man sich nicht Rechtens nimmt, sondern als Frecheit und Anmaßung gegen altes Privileg und hergebrachte Standessitte herausnimmt. Indem sich in dieser abwertenden Wendung aber auch die Abwehr sich meldender Ansprüche der arbeitenden und unterdrückten Klassen ausdrückte, wurde in ihr das heute wesentliche Assoziationsfeld des Begriffs vorbereitet: Er wurde tendenziell vom einzelnen Individuum gelöst und gewann das Kollektiv als Subjekt. Am Vorabend der großen Französischen Revolution waren die anti-feudalen, anti-absolutistischen und anti-ständischen Invektiven der Parole ebenso zugespitzt wie ihre liberalen, demokratischen und selbst sozialistischen Perspektiven in vielfältiger, auch geschichtsphilosophischer Grundierung avisiert (→ Sozialismus). Was Deutschland anbetrifft, so wurden die wesentlichen Bedeutungsimplikate, die noch heute als Verständnismöglichkeiten des Begriffs hervortreten, im Vormärz entfaltet.

Die jeweilige Bestimmtheit des Begriffs resultiert, mehr oder minder deutlich, aus der mindestens implizit gleichzeitigen Antwort auf folgende Fragen: Wer (welches Kollektiv) will (soll; ist gezwungen) sich aus welchen Gründen (Bedingungen; Notwendigkeiten) mit welchen Mitteln (in welchem Medium; auf Grund welcher Nötigungen) aus welchem (wie bestimmbaren) Zustand zu welchem (wie möglichen/denkbaren) Ziel ‹emanzipieren›? Die Bedeutungsvarianten, die E. aus der Antwort auf diesen Fragenkomplex annehmen kann, lassen sich systematisch, freilich, da der Sache wie dem Anspruch nach vielfältig ineinander übergehend, nicht strikt nach den *Prozeßtypen* der → Integration, der Transformation und der Evolution unterscheiden.

(1) Als *Integration* erscheint E. dann, wenn unterprivilegierte Gruppen (Schichten/Klassen) nach Maßgabe der Eigenlegitimation einer Gesellschaftsordnung Statusgleichheit anstreben bzw. in diese hineinwach-

sen. Diese Perspektive der Gleichberechtigung als Einforderung politisch-rechtlicher Egalität und sozialer Chancengerechtigkeit kann ersichtlich erst aufkommen, wenn → Gleichheit selbst zum Legitimationspostulat geworden ist, also in bürgerlicher Gesellschaft (‹Staatsbürger›). Von der Sklaven- über die Juden- bis zur Frauen-E. (→ Frauenbewegung) finden hier die klassischen E.-Bewegungen ihr z. T. noch immer nicht hinreichend bestelltes Feld. Sofern in solchen Bestrebungen deutlich wird, daß rechtliche Gleichstellung nicht notwendig soziale Gleichheit impliziert, drängt aber die politische zur sozialen E.

(2) Insofern diese die Umwälzung der bestehenden Eigentumsverhältnisse als der Grundlage sozialer → Herrschaft erheischt, richtet sich E. dann auf *Transformation* des sozio-ökonomischen Systems selbst, das die Postulate nicht einlösen kann, auf die es sich politisch gründen will. Im Maße der Erkennbarkeit dieses Sachverhalts und der Erkenntnisfähigkeit der E.-Bewegung schwankt deren Binnenbewußtsein zwischen Integrations- und Transformationsperspektive. An der → Arbeiterbewegung als historisch zentralem Beispiel wird dies deutlich: Ihre Spaltungen ergaben sich aus der Hoffnung einerseits, die E. vom Kapital (→ Kapitalismus) lasse sich integrativ derart (reformerisch) vollziehen, daß sich das System linear-evolutionär transformiere, und der Gewißheit andererseits, seine Transformation sei nur im revolutionären Bruch zu verwirklichen. Die Auffassung vom Medium und die Wahl der Mittel von E. sind daher wesentlich davon bestimmt, welche der beiden Perspektiven verhaltens- bzw. handlungsleitend im Vordergrund steht.

Als (3) *Evolution* erscheint E. schließlich dort, wo die Menschheitsgeschichte insgesamt als deren (reale oder potentielle) Verwirklichung angesehen wird, Integrations- und Transformationsprozesse universalperspektivisch überschauend. Ideengeschichtlich ist diese Optik selbst Produkt des Transformationsprozesses der feudalen in die bürgerliche Gesellschaft (→ Feudalismus), den sie förderte und über den hinauszublicken ihre eigene Logik zugleich erzwang. Die philosophisch-theoretischen Gestaltungen, die diese Blickrichtung angenommen hat, sind bis in die Gegenwart so vielfältig wie ihr Erkenntniswert und ihr Ideologiecharakter unterschiedlich zu beurteilen. Dabei ist hilfreich, sie nach dem jeweils favorisierten Substrat geschichtlich wirkender E. in idealistische und materialistische Varianten grob zu unterteilen: danach also, ob Bewußtsein (‹Aufklärung›) oder → Arbeit (Produktion) als leitende Orientierung für den als E. gedachten Menschheitsprozeß im Vordergrund steht. An einer – notwendig abstrakten – Formulierung des utopischen Ziels, auf das sich die menschliche E.-Geschichte als ‹Fortschritt› richten mag (→ Utopie), werden die Unterschiede sich kaum erkennen lassen; sie darf ‹Assoziation freier Menschen› heißen. Um so schärfer treten die Differenzen aber in der Einschätzung der Notwendigkeiten (und Hemmungen) und daher der nötigen Mittel hervor, die die Erreichung jenes Ziels fördern können oder erzwingen mögen: darin nämlich, ob die evolutionäre Perspektive unvermeidlicher Transformationen eher integrativ-reformativ oder eher revolutionär, im Medium von Brüchen, gedacht werden muß (→ Revolution).

Nicht alle, wenn auch die wesentlichen, Konnotationen des Begriffs E., die gegenwärtig rezent sind, gehen im vorgeschlagenen Raster auf. Mit ihm zu vermitteln wäre: (1) Die Dimension ‹E. von der Natur› mit allen Implikationen aufklärerischer → Dialektik; sodann das Problem der E. unterdrückter Völker vom ‹Mutterland› (Kolonialismus/→ Imperialismus). (2) Die Verwendung des Begriffs E. in pädagogischen und psychologischen (psychoanalytischen) Kontexten, wo er, gewollt oder nicht, wieder auf seinen individualistischen Ursprungssinn, gar in transitivem Verständnis, zurückgebogen zu werden scheint. Eine neue, wirklich quer liegende Dimension des Begriffsgebrauchs ergibt sich, wo nicht mehr die E. der Gesellschaft von Herrschaft, sondern die des individuellen Subjekts von der Gesellschaft gemeint wird (‹Aussteigen›).

Grass, K. M. & R. Koselleck: Art. ‹Emanzipation›. In: Brunner, O./Conze, W. & R. Koselleck (Hrsg.): Geschichtliche Grundbegriffe. Bd. 2. Stuttgart 1975.
Greiffenhagen, M. (Hrsg.): Emanzipation. Hamburg 1973.

Arnhelm Neusüss

Empirische Sozialforschung

Grundlage jeder empirischen (d. h. letztlich auf Erfahrung rückführbaren) Wissenschaft sind Sachverhalte, die mit natürlichen (biologisch angeborenen) oder künstlichen (apparativen) ‹Rezeptoren› erfaßt werden können. Diese Sachverhalte werden systematisch erhoben und unterscheiden sich damit von Alltagserfahrung insbesondere durch: (1) spezifische Fragestellungen – den Sozialwissenschaftler interessiert nur ein ganz bestimmter Ausschnitt aus der Realität; damit verbunden sind (2) spezifische Beobachtungssysteme (‹Rezeptoren› einschließlich deren funktioneller Koordination) – der Sozialwissenschaftler verwendet weder die Reagenzien des Chemikers noch die Apparate des Radioastronomen, sondern bestimmte experimentelle Ausstattungen, Fragebögen, Beobachtungsschemata etc.; damit wiederum verbunden sind (3) spezifische Sprache und Wissensbestände – die mittels (1) und (2) gemachten Erfahrungen sind nämlich vor dem Hintergrund der von den Sozialwissenschaftlern (der scientific community) akzeptierten → Paradigmen (T. S. Kuhn) zu sehen, welche bestimmen, was gegenwärtig unter ‹Sozialwissenschaft› zu verstehen ist, worüber Soziologen miteinander kommunizieren können, was die relevanten Forschungsfragen sind und wie man diese einer Lösung zuzuführen hat. Nur in bezug auf solche akzeptierten Wissensbestände und die damit verbundenen Begriffssysteme und Verfahrensregeln sind empirische Sachverhalte sinnvoll (d. h. in vorhandenes Wissen einordenbar) und damit kommunizierbar, nachvollziehbar und kontrollierbar und können so intersubjektives Wissen über ‹Wirklichkeit› begründen, das handlungsrelevant wird.

Empirische Sachverhalte stellen sich in unserem durch den indoeuropäischen Sprachtypus (und damit auch die aristotelische Logik) geprägten wissenschaftlichen Denken in Form von Subjekt-Prädikat-Sätzen dar (vgl. aber zum Kulturrelativismus z. B. Whorf 1963), d. h. als ein System aus empirischen Objekten und empirischen Relationen (Beziehungen) zwischen ihnen. Solche Systeme heißen empirische Relative. Sie sind das (Zwischen-)Ergebnis der e. S., werden allerdings im weiteren Forschungsprozeß in der Regel wegen ihrer Komplexität weiteren Systematisierungs- und Informationsreduzierungs-Prozeduren unterworfen (→ Statistik).

Zur Geschichte: Vorläufer der heutigen e. S. gehen mindestens bis ins 17. und 18. Jahrhundert zurück, wo im Rahmen der sogenannten Politischen Arithmetik versucht wurde, Gesetzmäßigkeiten in gesellschaftlichen und wirtschaftlichen Erscheinungen zu finden. Im 19. Jahrhundert wurden die sozialen Lebensverhältnisse von Arbeiterfamilien ausführlich erfaßt und dargestellt: In Frankreich erschien 1855 ein sechsbändiges Werk über die europäischen Arbeiter von F. Le Play, in England untersuchte C. Booth in großangelegten Studien mit Befragung und teilnehmender Beobachtung die Arbeiterschaft, methodisch beachtenswerte Untersuchungen wurden auch in Dänemark und Norwegen durchgeführt – z. B. A. N. Kiaer. In Deutschland führte erst ab 1908 der «Verein für Socialpolitik» Erhebungen über «Auslese und Anpassung der Arbeiterschaft» durch – frühere Versuche waren praktisch am mangelnden Interesse und auch an der Obstruktion durch die Universitäten als Wahrer der offiziellen Wissenschaft gescheitert (vgl. Oberschall 1965). Im 20. Jahrhundert wird in Amerika die e. S. schon bald in größerem Umfang institutionalisiert, während die in Deutschland gegen Ende der 20er Jahre aufblühende Sozialforschung erneut durch die nationalsozialistische Herrschaft einen Rückschlag erleidet. In den letzten Jahrzehnten hat sich die e. S. in der Bundesrepublik durch ihre Verankerung an den Universitäten einerseits und die Gründung zahlreicher Markt- und Meinungsforschungsinstitute (→ Demoskopie) auf kommerziellem Sektor andererseits erneut etablieren können. Im wissenschaftlichen Bereich sind mit dem «Zentralarchiv für empirische Sozialforschung» (Köln), in dem Umfragen EDV-gerecht gespeichert werden, und dem «Zentrum für Umfragen, Methoden und Analysen» (ZUMA, Mannheim) zwei wichtige Institutionen zur Unterstützung der Sozialforschung geschaffen worden.

Eines der Hauptprobleme der e. S. ist nach wie vor das Verhältnis von sozialwissenschaftlicher Theorie und methodischer Forschungspraxis: Einerseits hat eine Ausdifferenzierung der Forschungstechniken sowie die vergleichsweise leichte Zugänglichkeit zu Daten und den erforderlichen Auswertungsinstrumenten (→ Datenverarbeitung) zu einer weitgehenden Verselbständigung der ‹Methoden› geführt (vgl. Kriz 1981); andererseits ergeben sich aus dem jeweils unterschiedlichen ‹Theorie›-Verständnis von Subgruppen der scientific community divergierende Definitionen des Ziels sozialwissenschaftlichen Arbeitens.

Zum Methoden-Begriff: Die unterschiedlichen Ansätze, mit denen die soziale Wirklichkeit vom Forscher systematisch und weitgehend plan- und dokumentierbar erfahren wird, werden gewöhnlich unter der Sammelbezeichnung «Methoden empirischer Sozialforschung» zusammengefaßt. Dazu gehören hauptsächlich Befragung, Beobachtung, Experiment, Inhaltsanalyse sowie – eher am Rande – Soziometrie, Gruppendiskussion, nichtreaktive Verfahren, Sekundäranalyse u. a. Alle bezeichnen selbst wieder jeweils ein Bündel recht heterogener Konzepte und Vorgehensweisen. Der Begriff Methoden in diesem Zusammenhang ist – ähnlich wie für die Statistik – eher irreführend als zutreffend: Wenn ein bestimmter Gegenstandsbereich – z. B. ‹Nachbarschaftshilfe› – über eine Befragung der Bevölkerung, Beobachtungen in verschiedenen Wohngegenden, Experimente mit ‹Hilfesuchenden›, Inhaltsanalyse von Zeitungstexten, soziometrische Erhebungen in verschiedenen Nachbarschaften, Gruppendiskussion von Sozialarbeitern usw. erfaßt wird (um jeweils nur eine Möglichkeit zu nennen), so haben diese Ansätze zwar eben einen Gegenstandsbereich gemeinsam, doch hat jeder Ansatz eine andere Perspektive und liefert so ein anderes Teilbild. Durch die Auseinandersetzung mit dem Gegenstandsbereich wird durch jeden Ansatz ein Stück sozialer Realität konstituiert, das – gemessen am (idealtypischen) Bild aller möglichen Ansätze zusammen – bestimmte Aspekte hervorhebt und andere vernachlässigt. Von daher wäre es besser, von ‹Modellen der Wirklichkeitskonstitution› zu sprechen; denn dies würde dazu zwingen, Argumente hinsichtlich der Adäquatheit der gewählten Perspektive(n) in einen diskursiven Prozeß (→ Diskurs) einzubringen, statt mechanisch ‹Methoden› zu verwenden.

Dies beinhaltet auch die Forderung, daß zu Beginn einer Untersuchung eine möglichst genaue inhaltliche Spezifikation der grundlegenden Forschungsfrage(n) steht, die weitgehend unabhängig von den später gewählten Erhebungsansätzen unter dem Gesichtspunkt theoretischer und praktischer Relevanz gestellt werden sollte(n). Erst danach kann die Frage erörtert werden, welche Ansätze zur Erfassung der sozialen Realität möglich und sinnvoll sind – und sofern es sich nicht um eine sehr eng umgrenzte Forschungsfrage handelt, wird die Antwort selten klar für nur einen Ansatz ausfallen, weshalb es in der Regel wünschenswert ist, ‹multimethodisch› vorzugehen. Im folgenden sollen die wichtigsten Ansätze kurz dargestellt werden, wobei die wesentlichen gemeinsamen Aspekte exemplarisch an Hand der Inhaltsanalyse erläutert und dann einige Spezifika anderer Ansätze nachgetragen werden.

Inhaltsanalyse

Der Begriff Inhaltsanalyse (auch: Dokumentenanalyse; Atteslander 1975) ist eine Sammelbezeichnung für unterschiedliche theoretische Konzeptionen und Vorgehensweisen, deren Gemeinsamkeit darin liegt, daß sie manifest gewordene Kommunikationsprozesse (Briefe, Filme, Zeitungstexte, Verträge usw.) zum Gegenstand haben.

Üblicherweise wird der Inhaltsanalyse sowohl in der Theorie als auch in der Praxis der e. S. eher eine Randstellung zugewiesen: Manche Lehrbücher zur e. S. erwähnen sie nur, andere lassen sie deutlich hinter Befragung, Beobachtung und Experiment (s. u.) treten, was auch der völlig nachgeordneten Häufigkeit explizit inhaltsanalytischer Studien entspricht.

Demgegenüber läßt sich gerade im Hinblick auf eine grundsätzlichere Diskussion der e. S. die Auffassung vertreten (vgl. Lisch/Kriz 1978), daß Inhaltsanalyse die Kernprobleme sozialwissenschaftlicher → Forschung berührt und von daher inhaltsanalytischen Konzepten sowohl in methodischer als auch inhaltlicher Hinsicht ein zentraler Stellenwert einzuräumen ist. So stellt sich das Problem, den Inhalt von sozialen Handlungssituationen zu bestimmen, nämlich grundsätzlich in jedem empirisch-sozialwissenschaftlichen Forschungsansatz. Die Frage, wie die mittels bestimmter ‹Techniken› erhobene soziale → Interaktion (‹Daten›) überhaupt zu deuten ist, wird allerdings bei Befragung, Beobachtung usw. weitgehend in technisierte Handlungsanweisungen verdrängt und deren theoretischer Stellenwert in einer konkreten Untersuchung kaum je diskutiert. So entsteht nur zu oft der falsche Eindruck, diese Erhebungsmodelle würden ‹objektivere› oder gar ‹exaktere› Ergebnisse liefern als die vergleichsweise ‹vage› Inhaltsanalyse. Tatsächlich aber werden bei der Inhaltsanalyse nur eine Reihe von Fragen explizit aufgeworfen, die bei anderen Ansätzen implizit – und damit in der Regel unreflektiert – ebenfalls entschieden werden müssen. Gerade aber diese notwendige Explizierung der Fragen und Probleme rechtfertigt es, auch in diesem Rahmen der Erörterung der Inhaltsanalyse das Primat vor anderen ‹Methoden› zu geben.

Eines der wichtigsten Probleme der Inhaltsanalyse ist die Bedeutungsrekonstruktion: Dem Forscher liegt mit dem Untersuchungsmaterial (z. B. Zeitungstext) nur der konservierte Teil eines Kommunikationsprozesses vor; wie alle sozialen Prozesse war diese Kommunikation aber durch gegenseitige Erwartungserwartungen vor dem Hintergrund gemeinsam geteilter (oder als geteilt vermuteter) Kontextbezüge bestimmt. So ist für die Wortfolge «Frische Brise aus dem Osten» entscheidend, ob sie im Kontext eines Wetterberichtes, politischer Nachrichten oder von Wirtschaftsberichten (z. B. Handelsentwicklung) steht; entscheidend ist ferner der historische (und tagespolitische) Kontext sowie auch die Zeitung und ggf. der Schreiber (um nur einige wichtige Aspekte zu nennen). Um mit der Nachricht etwas anfangen zu können, muß der Inhaltsanalytiker somit Hypothesen über den Kommunikationsprozeß anstellen, dem sie entstammt. Er muß sich Gedanken über die Codierungs- und Decodierungsregeln in diesem Prozeß machen – z. B. was wird mit «Osten» bezeichnet (denotative Bedeutung), welche Assoziationen und Gefühle schwingen mit (konnotative Bedeutung), welches Bedeutungsverständnis wird beim Leser vorausgesetzt oder soll erzeugt werden (so nutzen unseriöse Vertragstexte z. B. den Effekt aus, daß durch geschickte Kontextwahl der Kunde einen anderen Sinn wahrnimmt, als ‹wortwörtlich› dort steht). Dabei ist zu beachten, daß die einzelnen Teilmengen der Gesellschaft über unterschiedliche Decodierungsregeln verfügen.

Es sollte einleuchtend sein, daß es für die Lösung dieser Probleme keine allgemeingültigen ‹Patentrezepte› gibt, sondern der Forscher hier Entscheidungen zu treffen und diese vor der scientific community (der Wissenschaftlergemeinschaft bzw. allen unmittelbaren Adressaten seiner Ergebnisse) zu vertreten hat. Wenn unter der Kontroverse ‹latent/manifest› gefordert wird, nur den manifesten, offenbaren Inhalt – in der Zuspitzung von Berelson die «black marks on white» – zu berücksichtigen und die latenten, subjektiv-interpretativen Inhalte zu meiden, so wird damit ein extremes und letztlich nicht haltbares Objektivitätsverständnis vertreten; denn wie die Deutung schwarzer Striche als ‹Zeichen›, die Zusammensetzung der Zeichen in einer bestimmten Abfolge (z. B. links-rechts) als ‹Wörter› usw. nicht der Materie ‹an sich› anhaftet, sondern auf Konvention und Interpretation beruht, kann Objektivität nicht in der Eliminierung letztlich persönlicher Entscheidungen bestehen, sondern nur in deren Explikation. Auch hier kann erst der Diskurs (s. o.) über die als Perspektiven dokumentierten Realitätssegmente intersubjektives Wissen erzeugen.

Der *Forschungsablauf* beginnt nach Festlegung der Forschungsfrage (s. o.) mit der Aufstellung der Aspekte, die in diesem Zusammenhang von Wichtigkeit sein können. Z. B. für den (recht unspezifischen) Untersuchungskomplex «Jugenddelinquenz und Stigmatisierung» ergäben sich hinsichtlich inhaltsanalytischer Ansatzmöglichkeiten u. a. die Bereiche

- Gesetze, Verordnungen, Erlasse zur Jugendgerichtsbarkeit
- offizielle Schreiben von Justizbehörden, Anstaltsleitungen etc.
- Prozeßakten, Vernehmungsprotokolle, Heimakten usw. jugendlicher Straftäter
- Briefverkehr von jugendlichen Delinquenten mit Anstaltsleitung, Verwandten, Arbeitgebern etc.
- Presseberichte über Jugenddelinquenz, aber auch die Behandlung allgemeiner Themen durch Massenmedien wie ‹Konsumverhalten›, ‹Gewalt›, ‹Luxus› etc.
- Lebensläufe, Tagebücher usw. von Delinquenten

Neben diesen weitgehend nonreaktiv anfallenden Materialien (unterschiedlicher Zugänglichkeit) können auch solche herangezogen werden, die spezielle Erhebungssituationen voraussetzen, wie z. B.

- Interaktionsstudien (z. B. Bandaufnahmen) von Delinquenten mit Verwandten, Arbeitgebern, Wärtern, Kollegen usw.
- Testprotokolle (z. B. TAT-Geschichten), Beratungs- und Therapiegespräche
- freie Interviews von Delinquenten, Verwandten, Abgeordneten, Juristen usw.

Diese auch nicht annähernd vollständige Liste zeigt, wie vielfältig das zu einem Forschungskomplex heranzuziehende Material allein unter einem methodischen Ansatz sein kann. Nachdem der Forscher vergleichbare Listen zu berücksichtigender Aspekte auch für andere Ansätze (Befragung, Beobachtung usw.) zusammengestellt hat, gilt es als nächstes zu entscheiden, welche dieser Aspekte im Hinblick auf spezielles → Interesse, vorgegebene Detailfragen, Hypothesen, vorhandene Arbeitsmöglichkeiten usw. untersucht werden sollen und können. Die Forschungsfragen werden dabei näher spezifiziert und in zunehmendem Maße auch vorliegende theoretische und empirische Arbeiten einbezogen. Dadurch werden die Fragen immer gezielter und schrittweise einem Konkretisierungsprozeß unterworfen.

Erst in einem sehr weit fortgeschrittenen Stadium dieses Prozesses beginnen die inhaltsanalytischen Arbeitsschritte im engeren Sinne (dasselbe gilt für Befragung usw.). Dazu müssen die inhaltlichen Detailfragen und Hypothesen explizit vorliegen und die Aspekte der zu erfassenden Realität weitgehend eingegrenzt sein.

So könnte man z. B. die Hypothese entwickelt haben, daß jugendliche Straftäter mit Eigentumsdelikten dem Bereich ‹Konsum› eine größere Bedeutung zumessen, ihn positiver bewerten als Nichtdelinquenten mit jeweils vergleichbaren Konsumchancen und der Konsumverherrlichung in den von ihnen gelesenen Zeitungen mehr Aufmerksamkeit schenken. Als Material für die Inhaltsanalyse könnten dann von Delinquenten und Nichtdelinquenten freie, nicht standardisierte Interviews (s. u.), ferner auf spezielle Bildvorlagen hin produzierte Geschichten und die (von den Jugendlichen anzugebenden) Zeitungen herangezogen werden. (Ein solcher Ansatz ließe sich natürlich mit Fragebogenuntersuchungen über und Beobachtungen des Konsumverhaltens, Experimenten zur Beachtung spezieller Konsumwerbung usw. kombinieren.)

Als nächster Schritt muß über die Wahl der Stichproben entschieden werden, da weder alle Jugendlichen noch alle Zeitungen usw. in die Untersuchung einbezogen werden können. Hier spielen sowohl inhaltliche wie statistische Aspekte eine Rolle. (Sollen die jugendlichen Delinquenten und/oder die Zeitungen in weitere Untergruppen unterteilt werden? Sind dann die Gruppen noch groß genug, damit die Effekte noch vom Zufall zu unterscheiden sind? usw.)

Die Frage, auf welche (Detail-)Aspekte bei der Erhebung überhaupt zu achten ist (die Frage nach der Operationalisierung), mündet bei der Inhaltsanalyse in die Konstruktion des Kategorienschemas. Dabei wäre z. B. zu überlegen, wie die ‹Wichtigkeit› und die ‹positive Bewertung› von Konsum konkret erfaßt werden kann, wie sich ‹Konsumverherrlichung› in den zu untersuchenden Materialien konkret darstellt und ob es vorwiegend semantische oder auch syntaktische Strukturen (oder die Kombination aus beiden) sind, auf die hier zu achten ist usw. Erst wenn diese Fragen entschieden sind, wird das eigentliche inhaltsanalytische Modell gewählt, z. B. Häufigkeitsauszählungen von bestimmten Kategorien, Zusammenhänge zwischen Kategorien mittels der Kontingenzanalyse oder deren Bewertung mittels der Bewertungsanalyse usw. (vgl. Lisch/Kriz 1978). Dabei muß allerdings gesagt werden, daß die Entwicklung konkreter inhaltsanalytischer Untersuchungsmodelle noch zu wünschen übrig läßt; so sind etwa die beiden letztgenannten – von Osgood entwickelten – Modelle statistisch und inhaltlich unzureichend. Gerade aber wegen dieses mangelhaften ‹technischen› Standes wäre es notwendig, der Inhaltsanalyse mehr Beachtung zu schenken.

Mit solchen Modellen verbunden sind eine Reihe weiterer Detail-Entscheidungen wie über die Frage, ob einzelne Wörter oder Sätze oder längere Passagen (Absätze) die Einheit für die Analyse bilden. Wie sinnvoll die jeweils getroffenen Entscheidungen sind, sollte durch einen Pretest überprüft werden: Durch unmittelbaren Vergleich des Ausgangsmaterials mit den Ergebnissen eines solchen Pretests können so zumindest die auffälligsten Irrtümer und Fehlentscheidungen aufgedeckt und korrigiert werden, bevor die (meist teure) Haupterhebung beginnt. Auch Fragen der Zuverlässigkeit und Gültigkeit sind in diesem Zusammenhang nochmals zu erörtern und zu überprüfen.

Dies waren in Kürze die wichtigsten Aspekte im Forschungsablauf, die auch bei anderen ‹Erhebungsmethoden› so oder in vergleichbarer Weise eine Rolle spielen und entschieden werden müssen.

Befragung
Der wohl immer noch häufigste Weg, in der e. S. zu Daten zu gelangen (besonders in der → Demoskopie), besteht in einer Befragung von Personen. Diese Befragung kann mündlich erfolgen (Interview) oder aber schriftlich. Zumindest letzteres setzt einen Fragebogen voraus, in dem die zu stellenden Fragen präzise und doch möglichst verständlich formuliert sein müssen. Ein per Post verschickter oder sonstwie verteilter Fragebogen (meist mit Rücksendeumschlag) hat gegenüber dem Aufsuchen der Befragten durch Interviewer den Vorteil wesentlich geringerer Kosten, aber den Nachteil einer höheren Verweigerungsrate bzw. Ausfallquote.

Die Vorgaben für (in der Regel geschulten) Interviewer und Befragten sind sehr unterschiedlich; sie reichen von einer groben Festlegung des Themenbereiches im ansonsten völlig offenen und freien Tiefeninterview, über das gelenkte oder auch zentrierte Interview, bei dem nur ein Interviewleitfaden für die Abfolge der Themenbereiche, aber noch keine konkreten Fragen vorgegeben sind, bis hin zum strukturierten Interview, bei dem Reihenfolge der Fragen und Themengebiete genau festgelegt sind, oder sogar dem standardisierten Interview, bei dem zusätzlich zu den Fragen auch das genaue Reaktionsverhalten des Interviewers (‹nächste Frage übergehen›, ‹Schema A vorlegen und vorlesen› etc.) vorgegeben wird.

Auch die Antwort-Vorgaben variieren sehr stark und gehen von völlig offenen Fragen, wo der Befragte sagen oder schreiben kann, was ihm als Antwort zu der Frage einfällt, bis zu geschlossenen Fragen mit im einzelnen sehr verschiedenartigen Antwortvorgaben (z. B. Alternativ-Fragen, Listen-Fragen bzw. multiple-choice-Fragen).

Während nur wenige Laien sich zutrauen, ein funktionsfähiges Mikroskop zusammenzubauen, ist der Irrtum leider weit verbreitet, die Entwicklung eines brauchbaren Fragebogens setze weniger theoretische Kenntnisse und praktische Erfahrung voraus. Die Probleme und Fehlerquellen bei letzterem sind aber so vielseitig, daß sie in diesem Rahmen nicht einmal ansatzweise dargestellt werden können (einige sind unter → Methodenprobleme aufgeführt). Sie ergeben sich insbesondere daraus, daß die Befragung im Gegensatz zur Inhaltsanalyse ein reaktiver Ansatz ist, d. h., die erhobenen Daten ergeben sich erst als Reaktion auf die Fragen des Forschers (wobei allerdings in der Regel angenommen wird, daß die den Reaktionen zugrundeliegenden → Einstellungen, Meinungen und Tatsachen nicht erst durch die Befragung entstehen). Dennoch reagiert der Befragte weniger auf das, was der Forscher meint, sondern auf das, was er versteht (und beides ist nur im Idealfall identisch), und für dieses Verständnis ist der Kontext der gesamten sozialen Situation ‹Befragung› mit entscheidend (Kleidung und Sprache des Interviewers, Erwartungen durch Vorankündigungen, gewollte oder ungewollte Hinweise auf ‹richtige› oder ‹erwünschte› Antworten usw. (→ Methodenprobleme).

Beobachtung
Im Vergleich zur Befragung ist die Beobachtung aufwendiger, hat aber den Vorteil, daß die erfaßte soziale Situation oft auch ohne den Forscher (oder seinen Beauftragten) sich in ähnlicher Weise abgespielt hätte – die Beobachtung gilt also als vergleichsweise weniger reaktiver Ansatz. Da sich aber eine Beobachtung ohne ein Sichtbarwerden des Forschers (z. B. mittels einer Einwegscheibe) in der Regel aus forschungsethischen Gründen verbietet, sind sehr wohl Einflüsse des Forschers auf die Untersuchten vorhanden. Allein das Bewußtsein, Teilnehmer an einer sozialwissenschaftlichen Untersuchung zu sein, hat nämlich erhebliche Auswirkung auf das Verhalten der Person (sog. Hawthorne-Effekt).

Bei der kontrollierten Beobachtung wird ein standardisiertes Beobachtungsschema verwendet, das vorschreibt, auf welche Kategorien zu achten ist (z. B. ein häufig verwendetes Schema von Bales [1956], das zwölf theoretisch begründete Kategorien zur Erfassung von Kleingruppendiskussion enthält). Ferner wurden verschiedene Notationssysteme entwikkelt, welche die Dokumentation der Beobachtungen erleichtern sollen.

Eine Sonderform stellt die sog. *teilnehmende* Beobachtung dar: Der Beobachter nimmt dabei an den Aktivitäten der zu Beobachtenden teil, bis hin zur Übernahme bestimmter Rollen. Grundlegende Position ist, daß Wirklichkeit sich über gemeinsames Handeln konstituiert und somit nur durch Teilnahme daran letztlich verstanden werden kann. Ein Einwand ist allerdings, daß die Zuverlässigkeit der Beobachtung durch zu große Identifikation leiden kann. Zur Vermeidung allzu subjektiver Deutung und Selektion kann aber auch dieser Ansatz standardisiert durchgeführt werden (vgl. Friedrichs/Lüdtke 1973).

Experiment
Dieser Ansatz ist üblicherweise die reaktivste Form, soziale Strukturen zu untersuchen. Dabei werden die wirksamen Bedingungen als unabhängige Variable vom Forscher systematisch gemäß einem vorher erstellten Versuchsplan variiert und die Effekte dieser Veränderungen bei den abhängigen Variablen registriert und analysiert. So kann man z. B. Art, Darbietungsreihenfolge und Störreize bei Lernmaterial systematisch als unabhängige Variable verändern und deren Auswirkung auf den Umfang gelernten Stoffes als abhängige Variable untersuchen. Als weitere unab-

hängige Variable können im Versuchsplan ‹Geschlecht› und ‹Größe der Lerngruppe› statistisch variiert werden. Andere Variable, die einen Einfluß auf die abhängige Variable haben könnten – z. B. Alter, Ermüdungsgrad, Motivation etc. –, müssen entweder konstant gehalten oder so kontrolliert werden, daß ihr Einfluß später in der weiteren Analyse (mathematisch) herausgefiltert werden kann (wie, wird in einschlägigen Büchern über Versuchsplanung beschrieben).

Von der zuletzt angedeuteten Möglichkeit, die Veränderung bestimmter Variablen nicht unmittelbar, sondern nachträglich über mathematisch-statistische Operationen vorzunehmen, wird besonders im Makro-Bereich umfangreich Gebrauch gemacht. Man spricht dann von einem Ex-post-facto-Experiment (bzw. natural experiment), in dem zu bestimmten Situationen (z. B. Phasen eines Wahlkampfes) die Zustände der ‹abhängigen› Variablen (z. B. Sympathie für Partei A) aus Veränderungen der ‹unabhängigen› Variablen (z. B. Wahlspots, Handlungen von A-Repräsentanten etc.) kausal erklärt werden. Oft erfolgt die Rekonstruktion der ‹unabhängigen› Variablen erst im nachhinein – z. B. durch Interviews oder Aktenstudium – in bezug auf eine vollzogene Veränderung der ‹abhängigen› Variablen.

Beide experimentellen Vorgehensweisen setzen eine inhaltliche Theorie darüber voraus, welche Variablen ‹wirksam› sind (und somit verändert oder kontrolliert werden müssen) und welche nicht (und somit im Versuchsplan bzw. der Analyse keinerlei Berücksichtigung finden müssen). Gerade diese letztere Entscheidung bereitet zwangsläufig Schwierigkeiten, da jeder Situation unendlich viele Variablen zuordenbar sind; ein expliziter Ausschluß ist somit praktisch nicht möglich.

In letzter Zeit ist gegen einen experimentellen Ansatz mit ‹unabhängigen› und ‹abhängigen› Variablen insbesondere der Einwand erhoben worden, daß die meisten Phänomene weniger als Ursache-Wirkung-Folge, sondern vielmehr in Form systemischer Vernetzungen adäquat erfaßbar seien. Experimente vor einem solchen systemischen Verständnis von Wirklichkeitsstrukturierung sind zwar prinzipiell möglich, werden in den Sozialwissenschaften aber noch nicht konkret angewendet. Auf der Modellebene allerdings kann über Simulation (meist am Computer) das Verhalten von Systemen verändert und untersucht werden.

Atteslander, P.: Methoden der empirischen Sozialforschung. Berlin/New York 1975[2].

Bales, R. F.: Das Interaktionsprogramm. In: König, R. (Hrsg.): Beobachtung und Experiment in der Sozialforschung. Köln 1956.

Friedrichs, J.: Methoden empirischer Sozialforschung. Opladen 1981[9].

– & H. Lüdtke: Teilnehmende Beobachtung. Weinheim/Basel 1973[2].

Grümer, K.-W.: Beobachtung. Stuttgart 1974.

Harbordt, S.: Computersimulation in den Sozialwissenschaften. 2 Bde. Reinbek bei Hamburg 1974.
König, R. (Hrsg.): Handbuch der empirischen Sozialforschung. 4 Bde. Stuttgart 1973[3].
Kriz, J.: Methodenkritik empirischer Sozialforschung. Stuttgart 1981.
Lisch, R. & J. Kriz: Grundlagen und Modelle der Inhaltsanalyse. Reinbek bei Hamburg 1978.
Oberschall, A.: Empirical Social Research in Germany 1848–1914. Den Haag/Paris 1965.
Whorf, B. L.: Sprache, Denken, Wirklichkeit. Reinbek bei Hamburg 1963.
Zimmermann, E.: Das Experiment in den Sozialwissenschaften. Stuttgart 1972.

Jürgen Kriz

Entfremdung

Philosophische E.-Begriffe vor Marx

Der E.-Begriff ist historisch mit dem Namen Karl Marx verknüpft. Marx ist aber keineswegs der Urheber dieses Konzepts. Die Vorstellung von der E. der Menschen durchzieht die gesamte abendländische Geistesgeschichte. Allgemein beschreibt der Begriff der E. einen Prozeß, in dem die menschliche Gattung oder bestimmte Individuen von einem vorgestellten idealen Zustand durch Einflüsse abgewichen sind, die entweder inneren (z. B. Leidenschaften) oder äußeren Einflüssen (z. B. Herrschaftsverhältnisse) entspringen (Schroyer 1973, 47). In der christlichen Tradition hatte E. eine ambivalente Bedeutung. E. konnte als Folge mißglückter oder vergeblicher Annäherung an Gott eintreten und sich als Melancholie offenbaren. Die Ekstase andererseits war womöglich der sichtbare Ausdruck der gelungenen Hingabe an Gott; zugleich entfremdete sie das Subjekt von der Welt und den Mitmenschen.

Eine Wende in dieser gedanklichen Tradition tritt erst mit Hegel ein, der zwar auch in gattungsgeschichtlichen Begriffen dachte, aber den E.-Begriff doch zum erstenmal auf gesellschaftliche Wirklichkeit bezog. Hegels Idee einer Gattungsgeschichte war eingebettet in das metaphysische Konzept des Geistes, der in einer die ganze bisherige Geschichte durchziehenden Bewegung aus einem Prozeß der Entäußerung in die Objektwelt in einen Zustand der Identität des Geistes mit sich selbst findet. Geschichte des Geistes ist Selbstentfremdung durch Entäußerung und Aufhebung dieser E. durch einen synthetischen Akt der spekulativen Vernunft. Mit diesem zweiten Schritt des Geistes löst sich Hegel von der christlichen Tradition, die die ewige Unerreichbarkeit der Gottwerdung des Menschen postulieren muß. – In einigen Sequenzen in der «Phänomenologie des Geistes» diskutiert Hegel E.-Begriffe, die sich als Entwürfe soziologischer Herangehensweise an E. deuten lassen (z. B. Hegel 1952[6], Abschnitt IV.A).

Marx' Entfremdungstheorie

Der E.-Begriff dominiert das Marxsche Interesse in den Frühschriften, besonders in den «Ökonomisch-philosophischen Manuskripten», als Marx noch stark unter dem Einfluß der philosophischen Anthropologie Feuerbachs und der Geschichtsphilosophie Hegels stand. Marx hat die soziologische Denkweise, die in Hegels «Phänomenologie des Geistes» aufscheint, radikalisiert. Es sind nicht mehr die schicksalhaften Kräfte einer Weltgeistmechanik, die die E. hervorrufen, sondern drei gesellschaftlich-historische Prozesse: der Warencharakter der Arbeit, die gesellschaftliche Arbeitsteilung und das Privateigentum. Die gesellschaftlichen Folgen der E. treten in vierfacher Gestalt auf: Der Arbeiter entfremdet sich von seiner Tätigkeit, von den Produkten seiner Tätigkeit, von seinen Mitmenschen und schließlich von seiner Gattungsexistenz (seiner Menschlichkeit) (Marx 1968, 516/7).

Es gelingt Marx in den Frühschriften nicht, den Umschlag von der Selbstverwirklichung der Gattung, die Marx als die ursprüngliche Wesensbestimmung des Menschen festgehalten hatte, zur Entäußerung und E. zu fassen. Denn auf der Ebene der Gattungsgeschichte läßt sich kein immanenter Grund finden, warum der Prozeß der Vermenschlichung der Natur, die aus der Selbsterzeugung der Gattung durch → Arbeit folgt, umschlägt in einen Prozeß der Entwirklichung und Entmenschlichung der Arbeiter.

Konsequent entschied sich Marx daraufhin für die Entkopplung von Geschichtsphilosophie und → Gesellschaftstheorie. Mit der Zunahme des Interesses an der → politischen Ökonomie tritt die Bedeutung der Produktionsweise und der Produktionsverhältnisse der bürgerlichen Gesellschaft in den Vordergrund; gattungsgeschichtliche Reflexionen (und der ihnen innewohnende Teleologismus) weichen immer mehr der Untersuchung wichtiger Etappen der politischen und ökonomischen Vorgeschichte der bürgerlichen Gesellschaft.

Dennoch bleibt beim reifen Marx der soziologische Gehalt der frühen E.-Theorie erhalten. Nachdem Marx schon in den Feuerbach-Thesen, mit denen er sich von seiner philosophisch-anthropologischen E.-Theorie löste, die Natur des Menschen als das Ensemble der gesellschaftlichen Verhältnisse bezeichnet hatte (Marx 1962, 534, 6. These), bemühte er sich in «Das Kapital» um eine soziologische Konkretisierung dieser Gedanken. Der gesellschaftliche Charakter der Arbeit sei nicht selber aus den Beziehungen der Arbeiter zueinander und den Arbeitsprodukten ablesbar. Der Warencharakter der Arbeitskraft lasse alle Arbeiten als separate Tätigkeiten erscheinen. Erst in den durch den gesellschaftlichen Austausch verbundenen Arbeitsprodukten scheine der gesellschaftliche Charakter der Arbeit auf. Im Tauschprozeß seien die Arbeitsprodukte aber schon etwas den Arbeitern Fremdes geworden (→ Tausch); indirekt binde der Warentausch aber auch die einzelnen Arbeiten zu einem System der gesellschaftlichen Arbeit zusammen. So scheinen also die im Tauschverkehr bewegten Arbeitsprodukte die wahren gesellschaftlichen Agenten zu sein. Marx nennt diesen Effekt «Warenfetischismus» (1963, 1. Kapitel). Lukács (1923) macht dieses Exposé einer soziologischen E.-Theorie zum Ausgangspunkt seiner Verdinglichungstheorie.

Sozialphilosophische und sozialpsychologische Entfremdungskonzepte im 20. Jahrhundert

An die Marxsche E.-Theorie hat bezeichnenderweise keine soziologische Tradition mit gesellschaftstheoretischen Ambitionen angeknüpft, die die Zusammenhänge von E., Privateigentum und Klassenbeziehungen historisch-konkret thematisiert hätte. Wohl gibt es Gesellschaftstheorien wie Durkheims Anomietheorie (→ Anomie), die, ohne sich auf Marx zu beziehen, als Gegenentwurf angesehen werden können (Lukes 1967). Es lassen sich zwei Interessenrichtungen ausmachen, die sich direkt auf Marx' E.-Theorie in den Frühschriften berufen. (a) Die eine Tradition setzt sich aus primär geschichtsphilosophisch argumentierenden Theoretikern der entfremdeten Gesellschaft zusammen, die im weitesten Sinne der → Kritischen Theorie zuzuordnen sind, vor allem Fromm, Marcuse, aber auch Horkheimer und Adorno. (b) Die andere Tradition wurde von sozialpsychologisch und industriesoziologisch orientierten Forschern begründet, die den E.-Begriff zumeist psychologisch als wahrgenommene Diskrepanz zwischen individuellen Erwartungen und deren Realisierungschancen deuten.

Zu a: Im 20. Jahrhundert hat der Begriff der E. eine besondere Bedeutung für solche Autoren erlangt, die in wie immer enger Anlehnung an den → Marxismus zu einem Verständnis wachsender Bürokratisierung (→ Bürokratie) und → Industrialisierung einerseits, zu gestiegener sozialer und politischer Kontrolle der gesellschaftlichen Subjekte andererseits gelangen wollten. Besonders die Erfahrung des → Faschismus hat bei europäischen Wissenschaftlern die Vorstellung einer mißratenen Geschichtsentwicklung so übermächtig werden lassen, daß die Marxsche Erwartung, die Arbeiterklasse besäße die Kraft, die E. abzustreifen, zugunsten der Vorstellung von einer universalisierten, ausweglosen E. aufgegeben wurde. Adorno (1977) erhob diese Idee in den Rang einer quasi-mythischen Kategorie und sprach von einem «Bann über der Gesellschaft», der sich als ungewollte Folge einer geschichtlichen Praxis einstelle, die gerade durch die Kräfte der Aufklärung und des Fortschritts in Gang gesetzt worden sei (Horkheimer/Adorno 1969; ähnlich auch Fromm 1967).

Nach Marcuse (1968) hat der in den fortgeschrittenen Industriegesellschaften erwirtschaftete gesellschaftliche Reichtum der Arbeiterklasse den Stachel der revolutionären Ungeduld genommen. Statt dessen erkauften sich die Menschen die Befriedigung materieller Bedürfnisse mit der Akzeptierung einer in den Massenmedien und politischen Apparaten subtil vernetzten → sozialen Kontrolle. Die Menschen könnten daher immer weniger ihre wirklichen → Interessen und Bedürfnisse erkennen. E. würde ihnen letztlich als solche gar nicht mehr bewußt.

Solche ‹negativen› Geschichtsphilosophien stoßen auf ähnliche theoretische Probleme wie die E.-Theorie des jungen Marx. Da die gesellschaftliche Wirklichkeit kein Indiz für Kräfte und Konstellationen erkennen läßt, die der sich vervollständigenden E. widerstehen könnten, muß der entfremdeten Wirklichkeit ein normatives Bild von der wahren Natur der menschlichen Bedürfnisse entgegengehalten werden. Wenn die Kritik der gesellschaftlichen Wirklichkeit sich aber nicht mehr auf eine gesellschaftliche Instanz berufen kann, die ihre Hypothesen mit empirischem Gehalt füllen könnte, wird die Kritik ihrem Gegenstand äußerlich.

Zu b: Den sozialpsychologischen und industriesoziologischen Ansätzen stellen sich solche Begründungsprobleme nicht. Der E.-Begriff hat eine Fülle von Studien besonders in den USA ausgelöst, mit denen in theoretisch wesentlich anspruchsloserer Weise auf diverse Phänomene wie soziale Vorurteile (→ Stereotyp), Jugendkriminalität, Arbeitsunzufriedenheit und → politischer Protest reagiert wurde. Obwohl sich viele Autoren auf Marx beriefen, hatte der faktisch verwendete Begriff jeden gesellschaftstheoretischen Bezug verloren; E. wurde in diesem Zusammenhang als Folge von Erwartungsenttäuschung begriffen.

Eine gewisse Schlüsselrolle nimmt Seeman zu Beginn der sozialpsychologischen E.-Debatte ein. Seeman (1959) bricht den E.-Begriff in fünf Modi von Erwartungen auf: Machtlosigkeit, Sinnlosigkeit, Normenlosigkeit, Isolation und Selbst-E. Auf diese Unterscheidungen hat sich eine in der sozialpsychologischen E.-Forschung wegweisende Studie von Blauner gestützt (1964; vgl. dagegen aber Goldthorpe 1966, der in gewisser Weise Marx' ursprüngliche Vorstellung von E. wieder ins rechte Licht rückt).

Die Rolle des Entfremdungsbegriffes in der modernen Soziologie

Versuche, an die gesellschaftstheoretischen Absichten des Marxschen E.-Begriffs anzuknüpfen, sind rar geblieben. Zu erwähnen ist einmal der Ansatz von Israel, der vorschlägt, den E.-Begriff wegen seiner philosophisch-anthropologischen Implikationen durch den der → Verdinglichung zu ersetzen und jenen zur Grundlage einer kritischen Soziologie der modernen Gesellschaft zu machen (Israel 1972, Kapitel IX). In eine andere Richtung weist der Ansatz von Torrance (1977), der Marx' enge

Verbindung von E. und Privateigentum aufgreift und auf dem Niveau der Marxschen Kapitaltheorie ein ausgebautes Konzept entfremdeter sozialer Beziehungen entwickeln will.

Seit den 70er Jahren hat aber die E.-Debatte stark an Aktualität verloren. Das mag unter anderem daran liegen, daß die in Europa zunehmenden Arbeiterkämpfe und die Ausbreitung sozialer Protestbewegungen einige Annahmen der E.-Theoretiker in Zweifel gezogen haben: die Unterstellung der Industriesoziologen, daß E. und affirmative → Einstellung zu kapitalistischen Produktionsverhältnissen kein Gegensatz seien; die Hypothese der sozialpsychologischen E.-Theoretiker, daß starke E.-Erfahrungen eher anomische als konstruktive Reaktionen bei Individuen auslösten; die Annahme der Kritischen Theoretiker, daß der totale Charakter der E. und die vollständige Sicherung sozialer Kontrolle erfolgreichen massenhaften Widerstand aussichtslos machten. Die E.-Theorie, die das Marxsche Exposé der Entäußerung in der Arbeit und die Verdinglichung in den gesellschaftlichen Beziehungen aufgreift und den dynamischen und transitorischen Charakter der gesellschaftlichen Organisation für entwickelte kapitalistische Gesellschaften fruchtbar zu machen wüßte, steht allerdings noch aus.

Adorno, Th. W.: Negative Dialektik. Gesammelte Schriften. Bd. 6. Frankfurt/M. 1977.

Blauner, R.: Alienation and Freedom. Chicago 1964.

Freud, S.: Das Unbehagen in der Kultur. Gesammelte Werke. Bd. XIV. Frankfurt/M. 1976^5.

Fromm, E.: Der moderne Mensch und seine Zukunft. Frankfurt/M. 1967.

Goldthorpe, J. H.: Attitudes and Behaviour of Car Assembly Workers. British Journal of Sociology, 1966, XVII, 3, 227–244.

Hegel, G. W. F.: Phänomenologie des Geistes. Hrsg. von J. Hoffmeister. Hamburg 1952^6.

Horkheimer, M. & Th. W. Adorno: Dialektik der Aufklärung. Frankfurt/M. 1969.

Israel, J.: Der Begriff Entfremdung. Reinbek bei Hamburg 1972.

Josephson, E. & M.: Man Alone. Alienation in Modern Society. New York 1962.

Lukács, G.: Geschichte und Klassenbewußtsein. Berlin 1923.

Lukes, S.: Alienation and Anomie. In: Laslett, P. & W. Runciman (eds.): Philosophy, Politics and Society. 3rd Series. Oxford 1967.

Marcuse, H.: Der eindimensionale Mensch. Berlin 1968.

Marx, K.: Thesen über Feuerbach. In: Marx-Engels-Werke Bd. 3. Berlin (DDR) 1962.

–: Das Kapital. Bd. 1. In: MEW Bd. 23. Berlin (DDR) 1963.

–: Ökonomisch-philosophische Manuskripte aus dem Jahre 1844. In: MEW. Ergänzungsband. Erster Teil. Berlin (DDR) 1968.

Popitz, H.: Der entfremdete Mensch. Frankfurt/M. 1967.

Riesman, D.: Die einsamse Masse. Reinbek bei Hamburg 1970.

Schroyer, T.: The Critique of Domination. New York 1973.
Seeman, M.: On the Meaning of Alienation. American Sociological Review, 1959, 24, 6, 783–791.
Torrance, J.: Estrangement, Alienation and Exploitation. New York 1977.

Jost Halfmann

Entscheidungstheorien

Eine sozialwissenschaftliche E. hat zum Gegenstand Entscheidungen sozialer Handlungssysteme, von gesellschaftlichen Teilsystemen und von Gesellschaften. Politische Entscheidungen sind damit nicht deckungsgleich, aber eine der wichtigsten Teilgruppen von Entscheidungen, denen sich eine sozialwissenschaftliche Entscheidungstheorie widmet.

Eine solche Theorie ist der Reflex auf die Möglichkeit und Notwendigkeit gesellschaftlicher Handlungssysteme, bewußte Entscheidungsleistungen zu erbringen, d. h. Entscheidungsalternativen zu erschließen und Wahlunsicherheiten durch eine begründete Auswahl zu reduzieren.

In diesem Sinne ist eine sozialwissenschaftliche E. sowohl Analyseraster als auch explizite Steuerungstheorie für zu treffende Entscheidungen. In der Form und Qualität von Entscheidungsprozessen bildet sich Form und Qualität möglicher Gesellschaft ab. Orientierung und Maßstab sind dabei der Grad der Rationalität.

Die Besonderheit sozialwissenschaftlicher E. gegenüber den stark formalisierten Modellen der ökonomischen E. einerseits (vgl. Laux 1982), den experimentell ausgerichteten und auf einfache Interaktionsbeziehungen zugeschnittenen Modellen der psychologischen E. andererseits (vgl. Edwards 1968) liegen vor allem in zwei Punkten:

- es geht vorwiegend um Entscheidungen, die innerhalb und zwischen *Organisationen* fallen und die deshalb besonderen Restriktionen unterliegen (→ Organisationssoziologie);
- der jeweilige Entscheidungsprozeß hängt von variablen *Umweltbedingungen* ab, welche deshalb notwendiger Bestandteil der Analyse sein müssen.

(1) Heute fallen sozialwissenschaftlich relevante Entscheidungen vornehmlich im Kontext von Organisationen. Dies zwingt die sozialwissenschaftliche E. dazu, die *Rationalität* von Entscheidungen auf die Rationalität des jeweiligen organisationellen Zusammenhanges zu beziehen (ausführlich: Luhmann 1973). Psychologische und ökonomische Entscheidungsmodelle, welche von isolierten Akteuren, unmöglichen Infor-

mations- und Denkleistungen und einer «pure logic of choice» ausgehen, also Rationalität mit Maximierungsmodell gleichsetzen und die Kosten der Informationsverarbeitung und Koordination übersehen, sind deshalb für eine sozialwissenschaftliche E. nur von einem sehr begrenzten heuristischen Wert (Gäfgen 1974). Spätestens mit Max Weber (1980) lassen sich zwei unterschiedliche, ja im Prinzip dichotome Handlungsrationalitäten begreifen, «Wertrationalität» und «Zweck- und Mittel-Rationalität», die mit nicht mehr zu vereinheitlichenden Prämissen und Reichweiten im Konzept einhergehen (→ Wertbeziehung/→ Zweck-Mittel-Relation).

«Bounded rationality» (Simon 1957, 196ff) als Übergangsbegriff verweist darauf, daß konkretes Entscheiden bei begrenztem Wissen, begrenzter Kalkulationsfähigkeit und komplexen Entscheidungsstrukturen deshalb weniger am Maßstab eindeutiger inhaltlicher Richtigkeit gemessen werden kann als am Maßstab «befriedigender» Ergebnisse. Kriterium dafür ist die Einhaltung eines bestimmten Entscheidungsverfahrens: «procedural rationality» (Simon 1957).

(2) Diese Veränderung der Prämissen ‹rationalen› Entscheidens tritt noch deutlicher hervor, wenn man die Abhängigkeit jedes Entscheidungsprozesses von gegebenen *Umweltbedingungen* berücksichtigt. Mögen in stabilen Umwelten inhaltlich ‹richtige›, maximale Entscheidungen möglich sein, so nehmen in komplexen und turbulenten Umwelten Unsicherheit, Zeitknappheit, Akzeptanzprobleme, Entscheidungsdruck und Interdependenz von Entscheidungen zu. Auf der einen Seite führt dies zu Theorie und Praxis des «disjointed incrementalism» (Braybrooke/Lindblom 1963). Auf der anderen Seite führt die Notwendigkeit des Entscheidens angesichts komplexer Umwelten zu ‹holistischen› Planungsmodellen. Inkrementalistische Entscheidungsfindung ist unbefriedigend, weil sie zwar die Realität von Entscheidungsprozessen in pluralistischer Entscheidungsstruktur brauchbar abbildet, aber weder Erklärung von noch Anlaß für grundlegende Änderungen geben kann. Holistische Entscheidungsfindung ist unbefriedigend, weil sie zwar einen adäquaten theoretischen Anspruch formuliert, ihn aber weder konzeptuell noch gar praktisch einlösen kann. Die eigentliche Aufgabe einer brauchbaren sozialwissenschaftlichen E. muß deshalb in der deskriptiven und präskriptiven Analyse von Entscheidungsprozessen in komplexen Organisationen unter komplexen Umweltbedingungen bestehen, mithin sozialwissenschaftliche E. als eine *Steuerungstheorie komplexer Systeme* begreifen. Im Bereich der Organisationstheorie (Aldrich 1979), der Systemtheorie (Luhmann 1981) und der Policy Analysis (Quade 1979) gibt es inzwischen komplex gebaute Entscheidungsmodelle. Die für eine Steuerungstheorie wesentlichen Momente von dezentraler Kontextsteuerung und generativer Selbststeuerung (Willke 1983) verweisen darauf, daß we-

der Inkrementalismus noch zentrale Gesamtplanung jene Mischung von Konsens- und Kontrollfähigkeit ergeben, die nach Etzioni (1968) Grundbedingung aktiver, demokratischer Entscheidungsfindung ist. Entscheidungen sozialer Handlungssysteme müssen drei Kriterien erfüllen: Sie müssen sachlich begründet, organisatorisch verarbeitbar und sozial akzeptabel sein. Sachlich rational ist eine Entscheidung in dem Maße, in dem sie sich an fachlichen Standards mißt, die dem zu lösenden Problem adäquat sind. Vorausgesetzt sind hier ausreichende Informations- und Wissensbestände. Organisatorisch rational sind Entscheidungen, soweit sie in nachvollziehbaren und kontrollierbaren Regeln und Verfahrensgrundsätzen vereinheitlicht sind. Sozial rational sind Entscheidungen, soweit sie konsensuell getroffen sind unter Beteiligung aller, die auch die Folgeentscheidungen zu tragen haben. Der Legitimationsbedarf von Entscheidungen ‹offen strukturierter› Gesellschaften ist damit angesprochen (→ Partizipation).

(3) In dem wichtigen Bereich gesamtgesellschaftlicher Entscheidungsfindung läßt sich die Entwicklung von relativ einfachen zu komplex gebauten Entscheidungsprogrammen als Antwort auf komplexer werdende gesellschaftliche Bedingungen verdeutlichen: Das klassische Gesetz als *Konditionalprogramm* entsprach dem Entscheidungsbedarf der kapitalistisch-liberalen Gesellschaftsformation des 19. Jahrhunderts.

Mit der Ausreifung der Industriegesellschaft und dem Übergang vom Eingriffsstaat zum Sozialstaat veränderte sich auch der gesellschaftliche Entscheidungsbedarf. Die staatliche Steuerung gesellschaftlicher Prozesse erstreckte sich zunehmend auf umfassende Problemlagen, die einer Steuerung durch Konditionalprogramme nicht mehr zugänglich sind. Ergänzend zu Konditionalprogrammen entstanden hier *Zweckprogramme* (Luhmann 1973, 101 ff), die die Variation von Mitteln je nach Umständen erlauben. Allerdings zementieren sie eine Entscheidungsprogrammatik, indem sie Zwecke relativ eindeutig und zentral setzen. Insbesondere im Verhältnis von Staat und Gesellschaft wie auch innerhalb hochkomplexer gesellschaftlicher Teilsysteme ist diese Voraussetzung jedoch nicht mehr ohne weiteres gegeben. Ein weiteres Festhalten an diesen Voraussetzungen produziert bestenfalls technokratisch bzw. bürokratisch verkürzte Handlungsentwürfe, die im Ergebnis sowenig realistisch wie begründbar sind. Statt dessen ist auszugehen von Teilrationalitäten, die als Folge widersprüchlicher gesellschaftlicher Interessenlagen zwar jeweils für sich optimiert werden können, bei denen aber die Vereinheitlichung zum zentralen Problem wird. Dabei ist kontrovers, ob diese Widersprüchlichkeit systematischer Art ist oder über ‹gesellschaftliche Verhandlungssysteme› bearbeitbar gemacht werden kann. Als Modell eines solchen Entscheidungsmusters ließe sich das *Relationierungsprogramm* verstehen (Willke 1983). Es wird in gesellschaftlichen Verhandlungssystemen dort schon praktiziert, wo der Staat keine verbindlichen Zwecksetzungen autoritativ setzen kann (z. B. in der ‹konzertierten Aktion›). Wenn auch der Bedarf an gesamtgesellschaftlicher Steuerung unbestreitbar ist, steht der Beweis noch aus, ob sie in hinreichender Qualität z. B. über die skizzierten Modelle erbracht werden kann.

Aldrich, H. E.: Organization and Environments. Englewood Cliffs 1979.
Braybrooke, D. & C. Lindblom: A Strategy of Decision. New York 1963.
Edwards, W.: Decision-Making, Psychological Aspects. In: Sills, D. (ed.): International Encyclopedia of the Social Sciences. New York 1968, 4, 34–42.
Etzioni, A.: The Active Society. New York 1968.
Gäfgen, G.: Theorie der wirtschaftlichen Entscheidung, Tübingen 1974[3].
Laux, H.: Entscheidungstheorie. Berlin u. a. 1982[2].
Luhmann, N.: Soziologische Aufklärung 3. Opladen 1981.
–: Zweckbegriff und Systemrationalität. Frankfurt/M. 1973.
Naschold, F.: Organisation und Demokratie. Stuttgart 1969.
Quade, E.: Analysis for Public Decisions. New York 1979.
Simon, H.: Models of Man. Social and Rational. New York 1957.
Weber, M.: Wirtschaft und Gesellschaft. Tübingen 1980[5].
Willke, H.: Entzauberung des Staates. Königstein/Ts. 1983.

Manfred Glagow/Helmut Willke

Erkenntnistheorie

Begriffsbestimmung und Kritik

Im weiteren Sinne umfaßt Erkenntnis-Lehre «Logik, Psychologie, Biologie, Soziologie, Geschichte, Metaphysik des Erkennens» (Eisler 1927, 389). Im engeren Sinne ist ET. nach einer gängigen Definition die «Wissenschaft vom Wesen und der Prinzipien der Erkenntnis, vom (logischen) Ursprung, den Quellen, Bedingungen und Voraussetzungen, vom Umfang, von den Grenzen der Erkenntnis. Sie sucht den Geltungsanspruch der Erkenntnis und deren Elemente zu rechtfertigen (bzw. zu begrenzen)» (Eisler 1927, 389; vgl. auch Ritter 1972, 683). Erkenntnis als Gegenstand der ET. ist bestimmt durch das Subjekt-Objekt-Verhältnis, in dessen Beantwortung sich die ET.n unterscheiden.

Das Problem der E. ist so alt wie die Selbstreflexion philosophischen Denkens; als Begriff erscheint der Ausdruck ET. aber zum erstenmal im 19. Jahrhundert bei E. Reinhold «Theorie des menschlichen Erkenntnisvermögens» (Ritter 1972, 683) und wird erst in den 60er Jahren des 19. Jahrhunderts «durch Zeller zu seiner jetzigen akademischen Würde promoviert» (Mauthner 1923, 447). Im historischen Gang der Philosophie hat es eine Fülle von E.-Lehren gegeben, in denen in verschiedener Weise das Verhältnis von Subjekt und Objekt der E. zu beantworten versucht wurde. In bezug darauf unterscheiden sich zudem auch mehr geistesgeschichtlich orientierte Interpretationen von solchen, nach denen erkenntnistheoretische Fragestellungen und ihre jeweils spezifische Beantwortung von bestimmten gesellschaftlichen Verhältnissen abhängig sind.

In einer grobflächigen Weise werden die philosophischen Systeme und die in ihnen zutage tretenden Versuche zur Lösung des E.-Problems unterschieden in Rationalismus versus Empirismus und in Idealismus versus Realismus. Dabei ist – grob – das Begriffspaar Rationalismus/Empirismus bezogen auf den Ursprung und die Gültigkeit der E., d. h. sowohl auf die E.-Quelle wie auf das Problem der Allgemeingültigkeit der E., während das Begriffspaar Idealismus/Realismus sich auf den Gegenstand der E. bezieht, ob dieser nämlich bewußtseinsimmanent oder -transzendent ist.

ET. in einem spezifischen Sinne kommt erst auf in der Neuzeit und hier im Zusammenhang mit einem bestimmten Typus von E., dem der modernen Naturerkenntnis (F. Bacon, Kepler, Gassendi, Boyle, Newton) und dem damit gegebenen Problem des Zusammenhanges von Philosophie und Wissenschaft. Gilt, daß jeder «Theorie der Erkenntnis ... ein Bestand an Erkenntnis vorausgeht», und gilt, daß die Methode der ET. dadurch bestimmt ist, «als Erkenntnis etwas voraussetzen zu müssen, was sie allererst als Erkenntnis zu erweisen unternimmt» (Stache 1963, 51f), dann sind dadurch die geschichtliche Bedingtheit der erkenntnistheoretischen Fragestellung wie der Sachverhalt versinnbildlicht, daß gerade die im Selbstverständnis eines jeden erkenntnistheoretischen Ansatzes prätendierte Voraussetzungslosigkeit selber an bestimmte Voraussetzungen gebunden bleibt.

Das Selbstverständnis der ET. richtet sich auf die Frage und auf den Versuch der Beantwortung nach den schlechthinnigen Möglichkeitsbedingungen von E. überhaupt und wird entsprechend, so von Kant, verstanden als Form «einer Wissenschaft, welche die Möglichkeit, die Prinzipien und den Umfang aller Erkenntnisse a priori» bestimmt (Kritik der reinen Vernunft, B 6; Eisler 1979, 316). Diese Bestimmung geht nach Kant (1976, 25) davon aus, daß wir «einige wenigstens unbestrittene synthetische Erkenntnis *a priori*» haben, und daß wir demzufolge nicht danach fragen dürfen, «ob sie möglich sei (denn sie ist wirklich), sondern nur: wie sie möglich sei» (vgl. auch Kofler 1955, 13). ET. ist hier in einem bestimmten gesellschaftskritisch orientierten Verstande eine Disziplin, für welche «die Resultate und die Methode der Einzelwissenschaften als notwendig, als gegeben» angesehen werden und der Philosophie dann nur mehr die Aufgabe zufällt, «den Grund der Gültigkeit» der hier stattfindenden Begriffsbildungen «aufzudecken und zu rechtfertigen» (Lukács 1923, 121f). Inwieweit solche Einschätzung zutrifft, kann sich nur erweisen unter dem Gesichtspunkt, in welcher Weise man ET., Methodologie, Wissenschaft und Gesellschaft aufeinander bezieht (vgl. gegenüber Lukács Habermas 1979).

Historischer Exkurs

Antike: In der Antike treten erkenntnistheoretische Erwägungen zuerst «im Rahmen der sogenannten Kosmogonien» auf (Hönigswald 1966, 1). Die frühen Naturphilosophen beantworten die Frage nach dem Ursprung und dem Wesen der Welt durch den Rekurs auf stoffliche Urprinzipien (bei Thales – etwa 624–546 – das Wasser, bei Anaximenes – gest. etwa 525 – die Luft, bei Heraklit – um 500 – das Feuer, bei Anaximander – etwa 611–546 – das Apeiron). Das Apeiron des Anaximander verweist dabei schon auf den für die E.-Lehre entscheidenden Begriff der «Substanz» (Hönigswald 1966, 3), und der Urstoff Feuer des Heraklit, da seine Welt eine des Werdens ist, das als «Werde-Sein» (Bloch 1972, 25) zu denken ist, ist «seiner konkreten Bedeutung entkleidet und zu einer Idee geworden» (Thomson 1968, 233). Der Logos des Heraklit ist als dieses dem Sein nicht widersprechende Werden und Wechsel zu begreifen, und E. erwächst aus ihrer Gemäßheit zum Logos im Unterschied zum reinen Meinen, nach Hönigswald (1966, 4) dem «Schein der Sinne», nach Bloch (1972, 25) durchaus noch von diesen zu unterscheiden.

Parmenides aus Elea (etwa um 480) begreift den dem Sein nicht widersprechenden Wechsel des Heraklit als reine «Vergänglichkeit» (Hönigswald 1966, 5). Damit entfällt für den Seinsbegriff dessen dialektische (→ Dialektik) bei Heraklit vorfindbare Bestimmung. Das Werden ist danach bloßer durch die Sinne vermittelter Schein (= doxa; vgl. Hartmann 1956, 9). Gemäß diesem Seinsbegriff sind dann für Parmenides «Denken und des Gedankens Gegenstand» (Capelle 1958, 167) «Dasselbe» (ebd.). Diese Lehre der Identität von Denken und Sein hat nicht ohne Grund «zu einer erkenntniswissenschaftlichen Theorie der Logik den Grund gelegt» (Hönigswald 1966, 5).

Neben Parmenides ist unter den Eleaten Zenon (etwa 450) zu nennen und seine Aporienlehre, die in vieler Hinsicht die Problemstellung der Pythagoreer vorwegnimmt, bei denen die Zahl – ein nun schon Unstoffliches (vgl. aber Bloch 1972, 133) – die Funktion des Logos übernimmt (vgl. Hönigswald 1966, 8).

Die das vorsokratische Denken charakterisierende Frage nach dem «was wechselt oder was bleibt» (Bloch 1972, 33) erfährt in der jüngeren griechischen Naturphilosophie (Anaxagoras – etwa um 460 –, Empedokles – etwa 495–435 –, Leukippos – etwa 450 –, Demokrit – etwa 460 bis

370–), vermittels der über die Pythagoreer vermittelten heraklitisch-eleatischen Tradition, schon eine Art Logifizierung, indem nämlich hier – nach Hönigswald (1966, 10) – das Motiv herrschend wird, «die Mannigfaltigkeit des Gegebenen mit Hilfe des Vielen auf das Wandellos-Eine zurückzubeziehen und so in seiner Notwendigkeit zu durchschauen». Diese Entwicklung führt in die Richtung der Entdeckung des Begriffs durch Sokrates (480–399) gegenüber der Vorstellung der Sophisten von dem nur-subjektiven und relativen Charakter der E. bzw. deren Unsinnigkeit – Protagoras (480–410); Gorgias (etwa um 427).

In der Ideenlehre des Platon (427–347) wird die Form, die im Logos «neben der Frage nach dem Urstoff» schon vorgedacht war, nun «selbst zum Prinzip» (Hartmann 1956, 10). «Alle vorsokratischen Stoffbestimmungen ... gingen auf die Formideen über, an denen die Erscheinungen nur teilhaben» (Bloch 1972, 141). E. ist Wiedererinnerung (= Anamnesis) dieser sich gleichbleibenden Formprinzipien, die die Seele vor ihrer Verbindung mit dem Leib geschaut hat. Die Idee «als letzter Sinn des Gedankens der Erkenntnis gilt zugleich als das Gute und Schöne, in religiöser Wendung als Gott» (Hönigswald 1966, 21). Der Stoff bleibt dabei ideen-, d. h. gestaltlos.

Bei Aristoteles (384–322) ist dagegen der «Stoff kein Nicht-Sein, sondern das, was den Formen ermöglichend zugrunde liegt» (Bloch 1972, 141), obwohl seine Unbestimmtheit damit nicht aufgehoben ist. Ursprung und Inhalt der E. sind nur durch die Form (Kategorienlehre und Problem der realen Gattungsformen bei Aristoteles; vgl. Bloch 1972, 36f) gewährleistet, für welche der Stoff nur «Wachs» (Bloch 1972, 141) ist; aber der Stoff im Sinne der Kategorie des «In-Möglichkeit-Sein(s)» transzendiert nach Bloch dieses Form-Stoff-Verhältnis selbst durch ein Reicher-Sein der Materie gegenüber «ihrer bisherigen entelechetisch bestimmten Form-Gestalten» (Bloch 1972, 144). (In bezug auf die Betonung dieser letzteren Problematik sind die arabischen Aristoteliker, die wesentlich auf das nachfolgende philosophische Denken eingewirkt haben, Avicenna – 980–1037 – und Averroes – 1126–1198 – zu nennen, vgl. Hönigswald 1966, 71f; zum Materialismusproblem Bloch 1972, 152ff, 478–546.)

Die realistische Wendung, die das E.-Problem bei Aristoteles gegenüber Platon dergestalt nimmt, daß das Allgemeine das «Wesen in den Dingen» (Hartmann, 1956, 12) ist, ist doch und gerade darin noch platonisch, daß auch nach ihm das Weltall «zur stofffreien Form» (Bloch 1972, 142) hin orientiert ist.

Das Problem des Zusammenhanges von Form und Stoff, Allgemeinem und Individuellem ist dann ein Problem der gesamten nachplatonischen und nacharistotelischen Philosophie.

Im Neuplatonismus des Plotin (204–270) verschmelzen Begriff und Idee, bei Platon und Aristoteles noch relativ getrennt, zu ontologischen

Prinzipien im Sinne einer Emanationenlehre, orientiert an einer Stufenfolge werthaft abnehmender Allgemeinheitsgrade, ausgehend von dem Einen bis hin zum Unbekannten der als Urböses, als «Antikategorie» (Bloch 1972, 39) vorgestellten Materie bis hin zur untersten Grenze der Materie als dem schlechthin Nichtsseienden (vgl. Hartmann 1956, 13, und Hönigswald 1966, 37ff). Diese Wende geschieht nach der diesseitig materialistischen, u. a. von der mechanisch-materialistischen Atomistik des Demokrit ausgehenden Lehre des Epikur (341–270) und der deterministischen, eine Art «Stoff-Theologie» (Bloch 1972, 148) vertretenden Lehre der Stoa (Beginn etwa ab 308 v. Chr.).

Mittelalter: Im Mittelalter wird, nach der platonische, neuplatonische und stoische Elemente verbindenden E.-Lehre des Augustinus (345–430), die Weltmetaphysik der Antike durch den Einfluß des Christentums und durch die Übernahme des platonisch-aristotelischen Gedankenguts zur «Gottesmetaphysik» (Hartmann 1956, 14). Durch Teilhabe an den dem göttlichen Intellekt immanenten Prinzipien zur Schaffung der Welt vermag der Mensch diese als Schöpfung (wiederzu)erkennen (vgl. Hartmann 1956, 14). Der das Mittelalter durchziehende und in seinem Ursprung auf aus der Antike überkommene Fragestellungen zurückgehende Universalienstreit ist geprägt von der Frage, ob das Allgemeine vor den Dingen sei – platonischer Standpunkt –, in den Dingen – aristotelischer Standpunkt – oder nur ein Name – der Standpunkt der Nominalisten (Roscelin von Compiègne – um 1050–1125 –; gemäßigter Nominalismus: W. v. Ockham – 1300–1350). Der Nominalismus stellt eine frühe Vorwegnahme des neuzeitlichen Empirismus bzw. methodischen Individualismus (vgl. Popper 1974b, 22ff) dar, während z. B. die → Phänomenologie Husserls vom Platonischen Denkansatz beeinflußt ist (vgl. zur Kritik Popper 1977, Bd. 1, 290).

Im Realismus des Thomas von Aquin (1225–1274) gibt es eine Abstufung der Universalien dergestalt, daß sie in Gott *ante rem*, in den Dingen *in re* und im Intellekt *post rem* (vgl. Bloch 1972, 43) sind. Nach Thomas ist die «einmalige Individualität der reinen Formen» (Bloch 1972, 43) zugleich Ausdruck der «individualisierten Allgemeinheit» (Bloch 1972, 44) gegenüber einer nur quantitativ bestimmten «vielheitlichen Individuation» (Bloch 1972, 158) der «materia signata» (Hartmann 1956, 19), der die Formen innewohnen.

Neuzeit: Im Übergang zur Neuzeit ergibt sich aus dem Bedürfnis, «vom Einzelfall auszugehen» (Hartmann 1956, 21) – im Mittelalter u. a. zuerst bei Roger Bacon (13. Jahrhundert) –, das Prinzip der Induktion, wie es bei Francis Bacon (1561–1626) dann dominant wird. Gegenüber dem zwischen Bewußtseins- und Realprozeß unterscheidenden Begriff der Zwecktätigkeit, wie er aus dem aristotelischen Denken überkommen war, setzte sich nun das kausalmechanische Denken durch, das in der Lehre des Demokrit von den Atomen und dem leeren Raum schon vorgebildet war. Die Atomistik, im Epikureismus sich fortsetzend, wird am Beginn der Neuzeit von Descartes (1595–1650) wieder aufgegriffen. Neben dem Gedanken der Kausalität erwächst nun der der Gesetzlichkeit allen Geschehens (vgl. Hartmann 1956, 23). Die Mathematik wird hierbei zur entscheidenden Wissenschaft. Das alte kosmische Weltbild löste sich auf (Kopernikus, Kepler, Galilei, Newton). Mit dieser Entwicklung, nämlich der Etablierung des Erfahrungswissens, vermittelt über das Experiment, ging auch einher, daß das überkommene metaphysische Denken überzugehen beginnt in ET. (vgl. Hartmann 1956, 27), d. h. in die Reflexion auf die Bedingungen der E. und damit auf das E.-Subjekt sowie auf das Problem des methodischen Vorgehens bei der E.-Gewinnung. Mit dem *cogito ergo sum,* der Selbstgewißheit des aus dem absoluten Zweifel gewonnenen Ich im Rationalismus des Descartes, beginnt die «Kritische Erkenntnislehre» (Hartmann 1956, 30). Klarheit und Deutlichkeit sind dabei die am Vorbild der Mathematik orientierten Kriterien wahrer E., wobei Descartes unterscheidet zwischen der *res cogitans* und der *res extensa* und mit Hilfe der Gottesidee die objektive Gültigkeit der eingeborenen Ideen in der *cogitatio* für die *extensio* garantiert glaubt (vgl. Hartmann 1956, 39). Das neuzeitliche kausalmechanische → Weltbild geht auf ihn zurück.

Im Pantheismus des Spinoza (1632–1677) werden die bei Descartes vorliegenden zwei Substanzen auf eine sie umfassende, nämlich auf Gott (als der Substanz unendlich vieler Attribute), zurückgeführt, deren Attribute sie sind. Von den unendlich vielen Attributen der einen Substanz sind nur die *cogitatio* und die *extensio* erkennbar. Da sie Attribute der einen Substanz sind, so ist in paralleler Weise *«ordo et connexio rerum idem ac ordo et connexio idearum»* (Hartmann 1956, 34). – Die französische und deutsche Aufklärung und der deutsche Idealismus sind stark durch die Lehre des Spinoza beeinflußt worden.

Gegenüber Descartes geht Vico (1668–1744) davon aus, daß die Geschichte im Unterschied zur Natur deshalb vorrangig zu erkennen sei, weil wir sie selbst gemacht haben, obwohl ihr letztes E.-Können Gott vorbehalten bleibt, da sie eine «Auswirkung göttlicher Weisheit» (Hönigswald 1966, 131) darstellt. Diese Lehre des Vico hat auf das historische Denken und auf die → Hermeneutik eingewirkt (vgl. Gadamer 1965) und wird auch in der Theorie von Marx aufgegriffen (vgl. Marx 1953 a, 389).

Im Gegenzug zu dem Rationalismus des Descartes ergibt sich für den Sensualismus von John Locke (1632–1704), der sehr stark auf den französischen Materialismus eingewirkt hat, *nihil est in intellectu quod non prius fuerit in sensu.* Gegenüber der Apriorität des Verstandes wird so am

Aposteriorischen des Sinnlichen angeknüpft und die Vorstellungen von den eingeborenen Ideen – so bei Descartes – kritisiert. Locke unterscheidet dabei zwischen *sensation* (äußerer Erfahrung) und *reflection* (innerer Erfahrung) (vgl. Hartmann 1956, 36).

Im Sinne der Monadologie von Leibniz (1646–1716) und dem damit verbundenen Gedanken von der prästabilierten Harmonie, dessen Problemstellung schon in der Lehre des Nicolaus von Cues (1402–1464) von der *coincidentia oppositorum* thematisch wird (Hönigswald 1966, 125; Bloch 1972, 56), ergab sich gegenüber dem Sensualismus, daß der Intellekt selbst nicht in den Sinnen sein könne – *nisi intellectus ipse*. Das Problem der Verknüpfung der beiden E.-Stämme für die Möglichkeit von E. wurde damit, in Auseinandersetzung mit dem Skeptizismus Humes (1711–1776), für die ET. Kants (1724–1804) relevant, wonach die menschliche E. sich nur auf die Welt der Erscheinungen bezieht, nicht aber auf «Dinge an sich selbst» (Kritik der reinen Vernunft, A 271).

Der subjektive Idealismus des Berkeley (1685–1753) – *esse = percipi* – wird von Kant als dogmatischer Idealismus bezeichnet, da er den Raum und die Dinge in ihm leugne. Unvermeidlich sei er aber gerade dann, «wenn man den Raum als Eigenschaft, die den Dingen an sich selbst zukommen soll, ansieht» (Kritik der reinen Vernunft, B 275).

Der Kantische formale Rationalismus erwächst in Auseinandersetzung mit dem die Apriorität der E.-Formen – so der Kausalität – leugnenden und sich auf die Erfahrung und die Gewohnheit (außer in der Mathematik) beziehenden Standpunkt von David Hume. Die sogenannte Kopernikanische Wende Kants in Hinsicht auf das E.-Problem impliziert dabei nicht eine bloße Umkehrung des Verhältnisses von E. und ihrem Gegenstand, sondern eine «veränderte *Bedeutung* jedes von ihnen ... Der Begriff des Gegenstandes wird durch das Problem der Erkenntnisart ersetzt, in der allein Objektivität erreicht und begründet werden kann» (Cassirer 1973 und 1974, Bd. 3, 3,4). Zugrunde lag eine bestimmte Form der E. – die Newtonsche Mechanik –, und die Kantische Fragestellung bezog sich auf die durch das Induktionsproblem und das Problem des Gesetzesdenkens gestellte Frage, wie denn Objektivität und Allgemeingültigkeit der E. möglich seien (vgl. Hartmann 1956, 21, 23, 29). Hieraus ergibt sich, unter Rekurs auf das transzendentale Bewußtsein als den obersten Einheitspunkt der Möglichkeit von E., die transzendentale Deduktion der reinen Verstandesbegriffe. Vor dieser Deduktion erfolgt in der «Kritik der reinen Vernunft» die Herleitung der Anschauungsformen *a priori* von Raum und Zeit. Die als Produkt der produktiven Einbildungskraft definierte transzendentale Zeitbestimmung als Schema der Kategorien soll nun die Subsumtion der Erscheinungen unter die Kategorien vermitteln. Die synthetischen Grundsätze *a priori* als «Regeln des objektiven Gebrauchs» der Kategorien sollen, verstanden als Bedingungen der Subsumtion der empirischen Urteile, die Möglichkeit der Erfahrung erweisen (Kritik der reinen Vernunft; Kroner 1961, 2 Bde. i. e., Bd. 1, 68–94).

Der Deutsche Idealismus und das nachfolgende Denken: Das philosophische Denken, das man den Deutschen Idealismus nennt und das über Kant, Jacobi, Reinhold, Maimon, Fichte und Schelling in Hegels dialektischer Logik (Hegel 1770–1831) seinen Höhepunkt und innerphilosophischen Abschluß findet (vgl. Kroner 1961), ist geprägt durch die Thematik des Selbstbewußtseins bei Kant und das Problem des Dings an sich, wodurch uns nach Kant das Material der E. gegeben ist und damit durch das Problem der Irrationalität der Begriffsinhalte (vgl. Lask 1923, Bd. 1, 56ff) für die vorausgesetzte logische Struktur der Verstandesformen. Hegel (1952, 63ff) kritisiert ein von der Trennung in E. und Absolutes ausgehendes erkenntnistheoretisches Verständnis von E. als in sich widersinnig. Im Begriff des Absoluten als «Sichselbstwerden» ist bei ihm diese Trennung aufgehoben, da hier «Reflexion ... als positives Moment des Absoluten» (ebd., 21) selbst verstanden ist, wodurch «die Vernunft ... auch Verstand ..., und der Verstand ... auch Vernunft ist» (Kroner 1961, 2 Bde. i. e. Bd., Bd. 2, 420).

In dem auf Hegel folgenden Denken wird das E.-Problem als Frage nach apriorischen E.-Prinzipien eines transzendentalen Bewußtseins so nicht mehr relevant. In Auseinandersetzung mit Hegels System wird bei Kierkegaard (1813–1855) der Existenzbegriff gegenüber dem der E. entscheidend, für Nietzsche (1844–1900) liegt «die Kraft der Erkenntnis ... nicht in ihrem Grade von Wahrheit ... sondern in ihrem Alter ...» (Werke 1954–1956, Bd. 2, 117). Für Feuerbach (1804–1872) ist nicht das Subjekt oder Ich «Erkenntnisprinzip ... sondern das wirkliche und ganze Wesen des Menschen» (1966, 212); die Kantische E.-Kritik ist «der noch im Theismus befangene Idealismus» (ebd., 117). Für Engels (1820–1895) kann das Denken die Denkformen «niemals aus sich selbst, sondern nur aus der Außenwelt schöpfen» (1958, 40); für Marx (1818–1883) sind die Kategorien, bezogen auf Gesellschaftsformen, «Daseinsformen, Existenzbedingungen» (1953b, 26). In der → Widerspiegelungstheorie bei Lenin (1870–1924) wird die Kantische ET. begriffen als «eine Verknüpfung verschiedenartiger, einander widersprechender philosophischer Richtungen zu einem System» (1949, 187).

Nimmt bei Dilthey (1833–1911) das transzendentale Subjekt Kants durch Einbezug der Hermeneutik in die ET. eine von diesem «gänzlich abweichende Physiognomie des geschichtlichen Bewußtseins» an (Riedel, in: Dilthey 1974, 11), so wird im Neukantianismus bei Lask das transzendentallogische Problem der Irrationalität der Begriffsinhalte thematisch. Bedeutet z. B. für Cassirer (1874–1945) E. «den Fortgang von der Unmittelbarkeit der Empfindung und Wahrnehmung zur Mittelbarkeit des bloß gedachten ‹Grundes›» (Eisler 1927, 387), so ist bei Lask (1875–1915) das Alogische «das einzige Differenzierungsprinzip» für die Formen (Gesammelte Schriften 1923/24, Bd. 2, 63). Bei Rickert (1863–1936) ist es die als «heterogenes Kontinuum» und insofern als «irrational» begriffene Wirklichkeit, wodurch die Differenz zwischen ihr und dem Begriff und damit die Differenz zwischen Natur- und Kulturwissenschaft gegeben ist (vgl. Rickert 1926, 32ff).

In Nicolai Hartmanns (1882–1950) Ontologie schließlich kommen der geistigen Schicht als der höchsten Schicht innerhalb des Schichtungsaufbaus u. a. die seinsmäßig zu verstehenden Kategorien Objektivität und Allgemeinheit als der «Bedingung, unter der Erkenntnis überhaupt erst stattfinden kann», zu (1956, 127).

Aspekte des gegenwärtigen Diskussionsstandes

Im Sinne des hypothetischen Realismus von K. Lorenz (geb. 1903) haben die Verstandeskategorien ihre naturgeschichtlich verstandene Entstehungsgeschichte, bedingt durch das – darwinistisch verstandene – Organismus-Umwelt-Verhältnis und das hier entscheidende Theorem der Anpassung (Lorenz 1979; Vollmer 1980). Die das Kantische Denken bestimmende Ding-an-sich-Problematik ist in diesem Verstande gelöst und Hegel gleichsam mittels des Begriffs der Teleonomie (Lorenz 1979, 38) gegenüber seinem Begriff des Absoluten evolutionstheoretisch rektifiziert.

Von dieser Thematik – bzw. vom Kant-Humeschen Problem – ist auch der falsifikationstheoretische Ansatz von Popper (geb. 1902) bestimmt. Nach seiner Kritik am Induktionsprinzip und hier dann am Empirismus-(→)Positivismus und der sich in diesem Zusammenhang findenden Auseinandersetzung mit Wittgenstein und dem logischen Positivismus des Wiener Kreises (1973, 9ff) sind es nach dem die These von den drei Welten und der Wahrheitsannäherung (1974a, 86) verfechtenden Popper unsere unter darwinistisch-evolutionstheoretischen Prämissen verstandenen «Hypothesen», die «an unserer Stelle sterben» (1974a, 289).

Die evolutionstheoretische Umformulierung der Kantischen Fragestellung hat ihre konsequenteste Gestalt in der Genetischen ET. von J. Piaget (1886–1981) erfahren. Gegenüber Lorenz, für den die Formen a priori nur «‹ererbte Arbeitshypothesen›» sind (Piaget 1974a, 119), erblickt Piaget in den über notwendige Prozesse zunehmender Dezentrierung sich genetisch herausbildenden logisch-mathematischen Strukturen die Einlösung der Frage sowohl über den Herkunftscharakter wie über die Geltung und damit Allgemeingültigkeit und Notwendigkeit der apriorischen Formen, von denen Kant einfach ausging. Aus diesem Nachweis des genetischen Charakters des Apriori wird die bei Husserl (1859–1938) als «grundlegende Gegebenheit» einfach vorausgesetzte Interaktion zwischen Subjekt und Objekt rein wissenschaftlich-experimentell als genetisch verlaufender Prozeß zu begründen versucht und damit verdeutlicht, daß die philosophische Spekulation in Wissenschaft überzugehen habe (Piaget 1974b, 131; vgl. auch ebd., 141, 145ff).

Die genetische, auch eine Kritik an der Existentialontologie Heideggers und der Existenzphilosophie Sartres implizierende Einlösung des Subjekt-Objekt-Verhältnisses korrespondiert in etwa mit der an der Phänomenologie geübten Kritik von seiten der → Kritischen Theorie, nach der der «Geist ... vom Gegebenen so wenig abzuspalten» ist «wie dieses von ihm. Beide sind kein Erstes», sondern «durcheinander vermittelt» (Adorno 1956, 33). In der Tradition dieses Ansatzes wird das E.-Problem allerdings nicht wie bei Piaget handlungstheoretisch unter Rückgang auf die Biologie zu erklären versucht, sondern durch den Rekurs auf gesellschaftliche Strukturen (vgl. Müller 1977, 178; v. Greiff: Gesellschaftsform und Erkenntnisform, 1977, 88). Genauer gesprochen ist hiernach die Frage Kants nach der Möglichkeit von reiner Mathematik und reiner Naturwissenschaft analog zur Trennung von körperlicher und geistiger → Arbeit und der Prädominanz der geistigen über die körperliche, wie sie sich in der Tauschgesellschaftsstruktur ausdrückt (vgl. Sohn-Rethel 1972, 36, 59ff, 89ff). Das tranzendentale Subjekt Kants ist danach, vermittelt durch das Tauschprinzip (→ Tausch), nur die Chiffre dafür, daß hier die empirische Subjektivität «selber zum Objekt erniedrigt» ist (Adorno 1966, 178). ET. ist, indem sie von einem unbefragten Ersten ausgeht, für eine an Hegel geschulte Kritik der ET. die «wissenschaftliche Gestalt der Ursprungsphilosophie» (Adorno 1956, 31). Ihre Intentionen sind im Sinne dieser Kritik aber gegenüber einem unbefragten Begriff von → Totalität dennoch dergestalt festzuhalten, daß ohne «das Moment subjektiver Reflexion» auch «jeglicher Begriff von Dialektik nichtig» (ebd., 36) werden müßte.

Im Sinne einer transzendental-anthropologischen und sprachanalytisch orientierten Wendung des transzendentalen Ansatzes bei Kant soll der Begriff der transzendentalen Kommunikationsgemeinschaft (Apel 1973, Bd. 2, 220ff) sich nicht nur auf die Geltungsbegründung mathematisch-physikalischen Wissens, sondern sich auch und gerade auf die «‹Bedingung der Möglichkeit der Sozialwissenschaften›» (ebd., 220) beziehen. (Zu einem sprachlogischen Ansatz vgl. auch Kamlah/Lorenzen: Logische Propädeutik, 1973.)

Der unter kommunikationstheoretischen Gesichtspunkten verstandene und in kommunikationstheoretische Strukturen transformierte transzendental-anthropologische Ansatz wird – so bei Habermas – wieder fruchtbar gemacht für die Reflexion auf das Verhältnis von Philosophie und Wissenschaft, wonach, wie schon im Sinne des Kantischen Programms selbst, «eine unbeirrt philosophische Erkenntnis der Wissenschaft einen legitimen Platz erst einräumt» (Habermas 1979, 11) und deshalb die Transzendentalität weder, wie im Positivismus, auf Methodologie resp. → Wissenschaftstheorie zu restringieren ist noch, wie bei Hegel, ganz verschwindet zugunsten der Identifikation von Philosophie und Wissenschaft im Begriff des absoluten Wissens.

Vermittels einer wechselseitigen Kritik an Kant und Hegel erfährt der Begriff des Transzendentalen gegenüber Kant eine sich im Arbeitsbegriff zusammenfassende empirisch-historisch orientierte Relativierung; andererseits wird, vermittelt über Fichtes Begriff der Tathandlung und gegenüber dem absoluten Wissen bei Hegel, die hier unter materialistischen Gesichtspunkten verstandene Sphäre der Selbstreflexion der Stufen des erscheinenden Bewußtseins zur Reformulierung der Marxschen Theorie fruchtbar zu machen versucht (vgl. Habermas 1979).

Eine veränderte Reformulierung des so verstandenen gesellschaftstheoretischen Ansatzes liegt vor im Ausgang von der Unterscheidung zwischen System (→ soziales System/→ Systemtheorie) und einem kritisch verstandenen Begriff der → Lebenswelt sowie einem diesbezüglichen lebensweltlich und sprachtheoretisch zentrierten, sich in empirischen Verkörperungen manifestierenden und auf den «vernünftigen Gehalt anthropologisch tiefsitzender Strukturen» zurückverweisenden Begriff «des kommunikativen Handelns» (Habermas 1981, 2 Bde., Bd. 2, 561). Ergibt sich für Habermas, daß das Verdinglichungstheorem (→ Verdinglichung) der älteren Kritischen Theorie noch mehr oder minder an der Subjekt-Objekt-Thematik der älteren ET. orientiert bleibt, die einer gesellschaftstheoretisch verstandenen Kritik unterzogen wird, so geht demgegenüber der kommunikationstheoretische Ansatz, in welchem expressis verbis die Subjekt-Subjekt- und die Subjekt-Objekt-Dimension voneinander unterschieden werden, von zwei gegenüber der älteren Gesellschaftstheorie vorgenommenen Abstraktionsschnitten aus: (a) der «Abstraktion der Entfaltung kognitiver Strukturen von der geschichtlichen Dynamik der Ereignisse» – wodurch u. a. der auf eine genetische ET. zurückverweisende lerntheoretische Ansatz von Piaget für die Gesellschaftstheorie fruchtbar gemacht wird (→ Lerntheorien) –, und (b) der «Abstraktion der gesellschaftlichen Evolution von der geschichtlichen Konkretion der Lebensformen» (ebd., Bd. 2, 562) – wodurch auf die historisch bewirkte Entkopplung von System und Lebenswelt verwiesen werden kann und damit auf Verdinglichungsphänomene in der Lebenswelt, die durch Systemimperative bewirkt sind, denen gegenüber sich die kommunikative Vernunft als rächende Gewalt erweist –.

Aus dieser Rekonstruktion der Kritischen Theorie ergibt sich dann: «Nicht mehr Erkenntnis und V e r f ü g b a r m a c h u n g einer objektivierten Natur sind, für sich genommen, das explikationsbedürftige Phänomen, sondern die Intersubjektivität möglicher Verständigung – sowohl auf interpersonaler wie auf intrapsychischer Ebene. Der Fokus der Untersuchung verschiebt sich damit von der kognitiv-instrumentellen zur kommunikativen Rationalität» (ebd., Bd. 1, 525) (→ Diskurs). – Alle bisherige gesellschaftstheoretisch angeleitete Kritik der ET. wird damit noch selbst einer kommunikationstheoretisch orientierten Kritik in der Weise unterzogen, daß sie den bewußtseinstheoretischen Bannkreis nicht verlassen habe und so zwischen interaktivem und instrumentellem Handeln sowie zwischen Lebenswelt und System nicht hinreichend zu unterscheiden vermöge und insofern noch an einem mehr oder minder undifferenzierten Totalitätsbegriff orientiert bleibe (→ Handeln, soziales/→ Interaktion).

Adorno, Th. W.: Zur Metakritik der Erkenntnistheorie. Stuttgart 1956.
–: Negative Dialektik. Frankfurt/M. 1966.
Apel, K. O.: Transformation der Philosophie. 2 Bde. Bd. 2. Frankfurt/M. 1973.
Bloch, E.: Das Materialismusproblem, seine Geschichte und Substanz. Frankfurt/M. 1972.
Capelle, W.: Die Vorsokratiker. Berlin (DDR) 1958.
Cassirer, E.: Das Erkenntnisproblem in der Philosophie und Wissenschaft der neueren Zeit. 4 Bde. Darmstadt 1973 und 1974[3].
Eisler, R.: Wörterbuch der philosophischen Begriffe. Berlin 1927.
–: Kant-Lexikon. Hildesheim/New York 1979[8].
Engels, F.: Herrn Eugen Dührings Umwälzung der Wissenschaft (Anti-Dühring). Berlin (DDR) 1958.
Feuerbach, L.: Kleine Schriften. Frankfurt/M. 1966.
Gadamer, H. G.: Wahrheit und Methode. Tübingen 1960.
Habermas, J.: Erkenntnis und Interesse. Frankfurt/M. 1979[5].
–: Theorie des kommunikativen Handelns. 2 Bde. Frankfurt/M. 1981.
Hartmann, N.: Einführung in die Philosophie. Hannover 1956.
Hegel, G. W. F.: Phänomenologie des Geistes. Hamburg 1952[6].
Hönigswald, R.: Geschichte der Erkenntnistheorie. Darmstadt 1966.
Kant, I.: Kritik der reinen Vernunft. Leipzig 1945.
–: Prolegomena zu einer jeden zukünftigen Metaphysik. Hamburg 1976.
Kofler, L.: Geschichte und Dialektik. Hamburg 1955.
Kroner, R.: Von Kant bis Hegel. Tübingen 1961[2].
Lask, E.: Gesammelte Schriften. 3 Bde. Tübingen 1923/24.
Lenin, W. I.: Materialismus und Empiriokritizismus. Berlin 1949.
Lorenz, K.: Die Rückseite des Spiegels. München 1979.
Lukács, G.: Geschichte und Klassenbewußtsein. Berlin 1923.
Marx, K.: Das Kapital. 3 Bde. Bd. 1. Berlin (DDR) 1953[4]a.
–: Grundrisse der Kritik der Politischen Ökonomie. Berlin (DDR) 1953b.
Mauthner, F.: Wörterbuch der Philosophie. Leipzig 1923.
Müller, R. W.: Geld und Geist. Frankfurt/New York 1977.
Nietzsche, F.: Die fröhliche Wissenschaft. In: Werke in drei Bdn. Bd. 2. München 1955.
–: Erkenntnistheoretische Schriften. Nachwort von J. Habermas. Frankfurt/M. 1968.

Piaget, J.: Biologie und Erkenntnis. Frankfurt/M. 1974a.
–: Weisheit und Illusionen der Philosophie. Frankfurt/M. 1974b.
Popper, K. R.: Logik der Forschung. Tübingen 1973.
–: Objektive Erkenntnis. Hamburg 1974[2]a.
–: Das Elend des Historizismus. Tübingen 1974[4]b.
–: Die offene Gesellschaft und ihre Feinde. 2 Bde. Bd. 1. München 1977[5].
Rickert, H.: Kulturwissenschaft und Naturwissenschaft. Tübingen 1926.
Riedel, M.: Einleitung. In: Dilthey, W.: Der Aufbau der geschichtlichen Welt in den Geisteswissenschaften. Frankfurt/M. 1974.
Ritter, J. (Hrsg.): Historisches Wörterbuch der Philosophie. Basel/Stuttgart 1972.
Sohn-Rethel, A.: Geistige und körperliche Arbeit. Frankfurt/M. 1972.
Stache, W.: Erkenntnistheorie. In: Das Fischer Lexikon. Philosophie. Frankfurt/M. 1963[6].
Thomson, G.: Die ersten Philosophen. Berlin 1968.
Vollmer, G.: Evolutionäre Erkenntnistheorie. Stuttgart 1980.

Harald Kerber

Ethnologie

Der Ursprung der modernen, wissenschaftlich-systematischen E. ist in den Weltentdeckungs- und Eroberungsreisen der Europäer im 16. bis 18. Jahrhundert zu sehen. Wie man Bodenschätze, Flora und Fauna der fremden Erdteile in geordneter Form erfassen mußte, um sie planmäßig ausbeuten zu können – sei es durch Handel, sei es durch Raub –, so mußte man auch ein möglichst umfassendes Wissen darüber gewinnen, was von den außerhalb des abendländisch-christlichen Kulturkreises lebenden Menschen zu gewärtigen sei. So ließ man an jenen Entdeckungsreisen regelmäßig Forscher teilnehmen, die neben Gesteinsarten, Tieren und Pflanzen auch Menschen und deren Sitten und Gebräuche möglichst detailliert aufzuzeichnen und zu beschreiben hatten – am wichtigsten wurden hier Johann Reinhold Forster und sein Sohn Georg Forster, die James Cook auf seiner Weltreise 1772 bis 1775 begleitet hatten. Ein Problem jeglicher Beschreibung fremder Kulturen und Gesellschaften wird an diesen frühen Aufzeichnungen besonders deutlich: das des verzerrenden Einflusses der eigenen Vormeinungen, Vorurteile und begrifflichen Vorentscheidungen auf die Darstellung. So berichtet Antonio Pigafetta, von 1519 bis 1522 Begleiter Magellans, noch ganz im Sinne des mittelalterlichen Weltbildes, welchem die Welt außerhalb des christlichen Kulturkreises als mit Monstrositäten ausgefüllt erschienen war, von Menschen ohne Kopf, von Zwergen mit Riesenohren, die sie beim Schlafen als Decken benutzen, von Amazonen, die alle Knaben gleich nach der Geburt töten und vom Wind befruchtet werden etc. Aber selbst bei dem reflektierten Aufklärer Georg Forster läßt sich immer wieder feststellen, daß einmal das Hobbessche Bild vom ursprünglichen barbarischen Kampf aller gegen alle, einmal Rousseaus Bild vom ‹edlen Wilden›, einmal das positive, einmal das negative Gegenbild der eigenen Gesellschaft in die der Eingeborenen hineinprojiziert wird. Dennoch ist nicht zu bezweifeln, daß die Berichte dieser Forschungsreisenden ebenso wie die von verständnisvollen Missionaren wie Las Casas, Léry und Sahagun in Europa zu einer gewissen Horizonterweiterung, zu einer ersten Erschütterung des eurozentrischen Weltbildes führten, welche es ihrerseits rückwirkend den aufgeklärtesten Europäern ermöglichte, die eigene → Kultur nur mehr als eine von mehreren möglichen Ausgestaltungen von Kultur zu begreifen, statt sie als natürlich mißzuverstehen.

Das 19. Jahrhundert ist in der E. (wie auch in der → Soziologie; die Grenzen sind in dieser Zeit ohnehin fließend) die Zeit der großen Systembildner – Herbert Spencer, Lewis H. Morgan, Edward Tylor und vieler anderer mehr. Material über fremde Kulturen und Gesellschaften war in Hülle und Fülle gesammelt worden; nun mußte es gesichtet und in eine systematische Ordnung gebracht werden. Was all diesen Systemen gemeinsam ist, ist ihr *Evolutionismus,* der seinerseits seine Parallele wie seine wissenssoziologische Erklärung im Fortschrittsoptimismus des aufsteigenden Bürgertums jener Zeit findet. Die Menschheitsgeschichte wird als fortschreitende Entwicklung von niedrigen zu immer höheren Stadien angesehen; es gilt, die einzelnen Völkerschaften auf dieser Stufenleiter einzuordnen. Die meisten → Evolutionstheorien des 19. Jahrhunderts sind allerdings sehr viel weniger ‹einlinig›, als ihnen eine oberflächliche Kritik immer wieder vorwirft. Selbst Herbert Spencer ist sich der Komplexität der wirklichen Geschichte durchaus bewußt und führt ungezählte Differenzierungen ein, um ihr Rechnung zu tragen. Was er behauptet, ist nur die Existenz eines allgemeinen Entwicklungstrends vom Einfachen und Undifferenzierten zum Komplexen und Differenzierten, vom weniger Anpassungsfähigen zum Anpassungsfähigen. Der Niedergang des bürgerlichen Fortschrittsoptimismus in der Hoch-Zeit des → Imperialismus wie auch die historisch-empirische und methodologische Kritik ließen den Evolutionismus um die Jahrhundertwende generell aus der Mode kommen. Seine Nachfolge traten in den verschiedenen Ländern recht unterschiedliche Strömungen an.

In Deutschland dominierte zunächst die *‹kulturhistorische Schule›*. Ihre wichtigsten Vertreter sind Leo Frobenius, Fritz Gräbner und Pater Wilhelm Schmidt. Sie forderte, die Konstruktion evolutionärer Schemata zu ersetzen durch das historische Studium der geographischen Ausbreitung einzelner, konkret umschreibbarer ‹Kulturelemente›. Als erklärt galt ein Kulturelement, wenn sein historischer Ursprung gefunden war. Die kulturhistorische Schule versuchte auf diese Weise, zur Aufstellung bestimmter geographisch abgegrenzter wie auch ethnologisch unterschiedlich alter ‹Kulturkreise› zu kommen, die jeweils durch die Dominanz einzelner Kulturelemente gekennzeichnet sein sollten – so sprach man z. B. von totemistischen, mutterrechtlichen und vaterrechtlichen Kulturen und Kulturkreisen (→ Matriarchat/→ Patriarchat). Die Grenzen zu dem bekämpften Evolutionismus sind dabei oftmals fließend, etwa wenn es um das ‹ethnologische Alter› von Kulturkreisen geht. Wichtig wurden v. a. die von der kulturhistorischen Schule ausgehenden Anstöße zur ethnographischen Feldforschung, besonders durch die in ihr stets in besonderem Maße vertretenen Missionare. Diese besondere Bedeutung der Missionare in der kulturhistorischen Schule kann zusammen mit dem glücklichen Umstand ihrer kolonialpolitisch-praktischen Bedeutungslosigkeit nach dem Zusammenbruch des deutschen Kolonialreichs als ihr wichtigstes soziales Charakteristikum angesehen werden. Beide hängen mit ihrer stark ausgeprägten idealistischen Orientierung und wohl auch mit ihrem – nicht immer verdienten – Prestige-Rückgang auf internationaler Ebene zusammen.

In England dominierte mit und seit den klassischen Arbeiten von Bronislaw Malinowski und Alfred R. Radcliffe-Brown aus der 20er und 30er Jahren der *Funktionalismus,* die ethnologische Schule, die – vermittelt über Talcott Parsons – den stärksten Einfluß auf die anderen Sozialwissenschaften gewonnen hat. Statt nach dem historischen Ursprung einer Kulturerscheinung zu forschen, fragte man nach ihrer Funktion im Gesamt der jeweils untersuchten Gesellschaft und versuchte, sie daraus zu erklären. Dies führte häufig zu einer Konzeption von Gesellschaft als einer integrierten Ganzheit, in der alles und jedes in positiver Weise zum Funktionieren des Ganzen beiträgt. Solange nicht genau feststeht, welche Bedingungen zum Funktionieren des Ganzen erfüllt sein müssen, führt dieser Ansatz leicht zur theoretischen Beliebigkeit; jedwede Auswirkung einer Kulturerscheinung kann dann als positive Funktion interpretiert werden. Nicht bestritten werden soll damit allerdings die heuristische Fruchtbarkeit des Funktionalismus: die empirischen Studien von Malinowski und Radcliffe-Brown wie auch ihrer Schüler Edward Evans-Pritchard, Raymond Firth, Meyer Fortes, Max Gluckman etc. gehören zum Besten, was die E. an Monographien anzubieten hat. Daran ändert auch der teilweise direkte Zusammenhang zwischen der funktionalistischen ‹social anthropology› und der britischen Kolonialpolitik des ‹indirect rule› nichts, in der man versuchte, die kolonialen Interessen nicht durch offene Errichtung der eigenen → Herrschaft, sondern durch Ausnutzung der mutmaßlich ‹funktionalen› traditionellen Herrschaftsinstitutionen durchzusetzen.

In den USA wurde im Anschluß an den ‹Kulturrelativismus› von Franz

Boas vor allem die ‹*Kultur- und Persönlichkeit*›-Schule (Ruth Benedict, Margaret Mead, Clyde Kluckhohn, Ralph Linton u. a.) wichtig. Ihre Hauptanliegen sind: (1) die Herausarbeitung und Charakterisierung von in sich stimmigen kulturellen Gesamtkonfigurationen (Kulturgestalten, Kulturganzheiten); (2) die Beschreibung der diesen entsprechenden Persönlichkeitstypen; (3) die Erklärung dieser Persönlichkeitstypen aus kulturellen Einflüssen, insbesondere aus den jeweiligen Ausgestaltungen der frühkindlichen Sozialerfahrungen. Die große Leistung dieser Schule liegt in dem Nachweis der kulturellen Bedingtheit ungezählter, angeblich durch biologische Faktoren (Geschlecht, → Rasse) determinierter Persönlichkeitsmerkmale – was gerade in den 30er und 40er Jahren, als die meisten dieser Arbeiten geschrieben wurden, einen besonderen politischen Stellenwert hatte. Ihr Hauptproblem liegt in der Versuchung, die Homogenität einer Kultur bzw. eines Sozialcharakters zu überzeichnen. Nicht zufällig ist es sicherlich, daß diese Strömung zuerst in den USA groß wurde, einem Land, das zahlreiche Einsprengsel von der kulturellen Gesamtkonfiguration (‹American way of life›) fremden Kulturen und ihr nicht entsprechenden Persönlichkeitstypen besitzt. Dies schuf zahlreiche Probleme, die man durch Untersuchung und Veränderung der diese Persönlichkeitstypen formenden Sozialisationsbedingungen zu lösen können hoffte (→ Sozialisation).

In Frankreich gewann erst nach dem Zweiten Weltkrieg eine abgrenzbare ethnologische Schule eine eindeutig dominierende Position: der → *Strukturalismus* von Claude Lévi-Strauss. Anknüpfend an Theorien vom Kollektivbewußtsein bei Emile Durkheim und Marcel Mauss und sich absetzend von der These der ‹prälogischen Mentalität der Primitiven› bei Lucien Lévy-Bruhl, entwickelt er sein Programm der Aufdekkung allgemeinster Strukturen, welche der beobachtbaren Realität zugrunde liegen und diese erklären, aber nicht selbst beobachtet werden können. Solche Strukturen bestehen aus Elementen und Beziehungen, welche sich zu Systemen verbinden, und dem Spiel allgemeiner, aber verborgener Gesetzmäßigkeiten unterliegen. Das Urbild solcher Strukturen sind die aus den Sprachwissenschaften bekannten phonologischen Systeme, deren Gesetzmäßigkeiten unser Sprachverhalten bestimmen, obwohl sie unbewußt bleiben (→ Sprachsoziologie). Ähnliche Strukturen sucht Lévi-Strauss u. a. im Bereich der Verwandtschaftssysteme und in dem der religiösen Mythen aufzudecken. Das Hauptproblem des Strukturalismus ist die Inflationierung des Strukturbegriffs – schließlich kann alles und jedes als Struktur beschrieben werden. Auch hier ändert dieser Kritikgesichtspunkt aber nichts an der heuristischen Fruchtbarkeit des Programms, welche sich außer in den Arbeiten von Lévi-Strauss selbst v. a. in denen der marxistisch orientierten Strukturalisten Claude Meillassoux und Maurice Godelier zeigt. Daneben wurde der Strukturalismus allerdings – wie so vieles in Paris – auch zur intellektuellen Mode, die v. a. von den Trägern enttäuschter revolutionärer Hoffnungen aufgegriffen und als Immobilismus-Ideologie verstanden wurde: der Mensch als Spielball ewig unveränderbarer Strukturgesetzmäßigkeiten.

Im Hinblick auf die allgemeine Soziologie erscheint die E. als das wichtigste Korrektiv gegen den Ethnozentrismus, insbesondere bei den formalistischen und neopositivistischen Strömungen, die sich mit nichts Geringerem zufriedengeben wollen als mit dem Aufstellen allgemeiner, raumzeitlich invarianter Gesetzmäßigkeiten und dabei oftmals in die Gefahr geraten, die engbegrenzten eigenen Erfahrungen und kulturellen Selbstverständlichkeiten in die gesamte Menschheitsgeschichte hinaus zu projizieren. Auch in methodischer Hinsicht bildet die E. ein wichtiges Korrektiv, da sich ihr das zentrale Problem einer jeden → empirischen Sozialforschung, das Verstehen der Bedeutung fremder Handlungen, in radikal verschärfter Weise stellt. Der spezifischen Forschungsmethode der E. – mehrjähriges dauerndes Zusammenleben mit den Untersuchten mit dem Ziel, in der alltäglichen Interaktion die dieser eigenen kulturellen Bedeutungen kennenzulernen – kommt auch für die heimische Sozialforschung Vorbildcharakter zu, wenngleich hier wegen der geringeren kulturellen Distanz zwischen Untersuchern und Untersuchten gewisse Modifizierungen v. a. zeitlicher Art möglich erscheinen.

Benedict, R.: Urformen der Kultur. Reinbek bei Hamburg 1955.
Berg, E.: Zwischen den Welten. Anthropologie der Aufklärung und das Werk G. Forsters. Berlin 1982.
Harris, M.: The Rise of Anthropological Theory. New York 1968.
Kramer, F. & C. Sigrist: Gesellschaften ohne Staat. Frankfurt/M. 1983.
Leclerc, G.: Anthropologie und Kolonialismus. München 1973.
Lévi-Strauss, C.: Strukturale Anthropologie. Frankfurt/M. 1967.
Malinowski, B.: Geschlecht und Verdrängung in primitiven Gesellschaften. Reinbek bei Hamburg 1962.
–: Argonauten des westlichen Pazifik. Frankfurt/M. 1979.
Mead, M.: Geschlecht und Temperament in primitiven Gesellschaften. Reinbek bei Hamburg 1959.
Meillassoux, C.: Anthropologie économique des Gouros de Côte d'Ivoire. Paris 1974.
Mühlmann, W. E.: Rassen, Ethnien, Kulturen. Neuwied 1964.
–: Geschichte der Anthropologie. Frankfurt/M. 1968.
Stagl, J.: Kulturanthropologie und Gesellschaft. München 1974.

Gerhard Hauck

Ethnomethodologie

Die E. rechnet wie z. B. der → Symbolische Interaktionismus zu den Ansätzen des interpretativen → Paradigmas (Wilson 1973). Ihr Interesse gilt den alltäglichen sozialen Handlungs- und Entscheidungsstrukturen (→ Alltag). Sie versteht die Gesellschaftsmitglieder als ‹praktische Methodologen›, die durch die Anwendung einer Vielzahl von Methoden soziale Realität für sich ordnen und ihr Sinn verleihen (→ Methodenprobleme). Ihr geht es nicht um das Aufspüren von Handlungsgründen oder Bedeutungsinhalten, die soziale Akteure ihren Handlungen unterlegen, sondern um die Frage, wie sie wechselseitige Verständigung zustande bringen, also um die formalen Strukturen sozialen Handelns (→ Handeln, soziales). Im Gegenstandskonzept der E. gibt es keine objektive soziale Realität außerhalb der Handlungen der Gesellschaftsmitglieder; soziale Realität ist für sie eine Vollzugswirklichkeit (Koeck 1976, 262), deren Kontinuität von der Stabilität der Methoden der Alltagshandelnden abhängt. Erforscht werden muß deshalb die Anwendung der Basis- oder Interpretationsregeln, die soziale → Interaktion und Kommunikation überhaupt erst ermöglichen. In der Wirkungsweise der ‹dokumentarischen Methode der Interpretation› lassen sich Grundzüge des Gebrauchs dieser Regeln studieren: Jedes soziale Phänomen wird als Dokument von und Hinweis auf ein grundlegendes Muster begriffen, und jedes Muster wird nur durch die Einbeziehung neuer ‹Dokumente› identifiziert, d. h., Muster und Dokument sind dialektisch aufeinander bezogen (Garfinkel 1973).

Die Einpassung in bestehende Interpretationsschemata bzw. die Bildung neuer Schemata mit Hilfe von Interpretationsregeln ist eine universelle Methode des Sinnverstehens, die auch im wissenschaftlichen Bereich Anwendung findet. Sie ermöglicht, mit der Tatsache umzugehen, daß die meisten Handlungen, Ereignisse oder sprachlichen Ausdrücke des sozialen Handlungsraums an einen bestimmten Ort, Zeitpunkt und spezifische äußere Umstände gebunden sind. Diese Kontextabhängigkeit oder ‹Indexikalität› sozialer Phänomene wird im Alltagshandeln routinemäßig bearbeitet, indem sich die Gesellschaftsmitglieder durch Kommentierungen, Begründungen und Rechtfertigungen den Sinn ihrer Äußerungen gegenseitig anzeigen bzw. sich interpretierend auf ihn beziehen. Ihre Handlungen und die dabei hergestellte soziale Wirklichkeit erscheinen ihnen ebenso rational wie objektiv.

Von einer objektiv existierenden sozialen Welt gehen auch die Sozialwissenschaftler aus. Viele ihrer methodologischen Bestrebungen laufen darauf hinaus, zu raum-, zeit- und personenunabhängigen Aussagen zu gelangen und damit eine Annäherung an objektiv vorgegebene Strukturen zu erreichen. Soziologen und ihre Laienkollegen gehen somit in ähnlicher Weise von einer für Ethnomethodologen problematischen Unterstellung aus, sie handeln und denken in der «natürlichen Einstellung» (A. Schütz), wodurch der Blick auf die Konstruktionsprinzipien der sozialen Wirklichkeit verlorengeht. Um diese → Verdinglichung der Alltagsroutine zu durchbrechen und um das operative Fundament sozialen Handelns sichtbar zu machen, hat Garfinkel einige Demonstrations- und Krisenexperimente entwickelt. Durch den absichtlichen Verstoß gegen die als ‹normal› akzeptierten Spielregeln des Alltagshandelns erzeugt er systematisch Konfusion, Störung und Verfremdung: So zwingt er z. B. seine Versuchspersonen, den Sinn alltäglicher Handlungen fortlaufend offenzulegen, wo er sonst stillschweigend vorausgesetzt wird, oder er fordert sie auf, sich im Bekanntenkreis so zu verhalten, als ob sie Fremde wären (Garfinkel 1967; Koeck 1976). Bei den Versuchen, die ‹Normalität› wiederherzustellen, werden die grundlegenden Regeln sozialen Handelns erfahrbar. Das weitgespannte Erkenntnisinteresse an den Basisregeln allen sozialen Handelns bringt fast unbeschränkte Untersuchungsmöglichkeiten mit sich (Turner 1974; Cicourel 1970, 1975; Weingarten 1976). Grundvoraussetzung vieler Untersuchungsverfahren ist die teilnehmende Beobachtung oder die beobachtende Teilnahme (→ empirische Sozialforschung), also ein unbewußt-identifikatorisches oder bewußt-nachahmendes Regellernen im jeweiligen sozialen Handlungsfeld.

Das Hauptverdienst der E. liegt in der Zurückweisung einer naturwissenschaftlich-positivistischen Gegenstands- und Methodenkonzeption für die Sozialwissenschaft (→ Positivismus): Cicourel (1970) wies besonders auf die Unangemessenheit strenger Meßverfahren und auf das hohe Maß von impliziter Theoriebildung (Anwendung von sozialem Alltagswissen) hin, Garfinkel (1967) auf die Bedeutung von Interpretations- und Verstehensprozessen allgemein. Obwohl Autoren wie Husserl, Schütz und Wittgenstein zu den Traditionsstiftern dieses Ansatzes zählen, wurde diese Kritik in der BRD nur mit zeitlicher Verzögerung aufgenommen (Habermas 1970; AG Bielefelder Soziologen 1973). In letzter Zeit liegen aber auch in unserem Bereich ethnomethodologische Feldstudien vor (z. B. Bergmann 1980; Fengler/Fengler 1980).

Daß die E. ihr hochgestecktes Ziel, eine angemessene Theorie des sozialen Prozesses zu entwickeln, verfehlte, liegt nicht zuletzt an ihrem offenkundigen Defizit an → Gesellschaftstheorie (Eberling/Wiese 1981). Getreu ihrer phänomenologischen Tradition (→ Phänomenologie) entwickelt sie eine unhistorische Sichtweise von Gesellschaft, in der Soziales auf einen letztlich anthropologisch begründeten Zwang zur sinnhaften Ordnung der Welt zurückgeführt wird (→ Anthropologie). Ihr einseitig an der Erschließung universell gültiger Basisregeln für soziales

Handeln ausgerichtetes Forschungsinteresse (→ Forschung) verdeutlicht dies. Sie verbleibt auf der Ebene subjektiver Sinngebungsprozesse, deren inhaltliche Seite gegenüber ihrer formalen vernachlässigt wird. Wie historisch spezifische Merkmale der Organisation einer Gesellschaft in diese Sinnentwürfe eingehen, bleibt ihr verschlossen. Weder reproduzieren sich gesellschaftliche Strukturen auf der Grundlage von ökonomischen und politischen Machtverhältnissen, noch kommt ihnen eine relativ eigenständige Bedeutung gegenüber den Sinnentwürfen der Gesellschaftsmitglieder zu. Eine irgendwie zusammenhängende → Totalität von nebeneinandergelagerten → Lebenswelten oder sozialen Mikrokosmen macht offensichtlich Gesellschaft für die E. aus. Das Gesellschaftsbild dieses Ansatzes ist subjektivistisch eingeengt, der Zusammenhalt und das Fortbestehen der Gesellschaft scheint nur von der unbewußt und routinisiert vollzogenen Angleichung der Sinnentwürfe ihrer Mitglieder abhängig. Die für jede soziologische Theorie bedeutsame Ebene übergreifender sozialer Strukturen (Makroebene) (→ Makrosoziologie) liegt folglich außerhalb der Erklärungsmöglichkeiten dieses Konzepts.

Das Fehlen einer Gesellschaftstheorie als anleitender Bezugsrahmen für empirische Untersuchungen und die Fixierung auf die Suche nach formalen Strukturen sozialer Handlungen hindern die E. daran, wichtigen Fragestellungen einer Soziologie des Alltagshandelns und -wissens nachzugehen: Interessant wären z. B. empirische Untersuchungen zur Frage, wie in unterschiedlichen sozialen → Gruppen auf verschiedene Weise Erfahrungen gemacht und in gruppenspezifische Wissenssysteme (Gesellschaftsbilder, soziale Topoi, Alltagswissensbestände) übersetzt werden. Auch die wichtige Frage nach der Angemessenheit bestimmter Interpretationen von sozialer Realität oder nach dem ideologischen Gehalt sozialer → Normen sind für sie unbedeutend, weil nach dem Indifferenztheorem alle Wirklichkeitsentwürfe gleichwertig sind und kritische Begriffe wie «falsches Bewußtsein», → «Ideologie» oder «soziales Vorurteil» nicht zur Verfügung stehen (Koeck 1976, 270f).

Bergmann, J. R.: Interaktion und Exploration. Diss. Konstanz 1980.
Cicourel, A. V.: Methode und Messung in der Soziologie. Frankfurt/M. 1970.
–: Sprache in der sozialen Interaktion. München 1975.
Eberling, W. & M. Wiese: Sozialwissenschaftliche Forschungsprogramme. Frankfurt/M. 1981.
Fengler, Ch. & T. Fengler: Alltag in der Anstalt. Rehburg 1980.
Garfinkel, H.: Studies in Ethnomethodology. Englewood Cliffs 1967.
–: Das Alltagswissen über soziale und innerhalb sozialer Strukturen. In: AG Bielefelder Soziologen (Hrsg.): Alltagswissen, Interaktion und soziale Wirklichkeit. Reinbek bei Hamburg 1973.
Habermas, J.: Zur Logik der Sozialwissenschaften. Frankfurt/M. 1970.

Koeck, R.: Das Problem der ethnomethodologischen Indifferenz. In: Soziale Welt, 1976, 261–277.
Turner, R. (Hrsg.): Ethnomethodology. Harmondsworth 1974.
Weingarten, E. / Sack, F. & J. Schenkein (Hrsg.): Ethnomethodologie. Frankfurt/M. 1976.
Wilson, T. P.: Theorien der Interaktion und Modelle soziologischer Erklärung. In: AG Bielefelder Soziologen (Hrsg.): Alltagswissen, Interaktion und soziale Wirklichkeit. Reinbek bei Hamburg 1973.

Wolfgang Eberling

Evolutionstheorien

Thema sozialwissenschaftlicher E. sind die grundlegenden Strukturen gesellschaftlichen Wandels. Bei der Beantwortung dieser Frage schlagen E. zwei unterschiedliche Wege ein: Sie können zum einen nach Kriterien Ausschau halten, mit deren Hilfe sich die Abfolge von gesellschaftlichen Organisationsprinzipien, → Institutionen und sozialen Verhaltensweisen als *Höherentwicklung* begreifen und ordnen lassen. Sie können zum anderen nach Mechanismen oder Faktoren zur *Erklärung* von Prozessen → sozialen Wandels suchen. Kriterien der Höherentwicklung, des evolutionären Fortschritts oder Wachstums ermöglichen eine Klassifikation und Rangordnung, die zunächst noch nichts über die tatsächlichen Prozesse gesellschaftlicher Entwicklung besagen. Nach Sahlins (1960) werden solche evolutionäre Rangfolgen als Theorien «genereller Evolution», evolutionäre Erklärungsmodelle historischer Wandlungsvorgänge hingegen als Theorien «spezifischer Evolution» bezeichnet. Diese Theorien spezifischer Evolution begreifen sozialen Wandel in Analogie zu Prozessen der organischen Evolution, wie sie vor allem durch die Arbeiten Ch. Darwins (1859) erklärt worden sind. Evolutionäre Prozesse kommen danach zustande, wenn eine zufällige *Variation* von Merkmalen der *Selektion* durch bestimmte Faktoren der Umwelt unterliegt und sich entsprechend ihrem Anpassungsgrad an die Umwelt unterschiedlich stark *reproduziert.* Darwinistische Modelle der speziellen Evolution unterscheiden sich damit deutlich von Rationalmodellen der Geschichte, in denen sozialer Wandel als beabsichtigtes Ergebnis individuellen oder kollektiven Handelns aufgefaßt wird.

Die klassischen → Gesellschafts- und Geschichtstheorien des ausgehenden 18. und des 19. Jahrhunderts waren vor allem Theorien der generellen Evolution, die die Geschichte als eine gerichtete Abfolge verschiedener Entwicklungsstufen begriffen.

Turgots Unterscheidung von Jagd, Weidewirtschaft und Ackerbau, Montesquieus Abfolge von Wildheit, Barbarei und Zivilisation oder Comtes Dreistadiengesetz können dabei als Vorläufer moderner Theorien genereller Evolution gelten. Mit Marxens Aufteilung der Geschichte in Urkommunismus, → Klassengesellschaften und klassenlose Gesellschaften der Zukunft und Spencers Definition «Evolution is a change from incoherent homogeneity to coherent heterogeneity» (1862, 71 in 1972) wurde dann ein Rahmen gesetzt, in dem sich auch neuere Theorien genereller Evolution bewegen. Die E. des 19. und beginnenden 20. Jahrhunderts verbinden mit einer stufenlogischen Ordnung der Geschichte zumeist noch einen empirischen Erklärungsanspruch: Gesellschaftlicher Wandel vollzieht sich ihnen zufolge als ein notwendiger, intern verursachter und letztlich unaufhaltsamer Entwicklungsprozeß; in der Evolution erhält die Geschichte Richtung und Notwendigkeit. Diese Festlegung der Geschichte auf Wachstum, Fortschritt und Höherentwicklung zeigt Verwandtschaft mit der hegelianischen Theorie der Geschichte und der Aufklärungsphilosophie. Seit der Mitte des 20. Jahrhunderts trifft diese ‹evolutionistische› Geschichtskonzeption allerdings in den Sozialwissenschaften auf starke Kritik: Methodologische Einwände richten sich gegen die evolutionistische Idee eines zielgerichteten, endogen verursachten Geschichtsprozesses (An. Smith 1973), und sozialphilosophische Bedenken setzen bei der Gleichsetzung von faktischem Anpassungserfolg und moralischer Überlegenheit an, die die *sozialdarwinistische* Variante des Evolutionismus nahelegt. Abgesehen von Kulturanthropologen wie G. V. Childe in England oder J. Steward und L. White in Nordamerika, die die Idee einer unilinearen Entwicklung jedoch zurückweisen, hatten evolutionstheoretische Ideen bis zur Mitte dieses Jahrhunderts ihren bestimmenden Einfluß auf die Gesellschaftstheorie verloren.

Dies ändert sich jedoch mit der Hinwendung des Strukturfunktionalismus zu Problemen sozialen Wandels. Die Arbeiten Parsons' (1975), Bellahs (1973) und Eisenstadts (1970) knüpfen wieder an die Spencerianische Variante der E. an und begreifen gesellschaftlichen Wandel als (funktionalen) Differenzierungsvorgang → sozialer Systeme, der von entsprechenden Integrationsprozessen begleitet werden muß, soll er nicht krisenhaft verlaufen (→ Integration). Historischer Modellfall für den strukturfunktionalistischen *Neoevolutionismus* ist der Übergang von traditionalen zu modernen Gesellschaften und die diesen begleitenden Prozesse der Universalisierung des Wissens, der Entstehung einer tendenziell globalen gesellschaftlichen Gemeinschaft, der Differenzierung von normativen Strukturen zwischen verschiedenen gesellschaftlichen Bereichen und der Steigerung der Anpassungsleistung an die Natur durch Technik und moderne Ökonomie. Diese Modernisierung der Gesellschaft wird als ein unvollendeter und sich selbst verstärkender Prozeß des Strukturwandels begriffen, der von bestimmten «Saatbeetgesellschaften» (Parsons) ausgeht, und zwar durch einen evolutionären ‹Regreß› in ein vorangegangenes Stadium aufgehalten oder durch Gleichgewichtskrisen gestört werden kann, aber letztlich den Weg der Geschichte bestimmt.

Der Mechanismus, der diesen evolutionären Wachstumsprozeß hervorbringt, wird in der neoevolutionistischen → Systemtheorie Luhmanns (1975) deutlich: Soziale Systeme suchen durch Differenzierung ihre eigene Komplexität zu steigern, um sich an eine komplexere Umwelt anzupassen. Aufgabe der E. ist bei Luhmann nicht mehr die Analyse konkreter historischer Prozesse, sondern die Analyse «der Evolution von Evolution», d. h. der wachsenden Differenzierung der verschiedenen evolutionären Mechanismen. Wie auch schon Parsons sucht er dabei den Anschluß an die darwinistischen Grundbegriffe der E.: Die Funktion der Variation wird nach Luhmann von der Sprache, die der Selektion von der Sinnbildung und die der Stabilisierung von der Bildung sozialer Systeme übernommen. Luhmanns wissenssoziologische Analysen, die den neuzeitlichen Wandel von stratifikatorischer zu funktionaler Differenzierung zum Thema haben, nehmen allerdings kaum Bezug auf dieses evolutionstheoretische Modell.

Anders als in Luhmanns E., in der die selektiv wirksame Umwelt unspezifiziert bleibt, beziehen sich die Evolutionstheorien G. V. Childes und L. Whites sowie der Neoevolutionismus Lenskis auf die äußere Natur als Bezugspunkt von Techniken und materiellen Produktionsweisen, die die Struktur von Gesellschaften bestimmen. Childe (1975) unterscheidet Wildheit, Barbarei und Zivilisation an Hand technischer Erfindungen wie Nahrungsmittelproduktion, Metallverarbeitung und Schrift. Lenski (1970) weist bei seiner Klassifikation von Gesellschaften auf die technologische Entwicklung, die seit den Jäger- und Sammlergesellschaften der vorgeschichtlichen Zeit ein Wachstum von Bevölkerung, Güterproduktion und struktureller Komplexität der Gesellschaften möglich machten. Im Unterschied zu diesen materialistischen Evolutionstheoretikern enthalten soziokulturelle Faktoren bei Kulturanthropologen wie Sahlins (1960) ein besonderes Gewicht.

Auch die Habermassche Theorie der sozialen Evolution (1976) betont die zentrale Rolle von → Weltbildern für die Institutionalisierung evolutionärer Neuerungen: Gesellschaften werden im Laufe ihrer Geschichte mit Systemproblemen konfrontiert, die aus dem Bereich der materiellen Produktion oder der Verteilung von Gütern herrühren, aber im Rahmen des dominanten Organisationsprinzips (Verwandtschaft, staatliche Klassenherrschaft, ausdifferenziertes Wirtschaftssystem) nicht mehr gelöst werden können. Das Weltbild einer Gesellschaft kann nun ein Wissen verfügbar machen, das für die Institutionalisierung neuer sozialer Organisationsformen und zur Lösung der Systemprobleme auf einem höheren

Niveau der Sozialintegration genutzt werden kann. Die in den Weltbildern enthaltenen Wissenspotentiale werden von Habermas mit Hilfe eines entwicklungslogischen Schemas geordnet, bei dem jede weiterführende Stufe die Beherrschung der Wissensoperationen der vorangegangenen Stufe voraussetzt. In Anlehnung an Piaget und Kohlberg werden eine präkonventionelle, eine konventionelle und eine postkonventionelle oder autonome Moral unterschieden, die jeweils auch neue Niveaus moralischen Lernens und evolutionärer Höherentwicklung darstellen. Auch wenn bei Habermas die E. auf einer Theorie individuellen Lernens aufbaut und damit einen Mechanismus des evolutionären Wandels angibt, so bleibt sie doch in erster Linie eine Theorie der generellen Evolution, die in der stufenlogischen Ordnung der Geschichte nach Kriterien der Höherentwicklung ihre wichtigste Aufgabe sieht.

Im Gegensatz dazu gehen neodarwinistische Evolutionstheorien (Dawkins 1978; Campbell 1965) nicht mehr von der Idee des Fortschritts oder der Höherentwicklung aus, sondern stellen die Frage nach dem evolutionären Mechanismus, der den Wandel von sozialen Systemen bewirkt, in den Vordergrund. Gegenstand der E. ist hier nicht nur der Wandel von fundamentalen gesellschaftlichen Organisationsprinzipien, sondern auch der Wandel von sozialen Systemen unterhalb der Gesellschaftsebene. Während Theorien der generellen Evolution eine makrotheoretische Analyseperspektive bevorzugen, geht es bei Theorien der spezifischen Evolution eher um einen individualistischen Erklärungsansatz. Akteure werden hier als Träger von Regelwissen oder Verhaltensweisen betrachtet, die im → Sozialisations- und → Interaktionsprozeß variiert und weitergegeben werden und sich im Bezug auf die Ziele des Akteurs und bestimmte Handlungssituationen als mehr oder weniger angemessen erweisen. Erfolgreiches Regelwissen und erfolgreiche Verhaltensweisen werden im Interaktionsprozeß stärker reproduziert als weniger erfolgreiche und erhalten dadurch eine weitere Verbreiterung. Dieser Prozeß der *selektiven Reproduktion* von Zufallsvarianten bildet das Kernstück der neodarwinistischen E. Da es keine Gewähr dafür gibt, daß Umweltsituationen stabil bleiben oder sich dauerhaft in eine bestimmte Richtung entwickeln, läßt sich die Frage nach evolutionärem Fortschritt oder Höherentwicklung im Rahmen einer neodarwinistischen E. nicht beantworten: Was in der einen Situation als selektiver Vorteil gilt, kann sich in einer anderen Situation wiederum als Nachteil herausstellen.

In den Sozialwissenschaften umstritten ist die soziobiologische E. (Wilson; Hamilton). Sie führt Verhaltensunterschiede auf unterschiedliche biologisch-genetische Merkmale der Akteure zurück und wendet die biologische E. auch auf komplexere soziale Sachverhalte (z. B. Religiosität) an. Soziale Verhaltensweisen werden dadurch erklärt, daß sie die Möglichkeiten zur Reproduktion der Gene, die sie hervorrufen, angesichts bestimmter Umweltbedingungen steigern. Bezugspunkt ist dabei nicht – wie im Sozialdarwinismus des 19. Jahrhunderts – das Überleben des individuellen Organismus, sondern die maximale Reproduktionsfähigkeit seiner Gene. Der Organismus und sein Verhalten wird dann zu einem ‹Instrument der Gene, um sich stärker zu reproduzieren›.

Bellah, R. N.: Religiöse Evolution. In: Seyfahrt, C. & W. M. Sprondel (Hrsg.): Religion und gesellschaftliche Entwicklung. Frankfurt/M. 1973.
Campbell, D. T.: Variation and Selective Retention in Socio-Cultural Evolution. In: Barringer H. R./Blankstein, G. J. & R. W. Mauck (eds.): Social Change in Developing Areas. Cambridge (Mass.) 1965.
Childe, G. V.: Soziale Evolution. Frankfurt/M. 1975 (Original 1951).
Darwin, C.: Die Entstehung der Arten durch natürliche Zuchtwahl. Stuttgart 1967 (Original 1859).
Dawkins, R.: Das egoistische Gen. Berlin/Heidelberg 1978.
Eisenstadt, S. N.: Readings on Social Evolution. Oxford 1970.
Habermas, J.: Zur Rekonstruktion des Historischen Materialismus. Frankfurt/M. 1976.
Lenski, G. & J. Lenski: Human Societies. New York u. a. 1970.
Luhmann, N.: Soziologische Aufklärung. Bd. 2: Aufsätze zur Theorie der Gesellschaft. Opladen 1975.
Parsons, T.: Gesellschaften. Frankfurt/M. 1975.
Sahlins, M. & E. Service: Evolution and Culture. Ann Arbor 1960.
Smith, An.: The Concept of Social Change. London 1973.
Spencer, H.: On Social Evolution. Chicago/London 1972.
Steward, J.: Theory of Culture Change. The Methodology of Multilinear Evolution. Urbana 1955.
White, L.: The Evolution of Culture. New York 1959.
Wilson, E.: Sociobiology. The New Synthesis. Cambridge (Mass.)/London 1975.

Bernhard Giesen

Familiensoziologie

Die F. erforscht die Familie als die kleinste Verwandtschaftseinheit einer gegebenen Gesellschaft. Dabei darf Verwandtschaft nicht ohne weiteres als Blutsverwandtschaft verstanden werden; sie kann auch durch Adoption entstehen. Die Familie ist die soziale → Gruppe, in der nahezu alle Menschen ihre ersten sozialen Erfahrungen machen. In ihr erfolgt die ‹Sozialisierung› des menschlichen Nachwuchses. Damit wird die erste Phase der → Sozialisation bezeichnet, in der jene «emotionale Fundierung» des Menschen geschaffen wird, die erst die weitere Sozialisation ermöglicht (Claessens 1962). René König hat für diesen Vorgang 1946 den Begriff der «zweiten Geburt als soziokulturelle Personalität» geprägt (König 1974).

Aus der Bestimmung der Familie als kleinster Verwandtschaftseinheit einer gegebenen Gesellschaft ergibt sich, daß jede nähere inhaltliche Bestimmung der Familie die gesamtgesellschaftlichen Bedingungen der Familiendynamik berücksichtigen muß. Die F. geht also von der sozialhistorisch bedingten Mannigfaltigkeit der Familienformen aus.

Das war nicht immer so. Die ersten familiensoziologischen Arbeiten in der Mitte des 19. Jahrhunderts setzten die Universalität der autoritär-patriarchalischen Familie voraus. Frédéric Le Play verallgemeinerte z. B. den Familientyp des französischen Bauerntums, Heinrich Wilhelm Riehl den des mittelständischen deutschen Bürgertums seiner Zeit. Beide waren Sozialromantiker, deren Absicht es war, das traditionelle Familienleben und die damit verbundene gesellschaftliche Moral vor dem Zusammenstoß mit der → Industrialisierung zu schützen.

Einen monolinear-entwicklungsgeschichtlichen Ansatz verfolgten J. G. Bachofen, Friedrich Engels und Franz Müller-Lyer. Sie nahmen eine Entwicklung von der Promiskuität über das → Matriarchat zum → Patriarchat an. Friedrich Engels und Franz Müller-Lyer erwarteten darüber hinaus für die Zukunft neue Familienformen, in denen der Gegensatz zwischen individuellen und kollektiven Bedürfnissen aufgehoben sein würde. Diese monolineare Entwicklung ließ sich nicht nachweisen. Es gibt auch Gesellschaften, in denen das Mutterrecht dem Vaterrecht nicht vorausging, sondern folgte.

Einer der ersten, der ein Programm einer wissenschaftlichen F. entwarf, war Emile Durkheim. Er forderte die vergleichende Methode. Mit ihrer Hilfe wollte er die gleichbleibenden Strukturen der Familie einerseits, ihre wandelbaren geschichtlichen Formen andererseits herausarbeiten. Aber auch sein Entwurf war nicht frei von ideologischen Verzerrungen (→ Ideologie). In dem von ihm formulierten Gesetz der Kontraktion behauptete er eine Verkleinerung der Verwandtschaft und Familie auf die von Vater, Mutter und Kindern gebildete Kernfamilie. Im Geiste des 19. Jahrhunderts hielt er die Tendenz zur Kontraktion der Familie für eine lineare Erscheinung. Empirisch läßt sich das lediglich für Familien der Oberschicht nachweisen (König 1969, 1974[2]).

Eine besonders rasche Entwicklung nahm die F. in den Vereinigten Staaten. Die Notwendigkeit, Immigranten aus sehr unterschiedlichen Kulturen in eine → Kultur zu integrieren, die selber einem schnellen Wandel unterworfen war (→ Migration/→ sozialer Wandel), mußte die Aufmerksamkeit der Soziologen früher als in Europa auf die Probleme der F. und der Sozialisation lenken. Hier wurde auch die Psychoanalyse – freilich in einer um ihre kritische Schärfe beraubten Form (Bruno

Bettelheim (1984) – rezipiert und der familiensoziologischen Methodologie einverleibt. Das gilt vor allem für die von Talcott Parsons entwickelte «strukturell-funktionelle Theorie» (Parsons 1954, 1964). Als besonders anregend erwiesen sich ethnosoziologische und ethnopsychoanalytische Untersuchungen (Ruth Benedict, Margret Mead, Erik Erikson u. a.), die reiches Material für den Vergleich zwischen vorindustriellen Kulturen einerseits und Industriekulturen andererseits liefern.

In der Zeit, in der in Nordamerika bereits verschiedene theoretische Ansätze der F. entwickelt und diskutiert wurden, beschränkte man sich in Deutschland noch weitgehend auf monographische Untersuchungen, deren Wert freilich nicht unterschätzt werden darf (Alice Salomon und Marie Baum).

Zur Entwicklung der F. kam es erst nach dem Zweiten Weltkrieg. Es schien so, als ob die Familie als einzige verhaltensstabilisierende Instanz den gesellschaftlichen und politischen Veränderungen der Nachkriegszeit standhalten würde (Wurzbacher, Schelsky). Dergleichen Hypothesen stützten eine konservative Familienpolitik. René König, der in seinen familiensoziologischen Untersuchungen mit einer seinerzeit in Deutschland noch ungewohnten Unbefangenheit von der Psychoanalyse Gebrauch machte, wies auf die Probleme hin, die sich aus der «Überorganisation» der Familie ergeben (1974). Er beschreibt sie als eine mögliche Folge der Familiendesintegration. Darunter versteht er den Prozeß der relativen Ausgliederung der Familie aus der Gesellschaft durch Abgabe von wichtigen Funktionen an andere gesellschaftliche Einrichtungen wie Industrie und Schule. Die damit verbundene Verkleinerung der Familie bis zur Gattenfamilie kann dann zu gegenseitigen emotionalen Anforderungen der Familienmitglieder führen, die eine Ablösung der Kinder oder das Selbständigwerden der Erwachsenen hemmen. König weiß zwar, daß einzig aus Gesellschaft erklärt werden kann, was Familie ist, hütet sich aber, historisch bedingte Krisenerscheinungen mit langfristigen Entwicklungstendenzen zu verwechseln. Darin folgte ihm Gerhard Baumert (1952, 1954), dessen sorgfältige und anregende Untersuchungen bisher wenig Beachtung und Nachfolge gefunden haben.

Eine lebendige Diskussion entfachte die verspätete Rezeption der von Max Horkheimer veröffentlichten Studien über «Autorität und Familie». In ihnen wurde mehr oder weniger unterstellt, daß die Anfälligkeit der Deutschen für den Autoritarismus auf die patriarchalische Struktur der deutschen Familie zurückzuführen sei.

Diese These wurde in einer Reihe von Untersuchungen problematisiert. So wurde z. B. von R. H. Lowie darauf hingewiesen, daß die Schweizer Familien autoritärer strukturiert seien als die deutschen und dennoch die Schweiz eine relativ stabile Demokratie sei. Aber auch diese Behauptung wäre noch hinsichtlich des Demokratiebegriffs, der jeweils als Kriterium benutzt wird, zu überprüfen. Jedenfalls sind die Beziehungen zwischen Familienstruktur, politischem System und politischem Verhalten komplizierter als oft angenommen. Sie zu erforschen, bedarf es einer Zusammenarbeit zwischen Soziologen und Historikern, wie sie sich in den letzten Jahren anbahnt (Wehler 1975; Gottschalch 1983; Rosenbaum 1982).

Die Erforschung der Familie wird durch unsere Befangenheit in sozial determinierten und zugleich höchst individuell familialen Erfahrungen erschwert. Zu einigermaßen wissenschaftlichen Fragestellungen und Ergebnissen kommt die F. allein, wenn sie sich historischer und vergleichender Methoden bedient (→ Methodenprobleme). Die Beiträge der Gruppentheorie, der Schicht- und Klassenanalyse, der Interaktionsforschung und der Psychoanalyse, der Berufs- und Lebenslaufforschung sowie weitere Forschungsansätze sind hierbei unentbehrlich. F. sollte also aus mehreren Perspektiven betrieben werden.

Adorno, Th. W. & W. Dirks (Hrsg.): Soziologische Exkurse. Frankfurt/M. 1956².
Baumert, G.: Jugend der Nachkriegszeit. Darmstadt 1952.
–: Deutsche Familien nach dem Krieg. Darmstadt 1954.
– & E. Hüninger: Deutsche Familien nach dem Kriege. Darmstadt 1954.
Bettelheim, B.: Freud und die menschliche Seele. Düsseldorf 1984.
Claessens, D.: Familie und Wertsystem. Berlin 1962.
Goode, W.: Soziologie der Familie. München 1967.
Gottschalch, W.: Vatermutterkind. Deutsches Familienleben zwischen Kulturromantik und sozialer Revolution. Berlin 1983².
König, R.: Die Familie der Gegenwart. München 1966.
–: Materialien zur Familiensoziologie. Köln 1974².
–: Soziologie der Familie. In: König, R. (Hrsg.): Handbuch der empirischen Sozialforschung. Bd. 7. Stuttgart 1969.
Parsons, T.: The Incest Taboo in Relation to Social Structure und Socialization of the Child. British Journal of Sociology 1954 (deutsch in: Rüschemeyer, D. (Hrsg.): Talcott Parsons. Beiträge zur soziologischen Theorie. Neuwied/Berlin 1964).
Rosenbaum, H.: Formen der Familie. Untersuchungen zum Zusammenhang von Familienverhältnissen und sozialem Wandel in der deutschen Gesellschaft des 19. Jahrhunderts. Frankfurt/M. 1982.
Wehler, U. (Hrsg.): Historische Familienforschung. Geschichte und Gesellschaft. Bd. 1. Göttingen 1975.

Wilfried Gottschalch

Faschismus

Bisher vorliegende Versuche, ‹den› F. mit Hilfe einer Formel allgemein zu definieren, müssen wegen ihres simplifizierenden und mystifizierenden Vorgehens die spezifischen Charakteristika nationaler Faschismen zugunsten der Überbetonung eines häufig aus politischen Überlegungen willkürlich ausgewählten Elements verfehlen; oder es handelt sich um nebulöse Metaphern, die kaum die Qualität eines idealtypischen Begriffs aufweisen. Die Definition des F. etwa als Diktatur des Finanzkapitals, als moralische Krankheit Europas, im Falle des Nationalsozialismus als Rückfall in die Barbarei, als Deutsche Katastrophe oder als Widerstand gegen die praktische und theoretische Transzendenz sagen mehr über ihre Urheber als über das Phänomen F. aus.

Allerdings werden wohl auch zukünftige F.-Deutungen das Problem kaum lösen, die grundsätzlich zu unterscheidenden Elementarformen des F. (a) als soziale Bewegung und Partei, (b) als Bewegung an der → Macht und (c) als Staatssystem in ihren stark differierenden nationalen Ausprägungen mit einer Formel zu erfassen. Die ideologischen Programmatiken (→ Ideologie), Organisationsformen, Beziehungen zu den traditionellen → Eliten oder etwa ihre Konstitution als Massenbewegung, die eine faschistische Bewegung in ihrer ‹Kampfzeit› auszeichnen, haben eventuell nach der Machtkonsolidierung eine vollkommen andere Bedeutung. Diese systematischen Schwierigkeiten generalisierender F.-Deutungen werden notwendigerweise durch deren politische Dimension kompliziert. Die Entstehungsbedingungen faschistischer Bewegungen zu analysieren oder die Geschichte faschistischer → Herrschaft zu schreiben, heißt gleichzeitig, jene gesellschaftlichen Strukturen und Kräfte zu benennen, die in Krisen- (→ Krisentheorien) die Etablierung eines autoritären Regimes ermöglichen, das sich schließlich zu faschistischer Herrschaft entfaltet. Ferner herrscht keine Einigkeit darüber, wieviel gemeinsame spezifische Merkmale in einem konkreten Fall nachweisbar sein müssen, um von F. sprechen zu können. Autoritäre Herrschaftsstrukturen (Führerprinzip), repressive Herrschaftsausübung (Terror), ideologische Abgrenzung gegenüber Demokratie, Liberalismus, → Sozialismus, → Kommunismus (Bolschewismus, → Marxismus), ausgeprägter → Nationalismus, Antisemitismus, Rassismus (→ Rasse), romantisch-irrationale ‹Neuordnungsvorstellungen›, die politische Regulierung oder Konsolidierung kapitalistisch-industrieller Produktion oder imperialistische Expansionsbestrebungen (→ Imperialismus) findet man teilweise und in Kombination auch unter anderen politischen Vorzeichen. Die Kombinationsmöglichkeiten dieser Elemente in historischen nationalen Faschismen variieren untereinander mindestens ebenso stark wie gegenüber nichtfaschistischen Herrschaftsordnungen.

Faschismustheorien

Die Vielfalt der Erscheinungsformen faschistischer Herrschaft und ihrer jeweiligen konstitutiven Elemente spiegelt sich in unzähligen F.-Theorien und den Versuchen zu ihrer Klassifikation wider. Dabei schälen sich grob vier Varianten heraus: erstens eine primär an historisch-phänomenologischer Rekonstruktion nationaler Faschismen orientierte Sichtweise (Nolte 1979a; Wippermann 1983); zweitens ist es sehr aufschlußreich, insbesondere zeitgenössische F.-Theorien der Zwischenkriegszeit und während der Etablierung des Nationalsozialismus nach dem jeweiligen politischen Standort ihrer Autoren einzuordnen. Die Gegenüberstellung von kommunistischen, sozialistischen, liberalen und faschistischen (Selbst-)Deutungen (Nolte 1979b) und die exemplarische Analyse der Kontroversen ‹linker› Einschätzungen innerhalb und außerhalb von SPD, KPD und Kommunistischer Internationale bis 1945 (Wippermann 1981) verdeutlichen, wie stark politische Positionen und sich (teilweise extrem) wandelnde politische Konstellationen Argumentationsweisen und -traditionen prägen und verändern. Drittens besteht die Möglichkeit, vorliegende Ansätze unter systematisch-theoretischen Gesichtspunkten zu verorten (vgl. Kuhn 1973). Dabei ist zu fragen, ob die jeweilige Darstellung die Ursachen für den aufkommenden F. mehr ‹transpolitisch› (z. B. geschichtsphilosophisch) oder stärker ‹binnenpolitisch› (realhistorisch) bestimmt; ob die nationalstaatliche Entwicklung – Deutschland als «verspätete Nation» (Plessner 1974) – im Vordergrund steht oder der allgemeine (epochale, strukturelle) Charakter des F.; und ob der F. mehr autonome Bewegung oder eher als ein von bereits Bekanntem (z. B. → Kapitalismus) abzuleitendes Phänomen verstanden werden muß. Auch dieses Schema gibt nur erste Anhaltspunkte für die Bestimmung des politisch-wissenschaftlichen Standorts einer F.-Deutung und läßt keine Aussagen über deren Erklärungskraft zu. Der Versuch, mit diesem formalen Raster F.-Theorien zu klassifizieren, führt zu der Feststellung, daß z. B. in den Analysen des Nationalsozialismus durch Mitglieder des Instituts für Sozialforschung (→ Kritische Theorie) sämtliche Dimensionen auftauchen und auf diesem Weg keine allgemeine F.-Theorie zu gewinnen sei (Dubiel/Söllner 1981; Wilson 1982). Eine universelle F.-Theorie im eigentlichen Sinne ist bis heute nicht entwickelt worden. Viertens behandeln Sammlungen unter dem Titel F.-Theorien ausschließlich den Nationalsozialismus (Saage 1981) oder ergänzen die genannten Ansätze um soziologisch-sozialwissenschaftliche, psychologische, sozialpsychologische oder Spezialdeutungen, wie F. als Bündnis, als Modernisierung, als antiproletarische Reaktion oder als Folge gescheiterter → Revolutionen (De Felice 1980; Kühnl 1980; Wippermann 1980; Das Argument). Der aktuelle Trend zu verstärkter empirischer Erforschung nationaler Faschismen, ihrer regionalen und alltagspraktischen Besonderheiten, des unheroischen Antifaschismus ist zur Zeit nicht zu übersehen (Gress/Jaschke 1982).

Eine ähnliche Tendenz zeigt sich inzwischen auch bei der Analyse neuer rechtsextremer Bewegungen. Die Bezeichnungen Neofaschismus, Staatsfaschismus, Neuer Faschismus, Post-Faschismus oder angepaßter Faschismus aus den 60er und 70er Jahren trafen nicht den Kern der untersuchten Vorgänge, da es sich in der Regel um ‹Imitationsfaschismus› (bis auf einige Relikte klassischer Faschismen) handelte oder um Tendenzen am Rande des rechten politischen Spektrums (‹normaler› Extremismus). Damit wird die grundsätzliche Gefahr, die von ‹neofaschistischen› Bewegungen z. B. angesichts der Empfänglichkeit von Teilen ausgegrenzter Jugendlicher für F.-Surrogate ausgeht, nicht verharmlost; jedoch müssen die unterschiedlichen Triebkräfte (Antidemokratismus von oben oder von unten; Rechts-Populismus) scharf getrennt werden (als Überblick der Epilog bei Wippermann 1983).

Faschismus – Totalitarismus

Im Zeichen des Ost-West-Konflikts, des Kalten Krieges und eines hysterischen Antikommunismus wurde die Debatte durch den Streit um einen eigenständigen F.-Begriff oder dessen Einordnung unter das Begriffspaar totalitäre versus demokratische Herrschaft geprägt. Anhänger der Totalitarismus-Theorie (Arendt 1975, 1980) sehen das wesentliche Unterscheidungsmerkmal politischer Herrschaftsformen im Grad der Verwirklichung demokratischer Prinzipien, Diktatur versus Demokratie, und entdecken in faschistischen und kommunistischen Systemen mehr Gemeinsamkeiten als Gegensätze (Bracher 1976). Vertreter der ‹sowjetmarxistischen› Position betonen demgegenüber die allgegenwärtige Gefahr einer Faschisierung bürgerlich-demokratischer Herrschaftsformen (Eichholtz/Grossweiler 1980). Befürworter eines ‹generischen› (Gattungs-)Begriffs des F. verweisen auf die Tatsache, daß die Unterschiede zwischen kommunistischen und faschistischen größer sind als zwischen faschistischen Regimen und der Begriff geschichtsprägende Kraft nicht nur im Hinblick auf die Geschichte des Antifaschismus hat (Wippermann 1983). Der Totalitarismus-Begriff mit seiner Diktatur-Demokratie-Dichotomie behindert bzw. verhindert die sozialwissenschaftliche Analyse faschistischer Bewegungen, z. B. die der Mitverantwortung konservativer Eliten bei der Machteroberung und -stabilisierung des Nationalsozialismus. Er degeneriert häufig zum rein politischen Kampfbegriff der Verurteilung der ‹totalitären Diktatur› der Sowjetunion oder dient der Diffamierung sozialistisch-sozialdemokratischer Parteien und Regierungen durch Gleichsetzung von Sozialismus und Nationalsozialismus (rot gleich braun) und kann zur nachträglichen Verharmlosung des Nationalsozialismus führen, wenn pauschal jede undemokratische Herrschaftsausübung auf eine Stufe mit dem Nationalsozialismus gestellt wird. Seinen totalitären Anspruch setzt ein Unrechtsstaat mit terroristischen Mitteln gegenüber seinen Gegnern oder zu Feinden erklärten Personen und Gruppen durch. Die Rede von totalitärer Diktatur (Seidel/Jenkner 1974; Institut für Zeitgeschichte 1980) vermeidet jedoch die Frage nach dem Zusammenhang von tatsächlicher Herrschaftsgewalt faschistischer Machthaber und ihren gesellschaftlichen Grundlagen.

Faschismus – Nationalsozialismus
Die vorbehaltlose Klassifizierung des Nationalsozialismus als F. unter vielen ist aus politischen und systematischen Gründen problematisch. Wenn (wie so häufig) umstandslos der deutsche «Radikalfaschismus» gegenüber dem italienischen «Normalfaschismus» (Nolte) als der eigentliche F. genommen wird, bedeutet ein unkritisch verwendeter allgemeiner Begriff des F. eine Bagatellisierung des nationalsozialistischen Terrorsystems und eine Dämonisierung anderer Faschismen. Auch der Mißbrauch in der politischen Auseinandersetzung der Weimarer Republik durch die Bezeichnung der Regierung Brüning als faschistische und durch die politisch instinktlose und dem Nationalsozialismus objektiv Vorschub leistende Diffamierung der Politik der SPD als «Sozialfaschismus» seitens der Kommunistischen Internationale und der KPD (Wippermann 1981) verweisen auf die Notwendigkeit einer differenzierten Anwendung eines allgemeinen F.-Begriffs. Vollständig fragwürdig, inhaltsleer und zum reinen Schimpfwort verkommt der Begriff, wenn jeweils politisch Andersdenkende oder Dissidenten als Faschisten deklariert werden. Eine derartige Inflationierung des Begriffs verdeckt seinen realgeschichtlichen Hintergrund als politisch-soziale Bewegung und Herrschaftssystem.

Die politischen Vorbehalte finden ihre Entsprechung in den systematisch-theoretischen Schwierigkeiten, eine universelle F.-Formel zu entwickeln. In vielen Fällen wird von F.-Theorien gesprochen, obwohl (fast) ausschließlich der Nationalsozialismus behandelt wird (Eichholtz/Gossweiler 1980; Saage 1981; Wilson 1982). Der nicht mehr überschaubaren Literatur zum Nationalsozialismus (Hüttenberger 1980) oder auch zur Person Hitlers (Zitelmann 1982) korrespondiert das Fehlen vergleichender Analysen. Ansätze im Sinne paralleler Aufarbeitung sind die sozialhistorische Gegenüberstellung der NSDAP und der faschistischen Partei Italiens, ihrer sozialen Basis und des Verhältnisses der traditionellen Eliten zu den faschistischen Machthabern (Schieder 1983); die historisch-phänomenologische Rekonstruktion europäischer Faschismen (Nolte 1982; Wippermann 1983 mit internationaler Auswahlbibliographie) bzw. des F. in Deutschland, Italien und Frankreich (Nolte 1979a); und der Versuch, in einem methodologischen Raster die Voraussetzungen, soziale Basis, soziale Funktion und Zielsetzungen faschistischer Bewegungen mit einem nach historisch-strukturellen Gesichtspunkten entwickelten Idealtypus faschistischer Bewegungen (Entstehung, Aufstieg zur Massenpartei, ‹Machtergreifung›, Machtkonsolidierung, Weiterentwicklung oder ‹Rückbildung›) für Italien, Frankreich, Spanien, Jugoslawien, Ungarn, Rumänien und Argentinien zu kombinieren (Thamer/Wippermann 1977).

Faschismus/Nationalsozialismus – Kapitalismus
«Wer aber vom Kapitalismus nicht reden will, sollte auch vom Faschismus schweigen» (Horkheimer u. a. 1981, 33). Diese im Exil von Horkheimer an die kapitalistischen Aufnahmeländer und seine Mitemigranten gerichtete Mahnung verweist auf eine allgemeine Voraussetzung und die hauptsächliche soziale Funktion des F. Alle Faschismen entstanden auf der (wenn auch jeweils sehr unterschiedlich entwickelten) Basis kapitalistischer Produktionsverhältnisse, und sie förderten unterentwickelte oder stabilisierten gefährdete kapitalistische Gesellschaftsordnungen. Nur damit sind der F. und seine Entstehungsbedingungen nicht erklärt; denn «die heute (1932) grassierende Ideologie hat lange Wurzeln und längere als das Kleinbürgertum» (Bloch 1981, 109). Die Massenwirksamkeit der Ideologie und Propaganda des F. als unerläßliche Voraussetzung für seinen Erfolg und seine Unterstützung durch die traditionellen und industriellen Eliten läßt sich eben nicht schlicht kapitalismustheoretisch ableiten, und auch der Rekurs auf die Mentalität der durch die Folgen kapitalistischer Produktion bedrohten Kleinbürger als wichtigste Träger der faschistischen Massenbewegung reicht nicht aus.

Weitaus unfruchtbarer sind jene Ansätze, die ‹den› F., obwohl dabei häufig der Nationalsozialismus gemeint ist, von Imperialismus ableiten und ihn lediglich als Agenten der «reaktionärsten, am meisten chauvinistischen, am meisten imperialistischen Elemente des Finanzkapitals» (G. Dimitroff/Kommunistische Internationale) wie eine Marionette auf der historischen Bühne erscheinen lassen (Eichholtz/Grossweiler 1980). Realistischer ist die auf einen bestimmten Aspekt bezogene Bündnistheorie (Hennig 1977; Kühnl 1979), die den handelnden faschistischen Eliten gegenüber den traditionellen mehr Spielraum zubilligt und die Einflußmöglichkeiten faschistischer Interventionspolitik gegenüber ökonomischen Notwendigkeiten und → Interessen nicht übersieht. Besondere Aufmerksamkeit genoß die Debatte «Primat der Politik oder Primat der Ökonomie» im Nationalsozialismus (Das Argument), die heute zwar abgeebbt ist, aber zu keiner Klärung führte. Bereits die politisch engagierte zeitgenössische Diskussion des Verhältnisses von Politik und Ökonomie ließ alle (auch sich gegenseitig ausschließende) Interpretationen zu (Wippermann 1981). Auch hier wird man historische und systematische Differenzierungen vornehmen müssen. Das Verhältnis ‹der› Industrie, ‹der›

Monopole oder gar ‹der› Kapitalisten zu ‹den› politischen Machthabern ist nicht schematisch zu fassen. Bis 1936 kann in Deutschland von einer «Doppelherrschaft» (politische Herrschaft der Führer-Partei bei sozialer Herrschaft der Großwirtschaft) gesprochen werden (Stegmann 1976). Für die folgenden Phasen müßte geklärt werden, wie bei steigender staatlicher Eingriffsintensität einige der sehr unterschiedlich strukturierten wirtschaftlichen Branchen, Gruppierungen, Konzerne und Verbände trotzdem den politisch-ökonomischen Entscheidungsprozeß maßgeblich mitgestalten konnten – besonders die Frage nach den gesellschaftlichen Trägern der Aufrüstungs- und Kriegsvorbereitungspolitik, die bislang Antworten auf einer Skala gefunden hat, wonach einmal die völlige Einflußlosigkeit und Abhängigkeit der Industrie behauptet wird oder im anderen Extrem bei Gleichsetzung von F. und → Krieg die Großindustrie als treibende Kraft identifiziert wird (als Überblick Hennig 1975). An dieser Diskussion fällt wiederum auf, daß allgemein von F. gesprochen, aber häufig die nationalsozialistische Raubpolitik verallgemeinert wird. Es fehlt an vergleichenden F.-Analysen, die eine Verknüpfung der jeweiligen politischen Expansionsbestrebungen mit der Kriegszielpolitik industrieller Großgruppen auf der Basis hinreichender massenhafter Zustimmung und Duldung durch die ‹gezähmte› → Arbeiterbewegung vornehmen.

Jüngst wurde in Auseinandersetzung mit der ‹Bonapartismus-Theorie› (‹Verselbständigung› der Exekutive auf Grund eines ‹Klassengleichgewichts›; → Klassengesellschaften) gezeigt, daß die bisherige Fragestellung unzureichend war. Die ‹herrschenden Klassen› delegierten im Nationalsozialismus nicht aus Angst vor dem Ansturm der proletarischen Revolution ihre politische Herrschaft an eine faschistische Exekutive, um ihre soziale Herrschaft zu erhalten. Hinzu kommt, daß ‹linke› Beobachter den F. als Folge der Schwäche der Arbeiterbewegung, aber auch als letzte Rettung der Bourgeoisie vor der siegreichen Arbeiterbewegung deuten. Das zentrale Konzept industrieller Eliten zur Bewältigung der Wirtschaftskrise und ihrer sozialen Folgen Anfang der 30er Jahre setzte auf die staatsinterventionistische Lösung unter Beteiligung der Nationalsozialisten, die grundsätzlich das Kapitalverhältnis nicht berühren sollte. Als ein nachgeordnetes Ziel und Instrument wurden dabei allerdings die Zerschlagung der Gewerkschaften und Arbeiterparteien (Jaschke 1982) und später die Beteiligung maßgeblicher Gruppen der Wirtschaft an Hitlers Raubzügen und Arbeitskräftebeschaffungspolitik (‹Fremdarbeiter›, KZ-Häftlinge) willkommen geheißen.

Faschismus/Nationalsozialismus und Soziologie

Politisch oder parteipolitisch engagierte Soziologen haben sich schon früh mit dem italienischen F. und dem aufkommenden Nationalsozialismus auseinandergesetzt. Mit O. Bauer, E. v. Beckerath, F. Borkenau, H. de Man, H. Freyer, E. W. Eschmann, Th. Geiger, R. Heberle, H. Heller, W. Hellpach, R. Hilferding, K. Mannheim, S. Marck, A. Meusel, R. Michels, F. Sternberg, S. Riemer, E. Rosenstock, F. Tönnies und K. A. Wittfogel, um einige zu nennen, hat die deutschsprachige → Soziologie eine aufmerksame – dem italienischen F. und Nationalsozialismus teilweise wohlwollend bis euphorisch oder aber warnend gegenüberstehende – Schar von Zeitdiagnostikern vorzuweisen (einen guten Überblick über ihre Schriften geben zusammen Nolte 1979a; Schulz 1974; Wippermann 1981). Ihre politischen, politikwissenschaftlichen, kapitalismustheoretischen, sozialstrukturellen, wählersoziologischen und sozialpsychologischen Analysen sind heute mit großem Gewinn für eine empirisch fundierte F.-Deutung zu lesen.

Soziologen wie V. Pareto und G. Sorel gelten als Propheten, R. Michels als Propagandist des italienischen F. Auch der Nationalsozialismus wurde von zahlreichen deutschen Soziologen (nicht nur von dem immer wieder genannten Hans Freyer) als Medium der Verwirklichung ihrer eigenen Vorstellungen empfunden und deswegen als Alternative propagiert und karrieristisch genutzt (Klingemann 1981). Seine Gegner in der deutschen Soziologie blieben isoliert. Als Institution hat sie keinen Widerstand geleistet. Viele ihrer prominentesten Vertreter wurden exiliert oder zum Schweigen gebracht (Lepsius 1979, 1981). Andererseits reüssierte eine die fachwissenschaftlichen Erkenntnismöglichkeiten nutzende angewandte Soziologie mit entsprechenden Auswirkungen auf die akademische Soziologie, die auch Freiräume zu nutzen verstand (Klingemann 1984).

Spätere soziologische F.-Deutungen als extremer Nationalismus (Lepsius), Extremismus der Mitte (Lipset) oder die Erklärung der F.-Anfälligkeit aus der dem Rationalisierungsprozeß (→ Rationalisierung) westlicher Gesellschaften entspringenden → Anomie (als gesellschaftlicher Desorganisation) bei Parsons (vgl. zur Kritik Clemenz 1980) haben nie die Dichte, analytische Schärfe und umfassende Erklärungskraft erreicht wie z. B. der «Behemoth» (Neumann 1977) und ergänzend der «Doppelstaat» (Fraenkel 1974) oder der «Staat Hitlers» (Broszat 1981). An diesen Arbeiten und dem Programm des Instituts für Sozialforschung (Dubiel/Söllner 1981; Wilson 1982), inklusive der klassischen sozialpsychologischen Ansätze von E. Fromm, Th. Adorno u. a. und auch W. Reich, müßte eine Soziologie des F. ansetzen. Eine vielversprechende Möglichkeit zur Weiterentwicklung soziologischer Spezialstudien mit Blick auf das Gesamtphänomen bietet der nicht unumstrittene, u. a. von R. Dahrendorf und D. Schoenbaum vertretene Modernisierungsansatz (Matzerath/Volkmann 1977). Die Untersuchung geplanter und ungeplanter Modernisierungsprozesse gesellschaftlicher, sozialer und kultureller

Strukturen und Lebensweisen unter nationalsozialistischer Herrschaft und der aktiven Beteiligung von Soziologen wird zur Zeit noch unter Berufung auf die antimodernistischen Parolen der nationalsozialistischen Machthaber und einiger ‹völkischer› Soziologen abgewehrt. Die dominierende Soziologiegeschichtsschreibung unterstellt der ‹Reichssoziologie› ein antisoziologisches Erkenntnisprogramm, die ‹Abwehr der Modernisierung›. Der sicherlich als paradox empfundene Modernisierungseffekt nationalsozialistischer Herrschaft wird um der Selbststilisierung der Soziologie willen geleugnet – trotz (oder wegen?) der Mittäterschaft von ‹Reichssoziologen›, den späteren Mitbegründern der bundesrepublikanischen Soziologie.

Arendt, H: Elemente und Ursprünge totaler Herrschaft. 2 Bde. Frankfurt/M. u. a. 1975, 1980.
Bloch, E.: Erbschaft dieser Zeit. Frankfurt/M. 1981.
Bracher, K. D.: Zeitgeschichtliche Kontroversen. Um Faschismus, Totalitarismus, Demokratie. München 1976[2].
Broszat, M.: Der Staat Hitlers. Grundlegung und Entwicklung seiner inneren Verfassung. München 1981[9].
Clemenz, M.: Gesellschaftliche Ursprünge des Faschismus. Frankfurt/M. 1980[3].
Das Argument. Berliner Hefte für Probleme der Gesellschaft: Faschismustheorien I–VII, 1964–1977.
De Felice, R.: Die Deutungen des Faschismus. Göttingen/Zürich 1980.
Dubiel, H. & A. Söllner: Die Nationalsozialismusforschung des Instituts für Sozialforschung – ihre wissenschaftliche Stellung und ihre gegenwärtige Bedeutung. In: Horkheimer, M. & F. Pollock u. a.: Wirtschaft, Recht und Staat im Nationalsozialismus. Frankfurt/M. 1981.
Eichholtz, D. & K. Gossweiler (Hrsg.): Faschismusforschung. Positionen – Probleme – Polemik. Köln 1980.
Fraenkel, E.: Der Doppelstaat. Frankfurt/Köln 1974.
Gress, F. & G. Jaschke: Neuere Tendenzen der Faschismusanalyse im deutschen und englischsprachigen Bereich. Ein Überblick. In: Neue Politische Literatur, 1982, 20–46.
Hennig, E.: Industrie, Aufrüstung und Kriegsvorbereitung im deutschen Faschismus (1933–1939). Anmerkungen zum Stand «der» neueren Faschismusdiskussion. In: Backhaus, H.-G. u. a. (Hrsg.): Gesellschaft. Beiträge zur Marxschen Theorie 5. Frankfurt/M. 1975.
–: Bürgerliche Gesellschaft und Faschismus in Deutschland. Ein Forschungsbericht. Frankfurt/M. 1977.
Horkheimer, M. / Pollock, F. & F. Neumann u. a.: Wirtschaft, Recht und Staat im Nationalsozialismus. Analysen des Instituts für Sozialforschung 1939–1942. Frankfurt/M. 1981.
Hüttenberger, P.: Bibliographie zum Nationalsozialismus. Göttingen 1980.
Institut für Zeitgeschichte (Hrsg.): Totalitarismus und Faschismus. Eine wissenschaftliche und politische Begriffskontroverse. München 1980.
Jaschke, H.-G.: Soziale Basis und soziale Funktion des Nationalsozialismus. Studien zur Bonapartismustheorie. Opladen 1982.

Klingemann, C.: Heimatsoziologie oder Ordnungsinstrument? Fachgeschichtliche Aspekte der Soziologie in Deutschland zwischen 1933 und 1945. In: Lepsius, M. R. (Hrsg.): Soziologie in Deutschland und Österreich 1918–1945. Sonderheft 23 der KZfSS. Opladen 1981.

–: Vergangenheitsbewältigung oder Geschichtsschreibung? Unerwünschte Traditionsbestände deutscher Soziologie zwischen 1933 und 1945. In: Papcke, S. (Hrsg.): Ordnung und Theorie. Beiträge zur Geschichte der Soziologie in Deutschland. Darmstadt 1984.

Kuhn, A.: Das faschistische Herrschaftssystem und die moderne Gesellschaft. Hamburg 1973.

Kühnl, R.: Faschismustheorien. Texte zur Faschismusdiskussion 2. Ein Leitfaden. Reinbek bei Hamburg 1979[2].

– (Hrsg.): Texte zur Faschismusdiskussion I. Positionen und Kontroversen. Reinbek bei Hamburg 1980[5].

Lepsius, M. R.: Die Entwicklung der Soziologie nach dem Zweiten Weltkrieg. In: Lüschen, G. (Hrsg.): Deutsche Soziologie seit 1945. Sonderheft 21 der KZfSS. Opladen 1979.

–: Die sozialwissenschaftliche Emigration und ihre Folgen. In: Ders. (Hrsg.): Soziologie in Deutschland und Österreich 1918–1945. Sonderheft 23 der KZfSS. Opladen 1981.

Matzerath, H. & H. Volkmann: Modernisierungstheorie und Nationalsozialismus. In: Kocka, J. (Hrsg.): Theorien in der Praxis des Historikers. Geschichte und Gesellschaft, Sonderheft 3. Göttingen 1977.

Neumann, F.: Behemoth. Struktur und Praxis des Nationalsozialismus 1933–1944. Köln/Frankfurt 1977.

Nolte, E.: Der Faschismus in seiner Epoche. Die Action française. Der italienische Faschismus. Der Nationalsozialismus. München/Zürich 1979[5] (a).

–: Vierzig Jahre Theorien über den Faschismus. In: Ders. (Hrsg.): Theorien über den Faschismus. Königstein/Ts. 1979[5] (b).

–: Die faschistischen Bewegungen. Die Krise des liberalen Systems und die Entwicklung der Faschismen. München 1982[8].

Plessner, H.: Die verspätete Nation. Über die politische Verführbarkeit bürgerlichen Geistes. Stuttgart u. a. 1974.

Saage, R.: Faschismustheorien. Eine Einführung. München 1981[3].

Schieder, W. (Hrsg.): Faschismus als soziale Bewegung. Deutschland und Italien im Vergleich. Göttingen 1983[2].

Schulz, G.: Faschismus – Nationalsozialismus. Versionen und theoretische Kontroversen 1922–1972. Berlin 1974.

Seidel, B. & S. Jenkner (Hrsg.): Wege der Totalitarismus-Forschung. Darmstadt 1974[3].

Stegmann, D.: Kapitalismus und Faschismus in Deutschland 1929–1934. Thesen und Materialien zur Restituierung des Primats der Großindustrie zwischen Weltwirtschaftskrise und beginnender Rüstungskonjunktur. In: Backhaus, H.-G. (Hrsg.): Gesellschaft. Beiträge zur Marxschen Theorie 6. Frankfurt/M. 1976.

Thamer, H.-U. & W. Wippermann: Faschistische und neofaschistische Bewegungen. Probleme empirischer Faschismusforschung. Darmstadt 1977

Wilson, M.: Das Institut für Sozialforschung und seine Faschismusanalysen. Frankfurt/New York 1982.

Wippermann, W.: Faschismustheorien. Zum Stand der gegenwärtigen Diskussion. Darmstadt 1980[4].

–: Zur Analyse des Faschismus. Die sozialistischen und kommunistischen Faschismustheorien 1921–1945. Frankfurt/M. 1981.
–: Europäischer Faschismus im Vergleich 1922–1982. Frankfurt/M. 1983.
Zitelmann, R.: Hitlers Erfolge – Erklärungsversuche in der Hitler-Forschung. In: Neue Politische Literatur, 1982, 47–69.

Carsten Klingemann

Feudalismus

F. wurde im 19. Jahrhundert als politischer Kampf- und Abgrenzungsbegriff zur Kennzeichnung der vorrevolutionären Gesellschaft, ihrer weiterbestehenden → Institutionen, Herrschaftsformen und Trägergruppen geprägt. Rechts- und Verfassungsgeschichte, Staatswissenschaften und Soziologie haben F. unter ihren jeweiligen Fragestellungen zu unterschiedlich strukturierten Begriffen weiterentwickelt (exemplarisch die Auseinandersetzung O. Hintzes mit M. Weber um Realtypen und Idealtypen). Die F.-Forschung wird inzwischen weniger durch die Kontroversen der ‹bürgerlichen› Wissenschaften als durch die Auseinandersetzung mit dem F.-Konzept des → historischen Materialismus gefördert.

F. (*feudum* = Lehn) im engeren Sinne meint das im 9. Jahrhundert voll ausgebildete europäische *Lehnswesen*, das die gallo-römische Vasallität mit der germanischen Gefolgschaft verband. Das Lehnswesen verallgemeinerte den vasallitischen Dienst- und den germanischen Treuebegriff als gegenseitige Bindung von Herr und Mann. Der Herr versorgte den Mann für die Zeit seines Dienstes am Herrenhof oder durch Einkünfte/Land am Dienstort. Die Landleihe auf Lebenszeit ermöglichte die Selbstausstattung der Lehnsmannschaft für den Kriegsdienst und bot den Vorteil, daß das Land wieder an den Herrn zurückfiel. Die Lehnsleute erstrebten jedoch die Erblichkeit. Mächtige Herren nutzten das Lehnswesen zur Herrschaftsausdehnung, indem schutzbedürftige Freie ihnen ihr Land auftrugen und als Lehn zurückerhielten. Innerhalb der Herrenschicht symbolisierten Vergabe und Annahme von Lehen Unterordnung und Loyalität. Älter als das Lehnswesen zur Erlangung von Rechten über Land und Leute war der *Allodialismus* (W. Schlesinger). Die Inhaber von *allod* (Eigengut), der Adel, verfügten über autogene → Herrschaft. Adelig und feudal bezeichnen also ursprünglich soziale und politische Gegensätze. – Das Lehnswesen verlor seine besitzrechtliche Bedeutung in der Frühen Neuzeit, als der gesamte Adelsbesitz allodifiziert wurde, z. B. 1702 in Preußen. Damit wurden die Rechte des Adels zu Privilegien und F. auf das Verhältnis Grundherr – Bauern (Grundherrschaft, frz. seigneurie, engl. manorial system) bezogen.

Das Lehnswesen diente seit dem 8. Jahrhundert der politischen Zentralisation. Der «Staat des hohen Mittelalters» (H. Mitteis) war ein Lehnsstaat, das Reich wurde als Lehnspyramide vorgestellt (Personenverbandstaat, Reisekönigtum). Die reale horizontale Gewaltenteilung unter den geistlichen/weltlichen Fürsten, ihre Machtkonkurrenz untereinander und mit dem König zeigen die zentrifugale Dynamik des Lehnswesens. Demgegenüber setzten die englischen und französischen Könige den Vorrang ihrer Lehnsbeziehung (ligesse) durch (zentripetale Dynamik). Seit dem 13. Jahrhundert entsprach dem administrativen Ausbau der königlichen und landesherrlichen Macht auf der Lehnsträgerseite die Institutionalisierung ihrer Verpflichtung zu ‹Rat und Tat› im *politischen Ständetum* (institutioneller Flächenstaat). Aus der wirtschaftlich-sozialen Differenzierung des hohen Mittelalters gingen die Städte als neue Trägergruppe der reichs- und landständischen Verfassungen hervor.

Politischer F. deckt sich zeitlich mit dem Mittelalter, das als ‹christliches› Mittelalter jedoch den strukturellen Zusammenhang von Lehnswesen, Grundherrschaft und Universalkirche umfaßt.

Grundherrschaft bezeichnet die lokale Herrschafts-, Wirtschafts- und Sozialform, die sich im frühen Mittelalter herausbildete und in Deutschland bis ins 19. Jahrhundert (‹Bauernbefreiung›) bestand. Freie Landbesitzer wurden abhängige (‹unfreie›) Bauern, indem sie aus Not oder Gewalt ihr Land einem Schutzherrn übergaben (Vergrundherrschaftung). Gegenläufig erstritt seit dem 11. Jahrhundert eine bäuerliche Freiheitsbewegung gute Besitzrechte, festgelegte Abgaben und die eigenständige Organisation in lokalen *Gemeinden*.

Die Kirche war durch das Kirchengut und die geistlichen Fürsten in Allodialismus (Eigenkirchen) und Lehnswesen eingebunden; zugleich vermittelte sie dem ‹christlichen Abendland› die römische Staatsidee *(translatio imperii)* und die antike Kultur. Im Namen der Reform erhob sie im 11. Jahrhundert selbst den Anspruch auf Weltherrschaft, verhinderte damit die Weiterentwicklung zum Cäsaropapismus und begünstigte die Pluralität weltlicher Herrschaft.

Es gibt zwei Konzepte, F. als Allgemeinbegriff zu fassen:

(1) Für den historischen Materialismus ist F. eine sozio-ökonomische Gesellschaftsformation, die dem → Kapitalismus vorausgeht und entweder auf die Ur- oder auf die Sklavenhaltergesellschaft folgt. Feudalistische Produktionsverhältnisse sind bestimmt durch den Klassengegensatz zwischen Landbesitzern und Landbearbeitern. Die Grundherren eignen sich die Bodenrente (Arbeit, Produkte, Geld) an, erlangen durch ‹außerökonomischen Zwang› weitere Einnahmen für die Gewährung von Schutz

und Rechtssicherheit und die Vergabe von Bannrechten. Die Bauern befanden sich nicht prinzipiell im Nachteil, weil die gesellschaftlichen Formen der Produktion (Produktionsweise), ihre Familienwirtschaften und lokalen Gemeinden (Schlüsselstellung für bäuerlichen Widerstand im späten Mittelalter) schwer kontrollierbar waren. Die Antagonismen zwischen fortschrittlichen Produktivkräften und konservativen Produktionsverhältnissen führten zum Aufstieg des Bürgertums von der feudalistischen Nebenklasse zur kapitalistischen Hauptklasse. Die Kirche übernahm die ideologische Absicherung feudalistischer Klassenherrschaft durch den ‹Mißbrauch religiöser Gefühle› der ausgebeuteten → Klassen. Neuerdings wird ihre positive Rolle für die ‹feudalistische Kultursynthese› betont.

(2) Die Synthese von Elementen des römischen Weltreichs mit denen der germanischen Stämme gehört zu den Hauptkriterien für die weltgeschichtliche Konzeption von F. seit O. Hintze. Die konstituierenden Elemente von F. zeigten unterschiedliches Beharrungsvermögen: Zuerst verschwand das Lehnskriegswesen; der Lehnsstaat und die Universalkirche verloren im 14./15. Jahrhundert an Verbindlichkeit, während die Grundherrschaft bis zu den Agrarreformen des 18./19. Jahrhunderts bestand. Dieses F.-Modell befragte Hintze auf weltgeschichtliche Parallelen, die er – im Unterschied zur marxistischen Schule – nicht weltweit, sondern nur in wenigen Ländern, vor allem in Japan, fand.

Die divergierenden F.-Modelle verdecken ein mögliches ‹gemeinsames Allgemeines›. Wirtschaftlich ist es nicht die ‹Naturalwirtschaft›, sondern die Abhängigkeit aller von den Erträgen einer Land- und Viehwirtschaft unter den Bedingungen unvollkommener Naturbeherrschung. Die spezifisch feudalistische Form, dieses Problem zu lösen, war die Verteilung von Nutzungsrechten an ein und demselben Stück Land an die bewirtschaftenden, besitzenden und verwaltenden Personen. Die *Leihe* bestimmte alle wirtschaftlich nutzbaren Bereiche und unterschied feudalistischen Besitz von bürgerlichem → Eigentum. Verteilungskämpfe spielten sich daher zwischen Grundherren (Fehden), Grundherren und Bauern, Grundherren und ‹Staat›, zwischen Bauern, Bauern und unterbäuerlichen Schichten sowie zwischen den Bürgern ab. Konfliktregelungsmechanismen waren die bäuerlichen und bürgerlichen Gemeinden. Abhängigkeitsverhältnisse wurden als → Tausch gedacht: ‹Schutz und Schirm› gegen ‹Rat und Tat›, und zwar unter Einbeziehung der kirchlichen Heilsgüter. Verschwendung der knappen Güter verstieß gegen weltliche → Interessen und war zugleich eine Todsünde. Im Handel erworbener Reichtum galt als unrechtmäßig und mußte durch milde Gaben für die Armen gegen deren vor Gott besonders wirksames Gebet umverteilt werden.

Die feudalistische Gesellschaft strebte nach Immunität, d. h. nach Räumen ohne oder mit wenig legalen äußeren Eingriffsmöglichkeiten, deren Binnenstruktur durch starke vertikale Abhängigkeiten und/oder horizontale Loyalitäten geprägt waren. Ihre lokalen Formen waren das *Haus* und die Hausherrschaft (erweitert zur Grundherrschaft), personale Formen die *Familie (familia)* und die Gemeinde. Da die mittelalterlichen Städte lokal wie personal Immunitäten darstellten, gehören sie zur feudalistischen Form der Vergesellschaftung. Die Kirche war ohnehin von weltlichem Recht und weltlicher Herrschaft ausgenommen; als sakraler Ort bot die lokale Kirche Schutzlosen und Verfolgten Asyl. – Dieses F.-Modell basiert auf der Ambivalenz personaler, sozialer und wirtschaftlicher Beziehungen, ihrer rechtlichen Absicherung und religiösen Legitimierung sowie auf der horizontalen Gewaltenteilung.

Erler, A. & E. Kaufmann (Hrsg.): Handwörterbuch zur deutschen Rechtsgeschichte. Berlin 1971 ff.
Kuchenbuch, L. & B. Michael: Feudalismus – Materialien zur Theorie und Geschichte. Berlin 1977.
Lexikon des Mittelalters. Zürich 1980 ff.
Sweezy, P./Dobb, M. u. a.: Der Übergang vom Feudalismus zum Kapitalismus. Mit einer Einführung und einem Postskript von R. Hilton. Frankfurt/M. 1978.
Wunder, H. (Hrsg.): Feudalismus. München 1974.

Heide Wunder

Forschung

F. ist wissenschaftliche Tätigkeit, die auf die Erzeugung neuen Wissens abzielt.

1. Der *Begriff* F. hat seine zentrale Bedeutung für das Wissenschaftsverständnis erst in der Neuzeit gewonnen. Der in der Antike entstandene Wissenschaftsbegriff bezog sich auf die Erkenntnis aus obersten Prinzipien: Als ‹Wissenschaft› galten Systeme gesicherter Aussagen. In Abgrenzung von diesem deduktiven und statischen Wissenschaftsideal bildete sich in der Renaissance eine empirisch explorative Einstellung gegenüber der Natur heraus, die die Gewinnung neuer Erkenntnisse in den Mittelpunkt rückt. Unter ‹Wissenschaft› verstand man nun ein dynamisches Unternehmen, das der Natur durch Experimente ihre Geheimnisse entlockt und durch Kumulation der Ergebnisse zu einer fortschreitenden Naturerkenntnis kommt. Der auf diese Weise im Rahmen der neuzeitlichen Naturwissenschaften entstandene Begriff der F. bildet, eng verbunden mit den

Begriffen Empirie und Fortschritt, den Kern des modernen Wissenschaftsverständnisses, das während des 19. Jahrhunderts auch für die Kultur- und Sozialwissenschaften paradigmatisch wurde.

Um als F. in diesem Sinne gelten zu können, muß eine wissenschaftliche Tätigkeit folgende Kriterien erfüllen: (a) Sie zielt auf die Formulierung von neuem Wissen, d. h. explizit formulierbaren Aussagen, ab (im Unterschied zu Innovationen im Bereich von Kunst oder Technik). (b) Sie dient der Begründung oder Überprüfung von allgemeinem Wissen (im Unterschied zur ärztlichen Diagnose oder kriminalistischen Untersuchung). (c) Sie richtet sich auf die Erzeugung von intersubjektiv neuem Wissen (im Unterschied zum Lernen). (d) Sie ist zielgerichtet und methodisch bewußt (im Unterschied zur Zufallsentdeckung) (→ Methodenprobleme).

2. Die *soziale Realität* der F. ist heute geprägt von der Tatsache, daß die Wissenschaft zu einer zentralen Ressource der ökonomischen und sozialen Entwicklung geworden ist. Angesichts der ständig gewachsenen Bedeutung der Wissenschaft für die Lösung gesellschaftlicher Probleme verlassen sich Staat und Wirtschaft immer weniger darauf, daß die benötigten Erkenntnisse sich spontan aus dem selbstregulierten Fortschritt der Wissenschaft ergeben. Es wurde deshalb ein wirkungsvolles Instrumentarium der Steuerung und Planung aufgebaut, das von der unmittelbaren Indienststellung von F.-Potentialen für spezifische Unternehmenszwecke bis zur langfristigen politischen Steuerung der Grundlagenforschung reicht (v. d. Daele/Krohn/Weingart 1979).

	Wirtschaft	außeruniversitäre F.-Einrichtungen	Hochschulen	insgesamt
Ausgaben für FuE 1981 in Mio. DM	27370 = 65,9 %	6620 = 16,0 %	6520 = 15,7 %	41510 = 100 %
forschendes Personal 1979	73521 = 60,3 %	19502 = 15,9 %	28955 = 23,7 %	121978 = 100 %

Quelle: Faktenbericht 1981, S. 13 und 18

Nahezu zwei Drittel des F.-Potentials der BRD sind heute im Bereich der privaten Unternehmen konzentriert; die F. ist hier auf die ökonomischen Ziele der betreffenden Betriebe orientiert und zum größten Teil unmittelbar anwendungsbezogen. Das restliche Drittel verteilt sich auf außeruniversitäre F.-Einrichtungen, die vorwiegend staatlich finanziert werden und deren F.-Ziele überwiegend auf die langfristigen Prioritäten der staatlichen Wissenschaftspolitik ausgerichtet sind, sowie auf die Hochschulen, deren F. meist wissenschaftsinternen Zielsetzungen entspringt.

Betrachtet man die F.-Ziele im einzelnen, so zeigt sich zunächst ein starkes Übergewicht der militärischen Forschung: Nach einer Schätzung der UNO entfallen auf diesen Bereich seit 1945 weltweit 25 % aller Wissenschaftler und 40 % der staatlichen F.-Ausgaben; nach Angaben der EG werden in deren Mitgliedsländern dreimal soviel Mittel für militärische F. aufgewandt wie für Umwelt- und Gesundheitsforschung zusammen (Rilling 1982, 941 und 945). In der BRD ergibt sich für die FuE-Ausgaben des Bundes im Jahre 1982 folgende Prioritätenliste (in Mio. DM): 1. Energieforschung (2683,9); 2. industrielle Produktivität und Technologie (2097,8); 3. allgemeine F.-Förderung (1921,1); 4. Verteidigung (1675,4); 5. Gesundheit (966,3); 6. Weltraum (747,5); 7. menschliche Umwelt (632,7); 8. Probleme des Zusammenlebens der Gesellschaft (562,2); 9. irdische Umwelt (363,4); 10. Landwirtschaft (177,7) (Faktenbericht 1981, 372).

Die Entwicklung der Wissenschaft zu einer unmittelbaren Produktivkraft hat dem traditionellen Bild vom faustischen Gelehrten, der in Einsamkeit und Freiheit erforscht, was die Welt im Innersten zusammenhält, seine Basis entzogen. Der immer größer werdende finanzielle und personelle Aufwand, den moderne F. (vor allem in den Naturwissenschaften) erfordert, hat zu einer Konzentration von F.-Kapazitäten in großen organisatorischen Einheiten (Großforschung) geführt. Im Rahmen einer solchen «industrialisierten Forschung» (Ravetz, 1971) haben sich gravierende Veränderungen in der Struktur und im sozialökonomischen Status der F.-Tätigkeit ergeben. An die Stelle der Einzelforschung mit autonomer Wahl des Gegenstandes ist die arbeitsteilige Kooperation zur Lösung vorgegebener Probleme getreten.

Durch ihre Einbeziehung in hierarchische Organisations- und Entscheidungsstrukturen ist die F. zu einem Objekt des betrieblichen → Managements geworden (Pelz/Andrews 1976). Im Zusammenhang damit ist die F.-Tätigkeit ihrem sozialökonomischen Status nach teilweise zu einem spezifischen Typus der Lohnarbeit geworden (von Engelhardt/Hoffmann 1974).

3. Das *soziologische Studium* der F. hat in größerem Umfang erst in den 70er Jahren begonnen. Im Rahmen der bis dahin vorherrschenden funktionalistischen Wissenschaftssoziologie, deren Pionier R. K. Merton war, befaßte man sich hauptsächlich mit dem Verhalten der Wissenschaftler als Trägern einer sozialen Rolle, die bestimmte Werte und → Normen beinhaltet, nicht aber mit den Beziehungen zwischen gesellschaftlichen Bedingungen und kognitiven Inhalten der Wissenschaft. «Methodologisch und theoretisch ist die Wissenschaftssoziologie näher der Soziologie der Professionen und Organisationen als der Wissenssoziologie gewesen» (Ben-David 1975, 133). Den philosophischen Hintergrund dieser Konzeption bildet die Annahme, der Erkenntnisprozeß folge einer inneren

Logik, die allen äußeren Einflüssen entzogen ist. Die inhaltliche Struktur des F.-Prozesses fällt damit aus dem Gegenstandsbereich der Wissenschaftssoziologie heraus; diese befaßt sich allein mit dem institutionellen und normativen Rahmen des F.-Handelns und behandelt das eigentliche Nervenzentrum der modernen Wissenschaft als eine «black box» (Whitley 1972).

Die positivistische Annahme einer autonomen ‹Logik der Forschung› wurde seit den 60er Jahren einer scharfen Kritik unterzogen (→ Positivismus). Vor allem im Anschluß an Th. Kuhns Buch «Die Struktur wissenschaftlicher Revolutionen» und im Kontext der dadurch entfachten wissenschaftstheoretischen Debatte (Bayertz 1981) setzte sich die Auffassung durch, daß wissenschaftliches Erkennen durch Logik und Empirie allein nicht vollständig determiniert ist (→ Paradigma/→ Wissenschaftstheorie). Damit war für die Wissenschaftssoziologie die Möglichkeit eröffnet, nach jenen externen Faktoren zu fragen, die auf Inhalt und Struktur des F.-Prozesses Einfluß nehmen. Es sind in diesem Zusammenhang zahlreiche Studien entstanden, die den Niederschlag sozialer Determinanten auf bestimmte Momente wissenschaftlicher Innovationsprozesse (z. B. auf die Wahl und Definition von Forschungsproblemen oder auf die Genese wissenschaftlicher Denk- und Erklärungsmuster) analysieren. Dieser ‹kognitive Ansatz› kann in einer starken Variante vertreten werden, die – teilweise im Anschluß an ältere marxistische Arbeiten (Hessen 1974) – eine Determination der Gesamtstruktur der Wissenschaft durch die jeweiligen gesellschaftlichen Verhältnisse und damit auch eine tiefe inhaltliche Prägung des F.-Prozesses durch die Gesellschaft annehmen. Er kann aber auch mit der schwächeren Behauptung eines bloß punktuellen Einflusses externer Faktoren auf die wissenschaftliche Erkenntnis auftreten. In der BRD hat – auch über die soziologische Profession hinaus – das Konzept der ‹Finalisierung› eine größere Resonanz gefunden, demzufolge äußere Zwecksetzungen im Hinblick auf Theorien, die bereits das Stadium einer gewissen Reife erlangt haben, zum Leitfaden ihrer weiteren Entwicklung werden können (Starnberger Studien 1978).

Zunehmendes Interesse haben in den letzten Jahren mikrosoziologische Analysen des F.-Handelns gefunden. Die Vorgänge im F.-Labor werden dabei aus derselben Perspektive darzustellen versucht, aus der ein Ethnologe das soziale Leben eines fremden Stammes betrachtet (→ Ethnologie). Wie dieser in seinen Studien die Interpretationen unberücksichtigt lassen muß, die die Stammesangehörigen ihrem eigenen Handeln geben (er kennt meist ihre Sprache nicht), so lassen auch die im Rahmen dieses ‹ethnomethodologischen Ansatzes› vorgelegten Analysen das Selbstverständnis der beteiligten Wissenschaftler unberücksichtigt und untersuchen allein deren tatsächliches Verhalten. Auf diese Weise entsteht eine «Anthropologie des Wissens» (Knorr-Cetina 1981, 152), die dazu tendiert, die erkenntnistheoretische Dimension des F.-Prozesses in seine sozialen Bestimmungen aufzulösen und damit das Problem der Geltung der F.-Resultate auszublenden (→ Erkenntnistheorie/→ Ethnomethodologie).

Bayertz, K.: Wissenschaftstheorie und Paradigmabegriff. Stuttgart 1981.
Ben-David, J.: Probleme einer soziologischen Theorie der Wissenschaft. In: Weingart, P. (Hrsg.): Wissenschaftsforschung. Frankfurt/New York 1975.
Daele, W. van den / W. Krohn & P. Weingart (Hrsg.): Geplante Forschung. Frankfurt/M. 1979.
Engelhardt, M. von & R. W. Hoffmann: Wissenschaftlich-technische Intelligenz im Forschungsgroßbetrieb. Frankfurt/Köln 1974.
Faktenbericht 1981 zum Bundesbericht Forschung. Hrsg. v. Bundesminister für Forschung und Technologie. Bonn 1982.
Hessen, B.: Die sozialen und ökonomischen Wurzeln von Newtons «Principia». In: Weingart, P. (Hrsg.): Wissenschaftssoziologie 2. Frankfurt/M. 1974.
Knorr-Cetina, K.: The Manufacture of Knowledge. Oxford etc. 1981.
Pelz, D. & F. Andrews: Scientists in Organizations: Productive Climates for Research and Development. New York 1976².
Ravetz, J.: Die Krise der Wissenschaft. Neuwied/Berlin 1973.
Rilling, R.: Militärische Forschung in der BRD. In: Blätter für deutsche und internationale Politik, 1982, 8.
Starnberger Studien 1. Die gesellschaftliche Orientierung des wissenschaftlichen Fortschritts. Frankfurt/M. 1978.
Whitley, R.: Black Boxism and the Sociology of Science: A discussion of the Major Developments in the Field. In: Helmos, P. (ed.): The Sociology of Science (= The Sociological Review Monograph No. 18). University of Keele 1972.

Kurt Bayertz

Frauenbewegung

Unter F. ist ein nicht notwendig formal organisierter Zusammenschluß von Frauen zu verstehen mit dem Ziel einer fundamentalen Veränderung der Gesellschaft, um die Unterdrückung von Frauen abzuschaffen. Dieses Ziel ist nicht allein durch Reformen zu erreichen, sondern erfordert eine Änderung der Sozialordnung. Insofern stellt die F. eine soziale Bewegung dar. Sie richtet sich nicht nur gegen Herrschaftsformen im Produktionssektor und politischen Bereich (→ Herrschaft), sondern bezieht sich auch auf den Reproduktionsbereich und greift die in zwischenmenschlichen Beziehungen von Männern gegen Frauen ausgeübte → Macht an.

Bei der F. handelt es sich um ein übernationales Phänomen, das zuerst Mitte des 19. Jahrhunderts in sämtlichen Industrienationen aufgetreten ist. Nachdem diese erste F. um 1930 ihre Bedeutung verloren hatte, entstand in denselben Ländern zunächst ohne ideengeschichtliche Kontinuität Ende der 60er Jahre die sogenannte Neue F. Da sich bezüglich der soziologisch relevanten Aspekte erste und neue F. wesentlich unterscheiden, werden sie im folgenden am Beispiel Deutschlands bzw. der Bundesrepublik getrennt behandelt.

Unter den Entstehungsursachen der ersten F. sind zunächst Ideen der Gleichberechtigung als konsequente Weiterentwicklung der Menschenrechte zu nennen, die in Frankreich im Zusammenhang mit der Revolution von Oympe de Gouges (1789), in Amerika von Mary Wollstonecraft (1792) formuliert wurden. In Deutschland ging die F. aus der Revolution von 1848 und den Forderungen nach Demokratie hervor, wobei sich Frauen politisch betätigten. Um andere Frauen zum Engagement für Bürgerrechte auch für Frauen zu bewegen, gründeten sie Frauenclubs und -zeitungen (wie die von Mathilde Franziska Anneke und Luise Otto Peters).

Die Entwicklung der F. bis 1889 ist Gegenstand der Untersuchung von Twellmann (1972); sie kommt zu dem Schluß, daß es der Bewegung in dieser Phase zwar noch nicht gelungen sei, ein einflußreicher Faktor im öffentlichen Leben zu werden; jedoch habe sie mit ihren Einrichtungen zur Erwerbsertüchtigung und mit gemeinnützigen Tätigkeiten Fuß fassen können. In der organisatorischen Phase von 1865 bis ca. 1890 wurde der Allgemeine Deutsche Frauenverein gegründet.

Von 1890 bis zum Beginn des Ersten Weltkriegs entwickelten sich in der F. mehrere Strömungen. Zunächst führten politische Differenzen dazu, daß sich nach Aufhebung des Sozialistengesetzes sozialistische Frauengruppen als eigene Bewegung organisierten und von den bürgerlichen Vereinen nicht in die Dachorganisation Bund Deutscher Frauenvereine aufgenommen wurden (1894).

Zu den wichtigsten Dokumenten der sozialistischen F. gehören die Aufsätze von Clara Zetkin. Unter der Sekundärliteratur sind die Beiträge von Thönnessen (1969) und Evans (1979) hervorzuheben. Thönnessen sieht die Entwicklung der sozialistischen F. parallel zu der der SPD. Die Unfähigkeit der Partei, den → Sozialismus herbeizuführen, hätte den Niedergang von → Arbeiter- und Frauenbewegung bewirkt. Dagegen sieht Evans für die Zeit vor dem Ersten Weltkrieg in der Frauenstimmrechtskampagne der SPD, ihrer Position zugunsten der Geburtenkontrolle sowie den Aktivitäten der SPD-Frauen zu sozialen Fragen progressive Momente.

Innerhalb der bürgerlichen F. bildete sich um die Jahrhundertwende ein radikaler Flügel aus, der über die Forderungen nach Recht auf Bildung, Beruf, juristische Gleichstellung im bürgerlichen und Strafrecht hinausging. Mit der sozialistischen F. trafen sich die Radikalen in ihren von Konservativen als systemsprengend angesehenen Forderungen nach aktivem und passivem Wahlrecht für Frauen. Darüber hinaus setzte sich der radikale Flügel, zu dessen Führerinnen Anita Augspurg, Lida Gustava Heymann, Minna Cauer und Helene Stöcker gehörten, für freie Liebe und freie Mutterschaft ein. Diese ‹Neue Ethik› wurde weder vom gemäßigten Flügel der Bürgerlichen noch von der sozialistischen F. geteilt. Die gemäßigten Führerinnen wie Helene Lange, Gertrud Bäumer, Alice Salomon und später Marianne Weber sahen weibliche Erfüllung entweder in der biologischen Mutterschaft in der Ehe oder für unverheiratete Frauen als seelische Mütterlichkeit in entsprechenden Berufen. Um die Jahrhundertwende setzte sich der radikale Flügel mit der Wahlrechtsforderung zunächst durch. Jedoch wurden vor Ausbruch des Ersten Weltkriegs die politischen Differenzen zwischen beiden Flügeln offensichtlich; während die Mehrzahl der Frauen einen freiwilligen Fraueneinsatz im Krieg organisierten, vertraten die Radikalen ebenso wie die sozialistische F. eine pazifistische Einstellung. Zur bürgerlichen F. gibt es zahlreiche zeitgenössische Darstellungen, wovon die wichtigsten von Bäumer/Lange (1906), Zahn-Harnack (1928) und Braun (1901) stammen und dokumentarischen Charakter haben. Aus heutiger Sicht ist die bürgerliche F. kaum zusammenhängend analysiert worden. Eine Ausnahme stellt die Untersuchung von Schenk (1977) dar. Sie spricht der bürgerlichen F. nach dem Ersten Weltkrieg den Charakter einer sozialen Bewegung ab. Wie Prokop (1979) ist sie der Auffassung, daß es den Führerinnen bei aller Kritik an nationalsozialistischen Ideen nicht schwergefallen sei, die Ähnlichkeiten zwischen F. und Nationalsozialismus zu betonen (→ Faschismus/→ Rasse).

Bei der Entstehung der Neuen F. spielten ähnliche Faktoren eine Rolle wie bei der ersten. Sie ist Ende der 60er Jahre aus anderen politischen Bewegungen hervorgegangen, deren Kritik sich nicht nur gegen ökonomische Bedingungen und politische Verhältnisse richtet, sondern auch gegen traditionelle Lebensformen. In der Bundesrepublik waren dies vor allem die → Studentenbewegung, in den USA darüber hinaus die Hippie- und Black-Power-Bewegung.

Vorläufer der Neuen F. waren Frauengruppen, deren Aktivitäten in marxistischen Schulungen und der Organisation von Kinderläden bestanden. Mit einer Kampagne gegen den zu reformierenden § 218 StGB, durch den die Bestrafung von Schwangerschaftsabbrüchen geregelt wird, nahm die F. um 1970 ihren eigentlichen Anfang. Mit ihrer radikalen Forderung nach Abschaffung des § 218 StGB unterschieden sich die Frauengruppen von anderen Reforminitiativen dadurch, daß die eigenen Erfahrungen der Frauen zum Ausgangspunkt, das Selbstbestimmungsrecht über den eigenen Körper zum Ziel genommen wurde. Nach 1975/76 trat wegen des sich verschlechternden politischen Reformklimas eine «Wende nach innen» ein (Schenk 1977). Selbsterfahrungsgruppen nach US-amerikanischem Vorbild wurden eingerichtet und der Versuch gemacht, eine Frauenkultur zu schaffen mit Frauenzentren, -beratungsstellen, -zeitungen u. ä.

Seit 1976/77 ist die F. in professionelle und Projektgruppen aufgesplittert, die sich vor allem im Gesundheits- und Sozialbereich sowie in den Sozialwissenschaften etabliert haben. Darüber hinaus hat der Widerstand gegen Männergewalt eine die F. einende Funktion erhalten, wie nationale Demonstration und internationale Tribunale verdeutlichen.

Die Entwicklung theoretischer Konzepte in der Neuen F. war anfangs durch eine Auseinandersetzung mit sozialistischen Theorien zur Frauenunterdrückung gekennzeichnet, von deren Inhalten sie sich jedoch entfernte; sie vertritt heute Vorstellungen, die als *Feminismus* bezeichnet werden. Darunter ist eine Perspektive zu verstehen, sich der Lebensbedingungen, Tätigkeiten und → Interessen von Frauen vorrangig bewußt zu sein. Dabei haben → Sexualität und → Arbeit besonderes Gewicht. Herrschaftsbestimmte Formen der Heterosexualität wurden bewußtgemacht (Millett 1974; Schwarzer 1975), lesbische Liebe als Alternative positiv bewertet. Ausgehend vom weiblichen Alltag wurden die besonderen Abhängigkeiten der Frauen thematisiert, die sich aus der Lohnlosigkeit der Hausarbeit ergeben. Für das Selbstverständnis der Feministinnen ist der Autonomiebegriff zentral, womit nicht nur die Unabhängigkeit von politischen Organisationen gemeint ist, sondern der konsequente Ausschluß von Männern, um eine aus den eigenen Erfahrungen und Bedürfnissen erwachsende → Identität entwickeln zu können.

In der meist von Anhängerinnen verfaßten Literatur zur Neuen F. werden Teilaspekte behandelt. So analysiert Mitchell (1971) die sozialökonomischen Entstehungsbedingungen der internationalen F., indem sie das Schwergewicht auf die ideologische Funktion der Familie und deren psychische Auswirkung legt (→ Familiensoziologie). Prokop (1976) setzt sich kritisch mit verschiedenen Strategien gegen Frauenunterdrückung auseinander, die sie mit Leitbildern von Weiblichkeit erklärt (→ Leitbilder, soziale). Hagemann-White (1979) greift die Kontroverse um die Psychoanalyse in der F. auf und thematisiert innerpsychische Widersprüche der weiblichen → Sozialisation, die sich abstrakten Emanzipationsforderungen entgegenstellen (→ Emanzipation). Schenk sieht in der ersten und Neuen F. einen Teil eines Individualisierungsprozesses, in dem biologische und physische Reproduktion immer unwichtiger, die sozialen Beziehungen dagegen immer wichtiger geworden sind (→ Frauenforschung/→ Matriarchat/→ Patriarchat).

Bäumer, G. & H. Lange (Hrsg.): Handbuch der Frauenbewegung. Berlin 1906.
Braun, L.: Die Frauenfrage. Leipzig 1901.
Evans, R.: Sozialdemokratie und Frauenemanzipation im Deutschen Kaiserreich. Bonn 1979.
Hagemann-White, C.: Frauenbewegung und Psychoanalyse. Basel/Frankfurt 1979.
Heymann, L. G. & A. Augspurg: Erlebtes – Erschautes (Original 1941). Meisenheim am Glan 1972.
Millett, K.: Sexus und Herrschaft. München 1974.
Mitchell, J.: Woman's estate. Harmondsworth 1971.
Prokop, U.: Weiblicher Lebenszusammenhang. Von der Beschränktheit der Strategien und der Unangemessenheit der Wünsche. Frankfurt/M. 1976.
–: Die Sehnsucht nach Volkseinheit. Zum Konservatismus der bürgerlichen Frauenbewegung vor 1933. In: Dietzel, G. (Hrsg.): Die Überwindung der Sprachlosigkeit. Darmstadt/Neuwied 1979.
Schenk, H.: Die feministische Herausforderung. 150 Jahre Frauenbewegung in Deutschland. München 1977.
Schwarzer, A.: Der ‹kleine Unterschied› und seine großen Folgen. Frankfurt/M. 1975.
Stöcker, H.: Die Liebe und die Frauen. München 1905.
Thönnessen, W.: Frauenemanzipation. Politik und Literatur der Sozialdemokratie zur Frauenbewegung 1863–1933. Frankfurt/M. 1969.
Twellmann, M.: Die deutsche Frauenbewegung – ihre Anfänge und ihre erste Entwicklung 1843–1889. Meisenheim am Glan 1972.
Zahn-Harnack, A. v.: Die Frauenbewegung. Berlin 1928.

Ursula Müller

Frauenforschung

Die *Geschichte* der neueren F. beginnt in den USA um 1969 mit «women's studies» an den Hochschulen, «women's caucuses» in den Fachverbänden. Ihr Ausgangspunkt war Kritik an einer Wissenschaft, die überwiegend von Männern handelte; neugierig auf Frauen und ihre → Lebenswelten, trafen wir nur Schweigen oder Geringschätzung an. Eigene Forschung von Frauen über Frauen sollte Abhilfe schaffen (Duelli-Klein u. a. 1982). An deutschen Hochschulen gibt es seit 1974 Frauenseminare, seit 1976 überregionale Zusammenarbeit: zunächst die Berliner Sommeruniversität für Frauen, später den Verein «Sozialwissenschaftliche Forschung und Praxis für Frauen» und die Sektion «Frauenforschung in den Sozialwissenschaften» innerhalb der DGS (beide geben Rundbriefe und Forschungsdokumentationen heraus). Ähnliche Sektionsgründungen oder Vereinigungen sind in Philosophie und den anderen Sozialwissenschaften entstanden. Seit etwa fünf Jahren findet eine wahre Flut von wissenschaftlichen Tagungen – dem Selbstverständnis der F. entsprechend meist überdisziplinär – im Inland statt; im Ausland wurden Jahrestagungen der soziologischen Gesellschaften (so England 1982, USA 1983) von der F. thematisch geprägt, und der erste Weltkongreß der F. (1981/82 in Haifa) wurde 1984 in Groningen fortgeführt. Seit 1982 gibt es eine deutsche Fachzeitschrift der F., «Feministische Studien».

Zur Dynamik der inhaltlichen Entfaltung der F. kontrastiert das Fehlen institutioneller Verankerung. Seit dem Hochschulausbau (bis ca. 1972) wurden kaum Frauen auf soziologische Lehrstühle berufen; hervorragende Vertreterinnen der neueren F. gehen der Universität verloren, und den neuen Koordinierungsstellen für F. (Berlin, Hamburg, Bielefeld) fehlt das nötige ‹Hinterland› in Lehre und Forschung. Ein Forschungsschwerpunkt der DFG, «Integration der Frau in die Berufswelt», von 1975 bis 1980 Rahmen für wichtige empirische Untersuchungen, wurde nicht verlängert. Besonders um 1977–1982 wurde F. in Form staatlicher Aufträge gefördert, so bei der Evaluation von Projekten der → Frauenbewegung. Gegenwärtig herrschen Tendenzen der Konsolidierung: Bevorzugung großer Institute mit traditionelleren Ansätzen; Gründung eines dem Konzept der ‹Partnerschaft› verpflichteten Instituts zur Forschung über Frauen, das konsequenterweise die Themen der neuen F. nicht verfolgt. So sind viele Fragestellungen der F. vorerst Entwurf geblieben.

Der *Begriff* F. ist uneindeutig, weil reflexiv: Sowohl Subjekt wie auch Gegenstand der Forschung kann weiblich gemeint sein. Frauen forschen; es gibt Forschung über Frauen; beide Seiten hat es, wenn auch zu selten, früher gegeben. Neu ist die reflexive Bewegung, die beide Pole verbindet und vermittelt. Denn nicht nur waren Frauen, und mit ihnen ihr alltäglich erworbenes Wissen, ihre Erfahrungen und ihre Praxis, historisch aus der sich allgemeingültig wähnenden Wissenschaft ausgegrenzt (erst um 1900 wurden Frauen zur Universität zugelassen, in Deutschland schon 1933 wieder durch Quotierung – max. 10% der Studienplätze – wieder ausgeschlossen). Auf der Kehrseite hat fehlende Reflexivität – damit ist hier die Entfaltung des Geistes gemeint, der um das eigene Wissen weiß – Frauen unfähig gemacht, sich bewußt in Wissenschaft und → Öffentlichkeit zu behaupten. F. ist wesentlich der gesellschaftliche Prozeß solcher Reflexivität, Forschung und Bildung in eins und setzt daher zentral bei Bereichen der alltäglichen weiblichen Erfahrung an wie etwa der Körperlichkeit, der → Sexualität, der Hausarbeit, damit das latente Wissen von Frauen artikuliert wird. Dies erfordert gemeinsames Verweilen bei Erfahrungen, die zunächst nur in der Unmittelbarkeit des Erzählens und Miterlebens zum Gegenstand werden können. Daraus erst geht eine vermittelte, nicht bloß den weiblichen Alltag ausklammernde Theorie und Sprache hervor.

F. bezeichnet kein umgrenztes Themengebiet, ist weder eine spezielle → Soziologie noch eine (Teil-)Disziplin, sondern eine theoretische Neuorientierung; und doch stehen spezifische Probleme, Lebenslagen von Frauen in ihrer Mitte. Sie kristallisierte sich in der Soziologie um die geringgeschätzte Hausarbeit, die unterbezahlte Frauenlohnarbeit, die von → Gesellschafts- und Zivilisationstheorien (‹Gewaltmonopol des Staates›) verleugnete allgegenwärtige → Gewalt gegen Frauen und um die Entdeckung der Geschichte von Frauen. Ebensowenig bedeutet F. den bloßen Zusammenschluß von Wissenschaftlerinnen oder gar Verweigerung des Dialogs mit Männern; und doch ist die sich selbst reflektierende Erkenntnisbemühung von Frauen ihr notwendiger Kern. Und diese Bemühung ist, ob sie will oder nicht, immer auch ein Kampf gegen die Ausgrenzung von Frauen, gegen das Verschweigen und die Enteignung ihrer Erkenntnisse.

Schon auf Grund widerstreitender Interessen der Geschlechter hinsichtlich tradierter Vorrechte, aber auch durch die historisch unterschiedlichen Lebenslagen, fällt der intersubjektive Nachvollzug der F. nicht jedem mühelos zu. Sie gerät daher leicht in den Geruch des Unwissenschaftlichen; zudem stellen sich manche Beiträge bewußt spröde zu dem Anspruch von Außenstehenden, daß neue Gedanken sich mit Bezug auf vertrautere Begriffssysteme ausweisen und vermitteln sollen. Für andere hingegen ist die Weiterentwicklung vorhandener Theorien zentrales Anliegen, so etwa bei der Debatte um den Marxschen Arbeitsbegriff (→ Marxismus) und um die Entfremdungskategorie (→ Entfremdung) im Versuch, den Zusammenhang von weiblicher Hausarbeit und Lohnarbeit theoretisch zu klären (vgl. z. B. Ostner/Willms, Becker-Schmidt, Kramer, in: Sektion Frauenforschung 1982). Beide Anteile sind für die F. unabdingbar: die Binnenverständigung auf dem Wege zu neuen Denk- und Sprachmöglichkeiten sowie die Auseinandersetzung mit Theorien und Begriffen, die schon länger der Form nach wissenschaftlich sind.

Wichtige *Themen* der F. in der Soziologie waren die Patriarchatskritik (→ Patriarchat); die Analyse staatlicher Sozialpolitik als verdeckte Frauenpolitik; die empirische und theoretische Untersuchung von weiblichen Biographien (dabei die Frage nach der Bedeutung von Lohnarbeit, Hausarbeit, Zwangsheterosexualität und Mutterschaft im Leben von Frauen); der Zusammenhang von Frauen und Dritter Welt; und die Sozialgeschichte von Frauen und von der Frauenbewegung. Ein Einfluß auf die breitere Diskussion in der Soziologie ist für Kennerinnen deutlich: Ohne das zehnjährige Insistieren der F. auf den gesamtgesellschaftlichen Stellenwert von unbezahlter Hausarbeit wäre z. B. die gegenwärtige Debatte um Schattenarbeit und den informellen Sektor nicht denkbar – wenngleich wesentliche Erkenntnisse der F. in dieser Debatte meist unterschlagen werden.

Eine längere *Methodendebatte* hat bislang keinen Konsens erbracht, inwiefern die Verfahren der Erkenntnisgewinnung für feministisch engagierte Wissenschaft andere und/oder neue sein müssen. Auf der Ebene der leitenden Maxime des Forschungshandelns gibt es jedoch breite Übereinstimmung in den Grundsätzen der Betroffenheit und der Parteilichkeit. Anfänglich wurden diese Begriffe eher euphorisch auf die unmittelbar erfahrbare Gemeinsamkeit (des Erlebens wie des Wollens und Handelns) zwischen Forscherin und Beforschten bezogen, deren Rollen als voll symmetrisch und umkehrbar gesehen wurden (→ Forschung). Das barg in sich die Gefahr der Vereinnahmung der weniger privilegierten Frauen für das Selbstverständnis der frauenbewegten Forscherinnen. Beide Prinzipien werden heute vermittelter, komplexer verstanden. Subjektive Betroffenheit ist nicht nur Anstoß, sondern bezeichnet den sozialen Ort, von dem aus Frauen forschen: Jede spezifische Diskriminierung, → Ausbeutung, Vergewaltigung ist auch abstrakt gegen ‹das Weib› und so gegen alle Frauen gerichtet. Die begriffene Erfahrung, selbst Objekt solcher Reduzierung und männlicher Projektionen zu sein, trägt das Verstehen der Lage anderer Frauen, ohne die doch erheblichen Unterschiede zwischen Frauen zu verwischen. Kennzeichnend für die Themenwahl, die Fragestellungen und die Beurteilung angemessenen Vorgehens in der F. ist so die Verbindung von einem emotionalen und persönlichen Zugang mit einem theoretischen Verständnis davon, inwiefern Beeinträchtigung und Benachteiligung bestimmte Menschen als Frauen betrifft. Bedeutet Betroffenheit damit auch, ‹sich selbst ernst zu nehmen›, ist Parteilichkeit die Verallgemeinerung dieser Forderung: das Interesse daran, daß alle Frauen Verantwortung für sich übernehmen. Parteiliche F. ist gerichtet auf die Veränderung weiblicher Lebenszusammenhänge und Verhaltenszumutungen. Methodisch bedeutet dies, «andere Frauen und sich selbst nicht als passive Opfer der Gesellschaft, des Patriarchats, der Umstände zu sehen, sondern unser Wissen, unsere Haltungen und unseren Widerstand in den theoretischen Ansatz aufzunehmen» (Woesler, in: Sektion Frauenforschung 1980).

Beiträge zur feministischen Theorie und Praxis 7 (Weibliche Biographien). München 1982.

Duelli-Klein, R. u. a. (Hrsg.): Feministische Wissenschaft und Frauenstudium. Blickpunkt Hochschuldidaktik 71. Hamburg 1982.

Eckart, Chr. u. a: Frauenarbeit in Familie und Fabrik. Frankfurt/M. 1979.

Gesellschaft. Beiträge zur Marxschen Theorie 14. Frankfurt/M. 1980.

Hagemann-White, C./Kavemann, B. u. a.: Hilfen für mißhandelte Frauen. Stuttgart 1982.

Mies, M.: Methodische Postulate zur Frauenforschung. In: Beiträge zur feministischen Theorie und Praxis, 1978, 1.
Sektion Frauenforschung: Dokumentation II. München 1980.
–: Dokumentation III. München 1982.

Carol Hagemann-White

Frieden

F. bezeichnet im weitesten Sinne den Zustand der *Gewaltlosigkeit* zwischen Personen, → Gruppen, Staaten. Die Umgangsformen sind dabei meist auf Grund von Konventionen oder Verträgen geregelt. Insofern kann auch von der Gültigkeit und Einhaltung ausgehandelter Rechtsordnungen gesprochen werden.

Ursprünglich geht das Wort F. auf die germanische bzw. indogermanische Wurzel ‹fri› bzw. ‹pri› (lieben) zurück und bedeutet soviel wie ‹Zustand der Freundschaft›, ‹Schonung›.

Im Laufe der Geschichte hat sich die Vorstellung über den Zustand und vor allem über die Ursachen seines häufigen Verlustes immer wieder gewandelt. In der Antike schien er nur eine Unterbrechung des kriegerischen Naturzustandes. Für Heraklit (6.–5. Jahrhundert v. Chr.) ist der → Krieg «der Vater aller Dinge, aller Dinge König» und insofern für die geschichtliche Entwicklung unverzichtbar. Im Alten Testament ist er mit dem ungestörten Leben des Volkes Israel gleichgesetzt, dessen Ordnung sich am Willen Gottes orientiert. Im Neuen Testament ergibt sich der F. aus dem Gebot der Liebe («Bergpredigt»), das für das Verhältnis des Menschen zu Gott und seinen Mitmenschen einschließlich seiner Feinde gilt. Die Macht des Stärkeren, die ethischen und Rechtsnormen zu bestimmen und zu überwachen, ist von der Pax Romana (imperiale Rechtsordnung der Römer) her als Leitidee der patriarchalischen Familie und der ihr entsprechenden innerstaatlichen und zwischenstaatlichen Ordnung bis heute nicht überwunden (→ Patriarchat). Unter Verkennung ‹menschlicher› Machtmotive und der Tatsache beschränkter Weitsicht wird – wie in den patriarchalisch-autoritären Monarchien des Mittelalters – auch heute noch den Regierungen weitestgehend die Entscheidung über Krieg und F. und die Wege der F.-Sicherung überlassen. Mit fortschreitender Demokratisierung seit der Aufklärung hat sich demgegenüber der Gedanke verbreitet, daß nicht eine Person oder → Macht allein (der Vater, Monarch, Weltherrscher, Gott) für den F. verantwortlich ist, sondern eine von allen gewollte Organisation und deren vertragliche Sicherung. Schon bei Erasmus von Rotterdam findet sich die Forderung nach einem internationalen Gericht und zwischenstaatlichen Garantieverträgen (in

«Querela pacis» 1517). Allerdings wurde erst 1899 in Den Haag (Holland) auf der 1. Haager Friedenskonferenz ein «Ständiger Internationaler Schiedshof» eingerichtet und 1907 auf der 2. Friedenskonferenz erweitert, 1920 auf der Basis der Völkerbundsatzung zum Internationalen Gerichtshof ernannt, der formell zwar heute noch existiert, aber seine Bedeutung durch die UNO verloren hat, die im Sicherheitsrat Streitfälle zwischen den mehr als 130 Mitgliedsstaaten auf Antrag zu schlichten sucht.

Seit der Aufklärung hat sich auch die Schuldzuweisung verändert: Nicht mehr die an sich unfriedliche Natur des Menschen (Hobbes' «Leviathan» 1651) oder die Sünde des einzelnen (Christentum oder andere Religionen), sondern die Lebensumstände, insbesondere Ausbeutung und Unterdrückung, sind Hauptverursacher von Streit und Spannungen, die letztlich auch zum Krieg führen.

Im allgemeinen werden solche Analysen zu den Vorläufern der erst seit der Jahrhundertwende so bezeichneten F.-Forschung gezählt, die sich im engeren Sinne aus der Politikwissenschaft in den USA, Skandinaviens und der Niederlande entwickelte. Untersuchungsgegenstände waren die komplexer werdenden internationalen Beziehungsverflechtungen, die Entstehung und der Verlauf von → Konflikten (Quinc-Wright – Studien 1926–42). Angestrebt wurden eine allgemeine F.-Ordnung und Abrüstung auf der Basis internationaler Verträge. Nach dem Zweiten Weltkrieg beschied man sich mit der Suche nach Möglichkeiten, die Rüstung zu verlangsamen (Rüstungskontrolle). Die drohende Totalisierung kriegerischer Konflikte (Ausweitung auch kleiner Konflikte bis zur Totalvernichtung der Erde und ihrer Atmosphäre durch Einsatz verschiedenster Waffensysteme – ABC-Waffen – auf dem Schlachtfeld Erde und Weltraum) haben auch Natur- und Geisteswissenschaftler, Rechts- und Sozialwissenschaftler (Ökonomen, Psychologen, Soziologen) auf den Plan gerufen und die F.-Forschung zur interdisziplinären Wissenschaft werden lassen. Schwerpunkte liegen dementsprechend nicht nur auf der Vertragspolitik, sondern vor allem auf deren Voraussetzung, wie die Einstellung einzelner und der Völker zueinander (Vorurteile, Feindbilder) (→ Stereotyp), das Gefühl der Bedrohung und die daraus resultierende Bedrohung anderer, die Aggression und andere psychologische Aspekte, die ökonomischen und sozialen Lebensbedingungen in ihrer Auswirkung auf politische Entscheidungen, die wirtschaftliche Abhängigkeit (Verlust der Souveränität) vor allem wirtschaftlich schwacher Länder (Nord-Süd-Gefälle) (→ Imperialismus), die Koexistenzmöglichkeiten von Staaten unterschiedlicher Gesellschaftsordnung (Ost-West-Beziehungen), die Entwicklung internationaler Organisationen. Neben der Aktualisierung älterer Vorstellungen zur Abrüstung (auf Vertragsbasis) werden Konzepte der (atom)waffenfreien Zonen (Mitteleuropa, aber auch Südamerika, Südostasien), alternativer militärischer und nichtmilitärischer (sozialer)

Verteidigung entwickelt, die Spannungen vermindern, Vertrauen zwischen den Staaten fördern und somit die Kriegsgefahr reduzieren könnten. Auch der Dialog mit den Militärs selbst wird aufgenommen, ihre Angaben, Analysen und strategischen Planungen ergänzt, korrigiert, teils aber auch prinzipiell in Frage gestellt. Aufgedeckt wird ferner die Verflechtung von Militär, Politik und Technik (Militärisch-Industrieller Komplex: MIK), und es werden Möglichkeiten ihrer Entflechtung und einer Umstellung der die Weltwirtschaft belastenden Rüstungsproduktion auf friedliche (zivile) Güter entwickelt. Die Ausweitung der Problemkomplexität und der Fragestellungen hat auch zu einem veränderten Verständnis von F. überhaupt geführt: Im Anschluß an Galtung unterscheidet man einen negativen F. (Abwesenheit von Krieg, direkter, offener bzw. personaler → Gewalt) von einem positiven F. (Abwesenheit auch von Unterdrückung, Repression, indirekter oder sog. *struktureller* Gewalt). Zusammenhänge zwischen beiden werden soziologisch und psychoanalytisch gesehen: Soziale Ungerechtigkeiten und die Behinderung der Selbstentfaltung (strukturelle Gewalt) führen zu individuellen und kollektiven Spannungen (Gefährdung des inneren F.), die u. U. von Führungskräften geschickt auf → Minderheiten oder fremde Staaten umgelenkt werden können. Die sich aus solchen Untersuchungen insbesondere der *kritischen* F.-Forschung ergebenden Forderungen nach Privilegienabbau, weltweiter sozialer Gerechtigkeit, Gewaltverzicht, Auflösung der Feindbilder, Ausstieg aus dem internationalen Waffenhandel und der Rüstungsspirale durch Erbringen von Vorleistungen werden von den betroffenen einflußreichen Kreisen und ihrer politischen Repräsentanz abgelehnt.

In der BRD setzte die F.-Forschung erst spät ein, wurde ab 1970 in der Deutschen Gesellschaft für Friedens- und Konfliktforschung (DGFK), in der Hessischen Stiftung für Friedens- und Konfliktforschung (HSFK) und im Max-Planck-Institut zur Erforschung der Lebensbedingungen der wissenschaftlich-technischen Welt (bis 1980) staatlich gefördert, so daß die internationale Entwicklung rasch aufgeholt werden konnte. Wenn auch ihre Ergebnisse von Regierungen selten aufgegriffen, sondern meistens bekämpft werden und in der BRD unter konservativem Einfluß die Max-Planck-Gesellschaft inzwischen aufgelöst, die restliche staatliche Förderung stark reduziert und eingeengt wurde, so hat sie doch das Problembewußtsein der Öffentlichkeit geschärft.

Im Zuge der Demokratisierung wurde seit der Aufklärung das Bemühen um die Erhaltung des F. in vielen Ländern auch aus Kreisen der Bevölkerung spürbar und wirksam. 1815 wurden in New York, Ohio und Boston, 1830 in Genf die ersten F.-Gesellschaften gegründet, 1843 findet in London ein erster internationaler Kongreß statt. Auf Anregung von Bertha v. Suttner gründete 1892 Alfred H. Fried die Deutsche Friedensgesellschaft. B. v. Suttner hatte 1889 mit ihren beiden Bänden «Die Waffen nieder» großes Aufsehen erregt, 1891 die «Österreichische Gesellschaft der Friedensfreunde» gegründet und 1892 den Erfinder des Dynamits, A. Nobel, zur Stiftung des Friedenspreises (Friedens-Nobelpreis) inspiriert, der ihr 1905 verliehen wurde. Vom Nationalsozialismus aufgelöst, gründete sich die Gesellschaft 1946 mit dem Zusatz «Vereinigte Kriegsdienstgegner» (DFG-VK) wieder. Nach dem Zweiten Weltkrieg waren die Aktionen der F.-Bewegung meist auf konkrete Anlässe bezogen: 1956 Einführung der Bundeswehr, 1957/58 Stationierung amerikanischer Atomwaffen, 1966–1968 Vietnamkrieg, 1968 Notstandsgesetze, ab 1979 NATO-Doppelbeschluß, ohne allerdings sichtbare Erfolge zu erreichen. Ihre Ziele korrespondieren mit den Forderungen der kritischen F.-Forschung, ihre Methoden orientieren sich an den gewaltfreien Aktionen Gandhis und M. L. Kings, reichen aber letztlich von einfacher Verweigerung bis zur Selbsttötung. Bei teilweiser Überschneidung mit den Linksparteien gibt es mehrere tausend unabhängige F.-Initiativen und -Vereine, die trotz großer Koordinierungsprobleme eine verstärkte nationale und internationale Zusammenarbeit anstreben. Auch wird der Versuch unternommen, über die Machtblöcke hinweg Kontakte und Aktionen zu organisieren, was ein notwendiger und erfolgversprechender Weg zu sein scheint.

Fundament für die Bewegung ist wohl die oben angesprochene tiefe Sehnsucht des Menschen nach F., die offensichtlich Teil eines komplexen Einstellungssystems und eines allgemeinen Daseinsgefühls ist (Beziehung des Menschen zu Gott, den Mitmenschen, zur Umwelt und dem sich daraus ableitenden Selbstverständnis). Beides in Richtung F.-Fähigkeit zu verändern, hat sich die F.-Pädagogik zur Aufgabe gemacht, was letztlich die aller Expansion, Progression und Industrialisierung zugrundeliegende Eigentums-, Gewinn- und Konkurrenzideologie zentral berührt. Im Unterschied hierzu wird von offizieller Seite nahezu aller Länder noch immer die Sicherung nationaler → Interessen mit Stärke und militärischer Macht, die Stärkung der ‹Verteidigungsbereitschaft› als F.-Erziehung (miß)verstanden und damit im Grunde zur Kriegsvorbereitung mißbraucht. Ein Aufbrechen des Zirkels scheint angesichts des sich verstärkenden weltweiten Drucks von F.-Bewegung, kritischer F.-Forschung und -Pädagogik um so eher möglich, je mehr sich jeder einzelne für die F.-Sicherung mitverantwortlich fühlt und sich in den genannten Bereichen entschieden engagiert.

Hessische Stiftung Friedens- und Konfliktforschung (Hrsg.): Friedensanalysen, für Theorie und Praxis. Frankfurt/M. (Seit 1975 versch. Bände zu unterschiedl. Themen).
Nolting, H.-P.: Lernschritte zur Gewaltlosigkeit. Reinbek bei Hamburg 1981.

Pfister, H. (Hrsg.): Friedenspädagogik heute. Waldkirch 1980[3].
Schwarz, K.-D. (Hrsg.): Sicherheitspolitik. Bad Honnef-Erpel 1978[3].
Stockholm International Peace Research Institute (SIPRI) (Hrsg.): Rüstungsjahrbuch. Reinbek bei Hamburg (erscheint alle zwei Jahre).
Weizsäcker, C.-F. v.: Der bedrohte Friede. Politische Aufsätze 1945–1981. München 1981.
Aktualisierte Lit.-Hinweise bieten auch die Mitteilungen der
DFG-VK. Rellinghauser Str., 4300 Essen
«Antimilitarismus Information». Deidesheimer Str. 3, 1000 Berlin.
Arbeitsgemeinschaft Friedenspädagogik e. V., Bavariastr. 28, 8000 München.

Wolfgang Roth

Futurologie

Der Begriff F. wurde 1943 in den Vereinigten Staaten von Ossip K. Flechtheim geprägt. Man spricht dort heute allerdings häufiger von ‹futurism› oder auch ‹future studies›. In einer Anzahl von Ländern hat sich aber der Terminus Futurologie eingebürgert. Im deutschen Sprachbereich wird zwischen F. und Zukunftsforschung häufig nicht unterschieden.

Zur F. gehört die Zukunftsphilosophie nebst der Politik und Pädagogik der Zukunft als Futuristik im eigentlichen Sinne wie auch die Prognostik und Planung, wobei sich die Zukunftspolitik und Zukunftsplanung durchaus überschneiden können. Doch geht es bei jener häufiger um Einzelentscheidungen und -maßnahmen, bei dieser eher um einen Gesamtkomplex von Planzielen und Durchsetzungsstrategien.

Zunächst ist die Zukunft von der Vergangenheit und Gegenwart abzugrenzen. Die Vergangenheit des Menschen reicht weit zurück, ist eindeutig determiniert und kann mittels der Erinnerung und gewisser Relikte genauer nachgebildet werden. Die Gegenwart kann nun als bloßer Schnittpunkt zwischen Vergangenheit und Zukunft – etwa psychologisch als eine wahrnehmbare Zeitstrecke von 6 Sekunden (‹Präsenszeit›) –, als das Heute im Gegensatz zum Gestern und Morgen oder auch als Episode oder Periode (Geschäftsjahr, Legislaturperiode usw.) erlebt werden.

Die Zukunft kann eingeteilt werden in die unmittelbare Zukunft (etwa das nächste Jahr), die kurzfristige Zukunft (1–5 Jahre), die mittelfristige Zukunft (5–20 Jahre), die langfristige Zukunft (20–50 Jahre) und die ferne Zukunft (über 50 Jahre). Zukunftsforscher interessieren sich oft für die mittelfristige Zukunft, wobei man annimmt, daß wir uns die Zukunft verschieden vorstellen können, da sie im Gegensatz zur Vergangenheit nicht eindeutig vorausbestimmt, vielmehr trotz aller Determiniertheit in manchen wesentlichen Punkten noch offen ist. So spricht man auch von verschiedenen Zukunftsperspektiven oder sogar alternativen ‹Zukünften›. Insbesondere unterscheidet man dabei zwischen möglichen, wahrscheinlichen und wünschenswerten Zukünften.

Wenn auch der Mensch schon immer in Vergangenheit, Gegenwart und Zukunft gelebt hat, so beherrschte doch in den früheren statischen Kulturen die Vergangenheit sein ganzes Tun und Trachten. Die Zukunft der → Gruppe und der Gesellschaft, der → Kultur und der Zivilisation hier auf Erden schien weitgehend mit deren Vergangenheit identisch zu sein. Der Schlüssel zur Zukunft war daher die Geschichte. Selbst Seher und Propheten sparten meist die Zukunft des Menschen hier auf Erden aus. Gelegentlich auftauchende eschatologische, chiliastische und utopische Zukunftsbilder malten ein fernes Jenseits von Raum und Zeit.

Erst mit der seit dem Ende des Mittelalters in Gang kommenden Dynamisierung der Gesellschaft (→ Feudalismus), vor allem mit der Beschleunigung des → sozialen Wandels im 18., 19. und 20. Jahrhundert, gewinnt die Zukunft einen erhöhten Stellenwert. Mit dem Siegeszug des Humanismus, Protestantismus und Rationalismus, der Wissenschaft, Technik und Industrie trat nun im Abendland der Philosoph an die Stelle des Propheten. Schon die Naturrechtssysteme von H. Conring, Pufendorf und Thomasius zielten auf eine ‹Politik der Zukunft›. Der Aufklärung des 18. Jahrhunderts ging es um die Bestimmung des Menschen in dieser Welt. Von der Zukunft des Menschengeschlechts handeln die Enzyklopädisten wie Rousseau oder Condorcet, aber auch Lessing und Herder, Kant und Fichte. Ein Shelley, ein Börne und ein Heine waren kaum weniger an der Zukunft interessiert als die utopischen Sozialisten Saint-Simon und Fourier, Owen und Weitling, die in ihren großen Sozialutopien dem Frühkapitalismus mit seinem Schrecken und Elend eine bessere Zukunftsgesellschaft gegenüberstellten. In der Frühphase des Industriekapitalismus ist auch die junge Sozialwissenschaft – als → Sozialphilosophie nicht minder denn als → politische Ökonomie – durchgehend gegenwartskritisch und zukunftsbezogen.

So spannt sich der Bogen futurologischer Bemühungen von Cieszkowski über Feuerbach, List (mit seiner «Wissenschaft der Zukunft») oder Moses Heß bis zu Marx mit seiner ‹klassenlosen Gesellschaft›. Das Grauen des Ersten Weltkriegs bewegte dann Rosa Luxemburg, die Alternative zu formulieren: «Sozialismus oder Untergang in der Barbarei!», während Oswald Spengler in dem 1918 erschienenen ersten Band des «Untergangs des Abendlandes» ein neues «cäsaristisches» Zeitalter der Kriege und Katastrophen, der Vermassung und Diktatur prophezeite. Dagegen schloß Arnold Toynbee, der Geschichtsphilosoph des Zweiten Weltkriegs, die Chance einer Höherentwicklung der Menschheit nicht absolut aus.

Nach dem Ersten Weltkrieg gelang es den Bolschewiki, ihre Zukunftsvorstellungen in einen neuen Typus einer weitgehend totalitär funktionierenden Planungsgesellschaft einzubringen. Die Enttäuschung über diese trug zur Entstehung der radikalen Gegenutopien von Samjatin bis Orwell bei. Dagegen trat, entgegen den Erwartungen der Kommunisten, gerade in den Hochburgen des → Kapitalismus der → Sozialismus nicht an dessen Stelle. Statt dessen nahm etwa in den USA während und nach dem Zweiten Weltkrieg das Gewicht der Prognosen, Projektionen, Teilplanungen usw. rasch zu. Dutzende von Institutionen (‹Denkfabriken› wie z. B. Rand Corporation, Hudson Institute, Institute for the Future) betreiben hier kurz-, mittel- und langfristiges Forecasting mit Hilfe von Statistik, Computern, Kybernetik, Simulation und Spieltheorie.

Gelegentlich kontrastiert man eine eher konservative ‹Establishment-Futurologie› mit einer kritischen praxisorientierten. Jene konzentriert sich auf die Prognostik, wobei die Fortschreibung der Vergangenheit und Gegenwart als die wahrscheinlichste Zukunftsperspektive entwickelt und die Zukunft evtl. im Interesse der Bewahrung des Status quo geplant wird. Diese geht von der Kritik eines utopischen Denkens aus (→ Utopie), das durch Prognostik und Planung als Mittel der Überprüfung der Möglichkeiten wünschbarer Zukunftsmodelle ergänzt wird.

Der F. geht es um die Zukunft des Menschen und der Menschheit. Sie ist alles andere als eine Universalwissenschaft, die alles Zukünftige als solches einbegreifen würde. Obwohl sie ihre eigene Position und Funktion im Rahmen der Wissenschaften wie auch ihrer Beziehungen zu diesen selber analysiert, ist sie doch mehr als eine reine Methodenlehre. Sie untersucht und koordiniert die Erkenntnisse sehr unterschiedlicher Einzel- oder Zubringerwissenschaften. Wenn sie auch infolge ihrer Universalität und Heterogenität nicht den Wissenschaftsstatus einer Astronomie, Physik oder Philologie beanspruchen kann, sollte man sie doch als Kunde oder Technik, angewandte Wissenschaft oder gar ‹Kunst› ernst nehmen, da viele ihrer Aussagen kaum weniger relevant und wahrheitsträchtiger sind als die mancher Gesellschaftswissenschaft und sie Wesentliches zur Begründung von Zukunftsszenarios wie zur Analyse und Lösung der soziokulturellen Probleme von heute und morgen beiträgt.

Hier drängt sich der Vergleich mit der Medizin auf. Werden in dieser die wissenschaftlichen Befunde aus so unterschiedlichen Disziplinen wie Chemie, Biologie, Physiologie und Psychologie unter dem einen Gesichtspunkt des Kampfes gegen die Krankheit und des Dienstes an der Gesundheit des Menschen zusammengefaßt, so werden in der F. unterschiedliche Erkenntnisse aus den Natur-, Geistes- und vor allem Gesellschaftswissenschaften gesammelt und ausgewertet, um der Menschheit zu helfen, die Gefahren von heute und morgen zu überwinden.

Es geht heute und morgen vor allem um die sieben Herausforderungen: Rüstungswettlauf und → Krieg; Umweltzerstörung und Raubbau (→ Ökologie); Bevölkerungsexplosion, Hunger und Elend in der Dritten und Vierten Welt (→ unterentwickelte Länder); Wirtschaftskrise mit → Arbeitslosigkeit, Inflation usw. im Westen, Mangelwirtschaft infolge von Überplanung im Osten; Terror von oben und unten sowie Demontage der Demokratie; Krise der Kultur, Familie usw. (→ Familiensoziologie); psychologische Verelendung und → Entfremdung des traditionell geformten Menschen. Die Lösungen gingen etwa in Richtung auf Institutionalisierung des → Friedens durch Abrüstung, gewaltfreie soziale Verteidigung, Stärkung der UNO; Umweltsanierung und Übergang zu qualitativem organischem Wachstum; Bevölkerungsstabilisierung und globale Entwicklungspolitik mit ‹internationalem Lastenausgleich›; Bedarfsdekkungswirtschaft mit weltwirtschaftlicher Rahmenplanung; Demokratisierung und Dezentralisierung von Staat, Wirtschaft und Gesellschaft; Bildung eines in der Gemeinschaft verankerten kreativen neuen *homo humanus*. Je nachdem, wie die Herausforderungen beantwortet werden, dürfte eine von drei möglichen Zukünften zur Wirklichkeit werden: Rückfall in die Barbarei (Ende der Menschheit, Absinken in ein Steinzeitalter oder Rückkehr zu einem dunklen, dem frühen Mittelalter ähnlichen Agrarzeitalter); Robotergesellschaft (totaler Überwachungsstaat, Neocäsarismus oder → Technokratie mit demokratischen Restbeständen); demokratisch-solidarische Weltföderation mit weitreichender Selbstbestimmung. Ob es zu dieser kommt, hängt davon ab, ob sich das globale und langfristige → Interesse am menschenwürdigen Überleben aller gegenüber der Aufrechterhaltung der unterschiedlichen Tagesinteressen der Machtblöcke, → Eliten, → Klassen usw. durchsetzt.

Cornish, E. u. a.: The Study of the Future. Washington 1977.
Flechtheim, O. K.: Der Kampf um die Zukunft – Grundlagen der Futurologie. Bonn 1980.
– (Hrsg.): Futurum. München 1980.
Havemann, R.: Morgen – Die Industriegesellschaft am Scheideweg. Kritik und reale Utopie. München 1980.
Jungk, R.: Der Atomstaat – Vom Fortschritt in die Unmenschlichkeit. München 1977[2].
– & N. R. Müllert: Zukunftswerkstätten. Hamburg 1981.
Lutz, R. (Hrsg.): Sanfte Alternativen – Ein Öko-Log-Buch. Weinheim 1981.
Strasser, J. & K. Traube: Die Zukunft des Fortschritts – Der Sozialismus und die Krise des Industrialismus. Bonn 1981.
Toffler, A.: Die Zukunftschance – Von der Industriegesellschaft zu einer humaneren Zivilisation. München 1980.
Waterkamp, R.: Taschenbuch der Zukunftsforschung. Wiesbaden 1972.

Ossip K. Flechtheim

Geld

Eine jedermann vertraute, scheinbar problemlose Erscheinung des Alltags in vielen, v. a. in modernen Gesellschaften: G. als ‹allgemeines Tauschmittel› (→ Tausch), ohne das Arbeitsteilung, Austausch, Freiheit, Kultur usw. nicht denkbar sein sollen; daher enger Zusammenhang mit Markt- oder Geldwirtschaft, → Kapitalismus. In der Aufstiegszeit der modernen bürgerlichen Gesellschaft ist das G. – auch in seinen gesellschaftlichen Implikationen – in der Ökonomie vielfach und kontrovers erörtert worden. Seit Ende des 19. Jahrhunderts hat dies v. a. die Soziologie weitergeführt. Marx steht auf der Scheide zwischen beiden Wissenschaften; dies bestimmt den Aufbau der folgenden Darstellung.

1. In der *ökonomischen* G.-Theorie werden meist drei Funktionen des G. unterschieden: (1) allgemeines Tauschmittel (Erleichterung des Tauschs durch Zerlegung des unmittelbaren Austauschs von zwei Gütern oder Dienstleistungen in zwei verschiedene Akte, Kauf und Verkauf); (2) Wertmaßstab oder Recheneinheit (um den Wert bzw. Preis auszudrücken bzw. damit zu rechnen); (3) Wertaufbewahrungsmittel (sowie Zahlungsmittel für bereits gelieferte Güter z. B. als Schatz; Mittel zur Verschiebung in die Zukunft aus der Vergangenheit). – Zur Begründung des G. lassen sich *drei Gruppen von G.-Theorien* zusammenfassen, die jeweils an eine der o. g. Funktionen anschließen. (a) Warengeldtheorien. G. gilt primär als – durch → Arbeit – wertvolle Ware (z. B. Gold, Münzen: Metallismus; so schon Aristoteles; die klassischen Ökonomen seit Locke; enger Zusammenhang mit der ‹objektiven› Wertlehre, d. h. Wert aus Arbeit). (b) Konventions- und nominalistische Theorien. G. gilt als durch Verabredung oder staatliche Setzung begründetes Zeichen ohne inneren Wert (so schon Platon, Thomas v. Aquin; auch Locke; im 20. Jahrhundert z. B. Knapp). (c) Funktionstheorien. Begründung aus der Funktion als Tauschmittel im Rahmen der Kreislaufvorgänge der Marktwirtschaft; zugrunde liegt die Wendung von der ‹objektiven› zur ‹subjektiven› Wertlehre, d. h. der Begründung des Werts = Preises aus den subjektiven Wahlhandlungen der einzelnen Marktteilnehmer. Auch aus deren Bedürfnis nach Liquidität bzw. aus der Funktion der Wertaufbewahrung kann G. funktional begründet werden. –

Während derartige theoretische Begründungen des G. als wesentlichen Charakteristikums der Markt- oder Geldwirtschaft lange einen zentralen Gegenstand der Ökonomie gebildet haben, sind sie im 20. Jahrhundert selbst in der G.-Theorie von pragmatischen Fragestellungen an den Rand gedrängt worden. Besonders gilt dies neuerdings, seit die neoliberale Schule (Friedman) die Inflationsbekämpfung durch *Geldmengenpolitik* der Zentralbank gegen die – nach der Weltwirtschaftskrise 1929 ff besonders mit dem Namen Keynes verbundene – Fiskalpolitik (d. h. Konjunktursteuerung durch den Staatshaushalt) stellt (→ Zyklentheorie). Die G.-*Theorie* befaßt sich daher heute in rasch zunehmender Spezialisierung mit den Zusammenhängen von Güter- und Geldkreislauf, den Geldmärkten, der Geldnachfrage usw. sowie mit der darauf bezogenen staatlichen Geldpolitik.

2. Die Begründung und zugleich Kritik des G. ist für *Karl Marx* (1818–1883) (jedoch nicht für die meisten Marxisten) ein entscheidender Punkt seiner Kapitalismusanalyse («Das Kapital», 3 Bde., 1867 ff) (→ Kapitalismus). Äußerlich beruht seine Darstellung auf der Warengeldtheorie bzw. der ‹objektiven› Wertlehre. Jedoch beansprucht er, zugleich die Ansatzpunkte für die anderen G.-Theorien in seiner ‹Entwicklung› der ‹Form des Geldes› zu erklären. ‹Form› ist ihm das G., weil darin ein widersprüchlicher Inhalt ausgedrückt werde: der → Widerspruch jeder Ware (Tauschgut) zwischen ihrer Nützlichkeit (Gebrauchswert, Resultat nützlicher Arbeit) und ihrer Eigenschaft, Träger von Wert zu sein (Tauschwert, Resultat abstrakter Arbeit). Diese doppelte Eigenschaft erhalten Güter, sobald sie auf dem Markt ausgetauscht werden; die Arbeits- und Sozialbeziehungen von Menschen, die über den Markt in ein Verhältnis zueinander treten, werden nicht mehr *als solche* wahrgenommen, sondern erscheinen den Beteiligten als Ding, das über sie Macht hat (→ Verdinglichung, ‹Verkehrung des Objekts zum Subjekt›: das G. wird zum ‹wahren Gemeinwesen›). Dieser ‹Fetischismus› (wo wie in Naturreligionen ein von Menschen gemachter, aber ihnen ‹entfremdeter› Gegenstand die Menschen beherrscht) werde erst wirklich bedeutsam, wo das G. als Kapital fungiere; wie das G. aus der doppelten Eigenschaft der Ware, so läßt sich nach Marx das Kapital und sein Verhältnis zur Arbeit aus den Widersprüchen des G. ‹entwickeln› (d. h. als logisch notwendig deduzieren). Aus diesen bereits in der Ware angelegten Widersprüchen wird auch die Krisenhaftigkeit (→ Krisentheorien) als notwendiger Bestandteil kapitalistischer Warenproduktion entwickelt, ebenso andere Formen der Verdinglichung der Produktion zu einer verselbständigten → Macht über den Menschen (z. B. Konzentration von Wissen und Unwissen auf entgegengesetzten Polen).

3. Marx entnimmt wichtige Motive seiner Kritik an der ‹verkehrenden Macht des Geldes› aus einer alten Tradition, die in der frühen Antike beginnt. Das G. vertreibt Menschen aus ihren Häusern, es verkehrt ihren Sinn für Recht und Unrecht ins Gegenteil, es zerstört ganze Gemeinwesen, so schreibt etwa der Dichter Sophokles in der «Antigone» (um 450 v. Chr.). Dieses Motiv einer Kritik am G. als menschenfeindlicher *gesellschaftlicher* Macht findet sich besonders in der Epoche der Durchsetzung der modernen bürgerlichen Gesellschaft (z. B. Mandeville, Mably und Rousseau im 18. Jahrhundert) und als meist konservative Kulturkritik in

zahlreichen, auch volkstümlichen Varianten (‹Geld verdirbt den Charakter›) bis heute.

Nach Marx stammt die wohl bedeutendste Analyse des G. von *Georg Simmel* (1858–1918), «Philosophie des Geldes» (1900). In einer feinnervig nachvollziehenden Phänomenologie arbeitet er das allgemein Gesellschaftliche am G. heraus, seine strukturelle Analogie mit charakteristischen anderen Erscheinungen der modernen Gesellschaft – bes. in der Psychologie des bürgerlichen Ichs; in der Zweck-Mittel-Rationalität (→ Zweck-Mittel-Relation), im Verhältnis von Allgemeinem und Besonderem, von Form und Inhalt der modernen Wissenschaft. Der im G. repräsentierte Übergang zu extremer Arbeitsteilung, sachlichen statt persönlichen Herrschaftsformen (→ Herrschaft) und zu Rationalität gilt ihm insgesamt als befreiend, wenngleich nicht ohne Tragik.

Anregungen von Nietzsche, Simmel, Max Weber und Lukács aufgreifend, hat *Theodor W. Adorno* (1903–1969) die Marxsche Kritik des Geldfetischs zu einer allgemeinen → Erkenntnistheorie erweitert. Nach Adorno sind die Grundprinzipien des abstrakten Denkens notwendiger Ausdruck jener anonymen Organisationsweise gesellschaftlicher Arbeit, welche über Tausch, G., zuletzt Kapital hergestellt wird. Die abstrakte Formen der Rationalität – speziell als technischer, als wissenschaftlicher und als bürokratischer – sei eine der verdinglichten, ihrer selbst unbewußten Form gesellschaftlicher Arbeit. Adornos Ansatz ist neuerdings als ‹Geldformanalyse› weitergeführt worden (vgl. u. a. Müller 1977; Woesler 1978).

Borneman, E. (Hrsg.): Psychoanalyse des Geldes. Frankfurt/M. 1973.
Diehl, K. & P. Mombert: Ausgewählte Lesestücke zum Studium der politischen Ökonomie. Vom Gelde. Frankfurt/Berlin/Wien 1979.
Ehrlicher, W. u. a. (Hrsg.). Kompendium der Volkswirtschaftslehre. Bd. I. Göttingen 1975[5].
Gerloff, W.: Geld und Gesellschaft. Versuch einer gesellschaftlichen Theorie des Geldes. Frankfurt/M. 1952.
Kern, R.: Kleine Geldlehre für jedermann. Was man von Geld, Währung, Inflation und Konjunktur wissen sollte. Stuttgart 1973.
Laum, B.: Heiliges Geld. Eine historische Untersuchung über den sakralen Ursprung des Geldes. Tübingen 1924.
Müller, R. W.: Geld und Geist. Zur Entstehungsgeschichte von Identitätsbewußtsein und Rationalität seit der Antike. Frankfurt/New York 1981[2].
Nau, E.: Epochen der Geldgeschichte. Stuttgart 1972.
Schwabacher, W.: ‹Geld›. In: Andresen, C. u. a. (Hrsg.): Lexikon der Alten Welt. Zürich/Stuttgart 1965.
Woesler, C.: Für eine begreifende Praxis in der Natur. Geldförmige Naturerkenntnis und kybernetische Natur. Gießen 1978.

Rudolf Wolfgang Müller

Gesellschaftstheorien

G. deuten die Vergesellschaftung der Menschen und die Legitimation politischer → Herrschaft. Mit der Lösung des Bürgertums aus der feudalen Ordnung rücken die Rechte des Individuums, die Konstitution gesellschaftlichen Verkehrs und das Verhältnis von Bürgern und Herrschern ins Blickfeld (→ Feudalismus). Zentrale Lehrstücke der frühbürgerlichen Gesellschaftstheorie wie ein Vertrag zwischen isolierten → Individuen, die sich dem Gesetz als Ausdruck des Gemeinwillens unterwerfen, und das Konzept des Naturzustandes haben freilich eine bis in die Antike zurückreichende Tradition (→ Naturrecht).

Die → Sozialphilosophie, die in der Perspektive von Hobbes (1588–1679) einen der Mathematik und Physik vergleichbaren Status der Wissenschaftlichkeit erhalten soll, thematisiert die fundamentalen Einsichten, unter denen sich der Staatsverband politisch in der Einstellung des Technikers regulieren läßt. Wenn Hobbes mit dem Naturzustand charakterisiert, wie das Leben ohne ‹allumfassende Gewalt› vor sich gehen würde, deduziert er scheinbar aus einem Zustand, der logisch der bürgerlichen Gesellschaft vorausgeht, den Drang des Menschen nach Anerkennung eines souverän regierten Staates; nur so können in seinem Verständnis die der Natur des Menschen inhärenten Streitursachen – Konkurrenz, Mißtrauen und Ruhmsucht – in die Rahmenbedingungen eines bescheidenen Lebens sublimiert werden. Hobbes kann jedoch diese ‹präsozialen› Verhaltensweisen nur auf dem Hintergrund der historischen Erfahrung der Marktgesellschaft und des englischen Bürgerkriegs entwerfen – ausgehend von einem gesellschaftlichen System selbstinteressierter einzelner, die auf dem Markt interagieren und deren Beziehungen in einem System von Rechtsregeln abgesichert sind. Die Bewegungen des im «Leviathan» nach dem Modell einer Maschine gedeuteten Individuums interpretiert Hobbes als Begierden und Neigungen und glaubt damit, Grundmerkmale der menschlichen Natur bewegter Körper überhaupt gefaßt zu haben: Alle Menschen als gleichermaßen fragile Systeme sich selbst bewegender Materie sind daran interessiert, die Bewegung aufrechtzuerhalten, und haben gleiche Fähigkeiten und Erwartungen, die Rechtsgleichheit nach sich ziehen. Die Objektivität des Marktes hebt die Ungleichheit der Ränge und Stände auf, schafft eine Gleichheit der Unsicherheit. Da Neigungen und Abneigungen, die im System der Empfindungen als Lust und Unlust erscheinen, die Triebkräfte menschlichen Handelns bilden, sind ‹gut› und ‹gerecht› nun nicht mehr vom politischen Logos bestimmte Handlungen, sondern Objekte von Verlangen. Durch diese Abstraktion auf dem Hintergrund einer gesellschaftlichen Erfahrung kann Hobbes den Naturzustand als Abstraktion der inneren Gewaltverhältnisse der bürgerlichen Gesellschaft entwerfen: die scheinbar physiologisch gerichtete Analyse, in der die Merkmale bürgerlicher Individualität als erste Natur des Menschen erscheinen, spiegelt die Logik einer Eigentumsmarktgesellschaft.

Montesqieu (1689–1755) sieht im Gegensatz zu Hobbes alle Gesellschaften durch Ordnungen bestimmt, die zu komplex sind, um allein aus politischen Prinzipien oder natürlichen Rechten erklärt werden zu können: Das menschliche Zusammenleben begründet einen Bereich eigener Art – politisch zu seiner Zeit eine Monarchie, in der weder Appelle an gemeinsame Werte noch gewaltsame Unterdrückung erforderlich sind, da die Gewaltenteilung ein verfassungsmäßig geregeltes Zusammenwirken gesellschaftlicher Gruppen sichert.

Lockes (1632–1704) Abhandlung «Über den menschlichen Verstand» gilt dem Nachweis, daß es nicht die angeborenen Ideen sind, die Willen und Handlungen der Menschen bestimmen, sondern elementare sinnliche Komponenten der Erkenntnis: Objekte der Umwelt beeinflussen auf Grund von Beobachtung und Erfahrung menschliches Denken. Bedürfnisbefriedigung ist notwendig, um geistige Anlagen zu entfalten. Das in der Bedürfnisnatur des Menschen begründete Streben nach Glück bringt gesellschaftlichen Fortschritt und die Rationalität von Verhaltensweisen hervor, die dem Muster einer Entscheidung zwischen Alternativen durch Präferenzsetzung folgt.

Die auf dieser Grundlage formulierte Gesellschaftstheorie ist liberalistisch, weil sie das Prinzip der Selbstregulierung mit gesellschaftlichem Fortschritt zwanglos verkoppelt: Aus dem Naturgesetz der Selbsterhaltung resultieren soziale Regelungsprozesse, die ihren Ausdruck in → Institutionen finden. Im Gegensatz zu Hobbes ist für Locke der Naturzustand daher eine begrenzte und regelgeleitete Herrschaftsordnung, die nicht der willkürlichen Gewalt eines absoluten Herrschers bedarf.

Für Smith (1723–1790) und Ferguson (1723–1816) führt der Mensch als gesellschaftliches Wesen durch Erfahrungen sein Leben. Gesellschaftlicher Fortschritt vollzieht sich im Spannungsfeld zwischen → Integration und → Konflikt, das auch die Institutionen bestimmt, in denen zweckmäßige Verhaltensweisen objektiviert sind. Internalisierung gesellschaftlicher → Normen und Werte und Objektivierung individueller → Interessen in Institutionen bilden für Smith eine Einheit. Indem sie die Handlungen anderer beurteilen, gewinnen die Menschen Maßstäbe für ihre eigenen. Die Gesellschaft in Form des ‹unbeteiligten Zuschauers› erlaubt die Distanzierung von den Leidenschaften und bildet damit einen sich selbst regulierenden Handlungszusammenhang, in dem Institutionen wie Rechts- und Verkehrssicherheit, → Eigentum und Markt das Selbstinteresse begrenzen.

Für die frühbürgerliche Gesellschaftstheorie macht die zweckrational gesteuerte Auseinandersetzung mit der Natur deren Objektivierung und eine gegen mythische Deutungen gerichtete Welterfahrung erst möglich: Erkenntnis der Natur wird Bedingung ihrer technischen Beherrschung und setzt eine Reinigung des Subjekts von Vorstellungen voraus, die bisher seine Naturwahrnehmung verzerrt haben. Der radikale Empirismus des 16. Jahrhunderts wendet sich daher gegen alle Formen deduktiver Schlüsse und ist konsequenter Ausdruck einer vollständigen Objektivierung der Natur, bei der das erkennende Subjekt nur passiver Spiegel sein soll. An die Stelle der aristotelischen Tradition, die den Nachdruck auf die Entwicklung von Theorie als Kontemplation letzter Ursachen oder als staatliches und moralisches Handeln einleitende Philosophie legte, soll nach dem Wissenschaftsverständnis von Bacon eine Wissenschaft treten, die Naturbeherrschung mit der systematischen Entwicklung der Technik vervollkommnet und das produktive Wissen entfaltet, um die materiellen Existenzbedingungen der Menschen zu verbessern. Konkrete Einzelbeobachtungen, Erfahrungen und Analysen sollen induktiv gestützte Verallgemeinerungen an Stelle der Einsicht in letzte Ursachen ermöglichen. Praxis fällt mit der wissenschaftlich angeleiteten Erweiterung instrumenteller Fertigkeiten, politische Herrschaft mit einer Herrschaft von Menschen über die Natur zusammen.

Die *bürgerliche Gesellschaft* beruht für Hegel auf einem System der Bedürfnisse, die der einzelne – und damit die aller anderen – durch → Arbeit befriedigt. Die Wirklichkeit des in der bürgerlichen Gesellschaft enthaltenen Allgemeinen sind Freiheit und Schutz des Eigentums durch die Rechtspflege. Vorsorge gegen Zufälligkeit und Besorgung des besonderen Interesses als eines Gemeinsamen sind durch Polizei und Korporation gewährleistet. Weder die nach persönlichen Interessen handelnden Individuen noch die auf Recht beruhende Moralität können den wahren Fortschritt zur Sittlichkeit herbeiführen; die sittliche Substanz kann in ihrer höchsten Idee nur im Staat verkörpert werden.

Für Hegel tritt die Frage in den Vordergrund, unter welchen Bedingungen → Vernunft und Wirklichkeit versöhnt werden können. Weder Vernunft noch Bedürfnisse liegen der Vergesellschaftung zugrunde: Gesellschaftliche Integration vollzieht sich vielmehr durch Rechtsnormen – das Dasein des freien Willens. Die wechselseitigen Egoismen der Selbsterhaltung bedürfen rechtlicher Regelungen und administrativer Aufsicht des Staates als Wirklichkeit der sittlichen Vernunft. Die konträren und subjektiven Interessen machen die Konstituierung des abstrakten Rechts notwendig, die mit der Ahndung des Unrechts dem Individuum die ‹äußerliche Subjektivität› seines Willens ins Bewußtsein ruft. Mit der Internalisierung von Werten gelangt das Bewußtsein zur Selbstbestimmung als Subjektivität und Moralität. Im Staat befreit sich der rationale Wille von endlichen Zwecken und wird zur objektiven Vernunft, die die Antagonismen der bürgerlichen Gesellschaft begrenzt.

Mit einer Analyse des Zusammenhangs der Rationalisierung gesellschaftlicher Bereiche und politischer Herrschaft entwirft Marx die Perspektive einer Gesellschaftstheorie, die ideologiekritisch gegen das Selbstverständnis der bürgerlichen Gesellschaft und praktisch gegen ihre Reproduktionsbedingungen gerichtet ist. Er begreift die Selbstkonstitution der Gattung als eine durch die mangelhafte organische Ausstattung veranlaßte Veränderung der Natur durch Arbeit und als Klassenkampf. In der frühkapitalistischen Gesellschaftsformation bilden sich das vereinzelte Individuum und die Totalität des gesellschaftlichen Zusammenhangs gleichermaßen heraus. Die Maßstäbe der Rationalität von Zweck-Mittel-Beziehungen entwickeln sich so weit, daß sie die traditionellen Legitimationen unmittelbarer politischer Herrschaft bedrohen und eine Umdeutung von Weltbildern erzwingen. Im «Kommunistischen Manifest» erscheint daher Gewalt als die am Modell des Warentauschs gewonnene Rationalität, in der «altehrwürdige Vorstellungen und Anschauungen» aufgelöst und die Menschen gezwungen werden, ihre gegenseitigen Beziehungen mit nüchternen Augen zu sehen. Da Zweckrationalität ein Moment des Kapitalverhältnisses ist, Resultat einer historischen Abstraktion, nämlich der Verdinglichung der Produzenten zu Trägern abstrakter Arbeit, entfaltet Marx die Kritik der Politischen Ökonomie als Kritik an einem doppelten ‹Positivismus›: eine Kritik des bisherigen Wissens als → Positivismus, da es die gesellschaftlich gewordene Objektivität als naturähnlich verlaufenden Konstitutionsprozeß der Gattung hypostasiert, und eine Kritik an der Objektivität verselbständigter gesellschaftlicher Verhältnisse selbst. In der Form des Bewußtseins zeigt sich, daß den Menschen ihre eigene gesellschaftliche Objektivität, die sie praktisch hervorbringen, nicht als solche zugänglich ist: Sinnlicher Ausdruck dieses entfremdeten menschlichen Lebens ist das Privateigentum. Die große Industrie schließlich trennt die geistigen Potenzen des Produktionsprozesses von der Handarbeit und verwandelt sie in Mächte des Kapitals über die Arbeit; Erscheinungsform und Wesen der Dinge fallen auseinander; daher folgt der Erkenntnisprozeß dem Muster einer kategorialen Abstraktion, die als Realabstraktion schon vorhanden ist. Gleichförmige, einfache Arbeit, die qualitativ dieselbe ist und sich nur quantitativ unterscheidet, erscheint als eine Abstraktion, die aber in dem gesellschaftlichen Reproduktionsprozeß alltäglich vollzogen wird. Die konstitutiven Kategorien der Analyse der Warentauschgesellschaft sind auf geschichtliche Prozesse in der Perspektive einer systematischen Analyse bezogen: Die Grundkategorien verweisen auf die Vorgeschichte des Kapitalismus, ohne eine Niederschrift der Geschichte der Produktionsverhältnisse vorauszusetzen.

Das Prinzip der theoretischen Rekonstruktion von Objekten, historischen Ereignissen, wissenschaftlichen oder gesellschaftlichen Tatbeständen aus der → Totalität des Phänomenzusammenhangs folgt dem Muster einer begrifflichen Antizipation der noch inhaltslosen und chaotischen Totalität (der kapitalistische Reichtum erscheint als eine ungeheure Warenansammlung) und einer Bestimmung und Differenzierung von Elementen. Die Möglichkeit der wissenschaftlichen Abstraktion ist an eine Stufe der gesellschaftlichen Entwicklung gebunden: die Ablösung des Arbeitsvermögens von der Individualität des einzelnen, die Gleichgültigkeit gegen eine bestimmte Art von Arbeit. Die kategorialen Bestimmungen sind mit historischen Voraussetzungen vermittelt, welche die Formel der Trennung der Produzenten von den materiellen Voraussetzungen der Produktion kennzeichnet.

Die für die materialistische Gesellschaftstheorie konstitutive Nicht-Identität von → Wesen und Erscheinung ist auf die entfaltete Warenproduktion bezogen. Mit dem dinglichen Schein der Waren stellt sich das gesellschaftliche Verhältnis der Produzenten zur Gesamtarbeit als außer ihnen existierendes Verhältnis von Gegenständen dar (→ Verdinglichung).

Die materialistische Werttheorie verbindet die Analyse einer Logik der ökonomischen Entwicklung mit deren Einbettung in Herrschaftsverhältnisse. In einer Kritik des Äquivalententauschs zerstört Marx den Schein der Freiheit, mit dem das Institut des Arbeitsvertrages das dem Lohnarbeitsverhältnis zugrunde liegende Gewaltverhältnis unkenntlich macht. Die Entfaltung des Begriffs der Produktion als Grundlage des materiellen Lebensprozesses legt die Konstitutionsbedingungen einer gesellschaftlichen Totalität fest: Sie ist wirklich konkret als beziehungsreiche Vielfalt von Momenten. Die logische Struktur ist ein Kreislauf, der von den Bestimmungen des unmittelbaren Produktionsprozesses ausgeht, sich in mannigfaltigen Momenten fortsetzt und in die Produktion zurückgeht; der Reproduktionsprozeß ist die differenzierte Einheit des Produktions- und Zirkulationsprozesses unter Einbeziehung des Alltagsbewußtseins der Produktionsagenten (→ Alltag). Für die Produktion ist die Verwirklichung von Zwecken in der Natur konstitutiv, wobei sich die Gattung auf die vergangene Arbeit als objektive Existenzbedingung bezieht. Mit der Auflösung der Einheit von Produzent und Eigentum verselbständigt sich die Abstraktion von einem Moment des Prozesses der Naturaneignung zur Form der Produktion überhaupt.

Das Begreifen der einzelnen Tatsachen des gesellschaftlichen Lebens als Momente einer Totalität ermöglicht die Erkenntnis der Wirklichkeit; Totalität ist die eigentliche Wirklichkeitskategorie, sie ist wirklich, ohne ein Faktum zu sein. Der Vergesellschaftungsmodus menschlicher Arbeit kombiniert Handlungen zu einer sich reproduzierenden Totalität, ohne selbst intentional verfaßt zu sein. Diese Totalität ist fetischisiert, weil die Warenform das gesellschaftliche Verhältnis der Produzenten als außer ihnen existierendes Verhältnis von Gegenständen spiegelt. Diese Fassungen der ‹Oberfläche› der bürgerlichen Gesellschaft, unter denen Marx die Ebene der einfachen Zirkulation und der trinitarischen Formel versteht, müssen analytisch abgebaut werden, da sie die Verhältnisse der kapitalistischen Produktion nur in fetischartiger Form ausdrücken, abgetrennt von dem verborgenen Zusammenhang und den vermittelnden Momenten. Auf Grund dieses imaginären Verhältnisses zur Welt sind Kategorien nicht reflexiv verfügbar, geschieht Integration über das Medium des Tauschwertes (→ Tausch). In ursprünglichen Gemeinwesen ist die Einheit der Menschen mit den Bedingungen ihres Stoffwechsels mit der Natur noch nicht in Frage gestellt. Die Geschichte der Entwicklung kapitalistischer Produktionsformen kennzeichnet die Trennung der Arbeit von den Bedingungen ihrer Verwirklichung. Die praktische Auseinandersetzung mit der Natur, die Anwendung der Maschinerie, die die Distribution der Produktionsinstrumente und der Produkte verändert, zerstört die Einheit des Gemeinwesens, zieht den Austausch und die Verwandlung der Produkte in Waren nach sich – eine gesellschaftliche Gesamtproduktion. In der naturwüchsigen Teilung der Arbeit wird die ‹eigene› Tat des Menschen zu einer fremden gegenüberstehenden ‹Macht›. Der unmittelbare Zwang, der vorkapitalistischen Gesellschaftsformen eigentümlich ist, geht in den ‹stummen Zwang› der ökonomischen Verhältnisse über, die als Naturgesetze kapitalistische Herrschaft garantieren. Die Menschen fungieren als Personifikationen ökonomischer Kategorien, durch das Interesse der Selbstbehauptung verbunden: Ihre Rationalität ist Eigeninteresse. Marx kritisiert in den faktischen Herrschaftsverhältnissen die den gesamten Lebensprozeß interpretierende Wissenschaft, in der sich das Selbstverständnis der bürgerlichen Gesellschaft ausdrückt, und begreift Theorie als Selbstbewußtsein politischer → Emanzipation des Proletariats.

Die theoretische Deutung der Reproduktionskrisen des Spätfeudalismus und der ‹civil society› und die Verarbeitung der Erfahrungen der Französischen Revolution bringen die → Soziologie als Krisenwissenschaft hervor. Mit der Thematik der sozialen Integration von Gesellschaften, die durch die modernen Staatensysteme und die Ausdifferenzierung eines marktregulierten Wirtschaftssystems gestellt ist, verfolgt sie in ihrer disziplinären Entwicklung den Anspruch, unter Rückgriff auf historisch gerichtete Interpretationen, Theorien über Vergesellschaftungsprozesse und soziales Handeln auf erfahrungswissenschaftlicher Grundlage systematisch zu entwerfen.

Die methodisch reflektierte Verbindung beider Problembereiche und grundlegende und kaum noch ausgetragene Kontroversen über die Konstitutionsprinzipien von Gesellschaften, die Sicherung des Erkenntnisanspruchs und der ‹Wahrheitsfähigkeit› von Theorien prägen die *modernen Gesellschaftstheorien;* die Diskussion darüber folgt dem Muster einer wechselseitigen Kritik, die sich auf die Verfahren zur Gewinnung von Daten und Interpretationen, die zugrundeliegenden Erkenntnisinteressen, die gesellschaftliche Funktion von Theorien und die Rekonstruktion gesellschaftlicher Integrationsmechanismen richtet. Vor allem folgende Ansätze spielen eine bedeutsame Rolle: strukturell-funktionale Theorie (1), → Systemtheorie (2), analytische Wissenschaftstheorie (3), → kritische Theorie (4).

1. Strukturell-funktionale Theorie
Parsons knüpft an die theoretischen Ansätze von Pareto, Durkheim und Weber an, die sich in der Intention treffen, zu einer systematischen Theorie sozialen → Handelns zu gelangen. Die Ausgangslage, von der er die Bedingungen gesellschaftlicher Einheit begreift, ist in Analogie zum Hobbesschen Naturzustand konfliktorisch. Bei Hobbes setzt sich eine zweckrational operierende Vernunft durch, wenn die Individuen Macht delegieren, um nicht im Naturzustand unterzugehen; bei Parsons ist sie von vornherein als liberale Konstruktion des «enlightened self interest» in das Modell aufgenommen: Strategie der → Interaktionen ist eine verständige kluge Anpassung (Parsons 1949, 1951). Grundprinzip der Handlung ist die Maximierung von Gratifikationen auf der Folie der Triebe und Bedürfnisstrukturen. Der vom Selbstinteresse geleitete Aktor trifft auf Objekte, die für ihn motivationale Bedeutung haben. Ego muß in seinem Erwartungssystem die Handlungsmöglichkeiten und faktischen Verhaltensweisen seines Partners aufnehmen und die vermutliche Erwartung, die Alter über sein eigenes Verhalten hegt, berücksichtigen. Die Konfrontation von beiden in der Interaktionssituation beschreibt ein Verhältnis mit wechselseitigen Eingriffschancen in die Bedingungen der Bedürfnisbefriedigung. Um dauerhaft zu sein, bedarf Interaktion der symbolischen Vermittlung, muß die Verschränkung von Handlungen normativ verbindlich gemacht werden. Die Komplementarität der Erwartungen in der Interaktion steht parallel zu antizipierten Sanktionen, die auf Institutionen, komplexe Rollenmuster, zurückgehen, welche die Wertorientierung der Individuen anleiten, Triebbefriedigung ermöglichen und Triebzensur erzwingen.

Parsons begreift die Sozialstruktur als ein System von Institutionen, in dem die kulturellen Muster eines Wertsystems mit Gratifikationen und den Bedürfnisdispositionen der gesellschaftlich Handelnden vermittelt sind. Der wichtigste Mechanismus, der diese Integration vermittelt, ist die Verinnerlichung sanktionierter Verhaltensnormen. Die Verarbeitung der Antriebe aus den motivationalen Orientierungen faßt Parsons als normative Regulierung der Interaktion. Das Wertsystem grenzt das Ausmaß von Deprivationen ein und wird erst dann erschüttert, wenn in nichtlizenzierten Antriebsenergien das Gleichgewicht zwischen personalen und sozialen Systemen dauerhaft in Frage gestellt ist. Dieser Prozeß folgt aber im Verständnis von Parsons der klugen Anpassung auf einer zweiten Stufe: Ego und Alter müssen eine neue Konvention finden, das Interaktionssystem kann sich erneut mit *Anpassungskalkülen* auf der Grundlage veränderter normativer Strukturen stabilisieren.

Struktur bezeichnet die Konstellationen, die die wesentlichen Bestandteile einer Gesellschaft, die Institutionen, aber auch → Schichten, → Klassen, → Gruppen zueinander in historisch sich verändernder Gestalt annehmen. Der Begriff der Struktur soll das Verfahren begründen, von relativ konstanten Elementen eines Systems ausgehend, deren Beitrag zur Erhaltung des Gesamtsystems zu untersuchen. ‹Funktion› ist der Begriff, der einen solchen Beitrag ausdrückt. Zu den funktionalen (systemintegrierenden) und den dysfunktionalen (systemauflösenden) Beziehungen von Strukturelementen zu Systemen tritt bei Merton eine weitere Unterscheidung: manifeste und latente Funktionen. Manifeste Funktionen sind in seinem Verständnis die objektiven, zur Anpassung oder Erhaltung des Systems beitragenden Folgen, die von den Mitgliedern des Systems beabsichtigt oder ihnen bewußt sind. Latente Funktionen sind demgegenüber solche Folgen, die weder beabsichtigt noch bewußt sind.

Die Kritik an der strukturell-funktionalen Theorie richtet sich auf die Frage, wie die Strukturen, zu deren Erhalt beigetragen wird, auf die Systembestandteile zurückwirken. Die vorwiegende Ausrichtung auf Probleme der Systemintegration mache die Theorie zu einer Rechtfertigung des Status quo fähig. ‹Dysfunktional› stelle eine problematische Restkategorie dar. Der symbolische Interaktionismus und die phänomenologisch orientierte Handlungstheorie begreifen zudem die intersubjektiv verbindlich gemachten Verhaltenserwartungen als konstruktive Leistungen der Handelnden selbst.

Die Erweiterung des Begriffsschemas versucht nicht nur Ordnung und Stabilität, sondern auch Konflikt und Wandel zu erfassen, um insbesondere das Substrat des sozialen Handelns, Interessenstrukturen nicht-normativer Art, die aus unterschiedlichen Lebenschancen resultieren und die zu sozialen Konflikten und Instabilität führen, zu berücksichtigen (→ sozialer Wandel).

2. Systemtheorie

Parsons, der von der (Einzel-)Handlung ausgeht, entwirft in seinem Spätwerk das Konzept des Handlungssystems; dabei bringt er Werte, Normen, Ziele und Ressourcen mit bestanderhaltenden gesellschaftlichen

Subsystemen in Verbindung: Werterhaltung, Integration, Zielerreichung und Anpassung (Parsons 1966) (→ soziales System).

Für die Systemtheorie rücken Strukturen und Prozesse als Selektionsleistungen ins Blickfeld (Luhmann 1969). Luhmann verbindet mit der Diskussion der Kategorien Komplexität, Zweck und Bestand den Anspruch, die Evolutionsbedingungen von Systemen und die Funktion von Strukturbildungen zu klären. Systeme erhalten ihre Identität in der Stabilisierung einer Innen-/Außendifferenz; sie haben die Funktion, Weltkomplexität sinnvoll so zu reduzieren, daß Erleben und Handeln möglich wird. Gesellschaft wird als System auf das Problem der komplexen Welt und den Universalhorizont menschlichen Strebens bezogen; die Systemgrenzen gewinnen Bedeutung als Lösung einer als Problem gefaßten Komplexität. Luhmann will den Sinn der Strukturbildung begründen und Zwecke als Formeln zur Gestaltung der Beziehungen mit der Umwelt im Hinblick auf funktionale Äquivalente, Strategien der Reduktion von Komplexität und Verhaltenssteuerung analysierbar machen. Strukturbildung wird damit zum Mittelpunkt funktionaler Problembewältigung, die alle Vergesellschaftungsprozesse betrifft. Erst im Horizont einer im System entwickelten Autonomie können Kausalfaktoren selektiv und vergleichend behandelt werden.

Medien zur Übertragung von Selektionsleistung sind Wahrheit, Macht, Liebe und Geld. Wahrheit präzisiert die Bedingungen, unter denen der Sinn von Wahrnehmung anerkannt werden muß; Macht überträgt und potenziert die in individuellen Entscheidungen schon enthaltenen Reduktionsleistungen; Geld überträgt eine unbestimmt bleibende Komplexität und Liebe eine personengebundene Sympathie. Diese generalisierten Medien der Problemlösung erlauben im Zusammenwirken mit Zwecken eine Rationalisierung unter Knappheitsgesichtspunkten.

3. *Analytische Wissenschaftstheorie*

Nach der analytischen Wissenschaftstheorie stimmen die theoretischen Sozialwissenschaften mit den Naturwissenschaften in den Methoden überein. Diese Methoden bestehen in der Aufstellung deduktiver Kausalerklärungen und in ihrer Überprüfung mit Hilfe von Prognosen (Albert 1971). Dieses Vorgehen nennt Popper (1935) die hypothetisch-deduktive Methode. Sie erreicht keine absolute Sicherheit für die wissenschaftlichen Aussagen, die sie prüft, sie behalten vielmehr stets den Charakter vorläufiger Hypothesen, die immer wieder strengen Prüfungen unterzogen werden müssen. Die theoretischen Sozialwissenschaften suchen also nach allgemeinen Hypothesen (Gesetzen), mit deren Hilfe sie die sozialen Phänomene erklären und voraussagen können. Sie versuchen außerdem, derartige Hypothesen zu umfassenden Systemen (Theorien) zu vereinigen, die die Erklärung größerer Komplexe sozialer Tatbestände ermöglichen. Eine Theorie, die auf Erfahrungsdaten bezogen ist, schließt auf Grund ihres nomologischen Charakters gewisse logisch-mögliche Vorgänge für alle Raum-Zeit-Gebiete aus und engt dadurch den Spielraum des tatsächlich möglichen Geschehens ein.

Deduktiv-hypothetische Theorien in den Sozialwissenschaften lassen sich hinsichtlich einer Reihe von Anwendungsmöglichkeiten analysieren: zur Erklärung sozialer Phänomene, zur Prüfung ihrer eigenen Richtigkeit, ihre Verwendung zur Voraussage, ihr technologischer Gebrauch und schließlich ihre Verwendung im Zusammenhang mit der kritischen Analyse sozialer Zustände und ihrer ideologischen Interpretationen (Albert 1964). Sozialwissenschaftliche Theorien nomologischen Charakters können in technologische Systeme verwandelt, also in eine Form gebracht werden, die die praktische Relevanz solcher Theorien in bezug auf bestimmte Probleme explizit macht. Die Anwendung der durch praktische Fragen in Gang gebrachten Problemlösungen soll sich nach Popper im Rahmen einer «rationalen Politik» der «Stück-für-Stück-Technik» (piecemeal engineering) halten, der die Ziele vorgegeben sind (→ kritischer Rationalismus).

Das Verhältnis zwischen Sozialtechnik und historischer Interpretation, wie es die analytische Gesellschaftstheorie entwirft, ist so gefaßt, daß jene sich auf generelle, gegenüber geschichtlichen Entwicklungen neutrale Gesetzmäßigkeit im Rahmen einer heuristisch fruchtbaren historischen Gesamtansicht stützen, die in letzter Instanz willkürlich gewählt ist. Demgegenüber verweist die dialektische Theorie auf die Diskrepanz zwischen praktischen Fragen und der Bewältigung technischer Aufgaben. Ihr geht es um die Realisierung eines Sinns, der über die Manipulation verdinglichter Beziehungen hinaus die Struktur eines gesellschaftlichen Lebenszusammenhangs im ganzen betrifft.

4. Kritische Theorie

Die systematischen Handlungswissenschaften Ökonomie, Soziologie und Politik haben wie die empirisch-analytischen Naturwissenschaften das Ziel, nomologisches Wissen hervorzubringen. Eine kritische Sozialwissenschaft sucht darüber hinaus, theoretische Aussagen über invariante Gesetzmäßigkeiten des sozialen Handelns von solchen über ideologisch festgefrorene, im Prinzip aber veränderliche Abhängigkeitsverhältnisse zu trennen: Eine von einem emanzipatorischen Erkenntnisinteresse geleitete Selbstreflexion und Ideologiekritik soll mit Informationen über Gesetzeszusammenhänge im Bewußtsein der Betroffenen selbst einen Vorgang der Reflexion auslösen, es damit verändern und damit praktisches Handeln ermöglichen.

In der Tradition des klassischen → Marxismus übernimmt das Proletariat die Funktion der Selbstbegründung der Theorie; es negiert das

Kapital als Produktionsverhältnis (Lukács 1923). Die kritische Theorie entstand in dem historischen Augenblick, als der Klassenantagonismus zunehmend unterdrückt wurde bzw. latent geworden war. Nun mußte die Theorie die Möglichkeit der Transformation unter nichtrevolutionären Bedingungen entwerfen und die Veränderung der ökonomischen und sozialen Verhältnisse interpretieren, um das Interesse an der Aufhebung des gesellschaftlichen Unrechts zu artikulieren, ohne sich der Zustimmung einer sozialen → Klasse sicher zu sein. Die kritische Theorie, die sich ihre eigene historische Herkunft aus dem objektiven Zusammenhang von Interessen, → Ideologien und Ideen bewußtmacht, gewinnt eine Dimension der Kritik auf hermeneutischem Wege (Adorno 1969, 1973) (→ Hermeneutik). Die «Dogmatik der gelebten Situation» wird im Gang durch eine Identifikation mit den geltenden Traditionen hindurch aufgebrochen und überholt (Habermas 1968). Die Begriffe der kritischen Theorie sind durch das in den Traditionen und Institutionen objektiv gewordene Sinnverständnis und die Selbstthematisierung sozialer Gruppen vermittelt. Kritische Theorie ist dem Erkenntnisprogramm der älteren G. verpflichtet, die einen gesamtgesellschaftlichen Bildungsprozeß reflektieren und eine jeweils gegenwärtige Situation kollektiven Handelns aus vergangenen Interaktionszusammenhängen rekonstruieren. Den objektiven Zusammenhang, in dem sich soziales Handeln konstituiert, definieren in ihrer Perspektive Arbeit, Herrschaft und Überlieferung. Horkheimer (1968) stellt die kritische Theorie der traditionellen gegenüber, die nicht auf den gesellschaftlichen Interessenzusammenhang reflektiert, aus dem sie hervorgeht.

Die kritische Theorie, die sich als Moment einer auf neue gesellschaftliche Formen abzielenden Praxis versteht, analysiert die Gegenwart im emanzipatorischen Interesse. Die Gesichtspunkte ihrer historischen Analyse, vor allem die Idee einer vernünftigen gesellschaftlichen Organisation, sind im gesellschaftlichen Lebensprozeß angelegt, ohne jedoch Individuen und sozialen Gruppen gegenwärtig zu sein. Kritische Theorie ist kritisch gegenüber einer Gesellschaft, deren ökonomisch grundlegende Struktur ein Klassenverhältnis und ein kapitalistisches Herrschaftsverhältnis bilden.

Das Programm eines *interdisziplinären Materialismus* von Horkheimer ist aus einer Krisendiagnose der Wissenschaft hervorgegangen. Horkheimer begreift Wissenschaft als Produktivkraft, welche die intellektuellen Voraussetzungen für eine wachsende Beherrschung der äußeren und der inneren Natur liefert; sie hat eine gesellschaftlich bedingte Struktur, deren Erscheinungsform sich im gesellschaftlichen Entwicklungsprozeß selbst verändert. Wahrheitsbezogenheit richtet sich auf die spezifische Autonomie der Wissenschaft und der Verallgemeinerbarkeit ihrer Erkenntnisse. Die Selbstentfaltung wissenschaftlicher Entwicklung teilt freilich die wachsende Widersprüchlichkeit des → Kapitalismus selbst. Der durch die bürgerliche Gesellschaft bewirkte Erkenntnisfortschritt verkehrt sich in sein Gegenteil: Die Sozialwissenschaften nehmen gesellschaftliche Objekte nach Kriterien der Verwendung, Verwertung und Verwaltung wahr. Wissenschaftsimmanent setzt sich dieser Strukturwandel in einer Beschäftigung mit der Eigenlogik von Gegenstandsbereichen fort; die Fiktion einer voraussetzungslosen Analyse der sozialen Wirklichkeit bedeutet gleichzeitig deren unkritische Reproduktion (Horkheimer 1967).

In der Theorie des kommunikativen Handelns geht Habermas (1981) der Frage nach, wie die Entstehung und Entfaltung moderner Gesellschaften als Rationalisierungsvorgang begriffen werden kann. Ausgangspunkt ist die Einschätzung, daß die von Marx, Weber, Horkheimer und Adorno zugrunde gelegten Handlungsbegriffe nicht komplex genug sind, um an sozialen Handlungen alle Aspekte zu erfassen, an denen gesellschaftliche Rationalisierung ansetzen kann und jene andererseits handlungs- und systemtheoretische Grundbegriffe vermengt haben, indem sie nicht präzise zwischen der Rationalisierung von Handlungsorientierungen sowie lebensweltlichen Interaktionen und dem Komplexitätszuwachs von Handlungssystemen unterschieden haben.

Habermas begreift Gesellschaften unter der Perspektive von System und → Lebenswelt. Lebenswelten stellen einen kulturell überlieferten und sprachlich organisierten Vorrat an → Deutungsmustern bereit: Die Kommunikationsteilnehmer finden den Zusammenhang zwischen objektiven, sozialen und subjektiven → Weltbildern inhaltlich interpretiert vor; die Lebenswelt verdankt ihre Gewißheit einem in die Intersubjektivität sprachlicher Verständigung eingebauten sozialen Apriori.

Zielgerichtete Handlungen werden aber nicht nur über Prozesse der Verständigung koordiniert, sondern über funktionale Zusammenhänge, die nicht intendiert sind. In der sozialen Evolution differenzieren sich Lebenswelt und System. Mit der Differenzierung entstehen entsprachlichte Medien wie Geld und Macht und eine kapitalistisch bedingte, zunehmend klassenunspezifisch sich auswirkende Verdinglichung kommunikativ strukturierter Handlungsbereiche. Die gesellschaftliche Institutionalisierung der Steuerung von Handlungsfolgen führt zur Abkopplung der Subsysteme zweckrationalen Handelns von der Lebenswelt. Die vorherrschende kognitiv-instrumentelle Rationalität dringt in Bereiche der Lebenswelt ein und kann in deren symbolischer Reproduktion Störungen hervorrufen. Proteste entstehen in der Habermasschen Perspektive zwischen System und Lebenswelt: Bei der Verteidigung bedrohter Lebensweisen geht es um deren Kern, die kommunikative Rationalität.

Kritische Theorie steht heute vor dem Anspruch, gegenüber der Stabilisierung kapitalistisch organisierter Gesellschaftssysteme deren Veränderbarkeit aus der Dynamik ökonomisch vermittelter Krisenprozesse und sozial interpretierter Interessen zu rekonstruieren.

Adorno, Th. W. u. a.: Der Positivismusstreit in der deutschen Soziologie. Neuwied 1969.
–: Negative Dialektik. Frankfurt/M. 1973.
Albert, H.: Plädoyer für kritischen Rationalismus. München 1971.
–: Theorie und Realität. Tübingen 1964.
Habermas, J.: Erkenntnis und Interesse. Frankfurt/M. 1968.
–: Zur Rekonstruktion des Historischen Materialismus. Frankfurt/M. 1976.
–: Theorie des kommunikativen Handelns. 2 Bde. Frankfurt/M. 1981.
– & N. Luhmann: Theorie der Gesellschaft. Frankfurt/M. 1971.
Horkheimer, M.: Zur Kritik der Instrumentellen Vernunft. Frankfurt/M. 1967.
–: Kritische Theorie. 2 Bde. Frankfurt/M. 1968.
– & Th. W. Adorno: Dialektik der Aufklärung. Amsterdam 1947.
Luhmann, N.: Zweckbegriff und Systemrationalität. Tübingen 1968.
Lukács, G.: Geschichte und Klassenbewußtsein. Berlin 1923.
Marcuse, H.: Der eindimensionale Mensch. Neuwied 1968.
Marx, K.: Grundrisse der Kritik der politischen Ökonomie. Berlin 1953.
–: Das Kapital. 3 Bde. Berlin 1962–64.
Parsons, T.: The Structure of Social Action. New York 1949.
–: The Social System. New York 1951.
–: Toward a General Theory of Action. New York 1951.
–: Societies. Englewood Cliffs 1966.
Popper, K. R.: Das Elend des Historizismus. Tübingen 1965.
–: Logik der Forschung. Wien 1935.
Topitsch, E. (Hrsg.): Logik der Sozialwissenschaften. Köln/Berlin 1965.

Claus Rolshausen

Gewalt

G. ist
- eine psychische und/oder physische Beeinträchtigung bzw. Schädigung der körperlichen und/oder geistigen Unversehrtheit von Menschen, von wem (in welcher Form und zu welchem Zweck) immer veranlaßt oder vollzogen;
- ein universelles politisches Mittel der Kontrolle, Steuerung oder Änderung sozialer Zustände und Prozesse;
- die aggressive zwischenmenschliche Kommunikation als Folge von Vernachlässigung bzw. Entstellung der Persönlichkeitsentwicklung.

Die Unterscheidung von G. ‹gegen Sachen› und ‹gegen Personen› ist rechtserheblich, begrifflich aber nachrangig, soweit nicht die ‹gegen Sachen› gerichtete G. mittelbar oder unmittelbar auch die Befindlichkeit von Sacheignern berührt.

Diese Definition bleibt unbefriedigend, weil bewertende und funktionale Aussagen verschwimmen. Das bezeichnet den Erkenntnisstand: Weder in der → Soziologie noch in anderen Disziplinen (sieht man von juristischen Kunstprodukten ab) steht ein Gegenstand fest, der einhellig als G. bezeichnet wird; entsprechend kann von einer bündigen Beurteilung dieses Phänomens keine Rede sein.

G. war und ist allerorten, Gewaltsamkeit scheint in der Geschichte immer vorhanden. Folglich hat G. selten als Exzeß, sondern meist als Normalität gegolten. Vor allem ist die G. «ein Prius» (J. Burckhardt), wenn sie aller möglichen Instrumentalität (etwa in Form einer als Abschrekkung organisierten Wehrhaftigkeit) unversehens über den Kopf wächst. Das macht die Klärung schwierig; denn ein derartiges «Eigengewicht der Gewalt» (Hilferding) beeinflußt allzu vordergründige Zweck-Mittel-Festlegungen im G.-Feld.

G. ist (im Gegensatz zur → Macht) immer zu beobachten, doch nur ungenau zu definieren. Dieses Dilemma beeinträchtigt auch ihre empirische Vermessung. Sieht man von Meinungserhebungen (etwa zur G.-Bereitschaft) einmal ab, so herrschen sozialstatistische bzw. sozialpsychologische Bemühungen vor (Gurr 1972; Waldmann 1977), deren Operationalisierung willkürlich bleibt. Resultate der → Aktionsforschung/teilnehmenden Beobachtung (Debray 1967) bzw. von Laboruntersuchungen (Milgram 1982) reichen nicht viel weiter. Das wichtigste Empiriefeld ist in diesem Arbeitsgebiet noch immer die Geschichte (Moore 1966; Papcke 1983; Calliess 1983). Ohne interpretative Optionen fällt die Analyse aber auch hier der «Aspekthaftigkeit» (Mannheim) werthaltiger Standorte anheim. Die weitere Aufhellung des G.-Problems hängt mithin ab von einer «geistigen Befreiung vom Unvermeidlichen», die Moore (1982, 659) als Erkenntnis-Chance empfiehlt. Erst solche Sensibilisierung vermag G. auch dort auszumachen, wo landläufig ‹Normalität› zu herrschen scheint. Freilich: Aufklärung über G. meint nicht deren Aufhebung, aber die wissenschaftliche ‹Entnormalisierung› von G.-Zuständen kann gewaltfreie Kommunikation denkbar machen.

Die obige G.-Definition fußt auf Ergebnissen der neueren Friedensforschung (→ Frieden). Unter Bezug auf Einsichten der Machtsoziologie (Hradil 1980) sieht sich das bloß formale, juristische bzw. phänomenologische G.-Verständnis in Frage gestellt. Dieser Innovationstransfer war verbunden mit der Aufdeckung einer «strukturellen Gewalt» (Galtung), die in Fortsetzung älterer G.-theorien eine Ursachenlehre von G. impliziert.

Diese Perspektive blieb (politisch wie wissenschaftlich) nicht unangefochten, da das Untersuchungsfeld nun alle gesellschaftlichen Ordnungsmuster in der Bandbreite von mehr oder weniger G. einschließt. Die Unterstellung von Strukturgewalt wirkt in mehrfacher Hinsicht ‹sozialbezüglich›: Dieser Optik entspricht eine anspruchsvolle Auffassung der möglichen «Gewaltfreiheit» (Narr 1983). G. sieht sich dort in Frage gestellt, wo sie als vermeidbar gilt! Die tatsächliche Vermeidbarkeit – etwa des Rassismus (→ Rasse) – mißt sich an den Zivilisationsstandards der innergesellschaftlichen Konfliktverwaltung, die damit selbst zum Gegenstand der G.-Forschung werden (→ Konflikt). Berührt die G.-Forschung (gleichsam als ‹dirty science›) derart systemeigene «Casus-belli Zonen» (Krockow), dann begibt sie sich in eine Außenseiterposition. Immer trifft die Analyse auf die bürokratische Vorgabe, G. sei mit G.-Sichtbarkeit gleichzusetzen. Das Unterfangen, die Normalität selbst auf ihre G.-Latenz hin auszuloten, gilt als Regelverletzung. Benennungstabus dieser Art gehören zur traditionellen Ordnungsstiftung, deren soziologische Inblicknahme erst seit Anfang der 70er Jahre weiterführende Frageimpulse in diesem Feld angeregt hat.

In Anlehnung an die Machtabstufung von Lukes (1974) ergeben sich drei Abstraktionsebenen, die unterschiedliche Wirkweisen der G. ebenso ausweisen, wie sie gegensätzliche Forschungsansätze prägen.

1. Das klassische Feld der G.-Studien ist der Bereich der «Individualgewalt». Hierzu zählen neben der (direkten/manifesten/personalen) Aggressivität, → Kriminalität, Brutalität etc. all jene geschichtlichen oder gegenwärtigen Gewalttätigkeiten, die im → Alltag augenfällig sind. Eine Katalogisierung und Bewertung solcher Ungeheuerlichkeiten ist oft versucht worden. Am Ende gleicht diese Vielfalt einem Feld der *Erscheinung ohne Kausalität,* weil die meisten (kriminologischen/politologischen etc.) Hypothesen solche G. einem Quasi-Naturalismus (Aggressivität, Bösartigkeit, Triebleben usw.) entnehmen, wohingegen gesellschaftliche Rückbezüge unterbleiben.

2. Auf einer komplexeren Stufe tritt G. als «Kollektivgewalt» ins Blickfeld. Hier ist der Zusammenhang von G. und gesellschaftlichen → Normen oder → Institutionen unabweisbar; freilich beschränkt sich das Studienfeld auf greifbare Vorkommnisse wie Staat, Recht, Polizei oder → Krieg, Anarchie und → Revolution. Schon solche Auflistung verweist auf die völlig unterschiedliche Ausprägung von «Kollektivgewalt». Ordnungsgewalt oder Änderungsgewalt, die in der Geschichte eine schillernde Rolle gespielt haben, sind gleichermaßen Unterformen dieser Stufe. Auf diesem Frageniveau herrscht mithin *Erscheinung als Kausalität.* Nicht zu lösen ist das hermeneutische Problem, wieso die analysierte G. durchaus nicht als solche empfunden zu werden braucht. Wie ist also zu erklären, daß zu allen Zeiten Ordnungsgewalt (etwa des Staates) Legitimität besaß? Die definitorische Markierung historischer Lagen als ‹gewaltsam› besagt nichts über die Akzeptanz derartiger Zustände.

3. Sollen «Individual- wie Kollektivgewalt» nicht als Produkt anthropologischer Bedürfnisse gelten, dann hat die G.-Theorie einen Schritt weiter zu gehen (→ Anthropologie). Gibt es in diesem Problemfeld eine *Kausalität ohne Erscheinung*? Kann G. wirken, wo Frieden besteht? Hier stößt die Diskussion auf eine Ebene der indirekten/latenten/nichtpersonalen, eben der strukturellen G. Der mit dem Terminus «Sozialverhältnisgewalt» veranschlagte Effekt stellt nicht allein Benachteiligung/Übervorteilung/Beeinträchtigung (mithin G.-Wirkungen) in Rechnung, die der Sozialnormalität einer Epoche entspringen; die Normalität selbst gilt hier als gleichsam «stumme Gewalt» (Marx). Dieser Ansatz (Senghaas 1971; Bourdieu/Passeron 1973; Papcke 1973; Galtung 1978) beruht auf der These, daß die G.-Zonen (1) und (2) ihrerseits mit Sozialkonstellationen vernetzt sind, obschon die mangelnde Trennschärfe der Beobachtung auf diesen Abstraktionsebenen den jeweiligen Hintergrund ausspart. Daraus ergeben sich zwei Bedingungen für jede G.-Theorie, die G. nicht mit oder aus G. erklären will: Zum einen bleibt festzuhalten, daß bislang *nur* «Konfliktvergesellschaftungen» (Dahrendorf) vorliegen, die laut Lenski (1973) ihre spezifische G.-Intensität der «Knappheit» lebenswichtiger Güter aller Art verdanken. Bei Marx, M. Weber, F. Oppenheimer, Pareto u. a. läßt sich nachlesen, welche «kratologischen Konsequenzen» (K. Löwenstein) diese Evolutionskonstante gezeitigt hat. Zum anderen ist unübersehbar, daß derart ‹Vergesellschaftung› ein anderer Ausdruck für ‹sozialstrukturelle Ungleichheit› (als ‹Teilung der Verteilung von Lebenschancen›) ist. Die Ausbildung, Sicherung, Umstrukturierung, Weiterentwicklung usw. solcher «relativen Deprivation» (W. G. Runciman) als Folge aller Aneignungsmuster in der Geschichte bildet die theoretisch hinreichende Erklärung jener Sozialschäden, die als G. in und von der Gesellschaft angerichtet werden.

Bourdieu, P. & J.-C. Passeron: Grundlagen einer Theorie der symbolischen Gewalt. Frankfurt/M. 1973.
Calliess, J. (Hrsg.): Gewalt in der Geschichte. Düsseldorf 1983.
Debray, R.: Revolution in der Revolution? München 1967.
Foucault, M.: Überwachen und Strafen. Frankfurt/M. 1977.
Galtung, J.: Gewalt, Frieden und Friedensforschung. In: Senghaas, D. (Hrsg.): Kritische Friedensforschung. Frankfurt/M. 1971.
–: Der besondere Beitrag der Friedensforschung zum Studium der Gewalt. In: Röttgers, K. & H. Sahner (Hrsg.): Gewalt. Basel/Stuttgart 1978.
Gurr, T. R.: Rebellion. Düsseldorf/Wien 1972.
Hradil, S.: Die Erforschung der Macht. Stuttgart 1980.
Lenski, G.: Macht und Privileg. Frankfurt/M. 1973.
Lukes, S.: Power. London 1974.
Milgram, S.: Das Milgram-Experiment. Reinbek bei Hamburg 1982.
Moore, B.: Zur Geschichte der politischen Gewalt. Frankfurt/M. 1966.

–: Ungerechtigkeit. Frankfurt/M. 1982.
Narr, W. D.: Über die Notwendigkeit und Möglichkeit, Gewalt zu bewerten. In: Calliess, J. (Hrsg.): Gewalt in der Geschichte. Düsseldorf 1983.
Papcke, S.: Progressive Gewalt. Frankfurt/M. 1973.
–: Formen und Funktionen von Gewalt in historischer und systematischer Perspektive. In: Calliess, J. (Hrsg.): Gewalt in der Geschichte. Düsseldorf 1983.
Röttgers, K. & H. Sahner (Hrsg.): Gewalt. Basel/Stuttgart 1978.
Senghaas, D.: Aggressivität und kollektive Gewalt. Stuttgart 1971.
– (Hrsg.): Kritische Friedensforschung. Frankfurt/M. 1971.
Waldmann, P.: Strategien politischer Gewalt. Stuttgart 1977.

Sven Papcke

Gewerkschaften

G. sind die Organisationen (Verbände, Zusammenschlüsse, Vereinigungen) der Lohnabhängigen oder abhängig Beschäftigten zur Verteidigung ihrer → Interessen in der Auseinandersetzung mit denjenigen, die über das → Eigentum an den Produktionsmitteln verfügen.

In den westlichen Ländern erfolgt die Auseinandersetzung mit den Unternehmern und ihren Verbänden sowie mit anderen Stellen, die den Unternehmen Unterstützung geben (wie staatliche Stellen, Industrie- und Handelskammern usw.).

Die Auseinandersetzungen finden statt und führen in der Regel zum Abschluß von Tarifverträgen, in denen Löhne bzw. Gehälter, sonstige Lohnbestandteile, Arbeitszeiten, Arbeitsbedingungen, gelegentlich auch Informationsrechte, Besetzungsregeln bei Arbeitsplätzen, Mitbestimmungsrechte u. ä. vereinbart werden. Die Tarifpolitik – d. h. das Aushandeln von Tarifverträgen – ist das wichtigste Mittel der G., um dauerhafte Regelungen zum Schutz der Lohnabhängigen zu erreichen. Neben diesen Schutzvorkehrungen bemühen sich die G., aktiv auf die Gestaltung der Arbeits- und Lebensbedingungen der Beschäftigten einzuwirken.

Voraussetzung für eine wirksame Aushandlung von Tarifverträgen ist das Streikrecht. Dieses ist allerdings heute in den westlichen Ländern erheblich eingeschränkt, in Westeuropa am meisten in der BRD (z. B. durch Friedenspflichten, Schlichtungszwang, Flächenstreikverbot bei Auseinandersetzungen in einzelnen Betrieben und andere juristische Beschränkungen des Streikrechts).

Neben der Tarifpolitik ist die Wahrnehmung von Partizipationsrechten (→ Partizipation) an Entscheidungen in den Betrieben heute in allen westlichen Ländern einer der wichtigsten Bereiche gewerkschaftlicher

Tätigkeit. In der BRD haben diese Partizipationsrechte die verschiedenen Formen der (hochgradig verrechtlichten) Mitbestimmung angenommen (nach BetrVG, nach den verschiedenen Mitbestimmungsgesetzen, in der Montanmitbestimmung, nach Personalvertretungsgesetzen). In der BRD stellen die G. des DGB – bei einem Organisationsgrad aller Beschäftigten von etwa 40% – z. B. 80% aller betrieblichen Interessenvertreter, die alle drei Jahre in den Betrieben von der Belegschaft (d. h. den organisierten und unorganisierten Belegschaftsangehörigen!) gewählt werden.

Weitere Tätigkeitsgebiete der G. sind die Bildungspolitik, d. h. sowohl Einwirkung auf die staatliche Bildungspolitik als auch eigene umfassende Bildungstätigkeiten. Daneben sind die G. als eine der ‹gesellschaftlichen Gruppen› an den Prozessen der Willensbildung im staatlichen und vorparlamentarischen Raum beteiligt (in der Sozialpolitik, in der Wirtschaftspolitik, in der Technologiepolitik, in der Medienpolitik, u. a. durch die Wahrnehmung von Funktionen in der Selbstverwaltung der Arbeitsämter, in den Medien und in zahlreichen anderen → Institutionen).

Diese Beteiligung an der Willensbildung im politischen Raum umfaßt auch häufig die Wahrnehmung von politischen Mandaten in den Parteien und in den Parlamenten (in der BRD vornehmlich in der SPD, aber auch in der CDU) durch G.-Funktionäre. Dabei taucht stets die Frage auf, ob auf diesem Wege gewerkschaftliche Vorstellungen in die Parteien oder Ziele der Parteien in die G. übertragen und dort wirksam gemacht werden. In einigen G. in westlichen Ländern gibt es ein Verbot, neben gewerkschaftlichen Funktionen Parteifunktionen zu übernehmen.

In der BRD ist nach 1945 bewußt die Form der Einheitsgewerkschaft geschaffen worden, in der alle politischen Kräfte zur Durchsetzung gemeinsamer gewerkschaftlicher Vorstellungen und Forderungen zusammenarbeiten. In anderen Ländern gibt es für die verschiedenen politischen Richtungen jeweils eigene Richtungsgewerkschaften. Das Organisationsprinzip der G. in der BRD ist das Industrieprinzip, wonach in einem Betrieb lediglich eine G. Mitglieder organisieren soll. Gesonderte G. für Arbeiter, Angestellte und Beamte gibt es daher innerhalb der DGB-Gewerkschaften nicht. Außerhalb der DGB-Gewerkschaften gibt es noch relativ kleine G.-Organisationen, die insbesondere Angestellte (wie die DAG) oder Beamte (wie der Deutsche Beamtenbund) organisieren.

Zur Wahrnehmung ihrer verschiedenen Aufgaben haben die G. umfassende und tiefgegliederte ehren- und hauptamtliche Strukturen entwickelt. Diese Strukturen ‹repräsentieren›, gebunden an formelle Willensbildungs- und Delegationsprozesse, die Mitgliedschaft. Diesen Strukturen steht die gewerkschaftliche ‹Basis›, d. h. die Masse der

Mitgliedschaft, oft etwas fern. Zwar gehen alle wichtigen gewerkschaftlichen Entscheidungen und Aktionen auf Willensbildungsprozesse (Beschlüsse der G.-Tage bzw. Bundeskongresse, Beschlüsse der Tarifkommissionen usw.), also auf die ‹Basis›, zurück, doch wird die eigentliche Willensbildung großenteils in repräsentativen Strukturen vorgenommen. Es gibt lediglich einen Bereich, wo die Mitgliedschaft noch unmittelbar an der Willensbildung beteiligt ist: bei der Wahrnehmung des Streikrechts. Hier ist noch die unmittelbare Zustimmung der Mitgliedschaft in der sog. Urabstimmung stets erforderlich.

Durch die Entwicklung zur befestigten Massenorganisation (G. Briefs) hat sich in den G. eine Hierarchie von Entscheidungsebenen herausgebildet, die zu vielfältigen Formen von solcher Stellvertreterpolitik, d. h. der Wahrnehmung von Interessen ‹stellvertretend› für die betroffenen Beschäftigten, geführt hat.

Die so entstandene gewerkschaftliche Hierarchie und → Bürokratie ist jedoch grundlegend anders gestaltet als im Bereich der Betriebe und Staatsbürokratien, weil die G. doch stets demokratische Massenorganisationen sind, bei denen jede Aktion der ehrenamtlichen und hauptamtlichen Strukturen in irgendeiner Form zumindest von der Willensbildung an der Basis abhängig ist.

Gerade der heute vorherrschende Typ der institutionalisierten und bürokratisierten G. macht andererseits einen solchen demokratischen Grundprozeß unerläßlich, da die Freiwilligkeit der Mitgliedschaft, die rechtlichen und faktischen Einschränkungen der G.-Tätigkeit in den Betrieben, in der → Öffentlichkeit und in der Politik die Schaffung eines Anreizes zum Beitritt in Form von Aktions- und unmittelbaren Beteiligungsmöglichkeiten an gewerkschaftlichen Prozessen erforderlich machen.

Auch die befestigten G. sind «lose Vereinigungen» (Lenin), in denen stets unterschiedliche Positionen nebeneinander existieren, in denen unterschiedliche Interessen innerhalb des gemeinsamen Spektrums der Interessen der abhängig Beschäftigten miteinander konkurrieren, in denen Widersprüche laufend auftauchen und diskutiert und ausgetragen werden müssen usw.

Die G. sind also kein monolithisches Gebilde. Die Organisationsprinzipien der staatlichen oder der privaten Wirtschaftsorganisationen sind daher großenteils auf die G. nicht anwendbar. Dennoch wird in der Zukunft, weil davon gerade auch die Kampfkraft der G. abhängt und weil diese Kampfkraft durch die weiteren ökonomischen Verschärfungen und die ihnen entsprechenden politischen Konstellationen noch stärker gefordert sein werden als bisher, eine verstärkte Öffnung der Willensbildung und der konkreten Tätigkeiten in den G. für die Basis erforderlich werden. Erforderlich wird zugleich – insbesondere im Zusammenhang mit den sich ergebenden verschärften Konfrontationen vor dem Hintergrund perspektivloser ökonomischer Stagnation und Krisenhaftigkeit – ein Abbau weit verbreiteter sozialpartnerschaftlicher Vorstellungen und Praktiken. Eine Schlüsselrolle kommt hierbei der Arbeit der gewerkschaftlichen Vertrauensleute zu. Sie sind das entscheidende Bindeglied zwischen konkreten Erfahrungen der G.-Mitglieder im Betrieb, im überschaubaren Bereich, und der zusammengefaßten Aktionen der G. als betrieblicher, tarifpolitischer und gesellschaftlicher Gesamtorganisation.

Die G. haben neben der Aufgabe, die Interessen der abhängig Beschäftigten gegenüber Unternehmen und Unternehmerverbänden, gegenüber dem Staat und gegenüber anderen Gruppen zu verteidigen, die weitere Aufgabe, die abhängig Beschäftigten zu organisieren und zu gewissen Aktionen zusammenzuführen und dafür einheitliche Konzeptionen zu entwickeln und zu propagieren. Sie haben also in bezug auf ihre eigenen Bereiche und ihre Mitgliedschaft auch Überzeugungs-, Bildungs-, Beratungs- und sonstige Hilfestellungsaufgaben.

Diese Aufgaben haben ihre Entsprechung im Hineinwirken der G. in die wissenschaftliche Diskussion. Für die wissenschaftliche Auseinandersetzung bedeutet das nämlich insbesondere, daß die G. die Erfahrungen der Beschäftigten in den Betrieben, im Arbeitsprozeß, die reale Welt der Betriebe, gespiegelt in den Erfahrungen und Verarbeitungsweisen sowie Interessen der Massen der Beschäftigten, in die Diskussion auf wissenschaftlichem Gebiet einbringen müssen.

Aus der geschichtlichen Entwicklung der G. lassen sich zahlreiche Gegenstände und Zusammenhänge für die wissenschaftliche Arbeit rekonstruieren, die bei der Entwicklung der bürgerlichen Wissenschaft weitgehend auf der Strecke geblieben sind.

Grundlegend auch für die sozialwissenschaftliche Forschung ist die Wahrnehmung des gewerkschaftlichen Selbstorganisationsprozesses als Ausdruck der in den Prozessen der gesellschaftlichen → Arbeit ständig stattfindenden Selbstorganisation der Beschäftigten.

Abendroth, W.: Die deutschen Gewerkschaften. Heidelberg 1955[2].
Briefs, G.: Zwischen Kapitalismus und Syndikalismus. Bern/München 1952.
–: Das Gewerkschaftsproblem gestern und heute. Frankfurt/M. 1955.
Coates, K. & T. Topham: Workers' Control. London 1970.
Lenin, W. I. & J. W. Stalin: Über die Gewerkschaften. 2 Bde. Kommission des Bundesvorstandes des Freien Deutschen Gewerkschaftsbundes. Berlin (DDR) 1955.

Ulrich Briefs

Gleichheit

Der Begriff G. ist eine zentrale Kategorie der → Soziologie. Sowohl seine Definition als auch seine Anwendung erfahren eine zweifache Anbindung: *empirisch-phänomenologisch* wird diese Kategorie zur Feststellung von gleichen Merkmalen in bezug auf Verhalten, → Einstellungen, Kommunikationsstrukturen, Wirkungsmöglichkeiten etc. verwendet; *normativ* drückt G. ein bestimmtes Verhältnis von ‹soziologischen Personen› oder Gruppen in bezug auf eine gesellschaftliche Gesamtheit oder Teilgesamtheit aus, wobei das gewünschte Maß an G. hier Berücksichtigung finden soll. G.-Vorstellungen sind aus diesem Grund auch immer ideologisch bzw. ideologiekritisch (→ Ideologie).

Vorbürgerliche G.-Konstruktionen, vor allem in der Philosophie, beschäftigen sich überwiegend mit der G. der Menschen vor einer unkonkreten Instanz (Natur, Gott, Gesetz) oder für eine solche Instanz (Monarch, Kirche, staatliche Hierarchie). Sie werden zur Rechtfertigung oder Kritik weiterbestehender realer Ungleichheit benutzt. Eine damals normative G., z. B. die aller Menschen vor Gott, meinte zugleich eine geminderte Bedeutung der im wirklichen Leben herrschenden Ungleichheiten. Daneben gibt es Begründungen normativer Ungleichheit, z. B. die lange Zeit nicht hinterfragte ‹natürliche› Ungleichheit zwischen den Geschlechtern (→ Frauenbewegung), den → Rassen bzw. zwischen → Eliten und dem gewöhnlichen Volk.

Eng mit der G. war schon immer der Begriff der Vergleichbarkeit verbunden, der einen stets wertenden, manchmal zusätzlich empirisch-messenden, Maßstab bedeutet (s. u.).

Mit dem Entstehen der bürgerlichen Gesellschaft gewinnt G. die Dimension, die sie auch heute noch für die Soziologie hat: Sie wird eine zentrale Kategorie für das verwirklichte Maß an individuellen und kollektiven Handlungs- und Entfaltungsmöglichkeiten in einem gegebenen gesellschaftlichen Kontext. Die Vergleichsmaßstäbe sind nun nicht mehr überwiegend normativ im Hinblick auf Gott oder die Natur. Sie lassen sich in vier Gruppen einteilen:

1. Ideologische G.-Theorien verweisen z. B. auf Rassenbiologismus, Begabung, moralische Differenzierungen;
2. herrschaftstechnische Maßstäbe bestimmen das Maß an Ungleichheit aus den gegebenen oder angestrebten Funktionshierarchien (→ Herrschaft);
3. ordnungspolitische Maßstäbe ordnen Ungleichheiten und G. gewünschten politischen Kontexten zu;
4. sozialpolitische Maßstäbe sind der Reflektor tatsächlich durch die ökonomische Situation gegebener Ungleichheiten.

Die Erforschung der Bedingungen für derartige Maßstäbe ist eine der Hauptaufgaben der Soziologie im Zusammenhang mit der → politischen Ökonomie.

Der G.-Begriff der bürgerlichen Gesellschaft hat zwei normative Dimensionen: Eine Dimension verweist auf die Verwirklichung der gleichen Chancen innerhalb eines gegebenen politischen oder ökonomischen Kontexts und führt zur Formulierung von rechtsstaatlichen und sozialstaatlichen Prinzipien, die diese sozialökonomischen Gegebenheiten immer wieder zugunsten einer noch konsensfähigen Sozialstruktur relativieren (→ Sozialgeschichte). Die andere beinhaltet die G. zur Selbstverwirklichung (nicht nur die Freiheit dazu! Diese ist gespeist durch die Idee vom ‹guten Leben›, vgl. die amerikanische Unabhängigkeitserklärung); sie verbindet sich immer wieder mit Vorstellungen, welche die gegebenen Systemgrenzen überschreiten (→ Utopie). G. bedeutet hier gerade die Gleichwertigkeit ungleichartiger oder ungleichzeitiger Merkmale, sofern sie unter einem übergeordneten Gesichtspunkt ‹allgemeiner Demokratie› vereinbar sind, z. B. bei material gewährleisteten Menschenrechten (Narr) oder in einem marxistischen Verständnis von Heimat (Ernst Bloch).

Soziologisch ist die G.-Kategorie auf ein reales Bezugssystem angewiesen (z. B. Bildungssystem, Organisationsplan, Zugangsrechte etc.). Wie weit die *ideologischen* Rechtfertigungen darin enthaltener realer Ungleichheit von der G.-Norm abweichen, ist ein wichtiger Indikator für die Widersprüchlichkeit der Vergleichbarkeitsnorm, z. B. in der staatlichen Gesetzgebung oder in der informellen Hierarchie einer → Gruppe (Beispiele: ‹Chancengleichheit› versus Anerkennung von Gesamtschulabschlüssen; G.-Postulate einer Organisation bei gleichzeitig untergeordneten Chargen für Frauen in derselben).

Analog zur Kritik der bloß ‹formalen› Demokratisierung wird gegenwärtig der G.-Begriff stärker als früher inhaltlich gefaßt, z. B. in Verbindung mit Handlungspotentialitäten: G. ist dann oft synonym mit ‹Unbeschränktheit› bzw. mit Freiheit von externen Manipulationen (Beispiele: G. des Zugangs zu Informationen oder auch zu Naturräumen); durch die Weltökonomie wird auch der Aspekt wichtig, wieweit G. in einem System auf der Ungleichheit in anderen Systemen beruhen muß (z. B. Konsum der der Dritten Welt abgepreßten Güter: → Ausbeutung, → unterentwikkelte Länder). In Anknüpfung an frühere Freiheitstheorien mit dem Primat der G. (Babeuf) stehen Verteilungstheorien unter politisch-ökologischem Aspekt (Harich) politischen Ansätzen gegenüber, die die Freiheit der Französischen → Revolution dialektisch so fassen, daß G. eine Bedingung für die Sozialstruktur einer demokratischen Gesellschaft ist, aber selbst nur bedingt durch Freiheit und Brüderlichkeit vorstellbar ist (Brückner) oder als Verbindung der → Arbeit ohne Arbeitszwang mit demokratischen Verkehrsformen («Selbstregulierung» bei Negt/Kluge).

Für die → Forschung hat der G.-Begriff die typische Schwierigkeit, über die Ideologie des Auftraggebers interpretiert zu sein, sofern die Arbeit ‹wissenschaftliche Politikberatung› beinhaltet (vgl. die unterschiedlichen Akzente zwischen den Parteien z. B. in Bildungsberichten oder Familienberichten: → empirische Sozialforschung). Der Methodenausweis (→ Methodenprobleme) wird hier entweder völlig formalisiert (z. B. über die → Statistik) oder über die Vergleichbarkeitsnormen ideologisch vermittelt (z. B. in Studien über Sozialindikatoren oder über die Gleichstellung von Frauen in der Gesellschaft: → sozialer Wandel, → Frauenforschung). Über die letztere Art der Vermittlung gerät der Begriff auch in die Spannung zwischen ‹normal› und ‹abnorm, pathologisch›, die von der französischen Soziologie besonders hervorgehoben wird (Foucault), wobei der ‹legitime› Genuß der Gleichheit meist den Normalen zugesprochen wird, während die Außenseitergruppe hier diskriminiert ist (z. B. Ausländerpolitik, Kinderrechte, Kranke etc.); im Extrem kann von einer Setzung der Vergleichbarkeitsnorm durch die Funktionselite gesprochen werden (Ärzte, Therapeuten, Anwälte etc.), denen sich die Klientel (Patienten, Mandanten) beugen muß. Kritisch kann der hier aufgezeigte Ansatz zur Ortung von ‹verdeckter Ungleichheit› führen, wenn nämlich durch Isolation der einzelnen Bedürfnisse eine G. voraussetzende Teiltotalität im eigenen Lebenszusammenhang gar nicht hergestellt werden kann.

Babeuf, F. N.: Der Krieg zwischen Reich und Arm. Kommentiert von P. Fischer. Berlin 1975.
Bloch, E.: Abriß der Sozialutopien (= Kap. 36: Freiheit und Ordnung, A.d.S.). In: Ders.: Das Prinzip Hoffnung. Frankfurt/M. 1959.
Brückner, P.: Freiheit, Gleichheit, Sicherheit. Frankfurt/M. 1966.
Harich, W.: Kommunismus ohne Wachstum. Reinbek bei Hamburg 1975.
Rees, J.: Soziale Gleichheit. Frankfurt/M. 1974.
Rousseau, J.-J.: Der Gesellschaftsvertrag. Stuttgart 1966.
Negt, O. & A. Kluge: Geschichte und Eigensinn. Frankfurt/M. 1982.

Michael Daxner

Gruppe

In seiner «Theorie der sozialen Gruppe» schrieb Homans (1950): «Es gibt nach wie vor nur einen hinreichenden Grund zum Studium der Gruppe: Die reine Schönheit des Gegenstandes und der Zauber der Erkenntnis jener formalen Beziehungen, die in der scheinbaren Unordnung alltäglichen Verhaltens liegen» (Homans 1972[6], 418). Eine vergleichbare hymnische Laudatio auf das G.-Thema kann man sich in einem aktuellen sozialwissenschaftlichen Text kaum vorstellen. In den Jahren um 1940 bis 1960 gab es ein so starkes Interesse am Studium von sozialen G.n, daß von einer «Kleingruppenbewegung» die Rede war (Knowles 1982, 19); doch eineinhalb Jahrzehnte später fragte Steiner (1974): «Was passierte mit der Gruppe in der Sozialpsychologie?» Ein führender Repräsentant der Hochkonjunktur der Kleingruppenforschung kann nur resigniert feststellen, daß dieser heute kaum mehr Interesse gilt (Zander 1979). Was vor wenigen Jahren nicht vorstellbar war, fällt heute kaum mehr auf: Zwei gerade erschienene Lehrbücher der Sozialpsychologie von sehr unterschiedlicher theoretischer Provenienz enthalten kein Kapitel über G.-Forschung mehr (vgl. Brandstätter 1983; Wexler 1983).

Dem zunehmenden Desinteresse an der Kleingruppenforschung entspricht allerdings kein Desinteresse an G.-Prozessen. Es läßt sich vielmehr fast ein gegenläufiger Trend konstatieren. Das Thema ‹Gruppendynamik› übte in den 70er Jahren eine fast magische Anziehungskraft aus. Horst Eberhard Richter formulierte das neu erwachte Interesse 1972 in einem Buchtitel: «Die Gruppe. Hoffnung auf einen neuen Weg, sich selbst und andere zu befreien.» In einem anderen Buch mit dem Titel «Emanzipatorische Gruppendynamik» wurde als Leitfrage formuliert, «*wie* ... notwendige Emanzipation mit Hilfe gruppendynamischer Verfahren vorangetrieben werden kann» (Fritz 1974, 10). Dieser politische Akzent blieb allerdings bald auf der Strecke; gruppendynamische Selbsterfahrung ging in das Standardrepertoire der sich etablierenden Psychokultur ein und kann heute unter der Überschrift «Gruppen-Verführung» abgehandelt werden (v. Hentig 1980).

Das Stichwort G. führt in mindestens zwei völlig voneinander geschiedene ‹communities›, von denen die eine ihre Grundlage in der experimentellen Laborforschung (→ Methodenprobleme) hat und von daher immer wieder mit der Frage konfrontiert wird, ob ihre Ergebnisse irgendeine alltagsbezogene Relevanz haben. Die andere hat sich weitgehend außerhalb akademischer Forschungstraditionen etabliert und bezieht ihre konzeptuellen Ressourcen am ehesten aus klinischen Erfahrungszusammenhängen (→ Forschung). Beide reklamieren jedoch als Gründungsfigur Kurt Lewin für sich, und das mit durchaus akzeptablen Gründen. In den letzten Jahren des Zweiten Weltkriegs und in der unmittelbaren Nachkriegszeit begründete Lewin ein Forschungsprogramm, in dem auf erfahrungswissenschaftlicher Grundlage das ‹demokratische Potential› von G. untersucht werden sollte. Die initiierten Projekte zeichneten sich durch große Lebensnähe und durch methodologische Innovation (hier liegt der Ursprung der → Aktionsforschung) aus, die in der späteren experimentellen Kleingruppenforschung unter dem Diktat experimenteller Laborforschung fast völlig verlorenging. Hier wird man einen der Gründe für das abnehmende Interesse an dieser Art von G.-Forschung suchen müssen. Die zugleich wachsende Bedeutung gruppendynamischer Prozesse und die dadurch steigenden Möglichkeiten ihrer marktmäßigen Ausbeutung erklären sich wohl am ehesten über den Zerfall traditioneller Vergesellschaftungsmuster (Familie, Nachbarschaften z. B.).

Konzepte und Modelle der G.-Forschung

Die heute gängigen Konzepte zur Erfassung von G.n und G.-Prozessen sind wesentlich traditionsreicher als die beiden beschriebenen ‹communities›. In Aufsätzen mit Titeln wie «Die quantitative Bestimmtheit der Gruppe» oder «Die Selbsterhaltung der sozialen Gruppe» brachte Georg Simmel zu Beginn dieses Jahrhunderts begriffliche Anstöße, die erhebliche Wirkung erlangten und vor allem von L. v. Wiese in seiner «Allgemeinen Beziehungslehre» systematisch elaboriert wurden. In den von ihm benannten Merkmalen des «Idealtypus der Gruppe» (1933, 449) tauchen Kriterien auf, die auch heute noch Bestand haben können (z. B. «relative Dauer und relative Kontinuität», Funktionsdifferenzierung, «Entstehung von Traditionen und Gewohnheiten», «Vorstellungen von der Gruppe bei ihren Mitgliedern»). Nehmen wir als Beispiel einer aktuellen Definition sozialer G.n diejenige von Schäfers:

«Eine soziale Gruppe umfaßt eine bestimmte Zahl von Mitgliedern (Gruppenmitgliedern), die zur Erreichung eines gemeinsamen Ziels (Gruppenziel) über längere Zeit in einem relativ kontinuierlichen Kommunikations- und Interaktionsprozeß stehen und ein Gefühl der Zusammengehörigkeit (Wir-Gefühl) entwickeln. Zur Erreichung des Gruppenziels und zur Stabilisierung der Gruppenidentität ist ein System gemeinsamer Normen und eine Verteilung der Aufgaben über ein gruppenspezifisches Rollendifferential erforderlich» (1980a, 20).

Zur Unterscheidung verschiedener Typen von G. wurden differenzierende Begriffspaare geprägt, die an unterschiedlichen strukturellen Merkmalen von sozialen G.n ansetzen:

- Primär- versus Sekundärgruppen: Das Konzept der Primärgruppen geht auf C. H. Cooley zurück, der damit jenen Typus von G. zu beschreiben versucht, der dem → Individuum am frühesten und umfassendsten Erfahrungen von der sozialen Wirklichkeit vermittelt (z. B. → Familie, Spielgruppe der Kinder, Nachbarschaft), also von besonderer Sozialisationsrelevanz ist. Sekundärgruppen sind all jene G.n, denen man rollengemäß zugehört, die aber nicht die Identität entscheidend prägen.
- formelle versus informelle G.: Bei der Analyse von Organisationen (→ Organisationssoziologie) stößt man auf das Phänomen, daß die zweckrational vom Organisationsziel her geplanten G.-Bildungen (formelle G.n) nicht identisch sind mit jenen sozialen Assoziationen, die sich im Rahmen der Organisation auf Grund subjektiver Präferenzen herausbilden und die formellen Ziele unterstützen, aber auch unterlaufen können (informelle G.n). Diese ‹Entdeckung› ist ein

Produkt der → ‹human relations›-Bewegung, in der der ‹subjektive Faktor› als wichtiger Produktionsfaktor aufgenommen wurde (Gukenbiehl 1980a, 63).

- Bezugs- versus Mitgliedschaftsgruppe: Die reale Zugehörigkeit zu einer spezifischen G. (Mitgliedschaftsgruppe) bedeutet nicht, daß diese G. von zentraler oder deterministischer Bedeutung für Handlungsorientierungen und -normen ist. Solche G.n, die als normative Orientierungssysteme für alltägliches Handeln gelten, sind Bezugsgruppen (vgl. Gukenbiehl 1980b).

Ein weiterer wichtiger und häufig untersuchter G.-Typus ist der der peer-(oder Gleichaltrigen-)G. Diese sind «Primärgruppen von Kindern und Jugendlichen, die aus meist gleichaltrigen und durchweg gleichgelagerten Jugendlichen bestehen und deren Mitglieder sich der sozialen Kontrolle der Gruppe unterwerfen. Die zentrale Funktion dieser Primärgruppen ist ihr Sozialisationsbeitrag zur Entwicklung der sozialen Identität» (Machwirth 1980, 261).

In der Geschichte der G.-Forschung lassen sich die Spuren sozialwissenschaftlicher Theoriebildung in ihrer ganzen konkurrierenden Vielfalt nachzeichnen. Die wichtigsten seien hier rekapituliert. Die erste Gruppe bezieht ihre konzeptuellen Potentiale aus einer psychologischen, die zweite aus soziologischer Tradition:

(1) *Psychologisch* begründete Modelle (nach Sader 1976, 44ff):

- Persönlichkeitsorientiertes Paradigma: Die Bedeutung von G.-Einflüssen auf individuelles Verhalten (z. B. Suggestibilität oder Konformismus) bzw. die funktionale Notwendigkeit von G.n für das Individuum wird über Persönlichkeitsmerkmale begründet (z. B. Ich-Schwäche, autoritäres Syndrom).
- Lerntheoretisches Paradigma (→ Lerntheorie): G.-Prozesse lassen sich verstärkungstheoretisch formulieren (→ Behaviorismus). Das bekannteste Beispiel für diese Herangehensweise ist das Werk von Homans (1972[6]).
- Kognitives Paradigma: Die Funktion von G.n wird in der Bereitstellung überdauernder Orientierungs- und Organisationsschemata gesehen.

(2) In *soziologischen* Theorietraditionen begründete Modelle (nach Mills 1967):

- Das quasi-mechanische Modell: Die G. ist eine Art Interaktionsmaschine, die einer universellen und invarianten gesetzmäßigen Systematik folgt.
- Das organismische Modell: G.-Bildung wird wie organismisches Wachstum gedacht, das sich über spezifische Stadien auf einen Zustand der Reife hin entwikkelt. Die funktionale Differenzierung wird unter dem Gesichtspunkt einer sich auch darin erfüllenden organischen Ganzheit gesehen.
- Das Konfliktmodell (→ Konflikt): Unter der Bedingung des Mangels an Freiheit, Positionen und Ressourcen muß in konflikthafter Weise über die Verteilung dieser knappen Güter verhandelt werden. Die Überlebensfähigkeit einer G. hängt davon ab, in welchem Umfang es ihr gelingt, die widerstreitenden → Interessen und Bedürfnisse ihrer Mitglieder zu koordinieren und zu Kompromissen zu verarbeiten.
- Das Gleichgewichtsmodell: Der Bestand einer G. hängt davon ab, ob sie als System einen Gleichgewichtszustand erreichen kann. Jede Störung, ob von außen oder innen kommend, löst Aktivitäten aus, die auf die Wiederherstellung des ursprünglichen Gleichgewichtszustandes hinwirken.

- Das struktur-funktionale Modell: Die G. wird als zielorientiertes und seine Bestandsgrenzen erhaltendes System gesehen. Der Prozeß der Zielerreichung enthält Risiken für den G.-Bestand und erfordert interne Wandlungsprozesse, die immer wieder Integrationsleistungen notwendig machen (→ Integration).
- Das kybernetische Wachstumsmodell: Menschliche Gruppen werden als informationsverarbeitende Systeme betrachtet, die in der Lage sind, ihre Fähigkeiten zu erweitern, aus Erfahrungen zu lernen, sie bewußt zu verarbeiten und dadurch zu zunehmend komplexeren Leistungen fähig zu werden.

Hauptfragestellungen der empirischen Kleingruppenforschung

Aus der kaum übersehbaren Fülle der experimentellen Kleingruppenforschung, die auf der Suche nach allgemeinen Gesetzmäßigkeiten des Gruppengeschehens ist, lassen sich folgende Schwerpunkte herausarbeiten (vgl. dazu Götz-Marchand 1980):

- Genetischer Aspekt der G.-Bildung: Unter dem Anspruch der Analyse der ‹sachimmanenten Entfaltungslogik› (Crott 1979, 220) der G.-Entstehung sind verschiedene Phasenmodelle aufgestellt worden, die meist von dem Ausgangszustand der amorphen Assoziierung einzelner Individuen ausgehen, dann eine Phase der G.-Strukturierung annehmen (Status- und Rollenzuweisung) (→ Rollentheorie), den Prozeß der Normensetzung (→ Normen) unterscheiden und schließlich die Phase der Aufgabenbewältigung oder Zielerreichung postulieren.
- Konformität in G.n: Klassische G.-Experimente (z. B. von Sherif und Asch) haben danach gefragt, bis zu welchem Grad normierender G.-Druck das Urteil des einzelnen G.-Mitglieds beeinflussen kann und wie auf Devianz reagiert wird. Ursprüngliche Annahmen, daß der einzelne vollständig den konsensuellen Validierungsprozessen im G.-Verband ausgeliefert ist, wurden später differenziert, Persönlichkeitsdifferenzen herausgearbeitet (z. B. das Autoritarismussyndrom) und die Bedeutung des zu beurteilenden Sachverhalts betont.
- G.-Leistung: Die klassische Fragestellung der → Sozialpsychologie bezog sich auf den ‹Leistungsvorteil der Gruppe›, auf ihre ‹übersummative Qualität›: Ist das Problemlösungspotential einer G. demjenigen einzelner Individuen bzw. deren additiver Verknüpfung überlegen? Die Antworten waren zunächst bestimmt von einem Dogmenstreit (Individualismus – Kollektivismus) und fallen heute sehr differenziert aus. Der reale Leistungsvorteil bei G.-Leistungen oder -Entscheidungen ist abhängig von der Aufgabenstruktur, der Kommunikationsstruktur in der G. und der bei Mitgliedern vorhandenen Problemlösungskapazitäten.
- G.-Führung: Über Jahrzehnte waren persönlichkeitstheoretische oder Eigenschaftsmodelle der Führung vorherrschend (der ‹geborene Führer›, ‹Führungspersönlichkeit›), ehe dann empirisch gezeigt wurde, daß die Qualität eines spezifischen Führungsverhaltens entscheidend von der jeweils zu bearbeitenden Problemstellung abhängt (eine innovative Lösung ist unter autoritären Führungsbedingungen viel weniger zu erwarten als bei partizipativer Führung). Ein immer wieder bestätigter Befund zeigt, daß in G.n sozioemotionale und aufgabenbezogene Führung selten von der gleichen Person wahrgenommen werden (hier spricht man von ‹Führungsdual› oder ‹Divergenztheorem›).

Soziale Netzwerke: Haben sie das Erbe der G.-Forschung angetreten? Natürlich kann nicht davon die Rede sein, daß die G.-Forschung mangels

Interesse aufgehört hätte zu existieren. Aber sie hat als Thema sozialwissenschaftlicher Grundlagenforschung ihre Konjunktur hinter sich. Das heißt aber nicht, daß die Untersuchung unmittelbar sozialer Beziehungsmuster ebenfalls in einem konjunkturellen Tief wäre. Das Gegenteil ist der Fall. Nach der intensiven Phase der Rekonstruktion gesamtgesellschaftlicher Theoriebildung ist seit Mitte der 70er Jahre ein starkes Interesse an der konkreten Analyse alltäglicher lebensweltlicher (→ Alltag/→ Lebenswelt) Kontexte entstanden: Wie werden alltägliche Belastungen, Widersprüche und Ansprüche bewältigt? Welche Rolle spielen dabei soziale Beziehungsmuster? Welche neuen sozialen Assoziierungsformen haben sich unter den Bedingungen neuartiger Wohn- und Arbeitsbedingungen gebildet? Diese eher analytischen Fragestellungen erhielten durch neue Werthaltungen ihre normative Aufladung: Aus der zunehmenden Skepsis gegenüber den Versprechungen einer Industriekultur (→ Industrialisierung), die mit ihren unerwünschten Nebenfolgen nicht mehr fertig wird, hat sich eine Bewegung in Richtung auf selbstbestimmte, gemeinschaftliche Lebensformen entwickelt (vgl. Korczak 1981). Für beide Entwicklungslinien, die eher analytisch-deskriptive und die normative, steht das Konzept der ‹sozialen Netzwerke›. Es soll die für eine Person relevanten sozialen Beziehungsmuster erfassen und die Funktionen ermitteln, die solche Beziehungsmuster für diese Person erfüllen können (hier geht es vor allem um die sozialen ‹Stützsysteme›). Gegenüber der Kleingruppenforschung hat die Netzwerkforschung den Vorzug, daß sie sich um ‹natürliche soziale Systeme› kümmert und nicht in der methodischen Abstraktion von Alltagssituationen verharrt. Zugleich teilt sie in einer breiten Hauptströmung mit der klassischen Kleingruppenforschung einen sozialwissenschaftlichen Formalismus und eine quantitative Methodologie, die den lebensweltlichen Sinnkonstruktionen der Subjekte äußerlich bleibt (vgl. Keupp 1982).

Brandstätter, H.: Sozialpsychologie. Stuttgart 1983.
Crott, H.: Soziale Interaktion und Gruppenprozesse. Stuttgart 1979.
Fritz, J.: Emanzipatorische Gruppendynamik. Erkenntnistheoretische und methodologische Überlegungen. München 1974.
Götz-Marchand, B.: Ergebnisse der empirischen Kleingruppenforschung. In: Schäfers, B. (Hrsg.): Einführung in die Gruppensoziologie. Heidelberg 1980.
Gukenbiehl, H. L.: Formelle und informelle Gruppe als Grundformen sozialer Strukturbildung. In: Schäfers, B. (Hrsg.): Einführung in die Gruppensoziologie. Heidelberg 1980 (a).
–: Bezugsgruppen. In: Schäfers, B. (Hrsg.): Einführung in die Gruppensoziologie. Heidelberg 1980 (b).
Hentig, H. v.: Gruppen-Verführung. In: psychosozial, 1980, 2, 79–98.
Homans, G. C.: Theorie der sozialen Gruppe. Köln/Opladen 1972[6].

Keupp, H.: Soziale Netzwerke. In: Keupp, H. & D. Rerrich (Hrsg.): Psychosoziale Praxis. München/Berlin/Baltimore 1982.
Knowles, E. S.: From individuals to group members: A dialectic for the social sciences. In: Ickes, W. & E. S. Knowles (eds.): Personality, roles and social behavior. New York/Heidelberg/Berlin 1982.
Korczak, D.: Rückkehr in die Gemeinschaft. Frankfurt/M. 1981.
Machwirth, E.: Die Gleichaltrigengruppe (peer-group) der Kinder und Jugendlichen. In: Schäfers, B. (Hrsg.): Einführung in die Gruppensoziologie. Heidelberg 1980.
Mills, T. M.: The sociology of small groups. Englewood Cliffs (N. J.) 1967.
Richter, H. E.: Die Gruppe. Hoffnung auf einen neuen Weg, sich selbst und andere zu befreien. Reinbek bei Hamburg 1972.
Sader, M.: Psychologie der Gruppe. München 1976.
Schäfers, B.: Entwicklung der Gruppensoziologie und Eigenständigkeit der Gruppe als Sozialgebilde. In: Ders. (Hrsg.): Einführung in die Gruppensoziologie. Heidelberg 1980.
–: Primärgruppen. In: Ders. (Hrsg.): Einführung in die Gruppensoziologie. Heidelberg 1980.
Steiner, I. D.: Whatever happened to the group in social psychology? Journal of Experimental Social Psychology, 1974, 10, 94–108.
Wexler, P.: Critical social psychology. London 1983.
Wiese, L. v.: System der Allgemeinen Soziologie als Lehre von den sozialen Prozessen und den sozialen Gebilden der Menschen (Beziehungslehre). Berlin 1933[2].
Zander, A.: The psychology of group processes. Annual Review of Psychology, 1979, 30, 417–451.

Heiner Keupp

Handeln, soziales

Was soziales H. oder H. überhaupt bedeutet und was der theoretische Status der auf es bezogenen soziologischen Handlungstheorie ist, ist ungeachtet der Häufigkeit der Verwendung dieses Begriffs und des hohen Ausmaßes von Übereinstimmung darin, daß es sich um eine der Schlüsselkategorien der → Soziologie handle, recht unsicher und unklar. Üblich ist, zur Erläuterung der Begriffe auf Max Webers Arbeiten zurückzugreifen und insbesondere dessen «Soziologische Grundbegriffe» als Ausgangspunkt soziologischer Handlungstheorie anzusehen. Weber definiert dort die Soziologie geradezu als die «Wissenschaft vom sozialen Handeln». «‹Handeln› soll dabei ein menschliches Verhalten (einerlei ob äußeres oder innerliches Tun, Unterlassen oder Dulden) heißen, wenn und insofern als der oder die Handelnden mit ihm einen subjektiven *Sinn* verbinden. ‹Soziales› Handeln aber soll ein solches Handeln heißen, welches seinem von dem oder den Handelnden gemeinten Sinn nach auf das Verhalten *anderer* bezogen wird und daran in seinem Ablauf orientiert ist» (Weber 1973[4], 542). H. wird hier also durch den Begriff des (subjektiven) Sinns, soziales H. durch die explizite Orientierung des Handelnden an einem Handlungspartner definiert. Ebenso berühmt wie diese ist Webers Unterscheidung von vier Arten von Bestimmungsgründen sozialen H.: «Wie jedes Handeln kann auch das soziale Handeln bestimmt sein 1. *zweckrational*: durch Erwartungen des Verhaltens von Gegenständen der Außenwelt und von anderen Menschen und unter Benutzung dieser Erwartungen als ‹Bedingungen› oder als ‹Mittel› für rational, als Erfolg, erstrebte und abgewogene eigene *Zwecke*, – 2. *wertrational*: durch bewußten Glauben an den – ethischen, ästhetischen, religiösen oder wie immer sonst zu deutenden – unbedingten *Eigen*wert eines bestimmten Sichverhaltens rein als solchen und unabhängig vom Erfolg, – 3. *affektuell*, insbesondere *emotional*: durch aktuelle Affekte und Gefühlslagen, – 4. *traditional*: durch eingelebte Gewohnheit» (Weber ebd., 565). Die vielfältige Interpretationskontroverse über diese Bestimmungen zeigt zumindest, daß Webers Sätze unverständlich bleiben ohne Bezug auf den von ihm geführten methodologischen Mehrfrontenkampf. Fraglich ist, ob die Definitionen über die unmittelbare Reflexion auf materiale Forschung hinausgehen: Von einer Handlungs*theorie* sprach Weber nicht.

Ihre Wirkung entfalteten Webers Gedanken deshalb auch vornehmlich über den eigentlichen Klassiker der soziologischen Handlungstheorie, Talcott Parsons' «The Structure of Social Action» (1937). Dieses Werk enthielt den Versuch, die Konvergenz immanenter Überwindungsversuche der utilitaristischen → Sozialphilosophie mit der Begründung der Soziologie bei Pareto, Durkheim und Weber aufzuzeigen. Parsons unternahm es, in außerordentlich tiefschürfenden Interpretationen dieser Autoren einen (‹voluntaristischen›) Begriff des H. herauszuarbeiten, der einerseits gegen situationsdeterministische, andererseits gegen idealistische Vereinseitigungen gesichert ist. Dieser Handlungsbezugsrahmen («action frame of reference») besteht aus (1) dem Handelnden, (2) dem Ziel oder Zweck des Handelnden, (3) der Situation, in der nach dem Kriterium der Kontrollierbarkeit durch den Handelnden zwischen Bedingungen und Mitteln der Handlung unterschieden wird, und (4) der normativen Orientierung des Handelnden, welche für die Wahl zwischen Alternativen des H. den Ausschlag gibt (Parsons 1937, 43). Die Bedeutung und Unabweisbarkeit der normativen Dimension des H. und eines entsprechenden Begriffs sozialer Ordnung stellt einen Schwerpunkt der substantiellen Argumentationen in Parsons' Werk dar. Im weiteren Verlauf seines Lebenswerks entwickelte Parsons den hier elementar eingeführten Handlungsbezugsrahmen in komplexer Weise weiter, wovon hier nur die später erweiterte Unterscheidung der Bezugsebenen von Sozialsystem, Persönlichkeitssystem und kulturellem System und die Typologie von Orientierungsalternativen des H., der sogenannten *pattern variables*, erwähnt seien (in der Frühfassung Selbstorientierung versus Kollektivitätsorientierung; Diffusität versus Spezifität; Affektivität versus Neutralität; Partikularismus versus Universalismus; Zuschreibung versus Leistungsorientierung). Parsons verband mit seiner eigenen Theoriebildung allerdings einen so hohen Anspruch auf Synthetisierung vorheriger Denkansätze, daß bei ihm und in einem Großteil der Rezeption (bis hin zu Münch 1982) die spezifische eigene Handlungstheorie mit dem Gegenstandsbereich Handlungstheorie überhaupt identifiziert wird. Dies ist vornehmlich deshalb schädlich, weil damit verdeckt wird, daß Handlungstheorie nicht – wie häufig mißverstanden wird – in Opposition steht zu systematischer → Gesellschaftstheorie, sondern vielmehr jede Gesellschaftstheorie implizite handlungstheoretische Annahmen enthält und auf deren Klärung verwiesen ist. Alexander (1982) hat in wünschenswerter Klarheit die Probleme der Handlung und der sozialen Ordnung als aufeinander nicht reduzierbare Schlüsselprobleme soziologischer Theoriebildung identifiziert (→ Systemtheorie).

Die Gleichsetzung des Gegenstandsbereichs soziales H. mit einem spezifischen Ansatz (Weber oder Parsons) verhindert die Einsicht in die handlungstheoretische Dimension jeder Gesellschaftstheorie, in die gesellschaftstheoretischen Problemlagen, aus denen heraus die klassischen Bestimmungen des sozialen H. erwuchsen (dazu Clarke 1982) und in das Potential von Traditionen, welche nicht der Problemlage des → Utilitarismus und seiner Kritik entstammen. Innerhalb der Soziologie meldeten sich die anderen Denkmöglichkeiten zunächst in der verstärkten Aufmerksamkeit auf die Schriften von Alfred Schütz und George Herbert Mead. Schütz hatte vornehmlich gegenüber Weber, aber auch gegenüber Parsons das Problem der Konstitution des Sinns – welcher ja das H. definierte – zum Thema gemacht. Mead und der an ihn anknüpfende → Symbolische Interaktionismus wurden zunächst durch die Betonung der offenen, prozessualen Wechselseitigkeit von Beziehungsdefinitionen und der gemeinsamen Konstitution von Handlungszielen bekannt. Weitgehend außerhalb der engeren akademischen Diskussion über die soziologische Handlungstheorie entwickelten sich im → Marxismus klassisch bei Lukács (1923), Korsch und Gramsci eigene ‹praxisphilosophische› Reformulierungsversuche historisch-materialistischer Grundannahmen. Insbesondere im Werk von Jürgen Habermas (reifste Version: Habermas 1981) wird an diese Traditionen und die Begriffsklärungsanstrengungen der analytischen Philosophie angeknüpft, das Potential aber durch die starke Akzentuierung des kommunikativen H. als Gegenbegriff zum instrumentellen (und strategischen) H. (Habermas

1981, Bd. 1, 384) in einer Richtung imponierend, in anderen gar nicht ausgelotet.

Die handlungstheoretische Tradition der Soziologie ignoriert, daß der → historische Materialismus über den allgemeinen Begriff der Praxis hinaus im Begriff der → Arbeit eine Berücksichtigung der Rolle gegenständlicher Mittel des H. und Dimensionen der Selbstverwirklichung und Sinnerfüllung enthält, welche im Begriff des ‹instrumentellen Handelns› nicht aufgenommen sind (vgl. Honneth 1980). Ebenso geht unter, daß der → Pragmatismus in seiner Theorie des Geistes, des Experiments und des Spiels in einer prinzipiell anderen Weise als Weber und Parsons den Zusammenhang von Sinn und Handlung deutet und – ebenso wie die Phänomenologie Merleau-Pontys – zu einer nicht-teleologischen Deutung der Handlung beiträgt. Aus ganz anderen Quellen liefert dazu Anregungen die Tradition der praktischen Philosophie (vgl. Arendt 1960), deren Problemlage vom Utilitarismus und seiner Kritik her nicht zu erschließen ist. Auf der Grundlage dieses anderen Verständnisses sinnvollen H. kann auch erst verständlich werden, wie anders im intersubjektivistischen Pragmatismus George Herbert Meads der ‹social act› gefaßt wird: nicht als Koordination intentionaler Handlungen individuierter Subjekte, sondern als komplexe Gruppenaktivität, die den Boden für die Konstitution von Individualität und Intentionalität darstellt.

Alexander, J.: Positivism, Presuppositions, and Current Controversies (Theoretical Logic in Sociology, Vol. 1). Berkeley 1982.

Arendt, H.: Vita activa oder Vom tätigen Leben. Stuttgart 1960.

Bernstein, R.: Praxis und Action. Philadelphia 1971 (dt. stark gekürzt: Frankfurt/M. 1975).

Clarke, S.: Marx, Marginalism and Modern Sociology. London 1982.

Habermas, J.: Theorie des kommunikativen Handelns. 2 Bde. Frankfurt/M. 1981.

Hinkle, R.: Antecedents of the Action Orientation in American Sociology Before 1935. In: American Sociological Review, 1963, 28, 705–715.

Honneth, A.: Arbeit und instrumentales Handeln. Kategoriale Probleme einer kritischen Gesellschaftstheorie. In: Honneth, A. & U. Jaeggi (Hrsg.): Arbeit, Handlung, Normativität. Frankfurt/M. 1980.

Joas, H.: Die gegenwärtige Lage der soziologischen Rollentheorie. Frankfurt/M. 1978^3.

Lukács, G.: Geschichte und Klassenbewußtsein. Wien 1923.

Mead, G. H.: Gesammelte Aufsätze. 2 Bde. Frankfurt/M. 1980/83.

Merleau-Ponty, M.: Die Struktur des Verhaltens. Berlin 1976 (Paris 1942).

Münch, R.: Theorie des Handelns. Zur Rekonstruktion der Beiträge von T. Parsons, E. Durkheim und M. Weber. Frankfurt/M. 1982.

Parsons, T.: The Structure of Social Action. New York 1937.

–: The Social System. Cambridge (Mass.) 1951.

– & E. Shils (eds.): Toward a General Theory of Action. Cambridge (Mass.) 1951.

Schütz, A.: Gesammelte Aufsätze. 2 Bde. Den Haag 1971.
– & T. Parsons: Zur Theorie sozialen Handelns. Frankfurt/M. 1977.
Weber, M.: Gesammelte Aufsätze zur Wissenschaftslehre. Tübingen 1973[4].

Hans Joas

Hermeneutik

Ein Wort, das dem «Wörterbuch der marxistisch-leninistischen Soziologie» fremd ist, wird beschworen innerhalb der Soziologie als Gegenzug zum → Behaviorismus, eine Gegensoziologie, die immerhin so wichtige Namen vereinigt wie Parsons, G. Mead, Ch. Taylor, P. Ricœur, Gadamer und Habermas. Am besten führt ein, was etymologisch gesagt war, aber erst von W. F. Haug mit Pointe versehen wurde: der Zusammenhang des Worts mit dem Namen Hermes, griechischer Gott des Handels, d. h. der Kaufleute, der Boten, die Pointe: auch der Diebe. Gemeint ist, wo → Eigentum im → Tausch steht, steht auch Überlistung des Eigentums bereit. Übersetzung ist die Bedeutung des Worts, mit allem Trügerischen, aber auf *tauschender* Übersetzung bestehenden Sinn. Die naive Bedeutung des Übersetzens zwischen Sprachen wird freilich überschritten durch die Vermittlungsfunktion des Übersetzers zu deutender Erklärung überhaupt, auch innerhalb einer Sprache.

H. wurde zur Angleichungslehre an einen gemeinten Sinn von Reden bzw. Texten. In solchem Kurs erhielt sie besondere Funktion für die Theologie, sofern Theologie über lange Geschichtsphasen das gesellschaftlich-politisch Geltende formulierte und dazu auf offenbarende Grundtexte sich bezogen sah. Sie brachte daher auch die gründliche Erschütterung der H. als Anpassungslehre. Es geht bis hierher um die Sache der H., nicht um sie als reflektierte Disziplin. Die Sache der H. stand etwa im Mittelalter so, daß die deutende Übersetzung das Original überwucherte. Erst als diese Überwucherung bewußtgemacht wurde, entstand das Problem der H. Gemeint ist der humanistische und der reformatorische Rückgang auf die Originale während der Renaissance. Der Ballast institutionalisierter Auslegung wird abgeworfen, und zugleich in ihrer Problematisierung verliert die Sache der H. ihren reinen Adaptionscharakter, sie schlägt um zur Kritik, obgleich sie in Luthers Forderung, man solle das Wort stehen lassen, sich des Scheins der Affirmation bedient. Es geht um das Rückwirken der Deutung auf das Gedeutete, wodurch jeweilig institutionalisierte Deutung erschüttert wird. Verwandtes ist auch phasenweise auf dem anderen Gebiet gelaufen, in dem H. der Sache nach auftrat, dem Feld des Juristischen. Dem Renaissance- und Reformations-

Zurück zu den Originalen war allerdings das Reflexionsproblem nicht wiederum reflexiv bekannt. Man glaubte in der Tat, den Originalen nun erst zu ihrem wahren Sinn zu verhelfen, die Deutung also entschieden dem Gedeuteten anzupassen. Höchstens in mystischen Richtungen wurde die Sache des Hermeneutischen derart radikalisiert, daß der Sinn der Originale erst entstand in der Auslegung.

Im übrigen war es F. Schleiermacher zuerst, der im Zusammenhang mit dem produktiven Kritikbegriff der Romantik eine Ahnung davon entwarf, wie H. am wenigsten ihren Gegenstand getreu übersetzt in ein ihm Gleiches, sondern ihn produktiv ergreift. Allerdings handelt es sich bei diesem Produktiven um Re-Produktion. Deshalb bleibt Schleiermachers Methodologisieren der H., sosehr es die genetische Orientierung des Erkennens von Hobbes über Kant zu Schelling, d. h. Erkennen von etwas als Begreifen des Entstehens von etwas, in sich aufnimmt, trotzdem auf dem Standpunkt, daß alles Spätere dem Früheren anzugleichen sei. Daran ändert auch nichts der methodische Verschub des Mißverstehens aus dem Ausnahmefall in den Fall erwartbarer Wahrscheinlichkeit. Die andere große Leistung Schleiermachers, das Universalisieren der H. aus der Textauslegekunst heraus zur bewußten Weise des Verstehens überhaupt, wurde von den Ursprungsgebieten in Theologie und Juristerei nahegelegt; hier ging ja Textauslege stets aufs engste mit Lebenspraxis zusammen, also mit allen Weisen des Verstehens.

Wenn dann W. Dilthey die universalisierte H. dazu benutzt, den Kanon der Wissenschaftlichkeit über Kant hinaus durch die Entgegensetzung von Geisteswissenschaften und Naturwissenschaften methodologisch zu erweitern – die Konfrontation von Verstehen und Erklären meint das –, so muß er sich hierzu stärkstens an die → Dialektik Hegels anlehnen. Das heißt zunächst Zusammenfassen des Geisteswissenschaftlichen zur → Totalität der Geschichtswissenschaft. Wenn es um Textauslegekunst geht, der sich Dilthey breit widmet, dann bietet sie das Modell oder das Paradigma des Durchleuchtens von Geschichte. Dieses lehrt das Grundproblem. Verstehen eines Textes passiert anders als in analytisch-synthetischer Methode mit Bestimmen der Teile durch Auffassen des Ganzen, welches Ganze wiederum erst aufgefaßt wird von den Teilen her. Das unfixierbare Hin und Her nennt Dilthey den hermeneutischen Zirkel. Dieser Zirkel ist nur darum nicht unergründend oder tautologisch, weil mit dem Gegenstand laufend produktive Weiterungen passieren – romantisches Erbe. Das darin durch Verstehen verwandelnde und sich verwandelnde Vorverständnis bringt die Nähe zu Hegels Subjekt-Objekt-Dialektik. Dilthey behauptet Wissenszuwachs in Weise von Vertiefung und Versenkung als Korrekturprozeß. Dazu kommt seine von M. Riedel aufgewiesene Utopie der Toleranz durch Einsicht in die Relativismen der Geschichte.

In M. Heideggers Insistieren auf dem stets gegebenen Vorverständnis des menschlichen Daseins, wo es durch sich Sein von Welt fassen möchte, fällt solche → Utopie aus. Es geht nicht mehr um die kunstvoll gebildete Weise des Vorverständnisses, welche sich immer wieder produktiv verändert einträgt, sondern um ein ungeschichtlich sich gleichbleibendes Vorverständnis, das die bürgerliche Bildungsdimension Diltheyscher Art beiseite läßt – trotz der Tiefenetymologie, die ja eher die Beharrlichkeit des Vorverständnisses bestätigt. Solches Vorverständnis wird dann allerdings in seiner Praxisfunktion durchaus geschichtlich wirksam vorgestellt.

Gadamer hat die ungeschichtliche Fassung des Vorverständnisses bei Heidegger voll eingesehen und bezog dagegen Vorverständnis auf seine Konstituierung aus jeweiliger Praxissituation einer Gegenwart, statt es von einer allgemeinen Sorgestruktur des Menschen in der Welt abhängig zu machen, welche Sorgestruktur utopisch nur zu überwinden wäre schopenhauerisch durch ihre Betrachtung. Vorverständnis zu begreifen aus jeweils gegenwärtiger Praxissituation, das würde mystische Wende bedeuten, in der das zu Verstehende nur in der Perspektive des Verstehenden (Perspektivismus) gefaßt wird. Aber K.-O. Apel hat hier in Hinblick auf Gadamer das Entscheidende festgemacht an der Schlüsselfrage: Versteht ein Autor sich besser als andere ihn oder umgekehrt. Indem Gadamer gewichtet habe innerhalb des hermeneutischen Zirkels und den Autor sein Werk besser verstehen lasse, als das der nachfolgenden Interpretation gelingen kann, habe Gadamer denn doch H. dargelegt als Anpassungsverfahren an Überlieferung. Im Sinn der Apelschen Kritik wäre es möglich, W. Benjamins Übersetzungstheorie samt seiner Herausarbeitung des Kritikbegriffs der Romantik als dialektisch entgegengesetztes Einschätzen des H.-Problems aufzufassen, obwohl das Wort H. fehlt. Also Kritik wie Übersetzen meinen Prozesse, in denen ein Gegenstand des Verstehens durch Verstehen jeweils actualiter umgeformt wird, wobei allerdings, so Benjamins Objektivismus, der Gegenstand erst durch Verständnis zu seiner Sprache kommt.

Die Frage danach, ob H. Anpassungsmethoden des Verstehens meine oder produktiv sei, treibt auch Habermas auf ganz anderem Argumentationsweg zur Kritik an Gadamer. Wenngleich er einräumt, daß das Vorverständnis sich durch die von Gadamer im aktualisierenden Praxisbezug gewonnene Geschichtlichkeit als Vorurteilshaftigkeit alles Verstehens bestimmen läßt, so weigert er sich, diesen Tatbestand zur Rehabilitierung der Vorurteile aufzuwerten. Vielmehr verlangt er aufklärerisch der H. ab, Wege zu öffnen für die Überwindung von Vorurteilen. Die Debatte betrifft die → Soziologie zentral, sofern es um die geschichtliche Struktur der Vergesellschaftung auf der Ebene von Ideologiebildung geht (→ Ideologie).

Pragmatisch wurde die Struktur des Verstehens gebraucht, um die Struktur des Handelns zu klären, was zu einer verstehenden Soziologie führte. Deren Grundproblem liegt in der Frage, wie man gesellschaftliches Handeln unter dem Paradigma der Textauslegung begreifen könne (→ Handeln, soziales). Trotz der Universalisierung eines praxisbezogenen Verstehens durch *philosophische* H. scheint Handeln etwas ganz anderes zu sein als Textumgang. Aus zwei verschiedenen Ideologiegegenden kommen verwandte Antworten. P. Ricœur, der Franzose, will Handeln verstrickt sehen in Symbolbildung und Symbolentschlüsselung auf psychoanalytischem Hintergrund, deshalb habe es mit Textumgang engste Vergleichbarkeit. Aus dem angelsächsischen → Pragmatismus heraus hat Ch. Taylor die Verwechselung von Handeln und Textumgang verweigert und doch dem Handeln das Begleitende von Mitausdruck, von Mitbezeichnung seiner Sinnbestimmtheit zugeschrieben. G. H. Mead hatte zuvor das Zweifeln an der Objektivität des hermeneutischen Perspektivismus aufzuheben versucht. Er leugnet zusammen mit A. North Whitehead dieses, weil wählbare Perspektiven in Natur- und Geschichtsbedingungen wurzeln und über ihren Gegenstandsbezug in Vergleichbarkeit gezwungen werden.

Doch die Objektivierung des von der H. angesteuerten teleologischen Sinnzusammenhangs gesellschaftlicher Erscheinungen kann auch so weit getrieben werden wie in N. Luhmanns Aufgreifen biologisch orientierter → Systemtheorie, der der Sinn abmagert zu Selbsterhaltung von Systemen unter Umweltbedrohung. Sinn wird dann Reduktion gegenüber dem Überdruck an Möglichkeiten. Mit Recht weist Habermas solchem objektivierten Sinn seinen instrumentalistisch-*monologischen* Charakter nach. Er behauptet geschichtliches Konstituieren des Sinns von Vergesellschaftung durch anti-exekutiv diskutierenden und vernünftig entscheidenden Polylog, der Möglichkeiten krampflos erweitert, statt sie verkrampft zu reduzieren.

Das Bedenkenswerte an der Debatte um H. in der Soziologie zeigt sich als der Versuch, das mystisch-romantisch einmal ins Gespräch gebrachte Grundproblem zu umschiffen: Ist H. das Unternehmen, die Gegenwart der Vergangenheit anzupassen oder die Gegenwart auch mittels der Vergangenheit zu überrunden? Es geht also in Sachen H. um die Frage, ob H. *antiquierende* Funktion hat oder wie immer *revolutionäre*. Und das läßt sich, allerdings im Rahmen eines von Habermas antizipierten herrschaftsfreien Polylogs (→ Diskurs), nur in inhaltlicher Auseinandersetzung bewähren. Denn die H. muß sich der Ideologiekritik stellen. Ansätze dazu geschahen mit kritischem Überakzentuieren in der Kritischen Theorie Horkheimers und Adornos, mit utopischem Überakzentuieren in der Philosophie E. Blochs. Allerdings wurde dabei noch einer Polylog-H. vergesellschaftlichter Praxis im Monolog das Wort geredet.

Bloch, E.: Das Prinzip Hoffnung. Frankfurt/M. 1959.
Dilthey, W.: Der Aufbau der geschichtlichen Welt in den Geisteswissenschaften. 1905/1910 (Ges. Schr. Bd. VII). Neuausg. Riedel, M. (Hrsg.) Frankfurt/M. 1970.
Gadamer, H. G.: Wahrheit und Methode. Tübingen 1960.
– & G. Boehm: Seminar: Die Hermeneutik und die Wissenschaften. Frankfurt/M. 1978.
Habermas, J.: Logik der Sozialwissenschaften. Frankfurt/M. 1970.
– & N. Luhmann: Theorie der Gesellschaft oder Sozialtechnologie? Frankfurt/M. 1971.
Horkheimer, M. & Th. W. Adorno: Dialektik der Aufklärung. Amsterdam 1947.
Schleiermacher, F.: Dialektik. Hrsg. von R. Odebrecht (1839).
–: Hermeneutik-Vorlesung. Hrsg. von Lücke. Neub. H. Kimmerle (= Abhandlungen der Heidelberger Akademie der Wissenschaften). 1959².
Schmidt, B.: Der Widerstand des Realen in der Arbeitsstruktur des Erkennens. Diss., Teil III, B/C. Tübingen 1982.

Burghart Schmidt

Herrschaft

Während im englischen Sprachgebrauch meist nicht zwischen → Macht und H. unterschieden wird, wird im Deutschen oft mit Recht die H. gegenüber der Macht abgegrenzt. So hat Max Weber die Macht definiert als «jede Chance, innerhalb einer sozialen Beziehung den eigenen Willen auch gegen Widerstreben durchzusetzen, gleichviel worauf diese Chance beruht»; H. ist für ihn «die Chance, für einen Befehl bestimmten Inhalts bei angebbaren Personen Gehorsam zu finden». Weber betont selber, daß «der Begriff Macht soziologisch amorph» ist. H. ist dagegen institutionalisierte, fixierte, geronnene Macht. Obwohl die Begriffe H. und Macht wie so viele Begriffe im gesellschaftlichen Bereich ineinander übergehen, kann man dennoch im Prinzip unterscheiden zwischen der Macht als einer relativ vorübergehenden und wenig stabilen Beziehung einerseits, der H. als einem festgefügten und meist durch formale Regeln, Sanktionen und materielle Mittel abgestützten Verhältnis oder System andererseits. Der Herrscher herrscht in der Regel nicht nur eine kurze Zeit, sondern über eine längere Zeitdauer.

Er verfügt über einen bestimmten Apparat, eine Organisation, die ihm die H. auch dort ermöglicht, wo er selbst als einzelner und physisch Schwächerer einer größeren Anzahl von physisch Stärkeren gegenübersteht. Zur Organisation gehört die alte Römerregel vom *divide et impera* (teile und herrsche!). Die Beherrschten werden so voneinander isoliert, daß ihre Machtmittel unwirksam werden. Die Herrscher können eine interne Opposition, die selber nicht über eine eigene Organisation verfügt, leicht unterdrücken, solange sie die loyalen Mitglieder gegen die Rebellen innerhalb der Organisation zu mobilisieren imstande sind, wobei auch noch ein Teil der unorganisierten Massen gegen die Aufrührer eingesetzt werden kann. So konnten jahrhundertelang wenige tausend Engländer Hunderte Millionen Inder beherrschen. Wenn die meist schlecht organisierten Inder einen Aufstand versuchten, begegneten ihnen die Engländer mit ihrer eigenen organisierten Macht; zudem fanden sie bei englandtreuen indischen Prinzen und Truppen Unterstützung. Wäre unter den englischen Soldaten ein Aufstand ausgebrochen, so hätten die britischen Offiziere andere englische Soldaten gegen ihre eigenen Kameraden eingesetzt, eventuell aber auch auf indische Truppen zurückgegriffen. Mit der Organisation verfügen die Herrscher also über ein Reservoir latenter Macht, das sie jederzeit aktivieren können. Dies können sie um so leichter, insofern sie ihre H. zu rechtfertigen oder zu legitimieren vermögen.

Max Weber hat je nach der Art der Legitimität drei Idealtypen politischer Herrschaftssysteme unterschieden. Zuerst spricht er von der traditionellen H., die vom ewig Gestrigen ausgeht. Sie beruht auf der Heiligkeit der Bräuche und → Traditionen und genießt aus Gewohnheit seit uralter Zeit Anerkennung. Die H. eines Patriarchen oder patrimonialen Fürsten gehört in diese Kategorie. Zweitens handelt Weber von der charismatischen Autorität, worunter er ein auf der Führung eines außergewöhnlichen Individuums beruhendes System versteht. Die einzigartigen Fähigkeiten dieser erlesenen Persönlichkeit gelten als fast übernatürliches Gnadengeschenk (‹Charisma›). Dem Propheten, dem Kriegshelden, dem großen Demagogen und dem totalitären ‹Führer› wird im allgemeinen diese stark emotionale, außergewöhnliche und persönliche Verehrung entgegengebracht. Drittens beschreibt Weber ein politisches Gemeinwesen, in dem die Autorität auf dem Recht beruht, sei es auf einer geschriebenen Verfassung, sei es auf ‹common law› oder auf einem anderen Rechtssystem (→ Rechtssoziologie). Ein solches Regime wird in angelsächsischen Ländern auch manchmal ‹eine Regierung der Gesetze und nicht der Menschen› genannt – der Satz «a government of laws, and not of men» ist der Verbriefung der Grundrechte in der Verfassung des amerikanischen Staates Massachusetts von 1780 entnommen. Man gehorcht den Machthabern, insofern sie einen Rechtsanspruch auf H. haben. Auch hier handelt es sich um eine Machtordnung, die sich von einem System rational-funktionaler Leitung unterscheidet, da der rationale Charakter dieses Herrschaftssystems nicht so sehr inhaltlich-funktional als legal-formal ist.

Unter normalen Verhältnissen zeigt sich die Stärke der herrschenden → Ideologie darin, daß Herrscher und Beherrschte, Politiker und Bürger ganz naiv von der ‹Legitimität› des betreffenden Regimes, das möglicherweise lange existiert hat, überzeugt sind. Wenn jedoch in Krisenzeiten ein altes Regime bedroht ist oder sich ein neues System erst durchzusetzen hat, wird die Legitimität der herrschenden Ordnung zweifelhaft. Dann bedienen sich die Machthaber um so mehr jener Ideologien, die geeignet sind, ihre Macht zu festigen und die wahren Machtverhältnisse und -methoden zu verhüllen.

Verschiedene Formen der H. haben sich wohl schon früh in der Entwicklung des Menschen herausgebildet. Die natürliche Ungleichheit mag die eine Quelle sein, ungünstige Überlebensbedingungen die andere. Verglichen mit anderen Tieren ist beim Menschen die Entwicklungszeit, während deren das menschliche ‹Junge› hilflos auf die Eltern angewiesen ist, außerordentlich (→ Anthropologie) lang. Auch ist die Frau physisch schwächer als der Mann, insbesondere während ihrer Schwangerschaft und der Zeit des Stillens. So besteht für den Gatten, Vater, aber auch Stammesältesten die Versuchung, seine Stärke in H. zu verwandeln. Verschiedenartigste ‹Frustrationen› wie ungenügende Nahrungszufuhr, drückende sexuelle Tabus (→ Sexualität), Bedrohung durch feindliche Stämme, Katastrophen in der Umwelt mögen Reaktionen wie Hilflosigkeit, Verwirrung und Furcht auslösen, bis sich die Gemeinschaftsbande aufgelöst haben. Freundschaft und Liebe schlagen in Feindschaft und Haß um, und von hier führt ein gerader Weg zu Kampf und → Krieg, die wiederum leicht in Eroberung und H. einerseits, Selbstaufgabe und Unterwerfung andererseits enden. Wenn auch manche Stammesgesellschaften etwa von Jägern nicht die politische Herrschaftsorganisation des Staates kennen, so doch wohl die des → Patriarchats, die H. des Mannes – eine ‹Frauschaft› in diesem Sinne kennt bezeichnenderweise die Sprache nicht (→ Matriarchat). Und für die historischen Hochkulturen und Zivilisationen sind stets und überall Herrscher und H. typische Begriffe. Sklaverei, Leibeigenschaft und Lohnarbeit gehen zusammen mit der ökonomischen Klassenausbeutung, auch mit der gesellschaftlichen und politischen, religiösen und ideologischen Vorherrschaft privilegierter → Minderheiten (→ Evolutionstheorien). In der Politik reicht der Radius von der H. eines einzigen absoluten Herrschers oder Monarchen, Despoten oder Diktators über die von Minderheiten in der Aristokratie und Oligarchie, → Bürokratie und → Technokratie bis zu der Vorherrschaft von Mehrheiten in den wenigen spät entwickelten Demokratien.

Anarchisten und Sozialisten haben lange auf das ‹Absterben› oder die ‹Aufhebung› des Staates, das heißt der Kerninstitution politischer H., vertraut. Ein Orwell antizipierte dagegen für 1984 eine Gesellschaft totaler Unterwerfung, Entmenschung und H. Zugegeben, es wäre wohl illusionär zu glauben, daß sich politische oder sonstige H. von heute auf morgen abschaffen ließe. Selbst wenn es gelänge, den ‹warfare state› zu eliminieren, würde eine den → Frieden sichernde Weltföderation wohl noch geraume Zeit Elemente echter H. aufweisen. Dennoch könnte und sollte das Moment der → Gewalt kontinuierlich abgebaut werden, um der rational-funktionalen Leitung ebenso wie der Selbstbestimmung und Genossenschaftlichkeit ein größeres Gewicht einzuräumen (→ Futurologie).

Bei der rational-funktionalen Leitung, die durchaus den größeren Kenntnissen, Fähigkeiten und Erfahrungen Rechnung trägt, treten an die Stelle von Manipulation und Gewalt Aufklärung, Belehrung und Überzeugung. Der rational-funktionale Leiter erteilt keine willkürlichen Befehle, gibt vielmehr sachgerechte Weisungen, die dem Geleiteten einsichtig zu machen sind. Er genießt keine Privilegien auf Grund von Geburt oder Status, sondern verfügt nur zeitweilig über die für seine spezifische Funktion unerläßlichen Mittel. Nach Beendigung seines Auftrags kehrt er so wie der römische Staatsmann Cato an den Pflug zurück. Den Unterschied zwischen politischer Macht und rational-funktionaler Leitung beschreibt Shakespeare in der ersten Szene des «Sturm»: Dort müssen Könige und Höflinge ihre Befehlsgewalt an den Kapitän und die Schiffsmannschaft abtreten. Etwas zeitnaher und bescheidener wäre das Beispiel eines Amtsarztes, der eine Impfung vorschreibt, oder eines Polizisten, der den Verkehr regelt.

Für die Zukunft wäre zu wünschen, daß sich Herrscher mehr auf rationale Leitung als auf physische oder psychische Gewalt verlassen. Sie müßten auf Privilegien verzichten und zur republikanischen Tugend der Frugalität zurückfinden. Die Massenmedien müßten statt Werbung und Propaganda Bildung und Information vermitteln. Zuchthäuser würden ersetzt durch sozialtherapeutische Kliniken. Die bewaffneten Streitkräfte würden in unbewaffnete Friedenskräfte verwandelt werden. An die Stelle von gewaltsamem Aufstand, Terrorismus und Krieg träten die vielfältigen Formen gewaltfreien Widerstandes und Handelns nach dem Vorbild von Gandhi oder Martin Luther King.

Flechtheim, O. K. (Hrsg.): Grundlegung der Politischen Wissenschaft. Meisenheim a. G. 1958.
Hartmann, H.: Funktionale Autorität. Stuttgart 1964.
Hindrich, K. O.: Theorie der Herrschaft. Frankfurt/M. 1973.
McIver, R. M.: Macht und Autorität. Frankfurt/M. 1953.
Rüstow, A.: Ortsbestimmung der Gegenwart I. Ursprung der Herrschaft. Erlenbach/Zürich 1950.
Sternberger, F.: Herrschaft und Vereinbarung. Frankfurt/M. 1980.
Weber, M.: Wirtschaft und Gesellschaft – Grundriß der verstehenden Soziologie. Köln/Berlin 1972[5].

Ossip K. Flechtheim

Historischer Materialismus

Der H. M. versucht, zwei Fragen zu beantworten. (1) Wie ist es möglich, die unendliche Vielfalt der historisch gewordenen Erscheinungen einer bestimmten Epoche als dialektische Einheit (→ Dialektik) oder, in der Hegelschen Sprache, als konkrete → Totalität zu begreifen? (2) Wie löst der wissenschaftliche Betrachter der Geschichte – anfänglich Marx und Engels –, der das Blickfeld der Totalität im Auge behält, das Problem des scheinbar unaufhebbaren Gegensatzes von einseitigem undialektischem Idealismus und ebenso einseitigem undialektischem Materialismus; dies allerdings nicht auf die allgemeine philosophische → Erkenntnistheorie im traditionellen Sinne, sondern ausschließlich auf die spezielle Geschichtstheorie bezogen.

Für den H. M. konstituiert sich die konkret begreifbare historische Totalität in den sog. Produktionsverhältnissen, die als Gesamtheit der sozialen (→ Klassen-) und Eigentumsverhältnisse (→ Eigentum) (bezogen auf die Produktionsmittel) unmittelbar verknüpft sind mit sie vielfältig und widerspruchsvoll reflektierenden ideologischen (privat-alltäglichen, erotischen, religiösen, moralischen, juristischen, politischen, philosophischen und wissenschaftlichen) Erscheinungen im Prozeß ihres beiderseitigen Entstehens. Die theoretische Perspektive, daß die gesellschaftlichen und ideologischen Verhältnisse sich zur allgemeinen historischen Totalität zusammenfassen und gleichzeitig nichts Starres darstellen, sondern stets im Prozeß sich befinden, impliziert die Vorstellung von der dialektischen Einheit von Vergangenheit, Gegenwart und Zukunft. Die Zukunft ihrerseits stellt sich hierbei dar als eine aus den vorhandenen Tendenzen explizierbare ‹reale Utopie› (→ Utopie). Gerade dieser Zusammenhang von Vergangenheit, Gegenwart und Zukunft in der Theorie des H. M. drückt aus den schärfsten Gegensatz zum dialektikfeindlichen → Positivismus.

Erst indem der Theoretiker oder Historiker mit Hilfe dieser Perspektive in die Lage versetzt wird, die verschiedenen – im Sinne Rickerts ‹individuellen› – sozialen und ideologischen Erscheinungen, die aus einem bestimmten Prozeß entstehen, in ihn zurückzuversetzen, sie nach ihrer Herkunft, Rolle wie auch nach ihrem Stellenwert in diesem Prozeß zu befragen, bekommt er das wissenschaftliche Mittel in die Hand, ihr stets ideologisch verhülltes → Wesen zu enthüllen und ihren ‹Tatsachenschein› zu durchschauen, d. h. auf einen rationalen Begriff zu bringen.

Mit dem bisherigen ist aber erst die Art und Weise aufgewiesen, wie der H. M. die unendliche Vielfalt der Erscheinungen einer historischen Epoche als dialektisch einheitliche Totalität zu begreifen unternimmt. Die zweite Frage nach der dialektischen Einheit von Idealismus und Materialismus beantwortet sich durch die Theorie der dialektischen Subjekt-Objekt-Beziehung im → Marxismus.

Diese Subjekt-Objekt-Beziehung konstituiert sich durch die Berücksichtigung der für Marx und Engels grundlegenden Tatsache, daß, wie Marx prototypisch für viele Stellen sagt, «die Geschichte nichts tut», «es ist vielmehr der Mensch, der wirkliche lebendige Mensch, der alles tut»; und Engels unterstreicht, daß der Mensch nicht bloß passives Objekt ‹der› Geschichte ist, sondern «mit Bewußtsein und Leidenschaft» alles tut. Erst durch sein subjektiv zielgerichtetes (teleologisches) Tun bringt er in Gesellschaft mit anderen Subjekten jene objektiven Bedingungen hervor, die die unterschiedlichsten Formen annehmen, vor allem in der bürgerlich-kapitalistischen Gesellschaft sich zur ‹zweiten Natur› verdinglichen und das Individuum beunruhigen (→ Verdinglichung). Hierbei muß mitgedacht werden, daß dieser ‹naturhafte› Verdinglichungsprozeß ausschließlich einen täuschenden ideologischen Vorgang, wenn auch von unberechenbarer praktischer Gewalt, darstellt. Die dialektisch-theoretische Auflösung des verdinglichten Scheins in der Theorie des H. M. geht so weit, daß Marx einmal sagen kann: Die ökonomischen Kategorien erscheinen als «Naturformen», wo sie in Wahrheit doch nur «Gedankenformen» (d. h. → Ideologien) ausmachen (Kapital, 1. Bd. 1947, S. 81).

Dieses Problem der dialektischen Subjekt-Objekt-Beziehung – oder theoretisch: der Aufhebung des Gegensatzes von Ideellem und Materiellem – hat sich niedergeschlagen in der Theorie der ‹Transzendentalität› (welcher ursprünglich kantianische Ausdruck, oft irreführend gebraucht, bei Marx und Engels selbst nicht vorkommt). In vielfachen theoretischen Manifestationen – z. B. im Vergleich zwischen der «bewußtlos» agierenden Biene und dem Baumeister, «der seinen Plan schon vorher in seinem Kopfe fertig haben muß», wie Marx im «Kapital» bemerkt – wird die Gleichzeitigkeit und dialektische Einheit des «Hindurchgehens» aller Erscheinungen «durch den menschlichen Kopf» (Engels) – das wäre die ideelle Seite – und der Bedingtheit seitens der ökonomisch-materiellen Umstände – das wäre die materielle Seite – unterstrichen. Diese dialektische Einheit von Subjektiv-Ideellem und Objektiv-Materiellem macht neben der Theorie der prozeßhaften Totalität den eigentlichen Kern des H. M. aus.

Aber die Produktions- und ideologischen Verhältnisse einer Epoche fallen nicht vom Himmel. Sie begründen sich vielmehr letztlich in der Art und Weise, wie die Menschen ‹produzieren›, d. h. wie sie auf der jeweiligen Grundlage des von den vorangehenden Generationen, von den vorangehenden Produktionsverhältnissen Hervorgebrachten sich in der Auseinandersetzung mit der Natur zueinander gesellschaftlich verhalten, d. h. arbeiten, Ökonomie treiben. Alle → Arbeit vollzieht sich nach der Auffassung des H. M. stets innerhalb bestimmter gesellschaftlicher Verhältnisse und ist deshalb stets gesellschaftlicher Natur; welche Einsicht gleichfalls zum Begriff der Transzendentalität gehört.

Die Mittel, die der Mensch in der Arbeit zur Anwendung bringt, sind die ‹Produktivkräfte›. Unter den Produktivkräften, die sich in den ‹Werkzeugen› (angefangen vom Faustkeil bis zur Maschine) vergegenständlichen, versteht man jene im Laufe des historischen Prozesses, d. h. auf dem Boden bestimmter Produktionsverhältnisse relevant gewordenen Naturkräfte, die der Mensch in Anwendung zu bringen gelernt hat. Nicht die Naturkräfte an sich bestimmen die Art und Weise des Produzierens, sondern die jeweils gesellschaftlich bestimmte Anwendungsweise. Die Entwicklungshöhe dieser Anwendungsweise von Naturkräften, die Produktivkräfte, bestimmen ihrerseits die Art und Weise, wie sich die Menschen zueinander, zunächst in der Arbeit, verhalten, die Produktionsverhältnisse. «Die Handmühle», sagt einmal Marx illustrativ, «erzeugt die feudale Gesellschaft, die Dampfmühle die kapitalistische.»

Hierbei ist hervorzuheben, daß der H. M. nirgends seine materialistische Sicht etwa derart vorführt, daß die ideologische Sphäre sich unmittelbar durch die Produktivität bestimmt. Wohl besteht eine dialektische Bezüglichkeit zwischen der Sphäre der Produktivkräfte und jener der Produktionsverhältnisse; andererseits besteht eine solche Bezüglichkeit zwischen den Produktionsverhältnissen und dem Bereich der ideologischen Reflexionen, jedoch keinerlei Beziehung zwischen den Produktivkräften und den Ideologien, wie ein weitverbreitetes Mißverständnis dies behauptet.

Der fälschlichen Unterstellungen in der Theorie des H. M. gibt es viele: darwinistische, milieutheoretische, kantianische, mechanistische, ökonomistische, biologistische, praktizistische und sogar heilsgeschichtliche. Was das letztere, auch ‹eschatologisch› genannte Mißverständnis betrifft, weisen Marx und Engels des öfteren darauf hin, daß es «ein Ende der Geschichte niemals geben kann».

Adler, M.: Lehrbuch der materialistischen Geschichtsauffassung. Berlin 1930.
Bekker, K.: Marx' philosophische Entwicklung. Zürich/New York 1940.
Cornu, A.: Karl Marx und Friedrich Engels. Leben und Werk. Berlin 1954.
Kofler, L.: Zur Geschichte der bürgerlichen Gesellschaft. Neuwied, 5. vollst. Aufl. 1966, 7. gek. Aufl. 1982.
–: Geschichte und Dialektik. Neuwied 1973.
–: Die Wissenschaft von der Gesellschaft. Frankfurt/M. 1971 (1. Aufl. 1944 unter Pseud. St. Warynski).
Korsch, K.: Marxismus und Philosophie. Leipzig 1923.
Lenin, W. I.: Aus dem philosophischen Nachlaß. Berlin 1949.
Lukács, G.: Geschichte und Klassenbewußtsein. Berlin 1923.

Marx, K.: Das kommunistische Manifest. Berlin 1946.
Plechanow, G. W.: Über die materialistische Geschichtsauffassung. Berlin 1946.
Stalin, J.: Über den dialektischen und historischen Materialismus. Berlin 1951.

Leo Kofler

Homo sociologicus

Der Idealtypus *h. s.* ist ein Produkt wissenschaftlicher Arbeitsteiligkeit. Wie der *homo oeconomicus* ist er ein Konstrukt im Bereich wissenschaftlicher Theoriebildung und dient heuristischen Zwecken.

Der *homo oeconomicus* ist als Käufer oder Produzent die Inkarnation des Prinzips der Nutzenmaximierung: kalkulierend, rational und informiert. Der *h. s.* ist die Metapher für eine «wissenschaftliche Elementarkategorie», in der der einzelne und die Gesellschaft vermittelt erscheinen (Dahrendorf 1960, 11). Er ist Träger von gesellschaftlichen Positionen und Rollen.

Das gesellschaftliche System reproduziert sich durch ein Netz sozialer Positionen und Rollenerwartungen (→ soziales System). Gesellschaft erscheint primär als Zwang; eine Störung des als Rollenspiel interpretierten gesellschaftlichen Zusammenhangs ist Indikator für Instabilität und → Konflikt. Sanktionen dienen der Aufrechterhaltung der mit den sozialen Positionen und Rollen verbundenen Erwartungen.

Nach Dahrendorf handelt es sich beim *h. s.* um eine Doppelkategorie. Sie bezeichnet

1. den Ort in einem gesellschaftlichen Beziehungsfeld, die Stellung in einem Netz von sozialen Bezügen (→ Gruppe), die Position und
2. die normativen Verhaltenserwartungen, die Rolle.

Der einzelne nimmt jederzeit eine Mehrzahl von sozialen Positionen ein, wobei jede einzelne Position wiederum aus Positionssegmenten besteht (Beispiel: Lehrer – Schüler, Lehrer – Kollegen, Lehrer – Direktor). Die Anzahl der Positionen ist abhängig von der Komplexität der Gesellschaft.

Wenn die Position den Ort in einem sozialen Beziehungsnetz angibt, so bezeichnet die Rolle die Beziehung, die zwischen den Trägern von Positionen besteht: Ansprüche an das Verhalten der Träger von Positionen (Rollenverhalten), Ansprüche an sein Aussehen, seinen Charakter (Rollenattribute). Soziale Rollen lassen sich daher auch fassen als «ein Bündel von Erwartungen, die sich in einer gegebenen Gesellschaft an das Verhalten der Träger von Positionen knüpfen» (Dahrendorf 1960, 21). Soziale Rollen bestehen damit unabhängig vom einzelnen und sind definiert durch die Gesellschaft. Sie bestimmen in der Form von → Normen der verschiedensten Bezugsgruppen das → soziale Handeln des *h. s.* Auf Kosten von Entpersönlichung hat er diese zu verinnerlichen. Er ist die «entfremdete Gestalt eines Trägers von Positionen und Spielers von Rollen» (Dahrendorf 1960, 52). Nur als solcher ist er Gegenstand sozialwissenschaftlicher Erkenntnis. Wie er sich wirklich verhält, seine Meinung über die Rollenerwartungen, denen er ausgesetzt ist, gehört in den Bereich sozialpsychologischer Analyse.

Das Positionsfeld des *h. s.* läßt sich als ein Aggregat von Bezugsgruppen beschreiben, deren jede ihm Vorschriften auferlegt, die sein Verhalten positiv oder negativ sanktionieren. Die Positionen binden ihn an gesellschaftliches Recht, Sitte und Gewohnheit. Das Maß der Institutionalisierung dieser drei Bereiche bestimmt die Schärfe der gesellschaftlichen Sanktionen. Man unterscheidet Muß-, Soll- und Kann-Erwartungen:

1. Muß-Erwartungen gehören dem Bereich des gesetzlich geregelten Verhaltens an; hierbei handelt es sich ausschließlich um negative Sanktionen (Gesetz/Recht).

2. Soll-Erwartungen charakterisieren den Bereich des Sozialverhaltens; ihren Niederschlag finden sie zumeist in Form von Satzungen (z. B. in Parteien, Betrieben); die negative Sanktion wäre hier nicht die gerichtliche Bestrafung, sondern der soziale Ausschluß, die positive die ‹Sympathie› (Sitte).

3. Kann-Erwartungen gehören dem Bereich gesellschaftlicher Gewohnheit zu; die positive Sanktion wäre hier die Schätzung, die negative die Antipathie.

In den Bereich des staatlichen Gewaltmonopols gehören demnach allein die Muß-Erwartungen. Soll-Erwartungen und Kann-Erwartungen entziehen sich administrativer Dekretierung. Sie gehören allein dem Bereich gesellschaftlicher Kontrollmechanismen an. Dabei bedarf es nicht immer äußerlicher Instanzen, die den einzelnen zur Einhaltung zwingen. Das Über-Ich (Freud), das Gewissen, ist das in den einzelnen hineingenommene Gericht der Gesellschaft. Positiv formuliert erscheinen soziale Rollen weniger als Vorschriften, eher als der Bereich erlaubter Abweichungen.

Im Rahmen der → Rollentheorie erscheint die Gesellschaft als normativer Bereich. Aussagen über diesen lassen sich an Hand der Klassifizierung sozialer Rollen treffen. Deren Notwendigkeit und Verbindlichkeit kann man mit Hilfe der Kriterien Muß-, Soll- und Kann-Erwartungen bestimmen. Ferner läßt sich die Zahl der Bezugsgruppen feststellen, die einer sozialen Position zuzuordnen sind. Ihre Rangordnung ist an Hand der ihnen zur Verfügung stehenden Sanktionen zu klären.

Eine dritte Aufgabe der Rollenbeschreibung wäre die Identifizierung und Formulierung von Rollenerwartungen und Sanktionen.

Rollenbeschreibungen gibt es in der Form von Spezialbeschreibungen (etwa über Berufsrollen) sowie als Darstellung bestimmter Schichten-, Klassen-, Nationalrollen.

Die Sozialstruktur einer Gesellschaft ließe sich an Hand der Ermittlung von Erwartungskonflikten innerhalb sozialer Rollen (intra-role-conflict), etwa der ‹industrielle Konflikt› zwischen Arbeitern und Unternehmern und Konflikten zwischen Rollen (inter-role-conflict) untersuchen.

Nichtübereinstimmung von Rollen und tatsächlichem Verhalten, von Normen und Meinungen bedeutet das Auftreten von Konflikten, an denen die Richtung der gesellschaftlichen Entwicklung abgelesen werden könnte. Mit Hilfe der Unterschiede im Gebrauch des Rollenbegriffs lassen sich ferner Aussagen über den sozialen Wandel treffen.

Der *h. s.* ist der «gläserne Mensch» (Dahrendorf). Es ist der wissenschaftliche Versuch, praktische Wertung und wissenschaftliche Erkenntnis voneinander zu trennen. Im Sinne des Weberschen Postulats der Wertfreiheit, d. h. der Trennung von Werturteil und Wissenschaft, geht es nicht etwa um die Rekonstruktion des Menschen, seines tatsächlichen Verhaltens, seiner gesellschaftlichen Ansprüche, sondern umgekehrt: Was ihn ausmacht, sind Rollendefinitionen, ein gesellschaftlich erzeugter Erwartungszusammenhang, der mit Sanktionen gekoppelt ist. Normative Postulate wie gesellschaftliche Freiheit, Selbstverwirklichung und Autonomie haben in diesem Kontext keinen Raum. ‹Freiheit› ist allenfalls ein Ergebnis der → Sozialisation auf Grund geglückter Verinnerlichung von Rollenerwartungen.

Dahrendorf, R.: Homo Sociologicus. Ein Versuch zur Geschichte, Bedeutung und Kritik der Kategorie der sozialen Rolle. Köln/Opladen 1960.
Dreitzel, H. P.: Die gesellschaftlichen Leiden und das Leiden an der Gesellschaft. München 1968.
Hartfiel, G.: Wirtschaftliche und soziale Rationalität. Stuttgart 1968.

Kurt Lenk

Human Relations

Begriff und Bedeutung: Unter H. R. wird die auf einen allerdings eingegrenzten Aspekt der sozialen Binnenstruktur des Industriebetriebes bezogene Forschungsrichtung in der Industrie- und Betriebssoziologie verstanden. Die H. R. als industriesoziologischer Ansatz basieren auf einer

Reihe von empirischen Untersuchungen, die E. Mayo mit verschiedenen Forschergruppen an der Harvard School for Business Management während der 20er und 30er Jahre in den Hawthorne-Werken der Western Electric Company in den USA durchführte.

Ansatz, Ergebnisse, Wirkungsgeschichte: Anders als in den zu seiner Zeit vorherrschenden individualistischen und utilitaristischen Gesellschaftstheorien (→ Gesellschaftstheorien/→ Utilitarismus) geht Mayo aus von der Annahme einer widersprüchlichen Konsequenz des Prozesses gesellschaftlicher → Rationalisierung und → Industrialisierung. Unter Anknüpfung an Durkheims Anomiebegriff (→ Anomie) sieht Mayo die Tendenz zur Zerstörung spontan kooperativer Beziehungen im Alltagsleben als faktisch untrennbare Konsequenz und zugleich als eine unter Integrationsaspekten (→ Integration) problematische Folge der gesellschaftlichen Modernisierung. Sein Verweis auf die integrative, die Distanz zwischen → Individuum und Organisation überbrückende Funktion von «spontaneous cooperation» (1975, 8) wird allerdings nicht systematisch begründet, bleibt daher methodisch ungeklärt und erscheint häufig als eine normative (in den empirischen Forschungen manchmal sogar ideologische) Option.

Die Hawthorne-Untersuchungen, ursprünglich begonnen zur Ermittlung isolierter Beziehungen zwischen Arbeitsumgebung und Arbeitsleistung, erbrachten als zentrales Resultat die Unhaltbarkeit der u. a. von Taylor vertretenen Auffassung vom Arbeiter als einem allein durch individuelle ökonomische Kosten- und Nutzenkalküle determinierten Subjekt (→ Taylorismus). Die Forschungen der Gruppen um E. Mayo verwiesen auf die Existenz einer gegenüber der formellen Ablaufs-, Entscheidungs- und Kontrollstruktur relativ eigenständigen sozialen Binnenstruktur im Industriebetrieb. Als primärer Ort der Entstehung der informellen → Gruppe erscheint der Arbeitsprozeß; als zentrale Inhalte des informellen → Arbeiterbewußtseins jenseits von materiellen → Interessen werden normative Ansprüche nach sozialer Anerkennung, nach Zufriedenheit in der → Arbeit bzw. im Betrieb sowie das Bedürfnis nach symbolischen Gratifikationen ermittelt (Roethlisberger/Dickson 1939). Insbesondere an diese normativen und motivationalen Momente im Arbeiterbewußtsein schließen spätere Arbeiten von A. H. Maslow (1970) und von F. Herzberg (1968) an. Wie in den Arbeiten von Mayo bleibt allerdings auch hier die individualistische Orientierung und die Ausblendung der Arbeitsbedingungen sowie der sozialökonomischen ‹Umwelt› des Betriebes kennzeichnend. Kritische Einwände gegen die Untersuchungskonzeption und die empirischen Befunde der Hawthorne-Untersuchungen richten sich gegen die Vernachlässigung der sozialökonomischen Verhältnisse als wichtige Bestimmungsgründe auch für informelle Gruppenzusammenhänge (Littek 1973, 25), gegen die harmonistische und antikollektivistische Tendenz der Gesamtuntersuchung (ebd., 29) und – etwa aus der Perspektive der ‹Gründerphase› der Industriesoziologie nach 1945 in der Bundesrepublik – auch gegen die subjektivistische Eingrenzung von Industrie- und Betriebssoziologie auf das ‹Zwischenmenschliche› (v. Friedeburg 1963, 8f).

Dombois, R.: Informelle Norm und Interessenvertretung: Fallanalysen zum betrieblichen Normengefüge. In: Leviathan, 1980, 3.
Friedeburg, L. v.: Soziologie des Betriebsklimas. Frankfurt/M. 1963.
Herzberg, F.: Work and the Nature of Man. London 1968.
Littek, W.: Industriearbeit und Gesellschaftsstruktur. Zur Kritik der Industrie- und Betriebssoziologie. Frankfurt/M. 1973.
Maslow, A. H.: Motivation and Personality. New York, 1970^2.
Mayo, E.: The Human Problems of an Industrial Civilization. New York 1933.
–: The Social Problems of an Industrial Civilization. London 1949 (Neuauflage 1975).
Roethlisberger, F. & W. Dickson: Management and the Worker. Cambridge (Mass.) 1956 (zuerst 1939).

Niels Beckenbach

Identität

Die neuzeitlich-philosophische Entwicklung des Begriffs (von Descartes über Locke, Hume, Leibniz bis Kant) mündet laut De Levita (1971) in die «reine Psychologie» (z. B. Lipps) und die «physiologische Psychologie» (z. B. Fechner; Wundt). Neuere psychologische Untersuchungen befassen sich im Konstrukt des «Selbstkonzepts» mit der in Real-, Ideal und Spiegel-Selbst untergliederten I.; dabei soll, bezogen auf Angstfreiheit und Ambiguitätstoleranz der jeweiligen Person, die Widerspruchsfreiheit zwischen den Selbst von zentraler Bedeutung sein (vgl. Neubauer 1976); ausgeblendet bleibt, wie unter gegebenen gesellschaftlichen und (psycho-) sozialen Verhältnissen diese Widerspruchsfreiheit eingeholt werden kann; implizit ist der I.-Bildungsprozeß als Anpassungsleistung definiert.

I., so bei Berger/Luckmann (1969, 175), soll als Problem in einfachen Gesellschaften gar nicht erst auftauchen, weil jedermann eben derjenige ist, der er sein soll; erst in der «zivilisierten Industriegesellschaft», so Glasser (1974, 22ff), in der die Menschen «mehr an menschlicher Bindung interessiert (sind) als an sozialem Status und materieller Sicherheit», werde I.-Entfaltung ermöglicht. Ob der Prozeß der I.-Bildung bloß auf → Integration hinausläuft oder in ihm ökonomische und gesellschaftsstrukturelle Widersprüche als potentielle Initiationsmomente zu nichtangepaßter und gleichwohl nichtpathologischer Form von I. vermittelt sind, ist hier wie an den beiden für die → Soziologie belangvollen Theorietraditionen und Ansätzen zur Erklärung von I. zu problematisieren. Dabei handelt es sich zum einen um den Theoriestrang aus der amerikanischen → Sozialpsychologie, wie sie maßgeblich von der in älteren Ansätzen (Cooley; Dewey; insb. James; Thomas) gründenden sozialbehavioristischen I.-Konzeption Meads (1968) beeinflußt und für den → Symbolischen Interaktionismus und die → Rollentheorie entscheidend wurde; zum anderen handelt es sich um solche I.-Konzeptionen, die in der Tradition der Freudschen Drei-Phasen-Theorie der → Sexualität stehen, aus der Erikson (1977) als Nestor psychodynamischer I.-Konzeptionen ein an psychosoziale Krisen in biographischen Entwicklungsstadien gebundenes Modell der Ausbildung von Ich-I. entwickelt hat.

Allgemein geht es in sozialwissenschaftlich orientierten I.-Theorien um die Frage, wie sich ein das soziale Handeln anleitendes Selbstverständnis entwickelt, das die für das → Individuum relevanten Rollen und Handlungsnormen (→ Normen) beinhaltet (→ Handeln, soziales). Für den Rohbegriff der I. kann die Umschreibung bei Strauss (1974, 7) herhalten: «Jeder präsentiert sich anderen und sich selbst und sieht sich in den Spiegeln ihrer Urteile.» Diese Antizipation der Urteile anderer, in der schottischen Moralphilosophie bei Adam Smith als «inhabitant of the breast» oder «man within» vorweggenommen, wird bei Mead zentral thematisch: Durch Teilnahme am Sprachhandeln verinnerlicht die Person erfahrene Fremderwartungen und entwirft daraufhin eigenes zukünftiges Verhalten. Nach nur diesen internalisierten Fremderwartungen – terminologisch das «Me» – resultiert individuelle I. aus immer schon in den Fremderwartungen vorausgesetzten gesellschaftlichen Anpassungsforderungen; aktive Einflußnahme der Person faßt Mead im Begriff des – spontanen – «I». Allerdings bleibt im Rahmen dieser Konzeption unklar, woher das «I» die Fähigkeit bezieht, sich gegen fremdbestimmte Handlungserwartungen durchzusetzen; Krappmann (1973, 22) vermutet, der ungeklärte Status des «I» hänge damit zusammen, daß Mead «die Integration des Individuums (...) durch die Einheit des sozialen Prozesses, vermittelt über die Verinnerlichung des ‹generalized other›, verbürgt sieht (...) und nicht durch die interpretatorische Kraft eines Ich, das sich gegen divergente Anforderungen eines inhomogenen sozialen Prozesses behauptet». Trägt bei Mead der «generalized other» die Erwartungen der Gesellschaft an das Individuum heran, worauf sich das zur Seite seiner Genese erklärungsdefizitäre «I» reagierend eine Möglichkeit zu persönlicher, individuell-biographischer I. eröffnet, so entwickelt sich diese von zugeschriebener I. unterschiedene Ich-I. nach Goffman (1967, 132) in der Auseinandersetzung von sozialer und persönlicher I.: «Soziale und persönliche

Identität sind zuallererst Teil der Interessen und Definitionen anderer Personen hinsichtlich des Individuums», während die allerdings auch aus sozialen Erfahrungen konstruierte «Ich-Identität zuallererst eine subjektive und reflexive Angelegenheit» ist. Ich-I. ist die Auseinandersetzungsebene zwischen sozialer I., die vorgegebene Eigenschaften i. S. normativer Erwartungen zuschreibt, und persönlicher I., d. h. der Erwartung, sich von anderen zu unterscheiden. Diese widersprüchlichen Erwartungen aus sozialer und persönlicher I., entweder völliges Aufgehen in Fremderwartungen oder Stigmatisierung infolge normabweichenden Verhaltens, werden in der (subjektiven) Ich-I. in Einklang gebracht; innerhalb von Interaktionsprozessen (→ Interaktion) hat das Individuum mittels Rollendistanz die Möglichkeit, den Interaktionspartnern zu signalisieren, daß es mit seinem Handeln auch den Erwartungen dritter zu entsprechen gewillt ist (vgl. Goffman 1961).

Vergleichbar argumentiert Dreitzel (1972, 196): Ich-I. ist unter normalen Bedingungen dauerhaft stabil und wird zur Grundlage des Rollenverhaltens; dieses ist ein Pendeln zwischen Anpassung und Widerstand, wobei beides nicht eintreten darf, «wenn es nicht zu Verhaltensstörungen kommen soll, die die Ich-Identität selbst angreifen». Auch Krappmanns (1973) I.-Begriff beinhaltet die Möglichkeit des Individuums, Autonomie gegenüber Fremderwartungen und sozialen Zwängen zu bewahren. Auch hier ist Ich-I. als Balanceakt zwischen äußeren Erwartungen und eigener Einzigartigkeit begriffen und insofern ständiger Konfliktprozeß: In der Ich-I. «können die widersprüchlichen Erwartungen eine interaktionsfördernde Bedeutung erlangen» (ebd., 195), wobei sie «in jeder Interaktion gegen die Versuchung der Selbstaufgabe in Form schizoider Auflösung oder Erstarrung behauptet werden» muß (ebd., 198). «Balancierende Identität» (Krappmann) unterstellt aber «eine Welt ohne Normenkonsens» (ebd., 80) und somit solche (demokratischen) gesellschaftlichen Verhältnisse, die das Individuum auffordern, eine Form der I. auszubilden, mit deren Hilfe sowohl Normen neu interpretiert und soziale Verhältnisse umgewandelt werden können, die zugleich aber auch in der Lage sein soll, «nicht lösbare Diskrepanzen» (ebd., 12) stehenzulassen.

Gegenüber systemtheoretischen Modellen zur technokratischen Steuerung kollektiver wie individueller I. (z. B. Parsons, Luhmann) (→ Systemtheorie) meint I. in solchen Theorieansätzen mehr als Integration; im Begriff der Ich-I. wird zumindest ansatzweise deutlich, daß die Spannungen und Belastungen in der I.-Arbeit gesellschaftlich vermittelt sind. Die Widersprüchlichkeit der identitätsbildenden Verhaltenszumutungen, bei Goffman (1961) die nur durch Rollendistanz kompensierbare Unvereinbarkeit von Rollenerwartungen, formen den I.-Bildungsprozeß und prägen die I.: Einmal gewonnene I. steht vermittels ihres widersprüchlichen Begründungszusammenhanges, der daraus resultierenden spezifischen Verhaltensanforderungen und Orientierungsgebote immer in Gefahr ihrer Aufweichung. Wird mit der Krappmannschen «Identitätsbalance» dem dann gut integrierten Individuum angesonnen, diese Widersprüche auszuhalten, so ist – früherer Analyse Adornos (1970, 32f) zufolge – «dem Individuum jene Balance der Kräfte» zugemutet, «die in der bestehenden Gesellschaft nicht besteht und auch gar nicht bestehen sollte, weil jene Kräfte nicht gleichen Rechtes sind. (...) Seine Integration wäre die falsche Versöhnung mit der unversöhnten Welt, und sie liefe vermutlich auf die ‹Identifikation mit dem Angreifer› hinaus, bloße Charaktermaske der Unterwerfung.» Letztlich Unterwerfung, soll I. als gefestigte gelingen, ist das Fazit aus Eriksons (1977) I.-Konzept. Im Rückgriff auf Freud und Mead will er mit dem Begriff der Ich-I. einen spezifischen Zuwachs an Persönlichkeitsreife bestimmen, «den das Individuum am Ende der Adoleszenz der Fülle seiner Kindheitserfahrungen entnommen haben muß, um für die Aufgaben des Erwachsenenlebens gerüstet zu sein» (ebd., 123). Ausgangspunkt sind lebensgeschichtliche Krisen, die aus dem → Widerspruch von zugewiesener Rollen- und Bedürfnisstruktur, zwischen objektiv vorgegebener und subjektiver I. entstehen. Ich-I. enthält damit einen individuellen wie gesellschaftlichen Aspekt. In jedem Reifungsstadium sind besondere Aufgaben gestellt, deren gesellschaftlich akzeptierbare Lösung in die Persönlichkeit eingeht; Versagen erscheint als Störung und wird ggf. grausam geahndet (vgl. ebd., 139f). Wie in anderen Krisenphasen muß am Ende des psychosozialen Moratoriums der Adoleszenz die Methode der Erfahrungsmeisterung mit den vorgeprägten Anforderungen der sozialen Realität übereinstimmen: Ein Selbstgefühl hat zur Überzeugung zu werden, «daß man sich zu einer bestimmten Persönlichkeit innerhalb einer nunmehr verstandenen sozialen Wirklichkeit entwickelt». Ein «belebendes Realitätsgefühl» gewinnt das reifende Individuum aus der Einsicht, «daß sein individueller Weg der Bewältigung von Erfahrungen eine erfolgreiche Variante der Wege ist, auf denen andere Leute um es herum Erfahrungen bewältigen und die Tatsache, daß man es tut, anerkennen» (ebd., 106f). Eriksons I.-Begriff weist kein im Prozeß der I.-Bildung selbst vermitteltes, aktiv-schöpferisches Moment aus, obwohl sein Begriff der «Identitätsdiffusion» einer solchen Interpretation zugeführt werden könnte. I.-Diffusion ist ein «psychopathologisches Syndrom von Störungen (...), das junge Menschen daran hindert, sich die institutionell angebotene Karenzzeit ihrer Gesellschaft zunutze zu machen» (ebd., 153). Die Zunahme dieses Krankheitsbildes wird als Resultat beschleunigten → sozialen Wandels gedeutet, der die Verarbeitung diskrepanter Anforderungen aufnötigt und damit die Individuen überfordert. Selbstgewißheiten fallen dann auch nach der Adoleszenz (wobei ansonsten postadoleszente Krisen kaum thematisiert werden und somit eine nach der Adoleszenz aussozialisierte Persönlichkeit suggeriert wird) «den Brüchen in der psychosozialen Entwicklung (...) zum Opfer» (ebd., 141). I.-Diffusion wäre insofern nicht nur eine Form pathologischer Reaktion, sondern als durch gesellschaftliche Widersprüche provoziertes und der I. mitgegebenes Initiationsmoment zur potentiellen Einflußnahme bzw. Veränderungsbereitschaft in bezug auf gesellschaftliche und psychosoziale Wirklichkeit zu entschlüsseln. Demnach ist für eine erklärende I.-Theorie einzuholen, daß, und zwar lebenslang, vermittels der Widersprüchlichkeit des gesellschaftlichen Konstitutionsprozesses von I. diese immer als labile Ambivalenz zwischen integrierter und nichtangepaßter, d. h. perspektivisch-dynamischer I. zu definieren ist, aus der die Kraft zu einem Verhalten und Handeln erwachsen kann, das auf Veränderung der Balanceleistungen abverlangenden oder I.-Diffusion erzeugenden Verhältnisse zielt.

Verfolgt man die Geschichte des sozialwissenschaftlichen I.-Begriffs, so wird zunehmend eine voranschreitende gesamtgesellschaftliche I.-Diffusion diagnostiziert (vgl. De Levita 1971); auch auf diesem Hintergrund ist über die Klage einer durch die gesellschaftlichen Umstände zugerichteten «Momentpersönlichkeit» (Mitscherlich) hinaus zu vermuten, daß das am Modell traditionaler Gesellschaften gewonnene I.-Konzept nicht mehr tragfähig und I. sowohl als lebenslanger Prozeß und darin auch hinsichtlich ihrer emanzipatorischen Gehalte zu bestimmen ist.

Gegenwärtige Analysen sind häufig auf die Bedingungen der I.-Zerstörung konzentriert: Das Alltagsleben selbst, die Welt der Routine, ist der Ort der «Zerbrechlichkeit der Identitäten», in der I.-Arbeit zum hilflosen Unterfangen versuchsweiser Stabilisierung der Pseudoindividualität des Außengeleiteten verkommt (Cohen/Taylor 1977, 13); nach dieser Diagnose sind «Ausbruchsversuche, wenn sie nicht schon von vornherein gesellschaftlich vorgefertigt sind, oft ein Mittel, uns wieder in die Verhältnisse einzubinden» (Daniel 1981, 179).

Speziellere Untersuchungen über den Zusammenhang von → Arbeit und I. machen restabilisierende Praktiken gegen die identitätszerstörenden industriellen Handlungsvollzüge aus, die als «Identitätsbehauptungen» (Schimank 1981, 45ff) vor «pathogenem ‹Widerstand›» (Schneider) aktuellen Problemdruck kompensieren; es handelt sich um «Widerstands- und Abwehrformen», mit denen die Individuen die «Arbeitsrealität progressiv im Sinne der Veränderung bearbeiten» (Volmerg 1978, 165), wobei dieses Potential aus der frühkindlichen Phase der I.-Entwicklung herrühren soll, gleichsam Aktivierung des in der Primärsozialisation vermittelten «emanzipativen Minimums» (Negt/Kluge) ist, das sich hier «lediglich als individuelle Abwehr identitätszerstörender Arbeitserfahrungen betätigen» kann (Volmerg 1978, 167). Nach solcher Argumentation besteht die Funktion der außerhalb des Systems gesellschaftlicher Arbeit entwickelten I. einzig darin, durch Arbeit begründete Deformationen in erträglichen Grenzen zu halten (vgl. Prondczynsky 1980, 44) – damit bleibt die Wirkung alltäglicher Widerspruchserfahrungen i. S. perspektivisch-dynamischer I.-Entwicklung undiskutiert, wie sie als Gegensatz zur herrschenden → Ideologie und zur angesonnenen sozialen I. zunehmend handlungsrelevant wird (vgl. Döbert/Nunner-Winkler 1975, 69). Insofern hat eine erklärende I.-Theorie deren Konstitutionsprozeß als immer auch Vermittlungszusammenhang potentiell nonkonformer I. auszuweisen.

Adorno, Th. W.: Zum Verhältnis von Soziologie und Psychologie. In: Ders.: Aufsätze zur Gesellschaftstheorie und Methodologie. Frankfurt/M. 1970.
Berger, P. & Th. Luckmann: Die gesellschaftliche Konstruktion der Wirklichkeit. Stuttgart 1969.
Cohen, St. & L. Taylor: Ausbruchsversuche – Identität und Widerstand in der modernen Lebenswelt. Frankfurt/M. 1977.
Daniel, C.: Theorie der Subjektivität. Frankfurt/New York 1981.
De Levita, D. J.: Der Begriff der Identität. Frankfurt/M. 1971.
Döbert, R. & G. Nunner-Winkler: Adoleszenzkrise und Identitätsbildung. Frankfurt/M. 1975.
Dreitzel, H. P.: Die gesellschaftlichen Leiden und das Leiden an der Gesellschaft. Stuttgart 1972.
Erikson, E. H.: Identität und Lebenszyklus. Frankfurt/M. 1977[4].
Glasser, W.: Identität und Gesellschaft. Weinheim/Basel 1974.
Goffman, E.: Role Distance. In: Ders.: Encounters. Two Studies in the Sociology of Interaction. Indianapolis 1961.
–: Stigma. Über Techniken der Bewältigung beschädigter Identität. Frankfurt/M. 1967.
Krappmann, L.: Soziologische Dimension der Identität. Stuttgart 1973[3].
Mead, G. H.: Geist, Identität und Gesellschaft. Frankfurt/M. 1968.
Neubauer, W. F.: Selbstkonzept und Identität im Kindes- und Jugendalter. München 1976.
Prondczynsky, A. von: Gesellschaftliche Arbeit und Identität. Frankfurt/New York 1980.
Schimank, U.: Identitätsbehauptung in Arbeitsorganisationen. Frankfurt/New York 1981.
Strauss, A.: Spiegel und Masken. Die Suche nach Identität. Frankfurt/M. 1974.
Volmerg, U.: Identität und Arbeitserfahrung. Frankfurt/M. 1978.

Arnold Schmieder

Ideologie

Der Begriff I. wird gegenwärtig in allen Abschattungen von kollektiver Selbsttäuschung bzw. Interessenbildung bis hin zur bewußten Inszenierung von Herrschaftsinteressen mittels Manipulation gebraucht.

Von der historischen und sachlichen Genese her ist der I.-Begriff kritisch gemeint. Er gewinnt in der Zeit der bürgerlichen Aufklärung des 18. Jahrhunderts Bedeutung, als systematische Selbstreflexion über ökonomische, soziale und ideengeschichtliche Zusammenhänge im Zeichen naturwissenschaftlicher Erkenntnis begann. Was dort als ‹ideologisch› bezeichnet wird, ist, gemessen am naturwissenschaftlichen Erkenntnisideal, ‹Vorurteil› (préjugé). So waren Idole und Idolatrie bei Francis Bacon jene Vorurteile der menschlichen → Vernunft, die erkenntnishemmend wirken. «Idole des Stammes» nannte er die in der Natur der Menschen angelegten Vorurteile, «Idole des Marktes» die der sozialen Natur des Menschen, während die «Idole des Theaters» von der Macht überkommener Autoritäten, überlieferter Vorstellungen und Meinungen handeln. Die «Idole der Höhle» bezeichnen die je individuelle Vorurteilsstruktur.

Systematische I.-Forschung blieb der europäischen Neuzeit vorbehalten, da erst hier die soziale Funktion bestimmter Meinungen und Vorstellungskomplexe Aufmerksamkeit erregen konnte. An deren Anfang stehen zwei entscheidende Erkenntnisse: Das sprachliche Medium selbst wird zur Quelle irrtümlicher Vorstellungen, die mit der Natur und dem Wesen des gemeinten Zusammenhangs wenig zu tun haben; zum anderen: Wissen bedeutet stets auch Macht. So zielt die Kritik der französischen Materialisten nicht allein auf jene Dogmen und Glaubenssätze, die mit dem Anspruch auf absolute Wahrheit Aussagen über Gegenstände treffen wollen, von denen es keinerlei Erfahrungswissen geben kann; an der Verbreitung solcher Vorurteile können nur jene Gruppen interessiert sein, die aus der damit erzeugten Verblendung ihren Nutzen ziehen (Lehre vom ‹Priestertrug›).

Die interessenpsychologische Interpretation des I.-Phänomens bei den französischen Enzyklopädisten sowie die in der sog. Ideologenschule (de Tracy, Condorcet) geübte Zurückführung aller Vorstellungen und Ideen auf wissenschaftlich erfaßbare Empfindungselemente (Selbstliebe, Streben nach Reichtum, Macht u. ä. m.) werden in Deutschland insbesondere von A. Schopenhauer und F. Nietzsche aufgenommen. Für Schopenhauer ist der menschliche Intellekt dem blinden Willen zum Leben entsprungen, wenngleich er aus diesem Bann prinzipiell auch wieder gelöst werden könne; für Nietzsche besitzen die aus dem Willen zur Macht erwachsenden Ressentiments und Wertschätzungen – trotz seines Psychologismus – auch eine historische Komponente. In den späteren Schriften

Nietzsches gewinnt die Abwertung der aufklärerischen Ideale allerdings die Oberhand. Aus der Analyse der subjektiven Erkenntnisfaktoren erwächst der Wille zur psychologisierenden Destruktion einer jeden Erkenntnis. Nicht aus der psychischen Beschaffenheit der Menschen, aus Interessen, Trieben und Leidenschaften werden von Marx die ideologischen Formen des menschlichen Bewußtseins verstanden, sondern sie sind falsches Bewußtsein im Sinne des gesellschaftlich notwendigen Scheins. I.-Bildung steht im Zusammenhang mit dem kapitalistischen Grundwiderspruch: dem Antagonismus von lebendiger → Arbeit und totem Kapital. Der universell gewordene Tauschakt von Ware gegen → Geld und Geld gegen Ware führt notwendig dazu, daß auch die Produkte menschlicher Arbeit nur mehr unter dem Blickpunkt ihres Wertes als Tauschobjekte erscheinen (→ Tausch). Nicht ihr Gebrauchswert ist entscheidend, sondern ihre Warenform. Die Wertform läßt vergessen, daß sie in Wahrheit ein gesellschaftliches Verhältnis zwischen sozialen Klassen darstellt. Da diese Vermitteltheit von Wertform und konkretem Lohnverhältnis im alltäglichen Verkehr in Vergessenheit gerät, kann der Warenwert isoliert, d. h. als nicht mehr im Zusammenhang mit der im konkreten Lohnverhältnis von Menschen geleisteten Arbeit betrachtet werden. Die Warengesellschaft produziert so ihre eigene I., und das falsche Bewußtsein ist fundiert auf die kapitalistische Warenproduktion. Wie in den Waren des Marktes das konkrete Lohnverhältnis verschwindet, so erscheinen auch die geistigen Produkte, als ob ihnen an und für sich, d. h. losgelöst vom wirklichen Lebensprozeß der Menschen, ‹Wahrheit› zukäme. Da I.n mithin der theoretische Ausdruck der kapitalistischen Produktionsverhältnisse sind, kann Marx behaupten, daß an der Aufrechterhaltung des gesellschaftlich notwendigen Scheins letztlich nur die besitzende Klasse – auf Grund ihrer Stellung im Produktionsprozeß – interessiert ist. Der ideologische Schleier ist Marx zufolge falsches Bewußtsein insofern, als es sich seiner Bedingtheit vom objektiv ökonomischen Prozeß nicht bewußt zu werden vermag und dadurch notwendig einer Selbsttäuschung verfällt. Aus dieser Diskrepanz zwischen Idee und Realität historisch gewordener Vernunft lassen sich Entstehung und Wirkung der I.n innerhalb der Klassengesellschaft erklären.

Die positivistische I.-Lehre postuliert die Trennung von wissenschaftlichen Tatsachenerkenntnissen und politisch-weltanschaulichen Wertungen (→ Positivismus). Ihrer empirisch-szientistischen Grundausrichtung entsprechend liegen Wertungen nicht im Bereich der Erkenntnissphäre selbst, sondern sie sind irrationaler Natur, Ausdruck von Gefühlen und des Wollens. Bei Vilfredo Pareto bilden die Residuen, aus denen die menschlichen Handlungen und die ihnen korrespondierenden Derivationen entspringen, relativ konstante Triebkonglomerate. Daß diese sich in den verschiedenen Epochen kaum wandeln, resultiert aus dem individualistischen Ansatz. Der instinktartig-alogische Kern des Menschen («Residuen») garantiert eine gewisse Gleichförmigkeit des Verhaltens. Theodor Geiger erweitert Paretos Begriff der Derivation dahin, daß er darunter die theoretische Rechtfertigung affektiver und vitaler Engagements schlechthin faßt. So erhalten die Residuen den sozialpsychologisch bestimmten Charakter milieubedingter seelischer Dispositionen, die Geiger als Mentalität bezeichnet. Durch seine an Max Weber orientierte Forderung der Wertfreiheit soziologischer Urteile kommt die Werturteilsdiskussion in eine enge Beziehung zum I.-Problem (→ Wertbeziehung). I. kann hier sinnvoll nur als Begriff der Erkenntniskritik gelten: Weder die soziale Wirklichkeit als solche noch die sich auf diese beziehende Bewußtseinsstruktur können Gegenstand ideologiekritischer Analysen sein. Vielmehr sei allein das wissenschaftliche Einzelurteil daraufhin zu befragen, ob und inwieweit es mit der empirisch erfaßbaren, raumzeitlichen Wirklichkeit übereinstimmt.

Während die positivistische I.-Lehre die Tendenz besitzt, I. in die Nähe von Werturteil oder Vorurteilsprojektion zu rücken, geht die von Max Scheler begründete und von Karl Mannheim fortentwickelte → Wissenssoziologie von einer Konzeption des ideologischen Bewußtseins aus, die das menschliche Denken von seiner «Aspektstruktur» (Mannheim) her als I. begreift. So versucht Mannheim, den I.-Begriff dem der Seinsverbundenheit des Denkens gleichzusetzen. Alle Aussagen über Mensch, Gesellschaft und Geschichte haben ihren historischen und sozialen Ort und müssen daher gleichermaßen als relativ zu einer → Wahrheit bezeichnet werden, die sich nur aus der Gesamtheit der in der menschlichen Geschichte vertretenen Standorte erschließen läßt. Alles Denken ist sozial determiniert und kann darum einen Anspruch auf objektive Erkenntnis der → Wahrheit nicht aufrechterhalten. Es repräsentiert jedoch als Weltanschauungswissen stets eine Partialwahrheit, die es fälschlich für absolut hält. Objektive Erkenntnisse sowohl empirischer Wirklichkeit als auch von bestimmten Werten sei nur durch wissenssoziologische Selbstkontrolle des Erkennenden möglich. Vor allem jene «soziale Dünnschicht», die «freischwebende Intelligenz», sei, da relativ unabhängig vom sozialen Standort einer → Klasse/→ Schicht, durch fortwährende Selbstkritik in der Lage, eine relative Synthese aller wahren Momente der in einer Zeit einander gegenüberstehenden geistigen und politischen Standorte zu unternehmen. Sie kann dies nur mit «gleitenden Begriffen» leisten, die sich der historisch-gesellschaftlichen Bewegung anpassen («Kultursynthese»).

Die → Kritische Theorie kennt keine ontische Trennung von gesellschaftlicher Realität und ideologischem Überbau mehr. Vielmehr besitzt die gesellschaftliche → Totalität, als welche die «verwaltete Welt» (Adorno) sich darstellt, eine Universalität und Durchschlagskraft, die das Bewußtsein der davon beherrschten → Individuen in einer Weise besetzt, die eine solche Trennung obsolet werden läßt. Die Reproduktion der Gesellschaft vollzieht sich durch das Handeln und Denken der Individuen hindurch, so daß in der Gestalt des vorherrschenden Bewußtseins sich die Gesetzmäßigkeit der Gesellschaft verdoppelt, wodurch die I. sich im Funktionieren dieses Prozesses der Vermittlung von selber herstellt. Der Schein des Ideologischen wird vom System der Gesellschaft mitproduziert. Eine im ganzen konforme Medienöffentlichkeit besorgt die reibungslose Anpassung an die vorgegebenen → Normen und Verhaltensmuster (→ Einstellung/→ Massenkommunikation/→ Öffentlichkeit/ → Stereotyp).

Barth, H.: Wahrheit und Ideologie. Erlenbach-Zürich/Stuttgart 1961².
Lenk, K.: Politische Soziologie. Stuttgart/Berlin/Köln/Mainz 1982.
– (Hrsg.): Ideologie. Ideologiekritik und Wissenssoziologie. Darmstadt/Neuwied 1978⁸; Neuaufl. Frankfurt/M. 1984.
Lieber, H.-J. (Hrsg.): Ideologienlehre und Wissenssoziologie. Die Diskussion um das Ideologieproblem in den 20er Jahren. Darmstadt 1974.
– (Hrsg.): Ideologie – Wissenschaft – Gesellschaft. Neuere Beiträge zur Diskussion. Darmstadt 1976.
Ludz, P. Ch.: Ideologiebegriff und marxistische Theorie. Ansätze zu einer immanenten Kritik. Opladen 1977².
Pelinka, A. (Hrsg.): Ideologien im Bezugsfeld von Geschichte und Gesellschaft. Innsbruck 1981.
Stehr, N. (Hrsg.): Der Streit um die Wissenssoziologie. 2 Bde. Frankfurt/M. 1982.

Kurt Lenk

Imperialismus

Der Begriff I. bezieht sich heute auf einen uneinheitlichen Gegenstand. Er bezeichnet in den unterschiedlichen I.-Theorien (1) die Expansionspolitik der Nationalstaaten (→ Nationalismus) von 1870 bis 1918 (klassischer I.), (2) die ungleichen Beziehungen zwischen den Metropolen und der Dritten Welt, (3) die Dominanzbeziehungen in der Weltmarktkonkurrenz kapitalistischer Länder und (4) das Eroberungs- und Kriegsstreben von Staaten und Reichen in der Geschichte.

1. Theorien zum klassischen I.: Der liberale Publizist J. A. Hobson führt in seiner Schrift «Imperialism. A Study» (1902) den I. auf die ungleiche Einkommensverteilung in der britischen Metropole zurück. Die Konzentration der Einkommen auf den Konten der Oberschicht begrenze die Kaufkraft der Massen und verursache damit eine Unterkonsumtionstendenz auf dem britischen Binnenmarkt. Die mangelnde Binnennachfrage reduziere die Anlagemöglichkeiten für Kapital und lasse die Profitrate fallen. Das Kapital dränge nach Übersee, wo erheblich höhere Renditen zu realisieren seien, und erzeuge so den I. als Kampf der Metropolen um koloniale Territorien. Gesamtwirtschaftlich sei der I. wegen der hohen Militär- und Verwaltungskosten ein Verlustgeschäft; der Oberschicht gelinge es aber über die Mobilisierung nationaler Emotionen, die Massen für ihre Interessen zu funktionalisieren. Hobson fordert eine aktive Sozialpolitik, die den I. durch eine gerechte Einkommensverteilung überflüssig machen solle.

Meint Hobson, durch Reformpolitik den I. aufheben zu können, betrachtet W. I. Lenin den I. als notwendiges Entwicklungsstadium des → Kapitalismus, der nur durch die sozialistische Weltrevolution (→ Revolution) zu überwinden sei. Auf der Grundlage von Hilferdings «Das Finanzkapital» und der ihm bereits 1915 bekannten Arbeit von Bucharin «Imperialismus und Weltwirtschaft» verfaßte Lenin 1916 «Der Imperialismus als höchstes Stadium des Kapitalismus». Lenins Analyse verläuft in folgenden Schritten: (1) Die Konzentration und Zentralisation des Kapitals führt zur Monopolisierung der Produktion. (2) Bankkapital und Industriekapital verschmelzen zum Finanzkapital. (3) Die Einschränkung der → Konkurrenz durch das Finanzkapital begrenzt das Anlagefeld des Kapitals, der Kapitalüberschuß wird durch den Kapitalexport, der nach Lenin das Spezifikum des «neuen» Kapitalismus ist, absorbiert. (4) Das Finanzkapital teilt die Welt durch internationale Kartelle unter sich auf. (5) Die neue Etappe des Kapitalismus verschärft den Kampf um die Kolonien, deren das Finanzkapital als Absatzmärkte, Anlagegebiete und Rohstofflieferanten bedarf. Die Herausbildung einer vom Kolonialismus profitierenden Arbeiteraristokratie schwäche zwar den Kampf der → Arbeiterbewegung; da sich die Bourgeoisie durch den I. aber von einer Industrieklasse in eine → Klasse von Couponschneidern transformiere, stagniere der Kapitalismus, wachse der Parasitismus und werde so die Sterbephase des Kapitalismus eingeläutet (s. z. Kritik: Neusüß 1972).

Nach dem Zweiten Weltkrieg sind in der umfangreichen I.-Forschung Ansätze in den Vordergrund gerückt, die die Bedeutung nichtökonomischer Ursachen des I. hervorheben oder neben den ökonomischen zusätzliche politische und soziale Ursachen herausarbeiten. Große Beachtung haben Theorien gefunden, die im Anschluß an Schumpeter den I. als Atavismus betrachten. Traditionelle Sozialgruppen aus vorbürgerlichen Gesellschaftsverhältnissen konnten Ende des 19. Jahrhunderts die ihnen verbliebenen Herrschaftspositionen (→ Herrschaft) für eine nationalistische und militaristische Politik ausnutzen. In der volldemokratisierten kapitalistischen Gesellschaft werde der I. dagegen obsolet (Rostow/Sulzbach). Eine weitere Variante hat Wehler unter dem Einfluß der Arbeiten von Gallagher/Robinson und Williams entwickelt. In seiner Sozialimperialismustheorie vertritt er die These, daß das kapitalistische Gesellschaftssystem durch ökonomische Krisen und die Furcht der herrschenden Schichten vor der sozialen Revolution zum I. getrieben worden sei (→ Krisentheorien). Waren- und Kapitalexporte hätten in der Krisenphase nach 1873 als ökonomische Stabilisatoren wirken und die politischen Emanzipationskräfte der Zeit in die äußere Expansion abgeleitet werden sollen (s.z. Kritik: Mommsen 1980).

2. I. als Dependenz der Dritten Welt: Die in sich uneinheitliche lateinamerikanische Dependenztheorie bezieht den Begriff I. auf die Beziehungen zwischen den kapitalistischen Weltzentren und den → unterentwickelten Ländern. Für ihren Hauptvertreter, A. G. Frank, ist Unterentwicklung das historische Produkt der kolonialen Einbettung der peripheren Gebiete in das kapitalistische Weltsystem. Nicht vorkapitalistische Produktionsverhältnisse hemmten die Industrialisierung Lateinamerikas; vielmehr sei das seit dem 16. Jahrhundert vorherrschende kapitalistische Wirtschaftssystem das Verhängnis dieser Länder. Über die ungleichen Handels- und Kapitalbeziehungen zwischen den Metropolen und den Satelliten werde ein großer Teil des ‹Surplus› der unterentwickelten Länder in die Zentren transferiert und so die polare Weltentwicklungsstruktur erzeugt und perpetuiert (s.z. Kritik: Laclau 1981).

Zu Beginn der 70er Jahre hat die französische I.-Diskussion die These von der weltmarktinduzierten Unterentwicklung zu fundieren versucht. Emmanuel und im Anschluß an ihn Amin und Palloix behaupten, daß auf der Grundlage einer gleichen technischen Zusammensetzung des Kapitals, aber strukturell ungleicher Lohnniveaus ein permanenter Mehrwerttransfer von der Peripherie in die Zentren stattfinde. Die Herausbildung einer internationalen Durchschnittsprofitrate erzeuge diesen «ungleichen Tausch» (→ Tausch), der die armen Länder immer ärmer mache (s.z. Kritik: Busch 1974).

3. I. als Dominanzbeziehungen auf dem Weltmarkt: In der neueren marxistischen Weltmarkttheorie stehen sich zwei Positionen gegenüber. Während die Mehrzahl der Autoren davon ausgeht, daß die produktivsten Nationalkapitale in der Weltmarktkonkurrenz Extraprofite erwirtschafteten, die ihren Akkumulationsprozeß begünstigten, betont eine Minderheit bestimmte weltwirtschaftliche Schutzmechanismen zugunsten der schwächeren Nationalkapitale. Zur ersten Gruppe zählen neben den Autoren, die mit gewissen Modifikationen an der Theorie Lenins festhalten (Mandel; Goralczyk), die jüngsten französischen I.-Beiträge. Nach GRESI (1979) bestimmen diejenigen Nationen, die über den fortgeschrittensten Produktionsmittelsektor (sektorale «Kohärenz») verfügen, die internationalen Produktions- und Tauschnormen und verbuchen damit Akkumulationsvorteile. Aglietta und Palloix haben diese Analyse um den Begriff der «komplexen Ware» ergänzt. Die internationale Arbeitsteilung begünstige diejenigen Länder, die sich auf die komplexen Waren (z. B. schlüsselfertige Fabriken, Autos) konzentrieren könnten, während die schwächeren Länder durch die Spezialisierung auf die «entwerteten» Produkte (z. B. Stahl) auf der Schattenseite der Weltwirtschaft Platz nehmen müßten (s. z. Kritik: Busch 1981).

Demgegenüber geht die zweite Position (Neusüß; Busch) von einer Modifikation des Wertgesetzes auf dem Weltmarkt aus. Die nationalstaatliche Vermittlung der Weltmarktkonkurrenz schlage sich im Wechselkursmechanismus nieder, der die schwächeren Nationalkapitale vor einem Vernichtungswettbewerb schütze und ihnen wegen ihrer günstigeren Verwertungsbedingungen langfristig die Möglichkeit zur Verringerung des internationalen Akkumulationsgefälles biete. Die Nivellierung der Dominanzposition der USA durch Westeuropa und Japan könne nur so theoretisch erklärt werden (s. z. Kritik: Siegel 1980).

4. I. als Eroberungsstreben von Staaten: Schumpeter hat 1918 einen universalgeschichtlichen Ansatz zur Erklärung des I. vorgelegt. Die kriegerische Disposition der Herrenschichten führe in der Geschichte immer wieder zur Expansion um der Expansion willen. Die «agonalen Instinkte», die zum I. führten, gewännen auch im monopolistischen Kapitalismus die Oberhand; erst der demokratischen, kapitalistischen Wettbewerbsgesellschaft werde es gelingen, destruktive Energien in Arbeitsenergien umzuwandeln und so das Bedürfnis nach I. zu überwinden (s. z. Kritik: Greene 1979). So kritikbedürftig der sozialpsychologische Ansatz Schumpeters ist, so bedauerlich ist es andererseits, daß die marxistische I.-Forschung (→ Marxismus) ihr Augenmerk einseitig auf die kapitalistische Produktionsweise gerichtet hat. Das Expansionsstreben in der antiken und feudalen, aber auch in der ‹sowjetischen› Produktionsweise bleibt hier erklärungsbedürftig. Aus den spezifischen Formen der Mehrproduktaneignung und der Dominanzverhältnisse zwischen den Instanzen Politik, Ökonomie und → Ideologie wäre die unterschiedliche I.-Qualität der einzelnen Produktionsweisen zu erarbeiten.

Aglietta, M.: Die gegenwärtigen Grundzüge der Internationalisierung des Kapitals. Die Wertproblematik. In: Deubner, Ch. / Rehfeldt, F. / Schlupp, G. & G. Ziebura (Hrsg.): Die Internationalisierung des Kapitals. Frankfurt/New York 1979.
Amin, S.: L'accumulation à l'échelle mondiale. Paris 1970.
Busch, K.: Die multinationalen Konzerne. Frankfurt/M. 1974.
–: Internationale Arbeitsteilung und Internationalisierung des Kapitals. In: Leviathan, 1981, 1, 120–143.
Emmanuel, A.: L'échange inégal. Paris 1972².
Frank, A. G.: Kapital und Unterentwicklung in Lateinamerika. Frankfurt/M. 1968.
Goralczyk, D.: Der internationale Konzern. Bern 1979.

Greene, M.: Schumpeters Imperialismustheorie. In: Wehler, H.-U. (Hrsg.): Imperialismus. Düsseldorf 1979³.

GRESI: Grundfragen der internationalen Arbeitsteilung. In: Deubner, Ch./Rehfeldt, F./Schlupp, G. & G. Ziebura (Hrsg.): Die Internationalisierung des Kapitals. Frankfurt/New York 1979.

Hobson, J. A.: Der Imperialismus. Köln 1968.

Laclau, E.: Politik u. Ideologie im Marxismus. Berlin 1981.

Lenin, W. I.: Der Imperialismus als höchstes Stadium des Kapitalismus. Berlin (DDR) 1970.

Mandel, E.: Der Spätkapitalismus. Frankfurt/M. 1972.

Mommsen, W. J.: Imperialismustheorien. Göttingen 1980².

Neusüß, Ch.: Imperialismus und Weltmarktbewegung des Kapitals. Erlangen 1972.

Palloix, Ch.: L'internationalisation du capital. Paris 1975.

Robinson, J. & D. Gallagher: Der Imperialismus des Freihandels. In: Wehler, H.-U. (Hrsg.): Imperialismus. Düsseldorf 1979³.

Rostow, W. W.: Stadien des wirtschaftlichen Wachstums. Göttingen 1960.

Schröder, H. Ch.: Hobsons Imperialismustheorie. In: Wehler, H.-U. (Hrsg.): Imperialismus. Düsseldorf 1979³.

Schumpeter, J. A.: Zur Soziologie der Imperialismen. In: Ders.: Aufsätze zur Soziologie. Tübingen 1953.

Siegel, T.: Kapitalismus als Weltsystem. Frankfurt/New York 1980.

Sulzbach, W.: Imperialismus und Nationalbewußtsein. Frankfurt/M. 1959.

Wehler, H.-U.: Sozialimperialismus. In: Ders. (Hrsg.): Imperialismus. Düsseldorf 1979³.

Williams, W. A.: The Contours of American History. New York 1961.

Klaus Busch

Individuum

Der sozialwissenschaftliche Gebrauch des Begriffs I. ist untrennbar verknüpft mit dem der Gesellschaft. Individuen sind Einheiten des gesellschaftlichen Ganzen, Gesellschaft setzt sich aus ihnen zusammen. Das allgemeine Hervortreten des Begriffs I. ist wohl historisch gebunden an die Auflösung der ständischen feudalen Gesellschaft (→ Feudalismus). Er ist in erster Linie ein Begriff der bürgerlichen Gesellschaft. Frei von ständischen Privilegien, mit der Gleichstellung als Staatsbürger, die nicht länger zu Gehorsam als Untertanen verpflichtet sind, sondern über die Verfolgung ihrer Eigeninteressen am Markt in Beziehung treten, wird der Blick geöffnet für die allen Menschen je eigene nicht nur numerische, sondern auch gesellschaftliche Eigenschaft, I. zu sein.

Abgesehen von seinem rein logischen Gebrauch, tritt der Begriff I. theoretisch zunächst in der Philosophie in Erscheinung, etwa im Rahmen der Leibnizschen Monadenlehre oder als Haltepunkt rationaler Welterfahrung (Descartes; Kant), dann in staatstheoretischer und gesellschaftskritischer Wendung als Subjekt und Objekt politisch-rechtlicher Gleichstellung (→ Gleichheit) (bürgerliche → Revolution) und sozialer Befreiung von → Entfremdung und → Ausbeutung im → Marxismus.

Das soziologische Interesse am I. korrespondiert also dem wachsenden Auseinander- und Gegenübertreten von einzelnem und gesellschaftlichen Strukturen auf der einen, seiner geschichtlich zunehmenden Regulierung und Vermassung auf der anderen Seite. In der kapitalistischen Industriegesellschaft (→ Kapitalismus) ist das I. nicht mehr lebenslang in leicht überschaubare, traditionale, familiale und dörfliche Strukturen eingebettet, sondern sieht sich mehr und mehr der Anforderung der Mobilität, Flexibilität und Wandlungsfähigkeit ausgesetzt, um sein Leben reproduzieren, seine Ausbildungs-, Wettbewerbs- und Arbeitsplatzchancen nutzen zu können. Es wird Träger von Rollen aus verschiedenen Lebensbereichen (Familie, Schule, Kirche, Verein, Betrieb usw.). Die Soziologie nimmt sich seiner vielfältigen gesellschaftlichen Bestimmtheit und Bezogenheit an, etwa in Themenstellungen wie ‹I. und Gesellschaft›, ‹I. und Gemeinschaft›, ‹I. und → Gruppe›, ‹I. und → Institution›, ‹I. und Organisation› etc.

An der Art, wie sie das Verhältnis von I. und Gesellschaft fassen, lassen sich verschiedene sozialtheoretische Ansätze unterscheiden. In der von Locke und Hobbes beeinflußten klassischen Version des Liberalismus bis hin zu ihrem späten Ausläufer, dem Dahrendorfschen → «Homo sociologicus», wird noch ausgegangen von einem der ‹ärgerlichen Tatsache der Gesellschaft› gegenüberstehenden, von ihr weitgehend unbeeinflußten autonomen, privaten I., welches sich nur an seinen eigenen Zwecken orientiert. Demgegenüber betreiben die bedeutenden soziologischen Gesamtentwürfe seit Comte die sozialwissenschaftliche Auffassung des I. konsequenter, allerdings oftmals um den Preis einer Theorie der Subjektivität des I. In der strukturell-funktionalen Theorie (Parsons) etwa wird das I. als vollständig in die Abläufe sozialer Systeme integriert gesehen. Seine Persönlichkeitsstruktur kongruiert mit den Anforderungen der sozialen Rollen (→ Rollentheorie). Dagegen wird bei Mead und im → Symbolischen Interaktionismus ein Spielraum angenommen, der es dem einzelnen erlaubt, sich auf schöpferische Weise an der Gestaltung des kulturellen Wertsystems und der sozialen → Normen zu beteiligen. Auch die Kompetenztheorie von Habermas u. a. bedient sich der Annahme eines autonom handlungsfähigen, mit sich selbst identischen Subjekts und versucht, diese im Rahmen einer Theorie der → Sozialisation zu entfalten. Am nachhaltigsten wird jedoch die Spannung zwischen den Bedürfnissen und → Interessen des einzelnen und den Versagungen der gesellschaftlichen Realität betont in der → Kritischen Theorie (Adorno, Horkheimer, Marcuse) und der daran anschließenden Kritischen Theorie des Subjekts

(Lorenzer, Horn u. a.). In der von der Psychoanalyse belehrten, jedoch geschichtsmaterialistisch verlebendigten Formel einer «Dialektik von Individuum und Gesellschaft» (Adorno) steckt der Gedanke, daß der einzelne, wenngleich stets gesellschaftlich bestimmt, nie ohne Rest von gesellschaftlichen Verhältnissen vereinnahmt werden kann. Er widersteht nicht nur gesellschaftlichem Druck, sondern wird im Verein mit anderen zum Veränderer bestehender Verhältnisse.

Daß die Soziologie auf eine Theorie des I. keinen Alleinvertretungsanspruch besitzt, wird aus den verschiedenen Anleihen bei anderen wissenschaftlichen Disziplinen deutlich. In der Tat fällt Individualität traditionell eher in den Gegenstandsbereich der Psychologie. Die Soziologie betrachtet erst einmal grundsätzlich Individuen von außen, unter dem Aspekt gesellschaftlicher Zusammenhänge. Gerade diese gesellschaftstheoretischen Ansprüche stießen im Laufe der Entwicklung soziologischer Theoriebildung an ihre Grenzen und führten zu Problemen wie etwa der Durkheimschen Frage, wieso das I. bereit sei, sozialen Zwang zu erdulden und sich den sozialen Zumutungen zu fügen. Mit dem heute noch geltenden Konzept der ‹Verinnerlichung› wird der soziologische Blick erstmals systematisch auch auf innerindividuelle Verhältnisse gerichtet.

Den größten Einfluß und Fortschritt bedeuteten aber die Entdeckungen der Psychoanalyse. Einmal abgesehen von der wichtigen Mittlerrolle der Kulturanthropologie (→ Anthropologie), wanderten ihre Erkenntnisse in zwei großen Rezeptionslinien, der strukturell-funktionalen – soziologisch zunächst viel einflußreicheren, die Freudschen Befunde aber stark modifizierenden – und der materialistischen (Freudomarxismus, Frankfurter Schule) in soziologische → Sozialpsychologie und Sozialisationstheorie ein. Auch für die marxistische Freud-Rezeption war bestimmend das Unzureichen historisch-materialistischer Bestimmungen des I., die über die Auffassung der → Verdinglichung der einzelnen zu ‹Charaktermasken›, die nur ökonomische Beziehungen personifizieren, eingestandenermaßen nicht hinauskamen (→ Historischer Materialismus). Nicht zuletzt war es aber die Erfahrung des geschichtlichen Scheiterns der Linken, das unerklärte Phänomen des Umschwenkens der Bevölkerung zu den reaktionären Idealen und Führerfiguren des → Faschismus, das das Interesse an psychoanalytischen Deutungsversuchen hier besonders in den Vordergrund rücken ließ.

Wies der Weg, in Ermangelung einer soziologischen Theorie des I. sich der psychoanalytischen Persönlichkeitstheorie als der Theorie des konkreten I. zu bedienen, grundsätzlich in die richtige Richtung, so war er doch von grundlegenden und gravierenden Mängeln behaftet. Die Soziologie kann nicht einfach die psychoanalytischen Begriffe etwa der Strukturlehre (‹Ich›, ‹Es›, ‹Über-Ich›) oder der Theorie der sexuellen Entwicklung übernehmen, sondern muß methodisch reflektiert die Freudschen Ergebnisse auf sozialwissenschaftlicher Erkenntnisebene neu formulieren. Nur so umgeht sie auch die Freudschen Mystifikationen (Trieb, Ödipuskomplex), ohne doch die biologische Radikalität des Freudschen Denkens soziologistischen Integrationsbestrebungen, die individuelle Bedürfnisse nur unter dem Aspekt ihrer soziokulturellen Vorgegebenheit als sprachlich vorformulierte (Gerth/Mills; Habermas) aufzufassen in der Lage sind, zu opfern. Dies ist der Ausgangspunkt einer materialistischen Sozialwissenschaft des Individuellen (Lorenzer). Die Elemente individueller Strukturen werden begriffen als «Interaktionsformen», die von vergangenen → Interaktionen geprägt das individuelle Handeln in künftigen Interaktionen bestimmen. Interaktionsformen vermitteln die Aspekte von Natur und Gesellschaft im I. Sie berücksichtigen in besonderem Maß Intimität, → Sexualität, Körperlichkeit, also genau jene biographisch einzigartige, wenngleich und weil sozialisierte sinnlich-unmittelbare Basisschicht individuellen Erlebens vor jeder sprachlich-normativen Durchregulation. Individualität ist demnach keine naturwüchsige Eigenschaft, sondern in Interaktionen erworben. Individuation ist immer zugleich Sozialisation.

Das I. ist keineswegs die unhintergehbar kleinste Einheit einer sozialen Struktur. So kann es in sozialwissenschaftlicher Perspektive als Träger verschiedener Rollen, als Positionsinhaber, als Angehöriger einer Gruppe, → Klasse oder → Schicht, als Träger von Meinungen oder Ideen oder unter dem Gesichtspunkt einer Zerlegung in Elemente der Persönlichkeitsstruktur wie Bedürfnisdispositionen, Interaktionsformen betrachtet werden.

Der Begriff I. hängt eng zusammen mit Kategorien wie → ‹Identität› und ‹Subjektivität›, ‹Persönlichkeit›, ohne doch mit ihnen synonym zu sein. Leider lassen die Sozialwissenschaften beim Gebrauch dieser Begriffe meist genügend Klarheit über deren Zusammenhänge und Unterschiede vermissen. I. ist, wie schon sein Name zeigt, gewissermaßen ein wenn nicht gar eher numerischer, quantitativer, so doch zumindest sehr abstrakter, formaler Begriff, auch wenn seine Heraufkunft an ein allgemein-bürgerliches Selbstbewußtsein im Sinne einer naturrechtlichen Gleichheit geknüpft ist. Identität, Subjektivität, Persönlichkeit dagegen sind durch Psychologie, Sozialpsychologie und materialistische → Sozialphilosophie formulierte Qualitäten, die einem I. auf höchst unterschiedliche Weise zukommen können oder nicht und es damit auch zu einem menschlichen I. erst machen. Sie können die Funktion von Kriterien ausüben, an denen sich etwa Entfremdung oder → Emanzipation messen lassen. Sie decken sich keineswegs stets mit seinen Grenzen, sondern haben zum Teil einen überindividuellen, z. B. kollektiven Status.

Das sozialwissenschaftliche Interesse am I. hat stets zu reflektieren, in welcher Weise es dem stark gewachsenen gesellschaftlichen Interesse am I. entspricht. Hier gibt es grundsätzlich zwei Ansatzformen: eine, die auf eine Einschätzbarkeit der Individuen und ihrer Bedürfnisse – sei es aus machtpolitischen oder marktwirtschaftlichen Gründen – aus ist, und eine andere, die durch Kenntnis individueller Strukturen auf eine Verbesserung der Lebensverhältnisse der einzelnen abzielt. Ob sich hinter gerade im Spätkapitalismus sich mehrenden gesellschaftlichen Trends oder Bewegungen, deren Gegenstand die Beschäftigung mit Individualität ist (‹Psychoboom›, ‹neue Sensibilität› usw.), mehr der eine oder mehr der andere Grund verbirgt, ist eine nur schwer und von Fall zu Fall, nicht aber generell zu treffende Beurteilung.

Adorno, Th. W.: Zum Verhältnis von Soziologie und Psychologie. Frankfurt/M. 1972 (Gesammelte Schriften 8.1, 42–85).
Buchholz, M. B. & U. Buchholz: Zur Geschichte der Individualitätsformen. Gießen 1977.
Dahrendorf, R.: Homo sociologicus. Köln/Opladen 1970[9].
Gerth, H. & C. W. Mills: Person und Gesellschaft. Frankfurt/M. 1970.
Krappmann, L.: Soziologische Dimensionen der Identität. Stuttgart 1972[2].
Lorenzer, A.: Sprachspiel und Interaktionsformen. Frankfurt/M. 1977.
–: Zur Dialektik von Individuum und Gesellschaft. In: Leithäuser, Th. & W. R. Heinz (Hrsg.): Produktion, Arbeit, Sozialisation. Frankfurt/M. 1976.
Macpherson, C. B.: Die politische Theorie des Besitzindividualismus. Frankfurt/M. 1973.
Mead, G. H.: Geist, Identität und Gesellschaft, Frankfurt/M. 1968.
Parsons, T.: Sozialstruktur und Persönlichkeit. Frankfurt/M. 1977[2].

Hans-Joachim Busch

Industrialisierung

Begriff und Bedeutung

I. gilt allgemein als zentrales Strukturmerkmal des universalen Prozesses der Modernisierung und des → sozialen Wandels. Nach W. E. Moore wird I. im strengen Sinn verstanden als umfassender Einsatz von unbelebten Energieträgern zur Produktion wirtschaftlicher Güter und Dienstleistungen. I. im engeren Sinn als technisch-organisatorischer Wandel ist gleichbedeutend mit dem Übergang von der handwerklichen zur fabrikmäßig konzentrierten und auf dem planmäßigen Einsatz von technischen und organisatorischen Mitteln beruhenden Produktion. In einer weiteren Bedeutung wird I. in Beziehung gesetzt zur Herausbildung industrieller Gesellschaften. I. gilt dabei als Teilaspekt des umfassenden Prozesses der *Modernisierung*. Hierunter werden unterschiedliche materielle Verhältnisse (Trennung von Haushalt und Erwerbsbereich, Urbanisierung), soziale Verkehrsformen (Durchsetzung markt- und rechtsförmiger Beziehungen) und soziale Wertorientierungen *(pattern variables)* gefaßt. Die soziologische Relevanz der beiden eng miteinander verbundenen Aspekte von I. liegt in der Untersuchung der gesellschaftlichen Konstitution, der Durchsetzungsformen und der sozialen und politischen Folgen dieses Prozesses.

Theoriegeschichte
In der sozialwissenschaftlichen Diskussion zeigt sich eine Verlagerung in den Themenstellungen und den Erkenntnisinteressen in Abhängigkeit von realen Problemlagen. Gegenüber einer weitgehenden Identifizierung von I. mit gesellschaftlichem Fortschritt zu Beginn des Zeitalters der I. und der Konzentration auf Integrations- und Anpassungsprobleme während der ökonomischen Expansionsphase nach dem Zweiten Weltkrieg konzentriert sich unter dem Eindruck verstärkter Krisenerscheinungen seit Mitte der 70er Jahre die sozialwissenschaftliche Diskussion neuerdings stärker auf Fragen der gesellschaftlichen Steuerung und Kontrolle von I.

In frühbürgerlichen → Gesellschaftstheorien wird I. zumeist als Vehikel eines universellen menschheitsgeschichtlichen Fortschritts interpretiert, die industrielle Gesellschaft gilt als Endstadium dieses Prozesses. In den → Evolutionstheorien von Saint-Simon, Comte und Spencer bezieht sich der Begriff des Fortschritts, ähnlich wie in der klassischen Ökonomie, auf die stetige Vermehrung des gesellschaftlichen Reichtums durch planmäßige Steigerung der Arbeitsproduktivität und auf die Durchsetzung rationaler Formen der Lebensführung und der Weltauffassung (→ Interesse). Dabei verändert sich zugleich die Bedeutung des Fortschrittsbegriffs. Nicht mehr wie in der Frühphase der Aufklärung stehen dabei Moral und Sitte als private Tugenden im Vordergrund, sondern die Entwicklung der Wissenschaften und dabei besonders der naturwissenschaftlich-technischen Disziplinen. Im Denken Saint-Simons wird der Prozeß der I. verbunden mit der technischen → Utopie einer rationalen Planung der gesellschaftlichen Entwicklung. In einer später bei Engels wiederaufgenommenen Wendung sieht Saint-Simon dabei die → Herrschaft über Menschen übergehen in die Verwaltung von Sachen (→ Technokratie).

Die Marxsche Theorie (→ Marxismus) stellt einen ersten Beitrag dar zu einer umfassenden Erklärung der spezifischen gesellschaftlichen Ursachen und der Durchsetzungsformen von I. Marx faßt I. im engeren Sinne als Vergegenständlichungs- und Entwicklungsform gesellschaftlicher → *Arbeit* und bezeichnet die Faktoren der I. (Wissen und Erfahrung des ‹kombinierten› Arbeitskörpers, technischer Fortschritt, Teilung der Arbeit und Wissenschaft) als *‹Entfaltung der Produktivkräfte›*. Gegenüber den frühbürgerlichen Evolutionstheorien bleibt nach Marx die Entwicklung der Produktivkräfte im → Kapitalismus gebunden an die *gesellschaftlichen Produktionsverhältnisse*. Hierzu zählt die strukturelle Zusammenhangslosigkeit, die private Aneignung eines Teils des gesellschaftlichen Produkts (Profit) und die Kontrolle des Produktionsprozesses durch die Kapitalistenklasse.

Die Marxsche Annahme einer *dialektischen* Beziehung von Produktivkräften und Produktionsverhältnissen bedeutet, daß die historische Entfaltung der Produktivkräfte eine materielle Voraussetzung bildet für die → Emanzipation der Menschengattung von natürlicher Abhängigkeit und gesellschaftlicher Herrschaft (Kusin 1970). Der spezifische Beitrag von I. für die gesellschaftliche Entwicklung bleibt in der Marxschen Theorie allerdings offen. Überlegungen vom technischen Fortschritt als ‹transitorischer› Größe (→ Automation), von der Industrie als zwar zentralem, aber zumindest in stofflicher Hinsicht ‹neutralem› Ort der Klassenauseinandersetzungen knüpfen daher ebenso bei Marx an wie andererseits die Annahmen von der gesellschaftlichen Formbestimmtheit des I.-Prozesses selber (→ Entfremdung).

Mit dem Übergang zur industriellen Massenproduktion und zu intensivierten Formen der Nutzung menschlicher Arbeitskraft zu Beginn des 20. Jahrhunderts konzentriert sich die soziologische Diskussion mehr und mehr auf die sozialen Folgen der Industrialisierung (→ Taylorismus) und daran anschließend auf eine Reform der (früh)kapitalistisch geprägten, häufig auf bedingungslose Unterwerfung der Arbeiter zielenden Betriebsverfassung. Eine allgemeine Perspektive erhält die Debatte zur I. durch den Bezug zur Wirtschaftsordnung (Weber) bzw. zum Zusammenhang von sozialer Arbeitsteilung und normativer Desintegration (Durkheim 1977) (→ Normen). Mit Weber und Durkheim beginnt in der soziologischen Diskussion bereits die Ablösung formaler Vergesellschaftungs- und Orientierungsprobleme von der materialen Analyse des gesellschaftlichen Reproduktionsprozesses. Mit der Ersetzung des Arbeitsbegriffs durch die Kategorie des sozialen Handelns bei Weber (→ Handeln, soziales) und der Einführung des funktionalistischen Systembegriffs bei Parsons traten zugleich die historischen und die kritisch-aufklärerischen Elemente in der klassischen Debatte zur I. in den Hintergrund (→ Systemtheorie).

Innerhalb der seither dominierenden angelsächsischen (in der BRD etwa durch König oder Dahrendorf vertretenen) Theorieauffassung wird der Zusammenhang zwischen kapitalistischer Wirtschaftsordnung und I. nicht mehr thematisiert. Ansätze zur Beschreibung und Typologisierung wirtschaftlicher und sozialer Entwicklungsstadien sowie zur international vergleichenden Analyse institutioneller und kultureller Patterns bei ansonsten divergierenden Theoriebezügen (vgl. Zapf 1971; Winkel 1981) sind neuerdings unter dem Oberbegriff der ‹Modernisierung› zusammengefaßt worden (Brandt 1972). Unter Erklärungsgesichtspunkten erscheint die Brauchbarkeit eines modernisierungstheoretischen Zugangs allerdings als begrenzt. Wegen der Heterogenität der darunter subsumierten Sachverhalte erweist sich das Modernisierungskonzept den Begriffen I., → Rationalisierung oder etwa ‹Entfaltung der Produktivkräfte› gegenüber als vielschichtig und diffus. Ideologieverdächtig erscheint der Modernisierungsbegriff darüber hinaus insofern, als dabei häufig eine implizite normative Gleichsetzung von Modernisierung und ‹Fortschritt› zugrunde liegt, ohne daß dabei die → Dialektik des technischen Fortschritts unter kapitalistischen Produktionsverhältnissen verhandelt wird.

Technisch-organisatorischer Wandel als ‹endogener› Faktor gesellschaftlicher Entwicklung
Die funktionalistische Wende in der soziologischen Debatte zur I. beruht auf den Annahmen, daß das Begriffspaar Tradition – Moderne für empirische Probleme der I. eine zureichende Erklärungskraft besitzt und daß soziologisch relevante Störungen oder Ungleichgewichte im Prozeß der I. wiederum auf strukturelle oder handlungsbezogene Anpassungsprobleme innerhalb des Modernisierungsprozesses zurückgeführt werden können. Mit dem Ende der Prosperitätsphase Anfang der 60er Jahre werden beide Annahmen problematisch – nahezu in allen kapitalistischen I.-Gesellschaften verschärfen sich von neuem längst überwunden geglaubte Klassengegensätze (→ Klassengesellschaften/Klasse).

Die Reaktualisierung der insbesondere bei Marx diskutierten Frage nach dem Einfluß kapitalistischer Produktionsverhältnisse auf die Entwicklung, den Ablauf und die sozialen Folgen von I. wird ausgelöst durch zunehmende Kritik von Teilen der Arbeiterschaft (v. a. in Großbetrieben der Automobil-, Elektro- und Stahlindustrie, im Schiffbau und im Gießereibereich) an gesundheitsverschleißenden Arbeitsbedingungen (Krise des → Taylorismus). Dies eröffnet die Debatte über die Grenzen tayloristischer Arbeitsteilung (Friedmann 1953, 1959; Kern 1979) sowie über alternative Gestaltungsformen von Produktionstechnik und Arbeitsorganisation. Die dadurch ausgelöste Bewegung zur Humanisierung der Arbeit (→ Arbeitswissenschaften) ist allerdings seit Mitte der 70er Jahre zunehmend zurückgedrängt und vielfach durch eine leistungspolitische Offensive der Kapitalseite unterlaufen worden. Dabei zeigt sich in der Entwicklung von Produktionstechnik und Arbeitsorganisation eine strategische Veränderung tradierter Austauschbeziehungen und Machtverhältnisse (→ Macht) zwischen Kapital und Arbeit, die im Rahmen industrialisierungs- oder modernisierungstheoretischer Ansätze nicht hinreichend zu klären sind.

Die industriesoziologische Debatte zu einer gesellschaftlich ‹endogenisierten› Erklärung des technischen Fortschritts zu Anfang der 70er Jahre beginnt mit der empirischen Untersuchung von Kern und Schumann über Industriearbeit und → Arbeiterbewußtsein und eine ergänzende Studie über den sozialen Prozeß bei technischen Umstellungen. Beide Arbeiten bestätigen die bereits in der Debatte über die Automation vertretene Auffassung, daß der technische Fortschritt unter kapitalistischen Produktionsverhältnissen nicht zwangsläufig zur Aufwertung der menschlichen Arbeit durch Belastungsminderung, Qualifikationserhöhung und die Steigerung der Dispositionschancen führt. Die daran anschließende Diskussion bezieht sich zunächst auf eine präzisere Bestimmung der spezifisch formenden Einflüsse der gesellschaftlichen Produktionsverhältnisse auf die Entwicklung von Produktionstechnik und Arbeitsorganisation. Die in diesem Zusammenhang entwickelten Erklärungsansätze des soziologischen Forschungsinstituts (SoFI) Göttingen, des Instituts für sozialwissenschaftliche Forschung (ISF) München und des Frankfurter Instituts für Sozialforschung (IfS) stellen unterschiedlich akzentuierte, aber gleichermaßen gesellschaftstheoretisch fundierte und empiriebezogene Erklärungsansätze zu einer soziologischen Konzeption des technologischen Wandels dar. Die drei Ansätze stimmen darin überein, daß sich die aktuelle Entwicklung der industriellen Arbeit in entwickelten kapitalistischen Industriegesellschaften wie der BRD begreifen läßt als längerfristig angelegte *Reorganisation des Produktionsprozesses* mit dem Ziel erhöhter Prozeßtransparenz, flexibler Anpassung an ‹externe› (marktökonomische) Veränderungen und der Berechenbarkeit und Kontrolle menschlicher Arbeitsleistung. Mit fortschreitender Rationalisierung verstärkt sich objektiv die Interdependenz betrieblicher und gesellschaftlicher Bedingungen bei der Technisierung und der Organisierung menschlicher Arbeit. Auch den abhängig Beschäftigten wird die strategische Bedeutung des technischen Fortschritts als zentrales Regulativ sozialer Lebenschancen mehr und mehr bewußt.

Der theoretische Ertrag der industriesoziologischen Debatte zum technologischen Wandel besteht in der erneuten Vergegenwärtigung des theoretischen Gehalts und der historischen Aktualisierung der Marxschen Theorie. Empirisch fruchtbar ist die industriesoziologische Technologie-Diskussion v. a. wegen der Breite und Differenziertheit der dabei ermittelten Erkenntnisse über die sozialen Folgen des technologischen Wandels für die abhängig Beschäftigten. Vor dem Hintergrund der strukturellen → Arbeitslosigkeit und der verstärkten Problematisierung der gesellschaftlichen Folgen von I. erweist sich indessen die für die ‹Renaissancephase› der Industriesoziologie durchgängige Eingrenzung der Analyse auf den I.-Betrieb als zu eng. Korrekturbedürftig werden angesichts der Reaktion der Arbeiter auf die Krise auch die Annahme einer ‹linearen›

Entwicklung des Klassenbewußtseins und die Gleichsetzung von ökonomischen Auseinandersetzungen mit gesamtgesellschaftlichen Emanzipationsbewegungen (→ Emanzipation).

I. und ‹Zukunft der Arbeit›

Ein wichtiger politischer Impuls für die industriesoziologische Debatte zum technologischen Wandel bestand darin, in der Entwicklung von Produktionstechnik und Arbeitsorganisation konkrete Gestaltungsalternativen im Interesse der abhängig Beschäftigten sichtbar zu machen. Die seit Mitte der 70er Jahre anhaltende Massenarbeitslosigkeit, die Verschärfung der sozialen Folgen von Rationalisierung durch Einführung der sog. Neuen Techniken (basierend auf der Mikroelektronik, der elektronischen → Datenverarbeitung sowie auf neuartigen Informations- und Übertragungstechnologien) sowie die Erreichung von Grenzen der Belastbarkeit natürlicher Umwelten haben in den vergangenen Jahren erneut eine grundsätzlich geführte Diskussion über die Zukunft der Arbeit ausgelöst. Problematisiert werden dabei nicht allein konkrete Arbeits- oder Beschäftigungsfolgen des technologischen Wandels, sondern darüber hinaus das I.-System als universales Entwicklungsprinzip und gesellschaftlicher Gebrauchswert.

Ein Schwerpunkt in der Diskussion zum I.-System bezieht sich auf die *gesellschaftlichen Folgen* der Neuen Techniken. Als eine ‹dritte industrielle Revolution› (nach der Mechanisierung und der Automation) lassen sich die Neuen Techniken insofern bezeichnen, als damit ein historisch neuartiger Zugriff auf Informationszusammenhänge und Kommunikationsprozesse sowie eine qualitative Steigerung in der Steuerung und Kontrolle konventioneller Produktionsprozesse verbunden sein dürfte. Als unmittelbare gesellschaftliche Folgewirkung der Neuen Techniken wird eine prinzipiell veränderte Beziehung von Produktion und Reproduktion, von Fertigung und Verwaltung, von öffentlicher (→ Öffentlichkeit) und privater Sphäre sowie von bislang getrennten Produktionsprozessen, Industriebranchen und Wirtschaftsbereichen erwartet. Die forcierte Entwicklung der Neuen Techniken steht in engem Zusammenhang mit weltmarktbedingten Konkurrenz- und Wachstumsbedingungen (→ Imperialismus) sowie mit neuartigen Formen der internationalen Arbeitsteilung (Wallerstein 1979; Fröbel/Heinrichs/Kreye 1977).

Die Kritik des I.-Systems bezieht sich nicht allein auf Zusammenhänge zwischen verschärften Formen der internationalen Konkurrenz, arbeitssparender Technologie und neuartigen Formen der Kontrolle menschlicher Arbeit. Ein zweiter Schwerpunkt der Diskussion betrifft die *ökologischen* Folgeprobleme (→ Ökologie) einer weltweit forcierten I. und der dadurch ausgelösten Gefahren einer irreparablen Zerstörung ökologischer Umwelten (Global 2000, 1980). Die damit aufgeworfenen Fragen nach einer evolutionär tragfähigen Balance zwischen der Sicherung von Energie- und Primärressourcen, von natürlichen Umwelten und friedlichen Formen der internationalen Konfliktaustragung einerseits mit ökonomisch unverzichtbaren Imperativen der Produktivitätssteigerung und den Regulierungsproblemen abstrakter, komplexer und bis zu einem gewissen Grade auch zentralisierter Produktivkraft-Systeme andererseits stellen gänzlich neuartige, bislang noch nicht hinreichend erfaßte und offensichtlich die Erklärungskapazität einzelner Disziplinen übersteigende Anforderungen an die Wissenschaft. Dies bezieht sich auf theorieimmanente Fragen der Analyse, Prognose und der empirischen Konzeptbildung wie auf die Herausbildung neuer Adressatenbezüge und Anwendungszusammenhänge (etwa im Zusammenhang mit den neuen sozialen Bewegungen), die häufig quer verlaufen zu etablierten Formen der Anwendung wissenschaftlicher Forschung.

Benseler, H. u. a. (Hrsg.): Zukunft der Arbeit, Eigenarbeit, Alternativökonomie. Hamburg 1982.

Brandt, G.: Industrialisierung, Modernisierung, gesellschaftliche Entwicklung. Anmerkungen zum gegenwärtigen Stand gesamtgesellschaftlicher Analysen. In: Zeitschrift für Soziologie, 1972, 1.

Durkheim, E.: Über die Teilung der sozialen Arbeit. Frankfurt/M. 1977.

Friedmann, G.: Die Zukunft der Arbeit. Köln 1953.

–: Grenzen der Arbeitsteilung. Köln 1959.

Fröbel, F./Heinrichs, J. & O. Keye: Die neue internationale Arbeitsteilung. Strukturelle Arbeitslosigkeit in den Industrieländern und die Industrialisierung der Entwicklungsländer. Reinbek bei Hamburg 1977.

Kaiser, R. (Hrsg.): Global 2000. Der Bericht an den Präsidenten. Frankfurt/M. 1981 (engl. Ausg. 1980).

Kern, H. & M. Schumann: Industriearbeit und Arbeiterbewußtsein. 2 Bde. Frankfurt/M. 1970.

–: Kampf und Arbeitsbedingungen, Materialien zur Humanisierung der Arbeit. Frankfurt/M. 1979.

Kusin, A. A.: Karl Marx und Probleme der Technik. Leipzig 1970.

Lutz, B. & G. Schmidt: Industriesoziologie. In: König, R. (Hrsg.): Handbuch der empirischen Sozialforschung. Bd. 8: Beruf, Industrie, Sozialer Wandel. Stuttgart 1977.

Moore, W. E.: Strukturwandel der Gesellschaft. München 1967 (engl. Ausg. 1963).

Wallenstein, I.: The Capitalist World Economy. London/New York 1979.

Winkel, H. (Hrsg.): Wirtschaftliche Entwicklung und sozialer Wandel. Darmstadt 1981.

Zapf, W. (Hrsg.): Theorien des sozialen Wandels. Köln/Berlin 1971.

Niels Beckenbach

Infrastruktur

Der Begriff I. ist den romanischen Sprachen entlehnt und bezeichnet ursprünglich die unbeweglichen Teile des Verkehrssystems. Die heutige Verwendung entstammt dem Militärwesen: I. ist die zusammenfassende Bezeichnung für militärische Anlagen wie Kasernen, Flugplätze, Straßen, Brücken und Kommunikationsnetze. In den Wirtschaftswissenschaften wurde der Begriff zunächst als Bezeichnung für die materiellen Voraussetzungen der wirtschaftlichen Entwicklung im Sinne einer Basisausstattung oder allgemeinen Produktionsbedingung eingesetzt (Jochimsen 1966, 100). Seit Beginn der 60er Jahre hat der Begriff eine immer breitere Verwendung gefunden. Dementsprechend zahlreich sind auch die Definitionen und Verwendungszusammenhänge in Wirtschaftstheorie und Wirtschaftspolitik, in der Soziologie sowie in den verschiedenen Gegenstandsbereichen der Planung (→ Stadtplanung, → Regionalplanung, Raumordnung und Landesplanung). Eine geschlossene Theorie der I. existiert nicht.

Im allgemeinen wird I. als öffentlicher Aufgabenbereich behandelt (I.-Politik), obwohl I.-Bereiche auch privatwirtschaftlich hergestellt und betrieben werden können. Die Verwaltung wird ausdrücklich als I.-Bereich angeführt (Stohler 1965, 281 ff).

Weitgehend durchgesetzt hat sich Jochimsens (1966, 103 ff) übergreifende Definition. Er unterscheidet *materielle* I. (Anlagen, Ausrüstung, Gebäude und Einrichtungen), *institutionelle* I. (Normen, organisatorische Einrichtungen und Verfahrensweisen) und *personelle* I. (Zahl und Qualifikation der ökonomischen Funktionsträger).

Die vorherrschenden *wirtschaftswissenschaftlichen Theorien* zur Funktion der I. entstanden parallel zur Ausprägung und Ausweitung der staatlichen Planungstätigkeit im Gefolge der Rezession 1966/67. Die Vertreter einer ‹Neuen Politischen Ökonomie›, insbesondere Jochimsen, schreiben den I.-Investitionen, besonders den Bildungsinvestitionen, große Bedeutung für die gesellschaftliche Entwicklung zu. Eine planmäßige I.-Politik spielt in der sozialdemokratischen Reformpolitik der frühen 70er Jahre eine besondere Rolle als politisches Steuerungsinstrument. Einen Eindruck der theoretischen Positionen und Kontroversen dieser Zeit vermittelt die Tagung des Vereins für Socialpolitik vom September 1970 (Arndt/Swatek 1971).

Die wirtschaftswissenschaftlichen Theorien beschäftigen sich vor allem mit Erklärungsversuchen zur Standortwahl (Allokation), Verteilungswirkung (Distribution) und Stabilitätsfunktion von I.-Investitionen (Helmer 1978, 19 ff). Aus einer Kritik an traditionellen Marktwirtschaftstheorien hat sich aus den I.-Theorien eine Art Theorie gemischter Wirtschaftssysteme (mixed economy) entwickelt, ohne daß die Unsicherheit über die ‹systemischen› Funktionen von I. beseitigt werden konnten.

In der *politischen Soziologie*, insbesondere in den handlungstheoretisch oder politökonomisch argumentierenden Planungs- und → Gesellschaftstheorien, wird die I. im Zusammenhang mit der Frage nach den Funktionen des Staates und seiner Rolle in vergesellschafteten politischen Regulierungs- und Steuerungsprozessen abgehandelt (Naschold 1972; Läpple 1973). Die Hauptfunktionen der I. sind die Schaffung und Aufrechterhaltung allgemeiner Produktionsbedingungen und der Reproduktion der Arbeitskraft. I.-Politik wirkt insbesondere auf dem Gebiet kollektiver Versorgungsleistungen als notwendiger Faktor zur begrenzten Korrektur des Marktversagens. Aus dem Zusammenhang von staatlicher Reformpolitik als I.-Politik, Legitimationsbedarf und Folgekonflikten entwickelt Offe (1972, 123ff) ein Phasenmodell der I.-Politik mit steigendem Konsensbedarf und damit wachsender Krisenanfälligkeit.

Auf einer anderen, räumlich definierten analytischen Ebene setzt sich die *Stadt-* und *Regionalsoziologie* mit dem Thema I. auseinander. Vor dem Hintergrund einer zunehmenden Bedeutung kollektiver Versorgungsleistungen durch soziale I. wird ihre räumliche Verteilung (sozialräumliche Ausstattung), ihre Auslastung und ihr Zusammenhang mit der Segregegation sozialer → Schichten im städtischen Raum thematisiert. Diese Fragestellungen sind in den klassischen Problemkreis der Entstehungsbedingungen und Erscheinungsformen sozialer Ungleichheit (→ Gleichheit) eingebunden, stehen allerdings meist in einem spezifischen Anwendungszusammenhang. Aus manifesten Versorgungslücken und sozialen → Konflikten – z. B. im Bereich neuer randstädtischer Großsiedlungen – hatte sich ein besonderer Bedarf der planenden Verwaltung nach empirischen Untersuchungen zur I.-Ausstattung ergeben. Dieser Forschungs- und Beratungsbedarf hat dazu beigetragen, der empirischen Stadtsoziologie den Weg in die kommunale Stadtplanung zu ebnen, damit aber auch vielfach zu einem Auseinanderfallen von soziologischer Theoriebildung und empirischer Stadtforschung geführt (vgl. Häussermann/Siebel 1978).

Ein Grundsatzproblem der soziologischen I.-Forschung ist die Frage, ob soziale Privilegierung und Benachteiligung sich weniger aus der Stellung im Produktionsprozeß als vielmehr aus den Effekten staatlicher Distribution, insbesondere durch I.-Leistungen ergibt (Herlyn 1980; Göschel 1982). Die vorliegenden Untersuchungen zum Zusammenhang zwischen stadtteilbezogener Sozialstruktur und I.-Ausstattung weisen im lokalen wie im regionalen Bereich auf eine Tendenz zum Abbau räumlicher Disparitäten. Aus dieser Tendenz zur räumlichen Gleichverteilung wird auf einen abnehmenden Stellenwert der Kategorie räumlicher Zuordnung als soziale Konstitutionsbedingung geschlossen (Göschel 1982). Entscheidende schichtspezifische Selektionswirkungen der I. werden vielmehr in der internen Organisation und Geschichte dieser Einrichtungen gesucht.

Während zur Angebotsseite sozialer I. eine Reihe quantitativer Analysen der lokalen und regionalen Ausstattung und Auslastung vorliegen und die Indikatorenbewegung verfeinerte Meßmethoden und Sozialindikatoren zur Erhebung von Ausstattungsdisparitäten und zur Entwicklung von Versorgungsstandards entwickelt hat (Hoffmann-Nowotny 1978), sind die qualitativen Wirkungen von I.-Leistungen für die Lebenslage der Nutzer bisher kaum erforscht. Damit bleibt die Ausgangsfrage nach den Wirkungen der I.-Politik für soziale Ungleichheit weiterhin aktuell.

Arndt, H. & D. Swatek: Grundfragen der Infrastrukturplanung für wachsende Wirtschaften. Berlin 1971.

Göschel, A.: Allokationsstrukturen öffentlicher Einrichtungen. Diss. Bremen 1982.

Häussermann, H. & W. Siebel: Thesen zur Soziologie der Stadt. In: Leviathan, 1978, 4, 484–500.

Helmer, P.: Einkommensumverteilung durch kommunale Infrastrukturpolitik. Köln u. a. 1978.

Herlyn, U. (Hrsg.): Großstadtstrukturen und ungleiche Lebensbedingungen in der Bundesrepublik. Frankfurt/New York 1980.

Hoffmann-Nowotny, H.-J. (Hrsg.): Messung sozialer Disparitäten. Frankfurt/New York 1978.

Jochimsen, R.: Theorie der Infrastruktur. Tübingen 1966.

– & K. E. Simonis (Hrsg.): Theorie und Praxis der Infrastrukturpolitik. Berlin 1970.

Läpple, D.: Staat und allgemeine Produktionsbedingungen. Berlin 1973.

Naschold, F.: Zur Politik und Ökonomie von Planungssystemen. In: Politische Vierteljahresschrift, 2, Opladen 1972.

Offe, C.: Strukturprobleme des kapitalistischen Staates. Frankfurt/M. 1972.

Stohler, J.: Zur rationalen Planung der Infrastruktur. In: Konjunkturpolitik, 1965, 5, 279–308.

Jochen Schulz zur Wiesch

Institution

Umriß des Begriffs

Institutio (lat.: Einrichtung, Einsetzung) ist ein soziologisch uneinheitlich definierter Begriff mit verschiedenen Konnotationen und unterschiedlichen Anwendungsbereichen. Um hierfür einige Beispiele zu geben: Bei Hegel ist dieser Terminus synonym mit dem «objektiven Geist»; bei Durkheim bezeichnet er die subjektübergreifenden objektiven Forderungen der Gesellschaft; bei Gehlen fungiert I. als gesellschaftlicher Entlastungsmechanismus und Instinktersatz, bei den phänomenologisch orientierten Soziologen Berger und Luckmann als Objektivation menschlicher Sinnstiftung; bei Parsons bezeichnet er den Komplex normativer Rollenerwartungen und Statusbeziehungen, bei Luhmann die konsensbildende Stabilisierung auf Grund des Komplexitätsdrucks der Umwelt; bei Freud repräsentieren die I.en die soziale Problemlösung der Wunschkompensation, und bei ideologiekritischen Theoretikern wie Macuse, Adorno und Habermas verweist der I.-Begriff in seinem verdinglichten Charakter auf die reflexionshemmende, → Entfremdung begünstigende Tendenz gesellschaftlicher Phänomene.

In neueren soziologischen Theorien changiert dieser schillernde Begriff zwischen interaktions- und handlungstheoretischen Ansätzen und solchen, die auf der Seite des ‹*System*›-Denkens zu verorten sind. In diesem Spannungsfeld stellt der Begriff Institution gewissermaßen die ‹Grätsche› dar zwischen individueller Subjektivität und sozialer Objektivität. Für französische Theoretiker wie Foucault und Deleuze, die dialektisches Denken für insuffizient halten (→ Dialektik), fungiert I. als das Bollwerk gegenüber dem intensiven ‹*Ereignis*› und dem ‹gelöst-oszillierenden› Charakter. Ihnen zufolge beginnt die Subversion der I. an dem Punkt, wo man fließende Übergänge an Stelle der Gegensätze und gleichförmiger Verhaltensmuster wahrzunehmen beginnt (vgl. auch Rommel 1977).

In die → Soziologie eingeführt wurde der Begriff I. von Spencer im Rahmen seiner biologisch-organologischen Gesellschaftskonzeption (vgl. auch Ambros 1963). Nach Spencer ist die Gesellschaft ein «natürliches kooperatives System», dessen Teile als die «Organe der Gesellschaft» die I.en bilden. Das allen I.en gemeinsame Ziel ist die Kohärenz des Systems als Ganzen. Nach Spencer hat jede Gesellschaft folgende Arten von I.en: häusliche, sakrale, politische, berufliche und wirtschaftliche.

In dieser *Organismusanalogie* – der Parallelisierung von organischem und → sozialem System – ist die Einsicht aufgehoben, daß sich Gesellschaft als blind-naturwüchsiger Prozeß konstituiert. Dabei wird gerade das Spezifische von sozialen I.en verfehlt: ihre Entstehung und Funktion im gesamtgesellschaftlichen Kontext, d. h. der historisch vorfindbaren Vergesellschaftung (vgl. auch Ritsert 1971). Eine solche Verfestigung des historisch Gewordenen zu einer Art ontologischer Grundmatrix findet sich dann auch wieder in der soziologisch orientierten → Anthropologie Gehlens, der die sozialen I.en aus der Natur des Menschen bzw. invarianten anthropologischen Grundlagen ableitet.

Im weiten Sinne bezeichnet der Begriff Institution – als grundlegende

‹Einheit› der sozialen Wirklichkeit – die normativ verankerten, auf Dauer gestellten Regelmäßigkeiten des → sozialen Handelns. Doch bleibt diese allgemeine Definition in ihrer Vieldeutigkeit und Vagheit noch inhaltsleer und abstrakt: Es können darunter soziale Gebilde mit abgrenzbarem Kleingruppenhintergrund (wie Ehe und Familie), andererseits aber auch hochkomplexe *Systeme* definiert werden. Die moderne Soziologie vermeidet es, multidimensionale Gebilde (wie Familie, Staat) als I.en zu bezeichnen, insofern sie einerseits gleichzeitig Momente der *Assoziation* und der *Organisation* in sich enthalten, andererseits selbst mehrere I.en umfassen. Schwierig ist auch die Abgrenzung der I. zur Organisation, die ja auch einen institutionellen Charakter besitzt: Beide Begriffe überschneiden sich. Während man aber unter Organisation solche sozialen Systeme verstehen kann, die «auf einen bestimmten Zweck hin orientiert und planmäßig gestaltet sind» (Mayntz 1963), bezieht sich der Begriff der I. primär auf die soziale Aktivitäten charakterisierenden relativ stabilen Strukturen, Regeln und normative Erwartungen: die normative Verhaltensstruktur.

Gegenüber organisationssoziologischen (→ Organisationssoziologie) und systemtheoretischen Ansätzen (→ Systemtheorie), die den I.-Begriff vielfach unter dem Etikett ‹formale Organisationen› abhandeln und dabei im wesentlichen organisationspraktische Probleme der Leistungs- und Effizienzsteigerung und Kontrolle thematisieren, wird in kritisch-emanzipatorischer Sicht der Begriff I. verwendet, um auf den spezifisch verfestigten Charakter sozialer Gebilde vor dem Hintergrund faktischer Abhängigkeits- und Herrschaftsverhältnisse hinzuweisen.

In sozialwissenschaftlicher Perspektive fungiert der Begriff I. als allgemeine Bezeichnung für habitualisierte Verhaltensweisen und Beziehungsmuster, die einen – gegenüber den subjektiven Motivationen – relativ eigenständigen Charakter besitzen. Sie sind dem Menschen als ‹soziale Tatsache› vorgegeben und werden im Sozialisationsprozeß (→ Sozialisation) durch Internalisierung in der Persönlichkeitsstruktur verankert. Damit ist impliziert, daß solche institutionalisierten Verhaltensweisen nicht nur kontingent oder anthropologisch bedingt ablaufen, sondern in einem spezifischen, gesellschaftlich historischen Kontext zu untersuchen sind. Damit wird allen Versuchen, die I.en monokausal biologisch oder ahistorisch-anthropologisch zu erklären, der Boden entzogen.

So hat schon Durkheim (1858–1917), der die Soziologie auch als Wissenschaft von den sozialen I.en bestimmte, den «sozialen Tatsachen» *(faits sociaux)* die Funktion zugeordnet, als kollektive Internalisierungen gesellschaftliche Ordnung zu stiften; ihm zufolge geht es dabei um die Sicherung der Objektivität der Regelmäßigkeiten des sozialen Geschehens gegenüber den → Individuen (Durkheimsche *chosisme*). Durkheim legt den Hauptakzent auf die von außen wirkenden Zwänge, die sich vor allem an

Sanktionen manifestierenden «objektiven Forderungen» (Schrift über die Methode). In seinen pädagogischen Schriften reflektiert Durkheim darüber, wie die generellen → Normen sich in die individuelle Motivation inskribieren. Damit wurde das Thema der Internalisierung von Normen zum erstenmal systematisch erörtert (vgl. auch Ritsert 1971).

Zum Begriff Institutionalisierung

Das Verb ‹institutionalisieren› meint den Prozeß der Verfestigung (Habitualisierung) von bestimmten Mustern regelmäßig wiederkehrenden Verhaltens. Institutionalisiertes Verhalten bezeichnet also ein Verhalten, das einer vorgegebenen Norm, einem kulturellen Dispositiv entspricht und eine gewisse Beständigkeit dadurch erhält, daß es nicht immer von neuem in Frage gestellt zu werden braucht (Handeln *qua institutione*). So haben institutionelle Verhaltensweisen auch die Funktion, den Menschen aus der bloßen Spontaneität, dem Kontingenten und (wilden) Ereignis herauszuführen, um mit der Ersetzung der situativen Partikularität durch die Ubiquität der Norm das Verhältnis des Menschen zu anonymen Gewalten (wie kultisch-sakrale I.en) zu institutionalisieren. Beispiele für Institutionalisierung sind das Aufkommen bzw. die Adaption von Kult- und Glaubensformen bis zur verbindlichen Anerkennung durch die Gesellschaft oder die formelle Ausgestaltung der Normen (z.B. Regelung der Geschlechtsbeziehungen, der Vormundschaft und des Erbes, Regelung von → Eigentum usw.). Für die strukturell-funktionale Theorie (insbesondere Parsons') entsteht auf dem Wege der Institutionalisierung überhaupt erst gesellschaftliche Ordnung, indem kulturelle Wert- und Normenmuster zu Rollen des sozialen Systems verfestigt werden.

Eine vehemente Kritik an den institutionellen Normalisierungspraktiken hat der französische Philosoph Michel Foucault im Rahmen seiner «Analytik der Machtdiskurse» (vgl. Kremer-Marietti 1976) geübt. So setzt Foucault den die Individuen konsumierenden I.en, der normativen Sozialintegration und der Disziplinarmacht die unregulierbare Ereignishaftigkeit einer ‹explosiven› und ‹diskontinuierlichen› Energie (das ‹Dionysische›) entgegen. Auch wenn Foucaults Machtanalyse nur wenig Affinität zu einer materialistischen Kritik (→ Historischer Materialismus) ökonomisch fundierter → Macht besitzt – die Machtbeziehungen bilden keinen Überbau, sondern werden den gesellschaftlichen Prozessen immanent gedacht und damit in einem vorökonomischen Feld strukturaler Kräfteverhältnisse lokalisiert –, so ist damit doch eine ernst zu nehmende Kritik sowohl an biologisch-organologischen/anthropologischen (Foucault spricht hier von «Biomacht») wie auch an normativistisch und phänomenologisch orientierten Konzepten der Begründung von I.en implizit angelegt (→ Phänomenologie).

Soziologische Erklärungsansätze des Institutionenbegriffs
Für die I.en-Theorie sind insbesondere der kulturanthropologische, der symbolisch-interaktionistische (→ Symbolischer Interaktionismus), der strukturell-funktionale und der systemtheoretische Ansatz relevant geworden. Um die Schwierigkeiten zu vermeiden, die mit dem schillernden und schwer zu definierenden Begriff der I. verbunden sind, wird dieser auch durch kategoriale Grundunterscheidungen wie Status/Rolle, selbstreflexive Aktivität/objektive Strukturation oder Kategorien wie Habitualisierung/Typisierung expliziert.

Der anthropologische Ansatz der Institutionentheorie (Gehlen)
In diesem Ansatz geschieht die Begründung der I.en aus der anthropologischen Notwendigkeit zur Entlastung von Reizüberflutung und überkomplexer Selbstbezüglichkeit. Gehlen versucht in Anlehnung an die «Theorie der Institutionen» Haurious und die Ergebnisse der Kulturanthropologie (insb. Malinowskis) eine Ableitung der Verselbständigung und Autonomie der I.en aus der Natur des Menschen (vgl. auch Jonas 1966), seiner ursprünglichen Mangelsituation (biologische Verhaltensunsicherheit; Plastizität; Instinktverlust, unspezialisierter Antriebsüberschuß usw.). Diesen biologischen Mängeln gegenüber übernehmen die I.en die Leistungen der Entlastung, der Verhaltensorientierung und damit der Voraussehbarkeit der Handlungsfolgen. Nach Gehlen avanciert die I. vor allem zum gesellschaftlichen Instinktersatz und damit zur Stabilisierung menschlichen Verhaltens. Dies kulminiert bei Gehlen (1964, 208) in der Forderung, daß der Mensch sich von den I.en «mit Haut und Haaren konsumieren zu lassen» habe. Gesellschaftskonstitution geschieht hier von den institutionellen Formationen her, die an die Stelle der riskanten Natur treten: Gesellschaft wird zur ‹zweiten› Natur für den Menschen, der sich das imperfekte Individuum vorbehaltlos zu unterwerfen habe (vgl. auch Lipp 1968, 66).

Auf Grund der zeit- und geschichtslosen Begründung gesellschaftlicher Gebilde sind auch der Früh- und Spätmensch bei Gehlen nur die beiden Seiten eines Blattes; dabei wird gerade ein historisch spezifizierter Begriff sozialer I.en im Medium einer generalisierten Naturlehre und Mangelontologie eingeebnet.

Der symbolisch-interaktionistische Ansatz
Gegenüber dem anthropologischen Ansatz Gehlens insistiert der Symbolische Interaktionismus in der Perspektive der → Interaktion der Mitglieder eines Bezugssystems bei gleichzeitiger persönlicher Identitätsausbildung (→ Identität) auf der Flexibilität der I.en (vgl. Joas 1975). Berger und Luckmann (1969) haben versucht, eine I.en-Theorie aus einer Mead verwandten → Rollentheorie abzuleiten, wobei I.en bruchlos aus Interak-

tionen, der aktiven menschlichen Sinnhaftigkeit, abgeleitet werden. So fassen Berger und Luckmann habitualisierte wechselseitige Typisierungen als I. auf. Dabei können solche Objektivationen «menschlicher Sinnhaftigkeit eine irreduzible, zwingende Macht über die konkreten Individuen» haben – → *Verdinglichung* definieren sie hierbei als Entfremdung in Anlehnung an die Marxsche Ideologiekritik. Doch gehe der Institutionalisierung die Habitualisierung, d.h. die entlastende Wiederholungsmöglichkeit einer Handlung, voraus. Aporetisch bleibt bei diesem Ansatz, daß alle Legitimationen, die die Erhaltung der I.en sichern, als gleichwertig behandelt werden, womit gerade infolge einer solch neutralisierenden Betrachtungsweise die Ideologiekritik (→ Ideologie) überflüssig wird. Bei Berger/Luckmann wird gerade die gesellschaftsstrukturelle Dimension, die faktische Konstitutionsbedingung menschlicher Sinnhaftigkeit, ausgeblendet, weil sie mit ihrem Ansatz der phänomenologischen Konstitutionsanalyse und deren Bezugskategorien wie ‹Intersubjektivität›, → ‹Lebenswelt› und ‹transzendentale Konstitution› verhaftet bleiben. Mit der These einer allgemein bestimmten Objektivation bzw. ‹intersubjektiven Welt› vereinzelter Subjekte wird die Sinnkonstitution aus dem Feld der historisch vorfindlichen Vergesellschaftung herausgenommen. Zugleich fällt der phänomenologische Ansatz insofern hinter das Problemniveau von Freud zurück, als er mit jener These unberücksichtigt läßt, daß solche habitualisierten Objektivationen, wie Freud in seinen kulturtheoretischen Schriften ausführt, immer auch auf Triebunterdrükkung und verdrängten Motiven basieren.

Der strukturell-funktionale Ansatz (Parsons)

In diesem Ansatz spielt I. eine zentrale Rolle im Hinblick auf → soziale Kontrolle gegenüber abweichendem Verhalten (vgl. Dreitzel 1972). ‹Institutionalisierung› ist für Parsons ein zentraler Bestandteil aller Prozesse der sozialen → Integration. Dabei geht es um einen Komplex von institutionalisierten Rollenerwartungen, die in einem sozialen System von ‹strategischer Bedeutung› sind. Zentral ist hier für Parsons der Begriff der *Internalisierung* oder *Introjektion* von Normen im System des sozialen Handelns (→ Handeln, soziales). Die Integration des *cultural system* (allgemeine Wertorientierungen, Glaubenssysteme, expressive Symbole) ins soziale System bezeichnet Parsons als Institutionalisierung. Diese betrifft den Prozeß, durch den dann die komplementäre Orientierung der Interaktionspartner gesichert wird. Impliziert ist damit die Konformität mit den gegebenen Wertvorstellungen zu einer Bedürfnisdisposition in der Persönlichkeitsstruktur der Handelnden. Damit soll die Diskrepanz von persönlicher Motivation einerseits, von institutionellen Zwängen andererseits minimiert werden, indem schon die subjektiven Erwartungen in den sozialen Beziehungen institutionalisiert werden.

Gesellschaft wird in diesem Ansatz identisch mit der Unterwerfung aller unter ein nicht weiter hinterfragbares und gegenüber partikularen Interessen neutrales gesellschaftliches Normensystem. Macht wird bei Parsons nur in normativen Kategorien expliziert, wobei die faktischen, nicht in Rollenerwartungen institutionalisierten Herrschaftsverhältnisse ausgeblendet werden.

Der systemtheoretische Ansatz (Luhmann)
Auch bei Luhmann geschieht die Begründung der I.en – ähnlich wie bei Gehlen – vor dem Hintergrund anthropologischer Prämissen (vgl. auch Prewo/Ritsert/Stracke 1973), der Situation des wegen des Komplexitätsdrucks der Umwelt überlasteten Menschen, seiner ‹begrenzten Problemlösungskapazität›. Luhmann zufolge haben Systembildungen die Funktion, die risikobelasteten Erwartungsstrukturen des Menschen zu stabilisieren und damit die Überkomplexität der Welt in ein Verhältnis zu den anthropologisch irreduziblen Fähigkeiten des Menschen zur ‹Erlebnisverarbeitung› zu bringen. Auch in diesem Ansatz werden also *a priori* historisch unwandelbare anthropologische Konstanten unterstellt, wobei der Modus der Erlebnisverarbeitung nicht mehr gemäß jeweils spezifischer gesellschaftlicher Verhältnisse und Prägedispositive erklärt werden kann. I. ist bei Luhmann letztlich die Stabilisierung von Beziehungsformen durch Komplexitätsreduktion bzw. die auf übergreifendem *Konsens* beruhende Verhaltenserwartung (vgl. Luhmann: «Institutionalisierung». In: Schelsky [Hrsg.] 1970). Derart ist Individualität, Luhmann zufolge, nur in Organisationen möglich, die in Form von Mitgliederrollen Unsicherheiten reduzieren, nicht außerhalb von ihnen. Auch in einer solchen Ableitung des I.en-Begriffs würde das Foucaultsche Verdikt treffen, daß hierbei die Asymmetrie repressiver → Herrschaft durch normengeleitete Verhaltensweisen substituiert werde, d.h. durch die Gegenseitigkeit von Konsens in Form der Anerkennung und Verinnerlichung von Normen. Was nach Foucault gerade die «Konformität mit der Macht» kennzeichnet, ist, daß an die Stelle asymmetrischer, eindimensionaler Machtbeherrschung als legitimierender Instanz die Wechselseitigkeit von Konsens tritt.

Ambros, D.: Über Wesen und Formen organischer Gesellschaftsauffassung. In: Soziale Welt, 1963, 14. Jg., 14–32.
Berger, P. & Th. Luckmann: Die gesellschaftliche Konstruktion der Wirklichkeit. Frankfurt/M. 1969.
Bergmann, J.: Die Theorie des sozialen Systems von T. Parsons. Frankfurt/M. 1967.
Dreitzel, H. P.: Die gesellschaftlichen Leiden und das Leiden an der Gesellschaft. Stuttgart 1972.

Foucault, M.: Die Ordnung des Diskurses. München 1974.
–: Dispositive der Macht: Michel Foucault über Sexualität, Wissen und Wahrheit. Berlin 1978.
Gehlen, A.: Urmensch und Spätkultur. Frankfurt/Bonn 1964.
–: Anthropologische Forschung. Reinbek bei Hamburg 1965.
Joas, H.: Die gegenwärtige Lage der soziologischen Rollentheorie. Frankfurt/M. 1975.
Jonas, F.: Die Institutionenlehre Arnold Gehlens. Tübingen 1966.
Lipp, W.: Institution und Veranstaltung. Berlin 1968.
Luhmann, N.: Reflexive Mechanismen. In: Soziale Welt 1966.
–: Institutionalisierung – Funktion und Mechanismen im sozialen System der Gesellschaft. In: Ders. (Hrsg.): Zur Theorie der Institution. Düsseldorf 1970.
Kremer-Marietti, A.: Michel Foucault – Der Archäologe des Wissens. Frankfurt/Berlin/Wien 1976.
Mayntz, R.: Soziologie der Organisation. Reinbek bei Hamburg 1963.
Michel, K. M.: Herrschaftsfreie Institution? In: Kursbuch 19, 1969, 163–195.
Prewo u. a.: Systemtheoretische Ansätze in der Soziologie. Eine kritische Analyse. Reinbek bei Hamburg 1973.
Ritsert, J.: Erkenntnistheorie, Soziologie und Empirie. Frankfurt/M. 1971.
Rommel, B.: Transformationen des Ästhetizismus. In: Kittler/Turk: Urszenen. Frankfurt/M. 1977.
Schelsky, H.: Zur soziologischen Theorie der Institution. In: Ders. (Hrsg.): Zur Theorie der Institution. Düsseldorf 1970.

Manfred Pabst

Integration

Integration (*integrare,* lat.: wiederherstellen, vervollständigen, eingliedern) bezeichnet den sozialen Prozeß der Bildung von Ganzheiten (Einheiten) aus Teilen, von Systemen aus Elementen so, daß das Ganze (System) mehr ist als die Summe seiner Teile. Desintegration ist Folge der Instabilität von Ganzheiten so, daß diese sich in ihre Bestandteile auflösen. In den Sozialwissenschaften ist I. ein zentraler, nicht immer gleichsinnig verwendeter Begriff. So fand der I.-Begriff Verwendung im Zusammenhang einer juristisch-soziologischen Theorie des Politischen, die von R. Smend in den 20er Jahren in Opposition zum → Positivismus und Formalismus der Staatsrechtslehre und in Antwort auf die Verfassungskrise der Weimarer Republik vorgelegt wurde. Die kulturelle und ‹soziologische Realität› des Staates versteht Smend als dessen prozeßhafte und komplexe I. → Sozialpsychologie und → Sozialisationstheorie sehen in der I. die sozial (→ Schichten/→ Klassen) und kulturell (→ Normen/Werte) bestimmte Entwicklung des Menschen zur Persönlichkeit. I. hat hier die doppelte Bedeutung: Genese einer sozial-kulturellen Persönlichkeit als Ausdruck der stets partiellen I. eines → Individuums in die Gesellschaft und I. der Persönlichkeit als Leistung des Ichs durch Aufbau von → Identität und Ich-Ideal.

Gegen Ende des 19. Jahrhunderts gewinnt der I.-Begriff mit H. Spencer grundlegende Bedeutung für die Sozialwissenschaft, wobei das gesellschaftstheoretische Problem, auf das der I.-Begriff verweist, bereits für die Sozialphilosophie des 17. und 18. Jahrhunderts bestimmend war. Die Sozialphilosophie stellt das Problem der I. mit der Frage: Wie ist Autonomie (Freiheit) des Individuums bei rechtlich und politisch gesicherter sozialer Ordnung zu garantieren? Die sozialintegrative, Freiheit, → Gleichheit, → Eigentum sichernde Funktion übernimmt der auf intersubjektive ‹Vereinbarung› gegründete Gesellschaftsvertrag, der das Spannungsverhältnis von Individuum und Gesellschaft regelt und die Notwendigkeit des Staates legitimiert. Die Vertragstheorien können nach Medien der sozialen I. unterschieden werden: als → Macht des Souveräns, der sich die Individuen für ihre Selbsterhaltung freiwillig unterwerfen (Th. Hobbes), als → Geld, welches soziale Beziehungen in der Form des Austauschs von Gütern und der → Konkurrenz vermittelt (J. Locke), als Tugend, welche die Grundlage dafür bietet, daß moralisch-politische Übereinstimmung des Willens einzelner mit dem allgemeinen Willen zustande kommt (J.-J. Rousseau). Die Vertragstheoretiker gehen von der anthropologischen Annahme aus, daß I. unter Voraussetzung bestimmter ‹natürlicher› Eigenschaften des Menschen und bereits im vorintegrativen ‹Naturzustand› erworbener Rechte (wie das auf Eigentum) zustande kommt. Die Theorien sozialer I. werden im 19. Jahrhundert kritisch aufgenommen zunächst in G. W. Hegels rechtsphilosophischer Analyse der vertraglichen I. als ‹abstrakter Gemeinschaftlichkeit› atomisierter Individuen, sodann durch K. Marx, der auf der Grundlage sozialökonomischer Analyse der bürgerlichen Gesellschaft in Austausch- und Konkurrenzbeziehungen den ‹Schein› sozialer I. angelegt sieht, da diese die I. von Privateigentümern ist, welche politisch und rechtlich die Nichteigentümer, die Klasse der Produzierenden ausschließt. Hegel bezeichnet das für Theorie und Politik der bürgerlichen Gesellschaft zentrale Postulat der ‹Gleichheit› aller Menschen als ‹abstrakte Identität› der unter dieser Formel Integrierten, Marx untersucht den Begriff der ‹Gleichheit› ideologiekritisch mit der Feststellung, daß in der bürgerlichen Gesellschaft ‹Freiheit› und ‹Gleichheit› die Wirklichkeit ökonomischer, politischer und rechtlicher Ungleichheiten verschleiern. I. ist nicht ein bewußtes Verhalten der Individuen, vielmehr konstituiert sich der gesellschaftliche Zusammenhang ‹hinter dem Rücken› der Individuen.

Nach dem Exodus der Soziologie aus der Sozialphilosophie bleibt gleichwohl das I.-Modell des Gesellschafts- und Tauschvertrags erhalten und wird modifiziert. Während G. Simmel ‹Streit› und ‹Kampf› als gesellschafts- und strukturbildende Elemente hervorhebt, wird I. bei Spencer ebenso wie bei E. Durkheim und A. Comte zum Grundbegriff der Soziologie, indem das integrierende Element des menschlichen Zusammenlebens in ‹organischer Solidarität› erkannt wird. Im Zusammenhang seiner Theorie sozialkultureller Evolution ist I. bei Spencer sozialhistorischer Begriff insofern, als er die Geschichte menschlicher Vergesellschaftung als Zunahme der I.-Fähigkeit der Formen von Vergesellschaftung ausdrückt, nämlich vom ‹Aggregat› zum ‹System›. ‹Differenzierung› bildet die Voraussetzung für die I.-Fähigkeit → sozialer Systeme. Je differenzierter ein System sich darstellt, desto mehr ist I.-Fähigkeit für seine Einheit und Stabilität erforderlich. (Vorbild ist die natürliche Evolution: Differenzierung ist wie die Variation Voraussetzung für eine Selektion – I. – derjenigen Eigenschaften einer Population – System –, die die Erhaltung der Art sichern; → Evolutionstheorien.)

Neben ‹Funktionalität›, ‹Stabilität› und ‹Konsens› bezeichnet T. Parsons I. direkt als ‹Grundbegriff› der neueren Soziologie, genauer der strukturell-funktionalen Handlungs-/→ Systemtheorie, mit dem eines der vier Grundprobleme (neben adaption/goal attainment/pattern-maintenance oder latency) jedes sozialen Systems gestellt wird. Unter I. versteht Parsons die Art der Wechselwirkung zwischen Einheiten von Systemen, der zufolge diese Stabilität gewinnen und erhalten. Soziale Systeme funktionieren als Einheiten des sozialen Handelns der Individuen eines Systems (Verbände, Gruppen, Organisationen), ihr Gleichgewicht wird dadurch realisiert, daß das Handeln Übereinstimmung (Äquivalenz) individueller Bedürfnisse mit den Erwartungen der Interaktionspartner aufweist (→ Handeln, soziales). Die Stabilisierung der Übereinstimmung von Bedürfnissen und Erwartungen setzt die ‹Verinnerlichung› intersubjektiv anerkannter ‹Wertmuster› bzw. von Handlungsorientierungen voraus, an denen individuelles Handeln ausgerichtet werden kann. Mit dem Begriff der I. bezeichnet Parsons so einen theoretischen Grenzwert von Systemstabilität, der als Meßwert für die Analyse empirischer Systeme im Hinblick auf ihre Eigenschaft, Stabilität zu garantieren oder zu gefährden, dienen kann ebenso wie zur Analyse abweichenden Verhaltens und → sozialer Kontrolle (→ Labeling Approach). Für Parsons ist I. das bestimmende Element im Zusammenspiel von I. und Desintegration.

Dem ‹Integrationismus› in der Soziologie war damit der Boden bereitet: Der ‹Typus des integrierten Systems› wird zur gesellschaftlichen Norm, soziale Kontrolle zum wesentlichen Bestandteil der Prozesse sozialer I. Die hervorragende Stellung der I. als Modus von Systemstabilität ist auch bei Vertretern der strukturell-funktionalen Theorie auf Widerspruch gestoßen. Erscheint bei Parsons → Konflikt als Folge von I.-Mängeln – sowohl in der Persönlichkeits- als auch in der Systemintegration –, so resultiert bei R. K. Merton, vor allem gefaßt im analytischen Begriff ‹Dysfunktion›, Konflikt aus sozialen Strukturen. Sein Schüler L. A. Coser betont im Anschluß an Simmel die integrierende Wirkung von Konflikten sowohl im Hinblick auf die Stabilisierung sozialer Strukturen durch Aktivierung und Bestätigung von Werten und Normen wie als Mechanismus der Anpassung an veränderte Bedingungen durch Entwicklung neuer und Veränderung alter Normen. Allerdings sind Konflikte nur dann integrativ, wenn die ‹streitenden Parteien› noch gemeinsame Grundwerte teilen und soziale Strukturen existieren, die es zulassen, soziale Konflikte zu tolerieren und zu organisieren.

In seiner Kritik an Ordnungs- und I.-Theorien hebt R. Dahrendorf hervor, daß insbesondere die Vernachlässigung von Macht und → Herrschaft die Systemtheorie unfähig macht, soziale Konflikte zu erklären und ihre Konsequenzen zu bestimmen. Er fordert eine «galileische Wendung» in der Soziologie, nicht Gleichgewicht und Stabilität, vielmehr «die Bewegung zu unserer ersten Setzung zu machen», in der «Konflikte (...) einer der Faktoren (sind), die die Formen und Dimensionen des Wandels bestimmen» (Dahrendorf 1963, 127). H. J. Krysmanski betont – ausgehend von der für ihn zentralen Frage nach gesamtgesellschaftlich adäquaten Problemlösungsprozessen – die aus dem Gegensatz von adäquaten (historisch richtigen) und äquivalenten (herrschaftlich gesetzten) Problemlösungen resultierenden antagonistischen Herrschaftskonflikte, die von strukturell-funktionalen Theorieansätzen ausgeblendet werden. Konflikttheoretische Ansätze kritisierend, versucht D. Lockwood mit Bezug auf Marx, durch die Unterscheidung von sozialer I. (Beziehung der Handelnden eines Systems) und Systemintegration (Beziehung von Teilen eines Systems) – letztere seien auch bei Dahrendorf vernachlässigt – → sozialen Wandel, der «sich aus dem funktionalen Gegensatz zwischen einer institutionellen Ordnung und ihrer materiellen Basis ergibt» (Lockwood 1979, 135), einem funktionalistischen Ansatz zugänglich zu machen.

Für die neuere Systemtheorie wird die Vorstellung erreichbaren Gleichgewichts zwischen Differenzierung der Teile und I. in ein Ganzes problematisch. Werden Systembildung und -stabilisierung wie bei N. Luhmann als ‹Reduktion von Komplexität› verstanden, so wird mit der Voraussetzung möglicher Veränderungen als Grundlage von Stabilität und Geltung die soziologische Theorie vor die Frage nach «mehr als bisher verschiedenartige(n), funktional äquivalente(n) Lösungen des Integrationsproblems» (Luhmann 1974, 149) gestellt. Diese Situation begründet Luhmann wie folgt: Durkheims und Parsons' Unterscheidung von ‹segmentärer› und ‹funktionaler› Differenzierung verweist auf ein Systemproblem, das unter Bedingung zunehmender Komplexität moderner Gesellschaften neu formuliert und gelöst werden muß. Meint Segmentierung die Aufteilung der Gesellschaft in gleichartige und so die Ausbildung füreinander und für das Ganze wenig komplexer Untersysteme (Stämme, Familien, Dörfer), so erscheint in funktionaler Differenzierung die für moderne Gesellschaften typische Ungleichartigkeit der Untersysteme, d.h. kritische Umweltkomplexität füreinander und für das Gesamtsystem, welche ihrerseits auf gesteigerte ‹Möglichkeiten› des Handelns, Erlebens, der Kommunikation sowie auf die Substituierbarkeit der Möglichkeiten von Einzelsystemen zurückzuführen ist. Mit funktionaler Differenzierung bildet das Gesamtsystem Untersysteme aus (politische, ökonomische, kulturelle Medien/Organisationen), die für die Einzelsysteme Selektion und Substitution ihrer Möglichkeiten und damit zugleich Ordnungsaufgaben des Gesamtsystems übernehmen. Ein Gesellschaftssystem weist seine I.-Fähigkeit somit dadurch aus, daß es ‹Reduktion selbst konstituierter Komplexität› leistet, womit die traditionelle Formel für I. in der Aussage aufgehoben ist: Das Ganze ist weniger als die Summe seiner Teile.

Als sozialpolitischer Begriff mit Bedeutungsvielfalt tritt I. in der Diskussion um Programmatik und Praxis gegenüber Einwanderungsminderheiten auf (→ Minderheiten). Dabei kann I. normativ auf die vollständige Anpassung vor allem an Normen und Werte der Aufnahmegesellschaft zielen. Sie entspricht dann dem Begriff der Assimilation. Ebenso bezeichnet I. die ökonomische, politische und rechtliche Gleichstellung der Einwanderungsminderheiten unter Bewahrung deren kultureller Eigenständigkeit. I. ist so eher Gegenbegriff zur Assimilation. Unterschiedlich wird auch die systematische Beziehung zwischen I. und Assimilation bestimmt: Einerseits stellt Assimilation die Voraussetzung von I. dar, andererseits I. die der Assimilation. Zur Untersuchung des I.-Grades von Einwanderungsminderheiten aus systemtheoretischer Perspektive (H. J. Hoffmann-Nowotny) wird I. als Meßwert für die Teilhabe der Einwanderungsminderheit an der Statusstruktur (→ Beruf/Einkommen/Bildung/rechtliche Stellung/Wohnen) eingesetzt, die sich im Verhältnis wechselseitiger Beziehung – wobei I. die dominante Variable ist – zur Assimilation als Angleichung an die Kultur des Aufnahmelandes (Sprache/Aspekte der Wertorientierung) vollzieht. Der Grad von I. und Assimilation ist abhängig von objektiv gegebenen und subjektiv wahrgenommenen Chancen der Teilhabe an strukturellen und kulturellen Ressourcen.

Coser, L. A.: Theorie sozialer Konflikte. Neuwied 1965.
Dahrendorf, R.: Die Funktion sozialer Konflikte. In: Ders.: Gesellschaft und Freiheit. München 1963.
Hoffmann-Nowotny, H. J. & K. O. Hondrich (Hrsg.): Ausländer in der Bundesrepublik Deutschland und in der Schweiz. Frankfurt/New York 1982.

Krysmanski, H. J.: Soziologie des Konflikts. Neuwied 1965.
Lockwood, D.: Soziale Integration und Systemintegration. In: Zapf, W. (Hrsg.): Theorien des sozialen Wandels. Königstein 1979.
Luhmann, N.: Gesellschaft. In: Ders.: Soziologische Aufklärung. Opladen 1974.
Parsons, T.: The Social System. Glencoe 1964.
–: Beiträge zur soziologischen Theorie. Hrsg. und eingeleitet von D. Rüschemeyer. Neuwied 1964.
Simmel, G.: Soziologie. Berlin 1908.
Smend, R.: Verfassung und Verfassungsrecht. 1928 (Staatsrechtl. Abh. 1955 u. 1968, 119–176).
Spencer, H.: Die Prinzipien der Soziologie. Stuttgart o. J.

Susanne Heidtmann-Frohme

Interaktion

Außersozialwissenschaftlich wird der Begriff I. verwendet, um das Zusammenwirken von verschiedenen Faktoren eines Vorgangs etwa unter naturwissenschaftlich-technischem Aspekt (z. B. zwischen Computern, Systemen usw.) anzuzeigen. Zuweilen findet sich dieser Wortgebrauch auch in der Soziologie, um den Zusammenhang verschiedener sozialer Bedingungen oder statistischer Variablen auszudrücken (→ Statistik).

In der Hauptsache bezeichnet soziologisch I. allgemein den Umstand, daß → Individuen miteinander gesellschaftlich in Beziehung treten, auf welchem Feld alltäglicher menschlicher Lebensvollzüge (Wirtschaft, Politik, Familie, Religion, Freizeit usw.) auch immer.

Wie die meisten soziologischen Begriffe ist auch der I.-Begriff jüngeren Datums. Im Gegensatz zu vielen von ihnen stammt er aus der amerikanischen Diskussion und zeugt von dem enormen Einfluß, den die amerikanische → Soziologie in diesem Jahrhundert erlangt hat. Daß er, wie auch der Begriff der → Gruppe etwa, zuerst hier an analytischer Bedeutung gewann, liegt wohl an der besonderen sozialen Problematik, die in den USA erstmals deutlich sichtbar wurde: einmal den → Konflikten, die aus der Masseneinwanderung und dem Zusammentreffen verschiedener Nationalitäten, ihrer Entwurzelung, Unterprivilegierung und Gettoisierung entstanden (→ Migration); zum anderen der weit vorangeschrittenen Großindustrie, deren neue soziale Formen der Massenarbeit nach angemessenen Analysen verlangten.

Neben die soziologische Untersuchung von sozialstrukturellen Prozessen trat somit auch die von sozialen I.en, auf die manche Ansätze sogar ihr Hauptaugenmerk richten. So hat der → Symbolische Interaktionismus –

im Anschluß an Mead – wohl am meisten für die soziologische Auffassung und Verbreitung des I.-Begriffs getan. Menschliche I.en basieren auf gemeinsam geteilten Bedeutungen und sind zu verstehen als symbolisch-interpretativer Austausch. Derart machen sie das Wesen von Geist, → Identität und Gesellschaft aus, d. h. auch: Bewußtsein und Identität sind keine einsam-vorsozialen Qualitäten, sondern bilden sich nur im Umgang mit anderen heraus. Bei Mead wird sprachsymbolische I. noch deutlich in einen evolutionären Entstehungszusammenhang gestellt. Die Fähigkeit zum Gebrauch signifikanter Symbole erwächst aus nichtsignifikanten gestischen I.en, zu denen auch höhere Tierarten befähigt sind; diese eher biologisch-unmittelbaren Weisen der I. (etwa reflexartige Reaktionen) bleiben auch beim Menschen bestehen und werden nicht vollends durch Sprache abgelöst.

Im systemtheoretischen Entwurf (→ Systemtheorie) (Parsons, Luhmann), dem es um diese Unterscheidung nicht zu tun ist, sind es neben sprachlichen Symbolen eine ganze Reihe anderer ‹Medien› (z. B. → Geld, → Macht, Lust), durch die I.-Prozesse gesteuert werden. Auch ist beispielsweise bei Parsons der individuelle Anteil an I.en unklar. Sein Rollenmodell (→ Rollentheorie) läßt, wie Habermas aufgewiesen hat, für individuelle Interpretationen und in I.en unbefriedigt bleibende Bedürfnisse keinen Raum. Jedoch hat Parsons viel dazu beigetragen, den Begriff → soziales Handeln interaktionstheoretisch zu konzipieren. In seinem auf Mead zurückgehenden Ego-Alter-Modell wird soziales Handeln als Prozeß innerhalb eines I.-Systems gedacht. Die individuellen Handlungen orientieren sich an den komplementären Erwartungen der I.-Partner und streben ein Gleichgewicht an. «What are sanctions to ego are role expectations to alter and vice versa.» Abweichungen sind immer Desequilibrationsprozesse, die negativ sanktioniert werden.

Der gegenwärtig einflußreichste Entwurf einer soziologischen I.-Theorie stammt von Habermas. Anknüpfend an die symbolisch-interaktionistische Tradition, entwickelt er das I.-Konzept vornehmlich unter sprachtheoretischen und pragmatistischen Gesichtspunkten weiter, wobei er sich auf den Aspekt sprachlicher Verständigung konzentriert. Sozialen I.en liegt stets *a priori* eine kontrafaktische, ideale Kommunikationsgemeinschaft zugrunde. Sobald also Individuen sprachlich kommunizieren, ist gegenteiligen individuellen Intentionen zum Trotz eine gemeinsame Verständigungsbasis notwendig unterstellt. I.en laufen demnach nicht unmittelbar spontan, sondern gemäß tiefenstrukturellen Regeln, die die handelnden Individuen per → Sozialisation verinnerlichen. Analog zur sprachlichen Kompetenz (Chomsky), die der grammatisch richtigen Rede dient (→ Sprachsoziologie), spricht Habermas in diesem Zusammenhang von Interaktionskompetenz (auch kommunikative oder Rollenkompetenz), über die der einzelne verfügen muß, um an sozialen I.en teilnehmen zu können. Diese I.-Kompetenz ist den anderen – sprachlichen und kognitiven – Kompetenzen übergeordnet. Sie wird wie bei Chomsky als universal, d. h. von bestimmten Kulturen unabhängig verstanden. Da in realen Gesellschaften Individuen nicht in gleichem Maße über die kommunikativen Mittel verfügen, die Chancen zur idealen Kommunikation mithin ungleich verteilt sind, redet Habermas in diesen Fällen von systematisch verzerrter Kommunikation bzw. einer gegenüber der Kompetenz defizitären Performanz.

Lorenzer dagegen hat versucht, den I.-Begriff im Sinne einer kritisch-materialistischen Rezeption der Freudschen Konzeption des Unbewußten über seine sprachsymbolische, sinnhaft-intentionale Version hinaus zu radikalisieren. Grundsätzlich weiß sich diese Ansicht mit dem intersubjektiven Pragmatismus Meads einig, insoweit dieser die außersprachlich-gestischen und biologischen Aspekte konsequent mit einbegreift. I. hat dann, bezieht man die Erkenntnisse der pränatalen Psychologie ein, ihre Wurzeln bereits in der Beziehung von Mutter und Kind im Mutterleib. Sie ist also auf keinen Fall identisch mit Kommunikation. Es findet ein sinnlich-unmittelbares Wechselspiel statt, in dem die kindliche Struktur sich langsam bildet. Erst lange nach der Geburt nimmt die kindliche Auseinandersetzung mit der Welt sprachliche Gestalt an. I. kann aus dieser Perspektive bestimmt werden als zwischenindividuelles Geschehen, das innerindividuelle I.-Formen erzeugt und von diesen in ständigem Wechsel vorangetrieben wird. I.en sind demnach geprägt sowohl durch soziale → Normen und Makrostrukturen wie auch durch die Persönlichkeitsstruktur der Beteiligten. Mit den Lorenzerschen Begriffen kann man I.en danach beurteilen, welche individuellen Anteile sie ansprechen bzw. welche Handlungsebenen sie hervorheben, ob sie also mehr auf sinnlich-unmittelbarer, sinnlich-symbolischer, sprachlich-reflexiver oder gar zeichenhaft-abstrakter Ebene geschehen bzw. wie das Mischungsverhältnis dieser verschiedenen Aspekte jeweils ist.

Völlig konträr zu den vorstehenden Positionen steht der vorwiegend in der Psychologie verbreitete, aber auch in der Soziologie (vgl. etwa Homans, Malewski oder in Deutschland Opp) vorkommende → Behaviorismus. Er versteht unter I. unter Abzug von Annahmen wie Sinn und Geist nicht mehr als Verhalten im Sinne des biologischen Stimulus-Response-Modells. Meads Handlungsentwurf ist stark durch die Kritik an dieser Konzeption und ihres Begründers Watson motiviert worden. Daß er gelegentlich dennoch als ‹Sozialbehaviorist› bezeichnet worden ist, ist daher nur unter dieser Einschränkung zu sehen.

Daß der Begriff I. gerade in den letzten Jahren auf vermehrtes Interesse in der deutschen Diskussion stieß, hat einen besonderen Grund. I. erlangte zunehmend die Geltung eines vergleichbar etwa mit → Arbeit menschliche Gesellschaft überhaupt konstituierenden Universals. So hat es auch unter dem Eindruck des Scheiterns rein politisch-ökonomischer Erklärungs- und Handlungsstrategien eine Reihe von Ansätzen gegeben, interaktionistische mit historisch-materialistischen Gesichtspunkten zu verknüpfen. Die Aufklärung eines materialistischen Geschichtskonzepts über Subjektivität läßt sich also nicht nur auf dem Wege einer Theorie des Individuums, sondern auch einer der I. angehen. Überdies muß sich auch die individualistische Psychologie belehren lassen, daß sich ihr Gegenstand wesentlich über soziale I.en herstellt.

Nicht getan ist es jedoch damit, politisch-ökonomische Kategorien wie Produktions-, Distributions- und Konsumtionssphäre voranzustellen und mit interaktionstheoretischen Versatzstücken nur anzureichern, wie es Ottomeyer vorführt. I.-Verhältnisse sind logisch nicht einfach aus gesamtgesellschaftlichen Strukturen abzuleiten, sondern müssen zunächst als eigenständiger Realitätsbereich behandelt werden. Die wichtigere Diskussion scheint aber darum zu gehen, ob materialistische Gesellschaftstheorie und I.-Theorie kooperieren können, d. h. einander ergänzende, aber begrifflich autonome Theoriemodelle darstellen (Joas, Lorenzer), oder ob nicht sogar der → Historische Materialismus mittels einer I.-Theorie reformuliert werden, d. h. ob er durch eine entlang von geschichtlich anwachsenden I.-Kompetenzen entwickelte → Evolutionstheorie (Habermas) ersetzt werden kann.

Graumann, C. F.: Interaktion und Kommunikation (Handbuch der Psychologie. Bd. 7, Sozialpsychologie. 2. Halbband). Göttingen 1972.

Habermas, J.: Vorbereitende Bemerkungen zu einer Theorie der kommunikativen Kompetenz. In: Ders. & N. Luhmann: Theorie der Gesellschaft oder Sozialtechnologie. Frankfurt/M. 1971.

–: Zur Entwicklung der Interaktionskompetenz. o. O. 1975.

–: Zur Rekonstruktion des Historischen Materialismus. Frankfurt/M. 1976.

Joas, H.: Die gegenwärtige Lage der soziologischen Rollentheorie. Frankfurt/M. 1973.

–: Praktische Intersubjektivität. Frankfurt/M. 1980.

Lorenzer, A.: Symbol, Interaktion und Praxis. In: Psychoanalyse als Sozialwissenschaft. Frankfurt/M. 1971.

–: Sprachspiel und Interaktionsformen. Frankfurt/M. 1977.

Mead, G. H.: Geist, Identität und Gesellschaft. Frankfurt/M. 1968.

Ottomeyer, K.: Soziales Verhalten und Ökonomie im Kapitalismus. Erlangen/Gaiganz 1974.

– & K. D. Scheer: Rollendistanz und Emanzipation. In: Bruder, K.-J. u. a.: Kritik der pädagogischen Psychologie. Reinbek bei Hamburg 1976.

Hans-Joachim Busch

Interesse

Der Ausdruck I. ist das meistgebrauchte Fremdwort in der deutschen Sprache und wird gleicherweise häufig im → Alltag wie in den Humanwissenschaften gebraucht, wenn eigenes bzw. fremdes Handeln erklärt oder begründet werden soll. Als Begriff ist I. eine im strikten Sinne soziologische Kategorie, deren Karriere und Bedeutungsgeschichte aufs engste mit der Entwicklung der bürgerlichen Gesellschaft verknüpft ist. Im I. ist als einheitliches Motiv des Handelns (als dessen Bestimmungsgrund und Ursache bzw. als Verknüpfung von Intentionalität und Kausalität) das zusammengedacht, was das Selbst- und Weltverständnis des bürgerlichen Subjekts kennzeichnet: Autonomie als Selbstbestimmung des Subjekts; poietischer Subjektivismus als Erzeugung der Welt durch die Tätigkeit des Subjekts und possessiver Individualismus als Grundmerkmal des nach Besitz strebenden, über → Eigentum verfügenden bürgerlichen → Individuums (Willms 1971; Macpherson 1967).

Zum Interessebegriff seit der Neuzeit: Die Konturierung des I.-Begriffs und durch ihn die Artikulation des neuzeitlichen/bürgerlichen Selbstverständnisses vollzieht sich in polaren Begriffsbildungen, hinter denen häufig in wechselnden Kombinationen folgende Gegensätze stehen: (1) Tradition und Moderne, (2) Natur und → Vernunft, (3) Allgemeines und Besonderes, oft konkretisiert als Gegensatz von Staat und Gesellschaft.

Zum politischen Interessebegriff: Im Zuge der an Machiavelli anschließenden staatstheoretischen Thematisierung der Politik als eines Sachbereichs mit eigener Gesetzlichkeit dient die inhaltlich offenbleibende, rein formale Bestimmung von ‹Interesse des Staates› der Abwehr theologisch-religiöser oder moralphilosophischer Festlegungen von Zwecken und Handlungsweisen des Staates. Erhaltung des Staates und Mehrung seiner → Macht, primär außenpolitisch gesehen, ist als oberster Zweck das Staatsinteresse an sich, dem alle besonderen I.n, insbesondere die jetzt als partikulare I.n bestimmten Zielsetzungen und Handlungsorientierungen der intermediären Gewalten des Feudalsystems (Kirche/Adel), unterzuordnen sind (→ Feudalismus). Die formal gleiche Grundstruktur der Entgegensetzung von allgemeinem und besonderem I. findet sich auch in den vertragstheoretischen Staatskonstruktionen von Hobbes und Locke wie der gesamten nachfolgenden liberalen Staatstheorie, wobei allerdings der das allgemeine I. repräsentierende Staat als durch die besonderen I.n der Bürger konstituiert und permanent beauftragt gedacht wird.

Die für den Liberalismus und → Utilitarismus kennzeichnende ‹problemlose› Zuordnung von besonderen I.n und allgemeinem I. (als allgemeines Bedingungsgefüge oder durchschnittliche Gemeinsamkeit der

Verwirklichung der besonderen I.n) kennzeichnet auch viele soziologische Analysen des Gegenwartskapitalismus, die dem analytischen → Paradigma der pluralistischen Industriegesellschaft folgen und die entscheidenden Machtdifferenzen zwischen I.-Verbänden auf Grund der strukturell differierenden Chancen der Organisierung und Durchsetzung von I.n nicht thematisieren (Heinze 1981).

Zum moralphilosophischen Interessebegriff: In den moralphilosophischen Abhandlungen des 17. und 18. Jahrhunderts wird im I. sowohl die Verbindung von Natur und Vernunft als auch die Vermittlung der Besonderheit der Individuen zu einer vernünftigen, sittlichen Allgemeinheit gedacht. Die von Spanien ausgehende Gegenreformation versuchte seit dem 16. Jahrhundert, durch moralisierende Abwertung des I. als ‹Eigensucht› und ‹sündige Egozentrik› die ‹modernen› Lebensformen als unvereinbar mit der christlichen Moral herabzusetzen. Die religiöse Verdammung des I. trug aber eher zur schnellen Verbreitung des Begriffs bei, der seit dem 17. Jahrhundert im positiv bewerteten Ausdruck ‹self-interest› europäische Karriere machte.

So wird seit dem 17. Jahrhundert in moralphilosophischen Abhandlungen immer häufiger gegen die blinde Natur der Leidenschaften angesichts der Wirkungslosigkeit der sozialen Bindungskraft der Religion, aber auch der Einsichten der Vernunft I. als mächtiges und zugleich besonnenes und deshalb moralisch positiv zu wertendes Motiv des Handelns ins Feld geführt. Eine von I.n regierte Welt sei nämlich im Unterschied zur Unstetigkeit und Unberechenbarkeit der Leidenschaften durch Voraussagbarkeit und Beständigkeit ausgezeichnet. I. wird dabei fortschreitend mit einer einzigen Leidenschaft, der früher so verachteten Liebe zum → Geld, gleichgesetzt und Handel und Gewerbe – die eigentlichen Betätigungsfelder interesseorientierten Handelns – wegen seiner zivilisierenden Wirkung gepriesen (Hirschmann 1980).

Interessebegriff in der Theorie der bürgerlichen Gesellschaft: Die endgültige Gleichsetzung von interessegeleitetem Handeln mit nutzenmaximierendem ökonomischem Handeln vollzieht sich in Smiths ökonomischer Theorie. Bedurfte in seiner Moralphilosophie die Vermittlung von besonderem und allgemeinem I. noch der kritischen Reflexion und vernünftigen Begrenzung des Selbstinteresses durch die Subjekte, so realisiert sich in seiner ökonomischen Theorie die Vermittlung der besonderen I.n zu einem allgemeinen Systemzusammenhang durch die unerbittlichen Marktgesetze im Tauschverkehr der Waren (→ Tausch).

Indem Marx in seiner Kritik der → politischen Ökonomie die innere Struktur und widersprüchliche Entwicklungsdynamik der bürgerlichen Gesellschaft darlegt, vermag er zugleich die Berechtigung, aber auch den historisch begrenzten Sinn der bürgerlichen Gleichsetzung von individuellem und allgemeinem I. sowie von I. und Vernunft qua ökonomischer

Rationalität aufzuzeigen. Unter dem Gesichtspunkt der Reproduktion der Struktur des kapitalistischen Produktionsverhältnisses fallen in der Regel die individuellen, subjektiv wahrgenommenen I.n der Bürger (als Kapitalverwerter) mit ihrem objektiven Klasseninteresse an der Aufrechterhaltung der bestehenden Herrschaftsverhältnisse zusammen, und dadurch realisiert sich zugleich das allgemeine I. der Bestandsicherung der bürgerlichen Gesellschaft (→ Kapitalismus). In historischer Entwicklungsperspektive gesehen ist dieses bürgerliche I. (individuelles = allgemeines = objektives) kein wahres I., weil seine Verwirklichung die Aufrechterhaltung einer → Klassengesellschaft beinhaltet, die die elementaren Lebensinteressen ihrer eigentlichen Produzenten, der Arbeiterschaft, permanent verletzt. Das unmittelbare, subjektiv bewußte, je besondere I. der Arbeiter ist aber durch die Lebensbedingungen (Lohnarbeit) und Denkformen der bestehenden Gesellschaft in einer Weise geprägt, daß nur durch Aufklärung die Transformation vom je faktischen zum objektiven, wahren I. der Arbeiterschaft an der Errichtung einer befreiten, klassenlosen Gesellschaft herzustellen ist (→ Kommunismus/→ Sozialismus). Eine inhaltliche Bestimmung und begründbare Rede von wahren, objektiven und allgemeinen I.n erfordert also immer eine ausgeführte Theorie über Struktur, Funktionsweise und Entwicklungstendenzen der betreffenden Gesellschaft bzw. Handlungsbereiche.

Der Kerngehalt des I.-Begriffs, wie er in der → Soziologie seit dem 19. Jahrhundert insbesondere bei M. Weber und V. Pareto verwendet wird, besteht darin, daß interessegeleitetes Handeln als Zweck die Verfügung über allgemeine, für vielfältige Ziele einsetzbare Mittel wie Geld, Macht, Einfluß – entsprechend den Medien der → Systemtheorie – erstrebt, wobei auf Grund der unterstellten Zweckrationalität interessegeleiteten Handelns der jeweils konkrete Handlungsverlauf sich aus der Logik der Handlungssituation ergibt (→ Zweck-Mittel-Relation). – Die nachfolgende Soziologie des 20. Jahrhunderts hat keine wichtigen Beiträge zur Weiterentwicklung des I.-Begriffs geliefert.

Artikel «Interesse». In: Ritter, J. & K. Gründer (Hrsg.): Historisches Wörterbuch der Philosophie. Basel 1976.

Artikel «Interesse». In: Brunner, O./Conze, W. & R. Koselleck (Hrsg.): Geschichtliche Grundbegriffe. Historisches Lexikon zur politisch-sozialen Sprache in Deutschland. Stuttgart 1982, Bd. 3.

Gerhardt, V.: Vernunft und Interesse. Münster 1976 (Diss.-Druck).

Heinze, R. G.: Verbändepolitik und «Neokorporatismus» – Zur politischen Soziologie organisierter Interessen. Opladen 1981.

Hirschmann, A. O.: Leidenschaften und Interessen. Politische Begründungen des Kapitalismus vor seinem Sieg. Frankfurt/M. 1980.

Macpherson, C. B.: Die politische Theorie des Besitzindividualismus. Frankfurt/M. 1967.

Massing, P. & P. Reichel (Hrsg.): Interesse und Gesellschaft. Definitionen – Kontroversen – Perspektiven. München 1977.
Mittelstrass, J.: Über Interessen. In: Ders. (Hrsg.): Methodologische Probleme einer normativ-kritischen Gesellschaftstheorie. Frankfurt/M. 1975.
Neuendorff, H.: Der Begriff des Interesses. Eine Studie zu den Gesellschaftstheorien von Hobbes, Smith und Marx. Frankfurt/M. 1973.
Willms, B.: Die politischen Ideen von Hobbes bis Ho Tschi Minh. Stuttgart 1971.

Hartmut Neuendorff

Jugendsoziologie

Gegenstand: Als Jugend (J.) wird die Phase im individuellen Lebenslauf wie im Altersaufbau der Gesellschaft bezeichnet, die von der Kindheit nach ‹unten›, vom Erwachsenenalter nach ‹oben› begrenzt ist und der Vorbereitung auf das Erwachsenenleben dient. Dabei wirft die definitorische Abgrenzung von J. eine Fülle von Problemen auf. Während noch unter dem Einfluß der geisteswissenschaftlichen J.-Forschung die Grenze zur Kindheit mit der Pubertät als vermeintlich rein biologisch-physiologischem Entwicklungsschub angesetzt wurde, heben neuere Autoren soziale und kulturelle einheitsstiftende Merkmale stärker hervor.

Konzepte der psychischen Reife (→ Identität) wie der sozialen Reife (Mündigkeit) begegnen gravierenden Einwänden (lebenslange → Sozialisation; Ungleichzeitigkeit von «Teilreifen», Neidhardt 1970). Und bedeutet es das «Ende der Jugend» (v. Trotha 1982), wenn Menschen zeitlebens weder eine stabile Familien- noch Berufsrolle freiwillig oder unter dem Zwang der sozialen Verhältnisse ausfüllen? Der Dissens über Umfang und Dauer der J. schlägt sich nieder in einer Ausweitung des Begriffs der J. (‹Post-Adoleszenz›; ‹junge Erwachsene›). Empirische J.-Forschung erstreckt sich auf die Altersgruppe der 12- bis 25jährigen (und Untergruppen).

Geschichte: Das Mittelalter (→ Feudalismus) kannte eine ständisch gebundene alterskontinuierliche Statushierarchie, die (für männliche Jugendliche) ihren Höhepunkt mit der Übernahme des väterlichen Erbes erreichte; J. war eine lange und differenzierte Phase gestufter Abhängigkeiten (Gillis 1980). Erst in der aufkommenden bürgerlichen Gesellschaft erhielt J. mit der Vergesellschaftung von Schule und vorberuflicher Ausbildung, mit Bildungsreise und Studium ihre moderne Form, allerdings beschränkt auf die Nachkommen des Bürgertums. Noch heute zeugt die Polarisierung von ‹langer› und ‹kurzer› J. davon, daß Arbeiterschaft und Landbevölkerung erst seit Beginn des 20. Jahrhunderts an diese Altersdifferenzierung anschließen konnten. Heute lockert sich die funktionale Anbindung der Dauer der J. an Umfang und Komplexität der zu erwerbenden Kenntnisse und Verhaltensweisen in dem Maß, wie J. neben der Vorbereitung auf die Erwachsenenwelt auch die Fernhaltung vom Erwachsenen-Arbeitsmarkt organisiert. J. scheint sich in Phasen ökonomischer Krisen (→ Krisentheorien) nicht mehr zu verkürzen, sondern auszuweiten.

Sozialisation: Wenn J. als Altersphase bestimmt wird, in der Heranwachsende volle Handlungskompetenz zur Bewältigung des Erwachsenenlebens erwerben (Sozialisation), ergeben sich für die jugendsoziologische Theoriebildung vornehmlich drei Fragen: nach den *Zielen* der Sozialisation, ihren → *Institutionen* und der *Sozialisierbarkeit* Jugendlicher. Die theoretisch wohl konsistenteste (wenngleich umstrittene) Antwort auf die erste Frage hat der Soziologe Eisenstadt (1966) gegeben. Ausgehend von einer Strukturdifferenz zwischen jugendlichem Herkunftssystem (Familie; → Familiensoziologie) und Zielsystem (die ‹weitere› Gesellschaft wie → Beruf, → Öffentlichkeit), folgert er auf der Grundlage der von Parsons entwickelten Handlungsorientierungsalternativen für die J.-Phase eine Änderung der Sozialisationsrichtung hin zu affektiver Neutralität, individueller Leistungsorientierung, Unabhängigkeit und Universalismus bei fortdauerndem Verzicht auf die in Erwachsenenpositionen möglichen und angemessenen Gratifikationen. Gegen dieses Muster ‹antizipatorischer Sozialisation› wendet sich heute zunehmend eine Selbstdefinition Jugendlicher, die auf aktueller Bedürfnisbefriedigung besteht («Wertwandel der Jugend», Hornstein 1983). Eng mit Eisenstadts strukturfunktionalistischer Analyse ist eine Lösung des institutionellen Problems der Sozialisationsinstanzen verbunden. Wenn nämlich die Familie partikularistisch befangen bleibt und die Gesellschaft universalistische Handlungsanforderungen stellt, bedarf es zur Identitätsstabilisierung gegenüber elterlichen wie außerfamilialen Kontrollansprüchen und zur Entwicklung und Konformisierung jugendlicher Verhaltensnormen einer vermittelnden Instanz, der Gleichaltrigen-Gruppe (peers) (→ Gruppe). Daneben kommt der Schule für die Sozialisation Jugendlicher große Bedeutung zu. Alle Aussagen unterstellen dabei eine Sozialisationsfähigkeit Jugendlicher, was auf Grund vorangegangener Sozialisationsprozesse problematisch, gleichwohl als gegeben vorauszusetzen ist; kritisch dagegen Ziehes Behauptung eines «neuen Sozialisationstyps», der auf Grund konfliktuöser Lösung der Mutter-Kind-Dyade in einem narzißtischen Trauma verharrt und sich gegen Umweltanforderungen sperrt, die seine Verschmelzungssehnsüchte bedrohen.

Methoden und theoretische Probleme: Die Studenten- und Schülerbewegung (→ Studentenbewegung) seit Mitte der 60er Jahre enthüllte die theoretische und methodische Orientierungslosigkeit der vorherrschenden empirischen, auf breit angelegte Umfragen (‹Jugend und ...›) gerichteten J.-Soziologie (Rosenmayr 1976). Methodisch ist ein Trend zu qualitativen und interpretativen Verfahren festzustellen (Jugend '81), um Anschluß an die Intentionen und verhaltenssteuernden Deutungen Jugendlicher zu gewinnen. Theoretisch bestimmte die J.-Soziologie ihre Stellung im Gefüge der Soziologie neu über die Rezeption von Theorien der sozialen Schichtung (→ Schicht), Ungleichheit (→ Gleichheit) und → Herrschaft (Kreutz 1974; Griese 1977). Einen prägnanten Niederschlag hat diese Wende in der Diskussion des Verhältnisses von J. als Generationseinheit zu sozialökonomischen Klassenformationen gefunden. Dem Vorwurf der marxistischen J.-Forschung (Lessing/Liebel 1974, 89), die bürgerliche J.-Soziologie verkenne, «daß der Teilung der Menschen in Generationen die Teilung der Menschen in Klassen vorausgeht», wurde noch entgegnet, hier würde mit einer unzulässigen Reduktion (J. auf Klasse) operiert. Gleichwohl war in den 70er Jahren eine starke Hinwendung zu der Frage erkennbar, in welchem Verhältnis die vielfältigen jugendlichen → Subkulturen zur älteren Generation bzw. zu gesellschaftlichen Klassen stehen. Dazu ist ein breites Spektrum von Positionen entwickelt worden, die nach dem Grad der Abhängigkeit bzw. Autonomie («Sozialisation der Jugend in eigener Regie» – Tenbruck 1962) der Altersgruppe J. differieren. – Neuerdings weisen Arbeiten aus der englischen J.-Forschung auf eine anspruchsvolle Integration von Klassen-, J.- und Kulturtheorien hin (Clarke u. a. 1979; Willis 1979). Danach sind J.-Kulturen eigenständige (stilbildende) Vermittlungsversuche zwischen elterlicher Stammkultur, kulturellen Hegemonieansprüchen der herrschenden → Klasse(n) und generationsspezifischen Erfahrungswelten.

Die J.-Forschung öffnet sich hier über die Einbeziehung von Klassenstrukturen, Kulturen und Biographien zu theoretischen Strömungen einer historisch-gesellschaftlich gehaltvollen Herrschafts- und Kultursoziologie.

Clarke, J. u. a.: Jugendkultur als Widerstand. Frankfurt/M. 1979.
Eisenstadt, S. N.: Von Generation zu Generation. München 1966.
Gillis, J. F.: Geschichte der Jugend. Weinheim/Basel 1980.
Griese, H. M.: Sozialwissenschaftliche Jugendtheorien. Weinheim/Basel 1977.
Hornstein, W. u. a.: Jugend ohne Orientierung? Weinheim/Basel 1983².
Jugend '81: Lebensentwürfe, Alltagskulturen, Zukunftsbilder. Opladen 1982.
Kreutz, H.: Soziologie der Jugend. München 1974.
Lessing, H. & M. Liebel: Jugend in der Klassengesellschaft. München 1974.
Neidhardt, F.: Die junge Generation. In: Bolte, K. M. u. a.: Deutsche Gesellschaft im Wandel. Opladen 1970.
Rosenmayr, L.: Jugend. In: König, R. (Hrsg.): Handbuch der empirischen Sozialforschung. Bd. 6. Stuttgart 1976.

Tenbruck, F. H.: Jugend und Gesellschaft. Freiburg 1962.
Trotha, T. von: Zur Entstehung der Jugend. In: KZfSS, 1982, 34.
Willis, P.: Spaß am Widerstand. Frankfurt/M. 1979.
Ziehe, Th.: Pubertät und Narzißmus. Köln 1975.

Dirk Axmacher

Kapitalismus

Der Begriff K. bezeichnet eine historisch spezifische Gesellschaftsformation, für welche die folgenden Elemente konstitutiv sind (vgl. die «Kapitalistischen Basisinstitutionen» bei Müller et al. 1978, 12ff):

1. die privat-dezentrale Koordination des gesellschaftlichen Produktionsprozesses über Warenmärkte;
2. die Verausgabung des Arbeitsvermögens gegen Lohn, d. h. die Einbeziehung des Arbeitsvermögens in den Marktverkehr;
3. die generelle und dauerhafte Verfolgung des Ziels, privates Erwerbsvermögen (Kapital) durch die Erzielung von Profit (Kapitalgewinn) und dessen Wiederanlage (Akkumulation) als Kapital zu verwerten.

Zu 1.: Die Bedeutung der Märkte als Koordinationsinstitute resultiert aus der Privatheit der ökonomischen Entscheidungsstruktur, und diese wiederum drückt die auf dem Privateigentum (→ Eigentum) beruhende private Verfügungsgewalt über die produktiven Ressourcen der Gesellschaft aus. Ein entwickelter Marktverkehr wäre auch bei gemeinschaftlich-dezentraler Entscheidung über Art und Menge der Produktion (Produktionsplanung) denkbar, doch wäre hiermit das Privateigentum an den Produktionsmitteln nicht vereinbar. Die Koordination von Konsum und Produktion über Märkte erfolgt über die Bildung von Preisen und setzt ein entwickeltes Geldsystem voraus.

Zu 2.: Der Verallgemeinerung der Lohnarbeit (→ Arbeit) entspricht eine einseitige Verteilung des materiellen Erwerbsvermögens (einschließlich des Geldvermögens), d. h. eine auf die spezifisch kapitalistische Produktionsweise zurückführbare Spaltung der Gesellschaft in die sozialen Klassen (→ Klassengesellschaften) von Produktionsmittelbesitzern und Lohnarbeitern. Im K. ist also das Arbeitsvermögen überwiegend selbst Ware, und sein Austauschprozeß gegen → Geld (→ Tausch) konstituiert einen eigenen Markt, den Arbeitsmarkt. Die Existenz einer gesellschaftlichen Klasse freier Lohnarbeiter, die zur Reproduktion ihres Lebens auf den Verkauf ihres Arbeitsvermögens angewiesen sind, weil sie nicht selbst über Produktionsmittel (inkl. Geld) verfügen, ist nicht nur historische Voraussetzung der Entwicklung des K. gewesen, sondern auch Bedingung seines Fortbestehens, also sein beständiges Produkt (vgl. neben Marx 1970, insbes. Kap. 4.3: Dobb 1972, Chap. 1, oder Edwards et al. 1978, Chap. 2.2). Die mit der ökonomischen Reproduktion dieses Klassenverhältnisses gegebene Weise der Aneignung des Arbeitsprodukts konstituiert zugleich ein spezifisches gesellschaftliches Herrschaftsverhältnis (Hofmann 1969) (→ Herrschaft), durch welches die kapitalistische Epoche sich von früheren (und späteren) Entwicklungsepochen abgrenzt.

Zu 3.: Das Erwerbsvermögen in Geldform wird in Ware verwandelt mit dem Ziel, bei der Rückverwandlung der Ware in Geld einen Geldgewinn (Profit) zu erzielen. Der wesentliche Zweck des Profitstrebens ist jedoch nicht der Konsum, also der anschließende individuelle Verbrauch des Profits, sondern dessen Verwendung zur Vergrößerung des Erwerbsvermögens und damit zur Wiederholung des Transformationsprozesses von Geld in mehr Geld auf ständig wachsendem Niveau. Geld in diesem Prozeß ist Kapital, das beschriebene Wachstum des Transformationsvolumens daher Kapitalakkumulation. Geld ist folglich nur insoweit Kapital, als es für den Kauf von Waren ausgegeben wird, die zum Zweck der Profiterzielung eingesetzt werden. Die für diesen Zweck gekauften Waren – seien es nun Handelswaren, Geld selbst, das Arbeitsvermögen der Lohnarbeiter oder die stofflichen Produktionsmittel und Bodenflächen – sind dann ebenfalls Formen des Kapitals.

Der Zwang zur Kapitalakkumulation resultiert aus der → Konkurrenz der Einzelkapitale resp. Kapitalisten um Arbeitskräfte und Absatzmärkte. Diese wiederum ist ein Ausdruck der Anonymität der gesellschaftlichen Beziehung als Geld- und Warenbeziehung (→ Verdinglichung). Da der einzelne Kapitalist mit allen anderen in ein vielfältiges Geflecht wechselseitiger Abhängigkeiten eingebunden ist und die Bedingungen seiner Existenz nicht vollständig kontrolliert, kann er relative Sicherheit und Stabilität für seine Unternehmung nur durch maximale Ausschöpfung aller Möglichkeiten erlangen, die die Verwertungsbedingungen für sein Kapital wenigstens relativ zu den Verwertungsbedingungen derjenigen Kapitale verbessern, die dieselben Waren anbieten. Hierzu bedarf es der beständigen Wiederanlage des Profits als Kapital.

Keines der drei genannten Elemente ist schon für sich genommen konstitutiv für den K., obwohl die Literatur zahlreiche Versuche enthält, das Wesen der kapitalistischen Gesellschaftsformation insbesondere mit dem ersten oder dritten der beschriebenen Charakteristika zu erfassen (vgl. Dobb 1972). Allen diesen Versuchen ist die Zielsetzung gemeinsam – wenn schon die Sinnhaftigkeit des Begriffs K. nicht, wie bis heute von einem Teil der Autoren behauptet, vollständig in Frage gestellt werden kann –, die Begriffsbildung so weit und so diffus oder aber so eng anzulegen, daß keine spezifische historische Epoche mehr erfaßt, sondern kapitalistische Elemente entweder in nahezu allen Entwicklungsepochen der Menschheit oder nur in einer unbedeutend kurzen Zeitspanne nachgewiesen werden können.

In neuerer Zeit überwiegen allerdings die Beiträge der historischen, ökonomischen und soziologischen Forschung, in denen der K. als epochale Gesellschaftsformation mit empirisch und theoretisch bestimmbaren Charakteristika aufgefaßt wird. Während die Vertreter des auf Marx und Engels zurückgehenden → historischen Materialismus (→ Marxismus) die Geburt der kapitalistischen Epoche mit der Verallgemeinerung der Lohnarbeit, also mit der Herausbildung des kapitalismusspezifischen Produktionsverhältnisses verbinden (in England etwa Ende des 16., Anfang des 17. Jahrhunderts), haben Werner Sombart (1928) und Max Weber (1904/5, 1958) nach den Wurzeln der für den K. eigentümlichen Rationalität gesucht, als deren Personifikation sie den kapitalistischen Unternehmer ansahen. Sie meinten damit der Grundthese der materialistischen Geschichtstheorie zu widersprechen, wonach in einer Gesellschaft – jedenfalls auf der Stufe ihrer vollständigen Entfaltung als historische Gesellschaftsformation – die Ideen, Vorstellungen, Werte und → Normen der Menschen letztlich von den in ihr vorherrschenden Produktionsverhältnissen bestimmt werden und auf diese zurückwirken. Allerdings sind zumindest die Überlegungen Webers durchaus mit der Marx-Engelsschen Position vereinbar, soweit in ihnen die protestantische Berufsethik als selbständige Geburtshelferin der kapitalistischen Epoche herausgearbeitet und das Extrem der Sombartschen These vermieden worden ist, wonach «es der Geist ist, der sich eine ihm angemessene Form gibt und dadurch die wirtschaftliche Organisation schafft» (Sombart 1928, 1. Bd., 1. Halbbd., 25).

Ganz auf der Linie der Argumentation Sombarts begründet Schumpeter (1964) die von allen K.-Theoretikern hervorgehobene besondere Dynamik der kapitalistischen Gesellschaftsformation, indem er hierfür die Figur des dynamischen Unternehmers verantwortlich macht. Im Gegensatz hierzu führen die Theoretiker des historischen Materialismus die stürmische Entwicklung der ökonomischen und sozialen Verhältnisse im K. auf den aus ihrer Stellung im Produktionsprozeß ableitbaren Antagonismus der gesellschaftlichen → Klassen von Lohnarbeitern und Kapitalisten zurück (vgl. Dobb 1972, 15). Dieser eklatiert in ökonomischen und politischen Kämpfen um die Folgen der rücksichtslosen Entwicklung der technischen und organisatorischen Bedingungen einer maximalen → Ausbeutung des Menschen und der Natur (→ Industrialisierung), die die Grundlage der Vergrößerung und Aneignung des gesellschaftlichen Mehrprodukts in der Form des Profits ist.

In dieser Auseinandersetzung spielt der Staat der kapitalistischen Gesellschaft von Anfang an eine entscheidende Rolle (Gerstenberger 1973; Hirsch 1974). Im Innern reflektiert die staatliche Politik das Kräfteverhältnis der gesellschaftlichen Klassen – insbesondere in der Art der Verarbeitung der Krisenhaftigkeit (→ Krisentheorien/→ Zyklentheorien) der ökonomischen und sozialen Entwicklung, die mit der kapitalistischen Dynamik verbunden ist. Nach außen ist der bürgerliche Nationalstaat Instrument der politischen und militärischen Absicherung des ökonomischen Prozesses im Innern und Wegbereiter für die Überwindung der äußeren Expansionsschranken des Kapitals (→ Imperialismus).

Die mit der Entwicklung des K. zunehmende Bedeutung des Staates für die gesellschaftliche Konfliktregulierung und die Steuerung des ökonomischen Prozesses hat zu verschiedenen Stadientheorien der kapitalistischen Entwicklung geführt. Die einen behaupten eine Metamorphose des K. bis hin zur Auflösung seiner spezifischen antagonistischen Grundstrukturen und verklären die moderne «gemischte Wirtschaft» (vgl. Mattick 1971) harmonistisch als «Arbeitsgesellschaft» (vgl. Matthes 1983), «moderne Industriegesellschaft» (vgl. Adorno 1969) oder «soziale Marktwirtschaft» (vgl. Müller-Armack 1974; Welteke 1976). Die anderen drücken in ihrer Begriffsbildung phasenspezifische Dominanzverhältnisse zwischen einzelnen Elementen der kapitalistischen Gesellschaft aus: «Konkurrenz»- versus «Monopol»- oder gar «staatsmonopolistischer Kapitalismus», «freier» versus «gelenkter» oder «gebundener Kapitalismus» oder schließlich «Früh»- versus «Spätkapitalismus», wobei einer Umkehrung des ursprünglichen Dominanzverhältnisses von Ökonomie und Politik im Zuge des «Reifeprozesses» das Wort geredet wird (vgl. Habermas 1973, 1981; Offe 1972; ähnlich auch die Theoretiker der «Postindustriellen Gesellschaft», vgl. Frank 1973). Schließlich ist auf die radikal-liberale Kritik an dieser Entwicklung von seiten der libertären K.-Theoretiker (siehe zur Einführung Lepage 1979, aber auch Hayek 1976) zu verweisen, durch die das wissenschaftliche Fundament zur schrittweisen Befreiung des K. von seinen etatistischen, monopolistischen und korporativistischen ‹Verunreinigungen› gelegt werden soll, um so nicht nur seine Überlebensfähigkeit zu sichern, sondern seine unbedingte Überlegenheit gegenüber jeder historisch-realen oder denkbaren Alternative gesellschaftlicher Organisation zu begründen.

Adorno, Th. W. (Hrsg.): Spätkapitalismus oder Industriegesellschaft? Verhandlungen des 16. Deutschen Soziologentages. Stuttgart 1969.
Baran, P. A. & P. M. Sweezy: Monopolkapital, Frankfurt/M. 1967.
Boccara, P. u. a.: Der staatsmonopolistische Kapitalismus. Berlin (DDR) 1972.
Dobb, M.: Studies in the Development of Capitalism. London 1972[3].
Ebbinghausen, R. (Hrsg.): Monopol und Staat. Zur Marx-Rezeption in der Theorie des staatsmonopolistischen Kapitalismus. Frankfurt/M. 1974.

Edwards, R. C./Reich, M. & Th. E. Weisskopf: The Capitalist System – A Radical Analysis of American Society. New Jersey 1978².
Frank, J.: Die postindustrielle Gesellschaft und ihre Theoretiker. In: Leviathan 1973, 3, 383–407.
Gerstenberger, H.: Zur Theorie der historischen Konstitution des bürgerlichen Staates. Probleme des Klassenkampfes 8/9, 1973, 3, 207–226.
Habermas, J.: Legitimationsprobleme im Spätkapitalismus. Frankfurt/M. 1973.
–: Theorie des kommunikativen Handelns. 2 Bde. Frankfurt/M. 1981.
Hayek, F. A.: The Constitution of Liberty. Norfolk 1976³.
Heidt, U. & E. Mangeng: Kapitalismustheorien. In: Neumann, F. (Hrsg.): Handbuch Politischer Theorien und Ideologien. Reinbek bei Hamburg 1977.
Heimann, E.: Kapitalismus. In: Handwörterbuch der Sozialwissenschaften, 5, 510–515. Göttingen 1956.
Hirsch, J.: Staatsapparat und Reproduktion des Kapitals. Frankfurt/M. 1974.
Hofmann, W.: Ideengeschichte der sozialen Bewegung. Berlin 1968.
–: Grundelemente der Wirtschaftsgesellschaft – Ein Leitfaden für Lehrende. Reinbek bei Hamburg 1969.
–: Sozialökonomische Studientexte. 3 Bde. Berlin 1971.
Institut für Weltwirtschaft und internationale Beziehungen der Akademie der Wissenschaften der UdSSR (Hrsg.): Politische Ökonomie des heutigen Monopolkapitalismus. Frankfurt/M. 1972.
Lepage, H.: Der Kapitalismus von morgen. Frankfurt/M. 1979.
Marx, K.: Das Kapital – Kritik der Politischen Ökonomie. 1. Bd. MEW 23. Berlin (DDR) 1970.
Matthes, J. (Hrsg.): Krise der Arbeitsgesellschaft? Verhandlungen des 21. Deutschen Soziologentages in Bamberg 1982. Frankfurt/M. 1983.
Mattick, P.: Marx und Keynes – Die Grenzen des «gemischten Wirtschaftssystems». Frankfurt/M. 1971.
Müller, G./Rödel, K./Sabel, Ch./Stille, F. & W. Vogt: Ökonomische Krisentendenzen im gegenwärtigen Kapitalismus. Frankfurt/M. 1978.
Müller-Armack, A.: Genealogie der Sozialen Marktwirtschaft. Bern 1974.
Napoleoni, C.: Grundzüge der modernen ökonomischen Theorien. Frankfurt/M. 1968.
Offe, C.: Strukturprobleme des kapitalistischen Staates. Frankfurt/M. 1972.
Ortlieb, H. & D. Lösch: Kapitalismuskritik. Der Streit um die Marktwirtschaft. München 1973.
Schumpeter, J.: Kapitalismus, Sozialismus und Demokratie. Bern 1950².
–: Theorie der wirtschaftlichen Entwicklung. Berlin 1964⁴.
Sombart, W.: Der moderne Kapitalismus. 6 Bde. München/Leipzig 1928.
Sweezy, P.: Theorie der kapitalistischen Entwicklung. Frankfurt/M. 1972².
Weber, M.: Die protestantische Ethik und der «Geist» des Kapitalismus. Archiv für Sozialwissenschaft und Sozialpolitik 1904/5, 20/21, 1–53/1–110.
–: Wirtschaftsgeschichte. Abriß der universalen Sozial- und Wirtschaftsgeschichte. Hg. v. J. Winckelmann. Berlin 1958³.
–: Wirtschaft und Gesellschaft. Studienausgabe. Hg. v. J. Winckelmann. Tübingen 1980⁵.
Welteke, M.: Theorie und Praxis der sozialen Marktwirtschaft. Frankfurt/M. 1976.

Rainer Künzel

Klassengesellschaften / Klasse

Der Begriff Klassengesellschaften (K.) erfaßt bestimmte Formen *strukturierter sozialer Ungleichheit*. K. gliedern sich in zwei Hauptklassen: Eine herrschende Klasse von Nicht-Produzenten entzieht einer unterdrückten Klasse von Produzenten Mehrarbeit (→ Arbeit) durch physischen oder normativen Zwang (z. B. Fronarbeit) oder durch die Aneignung der Ergebnisse von Mehrarbeit, des Mehrprodukts oder des *Mehrwerts*. In diesem Verhältnis der → Ausbeutung und der → Herrschaft gründen die antagonistischen, d. h. widersprüchlichen Interessen von Klassen, die durch das objektive Verhältnis zu den *Produktionsmitteln* (→ Eigentum) konstituiert werden (‹Klasse-an-sich›).

Marx und Engels (1974, 462) sahen Geschichte als «Geschichte von Klassenkämpfen» und begriffen die → Konflikte um Erbringung und Aneignung von Mehrarbeit, die die *Produktionsverhältnisse* verändern und auch den ideologischen und institutionellen *Überbau* von K. bestimmen, als treibendes Moment der Geschichte (→ Historischer Materialismus). Bei Marx werden die Dimensionen von K. im Begriff der ökonomischen Gesellschaftsformation systematisch verbunden: In der *ökonomischen* Sphäre wird nach den Produktionsmitteln (Kapital, Boden, Arbeitskraft) und nach der Verfügung über fortgeschrittenere Produktionsmittel (Haupt- und Übergangsklassen) unterschieden, in der *politischen* Sphäre zwischen Herrschenden und Beherrschten, in der *ideologischen* Sphäre zwischen der «über die Mittel zur geistigen Produktion» verfügenden und der davon ausgeschlossenen Klasse (Marx/Engels 1969, 49; vgl. Mauke 1977). Historisch werden «asiatische, antike, feudale und moderne bürgerliche Produktionsweisen» als Typen von K. bestimmt (Marx 1975, 9). Erst die Überwindung des → Kapitalismus führt im → Kommunismus zur klassenlosen Gesellschaft.

K. im engeren Sinne sind bürgerliche Gesellschaften (zu K. im 19. Jahrhundert vgl. Thompson 1968; Kocka 1983), in denen das Kapital «Kommando über unbezahlte Arbeit» ist (Marx 1970, Bd. 1, 556). Die Lohnform läßt den Tausch von Arbeit gegen → Geld als ‹gerecht› erscheinen und verschleiert, daß in kapitalistischen Gesellschaften Mehrarbeit als Mehrwert angeeignet wird (Marx 1970).

Kapitalisten und Lohnarbeiter sind Grundklassen kapitalistischer Gesellschaften. Übergangsklassen (z. B. Handwerker, Bauern), Gruppen unklarer Zuordnung (z. B. ‹Zirkulationsarbeiter›, die nicht materiell produzieren; Staatsbeschäftigte), Fraktionen der Kapitalistenklasse (z. B. Industrie-, Kaufmannskapital; Grundeigentümer) und staatliche Umverteilungspolitik komplizieren das Bild (für die BRD: PKA 1978; IMSF 1980; Bischoff u. a. 1982, rekonstruieren als Klassenstruktur für

1978: Arbeiterklasse: 66%; moderne Mittelklasse: 20%; traditionelle Mittelklasse: 11%; Kapitalistenklasse: 3% der Erwerbspersonen).

Als wichtigste Kritik der marxistischen Theorie der K. gilt Max Webers Betonung kultureller und geistiger Faktoren gegenüber den ökonomischen Klassenkämpfen als historischer Triebkraft. Klassenlage ist bei Weber (1976, 177ff, 531ff) die «typische Chance 1. der Güterversorgung, 2. der äußeren Lebensstellung, 3. des inneren Lebensschicksals». Besitz bestimmt die Lage der Besitzklassen, Chancen der Marktverwertung von Gütern und Leistungen die Klassenlage der Erwerbsklassen. Mit den Begriffen *«soziale Klasse»*, durch Mobilitätsgrenzen bestimmt, und *«ständische Lage»* auf Grund von «Lebensführungsart» und Prestige wird eine Tradition begründet, die Ungleichheit mit dem Konzept der → Schicht erfassen will. Die Idee, daß Klassenlagen auf unterschiedlicher *Marktmacht* beruhen, wird heute weiterentwickelt (Giddens 1979) und z. B. in Theorien der Arbeitsmarktsegmentation verwendet (Offe 1977; Sengenberger 1978).

Dahrendorf (1957) unternahm es, die «illegitimen» Verknüpfungen philosophischer und soziologischer Elemente bei Marx zu beseitigen, und betonte dazu die Differenz zwischen dem juristischen Eigentum an Produktionsmitteln und der faktischen Kontrolle über die Produktion (z. B. Manager). Klassen sind dann durch den Anteil an bzw. Ausschluß von *Herrschaft* bestimmt. Danach können auch Gesellschaften ohne Privateigentum an Produktionsmitteln K. sein.

Als wichtige Probleme der Diskussion um moderne K. gelten die Funktion des Staates und die Relation zwischen Klassenlage und Klassenbewußtsein. Der *Staat* als Rechtsstaat ist für bürgerliche Gesellschaften funktional notwendig und zugleich Garant des Privateigentums an Produktionsmitteln, d. h. der klassenerzeugenden Trennung der Produzenten von ihren Reproduktionsbedingungen. So kann er als ‹Instrument› der Herrschenden und als Ausdruck der «Unversöhnlichkeit der Klassengegensätze» erscheinen (Lenin 1970). Da er aber für die längerfristige Sicherung der Kapitalverwertungsbedingungen sorgen muß und als demokratischer Staat Legitimationszwängen besonders von seiten der → Arbeiterbewegung ausgesetzt ist, besteht keine Identität zwischen Staat und herrschender Klasse, so daß er «relativ autonom» ist (Milliband 1975; Poulantzas 1980). Im Theorem der horizontalen *Disparität der Lebensbereiche* (Bergmann u. a. 1969) wird die Konsequenz aus den ausgeweiteten Staatstätigkeiten gezogen: Zwischen Klassenlage und Lebenschancen besteht kein linearer Zusammenhang mehr, sondern staatliche Politik (z. B. Sozial-, Bildungspolitik) erzeugt ‹horizontale› Disparitäten, die ‹alte› Ungleichheiten überlagern. K. werden politisch regulierte Gesellschaften, in denen die Durchsetzungschancen politischer Forderungen ungleichheitsstrukturierende Funktion gewinnen und Umverteilungspolitik besondere soziale Lagen (‹Versorgungsklassen›, z. B. Rentner, Studenten [Lepsius 1979; Handl u. a. 1977]) erzeugt.

Die objektive Lage als politisch unterdrückte, ökonomisch ausgebeutete Klasse begründet noch keine politische Bewegung. Klasse ist daher ein analytischer Begriff, von dem nicht direkt auf das Handeln Betroffener geschlossen werden kann. Vereinheitlichung der Lebenslage, Verelendung u. a. m. sollten nach Marx ein *Klassenbewußtsein* als subjektive Erkenntnis der objektiven Lage erzeugen und damit eine Bedingung zur Organisierung der Klasse als kollektiv handelnde Einheit (‹Klasse-für-sich›). In der Nachfolge Lukács', der die Bedeutung von → Entfremdung und → Verdinglichung für Klassenbewußtsein betonte (Lukács 1970), beschäftigte sich besonders die → Kritische Theorie mit subtileren, nichtökonomischen Einflüssen auf das Klassenbewußtsein.

Heute wird u. a. diskutiert, ob der für K. zentrale Interessenkonflikt zwischen Kapital und Lohnarbeit durch die institutionelle Einbindung der Arbeiterbewegung ‹befriedet› wurde (vgl. Alemann 1981), ob angesichts ökologischer Probleme und ‹Arbeitsverknappung› der Begriff der K. noch angemessen ist (Gorz 1980) und ob z. B. eine ‹Individualisierung› von Lebenslagen bei gleichzeitiger Verallgemeinerung des Lohnarbeiterstatus neue Konzepte erfordert (vgl. Kreckel 1983). Zudem gewinnen kulturelle (Bourdieu 1982), normative und ideologische Elemente von K. und Klassenkämpfen und die in neuen sozialen Bewegungen (vgl. Brand 1982) sowie in individuellen Krisen Ausdruck findenden Widerstände gegen ‹klassenüberschreitende› Tendenzen der Expansion von → Bürokratie, Verdinglichung, Entfremdung und «Kolonialisierung der Lebenswelt» (Habermas 1981) in der gesellschaftlichen Realität und in der soziologischen Diskussion der Zukunft von K. an Bedeutung und lassen das ‹klassische› Konzept von K. ergänzungsbedürftig erscheinen.

Alemann, U. v. (Hrsg.): Neokorporatismus. Opladen 1981.
Bergmann, J. u. a.: Herrschaft, Klassenverhältnisse und Schichtung. In: Adorno, Th. W. (Hrsg.): Spätkapitalismus oder Industriegesellschaft? Stuttgart 1969.
Bischoff, J. u. a.: Jenseits der Klassen? Hamburg 1982.
Bourdieu, P.: Die feinen Unterschiede. Frankfurt/M. 1982.
Brand, K. W.: Neue soziale Bewegungen. Opladen 1982.
Dahrendorf, R.: Soziale Klassen und Klassenkonflikt in der industriellen Gesellschaft. Stuttgart 1957.
Giddens, A.: Die Klassenstruktur fortgeschrittener Gesellschaften. Frankfurt/M. 1979.
Gorz, A.: Jenseits des Proletariats. Frankfurt/M. 1980.
Habermas, J.: Theorie des kommunikativen Handelns. Frankfurt/M. 1981.
Haller, M.: Theorie der Klassenbildung und sozialen Schichtung. Frankfurt/New York 1983.
Handl, J./Mayer, K.-U. & W. Müller: Klassenlagen und Sozialstruktur. Frankfurt/M. 1977.

Herz, Th. A.: Klassen, Schichten, Mobilität. Stuttgart 1983.
Institut für Marxistische Studien und Forschungen (IMSF) (Hrsg.): Klassen- und Sozialstruktur der BRD 1950–1970. Frankfurt/M. 1980².
Kocka, J.: Lohnarbeit und Klassenbildung. Bonn 1983.
Kreckel, R. (Hrsg.): Soziale Ungleichheiten. Sonderband 2 der Sozialen Welt. Göttingen 1983.
Lenin, W. I.: Staat und Revolution (1918). In: Ders.: Ausgewählte Werke in drei Bänden. Berlin (DDR) 1970⁸.
Lepsius, R. M.: Soziale Ungleichheit und Klassenstrukturen in der Bundesrepublik Deutschland. In: Wehler, H.-U. (Hrsg.): Klassen in der europäischen Sozialgeschichte. Göttingen 1979.
Lukács, G.: Geschichte und Klassenbewußtsein (1922). Neuwied/Berlin 1970.
Marx, K. & F. Engels: Die Deutsche Ideologie (1845). In: Marx-Engels-Werke (MEW). Bd. 3. Berlin (DDR) 1969.
–: Manifest der kommunistischen Partei (1848). In: MEW Bd. 4. Berlin (DDR) 1974.
Marx, K.: Zur Kritik der politischen Ökonomie. Vorwort (1859). In: MEW Bd. 13. Berlin (DDR) 1975.
–: Das Kapital. Kritik der politischen Ökonomie. In: MEW Bde. 23, 24, 25. Berlin (DDR) 1970.
Mauke, M.: Die Klassentheorie von Marx und Engels. Frankfurt/Köln 1977⁵.
Milliband, R.: Der Staat in der kapitalistischen Gesellschaft. Frankfurt/M. 1975.
Offe, C. & Projektgruppe Arbeitsmarktpolitik (Hrsg.): Opfer des Arbeitsmarktes. Neuwied/Darmstadt 1977.
Poulantzas, N.: Politische Macht und gesellschaftliche Klassen. Frankfurt/M. 1980².
Projekt Klassenanalyse (PKA): Klassenstruktur der BRD. Hamburg/Berlin 1978³.
Sengenberger, W. (Hrsg.): Der gespaltene Arbeitsmarkt. Frankfurt/M. 1978.
Thompson, E. P.: The Making of the English Working Class. Harmondsworth 1968.
Weber, M.: Wirtschaft und Gesellschaft. Grundriß der verstehenden Soziologie. Tübingen 1976⁵.

Peter A. Berger

Kommunismus

K. bezeichnet in Reaktion auf die Industrialisierung seit den 40er Jahren des 19. Jahrhunderts eine Gesellschaft, die entweder so gut wie kein → Eigentum (Gütergemeinschaft) oder kein Eigentum an Produktionsmitteln kennt. Ziele sind harmonische gesellschaftliche Beziehungen und umfassende Befriedigung aller menschlichen Bedürfnisse. Das Gemeineigentum, die Gütergemeinschaft, die gemeinschaftliche Organisation der Produktion, die gerechte Distribution der Güter und/oder die freie Assoziation der Produzenten bzw. der Individuen dienen den Zielen → Gleichheit, Gerechtigkeit, Solidarität bzw. der Entfaltung von Subjektivität. Die staatlichen Funktionen sollen in die Gesellschaft zurückgenommen werden. Die verschiedenen Strömungen des K. heben, z. T. in Widerspruch zueinander, unterschiedliche Aspekte und Problemlösungen hervor: Materiell-wirtschaftliche Gleichheit, die Produktionssphäre, die besondere Rolle einer gesellschaftlichen → Klasse (das Kollektiv), die Industrie als materiell-technische Basis, die Partei als Organisator der gesellschaftlichen Umwälzung, die politische Machteroberung, die gesellschaftliche Organisation, die Reproduktionssphäre, die Distribution, die einzelnen Individuen, die Verzahnung von Landwirtschaft, Handwerk und dezentraler Industrie, die Kommune bzw. die Föderation, die direkte Aktion des Volkes, die soziale Gestaltung von unten. Zwischen K., → Sozialismus und Anarchismus lassen sich keine klaren Trennungslinien ziehen, es sei denn im Rahmen der Geschichtsschreibung der Sieger.

Die *frühen (utopischen) Sozialisten/Kommunisten* wie Babeuf (1760–1797), Cabet (1788–1856), Weitling (1808–1871) oder Saint-Simon (1760–1825) betonen die soziale Gerechtigkeit und Gleichheit im Sinne von Gütergemeinschaft, geld- und eigentumsloser Ordnung, eines Verteilungskommunismus. Sie gehen von der Distributionssphäre aus. Die Gleichheit und deren Durchsetzung von oben wird z. T. so betont, daß die Freiheit des Subjekts partiell auf der Strecke bleibt. Saint-Simon berücksichtigt als einer der ersten den aufkommenden Industrialismus (→ Industrialisierung); er zielt auf eine Wirtschaftsordung, die → Ausbeutung von vornherein verhindert. Es geht ihm nicht um staatliche Regelungen mit dem Ziel der Gütergleichheit, sondern um die Gestaltung der gesellschaftlichen, insbesondere der wirtschaftlichen Sphäre.

Genossenschaftssozialisten wie Fourier (1792–1837) oder Owen (1771–1858) wenden sich gegen die Trennung der → Arbeit von allen anderen Lebensbereichen, deren Unterwerfung unter die Maschinerie, die zur Freisetzung von ‹Arbeitskräften› führt, und den Markt, der die Atomisierung der aus naturwüchsigen Lebenszusammenhängen herausgerissenen Individuen bewirkt. Die kapitalistisch-industrielle Anarchie zerstört alle sozialen nichtvertraglichen Beziehungen (soziale Netze) und führt so zu Verelendung (→ Verelendungstheorien). Owen geht es um den Menschen in seiner Ganzheit, um die Aufhebung der Trennung von ökonomischer und politischer Sphäre. Im Owenismus werden vielfältige Vorstellungen (horizontale und vertikale) entwickelt, die alle von der Arbeit ausgehen. Horizontal-dezentral-regionale Vorstellungen sind: Genossenschaftsdörfer, landwirtschaftliche Produktionsgenossenschaften, Produktionsgenossenschaften arbeitsloser Handwerker, Arbeitsbörsen (über die sich die verschiedenen Berufe ohne Einschaltung des Marktes ergänzen). Vertikal-industrielle Vereinigungen sind: landesweite Produzentenvereinigungen bzw. gewerbliche Produktionsgenossenschaften, Quasi-Gewerkschaften syndikalistischer Art (direkte Regelung des betreffenden Gewerbes von unten).

Der *wissenschaftliche Sozialismus* von Marx (1818–83) und Engels (1820–1895) versteht unter K. die Aufhebung jeglicher menschlicher → Entfremdung, die Beseitigung von strukturellen Behinderungen menschlicher Entfaltung. Die Wurzel der Entfremdung wird im Privateigentum an Produktionsmitteln und damit in der Vergesellschaftung über den Markt/→ Tausch gesehen. Der K. wird zu einer objektiv-historischen Kategorie, insofern die ökonomischen Gesetzmäßigkeiten des → Kapitalismus tendenziell zu dessen Zusammenbruch führen und die Arbeiterklasse als Subjekt der revolutionären Veränderungen hervorbringen. Der Sozialismus/K. ergibt sich somit schlüssig aus der kapitalistischen Entwicklung. Die materiell-technische Basis des Kapitalismus ist daher auch die des Sozialismus/K., die Produktivkräfte sind gesellschaftlich neutral. – Marx und Engels haben nicht gesehen, daß Entfaltung menschlicher Individualität in Kommunität nicht möglich ist auf der vom Kapitalismus übernommenen materiell-technischen Basis mit dann ‹sachnotwendigen› zentralisierenden Entscheidungen.

Der *Staatssozialismus* (der Sozialdemokratie) macht aus der Bewegung zur Befreiung der → Individuen eine Bewegung zur Verbesserung der wirtschaftlichen Lage der Arbeiterklasse. Es geht ihm um die politische Machteroberung der Arbeiter mittels Stimmzettel in der parlamentarischen Demokratie (Staatsverfassung) und die Verstaatlichung der bzw. bestimmter Produktionsmittel (Wirtschaftsverfassung) – so bereits Lassalle (1825–1861), generell seit der Revisionismusdebatte (Bernstein, 1850–1932). Der legalen Machtergreifung entspricht die Verrechtlichung der Ziele: staatliche Absicherung gegen soziale Not (Arbeitsverfassung), nicht Organisation von Selbsthilfe. In diesem verengt sozial-materiell-wirtschaftlichen Verständnis erlag dieser Sozialismus der kapitalistisch-industriellen Zivilisation.

Der *Sowjetkommunismus* (heute: *Reale Sozialismus*) unterscheidet dezidiert zwischen Sozialismus und K. K. wurde zum Konfrontationsbegriff, als sich die → Arbeiterbewegung in einen reformistischen und einen revolutionären Flügel spaltete. Auslöser war das Verhalten der sozialdemokratischen Parteien im Ersten Weltkrieg. Die russischen Sozialdemokraten, die sich seit 1917 Kommunisten nennen, konnten nicht legal agieren. Sie konnten daher den Sozialismus nicht zu einer Angelegenheit der Gegenwart im Sinne der Verrechtlichung sozialer Ziele machen. *Sozialismus* bedeutet Verstaatlichung der Produktionsmittel, Diktatur des Proletariats bzw. Herrschaft der kommunistischen Partei für die Arbeiterklasse, Leistungsprinzip, Befriedigung der Grundbedürfnisse, soziale Sicherheit. *K.* bedeutet Vergesellschaftung der Produktionsmittel, Absterben des Staates, klassenlose Gesellschaft, materieller Überfluß: jeder nach seinen

Fähigkeiten, jedem nach seinen Bedürfnissen. Sozialismus/K. wird – ähnlich dem Staatssozialismus – von Anfang an wirtschaftlich interpretiert. Das Handeln entspricht diesem Verständnis. Der große Unterschied zwischen der sozialistischen UdSSR von 1961 und der kommunistischen von 1981 wird im Programm der KPdSU von 1961 primär in der materiell-technischen Basis und dem damit verbundenen materiellen Überfluß gesehen. K. wird reduziert auf wissenschaftlich-technischen Fortschritt, wirtschaftliche Leistungsfähigkeit und industriell bereitgestellten Güterreichtum. 1973 wird der Reale Sozialismus geboren: Sozialismus ist, was real ist, Zukunftsverheißungen unterbleiben. Er beinhaltet steigenden materiellen Lebensstandard und sozialpolitische Maßnahmen. Auch der Sowjetkommunismus erliegt mit der materiell-technisch-wirtschaftlichen Interpretation von Sozialismus/K. dem Geist des Kapitalismus, der industriellen Zivilisation.

Der *kollektive*, *föderative* bzw. *kommunistische Anarchismus* (Proudhon [1809–1865], Bakunin [1814–1876], Kropotkin [1842–1921]) will politische → Herrschaft beseitigen. Ziele: volle Entfaltung von Individualität in Verbindung mit der von Assoziationen, Zusammenschluß in Kommunen und Föderation dieser Kommunen, Verbindung von dezentraler Industrie mit Landwirtschaft und Handwerk, Selbstorganisation in dezentralen Einheiten und gegenseitige Hilfe – als Angelegenheit der Betroffenen, nicht einer stellvertretenden Partei. Menschen, die in überschaubaren autonomen Einheiten verantwortlich handeln, individuelle Entfaltung in sozialen Bezügen erfahren, verhalten sich kommunitär. Individuelle und soziale Entfaltung bedingen sich gegenseitig. Für Bakunin und Kropotkin sind die Marxschen Vorstellungen autoritär-kommunistisch und führen zu staatssozialistischen Verhältnissen.

Der kommunitäre Sozialismus/Kommunismus (z. B. Bahro, Teile der «Grünen») geht von fundamentalen Gemeinsamkeiten zwischen Kapitalismus und Realem Sozialismus aus, die in der industriellen Zivilisation und der ihr zugehörigen Großvergesellschaftung gründen. In Negation dieses Zivilisationsmodells, das auf den gut gekleideten, gut genährten, gut unterhaltenen (manipulierten) Automatenmenschen (Fromm) hinausläuft, wird die Entfaltung menschlicher Subjektivität in konkret sozialen Bezügen und Harmonie mit der Natur angestrebt. Ziele: Rücknahme der politischen und ökonomischen Sphäre in die sozialen, kleinen Einheiten/Kommunen und deren föderative Verzahnung, Aufhebung vertikaler Arbeitsteilung, Umverteilung von Arbeit ohne Entfaltungsmöglichkeiten, menschen- und naturgemäße Technik, Primat der einfachen Reproduktion.

Die heute übliche Trennung in K., Sozialismus und Anarchismus ist der theoretische Ausdruck der gesellschaftlich-politischen Verhältnisse, die sich im 20. Jahrhundert durchgesetzt haben. K. und Sozialismus werden strikt getrennt, weil sich die Arbeiterbewegung auf Grund der unterschiedlichen nationalen gesellschaftlichen Bedingungen in einen reformistischen und einen revolutionären Flügel spaltete; sich die Sozialdemokratien in den industriell entwickelten Gesellschaften auf Verbesserungen in der Gegenwart ausrichteten; der Sozialismus sozialdemokratischer Spielart dem Geist des Kapitalismus erlag; der Sowjetkommunismus die Trennung legitimatorisch nutzen konnte (K. irgendwann in der Zukunft); die Trennung für die je systemerhaltende Systemkonfrontation Kapitalismus – K. nützlich ist. Die Trennung in K. und Sozialismus ist ein Produkt der Geschichtsschreibung sich bekämpfender Sieger: des Sowjetkommunismus, des Staatssozialismus, der industriell-kapitalistischen Zivilisation.

Besiegt wurde der kommunitäre Sozialismus/K., der im Genossenschaftssozialismus, Syndikalismus, kollektiven-föderativen-kommunistischen Anarchismus und auch von Marx bzw. Marxismen angestrebt wurde; der die Einheit der Lebensgestaltung betont, die politische und ökonomische Sphäre in die soziale → Lebenswelt zurückholt; der der hierarchisch-bürokratischen Großvergesellschaftung atomisierter Subjekte die dezentrale, föderative Selbstorganisation und damit menschliche Entfaltung in kommunitärem Handeln entgegenstellt; der die Menschen nicht zu passiven Empfängern staatlicher Dienstleistungen macht, sondern Voraussetzungen für menschliche Entfaltung auch in gegenseitiger Hilfe schafft; der eine Verzahnung von dezentraler Industrie, Handwerk und Landwirtschaft anstrebt, das Industriesystem nicht als neutrale materiell-technische Basis betrachtet; der → Utopien des Real-Möglichen entwickelt und sich insofern nicht der Rationalität der Moderne beugt, die → Vernunft auf instrumentellen Verstand reduziert.

Cole, G. D. H.: A History of Socialist Thought. 1–6. London 1953ff.
Diehl, K.: Über Sozialismus, Kommunismus und Anarchismus. Jena 1923.
Engels, F.: Die Entwicklung des Sozialismus von der Utopie zur Wissenschaft. Berlin (DDR) 1962 (MEW 19).
Guerin, D.: Anarchismus. Begriff und Praxis. Frankfurt/M. 1967.
Kautsky, K.: Vorläufer des neueren Sozialismus. Leipzig 1909.
Kool, F. & W. Krause (Hrsg.): Die frühen Sozialisten. Stuttgart 1967.
Nettlau, M.: Der Anarchismus von Proudhon zu Kropotkin. Berlin 1927.
–: Anarchisten und Sozialrevolutionäre. Berlin 1931.

Renate Damus

Konflikt

Soziale K.e sind Bestandteil der → Interaktion von Subjekt und Subjekt/Objekt, von Personen und → Gruppen. Man unterscheidet Intergruppen- bzw. Intragruppenkonflikte. Intergruppenkonflikte finden zwischen negativen Bezugsgruppen (out-groups) und positiven Bezugsgruppen statt.

Hinsichtlich ihrer Funktion für die politische, soziale und ökonomische Ordnung werden K.e sowohl pejorativ als auch positiv bewertet. Zur negativen Bewertung des K. wird es immer dann kommen, wenn die Erhaltung der bestehenden institutionellen Ordnung im Vordergrund des politischen bzw. wissenschaftlich-erkenntnistheoretischen Interesses steht. Denn dann erscheint der K. für das bestehende System als dysfunktional und auflösend. Unter dem Aspekt eines (technologisch-pragmatisch) integrierten Sozialsystems gilt der K. als das Resultat abweichenden, ‹irrationalen› Verhaltens von Personen/Gruppen.

Wird jedoch die Widersprüchlichkeit der Gesellschaft selbst als konflikterzeugend anerkannt, so wird der K. zum Moment gesellschaftlicher Veränderung, zum Vehikel von Fortschritt (im Sinne der Subjekt/Objekt-Dialektik Hegels).

K.-Fähigkeit kann so zum Kriterium für ein «starres» bzw. «flexibles» System werden (L. A. Coser). Je starrer bzw. immobiler die Strukturen, desto weniger erscheint K.-Verhalten und -Austragung möglich, desto mehr bedarf es der K.-Vermeidungstechniken, insbesondere der ‹Ventil-Institutionen› (K.-Verschiebungen).

Als Modell eines politisch → sozialen Systems, in dem K.-Verhalten und -Austragung integrierender Bestandteil des sozialen, politischen und wirtschaftlichen Geschehens ist, gilt die ‹pluralistische Gesellschaft›. K. erscheint in ihr positiv und funktional, weil institutionalisiert. Das Gegen- und Miteinander verschiedener Gruppeninteressen, zumal deren Vielfältigkeit, lassen einen Grundkonsens, eine Form der Kooperation und des Ausgleichs unterschiedlicher → Interessen zu.

Demgegenüber gilt in der marxistischen Gesellschaftstheorie der zentrale K. zwischen Lohnarbeit und Kapital als tendenziell systemsprengend. Als antagonistischer treibt er die bürgerliche Gesellschaft über diese hinaus (→ Kapitalismus/→ Marxismus).

Grundlegend für eine funktionalistische Analyse des K. waren die Aussagen von Georg Simmel über Kampf und Streit. Denn konstituiert sich gesellschaftliches Leben aus der Wechselwirkung der Individuen aufeinander (Liebe, Haß), so gewinnt der K. eine durchaus positive Funktion im Hinblick auf die Sozialisierung der Individuen wie auf die Herausbildung von Regeln und Regelstrukturen.

Als K.-Ursachen können vor allem gelten: die Zuteilung von Status, → Macht, Einkommen / die Zugehörigkeit zu Wertsystemen / die Struktur der Interaktionsbeziehungen selbst.

Für den Verlauf eines K. sind von Bedeutung: die numerische Größe der Gruppe / das Maß der Beteiligung der Mitglieder / die Intensität des K.

Bei K.en kommt es zur Setzung von Gruppengrenzen, zur möglichen Stärkung des inneren Zusammenhalts und zur Erhöhung der Zentralisierung. Je differenzierter die Struktur und je intensiver der K. ist, desto eher wird es zu Zentralisierungen kommen: Bei mangelnder Kohäsion der Gruppe wird diese entweder zerfallen oder Formen des «Despotismus» (Coser) ausbilden.

Im Hinblick auf die K.-Beziehungen grenzt Coser «echte» von «unechten» ab. Echte sind demnach solche, die auf Grund der drei genannten K.-Ursachen zwischen Gruppen bzw. Personen innerhalb einer Gruppe aufbrechen und ausgetragen werden. K.e dienen hier der Erzielung ganz bestimmter Ergebnisse und sind in der Regel nach deren Eintritt beendet.

Der Prozeß eines sogenannten echten K. wäre mit Dahrendorf wie folgt zu charakterisieren:

1. Heranbildung der Gegensätze,
2. deren Bewußtwerden und Organisierung der K.-Gruppierungen,
3. offener Ausbruch des K.

Unechte K.e sind solche, die nicht in unmittelbarer Interaktion zum Austrag kommen, sondern auf Ersatzobjekte verschoben werden. Klassische Beispiele hierfür sind der Antisemitismus und Rassismus (→ Faschismus/→ Rasse). Werden auch die konfliktbedingten Aggressionen und Sozialängste kanalisiert, so kann es sich hierbei stets nur um Scheinlösungen handeln: K.-Ursachen werden nicht beseitigt, sondern nur verschoben und bestehen damit fort.

Im Gefolge Simmels gilt Coser der K. – als Form der Sozialisierung und strukturellen Modifizierung des Systems – in dreifacher Hinsicht als «produktiv»:

1. Die Kontrahenten werden sich im K.-Geschehen überhaupt erst des Vorhandenseins bestimmter Regeln und → Normen bewußt;
2. K.-Austragung führt zur Modifizierung der bestehenden Normen und Regeln bzw. zur Schaffung neuer Gesetze;
3. zu deren Durchsetzung entstehen neue institutionelle Strukturen (→ Institution).

Unter historisch-genetischem Aspekt ist der K. ein wesentlicher Bestandteil der bürgerlichen Gesellschaft. Gegen den Immobilismus der Feudalgesellschaft (→ Feudalismus) behauptete sich der bürgerliche Erwerbs- und Freiheitstrieb als unbeschränktes Verfügenkönnen über die eigene Person und das → Eigentum. Die – wenn auch hypothetische – Konstruktion von Sozial- und Gesellschaftsverträgen schuf jene Rahmenbedingungen, die den K. nicht beseitigen, sondern eingrenzen und regeln wollten.

Im Hinblick auf die Entwicklung der bürgerlichen Gesellschaft läßt sich feststellen, daß ihre Geschichte eine Geschichte der Institutionalisierung der sie bedrohenden gesellschaftlich-ökonomischen K.e ist. Als klassische Beispiele gelten die Institutionalisierung der → Arbeiterbewegung in Parteien und → Gewerkschaften sowie die Formen der K.-Regelung zwischen Lohnarbeit und Kapital (Streik, Tarifrecht etc.).

Eine funktionalistische Methode (Coser) befaßt sich primär mit der Funktion/Dysfunktion von K.en im Zusammenhang mit deren normativer/institutioneller Regelung, wobei die Frage nach sozialen/politischen/ökonomischen K.-Ursachen sowie die geschichtliche Bedingtheit von (→ Herrschafts-)Strukturen ausgespart bleibt.

Ein neuerer Zugang zum K.-Phänomen fragt nach den Problemlösungsaktivitäten und -leistungen: Eine Skala von Leistungsstufen und die in diesen auftretenden Problemfolgen (Reproduktionsleistungen – Produktionsleistungen – Überlebensprobleme) ermöglichen die Darstellung einer einfachen Struktur der in einem gesellschaftlichen System möglichen oder denkbaren Problemlösungsaktivitäten (vgl. hierzu Krysmanski 1971, 29ff). Der Intensitätsgrad der Problemlösungsaktivität erfolgt nach den Kriterien der direkten Beseitigung der gesellschaftlichen K.-Ursachen («Arbeit» oder «Aggression»/«Askese»), je nachdem, ob sich die Energien nach außen oder gegen die Gruppe selbst, d. h. nach innen wenden. Ein Gesellschaftssystem, in dem die Problemlösungsaktivität am Maßstab der Adäquanz, der historischen Richtigkeit, erfolgt, gilt als herrschaftsfrei im Gegensatz zu jener, in der äquivalente, unbestimmte Problemlösungen die soziale Interaktion bestimmen.

Je stärker die Problemlösungskapazität von Systemen (als Bestands-, Knappheits- bzw. Dissensproblem) an Interesse gewinnt, desto mehr muß die Dimension konfliktueller Interaktion zwischen Personen bzw. Gruppen preisgegeben werden. Nach Effizienzkriterien bzw. unter technologisch-pragmatischen Gesichtspunkten müssen äquivalente Problemlösungen am geeignetsten erscheinen.

In der Friedensforschung (→ Frieden) geht es insbesondere um die Analyse der Ursachen internationaler K.e, um die Analyse von K.-Lagen, deren Dynamik, den «gleitenden Übergang von Konfliktkonstellationen verschiedener Intensität» (Senghaas), um die Interdependenz von K. und Kooperation.

Bühl, W. L. (Hrsg.): Konflikt und Konfliktstrategie. München 1972.
–: Theorien des sozialen Konflikts. München 1976.
Coser, L. A.: Theorie sozialer Konflikte. Neuwied/Berlin 1972.

Dahrendorf, R.: Gesellschaft und Freiheit. Zur soziologischen Analyse der Gegenwart. München 1961.
Krysmanski, H. J.: Soziologie des Konflikts. Materialien und Modelle. Reinbek bei Hamburg 1971.
Senghaas, D. (Hrsg.): Friedensforschung und Gesellschaftskritik. Frankfurt/M. 1973.
Simmel, G.: Soziologie. Leipzig 1908.

Kurt Lenk

Konkurrenz

K. bedeutet allgemein ein rivalisierendes Streben bzw. einen Kampf von → Individuen bzw. Systemen um ein gemeinsames knappes Zielobjekt. In der Ökonomie wird unter K. ein Verhältnis, Prozeß oder Prinzip verstanden, bei dem rivalisierende Wirtschaftssubjekte ihre Ziele (Gewinn bzw. Nutzen) realisieren wollen, der Zielerreichungsgrad (Erfolg) jedoch vom Erfolg des (der) anderen beeinflußt wird. K. wird durch positive oder negative Sanktionen gestützt. Ein dem gesellschaftlichen Prinzip der K. entgegengesetztes Mittel der Abstimmung von Produktion und Bedarf ist das der Kooperation. Ökonomische K. steht historisch in einem besonderen Zusammenhang zum marktwirtschaftlich-kapitalistischen System (→ Kapitalismus), ist jedoch nicht logisch an Privateigentum bzw. eine bestimmte Wirtschaftsordnung gebunden (z. B. Konkurrenzsozialismus; O. Lange). Unterschiedliche Auffassungen bestehen, inwieweit K. ein ‹natürliches› Ausleseprinzip darstelle, eine naturgegebene, also anthropologische Kategorie sei (→ Anthropologie/→ Entfremdung)

In der vor- und noch der frühkapitalistischen Wirtschaft war ökonomisches Verhalten stärkeren Bindungen und überindividuellen → Normen unterworfen (Zünfte, Kaufmannsgilden etc.), um ruinöse Auswirkungen freier K. zu verhindern; erst der Hochkapitalismus verhalf dem K.-Prinzip zur Durchsetzung. Die bürgerliche, klassisch-liberale Nationalökonomie verstand die konkurrenzwirtschaftliche Ordnung als naturrechtlich sanktioniertes Ideal. Die «unsichtbare Hand» (A. Smith) des K.- und Marktmechanismus lenkt das am Eigeninteresse orientierte Handeln in gesellschaftlich erwünschte Bahnen; private Laster führen zu öffentlichen Tugenden.

Für die im Anschluß an die Klassiker entwickelte neoklassische Preistheorie stellt das Modell der vollkommenen K. ein zentrales Leitbild dar. Vollkommene K.-Märkte erfordern: (1) sehr viele Anbieter und sehr viele Nachfrager, die unter- und zwischeneinander in K. stehen, so daß kein einzelner allein den Preis beeinflussen kann, sondern sich als Preisnehmer (Mengenanpasser) verhält; (2) offenen Marktzugang; (3) vollständige Information; (4) Homogenität (Gleichartigkeit) und vollständige Teilbarkeit der Güter. Zudem müssen die Anpassungs- und Umlenkungsprozesse in kürzester Zeit ablaufen, und es wird ein rational-eigennütziges Handeln (Gewinn- bzw. Nutzenmaximierungsziel) unterstellt *(homo oeconomicus)*.

Im Modell bildet sich der Marktpreis durch Zusammentreffen von Angebot und Nachfrage als Gleichgewichtspreis. Abweichungen davon (Angebotsüberschuß oder unbefriedigte Nachfrage) führen zu Reaktionen (Preisunter- oder -überbietungen) von unter K.-Druck stehenden Anbietern und/oder Nachfragern, wodurch Überschuß- oder Knappheitssituationen aufgehoben werden (Preis-K. als Leistungs-K.). Das Funktionieren des Preismechanismus als monetärer Indikator von Güterknappheiten bzw. Bedürfnisintensitäten und als Lenkungsmechanismus der Produktionsfaktoren setzt o. g. Bedingungen vollkommener K. voraus. Je vollständiger die K., desto stärker würde nach liberaler Sicht der Preis als Indikator gesellschaftlicher Nützlichkeit von der Nachfrage bestimmt.

Aus einem liberalistisch-individualistischen Wertsystem heraus werden meist folgende Funktionen einer freien K. abgeleitet: (1) Steuerung der Einkommensverteilung nach der Marktleistung (Verteilungsfunktion); (2) optimale Zuordnung von Faktoren und Produkten an die Stelle optimaler Verwendung, d. h. dort, wo sie nach den Bedürfnissen der souveränen Konsumenten am dringlichsten gebraucht werden (Allokationsfunktion); (3) Förderung des wirtschaftlichen Fortschritts durch Zwang zu besseren Produktionsmethoden, Kostensenkungen und Flexibilität, die in einem Niedrigpreissystem (Preise = Grenzkosten) und hohem Grad von Produktdifferenzierung ihren Ausdruck finden (Fortschrittsfunktion durch finanzielle Sanktionsmechanismen); (4) Realisierung individueller ökonomischer bzw. politisch-sozialer Freiheit.

In der Realität sind die Bedingungen vollkommener K. kaum gegeben. Preiskonkurrenz auf kapitalistischen Märkten wurde von monopolistischer K. abgelöst. Von ihr spricht man, wenn einzelne Unternehmen Marktpreise beeinflussen können (z. B. Preiserhöhungen trotz konjunkturellen Abschwungs) und so die Lenkungsfunktion der Preise beeinträchtigen (die dann keine Knappheitspreise mehr sind) oder wenn Knappheitssituationen künstlich herbeigeführt werden. Solche Beeinträchtigungen der K. gehen vor allem von den marktmächtigen Konzernen aus. Deshalb spielen Fusionen, Kartelle bzw. Absprachen für Wettbewerbsbeschränkungen eine wichtige Rolle.

Selbst wenn jedoch vollkommene Märkte mit Preiskonkurrenz existieren, werden o. g. Funktionen der K. nur unvollkommen erfüllt: So sind die durch K. vermittelten Marktpreise nicht ohne weiteres Indikatoren von Bedürfnisintensitäten bzw. ‹gesellschaftlicher Nützlichkeit› von Gütern. Sie geben nur die monetär vermittelte Nachfrage bzw. relative Kaufkraft wieder, sind somit Reflex bestehender Einkommensungleichgewichte. Eine vollkommene K.-Ordnung vernachlässigt außerdem die nichtmonetäre Nachfrage nach Kollektivgütern sowie soziale Kosten (Umweltbelastungen etc.). Der Glaube an eine leistungsgerechte Verteilung der Einkommen durch K. wurde insbesondere durch den Marxschen Nachweis erschüttert, daß alle Wertschöpfung letztlich auf menschliche → Arbeit zurückgeht und auf dem Arbeitsmarkt keine Äquivalente getauscht, sondern soziale Gewaltverhältnisse zwischen Produktionsmitteleigentümern und Lohnarbeitern in Form des privaten Arbeitsvertrages institutionalisiert werden, also arbeits- bzw. leistungsloses Einkommen entsteht (Mehrwertproduktion) (→ Ausbeutung).

Bei Marx wird das K.-Prinzip zur Erklärung von Prozessen des «Ausgleichs der Profitrate» und der kapitalistischen Akkumulation herangezogen. Danach stehen die privaten Warenbesitzer untereinander in einem permanenten Kampf um den günstigsten → Tausch der Waren. Das blind wirkende K.-Prinzip setzt sich gegenüber dem einzelnen als «Wolfsgesetz» zwanghaft durch; denn diejenigen Unternehmen, die bei der Realisierung des produzierten Mehrwertes gegenüber anderen zurückfallen, erreichen das Ziel der Kapitalverwertung nicht, machen u. U. Verluste und scheiden aus dem Markt aus. Der einzelne Unternehmer ist zwar juristisch frei in der Verwendung des angeeigneten Mehrwertes; er muß diesen jedoch faktisch unter dem Druck der K. fortgesetzt dem Produktionsprozeß zuführen, ihn in Kapital zurückverwandeln (Akkumulation) (vgl. MEW 23, 286).

Für Marx besteht «die Notwendigkeit, die Produktion zu verbessern und ihre Stufenleiter auszudehnen, bloß als Erhaltungsmittel bei Strafe des Untergangs. Der Markt muß daher beständig ausgedehnt werden, so daß seine Zusammenhänge und die sie regelnden Bedingungen immer mehr die Gestalt eines von den Produzenten unabhängigen Naturgesetzes annehmen, immer unkontrollierbarer werden» (MEW 25, 255). Der einzelne Kapitalist wird also ebenso Objekt des K.-Prozesses, dessen Intensität er als Subjekt antreibt. Der Kapitalverwertungszweck wird unter K.-Druck zu einem gegenüber den Subjekten verselbständigten Maßstab und Ziel aller wirtschaftlichen Vorgänge. Um seinen Gewinn zu erhöhen, muß der einzelne Unternehmer versuchen, seine Konkurrenten durch verbesserte Produktionsmethoden, neue Waren bzw. Handelsmöglichkeiten zu übertreffen. Der spezifische K.-Prozeß bestimmt so bei Marx durch Akkumulation und Realisierung des technischen (Produktivitäts-) Fortschritts das Wachstum der Unternehmen und der Gesamtwirtschaft. Der aus der K. resultierende dynamische Akkumulationsprozeß trägt jedoch u. a. durch die Konzentration und Zentralisation des Kapitals, also durch Beseitigung der K., den Keim zur Selbstaufhebung. Auch wenn es den Unternehmern gelingt, durch arbeitssparende Technologien (mit der Folge von Freisetzungen) einen K.-Druck auf die Löhne auszuüben und deren Ansteigen zu vermeiden, ist die Akkumulationskrise nicht aufzuhalten; denn die organische Zusammensetzung des Kapitals steigt, und die Profitrate sinkt (→ Krisentheorien).

Nachdem in den 30er Jahren von E. H. Chamberlin, J. Robinson u. a. aufgezeigt wurde, daß sich die reine K.-Ordnung in Richtung auf eine ‹monopolistische K.› verändert hatte, entwickelte sich eine ‹dynamische Wettbewerbstheorie›, die die bisher idealisierte K.-Wirtschaft als ‹Schlafmützen-K.› charakterisierte, den normativen bzw. apologetischen Gehalt der konkurrenzwirtschaftlichen Theorie in eine neue Konzeption des «funktionsfähigen Wettbewerbs» (workable competition; J. M. Clark) einbrachte und nachfolgend zur Suche nach dem «optimalen Konzentrationsgrad» führte. Danach können auch oligopolistische Wettbewerbsbeschränkungen befriedigende Ergebnisse im Sinne gesellschaftlichen Fortschritts erzielen. Grundlegend waren Überlegungen Schumpeters, der die monopolistische Ausschaltung der K. als Basis des kapitalistischen Reproduktionsprozesses ansah. Bei ihm sorgt der «dynamische Unternehmer» durch ständige Weiterentwicklung und Verwertung neuer Güter (innovations) dafür, daß der Markt neue Impulse erhält, wofür er zumindest zeitweise Über-(Monopol-)Gewinne erzielt, die erst durch Nachahmung der Innovationen (imitations) aufgehoben werden. In der BRD entstand aus Erfahrungen monopolistischer Destruktion der freien K. seit den 40er Jahren eine neue ordnungstheoretische Schule, der Ordo-(Neo-)Liberalismus (W. Röpke; W. Eucken u. a.), sowie seine Spielart der Konzeption «Sozialer Marktwirtschaft» (A. Müller-Armack). Es wird konstatiert, daß sich eine freie K.-Ordnung nicht naturwüchsig bilde und erhalte, sondern nur tendenziell vorhanden sei. K. muß deshalb als ‹staatliche Veranstaltung› organisiert und durch Rechtsordnung gegen immanente Verfallstenzenden gesichert werden (z. B. Kartellgesetz, Gesetz gegen unlauteren Wettbewerb). Es mangelt an empirisch gehaltvollen Theorien.

Eucken, W.: Grundsätze der Wirtschaftspolitik. Tübingen/Bern 1952.
Herdzina, K. (Hrsg.): Wettbewerbstheorie. Köln 1975.
Kantzenbach, E.: Die Funktionsfähigkeit des Wettbewerbs. Göttingen 1966.
Lange, O.: On the Economic Theory of Socialism. Minneapolis 1948².
Marx, K.: Das Kapital. Bd. 1–3. MEW Bd. 23–25. Berlin (DDR) 1968.
Schumpeter, A.: Kapitalismus, Sozialismus und Demokratie. München 1975 (New York 1942).

Helmut Schmidt

Krieg

Der K. ist als ein organisierter, mit Waffen ausgetragener Kampf zwischen Staaten, Bündnissen oder Bevölkerungsgruppen innerhalb eines Staates definiert worden, wobei es um die Durchsetzung politischer, militärischer, wirtschaftlicher usw. → Interessen geht. Die Ursache des K. hat man lange im Wesen und in der Natur des Menschen sehen wollen. Diese Auffassung kann heute als widerlegt gelten. Je nach den Verhältnissen, in denen der Mensch lebt, entwickelt er entweder seine friedfertige, solidarische, mitmenschliche Seite oder seine aggressiven und destruktiven Triebkräfte. Die Angriffslust bei dem einzelnen oder einer → Gruppe folgt vor allem aus Angst, Frustration usw. Der Fremde erscheint dann als bedrohlich und wird so zum Feind. Erst mit der Gründung von Städten wie mit der Unterwerfung eines Stammes durch einen anderen entstehen Staaten oder Reiche, also Zwangs- und Gewaltinstitutionen, die für Unterordnung im Inneren ‹sorgen› und ihre → Macht nach außen behaupten oder mehren wollen. Die Behauptung von Macht und das Verlangen nach mehr Macht bilden die Grundlage für den Staat oder staatsähnliche Gebilde, die ihrerseits die Träger von K.-Handlungen sind.

Schematisch gesehen, diente der K. in einem primitiven Zeitalter des Mangels und der Stagnation zunächst dazu, die eine Gruppe auf Kosten der anderen abzusichern und zu bereichern. Im nächsten Stadium war der dynastische K. vor allen die *ultima ratio regum*, um auf Kosten der Untertanen Macht und Ruhm, Land und → Geld zu erwerben. Im dritten Stadium kämpften Nationen, Klassen oder → Rassen für den Sieg ihrer → Ideologien. Der Bogen spannt sich hier von den sogenannten nationalen Befreiungskriegen des 19. Jahrhunderts bis zu den kolonialen Freiheitskriegen unserer Tage. Stets war die Menschheit der Verlierer des K. – im jeweiligen K. mag es freilich Sieger gegeben haben, die auf Kosten des Feindes (aber auch der eigenen ‹Gefolgschaft›) etwas zu gewinnen hatten.

Der K. ist die endemische Krankheit des Vielstaatensystems. So ist global gesehen der Staat nur eine unter mehreren Machteinheiten in einem System widerstreitender Mächte. Seit ihrer Geburt kämpfen die modernen Territorial- und Nationalstaaten bald versteckt, bald offen um Macht und Prestige, Sicherheit und Besitz. Machtpolitik, Gleichgewicht der Kräfte, → Nationalismus und → Imperialismus sind verschiedene Aspekte der territorialen Machtfragmentierung. Seit der Konsolidierung des modernen Staates gegen Ende des Mittelalters sind immer neue Staaten entstanden; zugleich wurde diese Entwicklung überschattet durch die Konzentration der Macht in den Händen von immer weniger Staaten oder Großmächten. Heute sprechen wir sogar von ‹Übermächten›.

In den 5000 Jahren der Geschichte der → Klassengesellschaften und

Militärstaaten soll es über 14000 K.e gegeben haben, in der Zeit von 1945 bis 1982 148. Schien es im 18. und 19. Jahrhundert, als ob die Welt friedlicher würde, so steht sie seit dem Ausbruch der Megakrise 1914 im Zeichen zunehmender Militarisierung und Gewaltanwendung. Die Produktivkräfte werden immer mehr zu Destruktivkräften. Die Zahl der K.e und der K.-Opfer, der Umfang der K.-Vorbereitung und Rüstung wachsen. Der Wohlfahrts- wird vom K.-Staat überschattet, der Sozial- vom Rüstungskapitalismus. Da man den Angriffskrieg geächtet hat und sich verbal zum → Frieden bekennt, heißt der K. jetzt ‹Ernstfall› oder ‹Verteidigung›. Die K.-Vorbereitung dient angeblich nur der ‹Abschreckung› (das ist eigentlich nur das deutsche Wort für Terror und Terrorismus!), der Rüstungswettlauf der Abrüstung. Da man selber so friedfertig ist, ist nur der böse Feind kriegslüstern. Im selben Atemzug gibt man zu, daß der Ernstfall den Selbstmord beider Seiten bedeute, um doch zugleich zum Kampf bis zum Endsieg aufzurufen. So dient die Sprache immer mehr der Täuschung und Verschleierung. Der Krise der Gesellschaft und des → Individuums entspricht eine wachsende psychische Zerrüttung und Schizophrenie.

Opfer der ‹Verteidigung› werden immer mehr die angeblich zu verteidigenden Zivilisten. Waren im Ersten Weltkrieg 5% der Getöteten Zivilisten, so im Zweiten Weltkrieg 48%, im Koreakrieg 84% und im Vietnamkrieg gar 92%. Angesichts der modernen Massenvernichtungstechnik sind schon lange alle Versuche einer Humanisierung des K. durch das Völkerrecht (man denke etwa an die Haager Konventionen) längst aufgegeben worden. Die Vorstellung von einem effektiven Zivilschutz wird immer absurder und dient nur noch der Täuschung der Massen. Der Dernauer Bunker bietet selbst den ‹oberen Sechstausend›, deren Überleben im Staatsinteresse liegen soll, keinerlei Sicherheit. Sollten sie den Bunker heil verlassen, fänden sie doch keinen Staat und kein Volk zu regieren mehr vor.

Die militärische Vorbereitung des K., die ihn angeblich verhindern soll, verschlingt unvorstellbare Ressourcen, deren Fehlleitung die allgemeine wirtschaftliche und ökologische Krise verschärft. Die Rüstungsausgaben sind von 10 Mrd. Dollar im Jahre 1900 und 70 Mrd. Dollar im Jahr 1950 auf 1000 Mrd. Dollar 1984 angestiegen. Die Entwicklungshilfe der westlichen und östlichen Industrieländer beträgt dagegen nur 5% der Rüstungsausgaben. 800 Millionen Menschen leben in absoluter Armut, 500 Millionen hungern. Bis 1985 wird diese Zahl voraussichtlich auf 750 Millionen steigen.

Die USA und die Sowjetunion sind die beiden Nationen mit den höchsten Rüstungsausgaben. 80% aller Ausgaben entfallen allein auf Nato und Warschauer Pakt. Die realen Rüstungsausgaben pro Jahr in der Dritten Welt haben sich von 1963 bis 1979 mehr als verdoppelt. Die Industrieländer haben 1974 bis 1978 insgesamt Waffen in Höhe von 80 Mrd. Dollar exportiert. Derzeit sind allein 50 Millionen Menschen direkt oder indirekt für den militärischen Bedarf eingesetzt, davon etwa die Hälfte in den regulären Armeen, weitere rund zehn Millionen in sogenannten paramilitärischen Einheiten. Etwa 500 000 Wissenschaftler und Ingenieure arbeiten weltweit für militärische Zwecke.

Über die unvorstellbare Zerstörungskraft der A- und H-Bomben ist so viel geschrieben worden, daß wir uns auf einige wenige Angaben beschränken können. Es soll etwa 50 000 atomare Waffenköpfe geben. Eine einzige sowjetische SS 20-Mittelstreckenrakete hat eine Zerstörungskraft von 45 Hiroshima-Bomben. Schon heute können die Sowjetunion jede amerikanische Großstadt von über 100 000 Einwohnern 28mal, die USA jede sowjetische Großstadt 34mal zerstören. Von einem einzigen U-Boot könnte in einer einzigen Nacht über Europa 30mal mehr Vernichtungskraft abgeladen werden als die 1,6 Millionen Tonnen Sprengstoff, die während des Zweiten Weltkriegs als Bomben über Deutschland insgesamt abgeworfen wurden. Das wäre 2400mal die Wirkung der Bombe von Hiroshima.

Wird die Sinnlosigkeit des K. heute abstrakt häufig zugegeben, so werden die Landesverteidigung ebenso wie die Rüstungen und Armeen als Institutionen immer noch bejaht. Sie dienen nun vor allem der Fixierung und Absicherung des Status quo. Zwischen dem äußeren Antagonismus der Machtsysteme und der Klassen- und Herrschaftsstruktur im Innern besteht ein enger Zusammenhang. An der Aufrechterhaltung und ‹Verbesserung› der Armeen, Flotten usw. sind natürlich vor allem die Militärs interessiert, aber auch die traditionellen Diplomaten und Politiker, Staats- und Kirchenideologen ebenso wie erhebliche Teile der ‹Wirtschaft› und Wissenschaft. Eisenhower sprach mit Recht vom «military and industrial complex». Neben den Magnaten und Managern treten aber auch oft Arbeiter und Angestellte im Rüstungssektor für die Erhaltung und den Ausbau dieses ein.

Der Übergang von einer K.- zu einer Friedenswirtschaft, -gesellschaft und -kultur käme einer radikalen und totalen ‹Revolution› gleich, einer «Mutation der Menschheit» (Bertaux), die so umfassend und weitreichend wäre wie die Abschaffung des Kannibalismus (Baade). Kein Wunder, daß wir davor zurückschrecken und uns fürchten, den Preis dafür zu zahlen. Diese qualitativ neuartige Situation existiert seit der Erfindung der Atombombe im Jahr 1945. Die K.-Gefahr hat sich aber in allerletzter Zeit noch vergrößert, in dem Maße, wie das Wirtschaftswunder zu Ende geht und die Versuchung wächst, die immer stärker alles überschattende Totalkrise durch kriegerische Abenteuer zu ‹lösen›. Zugleich stärkt die jüngste militärische Entwicklung den Glauben oder die Illusion, man könne einen begrenzten Atomkrieg führen und gewinnen. Das gilt nicht zuletzt für so manchen amerikanischen Politiker und Militär, der meint, die Vereinigten Staaten blieben dann verschont. Da ein solcher K. eine radikale Verschlechterung der Position der Sowjetunion zur Folge hätte, dürfte diese sich jedoch kaum hierauf einlassen, vielmehr sehr bald mit strategischen Gegenschlägen gegen die Vereinigten Staaten antworten.

Wenn Europäer nicht mehr gegen Europäer, Deutsche nicht mehr gegen Deutsche kämpfen, so erweisen sie damit nicht nur sich selber, sondern auch der übrigen Welt einen echten Dienst. Dringlicher denn je wird daher die Formulierung einer «Sozialistischen Friedenspolitik für Europa» (dies der Titel eines noch oder wieder besonders aktuellen Buches von Walter Möller und Fritz Vilmar) unter Anknüpfung an Disengagement-, Entmilitarisierungs- und Neutralitätskonzepte der 50er und 60er Jahre ebenso wie die Ersetzung des K. durch zivile gewaltfreie Verteidigung.

Herz, J. H.: Staatenwelt und Weltpolitik. Hamburg 1974.
Kordelj, E.: Vermeidbarkeit oder Unvermeidbarkeit des Krieges. Hamburg 1961.
Lindemann, H. (Hrsg.): Ist der Krieg noch zu retten? Frankfurt/M. 1965.
Lutz, D. S.: Weltkrieg wider Willen? Reinbek bei Hamburg 1981.
Möller, W. & F. Vilmar: Sozialistische Friedenspolitik für Europa. Reinbek bei Hamburg 1972.
Pestalozzi, H. A. u. a. (Hrsg.): Frieden in Deutschland. München 1982.
Röling, B. V. A.: Einführung in die Wissenschaft von Krieg und Frieden. Neukirchen-Vluyn 1970.
Sauer, W. (Hrsg.): Militarismus (1971).
Sombart, W.: Krieg und Kapitalismus. München/Leipzig 1913.
Steinmetz, S. R.: Soziologie des Krieges. Leipzig 1929.
Vilmar, F.: Rüstung und Abrüstung im Spätkapitalismus. Frankfurt/M. 1970[5].
Wright, Qu.: A Study of War. Chicago 1965.

Ossip K. Flechtheim

Kriminalität

Unter K. wird die Summe aller Straftaten verstanden. Diese allein an den Strafgesetzen ausgerichtete formale Bestimmung ist wegen der Veränderbarkeit der Strafnormen immer wieder als beliebig kritisiert worden (→ Normen). Alle bisherigen Versuche, einen anderen, allgemein akzeptierten Verbrechensbegriff zu formulieren, sind jedoch als gescheitert anzusehen. Die jährlich sich verändernden Einzelheiten über Ausmaß und Formen der amtlich bekannt gewordenen K. werden in verschiedenen amtlichen Statistiken gesammelt. Aus der Polizeilichen Kriminalstatistik wird erkennbar, daß die K. kontinuierlich zunimmt und im Jahre 1981 erstmals die Grenze von vier Millionen Straftaten (ohne Verkehrs- und Staatsschutzdelikte) überstieg. Der Schwerpunkt der K. lag dabei bei den Diebstahlsdelikten (64%), gefolgt von der Sachbeschädigung (8,5%) und dem Betrug (7,1%). Von den Taten wurden ca. 45% aufgeklärt (allerdings mit ganz unterschiedlichen Aufklärungsquoten bei den einzelnen Delikten; z. B. bei Mord und Totschlag: 95,4%; Diebstahl unter erschwerenden Umständen: 18,2%; zu weiteren Statistiken s. Göppinger 1980; Kaiser 1980). Die amtlichen Statistiken weisen die tatsächliche K. nur unzureichend aus. Neben der amtlich registrierten K. existiert eine weitere, aber unbekannte K. (sogenannte Dunkelziffer). Die mit ihrer Ermittlung befaßte Dunkelfeldforschung hat sich vorrangig mit der K. von Kindern und Jugendlichen beschäftigt und herausgefunden, daß nahezu alle Befragten als Jugendliche mindestens einmal eine Straftat begangen haben (zu weiteren Ergebnissen und Problemen vgl. ebd.).

Ein zentraler Punkt in der Auseinandersetzung mit der K. ist die Frage nach ihren Ursachen. Besonders dringend stellt sie sich im Zusammenhang mit der K.-Bekämpfung. Diese ist – sei es im Wege einer frühzeitig einsetzenden vorbeugenden Verbrechensbekämpfung (präventive Kriminalpolitik) oder im Wege einer nach einer Straftat einsetzenden Einflußnahme auf den Straftäter (Resozialisierung im Rahmen des sogenannten Behandlungsstrafvollzuges) – nur dann gezielt durchführbar, wenn die Faktoren bekannt sind, die K. beeinflussen. Die Übersicht über die Fülle der vertretenen Ansätze wird durch die – nicht abschließende – Einteilung in biologische, psychologische und soziologische Ansätze erleichtert. Die biologischen Ansätze sind heute nur noch von historischem Interesse (zu diesen Ansätzen s. Mannheim 1974, 247ff). Weit verbreitet sind dagegen psychologische Erklärungsmodelle. Im Vordergrund steht dabei die Theorie der differentiellen Kontakte von Sutherland. Er geht davon aus, daß kriminelles Verhalten erlernt wird. Ob ein Mensch kriminelle Verhaltensmuster für sich erwirbt, hängt von der Art der unterschiedlichen (= differentiellen) Kontakte zu anderen Menschen ab. Wenn nämlich in den Kontakten eines Menschen die Kontakte zu solchen Menschen überwiegen, die kriminelles Verhalten positiv bewerten, dann wird auch dieses Individuum kriminelles Verhalten begehen (s. Opp 1974, 156ff). Neben diesem lerntheoretisch orientierten Ansatz (→ Lerntheorien) werden zahlreiche psychoanalytisch oder auch an bestimmten Persönlichkeitsmerkmalen ausgerichtete Erklärungsmodelle vertreten (Göppinger 1980, 69ff). Im Rahmen der soziologischen Ansätze ist die Anomietheorie von Merton am intensivsten erörtert worden (→ Anomie). Vereinfacht besagt sie folgendes: In einer Gesellschaft werden regelmäßig von der Mehrheit der Bevölkerung bestimmte Ziele angestrebt – z. B. materieller Wohlstand. Zur Erreichung dieser Ziele existieren in dieser Gesellschaft bestimmte Mittel – z. B. → Arbeit zur Verwirklichung von Wohlstand. Wenn nun eine Person diese Ziele auch für sich akzeptiert, aber nicht über die dafür vorgeschriebenen Mittel verfügt, etwa wegen → Arbeitslosigkeit; wenn diese Person an Stelle der vorgeschriebenen Mittel ungesetzliche Mittel zur Verwirklichung ihrer Ziele akzeptiert – z. B. Stehlen von Autos – und wenn diese Person auch über diese ungesetzlichen Mittel verfügt – z. B. Fähigkeit zum Öffnen und Ingangsetzen von Autos –, dann wird diese Person auch das entsprechende kriminelle Verhalten zeigen, d. h. Autos stehlen (zu weiteren soziologischen Ansätzen s. Göppinger).

Alle bisher entwickelten K.-Theorien sind mannigfaltiger Kritik ausgesetzt. Kritisiert wird vor allem, daß die einzelnen Ansätze einerseits nicht alle Formen von K. erklären können, sie andererseits selbst zur Erklärung einzelner Deliktsformen nicht ausreichen. Viele Ansätze sind außerdem keinem empirischen Test unterzogen worden. Andere Ansätze haben sich in solchen Prüfungen gar nicht oder nur zum Teil bewährt, so daß auch die empirische Gültigkeit dieser Ansätze oft zweifelhaft ist (s. Springer 1973). Eine noch viel weiter reichende Kritik wird vom → *labeling approach* vorgebracht. In seiner krassesten Formulierung (Sack 1968, 471) bestreitet dieser Ansatz die Berechtigung, überhaupt nach den Ursachen für kriminelles Verhalten zu forschen.

Diese radikale Kritik erscheint unberechtigt. Im Gegensatz zu Sacks Auffassung besteht das Ziel eines Prozesses nicht darin, einem Täter das Merkmal, eine Straftat begangen zu haben, zuzuschreiben, sondern darin, einen bestimmten Sachverhalt (die Handlung des Täters) herauszufinden. Für eine daran anknüpfende Bestrafung bleibt es dann auch sinnvoll, nach den Ursachen dieses Verhaltens zu fragen. Der ‹labeling approach› hat aber mit Recht auf bislang vernachlässigte Problembereiche aufmerksam gemacht: auf den Bereich der Entstehung von Strafnormen, auf die Praxis der Strafverfolgung sowie auf die kriminalitätsfördernde Wirkung einer Strafverfolgung. In vergleichbarer Weise trägt auch die Viktimologie zu einer Bereicherung der K.-Forschung bei. Bei diesem noch jungen Forschungsbereich geht es u. a. darum, die Beziehungen zwischen Täter und Opfer (lat. *victima* = Opfer) in die Ursachenforschung einzubeziehen. Die Erkenntnisse in diesem Bereich sind allerdings noch relativ gering (Kaiser 1980, 193) und bleiben damit künftiger → Forschung vorbehalten. Abschließend kann man festhalten: Die Frage nach den Ursachen der K. kann auch heute noch nicht annähernd als gelöst angesehen werden.

In die Auseinandersetzung mit der K. müssen auch ihre Folgen einbezogen werden. Wenn insoweit geltend gemacht wird, daß K. – allerdings in Verbindung mit den dafür verhängten Strafen – dazu beitrage, die in einer Gesellschaft bestehenden Werte (→ Wertbeziehung) aufrechtzuerhalten (s. Göppinger 1980, 51ff), dann darf dies nicht die Konsequenz haben, K. als erhaltenswerte Erscheinung zu betrachten. Dem steht das im Grundgesetz verankerte Menschenbild – mit der Menschenwürde als oberstem Leitwert – entgegen, das es verbietet, den Menschen als Mittel zur Verwirklichung dieser Folgen einzusetzen. Eine weitere Folge von K. besteht in ihrer Bestrafung. Nach der einschneidenden Veränderung in den verhängten Strafarten – 1880: über 70% sofort vollstreckbare Freiheitsstrafen; heute: ca. 6% und weitere ca. 10%, bei denen die Freiheitsstrafe zur Bewährung ausgesetzt wird – ist die Freiheitsstrafe weiterhin der Kritik ausgesetzt. In ihrer stärksten Form macht diese geltend, daß in der von der Außenwelt abgeschlossenen Gefängniswelt trotz des heute geltenden resozialisierenden Behandlungsvollzuges (§2 Strafvollzugsgesetz) eine Vorbereitung des Täters auf ein künftig straffreies Leben nicht möglich ist. Eine Entscheidung dieser Frage bleibt angesichts gegenwärtig widersprüchlicher Ergebnisse weiterer Forschung vorbehalten.

Die Zukunft sollte einer vertieften Erforschung der Ursachen von K. und von Maßnahmen zu ihrer Beseitigung gehören. Diese Forschung könnte allerdings zu dem Ergebnis kommen, daß der Straftäter in seinem kriminellen Verhalten viel stärker von den ursächlichen Faktoren abhängig ist, als dies bisher angenommen wird. In diesem Fall ließe sich die Bestrafung von Straftätern nicht mehr rechtfertigen mit der Folge, daß die gegenwärtige Reaktion auf K. ganz anderen Maßnahmen weichen müßte.

Göppinger, H.: Kriminologie. München 1980[4]
Kaiser, G.: Kriminologie. Heidelberg/Karlsruhe 1980.
Mannheim, H.: Vergleichende Kriminologie. Stuttgart 1974.
Opp, K.-D.: Abweichendes Verhalten und Gesellschaftsstruktur. Darmstadt/Neuwied 1974.
Sack, F.: Neue Perspektiven in der Kriminologie. Frankfurt/M. 1968.
Springer, W.: Kriminalitätstheorien und ihr Realitätsgehalt. Stuttgart 1973.

Ulrich Dopslaff

Krisentheorien

K. sind die allgemeine Bezeichnung für Theorien über die ökonomische Entwicklung und die Legitimationsproblematik kapitalistischer Gesellschaften. Die *klassische politische Ökonomie* begreift Marktwirtschaften als Gleichgewichtssysteme, in denen jedes Angebot eine ihm entsprechende Nachfrage findet; sie sieht, wenn auch mit unterschiedlichen Begründungen, eine Begrenzung der kapitalistischen Akkumulation, die ihren Ausdruck im Fallen der Profite findet. Die von ihr entwickelte Werttheorie geht von der → Arbeit aus und faßt das Kapital als Sache, nicht als gesellschaftliches Verhältnis. In der *Kritik der politischen Ökonomie* (→ politische Ökonomie) arbeitet Marx den Unterschied zwischen Gebrauchswert und Tauschwert der Arbeitskraft als Grundlage der kapitalistischen Gesellschaft heraus, der die Trennung der Arbeiter von den Produktionsmitteln zur Voraussetzung hat: Arbeitskraft erzeugt Wert und Mehrwert, aus dem sich die verschiedenen Kategorien wie Preis, Profit, Zins und Grundrente ergeben. In dieser Perspektive geht die Möglichkeit der Krise schon aus der Trennung von Ware und → Geld, von Produktion und Zirkulation in der einfachen Warenproduktion hervor, wenn zwischen die Herstellung der Waren und die Zirkulation Kauf und Verkauf treten. In kapitalistisch organisierten Gesellschaften drückt sich der → Widerspruch zwischen gesellschaftlicher Produktion und privater Aneignung in der Überproduktion von Waren bei gleichzeitiger → Arbeitslosigkeit und sinkendem Lebensstandard der Beschäftigten aus (→ Kapitalismus). Die neuere Forschung weist auch für den «realen» → Sozialismus endogen bedingte konjunkturelle Schwankungen und einen Widerspruch zwischen Produktion und Planung nach.

Die Wachstumsmodelle der gegenwärtigen Nationalökonomie bestehen aus folgenden Elementen: Investitionsquote (I/Y), Kapitalkoeffizient (K/Y) und der natürlichen Wachstumsrate der Akkumulation, die der Bevölkerungsvermehrung und dem technischen Fortschritt entspricht (Preiser 1961). Wachstumsrate des Kapitals und des Sozialprodukts sind im Investitionsoptimum gleich. Erscheinungsformen von Krisen sind konjunkturelle Schwankungen, (Dauer-)Arbeitslosigkeit, Strukturkrisen in einzelnen Branchen, Veränderungen in der weltwirtschaftlichen Arbeitsteilung und den politischen ‹Steuerungssystemen› von Gesellschaften.

Der in der Kritik der politischen Ökonomie ausgebildete Krisenbegriff ist mit dem kapitalistischen Produktions- und Reproduktionsprozeß verbunden (Marx 1965–1968). Die als äußeres Zwangsgesetz wirkende Notwendigkeit der Rückverwandlung von Mehrwert in Kapital bildet die Grundlage einer progressiven Akkumulation. Mit der Entwicklung der

Produktivkräfte verändert sich das Verhältnis von gegenständlicher und lebendiger Arbeit im Produktionsprozeß – der Verwertungsmechanismus zwingt das Kapital dazu, sich von der menschlichen Arbeit abzulösen und mit technischen Veränderungen des Produktionsprozesses lebendige Arbeit freizusetzen: Das Kapital kann sich die Produktivkraft der Arbeit nur durch deren Entwicklung zunutze machen, durch Verschärfung der Arbeitsteilung und Unterwerfung unter die Maschinerie. Die Entwicklung der Produktivkräfte stößt allerdings an die Grenze, die durch die sich verändernde organische Zusammensetzung des Kapitals selbst gezogen ist. Bei wachsender organischer Zusammensetzung sinkt die auf das Gesamtkapital bezogene Profitrate bis zu einem Punkt, an der neu produzierter Mehrwert nicht mehr profitabel ‹kapitalisiert› werden kann: Die latente Krise geht in eine offene Krise über, deren eine Erscheinungsform eine industrielle Reservearmee ist.

Diese fortschreitende Entwicklung der gesellschaftlichen Produktivität der Arbeit findet ihren Ausdruck in der fallenden Tendenz der allgemeinen Profitrate: Die Tendenz der absoluten Entwicklung der Produktivkräfte gerät in Konflikt mit den spezifischen Produktionsbedingungen des Kapitals. Die Ursachen, die das Fallen der Profitrate hervorbringen, rufen entgegenwirkende Tendenzen wie Erhöhung des Exploitationsgrades der Arbeit, Herabdrücken des Arbeitslohnes unter seinen Wert, Verbilligung der Elemente des konstanten Kapitals, relative Überbevölkerung, auswärtigen Handel und Zunahme des Aktienkapitals hervor (Marx 1962–1964).

In diesem Kontext konkurrieren verschiedene Fassungen der K. Die *unterkonsumtionstheoretische Fassung* konzentriert sich auf den Aspekt einer auf die Schaffung von Gebrauchswerten angewiesenen, jedoch am Kapitalverwertungsprozeß orientierten kapitalistischen Produktion: Unter Bedingungen privater Aneigung des Mehrwerts wächst die Produktionskapazität für Konsumgüter relativ schneller als die effektive Nachfrage; die Unternehmen tätigen keine weiteren Investitionen, da die Waren nicht zu ihrem Wert auf dem Markt realisiert werden können – das System wird tendenziell unfähig, die nötige Kaufkraft hervorzubringen, um den Wachstumsprozeß aufrechtzuerhalten. Sweezy (1959) begreift die Unterkonsumtion als Ursache von zyklischen Bewegungen und hebt die dem Fall der Profitrate entgegenwirkenden Tendenzen hervor. Außerdem ergänzt er die Marxsche Analyse der Begrenzung der Verbrauchernachfrage durch Rückgriff auf die Keynessche Konzeption einer zunehmenden Sparneigung und einer konstanten akzeleratorartigen Bewegung zwischen Konsum und Investition. Krisenhafte Tendenzen ergeben sich aus der Diskrepanz zwischen der Investitionsrate, die dem kapitalistischen Sparen entspricht, und einer von der Konsumsteigerung geforderten Investitionsrate.

Das *Überakkumulationstheorem* besagt, daß Wirtschaftskrisen auf Verwertungsschwierigkeiten des Kapitals zurückgehen, die in ‹niedrigen› Profiten zum Ausdruck kommen. Diese Interpretation lehnt sich ebenfalls an das Gesetz vom tendenziellen Fall der Profitraten an: Der Fall der Profitrate wirkt krisenverursachend, wenn er nicht primär durch steigende organische Zusammensetzung des Kapitals, sondern in einer Periode stagnierenden technischen Fortschritts durch Lohnsteigerungen hervorgerufen wird (Altvater 1974; Huffschmid 1975).

Nach dem *Überproduktionstheorem* ergeben sich zyklische Krisen aus Überproduktionen, die die sinkenden Profitraten zur Folge haben, weil die aus den Lohneinkommen gespeiste Massenkaufkraft in einer Periode starken technischen Fortschritts sinkt (Goldberg/Jung 1976).

Mit der Konzeption des *volkswirtschaftlichen Überschusses* beschreiben Baran und Sweezy die Entwicklungstendenzen des Kapitalismus. Danach tritt für den monopolistisch strukturierten Kapitalismus das Gesetz vom steigenden Surplus an die Stelle des tendenziellen Falls der Profitrate. Die monopolistische Warenproduktion, die durch die Aufhebung des Preismechanismus und die mögliche Selbstfinanzierung von Investitionen gekennzeichnet ist, ermöglicht weder die Ausnutzung der Ressourcen (Arbeitslosigkeit, ungenutzte Kapazitäten) noch den höchstmöglichen volkswirtschaftlichen Überschuß, der als Unterschied zwischen der Produktion bei Vollbeschäftigung und dem Existenzminimum begriffen wird. Preiskonkurrenz und kostensenkende Innovationen versprechen bei annähernd gleich starken Konkurrenten keinen Erfolg. Für das Investitionskapital sind nur unter Konkurrenzbedingungen arbeitende Industriezweige interessant (→ Konkurrenz); mit zunehmender Konzentration und Monopolisierung reduziert sich dieser Teil der Ökonomie auf einen durch technische Gegebenheiten bestimmten Sektor, der nicht länger als Investitionsventil für überschüssige Gewinne der Unternehmen dienen kann: Dem wachsenden Monopolprofit entsprechen schwindende Investitionschancen (Baran/Sweezy 1967).

Offene Probleme, vor denen diese Ansätze stehen, sind Unterschiede zwischen langfristigen Veränderungen im Reproduktionsprozeß des Kapitals und innerhalb einzelner Krisenzyklen (→ Zyklentheorien), eine systematische theoretische Verbindung von Verwertungs- und Realisierungsschwierigkeiten sowie die Funktionsbedingungen von Monopolen und ökonomischer Staatstätigkeit.

Ökonomische Krisen engen die Möglichkeiten der Konsens- und Kompromißbildung zwischen Kapital und Arbeit in der Verteilungssphäre ein. Senkung der Lohnkosten durch Intensivierung der Arbeit, Druck auf die Reallöhne und Entlassungen bestimmen das Interesse des Kapitals, deren Abwehr die der Lohnarbeit.

Nach einem *systemtheoretischen Krisenbegriff* entstehen Krisen, wenn die Struktur eines Gesellschaftssystems weniger Möglichkeiten der Problemlösung zuläßt, als zur Bestandserhaltung in Anspruch genommen werden müssen; die Annahmen der modernen → Systemtheorie beziehen die Komplexität von Systemen auf Generalisierung und funktionale Differenzierung: Systeme entlasten individuelles Handeln und strukturieren dessen Sinnhorizont. Steuerungsmedien stellen → Integration auf dem Weg der Abstraktion von individuellen Motiven her (Luhmann 1968). Die mit der Evolution verbundene funktionale Differenzierung führt freilich zur Vermehrung von Kontingenzen, die Krisenform annehmen können. Ausdifferenzierte Subsysteme stellen ein Netzwerk komplementärer Leistungssteigerung dar, das an manchen Stellen innerhalb einer fundamentalen Problematisierung der Bestandserhaltung reißen kann. Allerdings besteht hier die Schwierigkeit, Grenzen und Bestand → sozialer Systeme eindeutig zu bestimmen.

Die zentralen Annahmen der *politischen Krisentheorie* stellen für hochentwickelte Gesellschaften eine Inkongruenz zwischen utilitären und normativen Erwartungen fest, die sich aus dem Funktionszuwachs des politischen Systems ergibt: Die Folgewirkungen des Vergesellschaftungsprozesses stellen den Fortbestand der durch das Kapital strukturierten Formation in Frage, weil die informationellen Defizite des Marktes zu Realisierungskrisen führen; das im Kern utilitaristisch orientierte Marktsystem erweist sich als unfähig, die Folgen einer vergesellschafteten Produktion unter Bedingungen privater Aneigung zu verarbeiten (Offe 1972). Der Staatsapparat reguliert den gesamtwirtschaftlichen Kreislauf mit Mitteln globaler Planung. Er schafft und verbessert Verwertungsbedingungen für überschüssig akkumuliertes Kapital und ergänzt und substituiert damit Verwertungsmechanismen. Mit der Funktionsschwäche des Marktes und den disfunktionalen Nebenfolgen dieses Steuerungsmechanismus bricht auch die bürgerliche Basisideologie des gerechten → Tauschs zusammen. Im politischen System wird daher das Steuerungsmedium Tausch durch das Medium Entscheidung ersetzt; die Handlungsprämissen können damit aber nicht mehr einer Umwelt entnommen werden, sondern werden zum Gegenstand von Entscheidungen, die ihrerseits der Begründung bedürfen. Legitimation tritt an die Stelle von als prinzipiell lösbar aufgefaßten Verwertungsschwierigkeiten des Kapitals (Habermas 1974). Mit zunehmenden Eingriffen ist der Staat gezwungen, sein Handeln bei der selektiven Verwendung von Mitteln zu begründen. Habermas verallgemeinert diese Perspektive zu einer Theorie, welche die Entwicklung von → Klassengesellschaften unter dem Aspekt begreift, gesellschaftlichen Reichtum ungleich und legitim zu verteilen. → Weltbilder übernehmen eine legitimierende Funktion, die durch Produktivitätsüberschüsse historisch immer wieder in Frage gestellt werden kann. Krisentendenzen verschieben sich vom ökonomischen in das administrative System, das Konfliktpotential verlagert sich in Randgruppen, die gegenüber den Errungenschaften der sozialen Evolution resistent sind und mit Motivationsentzug Legitimationskrisen hervorrufen können.

Problematisch bleiben die Voraussetzungen dieser krisentheoretischen Ansätze deshalb, weil sie von einer krisenhaften, aber möglichen Dauerregulierung wirtschaftlicher Prozesse, einer sozialstaatlichen Eingrenzung des Klassenkonflikts und einer Minimierung von Verteilungsgerechtigkeiten ausgehen.

Altvater, E. u. a.: Entwicklungstendenzen des Kapitalismus in Westdeutschland (II). In: Probleme des Klassenkampfs 1974, 16.
–: Die Entwicklung des Kapitalismus in Westdeutschland. In: Brandes, B. (Hrsg.): Handbuch 1. Perspektiven des Kapitalismus. Frankfurt/Köln 1974.
Baran, P. A. & P. M. Sweezy: Monopolkapital. Frankfurt/M. 1967.
O'Connor, J.: Die Finanzkrise des Staates. Frankfurt/M. 1971.
Goldberg, J. & H. Jung: Die Wirtschaftskrise 1974–76 in der Bundesrepublik. Frankfurt/M. 1976.
Grossmann, H.: Das Akkumulations- und Zusammenbruchsgesetz des kapitalistischen Systems. Frankfurt/M. 1967.
Habermas, J.: Legitimationsprobleme im Spätkapitalismus. Frankfurt/M. 1973.
Huffschmid, J.: Zum Charakter der gegenwärtigen Wirtschaftskrise. In: Blätter für deutsche und internationale Politik 1975, 4.
– & H. Schul (Hrsg.): Gesellschaft im Konkurs? Köln 1976.
Japp, K. P.: Krisentheorien und Konfliktpotentiale. Frankfurt/New York 1978.
Luhmann, N.: Zweckbegriff und Systemrationalität. Tübingen 1968.
Marx, K.: Das Kapital. Bde. 1–3. MEW 23–25. Berlin (DDR) 1962–1964.
–: Theorien über den Mehrwert. MEW 26. Berlin (DDR) 1965–1968.
Offe, C.: Strukturprobleme des kapitalistischen Staates. Frankfurt/M. 1972.
Preiser, E.: Wachstum und Einkommensverteilung. Heidelberg 1961.
Sweezy, P. M.: Theorie der kapitalistischen Entwicklung. Köln 1959.

Claus Rolshausen

Kritischer Rationalismus

K. R. als Problemlösungsformel

Der k. R. stellt in den Mittelpunkt seiner Lehre das kritisch-rationale Problemelösen. Probleme, nicht irgendwelche gesammelten Daten (→ Datenverarbeitung) oder Beobachtungen, sind Ausgangspunkt sowohl in den Wissenschaften – hier können stabilisierte Lösungen zu wissenschaftlicher Erkenntnis führen – als auch in der Praxis – hier bewirken kritisch-rationale Lösungen die offene Gesellschaft. Dieser Ansatz zeigt, daß es notwendig wird, die Struktur, besser die Verfahren zum Problemelösen, also die allgemeine Problemlösungsformel, für Wissenschaft und Praxis aufzuzeigen. Wie der Name bereits signalisiert, soll diese allgemeine Problemlösungsformel dem Prinzip der Kritik und der Rationalität folgen.

Die theoretisch ausgerichtete Problemlösungsformel für die Wissenschaft: einfaches Falsifikationsmodell

K. R. Popper, der ‹Vater› des k. R., ging von zwei Grundproblemen aus: dem Induktionsproblem (Humesches Problem) und dem Abgrenzungsproblem (Kantsches Problem). Unter «induktivem Schluß oder Induktionsschluß pflegt man einen Schluß von besonderen Sätzen, die z. B. Beobachtungen, Experimente usw. beschreiben, auf allgemeine Sätze, auf Hypothesen oder Theorien zu bezeichnen» (Popper 1973, 3). Ob sich solch induktives Schließen logisch rechtfertigen läßt, das ist das Problem der Induktion. Poppers Lösung ist negativ; induktives Schließen läßt sich nicht rechtfertigen, und diese negative Lösung bestimmt weitgehend den k. R. Induktive Verfahren oder induktive Schlüsse, angeblich wichtigstes Instrumentarium der empirischen Wissenschaften, gibt es nicht (vgl. ders. a. a. O., 14). Damit taucht jedoch das Problem auf, wie denn nun empirische Theorien von Metaphysik, aber auch Mathematik und Logik abgegrenzt werden können (Abgrenzungsproblem) und wie, nachdem Allsätze mit empirischem Gehalt durch induktive Schlüsse nicht zu rechtfertigen sind, verlorengegangene Rationalität erneut etabliert werden kann. Denn für Popper ist klar: Die einzige Logik, die Wahrheit konservierend, also bewahrend transportieren kann, ist die Deduktionslogik, sie allein ist der Garant für volle Rationalität. Diese verlorengegangene Rationalität soll durch das Verfahren der Falsifikation wiedergewonnen werden, ein Verfahren, das zugleich permanente Kritik impliziert wie die nötige Abgrenzung zu metaphysischen Theorien.

Wissenschaftliche Theorien werden nicht durch Verallgemeinerung von Erfahrungsmaterial gewonnen, sondern als Hypothesen gesetzt. Diese Hypothesen, z. B. Naturgesetze, stellen Verbote dar, sie verbieten das Auftreten gewisser Phänomene, z. B. daß in unserem Erdensystem Steine nach oben ‹fallen›, und nehmen Partei für gewisse Erscheinungen. Empirisch-wissenschaftliche Sätze (Allsätze) als Repräsentanten wissenschaftlicher Gesetze sind falsifizierbar, d. h. als falsch erweisbar, da sie im Grunde Verbote aufstellen, und werden Gegeninstanzen (Phänomene) beigebracht, die das Verbot durchbrechen, so sind sie falsifiziert. Wissenschaftliche Aussagen im Range eines Gesetzes haben also falsifizierbar zu sein, d. h.: «Ein empirisch-wissenschaftliches System muß an der Erfahrung scheitern können» (Popper 1973, 15). Wie aber sieht nun diese Erfahrung aus, an der die Hypothesen scheitern können? Es sind reproduzierbare Einzelphänomene, beschrieben in singulären Aussagen bzw.

Aussagen niedrigerer Allgemeinheitsstufe, die der Theorie (Hypothese) widersprechen. Weil aber diese Basissätze nicht als wahr erwiesen werden können – denn dann wäre ein induktives Schließen nötig –, handelt es sich bei diesen Basissätzen ebenfalls nur um eine Hypothese, nämlich um die falsifizierende Hypothese, also um einen Aussagenkomplex niedriger Allgemeinheitsstufe, der der Theorie logisch widersprechen kann. Den Rang einer falsifizierenden Hypothese erhalten Basissätze durch Festsetzung, die sich an intersubjektiv nachvollziehbaren Regeln orientiert.

Das Ethos des Wissenschaftlers besteht nun darin, kühne Theorien zu kreieren, permanent nach falsifizierenden Hypothesen zu suchen (organisierter Skeptizismus), also ununterbrochen Widerlegungsversuche zu starten. Sind diese Widerlegungsversuche mißglückt, also die Falsifizierungsversuche gescheitert, so kann diese Theorie als vorläufig bewährt – nicht jedoch als wahr erwiesen – akzeptiert werden. Bei dem ganzen Verfahren handelt es sich – nach Popper – um eine rein deduktionslogische Vorgehensweise, flankiert von einigen methodologischen Regeln. Volle Rationalität und das Prinzip Kritik sind damit bewahrt, die nötige Abgrenzung erreicht; denn metaphysische Aussagen zeichnen sich gerade dadurch aus, daß sie nicht an der Erfahrung scheitern können.

Die universalisierte Problemlösungsformel: Versuch und Irrtumsbeseitigung

In den auf Poppers «Logik der Forschung» folgenden Arbeiten wird dieses Verfahren, primär einmal spezialisiert auf die empirischen Wissenschaften, universalisiert, d. h. als generelle Problemlösungsformel der Natur und des Menschen vorgestellt. Sowohl die Wissenschaften inklusive der Soziologie wie die Natur gehen nach folgendem Lösungsschema vor. Ausgehend von einem Problem (P), in der Natur etwa eine Umweltveränderung, werden vorläufige Lösungen (VL) produziert (in der Natur: ungerichtete Mutationen), deren Schwächen bzw. Fehler wir bzw. die Natur (natürliche Selektion) zu beseitigen suchen (Fehlerbeseitigung = FB). Doch Probleme, die gelöst sind, bewährte Theorien, in der Natur bewährte Arten, erzeugen neue Probleme (P_2) usw., also:

$P_1 \rightarrow VL \rightarrow FB \rightarrow P_2$

Diese Globaltheorie von Versuch und Irrtumsbeseitigung stellt gleichsam das universalisierte und ontologisierte Falsifikationsverfahren dar.

Das weiterentwickelte Falsifikationsmodell: Konzept der Wahrheitsnähe

Zwischen dem einfachen Falsifikationsmodell (Experiment versus Theorie) und der globalen Problemlösungsformel Versuch und Irrtumsbeseitigung liegt noch das Konzept der Wahrheitsnähe. Es rückt nicht mehr die Konfrontation Theorie/Experiment (Basissätze) in den Mittelpunkt, sondern den intertheoretischen Vergleich. Die besser bewährte zweier konkurrierender und vergleichbarer Theorien, die wahrheitsnähere ist jene, die all das erklären und prognostizieren kann, was ihre Konkurrentin vermag, und darüber hinaus einen Zusatzgehalt bzw. zusätzliche Erklärungskraft besitzt.

Die praktische Problemlösungsformel (→ Sozialphilosophie): kritisches Argumentieren, Institutionalismus, piecemeal engineering, offene Gesellschaft

Auch in der Sozialphilosophie läßt sich Rationalität durch ein strukturgleiches Modell etablieren. Ausgehend von Problemen, wird über kritische Argumente, nicht über Gefühle und Leidenschaften (Irrationalismus) eine versuchsweise Lösung angestrebt und Fehlerbeseitigung, also Lernen, durch den Leitspruch: «Ich kann mich irren, und du magst recht haben» (Popper 1973, 295) bewirkt. Praktisch bewährte Lösungen sind zu institutionalisieren. Soziale → Institutionen haben primär kritisch-rationales Problemelösen zu garantieren, die Sozialdynamik wird über schrittweise durchgeführte Verbesserungsverfahren (piecemeal engineering) rational gehandhabt. Gleichsam als Globalformel, die durch die kritische → Vernunft verwirklicht werden kann, fungiert die offene Gesellschaft.

K. R. und → Soziologie

Für die Soziologie beansprucht der k. R. doppelte Autonomie: Sie ist weder auf Psychologie reduzierbar noch völlig von fremden Methoden abhängig, sie besitzt eine eigene Methodologie, nämlich die Situationslogik (→ Methodenprobleme/→ Wissenschaftstheorie). Im übrigen besteht die Aufgabe der Soziologie darin, «ungewollte und oft unerwünschte soziale Folgen menschlichen Handelns zu erklären» (Popper 1972, 120).

K. R. und Anhängerschaft

Ausgehend von Poppers Wissenschafts- und Sozialphilosophie, entwikkelte sich der k. R. sowohl im angelsächsischen wie im deutschsprachigen Raum zu einer einflußreichen Lehre, dessen Grundprinzipien in viele Wissenschaftsdisziplinen diffundierten und dessen Sozialphilosophie bis zum Gedankengut politischer Parteien vordrang.

Kritik

Dem k. R. haften eine Reihe impliziter Mängel an. Vor allem ist der Deduktivismus – das Kernstück des k. R. – nicht haltbar bzw. unbrauchbar. Denn im Falsifikationsverfahren lastet die ganze Beweiskraft auf der falsifizierenden Hypothese (Basissätze), die durch intersubjektiv überprüfbare Verfahren festgelegt wird. Aber eine sinnvolle Festlegung, basierend auf Intersubjektivität, fußt auf Induktion. Wir nehmen an, daß das jeweilige Einzelphänomen (Basissatz) reproduzierbar ist und auch in Zukunft auftreten wird. Es ist diese Annahme, die uns vernünftigerweise zur Festlegung auf gewisse Basissätze (falsifizierende Hypothese) berechtigt. Doch das Schließen vom Bekannten auf Unbekanntes unter Berücksichtigung des Bekannten – und das liegt bei der sinnvollen Festlegung auf falsifizierende Hypothesen vor – nennt man herkömmlicherweise Induktion. Falsifikation setzt also induktives Schließen, nämlich praktische Vernunft, im Bereich der Prämissen der Falsifikation (Basissätze) voraus. Damit ist der wesentliche Teil des theoretischen k. R., der Deduktivismus, gefallen. Die sozialphilosophischen Grundsätze, vor allem Lernen durch kritische Argumente, und das Globalprinzip offene versus geschlossene Gesellschaft sind schlichtweg zu vage und praxisfremd, als daß sie für komplexe Gesellschaften ernst zu nehmende Problemlösungen bereitstellen könnten.

Albert, H.: Der kritische Rationalismus Karl Raimund Poppers. Archiv für Rechts- und Sozialphilosophie, 1960, 46, 391–415.

Feyerabend, P.: Poppers Objektive Erkenntnis. In: Ders.: Probleme des Empirismus. Braunschweig 1981.

Grossner, C.: Verfall der Philosophie. Reinbek bei Hamburg 1971.

Neurath, O.: Pseudorationalismus der Falsifikation. Erkenntnis, 1967², 5, 353–365.

Obermeier, O. P.: Poppers ‹Kritischer Rationalismus›. Eine Auseinandersetzung über die Reichweite seiner Philosophie. München 1980.

Popper, K. R.: Logik der Forschung. Tübingen 1973⁵.

–: Der Zauber Platons. Bern/München 1970².

–: Falsche Propheten. Hegel, Marx und die Folgen. Bern/München 1973³.

–: Die Logik der Sozialwissenschaften. In: Adorno, Th. W. u. a.: Der Positivismusstreit in der deutschen Soziologie. Darmstadt 1972².

Spinner, H.: Popper und die Politik. Rekonstruktion und Kritik der Sozial-, Polit- und Geschichtsphilosophie des kritischen Rationalismus. Berlin/Bonn 1978.

Stark, F. (Hrsg.): Revolution oder Reform? H. Marcuse und K. Popper. Eine Konfrontation. München 1972³.

Otto Peter Obermeier

Kritische Theorie

Unter K. Th. ist jene sozialwissenschaftliche Theorievariante marxistischer bzw. materialistischer Observanz zu verstehen, die sich seit Anfang der 20er Jahre dieses Jahrhunderts unter der institutionellen Schirmherrschaft des Frankfurter «Instituts für Sozialforschung» mit seinen diversen

Publikationsorganen und Forschungsaktivitäten herausgebildet hat. Gemeinhin wird die Forschungsrichtung dieser Art theoretisch angeleiteter, wenngleich primär erfahrungswissenschaftlich orientierter Sozialwissenschaft daher auch als «Frankfurter Schule» bezeichnet. Darüber hinaus wird sie von der publizistischen Öffentlichkeit hierzulande vielfach (nur noch) mit so unterschiedlichen Theoretikern wie Max Horkheimer, Theodor W. Adorno und Herbert Marcuse in Verbindung gebracht, wenn nicht gar identifiziert.

Es läßt sich jedoch zeigen, daß die K. Th. nicht nur als institutionalisierte, d. h. als bestimmte Forschungs- und Arbeitsorganisation verschiedene Entwicklungsstadien durchlaufen hat, sondern daß sie auch hinsichtlich ihrer theoretischen Stringenz und paradigmatischen Orientierung mehrfach nicht unbeträchtlichen Formschwankungen unterworfen war, was Wandlungen und Kehrtwendungen selten ausschloß. Im übrigen haben die von ihr ausgegangenen theoretischen Impulse, die von ihr initiierten forschungsstrategischen Schwerpunktsetzungen und ihre politisch-praktischen Intentionen in gesellschaftsverändernder Absicht das intellektuelle Klima der Bundesrepublik Deutschland, aber auch die westliche, insbesondere die angelsächsische sozialwissenschaftliche Theoriebildung, wenn auch noch so punktuell, so unverwechselbar und unwiderruflich geprägt, daß von einem datierbaren ‹Ende› dieser Theorietradition nur gesprochen werden könnte, wenn man sie ausschließlich an Personen (und Institutionen) festmachen und ihre widersprüchliche Genese von den nicht minder widerspruchsvollen gesellschaftlichen und politischen Entwicklungstendenzen, insbesondere der westlichen kapitalistischen Systeme, willkürlich abkoppeln, d. h. undialektisch isolieren wollte.

Um die Wende des Jahres 1919/20 war ein erster Plan von Hermann Weil gescheitert, der noch jungen Universität in Frankfurt ein eigenes sozialwissenschaftliches Institut zu stiften, dessen Zweck es sein sollte, Forschung und Lehre auf dem Gebiet der Sozialwissenschaften, insbesondere auf dem Gebiet des Arbeitsrechts und der Arbeitsverfassung, zu fördern. Sein Sohn Felix rief daraufhin zusammen mit seinem Freund Karl Korsch einen Arbeitskreis ins Leben, der sich den bisher im universitären Bereich vernachlässigten Problemen des → Marxismus widmen sollte. So stand anläßlich der ersten Veranstaltung dieses Debattierclubs, von Felix Weil finanziert und «Erste Marxistische Arbeitswoche (EMA)» getauft, beider Freunde Dissertationsthema: Theorie und Praxis der Sozialisierung, auf der Tagesordnung. Eingeladen waren u. a. Friedrich Pollock, schon damals Max Horkheimers engster Freund, Karl-August Wittfogel, Franz Borkenau, Richard Sorge und Kurt-Albert Gerlach, Professor für Staats- und Wirtschaftswissenschaften an der Technischen Hochschule Aachen, der von den beiden Weils zunächst für den Direktorenposten des geplanten Instituts auserkoren war. Mit Ausnahme von Carl

Grünberg und dessen späterem Assistenten Henryk Grossmann war damit die Stammbesetzung der ersten Institutsphase fast schon zusammen.

Unter dem unmittelbaren Eindruck des Zusammenbruchs der alten Ordnung und gleichzeitig angetan von der Idee eines «Bundes sozialistischer Gelehrter», gehen die radikalen Pläneschmiede und Projektemacher daran, die in ihrer Sicht verkrusteten Strukturen der traditionellen deutschen «Mandarinen»-Universität wenigstens kulturrevolutionär in Frage zu stellen, mindestens aber dem theoretischen Marxismus eine «akademische Heimstätte» zu erstreiten.

1923 schließlich erteilte der preußische Kultusminister die Genehmigung zur Errichtung des geplanten sozialwissenschaftlichen Forschungsinstituts an der Universität Frankfurt am Main. Obwohl der Rechtsaufsicht des Staates unterstellt, sollte es von einem privaten Trägerverein, der «Gesellschaft für Sozialforschung», in völliger Unabhängigkeit betrieben werden und die Universität lediglich mit Lehre versorgen. Zugleich sollte der Institutsleiter in Personalunion hauptamtlicher Inhaber einer Stiftungsprofessur an der Wirtschafts- und Sozialwissenschaftlichen oder der Philosophischen Fakultät der Universität sein.

Zum ersten Direktor wurde 1924 einer der profiliertesten Vertreter des Austromarxismus berufen, der österreichische ‹Kathedermarxist› Carl Grünberg. Er teilte mit vielen anderen ‹ethischen Sozialisten› das moralische ‹Existenzialurteil› über die bestehenden politischen und sozialen Verhältnisse seiner Zeit. Lange Zeit auf Bernsteinschen Revisionismuskurs eingeschworen, hatte er seine ursprünglichen Vorbehalte gegenüber Marx und dessen Theorien über Akkumulation, Verelendung, Krise und Zusammenbruch des kapitalistischen Systems spätestens unter dem Eindruck der Inflation Anfang der 20er Jahre revidieren müssen (→ Krisentheorien/→ Verelendungstheorien). Es lag daher konsequent auf der Linie der politischen Erfahrungen der ersten Forschergeneration unter dem Direktorat von Carl Grünberg (1923 bis 1928), daß im Zentrum der forschungsleitenden Interessen der Institutsarbeit zunächst die Kapitalismusanalyse der Kritik der → politischen Ökonomie stand. In den Dienst dieser Forschungsstrategie wurde als ständiges Publikationsorgan des Instituts das von Grünberg seit 1910 geleitete «Archiv für die Geschichte des Sozialismus und der Arbeiterbewegung» gestellt. Auf der Grundlage eines binnenpluralistisch offenen Verständnisses von Marxismus, der im Wege von ‹trial and error›, d. h. mittels der erfahrungswissenschaftlichen, induktiven Methode sich beständig korrigieren lassen sollte, um keiner dogmatischen Erstarrung anheimzufallen, wurde das interdisziplinäre Forschungsprogramm jener ersten Institutsphase ins Werk gesetzt. Im Mittelpunkt der Arbeiten standen u. a. Fragen nach den philosophischen Grundlagen des → Historischen Materialismus, Untersuchungen zur Gegenwartsstruktur des kapitalistischen Systems als Trustkapitalismus, Fritz

Sternbergs Studie über den → Imperialismus und, in unmittelbarer Aktualisierung krisentheoretischer Überlegungen, Henryk Grossmanns Analyse zum Akkumulations- und Zusammenbruchsgesetz des kapitalistischen Systems; weiterhin Pollocks Untersuchungen über die planwirtschaftlichen Versuche der Sowjetunion während der Dekade bis 1927 sowie die vergleichenden Studien Karl-August Wittfogels zur Entwicklung des chinesischen Wirtschafts- und Gesellschaftssystems im Zusammenhang mit der evolutionstheoretischen Fragestellung, warum sich in China ein selbständiger Industriekapitalismus nicht hatte ausbilden können.

Es war die Überzeugung von der ungebrochenen Gültigkeit und Zeitgemäßheit dieses materialistischen → Paradigmas: daß infolge der ökonomischen und gesellschaftlichen Krisentendenzen, die sie zu analysieren und zu erklären hätte, jede moderne Kapitalismustheorie sich notwendig als Krisentheorie der bürgerlichen Gesellschaft zu konstituieren habe, die die Unterbautheoretiker der ersten Institutsphase mit den späteren Analytikern vorwiegend gesellschaftlicher Überbauphänomene unter dem Direktorat von Max Horkheimer miteinander verband (→ Kapitalismus/ → Krisentheorien).

Im übrigen teilten die Vertreter der K. Th. dieses Krisenbewußtsein mit großen Teilen der rechten Weimarer Intelligenz, insofern diese in dem Widerspruch von Rationalität und Irrationalität das eigentliche Strukturdilemma der Moderne diagnostiziert hatte. Insbesondere die wichtigen rechts- und staatstheoretischen Untersuchungen der sogenannten Politiktheoretiker der «Frankfurter Schule» wie Franz Neumann, Otto Kirchheimer, Arkadij R. L. Gurland und auch Herbert Marcuse sind ohne Kenntnis ihrer politischen Antipoden, der Vertreter der Weimarer Konservativen Revolution, nicht zu verstehen. Erst in entschiedener Kehrtwendung zu deren politischer Philosophie entwickeln sie ihre eigenen verfassungstheoretischen Vorstellungen und ihre differenzierten Faschismusanalysen, während sich die institutsoffiziell favorisierte Variante auf die Staatskapitalismustheorie Pollocks versteift hatte.

Insofern konnte Horkheimer, als er 1930/31 nach der Emeritierung Grünbergs die Leitung des Instituts für Sozialforschung übernahm, zumindest in forschungsstrategischer und arbeitsorganisatorischer Hinsicht an dessen Programm einer Einheit von theoretischer Reflexion und empirischer Forschung unmittelbar anknüpfen. Der Vorbehalt, den er jedoch seinem Vorgänger in der Leitung und damit der weltanschaulichen Orientierung der ersten Institutsgeneration gegenüber generell glaubte machen zu müssen: daß der weltanschauliche Impuls der künftigen Institutsarbeit nur der Wille sein könne, rücksichtslos «der Wahrheit zu dienen», was einer Absage an unmittelbare Praxisrelevanz sozialwissenschaftlicher → Forschung und an jede Art von Finalisierung wissenschaftlicher Tätigkeit gleichkam, signalisierte bereits die theoretische und forschungsstrategische Wende, womit die zweite Phase in der Geschichte der K. Th. eingeleitet wurde.

Von Anfang an war Horkheimer bemüht, den empirischen Forschungsapparat, den er übernommen hatte und der nun systematisch ausgebaut wurde, sogar mit Außenstellen des Instituts im benachbarten Ausland, (nur noch) «in den Dienst sozialphilosophischer Probleme zu stellen». Konsequent wurde der Schwerpunkt der Forschungsinteressen des Instituts auf sozialpsychologische und kulturtheoretische Fragestellungen verlagert (→ Sozialpsychologie). Mit großer Energie wurde vor allem die Psychoanalyse in den Dienst der Erkenntnisabsichten der K. Th. gestellt und in unterschiedliche Konzepte einer neuen politischen Psychologie eingebracht und, wenn auch selektiv, in Versatzstücke einer Pathologie von → Kultur und Gesellschaft transformiert (Erich Fromm, Herbert Marcuse, Leo Löwenthal u. a.). Die frühen Studien über «Autorität und Familie», die bereits im Pariser Exil erscheinen mußten, legen Zeugnis davon ab. Die späteren, stärker empirisch-analytisch orientierten Untersuchungen über die Genese des Vorurteils, über den Zusammenhang von individueller Charakterstruktur, kollektiven Denkmustern und sozialer Lage unter den Bedingungen faschistisch-demagogischer Massenverdummung, die in den «Studies in Prejudice» ihren Niederschlag gefunden haben, aber auch die dem Studium des Antisemitismus gewidmeten Arbeiten, wie überhaupt alle größeren empirischen Untersuchungen, die im amerikanischen Exil entstanden, betreiben diese Forschungslinie mindestens ebenso konsequent.

Zum Sprachrohr des neuen theoretischen und forschungsstrategischen Konzepts hatte sich die «Zeitschrift für Sozialforschung» entwickelt. 1932 gegründet, war sie mit ins Exil gegangen und hatte dort als deutschsprachiges Organ eine wichtige Brückenfunktion übernehmen können, bis sie 1942 eingestellt werden mußte, obwohl ihre beiden letzten Jahrgänge unter dem Titel «Studies in Philosophy and Social Science» versucht hatten, die nicht nur sprachliche Isolation des Instituts im angelsächsischen Raum zu durchbrechen.

Dennoch war das Programm einer Einheit von philosophischer Konstruktion und empirisch-sozialwissenschaftlicher Forschung, wie es die K. Th. immer postuliert hatte, nicht nur von Anfang an prekär, d. h. bereits der Konzeption nach in sich widersprüchlich; es ließ sich auch praktisch nicht bruchlos durchhalten, weder in den Arbeiten im Exil noch in den Untersuchungen, die nach ihrer Wiedereinbürgerung im nachfaschistischen Westdeutschland durchgeführt wurden.

Nicht nur, daß die Mitglieder des seit 1952 wiedereröffneten Frankfurter Instituts in einer Art Klassengesellschaft nach Empirikern und Theoretikern eingeteilt wurden; nicht nur, daß es nicht gelang, den empirisch-analytischen Sozialwissenschaften mit ihren Methoden und

Verfahrensweisen einen ‹neuen›, ‹kritischen› Wissenschaftsbegriff zu substituieren (→ empirische Sozialforschung/→ Sozialtechnologie); die erst in der Nachkriegszeit einsetzende wissenschaftliche und öffentliche Anerkennung der K. Th. fiel nicht zufällig zusammen mit ihrer Reputation als radikalisierte Kulturkritik, d. h. als Methode ideologiekritischer Symptomdeutung. Angesichts ihres Rückzugs auf totalisierende philosophische Reflexion lief jede empirische Einzelforschung, die unter K. Th. noch firmierte, Gefahr, in Theorienischen abgedrängt, positivistisch zu verkommen, d. h. belanglose Wirklichkeitsverdoppelung zu betreiben, während die Theorie selbst Gefahr lief, infolge ihrer Abkoppelung von erfahrungswissenschaftlich kontrollierter Revisionsgelegenheit die mögliche Emanzipation von Metaphysik und sozialphilosophischem Dogmatismus zu versäumen.

Ihre zunehmend pessimistische Verdüsterung hängt ohnehin nicht nur mit ihrem nicht unnaiven Vertrauen in die revolutionäre Kraft der deutschen → Arbeiterbewegung zusammen, die vom → Faschismus zerschlagen und zu großen Teilen sogar vereinnahmt werden konnte, sondern auch mit der zunehmend schwindenden Hoffnung auf die verändernde Kraft der K. Th. selber angesichts des universalen Verblendungszusammenhanges von politischer Manipulation, kulturindustrieller Verdummung und der Regression von Aufklärung.

Während Horkheimer seine Vorstellung von ‹Praxis› weitgehend auf verzagende, pessimistisch getönte Denk-Praxis zurücknimmt; während Marcuse, zumindest in seiner Spätphase, über radikalisierte Ideologiekritik zu einem alternativen Wissenschaftsbegriff auf der Grundlage einer «neuen Sensibilität» fortzuschreiten sucht, hält einzig Adorno am Prinzip der bestimmten Negation als Entzauberung der universalen Verdinglichungstendenzen des gesellschaftlichen Rationalisierungsprozesses der Moderne emphatisch fest (→ Verdinglichung).

Tatsächlich werden in der Spätphase der K. Th., die schon mit der «Dialektik der Aufklärung» (1947) einsetzte, die Kategorien, die, insoweit sie der Kritik der politischen Ökonomie entlehnt waren, als geschichtlich gewordene eine eindeutig bestimmte, wenn auch widersprüchlich sich entwickelnde Gesellschaftsformation im Visier hatten, in ihrer analytischen Reichweite überdehnt und im totalisierenden Argumentationsverfahren auf die Geschichte der menschlichen Gattung, in Analogie zur Verfallsgeschichte der Dialektik der Aufklärung, unvermittelt übertragen.

Es ist daher kein Zufall, daß diejenigen, die dem objektiven Gehalt ihrer Analysen nach zu Recht ihre Nachfolger genannt werden dürfen, vielfach auf andere Theorien, andere Paradigmen, andere Kronzeugen und andere erfahrungswissenschaftliche ‹approaches› glaubten ausweichen zu müssen, um den veränderten Struktur- und Reproduktionsbedingungen des gegenwärtigen → Kapitalismus und seinen widersprüchlichen

Entwicklungstendenzen mit einer reformulierten, d. h. erfahrungswissenschaftlich revidierten «kritischen» Theorie erneut Paroli bieten zu können.

Bonß, W. & A. Honneth (Hrsg.): Sozialforschung als Kritik. Zum sozialwissenschaftlichen Potential der Kritischen Theorie. Frankfurt/M. 1982.

Brandt, G.: Ansichten kritischer Sozialforschung 1930–1980. In: Institut für Sozialforschung (Hrsg.): Gesellschaftliche Arbeit und Rationalisierung. Neuere Studien aus dem Institut für Sozialforschung in Frankfurt/M. (= Leviathan, Sonderheft 4/1981).

Breuer, S.: Die Krise der Revolutionstheorie. Negative Vergesellschaftung und Arbeitsmetaphysik bei Herbert Marcuse. Frankfurt/M. 1977.

Buck-Morss, S.: The Origin of Negative Dialectics. Theodor W. Adorno, Walter Benjamin, and the Frankfurt Institute. Hassocks (Sussex) 1977.

Clemens, M. & L. Eley (Hrsg.): Kritik und Interpretation der Kritischen Theorie. Gießen 1975.

Dubiel, H.: Wissenschaftsorganisation und politische Erfahrung. Studien zur frühen Kritischen Theorie. Frankfurt/M. 1978.

Friedmann, G.: The political philosophy of the Frankfurt School. Ithaca/London 1981.

Geyer, C.-F.: Kritische Theorie. Max Horkheimer und Theodor W. Adorno. Freiburg/München 1982.

Hansen, K. (Hrsg.): Frankfurter Schule und Liberalismus. Beiträge zum Dialog zwischen kritischer Gesellschaftstheorie und politischem Liberalismus. Baden-Baden 1981.

Jay, M.: Dialektische Phantasie. Die Geschichte der Frankfurter Schule und des Instituts für Sozialforschung 1923–1950. Frankfurt/M. 1976.

Kluke, P.: Die Stiftungsuniversität Frankfurt am Main 1914–1932. Frankfurt/M. 1972.

Küsters, G.-W.: Der Kritikbegriff der Kritischen Theorie Max Horkheimers. Historisch-systematische Untersuchung zur Theoriegeschichte. Frankfurt/New York 1980.

Kunstmann, W. & E. Sander (Hrsg.): «Kritische Theorie» zwischen Theologie und Evolutionstheorie. Beiträge zur Auseinandersetzung mit der «Frankfurter Schule». München 1981.

Massing, O.: Adorno und die Folgen. Über das «hermetische Prinzip» der Kritischen Theorie. Neuwied/Berlin 1970.

Migdal, U.: Die Frühgeschichte des Frankfurter Instituts für Sozialforschung. Frankfurt/New York 1981.

Ritsert, J. & C. Rolshausen: Der Konservativismus der kritischen Theorie. Frankfurt/M. 1971.

Rohrmoser, G.: Das Elend der kritischen Theorie. Freiburg i. Br. 1973[3].

Schmidt, A.: Die «Zeitschrift für Sozialforschung». Geschichte und gegenwärtige Bedeutung (= Sonderheft der Nachrichten aus dem Kösel-Verlag). München 1970.

–: Die Kritische Theorie als Geschichtsphilosophie. München 1976.

Söllner, A.: Geschichte und Herrschaft. Studien zur materialistischen Sozialphilosophie (1929–1942). Frankfurt/M. 1979.

Stresius, L.: T. W. Adornos negative Dialektik: eine kritische Rekonstruktion.

Frankfurt/Bern 1982.
Theunissen, M.: Gesellschaft und Geschichte. Zur Kritik der kritischen Theorie. Berlin 1969.
Wellmer, A.: Kritische Gesellschaftstheorie und Positivismus. Frankfurt/M. 1969.
Wilson, M.: Das Institut für Sozialforschung und seine Faschismusanalysen. Frankfurt/New York 1982.
Zeitschrift für Sozialforschung: Bd. 1–9. Photomechanischer Nachdruck. München 1980.

Otwin Massing

Kultur

Den schillernden, vieldeutigen Charakter des Wortes K., die Abhängigkeiten des Begriffs von den soziohistorischen, bildungspolitischen, philosophischen und theoretischen Kontexten seiner Verwendung hervorzuheben, kurz: die K.-Abhängigkeit der Bedeutung von K. zu betonen ist fast schon ein Pleonasmus. So eng ist oft die Wortbedeutung mit einer bestimmten Theorie der K., dem K.-Relativismus, verfilzt, daß manchen Autoren nur mehr der Plural des Wortes, die Rede von einander unvergleichlichen Kulturen, legitim erscheint. Und doch hat es in der Begriffsgeschichte des Wortes an Versuchen, die kulturinvariante Bedeutung von K. zu definieren und eine evolutionäre Konzeption der K.-Entwicklung, die bewertende Vergleiche einschließt, zu verteidigen, nicht gefehlt. Wie kontextgebunden die Bedeutung von K. auch sein mag, sie läßt sich, wie die jedes Begriffs, nur durch die Unterscheidung von anderen Begriffen explizieren und präzisieren.

Ein flüchtiger Blick auf die bildungssprachliche Tradition läßt vor allem eine ältere, äußere Differenzierung und eine jüngere, innere Differenzierung von K. hervortreten:

(1) Die Unterscheidung von K. und *Natur* geht bis auf die Antike zurück und dient dazu, gesellschaftliche Zusammenhänge der → Arbeit und der Praxis von solchen abzuheben, die nicht durch menschliche Tätigkeit verursacht sind. Darauf verweist schon die Etymologie: K. ist zunächst Agrikultur, bearbeitete im Unterschied zur unbearbeiteten Natur, das griechische *boukólos* bedeutet Rinderhirt, das lateinische *colo* heißt pflügen, *cultura* Ackerbau, und *cultus* ist bereits eine sakrale Spezifizierung des profanen Ackerbaus zum religiösen Kult, ein erster Ansatz zur internen Differenzierung in ‹höhere› und ‹niedere› K. Der italienische Philosoph Vico (1668–1744), den noch Marx für sich reklamiert, hat die moderne Unterscheidung von K. und Natur als erkenntnistheoretische

Abgrenzung der menschlichen Geschichte von der Naturgeschichte begründet: «Nach unserem ersten unbezweifelbaren Prinzip», schreibt Vico in seiner «Scienza nuova», ist die «historische Welt» «ganz gewiß von den Menschen gemacht worden ... und darum ihr Wesen in den Modifikationen unseres eigenen Geistes zu finden ...; denn es kann nirgends größere Gewißheit für die Geschichte geben als da, wo der, der die Dinge schafft, sie auch erzählt» (→ Erkenntnistheorie) (Vico 1965, 139). Nur was wir selbst hervorgebracht haben, können wir verstehen, die unbearbeitete, un-gestellte Natur nicht. Noch der Philosoph Paul Lorenzen unterscheidet «Kulturbedürfnisse» als solche, «die historisch entstanden sind», von «Naturbedürfnissen», «die keine Genese hinter sich haben» (Lorenzen 1970, 71). Und unter K. versteht er «die Leistungen der Menschen..., die sie *nicht* als Naturwesen hervorgebracht haben (wie etwa die Bienen Honigwaben), sondern als miteinander über gemeinsame Zwecke beratende Vernunftwesen. Schon die Sprachen sind keine Naturfähigkeiten, sondern Kulturleistungen» (Lorenzen 1978, 11). Zu solchen Leistungen können die Menschen nur durch richtige (!) Erziehung befähigt werden (vgl. auch Tugendhat 1976, 120).

(2) Bereits in der antiken Unterscheidung von *cultura* und *cultus* ist eine zentrale innere Differenzierung des K.-Begriffs angedeutet, die erst im Kontext des Bildungsbürgertums im Ausgang des 19. Jahrhunderts ihre ganze ideologische Wucht entfalten konnte: die Differenzierung von K. und *Zivilisation*. War die Unterscheidung bei Kant noch durch eine universalistisch-aufklärerische Konzeption von Moral und → Vernunft motiviert, so ist sie bei Oswald Spengler ganz der lebensphilosophischen «Metaphysik des Irrationalen» (Schnädelbach 1983, 174) verfallen. Spengler, bei dem der idealistische Begriff der Menschheit zu einem «zoologischen Begriff» (Spengler 1980, 28) verkommen ist, faßt das Verhältnis von K. und Zivilisation im Sinne einer pessimistischen Geschichtsphilosophie als «strenges und notwendiges organisches Nacheinander ... Die Zivilisation ist das unausweichliche Schicksal einer Kultur ... Zivilisationen sind die äußersten und künstlichsten Zustände, deren eine höhere Art von Menschen fähig ist... sie folgen ... dem Leben als der Tod, ... dem Lande und der seelischen Kindheit ... als das geistige Greisentum und die steinerne, versteinernde Weltstadt» (ebd., 43). K. ist das «formvolle, mit der Erde verwachsene Volk», Zivilisation der «reine, traditionslose, in formlos fluktuierender Masse auftretende Tatsachenmensch» (ebd., 45).

Beide Unterscheidungen, die von K. und Natur und die von K. und Zivilisation, sind für die philosophisch-bildungssprachliche Verwendung von K. – zumindest in der deutschen Sprache – konstitutiv. Beim Übergang von der philosophischen Bildungstradition zu den empirischen Sozialwissenschaften ändert sich das Bild der K.: Beide Unterscheidungen werden relativiert, modifiziert oder fallengelassen.

(Zu 1:) Wer, anders als radikale Empiristen, auch als Sozialwissenschaftler die Wesensunterschiede von K. und Natur zur Geltung bringen will, wer Regeln nicht auf Regelmäßigkeiten, zweckgebundene Handlungen nicht auf Verlaufsgesetze, Gründe nicht auf Ursachen reduzieren möchte, der wird doch die K. als einen Zusammenhang sozialer Tatsachen begreifen müssen. Zu den Tatsachen der K.-Wirklichkeit hat er sowenig einen apriorischen, erfahrungsunabhängigen Zugang wie der Naturwissenschaftler zu Sonnensystemen und elektromagnetischen Feldern. Zwar unterscheidet ihn von letzterem, daß er als Alltagsakteur ein implizites Vorverständnis der soziokulturellen Realität hat. Dieses sichert ihm den unmittelbaren Bezug zu seinem Gegenstand. Aber schon jeder Versuch, die alltäglichen Intuitionen zu explizieren, verwandelt die eigenen Alltagsgewißheiten in hypothetische, erfahrungsabhängige und argumentativ bestreitbare Aussagen. Wer über die K. redet, stellt in Aussagen Sachverhalte dar, die wahr oder falsch sein können.

(Zu 2:) Auch wer im Rahmen der Sozialwissenschaften auf Kritik nicht verzichten will, wird doch jede naiv-wertende, metaphysische Hierarchisierung von K. und Zivilisation strikt zurückweisen müssen. Im Englischen sind K. und Zivilisation ohnehin synonym, und die klassische Standarddefinition der angelsächsischen, empirischen «cultural anthropology» lautet: «Kultur oder Zivilisation ... ist jenes komplexe Ganze, das das Wissen, den Glauben, die Kunst, die Moralauffassung, die Gesetze, die Sitten und alle anderen Fähigkeiten und Gewohnheiten umfaßt, die sich der Mensch als Mitglied der Gesellschaft aneignet» (Tylor 1871). Exemplarisch für eine explizit erfahrungswissenschaftliche Erneuerung des kulturkritischen Motivs, die es ablehnt, einen solchen Gegensatz zu konstruieren, ist das Werk Freuds (1856–1939). Die «menschliche Kultur» definiert Freud (1967, 85f) als «all das, worin sich das menschliche Leben über seine animalischen Bedingungen erhoben hat und worin es sich vom Leben der Tiere unterscheidet – und ich verschmähe es, Kultur und Zivilisation zu trennen». Für Freud muß jede K. «auf Zwang und Triebverzicht aufbauen», weil «bei allen Menschen destruktive, also antisoziale und antikulturelle Tendenzen vorhanden sind» (ebd., 87). Freud verfällt jedoch weder der antirationalistischen Feier dieser Tendenzen noch der Apologie einer notwendig repressiven K. Die kulturkritische Perspektive gewinnt er vielmehr aus einer skeptischen Einschätzung des dauerhaften Erfolgs einer *repressiven* K. – das meint die These von der «Wiederkehr des Verdrängten» – und aus der Idee einer nichtrepressiven Rationalisierung der K.: «Wo Es war, soll Ich werden» (vgl. auch Marcuse 1965).

Erst recht kann man bei der internen Differenzierung des K.-Begriffs auf eine *a priori* Wertakzente setzende Metaphysik verzichten. An die Stelle des Gegensatzes von K. und Zivilisation sind in den Sozialwissenschaften vor allem drei Sorten von internen Unterscheidungen getreten:

(1) Der latente Einfluß der marxistischen Basis-Überbau-Theorie bleibt in der Unterscheidung von K. und *Sozialstruktur* auch noch in konservativen Soziologien wirksam. So unterscheidet z. B. Daniel Bell (1979, 52–53) die K. als identitätsverbürgendes «Reich der Sensibilität, des Gefühls, der Sittlichkeit und des all diese Gefühle ordnenden Verstandes» von der Sozialstruktur, die er als «techno-ökonomische Ordnung» definiert. Auf der Basis dieser Differenzierung kann man einen eher kulturalistischen von einem eher funktionalistischen Ansatz trennen. Kulturalisten deuten auch die Sozialstruktur als primär kulturellen Sinnzusammenhang. Dann können ‹Sozialstruktur› und K. z. B. durch die These von der Konkurrenz zweier Kulturen, einer technisch-wissenschaftlichen und einer humanistisch-gebildeten, aufeinander bezogen werden (Snow 1964; Taylor 1975). Funktionalisten wie Parsons und Luhmann, aber auch strukturalistische und objektivistische Marxisten hingegen versuchen, die Sozialstruktur systemtheoretisch als Zusammenhang «normfreier Sozialität» (Luhmann 1977) zu fassen und die K. als kulturelles Subsystem in die Umwelt des → sozialen Systems abzudrängen (Parsons 1975, 22f).

(2) Eher klassenanalytische Gesichtspunkte, die auf Lenin und Gramsci zurückgehen, prägen die Unterscheidung klassen- bzw. schichtspezifischer → Subkulturen. Der Klassenkampf soll nicht auf instrumentelle Verteilungskämpfe reduziert werden, sondern wird als Kampf um kulturelle Hegemonie und Anerkennung gedeutet (Thompson 1980; Willis 1981; Bourdieu 1982). Willis z. B. verbindet die Klassenanalyse der K. mit einer Version der These von den zwei Kulturen zu dem Gegensatz von profaner und sakraler K. (Willis 1981; Maas 1981). Bourdieu geht in seiner Theorie der «feinen Unterschiede» von einer sozialstrukturell-funktionalistisch, in utilitaristischen Handlungsmustern verankerten Dreiteilung der Klassenkulturen aus (Bourdieu 1982; Honneth 1983).

(3) An Durkheim und Parsons schließt die Differenzierung von K., *Gesellschaft* und *Person* an, die zuletzt Habermas (1981, Bd. 2) aufgegriffen hat. K. wird hier als lebensweltlicher Kontext tradierten Wissens definiert, der «gemeinsam mit Gesellschaft und Persönlichkeit» ein empirischer «Bestandteil» der → Lebenswelt (im Unterschied zu den normfreien Sozialsystemen) ist (ebd., 347). Die K., in der mit dem objektivierten Wissen zugleich die Rationalitätsmaßstäbe der Gesellschaft insgesamt verankert sind, hat gegenüber der Normativität der Gesellschaft und der Subjektivität der Person freilich einen eigentümlichen, quasi-transzendentalen Doppelstatus, der ihrer Faktizität die kritisch-normative Kraft verleiht, das bloß Faktische auch zu transzendieren. Dieser Begriff der K. eröffnet, diesseits der absolutistischen Ansprüche der idealistischen Philosophie, eine Chance, Hegels Idee einer empirisch verkörperten → Vernunft soziologisch zu verteidigen (Brunkhorst 1983).

Bell, D.: Die Zukunft der westlichen Welt. Frankfurt/M. 1979.
Bourdieu, P.: Die feinen Unterschiede. Frankfurt/M. 1982.
Brunkhorst, H.: Kommunikative Vernunft und rächende Gewalt. In: Sozialwissenschaftliche Literaturrundschau 1983.
Freud, S.: Die Zukunft einer Illusion. In: Ders.: Massenpsychologie und Ich-Analyse. Frankfurt/M. 1967.
Habermas, J.: Theorie des kommunikativen Handelns. Bd. 2. Frankfurt/M. 1981.
Honneth, A.: Die zerrissene Welt der symbolischen Formen. In: Kölner Zeitschrift für Soziologie 1983.
Lorenzen, P.: Regeln vernünftigen Argumentierens. Erlangen 1978.
–: Szientismus versus Dialektik. In: Bubner, R./Cramer, K. & R. Wiehl (Hrsg.): Hermeneutik und Dialektik I. Tübingen 1970.
Luhmann, N.: Einleitung zu Durkheim «De la division du travail social». Frankfurt/M. 1977.
Maas, U.: Nachwort zu: P. Willis: Profane Culture. Frankfurt/M. 1981.
–: Eine historische Anmerkung zur Kulturdiskussion. In: Held, J. (Hrsg.): Kunst und Alltagskultur. Köln 1981.
Marcuse, H.: Triebstruktur und Gesellschaft. Frankfurt/M. 1965.
Parsons, T.: Gesellschaften. Frankfurt/M. 1975.
Schnädelbach, H.: Philosophie in Deutschland 1831–1933. Frankfurt/M. 1983.
Snow, P.: The two Cultures: And a Second Look (The New American Library). 1964.
Spengler, O.: Der Untergang des Abendlandes. München 1980.
Taylor, Ch.: Erklärung und Interpretation in den Wissenschaften vom Menschen. Frankfurt/M. 1975.
Thompson, E. P.: Plebeische Kultur und moralische Ökonomie. Frankfurt/M. 1980.
Tugendhat, E.: Einführung in die sprachanalytische Philosophie. Frankfurt/M. 1976.
Tylor, E.: Primitive Culture. New York 1871.
Vico, G.: Die neue Wissenschaft über die gemeinschaftliche Natur der Völker. Berlin 1965.
Willis, P.: Profane Culture. Frankfurt/M. 1981.

Hauke Brunkhorst

Kybernetik

Die K. ist eine noch junge Wissenschaft, deren Beginn im allgemeinen in das Jahr 1948 datiert wird, in dem N. Wiener (1963) sein Buch «Kybernetik» veröffentlichte. Der Beginn der Erforschung von Regelungs- und Rückkoppelungsprozessen läßt sich jedoch früher finden: 1785 erfand

J. Watt den Fliehkraftregler zur automatischen Regulierung von Dampfmaschinen; J. C. Maxwell setzte diese Entwicklung der Regelungstechnik durch die theoretische Untersuchung von Rückkoppelungsprozessen (an Hand des Wattschen Fliehkraftreglers) fort; einen weiterführenden Schritt vollzog R. Wagner, der 1925 den biologischen Bereich regelungstheoretischer Betrachtungsweise aufschloß. Den später weitergeführten Versuch der Verbindung qualitativ verschiedener Gegenstandsbereiche (technische, biologische und soziale Systeme) nach den Prinzipien der Regelung, Rückkoppelung und der Informationsübertragung bezeichnete N. Wiener mit dem Begriff «Kybernetik», der von dem griechischen *kybernetes* (Steuermann) abgeleitet ist. Der Informationsbegriff konnte erst durch die Arbeiten von C. E. Shannon, der eine quantitative Informationstheorie entwickelte, für die K. fruchtbar gemacht werden.

Es gibt bis heute weder ein einheitliches kybernetisches Begriffsinstrumentarium noch einheitliche Definitionen des K.-Begriffs. Da die Zurechnung der Informationstheorie zur K. nicht unbestritten ist, teilen sich nach Stachowiak fast alle Definitionsversuche der K. in zwei Klassen, die sich in der Betonung des informationellen Gesichtspunktes unterscheiden. Stachowiak (1969, 910), der neben G. Klaus, H. Schmidt, R. Wagner u. a. sich selbst den Vertretern einer «engen» Definition zuordnet, «schlägt vor, mit Kybernetik die mathematische Theorie der Übertragungsvorgänge und -systeme mit Rückkoppelung zu bezeichnen und die reine (formale) von der angewandten (empirischen) Kybernetik zu unterscheiden. Die (Shannonsche) Informationstheorie in ihrer weiterentwickelten abstrakten Gestalt (...) wird dabei als (wahrscheinlichkeitstheoretische) Hilfswissenschaft der Kybernetik aufgefaßt...» Die Informationstheorie als wesentlichen Bestimmungsgesichtspunkt auffassende Vertreter sind u. a. neben N. Wiener H. Frank und K. Steinbuch. Nach Frank zeichnet sich die K. aus durch «wissenschaftliche und technische Strömungen, die unter dem Einfluß der Rechenautomaten- und Regelungstechnik verschiedene biologische, nachrichtentechnische und humanwissenschaftliche Spezialgebiete als Sonderfälle derselben Problemkreise (Nachrichtenverarbeitung, Regelung) betrachten» (Stachowiak 1969, 911).

Frank (1966, 30) unterteilt die K. in technische und materielle K., denen die formale K. zugrunde liegt. Während die formale K. von der Materialität der zu untersuchenden Gegenstände wie auch von den physikalischen Gesetzen abstrahiert (Ashby 1974, 16), sondern sich nur mit der Struktur und der Funktion abstrakter dynamischer Systeme bzw. der Form der Informationsverarbeitung in solchen Systemen befaßt, wird sie in der materialen K. (Informationswissenschaft, Biokybernetik, Ingenieurkybernetik) konkretisiert und durch die technische K. (Soziotechnik, Biotechnik, Maschinentechnik) in konkrete Systeme und Prozesse umgesetzt. Ein kybernetisches System ist durch folgende Merkmale bestimmt: Es muß zielgerichtet sein (d. h. einen vorgegebenen Sollwert anstreben), einen Regelkreis enthalten (in dem die Werte der Ausgangsgrößen des Systems über ein Meßglied, das den Ist-Wert des Systems feststellt, eine Vergleichsstelle, die die Abweichung des Ist-Wertes vom Soll-Wert mißt, und ein Stellglied, das Korrekturmaßnahmen zur Herstellung des Soll-Wertes in der Regelstrecke einleitet, als Werte der Eingangsgrößen mit dem System rückgekoppelt werden), sich selbst regulieren (ohne Eingriffe von ‹außen›), eine Umwelt besitzen und störanfällig sein (das System reagiert auf Störungen aus der Umwelt, die eine Abweichung des Ist-Wertes vom Soll-Wert herbeiführen). Beispiele für einfache bzw. hochkomplexe Systeme sind die Heizung mit Thermostat, im biologischen Bereich die Komplexe zur Regelung der Bluttemperatur und der Atmung (Homöostase), im Produktionsbereich Industrieroboter (Lenkung von Fertigungsprozessen), im soziotechnischen und humanwissenschaftlichen Bereich anpassungsfähige Lehrmaschinen (kybernetische Regelungsvorrichtungen für den Lernprozeß).

Das methodische Instrumentarium der K. (u. a. Trial-and-error-Methode, Modellmethode, Black-box-Methode) ist z. T. dem → Behaviorismus entlehnt, ohne daß notwendig die behavioristischen Implikate des Verzichts auf Beschreibung subjektiver Bewußtseinsinhalte und Strukturen übernommen werden. Die Modellmethode hat in jüngster Zeit durch Stachowiak (1973) einen bedeutenden philosophischen Stellenwert eingenommen, der – vom angelsächsischen → Pragmatismus beeinflußt – die Entwicklung einer kybernetischen → Erkenntnis- und Handlungstheorie versuchte. Die Brauchbarkeit des Stachowiakschen Ansatzes ist allerdings durch die Übernahme positivistischer Postulate (u. a. Wertfreiheit, Primat der Logik, Verifikation, Basiskonventionalismus) eingeschränkt (→ Positivismus).

Auf Grund der Vielzahl heterogener Einschätzungen kybernetischer Sachverhalte und unterschiedlicher Interpretationen des philosophisch-weltanschaulichen Stellenwertes der K. ist ihre wissenschaftliche Ortung kaum eindeutig vorzunehmen. Insbesondere steht die Beantwortung der Frage noch offen, ob die K. Teil der allgemeinen → Systemtheorie sei oder umgekehrt die K. als Metawissenschaft die allgemeine Systemtheorie als Teildisziplin enthalte. In Anlehnung an die Wienersche Bestimmung des für die K. zentralen Begriffes der Information – Information sei weder Materie noch Energie – ist versucht worden, einen neuen, transklassischen Wissenschaftsbegriff zu postulieren, durch den sowohl die Kluft zwischen Natur- und Geisteswissenschaften geschlossen wie auch die weltanschaulichen Differenzen zwischen Materialismus und Idealismus aufgehoben werden sollen (Günther 1963, 1976, 1979, 1980).

Untersuchungen weltanschaulicher Fragen vermittels kybernetischer Analyse unternahmen u. a. Paloczi-Horvath (1963), der versuchte, die Unverträglichkeit der K. mit den Lehren des → Marxismus-Leninismus aufzuzeigen, Klaus (1972) mit der Behauptung, daß die K. eine Bestätigung des dialektischen Materialismus sei, und Ducrocq (1955), der mit kybernetischen Mitteln den Nachweis erbrachte, daß es kein stabiles ökonomisches System des Monopolkapitalismus geben könne (→ Kapitalismus).

Die kybernetischen Denkmodelle finden Anwendung in der Biologie, Psychologie, Medizin, Linguistik, Ökonomie, Politologie, Pädagogik, Wirtschafts- und Sozialwissenschaften u. a. Von einem entscheidenden Durchbruch kybernetischer Denkweisen in den Sozialwissenschaften und der → Soziologie kann jedoch nicht gesprochen werden, da die Entwicklung technischer Systeme in diesen Bereichen eine starke Formalisierbarkeit und die Einführung mathematischer Methoden voraussetzt. Die Reduktion soziologischer Kategorien auf kybernetisch-technische (vgl. Deutsch 1969) und die Ontologisierung kybernetisch-soziologischer Modelle bzw. des Systembegriffs (s. Klaus/Thiel 1962) lassen den Vorwurf aufkommen, gesellschaftliche Entwicklung werde vermittels genereller Funktionen, die jedem System zukommen, jenseits historischer Erklärung als Ausdruck von Sach- und Systemzwängen begriffen (Narr 1967). Problematisch bleibt in der kybernetischen Gesellschaftsanalyse die Zielgenese, da die den Soll-Wert setzende Instanz nicht Bestandteil des Regelkreisschemas und somit dem kybernetischen Zugriff entzogen ist. Damit sind der fruchtbaren Anwendung der K. im sozialwissenschaftlich-soziologischen Bereich enge Grenzen gesetzt, wie auch Opp (1970) nachgewiesen hat.

Ashby, W. R.: Einführung in die Kybernetik. Frankfurt/M. 1974.
Deutsch, K. W.: Politische Kybernetik. Freiburg 1969.
Ducrocq, A.: Die Entdeckung der Kybernetik. Frankfurt/M. 1955.
Frank, H.: Kybernetische Grundlagen der Pädagogik. Baden-Baden 1962.
–: Kybernetik und Philosophie. Berlin 1966.
Günther, G.: Das Bewußtsein der Maschinen. Baden-Baden/Krefeld 1963.
–: Beiträge zur Grundlegung einer operationsfähigen Dialektik. 3 Bde. Hamburg 1976, 1979, 1980.
Klaus, G.: Kybernetik und Erkenntnistheorie. Berlin (DDR) 1972.
– & R. Thiel: Über die Existenz kybernetischer Systeme in der Gesellschaft. In: DZfPH, 1962, 10, 1.
Narr, W.-D.: Systemzwang als neue Kategorie in Wissenschaft und Politik. In: Atomzeitalter, 1967, 7/8.
Opp, K.-D.: Kybernetik und Soziologie. Neuwied 1970.
Paloczi-Horvath, G.: Rebellion der Tatsachen. Frankfurt/M. 1963.
Stachowiak, H.: Allgemeine Modelltheorie. Wien/New York 1973.

–: Kybernetik. In : Grochla, E. (Hrsg.): Handwörterbuch der Organisation. Stuttgart 1969.
Wiener, N.: Kybernetik – Regelung und Nachrichtenübertragung im Lebewesen und in der Maschine. Düsseldorf/Wien 1963.

Johann Hoppmann

Labeling Approach

Der L. A. fragt danach, was aus einer Handlung gesellschaftlich gemacht wird, die in einem spezifischen gesellschaftlichen Kontext als Verletzung einer als gültig betrachteten Regel wahrgenommen und eingeordnet wird. Welche Motive der Handelnde auch immer gehabt haben mag, welche Ursachen auch immer zu dieser Handlung geführt haben mögen, entscheidend dafür, als was diese Handlung gesellschaftlich gilt und zu welchen Konsequenzen sie für den Handelnden führen wird, sind die sozialen Kognitions- und Reaktionsmuster im sozialen Bezugssystem (→ Handeln, soziales).

Der L. A. ist ab Mitte der 60er Jahre zunehmend zum vorherrschenden Ansatz der Erklärung abweichenden Verhaltens geworden, hat aber gegen Ende der 70er Jahre seine Stellung wieder eingebüßt; danach war von der «Nach-Labeling-Phase» die Rede (Sack 1978, 270). Für den L. A. sind im deutschsprachigen Raum verschiedene Varianten der Eindeutschung aufgetreten: Definitionsansatz, Etikettierungstheorie, Reaktionsansatz, Kontrolltheorie, Stigmatisierungstheorie oder auch prozessualer Ansatz. Gegenüber der anglizistischen Version (Labeling-Perspektive) hat sich keine dieser Varianten so recht durchsetzen können, weil sie entweder ein einzelnes Element einer Gesamtperspektive isoliert zum Wesentlichen machen (Definition, Etikettierung oder Stigma) oder sich zu sehr von einer wissenschaftsinternen Systematisierung ableiten, die zu voraussetzungsvoll ist (Verhalten versus Reaktion/Kontrolle oder strukturell versus prozessual). Die mißlungenen Versuche der Namensgebung bringen zugleich ein typisches Problem der Theoriegeschichte des L. A. zum Ausdruck. Nicht ganz ohne Zutun seiner Anhänger sind von ihm Primitivversionen oder Karikaturen kolportiert und dann auch lächerlich gemacht worden. Das häufigste Mißverständnis resultiert aus der Überbetonung sprachlicher Reaktionsmuster in Form der Zurechnung bestimmter Handlungsweisen zu sozialen → Stereotypen (z. B. die Bezeichnung ungewöhnlicher Wahrnehmungen als ‹psychisch krank› oder einer Regelverletzung als ‹delinquent›) (→ Kriminalität). Was gelegentlich wie das Wirken von Sprachmagie dargestellt wird, ist die Verkürzung einer sozialwissenschaftlichen Grundhaltung, die die interpretative Aneignung von sozialer Realität ins Zentrum rückt. Der L. A. ist nur aus seiner Zugehörigkeit zu dieser grundlagentheoretischen Position angemessen verständlich zu machen.

Grundlagentheoretisches Rahmenkonzept

Der L. A. stellt eine jener Forschungsrichtungen dar, die als ‹interpretative Sozialwissenschaften› zusammengefaßt werden. Die Gründergeneration des L. A. versteht sich in der Tradition des → Symbolischen Interaktionismus (so Edwin M. Lemert, Howard S. Becker, Kai T. Erikson oder John Kitsuse), seine Ausformulierung und Weiterentwicklung haben am konsequentesten Vertreter des ethnomethodologischen Ansatzes (→ Ethnomethodologie) betrieben (z. B. Aaron V. Cicourel, Stephen J. Phohl oder Wolfgang Keckeisen). Interpretative Sozialwissenschaft bemüht sich um eine Rekonstruktion der alltäglichen Herstellungsprozesse von Bedeutung und Sinn, die Ereignissen und Handlungen zugemessen werden. Ein Ereignis oder eine Handlungsweise haben keine immer schon feststehenden ihnen innewohnenden Bedeutungen, sondern diese sind das Ergebnis sozialer Konstruktionen und Herstellungsleistungen. Ihr interpretativer Nachvollzug erfordert eine genaue Analyse der jeweiligen situativen Kontextbedingungen, und sie erfordert ein Anknüpfen an den Produzenten alltäglicher Sinnstiftung. Mit dieser Ausrichtung befindet sich interpretative Sozialwissenschaft im paradigmatischen Widerspruch zu allen «absolutistischen» oder «normativistischen» Positionen (so werden sie von Douglas/Waksler 1982 bezeichnet), für die gesellschaftliche Realität in einem fixen Koordinatensystem (Wertehierarchie, Rollenmuster etc.) geordnet wird und jede Handlung eine klare Zuordnung zu den Koordinaten hat. Bezogen auf abweichendes Handeln heißt das, daß eine Handlung nicht per se abweichenden Charakter haben kann, sondern erst im Prozeß gesellschaftlicher Sinnsetzung zur Abweichung wird. Mit diesem konzeptuellen Kern befand sich der L. A. auf Konfliktkurs mit den vorherrschenden Devianztheorien, die entweder von der Annahme ausgingen, daß es benennbare Besonderheiten der abweichenden Person (biologische oder psychologische Merkmale) sind, die den abweichenden Status konstituieren, oder daß es eindeutige normative Kriterien gibt, nach denen Devianz fixiert werden könne (→ Normen).

Gesellschaftspolitische Randbedingungen für die Konjunktur des L. A.

Der konzeptuelle Kern des L. A. ist wesentlich älter als diese Perspektive selbst. Diese hat als gesellschaftspolitische Voraussetzung die gesellschaftliche Krise spätkapitalistischer Gesellschaften in den 60er und frühen 70er Jahren gebraucht, in der alle staatlichen → Institutionen unter massiven Reformdruck gerieten (→ Kapitalismus/→ Krisentheorien). Deren repressiver Charakter, ihre Funktionen unterdrückender → sozialer Kontrolle gerieten ins Aufmerksamkeitszentrum liberaler und kritischer Sozialwissenschaftler. Neben den Institutionen des Bildungssystems waren es vor allem die verschiedenen Institutionen der Fürsorge, der Justiz und des Gesundheitswesens, deren stigmatisierende Folgen aufgezeigt wurden. Aus welchen Gründen auch immer eine Person in die institutionellen Mühlen der staatlichen Kontrollapparate gekommen sein mochte, was ihnen dort an ‹Surplus-Leiden› zugefügt wurde, wurde als der eigentliche Skandal betrachtet: Ein sozial extrem benachteiligter Jugendlicher, der durch einen Diebstahl am gesellschaftlichen Konsumreichtum teilzuhaben versucht, wird im Strafvollzug erst zum Verbrecher gemacht; oder eine Person, die in einer psychischen Krise in eine Irrenanstalt eingewiesen wird, wird durch die hospitalisierenden Anstaltstrukturen erst zum chronischen Patienten. Solche Skandale ließen sich in ernsthaften empirischen Analysen durchaus beweiskräftig belegen. Der L. A. lieferte für solche Befunde den verallgemeinerungsfähigen devianztheoretischen Rahmen, und auf diesem Hintergrund werden dann auch Begriffe wie Stigmatisierungstheorie oder Kontrolltheorie verständlich. Aus diesem Kontext wird auch der «Institutionenbias» erklärbar, der dem L. A. von seinen Kritikern vorgehalten wurde (vgl. Keupp 1976). In vielen Analysen wurden die stigmatisierenden Folgen institutioneller Alltagsroutine aufgezeigt, und dabei geriet in den interaktionistischen Fokus des L. A. die Ebene des Vollzugspersonals, das harscher Kritik ausgesetzt war, wohingegen die Funktionsprinzipien sozialer Kontrolle, die ein spezifisches institutionelles Arrangement erst ermöglichen, unterbelichtet blieben. Der Reformismusvorwurf ließ dann auch gegenüber den Anhängern des L. A nicht lange auf sich warten (z. B. Gouldner 1974).

Die konzeptuelle Kerngestalt des L. A.
Die schon eingeführte Prämisse des L. A., daß Abweichung eine gesellschaftliche Konstruktion der sozialen Akteure ist (so etwa Douglas/Waksler [1982, 23] oder Schur [1979, 8] stellvertretend für viele), führt zur Formulierung von Forschungsfragen wie diesen: Was sehen verschiedene Gesellschaftsmitglieder für richtig und falsch, gut oder böse, legal oder illegal an? Wann kommen ihre Definitionen zur Anwendung – in jedem Fall oder nur in einigen Situationen? Welches sind die Folgen der Anwendung solcher Definitionen auf einzelne Gesellschaftsmitglieder?

Bei der Suche nach jeweils spezifischen empirischen Antworten auf diese Fragen wird das sensibilisierende Potential des L. A. erkennbar. Das Wesen von Devianz wird nicht mehr essentialistisch bestimmt oder abstrakt aus einem Modell gesellschaftlicher Geordnetheit bestimmt; vielmehr werden die Definitionen in ihrem je konkreten Gebrauch in einer spezifischen historischen Situation rekonstruiert (Pfohl 1981). Mit Edwin Schur (1980, 10) läßt sich die grundlegende Perspektive des L. A. am besten in der Frage zusammenfassen, «was aus einer Handlung gesellschaftlich gemacht wird». Für jede Handlung läßt sich ein Kontext denken, in dem sie als regelverletzend wahrgenommen und behandelt wird. In der Begrifflichkeit des L. A. wird die Wahrnehmung oder Vermutung einer regelverletzenden Handlung als «primäre Abweichung» bezeichnet, deren individuelle Motive oder Anlässe vernachlässigt werden können, weil sie in den gesellschaftlichen Reaktionen keine Rolle spielen. Für diese sind entscheidend, welche Motive und Gründe der Handlung zugeschrieben werden und ob sie als tolerierbare Rechtfertigung akzeptiert werden können oder ob sie als sanktionswürdig betrachtet werden. Im ersten Fall kann das Resultat in Normalisierungsprozessen bestehen oder sogar soziale Wandlungsvorgänge (→ sozialer Wandel) initiieren. Im zweiten Fall wird über die gesellschaftliche Reaktion der abweichende Status einer Person konstruiert; es kommt zum Stadium der «sekundären Abweichung», in der sich die → Identität einer Person um das Merkmal ihrer so fixierten Abweichung stabilisieren kann (Lemert 1967).

Evaluation der Perspektive

Die große Konjunktur des L. A. ist vorbei, eine Welle der Kritik ist über ihn hinweggerollt. Sie fand in der theoretischen und empirischen Fundierung eine Vielzahl von Schwachstellen (vgl. Keupp 1976); aber ein erheblicher Teil der Kritik wurde von Vertretern traditioneller Devianzperspektiven vorgetragen, die nach Jahren der Lähmung verlorengegangenes Terrain wiederzugewinnen versuchten. In dieser Kritikrichtung lassen sich systematische Mißverständnisse zeigen (vgl. vor allem Gove 1980; dazu allgemein: Keupp 1983), die den konzeptuellen Kern des L. A. verfehlen.

Was ist geblieben? Der L. A. konnte sicherlich nicht zu einer umfassenden Alternative in der Devianzforschung werden; dazu war sein Fragehorizont zu eng gezogen. Aber er war und ist ein wichtiger Motor ‹konzeptueller Unruhe› in der Devianzforschung geworden, er hat neue Problemsichten eröffnet, die er mit seinen eigenen konzeptuellen Ressourcen nicht allein realisieren kann, in deren Thematisierung und Bearbeitung er aber ‹aufgehoben› ist. Einige dieser Problemsichten seien abschließend angerissen.

(1) Der *Zusammenhang von Abweichung und sozialer Kontrolle* ist nach den Argumenten des L. A. nicht mehr auftrennbar. Reine Tätertheorien dürften keine Chance mehr haben. Durch die systematische Verknüpfung von Abweichungs- und Kontrollforschung profitiert die Devianzforschung entscheidend von Weiterentwicklungen der Analysen und Theorien sozialer Kontrolle. Das gilt für alle Versuche, die sich um eine makrosoziale Fundierung sozialer Kontrolle bemühen (z. B. ökonomische

Kontrolltheorien oder der Kontrollcharakter sozialpolitischer Interventionen; vgl. Scull 1980), wie auch für solche, die die Formulierung sozialisations- und subjekttheoretischer Ansätze sozialer Kontrollmodi zum Ziel haben (wie die Internalisierungsthese der Konfigurationssoziologie).

(2) Ein entscheidender Teil der Kontrolle abweichenden Handelns vollzieht sich in der *Produktionslogik der Institutionen der Dienstleistungsgesellschaft*. Deren gesellschaftliche Funktion läßt sich zwar in Staatstheorien abstrakt richtig bestimmen; aber ihre konkrete Arbeitsweise bedarf intensiver Analyse. Dabei werden die Vollzugswirklichkeit von Organisationen oder konkrete Muster der → Professionalisierung wichtig. Es gilt, die «Mikropolitik» der Problembearbeitung (Emerson/Messinger 1977), die Aushandlungsprozesse von Problemdefinitionen (Kahne/Schwartz 1978) und die Herstellung von Ausgrenzung oder Fürsorglichkeit zu identifizieren (z. B. Estroff 1981; Gubrium/Buckholdt 1982; Wolff 1983).

(3) In seiner advokatorischen Parteinahme für ausgegrenzte und stigmatisierte Personen und Populationen hat der L. A. einer Passivierung der devianten Subjekte theoretisch Vorschub geleistet (‹Opfermentalität›), was sich vor allem in einer Vernachlässigung der Subjektseite im Stadium der ‹primären Abweichung› und in einer Überbetonung der sozialisierenden Effekte der gesellschaftlichen Reaktionsmuster ausdrückte. Durch die Entstehung von selbstorganisierten alternativen Lebensformen und Widerstandsgruppen, die sich an brüchiger werdenden Grenzlinien von gesellschaftlich definierter Normalität und in Reaktion auf bestehende institutionelle Verarbeitungsmuster von Devianz bilden, läßt sich eine *konzeptuelle Aufwertung der Subjekte* beobachten, deren Handeln von identifizierbaren Bedürfnissen getragen wird (vgl. Kitsuse 1980; Schur 1980; Piven 1981).

Douglas, J. D. & F. C. Waksler: The sociology of deviance. Boston 1982.

Emerson, R. M. & S. Messinger: The micro-politics of trouble. In: Social Problems, 1977, 25, 121–134.

Estroff, S. E.: Making is crazy. Berkeley 1981.

Ferchhoff, W. & F. Peters: Die Produktion abweichenden Verhaltens. Bielefeld 1981.

Gouldner, A. W.: Die westliche Soziologie in der Krise. Reinbek bei Hamburg 1974.

Gove, W. R. (Hrsg.): The labeling of deviance. Beverly Hills 1980².

Gubrium, J. F. & D. R. Buckholdt: Describing care. Cambridge (Mass.) 1982.

Kahne, M. J. & C. G. Schwartz: Negotiating trouble: The social construction and management of trouble in a college psychiatric context. In: Social Problems, 1978, 25, 461–475.

Keupp, H.: Abweichung und Alltagsroutine. Die Labeling-Perspektive in Theorie und Praxis. Hamburg 1976.

–: Kriminalität als soziale Konstruktion – Zum interpretativen Potential der La-

beling-Perspektive. In: Lösel, F. (Hrsg.): Kriminalpsychologie. Weinheim/Basel 1983.
Kitsuse, J. I.: Coming out all over: Deviants and the politics of social problems. In: Social Problems, 1980, 28, 1–13.
Lemert, E. M.: Human deviance, social problems and social control. Englewood Cliffs (N. J.) 1967.
Pfohl, S. J.: Ethomethodology and criminology: The social construction of crime and the criminal. In: Barak-Glantz, I. L. & C. R. Huff (Hrsg.): The mad, the bad, and the different. Lexington 1981.
Piven, F. F.: Deviant behavior and the remaking of the world. In: Social Problems, 1981, 28, 489–508.
Sack, F.: Probleme der Kriminalsoziologie. In: König, R. (Hrsg.): Handbuch der empirischen Sozialforschung. Band 12. Stuttgart 1978[3].
Schur, E. M.: Interpreting deviance. New York 1979.
–: The politics of deviance. Stigma contests and the uses of power. Englewood Cliffs/New York 1980.
Scull, A. T.: Die Anstalten öffnen? Decarceration der Irren und Häftlinge. Frankfurt/M. 1980.
Wolff, S.: Produktion von Fürsorglichkeit. Bielefeld 1983.

Heiner Keupp

Lebenswelt

Herkünfte und Entwicklungen

Das Konzept der L. dient von Anfang an auch als Rezept gegen eine szientifische und institutionelle Über- oder Verformung des Lebens, und es gehört bis heute in das schillernde Vokabular von Krise und Kritik. Schon bevor Husserl das Wort zu philosophischen Ehren brachte, setzte ein bekannter Kulturphilosoph wie R. Eucken («Erkennen und Erleben», 1912) der zweckrational verdünnten «Daseinswelt» eine integrative «Lebenswelt» entgegen (s. Fellmann 1983), und auf positivistischem Hintergrund hatte noch früher R. Avenarius («Der menschliche Weltbegriff», 1891) den Rückgriff auf einen «natürlichen Weltbegriff» gefordert. Diese Zusammenhänge waren Husserl durchaus bewußt, als er in den «Ideen I» (1913, §§ 27 ff) den Einstieg in die → Phänomenologie über die «Welt der natürlichen Einstellung» suchte, d. h. über eine *natürliche Umwelt*, die sich vor den «idealen Umwelten» der Wissenschaften durch ihre fraglose und ständige Gegenwart auszeichnet und sich von vornherein als Welt der Sachen, Werte und Güter und als soziale und intersubjektive Umwelt darstellt. Parallel dazu entwickelt Scheler eine Theorie des *Milieus* als einer praktischen Welt von Dingen, die durch eine «natürliche

Weltanschauung» erschlossen und als wirksam erlebt, nicht bloß theoretisch gewußt werden («Der Formalismus in der Ethik», 1913, 1966[5], 153ff). Heidegger verarbeitet den «natürlichen Weltbegriff» zu einer *Alltäglichkeit des Daseins* («Sein und Zeit», 1927, § 11). Bei A. Gurwitsch (postum 1976) werden diese Ideen gebündelt, gestalttheoretisch angereichert und mit M. Webers sozialen Prozessen der Veralltäglichung verknüpft. Obwohl Husserl diese Entwicklungen mit angeregt hat, zielen sie teilweise an seiner eigenen Konzeption der L. vorbei. Selber taucht sie erstmals zu Anfang der 20er Jahre unter diesem Titel auf (s. «Ideen II», Huss. IV, 374 f) und rückt dann in der späten Krisis-Abhandlung (1. Teil: Belgrad 1936, endgültige Fassung 1954) ins Zentrum des Blickfeldes.

Funktionen und Strukturen

L. ist für Husserl nicht Gegenstand schlichter Beschreibung oder gar Ziel einer Suche nach der Unmittelbarkeit des Lebens, sondern Thema einer methodischen Rückfrage, die in drei Richtungen zielt. Sie sucht nach einem Fundament für die bodenlos gewordenen Wissenschaften, nach einem Einstieg in eine subjektorientierte transzendentale Phänomenologie und nach einer geschichtlichen Gesamtperspektive, die den Zerfall der Welt in eine Vielfalt von Sonderwelten aufhält. Insofern kommt der L. eine Boden-, eine Leitfaden- und eine Einigungsfunktion zu. Dabei behält der L.-Begriff etwas Schillerndes. In der «Krisis» spricht Husserl einmal von einer *konkreten* L. (134), die nicht nur Ziele, Resultate und Wahrheiten des → Alltags umfaßt, sondern auch die der Wissenschaften. Zum anderen ist die Rede von *relativen* Lebenswelten (150), wobei an historische wie an berufliche Sonderwelten zu denken ist. Von beiden wird unterschieden ein «*abstrakt* herauszupräparierender Weltkern», nämlich die «Welt der schlichten intersubjektiven Erfahrungen» (136). Erst sie gilt als das Erstgegebene und Letztregelnde, das den fraglichen Funktionen gerecht wird. Husserl entfaltet seine Theorie so, daß er zunächst die Konstruktionen der objektiven Wissenschaften auf die anschauliche L. zurückbezieht, sodann die Relativitäten und Selbstverständlichkeiten der L. durchbricht in Richtung auf eine universale → Vernunft. Die Vernunftbetrachtung hat selber zur Anfangsstufe eine Ontologie der L., die aus den universalen Strukturen der vorgegebenen L. ein «lebensweltliches Apriori» gewinnt, und die Endstufe bildet eine transzendentale Theorie der L., die deren Vorgegebenheit in die Vorleistung einer transzendentalen Subjektivität und Intersubjektivität zurückverwandelt und das lebensweltliche Apriori in ein universales Apriori integriert (§ 51). Damit öffnet sich zugleich der Weg zu einer «universalen Kritik», die nicht nur eine neuartige Theorie, sondern auch eine neuartige Praxis verheißt (329). Die Wissenschaftskritik verbündet sich mit einer Lebenskritik, die von marxistisch inspirierten Phänomenologen wie E. Paci in eine Institutionenkritik umgemünzt wird (→ Institution).

Lebenswelt- und (Sozial-)Wissenschaften

Das Verhältnis von L. und Wissenschaft scheint zwiespältig, wenn nicht paradox. Als vergessenes *Fundament* erlaubt die L. eine Kritik an den neuzeitlichen Wissenschaften, sofern diese einem ‹Aberglauben der Tatsachen› huldigen, ideelle Konstrukte als Wirklichkeit ausgeben und die konstitutive Subjektivität selber der objektiven Welt zuschlagen. Andererseits soll die L. *Gegenstand* einer neuen Wissenschaft werden. Beides ist ohne Widerspruch nur möglich, wenn das Fundament nicht direkt in Anspruch genommen, sondern als solches durchschaut wird. Die nötige Distanz findet Husserl in der transzendentalen epochē, die eine «radikale Grundwissenschaft» (Krisis, 144) inauguriert und so eine transzendental orientierte, eidetisch umrissene human- und sozialwissenschaftliche → Forschung ermöglicht.

Daß die Problematik der L. tatsächlich in die Sozialforschung Einlaß fand, ist das Verdienst von A. Schütz. Selber verharrt er in der Mittellage einer «Ontologie der Lebenswelt» (s. o.). Er fragt nach den universalen Strukturen, die allen historisch-kulturellen Alltagswelten zugrunde liegen, und beiläufig auch nach dem Gesamtzusammenhang des Lebens, der verschiedenartige Sinnbereiche wie Alltag, Traum, Spiel und Wissenschaft durchzieht (s. Schütz 1971, 155, 284). Was in dem von Th. Luckmann bearbeiteten Nachlaßwerk unter dem Titel «Strukturen der Lebenswelt» abgehandelt wird, sind also in erster Linie Strukturen der *alltäglichen* L., deren transzendentaler Status in der Schwebe bleibt. Diese Akzentverschiebung führt zu einer «Allgemeinen Soziologie des Alltags» (Grathoff 1978, 74), die einer empirischen Alltagsforschung nicht nur den Boden bereitet, sondern auch – und nicht zu ihrem Nachteil – mehr und mehr in sie verquickt wird.

In jüngster Zeit knüpft J. Habermas (1981) hier an, indem er innerhalb seiner Theorie des kommunikativen Handelns die L. als Korrelat von Verständigungsprozessen einführt. Sie bildet den *Hintergrund* von Überzeugungen und den *Vorrat* an Interpretationen, auf Grund deren wir uns situativ über etwas verständigen. Dabei korrigiert Habermas die «kulturalistische Verkürzung» der phänomenologischen Konzeption, indem er (1) der kulturellen Reproduktion die soziale → Integration und → Sozialisation an die Seite stellt, (2) diese dreifache symbolische Reproduktion der L. durch die materielle Reproduktion ergänzt und (3) die Gesellschaft gleichzeitig unter der Binnenperspektive der L. und der Außenperspektive des Systems analysiert. Die «Entkoppelung von Lebenswelt und System» ist zugleich der Weg zu einer kritischen → Gesellschaftstheorie, die das Überhandnehmen systemischer Steuerungsprozesse als «Kolonialisierung der Lebenswelt» brandmarkt und so die sozialpathologische Kehrseite von Rationalisierungsprozessen in den Blick rückt (→ Rationalisierung). Wieweit damit die Möglichkeiten der phänomenologischen Konzeption ausgeschöpft sind, ist eine weitere Frage (s. Matthiesen 1983).

Aporien und Alternativen

Die Fortbildung des Husserlschen Theorems nährt Zweifel an den Fundierungsansprüchen, die sich mit ihm verknüpfen. Es fragt sich, ob eine abstraktiv gewonnene Erfahrungsschicht als grundlegende Erfahrung taugt, ob universale Strukturen ausreichen, um eine Kommunikation zwischen verschiedenartigen Sonderwelten zu gewährleisten, und ob ein Primat der Selbsterfahrung Fremdem sein Recht läßt. Ferner gilt es zu bedenken, ob nicht die Eigenleistung der Wissenschaften bei der Modell- und Paradigmenbildung (→ Paradigma) in einer lebensweltlichen Fundierung zu kurz kommt und ob die Technisierung der L. (s. Blumenberg 1963) allein durch eine reflexive Selbstbesinnung aufzufangen ist. Verzichtet man aber ersatzlos auf eine transzendentale Grundlegung, wie Schütz es nahelegt, so entsteht ein Vakuum; die Historizität wird wieder auf die Tatsachenebene abgedrängt, und das kritische Potential droht in puren Deskriptionen zu versickern. Alternativen böten sich an, wenn man die transzendentale Dimension strukturell differenziert und historisch mobilisiert; die eine L. verwandelt sich dann in ein Netz und eine Kette von Themen-, Berufs- und Lebensfeldern, an deren Schnittflächen und Bruchstellen eine spezifische Kritik Platz fände (s. Waldenfels, in: Ströker 1979). Die Antithese von Typik und Atypik, von Relevanz und Marginalität, die Schütz und Gurwitsch in die Forschung eingebracht haben, kommt erst recht zur Geltung, wenn die L. selektiven und exklusiven Strukturierungen ausgesetzt ist. Damit ergäben sich auch Verbindungen zu dem Theoriestrang, der von Husserls «Krisis» über Merleau-Pontys Leibanalysen bis hin zu Foucaults Diskurstheorien (→ Diskurs) reicht und in der Auflösung vermessener Fundierungsansprüche endet. Als *monde sauvage* (Merleau-Ponty) behielte die L. etwas von der Sprengkraft, die ihr von ihrer Herkunft her anhaftet und die nicht nach einer Überschau verlangt, sondern nach einem verfremdenden Seitenblick.

Blumenberg, H.: Lebenswelt und Technisierung. Turin 1963.
Brand, G.: Die Lebenswelt. Berlin 1971.
Fellmann, F.: Gelebte Philosophie in Deutschland. Freiburg/München 1983.
Grathoff, R.: Alltag und Lebenswelt als Gegenstand phänomenologischer Sozial-

theorie: In: Hammerich, K. & M. Klein: Materialien zur Soziologie des Alltags. Opladen 1978.
Gurwitsch, A.: Die mitmenschlichen Begegnungen in der Milieuwelt. Berlin 1977.
Habermas, J.: Theorie des kommunikativen Handelns. 2 Bde. Frankfurt/M. 1981.
Husserl, E.: Die Krisis der europäischen Wissenschaften und die transzendentale Phänomenologie. Den Haag 1954.
Janssen, P.: Geschichte und Lebenswelt. Den Haag 1970.
Lippitz, W.: «Lebenswelt» oder die Rehabilitierung vorwissenschaftlicher Erfahrung. Weinheim/Basel 1980.
Luckmann, Th.: Lebenswelt und Gesellschaft. Paderborn u. a. 1980.
Matthiesen, U.: Das Dickicht der Lebenswelt und die Theorie kommunikativen Handelns. München 1983.
Schütz, A.: Gesammelte Schriften I. Den Haag 1971.
– & Th. Luckmann: Strukturen der Lebenswelt. 2 Bde. Frankfurt/M. 1979, 1984.
Ströker, E. (Hrsg.): Lebenswelt und Wissenschaft in der Philosophie E. Husserls. Frankfurt/M. 1979.
Waldenfels, B. u. a. (Hrsg.): Phänomenologie und Marxismus. Bde. 2–3. Frankfurt/M. 1977/78.

Bernhard Waldenfels

Leitbilder, soziale

Begriffsgeschichte, Definitionen

In besonderer Weise ist das Aufkommen und die Ingebrauchnahme des Begriffs von Schwankungen der politischen → Kultur abhängig. Eine intensive Nutzung erfuhr der Begriff in den 50er Jahren, um dann aus der Forschung und den Medien zu verschwinden bzw. ein marginales Dasein zu fristen. Es gibt Anzeichen dafür, daß der Begriff in den 80er Jahren – jedenfalls publizistisch – wieder Terrain gewinnt. Diese konjunkturelle Nutzung des Begriffs mag vor allem damit zusammenhängen, daß L. einen kulturkritischen Beigeschmack hat: Die Klage über den ‹Mangel an echten L.› begleitet das Auftauchen des Begriffs, und diese pejorative Bedeutung ist wohl in Wissenschaft und Medien weiter verbreitet als eine fundierte Analyse realer L.

Versuche, den eher diffusen Begriff zu definieren, sind begrenzt überzeugungskräftig. Hartfiel versteht L. als erstrebenswerte Orientierungen für Personen, → Gruppen oder → Schichten, die Handeln und Entscheidungen beeinflussen, Thomae sieht L. als Übersetzung bestimmter Werte in zukunftsbezogene Verhaltensentwürfe. Papalekas betrachtet die Gerichtetheit auf konkrete und erreichbare Ziele als konstitutiv für den Begriff. Auch die Abgrenzung von Nachbarbegriffen konturiert das L. ansatzweise. L. wird unterschieden vom ‹sozialen Ideal›, das unabhängig davon gilt, ob es vollzogen wird oder nicht, und von der → ‹Utopie›, denn L. werden als real handlungsrelevant angesehen. Da der Begriff auch in der Psychologie gebraucht wird (besonders bei A. Adler, während durch E. Spranger der Begriff in die Entwicklungspsychologie Eingang findet), wird in der Literatur bisweilen eine Trennung zwischen psychologischer und soziologischer Dimension versucht. Psychologisch wird L. dann als teleologisches Prinzip begriffen, auf das hin sich eine menschliche Persönlichkeit in allen Äußerungsformen entwickeln kann und soll. Soziale L. stehen demgegenüber in deutlicherem Zusammenhang mit jeweiligen gesellschaftlichen Entwicklungen – sind, anders gesagt, zu begreifen als Ausdruck des Zeitgeistes. Praktische Bedeutung bekommt der Begriff L. da, wo er – in einer gewissen Nähe zur ‹Image-Forschung› – in der Markt- und Konsumentenforschung zum Instrument wird. Hartfiel bemerkt, daß dieser Wissenschaftszweig dann «Instrumente zur massenweisen geistigen Manipulation» hervorbringt, «um L. dorthin zu ‹leiten›, wo sie herrschenden politischen und ökonomischen Interessen nützlich sind».

Folgt man diesen Definitionen und Abgrenzungen, dann ist L. ein Begriff, der sich sinnvoll zuerst auf offene, mobile Gesellschaften anwenden läßt und nur begrenzt im Blick auf traditional-ständische Gesellschaften sinnfällig ist. Daß die Gesellschaft selbst entscheidbare Lebenspläne gestattet und Realisierungsmöglichkeiten für Alternativen bietet, ist eigentlich Voraussetzung für den Begriff L. Indessen stößt man bei der Analyse traditioneller Gesellschaften doch auf vergleichbare Konfigurationen: Als Äquivalent für L. könnte man die *kalokagathia* der griechischen Antike bzw. den *civis romanus* der römischen Antike ansehen. Im Mittelalter sind Fürstenspiegel und Handwerksspiegel eine Art traditionelles L. Oppositionelle L. mag man dann in den zahlreichen mittelalterlichen Erwekkungs- und Erneuerungsbewegungen sehen. Je stärker die Strukturen traditioneller Gesellschaften erodiert werden, desto eher dürfte die Möglichkeit entstehen, daß in einem → Individuum verschiedene L. wirksam werden, die auch nebeneinander und für verschiedene gesellschaftliche Segmente existieren können. Das erlaubt schließlich das Auftreten von L., deren Bedeutung weniger in ihrer gewünschten Realisierung liegt, sondern mehr in den Bereich nicht erfüllbarer Tagträume gehören (das mag von Goethes Mignon bis zum Abenteurer in der Zigarettenreklame reichen).

Die Diskussion der 50er Jahre

Die Untersuchungen von Wurzbacher, Papalekas, Boulding, Picht und Schelsky kennzeichnen eine Phase intensiver Auseinandersetzung mit dem Begriff, deren Schwerpunkt in den 50er Jahren liegt. Als Vorläufer dieser Diskussion ist Hippius zu nennen, der 1943 den Begriff benutzt, um

Menschen zu beschreiben, die sich einer bestimmten Weltanschauung und Lebensweise verpflichtet fühlen – Gralsritter und Gentleman sind für ihn Beispiele. Wurzbachers Untersuchung des L. im deutschen Familienleben stellt heraus, daß L. eher äußerliche Reaktionsmuster als persönlichkeitsbildende Zielvorstellungen vermitteln. Nach Papalekas entsprechen L. einem ursprünglichen und zentralen Bedürfnis des gesellschaftlichen Menschen. Während ständische Ordnungen durch allgemein zugrundeliegende anerkannte Wertsysteme die ihnen eigene Verteilung und Freisetzung der sozialen Chancen stabilisieren und legitimieren, haben industrielle Systeme (offene Gesellschaften) die alten Regulierungen von Zuständigkeiten aufgehoben, daraus entsteht der Bedarf an L. Papalekas stellt eine ältere Phase der Kollektiv-L. den gegenwärtigen entideologisierten L. gegenüber, die wesentlich individuell fundiert sind. Nicht schichten- oder klassenspezifisch (→ Klassengesellschaften/Klasse) formen sich diese Leitbilder, sondern sie sind konfiguriert entlang individueller Mobilität und ihren Insignien (Position, Einkommen, → Macht, Prestige, Bildung etc.). Papalekas übersieht dabei, in wie starkem Maße manipulative Strategien der Werbung etc. zu einer Ideologisierung der L. beitragen (→ Ideologie). Das hat Schelsky mit dem kritischen Hinweis darauf, daß zentrales gesellschaftliches L. das L. der Anpassung sei, hervorgehoben.

L. und die antiautoritäre Bewegung

Intensive und heftige Auseinandersetzungen mit Autoritäten kennzeichnen die → Studentenbewegung, die seit den 60er Jahren sozialwissenschaftliche und öffentliche Diskussionen prägt. Auch L. sind von der antiautoritären Kritik (wenigstens implizit) erfaßt. Der Absetzung von Autoritäten entspricht eine – zumindest intendierte – Beseitigung von traditionellen L. Zum Gegenstand wissenschaftlicher Untersuchungen ist der Begriff L. in dieser Zeit nicht (oder nur marginal) geworden, während gleichzeitig in der öffentlichen Diskussion aus konservativer Sicht das Fehlen von L. bei der Jugend als Ursache der Protestbewegung beklagt wird. Es kann jedoch nicht übersehen werden, daß der Sturz traditioneller L. und Autoritäten in den Kreisen der antiautoritären Kultur gleichzeitig mit der Einsetzung oppositioneller, stark personifizierter L. einhergeht. Die Identifikation mit Gegen-L. wie Che Guevara, Ho Tschi Minh etc. kennzeichnet Lebensgefühl und Lebensstil der 68er Generation. Auch die Identifikation mit den Opfern des Neo-Kolonialismus, des Vietnamkriegs, des Rassismus in den USA etc. konstituiert neue kulturelle L. Finkielkraut bemerkt zu dieser Orientierung der antiautoritären Bewegung, sie (die Generation des ‹Wir-sind-alle›) habe aus der Identifikation die nahezu einzige Form ihrer Beziehung zur Wirklichkeit gemacht. Die Kritik an Autoritäten und die Destruktion traditioneller L. ist so gesehen eine kulturelle Phase, in der neue, oppositionelle L. durchaus eine bedeutende Rolle spielen. Die Abwesenheit des Begriffs L. in der Wissenschaft – und die Zurückdrängung des Begriffs in der öffentlichen Diskussion – deutet jedenfalls nicht unbedingt auf das Fehlen von L. überhaupt. Eher kann man sagen, daß eine → Subkultur entstand, die in Theorie und Praxis Gegen-L. zu entwerfen und realisieren trachtete (Wohngemeinschaften zum Beispiel als Kontrapunkt zur bürgerlichen Familie).

Integrationsdefizite postliberaler Gesellschaften
Daß mit dem Begriff L. kulturkritische Annotationen einhergehen, war anfänglich bereits gesagt. Das Krisenbewußtsein, das seit dem Beginn der 80er Jahre Industriegesellschaften wie die Bundesrepublik bestimmt, hat in Teilöffentlichkeiten (→ Öffentlichkeit) die Klage über das Fehlen von L. wiederaufleben lassen. Ob sich das auch in einer wissenschaftlichen Wiederbelebung des Begriffs spiegeln wird, ist noch nicht absehbar. Vermutlich ist der Begriff L. zu wenig komplex, um bei anstehenden Analysen der Integrationsformen postliberaler Gesellschaften tragfähig zu sein (→ Integration). Eine sinngemäße Fortführung der L.-Forschung sucht man daher am ehesten in Untersuchungen zur → Sozialisation, in denen Wertorientierungen Forschungsgegenstand sind (→ Wertbeziehung). So wird man die empirische Studie von Döbert/Nunner-Winkler als eine modifizierte Fortführung der L.-Forschung betrachten können. (Die Autoren untersuchen den Zusammenhang von Adoleszenzkrisenverlauf, moralischem Bewußtsein und Wertorientierungen am Beispiel von Wehrdienstverweigerern und freiwilligen Offiziersanwärtern.) Die Phänomene der → Entfremdung und Verunsicherung kollektiver Identitäten in modernen Industriegesellschaften sind jedenfalls durch wissenschaftliche oder publizistische Beschwörung von L. nicht zu beheben. Die Beschwörung von L. macht allenfalls auf das Fehlen umfassender Integrationsformen aufmerksam, wenn man nicht das von Massenmedien kolportierte Bild des Bürgers als Konsument und als universales L. sanktionieren will. Gegen dieses L. aber findet sich in den vielfältigen alternativen Gruppen und Orientierungen (von der Friedens- bis zur Ökologiebewegung) ein Widerspruch, der die umfassende Kolonialisierung der → Lebenswelt kritisiert. Es ist fraglich, wieweit diese oppositionellen Orientierungen als L. zu bezeichnen sind. Da der Begriff L. eher mit autoritären und an Formierung interessierten Gesellschaftsmodellen verbunden ist, wird man mit Habermas hier vielleicht besser von Auseinandersetzungen um die «Grammatik der Lebensformen» statt von L. reden.

Boulding, K.: Unterwegs zu neuen Leitbildern. Düsseldorf 1958.
Döbert, R. & G. Nunner-Winkler: Adoleszenzkrise und Identitätsbildung. Frankfurt/M. 1975.
Finkielkraut, A.: Der eingebildete Jude. Frankfurt/M. 1982.
Habermas, J.: Theorie des kommunikativen Handelns I und II. Frankfurt/M. 1981.
Hartfiel, G.: Leitbild. In: Wörterbuch der Soziologie. Stuttgart 1976.
Hippius, R.: Macht und Grenzen des Vorbildes. Stuttgart 1943.
Papalekas, J. C.: Das Problem der sozialen Leitbilder unter den Bedingungen der entwickelten Industriegesellschaft. In: Jb. für Sozialwissenschaft 4/10, 1959.
Picht, G.: Unterwegs zu neuen Leitbildern? Würzburg 1957.
Schelsky, H.: Das Bild der Jugend und des Jugendgemäßen. In: Friedeburg, v. L. (Hrsg.): Jugend in unserer Gesellschaft. Köln/Berlin 1965.
Thomae, H.: Vorbilder und Leitbilder der Jugend. München 1966.
Wurzbacher, G.: Leitbilder gegenwärtigen deutschen Familienlebens. Stuttgart 1964 (1952).

Reimer Gronemeyer

Lerntheorien

Allgemeine Lerntheorien

L. versuchen, Prozesse zu beschreiben und zu erklären, in denen → Individuen und/oder gesellschaftliche → Gruppen auf Grund vorgängiger Erfahrung ihr Verhalten, ihr Wissen, ihre → Einstellung (Glaube, Überzeugung, Wertung) und/oder andere Techniken der Lebensbewältigung (z. B. Kompetenzen für bestimmte Tätigkeiten, Problemlösungsstrategien) verändern, modifizieren oder erweitern.

Die erste überlieferte L. im Sinne o. g. Definition stammt von Platon (427–347 v. u. Z.), welcher Lernen als Wiedererinnerung *(Anamnesis)* angeborener Inhalte verstand, hervorgerufen durch eine Lehrkunst der Förderung von Erinnerung durch Fragen (*Mäeutik*, eigentlich: Hebammenkunst). Im Gegensatz zur Idee des Lernens als Erinnerung erklärte Aristoteles (384–222 v. u. Z.) Lernprozesse durch intellektuelle Tätigkeit (z. B. Assoziation von Vorstellungen durch Kontiguität, Ähnlichkeit und Kontrast). Die Kontroverse zwischen der (rationalistischen) These vom Lernen durch Reaktualisierung angeborener Ideen und der (empiristischen) These vom Lernen als schrittweisem Erwerb von Denk- und Handlungskonzepten aus der Erfahrung bestimmt noch heute den Streit verschiedener Schulen. Die empiristische Assoziationstheorie des Lernens ist in der → Erkenntnistheorie von Locke (1632–1704) entwickelt und für die Erziehung (Wissensaneignung durch Experiment und Übung – statt durch Gedächtnisleistung) weiterempfohlen worden.

L. im heutigen Sinne entstanden erst mit der experimentellen Psychologie. Mit der Reduktion der empirischen → Forschung auf beobachtbare Gegenstände (z. B. nur auf beobachtbares Verhalten statt auf unpräzise mitteilbare Introspektion) (→ Positivismus) wurde die Definition von ‹Lernen› eingeengt auf ‹relativ überdauernde Veränderung des Verhaltens auf Grund von Erfahrung›. Damit konnten jedoch nur elementare Lernprozesse erklärt werden (z. B. der Erwerb einer Kompetenz zur stereotypen Reaktion auf einen wiederholten Reiz).

Eine erste Lerntheorie auf der Basis umfassender Tierversuche entwickelte Thorndike (1874–1949), ausgehend von der Hypothese, daß Tiere wie Menschen lernen durch Auswahl adäquater und Verwerfung ‹falscher› Reaktionen auf wiederholte Reize (‹stimulus and response›-Theorie – abg.: S-R – nach dem «trial and error»-Prinzip). Thorndike belegte die beschleunigte Förderung erwünschter Lernprozesse durch Belohnung, die Hinderung unerwünschter durch Strafe. Die Kontinuität von erlernten Reflexleistungen, unabhängig vom aktuell auftretenden Reiz, haben zuerst Pawlow (1849–1936) und seine Schüler in ihren Beobachtungen vom ‹konditionierten Reflex› beschrieben und in den Grenzen eines S-R-Modelles erklären können (Futterversuche mit Hunden). Im Rahmen einer ausschließlich am reaktiven Verhalten orientierten Theorie (→ Behaviorismus) entwickelte Guthrie die These von der Konditionierung durch Kontiguität. Seit Guthrie wird Interesse an Belohnung und Vermeidung von Strafe bei Lernprozessen nicht mehr nur hedonistisch (orientiert an Lust/Unlust) erklärt. ‹Bestrafung› fördert nur dann das Lernen, wenn zugleich die Aufmerksamkeit auf die erwünschte Handlung gerichtet wird (statt Furcht vor Unlust: Einsicht in Ausweg als Handlungsmotiv). Die Theorie der Konditionierung wurde durch Skinner (geb. 1904) fortentwickelt: Nur die an eine eigene Handlung gebundene Wirkreaktion (z. B. Versuchstier drückt Hebel, um sich Futter zugänglich zu machen) kann durch Reize verstärkt werden (Theorie des ‹reinforcement› – instrumentelle oder operante Konditionierung). Skinner stellte ferner die These der sekundären Verstärkung auf: Ein Reiz, der ursprünglich nicht verstärkend wirkt, kann durch wiederholtes gemeinsames Auftreten mit einem Verstärker selbst verstärkend wirken. Das S-R-Modell verlor seine zentrale Bedeutung im Behaviorismus seit Tolman (1886–1952) mit dessen ‹Zeichenlehre›, einer Theorie des Lernens von Bedeutungen (statt nur von Reiz und Reizfolgen). Danach dient Belohnung nur als Verstärker, der Lernprozesse beschleunigt, aber nicht erklärt. Lernprozesse werden durch zunehmenden Erwerb der Kenntnis der Bedeutung von Zeichen beschrieben (ähnlich dem Suchverhalten auf einer Landkarte).

Dem Behaviorismus trat bereits anfangs die Gestalttheorie entgegen mit ihrer These, daß Einsicht bei Lernprozessen nicht das Ergebnis, sondern die entscheidende Voraussetzung des Lernens sei (so Wertheimer – 1880–1943; Koffka – 1886–1941; Köhler – 1887–1967; Lewin – 1890–1947). Die Gestalttheoretiker betonten die Bedeutung der aktiven Organisation durch Zielrichtung des Lernenden. Lewin versteht, anders als die S-R-Theoretiker, Lernen als Veränderung der Motivation. Berühmt wurde er durch sozialpsychologisch begleitete Gruppenexperimente in Ferienlagern von Jugendlichen, bei denen autoritär eingestellte Jugendleiter sich in ‹demokratisch› handelnde verwandelten.

Bei Reformen des Erziehungssystems (USA seit 20er, BRD seit 60er Jahre) setzten sich eher funktionalistische L. durch, die bekannteste begründet von Dewey (1859–1952) (→ Pragmatismus). Deweys Konzept eines ‹learning by doing› war antipositivistisch gemeint und betonte die Bedeutung der Selbsttätigkeit des Problemlösens auf allen Lernebenen (Einflüsse auf Pädagogik von der Vorschulerziehung bis hin zum Konzept des Projektstudiums an Hochschulen).

Größte Verbreitung genießen heute kognitivistische L., begründet von Piaget (1896–1980), welche Lernprozesse durch Rekonstruktion der inneren Logik und Systematik der Lerninhalte beschreiben und sich auf entwicklungspsychologische Forschungen beziehen. Erforscht werden die Typen der Organisation von Bewußtseinsinhalten bei Individuen. Gelernt wird nach Piaget stets nur auf der Basis eines schon erworbenen kognitiven Niveaus. Lernen wird als Subjekt-Umwelt-Interaktion verstanden (Assimilation der rezipierten Inhalte an schon erworbene subjektive Strukturen und Akkomodation der Subjektstrukturierung an durch Lernen erworbene Schemata der Umweltbeziehung, wie z. B. Sprache). Kognitivistische L. begreifen Lernen durchweg als irreversible Entwicklung und widersprechen damit der These unbegrenzter Manipulationsmöglichkeiten des Menschen durch beliebige Reize (wie in den S-R-Konzepten).

Bereichsspezifische Lerntheorien

Heutige Ausdifferenzierungen von L. unterscheiden sich je nach Anwendungsbereich (hier z. B. für Kommunikation und → soziales Handeln):

(1) Spracherwerb: Kontroversen der letzten zwei Jahrzehnte kreisten um die Frage, ob Spracherwerb sich nach dem Modell der Verhaltensänderung (empiristische Theorie der Sprache als verbales konditionierbares ‹Verhalten› – Skinner) oder auf Grund von angeborenen Dispositionen zur Erzeugung von Sätzen beliebiger Sprachen erklären läßt (rationalistische Linguistik – Chomsky) (→ Sprachsoziologie).

(2) Soziales Lernen: Eine ‹Theorie des sozialen Lernens› (begründet von Bandura u. a.) beruft sich auf das operante Konditionieren (Erfolgslernen), erweitert um das Konzept des «Lernens am Modell» (vgl. Ergebnisse zur Förderung und Hemmung zwischenmenschlicher Aggressionen).

Als einflußreicher stellen sich heute kognitionspsychologisch begründete Konzepte «sozialer Kognition» (Flavell) und moralischer Entwicklung (Kohlberg) dar (theoretische Grundlagen: → Rollentheorie, → Interaktion, → Symbolischer Interaktionismus).

(3) Didaktik: L. erfahren zunehmende Bedeutung für die Erforschung und Planung von schulischen Lernprozessen. Während ältere Didaktiken sich am Bildungsbegriff orientieren und erzieherische Prozesse insgesamt zu beschreiben versuchen (Bildungstheorie), berücksichtigen neuere didaktische Theorien zunehmend singuläre Lernprozesse und Lernschritte. In der Tradition des → Behaviorismus wurden Lernzieltaxonomien (zuerst von Bloom u. a.) entwickelt mit strengen Kriterien der Lernerfolgskontrolle. Bedeutung erlangten zeitweilig Konzepte der «Programmierten Instruktion» (orientiert am Ideal maschinengesteuerter Einzellehrschritte, konstruiert nach Skinners S-R-Modell). In der angewandten Didaktik (Unterrichtsplanung) werden erklärende Theorien selten berücksichtigt. Als ‹L.› gelten hier oft reine Beschreibungsmodelle wie die ideologiekritisch orientierte ‹lerntheoretische› Didaktik (Berliner Schule von Heimann u. a.) (→ Ideologie).

Hilgard, E. R. & G. H. Bower: Theorien des Lernens. 2 Bde. Stuttgart 1973.
Hurrelmann, K. & D. Ulich (Hrsg.): Handbuch der Sozialisationsforschung. Weinheim/Basel 1980.

Arnim Regenbogen

Macht

Bis heute hat sich die Soziologie an die früh von Max Weber gegebene Definition gehalten, wonach M. in einem allgemeinen Sinne jedes soziale Verhalten bezeichnet, in dem bestimmte Personen die Chance haben, bei anderen Gehorsam zu finden: gleichviel worauf diese Chance beruht. Weil so definiert in allen menschlichen Beziehungen und in allen Institutionen nach M.-Beziehungen gefragt werden kann und gefragt werden muß, ließ sich das Phänomen nicht nur formalisieren und generalisieren; es kommt dann darauf an zu wissen, in welchen Formen, durch welche Kanäle und mit welchen Mitteln M. es schafft, bis in die individuellsten Verhaltensweisen vorzudringen. Wenn dies dabei als Chance definiert wird, innerhalb einer sozialen Beziehung den eigenen Willen auch gegen das Widerstreben der anderen durchzusetzen, dann folgt daraus: M. und soziale Ungleichheit hängen eng zusammen; oder allgemeiner: M.-Beziehungen entscheiden, «wie der Surplus einer Gesellschaft verteilt wird» (Lenski 1973). Die ökonomisch-theoretische Frage ist dann: Wie werden Güter, die einer Gesellschaft zur Verfügung stehen, nicht bloß auf der Basis von M. verteilt, sondern wie entsteht diese; wie setzt sie sich durch? Ein entscheidendes Kriterium bildet dabei für unsere Gesellschaft die Stellung der Beteiligten im Produktionsprozeß, genauer: der Besitz oder Nichtbesitz von Produktionsmitteln, also Teilhabe bzw. Nichtteilhabe am Besitz von Produktionsmitteln. Da → Eigentum per definitionem etwas ist, was nicht unbegrenzt zur Verfügung steht, sondern knapp und deshalb von Wert ist, hat der Besitzer von Eigentum ein Mittel in der Hand, auf andere, weniger Privilegierte Einfluß zu nehmen. Weil dabei in der bürgerlich-kapitalistischen Produktionsweise (→ Kapitalismus) M. funktional nicht personell gebunden, sondern formal auf der Beteiligung ‹Freier› beruht, anonym auftritt als Verhältnis, stellt sich die Frage, ob ‹Herrschaft› – die legale Ausübung von M. – nicht ein agrargeschichtlich gebundener Begriff ist, der die spezifischen M.-Verhältnisse nicht oder nur verzerrt aufdeckt (Luhmann).

Eine historische Ausdifferenzierung ist in diesem Rahmen unmöglich. Allgemein gilt: Die wirksamste Form von M. liegt in der Fähigkeit zur Vernichtung des andern. «Unfähig, das Gerechte zum Starken zu machen, hat der Mensch das Starke zum Gerechten erklärt» (Pascal). Oder Hobbes: «Verträge, hinter denen kein Schwert steht, sind nichts als leere Worte.» Aber ebenso gilt: «Gesetze sind stumpf inmitten von Waffen» (Cicero).

Historisch gesehen hat sich → Gewalt deswegen immer auch in Autorität und M. in Recht verwandelt, zumindest aber zu verwandeln versucht. M.-Befugnisse, sollen sie als rechtmäßig und legitim anerkannt werden, müssen zumindest bis zu einem gewissen Grad in Übereinstimmung mit den rechtlichen und moralischen Vorstellungen der Mehrheit ausgeübt werden, was vor allem für die Moderne gilt. Als «Rationale Herrschaft» faßt Max Weber denn auch gesetzesförmige und verfahrensregulierte → Herrschaft, die sich nach aller Erfahrung nicht nur mit den nur materiellen oder nur affektuellen oder nur wertrationalen Motiven als Chancen ihres Fortbestandes begnügt (→ Wertbeziehung); sie sucht vielmehr den Glauben an ihre Legitimität zu erwecken und zu pflegen (Weber 1956, 157ff), wobei die Frage offen bleibt, wie sich Handlungs- und Begründungsnormen überhaupt ‹lösen› lassen. Für Habermas ist in diesem Zusammenhang klar, daß wir den Geltungsanspruch von → Normen nicht erklären können, jedenfalls so lange nicht, als wir nicht auf eine rational motivierte Übereinkunft zurückgreifen können oder zumindest auf die Überzeugung, daß sich ein Konsensus über die Annahme einer empfohlenen Norm mit Gründen herbeiführen läßt.

Dies kann, wenn überhaupt, nur über den Diskurs gelingen (Habermas 1973, 133ff).

Historisch: Als im revolutionären Umbruch die bürgerliche → Klasse im 17. und 18. Jahrhundert ihr Programm der Freiheit, → Gleichheit und → Vernunft entwarf, tat sie das in der Form universalistisch begründeter Rechts- und Moralvorstellungen. Gerechtigkeit, legitime gesellschaftliche Ordnung und politische Herrschaft ließen sich nicht länger durch Rückgriffe auf religiöse → Weltbilder begründen; politische Rechte und Pflichten konnten und mußten zumindest in den gemeinsamen Eigenschaften als Privatrechtsubjekte (Warenbesitzer) sowie als moralisch und politisch ‹freie› Subjekte, d. h. als Privatmensch und Staatsbürger, auftreten. Was die bürgerliche → Öffentlichkeit jedenfalls von allen vorbürgerlichen Gesellschaften, die staatliche M. lediglich auf einem Gemeinschaftswillen begründeten, prinzipiell unterscheidet, ist das Private. Während dieses Private in den ‹naturwüchsigen› Gemeinschaften noch ganz in personale Herrschafts- und Knechtsverhältnisse eingebunden blieb, so ist das Privateigentum jetzt die Grundfigur. Damit gegeben ist freilich auch der → Widerspruch: Die normativ begründete Öffentlichkeit war in der Idee, nicht aber ebenso konsequent realisierbar in der Realität. Konnte sich die → Emanzipation des Privateigentums nur vollziehen, wenn sie sich glaubwürdig als Emanzipation des Menschen, also aller gesellschaftlichen → Schichten und Klassen, darstellte, und bedeutete dies, daß der Citoyen als freier, kooperationsbereiter und am Allgemeininteresse orientierter Bürger handeln konnte, so schloß und schließt sein ökonomisches Handeln dieses Allgemeininteresse immer auch wieder aus. Trotzdem bleiben, als M.-Begrenzung und, wie die Entwicklung der Arbeiterklasse zeigt (→ Arbeiterbewegung), als zumindest partiell eingelöster und einlösbarer Anspruch, die mit der bürgerlichen → Revolution eingeklagten Emanzipations-Chancen erhalten. Ungelöst, weil einseitig einer eurozentrischen Sichtweise unterworfen, blieben und bleiben die Probleme des M.-Gefälles, das zwischen den Industriestaaten und den sogenannten ‹unterentwickelten› Regionen drastisch besteht; weltweit bedrohlich der M.-Kampf zwischen den staatssozialistisch und monopolkapitalistisch fundierten politischen Großblöcken. Beide Gesellschaftssysteme als M.-Komplexe finden in der Soziologie gegenwärtig keine adäquate Behandlung (→ unterentwickelte Länder). Weitgehend ausgeklammert oder unterschätzt bleiben aber auch andere zentrale M.-Konflikte. Ist das Proletariat, nach dem Bürgertum, in der Tat im Kampf um politische und gesellschaftliche M. ein Hauptagent gewesen und – in veränderter Form – geblieben, so gälte es ebenso, die M.-Beziehungen zwischen den Geschlechtern als Unterdrückungs- und Emanzipationsgefälle verstärkt aufzugreifen. Denn wenn auch inzwischen als Postulat die Gleichberechtigung und Gleichstellung erkämpft worden ist, faktisch – wenn auch strukturell offener – sind die M.-Verhältnisse zwar nicht in alter, ‹patriarchalischer› Form intakt, aber in vielem weiterhin ungebrochen. Erreichbar scheint auch hier eine ‹Lösung› nur durch eine radikale M.-Umschichtung auf politischem, sozialem und sprachlich-kulturellem Gebiet. Aber wie? Gerade hier wird deutlich, wie der Bruch zwischen einer historischen Phase der Unterdrückung und der kritischen Analyse dieser Unterdrückung noch keine Aufhebung der M.-Verhältnisse selbst bedeutet; sosehr M. in Gesellschaften wie den unsrigen ihrem eigenen Anspruch nach immer eher tolerant als repressiv, immer eher offen denn geschlossen scheint, gibt es auf allen Ebenen listigere, sozusagen diskretere, aber keineswegs unwirksamere M.-Prozesse (Foucault 1977, 20f).

Diese Diffusheit, Ausdruck auch einer Legitimationskrise im politischen System oder vielmehr in sie mündend, hat ihre Ursache nicht zuletzt darin, daß es keine administrative Erzeugung von Sinn gibt (Habermas). Dabei ist die Abwesenheit wirklich Agierender im Spätkapitalismus offenkundig: abwechselnde Herrschaft zwar der beteiligten Kräfte; einander ablösende Mehrheiten/→ Minderheiten, wobei aber an der äußersten Grenze dieser Repräsentation nichts mehr wirklich repräsentiert wird. Elitenpluralismus, der die Selbstbestimmung des Volkes weitgehend ersetzt, verletzt und zersetzt das Prinzip vernünftiger Willensbildung. Als Selbsthilfe gegen diese Kompromisse zwischen parlamentarischen Machtblöcken und technokratisch-elitären Bürokratien formen sich zu Recht in jüngster Zeit in der Öffentlichkeit bei akuten oder akut gemachten Konflikten sehr rasch zum Teil effektive Widerstandszentren, die von Fall zu Fall erfolgreich Ansprüche formulieren und teilweise durchsetzen (→ Bürokratie/ → Partizipation).

Etwas Ähnliches findet sich in sozialistischen Ländern, wo nach Aufhebung des Privateigentums in der Produktion die ‹klassischen› Klassen nicht mehr existieren, ohne daß deswegen M.-Konstellationen zwischen gesellschaftlichen → Gruppen eliminiert sind. Auch hier bleibt der → Konflikt zwischen Bürokratie und Emanzipation (Selbstverwirklichung) der Betroffenen zentral, ohne daß die Konflikte, entsprechend der sozialistischen Ideologie, offen genug ausgetragen werden können, weil die ‹Regierenden› darin eine Systemgefährdung, wenn nicht Systemzerstörung sehen.

Diese hier notwendig über Gebühr verkürzten Hinweise auf real ablaufende M.-Prozesse scheinen trotzdem notwendig, weil eine rein formale Aufgliederung und Deutung von M.-Prozessen, wie sie in soziologischen Lehrbüchern regelmäßig zu finden sind, unfruchtbar bleiben. Soll Soziologie eine kritische Wirklichkeitswissenschaft bleiben, dann hat sie gerade dem Phänomen M. immer wieder den alltäglichen, aber auch den strukturellen und damit dem Alltag ‹verborgenen› Konflikten zu folgen, und hier bis in die Verästelungen hinein, ohne die Befunde immer wieder und zu voreilig in Ordnungsmuster zu bringen.

Bendix, R.: Herrschaft und Industriearbeit. Frankfurt/M. 1960.
Bergmann, J. u. a.: Herrschaft, Klassenverhältnis und Schichtung. In: Adorno, Th. W. (Hrsg.): Spätkapitalismus oder Industriegesellschaft? Stuttgart 1969.
Coser, L. A.: Theorie sozialer Konflikte. Neuwied/Berlin 1965.
Dahrendorf, R.: Gesellschaft und Demokratie in Deutschland. München 1965.
Foucault, M.: Sexualität und Wahrheit. Frankfurt/M. 1977.
Glass, D. V. & R. König (Hrsg.): Soziale Schichtung und soziale Mobilität. Köln/Opladen 1961.
Habermas, J.: Legitimationsprobleme im Spätkapitalismus. Frankfurt/M. 1973.
–: Strukturwandel der Öffentlichkeit. Berlin/Neuwied 1971.
–: Theorie des kommunikativen Handelns. 2 Bde. Frankfurt/M. 1981.
Kolko, G.: Besitz und Macht. Frankfurt/M. 1967.
Lenski, G.: Macht und Privileg. Frankfurt/M. 1973.
Negt, O. & A. Kluge: Öffentlichkeit und Erfahrung. Frankfurt/M. 1972.
Offe, C.: Strukturprobleme des kapitalistischen Staates. Frankfurt/M. 1973.
Tjaden-Steinhauer, M. & K. H. Tjaden: Klassenverhältnisse im Spätkapitalismus, Stuttgart 1973.
Weber, M.: Wirtschaft und Gesellschaft. Köln 1956.

Urs Jaeggi

Makrosoziologie

Mit M. werden jene Forschungsansätze und Theorietraditionen in der Soziologie bezeichnet, die im Unterschied zur Mikrosoziologie oder Handlungstheorie nicht individuelles soziales → Handeln, sondern gesellschaftliche Strukturen und Systeme zum Ausgangspunkt der soziologischen Analyse nehmen. Zwar können soziale Makromerkmale wie → Institutionen politischer → Herrschaft, wirtschaftliche Organisationen oder Schichtungssysteme Gegenstand auch der mikrosoziologischen Analyse werden; aber sie gelten aus mikrosoziologischer Perspektive erst dann als befriedigend erklärt, wenn sie auf die sozialen Handlungen von → Individuen oder die → Interaktionen zwischen einzelnen Akteuren zurückgeführt werden können. Diese Notwendigkeit zur Reduktion von Makromerkmalen auf individuelles Handeln wird von makrotheoretischen Ansätzen in der Soziologie bestritten. Sie beschreiben individuelles Handeln als Ergebnis bestimmter gesellschaftlicher Strukturbedingungen und Systemmerkmale. Die moderne M. steht damit in der Tradition des soziologischen Kollektivismus, sucht allerdings dessen sozialphilosophisch fragwürdige Annahme überindividueller Wesenheiten, die handelnd die Geschichte lenken, zu vermeiden.

Als klassische und einflußreiche Beispiele dieses soziologischen Kollektivismus gelten die → Gesellschaftstheorien von Karl Marx und E. Durkheim. Das Marxsche Modell der materiellen Produktionsweise und der daraus abgeleiteten Überbaustrukturen wurde zum → Paradigma der materialistischen *Gesellschaftstheorie*, und die Durkheimschen Konzepte des ‹fait social› und der normativ-gemeinschaftlichen → Integration von Gesellschaften legten den Grund zur funktionalistisch-systemtheoretischen M. Die materialistische Gesellschaftstheorie geht aus von gesellschaftstypischen Formen der Naturbearbeitung und bringt Differenzierungen zwischen großen gesellschaftlichen Gruppen, Verteilungsstrukturen von knappen Gütern und Institutionen politischer Herrschaft in Zusammenhang mit den institutionellen Strukturen der materiellen Produktion. Aus der materialistischen Gesellschaftstheorie hat die moderne M. das Konzept der ‹Systemkrise› übernommen; Systemkrisen ergeben sich aus Problemlagen, die im Rahmen eines gesellschaftlichen Organisationsprinzips nicht mehr lösbar sind und zur Umstrukturierung der Gesellschaft führen.

Die systemtheoretisch-funktionalistische M. (Parsons 1975) nimmt die fundamentalen Prinzipien der sozialen Differenzierung zwischen einzelnen Handlungsbereichen einer Gesellschaft und die Formen der sozialen Integration zum Ausgangspunkt der Beschreibung von Prozessen gesellschaftlichen Gleichgewichts und → sozialen Wandels. In der M. Verbreitung gefunden hat die systemtheoretische Unterscheidung zwischen dem *kulturellen* Subsystem, das durch Religion, Wissenschaft und Kunst → Weltbild und Wertsystem einer Gesellschaft artikuliert, dem *sozialen* Subsystem, das durch Schichtung, Familie und Bildung Sozialisations- und Vergemeinschaftsfunktionen wahrnimmt, dem *politischen* Subsystem, dessen Herrschaftsinstitutionen verbindliche Zielsetzung und Entscheidung gewährleisten sollen, und dem *ökonomischen* Subsystem, in dem die Produktion und Verteilung von Gütern und Dienstleistungen geschieht. Während in der funktionalistischen M. weder die Konflikte und Koalitionen zwischen gesellschaftlichen Großgruppen noch die aktiven politischen Kontrollprozesse im Vordergrund stehen, betonen die Konflikttheorie Dahrendorfs und die Theorie gesellschaftlicher Kontrollprozesse Etzionis (1975) gerade diesen Aspekt der Gesellschaft. Makrostrukturen ergeben sich danach aus den Machtverhältnissen zwischen großen gesellschaftlichen → Gruppen.

In der M. gewinnen seit einigen Jahren evolutionstheoretische Überlegungen an Bedeutung (Lenski 1970) (→ Evolutionstheorien). Aus evolutionstheoretischer Sicht werden Gesellschaften nach ihren sozialen Organisationsprinzipien, ihrer Technik und Ökonomie und nach ihren Weltbildern unterschieden. Grundlegend sind dabei zum einen die Unterscheidung zwischen sogenannten ‹primitiven› oder staatenlosen Gesellschaften und den ‹traditionalen› Hochkulturen und zum anderen die Unterscheidung zwischen traditionalen und ‹modernen› Gesellschaften. ‹Primitive› Gesellschaften umfassen zumeist nur eine geringe Mitgliederzahl (bis zu 200) und ernähren sich durch Jagd, Sammeltätigkeit der Frauen und einfachen Gartenbau. Berufliches Spezialistentum ist ebensowenig bekannt wie staatliche Herrschaft; ökonomisch motivierter → Tausch, weitreichende Vorratshaltung und ausgeprägte Reichtumsdifferenzen sind selten. Als zentrale Institution sozialer Integration und Differenzierung in primitiven Gesellschaften gilt die *Verwandtschaft*. Politische Institutionen, die jenseits von verwandtschaftlichen Beziehungen verbindliche Entscheidungen ermöglichen, sind schwach ausgebildet und zumeist auf das Palaver, die charismatisch legitimierte Häuptlingsposition und den Austausch von Geschenken begrenzt. Das magisch-totemistische Weltbild dieser Gesellschaften kennt keine Differenz zwischen natürlichen und sozial-geschichtlichen Prozessen und ordnet die Natur nach verwandtschaftlichen Prinzipien. Mit der Einführung von Metallbearbeitung, der Nutzung tierischer Energie, dem Ackerbau und der Schrift wird eine neue gesellschaftliche Organisation möglich, die weitaus größere Kollektive zu integrieren vermag: die staatlich verfaßte *Klassenherrschaft* mit ökonomischen Vollspezialisten, entwickeltem ökonomischem Tausch, einer häufig extremen sozialen Klassendifferenzierung und einer von Priestern verwalteten Hochreligion. Ebenso wie die soziale Struktur der traditionalen Gesellschaft ist auch ihr Weltbild vom Prinzip der hierarchischen Ordnung bestimmt: Die Götter sind weit über der Welt der Menschen angesiedelt. Der Übergang von der traditionalen zur modernen Gesellschaft vollzieht sich durch den Wechsel des Organisationsprinzips von hierarchischer Differenzierung zwischen → Klassen und → Schichten zu *funktionaler Differenzierung* zwischen verschiedenen Handlungsbereichen, die jeweils durch eine ‹Eigenlogik› gekennzeichnet sind und durch bestimmte ‹Interaktionsmedien› gesteuert werden. Am deutlichsten zeigt sich dieser fundamentale Strukturwandel in der Ausdifferenzierung eines über → Geld gesteuerten Wirtschaftssystems, in der sich eine von politischen und sozialen Bezügen freigesetzte eigene Rationalität entwickelt. Begleitet wird diese Freisetzung ökonomischer Rationalität von der industriellen Produktionsweise, der Erweiterung politischer Partizipationsrechte (→ Partizipation), der legal-bürokratischen Legitimation von politischer Herrschaft und der Entstehung des modernen, auf Erfahrung und methodischer Kritik beruhenden Wissenschaftsbetriebs. – Fraglich ist, ob die zeitgenössischen Industriegesellschaften inzwischen das Ende des Modernisierungsprozesses erreicht haben und sich an der

Schwelle einer postmodernen Gesellschaft befinden, die auf neuen Wertmustern beruht, oder ob das vielfach verkündete Ende der Moderne nur eine Krisenäußerung ist, die einen neuen Modernisierungsschub ankündigt.

Etzioni, A.: Die aktive Gesellschaft. Köln 1975 (Original 1968).
Giesen, B.: Makrosoziologie. Hamburg 1980.
Habermas, J.: Legitimationsprobleme im Spätkapitalismus. Frankfurt/M. 1973.
Lenski, G. & J. Lenski: Human Societies. New York u. a. 1970.
Parsons, T.: Gesellschaften. Frankfurt/M. 1975.

Berndhard Giesen

Management

Obwohl in allen hochindustrialisierten Gesellschaften Managern die Entscheidung über die Gestaltung industrieller Technologien, über Investitionen, Arbeitsplätze, Entlohnung, Industriestandorte und Marktstrukturen zugeschrieben wird, gehört M. zu jenen Begriffen, die unbestimmt sind (Schelsky 1965), die sich einer präzisen Definition weitgehend zu entziehen scheinen und dennoch alltagssprachlich reüssieren. Begriffsgenetisch wird M. aus dem lateinischen *manus* = Hand hergeleitet; Anfang des 20. Jahrhunderts wird der Begriff aus dem Amerikanischen in eine Reihe europäischer Sprachen – auch ins Deutsche unübersetzt und in seinem Bedeutungsgehalt verändert – integriert. Er wird zunächst verwandt zur Kennzeichnung eines Kreises von Individuen, «deren Arbeitsbereich unternehmerische, organisatorische und leitende Funktionen in sich vereint» (Krekel 1961, 258), also von Personen, die zwar die Aufgabe von Unternehmern wahrnehmen, aber dennoch nicht als solche gelten, da sie nicht über Eigentumstitel an der Unternehmung verfügen. Er wird somit zunächst genutzt, um jene begriffliche ‹Leerstelle› zu besetzen, die auf Grund der Nichtidentität von Person und Funktion, von → Eigentum und Verfügung in der Unternehmung auftrat – ein Prozeß, der bereits von Marx als Delegation der «Oberaufsicht» über die in der industriellen Produktion Beschäftigten an «industrielle Oberoffiziere (Dirigenten, managers)» (Marx 1972, 351) beschrieben wurde.

Die Ursachen dieser Differenzierung werden in der «Zentralisation» (Marx) gesehen – indiziert im Wandel der Unternehmung von Personen- zur Kapitalgesellschaft –, im Wachstum der Unternehmung, der gesteigerten Komplexität der Organisation (Grochla 1974, 11) und ihrer ökonomischen, technologischen, politischen und sozialen Umwelt (→ Organisationssoziologie). Expandierende Märkte, zunehmende regulative Interventionen des Staates, umfassende technische Entwicklung und erhöhter Kapitalbedarf konstituieren den Bedarf an Arbeitsrollen, Unternehmens- und Organisationsformen (Braverman 1980; Pollard 1965), die sich vom Unternehmer emanzipieren, aber dennoch seine Funktion erfüllen und mit denen Probleme wie die Sicherung der Kapitalzufuhr, die Auswahl sach- und funktionsgerecht qualifizierten Personals und die Regelung der Nachfolge adäquat gelöst werden können. Dies gelang offensichtlich; denn unabhängig von der Debatte, welche Folgen mit der Abkopplung von → Eigentum und Verfügung für die → Institution Unternehmung – etwa hinsichtlich der Innovationsfähigkeit und Risikobereitschaft – und für die Gesellschaft mit der Heraufkunft des M. verbunden waren, ob M. als Indikator des sich abzeichnenden Untergangs der privat-dezentralen Marktgesellschaft galt (Schumpeter 1975), sie revolutioniert (Burnham 1941) oder als neue → ‹Klasse› stabilisiert (Dahrendorf 1957, 137), das zwar zur neuen → Elite (Toffler 1980, 75) erhoben, dessen Legitimation jedoch bezweifelt wurde (Schelsky 1965; Kirsch 1969), setzt sich das M. positional, sozial und politisch durch, weitet sich der Kreis derjenigen Institutionen, die ‹gemanaged› werden, von Unternehmen auf öffentliche und halböffentliche Organisationen aus. Damit wird die ohnehin unpräzise Umschreibung des Managers als ‹beauftragter Unternehmer› hinfällig; denn Regierungschefs und Verbandssyndici werden ebenso M.-Rollen und -Funktionen zugeschrieben wie Geschäftsführern von Parteien und Gewerkschaftsvorsitzenden. Der Begriff M. erhält nun statt zur Unternehmung einen Bezug zu Organisation bzw. → sozialem System und wird damit vollends unscharf. Er umfaßt nunmehr die Bezeichnung (1) einer besonderen Position innerhalb von Organisationen bzw. der Personen, die diese Stellung besetzen, (2) einer Funktion innerhalb von sozialen Systemen, (3) eines Prozesses bzw. spezifischer Techniken, (4) eines Wissens- und Studiengebietes.

1. M. als *Position* bzw. als Kennzeichnung von Personen, die diese Stellen in Organisationen besetzen, bezeichnet spezifizierte Stellen innerhalb stratifizierter, vertikaler Strukturen von Organisationen. Entsprechend dem Grad der Autonomie der Entscheidung bzw. der Umfassendheit des Zeithorizontes, der in Entscheidungen berücksichtigt wird (→ Entscheidungstheorien), werden M.-Stellen in der vertikalen Leitungsstruktur einer Organisation in Spitzen-, mittleres und unteres M. differenziert. Um M.-Positionen von Experten- bzw. ausführenden Angestelltenpositionen abzugrenzen, werden Aspekte wie Entscheidung, Leitung, Führung und Verantwortung angeführt.

2. M. im Sinne von Prozeß und Technik stellt auf spezifische Elemente der Tätigkeiten von Managern ab. Zu diesen identifizierbaren Elementen

zählt die Definition von Zwecken (→ Zweck-Mittel-Relation), die das soziale System bzw. Subsysteme anstreben; Entscheidung über Zwecke einschließlich der Entscheidung über Entscheidungen, also Planung; Organisation, d. h. Integration und Koordination der Ressourcen, Aktivitäten und Personen; Führung und Motivierung des Personals (→ Human Relations); Kontrolle, d. h. Feststellung, Bewertung und Korrektur von Soll/Ist-Diskrepanzen (Allen 1958, 24–25).

Im Zuge der Verbreitung des M. wurden von Wissenschaft und Praktikern für einzelne dieser Elemente verschiedene Techniken, u. a. sog. ‹Management by ...›-Techniken (Fuchs-Wegner 1974, 224–237), und unterschiedliche Instrumente wie Planungs- und Budgetsysteme, M.-Informationssysteme etc. entwickelt. Empirische Untersuchungen, so von Kotter (1982), führten zu dem Ergebnis, daß die Praxis des M. durch die o. a. Elemente nicht zutreffend erfaßt wird, M. weniger durch Zielsetzung, Entscheidung etc. charakterisiert ist als vielmehr durch Kommunikation.

3. In der klassischen Organisationslehre (Fayol 1929) wird die Funktion der Ausrichtung einzelner Elemente bzw. Subsysteme in das Zentrum der Funktionsbestimmung gerückt: Funktion des M. ist es, die verschiedenen Elemente und Handlungen auf den Zweck der Organisation hin zu orientieren (Barnard 1970) und gemäß Effizienz und Effektivitätskriterien zu integrieren (Toffler 1980, 75). Da zwischen Zweck von Organisationen – insbesondere in Wirtschaftsorganisationen – und der Motivation der Mitglieder jedoch keine unmittelbare Verbindung existiert (Luhmann 1973, 130f) und sowohl die Zweckerfüllung der Organisation als auch ihrer Subeinheiten stets unsicher sind, hat das M. Kontrollfunktionen wahrzunehmen (Braverman 1980, 62, 203) (→ soziale Kontrolle). Da mit zunehmender Komplexität von Organisationen die Unsicherheit steigt, erhöht sich der Bedarf an Kontrolle und somit auch der Bedarf an M.-Positionen. Neuere systemtheoretische Ansätze (→ Systemtheorie) bestimmen die Funktion des M. aus dem Verhältnis Umwelt und Organisation. Da Organisationsbildungen in ihrem Bestand stets prekär sind, liegt die generelle Funktion des M. in der Sicherung der Überlebensfähigkeit der Organisation (Drucker 1980, 9) durch die Entwicklung und Implementation solcher Organisationsstrukturen, die dauerhaft Stabilität gewährleisten, Widerstände absorbieren und für sich bietende Änderungen offen bleiben. M.-Funktionen sind somit Folge der Ordnungsbedürftigkeit sozialer Systeme. Die Leistung des M. besteht u. a. darin, externe Probleme in die Sphäre eigener Dispositionen zu verlegen und sie internen Verfahren zugänglich zu machen; es ist daher primär auf Transformation und Vermittlung hin angelegt (Tannenbaum u. a. 1961, 246), es hat Probleme zu interpretieren, auszuwählen und sie durch Kommunikation als Programm in interne Strukturen und Prozesse zu übersetzen. Die Tätigkeit des M. liegt folglich zum überwiegenden Teil in

externer und interner Kommunikation und dem Aufbau entsprechender Kommunikationsnetze (Kotter 1982). Die Lösung von Bestandsproblemen organisierter sozialer Systeme reduziert M.-Funktionen nicht ausschließlich auf adaptive Funktionen, sondern impliziert Strategien der Beeinflussung der ökonomischen, sozialen, technischen und politisch regulativen Umwelt (Brown/Moberg 1980).

4. In den industrialisierten Ländern, insbesondere in den USA, stellt M. eine besondere Disziplin und ein organisiertes Wissensgebiet dar, das an Akademien und Hochschulen gelehrt wird. M. entwickelt sich ferner in enger Verbindung zur Organisationstheorie zu einem Gegenstand unterschiedlicher Theorien und Ansätze. Als Ausgangspunkt gelten das «Scientific management» Taylors (1913) und die klassische Verwaltungslehre Fayols (1929). Zu der Vielzahl der Ansätze gehören u. a. verhaltensorientierte Ansätze (Mc Gregor 1960 u. a.), systemorientierte Ansätze (Barnard 1970; Simon 1955 u. a.), schließlich Kontingenz- bzw. situative Ansätze (Burns/Stalker u. a. 1961); empirische deutschsprachige Arbeiten liegen u. a. von Pross/Boetticher 1971 und Witte/Bronner 1974 vor.

Allen, L. A.: Management and Organization. New York 1958.
Barnard, C. I.: Die Führung großer Organisationen. Essen 1970.
Braverman, H.: Die Arbeit im modernen Produktionsprozeß. Frankfurt/New York 1980.
Brown, W. B. & D. I. Moberg: Organization Theory and Management. New York/Chichester/Brisbane/Toronto 1980.
Burnham. J.: The Managerial Revolution. What is happening in the world? New York 1941[4].
Burns, T. & G. M. Stalker: The Management of Innovation. London 1961.
Dahrendorf, R.: Soziale Klassen und Klassenkonflikt in der industriellen Gesellschaft. Stuttgart 1957.
Drucker, P. F.: Neue Management Praxis. Düsseldorf/Wien 1974.
–: Management in turbulenter Zeit. Düsseldorf/Wien 1980.
Fayol, H.: Allgemeine und industrielle Verwaltung. München/Berlin 1929.
Fuchs-Wegner, G.: Management by ... Eine kritische Betrachtung moderner Managementprinzipien und -konzeptionen. In: Grochla, E. (Hrsg.): Management. Aufgaben und Instrumente. Düsseldorf/Wien 1974.
Grochla, E.: Gegenstand und Entwicklung der Managementlehre. In: Ders. (Hrsg.): Management. Aufgaben und Instrumente. Düsseldorf/Wien 1974.
Kirsch, G.: Manager – Herrscher ohne Auftrag? Köln 1969.
Kotter, J. P.: The General Managers. New York 1982.
Krekel, H.: Zur Theorie des Managers. In: Bayer, H. (Hrsg.): Der Angestellte zwischen Arbeiterschaft und Management. Berlin 1961.
Luhmann, N.: Zweckbegriff und Systemrationalität. Frankfurt/M. 1973.
Marx, K.: Das Kapital. Bd. I. In: MEW 23 (Marx-Engels-Werke). Berlin (DDR) 1972.
Mc Gregor, O.: The Human Side of Enterprise. New York 1960.

Pollard, S.: The Genesis of Modern Management. Cambridge (Mass.) 1965.
Pross, H. & K. W. Boetticher: Manager des Kapitalismus. Frankfurt/M. 1971².
Schelsky, H.: Berechtigung und Anmaßung in der Managerherrschaft. In: Ders. (Hrsg.): Auf der Suche nach Wirklichkeit. Düsseldorf/Köln 1965.
Schumpeter, J. A.: Kapitalismus, Sozialismus und Demokratie. München 1950, 1975⁴.
Simon, H. A.: Das Verwaltungshandeln. Stuttgart/Köln 1955.
Tannenbaum, R./Weschler, F. & E. Massarik: Leadership and Organization. New York/Toronto/London 1961.
Taylor, F. W.: Die Grundsätze wissenschaftlicher Betriebsführung. München/Berlin 1913.
Toffler, A.: Die dritte Welle. München 1980.
Witte, E. & R. Bronner; Die leitenden Angestellten. Eine empirische Untersuchung. München 1974.

Hajo Weber

Marxismus

Der M. ist in dem Jahrhundert nach Karl Marx (1818–1883) mehr und mehr zu einem Sammelnamen geworden für eine Vielfalt von geschichtlich situationsbezogenen Versuchen in praktischer Absicht, aus dem weiten Ensemble Marxscher Ansichten, Theoreme, Optionen und Erwartungen das Ganze einer Lehre zu gewinnen, deren Kerngehalt die Ablösung der kapitalistischen→ Klassengesellschaft durch eine (klassenlose) kommunistische Gesellschaft bildet. Die Perspektive einer ‹revolutionären Praxis› erwächst aus der Annahme, das industrielle Proletariat sei durch seine Klassenlage in der kapitalistischen Produktionsweise dazu disponiert, im Kampf gegen die Kapitalistenklasse (die Bourgeoisie) diese weltgeschichtliche Umwälzung zu vollziehen und eine vereinigte menschliche Gesellschaft zu begründen. Seine Prämissen findet dieses Konzept in einer weitverzweigten Analyse der kapitalistischen Produktionsweise. Es fügt sich ein in den allgemeinen Verständnisrahmen einer umfassenden Theorie der geschichtlichen Bewegung. Diese wird ihrerseits umrahmt von einer philosophischen Deutung des natürlichen Kosmos und der ‹Welt im ganzen›. Seit F. Engels' zusammenfassender Darlegung der «kommunistischen Weltanschauung» in der Streitschrift gegen E. Dühring (1877/1878) hat es sich eingebürgert, eine Anordnung aus drei Haupt-Lehrstücken zu treffen: (1) Philosophie (materialistische Dialektik und materialistische Geschichtsauffassung, später: «dialektischer und historischer Materialismus»); (2) politische Ökonomie; (3) wissenschaftlicher Sozialismus (bzw. Kommunismus).

Wenngleich die meisten Einzelpositionen auf Texte von Marx zurückgehen, darf der (schon zu Lebzeiten von Marx sich ausbildende) M. kaum als die systematische Einheit oder Konsequenz des Marxschen Denkens und der ‹Marxschen Theorie› gelten: Weder die Installierung einer konfessionell verbindlichen ‹Lehre› noch die Fixierung an seiner Person entspricht dem geschichtlichen Verständnis, das Marx von seiner Rolle und von der «proletarischen Bewegung» (und der kommunistischen Revolution) gehabt hat. Seine Annahme war stets gewesen, daß diese Bewegung der Anleitung durch doktrinal festgeschriebene Prinzipien nicht bedürfe und daß die theoretischen Sätze des Kommunismus nur «Ausdrücke tatsächlicher Verhältnisse eines existierenden Klassenkampfes, einer unter unsern Augen vor sich gehenden geschichtlichen Bewegung» seien («Komm. Manifest»). Die «wirkliche Bewegung» zur → Emanzipation der arbeitenden Klassen begreift sich demnach nicht als die Verwirklichung einer Idee oder eines Ideals, sondern als die Durchsetzung eines → Interesses, das einer klaren und nüchternen Rechenschaft fähig ist und keiner ideologischen Exaltation oder Verschleierung bedarf. Unter diesen allgemeinen Geschäftsbedingungen konnte Marx darauf verzichten, für die Klassenaktivitäten des Proletariats irgendwelche Soll-Bestimmungen programmatisch-doktrinärer, moralischer oder pädagogischer Provenienz herauszustellen. Seine zahllosen Tatbestandsanalysen, Kommentierungen und Enthüllungen wollten die wirkliche geschichtliche Bewegung durchsichtig machen, vorwiegend die Mechanismen und Machenschaften gegnerischer Klassen. Der ‹selbsttätigen› Entwicklung der Arbeiterklasse stand Marx in einer engagiert-interessierten Erwartung dessen gegenüber, was sie aus ihren eigenen Kräften und Fähigkeiten sukzessive hervorbringen werde: Elemente einer höheren Vergesellschaftungsweise in Freiheit zu setzen, die sich im Schoße der niedergehenden Bourgeoisgesellschaft herausgebildet oder angebahnt haben.

Das historische Schicksal der Marxschen Kerngedanken

Allgemeine Bedingungen für das Aufkommen des M.

Entgegen Marxens Annahme, die proletarische Bewegung bedürfe, sobald sie eine hinreichende Breite und Stärke erreicht habe, keiner utopischen oder sonstwie normativ-anleitenden Doktrin mehr, zeigte es sich noch unter seinen Augen, daß die Bewegung trotz der beachtlichen Breite, die sie bald gewann, nicht ebensoviel revolutionäre Radikalität und Selbstgewißheit in ihren Aktionen an den Tag legte. Die (internationale) Vereinigung der Proletarier erwies sich als ein mühsamer, hindernis- und konfliktreicher Prozeß unter dem Druck wachsender Gegenkräfte, welche die Hauptenergien der europäischen Nationen auf den Bahnen nationaler Machtentfaltung und imperialer Rivalität mobilisierten, bis sie sich im Weltkrieg entluden, welcher nicht in die Weltrevolution einmündete. In dieser Konstellation wurden die Arbeiterparteien ihrer geschichtlichen Perspektive unsicher, und daraus erwuchs kompensatorisch das Verlangen nach ideellen, programmatischen, also doktrinalen Sicherheiten, nach Rückhalt in einer autoritativen geistigen Führung, ein Bedürfnis nach ‹Weltanschauung›. In diese Funktion ist der M. eingetreten. Er kam dadurch zuwege, daß die Anhänger die Marxschen Annahmen und Erwartungen in verpflichtende Gewißheiten und Handlungsdirektiven übersetzten und in das Ganze einer Doktrin einfügten. Auf diese Weise sollte die kollektive Klassenbewegung der Arbeiter ihre geistig-praktische → Identität durch emphatische Identifikation mit der Person und dem Ideen-Erbe jenes imponierenden Vordenkers gewinnen. M. wurde in der geschichtlichen Krise der → Arbeiterbewegung, die im Ersten Weltkrieg kulminierte, zu einer Konfession von ausgeprägter Normativität, zentriert im Glauben an den revolutionären Beruf des Proletariats. Das Normativ-Verpflichtende des M. hat sich unter den prekären Verhältnissen, in welche die russische Revolution geriet, noch äußerst verstärkt.

Geschichtliche Stufen der Ausbildung des M. und von Marxismen
Für die erste literarische Ausformung und systematische Organisation einer marxistischen Lehre ist die von F. Engels in der Polemik gegen E. Dühring gegebene Exposition der «kommunistischen Weltanschauung» bestimmend geworden («Anti-Dühring», 1877/78). Schon hier rückt die Menschengeschichte (einschließlich der anstehenden Umwälzung) in die Perspektive einer allumfassenden Natur-Evolution. K. Kautsky hat diese Sichtweise (auf den Darwinismus zurückgreifend) systematisiert und so dem «Marxismus der II. Internationale» die vorherrschende Prägung gegeben. Einige besondere Akzente haben die Wortführer des «Austromarxismus» (M. Adler, O. Bauer) gesetzt. Während die Praxis der Arbeiterorganisationen durch ‹reformistische› Verteilungs- und Wahlkämpfe bestimmt war, erhielt sich im ‹orthodoxen› M. eine quasi-revolutionäre Nomenklatur und ‹Endziel›-Programmatik. Im Namen der Praxis betrieben die «Revisionisten» (E. Bernstein) konsequent die Zurücknahme der revolutionären Ideologie-Reste.

Angesichts der zunehmenden Konfliktdynamik des europäischen → Imperialismus (auch mit dem Blick auf die sozialrevolutionäre Dynamik in Rußland) bahnte sich auf dem radikalen Flügel der Sozialdemokratie eine revolutionär-aktivistische Regeneration des M. an. Die Erfahrung des Weltkriges ließ die Weltrevolution zum praktischen Postulat werden, und mit der Oktoberrevolution 1917 erhielt der revolutionäre M. des 20. Jahrhunderts für längere Zeit ein sinnfälliges Kraftzentrum. Die russische Revolution war indessen nur zu einem qualitativ und zeitlich eng begrenzten Anteil eine Arbeiterrevolution. Im Kern war sie die → Revolution einer Avantgarde, die sich in ihr (und durch dramatische Transformationen hindurch) als eine Führungs- und Herrschaftskorporation etablierte (→ Herrschaft). Der M. wurde in diesem Milieu zu einer hochautoritativen Führungsdoktrin, die dem Einsatz der staatlichen Machtmittel zu sekundieren hatte; der M. wurde zum Erzieher der Revolutionspartei, der Arbeiterklasse und der Massen bestellt. Nach der Erringung und Verteidigung der revolutionären und nachrevolutionären → Macht (Diktatur) bildete sich der maßgebend durch W. I. Lenin geprägte «Sowjetmarxismus» zunehmend als Ordnungslehre für den planmäßigen «Aufbau des Sozialismus» (mit Vorblick auf den vollendeten «Kommunismus») fort. Nach Lenins Tod (1924) wurden die äußerst strengen Verbindlichkeiten dieses M., der zunächst als «Leninismus» und dann als «Marxismus-Leninismus» firmierte, in den heftigen und blutig endenden Fraktionskämpfen für Jahrzehnte von J. W. Stalin definiert. Die besiegten Gegner (namentlich die als «Trotzkisten» ausgerotteten Anhänger von L. D. Trotzki und andere) wählten dafür die (sonst nur selten affirmativ gebrauchte) Titulatur «Stalinismus».

In anderen Ländern formierten sich in der Nachkriegskrise gleichfalls radikal-militante Arbeiterparteien, die einen revolutionären M. (meist in Anlehnung an den Leninschen, später den Stalinschen) verfochten und sich in der III. (Kommunistischen) Internationale unter sowjetrussischer Hegemonie zusammenschlossen. Nur die chinesische Sektion ist in einem langen und wechselvollen Prozeß zum Organisator einer eigenständigen Sozialrevolution geworden und brachte eine eigene Variante des Marxismus-Leninismus hervor, die zuerst fest mit dem Wirken und Denken von Mao Tse-Tung verbunden war und vielfach als «Maoismus» tituliert wurde. Ferner gelangten die jugoslawischen Kommunisten in dem Partisanenkampf, den sie im Zweiten Weltkrieg führten, zu einem eigenen Profil und fügten dem M. der III. Internationale den «Titoismus» als Variante ein.

In der reformistischen Sozialdemokratie verlor der M. nach dem Ersten Weltkrieg sehr an Prägekraft und behauptete sich fortan nur als Traditionsrest in manchen Teilbereichen der Doktrin. In höherer Gewichtigkeit dauerte das Fortwirken des M. der II. Internationale in Österreich an bis zur Niederlage von 1934.

Außerhalb und am Rande der großen Parteiorganisationen mit ihren jeweiligen Parteimarxismen haben sich während des ganzen nachmarxschen Jahrhunderts immer wieder Marxismen und Halbmarxismen von betont intellektueller Provenienz in einzelnen Theoretiker-Figuren und Zirkeln kristallisiert. Sie profilierten sich angesichts der großen historischen Mißgeschicke, in welche die Parteiformationen nicht ohne ihr eigenes Zutun gerieten, vorwiegend als Spielart eines ‹kritischen› oder ‹undogmatischen› Marxismus (A. Gramsci, A. Pannekoek, G. Lukács, K. Korsch, E. Bloch, H. Lefèbvre).

An derselben Zeitproblematik, die den M. geprägt hat, entfalteten sich schließlich intellektuelle Aktivitäten und theoretische Profile, die sich unter prekärer werdenden Verhältnissen (→ Faschismus, Stalinismus) schon keiner ‹marxistischen› Identität mehr zuordnen konnten (→ «Kritische Theorie» von M. Horkheimer, Th. W. Adorno u. a.; J.-P. Sartre). Stellenweise hat sich der ‹kritische M.› in den Wissenschaftsbetrieb hinein ausgebreitet und dessen Formen angeglichen. In den kritischen Marxismen findet periodisch die ‹Krise des M.› ihren Austrag.

Theoretische (und doktrinale) Gehalte des Marxismus

Im Gedankenerbe von Marx liegt zwar nicht die Bestimmung zu einem M. beschlossen, wohl aber eine reichhaltige Menge von Begriffs-, Thesen-, Theorie- und Prognose-Beständen, die sich in selektiver Weise hundertfältig arrangieren und immer wieder umdisponieren lassen. Daß das Marxsche Lebenswerk neben konsistenten theoretischen Sätzen auch überaus viel Fragmentarisches und Episodisch-Transitorisches enthält, begünstigt die Produktion von selektiven Arrangements ungemein und macht es zugleich ausgesprochen schwierig, für die diversen Lehrstücke einen einheitlichen und verbürgten Marxschen Kerngehalt zu etablieren. Das oftmals penetrante Verlangen nach ‹marxistischen› Kodifizierungen Marxscher Positionen steht einer historisch-dialektischen Marx-Auffassung entgegen.

Es hat sich eingebürgert, von der ‹Marxschen Theorie› zu sprechen, die sich als Synthese aus zahlreichen Teiltheorien (Mehrwerttheorie, Akkumulationstheorie, Krisen-, Zusammenbruchtheorie, Klassentheorie, Staatstheorie, Revolutionstheorie, Emanzipationstheorie u. v. a. m.) darstellen soll. Das ist jedoch in mehrfacher Hinsicht problematisch: nicht nur angesichts der mehrfachen Diskontinuitäten und Umbildungen (oder wenigstens Umakzentuierungen) im Fortgang der Marxschen Denkarbeit, nicht nur wegen des fragmentarischen, oft nur approximativen und tentativen Charakters vieler Äußerungen, vor allem im Hinblick auf die Eigenart seines aktiv-engagierten und geschichtlich-kontextgebundenen Praxisdenkens, welches nirgends zum ‹System› strebt. Die vereinheitlichende Synthese, zumal die Erhebung zur Doktrin, ist eher Sache der Marxismen als von Marx und hat stets etwas Zwanghaftes an sich.

Für die systematische Organisation des M. ist die (in Engels' «Anti-Dühring» angesetzte) Dreigliederung in Philosophie, Ökonomie und → Sozialismus weithin bestimmend geworden. In den schulförmig ausgebildeten Marxismen sind in Anlehnung an die Gliederungen des Wissenschaftsbetriebs diverse weitere Gebietstitel hinzugekommen: marxistische Soziologie, Psychologie, Erkenntnistheorie, Ästhetik u. a.

Philosophische ‹Grundlagen› (Rahmenbestimmungen)
Charakteristisch für die philosophischen Gedankengänge, mit denen sich Marx seine Praxis-Perspektive erschlossen hat, ist eine Verbindung von humanistischen, materialistischen und dialektischen Orientierungslinien. Alle drei Bestimmungsmomente sind mit Ambivalenzen und Unsicherheiten behaftet, was zu vielfach gegensätzlichen Auslegungen und systematischen Aktivierungen geführt hat. Der Marxsche Humanismus hat seine anfängliche Bindung an eine Wesens-Anthropologie bald hinter sich gelassen und figuriert dann nur noch als ein schwer fixierbarer, weniger doktrinaler als praktisch-impliziter Richtungssinn, der an wirklichen geschichtlichen Bewegungen zu diagnostizieren ist. Der Materialismus, den Marx nach anfänglichem Zögern als Titel für dezidiert nichtideologisches Geschichts- und Praxisdenken einsetzte, weitete sich schon bei Engels zu einer aufs Ganze gehenden Weltdeutung aus dem Ursprungsprinzip «Materie» aus und verband sich mit einer als kosmische Bewegungsformen-Lehre angelegten → «Dialektik»; bei Marx hatte sich das «Dialektische» sukzessive als das Erfassen des «Negativen» in der menschlichen Wesensverwirklichung, als eine methodische Eigenart der Begriffsentwicklung bei der Reproduktion des Konkreten im Denken und als der revolutionäre Grundcharakter geschichtlicher Bewegung überhaupt artikuliert. – Im Leninschen M. und im Sowjetmarxismus wurde eine philosophische ‹Grundlagen›-Doktrin als «Dialektischer Materialismus» systematisiert, in erheblicher Entfernung vom Marxschen Denken.

Materialistische Geschichtsauffassung / → Historischer Materialismus
Die philosophische Begriffsbildung über Gesellschaft und Geschichte im M. hat sich vorwiegend an die Formeln angeschlossen, die Marx im Vorwort der ökonomiekritischen Schrift von 1859 geprägt hat (weniger an die Erstformulierung der «materialistischen Geschichtsauffassung» in der «Deutschen Ideologie» von 1845/46). Die Struktur des gesellschaftlichen Lebensprozesses (und der geschichtlichen Umwälzungen) ist mit den Hauptkategorien Produktivkräfte – Produktionsverhältnisse, Basis – Überbau, (gesellschaftliches) Sein – Bewußtsein, Produktionsweise – ökonomische Gesellschaftsformation, Vorgeschichte – menschliche Gesellschaft dargestellt. Obgleich das Marxsche Vorwort ein theoretisch genau konzipierter Text ist, hat die hohe Abstraktivität seiner Hauptbegriffe und Formeln zu äußerst kontroversen Ausdeutungen und Entwicklungen reichlich Anlaß geboten. Der selbstreflexive Sinn der geschichtsmaterialistischen Wendung («Begreifen der Praxis») ist in der vorwiegend ‹objektivistischen› Manier, in der nachmals die Systematik des «historischen Materialismus» konstruiert wurde, ziemlich verlorengegangen, namentlich dort, wo dieser zur Lehre von den «objektiven Gesetzen der gesellschaftlichen Entwicklung» ausgeformt worden ist.

Kritik der → politischen Ökonomie und der kapitalistischen Produktionsweise
Marx hatte schon frühzeitig eine entschiedene Vorstellung von den Anomalien, welche die kapitalistische Produktionsweise an ihre geschichtliche Schranke und in den Untergang führen würden. Die sinnfällige Lebenskraft, die der Kapitalismus nach 1848 an den Tag legte, veranlaßte Marx und die nachfolgenden Generationen von Marxisten dazu, die Anstrengungen der theoretischen Durchdringung und Kritik ganz enorm zu intensivieren. Das «Kapital» von Marx wuchs sich zu seinem ‹Hauptwerk› aus, erstrebte ein Höchstmaß an Systematik der Totalerfassung und blieb gleichwohl (oder eben darum) ein Torso. Die Weltsystem-Problematik, die mit dem kapitalistischen Imperialismus aufbrach, nötigte zu fortgesetzten Weiterbildungen der «marxistischen Wirtschaftstheorie» in bezug auf den → Kapitalismus («Monopolkapitalismus» von Lenin bis Baran/Sweezy, «Imperialismus» von R. Luxemburg und F. Sternberg bis zum «heutigen Imperialismus» marxistisch-leninistischer Ökonomen, bis zu den Charakteristiken des «Spätkapitalismus» bei E. Mandel u. a.). Die marxistischen Theorien über den Kapitalismus behandeln ihren Gegenstand zunehmend als einen offenen historischen Komplex, dem keine mathematisch-deduktive Theorie angemessen sein kann. Ihr Fazit bleibt die Bekräftigung einer allgemeinen geschichtlichen Instabilität und perspektivischen Unwahrscheinlichkeit eines kapitalistischen Systems der Weltwirtschaft.

Konzept der proletarischen Bewegung und Revolution
Das industrielle Proletariat ist zum Angelpunkt des Denkens und politischen Wirkens, der geschichtlichen Selbstverwirklichung von Marx geworden, und es bildet auch den Angelpunkt jedes nachmaligen M. In welcher geschichtlich-spezifischen Bedeutung das Proletariat in den Marxschen Gesichtskreis eingetreten ist, das ist stets Gegenstand kontroverser Deutungen gewesen: als messianische Vision, als wissenschaftliche Entdeckung, als geschichtlich-prospektive Hypothese, als zweckdienliches Instrument oder als Kombination aus dem einen und dem anderen. Eine historisch-dialektische Prüfung ergibt, daß hier ein exemplarischer Fall einer Assoziierung vorliegt: Ein Erbe bürgerlicher Bildung mit republikanischem Interesse an selbstbestimmtem und geschichtlich bedeutsamem Wirken ist eine soziale Beziehung (ein ‹Bündnis›) mit einem kollektiven Akteur eingegangen, von dem er eine gleichgerichtete und zunehmend potente Wirksamkeit erwartet. Starke eigene Optionen (‹menschliche Emanzipation›) begründeten zunächst eine abstrakte Hoffnung (oder sogar Postulation), die sich mit fortschreitender Aktionserfahrung konkretisiert und modifiziert (auch temperiert). Das kardinale Erwartungsmoment war, daß die Proletarier die Daseinsweise von Lohnarbeitern im

Dienste der Kapitalverwertung als etwas menschlich Unwürdiges abschütteln und durch die Gesamtheit der Einschränkungen und Beschädigungen, denen sie in der kapitalistischen Produktionsweise ausgesetzt sind, förmlich dazu genötigt würden, eine andere Gesellschaftsform zu begründen. Nach der Feuerprobe von 1848 rechnete Marx mit einem langfristigen Prozeß (kaum unter einem halben Jahrhundert). Und dieser Prozeß sei weder durch ein programmatisches Ideal noch durch eine anleitende Doktrin bestimmt, sondern erwachse ganz und gar aus den eigenständigen Lernschritten, welche die Klasse in ihren Kämpfen absolviert.

Die Herausbildung des M. ist bereits eine Folge davon, daß sich der geschichtliche Fortgang der Arbeiter-Emanzipationsbewegung als noch weit schwieriger, undeutlicher und hindernisreicher, ja von außen wie von innen her radikal gefährdet und unsicher erwiesen hat. Der M. kam in der Hauptsache dadurch zustande, daß die Marx-Nachfolger immer mehr von dem, was bei Marx offene Erwartung und bedingte Annahme gewesen war, in einen Status konfessioneller Positivität überführt haben: in einen Komplex programmatisch verpflichtender Zielbestimmungen (historischen Aufgaben) und strategischer Direktiven. Im Leninismus hat die normative Konfessionalisierung des M. ihre höchste Potenz erreicht. Der M. wurde so zu einer → Ideologie revolutionärer Avantgarden, und er wurde entsprechend in sozialgeschichtlichen Konstellationen bedeutsam, in denen noch keine Bedingungen für breite und offene Basisbewegungen von hoher Spontaneität entstanden waren. Der Begriff des Proletariats wurde insbesondere zu einem ideologischen Konstrukt, auch zur Sache eines Glaubens, der sich von Unglauben bedroht sieht.

Programmatik und Theorie sozialistischer Gesellschaftsbildung

An die Marxsche Erwartung, das Proletariat werde in einer revolutionären Krise die Staatsmacht übernehmen, die Bourgeoisie enteignen und in einem längeren Umbildungsprozeß an die Stelle der bürgerlichen Klassengesellschaft eine Assoziation setzen, «worin die freie Entwicklung eines jeden die Bedingung für die freie Entwicklung aller ist» («Komm. Manifest»), schlossen sich (nach dem Exempel der Pariser Kommune 1871) noch einige Annahmen über den Stufengang dieser Entwicklung an, namentlich über das Durchlaufen einer «niederen Phase der kommunistischen Gesellschaft», in der es noch Ungleichheit der Güterversorgung und Reste einer repressiven Staatsmacht gibt.

Diese Umschreibungen haben (namentlich durch Lenins Systematisierung in «Staat und Revolution», 1917) für die russische Revolution und für die Doktrin vom «Aufbau des Sozialismus» hohe programmatisch-ideologische Verbindlichkeit erlangt. Im Sowjetmarxismus ist der nachrevolutionäre Prozeß als die konsequente Verwirklichung des wissenschaftlich-sozialistischen Entwicklungsprogramms gedeutet. Indessen hat sich an den Resultaten dieses Prozesses der M. tiefer als je zuvor gespalten. Die regierenden marxistisch-leninistischen Staatsparteien deuten die Realität sozialistischer (postrevolutionärer) Gesellschaft apologetisch-affirmativ im Lichte der programmatischen Bestimmungen als deren adäquate und fortschreitende Realisation. In Opposition dagegen hat sich (schon seit den Anfängen 1918) eine innersozialistische (und marxistische) Sozialismuskritik artikuliert, die auf vielfältige Weise die Differenzen zwischen programmatischem Anspruch und praktischer Realisation herausstellt und sich um eine historische Erklärung der ‹Fehlentwicklungen› bemüht, oft auch um programmatische Neuorientierungen.

Ansatz zu einer «Soziologie des Marxismus»

Die sozialgeschichtliche Denkweise, die Marx ausgebildet hat, erfuhr in den Marxismen eine starke ideologische Verfremdung und Schematisierung, namentlich was den ins Normative erhobenen Inbegriff des «Proletariats» angeht: Dieses stand weithin nicht mehr in seiner komplexen sozialgeschichtlichen Realität vor Augen, sondern als idealtypische Projektion eines programmatischen Auftrags, seiner «historischen Mission». (Nachklänge ideologischer Rhetorik bei Marx dienten vielfach als Handhabe bei der Ideologisierung der Begriffsbestände des M.)

Wiederholt ist kritisch vermerkt worden, daß die marxistisch orientierte Soziologie eine «Sozioanalyse des Marxismus» schuldig geblieben sei (S. Stojanović 1969). M. ist seit Anbeginn das in hohem Grade ideologische Bewußtsein einer sozialen Bewegungsformation (und einer geschichtlichen Folge von sozial heterogenen Bewegungsformationen) gewesen, aus opponierenden Intellektuellen (und auch Halbgebildeten), aus politisch aktivierten Arbeitern und aus professionalisierten Arbeiterfunktionären (manchmal ‹Berufsrevolutionären›) bestehend, nach revolutionären Umbrüchen auch aus besonderen Korporationen von Funktionsträgern staatlicher, militärischer, wirtschaftlicher und kultureller Macht. Der M. hat aus den Gliederungen seines sozialen Träger-Substrats die verschiedensten Typusprägungen und Nuancierungen erfahren. Allen seinen historischen Formationen gemeinsam ist, daß M. und marxistische Organisation sich in einer zunehmend stark, mitunter überwältigend (bis zur Vernichtungsgefahr) von Gegenkräften des ‹Bestehenden› durchherrschten Gesamtkonstellation zu behaupten hatte, sei es in vorrevolutionären, in nichtrevolutionären oder in nachrevolutionären Geschichtslagen. Der M. ist ein Moment in den Teil- und Regionalkrisen der kapitalistischen Weltzivilisation, die sich bis jetzt weder zu einer Systemkrise konzentriert noch soziale Kräfte und Bildungselemente freigesetzt haben, in deren Potenz eine progressive Auflösung der kapitalistischen Anomalien läge.

Quellentexte des Marxismus
Marx, K. & F. Engels: Werke (MEW). Berlin (DDR) 1956 ff.
–: Ausgewählte Schriften in 2 Bden. Berlin (DDR) 1952.
Marx, K.: Werke – Schriften – Briefe. Hrsg. von H. J. Lieber u. a. Stuttgart 1962 ff.
Lenin, W. I.: Ausgewählte Werke. 3 Bde. Berlin (DDR) 1970.
–: Ausgewählte Schriften. Hrsg. von H. Weber. München 1963.
Fetscher, I.: Der Marxismus. Seine Geschichte in Dokumenten. 2 Bde. München 1964.

Geschichte des Marxismus
Kernig, C. D. (Hrsg.): Person und Revolution: Marx – Lenin – Mao. Eine Einführung in Werk und Wirken. Freiburg 1972.
Kolakowski, L.: Hauptströmungen des Marxismus. 3 Bde. München/Zürich 1977–1979.
Marcuse, H.: Die Gesellschaftslehre des sowjetischen Marxismus. Neuwied/Berlin 1964.
Vranicki, P.: Geschichte des Marxismus. 2 Bde. Frankfurt/M. 1972/74.

Beiträge zur allgemeinen Marxismus-Debatte
Agnoli, J. & E. Mandel: Offener Marxismus. Ein Gespräch über Dogmen, Orthodoxie und die Häresie der Realität. Frankfurt/M. 1980.
Autorenkollektiv (Leitung O. W. Kuusinen): Grundlagen des Marxismus-Leninismus. Berlin (DDR) 1963.
Autorenkollektiv (Leitung E. Hahn): Grundlagen des historischen Materialismus. Berlin (DDR) 1977[2].
Garaudy, R.: Marxismus im 20. Jahrhundert. Reinbek bei Hamburg 1969.
Habermas, J.: Zwischen Philosophie und Wissenschaft: Marxismus als Kritik. In: Theorie und Praxis. Neuwied/Berlin 1963.
Lefèbvre, H.: Der Marxismus. München 1975.
Mandel, E.: Einführung in die marxistische Wirtschaftstheorie. Frankfurt/M. 1967.
–: Revolutionärer Marxismus heute. Frankfurt/M. 1982.
Marxismusstudien. Hrsg. von E. Metzke u. a. 7 Folgen. Tübingen 1954–1972.
Sartre, J.-P.: Marxismus und Existentialismus. Versuch einer Methodik. Reinbek bei Hamburg 1964.
Stojanović, S.: Kritik und Zukunft des Sozialismus. Frankfurt/M. 1972 (serbokroatische Ausg. Belgrad 1969).
Wolfe, B. D.: Marx und die Marxisten. Frankfurt/Berlin 1968.

Helmut Fleischer

Massenkommunikation

M. bezeichnet die Distribution geistiger Gehalte mittels technischer Vervielfältigungs- und Verbreitungsmittel, der Massenmedien. Die gelegentliche Übertragung dieses Begriffs für die dominante Form des geistigen Verkehrs der modernen Gesellschaften auf vorbürgerliche, mittelalterliche oder antike Formen des vermittelten Austauschs – etwa Posten, Botenwesen, Homiletik oder Rhetorik – verwischt seine *differentia specifica*, das Epochal-Typische der Erscheinung allen früheren und gegenwärtig-vorindustriellen Formen real kommunizierender Menschen gegenüber. Diese Typik liegt in ihren empirischen Bestimmtheiten: technologisch als allgemeine Distributionsmittel, ökonomisch als Waren und politisch als Allokationen von Legitimationsressourcen. In dieser Bestimmung erfüllt M. wichtige Systemfunktionen der normativen → Integration und der politischen → Sozialisation.

M.-Forschung entsteht in den USA und in Deutschland aus den besonderen Bedingungen des Propagandafeldzuges im Ersten Weltkrieg, die sich für beide Länder aus ihrer Stellung innerhalb bzw. neben dem Weltnachrichtenkartell vom 1.2.1870 ergaben. Während die Entwicklungsbedingungen der Medienforschung in Deutschland durch die Nachkriegslage restriktiv waren und sich die Forschung daher sehr schnell an die eher ideologischen und legitimatorischen Bedürfnisse des Verlagsgewerbes band, eine Position, die sie bis in die 60er Jahre innehielt, entfaltet sie sich in den USA rasch als empirische Kommunikationsforschung. Als Katalysatoren wirkten hier die aufblühenden kommerziellen Rundfunkanstalten und Programmsysteme mit ihrem Bedarf an Publikumsforschung und die → Professionalisierung des Journalistenberufs als Folge der Pressekonkurrenz. Als zentraler Forschungsgegenstand schälte sich bald die Medienwirkungsforschung heraus, in der die konstitutiven Verwertungsinteressen der Werbebewirtschaft und der politischen Machteliten am direktesten wirksam wurden (→ Einstellung). Wesentlich intensiviert und auch entscheidend theoretisch befruchtet wurde sie durch die Forschungen des Heeres-Instruktionswesens im Zweiten Weltkrieg. Die theoretische Entwicklung ist durch einen kontinuierlichen Paradigmenwandel gekennzeichnet (→ Paradigma). Von einem Omnipotenzmodell auf der Basis einer ursprünglich massenpsychologisch fundierten Stimulus-Respons-Theorie (→ Behaviorismus) ging die Entwicklung über die experimentelle Identifizierung intervenierender Variablen im Wirkungsprozeß (Carl I. Hovland) und psychologische Feldtheorien (Maletzke 1963) in der Folge der Arbeiten Kurt Lewins einerseits zu mikrosoziologischen Ansätzen, wie dem uses-and-gratifications approach, dem Nutzenansatz (Blumer/Katz 1974), andererseits zu makrosoziologischen

Theorien wie dem Systemfunktionalismus (Wright 1975; De Fleur 1966, 152) (→ Makrosoziologie/→ Systemtheorie). Daneben gibt es seit einiger Zeit eine kritische, teils marxistisch inspirierte M.-Forschung (Schiller 1970; Smyth 1974). – In der Bundesrepublik wurde die amerikanische Forschung seit ca. 1965 rezipiert und vor allem in der Wirkungsforschung bis heute repetiert. Noelle-Neumann hat jüngst eine neue, allerdings empirisch höchst spekulative Wirkungstheorie auf der Grundlage eines modifizierten S-R-Modells vorgelegt, nach der die Wirkungen durch monopolistische Medien allerdings nicht direkt, sondern vermittelt über ein medial organisierbares Meinungsklima ausgeübt werden sollen. Außerdem hat sich unter dem Druck der ökonomischen Bewegung der Gewerbe – Pressekonzentration und neue Medien – ähnlich wie 30 Jahre vorher in den USA eine breite Journalismusforschung unter Professionalisierungsgesichtspunkten entwickelt. Daneben gibt es eine sog. kritische Medientheorie, die teils auf Theoremen der Frankfurter Schule (→ Kritische Theorie), teils auf einem reinterpretierten → Marxismus beruhen (Dröge/Modelmog 1972; Prokop 1974).

Deren Ausgangspunkt ist die Rolle, welche die Massenmedien im Lebenszusammenhang der Menschen in den kapitalistischen Industriestaaten spielen. Dieser ist gekennzeichnet durch eine doppelte Zerrissenheit: einmal durch die Trennung der Lebensbereiche voneinander (Dröge u. a. 1979, 68 ff), zum anderen durch eine zeitliche Entkopplung der Lebenszyklen in der biographischen Dimension (Negt/Kluge 1972, 64). Während die erste Trennung Bewußtseinssegmente konstituiert, die in den unterschiedlichen Handlungssituationen je verschieden aktualisiert werden, mithin relativ unabhängig voneinander, sich sogar partiell widersprechend sein müssen, konstituiert die zweite Trennung Erfahrungszyklen, die sich im zeitlichen Ablauf des Lebens immer wieder gegenseitig entwerten, damit das Individuum in den verschiedenen sukzessiven Lebenszyklen handlungsfähig bleibt; sie resultiert also in individueller Geschichtslosigkeit. Die Zyklen und Handlungssegmente sind in verschiedenen sozialen → Institutionen organisiert. Es geht also bei dem in der Lage gründenden Orientierungsbedürfnis um die zu erbringende Dauerleistung einer durch die praktischen Lebensanforderungen ständig riskierten individuellen Synthesisbildung, die wiederum doppelt bestimmt ist. Zum einen ist sie auf die generalisierte Reintegration ausgefällter Bewußtseinsstrukturen, zum anderen auf das Verhältnis von → Individuum und Gesellschaft gerichtet. An die Stelle hier funktional defizitärer Institutionen wie Kirche, Familie oder Schule treten nun die Massenmedien. Sie sind als Programmanbieter ihrer technischen Form nach generalisierte Mittel und ihrer Differenzierung nach zugleich klassen- und schichtenspezifische Interpreten einer individuellen und gesellschaftlichen Synthesis. In ihren Darbietungen können die Individuen ihre heterogenen

Erfahrungen und disparaten Bewußtseinssegmente ‹verstehen›, indem sie sie auf einen scheinbaren Konsens, der in den Medien übermittelt, zugleich aber in ihnen gesamtgesellschaftlich produziert wird, beziehen. Indem die Massenmedien diese Synthesis in einem generalisierten Angebot als *Sinn* produzieren, sind sie gesellschaftlich avancierte Erkenntnismittel, und genau hierin ist ihr Stabilitätsbeitrag zum → sozialen und politischen System zu sehen, der in der Kommunikationsforschung und in den normativen Theorien zur Kommunikationspolitik bevorzugt thematisiert wird. Indem sie aber von der konkreten Lebenssubstanz der gesellschaftlichen Individuen nahezu vollständig abstrahieren, ist der produzierte Sinn nicht nur abstrakt, was die Nachfrage nach weiteren Sinnangeboten steigert, sondern auch ideologisch (→ Ideologie).

Die Abstraktion wird dadurch ermöglicht, daß die Massenmedien als Zirkulationsmittel im System der gesellschaftlichen Arbeitsteilung von Produktion, Zirkulation und Konsumtion stehen. Das heißt, die Erfahrungen, die die Subjekte in diesen Bereichen machen und die gerade zur synthetisierungsbedürftigen Bewußtseinsfragmentierung führen, reichen in sie nicht hinein, können deshalb auch nur rudimentär von den Medien aufgenommen, verarbeitet und verallgemeinert werden. Grundlagen der Medienproduktion sind, wie generell bei der Bewußtseinskonstitution, die Erfahrungen der Medienproduzenten, die indessen reine Zirkulations-‹Arbeiter› sind. Ergänzungen von Fremderfahrungen kommen fast nur durch den feinen Filter einer entsubstanzialisierten Sozialforschung zum Zuge.

In diesem Arbeitsteilungssystem sind die Medien historisch als besondere Industrien, eben als Zirkulationskapitale ‹geistiger› Waren verankert. Diese in Presse und Film direkt fungierende Form ist in Deutschland auch in den nichtkapitalistisch arbeitenden Medien wirksam (Holzer 1971): Sie sind in einem dauernden Rechtfertigungszwang den privatwirtschaftlichen Medien gegenüberstehend qua politisch-institutionellem Druck in den Produktionszusammenhang des gesellschaftlichen Konsens hineingezogen. Über das Kapitalinteresse kommt, zusätzlich zu der dargestellten Erfahrungsreduktion der Medien, ein weiteres ideologiekonstitutives Moment in die Sinn-Produktion hinein: eben das an der Kapitalreproduktion orientierte → Interesse, das indessen nur in spezifischen Formen wirksam werden kann. Von ihm empfängt die Synthesis als mediale Sinnproduktion seit der Zeit der Generalanzeiger-Presse, den Vorläufern der modernen Massen-Bild-Presse, deshalb ihre spezifische Form einer leicht verkäuflichen Ware: die Unterhaltungsform. In ihr bewegt sich der gesellschaftliche Sinn, den die Medien hervorbringen. Durch diese Form können sie sich auch eine weitere gesellschaftliche Funktion aggregieren: die der Gratifikation und Kompensation für den Leidensdruck der Alltagspraxis, und dadurch werden sie zugleich instandgesetzt, als feierabendliche Entspannungsmittel zur Regeneration der Arbeitskraft beizutragen (→ Alltag).

Der Ideologiecharakter der M. schlägt auf die Begriffsbildung des größten Teils der etablierten → Forschung durch. Der Begriff M. abstrahiert von der technologischen und ökonomischen Distributionsform der Medien und von der damit etablierten Machtstruktur. Sie werden kaum thematisiert (vgl. paradigmatisch Merten 1977). Viele Theorievarianten, etwa der Nutzenansatz, aber auch makrosoziologische Ansätze beziehen sich deshalb implizit oder explizit auf Gleichgewichtsmodelle (Prakke 1968). Die Rolle der herrschenden deutschen M.-Forschung ist in den gegenwärtigen kommunikationspolitischen Debatten – von dem vor zehn Jahren vorgesehenen Presserechtsrahmengesetz bis zu den neuen Medien – dementsprechend je nach politischer Inklination überwiegend legitimatorisch oder exkulpatorisch.

Blumer, J. G. & E. Katz: The Uses of Mass Communications. Beverly-Hills/London 1974.
De Fleur, M.: Theories of Mass Communication. New York 1966.
Dröge, F. & J. Modelmog: Wissen ohne Bewußtsein. Frankfurt/M. 1972.
Dröge, F. u. a.: Der alltägliche Medienkonsum. Frankfurt/New York 1979.
Holzer, H.: Gescheiterte Aufklärung? München 1971.
Hovland, C. J.: Effects of Mass Media of Communication. In: Lindzey, G. (Hrsg.): Handbook of Social Psychology. Bd. 2. Reading (Mass.)/London 1959[3].
Maletzke, G.: Psychologie der Massenkommunikation. Hamburg 1963.
Merten, K.: Kommunikation. Opladen 1977.
Negt, O. & A. Kluge: Öffentlichkeit und Erfahrung. Frankfurt/M. 1972.
Noelle-Neumann, E.: Die Schweigespirale. München/Zürich 1980.
Prakke, H.: Kommunikation der Gesellschaft. Münster 1968.
Prokop, D.: Massenkommunikation und Spontaneität. Frankfurt/M. 1974.
Schiller, H.: Mass Communications and American Empire. New York 1970.
Smyth, D.: The Role of Mass Media and Popular Culture in Defining Development. In: Sektion Journalistik der Karl Marx Universität Leipzig (Hrsg.): Der Anteil der Massenmedien bei der Herausbildung des Bewußtseins in der sich wandelnden Welt. Leipzig 1974.
Wright, C. R.: Mass Communication. New York 1975[2].

Franz Dröge

Matriarchat

Das M. ist eine eigentümliche Gesellschaftsform, die nicht die Umkehrung der patriarchalen Gesellschaftsform (→ Patriarchat) darstellt und deshalb nicht mit dieser verglichen werden kann. M.e existierten im tropischen und subtropischen Gürtel der Erde auf allen Kontinenten über einen Zeitraum von mehreren Jahrtausenden hinweg (Jungsteinzeit bis Bronzezeit), einige Reste matriarchaler Gesellschaften haben sich bis in die Gegenwart erhalten (z.B. Minangkabau in Sumatra, Rif-Kabylen in Nordafrika). Ihren Beginn kennzeichnen zwei von Frauen gemachte umwälzende Entwicklungen: die Erfindung des Ackerbaus (gegenüber den früheren Jäger- und Sammlerinnenkulturen) und die Entdeckung der Blutsverwandtschaft in weiblicher Linie, der Matrilinearität (gegenüber den früheren, nur nach Altersklassen ohne Verwandtschaftsbeziehung gegliederten Gesellschaften).

Bestimmt werden matriarchale Gesellschaften durch:

Ökonomie: Mit der Entwicklung des Garten- und Ackerbaus aus dem altsteinzeitlichen Sammlerinnentum gingen weitere fundamentale Neuerungen einher: die Veredelung von Pflanzen, die Zähmung und Zucht von Haustieren, die Entwicklung des Hausbaues vom einfachen Viereckhaus bis zum riesigen Sippenhaus, die Kunst, aus Pflanzenfasern statt Tierfellen Kleidung zu machen (Spinnen, Weben, Nähen), die Kunst des Kochens und Konservierens von Nahrung (Töpferei), die Erfindung der entsprechenden Geräte (z. B. Hacke, Rechen, Pflug, Joch, Zügel, Spindel, Webrahmen). Diese von Frauen eingeführten Neuerungen bestimmten bald ihre gesellschaftliche Dominanz. Der Boden, den sie bearbeiteten, gehörte den weiblichen Mitgliedern der matriarchalen Sippe gemeinsam. In der am höchsten entwickelten Phase (Bronzezeit) wurden die einfachen Dorfkulturen zu städtischen Hochkulturen mit komplizierten Bewässerungssystemen für den Ackerbau (z. B. Indus-Kultur, Sumer, Altägypten, Kreta).

Sozialstruktur: Die Entdeckung der Blutsverwandtschaft in weiblicher Linie hatte ebenso weitreichende Konsequenzen: Als verwandt galt ein Kind mit seiner Mutter deshalb, weil sie es während neunmonatiger Schwangerschaft aus ihrem ‹Blut› aufbaute und dann gebar. Der Zeugungsakt spielte bei diesem Begriff von ‹Bluts›-Verwandtschaft, im direkten Wortsinn, keine Rolle, Männer konnten daher nicht mit den Kindern ihrer Gattinnen verwandt sein. Diese Blutsverwandtschaft konnte sich nur in weiblicher Linie fortsetzen; daher war ein Mann am nächsten mit den Kindern seiner Schwester verwandt, für die er die Rolle des ‹sozialen Vaters› spielte (Avunculat). Die Achse der matriarchalen Sozialstruktur war die Beziehung von Mutter–Tochter–Enkelin, alle Einzelgüter, Würden und Kenntnisse wurden in dieser Linie vererbt. Söhne und Brüder hatten daran nur Anteil, wenn Aufgaben und Würden von Mutter oder Schwester an sie delegiert wurden. Als Söhne, Brüder und Onkel genossen Männer Ansehen, aber nicht als Gatten, Väter und ‹Herren›. Biologische Vaterschaft war unbekannt, die Gattenbeziehung flüchtig und bedeutungslos, feste Eheformen existierten nicht.

So bestand die matriarchale Familie aus Mutter, Tochter, Sohn. Die matriarchale Sippe bestand aus der Sippenmutter, Töchtern, Enkelinnen, die im Sippenhaus zusammen wohnten (Matrilokalität). Söhne und Brüder waren zugeordnet und nicht immer anwesend. Die Sippenmutter besaß auf natürliche Weise die höchste Autorität, die eher auf freiwilliger Anerkennung als auf → Herrschaft beruhte. Ein matriarchaler Stamm bestand aus einem Verband mehrerer Sippen, wobei der Stammesrat sich aus den Sippenmüttern zusammensetzte, die meist für auswärtige Angelegenheiten einen männlichen Häuptling delegierten. Auf der hochentwickelten städtischen Stufe besaßen M.e eine einheimische Aristokratie – keine ‹Eroberer›-Aristokratie wie die patriarchalen Gesellschaften! – mit einer Priesterin-Königin an der Spitze eines mit Wissenschaft, Kunst und Religion beschäftigten Frauengremiums (Tempelzentren). Ein sakraler König, ihr Sohn oder Bruder, war beigeordnet und empfing seine Würden und praktischen Aufträge von ihr (Gynaikokratie). Matriarchale Stadtstaaten wurden als Thea-kratien (Göttinherrschaft) aufgefaßt, die Priesterin galt als Vertreterin der Göttin. Ihr Amt war das höchste, auch wenn die Könige später als Verwaltungsbeamte und Heerführer immer mehr in den Vordergrund traten.

Religion: Die Religion matriarchaler Gesellschaften war eine Muttergöttin-Mythologie. Auf der einfachen Stufe war es die Mythologie der Erdmutter, als deren Kinder alle lebenden Wesen galten. Die rituellen Feste folgten im Jahreszeitenzyklus dem Wachsen und Vergehen der Vegetation (Ostern, Sommersonnenwende, Erntedank, Wintersonnenwende). Auf der hochentwickelten Stufe wurde die Erdgöttin-Religion durch eine astrale Religion ergänzt, die das Zusammenspiel von Mond und Sonne beobachtet und feiert. Im Mittelpunkt stand die Dreifaltige Mondgöttin als Mädchen-Frau-Greisin, sie galt als ewig wie die kosmische Nacht. Die Sonne galt ihr gegenüber als sekundär, denn ständigem Jahreszeitenwechsel unterworfen. Die Sonne wurde dem Heros, dem sterblichen Fruchtbarkeitspartner der Mondgöttin, zugeordnet. Die oberste Priesterin und der sakrale König vollzogen als Vertreter von Göttin und Heros die Feste des astralen Jahreszeitenzyklus: Einweihung (Initiation) des Königs im Frühling, symbolträchtige Heilige Hochzeit im Sommer, Opferung des Königs im Herbst (er fährt wie die Sonne in die Unterwelt), Wiedergeburt (Wiederkehr) des Königs durch die Göttin im Winter. Matriarchale Religionen sind Wiedergeburtsreligionen, die einfache Fruchtbarkeitskulte wie philosophische Mystik einbeziehen. In Religion und Kult eingebettet waren die frühesten Formen von Kunst und Wissenschaft, insbesondere die Pflanzenmedizin, eine einfache Ökologie als Wetterkunde und Kenntnis der elementaren Kreisläufe, eine gegen Ende hochentwickelte mythisch-mathematische Astronomie.

Zur M.-Forschung

Konkrete matriarchale Gesellschaften im genannten geschichtlichen Zeitraum und in ihren Resten bis in die Gegenwart mit Hilfe dieser Definition (Ökonomie – Sozialstruktur – Religion) angemessen zu beschreiben ist die gegenwärtige Aufgabe der M.-Forschung. Diese Aufgabe ist noch unbewältigt, was am problematischen Zustand der bisherigen M.-Forschung liegt. Sie begann 1861 mit Bachofens kulturhistorischer und Morgans ethnologischer Forschung. Danach wurde sie von Wissenschaftlern und Theoretikern wie Malinowski, Cunow, Briffault, Schmidt (ethnologische Richtung), Engels, Reich (sozialtheoretische Richtung), Kerényi, Fromm (psychologische Richtung), Frazer, Ranke-Graves, James (religionswissenschaftliche Richtung) u. a. bis heute weitergeführt. Die Probleme liegen dabei in erster Linie an der manipulativen, ideologisch-abwertenden Haltung fast aller Forscher gegenüber dem M. Zweitens liegen sie an der Zersplitterung des Themas über mehrere Disziplinen (→ Ethnologie, Kulturgeschichte, Archäologie, Religionswissenschaft, Folkloristik u. a.), die von relevanten Ergebnissen gegenseitig kaum Notiz nehmen. Drittens liegen sie an den theoretischen Konstrukten, die diesem Thema vorschnell übergestülpt werden, um irgendwelche Weltanschauungen zu beweisen, in erster Linie die von der permanenten Überlegenheit des Mannes. Neuere feministische Ansätze zur M.-Forschung (Sir Galahad, Schreier, Gould Davis) kranken an einer naiven und methodenlosen Verarbeitung des Themas. Eine dringende Aufgabe der Gegenwart ist es daher, eine wirklich wissenschaftliche und wirklich kritische M.-Forschung zu begründen und ihr den Platz im Rahmen der Wissenschaften zu sichern, der ihr zukommt. Sie muß ideologiekritisch, interdisziplinär und methodologisch reflektiert zugleich sein (→ Ideologie). Nur so läßt sich der reiche Sachgehalt zum Thema M. wieder freilegen und für ein verändertes und erweitertes Geschichtsbild von Frauen und Männern heute fruchtbar machen (→ Frauenforschung).

Bachofen, J. J.: Das Mutterrecht. Hrsg. von H.-J. Heinrichs. Frankfurt/M. 1975.
Briffault, R.: The Mothers. 3 Bde. London/New York 1969.
Göttner-Abendroth, H.: Die Göttin und ihr Heros. München 1980.
–: Die tanzende Göttin. München 1982.
–: Urania. Zum Weltbild matriarchaler Völker im Spiegel der modernen Physik. In: Feministische Studien, 1982, 1.

–: Erato. Zur Erotik in matriarchalen Gesellschaften. In: Feministische Studien, 1983, 1.
Heinrichs, H. J. (Hrsg.): Materialien zu Bachofens ‹Das Mutterrecht›. Frankfurt/M. 1975.
Malinowski, B.: Das Geschlechtsleben der Wilden. Leipzig/Zürich 1930.
Morgan, L. H.: Die Urgesellschaft. Stuttgart 1981.
Ranke-Graves, R. v.: Griechische Mythologie. 2 Bde. Reinbek bei Hamburg 1961.
–: Die weiße Göttin. Berlin 1981.

Heide Göttner-Abendroth

Medizinsoziologie

Die M. befaßt sich mit den Wechselbeziehungen zwischen sozialer Umwelt, gesellschaftlichen Bedingungen und Krankheit. Sie untersucht die sozialen Faktoren, die eine Krankheit hervorrufen und die den Krankheitsverlauf beeinflussen. Soziale Faktoren spielen in jedem Stadium des Krankheitsprozesses eine Rolle:

● Soziale Faktoren haben eine Bedeutung für die *Krankheitsverursachung*. Zum einen bestimmen die sozialen Verhältnisse, inwieweit der Mensch mit krankheitserregenden Substanzen in Berührung kommt; die (arbeits)hygienischen Verhältnisse sind abhängig von der sozialen Situation. Zum anderen gibt es soziale Faktoren, die krankmachend sind, ohne daß zusätzliche materielle Faktoren (wie Bakterien, Viren, Schadstoffe) hinzukommen. Diese sozialen Faktoren sind angesiedelt im Bereich der zwischenmenschlichen Kommunikation und im Bereich der Bedürfnisbefriedigung und Selbstverwirklichung.

● Soziale Faktoren spielen auch in der *Krankheitsentstehung* eine Rolle. Ob ein Mensch sich krank fühlt, ob ein Mensch als krank eingestuft wird, hängt wesentlich von gesellschaftlichen Bedingungen ab. So besteht z. B. ein Zusammenhang zwischen Krankenstand und Arbeitsmarktsituation und ein Zusammenhang zwischen Arbeitslosenzahl und Erwerbsunfähigkeiten (→ Arbeitslosigkeit). Die sozialen Faktoren, die den Krankenstand und die Frühberentung beeinflussen, sind Gegenstand der M.

● Ebenso wie Krankheitsverursachung und Krankheitsentstehung ist auch der *Krankheitsverlauf* von sozialen Bedingungen bestimmt und beeinflußt. Einfluß auf den Krankheitsverlauf hat die Tatsache, ob medizinische Institutionen und medizinisches Personal zur Verfügung stehen und in Anspruch genommen werden oder ob der kranke Mensch sich Laien und Laienmitteln anvertraut. Das Laiensystem als Gegenstand der M. ist neuerdings wieder häufiger in die Diskussion eingebracht worden seit Herausbildung der Selbsthilfegruppen Betroffener. Entscheidend mitgeprägt wird der Krankheitsverlauf durch das Verhältnis Experte – Laie; und so ist das Arzt-Patient-Verhältnis häufig Gegenstand der M. gewesen (→ Professionalisierung).

• Eng verknüpft mit den Bedingungen des Krankheitsverlaufs sind die gesellschaftlichen Institutionen der *Krankheitsverhütung*. Die → Institutionen und → Berufe, die die gesundheitliche Versorgung der Bevölkerung garantieren, sind ebenfalls Gegenstand der M.: das Krankenhaus und der pflegerische Arbeitsprozeß, die niedergelassene Arztpraxis und der ärztliche Arbeitsprozeß, der öffentliche Gesundheitsdienst, die betriebsärztliche Versorgung, die gesetzliche Krankenversicherung und die Krankenkasse, die pharmazeutische Industrie.

Insofern die M. einen Beitrag leistet zur Erforschung der Wechselwirkungen zwischen gesellschaftlichen Bedingungen und Krankheit, ist sie als Teilgebiet der Medizin anzusehen. Insofern die M. gesellschaftliche Subsysteme (→ soziales System), die der Medizin und der medizinischen Versorgung zugerechnet werden, untersucht, um daraus allgemeine soziologische Gesetzmäßigkeiten ableiten zu können, ist sie Teilgebiet der → Soziologie. «Die Gesundheit ist offenbar eine der funktionalen Vorbedingungen eines jeden sozialen Systems» (Parsons). So ist das Interesse vieler Soziologen an dem Medizinbetrieb zu erklären. T. Parsons hat seine strukturell-funktionale Theorie an den Rollen von Arzt und Patient entwickelt, E. Freidson hat das Problem ‹Experte – Laie› am Arztberuf ausgeführt und R. Merton am Beispiel der medizinischen Ausbildung die Prinzipien einer beruflichen → Sozialisation. Das hochspezialisierte Krankenhaus mit seinen verschiedenen Berufshierarchien steht als Beispiel für eine komplexe bürokratische Organisation (Rohde) (→ Bürokratie).

Insofern der Medizinbetrieb dazu dient, Beispiele zur Entwicklung allgemeiner soziologischer Gesetzmäßigkeiten zu geben, interessiert er selbst als Gegenstand wenig. R. Straus hat deshalb die Unterscheidung in «sociology of medicine» und «sociology in medicine» vorgeschlagen. Bei der «sociology of medicine» wird die eine Disziplin als ganze zum Gegenstand der anderen (Schelsky). Dagegen werden bei der «sociology in medicine» soziologische Theorien, Begriffe und Methoden angewandt, um die sozialen Verhältnisse in ihren Wechselwirkungen mit Krankheit und Gesundheit aufzudecken.

Die M. hat sich historisch aus der Sozialmedizin / Sozialhygiene entwikkelt. Die Anfänge einer Sozialmedizin – also das Wissen darüber, daß Krankheit etwas mit den sozialen Verhältnissen zu tun hat – sind auf Johann Peter Frank zurückzuführen, der – geprägt durch die Ideen Rousseaus – sein «System einer vollständigen medizinischen Polizey» schrieb.

Ein halbes Jahrhundert später wurde R. Virchow durch die Ideen der

Märzrevolution geprägt. In seiner berühmten Arbeit über die Ursachen der Typhus-Epidemie in Oberschlesien benannte er den Zusammenhang zwischen Armut und Krankheit, und er formulierte: «Medizin ist eine soziale Wissenschaft.» Die Gedanken Virchows wurden wiederaufgenommen in der → Arbeiterbewegung durch Ärzte, die ihr nahestanden. A. Grotjahn, Sozialdemokrat, erhielt den ersten Lehrstuhl für Sozialhygiene in Deutschland, und in seiner «Sozialen Pathologie» findet sich eine umfassende Darstellung aller sozialen Faktoren, die das Krankheitsgeschehen betreffen und beeinflussen. Den ersten Lehrstuhl für Sozialhygiene überhaupt erhielt L. Teleky in Österreich, der später in Düsseldorf einer der ersten Gewerbeärzte Deutschlands wurde. Darin wird deutlich der enge Bezug der Sozialhygiene zur Arbeitswelt. Verpflichtet fühlten sich diese Ärzte der sozialen Bewegung, die sich in der Zeit nach den Sozialistengesetzen in der Krankenkassenbewegung darstellte. Mit der Zerschlagung dieser Bewegung im → Faschismus mußten die Sozialhygieniker und Sozialmediziner emigrieren.

Die Diskussion um eine Sozialmedizin (jetzt auch: M.) wurde in der Bundesrepublik erst erneut wiederbelebt in den 60er Jahren unter Aufnahme der US-amerikanischen Entwicklung durch mindestens vier Faktoren:

(1) Die kurative, technisch perfekte Medizin war an ihre Grenzen gestoßen. Mit der Novellierung der ärztlichen Ausbildungsordnung 1970 wurden die Fächer Sozialmedizin und M. in die Prüfungsordnung aufgenommen.

(2) Parallel dazu wurde im Kontext der → Studentenbewegung ein Ungenügen an den Autoritäten artikuliert; die Dienstleisterberufe wie auch der Arztberuf wurden zunehmend einer kritischen soziologischen Reflexion unterzogen.

(3) Die Automatisierungswelle in der industriellen Arbeitswelt produzierte neue, nämlich psychische, nervöse und psychosomatische Erkrankungen (→ Automatisierung/→ Arbeitswissenschaften/→ Rationalisierung). Zwar hatte W. Hellpach bereits 1902 den Bezug zwischen Arbeitsbedingungen und nervösen Erkrankungen gesehen, indem er von der Hysterie als von der typischen Erkrankung der kapitalistischen Unfreiheit sprach (→ Kapitalismus). Aber insgesamt standen zu Beginn dieses Jahrhunderts nicht die psychischen/psychosomatischen Krankheitsbilder im Vordergrund. Der Wandel der Krankheitsstruktur erforderte jedoch neue Forschungsmethoden (→ Methodenprobleme).

(4) Mit der Entwicklung von Großrechnern und der Entwicklung von statistischen Verfahren zur Mehrebenenanalyse wurde es möglich, komplexe Bündel sozialer Bedingungsfaktoren in die Untersuchung der Krankheitsursachen einzubeziehen (→ Datenverarbeitung/→ Statistik). Diese Forschungsmethode heißt Epidemiologie; mit ihrer Hilfe wird ver-

sucht, die unterschiedliche Verteilung von Krankheiten auf verschiedene Bevölkerungsgruppen zu erfassen, um somit auf die sozialen Bedingungsfaktoren rückschließen zu können.

Ferber, Chr. v.: Soziologie für Mediziner. Berlin u. a. 1975.
Freidson, E.: Der Ärztestand. Stuttgart 1979.
Grotjahn, A.: Soziale Pathologie. Berlin 1915[2].
Lesky, E. (Hrsg.): Sozialmedizin. Darmstadt 1977.
Parsons, T.: Struktur und Funktion der modernen Medizin. In: König, R. (Hrsg.): Probleme der Medizin-Soziologie. Köln/Opladen 1958.
Rohde, J. J.: Soziologie des Krankenhauses. Stuttgart 1974[2].
Schaefer, H. & M. Blohmke: Sozialmedizin. Stuttgart 1978[2].
Siegrist, J.: Lehrbuch der medizinischen Soziologie. München 1977[3].
Winter, K. (Hrsg.): Soziologie für Mediziner. Berlin (DDR) 1975[2].

Gine Elsner

Methodenprobleme

Beim sozialwissenschaftlichen Forschungsprozeß (→ Forschung) handelt es sich um eine schrittweise Abfolge von Handlungen und Entscheidungen (→ Entscheidungstheorien), die in den einzelnen Forschungsphasen vollzogen werden: von der Hypothesenbildung über die Erhebung von Information (‹Daten›) mittels → empirischer Sozialforschung, die Systematisierung und Verarbeitung dieser Information mittels → Statistik und → Datenverarbeitung bis hin zur Ergebnisinterpretation. Sofern durch Mängel in diesem Prozeß die letztlich erhaltenen Ergebnisaussagen keine adäquate Beantwortung der ursprünglichen Forschungsfrage zulassen, spricht man von *Forschungsartefakten*. Dies sind durch methodische Schritte und Entscheidungen hervorgerufene ‹Kunst-Produkte›: Der Untersuchungsgegenstand wird so erfaßt und dargestellt, daß zutreffende Prognosen und erfolgreiches → soziales Handeln auf Grund solcher Artefakte nicht möglich sind.

Von eher prinzipiellen Fragen, wie der Diskussion im sog. Methodenstreit um die Zulässigkeit bestimmter Methoden in den Sozialwissenschaften, hat sich das Interesse der Forscher in letzter Zeit stärker auf eine Analyse der Ursachen für solche Mängel im Forschungsprozeß verlagert. Neben der systematischen Darstellung häufig vorkommender Fehlerquellen bei der Erhebung (Bungard/Lück 1974) und bei der Auswertung (Guttman 1977; Stelzl 1982) zeigt eine tiefergehende Problemanalyse sozialwissenschaftlicher Forschungspraxis, daß viele solcher Artefakte ursächlich auf fundamentalere Mißverständnisse und Fehlinterpretationen des Stellenwertes von Methoden im Forschungsprozeß zurückführbar sind (Kriz 1981). Zunächst soll jedoch mit der Darstellung solcher eher isolierter ‹Fehlerquellen› begonnen und erst dann auf die grundsätzlicheren Probleme eingegangen werden.

Datenerhebungsartefakte
Hierunter fallen insbesondere jene Fehlerquellen, die darauf beruhen, daß in den Sozialwissenschaften Untersuchungen meist soziale → Interaktionen (mindestens) zweier Personen sind – üblicherweise als Versuchsleiter (VL) und Versuchsperson (VP) gekennzeichnet –, die über kognitive Fähigkeiten wie Erwartungen, Strategien, Hypothesen, Lernen etc. verfügen, deren Einfluß auf die Versuchsplanung und -durchführung schwer vorhersehbar, systematisierbar und kontrollierbar ist. So sollten in einem klassischen Experiment (Rosenthal/Fode 1963) 10 VL insgesamt 200 VPen hinsichtlich der Einstufung bestimmter Fotos testen. Dabei mußten die VPen auf einer 20-Punkte-Skala (von −20 bis +10) schätzen, wie erfolgreich die dargestellte Person sei. Die Bedingungen für alle VL und alle VPen waren identisch; nur hatte man bei 5 VL beiläufig erwähnt, daß die Schätzungen auf Grund früherer Experimente bei +5 liegen würden, bei den anderen 5 VL hatte man gesagt, die durchschnittliche Schätzung sei ca. −5. Tatsächlich zeigte sich, daß die Mittelwerte der VPen bei allen 5 VL, die ein positives Ergebnis erwarteten, höher lagen als bei den anderen. Analoge Ergebnisse erhielt man bei noch ‹objektiveren› Testsituationen, nämlich Lernexperimenten von Ratten: Obwohl die Ratten speziell hinsichtlich gleicher Lernleistungen vorher ausgesucht worden waren und zudem in den einzelnen Experimenten noch gegeneinander ausgetauscht wurden, erhielten VL, denen man beiläufig zu verstehen gab, ‹ihre› Ratten seien besonders intelligent, wesentlich bessere Ergebnisse (bei Lernaufgaben im Labyrinth) als VL, die an besonders ‹dumme› Ratten glaubten.

Es geht bei solchen Fehlerquellen also nicht um ‹Mogeln› in irgendeinem vordergründigen Sinne, sondern um höchst diffizile, in der Regel bei allen Beteiligten unbewußt ablaufende Prozesse. Deren Sinn ist es offensichtlich, die Unsicherheit in einer solchen Datenerhebungssituation durch unterschwellig aufgenommene Information über mögliche Zielvorgaben zu verringern. Kanäle, über die solche unbewußte Kommunikation läuft, sind insbesondere paralinguistische Signale (Tonfall, Betonung, Pausen etc.), optische Hinweise (Lächeln, Zunicken, sichtbare Entspannung etc. bei Erreichen einer ‹richtigen› Antwort), aber auch andere Einflußkanäle spielen eine Rolle (z. B. taktile Reize im o. a. Rattenexperiment). Selbst wenn der VL als Person gar nicht anwesend ist, sondern mit der VP nur über eine gedruckte oder eine auf Tonband gesprochene Anweisung in Kontakt tritt, macht sich die VP über die möglichen Ziele, erwünschtes Verhalten etc. ihre Gedanken, welche die Situation erheblich beeinflussen können.

Viele dieser Fehlerquellen tauchen unter eigenen Kategorien in der Literatur auf; die wichtigsten sind:

Halo-Effekt: Hierunter versteht man die Auswirkung einzelner Teile von vorgelegtem Material auf andere Teile – z. B. wird die Beantwortung von Fragen zur Todesstrafe von vorhergehenden Fragen und einer daraus ggf. erkennbaren oder vermuteten Einstellung des Befragers dazu beeinflußt. Analog zum «Halo» – dem Lichthof um Sonne und Mond auf Grund von Reflexion und Beugung – ‹strahlt› also zeitlich zuerst abgearbeitetes Material auf späteres aus und beeinflußt dessen Interpretation. Dies kann dadurch geschehen, daß bestimmte Perspektiven – im Zusammenhang mit angesprochenen Rollen etwa – aktualisiert werden: Als Wissenschaftler angesprochen, wird eine Person Fragen anders beantworten als in der Funktion eines enthusiastischen Mitglieds eines Vereins. Es kann aber genausogut durch vorangegangene Fragen und die darin enthaltene Information die VP veranlaßt werden, sich zu einem Gegenstand eine bestimmte Meinung zu bilden. Dies kann z. B. im Rahmen eines sog. *Aktions-Forschungs-Programms* – bei dem eine solche Interaktion und Veränderung durch Sozialforschung gerade angestrebt wird – durchaus erwünscht sein (auf die methodischen Schwierigkeiten kann hier nicht eingegangen werden; vgl. Haag et al. 1972; Pieper 1977). Der Halo-Effekt kann durch Vorgabe unterschiedlicher Reihenfolgen in Teilpopulationen zumindest teilweise kontrolliert werden.

Response Sets (Antwortmuster): Während beim Halo-Effekt bestimmte Reaktionstendenzen dadurch hervorgerufen werden, daß durch vorhergehendes Material bestimmte Inhalte ins Bewußtsein der VP gelangen, gibt es auch Antwortmuster, die relativ unabhängig vom spezifischen Inhalt bevorzugt werden. So wirkt sich bei der Vorgabe von JA/NEIN-Antworten oft die «Ja-Sager-Tendenz» (Aquiescence) aus: Die VPen kreuzen bevorzugt die JA-Kategorie an, auch dann, wenn bei ‹umgepolten› Kontrollfragen eine der beiden Versionen ein NEIN erfordern würde. Zu den Response Sets gehört auch die Bevorzugung von Mittelkategorien oder aber die von Extremkategorien. Kontrolliert werden kann dieser Effekt durch mehrfache Umformulierung derselben Fragen und Vergleich der Antworten.

Social Desirability (soziale Erwünschtheit): Hierunter wird die bevorzugte Wahl sozial wünschenswerter Eigenschaften, → Einstellungen und Verhaltensweisen verstanden. Es kann aber auch zu einem gegenteiligen Effekt kommen: Jemand, der als ‹Nonkonformist›, ‹Kritiker› oder als besonders ‹eigenständig› angesehen werden will, kann bevorzugt gerade nicht sozial-wünschenswerte Antworten geben.

Versuchsleiter-Effekt: Dieser Effekt wurde oben schon beschrieben: Es handelt sich um (meist unbewußte) Beeinflussungen der VP durch den VL im Sinne dessen Erwartungen und Hypothesen (oder auch durch seine Erfahrungen mit anderen VPen). Mindern läßt sich dieser Effekt oft durch einen *Doppelblindversuch*: Bei einem ‹Blindversuch› weiß nur die VP nicht, worum es in der Untersuchung geht und ob sie zur ‹Experimental-› oder ‹Kontrollgruppe› gehört; im Doppelblindversuch hat auch der VL darüber keine Information. Abgesehen davon, daß sich solche Doppelblindversuche von der Forschungsplanung her nicht immer realisieren lassen, hindert die Unkenntnis der Ziele und des Forschungsdesigns (Untersuchungsanordnung) beide nicht daran, implizite Vermutungen darüber anzustellen und sich davon beeinflussen zu lassen.

Protokollfehler: Zahlreiche Untersuchungen zeigen, daß bei der Protokollierung der Erhebungssituation und Registrierung bestimmter Ergebnisse Fehler überzufällig häufig im Sinne der Erwartungen und Hypothesen auftreten.

Sozial-demographische Effekte: Alter, Geschlecht, soziale Herkunft, Sprache, Hautfarbe etc. spielen sowohl beim VL als auch bei der VP als auch in Interaktion von beiden eine nicht zu unterschätzende Rolle. So ist z. B. die Erreichbarkeit (und damit die Wahrscheinlichkeit, bei Zufallsauswahl an einer Untersuchung überhaupt teilzunehmen) von Personen in ländlichen Gegenden, nichtberufstätigen Frauen, Verheirateten und älteren Menschen größer als von anderen. Auch die Weigerung, an einer Erhebung teilzunehmen, ist nicht zufällig über die Bevölkerung verteilt – das gilt auch für die Verweigerung einzelner Fragen, die oft implizit über ‹weiß nicht›, ‹unentschieden› etc. erfolgt. Die o. a. «Ja-Sager-Tendenz» kommt je nach ethnischer → Gruppe und sozialer → Schicht unterschiedlich zum Tragen. Da soziale Werte (→ Wertbeziehung) und → Normen oft subkulturelle Unterschiede aufweisen, hängt die ‹soziale Erwünschtheit› auch von der wahrgenommenen Zugehörigkeit des VL zu solchen → Subkulturen ab; letztlich dürfte auch die Verweigerungstendenz mit dem Grad wahrgenommener Unterschiede zwischen VL und VP zunehmen. Elementare und allzu große Einflüsse dieser Effekte lassen sich bedingt kontrollieren, indem die Gruppe der Untersuchten nach best. demoskopischen Grundverteilungen ausgesucht oder zumindest im nachhinein damit verglichen wird; für viele relevante soziographische Variable fehlt aber die Kenntnis solcher Verteilungen – und letzteres gilt noch viel mehr für die Kombinationen von Verteilungen (vgl. Kriz 1981, 71f).

Dies waren nur die wichtigsten Typen von Fehlerquellen bei der Erhebung sozialwissenschaftlicher Daten. Ein oft origineller Weg, einige der Probleme zu umgehen, liegt in einer verstärkten Berücksichtigung von sog. *nichtreaktiven* Vorgehensweisen bei der Erhebung. So kann man, statt nach dem Alkoholkonsum zu fragen, heimlich die Flaschen im Mülleimer zählen oder relative Einschaltquoten beim Fernsehen an Hand des Wasserverbrauchs vor und nach Ende eines Filmes erfassen. Eine differenzierte Darstellung solcher Fehlerquellen und nichtreaktiver Alternativvorschläge findet man bei Bungard/Lück 1974.

Datenauswertungsartefakte

Nach der Erhebung von Information folgt im Forschungsprozeß eine Auf- und Weiterverarbeitung der Daten, meist mit Mitteln der Statistik. Dies ist schon deshalb notwendig, weil das erhobene Material in der Regel viel zu umfangreich und zu komplex strukturiert ist, als daß ohne eine systematische Herausschälung der relevanten Information irgend etwas Sinnvolles ausgesagt werden könnte.

Nun sind statistische Methoden der Informationsreduktion – z. B. um bestimmte Verteilungen möglichst treffend durch wenige Kennwerte zu repräsentieren – nicht ‹automatisch› zur Lösung sozialwissenschaftlicher Forschungsprobleme geeignet. Sie entstammen vielmehr als Teilgebiet der Mathematik diesem formalen Kalkül und genügen bestimmten, axiomatisch eingeführten Strukturgesichtspunkten. Die empirisch erhobene soziale Wirklichkeit hingegen weist unabhängig von der Mathematik ihre eigenen Strukturierungen auf. Daher kann es keinen ‹Methoden-Automatismus› geben, sondern es ist für jede sozialwissenschaftliche Untersuchung erneut zu fragen und zu prüfen, ob und wieweit bestimmte statistische Methoden als Modelle für diese sozialwissenschaftlichen Sachverhalte geeignet sind. Daß bei einem solchen Anpassungsversuch mannigfaltige Probleme auftreten können, dürfte auf der Hand liegen. Trotzdem fanden Artefakte bei der Auswertung lange nicht die Aufmerksamkeit in der sozialwissenschaftlichen Literatur wie jene bei der Erhebung. Die meisten – auch sozialwissenschaftlichen – Statistikbücher setzen im mathematischen Kalkül an, ohne sich der Übersetzungsproblematik zu widmen (vgl. aber Ritsert/Becker 1971; Kriz 1983). Methodenprobleme bei der Auswertung wurden, wenn überhaupt, analog zu denen bei der Erhebung als weitgehend isoliert zu sehende Fehlerquellen diskutiert. Immerhin aber haben Guttmann (1977) und besonders Stelzl (1982) mit Sammlungen der häufigsten Fehler beim Anwenden der Statistik hier wichtige Beiträge geleistet. Eine differenzierte Erörterung setzt einige Statistik-Kenntnisse voraus. Grob aber lassen sich die wichtigsten Fehlertypen wie folgt kennzeichnen:

Unvollständige Information: Das erhobene Datenmaterial und die darin enthaltenen Strukturen sind in der Regel sehr viel umfangreicher als das, was zur Auswertung herangezogen oder gar später publiziert wird. Auch wenn man bewußtes Manipulieren und Weglassen von unerwünschten Daten außer acht läßt, ergibt sich aus der o. a. Wirkung der Forscher-

Erwartung auf dessen Wahrnehmung, daß eher solche Strukturen aufgenommen werden, die ins Konzept passen, auf Kosten anderer. Besonders Prozentzahlen sind stark anfällig gegenüber Veränderungen der Bezugsbasis, so daß sich selbst bei scheinbar völlig klaren Sachverhalten extreme Unterschiede in den Aussagen ergeben können (vgl. Kriz 1981, 77f).

Korrelationsinterpretation: Obwohl fast in jedem Statistik-Lehrbuch davor gewarnt wird, kommt es nur allzu häufig vor, daß Korrelationskoeffizenten (ein Maß für den statistischen Zusammenhang zweier oder mehrerer Variablen) kausal interpretiert werden. Dabei können zwei Variable A und B auch hoch korrelieren, wenn

i) A und B sich gegenseitig beeinflussen (z. B. Übungsmotivation und Leistung bei bestimmten Aufgaben);
ii) A und B durch (eine oder mehrere) weitere Variable beeinflußt werden (z. B. Körpergewicht und Geschicklichkeit bei Kindern – die beide vom Alter abhängen);
iii) zufällig gleichsinnige Variation (z. B. Sonneneinstrahlung und Katholikenrate in Nord- vs. Süddeutschland).

Ein anderer verbreiteter Trugschluß ist es, daß zwei sehr hoch miteinander korrelierende Variable weitgehend das gleiche messen (das kann der Fall sein, muß aber nicht: Man kann zeigen, daß beide Variable mit einer dritten sehr unterschiedlich hoch korrelieren können). Diese Fehlannahme kommt besonders in der Faktorenanalyse zum Tragen, wo Bündel hoch korrelierender Variablen gesucht werden, die auf ‹denselben Faktor› zurückgehen, d. h. konzeptionell angeblich dasselbe messen sollen.

Signifikanztests: Da jede Wissenschaft nicht einzelne Daten sammeln, sondern zu möglichst weitreichenden Aussagen kommen will, sind die erhobenen Daten meist nur notwendige Informationsbasis, um über allgemeinere Hypothesen zu entscheiden. Das formale Modell, das solchen Entscheidungen zugrunde liegt, heißt Signifikanztest. Oft werden Signifikanztests aber nicht als Entscheidungsmodell verwendet, sondern wie ein Verfahren, das Effekte feststellt oder gar mißt (d. h., die Güte der Effekte wird – wie beim Cognac – mit einer unterschiedlichen Anzahl von Sternen garniert).

Neben einer falschen Verwendung der Signifikanztests – auf die in diesem Rahmen wegen der Notwendigkeit einiger statistischer Kenntnisse nicht weiter eingegangen werden kann – ergibt sich ein grundsätzlicheres Problem daraus, daß oft genau nur die signifikanten Ergebnisse publiziert werden und zudem einer geringeren Wahrscheinlichkeit zur Replikation (Wiederholung) unterliegen als (noch) nicht signifikante Ergebnisse. So fand Sahner (1978) bei einer Analyse deutschsprachiger sozialwissenschaftlicher Publikationen zwischen 1965 und 1976, daß 75% der gestellten Hypothesen bestätigt wurden (was mit angelsächsischen Untersuchungen übereinstimmt), woraus er schloß: «Empirische Sozialforschung bestätigt mit hoher Wahrscheinlichkeit noch einmal das, was man ohnehin vermutet.»

Wer – nicht ganz ohne statistische Kenntnisse – an Fehlerquellen bei der Auswertung näher interessiert ist, sei nochmals auf Stelzl (1982) verwiesen. Die Analyse sozialwissenschaftlicher Forschungspraxis zeigt allerdings, daß nicht so sehr einzelne ‹Fehlerquellen› bei der Datenerhebung oder -auswertung ursächlich für Mängel in den Ergebnissen sind, sondern daß diese ‹Fehlerquellen› sich selbst wieder als Manifestationen grundlegenderer Probleme und methodologischer Mißverständnisse des Forschungsprozesses deuten lassen (Kriz 1981).

Theorieaspekte sozialwissenschaftlicher Forschungsartefakte
Die Betrachtung sozialwissenschaftlicher Forschungsartefakte läßt sich analytisch drei Ebenen zuordnen: Beginnt man bei dem Erscheinungsbild der konkreten empirischen Forschungsarbeiten, wie sie in einschlägiger Literatur publiziert werden, so zeigt sich, daß Sozialforscher und ihre scientific community (Kollegen, Herausgeber, Beirat, Leser) selbst gravierende inhaltliche Widersprüche und Unsinnigkeiten der Ergebnisse kaum bemerken, wenn diese Ergebnisse mit scheinbar ‹objektiven Methoden› erbracht wurden. Fragt man nach den Ursachen, so zeigt sich auf der methodischen Ebene, daß der Stellenwert des methodischen Instrumentariums im Forschungsprozeß falsch eingeschätzt wird, wodurch sich durchaus sinnvolle Konzepte (z. B. Signifikanz, Korrelation etc.) aus dem Handlungszusammenhang, der ihnen jeweils Sinn gibt, herausgelöst und verselbständigt haben. Unter der rein methodischen Perspektive sind dies die o. a. Fehlerquellen. Die Behauptung einer ‹falschen Einschätzung methodischen Instrumentariums› und die Verwendung des Begriffs ‹sinnvoll› verweisen auf eine dritte, methodologische, Ebene, auf welcher der ‹eigentliche› Sinn und die Funktion des Instrumentariums im Prozeß empirischer Forschung zu klären ist. Diese Ebenen werden (analog zu Kriz 1981) nun in umgekehrter Reihenfolge durchschritten:

Methodologische Ebene: Ausgehend vom Kernbegriff empirischer Wissenschaft – der Erfahrung – ist zu betonen, daß zwar jede Erfahrung letztlich intrapsychisch ist und somit beim Individuum ansetzt, daß aber dieses Individuum immer schon in eine Gesellschaft hineingeboren wird, welche dessen Erfahrungsmöglichkeiten durch ein selektives Angebot strukturiert und den Sinn dieser Erfahrungen kommentierend vermittelt. Diese Erfahrungsstrukturierung, die eine Gesellschaft so von Generation auf Generation weitergibt (dabei aber auch bedingt verändert und vermehrt), ist besonders in Form von funktional veränderter Materie (z. B. Werkzeuge), sozialen Handlungsmustern (Rollen, → Institutionen) (→ Rollentheorie), Sprache (und Schrift) sowie spezifischen Wissensbeständen geronnen. Durch diese soziale Koordinierung gesellschaftlich wichtiger Teile individueller Erfahrung wurde die im Evolutionsprozeß (→ Evolutionstheorien) förderliche Kooperation von → Individuen verbessert: Gemeinsam akzeptierte Sinnstrukturen individueller Wirklichkeiten ersparen es, in jeder Situation alle Verhaltensaspekte untereinander aushandeln zu müssen. Handlungen und deren Folgen werden vorhersehbar, vieles wird zur sicheren Routine, und man kann seine Kraft der Lösung neuer Probleme zuwenden.

Wissenschaft kann nun als eine spezifische Fortentwicklung solcher sozialer Koordinierungs- und Differenzierungsleistungen gesehen werden, um spezifische Aufgaben zu lösen: Es interessieren je nach Disziplin zwar nur bestimmte Aspekte von ‹Wirklichkeit›, zu deren Erfassung bestimmte Instrumente herausgebildet werden, doch gilt es auch und gerade hier, die typischen Erfahrungen mit diesen Wirklichkeiten einander zu vermitteln, wofür eine gemeinsame Sprache und ein gemeinsamer Erfahrungshintergrund notwendig sind. Nur so kann Erfahrung weitergegeben (nacherfahren) werden und zukünftiges Handeln beeinflussen.

Wissenschaft ist also ein interaktiver Prozeß, und methodische Konzepte haben darin die Aufgabe, bestimmte Handlungen und Erfahrungen interindividuell nacherfahrbar zu machen sowie bestimmte Aspekte zu optimieren (z. B. durch Transformation von empirischen Beziehungen auf Zahlenrelationen und einer Algorithmisierung einzelner Prozesse eine stärkere räumlich/zeitlich/kulturelle Invarianz von Erkenntnis zu gewährleisten). Methodische Konzepte vereinfachen so den Diskurs der Forscher, ersetzen ihn aber nicht: Zwar sichern gleichartige Sozialisation (Ausbildung) der Forscher, anerkannte Fragen und Vorgehensweisen einen weitgehend gleichen Erfahrungshintergrund und gleiche Sinnstrukturen, so daß nicht immer wieder alles neu ausgehandelt werden muß. Doch ist damit keineswegs nun alles selbstverständlich. Denn wäre aller Sinn von Handlungen (hier: Forscher-Handlungen) selbst-verständlich, bedürfte es eben keiner methodischen Konzepte und keiner intersubjektiven Sprache, um sich gegenseitig etwas verständlich zu machen.

Methodische Ebene: Sozialwissenschaft hat somit nicht nur soziale Prozesse zum Gegenstand, sondern findet selbst immer schon als sozialer Prozeß statt, in dem ein spezifisches Segment von Wirklichkeit von allen Beteiligten ausgehandelt wird (dies allerdings vor dem Hintergrund einer bereits von allen als ausgehandelt akzeptierten intersubjektiven Alltagswelt) (→ Alltag). Dieser aktive Anteil des Forschers bei der Schöpfung ‹seiner› untersuchten Wirklichkeit wird in der Erhebungssituation besonders durch die Wahl des Ansatzes deutlich: Bei der Untersuchung von → Arbeitslosigkeit liefern Inhaltsanalysen von Presseberichten, Befragungen der Bevölkerung, teilnehmende Beobachtung in einem Betrieb, Betroffenen-Diskussion etc. jeweils eine unterschiedliche Perspektive desselben Gegenstandes. Ebenso ergeben sich bei der Weiterverarbeitung der erhobenen Information je nachdem, welche Strukturen der Forscher als Ergebnisse (Figur) aus dem überaus komplexen Datenmaterial (Grund) herausschält, unterschiedliche Aspekte.

Nicht aber, daß sich Forscher in unterschiedlicher Weise einem Gegenstand nähern und dabei unterschiedliche ‹Wirklichkeiten› erfahren und vermitteln, ist ein Problem. Vielmehr wäre – wie Luhmann (1971, 52) zu Recht herausarbeitet – überhaupt keine Erkenntnis möglich, wenn alle Menschen auf identische Weise die Welt erfahren würden; erst Erfahrungsunterschiede schaffen die Perspektiven, die von subjektiven Sinnstrukturen abstrahieren und damit gemeinsames Handeln gegenüber einer als intersubjektiv akzeptierten Außenwelt ermöglichen. Der Gegenstand der Erkenntnis wird fortschreitend deutlicher erst durch die Vielfalt der Perspektiven, die sich auf ihn richten (Berger/Luckmann 1970, 11), und es bedarf also des Diskurses der Forscher, damit subjektiv gemeinter Sinn zu objektiver Faktizität wird (→ Zweck-Mittel-Relation).

Für die Sozialwissenschaften folgt daraus nur überdeutlich, daß der Forschungsprozeß von der Fragestellung über die Datenerhebung und Datenauswertung bis hin zur Ergebnisaussage eine Sequenz von Entscheidungen darstellt, bei denen bestimmte Perspektiven eingenommen werden und die somit den Kontextrahmen bestimmen, in dem letztlich der Ergebnisaussage eine Bedeutung zukommt. Diese Entscheidungen wären explizit darzustellen und im Hinblick auf die Forschungsfrage (und den intendierten Verwendungszusammenhang) für den → Diskurs zu begründen.

Statt dessen werden aber Ergebnisse in den Publikationen in der Regel so dargestellt, als ob sie stringent aus der Forschungsfrage bei Verwendung ‹richtiger Methoden› folgen würden, d. h. als sei der Forschungsprozeß keine Entscheidungsfolge, sondern ein Algorithmus. Nicht zufällig spricht man in diesem Zusammenhang von Erhebungs- und Auswertungs*methoden* statt von *-modellen*: Während ‹Modelle› noch auf dahinterstehende Relevanz-Perspektiven verweisen, die den Untersuchungsgegenstand erst im Diskurs und in Auseinandersetzung mit anderen Perspektiven zu intersubjektiv verwertbarer Faktizität werden lassen, suggerieren ‹Methoden› einen bereits ausgehandelten Konsens, dessen objektive Wirklichkeit nicht hinterfragt werden muß. So mißverstanden, werden bei den Erhebungs‹methoden› dann die Möglichkeiten alternativer Operationalisierungen nicht diskutiert, obwohl sie oft derselben Forschungsfrage unterschiedliche Datenstrukturen zuweisen würden. Ebenso mißverstanden, werden bei den Auswertungs‹methoden› alternative Aspekte der Informationsreduzierung nicht reflektiert, obwohl sie oft derselben Datenstruktur unterschiedliche Ergebnisaussagen zuweisen würden. So mißverstanden, können auch die besten Methoden – die ja ursprünglich nichts weiter sind als formalisierte und standardisierte Handlungs- und Entscheidungsfolgen – so verselbständigt angewendet werden, daß nicht mehr nach der jeweiligen inhaltlichen Bedeutung der formalen Schritte gefragt werden muß. So wird verhindert, daß das Ergebnis einer Untersuchung nur im Hinblick auf einen ausreichend explizierten Kontextrahmen als sinnvoll erkannt wird.

Empirische Ebene: Forschungsartefakte sind somit nicht einfach ‹falsche› Ergebnisse, sondern solche Aussagen, für die ein inadäquater Kontextrahmen entwickelt wurde bzw. für die – bei häufig überhaupt nicht hinreichender Explizierung eines solchen Rahmens – der zwangsläufig herangezogene Alltags-Common-sense inadäquat ist. In einer detaillierten Re-Analyse empirischer Publikationen wurde gezeigt (Kriz 1981, 145–273), daß Artefakte besonders dort entstehen, wo die gewählten Perspektiven und getroffenen Entscheidungen als solche nicht reflektiert wurden, sondern der Vorstellung gefrönt wurde, ‹lupenreine›, ‹abgesicherte›, ‹richtige› und ‹objektive› Ergebnisse zu präsentieren. Wenn gemeint wird, den Diskurs nicht führen zu müssen, sondern sich auf ‹Methoden› per se verlassen zu können, lullt diese falsch verstandene Funktion des Instrumentariums den Forscher oft in eine solche Scheinsicherheit ein, daß er nicht einmal mehr ganz eklatante Widersprüche und Unsinnigkeiten bemerkt (→ Forschung).

Atteslander, P. & H.-U. Kneubühler: Verzerrungen im Interview. Zu einer Fehlertheorie der Befragung. Opladen 1975.
Berger, P. L. & T. Luckmann: Die gesellschaftliche Konstruktion der Wirklichkeit. Frankfurt/M. 1970.
Bungard, W. & H. Lück: Forschungsartefakte und nicht-reaktive Meßverfahren. Stuttgart 1974.
Guttman, L.: What is not what in Statistics. In: The Statistican, 1977, 26, 81–107.
Haag, F. et al.: Aktionsforschung. München 1972.
Kriz, J.: Methodenkritik empirischer Sozialforschung. Eine Problemanalyse sozialwissenschaftlicher Forschungspraxis. Stuttgart 1981.
–: Statistik in den Sozialwissenschaften. Opladen 1983[5].
Luhmann, N.: Sinn als Grundbegriff der Soziologie. In: Habermas, J. & N. Luhmann: Theorie der Gesellschaft oder Sozialtechnologie. Frankfurt/M. 1971.
Pieper, H.-R.: Theorie, Praxis, Technik und Alltag (Phil. Diss.). Hamburg 1977.
Ritsert, J. & E. Becker: Grundzüge sozialwissenschaftlich-statistischer Argumentation. Opladen 1971.
Rosenthal, R. & K. L. Fode: The Effect of Experimenter Bias on the Performance of the Albinorat. In: Behavioral Science, 1963, 8, 183–189.
Sahner, H.: Empirische Sozialforschung: ein Instrument zur Beseitigung der Vorurteile des Forschers? Soziologischer Arbeitsbericht 4. Christian-Albrechts-Universität Kiel. Kiel 1978.
Stelzl, I.: Fehler und Fallen der Statistik. Bern/Stuttgart/Wien 1982.

Jürgen Kriz

Migration

M. (lat. *migrare* = wandern) wird in den Sozialwissenschaften begrifflich als *geographische* oder räumliche Mobilität von *sozialer* Mobilität unterschieden. Während in älteren Zeiten (z. B. Hethiter, Dorer 13.–11. Jahrhundert v. Chr.; Wanderung vorwiegend von Germanen 3.–6. Jahrhundert n. Chr.) M. als Völkerwanderung ganze Völkerstämme betraf, ist M. in neueren Zeiten wesentlich Wanderung von Bevölkerungsteilen, vorwiegend von Arbeitskräften. Die Wanderungsbewegungen im Europa des 19. Jahrhunderts waren Abwanderungen der in den ländlichen Gebieten freigesetzten und verarmten Bevölkerung in zunehmend industrialisierte Städte (Landflucht) und nach Übersee (K. Bade 1979). Eine ähnliche Bevölkerungsbewegung ist heute in den Ländern der Dritten Welt zu beobachten (vgl. die regelmäßige Berichterstattung der UNO).

In Mitteleuropa, zumal in der Bundesrepublik, ist M. in jüngerer Zeit besonders gekennzeichnet durch Bevölkerungsabwanderung aus großen Städten in Stadtrandgebiete und Zuwanderung ausländischer Arbeiter und deren Familien meist aus Südeuropa und der Türkei. Zu- und Abwanderungsbewegungen zeigen in der Bundesrepublik deutliche regionale Unterschiede: Bevölkerungszunahmen entlang der Rheinschiene, in den Räumen Hamburg, Stuttgart, München; Abwanderung aus den Grenzgebieten zur DDR, aus dem Emsland, Ruhrgebiet und Saarland. Ursachen, Erscheinungsformen und Folgen von M. sind Gegenstand so unterschiedlicher Wissenschaften wie der Demographie und Geographie, der Ökonomie, → Soziologie und → Sozialgeschichte, der → Anthropologie, Ethnologie und Linguistik; sie bilden auch entscheidende Faktoren für Raum- und → Stadtplanung. So liegt umfangreiche Literatur zur Beobachtung und Beschreibung, zur statistischen Dokumentation von Wanderungsbewegungen vor; diese werden mit deskriptiven Kategorien differenziert: So wird in räumlicher Perspektive unterschieden zwischen Binnenwanderung (kleinräumig/großräumig) und internationaler Wanderung (kontinental/interkontinental), in zeitlicher Perspektive zwischen begrenzter und dauerhafter Wanderung, hinsichtlich der Migranten selbst zwischen Einzel-, Gruppen- und Massenwanderung, zur Charakterisierung von Entscheidungsspielräumen zwischen freiwilliger und Zwangswanderung.

Die ökonomischen, sozialen und psychischen Folgen von M. für einzelne wie für Wanderungsgruppen bilden einen weiteren Schwerpunkt der M.-Forschung, oft in Reaktion auf praktische Probleme von Immigrationsländern untersucht. Eine allgemeine M.-Theorie, die Richtung, Art und Ausmaß von M. erklären und prognostizieren könnte, liegt freilich nicht vor: «Was vorliegt, sind Deskriptionen historischer Entwicklungen, die ihrer Natur nach nur von begrenzter Gültigkeit sein können, sowie Hinweise auf einzelne Ursachenkomplexe, die erst noch der Prüfung, Komplettierung und Zusammenführung bedürfen» (Höpfner 1974, 47). Auch die Wissenschaftsgeschichte der M.-Forschung, die 1889 mit E. G. Ravensteins berühmtem Essay «The Laws of Migration» eingeleitet wird, zeigt, daß trotz zahlreicher Bemühungen eine konsistente, methodologischen wie empirischen Ansprüchen genügende Theorie der M. nicht ausgebildet worden ist; ebensowenig wird Konsens über die Gewichtung und den Umfang der Phänomene erreicht, die unter den Gegenstand M. zu subsumieren sind, über ihre soziokulturelle, ökonomische, sozialpsychologische Natur, über Determinanten, Randbedingungen, über subjektive und objektive Erklärung der Verläufe von Wanderungsbewegungen.

Der Begriff M. wurde bisher nicht einmal allgemeinverbindlich definiert (Hoffmann-Nowotny 1970; Albrecht 1972). Gleichwohl war in Ravensteins Essay der M.-Forschung der Anspruch, theoriegeleitet zu sein, in einer Situation mitgegeben, in der das Urteil H. Spencers von einigem Gewicht war, daß die starken Wanderungsbewegungen im England der zweiten Hälfte des 19. Jahrhunderts auf eine von den Nomaden vererbte Ruhelosigkeit zurückzuführen seien. Ravensteins Bemühung um wissenschaftliches Begreifen von M. erscheint nun darin, daß er Wanderungsbewegungen in ihrer raum-zeitlichen, statistischen, nationalen und internationalen Dimension auf Gesetze der M. zurückführen möchte, an welchen die empirische Analyse zu orientieren wäre. Außer durch S. A. Stouffer wird Ravensteins Ansatz nicht weiterentwickelt, die durch ihn angeregte Forschung bleibt vornehmlich Demographie, → Statistik, Deskription der Wanderungsbewegungen zugeschriebenen Faktoren: strukturelle, vor allem ökonomische, oder personale Faktoren, z. B. M.-Motivation, die ihrerseits u. a. in Abhängigkeit gebracht wird von Alter, Geschlecht, Familienstand, Bildung, räumlicher Distanz zwischen Emigrations- und Immigrationsregion. M. wird des weiteren aus unterschiedlichen soziokulturellen Entwicklungszuständen der Regionen erklärt, aus einem zwischen diesen bestehenden Kulturgefälle, welches die typische Voraussetzung für M. jedweder Art bilde, da Wanderungen immer von gemeinschaftlich strukturierten zu gesellschaftlich strukturierten Ländern zu beobachten seien (R. Heberle). Den ökonomischen Gründen für M. wird in der Diskussion um M.-Prozesse erhebliche Bedeutung zugesprochen, wobei man davon ausgeht, daß in den Immigrationsländern Attraktionsfaktoren (push), in den Auswanderungsgebieten Verdrängungsfaktoren (pull) wirksam sind, die M. initiieren und dieser Richtung und Verlaufsform geben. Push-Faktoren wird die stärkere Wirkung zugesprochen.

Wegen des theoretischen Defizits der M.-Forschung insgesamt sind auch forschungsmethodische Versuche nur von begrenzter Aussagekraft geblieben, die durch Formalisierung, Typen- und Modellbildung bei partieller Anwendung mathematischer Entscheidungs- und Wahrscheinlichkeitstheorien Meßbarkeit der Fakten und hohe Prognosefähigkeit gewährleisten sollten. Neuere soziologische Ansätze einer M.-Theorie greifen, insbesondere vermittelt durch S. M. Eisenstadt, auf Theorien → sozialer Systeme zurück, im deutschsprachigen Raum Autoren wie G. Albrecht, H.-J. Hoffmann-Nowotny, H. Harbach. In seinem Versuch, eine Integrationsmöglichkeit vorliegender Hypothesen und Theorieansätze zur Erklärung von sozialen und individuellen Ursachen der M. zu finden, greift Albrecht (1972, 174), für den «geographische Mobilität ... eine zentrale, bisher übersehene Kategorie der sozialen Organisation bzw. des Wandels der sozialen Organisation» ist, auf die vier Hauptprobleme der Parsonsschen → Systemtheorie zurück: Anpassung an die Umwelt, Zielerreichung, Integration der Subsysteme, Wertmustererhaltung. Albrecht kombiniert diese unter Bezug auf E. Durkheim und L. F. Schnore mit sozialer Arbeitsteilung als Regulat der → Konkurrenz um knappe Ressourcen. M. ist dann eine der sozialen Arbeitsteilung alternative Lösungsmöglichkeit der Konkurrenzfrage, deren Form und Ausmaß von der Weise abhängen, in der ein gegebenes Sozialsystem versucht, seine vier Hauptprobleme – orientiert am Gleichgewichtspostulat – zu lösen. Migrationsfördernde, -hindernde sowie -neutrale Lösungsmöglichkeiten werden unterschieden.

Die «Soziologie des Fremdarbeiterproblems» Hoffmann-Nowotnys stellt eine allgemeine M.-Theorie vor, aus der Hypothesen über Ursachen und Wirkungen speziell von Arbeits-M. abgeleitet werden sollen. Er bezieht sich dabei auf die «Makrosoziologische Theorie sozietaler Systeme» von P. Heintz und deren interdependente Grundbegriffe Macht/Prestige, die, als elementare Faktoren hinter ‹Statuslinien› liegend, unterschiedlich auf die Einheiten sozialer Systeme verteilt sind. Die unterschiedliche Verteilung kann auf der Ebene der Einheiten (Individuen, nationale Subeinheiten, Nationen, internationale Einheiten) zu strukturellen Wandlungsprozessen und – bei Einführung zusätzlicher Axiome und Hypothesen – zu anomischen oder strukturellen Spannungen führen. M. als spannungslösende Reaktion von Individuen kann eintreten im Falle systeminterner, mehr oder weniger ausgeglichener ‹Statuskonfiguration› durch Erfahrung der Unterprivilegierung als Mitglied eines machtdefizitären Systems oder Untersystems oder im Falle systeminterner Unterprivilegierung ohne Aussicht auf interne Abänderung (Hoffmann-Nowotny 1973, 18/19). Auf diesem Hintergrund erscheint M. «als eine Konsequenz internationaler Entwicklungsunterschiede, d. h. internationaler Schichtung» (a. a. O., 37). Unter dem Aspekt der internationalen Schichtung führt Harbach in Anlehnung an J. Galtung den Begriff der «strukturellen Gewalt» ein, d. h. ungleicher «Verteilung von Macht und damit von Lebenschancen ... durch Prozesse der ungleichen Ressourcenverteilung» (Harbach 1976, 12) zur Erklärung und qualitativen Bestimmung der Arbeits-M.

Auf ihrer Basis bestehen im internationalen System vertikal Herrschaftsverhältnisse vor allem durch sozioökonomische Polarisierung (a. a. O., 136); Arbeits-M. ist nunmehr bestimmbar als «besondere Form der Interaktion zwischen Nationen», als «sozialer Prozeß, der zwei nationale Systeme miteinander verbindet, die einen unterschiedlichen Gesamtrang im internationalen Schichtungssystem einnehmen» (a. a. O., 137). Unterschiede im Gesamtrang werden durch Arbeits-M. verschärft, zumindest aber festgeschrieben.

Albrecht, G.: Soziologie der geographischen Mobilität. Stuttgart 1972.
Bade, K.: Transnationale Migration und Arbeitsmarkt in Deutschland 1879–1929. Erlangen 1979.
Harbach, H.: Internationale Schichtung und Arbeitsmigration. Hamburg 1976.
Höpfner, K.: Auswirkungen der Ausländerbeschäftigung auf die Wirtschaft der Bundesrepublik Deutschland unter dem Aspekt außenwirtschaftlicher Beziehungen. In: Lohmann, R. & K. Manfrass (Hrsg.): Ausländerbeschäftigung und internationale Politik. Wien 1974.
Hoffmann-Nowotny, H.-J.: Migration. Stuttgart 1970.
–: Soziologie des Fremdarbeiterproblems. Stuttgart 1973.

Susanne Heidtmann-Frohme

Minderheiten

Minderheit – deutsche Übersetzung des mit der Französischen Revolution aufgekommenen Begriffs der Minorität *(minorité)* und mit diesem meist synonym gebraucht – ist ein mehrdeutiger Begriff. Gewöhnlich der Kennzeichnung von Benachteiligung einer M. durch eine Mehrheit dienend, umfaßt er deskriptiv – dem Randgruppenbegriff ähnlich (→ Gruppe) – ihrer Genese und ihrer sozialstrukturellen Gliederung nach unterschiedliche Gruppierungen: durch Bildung der alten und neuen Nationalstaaten entstandene nationale und ethnische M., infolge von Arbeitsmigration sich etablierende Einwanderungs-M. ebenso wie z. B. Behinderte, alte Menschen, psychisch Kranke, Drogenabhängige. Historisch hatte der M.-Begriff zunächst eine spezifischere Bedeutung. M.-Fragen betrafen zu Beginn der Neuzeit vornehmlich den religiösen M.-Schutz, aufgeworfen durch die Reformation, in deren Verlauf Protestanten das Mehrheitsprinzip in Religionsfragen in Zweifel zogen. Im 18. und 19. Jahrhundert wurde M. erneut aktuell: als parlamentarische Bezeichnung der im Wahlgang unterlegenen (partei)politischen M., die potentiell zur Mehrheit werden konnte, sowie im Begriff der nationalen M., denen politische Gleichberechtigung vorenthalten wurde. Nationale M. entstanden innerhalb des neu konstituierten staatlichen Verbandes einer Nation im Übergang von Territorial- zu den von der Idee der Einheit von Staat und Gesellschaft geleiteten Nationalstaaten (→ Nationalismus). Bereits vor dem Höhepunkt der M.-Frage als Folge des Ersten Weltkrieges wurde das M.-Problem im Staats- und Völkerrecht vor allem unter dem Aspekt des rechtlichen und politischen nationalen M.-Schutzes behandelt.

Auch in die internationale → Arbeiterbewegung fand die Frage nationaler M. Eingang, deutlich an der Kontroverse zwischen O. Bauer und W. I. Lenin. Während Bauer das Konzept national-kultureller Autonomie zum Schutz nationaler M. vertrat, lehnte Lenin dieses zugunsten einer sich entwickelnden internationalen Kultur der Arbeiter ab, die nicht Bourgeois und Proletarier einer Nation, sondern das Proletariat verschiedener Nationen vereinige. Vorläufer dieser Kontroverse war die im Kontext der Problematik politischer → Emanzipation des Bürgertums geführte Diskussion zur Judenfrage zwischen B. Bauer und K. Marx, in der Marx zwischen religiöser, politischer und menschlicher Emanzipation unterschied. Anknüpfend an diese Tradition wird in der neueren Sozialgeschichte – zunächst bezogen auf die ‹klassischen› M. der Juden und Polen, dann auch diskutiert im Hinblick auf Gastarbeiter – die Möglichkeit der Emanzipation der M., die Aufhebung ihrer beschränkten und abhängigen Position, zum Maßstab der Emanzipation der Mehrheit im Sinne einer bürgerlich-politischen Emanzipation (Jersch-Wenzel 1974; Rürup 1974; Kleßmann 1978). Begriffe wie Nationalstaat, Mehrvölkerstaat, ‹Umvolkung›, M.-Schutz bezeichneten so den Interessenschwerpunkt europäischer M.-Fragen.

In den USA dagegen existieren auf Grund historisch anderer Voraussetzungen M. nicht als nationale M.; vielmehr steht der Begriff für Gruppen, die Benachteiligungen, Vorurteilen, Diskriminierungen seitens der Mehrheit ausgesetzt sind (Rose 1969). Auch in Großbritannien gelten die nach dem Zweiten Weltkrieg aus den ehemaligen Kolonialländern zugezogenen Immigranten nicht als nationale, sondern als ethnische M., die sich von der Mehrheit durch eigenständige soziokulturelle Organisationen unterscheiden (Ballard). Als ‹informelle Interessengruppen› konkurrieren sie um knappe Ressourcen – Prestige, Einkommen, → Macht («Ethnozentrismus»; Watson 1979) –, spezifischer auf Immigranten als Arbeitsmigranten bezogen und unter sozialstruktureller Perspektive um den Einstieg der M. ins Sozialgefüge der Mehrheit auf der Ebene der Arbeiterschaft (Rex 1977) (→ Migration). Während in den USA und auch in England seit Jahrzehnten eine soziologisch orientierte M.-Forschung existiert, wurde in der Bundesrepublik M.-Soziologie im Sinne systematischer und sozialstrukturell ausgerichteter Analyse kaum entwickelt, worin angesichts der Konstituierung der ehemals als Gastarbeiter zugereisten ausländischen Arbeiter als Einwanderungs-M. ein theoretisches Defizit der Soziologie erscheint. Vorliegenden soziologischen Ansätzen liegen gewöhnlich Konzepte aus den angelsächsischen Sozialwissenschaften zugrunde. Sie beziehen sich häufig auf das Verhältnis von Majorität und M. so, daß M. Objekte von → Einstellungen und Handlungen der Mehrheit sind, aus denen auch die Lagen von M. abgeleitet bzw. zu deren Illustration einzelne Aspekte von M.-Lagen herangezogen werden. So wird das Verhältnis von Mehrheit und M. auf dem Hintergrund konsensbildender Vorurteile im weiteren Sinne bestimmt durch soziale Vorurteile im engeren Sinne (ethnische, rassische, nationale), denen die Funktion der Abgrenzung der Majorität gegenüber der M. als negativ verwendeter Bezugsgruppe zukommt (König 1958). Daraus folgendes diskrimierendes Verhalten wird auf Dispositionen des stereotypen Denkens, der Feindseligkeit gegenüber fremden Gruppen sowie der Bewunderung der in der Eigengruppe repräsentierten Macht zurückgeführt.

Die Genese von Vorurteilen wird meist psychologisch oder sozialpsychologisch erklärt: Objektive Vorurteile, vermittelt über Lernprozesse, werden unterschieden von subjektiven, die z. B. auf Akzeptanz feindlicher Haltungen beruhen (Frustrations-Aggressions-Sündenbock-These/autoritärer Charakter) (→ Stereotyp). Weniger Verbreitung fanden Marginalitätskonzeptionen – sie gehen auf den Exkurs «Der Fremde» in G. Simmels «Soziologie» zurück –, deren Interessenschwerpunkt bei Einwanderungs-M. liegt. Im Vordergrund stehen die marginale Lage dieser M. und ihre Folgen für Verhaltensdispositionen des ‹marginal man›, die als Ergebnis ungesicherter Zuordnung, von Kulturkonflikten und Bezugsgruppenorientierungen interpretiert werden. Sie treten dann auf, wenn klare Grenzen zwischen dominanter und privilegierter Mehrheit und unterprivilegierter M. sich aufzulösen beginnen (Stonequist 1937). Insbesondere Ohnmachts-, Unsicherheits- und Minderwertigkeitsgefühle werden diskutiert sowie deren möglicher Umschlag in Selbsthaß und Angst.

Erst in der neueren Forschung werden zur Analyse der sozialstrukturellen Zuordnung von Gastarbeitern diese als Einwanderungs-M. ihrer historischen Genese und ihrer Sozialstruktur entsprechend unterschieden in nationale und regionale M. alter und neuer Provenienz, M.-Völker und Einwanderungs-M. (Heckmann 1981). Danach sind Einwanderungs-M.

Arbeitsmigranten meist ländlicher Herkunft, die im Einwanderungsland generell untere industrielle Arbeitsplätze einnehmen und deren Reproduktionsbedingungen diskriminierend sind. Sie sind mit der Mehrheit über den Arbeitsprozeß verbunden. Ihr ‹Leben› spielt sich jedoch nicht in der Mehrheitsgesellschaft ab, sondern in den – nach ethnischen M. differenzierten – eigenständigen soziokulturellen Organisationen (Kolonie), die ihnen → Identität vermitteln, denen sie loyal verbunden sind. Die → Integration in die Mehrheitsgesellschaft erfolgt über einen mehrstufigen Prozeß der kollektiven Assimilierung, in dessen Verlauf die eigenständigen Systeme sich auflösen.

Ballard, R. & G. Driver: The Ethnic Approach. In: Worsley, P. (ed.): Problems of Modern Society. London 1981.
Heckmann, F.: Die Bundesrepublik: Ein Einwanderungsland? Stuttgart 1981.
Jäger, W.: Mehrheit. In: Geschichtliche Grundbegriffe – Historisches Lexikon zur politisch-sozialen Sprache in Deutschland. Stuttgart 1982.
Jersch-Wenzel, S.: Die Lage der Minderheiten als Indiz für den Stand der Emanzipation einer Gesellschaft. In: Wehler, U. (Hrsg.): Sozialgeschichte heute. Festschrift für H. Rosenberg. Göttingen 1974.
Kleßmann, Chr.: Polnische Bergarbeiter im Ruhrgebiet 1870–1945. Göttingen 1978.
König, R.: Vorurteile und Minoritäten. In: Ders. (Hrsg.): Soziologie. Frankfurt/M. 1958.
Marx, K.: Zur Judenfrage. In: Marx-Engels-Werke. Berlin (DDR) 1978.
Raschhofer, H.: Minderheiten. In: Kunst, H. (Hrsg.): Evangel. Staatslexikon. Stuttgart/Berlin 1975.
Rex, J.: Black Militancy and Class Conflict. In: Miles, R. & A. Phizacklea (eds.): Racism and Political Action in Britain. London 1977.
Rose, A. M.: Minderheiten. In: Bernsdorf, W.: Wörterbuch der Soziologie. Stuttgart 1969.
Rürup, B.: Kontinuität und Diskontinuität der ‹Judenfrage› im 19. Jahrhundert. In: Wehler, U. (Hrsg.): Sozialgeschichte heute. Göttingen 1974.
Stonequist, E. V.: The Marginal Man. A Study in Personality and Culture Conflict. New York 1937.
Watson, J. L.: Immigration, Ethnicity, and Class in Britain. In: Ders. (ed.): Between Two Cultures. Oxford 1979.

Susanne Heidtmann-Frohme

Nationalismus

N. kann als → Ideologie definiert werden, nach der die höchste Loyalität und Hingabe des einzelnen wie des gesellschaftlichen Kollektivs dem Nationalstaat gehören soll, einer territorialen Einheit, die alternativ oder kombiniert sprachlich, kulturell, ethnisch, nach gemeinsamer Vergangenheit bzw. politischer Ordnung abgegrenzt worden ist. N. besitzt potentiell außer der integrativen eine aggressive Komponente je nach Intensität des Verhältnisses zur ‹eigenen› bzw. ‹fremden› Großgruppe. Gegen diese empirische Erfahrung steht die normative Forderung nach einem *universalistischen* Lebens- und Geschichtsverständnis «in weltbürgerlicher Absicht» (Kant): Hat der imperialistische N. zum «Armageddon» (Gooch) der beiden Weltkriege geführt, so läßt sich von einer universalen Gleichheits- und Gerechtigkeitsordnung die Annäherung an einen «ewigen Frieden» (Kant) erhoffen.

Der Nationalstaat ist eine Schöpfung der ‹Glorreichen Revolution› in England (1688), des nordamerikanischen Unabhängigkeitskrieges (1776) sowie der Französischen → Revolution von 1789. Die mittelalterlichen politischen Ordnungen lassen sich noch nicht als Staaten im neuzeitlichen Sinne mit allgemeinem Zuständigkeitsanspruch über ein bestimmtes Gebiet auffassen. Statt dessen besaß die mittelalterliche Ordnung in der Vielzahl persönlicher Beziehungen auf einzelvertraglicher Basis (Lehns-, später Ständepyramide) eine atomistische, im abendländischen Einigungsanspruch der Kaiser und Päpste eine universalistische Komponente. In der Auseinandersetzung mit beiden entfalteten sich dynastische Herrschaftsinteressen. Die Konflikte zwischen ökonomisch-militärisch absteigendem Adel und wirtschaftlich-politisch aufsteigendem drittem – in seinem Kern bürgerlichem – Stand stärkten als «Königsmechanismus» (N. Elias) die monarchische Zentralgewalt. Der fürstliche Absolutismus (Abgabenmonopol, zentrale Bürokratie, Gewaltmonopol) arbeitete dem Nationalstaat vor (→ Feudalismus).

1789 erklärte sich die Ständeversammlung unter Führung des dritten Standes in Paris zur Nationalversammlung. Die revolutionäre Proklamierung des dritten Standes zur Nation («Was ist der dritte Stand? Alles. Was ist er bis jetzt in der staatlichen Ordnung gewesen? Nichts» – Sieyès) fiel zusammen mit der einsetzenden → Industrialisierung. Beide Vorgänge leiteten den Übergang von der Stände- zur → Klassengesellschaft des → Kapitalismus ein. Parallel dazu führte das zunehmende Übergewicht des industriellen (verglichen mit dem agrarischen) Sektors in Verbindung mit der wachsenden nationalistischen Mobilisierbarkeit der Bevölkerungen (auch durch Entwicklung neuer Kommunikationstechniken) zu einer Revolutionierung der Kriegführung: An die Stelle dynastischer traten nationale und schließlich weltweite Konflikte. Als Ergebnis politischer Veränderungen im Gefolge der beiden Weltkriege breitete der N. sich von Europa und Nordamerika weltweit aus (→ Krieg). Schrittweise, mehr oder minder gewaltsam verlaufende Entkolonialisierung hat in Asien, Afrika und Lateinamerika zu einem noch anhaltenden Prozeß des ‹nation-building› geführt, der sich – nicht zuletzt infolge der willkürlichen Grenzziehungen durch die Kolonialmächte sowie weiterbestehender neokolonialer Abhängigkeiten – als mit enormen Schwierigkeiten behaftet erweist. Schließlich haben sich auch die Gesellschaften des real existierenden → Sozialismus trotz ihres proklamierten Internationalismus der Ausbreitung des N. nicht entziehen können.

Vom 18. Jahrhundert bis zur Gegenwart hat sich N. ebenso verbündet mit den Prinzipien von 1789 – Freiheit, → Gleichheit, Brüderlichkeit –, die Napoleons Armeen erobernd über den Rhein trugen, wie mit den ‹Ideen von 1914› – Pflicht, Ordnung, Gemeinschaft –, in deren Namen das deutsche Kaiserreich gegen Frankreich und England zu Felde zog; mit der «manifesten Bestimmung» («Manifest Destiny» – O'Sullivan) der USA, Indianern und Mexikanern den nordamerikanischen Kontinent zu entreißen und zu besiedeln, wie mit des «weißen Mannes Bürde» (Kipling), die England aufgab, weite Teile Asiens und Afrikas seinem Empire einzuverleiben; mit dem Panslawismus, unter dessen Vorzeichen das Zarenreich nach Südosteuropa auszugreifen suchte, wie mit dem ‹Großen Vaterländischen Krieg›, in dem die UdSSR die deutsche Invasion abwehrte. N. ist als Inbegriff einer *rationalen* politischen Ordnung verstanden worden – das «tägliche Plebiszit», weiter zusammenzuleben, von dem Ernest Renan gesprochen hat, «weniger metaphysisch als göttliches und weniger brutal als angebliches historisches Recht». In Verbindung mit rassistischen Mythen (→ Rasse) hat N. aber auch die Basis geliefert für die *irrationale* Zerstörung der Politik durch Knechtung Unterworfener und Völkermord (Genozid) an Hilflosen. («Die Nationalisierung der breiten Masse kann niemals erfolgen durch Halbheiten, ... sondern durch rücksichtslose und fanatisch einseitige Einstellung auf das nun einmal zu erstrebende Ziel. Das heißt also, man kann ein Volk nicht ‹national› machen ... mit soundsoviel Einschränkungen, sondern nur nationalistisch mit der ganzen Vehemenz, die dem Extrem innewohnt» – Hitler.) Dementsprechend hat man unterschieden zwischen «humanitärem», «jakobinischem», «liberalem» und – als dessen Perversion – «integralem» Nationalismus (Hayes 1950).

Daraus ergibt sich: N. ist *funktionalisierbar*, nach innen wie außen einsetzbar als Instrument der Aktivierung für politisch-ökonomische Ziele – und infolgedessen grundsätzlich *ambivalent*: N. kann «ebenso im Dienste der Freiheit wie in dem der Unterdrückung, des Fortschritts wie des Rückschritts, der Aufhebung wie der Bewahrung von Privilegien und sozioökonomischen Vorzugsstellungen stehen» (Krockow 1970).

Nach 1945 hat der Aufstieg von USA und UdSSR zu politisch und militärisch, im Falle der USA auch wirtschafts- und finanzstrategisch, weltweit operierenden Supermächten eine globale Verschiebung des politischen Schwergewichts bewirkt: Die jederzeitige militärische Ausgriffsfähigkeit beider Mächte auf den ganzen Globus ermöglicht erstmals in der menschlichen Geschichte eine Zerstörung der Erde durch den Einsatz von Waffen auf Kernfusionsbasis. Mit der Intensivierung des Ost-West-Konflikts – d. h. mit der zunehmenden Bedeutung eines grundsätzlich neuen sozioökonomischen, politischen und ideologischen Antagonismus in den internationalen Beziehungen – ist eine gewisse Zurückdrängung des N. in seinen Ursprungsländern einhergegangen.

In Westeuropa hat diese Entwicklung zu Bestrebungen nach regionaler → Integration geführt. Unter Regionalismus (auch regionalem N.) ist zunächst eine Autonomiebewegung zu verstehen, die in zentralisierten Nationalstaaten (England, Frankreich, Spanien) größere oder gänzliche Selbständigkeit für bestimmte Gebiete (Schottland, Korsika, Baskenland) verlangt. Insofern handelt es sich um die Forderung nach ausgeprägterer ‹Kleinräumigkeit›. Andererseits ist der Nationalstaat als optimale politische und wirtschaftliche Organisationseinheit in Frage gestellt worden durch die Forderung nach supranationaler ‹Großräumigkeit›. Damit ist der Zusammenschluß mehrerer Staaten zu einer neuen regionalen Einheit gemeint, wobei der Begriff *Supranationalität* das Verfahren beschreibt. Man versteht darunter die Zuweisung politischer Befugnisse durch mehrere vertraglich verbundene Nationalstaaten an gemeinsame Organe sowie die Beschlußfassung dieser Organe nach dem Prinzip des abnehmenden einzelstaatlichen Vetorechts (Europäische Gemeinschaften, EG).

Das supranationale Verfahren beinhaltet die Entstehung einer neuen *vertikalen* Ordnung durch Übertragung staatlicher Souveränitätsrechte an eine übergeordnete politische Instanz. Internationale Organisationen (Vereinte Nationen, UN) verbleiben demgegenüber innerhalb der bestehenden, formal (d. h. ohne Berücksichtigung faktischer wirtschaftlicher oder politischer Abhängigkeiten) *horizontalen* Ordnung. Sie schaffen lediglich eine Möglichkeit zur koordinierten Ausübung einzelstaatlicher Rechte.

Eine der Integration durch den N. vergleichbare Mobilisierungswirkung der Supranationalität ist infolge mangelnder sozialer Interessen- und damit Motivationsbindung ausgeblieben. Die EG stellen auf absehbare Zeit Mischformen zwischen nationalen und supranationalen politischen Ordnungen dar.

Hayes, C. J. H.: The Historical Evolution of Modern Nationalism. New York 1950.
Kohn, H.: Die Idee des Nationalismus. Heidelberg 1950.

Krockow, Ch. Graf v.: Nationalismus als deutsches Problem. München 1970.
Lemberg, E.: Nationalismus. 2 Bde. Reinbek bei Hamburg 1964.
Winkler, H. A. (Hrsg.): Nationalismus in der Welt von heute. Göttingen 1982.

Rainer Eisfeld

Naturrecht

Auf der Suche nach Kriterien für das, was ‹Recht› ist, haben Rechts- und → Gesellschaftstheorie die Frage nach der Herleitung des Rechts aus der überzeitlichen Natur des Menschen oder der Weltordnung gestellt. Die Frage ist – trotz ihres überhistorischen Anspruchs – historisch gemäß der Wandlung des philosophischen Menschen- und Weltbildes unterschiedlich beantwortet worden (→ Weltbilder). Sie weist über die Anwendungsproblematik des positiven Rechts hinaus und verlangt eine Begründung positiver → Normen, sei es als Forderung einer überzeitlichen → Wahrheit, als deren materiale Erfüllung das Bestehende dienen kann, sei es als Kritik am ‹schlechten› Bestehenden durch die Entgegenhaltung eines ‹richtigen› Rechts.

Die griechische Theorie hat als erste über eine der Menschheit von Natur zukommende Ordnung reflektiert. Im Platonischen Dialog «Gorgias» wird zwischen natürlichen und gesetzlichen Normen unterschieden. Nach den ersteren sei es z. B. gerecht, daß der Tüchtige mehr habe als der Untüchtige. Doch das menschliche Gesetz würde sich vielfach gegen die Natur richten. Viele Sophisten haben aus dem Argument, man solle nach Naturgesetz handeln, ein Recht des Stärkeren abgeleitet, während andere die Wiederherstellung natürlicher → Gleichheit forderten, die durch das Gesetz verkehrt worden sei.

Aristoteles teilt das Polis-Recht in *Natur-* und *Gesetzesrecht*. Ersteres hätte überall dieselbe Geltungskraft und sei nicht konsensabhängig; letzteres erhielte erst durch die Positivierung seine Geltung. Natur ist nach Aristoteles die Beschaffenheit eines Gegenstandes in der Vollendung seiner Entwicklung. Der Staat ist Natur als Vollendung und Endzweck menschlicher Gemeinschaft.

Der Aristotelische N.-Begriff reicht über die Stoa und den Thomismus in die Neuzeit hinein. Nach der Lehre der Stoiker ist höchstes Ziel ein der Natur des Menschen in Übereinstimmung mit der Natur des Alls gemäßes Leben. Aus der Natur folgen sittliche und politische Werte als Formen der Solidarität der gesamten Menschheit.

Die stoische Schöpfung der *lex naturae* übernahm das Christentum, um zwischen der eigenen Ethik und den Normen der Welt eine Brücke zu schlagen (M. Weber). Nach der thomistischen Lehre erfolgt die spezifische intellektuelle Teilnahme der vernunftbegabten Wesen am Weltgesetz nach einer *lex naturalis*, die verbindlich für jede positive Gesetzgebung ist. Sie enthält Werte wie die der Respektierung des Lebens, der Ehe, der Freundschaft.

Den metaphysisch-theologischen Theorien werden seit der Renaissance konkurrierende Theorien entgegengesetzt, die von einem individualistischen Menschenbild geprägt sind. Die Wendung zum modernen N. ist am markantesten bei Hobbes: Er konstruiert, ausgehend von den ‹natürlichen› Neigungen der Menschen, einen Naturzustand als Kriegszustand zwischen den egoistischen Akteuren. Er leitet als Resultat der Lernprozesse dieser Akteure im → Krieg natürliche Vernunftgesetze ab (Bewahre das Leben! Erhalte den Frieden! *pacta sunt servanda* u. a.), die das Verlassen des Naturzustands und die Einwilligung zur Errichtung des «Leviathan» fordern.

Im Gegensatz zu Hobbes geht Locke von der Prämisse aus, der Mensch befinde sich von Natur aus in einem Zustand der Freiheit und Gleichheit. Jedoch sei die Einführung eines positiven und allgemein bekannten Gesetzes notwendig als Garant der Wirkung des N. in einer Gesellschaft, in der durch die ‹Entdeckung› des → Geldes die Koppelung des → Eigentums am persönlichen Bedarf aufgehoben wird und in der der Egoismus die Realisierung der naturrechtlichen Prinzipien gefährdet.

Diese Lockeschen Überlegungen sind mehrfach in der Argumentation der Whigs wiederholt worden und im Gedankengut der englischen ‹Glorreichen Revolution› wiederzufinden; sie haben in die amerikanischen Texte des «Federalist» und in die Menschenrechtserklärung der französischen Nationalversammlung von 1789 hineingewirkt.

In Frankreich hat Rousseau seine Gesellschaftsvertragstheorie naturrechtlich begründet: Der Mensch ist von Natur frei; aus seiner Freiheit kann jedoch nicht direkt ein normierter politischer Zustand hergeleitet werden, da dieser auf einer Vereinbarung beruhen muß. Die Ersetzung der natürlichen Handlungsweisen durch Formen des Zusammenlebens, die auf → Vernunft und Gerechtigkeit beruhen, bedeutet, daß sich innerhalb der menschlichen Natur das vernünftige Element gegenüber dem irrationalen durchsetzt.

Die Rousseausche Argumentation wendet sich gegen Konstruktionen des Unterwerfungsvertrags, wie sie bei Hobbes und Grotius vorliegen, und kritisiert sie als Darstellungen faktischer Unterdrückungsverhältnisse, die der ‹Natur des Menschen› inadäquat sind. Jedoch enthalten die kritisierten Konstruktionen durchaus normative Elemente, so bei Grotius die Konzeption der *socialitas*, ein Begriff, der über Pufendorfs und Wolffs System bis hin zu Kants Idee der Gemeinschaft der Zwecke weiterwirkt.

Kant hat den Vernunftformalismus der Kritiken auf die Rechtslehre übertragen. In seiner «Rechtslehre» unterscheidet er zwischen N., das auf Prinzipien *a priori* beruht, und positivem Recht, das aus dem Willen eines Gesetzgebers hervorgeht. Eine weitere Unterscheidung ist die zwischen angeborenem und erworbenem Recht, wobei angeboren das Recht sei, was «unabhängig von allem rechtlichen Akt jedermann von Natur zukommt». Das Recht wird aus der vernünftigen Natur des Menschen hergeleitet, wie sie auch im vorbürgerlichen Zustand wirksam werden kann. Sie enthält die angeborenen Prinzipien von Freiheit, Gleichheit und Mitteilung der Gedanken. Diese Prinzipien werden erst für alle Akteure gültig, wenn der bürgerliche Verfassungszustand errichtet wird, der sie durch seine → Institutionen garantieren soll.

Im Kantschen N.-Begriff wirkt noch eine Spannung zwischen politischer → Herrschaft und philosophischer Kritik, die in der Hegelschen N.-Konzeption nicht mehr festzustellen ist. Das Hegelsche philosophische Ideal realisiert sich voll im organischen System der politischen Institutionen, das substantieller Inhalt des Gemeinwesens ist. Der institutionelle Zusammenhang stellt die «Natur der Sache», d. h. Bedingungen sozialer und staatsbürgerlicher Tätigkeit dar, die die soziale und politische Ordnung als Realisierung des naturrechtlichen Begriffs konstituieren und reproduzieren.

Das 19. Jahrhundert ist das Jahrhundert der Relativierung und Kritik des N. In der Marxschen Kritik der traditionellen Philosophie werden Kategorien wie ‹Substanz› und → ‹Wesen› des Menschen als von den Theoretikern nicht durchschauter Ausdruck von Produktionskräften und sozialen Verkehrsformen entschlüsselt. N.-Axiome sind Ideologeme, d. h. falsche Begründungen, die einen ‹notwendigen› Charakter haben, insofern sie in ihrer spezifischen Form bestimmte historische Beziehungen und Widersprüche ausdrücken (→ Ideologie). Gegenüber der Hypostasierung der menschlichen Natur durch die N.-Theorie betont der Marxismus ihren historischen Charakter und ihre Veränderbarkeit durch Praxis.

Im 20. Jahrhundert hat M. Weber die ideologische Funktion der klassischen N.-Lehre diagnostiziert, die bürgerliche Eigentumsbeziehungen dadurch legitimierte, daß sie sie auf die Konsensbasis der Gesellschaftsvertragstheorie begründete. Weber erhebt einen Ideologie-Verdacht auch gegen sozialistische Theorien, in denen er material-naturrechtliche Elemente entdeckt. So beruht nach Weber der sozialistische Anspruch auf Appropriation der Sachgüter durch die → Arbeit auf der Vorstellung eines «Rechts auf Arbeit», die naturrechtlichen Ursprungs sei. Andererseits verweist Weber auf das entwicklungsgeschichtliche Element im → Marxismus («evolutionistische Dogmatik»), das jede N.-Lehre, überhaupt jedes metajuristische Axiom zerstöre.

Nach dem Zweiten Weltkrieg hat in Deutschland das N., vor allem die religiöse (thomistische) Variante, eine Renaissance erlebt als Reaktion auf die Loyalität der deutschen Juristen gegenüber dem NS-Staat, die man auf den Einfluß des positivistischen Denkens zurückgeführt hat. Eine besondere Rolle spielt die Diskussion um die ‹Natur der Sache›, die Rechtsideen auf Zwecke und Werte bezieht, welche ihrerseits als Ausdruck gesellschaftlicher Beziehungen und Gegensätze interpretierbar sind.

Aber was für einen Sinn kann N. nach seiner Reduktion auf Gesellschaftstheorie noch haben? Man könnte als ‹naturrechtlich› Normen bezeichnen, die rechtlich-ethischen Charakters sind und die sich gegenüber gesellschaftlichem Wandel (→ sozialer Wandel) relativ resistent erwiesen haben und auch heute von den meisten Menschen als gültige Werte angesehen werden, und zwar unabhängig von ihrer Positivierung, weil sie einem kritischen Begriff menschlicher Würde (Bloch 1961) oder dem ‹Gemeinwohl› entsprechen (→ Wertbeziehung). Solche Normen können mit E. Fraenkel (1973) als «nicht kontrovers» bezeichnet werden (Fraenkel nennt hier Verantwortungsbewußtsein, moralisches Handeln, Toleranz u. a.). Freilich werden immer auch diese Werte, die den Fundus an Konsens in einer Gesellschaft ausmachen, ihrerseits von kontroversen Interpretationsmustern beeinflußt, die durch die gegensätzlich interessierten Standpunkte in Wirtschaft und Gesellschaft entstehen.

Bloch, E.: Naturrecht und menschliche Würde. Frankfurt/M. 1961.
Fraenkel, E.: Reformismus und Pluralismus. Hamburg 1973.
Mannheim, K.: Ideologische und soziologische Interpretation der geistigen Gebilde. In: Wissenssoziologie. Neuwied/Berlin 1964.
Maihofer, W. (Hrsg.): Naturrecht oder Rechtspositivismus. Darmstadt 1962.
Radbruch, G.: Der Mensch im Recht. Göttingen 1961[2].
Rosenbaum, W.: Naturrecht und positives Recht. Neuwied/Darmstadt 1972.
Strauss, L.: Naturrecht und Geschichte. Stuttgart 1956.
Welzel, H.: Naturrecht und materiale Gerechtigkeit. Göttingen 1962[4].

Kosmas Psychopedis

Normen

«Norm (lat.), ‹Richtschnur›, ‹Regel› (ist eine) Bezeichnung a) für den statistischen Tatbestand des am häufigsten ermittelten Wertes eines bestimmten Merkmals; b) für eine ethisch-moralische (ideale) Zielvorstellung als Richtschnur des Handelns; c) in der Soziologie für allgemeine sozial gültige Verhaltensanforderungen an die Inhaber sozialer Rollen» (Hartfiel 1976, 488). Im folgenden wird die Einbettung dieser drei N.-Begriffe, des ‹statistischen›, ‹soziologischen› und ‹ethischen›, in je unterschiedliche Sprachspiele, nämlich den behavioristischen, den handlungstheoretischen und den rekonstruktivistischen Ansatz, nachgezeichnet. Dabei soll gezeigt werden, daß die jeweilige Bedeutung nicht durch eine Nominaldefinition vorweg festlegbar ist, sondern vielmehr an die wissenschaftstheoretischen Prämissen (→ Wissenschaftstheorie), ontologischen Voraussetzungen und die gewählte Perspektive des theoretischen Ansatzes gebunden ist. In einem zweiten Schritt wird die Frage nach der realen Bedeutung von N. in unterschiedlichen → Gesellschaftstheorien aufgegriffen.

Begriffsexplikation ‹Normen›

Der ‹statistische› N.-Begriff im behavioristischen Ansatz
Im frühen → Behaviorismus galten als wissenschaftlich zulässig ausschließlich Aussagen über objektiv beobachtbares und meßbares Verhalten. Nach diesem Wissenschaftsverständnis steht der Forscher der Gesellschaft genauso gegenüber wie der Natur, d. h. als unabhängiger *Beobachter*, der prinzipiell nur die Außenseite wahrnimmt: Intentionen und Interpretationen von Subjekten sind sowenig existent oder relevant wie die von Atomen. In einer solchen, auf reine Verhaltensbeobachtung reduzierten Konzeption ist regelbefolgendes von bloß regelmäßigem Verhalten begrifflich ununterscheidbar. Zu Mißverständnissen kommt es dann, wenn der durch die gewählte Operationalisierung klar festgelegte Begriff von N. als sich faktisch durchsetzende Verhaltensmuster, der ‹statistische› N.-Begriff also, in der Interpretation mit der Bedeutung gesollter Verhaltensweisen, dem ‹soziologischen› N.-Begriff also, vermischt wird. Ein Beispiel ist etwa Sherifs (1967) Erklärung der Entstehung von N. aus der faktischen Konvergenz individueller Urteile in Gruppensituationen (→ Gruppe); ein anderes ist die verbreitete Neigung, Kinseys Daten über praktiziertes Sexualverhalten als Information über Sexualnormen zu deuten (vgl. etwa Hofstätter 1959, 17).

Auch in Geigers (1891–1952) Erklärung von N.-Entstehung wird ‹N.› auf den statistischen N.-Begriff reduziert. Geiger greift auf eine Art lerntheoretischen Konditionierungsmechanismus zurück (→ Lerntheorien): Aus der Beobachtung von Verhaltensregelmäßigkeiten entstehen Erwartungen, deren Nichtbefolgung bei den durch die Abweichung Betroffenen ‹Entrüstung› hervorruft, wodurch das ursprüngliche Verhaltensmodell ‹zum Kern einer N.› geworden ist. Diese quasi naturgesetzliche Automatik, mit der negative Reaktionen auf nichtantizipiertes Verhalten folgen, bringt die zunächst durchaus eingeführte Unterscheidung zwischen bloß prediktiven und normativen Erwartungen wieder zum Verschwinden: Das Gesollte wird identisch mit dem faktisch praktizierten Verhalten.

Eine zweite Hinsicht, in der der im Rahmen behavioristischer Ansätze verfügbare N.-Begriff gegenüber dem ‹soziologischen› reduziert erscheint, ist die begriffliche Gleichsetzung von normbefolgendem mit konditioniertem, sanktionsvermeidendem Verhalten. Diese hängt mit dem deterministischen Menschenbild, wie es etwa Skinner explizit vertritt, zusammen: Der Mensch ist passives Objekt; seine Handlungsentscheidungen sind durch Gene, bisherige Lernerfahrungen und die Erwartung künftiger Handlungsfolgen determiniert: «A person is not an originating agent» (1974, 168); «Nobody acts because he knows or feels his behavior right; he acts because of the contingencies which have shaped his behavior» (193); «A person ‹wills› to follow a rule because of the consequences» (192). Mit dieser Unterstellung vollständiger Verhaltenssteuerung durch Konditionierung und Sanktionierung wird die Unterscheidung zwischen Naturgesetzen und sozialen Gesetzen oder N. letztlich hinfällig: Diese nämlich setzt die Freiheit zur Übertretung voraus.

Davon geht auch Geiger zunächst aus. Er führt explizit eine begriffliche Unterscheidung ein zwischen Regelhaftigkeit und Regelmäßigkeit: ‹Regelhaftes Handeln› liegt nur vor, wenn «der Einzelne statt S → G (Situation → Gebaren) auch ... S → non G tun könnte, ‹wenn er wollte›» (1962a, 370). Damit sind der Determinismus Skinnerscher Prägung aufgehoben und die Möglichkeit einer Binnenperspektive des Subjektes, die Möglichkeit von Intentionalität, zugestanden. Diese Position hebt Geiger allerdings in seinen ideologiekritischen Analysen selbst wieder auf: In diesen entlarvt er Konzepte wie ‹billigen› oder ‹mißbilligen›, Prädikate wie ‹gut› und ‹schlecht› als «völlig imaginäre Begriffe», die erfahrungswissenschaftlich nur als «psychologische Merkwürdigkeiten verzeichnet und analysiert» (1962b, 390) werden können. Damit schwindet die Bedeutung von N. als etwas, dessen Geltung subjektiv anerkannt wird; normbefolgendes wird mit sanktionsvermeidendem Verhalten gleichgesetzt: «Widersprüche zwischen geforderten Gebarensweisen (erschweren es) den Einzelnen ... sich risikofrei ... zu bewegen. Aber der Widerspruch ist hier rein tatsächlicher Art, ist kein wertmoralisches Problem, sondern die Aufgabe des Manövrierens im gesellschaftlichen Milieu» (1962b,

411). Mit dieser Beschreibung des normbefolgenden Verhaltens als ‹risikominimierendes Manövrieren› ist Geiger letztlich den Skinnerschen Vorstellungen wieder ganz nahe: Die Differenz zwischen einer Orientierung an Interessenlagen und an sozialen N. ist aufgehoben; menschliches Verhalten ist auf einen Handlungstypus reduziert: den des erfolgskontrollierten Handelns, bei dem es primär um Kostenminimierung geht.

Gemeinsam ist diesen Konzeptionen, daß N.-Orientierung mit einer Orientierung an faktischen Verhältnissen gleichgesetzt wird: an der faktischen Häufigkeit praktizierter Verhaltensweisen beim ‹statistischen› N.-Begriff, an den faktischen Handlungskonsequenzen beim sanktionsvermeidendem Handeln. Dieses – vom soziologischen N.-Konzept her reduktionistische – Verständnis von N. ist Korrelat der Forderung, nur äußerlich Beobachtbares am menschlichen Verhalten als wissenschaftlich gültig zuzulassen.

Der ‹soziologische› N.-Begriff in der Handlungstheorie
In Darstellungen von N.-Konzepten wird Durkheim (1858–1917) häufig in die unmittelbare Nähe zu Geiger gerückt (vgl. etwa Eichner 1981). Ähnlichkeiten sind unbestreitbar. So heißt es bei Geiger: Die Verbindlichkeit der Rechtsordnung muß «objektiv, d. h. Ausdruck eines Tatsachenverhalts» sein, der darauf gründet, daß gilt: «Wenn du die Rechtsnorm verletzest, geschieht dir etwas» (1962b, 411), d. h. der auf Sanktionen gründet. Analog fordert Durkheim, N. seien als ‹soziale Tatsachen› zu behandeln, die erkennbar sind «am Dasein einer bestimmten Sanktion» (1965, 112). Wie Skinner wählt Durkheim für den Forscher die Perspektive des objektiven Beobachters, der, ganz der Außenseite des Handelns verhaftet, nur ‹meßbare›, ‹objektive› Tatsachen als ‹wissenschaftlich› anerkennt.

Bei Durkheim ist diese Position jedoch nicht wie bei Skinner oder Geiger Korrelat spezifischer Annahmen über die Wirklichkeit (Skinners Determinismus, Geigers Wertnihilismus), sondern ein bloß methodologisches Postulat. So fordert er zwar: «Wir müssen die sozialen Erscheinungen ... von außen, als Dinge der Außenwelt betrachten» (1965^2, 125), aber er leugnet damit nicht die Realität einer Binnenperspektive des Handelnden: So ist für ‹Norm› die äußere Sanktion zwar Erkennungszeichen, nicht aber Konstituens. Vielmehr gilt: «There is no rule where there is no obligation», und weiter: «We do not consider the sentiment of obligation as a product of the sanction. On the contrary, it is because the latter derives from the former that it can symbolize it; and as this symbol has the great advantage of being objective, accessible to observation and even to measurement, it is a good method to prefer it to the thing it represents» (1966^3, 426).

Erst Weber (1864–1920) hat die *Perspektive des Subjekts* zum Ausgangspunkt seiner Grundbegrifflichkeit gewählt. Gegenstand der Soziologie ist soziales Handeln. «Handeln soll ein menschliches Verhalten heißen, wenn und insofern der oder die Handelnden mit ihm einen subjektiven Sinn verbinden» (1960, 152ff). Mit diesem Perspektivenwechsel hat Weber explizit der prinzipiellen Differenz zwischen Natur- und Sozialwissenschaften Rechnung getragen, die Giddens (1976) als «doppelte Hermeneutik» bezeichnet hat (vgl. Habermas 1981, Bd. 1, 152ff). Eine ‹einfache → Hermeneutik›, nämlich die hermeneutische Einbettung aller Theoriebildung, ist mittlerweile durch die Einsicht in die Theorieabhängigkeit der Daten und die Ablösung des Falsifikationismus durch die These vom Paradigmenwechsel selbst für die Naturwissenschaften anerkannt (→ Paradigma). Darüber hinaus aber gilt für die Sozialwissenschaften, daß schon die Daten symbolisch vorstrukturiert, mit Sinn besetzt sind: Worte etwa sind nicht nur akustische Wellen oder physische Zeichen – sie tragen eine Bedeutung. ‹Bedeutung› aber ist mit der naturwissenschaftlichen Methode der Messung beobachtbarer Tatbestände nicht zu erfassen; ihre Klärung bedarf eines verstehenden Zugangs. Hermeneutik tritt also schon auf der Ebene der Datengewinnung auf den Plan.

Mit der Bezugnahme auf den subjektiv gemeinten Sinn macht Weber die prinzipielle Differenz zwischen äußerlich beobachtbarem Verhalten und subjektiv intendiertem Handeln explizit, ersetzt ‹Verhaltenswissenschaft› durch ‹Handlungstheorie› und schafft somit die Grundlage für die Einführung des ‹soziologischen› N.-Begriffs. So differenziert er begrifflich klar zwischen Verhaltensregelmäßigkeiten, die auf bloß tatsächlicher Übung (Brauch), auf langer Eingelebtheit (Sitte), auf gleichartiger Interessenlage (Marktverhalten) (→ Interesse) beruhen, und solchen, die sich ergeben, weil Beteiligte ihr Handeln an der Vorstellung vom Bestehen einer legitimen Ordnung orientieren. Konstitutiv für normorientiertes Handeln ist bei Weber also die Vorstellung des Aktors, daß «bestimmte Handlungsmaximen als irgendwie für das Handeln geltend: verbindlich oder vorbildlich angesehen werden» (1960, 26).

Wie Geiger bestreitet Weber die Möglichkeit wissenschaftlich verbindlicher Aussagen über die Gültigkeit von N. Anders als Geiger aber radikalisiert er diesen Wertskeptizismus nicht zu einem dogmatischen Wertnihilismus, nach dem subjektive Wertung irreal, Verhalten also nur an Konsequenzen orientiert ist. Vielmehr kann → Soziologie sehr wohl in deskriptiver Einstellung die faktische Geltung von N. feststellen, d. h. feststellen, daß Subjekte ihr Handeln an der Vorstellung der Gültigkeit bestimmter N. orientieren.

Parsons (1902–1979) übernimmt von Durkheim die Gleichsetzung sozialer mit normativer → Integration und von Weber die subjektive Perspektive. Zentrale Analyseeinheit in seinem handlungstheoretischen Bezugsrahmen ist die Status-Rolle (→ Rollentheorie); in ihr kommen die drei aufeinander irreduziblen Aspekte konkreter Handlungssysteme zum Schnitt: das → soziale System, ein Netz von Interaktionsbeziehungen (→ Interaktion), das kulturelle System, ein System geteilter symbolischer Bedeutungen und das Persönlichkeitssystem, das biologisch-psychologische Substrat des Aktors. Vom sozialen System her gesehen ist Rolle ein Set normativer Erwartungen, die das für den Rolleninhaber angemessene Verhalten festlegen. Nun sind Rollenbeziehungen charakterisiert durch ‹doppelte Kontingenz›: ‹Alter› trifft die Auswahl unter seinen möglichen Reaktionen in Abhängigkeit von ‹Egos› Handlungsentscheidung (→ Handeln, soziales). Nur unter der Bedingung also, daß ‹Ego› und ‹Alter› Verhalten an den gleichen Standards messen, kann ‹Ego› ‹Alters› Reaktion optimieren. Diese Standards entstammen dem kulturellen System. Sie sind jedoch nicht – wie in behavioristischen Ansätzen – bloß situative Randbedingungen, sondern konstitutiver Bestandteil des Persönlichkeitssystems: Kulturelle Standards nämlich werden im Verlauf des Sozialisationsprozesses internalisiert (→ Kultur/→ Sozialisation). In diesem Ansatz sind N. gleichbedeutend mit institutionalisierten Rollenerwartungen, d. h. mit für Positionen spezifizierten Verhaltensanforderungen, die dank der Integration des kulturellen Systems ‹objektive›, dank der Internalisierung subjektive Verbindlichkeit besitzen und die Bedingung für die Stabilisierung des sozialen Systems darstellen.

Die Aufhebung des N.-Begriffs – die ethnomethodologische Kritik
Weber hat die subjektive Perspektive in die Soziologie eingeführt. Offen bleibt jedoch die Frage, wie der Forscher den subjektiv gemeinten Sinn einer Handlung erschließen kann. Weber gewinnt – so die zunächst von A. Schütz (1899–1959) vorgetragene, später von den Ethnomethodologen weitergeführte Kritik – den von ihm unterstellten ‹archimedischen› Standpunkt, von dem aus der neutrale Beobachter die subjektive Perspektive zu rekonstruieren vermag, durch zwei Setzungen: Einmal wird Handlung nur als abgeschlossenes Ereignis analysiert; zum anderen wird zweckrationales Handeln, das den Kriterien wissenschaftlicher Rationalität genügt, zur Schlüsselkategorie erhoben (vgl. Giddens 1974) (→ Zweck-Mittel-Relation). Läßt man sich jedoch wirklich ein auf die *Teilnehmerperspektive*, so wird Handlung im Vollzug erfahren, und die Rationalitätskriterien des Alltagslebens (Zukunftsoffenheit, Kontextabhängigkeit, Vagheit) treten an die Stelle der Regeln wissenschaftlicher Rationalität (Explizitheit, Kontextunabhängigkeit). Aus dieser Perspektive erweist sich ‹Bedeutung› nicht, wie bei Weber und Parsons unterstellt, als intersubjektiv oder kulturell jeweils schon vorgegeben, sondern als Produkt von Strukturierungsleistungen der Mitglieder. Das Interesse ethnomethodologischer Forschungen richtet sich nun gerade auf die Frage, wie

die Mitglieder eine gemeinsame Welt hervorbringen. Grundprinzip ist die ‹Norm der Wechselseitigkeit›: Die Teilnehmer unterstellen sich wechselseitig, daß der andere die Situation in gleicher Weise wahrnehmen würde, wäre er an der eigenen Stelle. Weitere Regeln lauten: Objekte sind, was sie scheinen; Kontextwissen kann unterstellt, und auf die Klärung zunächst noch vager Äußerungen im Verlauf der weiteren Gesprächsführung kann vertraut werden. Nun tragen diese ‹Basisregeln› (vgl. Cicourel 1973) quasi einen ‹normativen› Charakter: Sie werden als verbindlich angesehen, und Abweichungen werden unmittelbar mit heftigen Sanktionen geahndet (vgl. Garfinkel 1967). Dennoch haben sie mit dem gängigen soziologischen N.-Konzept nichts zu tun. Ähnlich den grammatischen Regeln einer Sprache (→ Sprachsoziologie) sind sie für die Mitgliedschaft selbst konstitutiv; sie sind tief verankert und den Teilnehmern selbst nicht reflexiv zugänglich, also praktisch nicht hintergehbar. Eine Verletzung der Basisregeln gilt als Abweichung von der Normalität, die nicht mit moralischen, sondern mit klinischen Kategorien bewertet wird: Wer die Basisregeln übertritt, gilt als ‹nicht normal› im Sinne von ‹geistesgestört›. Die – im allgemeinen fast automatische – Befolgung der Basisregeln konstituiert erst Zurechnungsfähigkeit, die ihrerseits für das ‹soziologische› Konzept von N.-Orientierung bzw. N.-Abweichung schon je vorausgesetzt werden muß.

Dieses ‹soziologische› N.-Konzept im Sinne rollenspezifischer Verhaltensanforderungen hingegen gilt im ethnomethodologischen Ansatz als Artefakt: Als Teilnehmer findet der Handelnde weder klare Rollenerwartungen für sich vor – er testet die eigenen Handlungsspielräume selbst aus und definiert sie mit –, noch trifft er auf ein klar abgegrenztes Rollenspiel des anderen – Absichten und Bedeutungen der Handlungen anderer erschließen sich erst aus ihrer Zusammenordnung zu sinnvollen Mustern, die immer nur vorläufig bleibt, der ständigen Revidierbarkeit im Lichte neuer Ereignisse unterliegt. Insofern gibt es keine von konkreten Kontextbedingungen abgelösten allgemeinen N. – es gibt nur situierte Erwartungen an konkrete Interaktionspartner, die von den Teilnehmern gemeinsam ausgehandelt werden. Im praktischen Handlungsvollzug also ist die Geltung von Verhaltenserwartungen eng verwoben mit der Durchsetzbarkeit von Ansprüchen, d. h. normative und faktische Momente sind vermischt.

Dem soziologischen N.-Konzept und dem ethnomethodologischen Ansatz ist ein Merkmal gemeinsam: der Werterelativismus. Für den ‹klassischen› Soziologen sind die jeweils herrschenden N. die geltenden. Der ethnomethodologische Ansatz aber geht noch weiter: Die Konzeption der Konstitution sozialer Realität durch einen kollektiven Aushandlungsprozeß bindet die Geltung nicht nur der situierten normativen Erwartungen, sondern auch der Situationsbeschreibungen selbst an soziale Durchsetzbarkeit: «Within ... everyday life a correctly used proposition is one for whose use the user specifically expects to be socially supported» (Garfinkel 1967, 281). Gilt nun für Tatsachenaussagen und Werturteile das gleiche Prüfkriterium, nämlich Durchsetzbarkeit, so sind sie letztlich nicht mehr voneinander unterscheidbar. Somit ist das soziologische Konzept von N. in doppelter Hinsicht aufgelöst: Mit der Reduzierung des Normativen auf situativ ausgehandelte spezifische Erwartungen ist die rollentheoretische Vorstellung von N. als situationsübergreifend definierten Handlungsregeln aufgehoben; mit der Behauptung einer Vermischung normativer und faktischer Momente im konkreten Handlungsvollzug wird – wenngleich aus subjektiver Perspektive – die behavioristische Reduzierung von N. auf das statistische N.-Konzept reproduziert. In Garfinkels Worten: «A society's members know the moral order as perceivedly normal courses of actions» (1967, 35).

Der ‹ethische› N.-Begriff im rekonstruktivistischen Ansatz
Ausgangspunkt ist die Annahme, daß die Perzeption der Realität Produkt aktiver Strukturierungsleistungen eines Subjekts ist (Piaget). In der Auseinandersetzung mit der Natur erarbeitet das Kind ein zunehmend differenziertes und realitätsgerechtes → Weltbild. Entwicklung besteht darin, daß die in konkreten Handlungsvollzügen schon erprobten operationalen Schemata ‹interiorisiert›, d. h. vom Subjekt reflexiv rekonstruiert werden und somit als Denkkategorien verfügbar sind.

Diese Beschreibung von Entwicklung als Prozeß einer reflexiven Einholung praktischer Erfahrungen wirft ein neues Licht auf die Prämissen des ethnomethodologischen Ansatzes: Gilt dort, daß auch der Forscher als Ko-Konstrukteur der sozialen Realität keinen neutralen Standpunkt für sich beanspruchen kann, der objektivierbare Situationseinschätzungen erlaubte, so ist es im Piagetschen Ansatz das Subjekt selbst, das aus konkreten Handlungsvollzügen heraustreten kann, um eine Sachlage distanziert und tendenziell ‹objektiv›, d. h. auch aus möglichen anderen Perspektiven heraus, zu analysieren. Piaget rekonstruiert, wie die Ethnomethodologen, Deutungen und Sinnverständnis aus der Teilnehmerperspektive – aber der Teilnehmer wird nicht nur blind vom Strom der Ereignisse mitgerissen, er wird als *reflexionsfähiges Subjekt* begriffen, das eine Dritte-Person-Perspektive einzunehmen fähig ist.

Welches N.-Verständnis ist nun in diesem Ansatz impliziert? – Hier sind die von Kohlberg initiierten Forschungen zur Entwicklung des moralischen Bewußtseins relevant, in denen den Befragten moralische Dilemmata vorgelegt werden, d. h. Handlungskonflikte, die eine reflexive Einstellung erzwingen, da zunächst gleichermaßen ‹selbstverständliche› Ansprüche miteinander kollidieren. Das moralische Bewußtsein entfaltet sich in drei Hauptstadien: Auf der Stufe der präkonventionellen Moral orientiert das Kind seine Handlungen ausschließlich an konkreten äußeren Verhaltenskonsequenzen (‹gut ist, was belohnt, schlecht, was bestraft wird›). Auf der Stufe der konventionellen Moral wird das Erwartungssystem zunächst der unmittelbaren Bezugsgruppe, später der jeweiligen Gesamtgesellschaft absolut gesetzt, d. h. der Handelnde verfügt über generalisierte Kriterien der Beurteilung von Handlungen, die die Intentionen anderer schon berücksichtigen, jedoch so, daß abweichende Motive abgespalten, einem möglichen → Diskurs also entzogen werden (‹gut ist, was die Gesellschaft als gut definiert›). Auf postkonventioneller Stufe schließlich orientiert sich der Handelnde nicht mehr an institutionalisierten N., sondern an abstrakten Prinzipien, die die Begründung und Rechtfertigung von N. ermöglichen. Mit der Rekonstruktion der Entfaltung des moralischen Bewußtseins als ‹Entwicklungslogik›, d. h. als gerichteten Entwicklungsverlauf, für den gilt, daß auf den höheren Stufen ‹angemessenere› Problemlösungen produziert werden können, ist auch das ‹ethische› N.-Konzept als sozialwissenschaftlich relevante Kategorie impliziert.

Die diskutierten Sozialisationstheorien und N.-Konzepte lassen sich nun den drei Entwicklungsstufen des moralischen Bewußtseins zuordnen, was ihre je nur partielle Gültigkeit offenbart: Der präkonventionellen Stufe entspricht die behavioristische → Lerntheorie; hier wie dort bleibt das Subjekt der Außenseite des Handelns verhaftet. Damit sind normorientiertes und sanktionsvermeidendes Handeln ununterscheidbar – das Normative ist auf das Faktische reduziert. Dem konventionellen Niveau korrespondiert eine Sozialisationstheorie Parsonsscher Prägung: Auf Grund enger affektiver Bindung an die Sozialisationsagenten internalisiert das Kind die Erwartungen seiner Bezugsgruppe. N. sind gleichbedeutend mit zu institutionalisierten Rollen gebündelten Orientierungsmustern, die in Form internalisierter Bedürfnisdispositionen Urteile, Gefühle und Verhaltensdispositionen der → Individuen bestimmen. Der postkonventionellen Stufe schließlich entspricht die rekonstruktivistische Sozialisationstheorie: Das zu Reflexion und Autonomie fähige Subjekt vermag zwischen bloß kulturell überlieferten ‹Konventionen› und universelle Gültigkeit beanspruchenden moralischen Prinzipien zu differenzieren, d. h., es verfügt über sowohl den ‹soziologischen› wie den ‹ethischen› N.-Begriff. Die Rechtfertigbarkeit von N. wird an das Prinzip der Konsensfähigkeit gebunden, das allerdings unterschiedlich konkretisiert wird (vgl. Tugendhat 1980): Nach Kants kategorischem Imperativ prüft das Subjekt in monologischer Reflexion, ob es wollen könne, daß die Maxime seines Handelns allgemeines Gesetz würde; nach Rawls sucht es Lösungen, denen es aus jeder der Betroffenenrollen zustimmen könnte; nach der Konzeption von Habermas soll in einem realen Diskurs zwanglos Einigung unter allen Beteiligten erzielt werden.

Die Entwicklung des moralischen Bewußtseins läßt sich als Prozeß zunehmender Entflechtung normativer und faktischer Momente beschreiben: Zunächst wird Verbindlichkeit an negativen Handlungsfolgen festgemacht, wobei soziale Sanktionen und Scheitern an der Natur nicht unterschieden sind; sodann hängt die Geltung von N. an der Faktizität bestimmter Überlieferungen; schließlich wird klar zwischen Naturgesetzen, faktisch geltenden N. und rechtfertigbaren, d. h. gültigen N. differenziert.

Das Erreichen der höchsten Kompetenzstufe moralischer Urteilsfähigkeit ist nun aber nicht etwa gleichbedeutend mit einem Verschütten vergangener Lernerfahrungen: Regressionen sind jederzeit möglich, und Kriterien überholter Stufen behalten auch auf postkonventionellem Niveau noch ein Gewicht – unangemessen war im wesentlichen die Ausschließlichkeit und Absolutheit, mit der sie auf früheren Stufen Urteile bestimmten. Insofern gilt für sozialwissenschaftliche Analysen, daß, je nach Problemlage, alle drei skizzierten N.-Begriffe und die entsprechenden Konformitätsmotive (Strafvermeidung, Internalisierung, Einsicht) Erklärungskraft besitzen können.

Die Realbedeutung von N.

Bislang ging es darum, verschiedene Bedeutungen des Begriffs ‹N.› durch die Darstellung des jeweiligen Verwendungszusammenhangs zu erläutern. Im weiteren wird die Frage nach der Realbedeutung von N. im gesellschaftlichen Zusammenhang angeschnitten. Drei Positionen sind möglich und werden vertreten: Gesellschaftliches Sein ist primär ökonomisch bedingt, das Normative also ein bloßes Epiphänomen; N. sind konstitutiv für die Gesellschaft; ökonomische Interessen und N. sind aufeinander irreduzible, gleichrangige Realkräfte.

Die erste Position wird Marx (1818–1883) zugeschrieben. Tatsächlich behauptet er auch die Bedingtheit herrschender Vorstellungen und N. durch ökonomische Verhältnisse: «Die Produktionsweise des materiellen Lebens bedingt den sozialen, politischen und geistigen Lebensprozeß überhaupt» (1947, 13).

Durkheim vertritt die Gegenposition: Das Normative ist die Grundlage von Gesellschaft: «Society cannot exist if its parts are not solidary» und «morality consists in being solidary» (1966, 399). Durkheims These der normativen Fundierung von Gesellschaft ist Ergebnis empirischer Analysen der Folgen gesellschaftlicher Arbeitsteilung; bei Parsons ist normative Integration als Stabilitätsbedingung eine Implikation schon der theoretischen Grundbegrifflichkeit; bei Popitz wird ‹Institutionalisierung› gar zur «Bedingung der Möglichkeit des menschlichen Zusammenlebens» (1961, 198) überhaupt (→ Institution).

Ein besonders prominenter Vertreter der Zwischenposition einer

Gleichursprünglichkeit ökonomischer und normativer Faktoren ist Max Weber: Interessebedingtes und normorientiertes Handeln stehen gleichrangig nebeneinander, und in seinen religionsoziologischen Untersuchungen thematisiert er den Wechselwirkungszusammenhang zwischen Normativem und Ökonomischem. Für Weber ist die Gleichrangigkeitsthese methodisches Grundprinzip und empirisches Resultat. Dahrendorf vertritt eine ähnliche Position – allerdings auf der Metaebene von Überlegungen zur Theoriekonstruktion. Er kritisiert die Einseitigkeit von Konsensmodellen Parsonsscher Prägung und plädiert für ein ‹Konfliktmodell der Gesellschaft› (→ Konflikt), um schließlich beider Gleichberechtigung zu postulieren: «Menschliche Gesellschaft (hat) stets zwei Gesichter von gleicher Wirklichkeit: eines der Stabilität, der Harmonie und des Consensus, und eines des Wandels, des Konflikts und des Zwangs» (1968, 263) (→ sozialer Wandel).

Cicourel, A.: Basisregeln und normative Regeln im Prozeß des Aushandelns von Status und Rolle. In: Alltagswissen, Interaktion und gesellschaftliche Wirklichkeit. Hrsg. von Arbeitsgruppe Bielefelder Soziologen. Reinbek bei Hamburg 1973.
Dahrendorf, R.: Pfade aus Utopia. Zu einer Neuorientierung der soziologischen Analyse. In: Ders.: Pfade aus Utopia. Arbeiten zu Theorie und Methode der Soziologie. München 1968.
Durkheim, E.: De la division du travail social (1893). Übersetzung: The division of labor in society. New York 1966[3].
–: Les règles de la méthode sociologique (1895). Übersetzung: Regeln der soziologischen Methode. Neuwied/Berlin 1965[2].
Eichner, K.: Die Entstehung sozialer Normen. Beiträge zur sozialwissenschaftlichen Forschung. Bd. 17. Opladen 1981.
Garfinkel, H.: Studies in Ethnomethodology. Englewood Cliffs (N. J.) 1967.
Geiger, T.: Soziale Interdependenz und subsistente Norm (1947). In: Ders.: Arbeiten zur Soziologie. Neuwied 1962a.
–: Recht und Moral (1947). In: Ders.: Arbeiten zur Soziologie. Neuwied 1962b.
Giddens, A.: Introduction. In: Ders. (ed.): Positivism and Sociology. London 1974.
–: New Rules of Sociological Method. London 1976.
Hartfiel, G.: Wörterbuch der Soziologie. Stuttgart 1976[2].
Habermas, J.: Theorie des kommunikativen Handelns. Bd. 1. Frankfurt/M. 1981.
Hofstätter, P. R.: Einführung in die Sozialpsychologie. Stuttgart 1959.
Kohlberg, L.: Stage and Sequence: The cognitive development approach to socialization. In: Goslin, D. A. (ed.): Handbook of socialization theory and research. Chicago 1969.
–: From is to ought. In: Mishel, Th. (ed.): Cognitive development and epistemology. New York 1971.
Lautmann, R.: Wert und Norm. Köln/Opladen 1969.
Marx, K.: Zur Kritik der politischen Ökonomie. Erstes Heft (1859). Berlin 1947.
Parsons, T.: The Social System. New York 1964.

Popitz, H.: Soziale Normen. Europäisches Archiv für Soziologie, 1961, 2.
Sherif, M.: Formation of social norms: The experimental paradigm. In: Ders.: Social interaction. Chicago 1967.
Skinner, B. F.: About Behaviorism. New York 1974.
Spittler, G.: Norm und Sanktion. In: Studien des Instituts für Soziologie der Universität Freiburg. Hrsg. von H. Popitz. Olten 1967.
Tugendhat, E.: Zur Entwicklung von moralischen Begründungsstrukturen im modernen Recht. In: ARSP, 1980, 34.
Weber, M.: Soziologische Grundbegriffe. In: Ders.: Wirtschaft und Gesellschaft. Tübingen 1960.

Gertrud Nunner-Winkler

Öffentlichkeit

Die historische Entwicklung des Ö.-Prinzips als politisch-normative Maxime und konkret-praktisches Strukturierungskriterium für ein Universum wünschbarer sozialer Beziehungen ist gekennzeichnet durch ein Erstarken von Bewußtseinsleistungen und deren Umsetzung in technisch-instrumentelle, beispielsweise rechtliche Verfahren, die allesamt auf eine Rationalisierung von → Herrschaft zielen. Die trotz ihrer historisch wechselnden politischen Formgebung naturwüchsige Sozialisierung der Menschengattung soll der vernünftigen Kontrolle und Mitsprache derer, die sie zu erleiden haben – seien sie als Machtadressaten oder als Rechtsgenossen definiert –, unterstellt, ihre sozialen Gestehungskosten sozusagen minimiert werden (→ soziale Kontrolle/→ Partizipation).

Damit markiert Ö. zwar selbst ein spezifisches Stadium der Naturbeherrschung, der inneren wie der äußeren Entwicklung des Menschen; gleichzeitig aber vermag sie als Maßstab einer universalistischen Moral, mit der nicht nur erkenntnisleitende kritische Funktionen, sondern ebenso präskriptive Handlungsanleitungen ins Spiel kommen, einen zivilisatorischen Standard anzugeben bzw. eine kulturelle Entwicklungshöhe anzupeilen, die nur um den Preis sozialer Regressionsbildung wieder aufgegeben werden könnten. Er wird zur *norma normans*, in der das historisch bestimmte Moment der ‹Protestation› gegen unwürdige, elende und als solche nicht länger mehr hinzunehmende Verhältnisse gleichsam gerettet, weil zur ‹allgemeinen› Moral erhoben wird.

Ursprünglich gegen die Privilegienordnung des Feudalstaates und seiner ständischen Herrschaften gerichtet (→ Feudalismus), gegen die closed-shop-Regulierungen des spätmittelalterlichen Zunftwesens sich wendend und mit Publizitätsforderungen die Arkanpolitik der monarchischen Kabinette unterminierend, die die Gestehungskosten ihrer Hausmacht-Expansionspolitik auf ihre Untertanen als Steuerzahler, d. h. als ökonomische Wesen überwälzten, ohne ihnen als politische Wesen ebensolche Mitsprachemöglichkeiten auf den Gang der Dinge einzuräumen, zwingt das im Ö.-Prinzip sich artikulierende Mitbestimmungsinteresse den historischen Klassenkampfgegner entweder zur Mediatisierung seiner Macht und Einflußmöglichkeiten, und zwar im wohlverstandenen Eigeninteresse, oder aber dazu, hilfs- und vermittlungslos den Gang der revolutionären Umwälzungen hinnehmen und erleiden zu müssen. Ö. als die neue Hoheitssphäre des in diesem Kampf obsiegenden Bürgertums überlagert und ersetzt schließlich das private Dominium der Fürstenherrschaft, deren Enteignung nicht nur symbolisch, d. h. als Formwandel von Verfassungszuständen und konstitutionellen Errungenschaften über die Bühne geht, sondern vom Kondominium der neuen besitz- und bildungsbürgerlichen, staatstragenden Schichten auch realiter abgelöst wird. In funktioneller Hinsicht entwickeln sie die neuartige Entscheidungsstruktur einer parlamentarisch vermittelten Politikfindung mit ihrem Repräsentationsinstrumentarium einer ‹Regierung des Volkes für das Volk›; die formelle Seite ihres antagonistischen Verhältnisses wird vom kontinentaleuropäischen Rechtsstaat in seiner Doppelfunktion als Regelungs- und Durchsetzungsform staatlich verfaßter Herrschaft zu Ende gebracht und mit entsprechenden ‹Lösungsmitteln› grundrechtsfest gehärtet.

Gesellschaften, die infolgedessen die Entwicklung, Gestaltung und Durchführung der alle interessierenden, weil alle betreffenden Angelegenheiten, kurz, ihren politischen Prozeß dem Erwartungsdruck aussetzen, dieser habe in seiner Planung transparent, in seiner Durchführung bestimmbar und in seinen Folgen berechenbar zu sein, operieren insoweit mit einem historischen Kampfbegriff, der auch die aktuellen politisch-sozialen Verhältnisse und Gegebenheiten ständigem Begründungszwang und Rechtfertigungsdruck aussetzt. Durch öffentlich betriebenen Nachweis – Publizität – nicht gerechtfertigter, dem eigenen normativen Anspruch nach nicht zu legitimierender Defizite bzw. Fehlleistungen und Fehlhaltungen stürzt er sie immer wieder auch in Legitimationskrisen.

Insbesondere der Ö.-Anspruch der modernen sozialstaatlichen Massendemokratie läßt sich als Struktur gewordene, generelle Enttabuisierungstendenz interpretieren – Ineffizienz, ‹Versagen› und Mängel nicht einmal zwingend vorausgesetzt. Dadurch, daß prinzipiell jedes Thema zur Disposition gestellt werden kann, funktionelle und kompetenzrechtliche Regelungen jederzeit auf ihre Sollbruchstellen hin untersucht werden können, jede noch so plausible gesellschaftliche Macht- und Chancenverteilung auf ihre Berechtigung hin befragt zu werden verdient (die Allüre des Hinterfragens wird geradezu zum Zwangscharakter moderner, aufgeklärter Gesellschaften), ‹verflüssigt› Ö. als Prinzip jeden auf Dauer angelegten Geltungsanspruch von normativen Regeln und sozialen → Institutionen sowie deren spezifische, legitimerweise von ihnen zu erwartende soziale Leistungen, läßt jeden Verteilungsmodus sozialer Werte, jede noch so hart erkämpfte Regelung als lediglich vorläufig gelten; vor allem aber nimmt sie nichtegalitäre Verteilungswirkungen hinsichtlich gesellschaftlicher Chancen, individueller Möglichkeiten und kollektiver Güter prinzipiell nicht unangefochten hin. Als eine Art Perpetuum mobile tendenzieller Egalisierung ungerechtfertigter sozialer und kultureller Unterschiede zieht es jedoch, komplementär zu seinen inhaltlich-materiellen Auswirkungen, die Notwendigkeit nach sich, in formeller Hinsicht Verfahren zu generieren, d. h. Regelungsmuster zu erfinden und Netzwerke zu knüpfen, die als solche die Garantie bieten, daß sich materielle Rechtsinteressen auf Dauer durchzusetzen vermögen. Analytisch ist daher zu unterscheiden zwischen Ö. als Struktur und Ö. als Prozeß, erst recht im Hinblick auf deren jeweilige soziale Funktion.

Als Bedingungsgefüge für kontrollierten → sozialen Wandel, so daß beispielsweise politische Willensbildungs- und Entscheidungsprozesse von allgemeiner Relevanz unter der Kontrolle öffentlicher Anteilnahme vor sich gehen, meint Ö. einen Zustand, wonach an derartigen Entscheidungen alle beteiligt sein sollen, die von ihren Folgen betroffen sind. Zwischen Sollen und Sein ist freilich empirisch zu vermitteln. Dabei kommen nicht nur ihre institutionellen Voraussetzungen als Systemkomponenten ins Spiel; Ö. als Prozeß bedarf vor allem der Akteure, geht von Interessenverfolgung aus und hat Gegeninteressen in Rechnung zu stellen. Als Tummelplatz und Medium ihrer interessenbestimmten Auseinandersetzung wird sie für jene selber von → Interesse.

Tatsächlich hat sich nicht nur in der politischen Sphäre das aufstrebende Bürgertum an die Stelle der alten Allianz von Thron und Altar gesetzt; es hat gleichzeitig, parallel zu diesem politischen Enteignungsvorgang größten Stils und Umfangs, mit seiner ihm eigentümlichen Produktionsweise, der kapitalistischen, die unabdingbar an seinen historischen Aufstieg geknüpft ist, die Schrankentrias des Zunftzwangs, der staatlich-merkantilen Bevormundung nach innen und der protektionistischen Abschottung der nationalen Märkte nach außen durch die Etablierung der freien → Konkurrenz hinweggefegt. Zu ihr gibt Ö. nun gleichsam die ideelle Entsprechung ab. Im Reich der Idee werden damit jene symbolischen Verständigungsformen entwickelt, in denen sich ‹die› Menschen ihrer wirklichen Probleme erst einmal bewußt werden und in denen sie ihre realen Auseinandersetzungen nun auch stellvertretend ausagieren, d. h. politisch ‹repräsentieren› lernen, sei es in der Publizität ihres Pressewesens, sei es auf der parlamentarischen Bühne.

Als ideelles Komplement zur kapitalistischen Produktionsweise auf Grundlage freier Konkurrenz erscheint bürgerliche Ö. seither als die absolute Daseinsform freier Individualität in der Sphäre der Politik, als der Gipfel bürgerlicher Freiheit des autonomen Staatsbürgers qua citoyen. Damit aber nimmt Ö. als Schein absoluter Freiheit, als Modell des herrschaftsfreien → Diskurses gesellig miteinander verkehrender Privatleute, des vernünftigen Publikums, vor dessen Instanz die Einrichtungen der Gesellschaft sich ebenso zu rechtfertigen haben wie die Handlungen ihrer politisch Verantwortlichen, jenen ideologischen Charakter an, der bis in die jüngsten Rechtsstaats- und Parlamentarismusillusionen seiner Verdeckungsfunktion so glänzend gerecht wurde. Der Bürger versteht und geriert sich als citoyen, aber im Grunde bleibt er bourgeois.

Zwar vollzieht sich die Emanzipation des kapitalistischen Privateigentums unter dem Siegel und Legitimitätsemblem einer → Emanzipation ‹des› Menschen. Ö. wird zur Posaune für die Deklarationen der Menschen- und Bürgerrechte. Aber sie bleibt, was sie ist: die soziokulturelle, symbolisch-kommunikative Entsprechung zur freien ökonomischen Konkurrenz von warenproduzierenden Einzelkapitalisten – in der Sphäre aufgeklärten Räsonnements.

Gemessen freilich am zahlenmäßigen Umfang jenes spezifisch bürgerlichen Mikrokosmos gesellig miteinander verkehrender, informierter, interessierter und gebildeter Privatleute, die ausschließlich ihresgleichen zu jenem räsonierenden Publikum konstituierten, das seine eigenen Interessen mit denen der Allgemeinheit zu identifizieren vermochte, hat sich das ‹Publikum› der sozialstaatlichen Massendemokratien seither nicht nur zahlenmäßig ausgeweitet, es hat sich gleichzeitig parteien- und verbändepluralistisch diversifiziert und in Machtkomplexe fragmentiert. Tatsächlich läßt sich aus der Analyse der empirischen Verhältnisse in den sozialstaatlichen Massendemokratien des Westens keineswegs ableiten, Ö. konstituiere sich jetzt als Publikum der organisierten Privatleute. Vielmehr ist Ö. in der spätkapitalistischen Entwicklungsphase zu kennzeichnen als quasi neofeudales Kondominium, als Verbund von staatlichem Gewaltmonopol als bürokratische Teilöffentlichkeit, halböffentlichen Verteileragenturen und neokorporatistischen Einflußmächten, d. h. als ein Kartell einflußreicher, vielfach miteinander verflochtener, doch gleichzeitig gegeneinander konkurrierender Funktionseliten.

Gerade infolge der Nichtpublizität der organisationsintern sich bildenden Meinungs- und Willensbildungsprozesse unter den Bedingungen gegenseitiger Konkurrenz bei unvollkommener Information, asymmetrisch aggregierter Entscheidungskompetenz, knappen Ressourcen an Zeit, Mitteln und Personal sowie auf Grund der Vordringlichkeit eines befristeten Regelungsbedarfs entwickelt sich als typisches Muster pluralistischer Entscheidungsfindung der Gemeinwohlkompromiß als Resultante *ex post factum*. Unter Bedingungen interessenspezifischer Gegenaufklärung ebenso wie interessenspezifisch instrumentalisierter Gegenöffentlichkeiten determinieren ausgehandelte Formelkompromisse die Politikinhalte der modernen, sozialstaatlichen Massendemokratien.

Erst recht wird Ö. unter den Bedingungen einer interessenpluralistisch gespaltenen Gesellschaft, deren → Gruppen und Akteure sich im Kampf um Startvorteile, Handlungschancen und Durchsetzungsmöglichkeiten in einem System der ‹countervailing powers› wechselseitig in Schach zu halten suchen – unbeschadet, daß es sich um die ‹Stützen der Gesellschaft› handelt –, als normatives Modell vernunftgeleiteter Herrschaftsrationalisierung hinfällig. Sie unterliegt der politischen Deliberation. Die ihr hypostasierte → Vernunft wird durch probabilistisches Kalkül bzw. revisionsfähigen Mehrheitsentscheid ersetzt.

Die in dieser Weise hergestellte Ö., überlagert zudem vom Verwertungsinteresse an marktgängiger Publizität, wird primär zur Produktionsstätte der ‹Leitbilder für jedermann› (→ Leitbilder, soziale). Die Ö. der Litfaßsäule ist sozusagen zum multimedialen Werbespot verkommen. Nicht Aufklärung, Konsumwerbung ist ihre primäre Absicht. Unter der Maxime der Profitmaximierung wird Information zum Manipulationsinstrument der ‹hidden persuaders› umfunktioniert. Im Reizklima einer sozialintegrativen Formierung der Innerlichkeit jener Massen, die als präsumtive Konsum-‹Ansprechpartner› nur vermenschlicht scheinen, werden nicht nur die Dispositionen erzeugt, mit deren Hilfe die Massenmedien als Werbeträger ihren ökonomisch-präparativen Funktionen am ehesten nachkommen können, sondern auch kulturelle Einstellungen und Erwartungshaltungen verinnerlicht, die es angebracht erscheinen lassen, von einer Kolonialisierung der sozialen → Lebenswelten der Menschen durch multimedial vermittelte Ideologieproduktion zu sprechen (→ Einstellung/→ Ideologie/ → Integration/→ Massenkommunikation). Ö. als Mittel psychosozialer Konditionierung wird zum Produzenten gesellschaftlich erwünschter ‹Basispersönlichkeiten›. Dabei verdeckt der Umstand, daß sie scheinpluralistisch in einen privatwirtschaftlich und einen öffentlich-rechtlich organisierten Bestandteil mit jeweiliger Bereichsöffentlichkeit aufgespalten zu sein scheint, kaum mehr als die Tatsache simultaner Ideologieproduktion durch beide Komponenten im System der tatsächlichen Medienverflechtung.

Diese Art der Durchstaatlichung der Bewußtseinsindustrie im Verbund mit ihrer gleichzeitigen Kommerzialisierung macht die eigentliche Signatur spätkapitalistischer Ö. aus. Insoweit entspricht diese dem entwickelten Stand der kapitalistischen Produktionsweise, da das Krisenmanagement-Verbundsystem von Staat, intermediären Gruppen und Wirtschaftsmonopolen gezwungen ist, der drohenden Anarchie der privaten Kapitalverwertung mit Regulierungs- und Interventionsmaßnahmen zuvorzukommen. Die industrielle Serienfertigung vorgestanzter Meinungen, Leitbilder, Images und Themen in den einschlägigen Medienkonzernen, die im Realisierungsprozeß ihrer Produktvermarktung zwar miteinander in Konkurrenz stehen, ihre Massenklientel indes mit ihren gleichmacherischen Wertabstraktionen überziehen, ist das eigentlich bestimmende Moment der Produktionsweise reglementierter Ö. im organisierten → Kapitalismus.

Dies gilt gleichermaßen für die Rezeptionsseite. Ö., insoweit sie auf ‹Bedienung› durch die serielle Massenfertigung der Medienkonzerne angewiesen ist, auf interessenspezifische Gegenaufklärung im Interesse machtverschachtelter Produzentensyndikate, bedarf der ständigen Fütterung mit Nachrichten und Informationen, Themen und Gegenthemen, Dementis und Gegendementis, kurz, der ständig wechselnden Identifikationsmöglichkeiten. Gleichzeitig aber lebt sie, infolge ihrer Abhängigkeit von der Konkurrenz der medialen Massenfabrikation, notgedrungen von der Hand in den Mund. Ö. steht insoweit unter dem Zwang permanenter Selbstüberholung.

Erst recht werden in der Phase, da die kapitalistische Weltökonomie in eine ‹neue internationale Arbeitsteilung› einzutreten scheint, die privatwirtschaftlich dominierten Verwertungsstrategien einer erneuten Politisierung unterworfen. Das im internationalen Kapital organisierte und frei flottierende Privatinteresse setzt dabei den durch binnengesellschaftliche Konkurrenz vermittelten Funktionsmechanismus nationaler Kontrolle durch eine politisch fungierende Ö. spielend außer Kraft. Dem grenzüberschreitenden Kapitalverkehr entspricht nicht in gleicher Weise eine grenzübergreifende Kontrolle durch zwischenstaatlich organisierte politische Ö. Schon gar nicht kann davon die Rede sein, daß eine funktionierende Weltöffentlichkeit über rudimentäre Ansätze hinausgekommen sei, abgesehen davon, daß diese – wie die Reaktionen auf den Abschuß der südkoreanischen Passagiermaschine über sowjetischem Luftraum in Ost und West gezeigt haben – der Logik des jeweiligen Block-Systems gehorcht, d. h. hemisphärisch gespalten ist und blockimperialistisch gemodelt bleibt. Erschwerend kommt hinzu, daß im Prozeß weltweiter ‹Entwicklung der Unterentwicklung› auch die Arbeiterklassen der hochindustrialisierten Gesellschaften des Westens Gefahr laufen, als organischer Bestandteil der kapitalistischen Weltökonomie sich an der sekundären → Ausbeutung nicht nur der Rohstoffe, sondern auch des Humankapitalstocks der Länder der Dritten Welt zu beteiligen, ohne daß eine ‹vernünftige› Ö. diesen Zustand überhaupt zur Kenntnis nähme, geschweige denn erfolgreiche Gegenstrategien zu diskutieren bzw. durchzusetzen in der Lage wäre (→ unterentwickelte Länder). Im Gegenteil, es hat den Anschein, als käme der Ö. in den kapitalistischen Ländern zur Zeit nachgerade die gegenläufige Aufgabe zu, angesichts der Anpassungskrisen der kapitalistischen Weltökonomie die lohnabhängigen Massen mittels Erzeugung von Massenloyalität sowohl bei der Stange als auch in Schach zu halten. Ö. dient damit, wie gehabt, nicht nur der Formierung der Innerlichkeit sowie der sozialintegrativen Disziplinierung der Massenorganisationen der Lohnabhängigen, sondern vor allem der Überzeugungsarbeit, diesen die staatlichen wie privatwirtschaftlichen Maßnahmen zur Senkung der Reproduktionskosten ihrer Arbeitskraft schmackhaft zu machen, kurz, ihnen die Kosten der Anarchie der kapitalistischen Kapitalverwertung aufzubürden.

Gewiß, spätkapitalistische Ö. ist immer noch Produktionsstätte und Medium kritischer Vernunft. Sie entwickelt sich freilich, parallel zur Gesamttendenz ihres politisch-sozialen Bezugssystems, mehr und mehr zur spezifischen Tyrannei direkter Manipulation und sanfter Repression.

Bächlin, P.: Der Film als Ware. Frankfurt/M. 1975.

Bourdieu, P.: Die feinen Unterschiede. Kritik der gesellschaftlichen Urteilskraft. Frankfurt/M. 1982.

Dröge, F.: Wissen ohne Bewußtsein. Materialien zur Medienanalyse der Bundesrepublik Deutschland. Frankfurt/M. 1972.

Enzensberger, H. M.: Einzelheiten I. Bewußtseins-Industrie. Frankfurt/M. 1964.

Fröbel, F./Heinrichs, J. & O. Kreye (Hrsg.): Krisen in der kapitalistischen Weltökonomie. Reinbek bei Hamburg 1981.

Habermas, J.: Strukturwandel der Öffentlichkeit. Untersuchungen zu einer Kategorie der bürgerlichen Gesellschaft. Darmstadt/Neuwied 1962.

Hölscher, L.: Öffentlichkeit. In: Geschichtliche Grundbegriffe. Historisches Lexikon zur politisch-sozialen Sprache in Deutschland, herausgegeben von O. Brunner, W. Conze & R. Koselleck, Band 4. Stuttgart 1978.

Holzer, H.: Gescheiterte Aufklärung? Politik, Ökonomie und Kommunikation in der Bundesrepublik Deutschland. München 1971.

Horkheimer, M. & Th. W. Adorno: Dialektik der Aufklärung. Philosophische Fragmente. Amsterdam 1947.

Lipset, S. M.: Soziologie der Demokratie. Neuwied 1962.

Luhmann, N.: Öffentliche Meinung. In: Ders.: Politische Planung. Aufsätze zur Soziologie von Politik und Verwaltung. Opladen 1971.

Negt, O. & A. Kluge: Öffentlichkeit und Erfahrung. Zur Organisationsanalyse von bürgerlicher und proletarischer Öffentlichkeit. Frankfurt/M. 1974.

Noelle-Neumann, E.: Die Schweigespirale. Öffentliche Meinung – unsere soziale Haut. Zürich 1980.

Packard, V.: Die geheimen Verführer. Der Griff nach dem Unbewußten in jedermann. Frankfurt/Berlin 1962.

Prokop, D.: Massenkultur und Spontaneität. Zur veränderten Warenform der Massenkommunikation im Spätkapitalismus. Frankfurt/M. 1974.

Riesman, D.: Die einsame Masse. Eine Untersuchung der Wandlungen des amerikanischen Charakters. Hamburg 1958.

Sennett, R.: Verfall und Ende des öffentlichen Lebens. Die Tyrannei der Intimität. Frankfurt/M. 1983.

Zoll, R. (Hrsg.): Manipulation der Meinungsbildung. Zum Problem hergestellter Öffentlichkeit. Opladen 1971.
– & E. Hennig: Massenmedien und Meinungsbildung. Angebot, Reichweite, Nutzung und Inhalte der Medien in der BRD. München 1970.

Otwin Massing

Ökologie

Definitionen

Der Begriff Ö. entstand vor rund hundert Jahren aus dem griechischen Wort *oikos* (Wohnung), sozusagen als Lehre *(logos)* vom Wohnen, von der Habitat, vom Zusammenleben. Die Ö. ist damit eine der wenigen Naturwissenschaften, die nicht die Dinge selbst innerhalb ihrer eigenen Kategorie, sondern das Beziehungsnetz zwischen ihnen – und zwar fachübergreifend – untersuchen. Wenngleich der Begriff Ö. bis Anfang der 70er Jahre nur den Fachwissenschaftlern geläufig war, war doch ökologisches Denken, ausgerichtet auf die Wechselwirkungen zwischen Lebewesen und ihrer Umwelt, dem Menschen im Grunde nie fremd. Dennoch ist die heutige überragende Bedeutung der Ö. – nicht zuletzt dokumentiert durch ihre Abhandlung in einem soziologischen Lexikon – erstaunlich.

Diese eigenartige Entwicklung einer biologischen Spezialwissenschaft zu einem Hauptthema von Politikern, Journalisten und Wirtschaftlern findet zum Teil ihre Erklärung in dem plötzlichen Bewußtwerden der Tatsache, daß auch der Mensch nur ein Glied der Natur ist und, mit seiner jahrhundertelangen Entwicklung unter dem Aspekt des technischen Fortschritts, nun selber an die Grenzen seines Wachstums gelangt ist. Irreversible Umweltschäden – von gewollten direkten, wie dem Abholzen tropischer Regenwälder, bis zu ungewollten indirekten, wie dem Verschwinden von Tier- und Pflanzenarten durch Denaturierung ihrer *Biotope* (Lebensräume), weiter die Vergiftung von Luft und Wasser, zu Ende gehende Rohstoffe und schließlich massive Rückwirkungen wirtschaftlicher und psychosozialer Art – haben einem Großteil unserer Bevölkerung klargemacht, daß wir beim Einsatz unserer Produktionsmittel und der Gestaltung unserer Umwelt allzu lange nur Einzelziele vor Augen hatten und nicht das Spiel von Wirkung und Rückwirkung im gesamten Zusammenhang.

Die vielfältigen Wechselbeziehungen zwischen unterschiedlichen Ebenen wurden beschränkt auf → Arbeit, Kapital, Rohstoffe, Machtverhältnisse (→ Macht), Bruttosozialprodukt und andere hochaggregierte, für das Überleben von Systemen wenig aussagereiche Schlagworte, während die eigentlich bestimmenden Faktoren, etwa die Möglichkeiten zur

Selbstregulation, der Energiedurchfluß, Irreversibilitäten, Umkippeffekte und Grenzwerte unbeachtet blieben. Genau diese Beziehungen aber und ihre Organisationsmuster sind Gegenstand der Ö. Denn bei ihr geht es um das Haushalten, das Bewohnen *(Oikos)* dieses Planeten in Anpassung an eine sich ständig ändernde Umwelt.

Die Gesamtheit einer Lebensgemeinschaft *(Biozönose)* zusammen mit ihrer Umwelt, in die sie integriert ist und mit der sie zu einem überlebensfähigen System organisiert ist, wird daher als *Ökosystem* bezeichnet. Überlebensfähigkeit bedeutet dabei – bei aller Fluktuation des Lebendigen – eine gewisse Stabilität. Stabilität wiederum verlangt die Einhaltung von Gleichgewichten, und dies wiederum funktioniert am besten mit Mechanismen der Selbstregulation, mit möglichst wenig Input von Energie (‹Fortschritt› ist in der natürlichen Evolution prinzipiell mit verringertem [!] Energieverbrauch pro Biomasse verbunden), und eine möglichst vollständige Schonung der zur Verfügung stehenden nichterneuerbaren Ressourcen. Die lebende Natur kommt in der Tat seit mehreren Milliarden Jahren mit den vorhandenen Rohstoffen aus.

Was Gleichgewichte bedeuten, wie sie funktionieren und was sie leisten, wird daher vor allem von der *Ökosystemforschung* erkundet. Sie charakterisiert Ökosysteme als Wirkungsgefüge von Lebewesen und anorganischer Umwelt, die zwar offen, aber bis zu einem gewissen Grade zur Selbstregulation befähigt sind (Ellenberg). Die Offenheit ökologischer Systeme bedeutet nicht nur, daß sie ohne scharfe Abgrenzung sind, sondern immer auch durch Einfluß von außen störbar sind. Störungen werden daher auch nicht etwa zu eliminieren versucht, sondern aufgefangen und gegebenenfalls für das System genutzt.

Ein ökologisches Gleichgewicht kann daher niemals starr oder statisch sein. Es ist immer dynamisch *(Fließgleichgewicht)*, auch wenn momentan keine sichtbaren Veränderungen vor sich gehen. Damit jedoch verlangt ökologisches Denken ein grundsätzliches Abgehen von dem → Paradigma deterministischer geschlossener Systeme (Maschinen) und damit auch ein Abgehen von den herkömmlichen Prognose- und Trendhochrechnungen, will man das wirkliche Verhalten eines Ökosystems erfahren. – Auf die weitreichenden Folgen dieser Aussage auch für wirtschaftliche und → soziale Systeme ist der Verfasser an anderer Stelle ausführlich eingegangen, z. B. in der UNESCO-Studie «Ballungsgebiete in der Krise».

In diesen Denkansätzen liegt eine weit über die ökologischen Wissenschaften hinausgehende befruchtende Bedeutung für sämtliche anderen Disziplinen, von der Technik über die → Soziologie bis zur Philosophie. So mag die Ö. bereits dazu beigetragen haben, daß man sich auch in anderen Fachbereichen darauf besinnt, daß man bei der Beschäftigung mit einer Technik, einem Wirtschaftsbetrieb oder einem Lebensraum und seiner Bevölkerung immer komplexen dynamischen Systemen gegenübersteht.

Zusammen mit der Bedeutung des Begriffs ist auch das Spektrum der Ö. gewachsen. Ähnlich wie der Begriff *Umwelt* im Laufe der letzten zwanzig Jahre an Komplexität zunahm: natürliche Umwelt – gebaute Umwelt – technische Umwelt – soziale Umwelt (Milieu) usw., bezieht nun auch die moderne Ö. immer mehr Bereiche mit ein. Die *Autökologie* oder physiologische Ö. erstreckt sich noch ganz auf den Einzelorganismus und die Abhängigkeit von seinem Umfeld; die *Populationsökologie* bereits auf ein Organismen-Kollektiv, seine internen Wechselwirkungen und diejenigen mit den gegebenen Umweltfaktoren; die *Synökologie* schließlich untersucht ganze Lebensgemeinschaften (Biozönosen) und damit die Strukturen, Organisationsformen und Wechselwirkungen der unterschiedlichen Organismen (Kollektive) in und mit ihrem Lebensraum (Biotop).

In diesem Sinne widerspricht die klassische Einteilung nach Zoo-, Phyto- und Anthropo-Ökologie (auch *Humanökologie* oder Sozioökologie) dem eigentlichen Wesen des ökologischen Denkens, insbesondere weil ökologische Regeln, etwa die Grundregeln der *Biokybernetik* (Vester), von der Natur der Sache her nur aus einer Synökologie heraus entwickelt werden können, die selber als wichtiger Zweig der *Systemkunde* verstanden werden kann. Bei der fachspezifisch ausgerichteten Ö. ist es dagegen bereits schwierig, die Änderungen der Umweltbedingungen und ihrer Rückwirkungen (zum Beispiel auf die Sukzession der Arten) zu erfassen.

Ökologie und Ökonomie

Giftmüllskandale, Waldsterben, Erosionen und das Umkippen von Gewässern haben das allgemeine Spannungsverhältnis zwischen Ökonomie und Ö. ins Bewußtsein der Öffentlichkeit gerückt und aufgezeigt, daß bisher die Ö. meist unter dem Primat der Ökonomie stand. In vielen Wirtschaftszweigen besinnt man sich darauf, daß wirklich ökologische Lösungen im Grunde auch immer ökonomisch sind. So ist zum Beispiel die «ökologische Buchhaltung» nach Simonis ein Instrument, mit dem man versuchen sollte, ökologische Belastungen, die ein Wirtschaftsunternehmen hervorruft, systematisch zu erfassen, betriebswirtschaftlich transparent zu machen und somit letztlich zu reduzieren bzw. ganz zu vermeiden – indem der Produktionsprozeß, die Wahl der Technik ebenso wie die Bestimmung dessen, was produziert wird, durch (vorherige) Abklärung möglichst aller Umweltbelastungen qualifiziert wird. Erste Instrumentarien zur Durchführung einer solchen Art von Systemverträglichkeitsprüfungen bietet hier das Verfahren des ‹Sensitivitätsmodells› (F. Vester/A. v. Hesler). Weitere Vorschläge in dieser Richtung existieren von R. Müller-Wenk, K. Maier-Abich u. a.

Ein in dieser Beziehung von der Ö. zunehmend befruchtetes großes Arbeitsgebiet ist die Raumordnung. Wir leben im Raum, wir arbeiten, wohnen, reisen und spielen dort. Er ist von einem natürlichen zu einem künstlichen Zustand übergegangen. In der Ö. des Raumes wird somit vor allem die Wirkung von Menschen auf Menschen, Menschen auf Veränderungen, Veränderungen auf Menschen und Menschen auf Ressourcen (und Flächen), aber auch von Ressourcen und Flächen auf Menschen beschrieben. Auch diese Wirkungen spielen sich wieder nicht in Einzelbeziehungen ab, sondern sind Teile von Wirkungsketten, Regelkreisen und schließlich vernetzten Systemen. Nur aus dem Systemzusammenhang heraus lassen sich daher Maßnahmen und Forderungen für die Raumordnung, die Landesplanung und Landesentwicklung ableiten.

Wenn nun auf der Basis des zuvor Dargelegten in den Industrienationen ein ökologisches Denken verstärkt Planen und Handeln beeinflussen soll, muß ihm ein Stellenwert zuerteilt werden, der in unserem Grundgesetz bisher nicht verankert ist. Zwar liegt nach Mayer-Tasch auch dem Grundgesetz ein ökologisches Kriterium in Form einer Lehre vom Gleichgewicht zugrunde – vom Gleichgewicht der soziopolitischen Kräfte und Tendenzen, so wie dies praktisch bei jeder Verfassung der Fall ist; das Fehlen der eigentlichen Begriffe zeigt jedoch deutlich den geringen Stellenwert auf, den die natürliche Umwelt als Partner des Menschen in unserem Grundgesetz genießt. Dieses war eben zu einer Zeit entstanden, als jene Partnerschaft weder bedroht noch gar als existentiell erkannt war. Es ist jedoch zu erwarten, daß das neue Bild von der Wirklichkeit als vernetztes System nun auch in die Gesetzgebung (Verbandsklage, Umwelt- bzw. Systemverträglichkeitsprüfung, Eigentumsrecht an ‹freien› Gütern), wie es neben P. C. Mayer-Tasch vor allem Ch. Sening («Bedrohte Erholungslandschaft»), H. Stumpf («Leben und Überleben – Einführung in die Zivilisationsökologie») und eine Reihe anderer fordern, Eingang finden und schließlich in den Verfassungen unserer Gesellschaften den gebührenden Platz einnehmen wird.

Atteslander, P.: Die Grenzen des Wohlstands. Stuttgart 1981.
Buchwald, K. & W. Engelhardt (Hrsg.): Handbuch für Planung, Gestaltung und Schutz der Umwelt (4 Bde.). München 1978.
Ehrlich, P. R. & A. H. Ehrlich: Bevölkerungswachstum und Umweltkrise. Frankfurt/M. 1972.
Ellenberg, H. (Hrsg.): Ökosystemforschung. Berlin 1973.
Farb, P.: Die Ökologie. Reinbek bei Hamburg 1976.
Global 2000: Der Bericht an den Präsidenten. Frankfurt/M. 1981.
Goldsmith, E. & R. Allen: Planspiel zum Überleben. Stuttgart 1972.
Kreeb, K. H.: Ökologie und menschliche Umwelt. Stuttgart 1979.
Kruedener, J. von & K. von Schubert (Hrsg.): Technikfolgen und sozialer Wandel. Köln 1981.
Kunz, G. (Hrsg.): Die ökologische Wende. München 1983.
Mayer-Tasch, P. C.: Ökologie und Grundgesetz – Irrwege, Auswege. Frankfurt/M. 1980.

Olschowy, G. (Hrsg.): Natur und Umweltschutz in der Bundesrepublik Deutschland. Hamburg 1978.
Osche, G.: Ökologie. Freiburg 1973.
Rosnay, J. de: Das Makroskop. Stuttgart 1977.
Schmidbauer, W.: Jäger und Sammler – als sich die Evolution zum Menschen entschied. Planegg 1972.
Schreiber, R. (Hrsg.): Rettet die Wildtiere. Stuttgart 1980.
Simonis, U. E. (Hrsg.): Ökonomie und Ökologie – Auswege aus einem Konflikt. Karlsruhe 1980.
Stern, H. u. a.: Rettet die Vögel. München 1978.
Vester, F.: Das Überlebensprogramm. Frankfurt/M. 1978.
–: Phänomen Streß. München 1978.
–: Neuland des Denkens. Stuttgart 1983.
–: Unsere Welt – ein vernetztes System. München 1983.
–: Ballungsgebiete in der Krise. München 1983.
– & A. von Hesler: Sensitivitätsmodell. Frankfurt/M. 1980.

Frederic Vester

Organisationssoziologie

Die OS., eine abgrenzbare soziologische Perspektive, hat die Organisation (O.) zum Gegenstand ihrer Analyse. Dabei interessiert die O. als eine soziale Einheit unter einem Innenaspekt, dem Verhältnis von O. und ihren Mitgliedern, und einem Außenaspekt, dem Verhältnis von O. und ihrer (gesellschaftlichen) Umwelt. Die Ausdifferenzierung der OS. als eine spezialisierte Teilsoziologie ist der sozialwissenschaftliche Reflex auf die herausragende Bedeutung von O. in komplexen Gesellschaften. Das Kennzeichen solcher Gesellschaften ist geradezu das Vorhandensein und Wirksamwerden von O.en. In der Literatur finden sich eine Fülle und durchaus differenzierende Definitionen von O., die sich jedoch in zwei zentralen Charakteristika treffen (Pfeiffer 1976, 13): O.en. orientieren sich auf spezifische Ziele *(O.-Zweck)* und weisen gleichzeitig ein bestimmtes Niveau formeller Festlegung *(Formalisierung)* der Erwartungen und Handlungen der O.-Mitglieder auf. Zur Konkretisierung einzelner Typen von O.en, ohne jedoch Definitionskriterien zu sein, werden daneben häufig Merkmale herangezogen wie Größe der O., angebbarer Mitgliederkreis, Mitgliedschaftsstrukturen, Grad der Arbeitsteilung, Vorhandensein einer kollektiven → Identität, hierarchische Autoritätsstrukturen, Vorhandensein von Machtzentren, Verantwortungsdelegation, Substitutionsmöglichkeiten von Arbeitskräften etc.

Organisationssoziologische Analysen haben Tradition. Bereits in den Anfängen der → Soziologie als einer wissenschaftlichen Disziplin finden sich bei Autoren wie Comte, Spencer, Tönnies, Durkheim u. a. Ansätze organisationssoziologischer Reflexionen. Allerdings verbleiben diese frühen Versuche über die O. auf einer allgemeinen gesellschaftsbezogenen makrosoziologischen Ebene, die das Spezifische der Strukturen und Funktionen von O. als soziales Gebilde noch nicht reflektiert. Marx (1972, 341 ff) kann hier als eine Ausnahme angesehen werden, wenn er sich im «Kapital» bei der Behandlung der ‹Kooperation› in Industriebetrieben auf die innere Struktur von O. bezieht.

Unbeschadet dieser Ansätze und gewisser Ausnahmen kann man erst später von einer ausdifferenzierten und eigenständigen OS. sprechen. Gängiges Klassifikationsschema in der Literatur (Scott 1961; Mayntz/Ziegler 1969; Pfeiffer 1976; Etzioni 1967; u. a.) ist eine Epochisierung in drei Phasen, hinter der sich gleichzeitig eine konzeptionelle Klassifizierung verbirgt:

1. die traditionelle (klassische) O.-Theorie,
2. die neoklassische Theorie der O.,
3. die moderne OS.

Die *klassische* OS. – unter Autoren wie Taylor (1919, Scientific Management-Ansatz), Fayol (1929) u. a. – orientiert sich an Idealkonstruktionen von O. und ihrer internen Strukturen. Auffällig ist die Parallele dieser Vorgehensweise zur klassischen Theorie der → Bürokratie bei Weber (1964). Hier wie dort werden organisationale Handlungsgrundsätze und Regeln entwickelt, die in optimaler Weise den Organisationszwecken dienen. Als Idealtypen weisen diese Konstruktionen eine Normativität auf, die sich erklärterweise nicht zum empirischen Test eignet. Eventuelle Nichtübereinstimmung von Modell und Wirklichkeit tangiert nicht das Modell und wird nicht systematisch erklärt. O.en werden im Grunde als statisch gesehen und erscheinen «als ein geplantes, rationales Instrument, ihr Ziel als vorgegeben und unveränderlich, ihre formale Struktur als Umsetzung dieses Ziels in Zweckmittelbeziehungen. Ihre Integration beruht nach dieser Auffassung auf einer hierarchisch geordneten Autoritätsstruktur. Deshalb wurde der Prozeß der Zieldefinition, die Selbsterhaltung der Organisation, die Wechselwirkung mit der Umwelt und die Anpassung an sie nicht als problematisch angesehen» (Mayntz/Ziegler 1969, 3, 4).

Die *neoklassische* OS. thematisiert die Dichotomie von idealtypischem Konstrukt der O. und erlebter O.-Realität, indem sie differenziert zwischen formaler und informeller O.-Struktur. In einer Fülle von Studien (z. B. Mayo 1933) wird die enorme Bedeutung der informellen O.-Struktur, bestimmt durch Motive und Einstellungen der O.-Mitglieder, für die Existenz und Handlungsfähigkeit einer O. nachgewiesen. Aber noch immer – und daher rechtfertigt sich die Klassifikation dieser Arbeiten als neoklassisch – wird eine Abweichung vom Idealtypus konstatiert und nicht der Idealtypus als solcher in Frage gestellt.

Erst die *moderne* OS. negiert die Gültigkeit des klassischen Modells von O. und formuliert die begriffliche Grundlage der OS. neu. Diese Neukonzeption der OS. zeigt insgesamt nicht mehr eine vergleichbare theoretische Geschlossenheit wie die klassische bzw. neoklassische Position auf, läßt sich jedoch in drei wesentlichen Varianten zusammenfassen:
- den systemtheoretischen Ansatz (→ Systemtheorie),
- den situativen Ansatz,
- den phänomenologischen Ansatz (→ Phänomenologie).

In der *systemtheoretischen* Variante der OS. (z.B. Parsons 1956/57; Luhmann 1964, 1975) interessieren O.en im wesentlichen als ein möglicher Anwendungsfall einer generellen Theorie → sozialer Systeme. Ihr Erkenntnisinteresse bezieht sich darauf, wie soziale Ordnung angesichts der Vielfalt von Handlungsmöglichkeiten und der Unterschiedlichkeit individueller Perspektiven und Motive möglich ist. O.en als soziale Systeme werden unter dieser Perspektive hinsichtlich ihrer Reduktion dieser Komplexität, der Entlastungsmöglichkeiten und der Handlungsrationalisierung betrachtet. Die systemtheoretische OS. ist kaum empirisch ausgerichtet, sondern trägt eher modelltheoretischen Charakter.

Der *situative* bzw. kontingenztheoretische Ansatz der OS. untersucht die O. primär von den ‹formalen Strukturen› her und ist dabei vornehmlich empirisch orientiert. Dieser Ansatz geht davon aus, daß die in der klassischen OS. genannten Strukturmerkmale nicht bei allen O.en in gleichem Umfang auftreten, sondern unabhängige Strukturdimensionen sind, die jeweils vom Kontext bzw. der Situation, in der die O. agiert, abhängen. In der Mehrzahl der empirischen Untersuchungen werden einzelne Kontextvariablen in ihren Auswirkungen auf das O.-Geschehen analysiert. Es wird z. B. gefragt, ob bürokratisch strukturierte O.en leistungsfähiger sind als nichtbürokratische (vgl. z. B. Litwak 1971), in welcher Weise Variablen wie Größe der O. (Blau/Schoenherr 1971), eingesetzte Technologie (Woodward 1958) oder Umwelteinflüsse (Lawrence/Lorsch 1969) bestimmte, unter Leistungsgesichtspunkten optimale O.-Strukturen erfordern, ob und wie verschiedene Merkmale bürokratischer O. voneinander abhängen bzw. gemeinsam auftreten (Pugh u. a. 1963) und ähnliches.

Die *ethnomethodologisch-phänomenologische* OS. stellt eine alternative Forschungsperspektive zu den bisher dargestellten Ansätzen dar (→ Ethnomethodologie). Ihre Kritik setzt bei der Beobachtung an, daß die o. g. Ansätze die Alltagskonzepte der untersuchten O.-Mitglieder unhinterfragt als objektive Sachverhalte übernehmen (→ Alltag). Diesen Ansätzen liegt die Annahme zugrunde, daß sie in gleicher Weise von Spezialisierung, Differenzierung, Formalisierung u. ä. reden, wie es in den O.en tatsächlich geschieht. O.-Pläne, Aufgabenbeschreibungen, Meinungen der Befragten müssen aber entsprechend der phänomenologischen Variante der OS. als subjektive Äußerungen und Strategien von → Gruppen der → Individuen in der O. gewertet werden. Folglich sieht ihr Forschungsprogramm vor, den Sinn des Konzepts der O. zu analysieren, indem man dessen konkrete Verwendung und Interpretation durch die Handelnden untersucht (vgl. Bittner 1965). Die empirischen Untersuchungen konzentrieren sich dabei auf Dienstleistungs- und Resozialisierungs-O.en (Cicourel 1968; Goffman 1972; Silverman 1972; Zimmermann 1969).

Allen hier dargestellten OS.-Ansätzen ist die Perspektive gemeinsam, die gewissermaßen vom Standpunkt der einzelnen O. aus die Gesellschaft wahrnimmt, nicht aber umgekehrt von der Gesellschaft die O. Folge davon ist die Abstraktion vom gesellschaftlich-historischen Kontext von O. (Kudera 1977, 37). War die klassische OS. auf einen Idealtypus von O.en fixiert, bezog sich die Neoklassik auf die Relativierung dieses Modells, so hat die moderne OS. zwar diese Annahmen und Konsequenzen radikal und folgenreich in Frage gestellt, ohne aber bislang diese andere Fragestellung ins Auge zu fassen.

Bittner, E.: The concept of organization. In: Social Research, 1965, 32, 239 ff.
Blau, P. M. & R. A. Schoenherr: The Structure of Organizations. New York 1971:
Cicourel, A. C.: The Organization of Juvenile Delinquency. New York/London 1968.
Etzioni, A.: Soziologie der Organisation. Stuttgart 1967.
Fayol, H.: Allgemeine und industrielle Verwaltung. München/Berlin 1929.
Goffman, E.: Asyle über die soziale Situation psychiatrischer Patienten und anderer Insassen. Frankfurt/M. 1972.
Kieser, A. & H. Kubicek: Organisationstheorien. 2 Bde. Stuttgart 1978.
Kudera, S.: Organisationsstruktur und Gesellschaftsstruktur. In: Soziale Welt, 28. Jg., 1977, 16–38.
Lawrence, D. R. & J. W. Lorsch: Organization and Environment. Homewood/Ill. 1969.
Litwak, E.: Models of Bureaucracy which Permit Conflict. In: Mayntz, R. (Hrsg.): Bürokratische Organisationen. Köln/Berlin 1971.
Luhmann, N.: Funktionen und Folgen formaler Organisation. Berlin 1964.
–: Interaktion, Organisation, Gesellschaft. In: Ders.: Soziologische Aufklärung II. Opladen 1975.
Marx, K.: Das Kapital. Frankfurt/M. 1972.
Mayntz, R. & R. Ziegler: Soziologie der Organisation. In: König, R. (Hrsg.): Handbuch der empirischen Sozialforschung. Bd. 9. Stuttgart 1969².
Mayo, E.: The Human Problem of an Industrial Civilisation. New York 1933.
Parsons, T.: Suggestions for a Sociological Approach to the Theory of Organisations. In: Administrative Science Quarterly. Bd. 1, 1956/57.
Pfeiffer, D.: Organisationssoziologie. Stuttgart 1976.
Pugh, D. S. u. a.: A Conceptual Scheme of Organizational Analysis. In: Administrative Science Quarterly, 1963, 8.

Scott, W. G.: Organizational Theory. In: Academy of Management Journal 1961, Vol. 4.
Silverman, O.: Theorie der Organisation. Graz 1972.
Taylor, F. W.: Die Grundsätze der wissenschaftlichen Betriebsführung. München/Berlin 1919.
Türk, K.: Soziologie der Organisation. Stuttgart 1978.
Weber, M.: Wirtschaft und Gesellschaft. Köln/Berlin 1964.
Woodward, J.: Management and Technology. London 1958.
Zimmermann, D. H.: Record Keeping and the Intake Process in a Public Welfare Agency. In: Wheeler, St. (ed.): On Records. New York 1969.

Renate Pollvogt/Maria Niggemann

Paradigma

Der Begriff P., der in den Sozialwissenschaften in den letzten Jahren viel Aufmerksamkeit erregt hat, ist selbst kein Produkt von Sozialwissenschaftlern, er stammt aus der Philosophie und Historiographie der Naturwissenschaften. Thomas S. Kuhn (1967) hat mit dem Buch «Die Struktur wissenschaftlicher Revolutionen» die Diskussion über P.en in den Wissenschaften eingeleitet. Im Verlaufe der sich an Kuhns Buch anschließenden Debatte wurde der P.-Begriff einerseits von Wissenschaftsphilosophen und Wissenschaftshistorikern präzisiert, wenn er nicht rundweg abgelehnt wurde, andererseits von Geistes- und Sozialwissenschaftlern adoptiert, zugleich erweitert und umgedeutet. Innerhalb der Sozialwissenschaften hat das P. Konzept zunächst in die Wissenschaftssoziologie Eingang gefunden. In der Folge mehrten sich die Versuche, Kuhns Konzept für die gesamte geistes- und sozialwissenschaftliche Theoriebildung fruchtbar zu machen. So drang der Begriff in die politikwissenschaftliche (Wolin 1968), ökonomische (Bronfenbrenner 1971), moralphilosophische und kunsttheoretische (Perry 1977) Diskussion ein (s. auch die Bibliographie bei Gutting 1980).

Kuhns Theorie der wissenschaftlichen Entwicklung
Kuhns Buch hat vor allem deshalb Aufsehen erregt, weil es gegen die Vorstellung argumentierte, daß die naturwissenschaftliche Entwicklung als Wachstumsprozeß zu immer wahreren Theorien der Natur zu verstehen, daß Wissenschaft eine von den Wissenschaftlern nach allein rationalen Gesichtspunkten gesteuerte Tätigkeit sei. Diese Vorstellung treffe, so behauptet Kuhn, aber nur für ein bestimmtes Entwicklungsstadium naturwissenschaftlicher Theoriebildung zu, für die Phase ‹normalwissen-

schaftlicher› Forschung. Normale Wissenschaft werde betrieben, wenn in einer Disziplin ein P. allgemeine Anerkennung gefunden habe.

Kuhn versteht unter P. eine modellhafte Lösung für ein wissenschaftliches Problem, die zum Ursprung einer kollektiven Forschungstradition wird. Ein P. ist nicht nur eine vorbildhafte Erklärung, es ist auch eine Überzeugung, in der sich ausdrückt, wie Wissenschaftler die Welt ihres Forschungsgegenstandes sehen.

Da aber zu Beginn jedes P. viele Fragen offen läßt, besteht die normalwissenschaftliche Phase der → Forschung in der Bearbeitung der ungelösten Probleme eines P. (‹puzzle solving›). Kuhn sieht drei Aufgaben der Normalwissenschaft: Sie muß relevante Tatsachen identifizieren, diese mit der Theorie in Übereinstimmung bringen und die Theorie selber perfektionieren. Irgendwann tauchen aber Tatsachen am Forschungshorizont auf, die nicht den durch das P. geweckten Erwartungen entsprechen. Ungelöste Probleme können dann zu ‹Anomalien› werden, die die Suche nach einem neuen P. auslösen. Wenn ein neues P. eingeführt wird, das die Anomalien des alten zu lösen verspricht, kann eine Phase revolutionären Umschwungs eintreten, bei dem, so Kuhn, wie in politischen Revolutionen viele Wissenschaftler die Fronten wechseln und sich das neue P. zu eigen machen.

Wegen der philosophischen und soziologischen Anleihen, die Kuhn für den P.-Begriff machte, geriet der Begriff in den Geruch der Unklarheit. Den philosophischen Kritikern war der Begriff zu soziologisch (Scheffler 1967), den soziologischen Kommentatoren nicht soziologisch genug (Martins 1972). Eine größere Klarheit hat Masterman (1970) in die Terminologie gebracht. Sie fand drei Dimensionen in Kuhns P.-Begriff: a) das ‹Metaparadigma›, eine wissenschaftliche Weltanschauung, die in Form genereller Hintergrundannahmen jede Forschung bestimmt; b) das ‹soziologische Paradigma›, die in einer wissenschaftlichen Gemeinschaft geteilten Überzeugungen, Werte und Forschungsinteressen; c) das ‹Konstrukt-Paradigma› – eine modellhafte Problemlösung (Masterman 1970, 63). – Kuhn hat sich diese Kritik zu eigen gemacht (vgl. Kuhn 1972, 287; zur weiteren Diskussion in der Wissenschaftshistoriographie und Wissenschaftsphilosophie s. Lakatos/Musgrave 1970; Diederich 1974; Gutting 1980).

Kuhn und die Wissenschaftssoziologie

Kuhn hat einen Traditionsbruch in der Wissenschaftssoziologie ausgelöst. Die frühen wissenschaftssoziologischen Ansätze eines Parsons oder Merton hatten sich in einer Hinsicht nicht von der wissenschaftsphilosophischen Betrachtungsweise lösen können; sie schienen zu glauben, daß die kognitive Tätigkeit der Wissenschaftler, das Geschäft der Theorienerzeugung und -überprüfung, soziologischer Betrachtung nicht zugänglich sei.

Merton führte eine strenge Trennung zwischen ‹wissenschaftlichen Ideen› und ‹wissenschaftlichem Handeln› ein (vgl. zu Merton: King 1971). Es entstand die ambiguöse Konstellation, daß für die kognitive Dimension der Wissenschaft das positivistische Ideal der stetigen und rationalen Ausdehnung des Wissens und für die soziale Dimension der Wissenschaft das funktionalistische Dogma der nichtrationalen, normativ bestimmten Anstöße zu wissenschaftlichem Handeln galt. In der Welt der Ideen handelte der Wissenschaftler nach Gründen, in der Welt der Wissenschaftlergemeinschaft infolge von Sanktionen. Kuhns eminente Wirkung auf die Wissenschaftssoziologie resultiert aus seinem Konzept wissenschaftlicher Revolutionen, durch das die Schranken zwischen philosophischer und soziologischer Betrachtungsweise niedergerissen werden. Denn in Phasen wissenschaftlichen Umbruchs wird nicht nur nicht mehr ausschließlich nach Gründen, die aus der bisher praktizierten wissenschaftlichen Tradition stammen, über die Geltung eines neuen P. entschieden, die Wissenschaftler können sich auch bei ihren Entscheidungen nicht mehr auf die Normen der Wissenschaftlergemeinschaft stützen.

Offen blieb aber nach Kuhn die Frage, wie eine postfunktionalistische Theorie der wissenschaftlichen Entwicklung auszusehen habe (Halfmann 1980). Vorerst hat sich die Wissenschaftssoziologie in diverse Richtungen mit konkreteren Forschungszielen differenziert (s. etwa die ‹Finalisierungstheorie› Böhme/van den Daele/Krohn 1974 oder die ethnomethodologische Wissenschaftssoziologie Brannigan 1982).

Für die Wissenschaftssoziologie ist der P.-Begriff unproblematisch, weil er auf denselben Gegenstand angewendet wird, den auch Kuhn für seine Theorie wählte – die Naturwissenschaften. Aber Kuhn hatte auch einen erneuten Vergleich von Sozial- und Naturwissenschaften angeregt. Nachdem er selbst den Sozialwissenschaften nicht die Reife zusprach, die eine Wissenschaft zur Herausbildung eines P. benötigt, fühlten sich Sozialwissenschaftler herausgefordert, teils affirmativ, teils kritisch, diese Behauptung zu reflektieren.

Gibt es Paradigmen in den Sozialwissenschaften?

Es gibt Autoren, die P.en in den Sozialwissenschaften entdecken: die einen identifizieren Theorietraditionen wie Funktionalismus (→ Systemtheorie), Phänomenologismus (→ Phänomenologie), → Historischer Materialismus oder → Strukturalismus; die anderen gliedern P.en nach methodologischen Traditionen in nomologische, interpretative und kritische Konzepte; wieder andere differenzieren nach dem Modell gesellschaftlicher Ordnung in Konflikt- und Integrationsparadigmen (s. den Überblick bei Eckberg/Hill 1979, 930).

Nach szientistischer Überzeugung, derzufolge die Sozialwissenschaften als unterentwickelte Form der Naturwissenschaften anzusehen sind, machen sich diese Versuche einer falschen oder legeren Aneignung des Kuhnschen P.-Begriffs schuldig. Wer z. B. Funktionalismus für ein P. halte, müsse zeigen können, daß er auch nur ein ‹puzzle› gelöst habe. Im allgemeinen zeichneten sich die Sozialwissenschaften dadurch aus, daß zwar viele Probleme aufgeworfen würden, aber kaum eins wie ein ‹puzzle› behandelt werde (Eckberg/Hill 1979, 935). Diese Denkrichtung hält die Sozialwissenschaft nicht prinzipiell für paradigmaunfähig, aber gegenwärtig für weit entfernt davon, den Kriterien für normalwissenschaftliche Forschung zu genügen.

Die szientistische Kritik an den Sozialwissenschaften ignoriert einen wichtigen wissenschaftstheoretischen Umstand. Die Anwendung eines rigiden P.-Begriffs in den Sozialwissenschaften verbietet sich, weil – anders als in den Naturwissenschaften – die Wirklichkeit der Sozialwissenschaften aus sozialen Akteuren besteht, die eine eigenständige Realitätsdeutung besitzen. Die sozialen Subjekte lassen sich also in ihrem alltäglichen Handeln von lebensweltlichen P.en leiten (→ Handeln, soziales), die von den wissenschaftlichen Problemlösungsmodellen sehr verschieden sind (Ryan 1972, 93). Die Sozialwissenschaften sind selber Teil der gesellschaftlichen Wirklichkeit, auf die sie sich forschend beziehen. Mehr noch als in den Naturwissenschaften geht in die wissenschaftliche Theoriebildung das ein, was Masterman ‹Metaparadigmen› genannt hat, also allgemeine weltanschauliche Überzeugungen über Grundlagen gesellschaftlicher Organisation, über sinnvolle Ziele ‹gesellschaftlichen Fortschritts› etc. Bryant (1975, 356) schätzt, daß aus diesem Grund relativ wenige ‹exemplarische Problemlösungen› in den Sozialwissenschaften existieren, daß es aber wohl P.en im Sinne von ‹disziplinärer Matrix› gibt; dazu zählt er Theorietraditionen wie → Marxismus und Funktionalismus oder Konflikt- und Integrationstheorie (s. auch Bottomore 1975). Während in den Naturwissenschaften den Wissenschaftlern die disziplinäre Matrix durch das herrschende, gesellschaftliche praktizierte Muster der Naturbeziehungen vorgegeben ist, steht den Sozialwissenschaftlern eine solche Entscheidung offen, die selber noch nach Gründen verlangt, aber unvermeidlich ist, weil es keine unumstrittene Idee der gesellschaftlichen Ordnung gibt.

Wenn man die Wissenschaften als Formen der sozial institutionalisierten und kulturell präformierten (→ Kultur) theoretischen Aneignung bearbeiteter Natur und vergesellschafteter → Arbeit und → Interaktion begreift, wenn man zudem die naturwissenschaftliche Aneignung als Ausdruck einer historisch langfristig fixierten Form der Naturbeherrschung betrachtet und wenn man in den gesellschaftswissenschaftlichen Theorien die umstrittenen Vorstellungen gesellschaftlicher Ordnung erkennt, dann läßt sich die von Kuhn festgelegte Deutung als Spezialfall eines allgemeineren P.-Begriffs interpretieren. P. ist dann das in den jeweiligen Wissenschaftlergemeinschaften anerkannte (bzw. umstrittene) theoretische Modell der gesellschaftlich lizenzierten Form der Ordnung innerhalb des jeweiligen Gegenstandsbereiches. Während in den Naturwissenschaften ein solches Modell innerhalb einer Disziplin Anerkennung gewinnt, P.en also in der Regel *faktisch* Allgemeingeltung besitzen, gibt es in den Sozialwissenschaften Allgemeingeltung nur dem *Anspruch* nach, weil eine eindeutige Idee gesellschaftlicher Ordnung weder in der Dimension der Metaparadigmen etabliert noch in den basalen gesellschaftlichen Institutionen widerspruchsfrei realisiert ist (→ Wissenschaftstheorie).

Barnes, B.: T. S. Kuhn and Social Science. London/Basingstoke 1982.
Böhme, G./van den Daele, W. & W. Krohn: Die Finalisierung der Wissenschaft. Zeitschrift für Soziologie, Jg. 2, 1973, 128–144.
Bottomore, T. B.: Competing Paradigms in Macrosociology. In: Inkeles, A./Coleman, J. & N. Smelser (eds.): Annual Review of Sociology. Palo Alto, 1975, 1, 191–202.
Brannigan, A.: The Social Basis of Scientific Discovery. Cambridge/New York 1982.
Bronfenbrenner, M.: The «Structure of Revolutions» in Economic Thought. History of Political Economy, 1971, 3, 136–151.
Bryant, C. G. A.: Kuhn, Paradigms and Sociology. British Journal of Sociology, Vol. 26, 1975, 3, 354–359.
Diederich, W. (Hrsg.): Theorien der Wissenschaftsgeschichte. Frankfurt/M. 1974.
Eckberg, D. L. & L. Hill (Jr.): The Paradigm Concept and Sociology: A Critical Review. American Sociological Review, 1979, 44, 925–937.
Gutting, G. (ed.): Paradigms and Revolution. Notre Dame 1980.
Halfmann, J.: Innenansichten der Wissenschaft. Frankfurt/New York 1980.
King, M. D.: Reason, Tradition and the Progressiveness of Science. History and Theory, 1971, 10, 3–32.
Kuhn, T. S.: Die Struktur wissenschaftlicher Revolutionen. Frankfurt/M. 1967.
–: Postskript – 1969 zur Analyse der Struktur wissenschaftlicher Revolutionen. In: Weingart, P. (Hrsg.): Wissenschaftssoziologie 1. Frankfurt/M. 1972.
Lakatos, I. & A. Musgrave (eds.): Criticism and the Growth of Knowledge. Cambridge 1970.
Latour, B. & S. Woolgar: Laboratory Life. Beverly Hills 1979.
Martins, H.: The Kuhnian «Revolution» and its Implications for Sociology. In: Nossiter, T. J./Hanson, A. H. & S. Rokkan (eds.): Imagination and Precision in the Social Sciences. London 1972.
Masterman, M.: The Nature of a Paradigm. In: Lakatos, I. & A. Musgrave (eds.): Criticism and the Growth of Knowledge. Cambridge 1970.
Merton, R. K.: The Normative Structure of Science. In: Ders.: The Sociology of Science. Chicago 1973.
Perry, N.: A Comparative Analysis of «Paradigm» Proliferation. British Journal of Sociology, Vol. 28, 1977, 1, 38–50.
Ritzer, G.: Sociology: A Multiple Paradigm Science. New York 1975.
Ryan, A.: «Normal Science» or Political Ideology? In: Laslett, P./Runciman,

W. G. & Q. Skinner (eds.): Philosophy, Politics and Society, Fourth Series. Cambridge 1972.
Scheffler, I.: Science and Subjectivity. Indianapolis 1967.
Wolin, S.: Paradigms and Political Theories. In: King, P. & B. C. Parekh (eds.): Politics and Experience. Cambridge 1968.

Jost Halfmann

Partizipation

Begriff
P. kommt aus dem Lateinischen von *pars* (= Teil) und *capere* (= nehmen; deutsch: Teilnahme, Teilhabe; griechisch *methexis*, u. a. bei Plato und Aristoteles). Im Zedlerschen Lexikon 1740 ohne Bezug auf politische P. gebraucht: «Participanten ... werden bey den Ost- und West-Indischen Compagnien ... diejenigen genannt, welche das meiste Geld dazu herschießen, aus welchen nachgehends die Häupter derselben ... erwehlet werden.» Im Begriff des Teilhabers lebt diese Begriffsdimension fort. P. ist im gegenwärtigen deutschen Sprachgebrauch ein Terminus, der Intensivierung und Extensivierung von Herrschaftsbeteiligung beschreibt und so auch die Geschichte bürgerlicher Emanzipationsbestrebungen in sich faßt (→ Emanzipation). In die Soziologie wird der Begriff P. von Parsons in einem eher akklamativen Sinne eingeführt. P. ist Teil des Verhaltens, das – in dosierter Form – für das Systemgleichgewicht wünschenswert ist. Zuviel politische Apathie zeigt Mängel in der Systemintegration an (→ Integration), meßbar z. B. an der Wahlbeteiligung (zur Kritik vgl. Zimpel 1970). In den 60er Jahren bekommt P. dagegen eine emphatische Bedeutung, wird geradezu zum Inbegriff eines kulturrevolutionären Programms, das «allgemeine und gleiche Chancen der Teilnahme» (Habermas 1972, 66) an Entscheidungen in allen gesellschaftlichen Subsystemen realisieren will. So rückt P. in die Nähe des Begriffs Demokratisierung.

Partizipation: Formen, Theorien, Kritik
Obwohl in der Reformbewegung der vergangenen zwei Jahrzehnte P. in allen Lebensbereichen als Ziel anvisiert wurde, haben sich doch mit dem P.-Begriff Versuche der Demokratisierung des Alltagslebens außerhalb des Arbeitsplatzes stärker verbunden (→ Alltag). Vor allem in Bürgerinitiativen wurden die Forderungen nach Mit- und Selbstbestimmung konkretisiert; dort wurden Ansätze einer autoritätskritischen, basisorientierten → Kultur sichtbar. So wurde mit partizipatorischen Lebensformen experimentiert (Wohngemeinschaften, Kinderläden, freie Schulen usw.);

an Administrationen richtete sich die Forderung, Beteiligungsmöglichkeiten einzuräumen, insbesondere im Bereich der → Stadtplanung (Sanierungsvorhaben, Neubauplanung usw.). In Beiräten, Bürgerforen usw. wurde diesen Forderungen teilweise Rechnung getragen. In der Gemeinwesenarbeit wurde der Versuch gemacht, ‹unterprivilegierte› Bevölkerungsgruppen zu aktivieren (Randgruppenarbeit) (vgl. Bahr/Gronemeyer 1974). Die emphatische P.-Forderung erfaßte nahezu alle gesellschaftlichen Subsysteme (Schule, Hochschule, Streitkräfte, Theater, Kirche) und nötigte diesen unterschiedlich deutliche Zugeständnisse ab (vgl. Greiffenhagen 1973). In den Schlagworten ‹außerparlamentarische Opposition› und ‹Marsch durch die Institutionen› wird eine sich durchhaltende Diffusität der P.-Forderung sichtbar: Knüpfen sich die P.-Hoffnungen an eine Demokratisierung gegebener → Institutionen, oder wird auf die Konstituierung neuer Lebensformen jenseits und außerhalb verfaßter Institutionen abgehoben? In den partizipatorischen Strömungen, die am Ende der 70er Jahre in den Vordergrund treten – Friedens- und Ökologiebewegung (→ Ökologie), aber auch Selbsthilfebewegungen –, scheinen dissoziative Orientierungen deutlicher zu sein.

Die Auseinandersetzung der Sozialwissenschaft mit der in den 60er Jahren aufkommenden P.-Forderung ist von Skepsis geprägt. Insbesondere hat Offe zunehmende Legitimations- und P.-Forderungen nicht als Ursache, sondern als Folgekonflikte vorausgehender Reformpolitik analysiert. Planende Verwaltungen bauen P.-Verfahren gerade als loyalitätsbindende Strategien ein, so wird Planungs-P. zum «Frühwarnsystem», zum «Treibsatz», der Reformkapazität erhöht oder zur «symbolischen Gratifikation», die an der Machtlosigkeit derer nichts ändert, die den Folgen administrativer Entscheidungen ausgesetzt sind (Offe 1972, 123ff). Der Wohlfahrtsstaat als systematischer Versuch der «Bewahrung der bestehenden Gesellschaftsstruktur unter Vertuschung ihrer strukturellen Widersprüche» weitet mit Hilfe partizipatorischer Strukturen seine Informationskapazität aus und sichert im gleichen Zug Massenloyalität. Zutritt zum Entscheidungsprozeß gewinnen jene Gruppen, die außerhalb von Güter- und Arbeitsmärkten agieren, schon deshalb nicht, weil ihre Interessen weder konflikt- noch organisationsfähig sind (Narr/Offe 1975, 27, 33). Die integrative Bedeutung von P.-Modellen (Konfliktmanagement durch Selbststeuerung) arbeitet auch Gronemeyer (1973) heraus, betont aber, daß angesichts des Zusammenhangs von Effektivität und Dezentralisierung P. nicht in Herrschaftsstabilisierung aufgehen müsse, sondern quasi subversiv tatsächlich veränderte Entscheidungsstrukturen begründen könne (vgl. auch Naschold 1972). Während Offe u. a. die P.-Forderung an realen Machtstrukturen scheitern sehen, ergibt sich aus der systemtheoretischen Perspektive Luhmanns (→ Systemtheorie) ein anderer Einwand: Angesichts wachsender Komplexität muß Beteiligung anders strukturiert werden: «Nicht die konkrete Beteiligung aller einzelnen an den politischen Entscheidungsprozessen» kann Demokratie unter Bedingungen der Komplexität meinen; denn Entscheidungsprozesse sind Prozesse der Selektion, die mehr Neins als Jas erzeugen, deren Negationsrate generell – je rationaler und umfassender verfahren wird – steigt. «Eine intensive engagierende Beteiligung aller daran zu fordern, hieße Frustrierung zum Prinzip machen» (Luhmann 1969, 319). Scharpf (in Greiffenhagen 1973, 117ff) argumentiert mit dem begrenzten Zeitbudget. Angesichts der großen Zahl politischer Entscheidungen ist es unumgänglich, sich gegenüber weiten Bereichen apathisch zu verhalten: «Das Partizipationsmodell scheitert darum nicht einmal in erster Linie an der Größenordnung moderner politischer Systeme, sondern an der Ausdehnung und Differenzierung des politischen Bereichs» (zum Apathieproblem vgl. M. Gronemeyer 1976). Es fehlt Scharpf zufolge an überzeugenden Entwürfen für eine Organisation politischer Entscheidungsprozesse auf der Basis «universeller Partizipation» (ebd. 122).

Wie Greiffenhagen (1973, 19) hervorhebt, stehen in der Debatte um P. pragmatische und klassische Demokratietheorie einander gegenüber. Eine im Anschluß an Schumpeter als Führungsdemokratie verstandene Konzeption verlangt von den Wählern die Akzeptation der Unterscheidung zwischen ihnen selbst und den gewählten Politikern. Klassische Demokratietheorie dagegen visiert möglichst breite politische P. an (P. wird zur alle gesellschaftlichen Bereiche erfassenden Lebensform; vgl. Vilmar 1973). An der Differenz zwischen diesen beiden Modellen ist auch die Kritik von Hennis orientiert. Hennis sieht in der quasi kulturrevolutionären P.-Forderung die Gefahr einer «Agonie der Freiheit», da die Übertragung der Demokratie auf alle möglichen Sozialtatbestände Freiheit zugunsten der → Gleichheit untergräbt und dadurch die Gefahr der Gleichschaltung heraufbeschwört. Hennis verweist dagegen auf die alte Unterscheidung von häuslicher und politischer → Herrschaft und hält die Übertragung der P.-Forderung auf die häusliche Sphäre für eine «Revolte gegen die Natur» (Hennis, in Greiffenhagen 1973, 70).

Ertrag

Im Begriff P. lebt einerseits eine traditionsreiche demokratietheoretische Debatte fort, bei der die P.-Forderung radikaldemokratische Konzepte fortführt, wie sie etwa bei Rousseau vorliegen. Andererseits wächst dem Begriff in der Reformphase der 60er und 70er Jahre eine aktuelle politische Bedeutung zu. Die punktuell ‹von unten› vorgetragene P.-Forderung ist Ausdruck legitimer, Demokratie revitalisierender bürgerlicher Opposition. Als eine den Widerspruch von Verfassungsnorm und Verfassungswirklichkeit einklagendes Aufbegehren geht die an sie adressierte Kritik, es mangele ihr ein Konzept ‹universeller Partizipation›, fehl

(s. o.): Der basisbegründeten P.-Forderung ist ein Systemgedanke (der notwendigerweise ‹von oben› konzipiert) konstitutiv unangemessen. Gerade wenn die P.-Forderung systematischen Charakter gewinnt, ist sie vor totalitätsdemokratischen Entgleisungen nicht sicher. Robespierres Satz «Das, was unmoralisch ist, ist auch unpolitisch» könnte als Ausdruck einer solchen grenzenlosen systematischen P.-Konzeption (von oben) verstanden werden. Demgegenüber ist dann an die Kierkegaardsche Kritik der Demokratie als total politisierte Gesellschaft zu erinnern, die «jeden zu positiver Teilnahme» verpflichtet «sogar den, der es sich aufs inständigste verbittet, mit in der Regierung zu sein». Vielleicht hat die P.-Emphase der letzten zwei Jahrzehnte übersehen lassen, daß es Entwicklungen gibt, die eher den Gedanken an einen wachsenden P.-Zwang aufkommen lassen: etwa wenn man jene Entwicklung ins Auge faßt, durch die ständig weitere Lebensbereiche vom Staat, der sich als universaler Fürsorger begreift, administrativer Regelung unterworfen werden. Angesichts unübersehbarer Deformierung und Kolonisierung der → Lebenswelt (Habermas 1981, II: 566) wird jene oppositionelle Kultur, die in der P.-Forderung ihren Ausdruck fand, gegenwärtig offenbar abgelöst durch eine Kultur der Verweigerung, die sich in einem dissoziativen ‹Nein› erkennbar macht.

Bahr, H.-E. & R. Gronemeyer (Hrsg.): Konfliktorientierte Gemeinwesenarbeit. Niederlagen und Modelle. Neuwied 1974.
Greiffenhagen, M. (Hrsg.): Demokratisierung in Staat und Gesellschaft. München 1973.
Gronemeyer, R.: Integration durch Partizipation? Arbeitsplatz/Wohnbereich: Fallstudien. Frankfurt/M. 1973.
Gronemeyer, M.: Motivation und politisches Handeln. Hamburg 1976.
Habermas, J.: Können komplexe Gesellschaften eine vernünftige Identität ausbilden? In: Habermas, J. & D. Henrich. Zwei Reden. Frankfurt/M 1972.
–: Theorie des kommunikativen Handelns. I und II. Frankfurt/M. 1981.
Luhmann, N.: Politische Planung. Opladen 1971.
–: Komplexität und Demokratie. In: Politische Vierteljahresschrift, 1969, 314ff.
Milbrath, L. M.: Political Participation. Chicago 1965.
Narr, W.-D. & C. Offe (Hrsg.): Wohlfahrtsstaat und Massenloyalität. Gütersloh 1975.
Naschold, F.: Organisation und Demokratie. Stuttgart 1972.
Offe, C.: Strukturprobleme des kapitalistischen Staates. Frankfurt/M. 1972.
Partizipation, Aspekte politischer Kultur. Offene Welt, 1970, 101.
Partizipation bei der Stadtplanung. Literatursammlung. (Schriftenreihe des Bundesministers für Raumordnung, Bauwesen und Städtebau 03.048) 1976.
Scharpf, F. W.: Planung als politischer Prozeß. Frankfurt/M. 1973.
Vilmar, F. (Hrsg.): Strategien der Demokratisierung. I u. II. Neuwied 1973.
Zimpel, G.: Der beschäftigte Mensch. Beiträge zur sozialen und politischen Partizipation. München 1970.

Reimer Gronemeyer

Patriarchat

Das P. ist ein Gesellschaftssystem, das den Vätern rechtliche, soziale und ökonomische → Macht über alle anderen Mitglieder der Gesellschaftsordnung gibt. Die wichtigsten Instrumente dieser → Herrschaft sind:

1. Juridische Dominanz des Vaters über Gattin und Kinder *(Patria potestas)*.
2. Ausübende oder vollziehende → Gewalt durch eine Adelsschicht, die sich als Herrschaft der Väter (Patriziat) versteht.
3. Postulat eines Gottvaters mit absoluter Macht über alle anderen Götter und Göttinnen, oder eines alleinregierenden Vatergottes (patriarchaler Monotheismus).
4. Verwandtschaftssystem, das die Seite des Vaters gegenüber der der Mutter bevorzugt (Patrilateralität).
5. Zurückführung des Stammbaumes auf einen Urvater (Patriarch).
6. Abstammungsordnung in väterlicher Linie (Patrilineage).
7. Erbrecht in väterlicher Linie (Patrimonium).
8. Heiratsordnung, welche die Ansiedlung der Gattin im Haushalt des Schwiegervaters verlangt (patrilokale Exogamie).
9. Recht und Pflicht des Kindes, seinen Namen von dem seines Vaters abzuleiten (Patronymikon).
10. Rechtsschutz des vaterlosen Mannes (aber nicht der vaterlosen Frau) durch einen Substitutvater (Patron).
11. Recht des Vaters, die Kinder seiner Gattin anzuerkennen oder als nicht von ihm gezeugt abzulehnen.
12. Recht des Vaters auf Adoption Nichtblutsverwandter.
13. Definition des Geburtsortes als ‹Vaterstadt› oder des Geburtslandes als ‹Vaterland› (Patria).
14. Definition des ‹Landsmanns› als ‹Vaterliebender› (Patriot).

Nicht alle diese Elemente der Vaterherrschaft sind in jedem P. vorhanden, aber eines oder mehrere kennzeichnen die soziale Institution des Vaterrechts in allen Kulturen.

Um den Rahmen dessen, was P. ist und was es nicht ist, festzulegen, sollen hier auch einige der häufigsten Fehldefinitionen aufgeführt werden:

1. P. ist weder Männerrecht noch Männerherrschaft; denn es gibt viele Formen der Androkratie, die keineswegs auf der Herrschaft des Vaters beruhen. Wiederholt und mit Recht ist argumentiert worden, daß weder → Matriarchat noch Mutterrecht etwas mit Frauenherrschaft zu tun haben. Ebenso sinnvoll ist es aber auch, P. und Vaterrecht sorgfältigst von Männerherrschaft und Männerrecht zu unterscheiden.

2. P. ist eine soziale und keine biologische Kategorie. Die Institution der Vaterherrschaft läßt sich weder aus der Anatomie noch aus dem Sexualverhalten des Menschen ableiten (→ Sexualität). Alice Schwarzer (Der kleine Unterschied und seine großen Folgen. Frankfurt/M. 1975) leitet die Männerherrschaft aus der Anatomie der Geschlechter ab: «Penis = Penetration = Vergewaltigung». Wenn der Mann aber biologisch als das vergewaltigende Tier definiert wird, dann wird die Frau per definitionem zum Tier, das bereits von der Anatomie her zum Vergewaltigtwerden vorbestimmt ist. Sehr ähnlich Marielouise Janssen-Jurreit, die auf Seite 460 ihres Buches «Sexismus» (München 1976) argumentiert, der Mann sei das einzige Tier, das auch ohne die geringste sexuelle Erregung des Weibchens, ja sogar gegen dessen physischen Widerstand, kopuliere. Wenn das stimmte, dann wäre die Frau das einzige Tier, das von der Natur dazu verdammt wäre, gegen ihren physischen Widerstand und ohne eigenen Wunsch koitiert zu werden. Leitet man die Männerherrschaft von solchen Biologismen ab, dann wird Androkratie zur Naturgewalt, zum biologischen Schicksal. Da die Männerherrschaft weder historisch noch sozial definiert wird, läßt sie sich auch weder historisch noch sozial beseitigen. Geschichte wird so zum Fatum.

3. P. ist keine zeitlose, sondern eine historische Kategorie. Unterläßt man es, die Entstehungsgeschichte einer jeden Variante der Vaterherrschaft separat zu untersuchen, so drängt sich die Vorstellung auf, das P. sei ‹von Anfang an› dagewesen, werde niemals von selbst verschwinden und lasse sich deshalb auch mit keinem erdenklichen Mittel der Gesellschaftsveränderung beseitigen.

4. P. ist keine universelle, sondern eine regionale → Institution. Jede lokale oder regionale Variante des P. hat andere Ursachen und andere Erscheinungsformen. Jede von ihnen muß deshalb separat mit eigenen Feldstudien und detaillierten soziographischen Forschungsmethoden analysiert werden. Die große Zahl der regional entstandenen und regional begrenzten Formen des P. kann nicht mit Universalhypothesen im Sinne von Henry S. Maine (1822–1888), John F. McLennan (1827–1881) oder Edward B. Tylor (1832–1917) erfaßt werden.

Zur Erläuterung der eingangs aufgeführten Strukturelemente des P. seien einige historische und einige sich heute anbahnende Alternativen aufgezeigt:

1. Historisch gewachsene Alternativen zur Dominanz des Vaters über Gattin und Kinder bestehen nicht nur in der Dominanz der Mutter (Matriarchat), sondern auch in der Abwesenheit innerfamiliärer Dominanzmuster wie in der Abschaffung der Familie. Sowohl in Sippengesellschaften, wo die Frauen im Frauenhaus und die Männer im Männerhaus leben, wo sich ‹Familien› im römischen oder bürgerlichen Sinne gar nicht bilden können, wie auch in Wohngemeinschaften oder anderen neueren Versu-

chen der Aufhebung der Familienstruktur, lassen sich Alternativen zum P. erkennen.

2. Alternativen zum Patriziat bieten sich nicht nur in der Form eines Matriziats, sondern auch in der Abwesenheit oder im Fortfall jeglicher Formen von Adelsstrukturen an. Das bürgerliche P. unserer Tage ist zwar nominell frei von Feudalstrukturen, besitzt aber im Erbrecht immer noch Sedimente eines Patriziats (→ Feudalismus).

3. Alternativen zum patriarchalischen Monotheismus sind nicht nur in den großen Mutterreligionen der Vergangenheit (matriarchaler Monotheismus), sondern auch in religionsfreien Gesellschaftsstrukturen der Gegenwart sichtbar.

4. Alternativen zu den patrilateralen Verwandtschaftssystemen der Vergangenheit und Gegenwart bieten nicht nur die matrilateralen Systeme in Afrika, Indien, Nordwest-Melanesien, Neuguinea und solche Indianerstämme wie die Huronen, sondern auch bilaterale Systeme, wie sie sich in Europa seit geraumer Zeit anbahnen.

5. Alternativen zur Zurückführung des Stammbaums auf einen Urvater liefern nicht nur die Stammbäume, die auf eine Urmutter zurückreichen, sondern auch alle bilinearen und multilinearen Deszendenzsysteme.

6. Alternativen zur Patrilineage bieten nicht nur die Matrilineage und die Bilineage, sondern auch die zahlreichen Mischformen, die von der strukturalen → Anthropologie aufgedeckt worden sind.

7. Alternativen zum Patrimonium, dem väterlichen Erbgut, liefert nicht nur das Matrimonium, das mütterliche Erbgut, sondern hier sind auch alle Gesellschaftsordnungen mit Subsistenzproduktion einzubeziehen, weil es bei ihnen keine zu vererbenden Besitztümer, keinen Privatbesitz im heutigen Sinne, gibt. Hierher gehören auch alle modernen Bestrebungen der Abschaffung von Privateigentum (→ Eigentum).

8. Der patrilokalen Exogamie kann nicht nur die matrilokale Exogamie, sondern auch die matrilokale und patrilokale Endogamie gegenübergestellt werden, vor allem aber die neolokale Exogamie der heutigen bürgerlichen Gesellschaft, in der das junge Paar seinen eigenen Haushalt gründet. Schließlich gehören hierher aber auch alle Formen der Absage an die Kleinfamilie, einerlei wo sie sich auch ansiedeln mag.

9. Alternativen zum Recht und zur Pflicht des Kindes, seinen Namen von dem des Vaters abzuleiten (Patronymikon), bietet nicht nur das Matronymikon (in Gesellschaftsordnungen mit matrilinearer Deszendenz üblich), sondern auch eine binymische Namenswahl, wie sie in Spanien üblich ist und sich in den USA anbahnt, wo Söhne und Töchter den Familiennamen der Mutter oft als zweiten Vornamen übernehmen. Eine freie Namenswahl, die sich von den Namen der Eltern löst und vom Kinde im Mündigkeitsalter selbst gewählt wird, wäre in zukünftigen Gesellschaftsordnungen denkbar.

10. Das Patronat, das altrömische Verhältnis des Sklavenhalters zu seinen Freigelassenen und Klienten, ist ausgestorben. Aber die Tatsache, daß wir bei der Kunstförderung immer noch vom Patronat sprechen, zeigt, wie tief der Gedanke des Mäzens sich bei uns mit dem des Vaters verbindet.

11. Das Recht des Vaters auf Anerkennung oder Ablehnung der Kinder seiner Gattin ist ein Eingriff in die biologische Ordnung. Durch diesen Eingriff abrogiert das P. das Naturrecht. Die Mutter kann nicht mehr geltend machen, sie wisse stets, welches Kind sie geboren habe (während der Vater nie wissen kann, welches Kind seiner Frau er gezeugt hat). Statt dessen muß die Mutter jetzt akzeptieren, daß der Vater entscheidet, welches Kind das seine sei. Alternativen bietet nicht nur das → Naturrecht (das nur die Mutter, nicht aber den Vater anerkennt), sondern auch jede Rechtsordnung, die den Eltern eine gemeinsame Entscheidung über die Anerkennung ihrer Kinder zuspricht oder die Anerkennung der Kinder dem Gesetzgeber überläßt.

12. Das Adoptionsrecht war eine der ersten Kampfmaßnahmen des römischen P. gegen die ihr vorausgegangenen Gentilgesellschaften. Es sollte ausdrücken: «Ich, der Vater, bin autonomer Erzeuger meiner Kinder. Ich bin nicht auf Frauen angewiesen. Ich *ernenne* meine Kinder dank meiner Rechtsgewalt als Adoptivvater.» Deshalb gab es im römischen Recht auch keine Möglichkeit der Frau, Kinder zu adoptieren. Wollte die Frau Kinder haben, sollte sie auf den Mann angewiesen sein. Wollte aber der Mann Kinder haben, sollte ihm das jederzeit ermöglicht werden, ohne sich in die Gewalt seiner Gattin zu begeben. Das verunsicherte natürlich den Status der Gattin; aber so war es auch gemeint. Denn im Gegensatz zu Hellas, wo die Frau zumindest durch ihre Fähigkeit, dem Gatten Nachwuchs zu gebären, eine unersetzliche Rolle in der Familie ausübte, konnte der römische Ehemann, wenn er ein eigenes Kind haben wollte, es außerehelich zeugen und dann adoptieren. Andererseits konnte der Römer auch seine Geliebte legal als Adoptivtochter in den ehelichen Haushalt einbringen, so daß die Kinder, die er mit ihr zeugte, als seine legitimen Enkel zur Welt kamen. Alternativen zu solchen Degenerationsformen des Adoptivrechts bieten sich nicht nur im Adoptionsrecht der Mutter, sondern auch im Recht des mündigen Kindes an, seine Adoptiveltern selbst zu wählen.

13. Alternativen zum patriarchalen Konzept der Vaterstadt und des Vaterlandes gibt es nicht nur im alten Hellas (*metropolis* = Mutterstadt) oder im heutigen England (motherland), sondern lassen sich auch in Begriffen wie ‹Elternstadt› oder ‹Elternland› vorstellen. Schließlich ließen sich unter dem Gedanken der Freizügigkeit auch folgende Vorstellungen als Alternativen zum patriarchalen Konzept des ‹Vaterlandes› subsumieren: (1) eine grundsätzliche Absage an die Logik, der Geburtsort ver-

pflichte zur lebenslangen politischen Loyalität; (2) freie Wahl des Landes, in dem man als Erwachsener leben, arbeiten und lieben will, ohne befürchten zu müssen, ausgewiesen zu werden.

14. Genauso, wie es bei uns Patrioten gibt, kann man sich in matrilinearen, matrilateralen und matrilokalen Kulturen ‹Matrioten› vorstellen. Die wahrscheinlichste → Emanzipation vom bürgerlichen P. wird jedoch kaum in einer simplen Umpolung der elterlichen Machtverhältnisse (vom P. zum Matriarchat, von einer Herrschaftsform zur anderen), sondern im Abbau der elterlichen Herrschaft über ihre Kinder und im Abbau der analogen gesellschaftlichen Herrschaftsverhältnisse liegen.

Borneman, E.: Das Patriarchat. Ursprung und Zukunft unseres Gesellschaftssystems. Frankfurt/M. 1975.
Ehmer, J.: Entstehung und Wesen des bürgerlichen Patriarchalismus. In: Beiträge zur historischen Sozialkunde, 1978, 8, 56ff.
Goldberg, S.: The Inevitability of Patriarchy. New York 1973.
Lippert, J.: Die Zeit des Vaterrechts. In: Ders.: Die Geschichte der Familie. Stuttgart 1884, 93–217.
McLennan, J. F.: The Patriarchal Theory. London 1885.
Mitterauer, M. & R. Sieder: Vom Patriarchat zur Partnerschaft. München 1977.
Ottomeyer, K.: Zur Diskussion um das Patriarchat. In: Das Argument 97, 1976, 466–484.
Schochet, C. J.: Patrialism and Political Theory. Oxford 1975.
Tiger, L.: Warum die Männer wirklich herrschen. München 1972.
– & R. Fox: Das Herrentier. München 1973.

Ernest Borneman

Phänomenologie

Phänomenologische Philosophie

Von Ph. ist erstmals im 18. Jahrhundert bei J. H. Lambert, später bei Kant, Fichte, Hegel und in bestimmten Wissenschaftsmilieus des 19. Jahrhunderts die Rede (s. Spiegelberg 1982, 6ff); doch erst seit Husserl kann man von einer phänomenologischen Philosophie sprechen. Wenn er um die Jahrhundertwende die Parole ‹Zu den Sachen selbst!› ausgibt, so wendet er sich gegen kategoriale Verkrustungen und metaphysische Konstruktionen, gegen eine positivistische Verkürzung (→ Positivismus) der Erfahrung und gegen eine historistische Zersetzung der → Vernunft; originäre Eigenart und strukturelle Vielfalt unserer Erfahrung sollen in anschaulichem Aufweis des Gegebenen zu ihrem Recht kommen. Solange die Ph. sich auf diese methodische Rolle beschränkt, bietet sie lediglich eine Blickschule und eine Beschreibungskunst, die günstigenfalls auf eine Erneuerung des wissenschaftlichen Forschungsethos, widrigenfalls auf den Intuitionismus und Deskriptivismus einer «Bilderbuchphänomenologie» (Scheler) hinausläuft. Doch bei den maßgebenden Phänomenologen ist das methodische *Wie* unlöslich verklammert mit einem sachhaltigen *Was*. Die «Wissenschaft von Phänomenen» (Husserl, Ideen I, Einl.) hat es nicht geradewegs mit der Sache an sich zu tun, aber auch nicht mit einem bloßen Schein oder einer bloßen Erscheinung, sondern mit der Art und Weise, wie etwas gegeben ist – anders formuliert: wie sich etwas an sich selbst zeigt (Heidegger, Sein und Zeit, § 7). Die ‹phänomenale› Welt ist also keine Welt des bloßen Augenscheins, sondern die Welt selber, sofern sie so oder so, unter diesen oder jenen Umständen, diesem oder jenem erscheint. Subjektivität und Objektivität sind Momente eines «welterfahrenden Lebens» (Husserl).

Grundkategorien und Methoden

Das Erfahrungsgeschehen findet seine Artikulation in einer Reihe durchgängiger Bestimmungen. An erster Stelle stehen bei Husserl *Sinn* und *Intention*. In unserer Erfahrung haben wir es niemals mit rohen sinnlichen Daten zu tun, noch mit einem Arsenal fertiger Verstandesformen, vielmehr begegnet uns immerzu etwas als etwas – in einem bestimmten Sinn, einer typischen Gestalt, einer geregelten Struktur. Umgekehrt ist unser Erleben und Verhalten niemals ein bloßes psychisches Ereignis oder eine physische Reaktion, sondern als Wahrnehmen, Erinnern, Entscheiden, Hantieren oder Lieben richtet es sich auf anderes, das es in spezifischem Sinne ‹meint›. Dieses intentionale Geschehen folgt dem Gefälle von Sachnähe und Sachferne und kulminiert in der leibhaftigen Gegenwart des Gemeinten. Der gemeinte Sinn läßt sich seinerseits durch Variation der faktischen Erfahrungsbedingungen auf invariante *Wesensstrukturen* (→ Wesen) reduzieren, die teils einen formal-ontologischen Rahmen, teils materiale Sinnregionen umschreiben. Ferner ist der Sinn eingebettet in übergreifende *Sinnhorizonte*, die räumliche, zeitliche, thematische, sprachliche, praktische und kommunikative Zusammenhänge bilden und auf den umfassenden Horizont der → *Lebenswelt* verweisen. Schließlich haftet jeglichem Sinn eine *Sinngenesis* an, d. h. eine innere Geschichte, die aus Sinnstiftung, Sinnerwerb, Sinnverdunklung und Sinnverwandlung besteht. Den verschiedenen Artikulationsformen entsprechen methodische Einzelschritte wie die *phänomenologische Reduktion*, die das Gegebene als Phänomen thematisiert, die *eidetische Reduktion*, die das Tatsächliche auf seine Wesensgestalt reduziert, die *intentionale Analyse*, die den Sinn der Erfahrungen kontextuell auslegt, und die *genetische Analyse*, die statische Zuordnungen zu konstitutiven Prozessen verflüssigt.

Varianten der Phänomenologie

Insgesamt läßt sich die Ph. mit Merleau-Ponty charakterisieren als der Versuch, den Sinn von Welt und Geschichte in *statu nascendi* zu erfassen: Den offenen Horizonten der Erfahrung entspricht eine ‹unfertige Welt›. Doch tun sich bedeutsame Unterschiede auf, je nachdem, wie Art und Ort der Phänomenalität bestimmt werden. Man kann grob unterscheiden zwischen einer *ontologischen* Ph., die den Sinn in die Strukturen der Wirklichkeit zurückverlegt (Göttinger und Münchener Kreis), einer *transzendentalen* Ph., die auf die konstitutiven Leistungen des Bewußtseins baut (Husserl, A. Gurwitsch) und den Spielarten einer *existentialen* Ph., die den Sinn im Seinsverständnis des Daseins (Heidegger), in den freien Entwürfen der Existenz (Sartre), in den anonymen Vorgaben des Leibes (Merleau-Ponty) oder im leibhaftigen ‹face-à-face› (Levinas) verankern, verwandt darin der phänomenologisch angeleiteten → Anthropologie eines Scheler und Plessner. Allerdings zielen die letztgenannten Versuche allesamt über eine reine Ph. hinaus, sei es in Richtung auf ein Seinsdenken (Heidegger), eine marxistische Anthropologie (Sartre), eine strukturelle Ontologie (Merleau-Ponty) oder eine dialogisch angelegte Ethik (Levinas). Ähnliches gilt für die Mischform einer *hermeneutischen* Ph., die den Sinn an Symbole, Texte und Metaphern bindet (H. Lipps, der späte Ricoeur) (→ Hermeneutik).

Wissenschaftstheoretische Perspektiven (→ Wissenschaftstheorie)

Von ihrer Herkunft her gehören die Phänomenologen weder zu den Verächtern noch zu den Anbetern der Wissenschaft. Die Ansprüche der ‹Sache selbst› haben eine eigene Strenge, die dem Methodenzwang und der Nivellierung heterogener Erkenntnisweisen ebenso zuwiderläuft wie dem Kult subjektiver Meinungen. Gegen eine Selbstvergessenheit des Wissenschaftlers, der sich in seinen eigenen Konstruktionen verfängt, setzt Husserl eine *Genealogie* der Wissenschaften, die neben der wissenschaftlichen Erfindungskraft auch der außerwissenschaftlichen Bewährung und der philosophischen Besinnung ihr Recht läßt und – ähnlich wie der späte Wittgenstein – die «theoretische Praxis» an ihre lebensweltlichen Voraussetzungen gemahnt. Den Varianten der Ph. entspricht ein verschiedenartiges Verhältnis zur wissenschaftlichen → Forschung. Während Husserl an dem alten Anspruch einer philosophischen *Fundierung* festhält, betonen Heidegger und Scheler auf verschiedene Weise die *Differenz* von Denken und Forschen. Dagegen setzt Merleau-Ponty einen wechselseitigen *Austausch*, der durch das Sinnkontinuum leiblicher Erfahrung ermöglicht und durch wechselseitige Vorwegnahme in Gang gehalten wird. Der kritische Austausch findet statt auf der mittleren Ebene der Kuhnschen Paradigmen.

Phänomenologie und Sozialwissenschaften
Wenn man häufig von ‹Sozialphänomenologie› redet, so ist strittig, wie dies genau zu verstehen ist. Den Vertretern einer phänomenologischen «Proto-Soziologie» (Th. Luckmann), die lediglich der normalen Forschung zu ihrem Fundament verhelfen soll, stehen andere gegenüber, die – etwa im Umkreis der → Ethnomethodologie – einer ‹phänomenologischen Soziologie› das Wort reden. Dazwischen schiebt sich der behutsamere Versuch einer ‹phänomenologischen Sozialtheorie›, die phänomenologische Perspektiven in die empirische Forschung einbringt und dabei das ‹Empirische› neu zu bestimmen trachtet (s. Grathoff 1978). Das Phänomenologische zeigt sich dann im bestimmten Forschungsstil, der eine Verwandtschaft mit anderen Ansätzen nicht ausschließt.

In der Tat sind es bestimmte Thesen, die von der Ph. her in die Sozialforschung eindrangen und spezifische Behandlungsarten erzwangen, nämlich: der subjektive Aufbau der Lebenswelt; die leibliche Verankerung der Sinnbildung; die zwischenleibliche Sphäre der Intersubjektivität und des sozialen Austauschs; das Spannungsverhältnis von Typisierung und Innovation, von Normalisierung und Anomalität; die themenorientierte und interessengesteuerte Ausbildung von Berufswelten und Alltagsmilieus und anderes mehr (→ Alltag/→ Beruf). Eine Erforschung der Subjektivität geht hier Hand in Hand mit einer Forschung aus dem Blickwinkel der Subjektivität und entsprechender Bezugssysteme.

Abgesehen von den wissenssoziologischen Ansätzen bei Scheler und Mannheim (→ Wissenssoziologie), der gestalttheoretisch geleiteten Feldtheorie von A. Gurwitsch und den anthropologisch fundierten Entwürfen Plessners übte vor allem A. Schütz durch seine phänomenologische Sozialtheorie einen nachhaltigen Einfluß aus, der bis in Cicourels kognitive Soziologie und in die Ethnomethodologie, hierzulande bis in Habermas' kritische Theorie hineinreicht und auch auf die Tradition des Interaktionismus (→ Symbolischer Interaktionismus) und → Pragmatismus zurückwirkt. In Frankreich haben Sartre und Merleau-Ponty die Ph. in einen entsprechenden Disput mit Marxisten und sog. Strukturalisten verwickelt (→ Strukturalismus). Der kritische Austausch mit dem Marxismus setzt sich fort in Italien und den osteuropäischen Ländern, wobei Husserls Wissenschaftskritik sich nicht selten zu einer Institutionenkritik ausweitet.

Engpässe und Ausblicke

Die Radikalität, mit der Husserl die leibhaftige Intersubjektivität und Sozialität in das Bedingungsgefüge der weltlichen Ordnung einbezieht, hat die cartesianische Bewußtseinsphilosophie kräftig erschüttert, ohne sie an eine empirische Außensicht zu verraten. Dennoch bleibt eine Hypothek in Gestalt einer transzendentalen Egozentrik, die sich mit der Logozentrik einer einheitlichen Vernunftteleologie verbündet. A. Schütz ist diesen Fragen im Rückgriff auf die verstehende Soziologie teils erlegen, teils ausgewichen. Auswege aus diesem Engpaß öffnen sich, wenn das Subjekt radikal verleiblicht und von strukturellen Regelungen, variablen Situationen und sozialen Feldern her neu definiert und wenn die Monolithik einer umgreifenden Vernunft perspektivisch gebrochen und strukturell wie historisch aufgesplittert wird. Hieraus entstünde ein kritisches Potential, das nicht mehr von einem Ganzen zehrt, sondern von dem Andern im Selben, und das gesellschaftlichen Überregelungen mit einer *bestimmten* Entregelung begegnet. Husserls These, daß die Krisis der europäischen Wissenschaften für eine Lebenskrise steht, die nur im Rückgang auf die Lebenswelt zu beheben ist, läse sich mit anderen Augen.

Grathoff, R.: Alltag und Lebenswelt als Gegenstand der phänomenologischen Sozialtheorie. In: Hammerich, K. & M. Klein (Hrsg.): Materialien zur Soziologie des Alltags. Opladen 1978.
Luckmann, Th. (ed.): Phenomenology and Sociology. New York 1978.
Spiegelberg, H.: The Phenomenological Movement. Den Haag 1982³.
Theunissen, M.: Der Andere. Berlin 1977².
Waldenfels, B.: Phänomenologie in Frankreich. Frankfurt/M. 1983.
– u. a. (Hrsg.): Phänomenologie und Marxismus 1–4. Frankfurt/M. 1977–1979.

Bernhard Waldenfels

Politische Ökonomie

P. Ö. ist ein historisch geprägter und im 19. Jahrhundert weitverbreiteter Begriff für eine bedeutende Teildisziplin der Gesellschaftswissenschaft. Diese Disziplin umfaßt ökonomische Lehrmeinungen unterschiedlicher gesellschaftspolitischer Auffassungen und Methoden. Die Entstehung des Begriffes als solcher ist mit letzter Sicherheit nicht geklärt, wird jedoch auf A. de Montchrétien (Traicté de l'œconomie politique, 1615) zurückgeführt. Zentraler Gegenstand der politischen ökonomischen Lehrmeinungen ist die Entstehung und Vermehrung des Reichtums. Bedeutende Richtungen der p. Ö. sind: Merkantilismus, Physiokratismus, klassische p. Ö. (klassischer Liberalismus) und marxistische Kritik der p. Ö.

Die *Merkantilisten* (Phillip von Hormik, 1638–1712; William Petty, 1623–1687; James Stuart, 1712–1780) sahen im Handel den wesentlichen Grund für die Vermehrung des nationalen Reichtums. Daher forderten sie die Abschaffung der Binnenzölle, den Ausbau der → Infrastruktur, die Vereinheitlichung der Gewichtsmaße sowie des Münz- und Geldsystems (→ Geld). Die Geldpolitik war das Hauptanliegen der merkantilistischen Wirtschaftspolitik. Die steigende Geldmenge sollte die Zinsen niedrig halten und den Handel forcieren. Anhaltende Preissteigerung und die daraus folgende passive Handelsbilanz waren Folgen dieser Politik. Die koloniale Expansion europäischer Länder seit dem 16. Jahrhundert entsprach in vielfältiger Weise merkantilistischen Vorstellungen und trug zeitweise zur Entschärfung der nationalökonomischen Krisen bei. Schließlich führte die merkantilistische Wirtschaftspolitik zu einem für Großhändler und Finanziers privilegierten System, dessen Fortbestand zunehmend starke Restriktionen erforderte: einerseits unüberschaubare und das ökonomische Wachstum eher hemmende Handels- und Zollvorschriften, andererseits verschärfte Besteuerung der ärmeren Bevölkerungsschichten, insbesondere der Bauern. Zu den schärfsten Kritikern der Merkantilisten gehören die Physiokraten.

Die *Physiokraten* (François Quesnay, 1694–1774; Jacques Turgot, 1727–1781) stellen eine vor allem in Frankreich entstandene Strömung in der p. Ö. dar. Ihr besonderes Verdienst ist die Überwindung der auf den Handel beschränkten Sichtweite der Merkantilisten und die Beschäftigung mit den ökonomischen Vorgängen in der Produktionssphäre. Sie sahen in der Agrikultur (letztlich in der Natur) die einzige Quelle des Reichtums. Die Naturprodukte allein verkörpern den Wert. Daher kann Wert und Mehrwert durch die einzig produktive Tätigkeit in der Landwirtschaft erzeugt werden. Die Manufaktur verändert lediglich die Form der Naturprodukte, fügt ihnen aber keinen neuen Wert zu, und der Handel verändert nur ihren Besitz und Standort. Die physiokratischen Grundideen dürften dank einer an der Naturerhaltung orientierten Kritik des hochentwickelten Industriesystems unserer Gegenwart (→ Ökologie) künftig größere Aufmerksamkeit auf sich ziehen.

Gründlicher und bedeutsamer als die physiokratische Kritik des Merkantilismus ist die des aus England, dem ‹Mutterland des Kapitalismus›, stammenden *ökonomischen Liberalismus*. In scharfer Auseinandersetzung mit merkantilistischen Auffassungen wiesen die ersten Vertreter dieser Schule (Dudley North, 1641–1691; Bernard de Mandeville, 1670–1733; John Locke, 1632–1704; David Hume, 1711–1776) nach, daß nicht Restriktionen des Außenhandels, sondern der Freihandel zur Vermehrung des nationalen Reichtums beiträgt. Auch die staatliche Bevormundung der in der Produktion tätigen Menschen hemmt die Vermögensbildung. Vielmehr wird der von sachfremden Restriktionen entbundene und freie Lauf der egoistischen Motive des einzelnen den nationalen Reichtum vermehren.

War bei dem Merkantilismus der Handel und die Zirkulation, bei dem Physiokratismus die Natur und die Produktion in der Landwirtschaft Hauptgegenstand der Untersuchung, so rückte bei dem ökonomischen Liberalismus die Produktion und die menschliche Arbeit in den Vordergrund des Interesses. Nicht der Handel und die Natur, sondern die menschliche → Arbeit ist die Quelle des Wertes und des nationalen Reichtums. Mit dieser beachtlichen Horizonterweiterung war der Weg für eine gründliche und alle gesellschaftlichen Teilbereiche erfassende Untersuchung von Gesetzen der sich entfaltenden kapitalistischen Ökonomie frei. Diese Aufgabe erfüllten in besonderem Maße die Hauptvertreter der in der Literatur auch als klassischer ökonomischer Liberalismus bezeichneten *klassischen politischen Ökonomie* (Adam Smith, 1723–1790, und David Ricardo, 1772–1823).

Sie entwickelten den allgemeinen Bauplan einer Gesellschaft, in der sich der Staat aus allen ökonomischen Entscheidungsprozessen weitestgehend herauszuhalten habe, damit die individuellen Anreize im freien Wettbewerb und unter den Bedingungen der sich selbst regulierenden Marktkräfte zur vollen Entfaltung gelangen und so den Wohlstand für alle vermehren. Die Lehre von der allein wertbildenden menschlichen Arbeit wird zum Fundament der Begründung einer Selbstregulierung der Märkte nach immanenten Gesetzen, die ebenso den ‹natürlichen› Preis auf den Produktionsmärkten zum Gravitationszentrum der schwankenden Marktpreise machen, wie sie mehr oder weniger das Teilungsverhältnis des neugeschaffenen Wertes in Lohn, Grundrente und Profit bestimmen (W. Hofmann 1969, 106).

Dem Gründer der bürgerlichen Ökonomie, Adam Smith, und noch präziser David Ricardo kommt das Verdienst zu, die Arbeitswerttheorie entwickelt zu haben. Ihre radikale Kritik der Überreste feudalistischer Herrschaftsstrukturen, insbesondere der parasitären Funktion der Grundeigentümerklasse (→ Feudalismus), unterstützt einerseits ihr Bestreben, gewissermaßen unbefangen und als scharfsinnige Beobachter die Gesetze der Wertproduktion zu erforschen und de facto die Produktion von Mehrwert in Form von Profit, Zins und Grundrente (allerdings noch sehr ungenau als bloßer Abzug vom Produkt der Arbeit), damit also auch die kapitalistische → Ausbeutung, aufzudecken. Ihnen, als den Verfechtern des Privateigentums, der → Konkurrenz und der darauf Bezug nehmenden Kapitalakkumulation, fehlte es andererseits an der notwendigen Distanz, um die tieferliegenden immanenten Gesetze, Widersprüche und Schattenseiten der kapitalistischen Produktionsweise im vollen Umfang wissenschaftlich zu analysieren. Offensichtlich in den kapitalistischen Vorstellungen befangen, sahen sich die Klassiker der p. Ö. außerstande, die Grundform des Kapitals als geschichtliche Form zu interpretieren, und faßten sie als Naturform der gesellschaftlichen Produktion schlechthin. Sie waren sozusagen Dolmetscher und Interpreten der ökonomischen Gesetze des → Kapitalismus und entdeckten, wie innerhalb dieser Produktionsweise produziert wird, konnten aber nicht erkennen, wie einerseits diese Produktionsweise selbst, andererseits deren krisenhafte Entwicklungs- und Auflösungstendenzen produziert werden. Diese Leistung blieb den radikalen Kritikern der p. Ö. (Friedrich Engels, 1820–1895, und Karl Marx, 1818–1883) vorbehalten. Die Marxsche Analyse und umfassende Kritik der Gesetze kapitalistischer Produktionsweise wurde zugleich zur Kritik der gesamten diese Produktionsweise prinzipiell nicht in Frage stellenden ökonomischen Literatur, somit also zur *Kritik der p. Ö.* Das Charakteristische an der Kritik der p. Ö. und das, was Marx von den klassischen Nationalökonomen abhebt, ist seine Absage an die rein quantitative Betrachtungsweise der ökonomischen Vorgänge und sein Verständnis derselben als Ausdruck von gesellschaftlichen Verhältnissen. «Die Ökonomie handelt nicht von Dingen, sondern von Verhältnissen zwischen Personen und in letzter Instanz zwischen Klassen; diese Verhältnisse sind aber stets an Dinge gebunden und erscheinen als Dinge. Diesen Zusammenhang, der in einzelnen Fällen diesem oder jenem Ökonomen allerdings aufgedämmert ist, hat Marx zuerst in seiner Geltung für die ganze Ökonomie aufgedeckt und dadurch die schwierigsten Fragen so einfach und klar gemacht, daß jetzt selbst die bürgerlichen Ökonomen sie werden begreifen können» (Friedrich Engels, MEW, Bd. 13, 476).

Marx' Hauptintention der umfassenden Analyse der *Ware* war in der Tat der Nachweis dieses Zusammenhanges der Verhältnisse zwischen den miteinander im Austausch stehenden Menschen und den nützlichen Dingen, den Gebrauchswerten, die sie produzieren. Durch die Bestimmung des Doppelcharakters der Ware als Einheit von *Gebrauchswert* und *Tauschwert* war Marx in der Lage, über die Überwindung der Fehler und Irritationen der klassischen Arbeitswertlehre hinaus auch den Ursprung des *Mehrwertes* endlich wissenschaftlich zu begründen. Den Schlüssel für die *Mehrwerttheorie* lieferte seine Entdeckung, daß auch die menschliche Arbeitskraft Warencharakter annimmt, sobald ihre Besitzer dazu übergehen, sie auf dem Arbeitsmarkt anzubieten. Der Wert der Ware Arbeitskraft wird wie der Wert jeder anderen Ware auch durch das für ihre Reproduktion notwendige Arbeitsquantum bestimmt. Die Arbeitskraft ist aber im Produktionsprozeß in der Lage, ein höheres Quantum Arbeit zu verausgaben, ein höheres Quantum Wert zu bilden, als es ihren eigenen Reproduktionskosten, ihrem eigenen Wert, entspricht.

Die Differenz zwischen beidem ist der *Mehrwert*, der nicht an die Besitzer der Arbeitskraft fließt, die ihn produzieren, sondern an den Kapitalisten, der ihre Arbeitskraft kauft. Die Besonderheit des Gebrauchswertes der Ware Arbeitskraft, Mehrwert zu produzieren, ist für den Kapitalisten der eigentliche Grund, sie zu erwerben.

Außer der Mehrwerttheorie haben die von Marx entdeckten Gesetzmäßigkeiten und Triebkräfte kapitalistischer Produktionsweise das hinter dem Rücken aller Beteiligten sich durchsetzende *Wertgesetz* und das *allgemeine Gesetz der kapitalistischen Akkumulation* nach wie vor ihre Gültigkeit. Auch die auf diesen Gesetzmäßigkeiten beruhenden und von Marx vorausgesagten Entwicklungstendenzen wie periodische Krisen, Konzentration, Zentralisation und Weltmarktexpansion des Kapitals (→ Krisentheorien/→ Zyklentheorien) sowie dessen Tendenz zur fortwährenden Produktion von → Arbeitslosigkeit haben sich bis in unsere Gegenwart bewahrheitet.

Aus den zwei bedeutenden wissenschaftlichen Ansätzen der p. Ö., der klassischen p. Ö. und der Marxschen Kritik der p. Ö., sind Wissenschaftsgebiete hervorgegangen, denen heute mehr oder weniger funktionale und legitimatorische Bedeutung zukommt. Während die klassische p. Ö. zunehmend entpolitisiert und schließlich zu einer im wesentlichen funktionalen Disziplin der ‹modernen Wirtschaftswissenschaften› in den kapitalistischen Gesellschaften fundamental umgestaltet und in diesem Sinne in Teilgebieten erweitert und verfeinert wurde, erfuhr die Marxsche Kritik der p. Ö. in den realsozialistischen Ländern eine um ihren kritischen Gehalt beraubte Degradierung und Umwandlung zu einer positiven Legitimationswissenschaft der real existierenden sozialistischen Ökonomie.

Fusfeld, D. R.: Geschichte und Aktualität ökonomischer Theorien. Frankfurt/New York 1975.

Hofmann, W.: Grundelemente der Wirtschaftsgesellschaft. Reinbek bei Hamburg 1969.

Morf, O.: Geschichte und Dialektik der politischen Ökonomie. Frankfurt/M. 1970.

Reichelt, H.: Zur logischen Struktur des Kapitalbegriffs bei Karl Marx. Frankfurt/M. 1970.

Mohssen Massarrat

Positivismus

Der Zugriff zur Welt und die Produktion von Wissen kann in sehr verschiedener Weise erfolgen. Wir mögen hinter den beobachteten Phänomenen irgendwelche eigenmächtig agierende Götter vermuten und die sog. Fakten über sie interpretieren oder den Phänomenen abstrakte Wesenheiten (*vis vitalis*, Ideen) als das Eigentliche zuschreiben, oder nur das anerkennen, was ist, was beobachtbar ist, und unsere Einbildungskraft permanent der Beobachtung unterwerfen. Eine Weltinterpretation, die sich bei der Wissensproduktion, also der Herstellung, aber auch der Überprüfung und Anwendung von Wissen vorwiegend auf das, was ist, also auf das beobachtbar Gegebene, das Positive, stützt, nennen wir P.

Zu betonen ist hier, daß P. nicht nur eine erkenntnistheoretische und methodologische Grundhaltung beinhaltet, sondern eine praktische in bezug auf die Gesellschaft. Ein großer Teil der Positivisten kann in die Nähe des social engineering, der Steuerung und Stabilisierung bzw. der Reformierung der Gesellschaft über → Sozialtechnologien gerückt werden. Weiter folgt aus der Dominanz des Gegebenen die Ablehnung jeglicher Kräfte als Erklärungsprinzip, die hinter dem Beobachtbaren wirken sollen, seien es personenfingierende (z. B. Götter), seien es entitätenfingierende Mächte (z. B. Ideen, eine *vis vitalis* etc.). Der P. verzichtet also auf absolute Erklärungen theologischer bzw. metaphysischer Art, er ist in dieser Hinsicht konsequent antimetaphysisch.

Aus der Fülle des bloß Beobachteten sind nun, will man nicht in ungeordneten Fakten, im schlechten Empirismus ertrinken, konstante Beziehungen zwischen den beobachteten Phänomenen herauszufiltern, also Gesetze (= allgemeine Tatsachen). Der P. setzt diese beobachtbaren Regelmäßigkeiten voraus, sie zu entdecken stellt sein Forschungsprogramm dar. Dabei geht es ihm nicht um letzte Ursachen bzw. Wirkungen, sondern um die Feststellung von Ähnlichkeits- und Ablaufgesetzen (vgl. Comte 1966, 27ff, 43ff). Ablaufgesetze (Sukzessionsgesetze) ermöglichen vor allem rationale Voraussicht, eines der Hauptkennzeichen des positiven Geistes: «So besteht der wahre positive Geist vor allem darin, zu sehen um vorauszusehen» (Comte 1966, 35). Um von einzelnen beobachteten Regelmäßigkeiten auf allgemeine Tatsachen (Gesetze) überzugehen, wird die Methode der Induktion herangezogen. Beim induktiven Schließen enthalten die Folgerungen mehr an Gehalt als die Prämissen; damit ist diese Schlußweise zwar fruchtbar und praxisorientiert, aber nicht zwingend, d. h. wahrheitskonservierend wie die Deduktion.

Nun läßt sich auch das ‹positiv› näher umschreiben: Es heißt zum einen Unterwerfung des menschlichen Erkenntnisvermögens unter das Gegebene, das Beobachtbare, zum anderen, da die so produzierte Erkenntnis exakt, d. h. methodisch abgesichert ist, fast soviel wie wissenschaftlich, schließlich, weil das positive Wissen an die Wirklichkeit zurückgebunden ist und über diese rückkontrolliert wird, ermöglicht dieses Wissen nicht nur Prognosen, sondern rationale Steuerung der Gesellschaft und Eingriffe in die Natur. Nicht zuletzt ist hier der Hang der Positivisten zum social engineering beheimatet. So gesehen impliziert der P. erkenntnistheoretische Aspekte (Quelle der wissenschaftlichen Erkenntnis ist das Beobachtbare, Ablehnung des metaphysischen Apriorismus), methodologische und forschungsprogrammatische Aspekte (suche bzw. spezifiziere die vorausgesetzten Regelmäßigkeiten, sichere sie über direkte und indirekte Beobachtungen ab) sowie praktische Aspekte (benutze dieses naturwissenschaftliche Wissen zur Befriedigung unserer Bedürfnisse und zur Steuerung der Gesellschaft).

Vom Vater des älteren P., Comte, stammt das berühmte Dreistadiengesetz, ein Gesetz, das die Sozialdynamik der Gesellschaften erklären soll. Sowohl die Individuen als auch die Menschheit schlechthin (Gattung) wie auch die speziellen Wissenschaften durchlaufen drei verschiedene Stadien: das *theologische* (Erklärungsprinzip: personal gedachte Götter), das *metaphysische* (Erklärungsprinzip: abstrakt gedachte Entitäten), das *positive* (Erklärungsprinzip: auf Erfahrung ruhende, naturwissenschaftliche Erkenntnis). Für die Wissenschaften ergibt sich eine Entwicklungslinie von den abstrakten Wissenschaften (Mathematik) bis hin zur universelle Einheit des Menschengeschlechts stiftenden konkretesten Wissenschaft, der → Soziologie (soziale Physik). Dieses enzyklopädische Gesetz, das Gesetz der Rangordnung der Wissenschaften, verhält sich komplementär zum Dreistadiengesetz, also es ergänzend. Die Produktion und die Art menschlichen Wissens ist somit vom jeweiligen Entwicklungsstadium der Menschheit abhängig, relativ zu diesem, und die Soziologie stellt gleichsam die positiv gewordene Endwissenschaft in dieser Entwicklungslinie dar.

Es ist klar, daß es den P. nicht gibt, es lassen sich allenthalben charakteristische Züge aus den Lehren seiner Repräsentanten herausarbeiten. In Frankreich und England herrschte in der zweiten Hälfte des 19. Jahrhunderts der P. Zentrale Vertreter waren vor allem A. Comte, E. Littré, H. Taine in Frankreich, J. St. Mill und H. Spencer in England. Auf Comtes Einfluß geht weitgehendst die Dominanz positiven Denkens in den Wissenschaften zurück. Sein Nachwirken auf den Klassiker der Soziologie, E. Durkheim, ist unverkennbar.

Neben diesen älteren P. tritt im 20. Jahrhundert der sog. *Neopositivismus*. Damit sind vorwiegend wissenschaftliche Weltauffassungen gemeint, wie sie von Vertretern des Wiener Kreises (Logischer Positivismus, Logischer Empirismus, Wissenschaftlicher Empirismus, Bewegung für die Einheitswissenschaft) verfochten wurden. Die Vertreter des Wiener Kreises behielten das Prinzip des P., Erfahrungserkenntnis wurzelt im unmittelbar Gegebenen, bei und ergänzten es durch methodologische Präzisierung. Dies führte zur Betonung der Funktion der Sprache und der Logik. 1929 veröffentlichte die Gruppe ein Programm, das die Absichten des Wiener Kreises darlegte, nämlich: «Wissenschaftliche Weltauffassung – Der Wiener Kreis» (Carnap/Hahn/Neurath 1975, 201 ff). Hieraus die wichtigsten Punkte: Als gemeinsames Ziel gilt nicht nur eine metaphysikfreie, sondern eine antimetaphysische Einstellung; Bestrebungen zur Neugestaltung der wirtschaftlichen und gesellschaftlichen Verhältnisse, zur Vereinigung der Menschheit, zur Erneuerung der Schule und Erziehung, sind in Verbindung mit der wissenschaftlichen Weltauffassung voranzutreiben und zu fördern; schließlich soll über die wissenschaftliche Weltauffassung eine Einheitswissenschaft aufgebaut werden. Dieser Plan erfordert gemeinsames Arbeiten, daher die Betonung der Kollektivarbeit – kollektiv ist hier aber zu verstehen im Sinne von interdisziplinär und der Hervorhebung des intersubjektiv Erfaßbaren, daher die Vorliebe für eine gemeinsame Sprache, ein neutrales Formelsystem.

Besieht man sich die traditionellen philosophischen Probleme, so zerfallen sie – nach Auffassung der Neopositivisten – in zwei Klassen, zum einen in die Klasse der Scheinprobleme, zum anderen können sie in empirische Probleme umgewandelt und so von den Erfahrungswissenschaften gelöst werden. Ziel aller philosophischen Arbeit ist es, Probleme und Aussagen zu klären, nicht philosophische Aussagen zu produzieren. Als Methode für diese Klärungsarbeit wird die logische Analyse herangezogen. Werden Aussagen untersucht, d. h. analysiert, so läßt sich ihr Sinn «durch Rückführung auf einfachste Aussagen über empirisch Gegebenes» (a. a. O., 208) feststellen (Sinnkriterium, Verifikationsprinzip). Die andere Klasse von Aussagen, etwa Aussagen der Metaphysik, der Religion, der Ästhetik und Ethik, lassen sich nicht auf Beobachtung und Experiment reduzieren und sind daher völlig bedeutungsleer, also sinnlos. Diese Aussagen sind allenthalben Ausdruck eines Lebensgefühls. Die wissenschaftliche Weltauffassung läßt sich somit negativ bestimmen durch ihre antimetaphysische und antitheologische Haltung, positiv durch ihre empiristische und positivistische Einstellung. «Es gibt nur Erfahrungserkenntnis, die auf dem unmittelbar Gegebenen beruht» (a. a. O., 211). Damit ist das abgegrenzt, was man wissenschaftliche Erkenntnis nennt. Die wissenschaftliche Weltauffassung wird weiterhin charakterisiert durch ihre Methode, nämlich die der logischen Analyse. Der Sinn jeder wissenschaftlichen Aussage wird mit ihrer Hilfe durch Zurückführung auf eine Aussage über das Gegebene ermittelt. Nach Auflösung des Wiener Kreises wurde von vielen Vertretern die strenge antimetaphysische und empiristische Haltung modifiziert, und es fand eine Annäherung an traditionelle philosophische Positionen statt.

Alle ‹Tugenden› des P. fordern geradezu eine negative, d. h. kritische Interpretation heraus. Die Vorherrschaft des Gegebenen wird allzu leicht zum Kult des Faktischen, die Betonung der Wissenschaften als universellen Problemlöser führt rasch zur Wissenschaftsgläubigkeit und Fortschrittsoptimismus, und aus der meist utilitaristischen Ethik (→ Utilitarismus) wird leicht die Szientifizierung der Moral und ihre Degeneration zur reinen Verhaltenswissenschaft. Weitere Schwierigkeiten tauchen bei konsequenter Handhabung des positivistischen Prinzips auf. Wird nämlich das Grundprinzip des P. ‹Erfahrungserkenntnis wurzelt im unmittelbar Gegebenen› auf sich selbst angewendet, so ergibt sich seine Ungültigkeit; denn es beruht nicht auf unmittelbar Gegebenem. Diese Aussage läßt sich auch nicht auf ein unmittelbares Sinnerlebnis beziehen und wäre, gemäß dem ursprünglichen Maßstab der Neopositivisten, sinnlos. Die Schwierigkeit signalisiert eins: Der totale P. ist nicht möglich, Erkenntnis ist stets vermittelt, auch das sogenannte unmittelbar Gegebene, und bedarf zu ihrer Konstitution Hintergrundannahmen.

Adorno, Th. W. u. a.: Der Positivismusstreit in der deutschen Soziologie. Darmstadt/Neuwied 1972².
Carnap, R./Hahn, H. & O. Neurath: Wissenschaftliche Weltauffassung – Der Wiener Kreis. In: Schleichert, H. (Hrsg.): Logischer Empirismus – der Wiener Kreis. München 1975.
Comte, A.: Rede über den Geist des Positivismus. Hamburg 1966².
–: Die Soziologie. Die positive Philosophie im Auszug. Stuttgart 1974².
Kahl, J.: Positivismus als Konservativismus. Köln 1976.
Kiss, G.: Positivismus. In: Ders.: Einführung in die soziologischen Theorien I. Opladen 1972.
Kolakowski, L.: Die Philosophie des Positivismus. München 1971.
Marcuse, H.: Die Grundlagen des Positivismus und die Entstehung der Soziologie. In: Ders.: Vernunft und Revolution. Neuwied/Berlin 1962².
Schlick, M.: Positivismus und Realismus In: Erkenntnis. 1967², 3, 1–31.

Otto Peter Obermeier

Pragmatismus

Die ‹erste wirklich amerikanische Philosophie›, wie der P. von Anhängern wie Gegnern in gleicher Weise genannt wird, wurde im letzten Drittel des 19. Jahrhunderts im Kreis um Ch. S. Peirce (1839–1914), Ch. Wright (1830–1875), W. James (1842–1910) und anderen (‹Metaphysischer Club›) in Cambridge entwickelt. Gerichtet gegen die ‹geschlossenen Systeme› der Philosophie des 19. Jahrhunderts, vor allem Spencers Sozialdarwinismus, gegen deren ‹Lebensferne›, dogmatische Abstraktion und Formalismus versuchte der P. die Philosophie für die Probleme des praktischen Lebens zu öffnen. Pierce: «Alles Denken bezieht sich auf Handeln und erhält erst vom Handeln her seine Bedeutung.» Deshalb nimmt die Kategorie der ‹Brauchbarkeit› in ihm eine zentrale Stelle ein: als Kriterium für die Beurteilung von Theorien. Denken müsse seine Brauchbarkeit erweisen: für das Handeln («cash value of truth»).

Dies wurde vor allem von marxistischen Kritikern (Horkheimer; Lukács) als «Auflösung der Kategorie der objektiven Wahrheit in subjektive Beliebigkeit» dargestellt, als theoretischer Kampf gegen den → Marxismus und damit gegen den politischen Kampf des Proletariats. Diese Kritik ist nicht haltbar (s. Bruder 1982). Der P. hat sehr wohl an der Kategorie der objektiven → Wahrheit festgehalten, jedoch nicht als absoluter, im Sinn einer Übereinstimmung von Sein und Bewußtsein. Er löst nicht die Kategorie der objektiven Wahrheit auf, sondern die der objektiven Evidenz und Gewißheit. «Wenngleich wir das Postulat erheben, daß es Wahrheit gibt und daß es die Bestimmung unseres Geistes ist, zu ihr vorzudringen, können wir nicht unfehlbar wissen, wann dies der Fall ist» (James 1896, 50). «Im alltäglichen Handeln können wir nicht auf sinnfälligen Beweis warten, wir müssen uns entscheiden, und das tun wir auf der Grundlage eines Glaubens. In der Regel glauben wir alle die Tatsachen und Theorien nicht, die wir nicht brauchen können» (ebd. 59, 48) (→ Alltag). Auch der Glaube an die wissenschaftliche Objektivität ist nichts weiter als ein Glaube.

Dies ist die Beschreibung des Zusammenhangs von (pragmatischer) Wahrheit und Handeln jenseits der ‹objektiven Wahrheit›. Im Bereich des Handelns haben wir es nicht mit objektiver Wahrheit zu tun, sondern mit – Erfolg. Das ist es, «which pays». Die (marxistischen) Kritiker hätten recht, wenn der P. sich darauf beschränkte, wenn er die pragmatische Wahrheit an die Stelle der objektiven setzte. Aber darum geht es ihm nicht. Es geht ihm im Gegenteil um die Verteidigung der relativen Gültigkeit der pragmatischen Wahrheit: für das Handeln. Von hier aus weist er den Anspruch des Theoretikers zurück, er erfasse mit Hilfe seiner theoretischen Konzepte die Wahrheit («vicious intellectualism»). Der Wahrheit komme man nur dadurch näher, daß man Erfahrungen sammle und diese Erfahrungen durchdenke («radical empiricism»).

Das Kriterium dieses radical empiricism in der Erkenntnistheorie ist wieder die Brauchbarkeit. An ihr müßten sich auch die theoretischen Konzepte messen lassen, als Hilfsmittel, mit denen wir die Wirklichkeit erfassen. Dies ist die Verbindung zwischen dem radikalen Empirismus in der → Erkenntnistheorie und dem P. als Wissenschaftskritik vom Standpunkt des ‹common sense›. Common sense ist die Instanz, auf die – vor allem – James sich beruft, gegen das ‹Selbstmißverständnis› des ‹Intellektualismus›. Die «common-sense-realities» sind die Realitäten der praktischen Aktivität, für die die Kategorie der Brauchbarkeit, die pragmatische Orientierung, entscheidend ist.

Die Stoßrichtung der Kritik des P. gegen die ‹intellektualistische› Verengung der Philosophie ist als «Revolte gegen den Formalismus» bezeichnet worden (White 1949), gegen die «Schibboleths» des Denkens des 19. Jahrhunderts: Monismus, Dualismus, Assoziationismus, Determinismus, Teleologie, Fortschritt. Vor allem die Übertragung der → Evolutionstheorie auf die Bewegungen der Gesellschaft und damit die Rechtfertigung des ‹freien Wettbewerbs›, durch welchen der Fortschritt der Gesellschaft verwirklicht werde, wurde als unmoralischer Fatalismus zurückgewiesen, der unmoralische gesellschaftliche Zustände akzeptierte: die ungleiche Verteilung des Reichtums. Der ‹Fortschritt› schreibe diese fest (James, 1899) und gipfelte in der Herausbildung der großen corporations, der Trusts, schließlich im imperialistischen Krieg (gegen Spanien) 1898, im Abbau der Demokratie im Inneren.

Als Vizepräsident der Antiimperialistischen Liga gab James dieser Kritik auch politischen Ausdruck. Und er kommentierte (1910) die «labour troubles» als «gesündeste Phase der Evolution», durch die das Regime des freien Wettbewerbs «zu Tode verwundet» würde, um abgelöst zu werden durch «die Herrschaft des Friedens und eine Art von sozialistischem Gleichgewicht» (James 1920, 286).

Allerdings beteiligte James sich nicht an der Sozialreform, ebensowenig wie Pierce und Wright. Dies war erst die Ausrichtung des Pragmatismus der nächsten Generation, deren Hauptvertreter J. Dewey (1859–1952) in Chicago wurde, im politischen Milieu der ‹progressiven Ära› neben G. H. Mead (1863–1931) (→ Symbolischer Interaktionismus), J. R. Angell (1869–1949) und anderen.

Deweys Beitrag war im Kern eine Pädagogik der Emanzipation als Mittel zur ‹Redemokratisierung› der USA («progressive education»). Die Schule sollte als Modell der Demokratie im kleinen zur Demokratie erziehen. Das Department of Education der University of Chicago wurde der Sammelpunkt der intellektuellen Jugend der Jahrhundertwende. Durch Dewey wurde der P. des common sense als Kritik der Vorurteile zur des 19. Jahrhunderts zur ‹experimentellen› Haltung, zur Anleitung der common action. Das politische Handeln im Rahmen der Sozialreform wurde der Angelpunkt der Philosophie für das praktische Leben.

Dazu mußte Philosophie ‹experimentell› werden, die experimentellen Praktiken der modernen Wissenschaft mußten in das philosophische Denken eingeführt werden: die Methode der Beobachtung, die Behandlung von Theorien als Hypothesen, des experimentellen Tests, die wissenschaftliche ‹habit of inquiry›. Dieser «Experimentalismus», angewandt auf die gesamte Spannbreite menschlicher Aktivität und Erfahrung, sei die notwendige Bedingung für gesellschaftlichen Fortschritt. Fortschritt ist bei Dewey also wieder zur positiven Kategorie geworden. Er versteht den P. als Vollendung der wissenschaftlichen Revolution, nicht als Bruch mit der Tradition. Wissenschaft war für Dewey immer schon Befreiung des Menschen durch → Vernunft und Erfahrung. Die Wissenschaft sei bisher nur kaum angewandt worden.

Dazu mußte allerdings James' «individualistischer» Begriff der Erfahrung modifiziert werden; nur im sozialen Kontext konnte für Dewey Individualität Bedeutung erlangen. Dies war das Ziel der sozialen «Rekonstruktion» des → Individuums – für die «reconstruction» der Demokratie. Der Experimentalismus, die Übertragung der wissenschaftlichen Haltung der inquiry auf die Probleme des praktischen Lebens, war ausgerichtet am Projekt, «to guide collective action» (Dewey 1940, 339).

Gleichzeitig bedeutete dies auf der anderen Seite die Verwissenschaftlichung von Politik, Reform, Erziehung, und zwar in um so stärkerem Maße, als die politische Bewegung der progressiven Ära selbst an der Entwicklung zum → Kapitalismus der großen corporations scheiterte. Die Zustimmung zum Eintritt der USA in den Ersten Weltkrieg als ‹Krieg für die Demokratie›, in dem die Demokratie im Inneren ausgeschaltet wurde, demonstrierte dies mit der endgültigen Niederlage der progressiven Bewegung.

An dieser Entwicklung war der P. von Dewey nicht unbeteiligt; seine explizite Intention war gewesen, die grundsätzliche Ablehnung der Zivilisation «in produktive Kanäle zu lenken». Aus der «antiformalistischen Revolte» war eine Kritik an den Mißständen der Gesellschaft geworden, die zwar die Diskussion über die Sozialreform erzwungen hatte, aber gleichzeitig die zur Kritik aufzuklärenden Massen als Objekte der Erziehung zur Demokratie betrachtete. So verstanden, wurde «reconstruction» die Wiederherstellung des ‹guten›, ‹eigentlichen› Amerika. Der kulturrevolutionäre Impuls war dem kompensatorischen gewichen: Die ‹Errungenschaften der Zivilisation› sollten auf die Arbeiterklasse ausgedehnt werden. Das bedeutete eine Reaffirmation der liberalistischen Interpretation von Anpassung, die sie eigentlich kritisiert hatten. Anpassung war nun nicht mehr Änderung der Umstände durch ‹intelligente Aktion›, entsprechend den Erfordernissen eines demokratischen Zusammenlebens, sondern Anpassung an die Notwendigkeiten der ‹gesellschaftlichen Entwicklung›. ‹Social responsibility› wurde das Schlagwort, mit dem nun die Sprecher des Big Business sich an die Spitze der Reformbewegung in der progressiven Ära stellten, die progressiven Intellektuellen einbanden in das Programm eines ‹Syndikalismus des Ausgleichs der verschiedenen funktionalen Gruppen›: Verantwortung aller → Klassen für die Aufrechterhaltung der bestehenden sozialen Ordnung. Damit wurde der pragmatistischen Intelligenz die Funktion des ‹social engineer› zugewiesen, des über den Klasseninteressen stehenden Experten, der seine Reformvorstellungen nicht nur unabhängig von den sozialen Bewegungen der Massen durchzusetzen versucht, sondern durchaus gegen diese. Die → Ideologie dieses social engineer wurde der → Behaviorismus (→ Human Relations/ → Sozialtechnologie).

Bruder, K. J.: Psychologie ohne Bewußtsein. Die Geburt der behavioristischen Sozialtechnologie. Frankfurt/M. 1982.
Dewey, J.: Education today. New York 1940.
James, W.: Will to Believe. 1896. Works Vol. 6. Cambridge 1979.
–: Talks to Teachers. New York 1899.
–: The Letters of William James. Boston 1920.
Seigfried, C. H.: Chaos and Content. Athens 1978.
Smith, J. E.: Purpose and Thought. New Haven 1978.
White, M. G.: Social Thought in America: The Revolt against Formalism. New York 1949.

Klaus-Jürgen Bruder

Professionalisierung

Unter der Bezeichnung P. werden insbesondere zwei Erscheinungen diskutiert: (1) der Prozeß, in dem ein → Beruf die Merkmale einer «Profession» erreicht oder zu erreichen versucht (nach Hesse 1972, 35: «Professionalisierung im engeren Sinne»); (2) die Zunahme des Anteils von Erwerbstätigen, die eine «Profession» ausüben («Professionalisierung im weiteren Sinne»). Daneben findet sich seltener, besonders in ethnosoziologischen Arbeiten, eine dritte Bedeutungsvariante: P. als Aufnahme eines Kandidaten in eine etablierte «Profession», also als Spezialfall einer Initiation (vgl. z. B. Khleif 1980).

Die soziologische Analyse der P. beginnt etwa in den 30er Jahren. Sie wird zunächst fast ausschließlich von angelsächsischen Arbeiten bestimmt, und erst seit Ende der 60er Jahre gibt es auf der Basis der zusammenfassenden Darstellungen von Daheim (1967), Hesse (1968) und Kairat (1969) eine zunehmende Zahl deutscher Beiträge.

Der Begriff Profession ist in den USA ursprünglich nur sehr wenigen Berufen zuerkannt worden: den Richtern, den Ärzten und den (akademisch gebildeten) Geistlichen. Diese Berufe haben als Modell bei der Suche nach generalisierbaren Eigenschaften der Professionen gedient. Am häufigsten werden folgende Merkmale genannt (vgl. z. B. Hesse 1972, 46):

- Die Berufstätigkeit beruht auf lange dauernder, theoretisch fundierter Spezialbildung.
- Die Berufsangehörigen sind an bestimmte ethische → Normen und Verhaltensregeln gebunden.
- Die Berufsangehörigen haben sich zu Berufsverbänden mit weitgehender Selbstverwaltung zusammengeschlossen, die u. a. wesentlichen Einfluß auf Ausbildung und Berufszugang haben.
- Die Arbeit der Berufsangehörigen dient dem öffentlichen Wohl.
- Die Berufsangehörigen gelten als Experten und genießen weitgehende persönliche und sachliche Entscheidungsfreiheit.
- Die Berufsangehörigen genießen hohes Ansehen und haben ein entsprechendes Selbstbewußtsein.

Es besteht in der Literatur keine Einheitlichkeit hinsichtlich der Zahl der Kriterien oder ihrer Ausprägung. Es werden eindimensionale Modelle vertreten, z. B. von Daheim, für den «das Ausmaß des systematisierten technischen Wissens professionalisierte Berufe und Berufspositionen bestimmt» (1977, 12), oder von Freidson, für den «das einzig wirklich wichtige Kriterium, nach dem Professionen von anderen Berufsgruppen zu unterscheiden sind, das Vorhandensein von Autonomie (ist)» (1979, 71). Es gibt zweidimensionale Modelle, so bei Hartmann (1968), der neben der Wissenssystematik die Sozialorientierung der Berufstätigkeit betont. Die überwiegende Zahl der Beiträge greift aber eklektisch jeweils einige Merkmale auf, ohne daß eine Begründung für die Auswahl erkennbar würde. Wenn überhaupt eine ‹herrschende Meinung› auszumachen ist, dann allenfalls die, daß immer seltener dichotomisch zwischen Professionen und ‹Nichtprofessionen› unterschieden wird. Vielmehr werden die Eigenschaften, die einen Beruf zur Profession machen, fast durchweg als kontinuierlich veränderbar verstanden, so daß alle Berufe mehr oder weniger professionalisiert sein können.

P. wird überwiegend marktstrategisch gedeutet, als «strategisch-politisch zu interpretierender Prozeß, in dessen Verlauf Berufsgruppen versuchen, in den Genuß der Vorteile der Professionen zu gelangen» (Beck u. a. 1980, 82f). Solche Bemühungen können nur Erfolg haben, wenn es erstens ein Problemfeld gibt, das den potentiellen Klienten wichtig genug ist, um berufsmäßige Hilfe zu suchen und nennenswerte Mittel dafür aufzubringen. Zweitens bedarf es eines ‹nicht alltäglichen› Wissens, das nicht leicht zu erwerben und potentiell geeignet ist oder wenigstens geeignet zu sein scheint, das Problemfeld erfolgreich zu bearbeiten.

Es kommt dann zu typischen Abläufen (vgl. z. B. Wilensky 1964): Aus der Verfestigung anspruchsvoller Tätigkeiten zu einem Beruf ergibt sich als erstes das Problem der adäquaten Ausbildung. Es bilden sich Schulen oder Fachrichtungen an bestehenden Schulen oder Universitäten. Deren Absolventen schließen sich bald zu einem Berufsverband zusammen. Dieser arbeitet an der weiteren Verfestigung des Berufsbildes, fördert die Anhebung des Bildungsniveaus und beginnt mit einer Kampagne zur Befreiung der Berufsausübung von der Laienkontrolle. Dazu wird eine förmliche Berufsethik entwickelt und nach Möglichkeit verbindlich gemacht. Danach wird argumentiert, diese Ethik ersetze eine Laienkontrolle, die wegen des besonderen, zur Berufsausübung erforderlichen Wissens ohnehin nicht möglich sei. Auf der letzten Stufe gelingt es dann in der Regel, das inzwischen erreichte Monopol zur Bearbeitung eines Problemfeldes durch staatliche Lizenz abzusichern. Dieser Prozeß muß nicht unbedingt von einem Problembereich ausgehen, sondern kann auch durch die Existenz komplexen Wissens ausgelöst werden, dessen Besitzer nach einer ‹Vermarktungsmöglichkeit› suchen, wie es gegenwärtig bei den Psychologen und Soziologen in der BRD zu beobachten ist.

Professionelle Berufspositionen werden aber nicht nur durch Bemühungen der Berufsangehörigen erreicht. Auch die Leitung von Arbeitsorganisationen kann daran interessiert sein, hochgeschätzte Spezialisten durch Einräumen einer privilegierten Position und Angebot alternativer Karrieremuster (‹professional ladder›) daran zu hindern, in das Management abzuwandern («Professionalisierung von oben»: Goldner/Ritti 1967). Schließlich entwickelt sich in jüngerer Zeit ein dritter P.-Typ: In der BRD wurden durch Gesetz in den Betrieben Berufspositionen für Sicherheitsingenieure und Betriebsärzte eingerichtet und gegen den Widerstand der Arbeitgeber mit professionellen Attributen ausgestattet, um auf diese Weise den Arbeitsschutz zu verbessern («Professionalisierung durch den Staat»: Krüger 1983) (→ Arbeitswissenschaften).

Die Entwicklung der Professionen und das Vordringen professionalisierter Berufe (‹Professionalisierung im weiteren Sinne›) läßt sich auf dem Hintergrund der Entwicklung kapitalistischer Wirtschaftsordnungen deuten (→ Kapitalismus). In dem Maße, in dem Marktbeziehungen für die sozialen Beziehungen dominant wurden, verwandelte sich der Beruf in ein Instrument zur Vermarktung von Arbeitskraft. Das Monopol (als die stärkste denkbare Position einer Marktpartei) wurde folgerichtig strategisches Ziel der Berufsinhaber und ihrer Verbände. Die gleichzeitige

Entwicklung der Wissenschaften begünstigte diese Monopolisierungsstrategie. Wenn auch der P.-Grad eines nichtakademischen Berufs unter günstigen Bedingungen hoch sein kann, so ist doch der akademische Beruf Paradigma einer Profession. Er gewinnt im Falle direkter Konkurrenz stets die Monopolstellung. (Vgl. in Deutschland z. B. die Entwicklung der hochgradig professionalisierten Berufe der Steuerbevollmächtigten, Dentisten und vereidigten Buchprüfer, die sämtlich den akademischen Konkurrenzberufen unterlegen sind.)

Die professionelle Berufsstruktur wirft schwerwiegende Probleme → sozialer Kontrolle auf. Zum einen verhindert sie die endgültige Lösung der Probleme, für die eine Profession die Zuständigkeit erworben hat: Mit dem Problem verschwände die Existenzgrundlage der Berufsinhaber, die daher tendenziell zum «Schüren, Verlängern, Provozieren, Dramatisieren und Stabilisieren der beruflich zu bearbeitenden Probleme» neigen (Beck u. a. 1980, 253). Zum anderen strahlt die privilegierte Position der Profession auf andere Bereiche aus, so daß «der Experte ... ganz besonders leicht mehr Einfluß auf die öffentlichen Angelegenheiten gewinnt, als sein eigentliches Fachwissen vermuten ließe» (Freidson 1979, 279).

Es droht zudem eine «Entmündigung durch Experten» (Illich u. a. 1979); denn der Inhaber einer professionellen Position beansprucht seinen Klienten gegenüber das Recht zur Definition ihrer Probleme und zur Wahl der richtigen Abhilfe. Je mehr Lebensbereiche von solchen Strukturen bestimmt werden, desto mehr sind die Menschen daran gewöhnt, für jedes Problem professionelle Hilfe zu suchen, statt sich selbst um Lösungen zu bemühen. Es mehren sich daher die Stimmen, die ein «postprofessionelles Ethos» fordern (Illich u. a. 1979, 35). Allerdings fehlt bisher ein ausgearbeiteter Vorschlag, wie ein solches Ethos durchzusetzen wäre und wie eine alternative Berufsstruktur beschaffen sein müßte.

Beck, U. u. a.: Soziologie der Arbeit und der Berufe. Reinbek bei Hamburg 1980.
Daheim, H. J.: Der Beruf in der modernen Gesellschaft. Köln/Berlin 1967.
–: Berufssoziologie. In: König, R. (Hrsg.): Handbuch der empirischen Sozialforschung. Bd. 8. Stuttgart 1977[2].
Freidson, E.: Der Ärztestand. Stuttgart 1979.
Goldner, F. H. & R. R. Ritti: Professionalization as Career Immobility. In: American Journal of Sociology, 1967, 72, 489–502.
Hartmann, H.: Arbeit, Beruf, Profession. In: Soziale Welt, 1968, 19, 193–216.
Hesse, H. A.: Berufe im Wandel. Stuttgart 1968 (1972[2]).
Illich, I. u. a.: Entmündigung durch Experten. Reinbek bei Hamburg 1979.
Kairat, H.: «Professions» oder «Freie Berufe». Berlin 1969.

Khleif, B. B.: Modes of Professionalization. In: Sociologica Internationalis, 1980, 18, 207–216.
Krüger, W.: Professionalisierung durch den Staat. In: Soziale Welt, 1983, 34.
Wilensky, H. L.: The Professionalization of Everyone? In: American Journal of Sociology, 1964, 70, 137–158.

Wolfgang Krüger

Protest, politischer

Unter p. P. sei eine rechtlich legitime, wenngleich nicht immer streng legale, sondern begrenzte Regelverletzungen einplanende und sozial unkonventionelle Form politischer → Partizipation in demokratisch verfaßten Gesellschaftssystemen verstanden (vgl. Muller 1979, 6). – Realdefinitorisch elaboriert: P. P. ist öffentlicher Einspruch wider die gewählte Staatsmacht und ihre Politik, der sich direkter (also nicht oder nicht primär und nicht allein über die parlamentarische und parteiengebundene Opposition oder den organisierten Interessenlobbyismus gehender) und ungewöhnlicher (also medienwirksamer), aber legitimer Mittel bedient (also solcher der Meinungs-, Versammlungs- und Demonstrationsfreiheit), um öffentliche Resonanz und öffentlichen Druck auf die politischen Entscheidungsgewalten zu erzielen.

P. P. vitalisiert die politische Kultur einer mittelbaren, repräsentativen Demokratie; er versteht sich selbst im Sinne eines demokratischen Populismus (vgl. Puhle 1983, 22ff).

P. P. beginnt jenseits konventioneller politischer Beteiligung, zu der vor allem die Rezeption der politischen Publizistik, die Mitgliedschaft in Parteien und Interessenverbänden und die Teilnahme an Wahlen zählen. P. P. bedient sich der Unterschriftenaktionen, der Demonstrationen und der vielfältigen Methoden des bürgerlichen Ungehorsams. P. P. artikuliert sich häufig künstlerisch und primär ex negativo – was nicht gewollt wird, kommt zum öffentlichen Ausdruck in Protestsongs, im Straßentheater etc.

Die *Manifestanten* des p. P. sind in der Regel jüngere (zum ‹Generationen-Effekt› vgl. Fogt 1982) und gebildete bürgerliche Minderheiten. Somit ist p. P. keineswegs eine Reaktion der ökonomisch Deprivierten, sondern ein Akt der Privilegierten (vgl. Allerbeck u. a. 1979, 372f).

Empirisch belegt ist eine positive Korrelation zwischen politischer Aktivbürgerschaft – jene, die alle Möglichkeiten traditioneller Beteiligung ausschöpfen – und Protestbereitschaft. Unter Jugendlichen kennen wir den Typus des ‹Protestierers›, der sich kaum konventionell beteiligt, jedoch eine hohe Protestbereitschaft aufweist. Das Protestpotential in einer Bevölkerung wird empirisch-operational als eindimensionale Guttman-Skala erfaßt; dabei fragt man die Bürger, wie weit sie zur Durchsetzung ihrer politischen Ideen und Ziele auf einem verfügbaren Spektrum konventioneller und unkonventioneller politischer Beteiligungsformen zu gehen bereit sind; das Spektrum kann von der Kenntnisnahme politischer Nachrichten in den Massenkommunikationsmedien bis zur Anwendung von → Gewalt gegen Sachen reichen (vgl. Infratest 1980, 39ff).

Interessensoziologisch betrachtet sind die Manifestanten p. P. in der Regel sog. Inklusivminoritäten (vgl. Guggenberger 1983, 123ff), Bürger, die weder klassen- oder schichtspezifische noch standesegoistische, sondern solche Grundinteressen vertreten, die im Prozeß der Moderne von einer umfassenden «Kolonialisierung der Lebenswelt» (vgl. Habermas 1981, 293 u. 575) in Mitleidenschaft gezogen werden. Besonders deutlich wird dies im Ökologieprotest seit Mitte der 70er Jahre: Um- und nachweltbesorgte Inklusivminoritäten reklamieren im Protest gegen Umweltverschmutzung saubere Luft, gesunde Ernährung, risikoarme Energieversorgung etc. Es sind dies Bedürfnisse, die (a) niemand absichtlich beeinträchtigen möchte, die aber dennoch von den negativen Nebenfolgen verselbständigter technologischer und ökonomischer Prozesse tangiert werden; und die (b) jedermann teilen kann – genau darum sind sie im System des Pluralismus der Partikularinteressen schwer zu organisieren (→ Interesse).

Typologisch unterscheiden wir zwischen *single-purpose-* und *Systemprotest*. Die Demonstrationen gegen die Wiederbewaffnung der Bundesrepublik in der ersten Hälfte der 50er Jahre waren typische single-purpose oder Einzweckproteste. Die ‹Außerparlamentarische Opposition› Ende der 60er Jahre übte typischen Systemprotest, der sich an der (marxistischen) Erkenntnis des → Widerspruchs zwischen kapitalistischer ‹Basis› (wirtschaftliches System) und demokratischem ‹Überbau› (politisches System) entfaltete und alle Einzeldefizite aus diesem ‹Grundwiderspruch› ableitete (→ Studentenbewegung).

Die *Geschichte* des p. P. in Deutschland reicht bis in die Demokratisierungsbewegungen des Vormärz zurück. Was Anlaß, Verlauf und Wirkung betrifft, läßt sich das Hambacher Fest vom 27. Mai 1832 als paradigmatische Protestveranstaltung skizzieren (vgl. Valentin 1982). Ein Grobgerüst für eine Geschichte des p. P. in der Bundesrepublik liegt in Gestalt dreier Untersuchungen vor (vgl. Rupp 1980; Otto 1977 u. 1980).

Angefangen mit der ‹Studentenbewegung› der endsechziger Jahre, ist der inzwischen ubiquitär gewordene politische *Jugendprotest* in der BRD zum Gegenstand zahlreicher sozialwissenschaftlicher Untersuchungen geworden, die – summarisch – drei Erkenntnisinteressen verfolgen:

1. Die Erkenntnis der Bedingungen des Umschlagens des p. P. in *Gewalt*, um eine wirksame staatliche Prophylaxe bewirken zu können. «Politische Beteiligung kann in politischen Protest, politischer Protest in politische Gewalt umschlagen» (Infratest 1980, 15). Der Werdegang westdeutscher Terroristen und der Beginn des politischen Terrorismus Anfang der 70er Jahre in der BRD sind ein inzwischen wissenschaftlich gut ausgeleuchtetes Feld (vgl. Claessens 1982, 20ff; Neidhardt 1982, 318ff). Dabei hat sich herausgestellt, daß protestierende Aktionen und staatliche Reaktionen in einem prekären Interdependenzverhältnis stehen und die Verhältnismäßigkeit des staatlichen Mitteleinsatzes ein wichtiges Steuerungsinstrument ist, damit Protest nicht in blindwütige Gewalt umschlägt. Geradezu als Stabilitätsfaktor erweist sich Protest, wenn er als (Früh-)Warn- und Korrekturimpuls vom politischen System aufgenommen wird (vgl. Zimmermann 1981; Mehlich 1983; Fuchs 1983).

2. Im Zusammenhang der Studentenprotestbewegung ist ein sozialpsychologisches Entstehungsmuster für p. P. erarbeitet worden, das Theorem der ideellen und politischen *Deprivation* (vgl. Kaase 1976, 179ff). Für die studentische ApO ist damit folgendes gemeint: In einer höchst formativen Prägephase ihrer Biographie erleben im wohltemperierten Nachkriegsdeutschland aufgewachsene und darum postmaterialistisch orientierte Studenten, vor allem sozialwissenschaftlicher Fächer, ihre politische Geburt in einer intelligiblen politischen Fundamentalfrustration. Das politische System der BRD wird als strukturell defizitär entdeckt; es genügt seinem eigenen, im Grundgesetz verfaßten Anspruch nicht. Zwischen Verfassungsgebot und Verfassungswirklichkeit klafft jene Differenz, an der sich Protest empört und die es zu bekunden, zu erklären und zu schließen gilt. Allerdings muß zu dieser ideellen Deprivation zweierlei hinzutreten, damit *politische* Deprivation entsteht: erstens ein geringes reformatorisches Vertrauen in das politische Establishment, zweitens ein erhebliches Zutrauen in die eigene Geschichtsmächtigkeit bei geringer Angst vor den persönlichen Folgekosten des Engagements, etwa in Gestalt negativer staatlicher Sanktionen. In der Mitte der 60er Jahre summierten sich diese Bedingungen zu einer Eingangsenergie für p. P., und zwar in einem Land, das am Ende einer außergewöhnlich lange währenden und wie eine sinnstiftende «Ersatzprogrammatik» (vgl. Habermas 1973, 50f) wirkenden ökonomischen Nachkriegsprosperität angelangt war. In diesem ‹Klima› drängte der moralische Rigorismus postadoleszenter «Postmaterialisten» (vgl. Inglehart 1979, 279ff) auf rasche und radikale Aufhebung der gesellschaftlich korrigierbaren Mißstände. Der gleichzeitige Protestinternationalismus – vergleichbare Bewegungen in den USA, in Japan, Italien, Frankreich – animierte und inspirierte zusätzlich den inländischen Protest.

3. Jugendprotest als politische *Eigensozialisation* Gleichaltriger in

selbstgeschaffenen und nur locker organisierten ‹Bewegungen› hat vor allem drei Funktionen, die sich plastisch an der ‹Sprüchekultur› ablesen lassen (vgl. Pross 1971; Jugendwerk der Deutschen Shell 1981, 52ff): (a) Protest ist Verwahrung gegen Fremdbestimmung. – 1968 hieß es seitens studentischer Revolteure: «Unter den Talaren der Muff von tausend Jahren!» Ein Ausdruck der Verwahrung gegen überkommene Ordinarienvorherrschaft. (b) Protest ist Zeugnis für das eigene, identitätsstiftende Prinzip. – Wenn junge Menschen 1982 Häuser besetzen, so unter der Maxime: «Lieber instandbesetzen als kaputtbesitzen!» (c) Protest ist Appell an andere, mitzumachen. – «Wer sich nicht wehrt, lebt verkehrt!» ist eherner Bestandteil der Agitproplyrik des damaligen und heutigen Jugendprotestes (→ Jugendsoziologie/→ Subkultur).

Allerbeck, K. R./Kaase, M. & H. D. Klingemann: Politische Ideologie, politische Beteiligung und politische Sozialisation. Teil I. Politische Vierteljahresschrift, 1979, 4, 357–378.

Claessens, D.: Das Milieu der Westberliner «scene» und die «Bewegung 2. Juni». In: Bundesministerium des Innern (Hrsg.): Analysen zum Terrorismus. Bd. 3: Gruppenprozesse. Opladen 1982.

Fogt, H.: Politische Generationen. Opladen 1982.

Fuchs, D.: Politischer Protest und Stabilität des politischen Systems. In: Kaase, M. & H. D. Klingemann (Hrsg.): Wahlen und politisches System. Opladen 1983.

Guggenberger, B.: Die neue Macht der Minderheit. In: Merkur, 1983, 2, 123–133.

Habermas, J.: Theorie des kommunikativen Handelns. Bd. 2. Frankfurt/M. 1981.

–: Legitimationsprobleme im Spätkapitalismus. Frankfurt/M. 1973.

Infratest: Politischer Protest in der Bundesrepublik Deutschland. Stuttgart/Berlin/Köln/Mainz 1980.

Inglehart, R.: Wertwandel in westlichen Gesellschaften: Politische Konsequenzen von materialistischen und postmaterialistischen Prioritäten. In: Klages, H. & P. Kmieciak (Hrsg.): Wertwandel und gesellschaftlicher Wandel. Frankfurt/New York 1979.

Jugendwerk der Deutschen Shell (Hrsg.): Jugend '81. Bd. 1. Hamburg 1981.

Kaase, M.: Bedingungen unkonventionellen politischen Verhaltens in der Bundesrepublik Deutschland. In: Kielmannsegg, P. Graf (Hrsg.): Legitimationsprobleme politischer Systeme. Sonderheft 7 der Politischen Vierteljahresschrift, 1976, 179–216.

Mehlich, H.: Politischer Protest und Stabilität. Frankfurt/Bern/New York 1983.

Muller, E. N.: Aggressive Political Participation. Princeton 1979.

Neidhardt, F.: Soziale Bedingungen terroristischen Handelns. Das Beispiel der «Baader-Meinhof-Gruppe» (RAF). In: Bundesministerium des Innern (Hrsg.): Analysen zum Terrorismus. Bd. 3: Gruppenprozesse. Opladen 1982.

Otto, K.: Vom Ostermarsch zur ApO. Geschichte der außerparlamentarischen Opposition in der Bundesrepublik 1960–70. Frankfurt/New York 1977.

–: Außerparlamentarische Bewegungen – Kontinuität und Perspektiven. In: Rupp, H. K. (Hrsg.): Die andere Bundesrepublik. Geschichte und Perspektiven. Marburg 1980.

Pross, H.: Protest. Neuwied/Berlin 1971.

Puhle, H.-J.: Was ist Populismus? In: Politik und Kultur, 1983, 1, 22–43.
Rupp, H. K.: Außerparlamentarische Opposition in der Ära Adenauer. Köln 1980[2].
Valentin, V.: Das Hambacher Nationalfest. Frankfurt/M. 1982[2].
Zimmermann, E.: Krisen, Staatsstreiche und Revolutionen. Opladen 1981.

Klaus Hansen

Rasse/Rassentheorien (Sozialdarwinismus)

«Da die bezeichnenden Unterschiede zwischen den Menschen kultureller und nicht biologischer Natur sind, läßt sich sagen, daß in Wirklichkeit der Rassist die Rasse erschafft, und daß das rassistische Denken der ‹Rasse› (im soziologischen Sinn) eine Wirkung zuschreibt, die diese in Wirklichkeit nicht besitzt, und die überhaupt erst durch die Behauptung der Rassisten ins Leben gerufen wird» (Poliakov 1979, 29). Außerwissenschaftliche Anschauungen über die biologische Ausstattung der Menschen prägen tatsächlich in erheblichem Ausmaß deren gesellschaftliche Verhältnisse und Lebenswelten. Der davon selbst betroffenen wissenschaftlichen Reflexion bereitet es in ihrer einzelwissenschaftlichen Orientierung große Schwierigkeiten, die materiellen Entstehungsbedingungen von Rassismus systematisch zu analysieren. Dies verdeutlichen die unter der Schirmherrschaft der UNESCO von vier Kommissionen mit jeweils anderer fachspezifischer Zusammensetzung erarbeiteten Erklärungen zur R.-Frage aus den 50er und 60er Jahren (abgedruckt bei Kuper 1975). Auch die 1978 von der Generalkonferenz der Organisation der Vereinten Nationen für Erziehung, Wissenschaft und Kultur abgegebene «Erklärung über Rasse und Rassenvorurteile» fordert wiederum «objektive Forschungsarbeiten auf einer breiten interdisziplinären Grundlage» (Erklärung 1979, 10). Den Versuch, ein solches Konzept durch Bündelung einzelwissenschaftlicher Ansätze zu realisieren, repräsentiert die UNESCO-Publikation «Race, Science and Society», in der die Soziologie mit den Beiträgen von J. Rex und A. Béteille vertreten ist (Kuper 1975). Ebenso kombiniert die Gruppe um L. Poliakov nach der komprimierten Darstellung der begrifflichen und historischen Entwicklung des Rassedenkens und des Rassismus zu dessen Erklärung biologische, sozioökonomische, psychologische, kulturgeschichtliche und psychoanalytische Ansätze (Poliakov u. a. 1979). ‹Rein› soziologische R.-Theorien bleiben ohne historische Erklärungskraft und sind manchmal zeitgemäß-rassistisch; jedoch hat die Beschäftigung mit dieser Problematik die → Soziologie als Disziplin mitbegründet, indem spezifische Kategorien wie → Interesse, → Konflikt oder → Gruppe entwickelt wurden, die eine relative Autonomie gegenüber diversen Bestrebungen, die Soziologie auf Ansätze traditioneller Fachwissenschaften zu reduzieren, begründeten oder gegen materialistische Ansätze ins Feld geführt werden konnten. Die Behauptung der viel beklagten Biologisierung der Soziologie durch den sogenannten Sozialdarwinismus mit seinen oft rassistischen Folgerungen beruht auf dem Irrtum, dessen Begrifflichkeit sei aus Naturprozessen abgeleitet. Seit den frühen Phasen der Herausbildung eines soziologischen Denkstils bestehen Wechselwirkungen zwischen den beiden Disziplinen z. B. bei der Abgrenzung des ‹Normalen› vom ‹Unnormalen› (Lepenies 1981). Insbesondere die auf Darwin gründende → Evolutionstheorie bezieht ihre theoretischen Begriffe aus genuin gesellschaftswissenschaftlichen Anschauungen (→ Anthropologie).

Gedanken, die bereits bei Thomas Hobbes auftraten und begrifflich von Robert Malthus ausgearbeitet wurden (Young 1969; Altner 1981), treten gemeinsam mit den von Herbert Spencer entwickelten Kategorien bei Darwin (struggle for life, survival of the fittest, natural selection) auf (Francis 1981). Die angeblich soziologischen Darwinisten in Europa und den USA haben dann allerdings als Spenceristen der individuellen ‹Auslese› größere Bedeutung beigemessen als der Nichtsoziologe Darwin (Mühlmann 1968, 107ff). Insbesondere predigten einige ‹sozialdarwinistisch› inspirierte US-Soziologen einen schrankenlosen Individualismus zur Rechtfertigung des wirtschaftlichen Laissez-faire-Dogmas (Russet 1981). Paul von Lilienfeld, Ludwig Gumplowicz, Albert Schäffle und Gustav Ratzenhofer entwarfen um die Jahrhundertwende soziologische Systeme auf der Grundlage ‹sozialdarwinistischer› Annahmen mit dem Ziel, die Soziologie als Disziplin zu konsolidieren, wodurch Vertreter aller nationalen Soziologien beeinflußt wurden (Holler 1971). Sozialdemokratisch oder sozialistisch orientierte Soziologen wie Ludwig Woltmann, Alfred Grotjahn, Theodor Geiger, Franz Oppenheimer, Karl Kautsky und Rudolf Goldscheid arbeiten ebenfalls an einer Verknüpfung sozialbiologischer Annahmen (Eugenik, R.-Hygiene) und gesellschaftstheoretischer Analyse als Basis für mehr oder minder radikale Programme des gesteuerten Sozialwandels.

«Was lernen wir aus den Prinzipien der Descendenztheorie in Beziehung auf die innerpolitische Entwicklung und Gesetzgebung der Staaten?» lautete das Thema des Preisausschreibens der Firma Krupp aus dem Jahr 1900, an dem sich auch Ferdinand Tönnies beteiligte und das das allgemeine Interesse an diesen Fragen und deren politische Dimension dokumentiert. Während Tönnies biologistischem Reduktionismus fernstand, dient es nur der Legendenbildung, strikt zwischen liberalistischen, imperialistischen und rassistischen Sozialdarwinismen zu trennen und die «vorwiegend pseudowissenschaftlichen Machwerke soziologischer Amateure» (Francis 1981, 210) aus der ‹eigentlichen› Soziologie zu verbannen. Die Grundannahmen über die biologische Determination des Sozialen teilten viele zeitgenössische Soziologen ebenso wie die daraus abgeleiteten rassistischen, nationalistischen, chauvinistischen oder imperialistischen Zielsetzungen (Lukács 1981). «Utopien der Menschenzüchtung» beherrschten nicht nur das Denken von eingeschworenen Rassisten (Conrad-Martius 1955; Koch 1973). Soziologische R.-Hygieniker und nationalsozialistische R.-Theoretiker gehen z.B. von der gemeinsamen Idee aus, daß soziale Hierarchien innerhalb einer ‹Menschenrasse› durch ‹Erbpflege› verändert werden oder die Manipulation der angeblichen Wertigkeitsunterschiede zwischen ihnen durch ‹Züchtung› in die gewünschte Richtung erfolgen könnte (Saller 1961; Geuter 1981; Seidler/Rett 1982).

Mit der Gründung der Deutschen Gesellschaft für Soziologie (1909), einem wichtigen Schritt zur Institutionalisierung des noch nicht anerkannten Faches, versuchen deren führende Mitglieder, die zunehmend als peinlich und unsoziologisch empfundene biologistische Rassendiskussion von der jungen Wissenschaft zu separieren. Max Weber, der in seiner Freiburger Antrittsrede von 1895 noch als rassistischer Nationalist auftrat, Ferdinand Tönnies, Leopold von Wiese und Rudolf Goldscheid gehen auf dem ersten deutschen Soziologentag (1910) scharf gegen die Ausführungen des prominenten R.-Hygienikers Alfred Ploetz über die «Begriffe Rasse und Gesellschaft» vor. Auf dem zweiten Soziologentag (1912) greift Franz Oppenheimer die «rassentheoretische Gesellschafts-/Geschichtsphilosophie» als «typisch legitimistische Gruppenideologie der herrschenden Oberklasse» an, was allerdings Werner Sombart dazu veranlaßt, deren großes augenblickliches Verdienst hervorzuheben, da «sie uns von der Alleinherrschaft der materialistischen Geschichtsauffassung befreit»!

Dieser ‹Befreiungskampf› prägt die Bemühungen um die erstrebte ‹deutsche› Soziologie. 1930, auf dem letzten Soziologentag vor der Machtübergabe, diskutiert die Politische Sektion über ‹deutsche Stämme› und natürlich deren ‹rassenmäßige› Bestimmung.

Die Tatsache, daß die internationale Soziologie auch heute noch keinen systematischen theoretischen Zugang zur R.-Frage gefunden hat, ist «a professional scandal» (Rex 1970, 36). Die Versuche, die gesellschaftstheoretischen Konzepte von ‹Rasse und Klasse› analytisch und historisch zu kombinieren, bleiben auf halbem Weg bei der kategorialen Ableitung stecken (Schmitt-Egner 1976) oder setzen Klassenstrukturen im Sinne ungleicher Zugangschancen zu Einkommensquellen und Status voraus (Wilson 1980). Werden die Binnenstrukturen der jeweils schwarzen und weißen Klasse/Rasse z.B. in den USA berücksichtigt, dann wird mit Modellen einer internal colonial-class, ethclass oder nation-class (Geschwender 1982) gearbeitet. Ungezählte Studien, die rassistische Vorurteile (insbesondere Antisemitismus) und soziologische Indizes korrelieren, stehen auf der anderen Seite für einen kurzatmigen Empirismus, der die von seinem berühmten Vorbild (Adorno u.a. 1980) bereits nicht hinreichend ausgearbeitete Verknüpfung von gesellschaftstheoretischen Annahmen und empirischen Demonstrationen nicht vornimmt (Silbermann 1979; Panahi 1980; Hampel/Krupp 1978).

In jüngster Zeit entwickelt sich eine soziologisch-kulturwissenschaftliche Forschungsstrategie, die eine integrierende Analyse ökonomischer Widersprüche und politisch-ideologischer Auseinandersetzungen angeht und auch die Frage nach den Entstehungsbedingungen von Sozialpatriotismus und Rassismus in der Arbeiterklasse wie den Zusammenhang von Sklaverei, Kolonialismus, Apartheid und der Beziehung von Rasse-Klasse aufgreift (Hall 1980; Centre 1982; UNESCO 1980). Wobei allerdings auf der einen Seite noch um die richtige Interpretation der Funktionalität des rassistischen Apartheid-Prinzips innerhalb des kapitalistischen Wirtschaftssystems Südafrikas im Kontext der Marxschen Werttheorie gestritten wird (Kenny/Kantor 1977; Wolpe 1978), und andererseits der ‹weißen› Soziologie der race relations eine (ungewollte) Konvergenz mit Common-sense-Rassismus und staatlicher Rassenpolitik vorgeworfen wird (Lawrence 1982). Den Lebens- und Kampfbedingungen der von R.-Diskriminierung Betroffenen wird tatsächlich nur eine Soziologie gerecht, die nicht wie selbstverständlich von deren Deformierung oder Zerstörung (‹Pathologie›) durch R.-Unterdrückung ausgeht. Die alltäglichen Widerstandsformen der Bildung einer eigenen → Identität und als Modell einer emanzipatorischen Lebenspraxis müssen erst noch wissenschaftlich ‹entdeckt› werden (Davis 1982; Centre 1982) (→ Emanzipation).

Die aktuellen Bestrebungen, über eine naturwissenschaftliche Reinterpretation soziokulturell bedingter Lebensweisen von Menschen deren Verhaltenssteuerung voranzutreiben (Intelligenzmessung als Sozialkontrolle, Psychiatrisierung abweichenden Verhaltens oder auch Psychochirurgie), demonstrieren die Hartnäckigkeit sozialdarwinistischen Denkens (Chorover 1982; Geuter 1981). Deshalb ist die angebliche Eleganz einer von biologistischen Elementen befreiten «darwinistischen Erklärungsstrategie» (Soziobiologie) als Integrationsgrundlage soziologischer Theoriebildung (Giesen/Lau 1981; Meyer 1982) fragwürdig und gefährlich.

Adorno, Th. W. u. a.: Studien zum autoritären Charakter. Frankfurt/M. 1980³.
Altner, G. (Hrsg.): Der Darwinismus. Die Geschichte einer Theorie. Darmstadt 1981.
Centre for contemporary cultural studies (ed.): The Empire strikes back. Race and racism in 70s Britain. London 1982.
Chorover, St. L.: Die Zurichtung des Menschen. Von der Verhaltenssteuerung durch die Wissenschaften. Frankfurt/New York 1982.
Conrad-Martius, H.: Utopien der Menschenzüchtung. Der Sozialdarwinismus und seine Folgen. München 1955.
Davis, A.: Rassismus und Sexismus. Schwarze Frauen und Klassenkampf in den USA. Berlin 1982.
Erklärung über Rasse und Rassenvorurteile, verabschiedet durch die 20. Generalkonferenz der UNESCO am 27. 11. 1978 (Deutsche UNESCO-Kommission, Bonn. Übersetzung 1979).
Francis, E. K.: Darwins Evolutionstheorie und der Sozialdarwinismus. KZfSS 1981, 209–228.
Geschwender, J. A.: Racial Stratification in America. Dubuque 1982³.
Geuter, U.: Rasse/Rassenpsychologie. In: Rexilius, G. & S. Grubitzsch (Hrsg.): Handbuch psychologischer Grundbegriffe. Mensch und Gesellschaft in der Psychologie. Reinbek bei Hamburg 1981.
Giesen, B. & Ch. Lau: Zur Anwendung darwinistischer Erklärungsstrategien in der Soziologie. KZfSS 1981, 229–256.
Hall, St.: Rasse – Klasse – Ideologie. Das Argument, 1980, 122, 507–510.
Hampel, R. & B. Krupp: Die Bedeutung kultureller und politischer Rahmenbedingungen für das Rassenvorurteil. Ein Vergleich von Rassenvorurteilen in Südafrika und Großbritannien. KZfSS 1978, 118–135.
Holler, W.: Funktionswechsel des Sozialdarwinismus in der Soziologie, Diss. Universität Frankfurt/M. 1971.
Kenny, H. & B. Kantor: The Poverty of neo-Marxism: The Case of South Africa. Journal of Southern African Studies, 1977, 3, 20–40.
Koch, H. W.: Der Sozialdarwinismus. Seine Genese und sein Einfluß auf das imperialistische Denken. München 1973.
Kuper, L. (ed.): Race, Science and Society. Paris/London 1975.
Lawrence, E.: In the abundance of water the fool is thirsty: sociology and black ‹pathodology›. In: Centre of contemporary cultural studies (ed.): The Empire strikes back, a. a. O.
Lepenies, W.: Normalität und Anormalität. Wechselwirkungen zwischen den Wissenschaften vom Leben und den Sozialwissenschaften im 19. Jahrhundert. In: Ders. (Hrsg.): Geschichte der Soziologie. Studien zur kognitiven, sozialen und historischen Identität einer Disziplin. Bd. 3. Frankfurt/M. 1981.
Lukács, G.: Die Zerstörung der Vernunft. Bd. III. Darmstadt/Neuwied 1981².
Meyer, P.: Soziobiologie und Soziologie. Eine Einführung in die biologischen Voraussetzungen sozialen Handelns. Darmstadt/Neuwied 1982.
Mühlmann, W. E.: Geschichte der Anthropologie. Frankfurt/Bonn 1968².
Panahi, B.: Vorurteile. Rassismus, Antisemitismus, Nationalsozialismus ... in der Bundesrepublik heute. Eine empirische Untersuchung. Frankfurt/M. 1980.
Poliakov, L. u. a.: Über den Rassismus. Sechzehn Kapitel zur Anatomie, Geschichte und Deutung des Rassenwahns. Stuttgart 1979.
Rex, J.: The Concept of Race in Sociological Theory. In: Zubaida, S. (ed.): Race and Racialism. London 1970.

Russett, C. E.: Die Zähmung des Tigers: Der Darwinismus in der amerikanischen Gesellschaft und Gesellschaftslehre. In: Lepenies, W. (Hrsg.): Geschichte der Soziologie, a. a. O.
Saller, K.: Die Rassenlehre des Nationalsozialismus in Wissenschaft und Propaganda. Darmstadt 1961.
Schmitt-Egner, P.: Wertgesetz und Rassismus. Zur begrifflichen Genesis kolonialer und faschistischer Bewußtseinsformen. In: Backhaus, H.-G. u. a. (Hrsg.): Gesellschaft. Beiträge zur Marxschen Theorie 8/9. Frankfurt/M. 1976.
Seidler, H. & A. Rett: Das Reichssippenamt entscheidet. Rassenbiologie im Nationalsozialismus. München 1982.
Silbermann, A.: Erkenntnisse der Soziologie zur Rassenfrage. In: Ders.: Kein Brett vor dem Kopf. Ketzereien eines Soziologen. Düsseldorf 1979.
UNESCO (ed.): Sociological Theories: Race and Colonialism. Paris 1980.
Wilson, W. J.: The Declining Significance of Race. Blacks and Changing American Institutions. Chicago/London 1980[2].
Wolpe, H.: A Comment on ‹The Poverty of Neo-Marxism›. In: Journal of Southern African Studies, 1978, 4, 240–256.
Young, R.: Malthus and the Evolutionists: The Common Context of Biological and Social Theory. Past and Present, 1969, 43, 109–145.

Carsten Klingemann

Rationalisierung

Unter R. wird heute allgemein «die Ersetzung herkömmlicher Verfahren durch verstandesmäßig durchdachte, zweckmäßigere» verstanden, im besonderen im Bereich menschlicher Arbeitstätigkeit technische und organisatorische Verbesserung und Vereinfachung mit dem Ziel, «die Leistungen zu erhöhen und die Kosten zu senken, d. h. die Produktivität und damit die Wettbewerbsfähigkeit zu steigern» (dtv-Lexikon). Dem Begriff liegt die Emphase der Rationalitätsgewähr sowohl menschlichen Gestaltungshandelns als auch von dessen gesamtgesellschaftlichen Ergebnissen zugrunde. Längst ist diese Emphase nicht mehr ungebrochen. Zunehmend zeigt die R. die Tendenz, sich in ihren Resultaten gegen die Intentionen derjenigen zu wenden, die sich von ihr Freiheit und Sinnhaftigkeit versprachen. Nicht zufällig spricht M. Weber, und im Anschluß an ihn J. Habermas, von der «Ambivalenz der Rationalisierung», die darin bestehe, daß der durch sie bewirkte Fortschritt mit Freiheits- und Sinnverlust erkauft sei. Nicht zufällig auch faßt S. Freud unter R. etwas ganz und gar Unemphatisches: die scheinrationale Begründung unbewußten und darum irrationalen triebhaften Strebens. Auch der arbeitsbezogene Begriff der R. hat seine Überzeugungskraft – die er in den 20er Jahren noch besaß, als noch vorbehaltlos von einer gesamtgesellschaftlichen «Rationalisierungsbewegung» gesprochen werden konnte (RKW 1930) – eingebüßt. Denn heute stellt sich R. für die Betroffenen – Produzenten wie Konsumenten – vielfach nur mehr als ein mit Umweltzerstörung, Sinnentleerung, Qualifikationsentwertung, → Arbeitslosigkeit erkaufter Kampf ums Wachstum und ums Überleben dar. Vernünftigkeit gesellschaftlicher Verhältnisse und der Naturbeherrschung verspricht sich von R. heute kaum jemand mehr.

Die REFA-Methodenlehre (Bd. 3, unter 3.1) faßt unter R. eine technische und/oder arbeitsorganisatorische Umgestaltung des Arbeitsvorgangs, die sich idealiter sechsstufig zusammensetzt. Zunächst wird ein anzustrebendes betriebswirtschaftliches Ziel gesetzt, dann daraus eine R.-Aufgabe abgegrenzt. Auf Stufe 3 wird nach der idealen Lösung der Aufgabe gesucht. Danach werden Daten gesammelt und technisch durchführbare und wirtschaftliche Lösungsalternativen entwickelt. Auf Stufe 5 wird die optimale Lösung ausgewählt, auf Stufe 6 eingeführt und auf Zielerfüllung hin kontrolliert. Jeder der sechs Stufen sind die betriebswirtschaftlichen Rationalitätskriterien – Effektivität und Wirtschaftlichkeit – vorgegeben; für die Aufnahme überbetrieblicher Sinn- und Folgenkriterien ist in der Stufenfolge kein Raum.

Historisch setzt R. bei der körperlichen → Arbeit ein. Arbeitsprozesse werden zergliedert und in aufeinanderfolgende Teilarbeiten zerlegt, wobei zugleich die Dispositionsbefugnis über die Arbeitsgestaltung den Arbeitenden entzogen und auf die Arbeitsvorbereitung verlagert wird (→ Taylorismus). Durch Mechanisierung werden zugleich die aufzuwendende Körperkraft verringert, die Transferprozesse beschleunigt und die Arbeitenden zunehmend einer außengesteuerten Maschinerie subsumiert. Repetitive Teilarbeit wird so zur typischen Industriearbeit. In dem Maße, wie Repetitivität des Arbeitsprozesses durchgesetzt ist, wird dessen → Automatisierung, d. h. Substitution menschlichen Arbeitsvermögens durch maschinelle Handhabungssysteme, möglich. Damit wird tendenziell dieser Typ menschlicher Arbeit überflüssig.

Mit der Entwicklung und Verbreitung von Mikroprozessoren wird auch vordem geistige Arbeit durch Computer steuerbar. R. gewinnt damit eine neue Dimension, indem sie auch im Bereich innovativer, koordinierender und disponierender Tätigkeiten menschliches Arbeitsvermögen tendenziell verdrängt. Die Verbindung computergestützter Konstruktion (CAD-Systeme) mit numerisch gesteuerten Fertigungsinseln (CNC/DNC-Systeme) und Industrierobotern macht heute die ‹automatische Fabrik› technisch bereits möglich; lediglich Wirtschaftlichkeitserwägungen setzen solchen R.-Maßnahmen noch Grenzen.

Überformt wird der skizzierte Prozeß der technologischen R. durch die zunehmend systematischere R. des Personaleinsatzes. Wurde in den Anfängen der «wissenschaftlichen Betriebsführung» (F. W. Taylor) noch auf das Mittel der Messung und Beobachtung vorfindlichen Arbeitsverhaltens rekurriert (REFA-System), so wird heute zunehmend dazu übergegangen, Arbeitsvorgänge, Zeitvorgaben und Entlohnung nach dem Kleinstzeitenverfahren am grünen Tisch zu ermitteln (z. B. MTM-System) und damit der Leistungskontrolle der Arbeitenden zu entziehen. Die Entwicklung betrieblicher Informationstechnologien, Überwachungselektronik und Personalinformationssysteme ermöglicht darüber hinaus Transparenz, Flexibilität und Kontrollierbarkeit jeglichen Leistungsverhaltens im Betrieb.

Könnte man theoretisch die sich abzeichnende Substitution weiter Bereiche menschlicher Arbeit durch Maschinerie auch als Fortschritt auf dem Weg zur Befreiung von entfremdeter Arbeit interpretieren (→ Entfremdung), so steht einer solchen Deutung doch im Wege, daß sich der skizzierte Prozeß der R. in einer privatwirtschaftlich-kapitalistischen Gesellschaft vollzieht (→ Kapitalismus). Die von R. ‹Freigesetzten› werden nicht ‹frei› für andere, sinnvollere gesellschaftliche Tätigkeit, sondern arbeits-, mittel- und (in einem zynischen Sinne) sinnlos. Überflüssig gewordene Qualifikationen werden nicht anderweit einsetzbar, sondern entwertet. R. vertieft und verstetigt die Kluft zwischen Arbeitenden und Arbeitslosen: Während die einen an Reproduktions- und Einflußchancen verlieren, genügt doch ihre bloße Existenz, um die anderen bereiter zu machen, sich dem betrieblichen → Konkurrenz- und Herrschaftsgefüge zu unterwerfen (→ Herrschaft).

Immer sind deshalb auch industrielle R.-Prozesse für die davon Betroffenen Anlaß für Versuche gewesen, diese Konkurrenz zu überwinden und Regelungen durchzusetzen, die allen von R. Betroffenen zugute kommen. Freilich ist die gewerkschaftliche R.-Schutzpolitik bislang weitgehend auf Verzögerung und Kompensation des Arbeitsplatzverlustes beschränkt geblieben (Lühr/Mückenberger 1980) und zeigt gerade unter Krisenbedingungen empfindliche Blößen. Versuche, auf R.-Prozesse selbst Einfluß zu nehmen und dadurch Kontrolle über ihre Auswirkungen zu gewinnen, sind Ausnahmen geblieben. Zudem schützt gewerkschaftliche Tarifpolitik vor allem diejenigen Beschäftigtensegmente, die ohnehin über eine stärkere Arbeitsmarktposition verfügen, und gerät so selbst noch zum Nachteil der strukturell arbeitsmarktschwachen Arbeitslosen (→ Gewerkschaften). Auch die Instrumentarien des Individualarbeitsrechts, der Betriebs- und der Unternehmensverfassung gewähren nur unzulänglichen Schutz angesichts laufender R.-Wellen. In weniger als 1 % aller Kündigungsfälle – von denen ein Drittel betriebsbedingt, häufig somit auf R. zurückzuführen war – führte 1978 ein Kündigungsschutzprozeß zur tatsächlichen Wiedereinstellung des Gekündigten (Falke et al. 1981). Die betriebliche Mitbestimmung ist zwar 1972, die Unternehmensmitbestimmung 1976 im Sinne erweiterter Beschäftigteneinflüsse bei R. erweitert worden; jedoch haben beide Partizipationsfelder nicht zu einer effektiven Bewältigung von R.-Folgen und struktureller Arbeitslosigkeit geführt, sondern bestenfalls zu Abfindungsregelungen und zu angemessener Umverteilung der R.-Folgen.

Die Hoffnungen vieler Verbände und staatlicher Stellen, die Folgen von R. zu bewältigen, konzentrieren sich heute auf eine Verkürzung der (Lebens-/Jahres-/Wochen-)Arbeitszeit, um dem Rückgang der Nachfrage nach Arbeit durch Umverteilung vorhandener Arbeit zu begegnen. Die Erfahrung lehrt aber, daß solche Umverteilung, wenn sie am nötigsten wäre, am schwersten durchzusetzen ist. Zudem würde sie – durchgesetzt – nur allmähliche und marginale Effekte arbeitsmarktpolitischer Art haben, da sie ihrerseits Intensivierungs- und R.-Wirkungen auslösen würde, die den erwünschten Effekt konterkarieren könnten.

Der Preis, den R. gesellschaftlich kostet, wird von Jahr zu Jahr höher. Zwar trägt die durch sie bewirkte Produktivitätssteigerung immer noch zu hohem Lebensstandard bei; aber zunehmende Anteile dieses Produktivitätszuwachses werden gesellschaftlich unproduktiv abgeschöpft. Die durch R. ermöglichten Gewinne werden durch Raubbau an Mensch und Natur mehr als kompensiert. So wird auch R. eine Grenze erfahren, wie sie sich beim industriellen ‹Wachstum› jetzt schon abzeichnet. Gesellschaftliche Bewegungen sind neuerlich entstanden, die der ungebremsten R. an sozialen Brennpunkten – industriellen Großprojekten, Umweltbedrohungen, Rüstungsproduktion, überwuchernden Datentechnologien – Widerstand entgegensetzen. Ob sie dem Entwicklungsgrad von Technologien und Herrschaftstechniken standhalten können, ist ungewiß. Sicher aber ist, daß R. ihrer Ambivalenz, zugleich Freiheitsermöglichung und -bedrohung zu sein, nur entkleidet werden kann, wenn sie dem Selbstlauf und ‹Sachzwang› privater ökonomischer Kalküle entzogen und verantwortlicher gesellschaftlicher Verfügung und politisch konsentierter Entscheidungsmacht über Sinn und Unsinn ihrer Anwendung, über Schäden und Nutzen ihrer Resultate überantwortet werden kann.

Berger, J. et al. (Hrsg.): Kongreß Zukunft der Arbeit. Materialienband. Bielefeld 1982.

Falke, J. et al.: Kündigungspraxis und Kündigungsschutz in der Bundesrepublik Deutschland. 2 Bde. Bonn 1981.

Forester, T. (ed.): The Microelectronics Revolution. Oxford 1980.

Habermas, J.: Theorie des kommunikativen Handelns. 2 Bde. Frankfurt/M. 1981.

Handwörterbuch der Staatswissenschaften. Ergänzungsband. Jena 1929[4]: Stichwort ‹Rationalisierung›, 708–817.

Lederer, E.: Technischer Fortschritt und Arbeitslosigkeit. Frankfurt/M. 1981.
Lühr, H.H. & U. Mückenberger: Rationalisierungsschutz. Kritische Justiz 1980, 84–102.
Offe, C. et al.: Arbeitszeitpolitik. Frankfurt/New York 1982.
REFA-Verband für Arbeitsstudien: Methodenlehre des Arbeitsstudiums. Teil 3. München 1976[5].
Reichskuratorium für Wirtschaftlichkeit (RKW): Handbuch der Rationalisierung. Berlin/Wien 1930.
Schmiede, R. & E. Schudlich: Die Entwicklung der Leistungsentlohnung in Deutschland. Frankfurt/New York 1976.

Ulrich Mückenberger

Rechtssoziologie

Als Wissenschaft von den gesellschaftlichen Voraussetzungen und Wirkungen des Rechts, seinen ideellen und materiellen → Institutionen, des in seinem (und deren) Dienst tätigen Personals, der von ihm Befugten und der ihm Unterworfenen, als Soziologie der Rechts-Entstehung, -Setzung, -Geltung und -Entwicklung und somit auch vorrechtlicher sowie sonstiger von ihm abgrenzbarer → Normen-Systeme ist die R. ein Spezialgebiet der → Soziologie und dennoch wesentlich anderer Herkunft. Ihre Anfänge liegen ein halbes Jahrhundert später und nicht in den ökonomisch und politisch entwickeltsten Ländern des 19. Jahrhunderts, sondern in Deutschland und Österreich-Ungarn. Sie ist nicht das historische Ergebnis des Strebens der Gesellschaft nach Existenz gemäß den aus ihr selbst hervorgebrachten Prinzipien, sondern zunächst das Produkt von elementaren Widersprüchen im Recht selbst, aufgebrochen sowohl in den Klassenkämpfen des Proletariats als auch in den nationalen Emanzipationsbewegungen des 19. Jahrhunderts.

Die Rechtstheorien nach der Revolution von 1789 waren beherrscht von (rechtspolitischen) Konzeptionen des → Naturrechts, nach denen das Recht der Inbegriff einer natürlichen Ordnung der Gesellschaft sei – die Rechtswissenschaft selbst war die Gesellschaftswissenschaft –, und von der in Deutschland aufgekommenen *historischen Rechtsschule*, wonach das Recht aus dem Schoße des Volkes und seinen «inneren, still wirkenden Kräften» (Savigny) historisch als organisches einheitliches Produkt erwächst, das einheitliche Rechtsbewußtsein des Volkes widerspiegelnd. Zu beiderlei umfassenden Ansprüchen des Rechts stand die aufkommende → Arbeiterbewegung in Widerspruch: Notwendigerweise, so Marx und Engels, treibe die Ökonomie des → Kapitalismus den Klassenkampf hervor, vor allem als Kampf zwischen den sozialen Klassen der Bourgeoisie und des – gemäß ökonomischer Gesetzmäßigkeit der → Ausbeutung durch das Kapital ausgesetzten – Proletariats mit je eigenem Klassenrecht (→ Klassengesellschaft); es herrsche nicht Einheitlichkeit des Rechts, sondern «Recht gegen Recht». Der zweite Angriff erfolgte aus den Reihen der nationalen Emanzipationsbewegung der Polen unter der k. u. k. Monarchie. Ludwig Gumblowicz (1838–1909) schrieb 1883 in «Der Rassenkampf» (1973[4]): «Der Rassenkampf um Herrschaft in allen seinen Formen» sei das eigentliche treibende Prinzip der Geschichte, zunächst in der Form von Eroberungen, in der Folge als «sozialer Rassenkampf», getragen von einem jeweiligen Rassenrecht und ausgetragen in erster Linie zwischen der den Staat innehabenden «Gesellschaftsklasse» (diesem Begriff setzt er für den innerstaatlichen Kampf seit der genannten Schrift die «Rasse» gleich) und den unterdrückten Klassen; diese besitzen ein eigenes Recht auf → Emanzipation, resultierend aus Grundprinzipien, die das herrschende Recht zur Stabilisierung der → Macht zu entwickeln genötigt sei (→ Rasse).

Mit den Schriften Gumblowiczs, insbesondere seinem «Grundriß der Soziologie» von 1885 (1926[2] und 1972), der ersten deutschen Publikation überhaupt, die diesen Begriff im Titel führt, konnte die Soziologie des Rechts erstmals einer auch akademischen Akzeptierung nähergebracht werden. Gumblowicz ist so der anerkannte Pionier der R. als einer akademischen Disziplin; jedoch haben substantiell beide genannten Bewegungen ihr den Weg bereitet. So gegensätzlich beide Quellen sind – materialistisch versus idealistisch, Ableitung des Klassenrechts aus ökonomischen Grundlagen versus Ableitung des Rassenrechts aus historisch-nationalen Grundlagen –, so ist insgesamt, blickt man auf das jeweils herrschende Recht, Nicholas S. Timasheff (1886–1970) sicherlich nicht zu widersprechen: Die R. ist die historische Frucht einer «rechtsfeindlichen Haltung».

Das Gegenteil kennzeichnet wesentlich ihre weitere Entwicklung. Je mehr dem Recht die Grundlagen für seinen Anspruch, die natürliche oder die dem historisch gewachsenen Rechtsbewußtsein des Volks entsprechende Ordnung der Gesellschaft zu repräsentieren, durch objektive Entwicklung und wissenschaftliche Erkenntnis abhanden kamen, desto beschränkter wurde der zentrale Aufgabenbereich der Jurisprudenz, desto mehr reduzierte sie sich auf begriffliche Dogmatik *(Begriffsjurisprudenz)*. Damit entfernte sie sich in einer das von ihr zu pflegende Recht selbst gefährdenden Weise von den gesellschaftlichen Entwicklungsprozessen und trieb die *Rechtstatsachenforschung* (in Deutschland, desgleichen die sociological jurisprudence in den USA) hervor als notwendige Ergänzung zur *Interessenjurisprudenz*. Eugen Ehrlich (1862–1922), ein Vertreter der letzteren, hat, angeregt durch die tatsächliche Rechtsvielfalt im Völkergemisch seiner Heimat Bukowina unter formal vereinheitlichtem österreichischem Recht, verschiedene Ebenen des Rechts unterschieden: Das staatlich gesetzte Recht sei keineswegs das «lebendige Recht»; dieses resultiere aus der wechselseitigen Beeinflussung zwischen Juristenrecht und «gesellschaftlichem Recht» mit seinen jeweiligen Prinzipien der Gerechtigkeit, die «Individualismus» und «Gemeinschaftsgedanken» in je spezifischer Gewichtung enthielten. Ehrlich kann damit als Gründer der Rechtstatsachenforschung gelten; Ernst Kantorowicz (1877–1940), prononcierter Verfechter der Interessenjurisprudenz, förderte sie als deren «vornehmste Hilfswissenschaft»; Arthur Nußbaum (1877–1964) proklamierte in seiner Denkschrift von 1914 (1968^2) ihre Programmatik.

Begrifflichkeit und Problemorientierung waren freilich bei ihnen an die der überkommenen Rechtswissenschaft angelehnt. Erst Max Weber (1864–1920) entwickelte ein System gesellschaftswissenschaftlicher Kategorien, die er für die R. besonders ausbaute: eine aus historischen Typisierungen («Idealtypus») abgeleitete ahistorische Begrifflichkeit für gesellschaftliche Prozesse und (Sinn-)Zusammenhänge des → Handelns. Er emanzipierte damit die R. auch insofern von der Jurisprudenz, als sie nicht mehr nur als Hilfswissenschaft der Interessenjurisprudenz und der Rechtspflege zu fungieren hatte, sondern – Teil der Soziologie – als Hilfswissenschaft allenfalls der Politik des staatlichen Herrschaftsapparats, der «Staatsanstalt», als Lieferant wissenschaftlich begründeter Regulierungsformen zur Erhaltung der Einheit des gesellschaftlichen Systems.

Damit war den rechtskritischen Ansätzen eine rechtsimmanente, freilich Regulationen, Interventionen und Korrekturen vorsehende rechtssoziologische Schule entgegengetreten; sie beherrscht seitdem weitgehend das akademische Feld der R. in Deutschland und der BRD (Ausnahme v.a. Theodor Geiger, 1891–1952, mit seinem ausgearbeiteten System eines positivistischen Rechtsrealismus in Form eines jede Metaphysik und → Ideologie bekämpfenden Wertnihilismus). Sie ist ihrem Charakter nach den vielfältigsten wissenschaftlichen Positionen und Richtungen offen: von der Orientierung am Klassenkampf bei dem Rechtsreformer Hugo Sinzheimer (1876–1945) bis zu dem Normsetzung durch «religiöse Dogmatik» und «apriorische Soziologie» fordernden Konservatismus bei Carl August Emge (1886–1970), ja bis hin zu Positionen, die dem Nationalsozialismus dienlich waren, wie der völkischen «Volkssoziologie» Max Rumpfs (1878–1953), der auf dem Grundgedanken der Gemeinschaft mit originärem Drang zur Selbsterhaltung aufbauenden R. Franz Wilhelm Jerusalems (1883–1970), der Konzeption eines in seinen «drei Dimensionen» – Rechtssatz, Rechtstatsachen, Rechtsidee – «lebenden, verwirklichten, konkretisierten

Rechts» als Formung der Volksgemeinschaft zum Staat als Kultureinheit bei Wilhelm Sauer (1879–1962).

Die Zeit des Nationalsozialismus (→ Faschismus) hat nur scheinbar dessen Feindschaft gegenüber der R. belegt: Zwar sind zahlreiche Rechtssoziologen vertrieben worden – so Sinzheimer, Nußbaum, Kantorowicz, Geiger, Julius Kraft (1898–1960), Ernst E. Hirsch (geb. 1902), von denen nur letzterer nach 1945 als Rechtssoziologe zurückgekehrt ist –; dennoch hat er ein spezifisches Interesse an ihren Ergebnissen gezeigt. Beispielhaft sei der Schüler (und Assistent) Jerusalems Reinhard Höhn (geb. 1904) genannt, Vertreter der Theorie einer Volksgemeinschaft als Leistungs-, Bluts- und Rechtsgemeinschaft, der im Auftrag Heinrich Himmlers als Leiter des Instituts für Staatsforschung an der Universität Berlin und innerhalb von SS und SD mit umfassenden, vor allem auch empirischen Forschungsaufgaben bezüglich Staats- und Rechtsstrukturen betraut war und mit der Organisierung flächendeckender Erhebungen zur inneren Sicherheit. Insgesamt äußert sich in zahlreichen völkischen auf Konkretion (wie bei Sauer) ausgehenden Positionen nicht nur die Flucht vor immanenten rechtstheoretischen Widersprüchen, sondern auch eine Tendenz zur Soziologisierung: im «konkreten Ordnungsdenken» bei Carl Schmitt (geb. 1888), in der «konkreten Volksgemeinschaft» bei Reinhard Höhn, im «konkreten Volksrecht» bei Hermann Josef Held (1890–1963), im «konkreten Charakter des Rechts als Einheit von Idee und Wirklichkeit» bei Karl Larenz (geb. 1903).

Die heutige R. in der BRD ist bestimmt durch ihren in den letzten zwanzig Jahren erfolgten erheblichen Aufschwung in der Quantität von Forschungen, Publikationen und beteiligtem Personal, anknüpfend nicht nur an frühere Ansätze hiesiger R., sondern vor allem – und insoweit auch in entwickelterer Differenzierung – gestützt auf Methoden, Ansätze und Forschungsgegenstände, wie sie aus den USA zu rezipieren waren; Ansätze der Handlungstheorie (darunter vor allem der → sozialen Kontrolle), der → Systemtheorie (hochdifferenziert ausgearbeitet von Niklas Luhmann in seiner funktional-strukturellen Theorie) und solche der pragmatischen Tradition der USA (→ Pragmatismus). Gegenstände der empirischen Untersuchungen lagen vor allem im Bereich des *judicial research*, des Zugangs zum und der Betroffenheit vom Recht, sowie in dem der *Rechtstatsachenforschung*, letztere anknüpfend nunmehr auch an die amerikanische Wissenschaftstradition einer pragmatischen sociological jurisprudence (seit Roscoe Pound, 1870–1964). Darin kommt ein (wenn auch hier langsamer noch als in den USA und v. a. in Frankreich) zunehmendes offizielles Interesse an der R. zum Ausdruck, beim Gesetzgeber, weil kaum ein bedeutsames Gesetz mehr ohne Untersuchung sozialer Tatbestände seine Zielsetzung trennscharf angehen und seine Durchsetzung erwarten lassen kann, z. T. auch bei den höchsten Gerichtsinstanzen, insoweit sie in Argumentation und Begründung längst die Begrifflichkeit der reinen Jurisprudenz verlassen haben.

So droht die R. in der BRD zur Lieferantin soziotechnischer Daten und Empfehlungen zu werden, zur immer vielfältiger herangezogenen Beratungsinstanz für Reparaturtechniken angesichts wachsender Spannungen und Widersprüche im Recht (→ Sozialtechnologie). An umfassenderen, in der Kritik das bestehende Recht transzendierenden Fragestellungen ist sie kaum mehr beteiligt, sosehr seit ihren Anfängen in diesem Land die Geschichte dafür Anlässe geboten hätte. Ihre Fachvertreter sind in solchen Untersuchungen überholt durch Politologen, (Rechts-)Historiker, Staats-, Wirtschafts- und Arbeitsrechtler. Von ihnen stammen neuere Arbeiten zu grundlegenderen Problemen gesellschaftlicher Funktionen des Rechts (so z. B. zum NS-Recht Reifner sowie Sachse u. a.), materialnah und zugleich rechts- und gesellschaftskritisch wie eben die Anfänge der R. selbst.

Es mag kein Zufall sein, daß gerade diese Untersuchungen sich insbesondere mit Themen aus dem Bereich des Nationalsozialismus beschäftigen, jener epochalen, vielleicht grundlegendste Alternativen der Rechtsentwicklung offenlegenden Erscheinung der neuesten Geschichte, der die Fach-Rechtssoziologie bisher so entschieden ausgewichen ist – vielleicht zum Vorteil etlicher Rechtssoziologen, sicherlich aber zum Nachteil der R. als Wissenschaft.

Zur R. in den USA
Llewellyn, K. N.: Jurisprudence. Realism in Theory and Practice. Chicago 1962.
Rehbinder, M.: Entwicklung und gegenwärtiger Stand der Rechtstatsachenforschung in den USA. Ein bibliographischer Bericht. München 1970.

Zur R. in Frankreich
Charbonnier, J.: Rechtssoziologie. Berlin 1974.

Allgemeine Länderübersicht
Treves, R.: La sociologia del diritto. Milano 1966.

Einführung mit übersichtlich gegliederter Kurz-Bibliographie
Dux, G.: Rechtssoziologie. Stuttgart 1978 (= Urban-TB 241).

Umfassendste Fachbibliographie
Rehbinder, M.: Internationale Bibliographie der rechtssoziologischen Literatur. Berlin 1977[2].

Fachperiodika (BRD)
Jahrbuch für Rechtssoziologie und Rechtstheorie. Bd. I ff, 1970 ff.
Zeitschrift für Rechtssoziologie. Jg. 1 ff, 1980 ff (halbjährlich).

Weitere Literatur, soweit nicht im Text genannt

Durkheim, E.: Über die Teilung der sozialen Arbeit. Frankfurt/M. 1977 (1. Aufl. Paris 1893).

Ehrlich, E.: Grundlegung der Soziologie des Rechts. Berlin 1967^3 (= 1929^2 = 1913^1).

–: Recht und Leben. Gesammelte Schriften. Berlin 1967.

Engels, F.: Anti-Dühring. Marx-Engels-Werke Bd. 20. Berlin (DDR) 1973.

–: Ludwig Feuerbach und der Ausgang der klassischen deutschen Philosophie. In: MEW Bd. 21. Berlin (DDR) 1973.

Feest, J. & E. Blankenburg: Die Definitionsmacht der Polizei. Düsseldorf 1972.

Geiger, Th.: Vorstudien zu einer Soziologie des Rechts. Neuwied 1970^3.

–: Über Moral und Recht. Streitgespräch mit Uppsala. Berlin 1979.

Gurvitch, G.: Grundzüge der Soziologie des Rechts. Neuwied 1960 (1. Aufl. Paris 1940).

Hartwieg, O.: Rechtstatsachenforschung im Übergang. Bestandsaufnahme zur empirischen Rechtssoziologie in der Bundesrepublik Deutschland. Göttingen 1975.

– & Bundesministerium der Justiz (Hrsg.): Rechtstatsachenforschung und Kriminologie. Empirische Forschung in Zivil- und Strafrecht. Köln 1978^2.

Horvath, B.: Probleme der Rechtssoziologie. Berlin 1971.

Kantorowicz, H.: Rechtswissenschaft und Soziologie. Ausgewählte Schriften zur Wissenschaftslehre. Karlsruhe 1962.

Kaupen, W. & Th. Rasehorn: Die Justiz zwischen Obrigkeitsstaat und Demokratie. Neuwied 1971.

Kraft, J.: Rechtssoziologie. In: Handwörterbuch der Soziologie. Hrsg. v. A. Vierkandt. Stuttgart 1959 (= 1931).

Luhmann, N.: Legitimation durch Verfahren. Neuwied 1969.

–: Rechtssoziologie. Reinbek bei Hamburg 1972.

Marx, K.: Debatten über das Holzdiebstahlsgesetz. In: Marx-Engels-Werke Bd. 1. Berlin (DDR) 1969.

–: Kritik des Gothaer Programms. In: MEW Bd. 19. Berlin (DDR) 1962.

– & F. Engels: Die deutsche Ideologie. In: MEW Bd. 3. Berlin (DDR) 1969.

Neumann, F. L.: Behemoth. Struktur und Praxis des Nationalsozialismus 1933–1944. Köln/Frankfurt 1977.

Pound, R.: Sociology of Law and Sociological Jurisprudence. In: University of Toronto Law Journal 1943, 1–20.

Reich, N. (Hrsg.): Marxistische und sozialistische Rechtstheorie. Frankfurt/M. 1972.

Reifner, U. (Hrsg.): Das Recht des Unrechtsstaates. Arbeitsrecht und Staatsrechtswissenschaften im Faschismus. Frankfurt/M. 1981.

Sachse, C./Siegel, T./Spode, H. & W. Spohn: Angst, Belohnung, Zucht und Ordnung. Herrschaftsmechanismen im Nationalsozialismus. Opladen 1982.

Weber, M.: Rechtssoziologie. Neuwied 1967 (1. Aufl. Frankfurt/M. 1922 = 2. Teil, 7. Kap. von: Ders.: Wirtschaft und Gesellschaft).

Martin Bennhold

Regionalplanung

Begriff und Gegenstand

R. – auch regionale Raumordnung – ist raumbezogene Planung auf mittlerer (regionaler) Ebene bzw. Landesplanung für Teilräume. Als Regionen werden geographisch bestimmte Räume mittlerer Größe angesehen. Das Bundesgebiet ist gegenwärtig mit 87 Regionen im Sinne der R. überzogen, deren Größe zwischen Landkreisen (Niedersachsen) und Regierungsbezirken (Nordrhein-Westfalen, Hessen) liegt. Im Bundesraumordnungsgesetz (BROG) ist die Einrichtung einer Regionalplanung durch die Bundesländer rahmenrechtlich verankert. Die R. soll Vermittlungsfunktionen zwischen der raumbezogenen Politik des Staates (Raumordnung) und der kleinräumigen, kommunalen Planung (Bauleitplanung, Entwicklungsplanung) übernehmen. Sie untersteht einerseits staatlichen Vorgaben und Weisungen, wird andererseits durch kommunal besetzte Beschlußkörperschaften (Planungsversammlungen, Verbandsversammlungen) oder Beiräte inhaltlich mitbestimmt, bevor der Regionalplan gemäß Bundesbaugesetz (§1 Abs. 4) gegenüber den Gemeinden verbindlich wird.

Die Anfänge der modernen R. reichen bis ins 19. Jahrhundert zurück und sind eng mit Prozessen der → Industrialisierung, Agglomeration und Urbanisierung verknüpft. Historisch gesehen ist die R. Vorläufer der Landesplanung. Die Bildung des Zweckverbandes Groß-Berlin (1910) und des Siedlungsverbandes Ruhrkohlenbezirk (1920) sind Kennzeichen einer Entwicklung, die wesentlich vom Bestreben der Großstädte nach Sicherung ihrer längerfristigen Entwicklungschancen in regionalen Planungsverbänden geprägt war. Dabei spielte die Sicherung der natürlichen Ressourcen – z. B. des Wassers – als regionale Produktionsvoraussetzung im Ruhrgebiet bereits eine große Rolle.

Aufgaben, Instrumente, Organisation

Die R. hat die im BROG und in Planungsgesetzen und Programmen der Bundesländer formulierten Ziele der Raumordnung und Landesplanung auf regionaler Ebene räumlich und fachlich zu konkretisieren und in Vorgaben für die kommunale Planung und sonstige Planungsträger umzusetzen. Als wichtigste Steuerungsinstrumente der R. gelten folgende Festsetzungen im Regionalplan: Funktionsbestimmung der Gemeinden im zentralörtlichen System, Verteilung von Einwohnern und Arbeitsplätzen im Raum, Funktionsbestimmung von Flächen für bestimmte Nutzungen (Vorrangflächen) bzw. zur Freihaltung (regionale Grünzüge etc.), standortbezogene Angaben zum Ausbau der → Infrastruktur und Darstellung der fachplanerischen Vorhaben und Maßnahmen in der Region.

Ob es gelingt, durch gezielte Zuordnung von Siedlungs-, Infrastruktur- und Freiflächen die Entwicklung der Region planmäßig zu lenken, wird letztlich nicht vom Träger der R. selbst entschieden: Die R. hat in der Regel weder Genehmigungs- noch Vollzugskompetenzen und verfügt nicht über eigene Investitionsmittel. Es sind vielmehr private Investoren und Haushalte, staatliche Fachplanungsträger und die Gemeinden, die mit ihren Einzelentscheidungen direkt auf die Raumentwicklung einwirken.

Das BROG verpflichtet zu keiner einheitlichen Organisationsform und enthält auch keine Bestimmungen über Größe und Merkmale der Planungsregionen. Die Regelungskompetenz der Bundesländer hat hier zu einer Vielfalt der Organisationsstruktur geführt.

Insgesamt zeichnet sich ein Trend zu mehr staatlichem Einfluß in der R. ab, so daß man auch von einer Tendenz zur Regionalisierung der Raumordnung und Landesplanung sprechen kann.

Wissenschaftliche Grundlagen

Die R. bezieht ihre Erklärungs- und Steuerungsmodelle ebenso wie die Raumforschung und Raumordnung aus verschiedenen Theorieansätzen zur Erklärung der Raumstruktur und der städtischen Entwicklung, die sich als Regionalwissenschaft (regional science) zusammenfassen lassen. Die Regionalwissenschaft versteht sich als interdisziplinärer Ansatz zur Erklärung menschlichen Verhaltens im Raum; ihre Anwendungsgebiete und Methoden sind jedoch traditionell ökonomisch geprägt, und sie hat bisher nur in begrenztem Maße soziologische Fragestellungen aufgenommen. Ansätze finden sich beim Arbeitskreis Arbeitsorientierte Regionalwissenschaft (1981). Die soziologische Theorie hat sich vergleichsweise spät der territorialen Ausprägung gesellschaftlicher Arbeitsteilung und damit dem Raumbezug sozialer Prozesse zugewandt. Um die «punktförmig» vorgestellte Vergesellschaftung in einer raumblinden «Ein-Punkt-Wissenschaft» und die Zersplitterung in Bindestrichsoziologien zu überwinden, wird eine Theorie der räumlichen Ausprägung gesellschaftlicher Strukturveränderungen gefordert (Tjaden 1977, 50).

Eine gewisse Bedeutung für die praktische R. haben Ansätze und Arbeitsergebnisse der Siedlungssoziologie, Sozialökologie (→ Ökologie), Mobilitätsforschung, der Industriesoziologie und der soziologischen Infrastrukturforschung gewonnen. So ist die in den Erklärungs- und Steuerungsmodellen der Raumordnung und R. lange vorherrschende Stadt-Land-Dichotomie allmählich durch differenziertere Analysen regionaler Lebensverhältnisse abgelöst worden. Darüber hinaus hat die Unfähigkeit der Raumordnung zur großräumigen Umlenkung von Kapitalbewegungen eine Besinnung auf das endogene Potential von Regionen und die Entwicklung dezentraler Planungskonzepte begünstigt.

Stärker als die Soziologie hat sich die politikwissenschaftlich orientierte Planungs- und Verwaltungsforschung mit den Gegenstandsbereichen und Organisationsstrukturen der R. befaßt. Empirische Untersuchungen zur Problemlösungsfähigkeit verschiedener Organisationstypen der R. kommen zu einer positiven Bewertung dezentraler Organisationsformen in kommunal-verbandlicher Trägerschaft und plädieren für eine Aufwertung der regionalen Ebene gegenüber zentralstaatlichen Planungen (Schulz zur Wiesch 1977; Benz 1982).

Entwicklungstendenzen
Obwohl inzwischen in allen Bundesländern Regionalpläne – mindestens im Entwurf – vorliegen und in Teilbereichen durchaus Wirkungen auf die Raumentwicklung und -nutzung nachzuweisen sind, wird die R. in der politischen und wissenschaftlichen Diskussion kontrovers beurteilt. Als Ursachen für die «Krise der Regionalplanung» (BfLR 1980) werden unrealistische Ziele, schwache Instrumentierung, Bürokratisierung der Planung (→ Bürokratie) und fehlende politische Abstützung genannt. Neue Konzepte für die R. zielen auf eine Zurücknahme unrealistischer Planungsziele, z. B. im Bereich des Disparitätenausgleichs, eine Abkehr von überhöhter Regelungsdichte und Detaillierung («Entfeinerung»), oder sie plädieren für eine arbeitnehmerorientierte Regionalpolitik mit verschärften investitionslenkenden Maßnahmen und verstärkten Beteiligungsprozessen (Erklärung zur Raumentwicklung 1977). Angesichts flächenhafter Massenarbeitslosigkeit (→ Arbeitslosigkeit) – in peripheren Regionen wie in Ballungsräumen – und einer tendenziell abnehmenden Bedeutung der Raumdimension für die Erklärung gesellschaftlicher Ungleichheit erscheint eine Politisierung der «Raumopfer» (Naschold 1978) jedoch unwahrscheinlich.

Wirtschaftliche und wirtschaftspolitische Entscheidungen zum strukturellen Arbeitsplatzdefizit im entwickelten → Kapitalismus werden nicht auf der Ebene der R. getroffen. So läßt trotz einer faktischen Aufwertung der Region als Analyse- und Handlungsebene im politisch-administrativen System die Entwicklung der R. keinen Trend zu mehr regionaler Autonomie in der Raumplanung erkennen.

Arbeitskreis Arbeitsorientierte Regionalwissenschaft (Hrsg.): Regionale Krisen und Arbeitnehmerinteressen. Köln 1981.
Benz, A.: Regionalplanung in der Bundesrepublik Deutschland. Münster 1982.
Bruder, W. & T. Ellwein (Hrsg.): Raumordnung und staatliche Steuerungsfähigkeit. Opladen 1980.
Bundesforschungsanstalt für Landeskunde und Raumordnung (Hrsg.): ‹Regionalplanung in der Krise?› Bonn 1980.
Für eine Arbeitnehmerorientierte Raumordnungs-, Regional- und Kommunalpo-

litik (Erklärung zur Raumentwicklung in der Bundesrepublik Deutschland). In: Blätter für deutsche und internationale Politik 1977, 12, 1509–1534.
Naschold, F.: Alternative Raumordnungspolitik. Kronberg 1978.
Schulz zur Wiesch, J.: Regionalplanung in Hessen. Stuttgart u. a. 1977.
Tjaden, K.-H.: Die räumliche Ungleichmäßigkeit gesellschaftlicher Entwicklung als theoretisches Problem. In: Arch +, 1977, 32, 49–51.
Wollmann, H. (Hrsg.): Politik im Dickicht der Bürokratie. Beiträge zur Implementationsforschung. Opladen 1980.

Jochen Schulz zur Wiesch

Revolution

«Wer wirklich kämpft, der kämpft naturgemäß ums Ganze» (Lenin, Werke Bd. 8, 424). Auch sogenannte bürgerliche Soziologen schrieben früh: «Nicht nur, wo die Soziologie Kampftheorie des Proletariats war, sondern überall, wo sie konkret dachte, hat sie die Klassengesellschaft als Übergang verstanden ... Die Theorie der Revolution wird damit zum Kernstück des gesamten Systems der Soziologie» (Freyer 1930, 285). Europäische Autoren wählen verständlicherweise als Ausgangspunkt die ‹klassischen Revolutionen› – die Französische des Jahres 1789 und die russische des Jahres 1917. Karl Griewank (1955, 230) schrieb zu dem mit der Französischen R. eingeleiteten R.-Zeitalter: «Hier zuerst ist die Revolution nicht nur nachträglich festgestellt, sondern bewußt erlebt und in langen Kämpfen durchgesetzt, schließlich auch wieder bestritten worden; hier wurde ‹Revolution› aus einem einzelnen Ereignis zu einer Menschheitsaufgabe, zu einem Ausdruck weitwirkender Kräfte, schließlich zu einem Prinzip, dem man anhing oder widerstrebte ...» R. – ein Phänomen, das in der heutigen Soziologie meist unter den Stichworten Krise (→ Krisentheorien), → Konflikt, oder → sozialer Wandel abgehandelt und damit, obwohl R.en und revolutionäre Situationen in der ‹Dritten Welt› eine entscheidende Rolle spielen, entschärft wird.

Dennoch: Begriffe haben ‹Konjunkturen›. In den letzten Jahrzehnten gab es immer wieder Versuche, soziologisch stringente Erklärungen für R.en zu finden, mit mäßigem Erfolg. Meineckes (1919, 11) Resignation, R.en seien eines «jener Rätsel und dunklen Punkte, die kein Menschenwitz je wird aufhellen können», zeigt sich in der Literatur genauso wie der immer wiederholte Hinweis auf die «irrationalen Zufälligkeiten» (Hermann Oncken) in R.en. So blieb erhalten die Pluralität möglicher Bedeutungen, wobei die bunte Oberfläche miteinander konkurrierender Definitionen über die auffällige Gleichförmigkeit hinwegtäuscht. R.

herrscht, «wenn das Machtmonopol des Staates effektiv bedroht ist, und sie dauert an, bis ein Machtmonopol wieder hergestellt ist ...» (Amann 1974, 181 ff). Immer wieder genannt wird die drastische Ersetzung einer mit der Lenkung einer politischen Gebietseinheit betrauten Gruppe durch eine andere, sei es in der Folge eines «gewaltsamen Aufstandes mittels eines Staatsstreichs, Putsches oder eines sonstigen Gewaltaktes» (Brinton 1959, 12). Verallgemeinernde Bestimmungen definieren R.en außerdem häufig als «politische und soziale Wandlungen, die unter Anwendung von Gewalt extrem rasch verlaufen und äußerst tiefgehende Wirkungen zeitigen» (Dahrendorf 1961, 153 ff). Dabei fehlt es, wie Dahrendorf vermerkt, nicht an präzisen Beschreibungen bestimmter einzelner R.en (also historischer oder historisierender Darstellungen); was weit eher fehlt, sind allgemeine Theorien der R. oder zumindest empirisch überzeugende verallgemeinernde Darstellungen. Ist dies ein Zufall, oder deckt das Manko die Grenzen soziologischer Verallgemeinerungsfähigkeit auf; oder ist der Begriff selbst falsch gewählt? Lassen sich R.en soziologisch so abstrakt bestimmen, daß die Kategorie quasi wertlos wird? Und führt andererseits eine empirisch historische Aufarbeitung dazu, daß Dinge, Fakten und Merkmale jeweils fast beliebig aneinandergereiht werden?

Auf alle Fälle überwiegt das deskriptiv Typologisierende. Die ‹Ursachen›, die ‹Anstöße›, die ‹Bedingungen› von R.en werden meist in umgangssprachliche Bezeichnungen gefaßt, sind narrative Beschreibungen von R.-Vorgängen und damit etwas, was Historiker besser beherrschen. Beschreibung und Analyse konkreter R.en bilden jedenfalls weit eher als soziologische Deutungsangebote das Material für Verallgemeinerungen. Diese stellt die soziologische Theorie meist unter eines der beiden Stichworte: «Alle sozialen Probleme sind eigentlich Probleme der sozialen Kontrolle» (E. A. Ross), oder aber: «Revolutionen sind ein Problem des sozialen Wandels.» Thematisiert werden Systemschwächen, Systemauflösung und Systemzerstörung (→ soziales System/→ Systemtheorie); gefragt wird, wie es in revolutionären Situationen zum ‹Normalitätskollaps› kommt. «Es ist eine soziale Kraft, die in den Prozeß der politischen Auseinandersetzung eingreift, von bisher gemeinsamen Normen abweicht, kriegsähnliche Züge trägt (das heißt, praktisch ohne gegenseitig beachtete normative Regeln geführt) und die ernstliche Bedrohung fester institutionalisierter Muster einschließt» (Eckstein 1964, 12). Einfaktoren-Theorien (technologischer Wandel, → Eliten usw.) werden zwar meist abgelehnt; aber die jeweils genannten Faktoren bleiben vage (Schwäche der Regierungen, politisch unfähige herrschende → Klassen usw.). Gefragt wird (1) nach den *Faktoren* (Ursachen) von R.en, (2) nach der *Verlaufsform* des Geschehens, und hier nach Geschwindigkeit, Intensität und Dauer revolutionärer Bewegungen, und (3) Typologisierungen nach den *Trägern* und nach den angewandten Techniken.

Untersuchungsaspekte sind dabei im wesentlichen die Fragen: Wodurch wird ein gesellschaftliches Gleichgewicht gestört; warum wirken die üblichen Integrationsweisen (→ Integration) nicht? Gibt es (und welche) Oppositionskräfte, die den Autoritätszerfall ausnützen können? Konsequenter, weil sie davon ausgehen, daß Gesellschaften sich in einem Zustand fortwährender, zwar durch soziale → Normen, ideologische Anschauungen (→ Ideologie) und staatliche Sanktionen in Schach gehaltener Spannung befinden, entwickelten Lewis A. Coser (1956) und Ralf Dahrendorf Konflikttheorien, die ‹Störungen› nicht von vornherein als Anomalien und pathologische Veränderungen auffassen. Die Schwierigkeit, diese Ansätze für R.-Theorien fruchtbar zu machen, liegt auch hier allerdings darin, daß die gesellschaftlichen Konflikte alle Beziehungen umfassen und ‹R.› dabei wiederum nur einen Ausnahmezustand darstellt, der formal gefaßt wird.

«Revolutionen sind die Lokomotiven der Geschichte», hat Marx, dem Dahrendorf die bis heute kohärenteste Theorie der R. zubilligt, geschrieben, wobei dieser in den Frühschriften R. definiert als «eine heilige Empörung, eine Umwälzung der Zustände, eine politische oder soziale Tat, ein Umsturz des Bestehenden» (Marx/Engels 1960, 392). R.en werden gemacht; sie sind allerdings auch die notwendige Folge der Umstände, welche von dem Willen und der Leitung ganzer Klassen unabhängig sind. Vereinfacht: Jede Epoche drängt zu ihrer Aufhebung, weil ihre immanenten Klassengegensätze sich verschärfen; Motor sind die sich entfaltenden Produktivkräfte, wobei R.en eintreten, wenn der → Widerspruch zwischen wirtschaftlicher Entwicklung und sozialer Struktur ‹unüberbrückbar› wird. Mit der Bestimmung der ökonomischen Bewegungsgesetze der kapitalistischen Gesellschaft wurden revolutionäre Umbrüche später theoretisch im → Marxismus leicht einseitig als quasi ‹Naturgesetzlichkeiten› gedeutet. Wird indes ‹R.en› dort Strukturnotwendigkeit unterstellt und damit die Gesellschaftsentwicklung evolutionär, quasi unabänderlich gedacht, dann bleiben nicht bloß die empirisch leicht nachweisbaren Ungleichzeitigkeiten von ökonomischer Notwendigkeit (Logik) und der Logik des Handelns möglicher revolutionärer Klassen oder Gruppen ungeklärt. Es bleibt auch die Frage unbeantwortet, weil vorentschieden, ob ein solcher Zusammenhang besteht und in welcher Form, über welche Prozesse und Strukturen vermittelt. Um welche Klassen handelt es sich (besonders wenn der Begriff ‹Proletariat› im Spätkapitalismus sozioökonomisch an Bedeutung verliert)? Wer erkämpft eine revolutionäre Situation, und wie läßt sich der qualitative Sprung begründen? Wann und wie wandelt sich Klassenbewußtsein, das zunächst nichts anderes ist als das Bewußtsein der Negativität, d. h. überwältigtes, unterdrücktes Bewußtsein, in Klassenkampfbewußtsein?

Die Marxsche Theorie ist zur Erhellung der Problemebene so fruchtbar wie zur Zeit der Begründung und doch nicht in der Lage, heute kategorial substantiell eine soziologische Theorie der Revolution(en) zu fundieren. Soll deshalb, was in der heutigen Theoriediskussion ohnehin geschieht, der Begriff und damit die Kategorie R., weil nur Vages und historisch Diffuses damit erfaßt werden kann, ausgeblendet bleiben? Gute Gründe sprechen dafür. Andererseits wissen wir: Auf der konkreten historischen Ebene bleiben ‹R.en› angesichts weltweiter Systemwidersprüche zentrale Themen. Notwendig dabei, daß die Soziologen gerade hier von ihren eurozentriert fixierten Ordnungsvorstellungen abrücken, also die Geschichte und Nachfolgegeschichte der Französischen R. und die Entwicklungsgeschichte des → Kapitalismus vom 19. Jahrhundert bis heute sowie die Durchsetzung und Entfaltung des Staatssozialismus in europäischen Ländern als eine Variante begreifen. – Mag man Jean-Paul Sartres Bestimmung der R.en als quasi existentielle Entscheidungssituationen ganzer Gesellschaften für naiv halten (Dahrendorf); daß dort, wo R.en heute stattfinden, revolutionäres Engagement eine wichtige, wenn nicht zentrale Rolle spielt, ist unbestreitbar. Der Kampf geht tatsächlich immer wieder ums Ganze.

Amann, P.: Revolution: eine Neudefinition. In: Jaeggi, U. & S. Papcke (Hrsg.): Theorie und Revolution I. Frankfurt/M. 1974.

Arendt, H.: Über die Revolution. München 1963.

Aron, R.: Die Entwicklung der Industriegesellschaft und der sozialen Stratifikation. Köln/Opladen 1962.

Basso, L.: Zur Theorie des politischen Konflikts. Frankfurt/M. 1969.

Brinton, C.: Die Revolution und ihre Gesetze. Frankfurt/M. 1959.

Coser, L. A.: The Functions of Social Conflict. Glencoe (Ill.) 1956.

Dahrendorf, R.: Konflikt und Freiheit. München 1972.

–: Über einige Probleme der soziologischen Theorie der Revolution. Archives européennes de sociologie, II., 1961, 153 ff.

Davies, J. C.: Eine Theorie der Revolution. In: W. Zapf (Hrsg.): Theorien des sozialen Wandels. Köln/Berlin 1970.

Eckstein, H. (Hrsg.): Internal War. New York 1964.

Freyer, H.: Soziologie als Wirklichkeitswissenschaft. Leipzig/Berlin 1930.

Griewank, K.: Der neuzeitliche Revolutionsbegriff. Weimar 1955.

–: Die Französische Revolution 1789–1799. Graz/Köln 1958[2].

Hoselitz, B. W. & R. S. Merill: Sozialer Wandel in unterentwickelten Ländern. In: R. König (Hrsg.): Handbuch der empirischen Sozialforschung. Bd. 2. Stuttgart 1969.

Jaeggi, U. & S. Papcke (Hrsg.): Revolution und Theorie I. Materialien zum bürgerlichen Revolutionsverständnis. Frankfurt/M. 1974.

Kirchheimer, O.: Restriktive Bedingungen und revolutionäre Durchbrüche. In: Politische Herrschaft. Frankfurt/M. 1967.

Kossok, M. (Hrsg.): Studien über die Revolution. Berlin (DDR) 1971.

Krysmanski, H. J.: Soziologie des Konflikts. Reinbek bei Hamburg 1971.

Lenin, W. I.: Politische Sophistereien. In: Ders.: Werke Bd. 8. Berlin (DDR) 1975.

Lenk, K.: Theorien der Revolution. München 1973.
Marx, K. & F. Engels: Die deutsche Ideologie. Berlin (DDR) 1960.
Meinecke, F.: Nach der Revolution. München/Berlin 1919.
Tanter, R. & M. Midlarsky: Revolutionen: eine quantitative Analyse. In: W. Zapf, (Hrsg.): Theorien des sozialen Wandels. Köln/Berlin 1970.
Tjaden, K. H.: Soziales System und sozialer Wandel. Stuttgart 1969.
Verhandlungen des 13. Deutschen Soziologentages. Hrsg. von der Deutschen Gesellschaft für Soziologie: ‹Tradition und Revolution.› Köln/Opladen 1957.
Zapf, W.: Theorien des sozialen Wandels. Frankfurt/M. 1969.

Urs Jaeggi

Rollentheorie

R. gehört zum festen Bestand soziologischer Wissenschaft, ähnlich wie Interaktionstheorie(n) oder → Systemtheorie. Zugleich steckt der Rollenbegriff in solchen Theorien, sowohl in der einen wie in der anderen. R. scheint übergreifend wie auch eine Unterabteilung umfassenderer theoretischer Entwürfe. Was ist R.? Sie ist eine «Sammelbezeichnung für sozialwissenschaftliche Bemühungen, mit Hilfe des Rollenbegriffs einzelne oder zusammenhängende Hypothesen über die Bedingungen regelmäßigen sozialen Verhaltens zu formulieren und empirisch zu prüfen» (Fuchs 1973, 577). Diese Erklärung verweist weiter an den Rollenbegriff. Die Worte «Sammelbezeichnung für sozialwissenschaftliche Bemühungen» lassen sich ohne viel Mühe entziffern als Unsicherheit über den Gegenstand: Es gibt nicht eine R., sondern deren mehrere. Ihr Verhältnis zueinander ist nicht das einer friedlichen Nachbarschaft, sondern eines des Streits bis zum ausschließenden Gegensatz.

Wenngleich die Spurensuche bis zurück ins klassische Altertum führt, begann die Auseinandersetzung um R. und Rollenbegriff erst in den 50er Jahren dieses Jahrhunderts in den Vereinigten Staaten und wurde mit Dahrendorfs Veröffentlichung des «Homo sociologicus» 1953 auch in der Bundesrepublik aufgenommen. – Eine gute Einführung in die Verwendungsweise der Kategorie Rolle bei den verschiedenen Autoren und in die Geschichte der Diskussion findet sich, zusammen mit einer graphischen Veranschaulichung der Zunahme an Publikationen über Rolle von 1923 bis 1962, bei Claessens (1974[3], 9ff); weitere Darstellungen der Geschichte des Begriffs bei Haug (1975[3]), Coburn-Staege (1973) und bei Gerhardt (1971), die insbesondere die frühen Verwendungen bei Dilthey und Simmel vorführt und für die heutige Rollendiskussion fruchtbar machen möchte.

In noch nicht einmal zwei Jahrzehnten gelang es der Rollenkategorie, die → Soziologie und zugleich die Nachbardisziplinen → Sozialpsychologie und Pädagogik geradezu zu durchsetzen. Kannte etwa das 1958 von R. König herausgegebene Lexikon für Soziologie (welches innerhalb von zwei Jahren eine Auflage von 75 000 Exemplaren erreichte) das Stichwort Rolle noch nicht, so hat man im oben zitierten, 1973 von Fuchs u. a. herausgegebenen Lexikon Mühe, unter 51 Stichworten zum Komplex Rolle noch einen Zusammenhang ausfindig zu machen.

Die durchschlagende Wirkung des Rollenkonzepts bedarf der Erklärung. Sie beruht vermutlich auf zwei Leistungsaspekten: Zunächst ist die Kategorie Rolle leicht verständlich, weil eingelassen ins Alltagsleben. ‹Die Welt als Bühne› und der Mensch als ‹Spieler von Rollen› – diese Shakespearesche Metaphorik, die zum häufig benutzten Zitatenschatz rollentheoretischer Texte gehört, ist uns nicht nur geläufig, weil wir Shakespeare oder überhaupt das Theater kennen; zugleich kann die Rollenmetapher darauf bauen, einverständig als Ausdruck für eine Befindlichkeit des Menschen gehört zu werden. Ausgesprochen wird eine Art Zerrissenheit und Fremdheit in der Welt, das Gefühl, wer anders zu sein als der, der wahrgenommen wird, und jemand anders sein zu wollen als der, der man zu sein hat. Kritisch dazu schrieb Popitz in seiner Antrittsvorlesung 1966:

«Rolle, Rollenspieler, Rollenverhalten: mit diesen Worten verbindet sich häufig die erste allgemein-theoretische Abstraktion der Soziologie, die dem Soziologie-Studenten wirklich einleuchtet. Sie sind offensichtlich besonders geeignet, sowohl Phänomene zu ‹zeigen›, wie gleichzeitig ein distanziertes Sehen zu lehren, das Allzunahe der sozialen Alltagserfahrung zu verfremden, das Selbstverständliche gesellschaftlicher Zusammenhänge unselbstverständlich und merkwürdig zu machen. Aber so verhältnismäßig leicht der Rollenbegriff diesen Dienst leistet, so schnell verliert er auch wieder seine Funktion: Er geht allzu rasch in den eigenen Sprachgebrauch ein, führt zu uferlosen Assoziationen, läßt sich beliebig in Szene setzen. Man kann eben mühelos alle sozialen Erfahrungen ‹aufrollen›. Die Beliebtheit des Begriffs deckt sich schließlich mit seiner grenzenlosen Brauchbarkeit als Formulierungsschablone. Der Kreis ist bald geschlossen: Der Begriff der sozialen Rolle dient heute der Geburt der soziologischen Distanz und fast zugleich ihrem Begräbnis» (Popitz 1967, 3).

Auf dem Grundkonsens alltäglichen Einverständnisses entfaltet sich der zweite Leistungsaspekt des Rollentheorems: R. ist → Gesellschaftstheorie, oder präziser: Sie ist Theorie der Vergesellschaftung des Menschen. Tatsächlich stellt sich R. in umfassender Weise die Grundfrage der Soziologie ‹Wie ist Gesellschaft möglich?› und beantwortet sie zugleich auf zwei Ebenen: nach der Seite der Struktur der Gesellschaft wie nach der der handelnden Individuen. Freilich wird diese Gesamtleistung von unterschiedlichen Vertretern und Richtungen der R. erbracht.

Gesellschaft als Rollenstruktur, als ein Netz von Verhaltenserwartungen, die die Menschen von sich selbst entfremden – das ist eine Lesart des Rollenkonzepts, die Dahrendorf in die Diskussion gebracht hat (→ Entfremdung). Dabei treten die einzelnen in eine von ihnen unabhängige Konstruktion ein, in der Positionen durch normierende Verhaltenserwartungen ausgezeichnet sind, die dem Verhalten, den Eigenschaften und äußeren Merkmalen von Personen gelten. Eine empirische Untersuchung, die mit solchen Begriffen arbeitet, versucht Dahrendorf dadurch zu orientieren, daß er Unterscheidungen einführt nach den Sanktionsarten, die ein Zuwiderhalten verhindern sollen. Danach findet man in der Gesellschaft Muß-, Kann- und Soll-Erwartungen. Das Stück ist geschrieben. Als Gesellschaftsmitglied ist der Mensch Darsteller. Erst hinter den Rollen steckt der eigentliche Mensch. Sie sind die Fäden, die ihn an Gesellschaft knüpfen. Ein solches Verständnis des Rollenbegriffs enthält der Möglichkeit nach Kritik gegenüber einer Gesellschaft, die die Menschen ihrer Menschlichkeit entfremdet, sie als Marionetten behandelt. Sie richtet sich allerdings gegen Gesellschaft schlechthin, nicht gegen eine schlechte Gesellschaft. Den Ausführungen von Marx über den «Fetischcharakter der Ware» (Marx 1968, 85ff) folgend, habe ich versucht, ein solches Verständnis des Rollenbegriffs mit der Erfahrung des Warencharakters der menschlichen Beziehungen zu erklären:

«... daß die Begegnung von Menschen eine Tendenz hat, sich dem Gegenübertreten von Waren anzugleichen. Ihre Unterhaltungen haben etwas von Verkaufsgesprächen an sich; sie sind vielfach darauf bedacht, durch Erscheinung, Redeweise und sonstige Ausstattung einen höheren Gebrauchswert zu signalisieren, um für den Fall einer beruflichen Einstellung oder eines Aufstiegs einen höheren Tauschwert für ihre Arbeitskraft zu erhalten ... Die Tatsache, daß die Produktionsmittel und die sie anwendende Arbeitskraft auseinandertreten, zwingt die Menschen auf den Markt. Sie erfahren sich, und dies sind von Stund an ihre sozialen Beziehungen, als Käufer und Verkäufer oder als Konkurrenten. Sie nehmen Tauschbeziehungen solcherart auf, daß der größte Teil von ihnen, die Produzenten, unter dem Aspekt ihrer Arbeitskraft, in gewisser Weise im Moment des Kaufs und Verkaufs selber zu Tauschobjekten werden ... Da die Notwendigkeit von Tauschbeziehungen zudem die Sphäre der Befriedigung der unmittelbaren Lebensbedürfnisse betrifft, kann es nicht wundern, wenn diese versachlichten Beziehungen noch nicht dem Tauschgesetz unterworfene Lebensbereiche (wie z.B. die Familie) ergreifen. Im Prozeß der zunehmenden Industrialisierung werden die noch ausgesparten Bereiche (Handwerk, Bauernschaft) vollends diesem Mechanismus einverleibt. So betonen wohl z.B. Tenbruck, Willms wie auch Claessens zu Recht, daß die ausgebildete Rollentheorie die Theorie unserer Industriegesellschaft sei» (Haug 1975[3]).

Daß die Rollenkategorie so bereitwillig aufgegriffen und verbreitet wurde, versuchte ich mit der Krise der Universitäten zum gleichen Zeitpunkt zu begründen, weil sie die Gruppe durch Verlust eines großen

Teils ihrer Privilegien in eine Identitätskrise stürzte, die sich zum Sprachrohr der R. gemacht hatte: die sozialwissenschaftlichen Ordinarien. Gegen eine solche Sichtweise versucht Kirchhoff-Hund (1978, 231 ff) herauszuarbeiten, daß es nicht die Warenbeziehungen schlechthin seien, sondern nur die kapitalistischen, die als Grundlage für «die logische Struktur des rollentheoretischen Aussagengebäudes» angesehen werden müßten; Rollentheorie sei «verzerrte Widerspiegelung» des «realen Scheins» der bürgerlichen Gesellschaft, ohne «jedoch im Kapitalverhältnis die reale Wurzel jener Mystifikation anzugeben».

Das Begriffssystem einer R., die Gesellschaft in der oben geschilderten Weise als Rollengefüge denkt, bleibt auf der alltagsverständlichen Ebene und kann von jedem nachvollziehbar ergänzt werden. Auf der einen Seite gibt es Rollenerwartungen, -vorschriften, -zumutungen, -anforderungen als Handlungsregulative an die einzelnen; sie sind begleitet von Sanktionen und werden wahrgenommen als Moral, Sitte, Norm oder Regel. Sie können auftreten als Rollenbündel oder Rollensatz. Auf der anderen Seite stehen die Rollenspieler, auch Akteure genannt oder Rollenträger, die Rollenverhalten einüben müssen. Dies geschieht als Sozialisationsprozeß. Die Kategorie Rollensatz (Merton 1957) soll dabei den Umstand bezeichnen, daß jeder eine ganze Reihe von Rollen zu spielen hat, nicht bloß eine – z. B. gleichzeitig Mutter und Sekretärin, Geliebte, Fußgängerin, Staatsbürgerin und Tennisspielerin ist, zuweilen Gastgeberin. Aus diesem Anforderungsbündel erwächst das Problem möglicher Unvereinbarkeit der Verhaltensanforderungen. Zugleich können schon die Erwartungen an ein und dieselbe Rolle in sich widersprüchlich sein. Von daher wird angenommen, daß die einzelnen Rollenspieler einen gewissen Ermessens- oder Interpretationsspielraum haben müssen: Goffman (1961) spricht von einer «Manövriermasse». Die einzelnen Rollen seien niemals ganz ausdefiniert; daher sei das Rollenkonzept ohne den Gedanken einer Eigenaktivität der Akteure nicht formulierbar, sagt Bahrdt (1961) und führt als Beispiel einen Privatdozenten vor, der eine neue Krawattenmode dadurch initiiert, daß er den Erwartungsraum an die richtige (dezente) Krawatte zu einem gegebenen Anlaß unbewußt überschreitet.

Es ist wohl diese didaktische Einfachheit und einprägsame Bildhaftigkeit, die der Rollenkategorie zur Durchsetzung verhalf. In ihrem Kielwasser und aufbauend auf dem Moment der Eigenaktivität erhielt jedoch ein anderes Verständnis von Rolle zusammen mit einer anderen Begrifflichkeit Geltung in der Soziologie. Vereinfacht gesprochen, geht es jetzt nicht mehr darum, Rollen als gesellschaftliche Zwänge gegen die Menschen zu denken, sondern umgekehrt Rollenhandeln und -verhalten als wahre Menschlichkeit zu fassen. Im Anschluß an Mead (1934) wird im → Symbolischen Interaktionismus ein positives Konzept der Vergesellschaftung des Menschen entworfen. Die einseitige Auffassung von der Ausgeliefertheit der Individuen an die Rollenerwartungen der Gesellschaft wird dadurch umgekehrt, daß der Aufbau von Rollen als Eigenaktivität der einzelnen im zwischenmenschlichen Austausch (→ Interaktion) begriffen wird. Beeinflußt von Semantik und Sprachwissenschaft (→ Sprachsoziologie) wird die Identitätsbildung der Menschen im Verlauf ihrer → Sozialisation gefaßt als Vorgang, in dem sie sich ihrer Person über andere vergewissern. Ihre Umwelt ist symbolisch bedeutungsvoll aufgeladen. Über diese Bedeutungen verständigen sich die Menschen in der Interaktion; sie antizipieren den anderen und dessen Erwartungen an sie, sie ergänzen und vervollständigen Situationen und schaffen neue Definitionen. In der Interaktion werden Rollen gemacht, übernommen, modifiziert. So entstehen ein Selbstbild und zugleich eine Kompetenz, sich in wechselnden Situationen zu verhalten. Neue Begriffe, die für solche Theorie eingeführt werden, sind: Rollenidentität und Empathie (Einfühlung), Ambiguitätstoleranz (die Fähigkeit, Uneindeutigkeiten einer Situation zu ertragen) und Rollendistanz (eine reflexive → Identität, die eine Art Jonglieren mit verschiedenen Rollen erlaubt), Rolleninterpretation, Identitätsbalance u.a. Dabei werden auch diese Begriffe bei den einzelnen Theoretikern nicht gleichartig verstanden. Rollendistanz z.B. kann einmal die Trennung von → Individuum und Rolle meinen (so etwa bei Goffman [1961], wenn einer sich beim Spielen einer Rolle zugleich von ihr distanziert) oder (wie bei Habermas 1967) bewußtes Rollenhandeln an Stelle bewußtloser Konformität. Im Versuch, die verschiedenen Verwendungen zusammenzubinden, heißt es bei Dreitzel (1968, 224) schließlich: «einmal ermöglicht sie (die Rollendistanz, F.H.) die *Bewältigung ambivalenter Situationen* durch die eigenen Ich-Leistungen, zum anderen bewahrt sie die Ich-Identität durch inneren und äußeren *Widerstand* vor einer gefährlichen Schwächung in Situationen mit ‹totalem› Charakter, und schließlich garantiert sie die *kontinuierliche Entwicklung der Ich-Identität* in Situationen, in denen ein Wechsel der Position bevorsteht oder angebahnt werden soll.»

Durch den Rollenbegriff hindurch wird die Auffassung von Gesellschaft geändert und damit das Thema verschoben. In der erstgenannten Fassung des Rollenkonzepts trat eine vielfältig strukturierte Gesellschaft auf, die die einzelnen Menschen in die verschiedenen Positionen saugt, sie mit einem entsprechenden Benehmens-, Verhaltens- und Tätigkeitskodex konfrontiert und sie wieder losläßt, nur um sie an anderer Stelle wieder festzuhalten. Die Akteure haben die Wahl zwischen Anpassung oder Verweigerung als Rückzug aus der Gesellschaft. Die Trennung von Individuum und Gesellschaft wird so theoretisch untermauert. Dabei müssen → Herrschaft und gesellschaftlicher Zwang ohne Begründung vorausgesetzt werden, und zudem muß als Grundelement von Gesellschaftstheorie der einzelne Mensch stehen. Vom Individuum aus Gesellschaft zu denken, wirft nicht nur seit Bestehen der Soziologie große Probleme auf; zugleich überläßt eine so verfahrende Soziologie ihre eigene Grundlage zur Analyse der Nachbardisziplin Psychologie, die entsprechend der Bereichstrennungen für den Einzelmenschen sich zuständig erklärt.

Im Rollenverständnis des Symbolischen Interaktionismus tritt an die Stelle der Analyse von Gesellschaftsstruktur und Individuum diejenige zwischenmenschlicher Beziehungen. Damit wird zunächst die Einseitigkeit vermieden, Gesellschaft den Individuen äußerlich zu denken. Zugleich ist ein Grunddilemma der Soziologie gelöst: Nicht mehr der einzelne, sondern eine gesellschaftliche Anordnung, die Beziehungen zwischen Menschen werden zur Basiskategorie von Soziologie (schlägt Parsons 1961 vor). Vermieden wird so gleichzeitig die Annahme von der Äußerlichkeit der Gesellschaft wie die von der Innerlichkeit des menschlichen Wesens. (Eine gute Einführung bietet Krappmann 1972.) Rolle soll jetzt meinen: die sozial konstruierte Identität. Nur über andere hat sich der Mensch. Im Interaktionsprozeß wird Verhalten antizipiert, typisiert und normiert: Werte entstehen, werden bekräftigt und erneuert. Die Menschen erhalten ein Bewußtsein ihrer selbst, indem sie sich als Rollenspieler machen. Dabei umgreift die Kategorie der Interaktion alle Praxen der vergesellschafteten Menschen.

Soziologische Theorie, die den Rollenbegriff auf die gesellschaftlichen Erwartungen orientiert, stellt sich die Frage nach der Fremdvergesellschaftung des Menschen. Daß sie mit Hilfe der Rollenkategorie gefaßt werden soll, hat zunächst den Effekt, daß eine unendliche Vielfalt unterschiedlicher Erwartungen, Verhaltens- und Handlungsmöglichkeiten und Situationen durch die immer gleiche Metapher der Rolle gleichgesetzt werden. → Macht und Herrschaft werden dadurch unspezifisch oder sogar weitgehend unsichtbar. Arbeiter und König, Tochter und Briefmarkensammler gleichermaßen unter dem Gesichtspunkt des Rollenspielens zu betrachten, entnennt wesentliche Unterscheidungen, die die Menschen in ihrem praktischen Leben selber machen.

Die Versuche, solche Einebnungen von Differenzen bis zu Gegensätzen zu vermeiden, haben in der R. zu einer solchen Vielzahl von Zusatzbegriffen, Klassifikationen, Verknüpfungen geführt, daß es zusehends schwieriger wird, zu erkennen, ob eine Rollenzuschreibung sich einer Beobachtung in der Wirklichkeit verdankt oder ein Effekt des theoretischen Systems ist. Zudem wird das Kategorienmuster für empirische Untersuchungen immer unzulänglicher. (So gibt es z.B. nicht nur Positions-, Status- und Situationsrollen, auch Leistungs- und Zuschreibungsrollen, solche mit affektiven Bezügen und neutrale, universalistische und partikularistische, spezifische und diffuse – gedacht ist dabei etwa daran, Rollen von Töchtern, Bäckern, Beamten, Frauen usw. voneinander zu unterscheiden. Vgl. dazu u.a. Gerhardt 1971, die ein solches Feinstruktursystem für empirische Zwecke zu gestalten und auszubauen versucht.)

Die Frage nach der sozialen Konstruktion des Menschen versetzt die Soziologie in die Lage, soziologisch vorzugehen und zugleich Herausforderung an die Psychologie zu sein. Ausgangspunkt sind der gesellschaftliche Mensch und das Machen von Gesellschaft. Werte und → Normen müssen nicht mehr unbegründet vorausgesetzt werden; sie entstehen jetzt vielmehr orientiert an Bedürfnissen von einzelnen in der Begegnung mit anderen als Kompromiß, gegebenenfalls als Mehrheitsentscheidung. Handeln in Antizipation von Erwartungen wird erklärbar als Möglichkeit und Notwendigkeit, Unsicherheit zu verringern, und die Imagination des anderen wird zum schöpferischen Akt usw. Die Rollenkategorie gibt hier die Möglichkeit, das gesellschaftliche Wesen des Menschen als von seiner biologischen Existenz distantes zu begreifen und in diesem Zusammenhang kritisch die sozialen Konstruktionen zu rekonstruieren: Soziologie also als kritische Erfahrungswissenschaft.

Auch in dieser Verwendung wird der durch die Rollenkategorie gefilterte Blick auf die Gesellschaft ein wenig freundlicher, als er es mit Begriffen wie → Klasse und → Interesse, Macht und Herrschaft oder gar → Ausbeutung und → Revolution wäre. Der Versuch, Werte und Verhaltensnormierungen als Produkt von Interaktion zu fassen, wird dann problematisch, wenn sie in der Tat unbegründet von oben dekretiert sind, Teile der herrschenden → Kultur und gerade in ihrer Unbegründetheit zur Reproduktion des Gesamtsystems als eines von Herrschaft und Ausbeutung notwendig sind. Bei der Frage der Identitätsbildung von den Praxen der Menschen auszugehen, wie dies im interaktionistischen Rollenbegriff geschieht, ist sicher ebenso nützlich wie die Ausdehnung des Praxisbegriffs von der → Arbeit auf sämtliche menschlichen Tätigkeitsbereiche. Aber auch hier gibt es das Problem der Unterscheidung, des Setzens von Dominanzen. Es wäre notwendig, bestimmen zu können, welche Praxen gegenüber welchen für die Handlungsfähigkeit des gesellschaftlichen Menschen entscheidend sind. Es stellt sich mithin die Frage, ob im Rollenbegriff die für die handelnden Menschen selbst relevanten Aspekte erfaßt sind. Spricht man z.B. von der Rolle des Arbeitslosen, seiner Rollenidentität, so wird unzweifelhaft ein Aspekt in den Interaktionen erfaßbar: wie etwa auf dem Arbeitsamt zwischen Vermittelndem und Arbeitslosem eine bestimmte Situation ausgefüllt wird, wie in Antizipation und Reaktion Verhalten strukturiert wird, ein Selbstbild modifiziert wird usw.; das gleiche gilt für andere zwischenmenschliche Beziehungen des Arbeitslosen, in der Familie, unter Freunden, in der Nachbarschaft usw. Vom Standpunkt der Veränderung seiner Lage jedoch, in der Perspektive der Befreiung würden von all dem so gewonnenen Wissen wohl nur wenige Momente wichtig sein: solche, die seine Handlungsfähigkeit behindern, und umgekehrt solche, die es ihm ermöglichen, Handlungsfähigkeit umfassender zu erzielen. Der Unterschied liegt im Standpunkt, von dem aus Wissenschaft gemacht wird, in der Perspektive, für die Wissen erarbeitet wird. Habermas verweist auf den Umstand, daß die Rollen als solche für die Rollenträger nicht zu jeder historischen Zeit gleiche Bedeutung hätten, der gesellschaftliche Lebenszusammenhang ihnen nicht jederzeit gleich äußerlich sei. Er stellt die Frage, ob die «erkenntnisleitenden Interessen nur für die Auswahl der Probleme maßgebend (seien oder) ... bis in die Wahl der grundlegenden systematischen Kategorie hinein (spielen)», und kommt zu dem Ergebnis, daß «in die Wahl der fundamentalen Kategorien (immer) eine vorgreifende Deutung der Gesellschaft im ganzen» eingehe (Habermas 1963, 173ff).

Die Einführung des Begriffs der Rollendistanz legte den Blick frei auf die soziale Konstruktion von Identität. Damit könne Rolle zum kritischen Begriff werden, der Soziologie zur fortschrittlichen Wissenschaft mache, sagt Claessens. R. müsse praktisch werden, und das heiße, «... den Auswirkungen des gesamten gesellschaftlichen Systems auf der Spur zu bleiben» (Claessens 1974[3], 171ff). Veränderungswissen richte sich dabei bis auf die «Systembasis oder Systemsyntax». Aufschlußreich sei es z.B., die Frauenrolle und die in ihr beschlossenen Behinderungen, «eine öffentlich-gesellschaftliche Tätigkeit» aufzunehmen, mit den Begriffen «Teil-Rolle» und «Voll-Rolle» zu untersuchen (ebd. 169 u. 173). Die Erklärungskraft des Rollenbegriffs für Geschlechteridentitäten (Männerrolle/Frauenrolle) ist weitgehend empirisch überprüft. Eine große Sammlung von zugewiesenen und von den Beteiligten reproduzierten Haltungen, Werten, Verhaltensweisen, Erwartungen usw. sind insbesondere für die Frauenrolle aufgeschrieben. Offen blieben die Frage der Veränderung, die Begründung von Herrschaft in der Beziehung der Geschlechter und der Zusammenhang zur Gesellschaft im ganzen. Vermutlich wird es hier günstig sein, vom Geschlechterverhältnis als Teil der Produktionsverhältnisse auszugehen.

Versuchen wir, die theoretischen Bemühungen um die Rollenkategorie zu radikalisieren. Das menschliche Wesen wohnt den einzelnen nicht abstrakt inne, sondern ist das Ensemble ihrer zwischenmenschlichen Beziehungen – dies sollte Grundlage symbolisch interaktionistischer Rollentheorie und Soziologie sein. Setzen wir an die Stelle des Ensembles der zwischenmenschlichen Beziehungen das Ensemble der gesellschaftlichen Verhältnisse, so hätten wir die Möglichkeit, die Arbeitspraxen im Verhältnis zu anderen Praxen und diese im Verhältnis zur gesellschaftlichen Kompetenz (Teilhabe an der Regelung des gemeinsamen Lebens) zu untersuchen, und könnten die Beliebigkeit in den Beziehungskonstruktionen gewichten nach der Relevanz, die sie für das gesellschaftliche Leben der einzelnen haben. Welcher Begriff für ein solches Unterfangen an die Stelle des Rollenbegriffs treten müßte, ist eine Forschungsfrage. Er müßte eine Analyse ermöglichen, die den Zusammenhang und das Ineinanderverschränktsein der sozialen Konstruktion von Alltag – in dem die einzelnen eingeschlossen sind – und der Reproduktion der Gesellschaft im ganzen thematisiert. Ein Begriff, der in einer solchen Analyse wesentlich wäre, ist z. B. der der Handlungsfähigkeit.

Bahrdt, H. P.: Zur Frage des Menschenbildes in der Soziologie. Europäisches Archiv für Soziologie, 1961, 2, 1–17.

Boudon, R. & F. Bourricaud (Hrsg.): Dictionnaire Critique de la Sociologie. Paris 1982.

Claessens, D.: Rolle und Macht. München 1974[3].

Coburn-Staege, U.: Der Rollenbegriff. Ein Versuch der Vermittlung zwischen Gesellschaft und Individuum. Heidelberg 1973.

Dahrendorf, R.: Homo Sociologicus. Ein Versuch zur Geschichte, Bedeutung und Kritik der Kategorie der sozialen Rolle. Köln/Opladen 1953, 1970[9].

Dreitzel, H. P.: Die gesellschaftlichen Leiden und das Leiden an der Gesellschaft. Vorstudien zu einer Pathologie des Rollenverhaltens. Stuttgart 1968.

Fuchs, W. u. a. (Hrsg.): Lexikon zur Soziologie. Opladen 1973.

Goffman, E.: Asylums. Essays on the social situation of mental patients and other inmates. Chicago 1961.

–: Role Distance. Encounters. Two Studies in the Sociology of Interaction. Indianapolis 1961.

Gerhardt, U.: Rollenanalyse als kritische Soziologie. Ein konzeptueller Rahmen zur empirischen und methodologischen Begründung einer Theorie der Vergesellschaftung. Neuwied/Berlin 1971.

Habermas, J.: Theorie und Praxis. Sozialphilosophische Studien. Neuwied/Berlin 1963.

–: Zur Logik der Sozialwissenschaften. Tübingen 1967.

Haug, F.: Kritik der Rollentheorie und ihrer Anwendung in der bürgerlichen deutschen Soziologie. Frankfurt/M. 1975[3].

–: Erziehung und gesellschaftliche Produktion: Kritik des Rollenspiels. Frankfurt/New York 1977.

Joas, H.: Die gegenwärtige Lage der soziologischen Rollentheorie. Frankfurt/M. 1973.

Kirchhoff-Hund, B.: Rollenbegriff und Interaktionsanalyse. Soziale Grundlagen und ideologischer Gehalt der Rollentheorie. Köln 1978.

König, R. (Hrsg.): Soziologie. Fischer-Lexikon. Frankfurt/M. 1958.

Krappmann, L.: Soziologische Dimensionen der Identität. Stuttgart 1972.

Marx, K.: Das Kapital. Kritik der Politischen Ökonomie. Erster Band. Berlin (DDR) 1968.
Mead, G. H.: Mind, Self, and Society. Chicago 1934.
–: Geist, Identität und Gesellschaft aus der Sicht des Sozialbehaviorismus. Frankfurt/M. 1968.
Merton, R. K.: Social Theory and Social Structure. New York 1957.
Parsons, T. & E. Shils (eds.): Toward a General Theory of Action. New York 1961.
Popitz, H.: Der Begriff der sozialen Rolle als Element der soziologischen Theorie. Tübingen 1967.
Seger, I.: Knaurs Buch der modernen Soziologie. Mit einem Geleitwort von R. K. Merton. München.

Frigga Haug

Schicht

Soziale Schichtung und soziale Ungleichheit werden heute ‹gemessen› und interpretiert an Hand von Daten über die Verteilung von → Macht und Einfluß, Einkommen und Vermögen, Inhalte und Chancen beruflicher Stellungen, Bildungsstand und Qualifikation sowie eigene und fremde Prestige-Vorstellungen. *Schichtung* bezeichnet allgemein gesprochen die vertikale Differenzierung der Makrostruktur eines → sozialen Systems. Ungleichheit bezieht sich, einer Unterscheidung Dahrendorfs (1968) folgend, auf

- die Verschiedenartigkeit des Aussehens, des Charakters, der Interessen;
- die Verschiedenwertigkeit der Intelligenz, der Talente und Kräfte;
- die soziale Differenzierung prinzipiell gleichwertiger Positionen;
- soziale Schichtung nach Ansehen und Reichtum (sozialer Status).

Für die Frage, inwieweit Menschen an gesellschaftlichen Einflußstrukturen partipizieren, wodurch ihre Meinungen und → Interessen bestimmt sind und worauf ihr Selbstwertgefühl, ihre sozialen Kontakte und Aspirationen beruhen, hat die *Berufsrolle* eine große Bedeutung. Sie umfaßt generalisiertes Wissen, Einflußchancen sowie Art und Umfang → sozialer Kontrolle; berufliche Positionen können als eine Hierarchie abgestufter Selbständigkeits-, Verantwortungs- und Informiertheitsgrade begriffen werden (Pappi 1979).

In der Literatur über soziale Schichtung finden sich Hinweise auf unterschiedliche Merkmale der einzelnen → Berufe. Unterschicht-Berufe gehen in der Regel mit Gegenständen um, deren regelgeleitete Handhabung keine Reflexion über Anwendungs- oder Verwendungsbezug erfordert, während Mittelschicht-Berufe es eher mit interpersonalen

Beziehungen zu tun haben, die als subjektiv sinnvoll erfahren werden können. Während bei den einen, die sich am Fuß der Qualifikations- und Einflußhierarchie befinden, die Distanz zu den leitenden Instanzen groß und der Erwartungshorizont auf die Verbesserung der Arbeitssituation und höhere Entlohnung eingegrenzt ist, empfangen die anderen Anweisungen und geben sie weiter, können differenzierte Einblicke in die Hierarchie gewinnen und Motivationen für den individuellen Aufstieg ausbilden. Weitere Verschiedenheiten finden sich in der Arbeitsplatzsicherung und der langfristigen Lebensplanung (Hörning 1976).

Eine Dimension der vertikalen Struktur bilden Daten über die Verteilung von Einkommen, Vermögen, Qualifikation und Einfluß. Diese ‹objektiven› Daten legen Lebenssituationen und -chancen fest. Eine weitere Dimension bilden die Interpretationen gesellschaftlicher Wirklichkeit sowie die Selbst- und Fremdeinschätzungen der sozialen Status-Lagen (Mayer/Schmidt 1983). Die Untersuchungen von *Prestige* gehen davon aus, daß sich Mitglieder von Gesellschaften sozial unterschiedlich einschätzen und sich dementsprechend verhalten (Moore/Kleining 1960). Status wird dabei entweder als eine Kombination relevanter Positionen oder als soziale Wertschätzung aufgefaßt, die andere veranlaßt, Personen einen höheren Rang im Bezugssystem von Werten zuzuweisen. Meßinstrumente sind im Hinblick auf Symptome für Prinzipien des hierarchischen Aufbaus von Gesellschaften entworfen und bedienen sich einer gewichteten Kombination von drei Merkmalen: Einkommen des Haupternährers, dessen Beruf sowie Schulbildung (Scheuch 1961). Das Instrument ist gedacht als eine Wiederholung des Identifizierungsprozesses der Akteure; die große Mehrheit der Befragten zählt sich zu den Mittelschichten.

Die *funktionalistische* Erklärung sozialer Schichtung geht von einer universalen Notwendigkeit aus, die Schichtung in sozialen Systemen hervorruft (Davis/Moore 1967; Parsons 1975). Sie kombiniert eine universale Tendenz des Wertens mit einer marktmodellhaften Erklärung aus der Knappheit der Fähigkeiten zur Ausübung konkreter Funktionen und setzt den hierarchischen Aufbau einer Gesellschaft mit einer Funktionsdifferenzierung gleich; der konkrete Charakter des Belohnungssystems geht auf das Wertsystem einer Gesellschaft zurück, Prestige ist ein von herrschenden kulturellen → Leitbildern bestimmter subjektiver Reflex auf objektive Tatbestände.

Gesellschaften verteilen ihre Mitglieder auf soziale Positionen und motivieren sie, die mit diesen Positionen verbundenen Pflichten zu erfüllen. Die Positionen unterscheiden sich nach ihrer funktionellen Bedeutung und danach, ob zu ihrer Auswirkung eine spezielle Ausbildung erforderlich ist. Verschiedene Positionen haben eine unterschiedlich funktionale Bedeutung für die Erhaltung einer Gesellschaft. Da andererseits die verfügbare Menge an Talenten und Ausbildung begrenzt ist, sollen die begabtesten und fähigsten Mitglieder für die Übernahme von gesellschaftlich bedeutsamen Funktionen motiviert werden. Diese Bedingungen gelten jedoch nur in reinen Erwerbsordnungen; die Mobilität der talentierten und besser ausgebildeten Individuen in höher belohnte Positionen wird durch eine mit der Familienzugehörigkeit verbundene Statuszuschreibung eingeschränkt.

Die verschiedenen Typen von Schichtungssystemen werden bestimmt durch den Spezialisierungsgrad, den Vorrang von Funktion, das Maß der vergleichsweisen Unterschiede, die Mobilitätschancen und das Ausmaß der Schichtensolidarität.

Die Kritik und Weiterführung der funktionalistischen Schichtungstheorie beispielsweise durch Tumin (1968) hebt hervor, daß soziale Ungleichheiten aus Rollenspezifikationen entstehen, Rangordnungen, die auf Rolleneigenschaften oder moralischer Konformität beruhen oder sich aus dem Beitrag ergeben, den Positionen für die Realisierung von Werten oder funktional bedeutsamen Aufgaben leisten. Die Kritik konzentriert sich vor allem auf den Aspekt, daß Schichtungssysteme faktisch die Entwicklung von Fähigkeiten eingrenzen und mit institutionalisierter → Herrschaft eng verbunden sind; daß die unterschiedliche funktionale Bedeutung nicht eindeutig beschrieben werden kann; daß intrinsische Befriedigung mit der ausgeübten Tätigkeit in bestimmten Berufen formale Belohnungen kompensieren kann. Da die Bedeutungshierarchie der Tätigkeiten mit der Bestimmung des Zielzustandes von Gesellschaften variiert, ist eine detailliertere Analyse auf eine Klärung des Begriffs Erhaltung oder Überleben einer Gesellschaft angewiesen: Der zum Maßstab genommene optimale Zustand muß durch eine Reihe von im Idealfall meßbaren Merkmalen ausgedrückt werden.

Die Analyse von Gesellschaften mit Hilfe von Modellen sozialer Schichtung geht davon aus, daß die gesamtgesellschaftliche Entwicklung mit einer Nivellierung sozialer Strukturen verbunden ist: Das Maß der Ungleichheit lasse sich nicht mehr als ungebrochener Reflex ökonomischer Marktverhältnisse interpretieren, sei vielmehr durch staatliche Umverteilung bestimmt; die Einkommensverteilung verliere im kapitalistischen Wohlfahrts- und Interventionsstaat ihre Bedeutung für die Verteilung konkreter Lebenschancen. Die kollektive Daseinsvorsorge sichere die Befriedigung wichtiger Bedürfnisse wie soziale und psychische Sicherheit, Gesundheit, Bildung und → Infrastruktur (Schelsky 1965). In dieser Perspektive können die noch verbleibenden Konflikte, Begleiterscheinungen eines integralen politischen Steuerungssystems, durch das Verteilungssystem korrigiert werden, wenngleich es immer noch die → Gruppen privilegiert, die gesamtgesellschaftlich unentbehrlich sind, und Lebensbereiche und Gruppen unterprivilegiert, die keine systemrelevanten Risiken hervorrufen können (Habermas 1973).

Auf dem Boden der *Marxschen Gesellschaftstheorie* hat eine Arbeitsgruppe die Klassenzugehörigkeit zunächst nach der Erwerbstätigkeit und die innere Gliederung der Arbeiterklasse nach der Stellung im Reproduktionsprozeß und dem Grad der Subsumtion unter die Maschinerie vorgelegt (Bischoff u. a. 1982).

Die noch nicht in allen Dimensionen vollständig ausgearbeitete Analyse geht methodisch so vor, daß sie in einem ersten Schritt die gesellschaftliche Wertschöpfung und die Aufteilung zwischen industriellem Kapital und produktiver Arbeit ermittelt. In einem zweiten Schritt wird das Kapital in industrielles und kommerzielles, der Profit in Unternehmergewinn, Zins und Grundrente aufgeteilt; ergänzt durch eine Differenzierung der → Arbeit in produktive und kommerzielle kann damit eine Primärverteilung gesellschaftlichen Reichtums gewonnen werden. Der dritte Schritt richtet sich auf die durch Umverteilung entstehende Struktur ‹sekundärer Revenuen› – durch den Kauf von Diensten, durch Abgaben und Steuern sowie Beiträge zu kollektiven Fonds. Unter Berücksichtigung von Transfers, die vom Staat oder von staatlich kontrollierten Assekuranzfonds an Teile der Erwerbstätigen und vorübergehend oder dauernd nicht Erwerbstätigen zufließen, ergibt sich in einem vierten Schritt ein Schichtungssystem monetärer Ungleichheit.

Einen Rückschluß auf Lebensbedingungen erlaubt die Betrachtung von Haushalten insgesamt und realen Transfers in öffentlich zur Verfügung gestellten Gütern und Dienstleistungen (Hradil, in Kreckel 1983; Krupp/Glatzer 1978; Transfer-Enquete-Kommission 1981).

Für die Bundesrepublik Deutschland zeigen Bischoff u. a. (1982) die Dezimierung der selbständigen Kleinproduzenten bzw. nichtkapitalistischen Eigentümer; die Verschiebung des Verhältnisses von produktiver und unproduktiver Lohnarbeit; den wachsenden Anteil der Lohnarbeit, der jenseits des direkten Verhältnisses von Lohnarbeit und Kapital verausgabt wird.

Baumert, G.: Kritische Bemerkungen über empirische Ansätze zur Bestimmung der sozialen Schichtung. Kölner Zeitschrift für Soziologie und Sozialpsychologie (KZfSS) SH 5. Köln/Opladen 1961.

Bischoff, J. u. a.: Jenseits der Klassen? Gesellschaft und Staat im Spätkapitalismus. Hamburg 1982.

Bolte, K. M. u. a.: Soziale Ungleichheit. Opladen 1974.

Dahrendorf, R.: Über den Ursprung der Ungleichheit unter den Menschen. In: Ders. (Hrsg.): Pfade aus Utopia. Arbeiten zur Theorie und Methode der Soziologie. München 1968.

Davis, K. & W. E. Moore: Einige Prinzipien der sozialen Schichtung. In: Hartmann, H. (Hrsg.): Moderne amerikanische Soziologie. Neuere Beiträge zur soziologischen Theorie. Stuttgart 1967.

Habermas, J.: Legitimationsprobleme im Spätkapitalismus. Frankfurt/M. 1973.
Herkommer, S.: Sozialstaat und Klassengesellschaft. Zur Reproduktion sozialer Ungleichheit im Spätkapitalismus. In: Kreckel, R. (Hrsg.): Soziale Ungleichheit. Sonderheft 2 der Sozialen Welt. Göttingen 1983.
Hörning, K. H.: (Hrsg.): Soziale Ungleichheit. Darmstadt/Neuwied 1976.
Hradil, St.: Die Ungleichheit der ‹Sozialen Lage› – Eine Alternative zu schichtungssoziologischen Modellen sozialer Ungleichheit. In: Kreckel, R. (Hrsg.): a. a. O.
Kleining, G.: Soziale Mobilität in der Bundesrepublik Deutschland. II. Status- und Prestigemobilität. KZfSS 23/1975.
Kreckel, R. (Hrsg.): Soziale Ungleichheit. Göttingen 1983.
Krupp, H.-J. & W. Glatzer (Hrsg.): Umverteilung im Sozialstaat. Empirische Einkommensanalysen für die Bundesrepublik. Frankfurt/New York 1978.
Lenski, G.: Macht und Privileg. Eine Theorie der sozialen Schichtung. Frankfurt/M. 1977.
Mayer, K. U. & P. Schmidt (Hrsg.): Allgemeine Bevölkerungsumfrage der Sozialwissenschaften. Beiträge zu methodischen Problemen des ALLBUS 1980. Frankfurt/New York 1983.
Moore, H. & G. Kleining: Das soziale Selbstbild der Gesellschaftsschichten in Deutschland. KZfSS 12/1960.
Pappi, F. U. (Hrsg.): Sozialstrukturanalysen mit Umfragedaten. Probleme der standardisierten Erfassung von Hintergrundsmerkmalen in allgemeinen Bevölkerungsumfragen. Königstein/Ts. 1979.
Parsons, T.: Ansatz zu einer analytischen Theorie der sozialen Schichtung. In: Ders. (Hrsg.): Beiträge zur soziologischen Theorie. Neuwied/Berlin 1964.
–: Soziale Klassen und Klassenkampf im Licht der neueren soziologischen Theorie. In: Ders. (Hrsg.): a. a. O.
–: Der Begriff der Gesellschaft: seine Komponenten. In: Ders. (Hrsg.): Gesellschaften. Evolutionäre und komparative Perspektiven. Frankfurt/M. 1975.
Schäfers, B.: Sozialstruktur und Wandel der Bundesrepublik Deutschland. Stuttgart 1976.
Schelsky, H.: Auf der Suche nach Wirklichkeit. Köln/Düsseldorf 1965.
Scheuch, E.: Sozialprestige und soziale Schichtung. KZfSS SH 5. Köln/Opladen 1961.
Transfer-Enquete-Kommission. Das Transfersystem der Bundesrepublik Deutschland. Bericht der Sachverständigenkommission zur Ermittlung des Einflusses staatlicher Transfereinkommen auf das verfügbare Einkommen der privaten Haushalte. Veröffentlicht durch das Bundesministerium für Arbeit und Sozialordnung. Stuttgart 1981.
Tumin, M. M.: Schichtung und Mobilität. München 1968.

Claus Rolshausen

Sexualität

Nach den Erkenntnissen der Sexualsoziologie läßt sich das menschliche Geschlechtsverhalten nicht als biologischer Prozeß definieren, sondern muß als ein Zusammenwirken genetischer, hormoneller und sozialer Einflüsse verstanden werden. Das zeigt sich vor allem in dem außerordentlich hohen Anteil der erlernten und dem erstaunlich niedrigen Anteil der ererbten Einflüsse auf das menschliche Geschlechtsleben.

Bei allen Säugetieren dient die Kindheit dem Erlernen der zur Anpassung an die Umwelt erforderlichen Verhaltensmuster. Je länger die Kindheit, desto größer die Chance, daß das Junge sich neuen und in seiner Generation zum erstenmal auftauchenden Umweltveränderungen anpaßt. Das hat Vor- und Nachteile. Ein Nachteil ist, daß die Jungen solcher Gattungen enorm gefährdet sind. Kommen die Eltern um, so verhungern die Jungen oder fallen ihren Feinden anheim. Ein Vorteil einer langen Kindheit mit relativer Hilflosigkeit der Jungen ist dagegen, daß sie nicht mehr instinktiv reagieren, sondern zu denken lernen.

Beim Menschen gehorcht auch das Geschlechtsleben nur in begrenztem Maße den gattungsspezifisch vorprogrammierten Verhaltensmustern. Man erkennt das vor allem an dem Fortfall einer saisonalen Brunft und an der Abspaltung der sexuellen Bedürfnisse von den sozialen und ökonomischen Möglichkeiten der Fortpflanzung.

Es scheint, daß jeder Aufstieg auf der evolutionären Leiter neben dem wachsenden Maß der individuellen Differenzierung und der wachsenden Fähigkeit der Individuen, unterschiedlich auf ihre Umwelt zu reagieren, auch ein stetiges Absinken des zentralnervlichen Einflusses auf das Verhalten im allgemeinen und auf das Sexualverhalten im besonderen mit sich bringt. Die Gehirnforscher J.W. Papez und P.D. MacLean haben deshalb argumentiert, das menschliche Gehirn setze sich aus drei unterschiedlich alten Schichten zusammen. Die ältesten Schichten stammten von unseren frühesten tierischen Vorfahren ab und waren in ihrer Entwicklung mit den Reptilien abgeschlossen. Im Zeitalter der Säugetiere waren sie für Säugetierzwecke bereits nutzlos geworden. Die mittleren Schichten stammen von den frühen Säugetieren unter unseren Vorfahren ab und sind für die Zwecke der höheren Säugetiere weitgehend unbrauchbar. Nur das außen liegende Großhirn stammt von den höheren Säugetieren ab, hat aber beim Menschen eher hypertrophiert, als organisch mit dem Rest des Zentralnervensystems zu wachsen, und steht heute in ungenügender Verbindung mit den beiden älteren Schichten.

MacLean behauptet nun (und die Resultate seiner Forschungsgruppe am National Institute of Mental Health in Bethesda, Maryland, scheinen dies zu belegen), daß ein großer Teil der menschlichen Widersprüchlichkeit im allgemeinen und der sexuellen Widersprüchlichkeit des Homo sapiens im besonderen aus dem Widerspruch zwischen diesen drei quasi separat arbeitenden Gehirnschichten stamme – unter anderem auch aus dem Widerspruch zwischen den älteren, weitgehend instinktiv funktionierenden und den neueren, weitgehend rational arbeitenden Gehirnschichten.

Eines ist jedenfalls gesichert: Je höher die Gattungen evolutionär stehen, desto größer wird der Anteil der erlernten und desto geringer der Anteil der ererbten Verhaltensformen (→ Evolutionstheorien). Dies gilt auch für das sexuelle Verhalten und bedeutet, daß der Mensch zwar mit einer somatisch determinierten Bedarfsstruktur zur Welt kommt, seine individuellen Sexualwünsche sich aber erst unter dem elterlichen und sozialen Einfluß seiner Umwelt herausbilden.

Die S. des Menschen ist also offen, und das gilt ebenso für sein sexuelles Selbstverständnis (das Bild, das er sich von seiner eigenen sexuellen Beschaffenheit macht) wie für sein sexuelles Interesse an anderen (für sein Bild der sexuellen Umwelt). Keine der beiden Verhaltensmodi wird allein von seiner ererbten Sexualkonstitution geprägt, sondern beide entwikkeln sich erst aus der → Dialektik zwischen sexueller Konstitution und sexueller Exposition, vor allem aber aus den Beziehungen des Kindes zu seinen Eltern, Erziehern oder Pflegern und aus deren Anschauungen von Weiblichkeit und Männlichkeit.

Diese Anschauungen haben in allen Kulturen etwas mit den Vorstellungen von ‹erlaubt› und ‹verboten›, von ‹gesund› und ‹ungesund›, von ‹normal› und ‹abnorm›, von ‹gut› und ‹böse›, ‹richtig› und ‹falsch›, ‹schön› und ‹häßlich› zu tun. Andererseits haben sich gerade diese Vorstellungen im Laufe der menschlichen Evolution und Geschichte so oft geändert, daß jeder Versuch, das menschliche Sexualverhalten unabhängig von zeitlichen, regionalen und sozialen Parametern zu erfassen, fehlgeschlagen ist.

Auch der Versuch, menschliche S. mit menschlicher Fortpflanzung zu koordinieren und nur das als ‹gesund› und ‹normal› einzustufen, was der Fortpflanzung dient, hat sich als undurchführbar erwiesen, da es keine Gesellschaftsordnung gibt oder gegeben hat, die ihren Geschlechtsverkehr je auf das Ziel der Fortpflanzung beschränkt hätte. Ebenso wie der Primat des Erlernten über das Ererbte ein Kennzeichen der menschlichen Spezies zu sein scheint, erzeugt die Evolution beim Menschen offenbar ein Primat der S. über die Fortpflanzung. Auch hier scheint beim Menschen das Erlernte und Erlernbare stärker zu wirken als das Ererbte und Ererbbare.

Bereits bei den höheren Primaten hat es sich herausgestellt, daß die Triebstruktur nicht mehr einwandfrei funktioniert. Auf der Stufe der Anthropoiden klappt weder der ‹Sexualtrieb› noch der ‹Fortpflanzungstrieb› von selbst. Das genetische Erbmaterial erlaubt uns nicht mehr, ohne Vorbildeinfluß zu koitieren und uns ohne Vorbildeinfluß fortzupflanzen.

Die Affenversuche von Harlow und seinen Mitarbeitern haben ergeben:

1. Affenkinder, die von ihren Müttern nicht durch Zärtlichkeit auf ihr späteres Geschlechtsleben vorbereitet worden sind, zeigen im geschlechtsreifen Alter kein Interesse am Geschlechtsverkehr und entwikkeln sich zu mürrischen Junggesellen und Junggesellinnen.

2. Affenkinder, die keine Gelegenheit gehabt haben, ältere Mitglieder ihrer Gattung beim Geschlechtsverkehr zu beobachten, lernen nie, wie man richtig koitiert, und entwickeln nur minimales Interesse am Koitus.

Offenbar sind zum erfolgreichen Geschlechtsleben der höheren Primaten also zwei Vorbilder erforderlich: (1) elterliche Zärtlichkeit gegenüber dem Kind; (2) elterliche Zärtlichkeit im Geschlechtsverkehr oder zumindest die vom Kinde wahrgenommene Zärtlichkeit anderer Artgenossen beim Geschlechtsverkehr.

Daraus ergibt sich eine der Kernfragen der heutigen Sexualwissenschaft: Könnte der Grund der zahllosen Neurosen, Psychosen und Borderline-Symptome, an denen die Industriegesellschaft leidet, nicht darin liegen, daß wir – im Gegensatz zu anderen Primaten – unseren Kindern die Erlaubnis verweigern, den Geschlechtsverkehr unserer Gattung im biologisch richtigen Alter durch eigene Sinneswahrnehmungen am Vorbild der Älteren zu erlernen?

Sogenannte ‹Aufklärung›, d. h. verspätet und verbal oder mit Hilfe von Bildmaterial gelieferte Sexualerziehung, kann bestenfalls ein Substitut der eigenen, im Prägungsalter gelieferten Sinneswahrnehmungen sein und hat stets den Nachteil, daß der Vorgang eine Fixierung auf verbal oder bildlich wirkende Sexualstimuli auslöst, also eine lebenslange Pornographiehörigkeit. Jedenfalls ist es signifikant, daß Kulturen, die ihren Kindern erlauben, den Geschlechtsverkehr der Älteren zu studieren und spielerisch (d. h. altersspezifisch) zu imitieren, keine Pornographie kennen.

Dadurch ist die Theorie vom ‹Geschlechtstrieb› des Menschen ins Wanken geraten. Unser Geschlechtsleben ist zwar hereditär motiviert, entwickelt sich aber erst individuell unter dem Einfluß gesellschaftlich vermittelter Vorbilder. So regen beispielsweise heterosexuell ausgerichtete Kulturen die Mehrzahl ihrer Mitglieder zur Heterosexualität an, homosexuelle (Athen im 5. Jahrhundert v. Chr., Marind-Anim im 19. Jahrhundert) dagegen zur Homosexualität. Das bedeutet aber nicht, daß alle Griechen des 5. Jahrhunderts homosexuell waren oder alle Menschen in heterosexuellen Kulturen ‹von Natur her› heterosexuell wären. Denn der (meist unbewußte) Entschluß, sich in die eine oder andere Richtung zu bewegen, wird von zufälligen oder gezielten Einwirkungen der Umwelt stimuliert.

Sexuelles Verhalten, einerlei ob somatisch oder psychisch bedingt, wird von jeder Kultur kulturspezifisch eingestuft. Es gibt kein transkulturelles Koordinatensystem der Beurteilung sexueller ‹Normalität›. Sexualsysteme wie das des bürgerlichen → Patriarchats unserer Tage stimulieren Männer zur Dominanz und Frauen zur Subdominanz. Andere patrilineare Kulturen wie die der Tschambuli am Aibom-See in Neuguinea, bei denen die Frauen die Nahrung liefern und die Männer sich vor allem den Künsten widmen, erzeugen ein gewisses Maß an Dominanz bei Frauen und ein gewisses Maß an Subdominanz bei Männern. Es wäre jedoch völlig falsch zu behaupten, daß europäische Männer von Natur her dominant und Tschambuli-Männer von Natur her subdominant seien.

In keiner Kultur läßt sich der unterschiedliche Körperbau von Frau und Mann mit angeborenen Unterschieden der Psychosexualität zur Deckung bringen. Was die sexuelle Entfaltung des Individuums bedingt, ist nicht seine somatische Geschlechtszugehörigkeit, sondern der gesellschaftliche Einfluß auf seine Psychosexualität.

Balint, M.: Sexualität und Gesellschaft. In: Horkheimer, M. & Th. W. Adorno (Hrsg.): Freud in der Gegenwart. Frankfurt/M. 1957.
Borneman, E. (Hrsg.): Sexualität. Materialien zur Sexualforschung. Weinheim 1979.
Burgess, E. W.: The sociological theory of psychosexual behavior. In: Himmelhoch, J. & S. F. Fava (eds.): Sexual Behavior in American Society. New York 1955. 12 bis 28.
Dahmer, H.: Libido und Gesellschaft. Frankfurt/M. 1973.
Dröge, A.: Sexualität und Herrschaft. Münster 1976.
Ellis, H.: Geschlecht und Gesellschaft. 2 Bde. Würzburg 1910.
Ford, C. S. & F. A. Beach: Formen der Sexualität. Reinbek bei Hamburg 1968.
Hampson, J. L. & J. C. Hampson: The Ontogenesis of Sexual Behavior in Man. In: Young, W. C. (eds.): Sex and Internal Secretion. Bd. 2. Baltimore 1961[3].
Harlow, H. F.: The development of affection in primates. In Bliss, E. L. (ed.): Roots of Behavior. New York 1962.
– & M. K. Harlow: Learning to love. In: American Scientist, 1966, 54, 244–272.
Kentler, H. (Hrsg.): Texte zur Sozio-Sexualität. Opladen 1973.
Kürthy, T.: Geschlechtsspezifische Sozialisation. 2 Bde. Paderborn 1978.
MacLean, P. D.: Man and his animal brains. In: Modern Medicine, 3. 2. 1964.
–: New findings on brain function and sociosexual behavior. In: Zubin, J. & E. Money (eds.): Contemporary Sexual Behavior. Baltimore 1973. 53–76.
Marcuse, H.: Triebstruktur und Gesellschaft. Frankfurt/M. 1973.
Mead, M.: Mann und Weib. Reinbek bei Hamburg 1958.
Money, J. & A. Ehrhardt: Männlich – Weiblich. Die Entstehung der Geschlechtsunterschiede. Reinbek bei Hamburg 1975.
Papez, J. W.: A proposed mechanism of emotion. In: Arch. Neurol. Psychiat. 1973, 38, 725–743.

Reich, W.: Die sexuelle Revolution. Frankfurt/M. 1983[9].
Reiche, R.: Sexualität und Klassenkampf. Frankfurt/M. 1971.
–: Sexualität, Moral und Gesellschaft. Haarlem 1972.
Schelsky, H.: Soziologie der Sexualität. Reinbek bei Hamburg 1955.

Ernest Borneman

Sozialarbeit

S. ist eine Antwort auf Armut und Abweichung. Sie ist in allen ihren historischen Erscheinungsformen, in den Formen ihrer Institutionalisierung, Verrechtlichung und Organisation bestimmter Ausdruck von grundlegenden gesellschaftlichen → Widersprüchen, nicht deren Aufhebung. Je nach dem Stand der Entwicklung dieser Widersprüche und den ökonomischen Erfordernissen ihrer Lösung und je nach den Erklärungssätzen für Armut und Abweichung als Legitimationsgrundlagen für den gesellschaftlichen und staatlichen Zugriff waren die gesellschaftlichen Antworten entweder die der Ausgrenzung, Diskriminierung, Disziplinierung, der Kasernierung und Abschreckung oder die der Reparatur, Resozialisierung, Anpassung, der Erziehung und Therapie (→ Kriminalität/→ Labeling Approach/→ soziale Kontrolle).

Der konkreteste Nenner für diese Widersprüche innerhalb der S. ist der zwischen Hilfe und Kontrolle: Mit dem Ausweiten sozialer Hilfe nimmt auch das Ausmaß der Kontrolle zu. Die Sozialgesetzgebung ist Errungenschaft von Kämpfen gegen gesellschaftliche Ungleichheit: Die gesellschaftliche Absicherung von S. in der heutigen Form ihrer → Professionalisierung zieht als → Rationalisierung, Spezialisierung, Bürokratisierung zugleich neue Formen technokratischer → Herrschaft nach sich. Die Demontage von Sozialleistungen der 80er Jahre ist nur eine andere Variante derselben Herrschaftsstrukturen.

Das Anwachsen der Klientel von S. führt nicht zur Erweiterung sozialer Wohlfahrt. Vielmehr steht dem Ausbau des staatlichen Gewaltmonopols (Rüstung, Polizei) heute die Verknappung von S. gegenüber, die sich ideologisch auf Konzepte von Selbsthilfe rückbesinnt und real die Wiedereinführung von unbezahlter Arbeit vorbereitet. Die Zeichen von heute stehen auf Reprivatisierung von Hilfe und Ausbau der staatlichen Kontrolle.

Der Begriff Armut verweist auf die Frage nach der gesellschaftsstrukturellen Verortung von S. Der Begriff *Abweichung* verweist auf die Frage gesellschaftlicher Definitionsmacht. Armut ist konstitutiv für kapitalistische Produktion. Abweichung beschreibt den ideologischen Verdrängungsmechanismus, Armut als das Spiegelbild des Reichtums einer → Klassengesellschaft nicht erkennen zu müssen. Läßt Abweichung sich nur an einem fiktiven willkürlichen, also ideologischen Begriff von Normalität bemessen, so bemißt sich Armut am historischen Stand des gesellschaftlichen Reichtums.

Für die Praxis von S. und die in sie eingehenden Verteilungskämpfe ist die Definition faktischer Armut konstitutiv; für eine Theorie der S. als Theorie ihrer kritischen gesellschaftspolitischen Perspektive und als Kritik ihrer tatsächlichen Funktion wäre der von Marx entwickelte Begriff der virtuellen Armut des Lohnarbeiters im → Kapitalismus konstitutiv: Politische S. hätte sich aus dem Widerspruch von Lohnarbeit und Kapital zu begründen.

Armut läßt sich im entfalteten Kapitalismus als gesellschaftliche Randerscheinung ideologisch negieren, das Ausmaß der geleisteten Sozialhilfe sogar umgekehrt als Index des gesellschaftlichen Reichtums verkehren. Abweichung kann allerdings auch eine Wohlstandsgesellschaft nicht zulassen: Die Definitionsmacht des Staates wird zum Legitimationsinstrument sozialer Kontrolle. Kontrolle jedoch kleidet sich in das Gewand sozialer Hilfe und Wohlfahrt.

Armut im Sozialstaat des entwickelten Kapitalismus läßt sich materiell in der Tat nicht vergleichen mit dem Ausmaß von Massenelend zu Zeiten beginnender Armenpflege. Massenweises Elend, das neue gesellschaftliche Lösungen erzwingt, setzte im ausgehenden → Feudalismus mit der zunehmenden Verarmung der Landbevölkerung, der Landflucht und schließlich der Freisetzung des Lohnarbeiters ein: Das mittelalterliche Almosenwesen direkter Hilfe und Integration des Armen in die ständische Gesellschaft mußte neuen Interventionsformen weichen. Die erste sozialpolitische Maßnahme der ausgehenden Feudalgesellschaft ist die Einsetzung von Arbeitspflicht und die Errichtung von Arbeitshäusern, womit mehrere Funktionen zugleich gesichert werden konnten. Ausgrenzung, Abschreckung, Sicherung des Ausbaus von Manufakturen im beginnenden Frühkapitalismus und schließlich Erziehung zu den neuen Fabriktugenden der Industriosität sind Maßnahmen des Umgangs mit den Reproduktionsrisiken des nunmehr vogelfreien Proletariers. Das durch kapitalistische Ausbeutung hervorgerufene Massenelend des 19. Jahrhunderts ruft eine Fülle privater Initiativen und Hilfsorganisationen hervor: Es erstarken religiös karitative, humanitäre und pädagogische Ideen, kirchliche und bürgerliche Reformansätze, denen der Staat jedoch seinerseits mit Gesetzesinitiativen nachkommen muß bis hin zur Sozialgesetzgebung der 80er Jahre.

Auch die nach und nach entstehenden großen Wohlfahrtsverbände bewältigen das Massenelend nicht auf der Basis ihrer ehrenamtlichen Helfer, so daß mit der Jahrhundertwende die ersten Ausbildungsstätten für eine fachlich bestimmte berufliche S. entstehen. Mit der Gründung dieser Schulen gewinnt die bürgerliche → Frauenbewegung ihren Einfluß auf die Entwicklung der sozialen Arbeit.

Die Sozialgesetzgebung der 80er Jahre des 19. Jahrhunderts sichert zwar prinzipiell die staatliche Zuständigkeit für die Lohnarbeiterrisiken; sie behebt jedoch nicht die massenhafte psychische, physische und soziale Verelendung infolge rapider Industrialisierung und Verstädterung als Erscheinungsform der Entwicklung des Kapitalismus. Der Zusammenbruch der noch ehrenamtlich geregelten Quartiersarmenpflege, vor allem die gesellschaftliche Beunruhigung durch die Zuspitzung der Klassengegensätze rufen die Zuhilfenahme der Wissenschaften für eine Neuorientierung in der sozialen Frage, das Erwachen der helfenden Verantwortung des nicht arbeitenden Teils der besitzenden Klasse, also der Frauen, zugleich die Kritik am bisherigen Dilettantismus der Laien, also den Ruf nach Ausbildung, auf den Plan: Hier treffen die Forderung auf Recht auf sinnvolle Tätigkeit in der bürgerlichen Frauenbewegung und das hier entwickelte Selbstverständnis spezifisch weiblicher Fähigkeiten mit der objektiven Beunruhigung über soziale Not und dem subjektiven Sendungsbewußtsein einer kulturstiftenden Rolle des Bürgertums zusammen. Dem Bedürfnis zu helfen tritt die Nötigung zur Ermittlung der Hilfsbedürftigkeit gegenüber. Diese Notwendigkeit, Armut vor aller Hilfe mit Diagnose zu begegnen, ist Entstehungsbedingung für die Entwicklung dessen, was später als Methoden der S. Gegenstand von Theorie und Ausbildung wird. Mit der Funktion, die Art der erforderlichen Hilfe zu diagnostizieren, gerät auch die Verfügung über Art und Grad der Hilfe in die Hand allein des Helfers bzw. seines Auftraggebers. In der Reaktion auf Armut bleibt S. notwendig Auslese und Kontrolle.

In der Weimarer Republik setzt sich die Forderung nach einer einheitlichen staatlichen Fürsorge nicht durch. Zwar bleibt in der Festschreibung des Subsidiaritätsprinzips der Staat Auftraggeber für die Aufgaben der Fürsorge, ordnet sich in deren Durchführung jedoch den privaten Trägern nach. Dem folgt die vollständige Unterwerfung der Wohlfahrtspflege unter den faschistischen Herrschaftsapparat: Als dessen Kontrollinstrument dient die nationalsozialistische Volkswohlfahrt als Gesinnungspflege der Volkserziehung und als Rassenertüchtigung der Auslese (→ Faschismus/→ Rasse).

Die Entwicklung der Bundesrepublik ist gekennzeichnet durch einen starken Ausbau der sozialen Dienste (auf Grundlage des Subsidiaritätsprinzips), der Verabschiedung des Bundessozialhilfegesetzes (BSHG) 1962 mit dem Rechtsanspruch auf soziale Hilfe, durch den Ausbau und die Reform der Ausbildung. Je mehr die materielle Lebenssicherung wirtschaftlich und sozialpolitisch gelungen scheint, desto mehr wird ein neues Funktionsverständnis sozialer Arbeit geprägt: psychosoziale Lebenshilfe und Beratung. S. kann als Beziehungsarbeit, als Gefühlsarbeit diskutiert werden. Die → Entfremdung infolge der Verbürokratisierung der institutionellen Apparate kann in den Blick geraten, und als praktische Kritik, zugleich als Kritik an der Gigantomanie des Sozialstaats, wachsen freie Initiativen in überschaubaren Gruppen. Dem vorausgegangen war die theoretische und praktische Kritik, die aus der → Studentenbewegung hervorging: Die Analyse von S. als Agentur des Kapitalismus führte zu einer Fülle von Versuchen einer politisch emanzipativen S. (→ Partizipation). Die reale Entwicklung von Armut in der BRD ist von beiden Strängen unberührt geblieben.

Jahrbücher der Sozialarbeit 1976, 1978, Nr. 3, Nr. 4. Reinbek bei Hamburg 1975–1981.
Müller, C. W.: Wie Helfen zum Beruf wurde. Weinheim 1982.
Otto, H. W. & S. Schneider (Hrsg.): Gesellschaftliche Perspektiven der Sozialarbeit. Bde. 1 & 2. Neuwied 1973.

Waltraut Kerber-Ganse

Soziale Kontrolle

Die Genese des Begriffs der s. K. ist in seiner heutigen sozialwissenschaftlichen Verwendungsweise in der amerikanischen → Soziologie zu suchen – im Kontext der ‹social problems›-Diskussion, die ihrerseits im Falle der s. K. auf Anregungen von A. Comte etwa im Hinblick auf die zentrale Bezeichnung der ‹Voraussicht› (prèvision) zurückgeht. In diesem Sinne wurde von dem amerikanischen Soziologen L. F. Ward die bekannte und eingängige Formel geprägt: «Prediction in order to control» (voraussehen, um kontrollieren zu können). In seiner elementarsten Aussage – bis zum Auftritt des eigentlichen soziologischen Gründungsvaters E. A. Ross – bezog sich der seinerzeit noch sehr stark mit geschichts- und sozialphilosophischen Vorstellungen verwurzelte Begriff der s. K. auf die Fähigkeit der Menschen und der Gesellschaft, sich nach gewünschten Lebensperspektiven und -prinzipien selbst zu regulieren. Diese sozialphilosophischen Ansichten von der Selbstregulierung der Menschen in der Gesellschaft und der Gesellschaft in toto deckten sich weitgehend mit H. Giddings «Deutung der Geschichte als ‹sozialer Selbstgestaltungsprozeß›» sowie mit F. Oppenheimers Vorstellung von einem den Kontrollcharakter betonenden «Selbstdominikationsprozeß der Menschheit», die nun ihrerseits in striktem Gegensatz zu sogenannten überdeterministischen sozialphilosophischen Auffassungen in jener Zeit standen, wie sie z. B. von H. Spencer entwickelt und vertreten wurden, welche darauf hinausliefen, daß man den Gang der (menschlichen) Entwicklung(sgeschichte) «im wesentlichen sich selbst überlassen müsse» (vgl. hierzu Pitts 1968; Malinowski/Münch 1975).

Ohne daß in diesem Rahmen der historische Kontext und der ungewöhnlich facettenreich verlaufende Entwicklungsgang des Begriffs der s.K. rekonstruiert werden kann (vgl. hierzu z.B. Hollingshead 1941, 217ff; Janowitz 1973, 493ff), soll darauf hingewiesen werden, daß auf je unterschiedliche Art und Weise sowohl frühe Interaktionisten (I. H. Ross, Ch.H. Cooley, R.E. Park, E.W. Burgess, G.H. Mead) sowie Funktionalisten oder Strukturfunktionalisten (E. Durkheim und T. Parsons) als auch Behavioristen wie G.C. Homans den Begriff der s.K. soziologisch hoffähig gemacht und vor allem G. Gurvitch (1945) systematisch als einen zentralen Grundbegriff der Soziologie entfaltet hat (→ Behaviorismus/→ Systemtheorie).

Sichtweisen und Konzeptionen von s. K. sind insbesondere in verschiedenen Objektbereichssoziologien (weiter)entwickelt worden, die nunmehr im Anschluß an Durkheims Auffassung, daß Soziales institutionell geregelt und somit «soziale Kontrolle ein zentraler Bestandteil alles sozialen Daseins ist» (König 1968, 278) und die darüber hinaus im engen Zusammenhang von soziologischen Betrachtungen zu Phänomenen der Konformität, der gesellschaftlichen Selbstregulative, der sozialen Ordnung, der sozialen → Integration, der sozialen Abweichung, der sozialen Probleme etc., aber schließlich auch im Kontext des → sozialen Wandels stehen. Dennoch hat die zeitgenössische Soziologie in ihren vielfältigen paradigmatischen Strömungen, was die Idee bzw. Konzeption der s.K. betrifft, das sozialphilosophische Erbe nicht vollends soziologisch aufgelöst. Die alten Fragestellungen der Konstitution, Bedingungen und Variablen sind in der – nunmehr genuin soziologisch ausgewiesenen – Forschung über s. K. nach wie vor sehr bedeutsam (→ Sozialphilosophie). Im Zuge der enormen Differenzierung und Segmentierung entwickelter Industriegesellschaften zeigt sich schon bei einer oberflächlichen Betrachtungsweise deutlich, daß sich in komplexen Gesellschaften eine Vielzahl von unterschiedlichen Gruppenstrukturen und → Lebenswelten (inklusive ihrer vielfältigen Lebensweisen) herausgebildet hat, die jeweils zudem höchst unterschiedliche Systeme, Arten, Formen und Regulierungsverfahren der s.K. aufweisen und die in ihrer Geltung in bestimmten gesellschaftlichen Teilgruppen keineswegs immer mit gesellschaftlichen Großorganisationen konvergieren müssen. Die entwicklungsgeschichtlich zu konstatierende Pluralisierung von Lebenswelten,

-formen und -stilen (Berger/Berger/Kellner 1975) hat demnach u. a. eine Pluralisierung von Dimensionen, Arten und Formen der s. K. zur Folge, deren gemeinsamer Nenner schwer zu bestimmen ist. Wenn wir einmal von den Differenzen absehen, die aus den kaum vergleichbaren theoretischen Hintergründen der einzelnen Theorie-Ansätze in der Soziologie resultieren, dann läßt sich ein Konzept der s. K. analytisch folgendermaßen differenzieren:

- Medien oder Institutionen der s. K. (Familie, Betriebe, Schulen, Vereine etc., Institutionen der Justiz, Sozialpolitik und → Sozialarbeit usw.);
- Arten (offiziell/formell-informell, anonym-persönlich);
- Formen

  (a) das Vorwalten der s. K. von außen (Zwang, → Herrschaft, [System-]Anforderungen, das Konzept des Erwartens von Erwartungen, Beeinflussung des → Individuums von der Gesellschaft, von bestimmten → Gruppen, Personen, aber auch → Weltbildern, → Deutungsmustern etc.; vom totalen Zwangscharakter bis hin zu weicheren Formen der s. K.);

  (b) das Vorwalten der s. K. von innen (Verinnerlichung s. K. in die Person hinein; Übernahme manifester und antizipierter äußerer Einflußnahmen in das persönliche Verhaltenskonzept);

  (c) Aspekte der aktiven Seite und Gestaltung s. K. (Einflußnahmen einzelner und Gruppen auf → Interaktionen und gesellschaftliche[n] Entwicklungen, Veränderungen, Wandel usw.).

Insbesondere die Betonung von s. K. als nicht nur von außen oder innen verlaufender Determinationsvorgang eröffnet gegenüber (nochmals nach Graden der Intensität zu differenzierenden) verhaltensdeterministisch-reduktionistischen Konzeptionen einer «Übersozialisation» (Wrong 1970), wo Menschen nur noch passiv, bewußtlos und reflexhaft reagieren können, eine allerdings zaghafte Perspektive, die eher aktiv die Konstruktionen sowie den produzierenden Verarbeitungsprozeß von s. K. mit berücksichtigt. In dieser Perspektive wird der verhaltensdeterminierende und nur auf soziale → Integration zielende Vorgang (und eben nicht Prozeß) ein Stück weit aufgeweicht, so etwa in der neueren interaktionistisch beeinflußten Kriminalsoziologie, wo von einer Möglichkeit des «fighting back» (Rogers/Buffalo 1974) gesprochen wird. Das Konzept der s. K. verwirklicht sich demnach nicht nur als Konzept der totalen sozialen Integration, der Unterdrückung und Freiheitsberaubung, sondern durchaus auch als Gestaltungsprozeß, der die – freilich durch Prozesse der → Macht und Herrschaft gefilterten – vergesellschafteten Subjektanteile in das Blickfeld einer analytischen Betrachtung der s. K. stellt, ohne daß im Rahmen einer interaktionstheoretischen Soziologie (phänomenologische Sozialtheorie, → Wissenssoziologie, Interaktionismus,

Ethnosoziologie, → Ethnomethodologie etc. / Arbeitsgruppe Bielefelder Soziologen 1973) der Konstruktions- und Vollzugscharakter von Macht und Historizität zureichend geklärt wäre.

Arbeitsgruppe Bielefelder Soziologen (Hrsg.): Alltagswissen, Interaktion und gesellschaftliche Wirklichkeit. 2. Bde. Reinbek bei Hamburg 1973.
Berger, P. L. / Berger, B. & H. Kellner: Das Unbehagen in der Modernität. Frankfurt / New York 1975.
Gurvitch, G.: Social Control. In: Ders. & W. E. Moore (eds.): 20th Century Sociology. New York 1945.
Hollingshead, A. B.: The Concept of Social Control. In: American Sociological Revue, 1941, 6, 217 ff.
Janowitz, M.: Wissenschaftshistorischer Überblick zur Entwicklung des Grundbegriffs «soziale Kontrolle». In: Kölner Zeitschrift für Soziologie und Sozialpsychologie, Jg. 25 / 1973, 499 ff.
König, R.: Soziale Kontrolle. In: Ders. (Hrsg.): Soziologie. Frankfurt / M. 1968.
Malinowski, P. & U. Münch: Soziale Kontrolle. Soziologische Theoriebildung und ihr Bezug zur Praxis der sozialen Arbeit. Neuwied / Darmstadt 1975.
Pitts, J. R.: Social Control, 1: The Concept. In: International Encyclopedia of the Social Sciences, 1968, 14, 381 ff.
Rogers, J. & M. D. Buffalo: Fighting Back: Nine Mods of Adaption non Deviant Label. In: Social Problems, 1974, 22, 101 ff.
Wrong, D. H.: The Over Socialized Conception of Man in Modern Sociology. In: Coser, L. A. & B. Rosenberg (eds.): Sociological Theory: A Book of Readings. London 1970.

Bernd Dewe / Wilfried Ferchhoff

Sozialer Wandel

Begriffliche Annäherung

Da menschliche Gemeinschaften und Gesellschaften stets als geschichtliche und soziale Gebilde zu begreifen sind, liegt in der Erforschung der Gesetzmäßigkeiten und Formen ihres Wandels ein zentrales Problem der → Soziologie (Dahrendorf 1966), wenn geschichtliche Gebilde und mit ihnen die soziale Struktur einer Gesellschaft sich in dauernder Bewegung und Entwicklung befinden und nicht als etwas Statisches zu begreifen sind. Eine Analyse der Sozialstruktur kann daher bestenfalls als Momentaufnahme der sie prägenden sozialen und kulturellen Prozesse betrachtet werden. Eine möglichst umfassende Analyse der Sozialstruktur hätte aber mindestens die Aufgabe, den Wandel eben dieser Struktur zu verdeutlichen und zu erfassen. Mögliche sozialwissenschaftliche Vorstellungen über den Wandel der Gesellschaftsstruktur sind jedoch selbst als im

Werden bzw. in der Entwicklung zu begreifen, da (erstens) Gesellschaftsstrukturen und ihre Geschichte stets das Ergebnis dialektischer Beziehungen zwischen den zielgerichteten Handlungen ihrer Mitglieder und ihrer institutionellen Verselbständigungen sind, weil (zweitens) die gesellschaftliche Realität einerseits durch differente Wert- und Interessenlagen von → Individuen und → Gruppen zu einem bestimmten Zeitpunkt unterschiedlich wahrgenommen und andererseits durch den Zusammenhang von menschlichen → Interessen und sozialwissenschaftlichem Wissen auch unterschiedlich interpretiert wird und weil (drittens) im Laufe der Zeit der Gegenstand selbst ein anderer wird und dementsprechend der theoretisch-methodische Zugriff durch Änderungen und Anpassungen der konkurrierenden Erklärungsansätze sich ebenfalls wandelt (Randall / Strasser 1979).

Grundsätzlich fragen sozialwissenschaftliche Theorien des s. W. nach den Ursachen, dem Verlauf und dem prognostizierbaren, d. h. auf wissenschaftlicher Grundlage voraussagbaren Wandel der sozialen Struktur einer Gesellschaft bzw. ihrer Subsysteme. Das Phänomen des s. W. ist somit der eigentliche Gegenstand der gesamtgesellschaftlichen Analyse. So ist die neuere Entwicklung der «western theory of development» (Nisbet 1969) geprägt vom Begriff des s. W., dessen Verwendung in der Soziologie weitgehend unabhängig von wissenschaftstheoretischen Positionen zu sein scheint und der als «soziologischer Grundbegriff» (Zapf 1969) gleichsam Schlüsselcharakter für die Erfassung gesellschaftlicher Entwicklungen beansprucht.

Der Begriff des s. W. wurde von Prince (1920) wohl zuerst in einem Buchtitel erwähnt, von Ogburn (1922) erstmalig in der theoretischen Diskussion breit entfaltet; dennoch ist eine eindeutige Definition bis heute umstritten. Definitionen des s. W. sind etwa die folgenden:

- «Unter sozialem Wandel versteht man die Gesamtheit der in einem Zeitabschnitt erfolgenden Veränderungen in der Struktur einer Gesellschaft» (Heintz 1962).
- «Der Begriff sozialer Wandel wird benutzt, um den Wandel in der institutionellen Struktur eines sozialen Systems zu bezeichnen; spezieller: eine Veränderung der zentralen institutionellen Ordnung einer Gesellschaft, so daß man von einem Wandel im Typus der Gesellschaft sprechen kann» (Lockwood 1969).
- «Wir definieren einen Wandel in der Struktur eines sozialen Systems als Wandel seiner normativen Kultur. Wenn wir die oberste Ebene sozialer Systeme betrachten, handelt es sich um einen Wandel des gesamtgesellschaftlichen Wertsystems» (Parsons 1959).
- «Sozialer Wandel (bedeutet) die Veränderung sozialer Strukturen, die Abweichung von relativ stabilen Zuständen, deren Stabilitätsbedingungen wir kennen müssen, um Wandlungspotentiale und Entwicklungsrichtungen analysieren und erklären zu können» (Zapf 1969).

Es ist Jäger (1981, 16) zu folgen, wenn er konstatiert, daß ungeachtet einer generell notwendigen Überprüfung der je spezifischen Definitionselemente die Kategorie des s. W. einen integrativen Charakter besitzt, insofern sie für eine Fülle möglicher wissenschaftlicher Arbeiten über ökonomische, gesellschaftliche, gruppen- und sozialpsychologische sowie politische Veränderungen Ausgangspunkt wie auch Orientierung zugleich darstellt, also wesentlicher Teil des begrifflich-klassifikatorischen Bezugsrahmens ist, in dessen Kategorien die Deskription und Erklärung gesellschaftlicher und sozialer Wandlungsvorgänge erfolgen soll. Neben der Analyse der Veränderungen eines spezifischen Bereiches der Gesellschaft (z. B. des Ausbildungswesens, der Familie, städtischer und ländlicher Kulturen) stellt sich das Problem der wissenschaftlichen Erfassung der zeitlichen Abfolge von Ereignissen in räumlichen Grenzen sowie mögliche Veränderungen auf differenten Ebenen des Gesellschaftsganzen (z. B. → Interaktion, Organisation, gesellschaftliche → Totalität; vgl. Etzioni/Etzioni 1964; Moore 1968) (→ Familiensoziologie/→ Organisationssoziologie/→ soziales System).

Begriffsgeschichte und Theorien sozialen Wandels

Die angesprochenen Probleme verweisen auf geschichtsphilosophische Ursprünge der modernen → politischen Ökonomie und Soziologie. Schon Marx ging es bei der Analyse des Kapitals um die Aufdeckung des Bewegungsgesetzes der sich industrialisierenden bürgerlichen Gesellschaft. Im Vorwort zum 1. Band des «Kapitals» (1867) schrieb Marx: Es gehe darum, dem «Naturgesetz» der bürgerlichen Gesellschaft auf die Spur zu kommen und «das ökonomische Bewegungsgesetz der modernen Gesellschaft zu enthüllen». Auch bei Auguste Comte wird das Verhältnis der – als relativ statisch gedachten – Struktur und des dynamischen s. W. thematisiert. Ebenso die Entwicklungstheorien der Sozialdarwinisten, insbesondere die Herbert Spencers, wenden sich im Rahmen ihrer impliziten Fortschrittsideologie dem Problem des Wandels gesellschaftlicher Strukturen zu. Verallgemeinernd kann festgestellt werden, daß alle frühen gesellschaftswissenschaftlichen und soziologischen Theorien für den Versuch standen, den mit der industriellen Revolution und der Vorherrschaft kapitalistischer Wirtschaftsformen und Sozialstrukturen beschleunigt einsetzenden Wandel der Bräuche und → Normen, des Familienlebens und der Arbeitsbedingungen, der Herrschaftsstrukturen, aber auch der Weltanschauung und → Deutungsmuster zu erklären (vgl. zu den älteren Theorien des s. W. Dreitzel 1967) (→ Herrschaft/→ Industrialisierung/→ Kapitalismus). So wird deutlich, daß erst die Suche nach den Ursachen, den Verlaufsgesetzen und den Entwicklungstendenzen sozialer Veränderungsprozesse auf eine *Theorie* des s. W. zielt, in deren Licht die dynamischen Aspekte der Sozialstruktur erst ihren Stellenwert in der Zeitdimension erhalten.

Gemeinsames Merkmal der neueren Theorieansätze des s. W. ist die gegen die an Marx orientierte historisch-materialistische Entwicklungstheorie gerichtete Auffassung, daß nicht über Entwicklungsgesetze der gesellschaftliche Wandel erklärbar würde, sondern nur über ein Bündel endogener, d. h. gesellschafts-, system- und persönlichkeitsimmanenter Kräfte sowie durch exogene Faktoren, die von außen auf soziale Einheiten einwirken und häufig im Sinne von Störungen gelten können (vgl. hierzu Schmid 1982; s. zum Stand und den Schwächen der gegenwärtigen Diskussion: Zollschan/Hirsch 1964; Tjaden 1972; Eisenstadt 1979). Neben den im engeren Sinne als sozialpsychologisch zu klassifizierenden Theorien des s. W. können als soziologische bzw. makrosoziologische Ansätze der Gegenwart etwa die folgenden gelten (→ Makrosoziologie):

- die strukturfunktionale Theorie des s. W. (Parsons);
- die Arbeiten des Konflikt- und Herrschaftsansatzes (vgl. etwa Dahrendorf; Lockwood) (→ Konflikt);
- die kybernetische Analyse des Wandels (Cadwallader);
- die Modernisierungstheorien im Sinne spezifischer Theorien des Wandels in Richtung auf Kapazitätserweiterung und Autonomie (Zapf 1977).

Soziale Indikatoren

Die sogenannte Soziale-Indikatoren-Bewegung kann als streng empirische Spezies einer Soziologie des s. W. in der Bundesrepublik Deutschland begriffen werden. Hier ist seit Ende der 60er Jahre die Diskussion um die Entwicklung sozialer Indikatoren und einer fundierten Sozialberichterstattung intensiviert worden. Leipert (1973) sowie Zapf (1977) definieren soziale Indikatoren als «Kennziffern, die Urteile über den Zustand und die Veränderungen wichtiger sozio-ökonomischer Problembereiche der Gesellschaft erleichtern oder erst ermöglichen» sollen. Dahinter steht die umstrittene Vorstellung, eine der volkswirtschaftlichen Gesamtrechnung vergleichbare soziale Gesamtrechnung aufzustellen und über den sozialen Zustand einer Gesellschaft oder ihrer Subsysteme jederzeit umfassend Auskunft geben zu können und des weiteren bei der wissenschaftlichen Erforschung und Planung der ‹Lebensqualität› die notwendigen Grundlagen zu erarbeiten. Mit Hilfe einer derartigen Sozialberichterstattung sollen Politiker, Administratoren etc. in die Lage versetzt werden, Nebenfolgen und Rückwirkungen von Reformvorhaben zu kalkulieren. Von Zapf (1977 a) ist ein umfassender Forschungsbericht vorgelegt worden, in dem für zehn wichtige Sozialfelder und gesellschaftliche Handlungsbereiche insgesamt 196 Indikatoren entwickelt wurden: Bevölkerung; soziale Ungleichheit und Mobilität; Arbeitsmarkt; Einkommensverteilung; Einkommensverwendung; Verkehrsversorgung; Wohnungsversorgung; Gesundheitspolitik; Bildungspolitik; politische und soziale → Partizipation. Ziel derartiger Studien ist es, den stattgehabten Wandel in einzelnen sozialen Bereichen wie in dem Gesellschaftsganzen zu messen. Kritiker weisen zu Recht darauf hin, daß die Hauptschwierigkeit bei derartigen Meßverfahren in der begründeten Auswahl von Indikatoren liegt. Sollen die sozialen Indikatoren tatsächlich exakt messen, so bedarf es auch für kleinere soziale Bereiche, z. B. der Struktur der gegenwärtigen Kernfamilie, einer großen Zahl von Indikatoren. Hinzu kommen die nicht abschätzbaren Schwierigkeiten der Erhebung, der Kontinuität in der Erhebung sowie der Aktualität derartiger Veröffentlichungen (→ Methodenprobleme).

Schäfers (1980) weist darauf hin, daß die den modernisierungstheoretischen Konzepten und Meßinstrumentarien des s. W. zugrundeliegenden Annahmen spätestens seit Anfang der 70er Jahre zunehmend problematisch erscheinen. Die sozialstrukturelle Entwicklung läßt sich nicht (mehr) ausschließlich als Modernisierungsprozeß theoretisch und empirisch fassen: «Weder die Verkleinerung der Kernfamilie, noch eine der bisherigen Entwicklung vergleichbare Reduktion des primären Sektors, noch eine weitere Steigerung des Massenkonsums wie in den 50er und 60er Jahren, noch eine weitere Bürokratisierung und Ausweitung der verbürokratisierten Betreuung und Daseinsvorsorge» (Schäfers 1980, 10) erlauben eine Fortschreibung der bis dahin unterstellten Entwicklungstrends (vgl. etwa Smelser 1959). Die nun erkannten «Grenzen des Wachstums» (Meadows u. a. 1972) ließen den für die Theorien s. W. typischen Fortschrittsannahmen zunehmend brüchig werden. Seit einigen Jahren gehört die Erforschung von Legitimations- und Sinnkrisen der bürgerlichen Gesellschaft zum festen Bestandteil der Theorien s. W. S. W. wird zunehmend auch als Problem der Wandlung der normativen → Kultur der Gesellschaft begriffen und etwa im Kontext von Studien zum Wertwandel (vgl. Kmieciak 1976; Klages/Kmieciak 1979) untersucht. Mit dieser Umorientierung der Soziologie s. W. hin zu einer verstärkten Analyse der normativen Kultur der Gesellschaft korrespondiert makrosoziologisch die zunehmend größere Bereitschaft, von klassischen sozialen Indikatoren und als bedeutend angesehenen Faktoren s. W. Abschied zu nehmen und in den Prognosen auf erwartbare qualitative Veränderungen des Gesellschaftsganzen hinzuweisen. Hierfür stehen etwa Gartner und Riessmanns Analysen der Wandlung der kapitalistischen Industriegesellschaft hin zu einer ‹Dienstleistungsgesellschaft›, die Rezeption der Überlegungen von D. Bell (1972; 1976) zur Entwicklung der ‹nachindustriellen Gesellschaft› sowie Touraines (1983) Konzept der ‹Programmierten Gesellschaft›. Resümierend läßt sich feststellen, daß gegenwärtig die klassische Ausrichtung der Soziologie s. W. inklusive der Soziale-Indikatoren-Bewegung konzeptuell in eine Krise geraten sind, wissenschaftliche Alternativen sich gegenwärtig aber erst in Umrissen zeigen.

Bell, D.: Die nachindustrielle Gesellschaft. Frankfurt/M. 1972.
–: Die Zukunft der westlichen Welt. Frankfurt/M. 1976.
Dahrendorf, R.: Sozialer Wandel. In: Kunst, H. & S. Grundmann (Hrsg.): Evangelisches Staatslexikon. Stuttgart/Berlin 1966.
Dreitzel, H. P. (Hrsg.): Sozialer Wandel. Zivilisation und Fortschritt als Kategorien der soziologischen Theorie. Neuwied/Berlin 1967.
Eisenstadt, S. N.: Tradition, Wandel und Modernität. Frankfurt/M. 1979.
Etzioni, A. & E. Etzioni (eds.): Social Change: Sources, Patterns and Consequences. New York 1964.
Gartner, A. & F. Riessman: Der aktive Konsument in der Dienstleistungsgesellschaft. Frankfurt/M. 1978.
Heintz, P.: Einführung in die soziologische Theorie. Stuttgart 1962.
Jäger, W.: Gesellschaft und Entwicklung. Eine Einführung in die Soziologie des sozialen Wandels. Weinheim/Basel 1981.
Klages, H. & P. Kmieciak (Hrsg.): Wertwandel und gesellschaftlicher Wandel. Frankfurt/New York 1979.
Kmieciak, P.: Wertstruktur und Wertwandel in der Bundesrepublik. Göttingen 1976.
Leipert, Ch.: Soziale Indikatoren. Überblick über den Stand der Diskussion. In: Konjunkturpolitik 1973, 4, 204–256.
Lockwood, D.: Soziale Integration und Systemintegration. In: Zapf, W. (Hrsg.): Theorien des sozialen Wandels. Köln/Berlin 1969.
Marx, K.: Das Kapital. Band 1. MEW 23. Berlin (DDR) 1964.
Matthes, J. (Hrsg.): Sozialer Wandel in Westeuropa. Verhandlungen des 19. Deutschen Soziologentages Berlin 1979. Frankfurt/M. 1979.
Meadows, D. L./Meadows, D./Zahn, E. & P. Milling: Die Grenzen des Wachstums. Bericht des Club of Rome zur Lage der Menschheit. Reinbek 1972.
Moore, W. E.: Strukturwandel der Gesellschaft. München 1967.
–: Social Change. In: International Encyclopedia of the Social Sciences, 1968, 14. 365–375.
Nisbet, R. A.: Social Change and History. New York 1969.
Ogburn, W. F.: Kultur und sozialer Wandel. Neuwied/Berlin 1969.
Parsons, T.: The Social System. New York 1959.
Prince, S. H.: Catastrophe and Social Change. New York 1920.
Randall, S. & H. Strasser: Einführung in die Theorien sozialen Wandels. Darmstadt/Neuwied 1979.
Schäfers, B.: Sozialstruktur und Wandel der Bundesrepublik Deutschland. Stuttgart 1980.
Schmid, M.: Theorie sozialen Wandels. Opladen 1982.
Smelser, N.: Social Change in the Industrial Revolution. London 1959.
Sorokin, P.: Social and Cultural Dynamics. 4 Bde. New York 1937–1951.
Tjaden, K. H.: Soziales System und sozialer Wandel. Stuttgart 1972.
Touraine, R.: Soziale Bewegungen. Spezialgebiet oder zentrales Problem soziologischer Analyse. In: Soziale Welt, 1983, 2, 143–152.
Zapf, W. (Hrsg.): Theorien des sozialen Wandels. Köln/Berlin 1969.
–: Die soziologische Theorie der Modernisierung. In: Soziale Welt 1975. 26. Jg. H. 2, 212–226.
–: (Hrsg.): Probleme der Modernisierungspolitik. Meisenheim 1977.
–: (Hrsg.): Lebensbedingungen in der Bundesrepublik. Sozialer Wandel und Wohlfahrtsentwicklung. Frankfurt/M. 1977a.
Zollschan, G. K. & W. Hirsch (Hrsg.): Explorations in Social Change. Boston 1964.

Bernd Dewe / Wilfried Ferchhoff

Soziales System

Kein Soziologe, der nicht für die Kategorie s. S. Verwendung hätte; keine Soziologie, die nicht an dieser Kategorie durch sich selbst und durch andere bemessen würde. Immerhin scheinen sich zwei ‹prominente› Bezugspunkte hervorheben zu lassen: Der der sozialen Ordnung (durch s. S.e) und der des Wandels (von s. S.) (→ sozialer Wandel). Beide Bezugspunkte ziehen sich vor allem durch das Werk von Talcott Parsons, an dem (inzwischen) keine vergleichbar ausgreifende soziologische Theorie mehr vorbeikommt (für den deutschsprachigen Raum exemplarisch: Habermas 1981; Luhmann 1975 a).

Ein gemeinsamer Ausgangspunkt läßt sich (im Anschluß an Durkheim 1961; Weber 1964, Bd. 1; Parsons / Shils 1951) folgendermaßen skizzieren: Im Gegensatz zu Theorien individuellen Handelns geht es bei Theorien s. S.e immer um Handlungs*beziehungen* zwischen Aktoren bzw. um deren Interaktionen. Jeder Aktor orientiert sich an den Erwartungen anderer im Hinblick auf seine eigenen Handlungen und unterstellt dem jeweils anderen, daß dieser in derselben Weise verfährt. Als Elemente sozialer Beziehungen ergeben sich danach Aktoren und (Handlungs-)Regeln. Wie aber werden Regeln (Erwartungen/→ Normen / Rechte) aufeinander eingeregelt? Das Problem liegt in der «doppelten Kontingenz» (Parsons 1951, 36) wechselseitiger (zunächst kontingenter: jeweils auch anders möglicher) Verhaltenserwartungen von alter und ego. Dieses Problem erzwingt Ordnungsleistungen, deren Konzeptualisierung das gesamte Werk von Parsons beherrscht (vor allem Parsons 1951; Parsons / Shils 1951). Hinter dieser Vorstellung funktional notwendiger Ordnungsleistungen steht die (an Durkheim und Weber anschließende) Auffassung, daß die von Hobbes entworfene Lösung des Problems sozialer Ordnung (der Einhaltung von Normen) durch eine herrschaftliche Zwangsordnung nicht ausreichen kann. Parsons umgeht diese Schwierigkeiten durch Rekurs auf (kollektiv geteilte) *kulturelle Werte*. Soziale Ordnung wird durch das Zusammenspiel von motivationalen und normativen Orientierungen des Handelns sowie dessen Strukturierung durch (institutionalisierte und internalisierte) kollektiv geteilte Wertmuster gestiftet (Parsons 1951, 3–23; Parsons / Shils 1951, 3–25 u. 53–109). Dieses Theoriekonstrukt wird auch als ‹normatives Paradigma› bezeichnet (vgl. etwa Wilson 1981). Jedenfalls ‹besteht› ein s. S. in dieser ‹normativistischen› Version aus normativen Orientierungen des Handelns (nicht aus Handlungen!), die durch internalisierte / institutionalisierte Wertmuster stabilisiert (und legitimiert) werden. An diesem ‹normativen Paradigma› ist von verschiedenen Seiten Kritik geübt worden (aus der Sicht des ‹interpretativen Paradigmas›: Wilson 1981; aus der des ‹kommunikationstheoretischen Paradigmas›: Habermas 1981). Beide Kritikmuster zielen darauf, daß Parsons seine handlungstheoretische Version des s. S. nicht durchhalten kann, weil er über keinen Begriff ‹lebensweltlich verankerter› Kompetenzen/Regeln verfügt, die überhaupt erst Werte und Handlungsregeln ineinander zu transformieren bzw. diese auf wechselnde Situationen zu applizieren erlauben (→ Lebenswelt). Werte und Normen sind aus dieser Sicht lediglich Ressourcen für interaktive Handlungskoordinationen, deren (kommunikative) Produktion sich gerade nicht ‹von selbst› versteht (auch für Parsons zentrale Mechanismen wie → Sozialisation/Institutionalisierung können diesen Produktionsprozeß nicht ‹erklären›).

Parsons entweicht aus dieser ‹Theorielücke›, indem er sein Theorieprogramm auf systemtheoretische Begriffe umstellt. An die Stelle einer handlungstheoretischen Fassung s. S.e (Struktur normativer Orientierungen, deren Bestand als kritische Variable definiert wird) tritt deren systemtheoretische Fassung. Diese betont weniger Probleme des internen Gleichgewichts, sondern solche der Grenzerhaltung zwischen System und (überkomplexer) Umwelt (→ Systemtheorie). Folglich wird der funktionale Beitrag s. S.e zur Steuerung übergreifender Handlungssysteme zur kritischen Variable (Parsons 1966, 8f). Die Komponenten von Handlungen (Werte, Normen, Motive, Ressourcen) werden zu *Leistungen* ausdifferenzierter Funktionssysteme, von denen ‹das soziale System› nur noch eines (allerdings ‹hervorgehobenes›) unter anderen ist. Unter dem Gesichtspunkt des ‹General Action System› wird die Funktion der Werterhaltung dem kulturellen System, die der → Integration dem s. S., die der Zielerreichung dem Persönlichkeitssystem und die der Anpassung dem physisch-organischen Substrat aller Handlungen zugewiesen. Unter gesellschaftlichen Gesichtspunkten werden diese Systeme in kulturelle, soziale, politische und ökonomische Systeme ‹umgedeutet› (zur differenzierungstheoretischen Einführung dieses A-G-I-L-Schemas: Parsons 1966, 24ff; ders. 1971, 10ff).

Das s. S. (bzw. die societal community) ist jetzt nicht mehr durch die Erhaltung eines kulturell definierten Bestandes an normativen Orientierungen, sondern durch deren *Integration* unter Bedingungen (kulturell, politisch und ökonomisch) hoher Umweltkomplexität definiert. Jenes Problem der sozialen Integration durch situationsadäquate Anwendung kulturell lizenzierter Handlungsregeln wird nunmehr durch eine Präferenz für funktionale Integration der Teilsysteme eliminiert. Die offene Flanke der intra- und intersystemischen Handlungskoordination wird durch die Einführung ‹entsprachlichter› generalisierter Kommunikationsmedien ‹gelöst› (Parsons/Smelser 1956). Geld (Ökonomie), Macht (Politik), Einfluß (Sozialsystem) und Wertbindung (Kultur) gewährleisten intra- und intersystemische Handlungskoordinationen, ohne auf sprachlich-kommunikativ vermittelte Prozesse sozialer Integration Rücksicht nehmen zu müssen (zur Kritik: Habermas 1981, Bd. 2, 384ff). Indem Parsons (1966) das 4-Funktionen-Schema in die Form einer (kybernetisch orientierten) Kontrollhierarchie bringt, die letztlich an der Kontrolle des s. S. durch kulturelle Wertbestände festhält, begrenzt er implizit das Anpassungsvermögen s. S.e (bzw. gesellschaftlicher Funktionssysteme überhaupt) an komplexe und variable Umweltbedingungen.

In der radikalisierten Fassung des sozialwissenschaftlichen Funktionalismus (Luhmann 1975a, 113ff) wird die Erbmasse an kulturellen Wertbeständen eingezogen, und s. S.e werden abstrahiert zu sozialen Handlungszusammenhängen, die aufeinander verweisen und sich von einer Umwelt abgrenzen lassen (zu den systemtheoretischen Implikationen → Systemtheorie). Hierarchisierung der Funktionssysteme und der Steuerungsprimat kultureller Werte entfallen. S. S.e ‹haben› zwar auch eine Struktur; diese variiert jedoch nach Maßgabe der *Funktion*: der Reduktion von Komplexität (letztlich der äußersten Komplexität der Welt!). Das führt zum Bezugspunkt des *Wandels* s. S.e und damit zur endgültigen Relativierung von Handlungsorientierungen (Handlungstheorie) zugunsten der Zentralstellung kollektiver Handlungsfolgen. S. S.e (Strukturen) kommen zunächst dadurch zustande, daß Handlungskollektive ihr Handeln an geltenden Regeln orientieren und auf diesem Wege eine spezifische Struktur von Handlungsmustern produzieren (Giddens 1979). Darüber hinaus ergeben sich aus den (intendierten) Handlungen der Akteure (nichtintendierte) kollektive Handlungsfolgen, die sowohl den Umweltbezug des s. S. als auch dessen Struktur bestätigen (reproduzieren) oder gefährden (desintegrieren) können.

Mit dieser abstrahierten Version s. S.e ist etwa auch die Marxsche Theorie der kapitalistischen *Reproduktion* und der (eingebauten) Krisenhaftigkeit noch kompatibel (Giddens 1979; Eder 1973) (→ Kapitalismus/ → Krisentheorien/→ Marxismus). Der potentiell desintegrative Druck, der durch kollektive Handlungsfolgen über die Umweltbeziehungen und/ oder über Störungen der Regelkontexte des Systems manifest wird, muß durch *Selektionsprozesse* abgearbeitet werden (Schmid 1981). Selektionsprozesse (z. B. → soziale Kontrolle: Smelser 1971; z. B. Macht: Luhmann 1975b) scheiden ‹Handlungsvariationen› zugunsten des Bestandes an geltenden Regeln aus. So können etwa investive Handlungsregeln → Arbeitslosigkeit produzieren (kollektive Handlungsfolge). Das politische System (Umweltaspekt) bekommt dies in Form einer strukturellen Verzerrung von Einnahmen- und Ausgabenrelationen zu spüren (Vobruba 1978). Es kann dann mit beschäftigungsstabilisierenden Maßnahmen (diverse Formen des Kündigungsschutzes etwa) so reagieren, daß immer mehr Abweichungen (Handlungsvariationen) im ökonomischen System entstehen (Investitionsunterlassungen, beschäftigungsunwirksame Rationalisierungsinvestitionen). Dasselbe kann man sich vorstellen, wenn jene kollektive Handlungsfolge spürbare Nachfragedefizite bewirkt und auf diesem Wege direkt auf die investiven Handlungsregeln zurückschlägt. Selektionsprozesse haben in diesem Rahmen (etwa durch Macht: politischer Druck/Tarifkämpfe u. ä.) die Funktion, Rahmenbedingungen zu sichern, innerhalb deren ‹geltende› Handlungsregeln stabilisiert und ‹abweichende› ausgefiltert (Schmid 1981) werden können.

In diesem analytischen Kontext (struktureller und/oder kommunikativer Selektion) lassen sich Theorietypen → sozialen Wandels s. S.e verorten (s. Schmid 1982). Theorien struktureller (bzw. kommunikativer) Selektion zeichnen sich zwar durch einen hohen Abstraktionsgrad aus, andererseits aber auch durch ihr ‹Fassungsvermögen› für theoretisch anders gelagerte Ansätze. So lassen sich etwa Theorien sozialer Bewegungen (Touraine 1981) und (sogar) solche der alltagsweltlichen Handlungskonstitution (Luhmann 1981, 81 ff; Pollner 1976) anschließen. In der Anschlußfähigkeit von ‹speziellen Theorien› an allgemeine Theorien s. S.e liegt gerade ein zentraler Indikator für methodologische und wissenschaftskritische Komplexität vor. Das soll jedoch nicht heißen, daß dadurch (allein) die Schwierigkeiten gelöst werden könnten, primär analytisch geprägten Theorien s. S.e ‹empirischen Gehalt› abzugewinnen.

Durkheim, E.: Regeln der soziologischen Methode. Neuwied/Berlin 1961.
Eder, K.: Komplexität, Evolution und Geschichte. In: Maciejewski, F. (Hrsg.): Theorie und Gesellschaft oder Sozialtechnologie. Theorie-Diskussion. Supplement 1. Frankfurt/M. 1973.
Giddens, A.: Central Problems in Social Theory. Action, Structure and Contradiction in Social Analysis. London/Basingstoke 1979.
Habermas, J.: Theorie des kommunikativen Handelns. 2 Bde. Frankfurt/M. 1981.
Luhmann, N.: Soziologische Aufklärung 2. Opladen 1975 a.
–: Macht. Stuttgart 1975 b.
–: Soziologische Aufklärung 3. Opladen 1981.
Parsons, T.: The Social Systems. Glencoe 1951.
–: Societies. Evolutionary and Comparative Perspectives. Englewood Cliffs 1966 (dt. Frankfurt/M.).
–: The System of Modern Societies. Englewood Cliffs 1971.
– & E. A. Shils (Hrsg.): Towards a General Theory of Action. New York 1951.
– & N. J. Smelser: Economy and Society. London/New York 1956.
Pollner, M.: Mundanes Denken. In: Weingarten, E. u. a. (Hrsg.): Ethnomethodologie. Beiträge zu einer Soziologie des Alltagshandelns. Frankfurt/M. 1976.
Schmid, M.: Struktur und Selektion. Zeitschrift für Soziologie, 1981, 10, 17–37.
–: Theorie sozialen Wandels. Opladen 1982.
Smelser, N. J.: Theory of Collective Behavior. New York/London 1971 (dt. Köln 1972).
Touraine, A.: An Analysis of Social Movements. London et al. 1981.

Vobruba, G.: Staatseingriff und Ökonomiefunktion. Zeitschrift für Soziologie 1978, 7, 130–156.
Weber, M.: Wirtschaft und Gesellschaft. 2 Bde. Köln/Berlin 1964.
Wilson, P.: Theorien der Interaktion und Modelle soziologischer Erklärung. In: Arbeitsgruppe Bielefelder Soziologen (Hrsg.): Alltagswissen, Interaktion und gesellschaftliche Wirklichkeit. Reinbek bei Hamburg 1981[5].
Zur Einführung
Gabriel, K.: Analysen der Organisationsgesellschaft. Frankfurt/New York 1979.
Jensen, St. (Hrsg.): Talcott Parsons. Zur Theorie sozialer Systeme. Opladen 1976.
Kiss, G.: Einführung in die soziologischen Theorien II. Opladen 1973.

Klaus-Peter Japp

Sozialgeschichte

Unter S. versteht man in der modernen Geschichtswissenschaft jenen Zweig, bei dem das Schwergewicht auf besondere Bereiche des Gesellschaftslebens gelegt wird und der die historische Entwicklung von Unterschichten, sozialen Bewegungen, staatlichen oder nichtstaatlichen → Institutionen und Lebensweise der Massen zum Gegenstand hat. In der Sozialwissenschaft versteht man unter S. die historische Betrachtung der modernen bürgerlichen Gesellschaft. Hier wird S. umfassend als einheitliche Betrachtung von Wirtschaft, Technik, Staat, Politik und vorstaatlichen Sozialsystemen verstanden. Als Teildisziplin der Geschichtswissenschaft hingegen geht die sozialgeschichtliche Forschung von der Vorstellung aus, daß man Staat und Gesellschaft voneinander getrennt betrachten und als historische Gegenstandsbereiche definieren könne. In Opposition zur politischen Geschichte entwickelte sich die S. Ende des 19. Jahrhunderts; die umfassendere, sozialwissenschaftlich orientierte S. entstand in den 30er Jahren mit der Zeitschrift *Annales:* Économie, Sociétés, Civilisations (Bloch, Febvre, Brandel). Unter Berufung auf die Klassiker der historischen Betrachtung von Gesellschaft, insbesondere auf Marx, Max Weber und Troeltsch, wurde hier der Versuch unternommen, eine allgemeine sozialwissenschaftliche Kulturgeschichte zu entwickeln, die vergangene Epochen als ganze zu rekonstruieren hat, also als ökonomische, politische, technologische und soziale Geschichte. Daneben verbindet sich mit dem Begriff einer sozialwissenschaftlich orientierten Geschichtsbetrachtung auch der Versuch der historischen S. (Wehler), die Geschichte und → Soziologie zu verbinden trachtet, sowie das Konzept einer Makrogeschichte, die die gesellschaftliche Entwicklung als Entstehen und Wachsen gesellschaftlicher Systeme über Zeiträume von mehreren Jahrhunderten zu betrachten versucht und tieferliegende Gesetzmäßigkeiten gesellschaftlicher Entwicklung zu identifizieren strebt (deep structures).

Eine in diesem Sinne sozialwissenschaftliche Betrachtung der Geschichte hat heute noch erhebliche methodologische Probleme insoweit, als Quellen zur Betrachtung von ökonomischen, technologischen und sozialen Prozessen nur schwer zugänglich sind. Erst mit dem Aufschwung der modernen Archäologie hat sich der Kenntnisstand über soziale Phänomene vergangener Epochen verbessert und Daten zutage gefördert, die bislang durch schriftliche Quellen nicht abgedeckt waren. Eine exakte historische S. im engeren Sinne aber läßt sich erst seit Einführung statistischer Datenerfassung, wie dem Mikrozensus Mitte des 19. Jahrhunderts in den USA, betreiben.

Die Ergebnisse der neueren Forschung in der Wirtschafts-, Sozial- und Technikgeschichte stellen die ‹klassischen› fortschrittsoptimistischen und von der universalgeschichtlichen Bedeutung der industriellen Revolution des 19. Jahrhunderts (Toynbee) überzeugten Auffassungen weitgehend in Frage. Das gilt für die Entwicklungsgeschichte des 19. und 20. Jahrhunderts wie insbesondere für die Anfänge der bürgerlich kapitalistischen Gesellschaftsordnung, das Mittelalterbild und das Verständnis von Krisen im Verlauf der S. (→ Krisentheorien). Die neuere Forschung geht davon aus, daß in Europa zwischen dem 11. und 12. Jahrhundert eine tiefgreifende Agrarrevolution stattgefunden hat (Abel), die eine Bevölkerungsexpansion von 30 auf ca. 100 Mio. Menschen (Russel) in Westeuropa auslöste. Mit dieser Explosion der Bevölkerung ging einher die geographische Ausbreitung der europäischen Bevölkerung, die Kultivierung von Neuland und die Besiedlung der europäischen Ostgebiete, die Vermehrung der landwirtschaftlichen Siedlungsfläche sowie eine an Intensität und Quantität in Europa nie wieder erreichte Stadtgründungswelle. Die Grenzen des abendländischen Europas wurden im Norden auf Großbritannien, die Südhälfte Skandinaviens, im Osten auf Polen, im Südosten auf Rumänien und Ungarn, den nördlichen Balkan, im Süden auf Italien, Sizilien und den Norden Spaniens vorgeschoben, auf ein Gebiet also, das wir auch heute noch als das abendländische Europa begreifen.

Diese landwirtschaftliche und urbane Expansion war gleichbedeutend mit einem enormen Aufschwung von Handel und Produktion, die ihren Höhepunkt im 13. und 14. Jahrhundert in Oberitalien hatten. Hier fand sowohl technologisch als auch ökonomisch eine industrielle Revolution des Mittelalters (Gimpel) statt, die sich an der Entwicklung des mechanischen Handwebstuhls, der Spinnmaschine, den Walk- und Färbetechniken ebenso ablesen läßt wie an der Mühlentechnik, den Wasserhämmern, der Metallverarbeitung und an den neuen Technologien wie die Uhrenherstellung und die Buchdruckerei. Rückgrat der industriellen und ökonomischen Entwicklung im Mittelalter war die Textilproduktion, die in Flandern und in der Toscana auf der Verarbeitung von Wolle (Dohren) basierte, in Venedig, der Terraferma und den Mittelmeerterritorien auf der Verarbeitung von Baumwolle (Mazzaoui). Im 14. Jahrhundert entsteht durch venezianischen Kapitalexport und Industrieansiedlungspolitik der Fürsten in Oberdeutschland ein weiterer Standort der Baumwollproduktion (von Strohmer). Der Konzentration der Produktion auf Flandern und Oberitalien entsprach eine weiträumige, internationale Arbeitsteilung, die die britischen Inseln zum Hauptrohstofflieferanten für Wolle, Süditalien, die Peloponnes, Kreta, Zypern und Palästina zu Hauptanbaugebieten für Baumwolle machte (Mazzaoui). Wurde Wollstoff im wesentlichen für Oberbekleidung, insbesondere für Luxusbekleidung produziert, so spielte die Baumwolle eine zentrale ökonomische Rolle für Gebrauchstextilien, für Wäsche, für Segel und nicht zuletzt auch für die Herstellung von Kerzendochten, einem der womöglich wichtigsten Produkte der venezianischen Textilherstellung (Mazzaoui). Die Produktion der Textilien in Flandern, der Toscana und in Venedig geschah bei der Herstellung von Garn und Rohtuch im wesentlichen in der Form der Verlagsindustrie. Die Weiterverarbeitung hingegen war in Manufakturen organisiert, in denen massenhaft kapitalistische Lohnarbeit geleistet wurde (Mazzaoui, Durant, Eggebrecht).

Für den → Kapitalismus des Mittelalters typisch war die Organisation von Verlagswesen und Manufakturen in korporativer oder genossenschaftlicher Form, und zwar durch Zünfte oder Kongregationen. Das hat in der Vergangenheit dazu beigetragen, daß die spezifischen Bedingungen mittelalterlich-frühkapitalistischer Produktion als vorkapitalistisch mißverstanden wurden. Allerdings unterschied sich der Kapitalismus des Mittelalters weitgehend dadurch von dem des 18. und 19. Jahrhunderts, daß er in einem dezentralen Sinne durch die kooperative Struktur der Stadtrepubliken sozial und ethisch gebunden und somit verantwortlich war für die direkten sozialen Folgen der gesellschaftlichen Produktion. Zwar gab es schwere soziale Konflikte und Aufstände, wie den der Ciompi im 14. Jahrhundert in Florenz, die gegen die oligarchische → Herrschaft der Zünfte und Kongregationen gerichtet waren, aber auch die Massen der Arbeiter und Handwerker, der *popolo minuto* war eingebunden in die soziale Sicherung und Fürsorge der Zünfte und Kongregationen, wenn auch mit minderen Rechten. Deshalb zog der Aufschwung der Textilindustrie zwangsläufig die Entwicklung eines breitgefächerten mittelständischen Handwerks in fast allen Städten mit sich und verbreiterte auf diese Weise die ökonomischen Aktivitäten. Ebenso wichtig war die Auswirkung der industriellen Revolution auf den Ausbau und das schnelle Anwachsen der Verkehrstechnologie, insbesondere in der Schifffahrttechnik.

Bis in das 14. Jahrhundert hinein erlebten die städtischen Industriezentren Europas einen steilen ökonomischen Aufstieg, die großstädtischen, zwischen 50000 und 100000 Einwohner beheimatenden Industriezentren wuchsen zu republikanischen Territorialstaaten an, die zentrale ökonomische und politische Rollen in Europa spielten. Venedig beherrschte ein Achtel der Fläche des römischen Imperiums, in Flandern, der Toscana, aber auch in den Städten Nordfrankreichs und Deutschlands erreichten die größten von ihnen den Status autonomer Stadtrepubliken.

Nicht der Adel, die städtischen Oberschichten gaben den Ton in Europas entwickelten Regionen an. In den weniger entwickelten Gebieten wie Deutschland, besonders auf dem Lande, fand bis zum 13. Jahrhundert eine weitgehende Aufweichung der feudalen Herrschaftsverhältnisse statt, auf Neuland oder dem Territorium der Ostbesiedlung überwog das freie Bauerntum. Die alte Villikationsverfassung war schon im 12. Jahrhundert überwunden, wenn auch die politische Macht weiterhin vom Geburtsadel auf Grund seiner dominierenden Stellung in der Heeresverfassung ausgeübt wurde und mit Privilegien und Abgabenrechten verbunden war (Ennen, Abel). Die Prosperität kam im 14. und 15. Jahrhundert zum Erliegen und ging in eine lange Depressionsphase über, die im ganzen bis in das 17. Jahrhundert andauerte. Ausgelöst wurde diese Krise durch eine Fülle von Faktoren, von denen drei allerdings besonders deutlich hervorragen: die große Pestepidemie im 14. Jahrhundert, die die Hälfte der europäischen Bevölkerung in nur zwei Jahren hinwegraffte, die Verschlechterung der klimatischen Bedingungen in Nord- und Westeuropa (Abel) sowie der Jahrhunderte dauernde Abwehrkampf gegen die Türken im östlichen Mittelmeerraum. Bevölkerungsschwund und Klimaverschiebung lösten eine hartnäckige Stagnation in der landwirtschaftlichen Produktion aus mit schweren sozialen Konflikten auf dem Lande. Aus diesen Krisen und Kriegen ging die absolutistische, die Macht der intermediären Gewalten brechende Monarchie hervor, während die kriegerischen Verwicklungen im Mittelmeer die ökonomischen und militärischen Kräfte der führenden bürgerlichen Republik Venedig banden und sie am Ende von zwei Jahrhunderten Seekrieg ruinierten. Zwar gab es gerade im 15. und 16. Jahrhundert eine gewisse Aufschwungtendenz in der städtischen Industrie und im Handel; doch dieser relative Aufschwung wurde erkauft mit der scharfen Abschottung der Beschäftigten gegenüber den arbeitslosen und verarmten Massen, einer rigiden, nun fortschrittsfeindlich werdenden Zunftpolitik und mit der Aufrichtung neuer feudaler Verhältnisse auf dem Lande (deVries). Die dynamische Rolle der Textilindustrie kam zum Erliegen, Venedig verlor seine Rohbaumwollgebiete im östlichen Mittelmeer, die Textilindustrie in Flandern ging nach der Pest deutlich zurück, und auch die Rohwollproduktion in England wurde von der rückläufigen Tendenz der Textilindustrie stranguliert (Einhegungspolitik, Vertreibung der Bauern). Die Entdeckung der südamerikanischen Goldländer verschärfte die Krise durch eine galoppierende Inflation (deVries).

Die feudalen Eigentümerschichten versuchten, nicht zuletzt wegen der hohen Gewinne im Getreidehandel, im 16. Jahrhundert allenthalben landwirtschaftliche Anbaufläche durch Auflösung der Allmende zu vergrößern. Im Norden und Westen Europas hatte dies blutige Bauernaufstände zur Folge, im Süden Europas fand ein gefährlicher ökologischer Raubbau statt, der im frühen 17. Jahrhundert das Zusammenbrechen der Landwirtschaft in Süditalien und Sizilien sowie große Hungersnöte zur Folge hatte, die wiederum nur durch das Eindringen holländischer Getreideschiffe in das Mittelmeer und die Monopolisierung des Getreidehandels durch die Niederländer gemeistert werden konnten (deVries). Der Dreißigjährige Krieg und eine erneut ausbrechende Pest in Oberitalien besiegelten endgültig das Schicksal der oberitalienischen Städte, deren Oberschichten nach dem Verlust ihrer Märkte und nach dem Zusammenbruch ihrer Industrie- und Handelsunternehmen sich in eine landwirtschaftliche Spekulanten- und Großbesitzerschicht wandelten (Mazzaoui). Die Eisenindustrie und das Luxushandwerk erlebten im 16. Jahrhundert ihren Aufschwung vor allem wegen der Bedeutung der Kriegstechnik für die immer schärfer werdenden Konflikte in Europa (Sprondel) und wegen der Rolle der Luxusproduktion für die wohlhabenden bürgerlichen und aristokratischen Schichten. Schiffsbau und Seerüstung erfuhren einen geradezu epochemachenden Aufschwung wegen ihrer Bedeutung für die moderne Waffentechnik (Sewald). Die Marine entwickelte sich zum kriegsentscheidenden Kampfinstrument, die Seemächte zu den wichtigsten Handels- und Industrienationen.

Die Zentren der ökonomischen Aktivitäten verlagerten sich durch diese Ereignisse von Oberitalien an die Ärmelkanalküste, nach Antwerpen und Amsterdam, aber nicht wegen der atlantischen Seewege nach Übersee, sondern wegen der wachsenden Bedeutung des innereuropäischen Salz- und Getreidehandels und der überlegenen Führungsrolle der Niederländer und Briten in der modernen Seefahrt des 17. und 18. Jahrhunderts. Der Überseeraum spielte für Handel und Industrie hingegen bis in das 19. Jahrhundert hinein so gut wie keine Rolle (deVries). War Holland das Handels- und Finanzzentrum des 17. und 18. Jahrhunderts, so verlagerte sich im 18. und 19. Jahrhundert das Zentrum der industriellen Reorganisation nach England. Hier setzte sich im 18. Jahrhundert eine umfassende Reorganisation des modernen Staatswesens, der Landwirtschaft und der Industrie, namentlich der Baumwoll- und Wollindustrie durch, die allerdings das Niveau der oberitalienischen Industrie im 13. Jahrhundert zunächst nicht überschritt.

Im Verfassungsstreit zwischen absolutistischer Monarchie und Parlament entstand jener Typus von Staat, der alle anderen Gewalten auflöste und damit auch ihre ökonomische und soziale Selbstbindung außer Kraft setzte. Dieser Staat, diese Staatsauffassung, spaltete die moderne Gesellschaft in soziale und politische Organisation und schuf damit eine allen sozialen Bedingungen ledige, entfesselte Form von kapitalistischer Produktion. Sie war von nun an, da sie keine soziale Rückbindung mehr kannte, nur noch an der profitablen Verwertung von Kapital orientiert. In England und seiner nordamerikanischen Kolonie setzte sich infolgedessen diese Art von Kapitalismus im 18. Jahrhundert zuerst durch. Die kapitalistische Wirtschaftsauffassung beschränkte sich indessen nicht auf die Industrie, sondern dehnte sich auch auf die Landwirtschaft aus, wo neue Anbaumethoden, neue Zuchtmethoden bei Nutztieren und neue Fruchttechniken der englischen und amerikanischen Landwirtschaft zu einem schnellen Aufschwung verhalfen (de Vries) und zu der für das späte 18. und das frühe 19. Jahrhundert typischen schnellen Vermehrung der Bevölkerung in England und den Kolonien führte. Hier gelang es Ende des 18. Jahrhunderts, die Uplandbaumwolle in den südlichen Territorien der Kolonien gewinnbringend anzubauen und so zu verarbeiten, daß wieder ein günstiger Rohbaumwollstandort für die europäische Industrie gewonnen werden konnte. Leichte technische Verbesserungen am Webstuhl wie der Schnellschütz von John Kay oder die Spinnmaschine durch Arkwright, Heagravens und Crompton brachten einen schnell ansteigenden wirtschaftlichen Wiederaufschwung der alten Textilindustrie (Weber).

Bei der Herstellung von Baumwollgarn löste dieser Aufschwung eine wichtige Veränderung in der Textilindustrie aus. Spinnen, bis dahin im wesentlichen Heimindustrie, konnte mit der Erfindung von Crompton und Arkwright zum erstenmal als Manufaktur betrieben und aus der Hausindustrie herausgelöst werden (Kellenbenz). Nicht mehr nur die Textilweiterverarbeitung, sondern auch das arbeitsintensive Spinnen konnte von nun an manufakturell organisiert werden. Damit entstand zuerst in England, später auch in der Schweiz und in Deutschland ein wichtiger Beschäftigungsbereich für die wachsende Bevölkerung auf dem Lande, insbesondere für Frauen und Kinder.

Der Aufschwung der Textilindustrie, der vom Einsatz von Wasserrädern, hölzernen Spinnmaschinen und Handwebstühlen gekennzeichnet war, stellte allerdings noch keine industrielle Revolution im engeren Sinne dar. Er legte jedoch mit dem Aufschwung der alten Industrie die sozioökonomischen Voraussetzungen für die industrielle Revolution in der Mitte des 19. Jahrhunderts. Diese ging von der Veränderung der Motorentechnik (Dampfmaschine), der Verwendung neuer Werkstoffe (Gußeisen, Stahl) und der Entwicklung neuer Arbeitsmaschinen (Selfaktor, automatischer Webstuhl, Drehbänke, Fräsemaschinen) aus. Es war allerdings nicht die Wattsche Niederdruckdampfmaschine, sondern erst die Hochdruckdampfmaschinen, die nach 1815 gebaut wurden, welche in Kombination mit gußeisernen Selfaktoren und automatischen Dampfmaschinen die industrielle Revolution auslösen sollten (Tunzelmann), so daß wir vom industriellen Durchbruch des 19. Jahrhunderts erst von dem Zeitpunkt an sprechen können, wo diese Technologien in der Industrie auch tatsächlich Eingang finden konnten (Kerker). Um 1815, am Ende der Kontinentalsperre, war England von daher noch vorindustriell (Lilley), und selbst bis in die Mitte des 19. Jahrhunderts dominierten in der britischen Textilindustrie noch das Wasserrad und der Handwebstuhl. Der Durchbruch der industriellen Revolution vollzog sich in Großbritannien daher auch erst zwischen 1820 und 1850. Sie begann in der Textilindustrie, kam aber erst zum vollen Aufschwung mit dem Ausbau des Eisenbahnwesens zwischen 1830 und 1900. Mit diesem Ausbau und dieser Industrialisierung der → Infrastruktur erhielt die industrielle Revolution des 19. Jahrhunderts ihr typisches Gesicht: der Schwerpunkt der Industrialisierung wechselte von der Textilindustrie zur Schwerindustrie, insbesondere zum Stahl.

Die USA und das Deutsche Reich übernahmen die Führungsrolle im Prozeß der → Industrialisierung, eine neue Welle der Besiedlung setzte ein, mit der die USA parallel zur Ausbesiedlung im 12. und 13. Jahrhundert zum landwirtschaftlichen Expansionsgebiet wurden, neue Industriestädte entstanden, die alten Metropolen wuchsen zu Riesenstädten an, und in den USA entstand eine völlig neue Qualität von Urbanisierung (Faulkner). Die → Migration der Arbeitskräfte verstärkte sich erheblich, große Teile der Landbevölkerung wanderten in die Städte und wurden zum Industrieproletariat. Etwa ein Sechstel der europäischen Bevölkerung emigrierte nach Nordamerika und bildete hier den größten Teil der Arbeitsbevölkerung in der neuen Industrie. Ende des 19. Jahrhunderts hatte sich die Lohnarbeit zur entscheidenden Erwerbsform der modernen Gesellschaft entwickelt, der jedoch noch weitgehend die soziale Anerkennung und Integration fehlten. Schwere soziale Gegensätze und soziale → Konflikte bestimmten daher die zweite Hälfte des 19. Jahrhunderts, deren Resultat immerhin eine deutliche Verbesserung der sozialen Lage war.

Der schnelle Aufschwung der → Industrialisierung im 19. Jahrhundert geriet in den 1880er und 1890er Jahren in eine länger anhaltende Krise, die mit verschiedenen kleineren Aufschwüngen und deutlichen Krisenphasen bis in die 20er Jahre unseres Jahrhunderts andauerte. Zwar wurde der Krise am Ende des 19. Jahrhunderts zunächst mit der Monopolisierung der Märkte, der Entstehung weltweit operierender Unternehmensriesen, mit der Kolonisierung der südlichen Erdhälfte und einer Verschärfung der → Ausbeutung der Arbeitskraft begegnet, begleitet von einer Reihe von militärischen Konflikten und der ersten Hochrüstungswelle der modernen Industriegeschichte (als deren objektives Resultat man den Ersten Weltkrieg begreifen muß); aber der eigentliche Motor der Industrialisierung des 19. Jahrhunderts, das Wachstum der Schwerindustrie und des Eisenbahnausbaus, verlangsamte sich drastisch und kam nach 1910 zum Stillstand. Gleichwohl waren die Jahrzehnte zwischen 1880 und 1920 gekennzeichnet von einer Konsolidierung der bürgerlichen → Macht und einer weiteren Verbesserung der sozialen Lage wie der politischen → Partizipation der arbeitenden → Klasse.

Erst nach dem Ersten Weltkrieg, in der tiefen Depressionskrise der 20er Jahre, fand die Stagnation der gesellschaftlichen Entwicklung ihren Höhepunkt. In den letzten Jahrzehnten des 19. Jahrhunderts deuteten sich allerdings technologische und soziale Entwicklungen an, die auf eine Überwindung der Krise und auf eine neuerliche Industrialisierungs- und Entwicklungsphase der modernen Gesellschaft hindeuteten. Neue Produkte und neue Industrien, namentlich im Bereich der Chemie, der Elektrotechnik und der Verkehrstechnik, neue Werkstoffe, neue Motoren und neue Gebrauchsgegenstände wurden entwickelt und nahmen einen wachsenden Anteil in der industriellen Produktion ein. Neue Produktionstechniken, besonders die Reorganisation der Produktion durch Rationalisierung der menschlichen Arbeit (→ Taylorismus), setzten sich durch. Neue sozialpolitische Konzepte zur Regelung der Beziehungen von Lohnarbeit und Kapital begannen, die alte Klassenkampforientierung der → Arbeiterbewegung durch Konzepte der → Integration der Lohnarbeiterklasse in den Reproduktionsprozeß des Kapitals und eine umfassende Absicherung des Arbeitskraftanbieters im sozialen System zu ersetzen. Nach der Weltwirtschaftskrise 1929 bis 1931 setzte sich dieser Typus des modernen Wohlfahrtsstaates (Galbraith) von den USA ausgehend durch. Er bestand im wesentlichen darin, daß der Staat nun ausdrücklich die Verantwortung für die Globalsteuerung der Ökonomie übernahm, Vollbeschäftigung und soziale Absicherung der Lohnarbeiter garantierte, zugleich aber die private Allokation der Produktionsfaktoren stärkte. Dem Wesen nach war der hier entstehende Typ von Gesellschaft nichts anderes als die gesetzliche und verfassungsmäßige Verankerung der objektiven Interessen der Lohnarbeit im konstitutionellen System des Kapitalismus sowie eine Regelung der industriellen Beziehungen auf der Basis von Tarifautonomie und Sozialpartnerschaft zwischen Lohnarbeit und Kapital. Dem sozialstaatlichen Kapitalismus gelang eine zentrale Deproletarisierung der Lohnarbeiterexistenz durch Verminderung der Abhängigkeit des einzelnen Arbeitnehmers vom Verkauf der Ware Arbeitskraft, indem seine

Existenz neben dem Tariflohn nun auch einen Soziallohn (Bowles/Gintes) zur Grundlage hatte, der die Existenz unabhängig von Beschäftigung und Erwerbstätigkeit des einzelnen Arbeitnehmers garantierte.

Dies schaffte die Voraussetzung für einen in der Geschichte des modernen Kapitalismus unvergleichlich hohen Massenkonsum, der eine neue nach 1945 einsetzende Industrialisierungswelle in Europa und den USA zur Folge hatte (Ford-Effekt). Die neuen Produkte fanden schnell wachsende Märkte, die Produktivitätssteigerung durch → Rationalisierung und Automation (→ Automatisierung) konnte durch ein umfassendes Wachstum kompensiert werden, das Automobil wurde zum industriellen Rückgrat des wirtschaftlichen Wachstums, Fließbandproduktion und ständig neue Formen von Automation und Rationalisierung in der Produktion, Dienstleistung und Verwaltung charakterisierten die Entwicklung der industriellen Produktion. Fast alle entwickelten Staaten des Kapitalismus entwickelten nach 1950 diesen Typ des modernen Sozialstaats und schufen damit die Voraussetzung für einen nahezu 30 Jahre lang währenden Wachstumskapitalismus mit Vollbeschäftigung, wirtschaftlicher Stabilität und Rekonstruktion eines durch Kriegsschäden zerstörten Europas (‹Wirtschaftswunder›). Für nahezu 30 Jahre gelang eine gewisse Balance in den Einkommensverhältnissen zwischen Lohnarbeit und Kapital sowie eine Entschärfung der sozialen Konflikte.

Der lang anhaltende Ford-Effekt führte allerdings zu einer fatalen Verschiebung der Produktionssektoren, die Landwirtschaft sank auf ein minimales Beschäftigungsvolumen, während sie gleichzeitig in hohem Maße automatisierte und monokulturell spezialisiert wurde. Der industrielle Sektor nahm ökonomisch wie beschäftigungspolitisch ab, und der tertiäre Bereich, also die Gesamtheit aller staatlichen und administrativen, kommerziellen und dienstleistenden Bereiche, schwoll stark an. Ebenso stark nahm die lohnabhängige Erwerbsform zu, die in den 60er und 70er Jahren mit über 90 Prozent aller Erwerbstätigen zur Monostruktur der Erwerbsarbeit wuchs. Der Arbeitsmarkt entwickelte sich zum alleinigen Instrument der gesellschaftlichen Integration, die Versorgung der Individuen erfolgte fast ausschließlich über die Märkte. Gesellschaftliche Institutionen, insbesondere die Einrichtung weiterführender Bildung, öffneten sich für die Masse der Lohnarbeiter. Moderne Infrastruktur und neue Verkehrstechnologien sowie neue Konservierungsmöglichkeiten für Lebensmittel schufen eine weiträumige Arbeitsteilung zwischen Erzeuger und Verbrauchergebiete, weiträumige Distribution und Versorgung. Ein neuerliches Anwachsen der Urbanisierungswelle war die Folge, gekennzeichnet von einer stark funktionalen Arbeitsteilung der städtischen Quartiere zwischen Wohnbereich, Dienstleistung und Produktion (→ Regionalplanung/→ Stadtplanung/→ Sozialplanung).

Das industrielle Wachstum zeigte schon auf dem Höhepunkt des Wirtschaftswunders Anfang der 60er Jahre schwerwiegend negative ökologische Auswirkungen durch Produktion von Abfällen, Luftverschmutzung und Intoxikationen bei Verwendung chemischer Dünge- und Vernichtungsmittel. Massenverkehr, Infrastrukturausbau und urbane Lebensformen begannen zerstörerische Wirkungen auf das ökologische System auszuüben. Der Aufschwung des wohlfahrtsstaatlichen Kapitalismus in der nördlichen Hemisphäre war zudem verbunden mit einer weiteren ökonomischen Abhängigkeit der südlichen Halbkugel, die sich nach dem Zweiten Weltkrieg aus ehemaligen Kolonien in politisch selbständige Systeme entwickelte, welche auf Grund des immer größer werdenden Abstandes zwischen industriell produzierendem Norden und Rohstoff lieferndem Süden jedoch ökonomisch immer abhängiger wurden. Massenarmut und exorbitantes Bevölkerungswachstum, begleitet von sich verschärfenden Naturkatastrophen, machten die südliche Halbkugel in den 60er und 70er Jahren zum Zentrum absoluter Verelendung, zum Kristallisationspunkt schwerer gesellschaftlicher Krisen und angesichts der in den 60er und 70er Jahren sich verschärfenden Hochrüstung zum schnell ausufernden Krisenherd militärischer Konflikte. Auf die kommenden 20 Jahre verlängert, ergeben diese Trends ein beunruhigendes Gesamtbild (Global 2000). Die Weltbevölkerung, die von 1960 bis 1980 um fast 80 Prozent gestiegen ist, wird sich bis zum Jahre 2000 noch einmal verdoppeln. 90 Prozent dieses Wachstums werden auf die ärmsten Länder der Erde fallen; die schon bestehende Kluft zwischen reichen und armen Nationen wird sich trotz wirtschaftlichen Wachstums in Ländern der südlichen Hemisphäre weiter vertiefen. Die Nahrungsmittelproduktion auf der Erde wird sich vermehren, aber wie bisher auf die industriellen Länder konzentrieren. Der Pro-Kopf-Verbrauch der südlichen Hemisphäre wird sinken, die Realpreise für Nahrungsmittel werden sich verdoppeln Regionale Wasserknappheit, Brennholzmangel, Abholzung von Wäldern in der südlichen Hemisphäre werden zu einer unberechenbaren Krisenentwicklung. Die Walddecke der Erde, verantwortlich für die Stabilität des Ozongürtels der Atmosphäre, wird sich in den kommenden zwei Jahrzehnten um die Hälfte verringern und damit die kritischen Grenzwerte unterschreiten. Die Konzentration von Kohlendioxyd und ozonabbauenden Chemikalien in der Atmosphäre werden das Klima der Erde entscheidend verändern. Saurer Regen, Radioaktivität und andere gefährliche Stoffe werden in zunehmendem Maße Gesundheits- und Sicherheitsprobleme aufwerfen. Die Ausrottung von Pflanzen und Tierarten wird dramatisch zunehmen, das ökologische Gleichgewicht des gesamten Weltsystems droht umzukippen (→ Ökologie).

Das Wachstum des sozialstaatlichen Kapitalismus führte in den 70er Jahren jedoch auch unversehens in schwere innere Krisen. Während der langen Wachstumsphase des Sozialstaates entwickelte sich ein Kapitalismus ohne Reservearmee (Lutz), in dem die gesellschaftliche Macht der Arbeitskraftanbieter deutlich stärker wurde und sich sowohl in der Höhe des tariflichen Lohnes als auch insbesondere in der Höhe des Soziallohnes (oder nur den Nebenkosten) niederschlug. Das schnelle Anwachsen der Kaufkraft breiter Arbeitnehmerschichten führte aber trotz hohen Massenkonsums nicht mehr zur Produktionsausweitung. Eine unvergleichliche Monopolisierungswelle und ein preisliches Aufbohren der Einkommenszuwächse führte statt dessen Inflation und Stagnation in den Volkswirtschaften des entwickelten Kapitalismus seit Beginn der 70er Jahre mit sich.

Mit der Stagnation und der Inflation wurden der Vollbeschäftigung allerdings die sozioökonomischen Grundlagen entzogen. Dauerhafte Massenarbeitslosigkeit löste die Vollbeschäftigung ab Mitte der 70er Jahre wieder ab und untergrub mit wachsender Staatsverschuldung die Voraussetzungen für Sozialstaat und staatliche Globalsteuerung (Offe) (→ Arbeitslosigkeit). In diese Stagflation brach Anfang der 70er Jahre die dritte industrielle Revolution mit einer in der Industrialisierungsgeschichte einmaligen Richtungsänderung des Prozesses der Industrialisierung. Die dritte industrielle Revolution wirkt mit ihrer neuen Technologie auf die menschliche → Arbeit nicht einfach als Produktivitätssteigerung, sondern macht die menschliche Arbeit durch intelligente Maschinen in der herkömmlichen Art der betrieblichen Arbeitsverteilung überflüssig (Feigenbaum, McCorduck). Anders als in vorangegangenen Industrialisierungsschüben, die die Verdrängung von Arbeit durch Industrie mit hohem Wachstum kompensierten, fehlt seit Mitte der 70er Jahre der entscheidende Wachstumsimpuls, um arbeitsplatznegative Wirkungen der neuen Industrie auffangen zu können. Von der industriellen Revolution des 20. Jahrhunderts gehen aber nicht nur Veränderungen im Arbeitskräfteeinsatz aus, sondern auch tiefgreifende Umstrukturierungen der gesamten Produktion und Organisation. Neue Formen von Heimarbeit und Kleinindustrie werden deutlich (High Technology, Cottage Industry), die dem Typus nach der Verlagsindustrie des 13. bis 18. Jahrhunderts ähneln. Die dritte industrielle Revolution hat in den 80er Jahren noch keine Organisationsstruktur für die gesellschaftliche Arbeit gefunden, die auf der Ebene der betrieblichen Strukturen den technologischen Veränderungen mit einem gesellschaftlichen, an solidarischen Werten von Kooperation und sozialer Gerechtigkeit orientierten Konzept begegnen könnten.

Die gewerbliche Arbeit wird und kann nicht die einzige Form der Erwerbsarbeit bleiben; neue Formen der Interessenvertretung entstehen, und auf breiter Front findet seit den 70er Jahren ein Rückgriff auf kooperative Betriebs- und Produktionsformen statt, die den Eindruck entstehen lassen, daß gemischtwirtschaftliche Systeme die industrielle Produktion und die gesellschaftliche Organisation der kapitalistischen Gesellschaften bestimmen könnten. Es ist daher nicht auszuschließen, daß mit der Krise des sozialstaatlichen Kapitalismus, des ökologischen Systems und der dritten industriellen Revolution neue gesellschaftliche Zustände eintreten, die die Organisation der gesellschaftlichen Arbeit in der Form des mit dem 19. Jahrhundert entstandenen Kapitalismus überwinden können.

Es ist aber auch nicht auszuschließen, daß die Krisentendenzen eine Reorganisation der gesellschaftlichen Arbeit für lange, sehr lange Zeit verhindern und der gesellschaftlichen Stabilität im wohlfahrtsstaatlichen Kapitalismus eine lang anhaltende Phase gesellschaftlicher Instabilität, wenn nicht gar Depression folgen wird. Es sollte gerade hier die Aufgabe einer historisch orientierten Sozialwissenschaft sein, die Erfahrung zu aktualisieren, daß es keine automatischen Auswege aus Krisen gibt und die Entwicklung der modernen Gesellschaft mindestens ebenso stark von Krisen und Katastrophen geprägt war wie von Prosperität und Fortschritt. Die Gefahren lang anhaltender Depression und Katastrophen sind heute weniger denn je gebannt.

Abel, W.: Geschichte der deutschen Landwirtschaft vom frühen Mittelalter bis zum 19. Jahrhundert. Stuttgart 1962.

Aubin, H. & W. Zorn: Handbuch der deutschen Wirtschafts- und Sozialgeschichte. Bd. 1: Von der Frühzeit bis zum Ende des 18. Jahrhunderts; Bd. 2: Das 19. und 20. Jahrhundert. Stuttgart 1976.

Cipolla, C. M. & K. Borchardt: Europäische Wirtschaftsgeschichte in 5 Bänden. Bd. 1: Mittelalter; Bd. 2: 16. und 17. Jahrhundert; Bd. 3: Die industrielle Revolution; Bd. 4: Die Entwicklung der industriellen Gesellschaften; Bd. 5: Die europäischen Volkswirtschaften im 20. Jahrhundert. Stuttgart/New York 1978–1980.

David, H./Faulkner, H. U./Hacker, L. M./Nettels, P. C. & F. A. Shannon: The Economic History of the United States. In 9 volumes. Vol. 1: Colonial Period to 1775; Vol. 2: 1775–1815; Vol. 3: The Farmers Age: Agriculture 1815–1860; Vol. 4: The Transportation Revolution: Industry 1815–1860; Vol. 5: The Farmers last Frontier: Agriculture 1860–1897; Vol. 6: Industry comes of Age: Business, Labor and Public Policy 1860–1897; Vol. 7: The Decline of Laissez Faire 1897–1917; Vol. 8: Prosperity Decade: From War to Depression 1917–1929; Vol. 9: Depression Decade: From New Era through New Deal 1929–1941. White Plains/New York 1975.

DeVries, J.: The Economy of Europe in an Age of Crisis 1600–1750. Cambridge 1976.

Feigenbaum, E. A. & P. McCorduck: The Fifth Generation, Artificial Intelligence and Japans Computer Challenge to the World. Reading (Mass.) 1983.

Fischer, W. (Hrsg.): Geschichte der Weltwirtschaft im 20. Jahrhundert. Bd. 1: Grundlagen und Entwicklung bis zum 1. Weltkrieg, von W. Fischer; Bd. 2: Der 1. Weltkrieg, von G. Hardach; Bd. 3: Die 20er Jahre, von D. H. Altcroft; Bd. 4: Die Weltwirtschaftskrise, von C. P. Kindleberger; Bd. 5: Der 2. Weltkrieg,

von A. S. Milward; Bd. 6: Die Weltwirtschaft der Gegenwart, von H. van der Vee. München 1976–1980.
Hansen, K. & R. Rürup: Moderne Technikgeschichte. Köln 1975.
Hoffmann, W. G. / Grumbach, F. & H. Hesse: Das Wachstum der deutschen Wirtschaft seit Mitte des 19. Jahrhunderts. Berlin 1965.
Landes, D. S.: Der entfesselte Prometheus. Technologischer Wandel und industrielle Entwicklung in Westeuropa von 1750 bis zur Gegenwart. Köln 1973.
Mazzaoui, M. F.: The Italian Cotton Industry in the Later Middle Ages 1100–1600. Cambridge 1981.
Troeltsch, U. & W. Weber (Hrsg.): Die Technik von den Anfängen bis zur Gegenwart. Braunschweig 1982.
Von Tunzelmann, G. N.: Steampower and British Industry. Oxford 1978.

Dieter Otten

Sozialisation

S. bezeichnet den Vorgang, daß einzelne in ihre Gesellschaft hineinwachsen, mit ihren Symbolen und Regeln vertraut werden und lernen, ihre Handlungen daran auszurichten. Sie ist ein nicht abgegrenzter, sondern alle Lebensbereiche und -abschnitte bis zum Tod umfassender Prozeß. Sie betrifft nicht nur intendierte erzieherische Akte (Schule, Familie), sondern auch die unwillkürlich sozialisierend wirkenden Handlungen und Situationen des alltäglichen Lebens. Der Erziehungsbegriff in der Pädagogik ist gegenüber dem Konzept der S. zunehmend in den Hintergrund gerückt.

S. ist ein Begriff, der etwa Ende des 19. Jahrhunderts in die Soziologie eingeführt worden ist. Vor allem Durkheim kann als erster wichtiger Wegbereiter sozialisationstheoretischen Denkens angesehen werden. Er behandelte die Frage, was das → Individuum dazu bringe, sich entsprechend den gesellschaftlichen Regeln, dem Gemeinschaftsbewußtsein, zu verhalten, und kreierte mit seiner Antwort, der einzelne verinnerliche den Zwangscharakter gesellschaftlicher → Normen, einen bis heute grundlegenden Gedanken der S.-Theorie.

Die einflußreichsten Grundkonzeptionen des S.-Prozesses stammen wohl von Autoren wie Freud, Mead, Parsons und Piaget. Keineswegs alle dieser Autoren sind Soziologen. Vielmehr sind sie bis auf Parsons im Sinne traditioneller Disziplingrenzen eher der Psychologie zuzurechnen.

In Freuds Ansatz ist die psychische Entwicklung Resultat einer Auseinandersetzung zwischen Trieben und Kultur. Im Vordergrund der Genese der Persönlichkeitsstruktur steht die Entfaltung der → Sexualität. Da

Triebprozesse immer zugleich in Objektbeziehungen sich abspielen, ist Freuds Theorie eine biologische Interaktionslehre und kann als S.-Theorie aufgefaßt werden. Die auf den verschiedenen Stufen frühkindlicher Entwicklung jeweils vorherrschenden oralen, analen oder genitalen Wünsche des Kindes werden von seiner Umwelt beantwortet oder frustriert und führen zur Bildung einer ganz bestimmten Bedürfnisstruktur. Das Interesse der → Soziologie hat sich dabei vorschnell der ödipalen Problematik zugewandt, in der sich gegen die infantil-inzestuösen Phantasien im Über-Ich eine Instanz bildet, die die verbietenden gesellschaftlichen Normen vertritt.

Geht es bei Freud um die emotionale, so geht es bei Piaget, auf dessen Forschungen die soziologische S.-Theorie erst viel später (in den 60er/70er Jahren) aufmerksam wurde, um die kognitive (und auch moralische) Entwicklung. Seine Erkenntnis ist, daß sich dieser Prozeß in ganz bestimmten, zeitlich angebbaren Stufen vollzieht. Es sind dies (1) die sensomotorische Phase (bis 2 Jahre), (2) die präoperationale Phase (2 bis 7 Jahre), (3) die konkret-operationale Phase (7 bis 11 Jahre), (4) die formal-operationale Phase (von 11 Jahren aufwärts).

Bei Mead ist der S.-Prozeß vermittelt über nicht signifikante und symbolische Interaktionsbeziehungen. Er erstreckt sich zudem über personale Bezüge hinaus auf den praktischen Umgang mit der Dingwelt. Auch hier bildet sich – allerdings mehr in kognitiv-sozialer Hinsicht – eine innere Persönlichkeitsinstanz, das ‹Me›, welche dem ‹I› gegenübersteht – es repräsentiert sinnlich-impulsive Bedürfnisse (‹biologisches Individuum›) wie die individuelle Eigenständigkeit, nicht nur auf sozial Erwartetes zu reagieren, sondern Zusammenhänge zu interpretieren und neue Bedeutungen und Normen hervorzubringen.

Mead ist zugleich der erste und maßgeblichste Kritiker lerntheoretischer Auffassungen (Watson, Skinner), die soziales Lernen auf den Mechanismus von Reiz und Reaktion meinen reduzieren zu können (→ Lerntheorien). Dieser behavioristische Ansatz hat heute seinen Einflußbereich jedoch weniger in der Soziologie als in der Psychologie (→ Behaviorismus).

Die Hauptleistung von Parsons liegt zum einen darin, den Freudschen Ansatz im Rahmen einer soziologischen S.-Theorie integriert und mit den Annahmen Durkheims und Meads verbunden, zum anderen ein eigenes kategoriales Modell des S.-Prozesses von großer Tragweite bis in die heutige Diskussion entworfen zu haben. Parsons' S.-Theorie ist konstruiert als strukturell-funktionale → Systemtheorie. Persönlichkeit wird aufgefaßt als System, dessen Bedürfnisdispositionen sich in vollem Einklang mit den Rollenerwartungen → sozialer Systeme (etwa der Familie: Geschlechtsrollen) herausbilden. Genauer gesagt, sind Bedürfnisdispositionen und Rollen identisch, lediglich zwei Aspekte derselben Sache

(→ Rollentheorie). Der verbreitete Vorwurf gegen dieses Modell lautet daher, daß es Individualität nur in sozialer Abhängigkeit, nicht als Ausgangspunkt von Initiativen, sozialen Veränderungen ernst nimmt. Dadurch werden die kritischen Potentiale des Freudschen wie des Meadschen Entwurfs offenbar verspielt.

In der deutschen Diskussion ist die sozialisationstheoretische Auseinandersetzung eigentlich erst in den 60er Jahren entfacht worden. Das Bewußtsein eines Bildungsdefizits breiter Schichten der Bevölkerung, die Sorge wegen zu geringer Qualifikation angesichts der Anforderungen hochtechnisierter Produktionsbedingungen sowie der Einfluß der → Studentenbewegung gaben hier den Ausschlag. Beherrschendes Thema war in erster Linie, initiiert vor allem durch die Untersuchungen Bernsteins, die schichten- bzw. klassenspezifische Sprachsozialisation. Bernsteins Theorie kam zu dem Ergebnis, daß Sprachverhalten sich entsprechend der Schichtzugehörigkeit zu verschiedenen Sprachstilen ausprägt, dem elaborierten Code der Mittelschicht und dem restringierten der Unterschicht (→ Schicht).

Diese eingeschränkte Problemsicht (deren Attraktivität in ihrer scheinbar leichten Operationalisierbarkeit bestand) machte jedoch sehr bald einer gründlicheren und umfassenderen Betrachtungsweise Platz. Besonders die von Habermas und Oevermann entworfene ‹Theorie der Bildungsprozesse› des Subjekts (auch Kompetenztheorie genannt) gewann an Einfluß. Sie knüpft vor allem an die symbolisch-interaktionistische und pragmatistische Perspektive an und unternimmt den anspruchsvollen Versuch einer Integration von Sprachwissenschaft (Chomsky) (→ Sprachsoziologie), kognitivistischer Entwicklungspsychologie (Piaget) und Freudscher Psychoanalyse (→ Pragmatismus/→ Symbolischer Interaktionismus). Paradigma dieses Entwurfs ist das der modernen Grammatiktheorie entlehnte Kompetenz-Performanz-Modell. Sowohl in sprachlicher wie kognitiver und moralisch-interaktiver Hinsicht sind in → soziales Handeln tiefenstrukturelle Regelsysteme eingelassen, deren Befolgung erst das Funktionieren sozialer Beziehungen garantiert. Diese Kompetenzen sind kulturübergreifend-universal. S. ist nach diesem Verständnis der Vorgang nachträglicher Aneignung dieser latenten Sinnstrukturen durch die Individuen.

Sind im Kompetenz-Modell Sprache und soziale Regeln der Hauptbezugspunkt von S.-Prozessen, so sind im Konzept einer materialistischen S.-Theorie (A. Lorenzer) die Gewichte deutlich anders verteilt. Im Gegensatz zu den anderen Ansätzen bemüht sich Lorenzer – im Gefolge von Autoren wie Adorno und Marcuse –, den Freudschen Gesichtspunkt sexuell-triebhaften Erlebens und des individuellen Leidens an den kulturell-sozialen Zumutungen unverkürzt durchzuhalten, ohne jedoch in biologistische oder individualistische Sackgassen zu geraten. Sein Zentralbegriff der «Interaktionsform» soll die Vermittlung von Natur und Gesellschaft im Individuum zum Ausdruck bringen. Weder gibt es bloße Natur (-Anlagen usw.) noch lediglich einen sozialen Zugriff auf das Individuelle. In Interaktionen, die bereits beim sinnlich-organismischen Austausch im Mutterleib einsetzen, fließen Natur und Gesellschaft im Herstellungsprozeß individueller Interaktionsformen zusammen. Noch lange vor der Sprachfähigkeit ist die Basisschicht sinnlich-unmittelbaren und vorsprachlich-symbolischen Erlebens angelegt. Störungen sind dann nicht lediglich als sprachdefizitär zu begreifen, sondern rückführbar auf den Konflikt zwischen Sinnlichkeit und Bewußtsein, der mit Sprache und sozialen Regeln unvereinbaren vorsprachlichen S.-Praxis in der Mutter-Kind-Dyade.

Versucht man, S.-Forschung statt nach wichtigen Ansätzen nach Themenbereichen zu überblicken, so ergibt sich folgendes Bild: In den Anfängen sozialisationstheoretischen Denkens herrschte die Blickrichtung auf die traditionell für die Erziehung zuständigen → Institutionen (Familie, Schule) vor. Davon zeugen nicht nur die Parsonsianische Konzeption in familialen Interaktionen erworbener Geschlechtsrollen, die allerdings viel zu starr und mit den heute stark aufgeweichten geschlechtsspezifischen Handlungsmustern kaum mehr vereinbar ist, sondern auch die gesellschaftskritischen Analysen der Familie als ‹Agentur› der Gesellschaft (Fromm) (→ Familiensoziologie). Heute dagegen überwiegt die Auffassung, S. nicht mit dem Eintritt ins Erwachsenenalter als beendet zu betrachten, sondern als einen bis zum Lebensende unabgeschlossenen Prozeß zu behandeln (Erwachsenensozialisation). Einzelne Aspekte wie berufliche S., Hochschulsozialisation, Freizeitsozialisation, S. durch Massenmedien oder politische S. ziehen zunehmend Aufmerksamkeit auf sich. Generell werden alle Lebensabschnitte bzw. -bereiche zum Gegenstand von S.-Theorie.

Eine andere neuartige Betrachtungsweise besteht darin, die S.-Wirkungen von Umweltbedingungen über einzelne Aspekte wie Familie, Arbeitsplatz hinaus gewissermaßen in ihrer gesamten Wirkungsbreite zu untersuchen (ökologische S.-Forschung).

Eine weitere wichtige Spielart der S.-Theorie wendet sich der kulturvergleichenden Erforschung von S.-Prozessen zu. Diese Betrachtungsweise ist bereits bei Autoren wie Malinowski und M. Mead oder in der Kultur-Persönlichkeitstheorie angelegt. Sie scheint sich aber erst jetzt durch die Fülle ethnologischen Materials, erleichterte Forschungsbedingungen in Dritte-Welt-Ländern sowie die vermehrte Infragestellung abendländischer Sinnsysteme zu etablieren (→ Ethnologie).

Möglicherweise lassen sich durch die hier erzielten Ergebnisse in der Zukunft manche Grundsatzdebatten der S.-Forschung entscheiden. So hat Griese betont, daß S.-Theorien verschwiegen oder offen stets anthropologische Annahmen enthalten – im trivialen Sinn allein schon dadurch, daß sie S.-Formen hochindustrialisierter Gesellschaften für menschliche Gesellschaften schlechthin unterstellen. Das trifft insbesondere für die Entwicklungspsychologien Freuds und Piagets wie auf den Parsonsianischen Entwurf zu. Habermas beansprucht, in differenzierterer Weise historische Entwicklungsstufen menschlicher Gesellschaften mit moralischen und kognitiven S.-Niveaus zu koppeln. Dagegen steht jedoch der berechtigte Einwand, ein an Piaget und Kohlberg gewonnenes Entwicklungsschema universalistischen Zuschnitts generalisiere lediglich kulturspezifische Vorannahmen, statt den Gegenstand unvoreingenommen und nicht ethnozentristisch zu untersuchen. Daraus jedoch abzuleiten, anthropologische Annahmen seien sozialisationstheoretisch von vornherein verwerflich, geht aber auch am Kern des Problems vorbei. Ohne starke Annahmen im Sinne von universalistischen Entwicklungslogiken unterstellen zu müssen, kommt doch S.-Theorie nicht ohne sozialanthropologische Prämissen aus. So spricht vieles dafür, die in den Arbeiten von Spitz und Lorenzer an zentraler Stelle stehende Figur der «Mutter-Kind-Dyade», ganz gleich in welcher Form – sei sie familial oder nicht, matri- oder patrilinear – sie sich real verwirklicht, als eine universelle Struktur menschlicher S. anzusehen.

Bestätigung erhält diese These durch die Befunde der biologischen → Anthropologie (Portmann), die die Besonderheit und hervorragende Bedeutung dieser frühen Beziehungsstruktur im Unterschied zur Tierwelt überzeugend darlegen konnte. Da der Mensch bereits in einem biologisch sehr frühen Reifestadium zur Welt kommt – Formeln wie ‹extrauterines Frühjahr› oder ‹sekundärer Nesthocker› beziehen sich auf diesen Umstand –, existiert er in der postnatalen Phase in extremer Angewiesenheit auf die liebevolle Zuwendung von Beziehungsobjekten. Im Gegensatz zum Tierreich sind Kindheit und Jugend beim Menschen lang anhaltende, ausgedehnte Lebensabschnitte mit auf Grund dessen weitaus höherer Prägewirkung für den Sozialisanden (→ Jugendsoziologie).

Abgesehen von diesen Einzelaspekten ist der Tatbestand der S. als solcher ein spezifisch menschlicher. Menschliches Verhalten ist nicht von angeborenen Instinkten geleitet, sondern wird in sinnlich-unmittelbaren und (zugleich) symbolischen Interaktionen erworben. (Der Mensch ist daher auch als ‹Lern-› oder als ‹Mängelwesen› charakterisiert worden.) Es ist immer Handeln auf einer bestimmten soziokulturellen Stufe, in einem spezifischen historischen Kontext, welches in S. vermittelt wird. Auch ist die emotionale → Einstellung gegenüber dem Kind erheblich vielschichtiger und konfliktträchtiger und in unvergleichlich höherem Maße von der Lebensgeschichte und Soziallage der Eltern-Individuen abhängig als etwa der einfache und problemfrei funktionierende Verhaltensablauf auf Grund tierischen Mutter- bzw. Elterninstinkts.

Eine andere Streitfrage ist, in welchem Verhältnis der Bereich der S. zu dem der Gesellschaftsstruktur bzw. der Produktion steht. Relativ vereinfachend ist die zunächst vorherrschende, auch heute noch verbreitete Ansicht, der S.-Vorgang forme die Individuen im Sinne der bestehenden Gesellschaftsstruktur, ihrer Normen und Rollen, ihrer → Klassen und Schichten. Die verschiedenen S.-Instanzen sind dann nichts weiter als Agenturen der Gesellschaft. Autoren wie Habermas hingegen neigen dazu, S. (→ Interaktion) abzukoppeln und als eigenständigen Sektor ohne deutlichen Zusammenhang zu Produktionsprozessen zu betrachten. Bei Lorenzer ist S. Aneignung von innerer Natur analog zur Aneignung äußerer Natur in der → Arbeit. In den S.-Agenturen, d. h. dort, wo praktisch gehandelt wird, treffen beide Dimensionen zusammen. Die Bildung subjektiver Struktur ist über sie unmittelbar mit gesellschaftlicher Produktion verwoben. Beide Dimensionen sind nur analytisch trennbar. Arbeit selbst ist immer nicht nur instrumental-technisch, sondern zugleich sozialisierend (vgl. auch berufliche S.), auf gemeinsamen Interaktionen beruhend. Aber auch die S.-Vorgänge in der Familie, der Schule, in peer groups usw. sind nicht zu trennen von der Klassen- und Schichtzugehörigkeit von Sozialisand und Sozialisator. Beide Male, bei der Arbeit wie bei der S., kommt es darauf an, sie nicht als bloße Prozesse der Bildung von Subjektivität, der Verfügung über innere und äußere Natur aufzufassen. Bei aller Verwobenheit haben sich bestimmte S.-Instanzen (Familie, Kirche) eine gewisse Eigenständigkeit gegenüber dem Produktionsleben erhalten. Ihre Prinzipien decken sich nicht lückenlos mit denen des Arbeitsprozesses. So kann die Familie zum Teil als ein Refugium gegenüber tauschwertorientierten entfremdeten Handlungsorientierungen in den anderen Bereichen gesellschaftlicher Praxis gelten, in dem sich emanzipatives Potential bilden kann, als Ort etwa, an dem solidarisches Handeln eingeübt werden kann (→ Emanzipation/→ Entfremdung).

Von einer grundlegenden Konzeption der S. ist die S.-Forschung immer noch weit entfernt. Die stets wachsende Fülle von Problemen und neuen Gebieten erleichtert offenbar eher die Konzentration auf Einzelphänomene als das Bemühen um einen konsistenten theoretischen Interpretationsrahmen. Zentrale Grundfragen wie das Verhältnis von Gesellschaftsstruktur und S.-Prozeß oder der Zusammenhang von emotionalen, kognitiven, sprachlichen und moralischen Aspekten in der Dynamik des S.-Geschehens sind nach wie vor größtenteils ungeklärt. Dennoch scheint das Interesse an einer Behandlung dieser Fragen – entgegen dem sozialisationstheoretischen Boom in den 60er und 70er Jahren – gegenwärtig abzuebben.

Geulen, D.: Das vergesellschaftete Subjekt. Frankfurt/M. 1977.
Griese, H. M.: Soziologische Anthropologie und Sozialisationstheorie. Weinheim/Basel 1976.
Habermas, J.: Stichworte zur Theorie der Sozialisation. In: Ders.: Kultur und Kritik. Frankfurt/M. 1973.
–: Zur Entwicklung der Interaktionskompetenz. Frankfurt/M. 1975.
Hurrelmann, K. & D. Ulich (Hrsg.): Handbuch der Sozialisationsforschung. Weinheim/Basel 1980.
Joas, H.: Praktische Intersubjektivität. Die Entwicklung des Werkes von G. H. Mead. Frankfurt/M. 1980.
Kamper, D. (Hrsg.): Sozialisationstheorie. Freiburg 1974.
Lorenzer, A.: Zur Begründung einer materialistischen Sozialisationstheorie. Frankfurt/M. 1972.
Mead, G. H.: Geist, Identität und Gesellschaft. Frankfurt/M. 1968.
Parsons, T./Bales, R. F. et al.: Family, Socialisation and Interaction Process. London 1956.
Walter, H. (Hrsg.): Sozialisationsforschung. 3 Bände. Stuttgart-Bad Cannstatt 1973.

Hans-Joachim Busch

Sozialismus

Mit dem äußerst vagen Begriff S. werden alle im Gegensatz zum modernen → Kapitalismus entstandenen sozialen und politischen Bewegungen sowie diejenigen Theorien bezeichnet, die bei optimaler Kombination von Freiheit und → Gleichheit eine neue klassenlose Gesellschaft befürworten, wobei sie gegenüber dem individuellen Gewinn- und Machtstreben die gesellschaftliche Bindung und Verantwortung des → Individuums betonen. Darüber hinaus erfaßt der Begriff die von ihnen jeweils erstrebte Eigentums-, Wirtschafts- und Sozialordnung.

Unterschiedliche Auffassungen bestehen darüber, auf welchen Wegen und mit welchen Mitteln die Zukunftsgesellschaft zu erreichen ist und wer ihr Träger sein soll. Dennoch lassen sich ähnliche Zielsetzungen bei den neuzeitlichen sozialistischen Richtungen erkennen wie (1) mehr oder weniger weitgehende ‹Vergesellschaftung› oder ‹Verstaatlichung› derjenigen wichtigsten Produktionsmittel, die ein auf Grund- oder Kapitalbesitz beruhendes arbeitsloses Einkommen garantieren oder als gefährliche Machtzusammenballungen gesehen werden. Vergesellschaftung bezeichnet den Übergang des → Eigentums auf Produktivgenossenschaften, Gilden, → Gewerkschaften oder Stiftungen – Verstaatlichung den Übergang des Eigentums oder der Verfügungsgewalt auf Staat, Gemeinde, öffentlich-rechtliche Körperschaften usw.; (2) Beschränkung oder Aufhebung des privaten Profitstrebens zugunsten einer Ausrichtung auf den Bedarf der Massen; (3) weitgehende soziale Sicherheit.

Weiter wird in der Regel eine mehr oder weniger weitreichende demokratische Planung des Wirtschaftslebens (Planwirtschaft) gefordert bei gleichheitlicher oder funktionsbestimmter Einkommens- und Besitzverteilung, Sicherung des Arbeitsplatzes, Vollbeschäftigung. Schließlich bekennen sich fast alle sozialistischen Richtungen heute zu einer freiheitlichen und demokratischen Gestaltung von Staat, Gesellschaft und Kultur. Eine für den S. typische humanitär-ethische Komponente drückt sich oft in Forderungen nach Anerkennung der Gleichberechtigung aller Menschen, Völker und → Rassen, nach Völkerverständigung und Weltfrieden aus.

Über den Träger der Umgestaltung der kapitalistischen zur sozialistischen Gesellschaft gehen die Meinungen auseinander. Für den proletarischen Sozialismus (bzw. den → Marxismus) ist die Arbeiterklasse der Vorkämpfer des S., für den Agrarsozialismus (z. B. die russischen Narodniki oder Sozialrevolutionäre) die Bauernschaft und für den Volkssozialismus die ganze Nation mit Ausnahme etwa der Großgrundbesitzer und Großkapitalisten. Ein anderer Gesichtspunkt liegt der Unterscheidung zwischen Staats-, Genossenschafts-, Gewerkschafts- und Gildensozialismus zugrunde. Der marxistische S. kann insofern als staatssozialistisch gelten, als er im Rahmen einer staatlichen zentralistischen Planwirtschaft die Produktionsmittel zunächst auf den Staat zu übertragen gedenkt. Noch stärker staatssozialistisch sind die Gedankengänge von J. G. Fichte, J. K. Rodbertus und F. Lassalle.

Die Termini S. und → Kommunismus sind bis in unser Jahrhundert hinein synonym verwandt worden, wobei der Kommunismus oft nur als eine radikalere und revolutionärere Form des Sozialismus betrachtet wurde. Mit der Entstehung des Stalinismus ist es fraglich geworden, ob man ihm und den von ihm geformten Bewegungen und Systemen noch das Attribut ‹sozialistisch› zuerkennen kann. Erst recht ist die Bezeichnung sozialistisch vom Nationalsozialismus propagandistisch mißbraucht worden (→ Faschismus). Schließlich sind aber auch → Ideologien und Bewegungen, die lediglich begrenzte soziale Reformen anstreben, ohne den Kapitalismus beseitigen zu wollen, kaum als sozialistisch anzusprechen – so etwa die deutschen ‹Kathedersozialisten›, die französischen ‹Radikalsozialisten›, die tschechischen ‹Nationalsozialisten› Masaryks und Beneschs und wohl auch die Mehrheit der Sozialdemokraten der Bundesrepublik seit dem Godesberger Programm.

Schon früh finden sich in der Geschichte als Protest (→, politischer) gegen Ungerechtigkeit und Unfreiheit, → Ausbeutung und Vereinsamung und im Sehnen nach einer besseren und glücklicheren Welt bei verschiedenen Denkern, die selber meist nicht zu den unterdrückten Klassen zählten, sozialistische Gedanken (oft in religiöser Verkleidung) – so etwa in der ersten Hälfte des 19. Jahrhunderts im sogenannten utopischen S. (der seinen Namen von der «Utopia», 1516, des hl. Thomas Morus erhalten hat) eines Saint-Simon, Fourier und Proudhon, eines Robert Owen und eines Wilhelm Weitling. Hier wird der S. nicht so sehr als die Sache der → Arbeiterbewegung als des guten Menschen gesehen. Nichtsdestoweniger haben die Utopisten den nachfolgenden marxistischen S. stark beeinflußt (→ Utopie). Während die genossenschaftlichen Ideen Proudhons gewerkschaftssozialistische Richtungen wie den Syndikalismus und Anarchosyndikalismus insbesondere in den romanischen Ländern sowie Lateinamerika mitprägten, bestimmte Saint-Simons Neues Christentum den religiösen oder christlichen S. Heute trägt die Theologie der Befreiung in Lateinamerika durchaus sozialistische Züge. Ein ethischer und liberaler S. bestimmt als sittliche Forderung die Haltung vieler Denker von J. St. Mill bis zu B. Russell und mancher Politiker von Jaurès bis zu Carlo Schmid.

Sieht man von dem sporadischen Auftauchen sozialistischer Strömungen in radikalen Massenbewegungen wie den ‹True Levellers› oder ‹Diggers› in der Englischen, den Babouvisten in der Französischen Revolution ab, so beginnt die eigentliche sozialistische Bewegung mit der industriellen Revolution (→ Industrialisierung). 1848 kämpften in Paris die Arbeitermassen auf den Barrikaden für den S. 1864 schlossen sich die verschiedenen Richtungen zur 1. Internationale (Internationale Arbeiterassoziation) zusammen. Nach deren Auflösung 1876 entwickelten sich im Zeitalter des Hochkapitalismus sozialistische und sozialdemokratische Massenparteien in Europa und Nordamerika, die dann die 2. Internationale (1889 bis 1914) bildeten. Die Tagespolitik dieser sich oft als ‹marxistisch› gerierenden Parteien war weitgehend reformistisch. Schon 1914 zeigte sich, daß, abgesehen von Rußland, fast in allen Parteien der 2. Internationale der rechte nationalistisch-reformistische Flügel das Übergewicht hatte. 1923 konnte zwar die 2. Internationale neu gegründet werden. Nach ihrem Zerfall im Zweiten Weltkrieg wurde 1951 als Nachfolgeorganisation die Sozialistische Internationale gegründet, die 1977 55 Parteien mit insgesamt 17 Millionen Einzelmitgliedern umfaßte, von denen sich aber nur 2,5 Millionen außerhalb Europas befanden. 65 mit der SI befreundete Parteien in Asien, Afrika und Lateinamerika haben sich zu Regionalkonferenzen zusammengeschlossen. 1974 wurde in Luxemburg der Bund der Sozialdemokratischen Partei in der Europäischen Gemeinschaft gegründet. Bei der Direktwahl zum Europa-Parlament im Juli 1979 erzielten die Mitgliedsparteien des Sozialdemokratischen Bundes 112 der 410 Mandate und konnten damit als stärkste Fraktion auftreten.

Heute hat sich der S. in den westlichen Demokratien für den schrittweisen Weg der Reform entschieden, während er in manchen Diktaturländern noch an der Unvermeidlichkeit der → Revolution festhält. Der Verzicht auf radikale Reformen seitens vieler großer sozialistischer Parteien geht aber außerordentlich weit und wirft so neue Probleme auf. Es ist dem S., der innerhalb des Kapitalismus als dessen Gegenbewegung entstanden war, gelungen, diesen weitgehend zu reformieren und zu ‹sozialisieren›, d. h. in Wirklichkeit doch nur ‹sozialer› zu gestalten. Andererseits hat sich der S. selbst saturiert und ‹kapitalisiert›. Proletarische Schichten haben sich ‹vermittelständischt› oder sogar ‹verbürgerlicht›, ihre Organisationen ‹institutionalisiert› und ‹bürokratisiert› (→ Bürokratie/→ Institution). Der S. identifiziert sich aber nicht nur weitgehend mit dem ‹Sozialkapitalismus›, er ist vaterländisch geworden und hat sich ‹verstaatlicht›. So wird der Interessengegensatz zwischen den sozialistischen Parteien der verschiedenen Vaterländer, vor allem der Gegensatz zwischen den Sozialisten der reichen Industrienationen und der armen Entwicklungsländer, eher größer (→ unterentwickelte Länder).

Hat insbesondere der reformistische S. zunächst von dem Aufschwung des Kapitalismus profitiert, so dürfte der Umstand, daß das eigentliche Industrieproletariat seit geraumer Zeit zahlenmäßig absolut und relativ immer schwächer wird wie die neue Strukturkrise des Kapitalismus, eher zur Schwächung des traditionellen S. beitragen. So mehren sich die Stimmen, die eine radikale Neuformulierung sozialistischer Grundpositionen, einen ‹Dritten Weg› jenseits des Reformismus und Etatismus, fordern. Gegenüber dem Staatssozialismus werden ein Globalsozialismus und ein Selbstverwaltungssozialismus betont. Gegenüber der wachsenden Macht der Institutionen und Bürokratien wird von Humansozialismus gesprochen. Neu ist der Begriff eines Ökosozialismus, der insbesondere die Umweltproblematik, wie sie bisher von fast allen Sozialisten vernachlässigt worden ist, unterstreichen will. Die Ökosozialisten knüpfen an vormarxistische Ideen an und stellen die Frage eines ‹rot-grünen› Bündnisses neu. «Die Einsicht der modernen Wissenschaft in die Grenzen des wirtschaftlichen und demographischen Wachstums» (Eppler) nimmt zu. Ob angesichts der drohenden Katastrophe eines → Krieges, der Umweltzerstörung oder der Verelendung der Dritten Welt noch genügend Zeit bleiben wird, auf diesem Wege sozialistische Vorstellungen zu verwirklichen, kann wohl nur die Zukunft entscheiden (→ Ökologie/→ unterentwickelte Länder).

Autorenteam der HDS: Zur Einführung in die Theorie des Demokratischen Sozialismus. Frankfurt/M. 1977.

Bahro, R.: Elemente einer neuen Politik – Zum Verhältnis von Ökologie und Sozialismus. Berlin 1980.

Bernbach, U. & F. Nuscheler (Hrsg.): Sozialistischer Pluralismus – Texte zur Theorie und Praxis sozialistischer Gesellschaften. Hamburg 1973.

Braunthal, J.: Geschichte der Internationale. 2 Bde. Hannover 1961–1963.

Fetscher, I.: Vom Wohlfahrtsstaat zur neuen Lebensqualität – Die Herausforderungen des demokratischen Sozialismus. Köln 1982.
Flechtheim, O. K.: Von Marx bis Kolakowski – Sozialismus oder Untergang in der Barbarei? Köln/Frankfurt 1978.
Gorz, A.: Abschied vom Proletariat – Jenseits des Sozialismus. Frankfurt/M. 1980.
Kiersch, G. & R. Seidelmann (Hrsg.): Eurosozialismus – Die demokratische Alternative. Köln 1979.
Kremendahl, H. & Th. Meyer (Hrsg.): Sozialismus und Staat. 2 Bde. Kronberg 1974.
Lichtheim, G.: Kurze Geschichte des Sozialismus. Köln 1972.
Schumpeter, J. A.: Kapitalismus, Sozialismus und Demokratie. 1950^2.
Sombart, W.: Sozialismus und soziale Bewegung im 19. Jahrhundert. Wien 1966.
Stojanovic, S.: Kritik und Zukunft des Sozialismus. München 1970.
Strasser, J. & R. Traube: Die Zukunft des Fortschritts – Der Sozialismus und die Krise des Industrialismus. Bonn 1981.

Ossip K. Flechtheim

Sozialphilosophie

S. ist im weitesten Sinn (1) jede systematische Reflexion über Gesellschaft; (2) im engeren Sinne der begriffliche Rahmen jeder Sozialwissenschaft mit seinen Voraussetzungen und seinem theoretischen Horizont, bezogen auf das Soziale; (3) Logik der Sozialwissenschaft im Sinne des angelsächsischen philosophy of social sciences.

Der Begriff S. ist nicht allgemein akzeptiert, weder von philosophischer noch von soziologischer Seite. Eisler (1929) führt das Stichwort ebensowenig wie die großen angloamerikanischen, französischen und italienischen philosophischen Wörterbücher oder Enzyklopädien von Edwards (1967), Lalande (1968), Abbagnano (1971). Die sozialwissenschaftlichen Nachschlagewerke sind nicht viel ergiebiger: Das «Handbuch der Sozialwissenschaften» (1956ff) bringt zwar ein Stichwort, nicht aber sein Vorgänger, das «Handbuch der Staatswissenschaften» (^{3}1909–1911); eine Lücke klafft bei den angelsächsischen sozialwissenschaftlichen Enzyklopädien von Seligman (1934) und Sills (1968). Stein (1910) und Ziegenfuss (1956), die selber ‹Sozialphilosophien› geschrieben haben, halten sie heraus aus ihren jeweiligen Gesamtdarstellungen. Wo das Stichwort S. auftaucht, schwanken die Bedeutungen außerordentlich. Dieser Labilität entspricht, «daß die Sozialphilosophie in der philosophischen Tradition eine so unbestimmte und schwankende Stellung einnimmt» (Lehmann 1931, 16). In philosophischen Kreisen wurde S. bis vor kurzem als minderwertig aufgefaßt: «‹Das sind doch keine Philosophen, sondern bloß Sozialforscher, allenfalls Sozialphilosophen› hieß es, wenn man um 1960 herum in Philosophenkreisen die Frankfurter erwähnte» (Brentano 1978, 14). Das symmetrische Gegenstück dazu ist das Standardthema der «Abneigung der ‹exakten› Soziologen gegen die Sozialphilosophie» (Lehmann, 1931, 6).

Angesichts der ungeheuren Bedeutung, die das Soziale für das moderne Bewußtsein gewonnen hat, muß dieser schwankende und ungesicherte Status der systematischen Reflexion auf das Soziale erklärt werden. Viele, z. T. national besondere Faktoren wirken dabei zusammen. Für S. gilt aber, was für alle Philosophie gilt, wie heute in seltener Einmütigkeit von Vertretern unterschiedlicher Strömungen anerkannt wird, daß die Kontroverse um den Begriff ‹Philosophie› integraler Bestandteil derselben ist. «Der Begriff der Philosophie ist selbst Gegenstand der Philosophie» (Baumgartner u. a. 1973, 1071). So führt auch die Betrachtung der Kontroverse um S. mitten in ihre Problematik hinein.

Der Ausdruck S. «scheint in den ersten Jahrzehnten des 19. Jahrhunderts aufgekommen zu sein» (v. Kempski 1956, 527). Das ist nur richtig, wenn man es auf die *Verbreitung* des Ausdrucks beschränkt. Er taucht als Titelbegriff einer Schrift auf, die das Verfassungsprojekt des Jakobinismus fundieren soll (Frey 1793). Dieser Beitrag schreibt sich ein in die Linie des nicht-normativ-naturrechtlichen Sozialvertragsdenkens, dessen frühklassische Fassungen in den englischen und niederländischen Revolutionen von Hobbes und Spinoza entwickelt worden sind. Alle genannten Autoren gehen nicht mehr von Sollensvorstellungen aus, sondern vom Aufeinanderwirken sozialer Kräfte, auf deren Anordnung es folglich ankommt. Habermas (1963, 27) erklärt daher Hobbes zum «Begründer der Sozialphilosophie als Wissenschaft». Zwar behandelt Hobbes die Gesellschaft im «Leviathan» stiefmütterlich und geht es im wesentlichen um die rationale Begründung der Staatsgewalt über die Bürger, denen aus ihren eigenen Triebkräften die Notwendigkeit ihres politischen Kompetenzverzichts bewiesen werden soll; gleichwohl entspringt, wie Habermas hervorhebt, dem «Wechsel in der methodischen Einstellung» – weg von präskriptiven oder optativen Modellen – «eine Verschiebung des wissenschaftlichen Objekts. Politik wird zur Philosophie des Sozialen ...» (ebd. 15). Antiutopistisch und antimoralistisch hebt auch Spinozas «Tractatus politicus» an. Es geht vor allem darum: zu begreifen (*intelligere*, I, § IV). Den Begriff des → Naturrechts verwendet er doppelt subversiv: gegen die theologische Tradition wie gegen verklärende Rechtsmetaphysiken. Naturrecht ist nichts als das Gesetz des Naturprozesses, d. h. gleichbedeutend mit Naturmacht *(naturae potentia)*. In der Natur gilt also die Gleichung Recht = Macht (II, § IV).

Auf dem Höhepunkt des Jakobinismus in der Französischen Revolution greift Frey diesen Ansatz in verschärfter Radikalität und entsprechend den Bedingungen eines revolutionär-demokratischen Verfassungsstaats wieder auf. Die S. ist noch keine Wissenschaft. Wir tappen noch im dunkeln, was die gesellschaftliche Selbstregelung angeht. Rousseaus Vorstellung von unumschränkter Souveränität des Volkes (selbst der, sich zu schaden) ist eine «maxime liberticide». Ausgehend vom Eigeninteresse will Frey zeigen, daß dessen Handlungsfähigkeit in Gesellschaft gesteigert wird, seine Vergesellschaftungsbedingung indes die Anerkennung der Reziprozität ist. Sie ist folglich die prinzipielle und grundlegende soziale Pflicht.

In der auf die Revolution folgenden Phase entwickelt sich zum erstenmal eine relativ breite Schule des Sozialreformismus vor allem um Saint-Simon, die den Begriff S. zur Geltung bringt. Über L. v. Stein und Moses Hess dringt der Begriff auch nach Deutschland. Aus dieser Tradition kommt es zum Gründungsakt der ‹Soziologie›; so nennt Comte seine S. Einige Zeit lang laufen die beiden Begriffe synonym. Die zunehmende Ausstoßung spekulativen Denkens aus der ‹Soziologie› artikuliert sich mit deren Lostrennung von der Philosophie. Der Begriff S. kommt nun nicht mehr für sie in Frage. Dies bedeutet freilich nicht, daß die ‹Soziologie› das Philosophische loswürde. Es gibt nicht nur eine «spontane Philosophie der Naturwissenschaftler» (Althusser), sondern auch eine der Soziologen, gerade wenn sie sich der ‹sozialphilosophischen› Reflexion versagen. Dies ist eine sichere Garantie, in der → Ideologie zu verbleiben. Während die sozialphilosophische Reflexion an sich keine Garantie gibt, ihr zu entgehen, stellt sie die Zusammenhänge zumindest zur Diskussion, macht sie rationaler Argumentation zugänglich.

Hinsichtlich der neueren Tendenzen der S. in der Bundesrepublik erklärt Topitsch (1971, 276): «Die vor 1955 auffällige Vorherrschaft der christlich-naturrechtlichen Sozialphilosophie ist zu Ende gegangen, während eine an Hegel und Marx orientierte Gesellschaftskritik deutlich an Boden gewonnen hat und auch das analytisch-positivistische Denken wieder präsent ist ...» Schließlich sieht Waldenfels (1982, 219) am Berührungspunkt von → Phänomenologie (‹Sozialphänomenologie›) und → Marxismus sowie parallel zum Schicksal der Sprachphilosophie ein neuerliches Vorrücken der S. «Der Sozialphilosophie geht es ähnlich wie der Sprachphilosophie; sie hat mehr und mehr den eng gesteckten Rahmen einer regionalen Disziplin und vollends den einer spezifischen Methodologie durchbrochen. Das Prinzipiengefüge, das einstmals unter dem Titel einer Ersten Philosophie auftrat, erweist sich zusehends als selbst schon sozial und sprachlich durchwirkt ...» Freilich zeigt ein Blick auf die Entwicklung des Denkens von J. Habermas, daß die gleichen Gründe aus dem Horizont der S. herausführen können. In «Theorie und Praxis» legt er 1963 «Sozialphilosophische Studien» vor. Die «Logik der Sozialwissenschaften» (1967) zeigt ihn, wie der Titel sagt, bereits auf der Position einer

→ Wissenschaftstheorie und Methodologie des Sozialen. Die «Theorie des kommunikativen Handelns» versteht Habermas als «Anfang einer Gesellschaftstheorie», in der unterschiedliche Richtungen und Fragestellungen, darunter auch die von Waldenfels als Gründe für die neue «Durchschlagskraft» der S. genannten, zusammengefaßt sind. Damit ist Habermas auf einer Position, die der von Horkheimer (1962) entspricht: Die → Soziologie tritt auf als Erbin und Integrationsinstanz für philosophische Fragestellungen. Die Perspektive ist indes nicht die einer disziplinär institutionalisierten selbständigen S. Freilich droht damit ein Verlust an Artikulationschancen für die ‹Unterprivilegierten› einherzugehen.

Man kann wohl festhalten, daß der rein wissenschaftsklassifikatorische Versuch der Begründung einer S. in Widersprüche führt. Das erklärt aber nicht das permanente Scheitern der S. Auf Widersprüche führt die Begründung der andern philosophischen oder soziologischen Disziplinen gleichermaßen. Die Widersprüche eklatieren auf dem Feld der S. besonders, weil sie das Soziale unverstellt zur Reflexion anbietet, als Bezugsebene und Erkenntnisobjekt legitimiert, wie sie andererseits die empiristischen Verengungen empirischer Sozialwissenschaften nicht mitmachen kann. Unter den gegebenen Verhältnissen ist es aber ein wissenschaftlich wie demokratisch heilsames Korrektiv, einen Ort der Reflexion des Sozialen in aller Form offenzuhalten. Die sozialen Gegensätze müssen sich in ihm artikulieren können. Sofern andere Disziplinen oder Richtungen sich in der Abwendung vom Sozialen konstituieren, müssen sie der permanenten Kritik unterzogen werden können.

Im Zentrum marxistischer Annäherungen ans Soziale artikuliert sich das Interesse an der Vergesellschaftung in der Perspektive der Entwicklung gesellschaftlicher Handlungsfähigkeit ‹von unten›. Orientierungspunkt kritischer Analyse ist letztlich die Selbstvergesellschaftungskompetenz der Gesellschaftsmitglieder. Von diesem Standpunkt aus ist es wichtig, daß Recht, Religion und Ethik das Gebiet der Reflexion des Sozialen nicht wieder zurücknehmen, daß umgekehrt das Denken der ‹Praxis›, der Gestaltung der Verhältnisse, letztlich der Vergesellschaftung dem ‹sozialen› Aspekt unterstellt bleibt, statt das Soziale im Ansatz den ‹ideologischen Mächten› zu unterstellen. Der Ideologietheorie wächst in dieser Perspektive die Rolle einer unabdingbaren Voraussetzung zu; sie muß den Raum der Reflexion des Sozialen immer wieder freilegen.

Abbagnano, N. (Hrsg.): Dizionario di Filosofia. Torino 1971².
Baumgartner, H. M./Krings, H. & Ch. Wild: Stichwortartikel «Philosophie». In: Handbuch philosophischer Grundbegriffe. München 1973.
Brentano, M. v.: Philosophie, Theoriestreit, Wissenschaftspluralismus (Argument-Studienhefte). Berlin 1978.
Edwards, P. (Hrsg.): The Encyclop. of Philosophy. New York/London 1967.

Eisler, R. (Hrsg.): Wörterbuch der philosophischen Begriffe. Berlin 1929[4].
Fetscher, I.: Philosophie der Politik in Deutschland. In: Klibansky, R. (Hrsg.): a. a. O. 1971.
Fink, H.: Social Philosophy. London/New York 1981.
Fløjstad, G. (Hrsg.): Contemporary Philosophy. A Survey. Vol. III: Philosophy of Action. Den Haag/Boston/London 1982.
Frey, L. J.: Philosophie sociale dédiée au peuple françois ... Paris 1793.
Habermas, J.: Theorie und Praxis. Sozialphilosophische Studien. Neuwied 1963.
–: Logik der Sozialwissenschaften (Sonderheft der «Philos. Rundschau», hrsg. v. H. G. Gadamer u. H. Kuhn). Tübingen 1967.
–: Theorie des kommunikativen Handelns. 2 Bde. Frankfurt/M. 1981.
Horkheimer, M.: Soziologie und Philosophie. In: Sociologica II. Frankfurt/M. 1962.
Kempski, J. v.: Artikel «Sozialphilosophie». In: Handbuch der Sozialwissenschaften. Bd. 9. Stuttgart 1956.
Klibansky, R. (Hrsg.): La philosophie au milieu du 20e siècle. Chroniques. Vol. III: Les Valeurs, l'Histoire et la Religion. Firenze 1958.
– (Hrsg.): Contemporary Philosophy. A Survey. Vol. IV: Ethics, Aesthetics, Law, Religion, Politics, Historical & Dialectical Materialism, Philosophy in Eastern Europe, Asia & Latin America. Firenze 1971.
Lalande, A. (Hrsg.): Vocabulaire technique et critique de la philosophie. Paris (1902–23) 1968[10].
Lehmann, G.: Sozialphilosophie. In: Dunkmann, K. (Hrsg.): Lehrbuch der Soziologie und Sozialphilosophie. Berlin 1931.
Michels, R.: Probleme der Sozialphilosophie. Leipzig 1914.
Sauer, W.: Schöpferisches Volkstum als national- und weltpolitisches Prinzip. Zur Klärung der rechts- und sozialphilosophischen Grundlagen der nationalsozialistischen Bewegung. In: Archiv für Rechts- und Sozialphilosophie 1933, XXVII, 34.
Seligman, E. A. (Hrsg.): Encyclop. of the Social Sciences. New York/London 1934.
Sills, D. H. (Hrsg.): International Encyclopaedia of the Social Sciences. New York/London 1968.
Stein, L. (Hrsg.): Archiv für systematische Philosophie. Register zu den Bänden I–XV. Berlin 1910.
Topitsch, E.: Die Sozialphilosophie im deutschen Sprachgebiet. In: Klibansky, R. (Hrsg.): a. a. O. 1971.
Waldenfels, B.: Sozialphilosophie im Spannungsfeld von Marxismus und Phänomenologie. In: Fløjstad, G. (Hrsg.): a. a. O. 1982.
Zampetti, P. L.: La philosophie politique et sociale dans les pays de langue allemande. In: Klibansky, R. (Hrsg.): a. a. O. 1958.
Ziegenfuss, W. (Hrsg.): Handbuch der Soziologie. Stuttgart 1956.

Wolfgang Fritz Haug

Sozialplanung

Gegenstand und Anwendungsbereiche
Der Begriff S. bezeichnet einen Gegenstand und eine Methode. Seine Verwendungsweise ist uneinheitlich und wenig theoretisch fundiert. Gegenstand und Aufgaben sind immer Reflex der Gesellschaftsformation, innerhalb deren Planung betrieben wird. Sie lassen sich sinnvoll nur pragmatisch bestimmen. S. als Bestandteil einer normativen → Gesellschaftstheorie zu entwickeln bliebe in kapitalistischen Ländern so lange fruchtlos (→ Kapitalismus), als sozialreformerische oder sozialrevolutionäre Grundentscheidungen politisch nicht durchsetzbar sind. In einem allgemeinen Sinne sind Gegenstand der S.: die sozialen Folgen ökonomischer und räumlicher Wandlungen (→ Regionalplanung), d. h. der → Industrialisierung und der Urbanisierung (→ Stadtplanung), aber auch der mit ihnen einhergehenden Differenzierungs- und Zentralisierungsprozesse. Im Mittelpunkt stehen die Probleme sozialer Ungleichheit, insb. gruppenspezifischer Benachteiligungen.

• *Planung im Bereich der Sozialpolitik und des Sozialwesens (Fachplanung):* Die → Institutionen der sozialen Sicherung bedürfen der längerfristigen Vorausschau ihrer Leistungsverpflichtungen, Leistungswirksamkeit und Finanzierungsmöglichkeiten. Die Leistungen (überwiegend in Geld) werden ursachenorientiert erbracht; die Planungen folgen den Gesichtspunkten einer ökonomischen und technischen Rationalität. In den anderen Aufgabenfeldern des Sozialwesens (Sozialfürsorge, Jugendhilfe, Gesundheitswesen) sind Bedarf und Leistungsformen vor allem an die Lebenslage benachteiligter Gruppen gebunden. Durch Planung sollen rechtzeitig und in erforderlichem Umfang diejenigen Einrichtungen und Dienste angeboten werden, die soziale Ungleichheit abbauen helfen und die Fähigkeit zur eigenverantwortlichen Gestaltung der Lebensweise stärken (Kühn 1975). Hierbei ist seit längerem eine deutliche Zunahme der persönlichen Dienstleistungen zu erkennen. Die Planungsrationalität muß daher auch von den konstitutiven Formen der sozialen → Interaktion bestimmt sein, wie sie bei Beratungen, Behandlungen, Pflege u. ä. auftreten (Badura/Gross 1976). Zur Fachplanung zählt zusätzlich die soziale → Infrastruktur, die auf örtlicher Ebene Grundausstattungen für prinzipiell alle Bewohner vorsieht (Kindergärten, Bäder, Bibliotheken usw.). Als Restriktionen der S. wirken sich die sozialpolitischen Merkmale der Verrechtlichung, der Bürokratisierung und der Zentralisierung aus (→ Bürokratie).

• *Sozialplanung in der Wohnungspolitik und bei der Stadtentwicklung:* Die Folgeprobleme räumlicher Planungen und eines versagenden Wohnungsmarktes sollen durch S. kompensiert werden. Im öffentlich finanzierten Wohnungsbau bezieht sich S. auf bauliche Richtlinien, Wohnungszuteilungen sowie auf die Organisation der Hausverwaltung. In den Rechtsgrundlagen der sog. Bauleitplanung wird verlangt, daß soziale Verhältnisse und soziale Bedürfnisse der beteiligten Bewohner zu berücksichtigen seien. Das breitere Instrument der Stadtentwicklungsplanung strebt eine Koordinierung verschiedener Teilpläne einschließlich der Finanzplanung an. Über Kompensierungen hinaus weisen vereinzelte Modelle der Gestaltung von Wohnverhältnissen (Genossenschaftsbau, Selbsthilfegruppen u. ä.). S. umfaßt so alle an Bedürfnissen der Betroffenen orientierten Konzepte, die günstige Voraussetzungen für die alltäglichen sozialen Beziehungen außerhalb der Arbeitswelt schaffen (Herlyn u. a. 1975). Sie steht deutlich unter den Restriktionen einer ökonomisch und eigentumsrechtlich bestimmten Stadtentwicklung.

- *Sozialplanung zur sozialstrukturellen Veränderung:* Nach dieser Auffassung soll S. soziale Probleme durch Beeinflussung von Status und Rolle (→ Rollentheorie) von Menschen im System ihrer sozialen Beziehungen bearbeiten helfen (Mayer 1975). Nicht das → Individuum ist Objekt der Intervention, sondern das → soziale System, innerhalb dessen es sich bewegt. Veränderungsvorschläge berühren daher alle beteiligten Personen und Institutionen. Die verselbständigten Problemdefinitionen und Arbeitsweisen der Sozialadministration werden überschritten. Auch Situationen im Produktionsbereich können Gegenstand sein. Zu den Interventionsweisen gehören auch Veränderungen in der Zusammensetzung von Teilgruppen in räumlichen Einheiten, rechtliche Überprüfungen und die Förderung sozialer Bewegungen.
- *Sozialplanung als gesellschaftliche Planung:* Sozialplanerische Postulate können, ausgehend von ihrem Gegenstand, grundsätzlich gegenüber allen Politikbereichen wie gegenüber anderen gesellschaftlichen Subsystemen, in denen über Lebenslagen und Lebenschancen entschieden wird, geltend gemacht werden. Insbesondere gilt dies für Einmischungsstrategien gegenüber der wirtschaftlichen Planung und der räumlich-baulichen Planung, aber auch z. B. für Mitgestaltungen in Bereichen der Kultur, der Technologiepolitik, der Umweltschutzpolitik (→ Ökologie). Damit löst sich S. von einer begrenzten Anwendung und weitet sich tendenziell aus zu allgemeinen Fragen gesellschaftlicher Steuerung. Zielrichtung ist insoweit die Mitgestaltung des → sozialen Wandels, um zu gesellschaftspolitisch konsensfähigen Entwicklungen beizutragen (Schäfers 1973). Eine Formbestimmung der Gesellschaft durch S. erscheint allerdings ausgeschlossen.

Methode

S. als Methode bedeutet, daß die Planungsprozesse in Kommunikation mit den davon berührten Bevölkerungsgruppen durchgeführt werden.

Ziele, Inhalte und Realisierungsschritte sind über Konfliktaustragungen und Mitwirkungsformen auszuhandeln (→ Konflikt/→ Partizipation). Die Lebenspraxis der Menschen muß, soll sie Objekt sein, den Maßstab planerischen Handelns bilden. Träger der S. sind daher neben staatlichen und kommunalen Organisationseinheiten, Wohlfahrtsverbänden, Kirchen und den ‹Sozialpartnern› immer auch die weniger organisierten Sozialgebilde (Zweckgemeinschaften, Bürgerinitiativen, Nachbarschaften, Selbsthilfegruppen). Die bisherige Praxis der S. hat allerdings gezeigt, daß Planungsinstanzen im wesentlichen ohne diesen prozeßhaften, lebenspraktischen Zusammenhang auszukommen versuchen. Sie vermehren oft mit Planungsdaten das Herrschaftswissen. Ein sozialtechnisches Planungsverständnis wird gefördert durch Indikatorensysteme, Prognoseverfahren, Richtwerte, formale Programmabläufe und Partizipationsverfahren. Ohne Frage benötigt S. aber auch historisch-soziologische Analysen der Lebenslagen, sozialexperimentelle Interaktionsformen, Wissen über die Plandurchsetzbarkeit sowie Aussagen über sozialplanerische Wirkungen. Hinzu kommt, daß ‹reine› Sozialtechniken ohne Werthaltungen unmöglich sind (→ Sozialtechnologie); planerische Handlungsvorschläge sollten daher die Zieldiskussion und die letztlich verfolgten Grundanliegen erkennen lassen.

Gesellschaftspolitische Bedeutung

S. ist in die Auseinandersetzungen um eine aktiv-gestaltende Sozialpolitik verstrickt. Diese weitete sich nach dem Zweiten Weltkrieg mit deutlich gesellschaftspolitischem Anspruch (Gleichheit der Lebenschancen) aus, produzierte jedoch zugleich ihre Grenzen: die staatliche ‹Finanzkrise›, Probleme der Verteilungsgerechtigkeit, Legitimationsprobleme vor dem Hintergrund einer Kritik der Dienstleistungsgesellschaft. Zu einer Thematisierung der allgemeinen gesellschaftlichen Entwicklung ist es nie gekommen, da die grundsätzliche Nachrangigkeit der Sozialpolitik gegenüber der Wirtschaftsordnung stets akzeptiert wurde. Einen anderen Akzent setzen die Bezüge zur politischen Planung. In der Bundesrepublik wurde als Reaktion auf die Krise 1966/67 sowie auf die wachsende technologische und unternehmerische Planung mit einigen Schwerpunkten (Finanzplanung, Bildungsplanung, Raumordnung u. a.) eine zentralstaatliche ‹Globalsteuerung› aufzubauen versucht. Die Hoffnungen auf mehr Spielräume und eine zielorientierte Programmierung der Ressortaufgaben haben sich jedoch nicht erfüllt. Gerade die Sozialaufgaben ließen sich gegenüber mächtigeren Politikbereichen nicht absichern.

Theoretische Grundlagen

Planung ist in soziologischer Sicht ein besonderer Typ zweckrationalen und kommunikativen Handelns. Da S. sich nicht begrenzen läßt auf administrativ definierte Teilbereiche, muß sich ihre theoretische Grundlegung zunächst auf eine allgemeine Philosophie und Soziologie gesellschaftlicher Planung beziehen. Als Legitimationsgrundlagen dienen neben Makrotheorien der sozialen Ungleichheit vor allem Bedürfnistheorien und Theorien sozialer Probleme. Die eigentlich kritische Theoriefrage entzündet sich am Problem der Planungsrationalität. Weder eine Systemrationalität noch die Zweck-Mittel-Rationalität werden dem Gegenstand der S. gerecht (→ Zweck-Mittel-Rationalität). Sie bedarf vielmehr der praktischen Rationalität, die den Weg öffnet zu politischen und kommunikativen Formen der Planungsprozesse (Ortmann 1976; Habermas 1981). Daher sind auch Theorien sozialer Bewegungen unverzichtbar. Schließlich erfordern die Transformationsschritte zwischen S. und Politik (als System) eine Theoriebildung.

Badura, B. & P. Gross: Sozialpolitische Perspektiven. München 1976.
Habermas, J.: Theorie des kommunikativen Handelns. Frankfurt/M. 1981.
Herlyn, U. u. a.: Sozialplanung und Stadterneuerung. Göttingen 1975.
Kühn, D.: Kommunale Sozialplanung. Stuttgart 1975.
Mayer, R.: Sozialplanung und soziale Veränderung. Freiburg 1975.
Ortmann, F. (Hrsg.): Sozialplanung für wen? Neuwied/Darmstadt 1976.
Schäfers, B. (Hrsg.): Gesellschaftliche Planung. Stuttgart 1973.

Karl-Dieter Keim

Sozialpsychologie

Seit die S. als Teildisziplin der Psychologie institutionalisiert wurde, kann als kleinster gemeinsamer Nenner ihres von verschiedenen theoretischen Richtungen formulierten Aufgabengebiets die Erforschung des Einflusses sozialer Faktoren auf individuelles Erleben und Verhalten gelten (u. v. a. Graumann 1969; Gergen/Gergen 1981).

Die Problematik der gesellschaftlichen Konstitution des → Individuums wird in dieser als Bindeglied zwischen → Soziologie und Psychologie konzipierten Disziplin zugleich ausgedrückt und verdeckt. Die Frage, worin die Individuen durch die gesellschaftlichen Verhältnisse bestimmt sind und wie sie aktiv und selektiv diese Verhältnisse reproduzieren und modifizieren, bleibt in der bürgerlichen theoriegeschichtlichen Tradition der Dichotomisierung von Gesellschaft und Individuum verkürzt auf die Frage nach den gesellschaftlichen Einflüssen auf monadisch konzipierte Individuen.

Hatten Sozialtheoretiker der Aufstiegsperiode der bürgerlichen Gesellschaft von B. Mandeville bis A. Smith die Frage nach den subjektiven Bedingungen des Funktionierens der Marktgesellschaft noch in engem Zusammenhang mit den Erkenntnissen der → politischen Ökonomie formuliert, erfolgte mit der Herausbildung des Antagonismus von Kapital und Lohnarbeit eine Spaltung der → Gesellschaftstheorie. Auf bürgerlicher Seite wurde die Aufrechterhaltung kapitalistischer Verhältnisse praktisch und theoretisch zum Problem, während von seiten der → Arbeiterbewegung die Perspektive einer radikalen Umwälzung der gesellschaftlichen Verhältnisse theoretischen Ausdruck erhielt. So formulierte Marx Intersubjektivität als historisches Resultat gegenständlicher Tätigkeit in gesellschaftlich objektiver Gestalt, das im Prozeß der Aneignung durch handelnde Subjekte in lebendige Fähigkeiten und Bedürfnisse transformiert wird (Markus 1980). Im Gegensatz zu dieser radikal historisch konzipierten Konstitution einer änderbaren menschlichen Handlungswelt geriet im Prozeß der sozialwissenschaftlichen Arbeitsteilung zwischen Ökonomie, Soziologie und Psychologie, je mehr sich die Bedingungsanalyse gesellschaftlicher Prozesse an der Aufrechterhaltung der bestehenden Ordnung orientierte, die materielle und soziale → Lebenswelt ebenso zum naturhaft Gegebenen, zur bloßen Faktizität wie die Fähigkeiten und Bedürfnisse der Subjekte.

Der Entstehungszusammenhang der S. im engeren Sinne setzt diesen arbeitsteiligen Prozeß voraus und läßt sich näher ermitteln über die Frage nach den praktisch-gesellschaftlichen Problemen, die im ausgehenden 19. Jahrhundert als Vermittlungsprobleme zwischen Individuum und Gesellschaft wahrgenommen wurden, den theoretischen Mitteln zu ihrer Formulierung und den spezifischen Bedingungen der beginnenden Institutionalisierung sozialwissenschaftlicher Einzeldisziplinen. Zur Illustration können die Entstehungsbedingungen in Frankreich und USA dienen (vgl. Nye 1975; Nolte/Staeuble 1972).

Die Etablierung der parlamentarischen Demokratie in Frankreich markierte die Herstellung der Bedingungen für die Durchsetzung des Industriekapitalismus (→ Kapitalismus). In der intellektuellen Diskussion, die weitgehend vom Pessimismus über den Untergang des ancien régime geprägt ist, wird das Comtesche Problem der Versöhnung von Ordnung und Fortschritt neu formuliert als Frage, wie der Klassenkonflikt neutralisiert, Massenloyalität und Nationalbewußtsein gesichert und sozialistischer Radikalismus verhindert werden können (→ Klassengesellschaften/→ Nationalismus/→ Sozialismus). Durkheims Theorie des Kollektivbewußtseins und Le Bons Massenpsychologie geben diesen Fragen wissenschaftliche Form, beide verstehen ihre Analysen als Grundlagen für wissenschaftliche Politikberatung. Le Bons Massenpsychologie (1895) bestimmte nicht so sehr durch ihren spezifischen Inhalt als durch die Struktur der Bedingungsanalyse von Manipulationsmöglichkeiten die Grundlagen sozialpsychologischen Denkens.

In den USA brachte das letzte Jahrzehnt des 19. Jahrhunderts eine rapide Zuspitzung der sozialen Desintegrationsprobleme von → Industrialisierung und Monopolisierung. Dominierte nach dem Bürgerkrieg in der bürgerlichen Sozialkritik die Sympathie mit den Opfern der Industrialisierung und Kapitalkonzentration und die Ermittlung der Bedingungen für eine demokratische Veränderung der gesellschaftlichen Verhältnisse, so suchte die nächste Generation von Sozialtheoretikern, die die Aufreibung der Mittelschichten zwischen den organisierten Großgruppen von Unternehmern und Arbeitern fürchtete, die Lösung nicht mehr in einer Änderung der gesellschaftlichen Verhältnisse, sondern in der Steuerung und Kontrolle menschlichen Verhaltens. Edward A. Ross formuliert 1901 als Aufgabe der Sozialwissenschaften die Entwicklung indirekter Methoden der Verhaltenssteuerung, die wissenschaftliche Anleitung eines ‹moral engineering›. John Deweys Plädoyer für die Entwicklung einer S., die als Pendant zur naturwissenschaftlich angeleiteten Technologie eine psychologisch angeleitete Humantechnologie ermöglichen soll, knüpft unmittelbar an Ross' Aufgabenstellung an (Dewey 1917) (→ Behaviorismus/→ Pragmatismus/→ Sozialtechnologie).

Die Institutionalisierung der S. als Teildisziplin der Psychologie hat ihre theoretische Struktur maßgeblich geprägt. Die in der Individualpsychologie schon etablierte Zielsetzung, allgemeingültige Gesetze menschlichen Erlebens und Verhaltens zu formulieren, der theoretische Individualismus und die methodischen Standards experimenteller Forschung konstituieren die Bedingungen für sozialpsychologische Problemformulierung und → Forschung. Ging es in den Anfängen der Institutionalisierung von S. für eine kurze Phase um Versuche der Gegenstandsbestimmung der neuen Disziplin, die die Grenzen zu Soziologie und Psychologie deutlich macht, tritt in der etablierten S. die Beziehung zu gesellschaftstheoretischen Ansätzen immer mehr zurück. Die theoretischen Mittel behavioristischer, gestalttheoretischer oder psychoanalytisch orientierter allgemeiner Psychologie bestimmen nun, wie Fragen sozialer Wahrnehmung und → Einstellung, sozialer Normbildung und Gruppenleistung formuliert und methodisch geprüft werden (→ Gruppe/→ Normen).

Gesellschaft wird in dieser psychologischen Theorieorientierung zu einem begrifflosen Konglomerat sozialer Faktoren, die behavioristischen Ansätzen als ‹Reizkonstellationen›, gestalttheoretischen Ansätzen als ‹Feldfigurationen› und psychoanalytischen Ansätzen als normative Handlungsräume gelten.

Der Mangel an gesellschaftstheoretischer Orientierung hat zwar nicht verhindert, daß die dominierenden Themen sozialpsychologischer Forschung den Wandel gesellschaftspolitischer Orientierung reflektieren, z. B. in den USA vom Rassismus (→ Rasse) des Jahrhundertbeginns zu den Bemühungen um → Integration der vorhandenen ethnischen Minoritäten (→ Minderheiten), die seit den 30er Jahren in der Vorurteilsforschung als Adressaten irrationaler Einstellungen fungieren, und schließlich zu den Konfliktmodellen des Kalten Kriegs (Samelson 1978; Apfelbaum/Lubek, in: Strickland u. a. 1976) (→ Konflikt/→ Krieg). Soll aber, wie es in den neueren relevanzkritischen Diskussionen vorgeschlagen wird (Strickland u. a. 1976; Gilmour/Duck 1980), S. zur systematischen Analyse von Gegenwartsgeschichte entwickelt werden, wäre es unverzichtbar, historische und gesellschaftskritische Theoriebildung in den Ansatz einzuholen.

Dewey, J.: The Need for Social Psychology. The Psychological Review, 1917, 24, 266–277.
Gergen, K. J. & M. M. Gergen: Social Psychology. New York 1981.
Gilmour, R. & S. Duck (eds.): The Development of Social Psychology. London 1980.
Graumann, C.-F.: Sozialpsychologie: Ort, Gegenstand und Aufgabe. In: Handbuch der Psychologie. VII/1. Göttingen 1969.
Markus, G.: Die Welt menschlicher Objekte. In: Honneth, A. & U. Jaeggi (Hrsg.): Arbeit, Handlung, Normativität. Frankfurt/M. 1980.
Nolte, H. & I. Staeuble: Zur Kritik der Sozialpsychologie. München 1972.
Nye, R. A.: The Origins of Crowd Psychology. London 1975.
Samelson, F.: From ‹Race Psychology› to Studies in Prejudice: Some Observations on the Thematic Reversal in Social Psychology. Journal of the History of the Behavioral Sciences, 1978, 14, 265–278.
Strickland, L. H./Aboud, F. E. & K. J. Gergen (eds.): Social Psychology in Transition. New York 1976.

Irmingard Staeuble

Sozialtechnologie

Als S. werden sozialwissenschaftliche Strategien bezeichnet, die – und zwar an naturwissenschaftlich-technologischer Rationalität orientiert – auf regelhaften Einsatz geeigneter Mittel zur Lösung sozialer Probleme zielen; S. ist insoweit als kritischer Begriff gegen eine Soziologie (oder andere sozialwissenschaftliche Disziplinen) gerichtet, die sich praxisorientiert der Bewältigung von Funktionsproblemen in gesellschaftlichen Teilsystemen zuwendet – dann häufig als Auftragsforschung und in unexplizierter Nachfolge des Comteschen Programms einer Wissenschaft, die als ‹physique sociale› Steuerungs- und Kontrollinstrument von Gesellschaft sein soll (→ Forschung). Insofern kann S. als kritische Wendung wissenschaftlich seriöserer Begriffe wie ‹Soziotechnik›, ‹social engineering› oder – auf der Ebene der Anwendung theoretischen Wissens – der Popperschen «Stückwerk-Technik» definiert werden. Als wissenschaftlich angeleitete Methode zur Herstellung sozialer Beziehungen und individueller Orientierungen für vorgegebene Zwecke ist sie «Taylorisierung unseres Alltags» (Hartmann) in allen Lebensbereichen und «Bürokratisierung der Psyche» (Bruder).

Das mit dem Vorwurf von S. diskreditierte Erkenntnisinteresse anwendungsorientierter Sozialforschung, der Verdacht oder Nachweis ihrer Herrschaftsfunktion, ist notwendig um die Frage der Wegbereitung solcherart Forschungsorientierung schon in soziologischen Theorieansätzen zu erweitern. Ob → Soziologie in gleichsam einer Leitbild- oder Lebenshilfefunktion als «angemessene Lebensorientierung des Menschen in der industriellen Gesellschaft» (Mannheim), als «Ersatz, Entlastung und Steigerung der hilflos werdenden Primärerfahrung» (Schelsky) angedient wird, ob flach-positivistisch eine allein durch fachgerechtes Messen ausgewiesene Soziologie, «die nichts als Soziologie ist» (König), gefordert wird, impliziert ein sozialtechnologische Intervention legitimierendes oder auf → Methodenprobleme verkürztes theoretisches Vorverständnis, dessen Gegenstück jenes geläufige Diktum ist: «Theorie ist unabdingbar kritisch. Darum aber sind aus ihr abgeleitete Hypothesen, Voraussagen von regelhaft zu Erwartendem ihr nicht voll adäquat» (Adorno 1972, 197).

Die Problematik von in soziologischen Theorieansätzen begründeter S. ist in der Bundesrepublik mit der sog. «Technokratiethese» (Habermas), Überlegungen zur Auswirkung der modernen Technologie in der sozialen Sphäre, und im sog. ‹Positivismusstreit› aufgekommen (→ Positivismus/ → Technokratie).

Waren bei Gehlen (1963) die Bereiche Technik, Kultur und soziales Umfeld noch selbständig gefaßt, wobei dennoch die Technik in die anderen Bereiche hineinwirke, so ist für Schelsky in der Erbschaft von Ellul (1954) Technik als universell gewordene und somit als unmittelbarer Wirkungszusammenhang auf Gesellschaft und Individuum gedacht. Die Legitimität sozialtechnologischer Praxis folgt – sachnotwendig – aus den Bedingungen der ‹wissenschaftlichen Zivilisation›; denn vermittels der in diesen Produktionstechniken beruhenden «Umkonstruktion und Neuformung des Menschen selbst in seinen leiblichen, seelischen und sozialen Bezügen» befindet man sich in dem «Kreislauf, daß wir mit jedem neuen technischen Gegenstand (...) jeweils neue soziale und psychische Tatbestände schaffen, die wir wiederum in den Griff der Sozial-, Wirtschafts-

und Humantechniken bekommen müssen, damit das ganze Bauwerk der technischen Lebens- und Produktionswelt weiterhin funktioniert und weiter produziert» (Schelsky 1965, 449). Dieser Schelskysche Theorieansatz zeigt beispielhaft eine in soziologischer Theoriebildung vorformulierte und legitimierte sozialtechnologische Orientierung zumal in den sich verzweigenden ‹Bindestrich-Soziologien› an. Die sich aus den Desideraten von Produktion und Technik über sozialtechnologische Operationen in die sozialen Beziehungen und die Psyche als Formalisierung (potentiell-) menschlichen Reichtums vermittelnde Gewaltförmigkeit des Kapitalverhältnisses wird schon durch theoretische Ansätze und nicht erst in verwissenschaftlichten Problemlösungsstrategien eingeholt.

Im ‹Positivismusstreit›, in dem die Frage eines naturwissenschaftlichen, ‹positivistischen› Vorverständnisses von Gegenstand und Methode auch in der soziologischen Forschung diskutiert wurde, ist die Problematik von S. eher wissenschaftstheoretisch und damit fern des genuin kritischen Impetus des Begriffs in bezug auf sozialtechnologische Wirksamkeit in alltäglichen Lebenszusammenhängen abgehandelt (→ Lebenswelt). Soziologie, so der Tenor der Einwände gegen → empirische Sozialforschung, muß auf die Erkenntnis der Möglichkeit besserer Gesellschaft zielen, die aber nicht der bestehenden abstrakt zu kontrastieren, sondern aus den gesellschaftlichen → Widersprüchen, aus der Kritik zu gewinnen ist (vgl. Adorno 1972, 561 f); sie muß «die Starrheit des hier und heute fixierten Gegenstandes auflösen in ein Spannungsfeld des Möglichen und des Wirklichen» (ebd., 197). Daß die empirische Sozialforschung in Analogie zum laboratoriumsexperimentellen Vorgehen der Naturwissenschaften isolierte gesellschaftliche Gegenstände herausschneidet, «verwehrt nicht bloß temporär, sondern prinzipiell die Behandlung der Totalität der Gesellschaft. Das bringt mit sich, daß die Ausagen der empirischen Sozialforschung häufig den Charakter des Unergiebigen, Peripheren, oder den von Informationen zu administrativen Zwecken tragen» (Adorno/Dirks 1956, 109). Diese Kritik ist jedoch nicht bis zur detaillierten Analyse wissenschaftlich-sozialtechnologischer Praktiken vorgedrungen, die aus interessierten Gründen bar des geforderten Totalitätsbezuges auf dem Standpunkt der gegebenen Gesellschaft stehen und auf Ergebnisse für administrative oder managerielle Nutzung zielen. Solche Analyse kann erweisen, wie S. den Verwaltern von Gesellschaft nutzt, wenn sie nächst dem Druck der Verhältnisse auf dem Hintergrund vorgeblicher Sachzwänge zur (bspw.) zeitlichen und räumlichen Normierung alltäglichen (Arbeits-)Lebens, zur Standardisierung von Verhalten und Bewußtsein beiträgt und insofern das «Pendant zur ökonomischen Ausbeutung» (Hartmann) darstellt.

Die im Positivismusstreit vorgetragene Kritik ist inzwischen allerdings von einigen empirischen Sozialforschern sowohl methodisch als auch hinsichtlich der Wahl des Forschungsgegenstandes aufgenommen worden (vgl. z. B. Friedrichs 1973, 18ff); Erfahrungen mit und aus empirischen Sozialforschungen führten z. T. sogar zu einer subjektivistischen Wende, die in Formulierungen wie «Jedermann sein eigener Methodologe» (Mills) oder – in radikaler Konsequenz – «Bürgerinitiativen statt Erkenntnistheorie» (Feyerabend) gipfelt (vgl. Kriesi 1982).

Hauptgebiete sozialtechnologisch orientierter Forschung sind traditionell die industrielle Arbeit und die Bürokratie. Einfallschneisen sind technisch-organisatorische Rationalisierungen und sozial- sowie psychotechnische Maßnahmen (auch noch in der Ziele zur Disposition stellenden, sog. experimentell-intervenierenden Konzeption moderner Sociotechnics), die historisch mit dem ‹scientific management› Taylors (→ Taylorismus) und dem → ‹human-relations›-Konzept Mayoscher Provenienz und seiner Methode der «personnel counseling» markiert sind; die Entdeckung der Subjektivität der Arbeitenden als produktivitätsbeeinträchtigender oder -steigernder Faktor mündete in ein bislang gültiges sozialtechnologisches Programm: «Veränderung des Handelns durch Veränderung der Wahrnehmung» (Lewin 1953, 200). Damit lagen verwissenschaftlichte Rohentwürfe zur «Endogenisierung der Disziplinierungsfunktionen» (Mendner) vor, aus denen sich arbeitswissenschaftliche Teildisziplinen (→ Arbeitswissenschaften) mit den klassischen Problemfeldern um Arbeitszufriedenheit, formelle und informelle Organisation, Lohn und Leistung u. a. m. entwickelten (vgl. Gikas 1980). Häufig wird dabei aus der technischen Instrumentierung und der Organisation des Betriebes eine sozialtechnologische Eingriffe ersetzende Disziplinierung erwartet; so anempfahl der Arbeitswissenschaftler Walther (1947) eine Forcierung der → Automation in der Erwartung, dadurch menschliche Arbeit auf natürliche Reflexe zu reduzieren, um Störungen aus intellektueller Tätigkeit oder aus Autonomiespielräumen auszuschalten. Luhmann (1968, 90) hält eine betriebliche Strategie, «die Organisation auf Indifferenz der Arbeitenden einzustellen» und «den Arbeitsplatz durch die Sachzwänge des Arbeitsflusses» zu organisieren, für erfolgversprechend; eine Zergliederung der Arbeitsvollzüge in repetitive Kleinstaufgaben entlastet laut Luhmann (1971, 114) «die Personalanforderungen des Systems: Es benötigt keine komplizierten Fähigkeitskombinationen mehr, die Anlernzeiten verkürzen sich. Das Ergebnis ist Routinearbeit.» Was bei Taylor (1913, 4) noch Projekt war, daß zukünftig «die Organisation und das System an erste Stelle treten» wird, soll sich auf der subjektiven Seite in der «Persönlichkeit des ‹Organisationsmenschen›» (Luhmann) vollenden, und zwar als Resultat einer der technischen Apparatur selbst inkorporierten Fähigkeit zu sozialtechnologischer Zurichtung.

Allerdings hat sich bisher erwiesen, daß arbeitswissenschaftlich-sozialtechnologische, also für die Zwecke verbesserter Verwertung eingeführte Maßnahmen nur neue, das alte Problem fortführende Widerstandsreaktionen seitens der Betroffenen provozieren (vgl. bspw. Schmieder 1980; Hartmann 1981).

Mit dem kritisch gewendeten Begriff der S. ist etwa die «Partizipationstechnokratie» (Gronemeyer) als Mittel der → Integration in der politischen → Öffentlichkeit, sind etwa auch die Strategien zur Humanisierung des Arbeitslebens als Mittel der Effizienzsteigerung oder solche helfender Kontrolle in der → Sozialarbeit als verbesserte Form von Beaufsichtigung und Internierung zu analysieren; im Begriff der S. ist die Aufgabe zur Überprüfung der These Foucaults (1981, 392f) gestellt: «Wir leben in der Gesellschaft des Richter-Professors, des Richter-Arztes, des Richter-Pädagogen, des Richter-Sozialarbeiters; sie alle arbeiten für das Reich des Normativen.»

Indem der Begriff inhaltlich ausgefüllt wird, kann allgemein deutlich werden, was ein ursächlich im Entstehungsprozeß bedingtes Charakteristikum der Humanwissenschaften insgesamt ist: Sie konnten sich nur formieren, weil «eine bestimmte Methode, die Anhäufung der Menschen gefügig und nützlich zu machen, (...) die Eingliederung bestimmter Wissensbeziehungen in die Machtverhältnisse erforderlich (machte); sie verlangte nach einer Technik zur Verflechtung der subjektivierenden Unterwerfung und der objektivierenden Vergegenständlichung» (ebd., 393f).

Der Begriff S. sollte so als Kürzel für die Frage stehen, wie sich in sozialwissenschaftlichen Theorieansätzen, in sozialwissenschaftlicher Forschung und praktischer Anwendung ihrer Ergebnisse der kritisch zu reflektierende Zweck der gegebenen Gesellschaft durchsetzt.

Adorno, Th. W.: Soziologie und empirische Forschung (1957); Zur Logik der Sozialwissenschaften (1962). In: Ders.: Soziologische Schriften I. Frankfurt/M. 1972.

– & W. Dirks (Hrsg.): Soziologische Exkurse. Frankfurter Beiträge zur Soziologie. Bd. 4. Frankfurt/M. 1956.

Ellul, J.: La technique ou l'enjeu du siècle. Paris 1954.

Foucault, M.: Überwachen und Strafen. Frankfurt/M. 1981.

Friedrichs, J.: Methoden empirischer Sozialforschung. Reinbek bei Hamburg 1973.

Gehlen, A.: Über kulturelle Kristallisation (1961). In: Ders.: Studien zur Anthropologie und Soziologie. Neuwied/Berlin 1963.

Gikas, M.: Funktion und Wirkungsweise der Sozialtechnologie. München 1980.

Hartmann, D.: Die Alternative: Leben als Sabotage. Tübingen 1981.

Kriesi, H.: Soziologische Methodologie und die Rebellion der Betroffenen. In: Kölner Zeitschrift für Soziologie und Sozialpsychologie, 1982, 4, 748–766.

Lewin, K.: Die Lösung sozialer Konflikte. Bad Nauheim 1953^3.

Luhmann, N.: Zweckbegriff und Systemrationalität. Tübingen 1968.

–: Politische Planung. Köln/Opladen 1971.

Schelsky, H.: Der Mensch in der wissenschaftlichen Zivilisation (1961). In: Ders.: Auf der Suche nach Wirklichkeit. Düsseldorf/Köln 1965.
Schmieder, A.: Bewußtsein im Widerspruch. München 1980.
Walther, L.: Psychologie du travail. Genf 1947.
Taylor, F. W.: Die Grundsätze der wissenschaftlichen Betriebsführung. München/Berlin 1913.

Arnold Schmieder

Soziologie

Bis heute gibt es keine verbindliche *Definition* dessen, was S. ist; die Aufzählung ihrer Gegenstandsbereiche und die Abgrenzung von anderen sozialwissenschaftlichen Disziplinen wäre willkürlich. Die Bestimmung einer ‹soziologischen Betrachtungsweise› scheitert daran, daß schon die Annahmen über die Konstitutionsprinzipien von Gesellschaften kontrovers und soziologische Theorien zudem Momente ihres Gegenstandsbereichs – der Gesellschaft – sind.

In der Arbeitsteilung der sozialwissenschaftlichen Disziplinen verfolgt die S. den Anspruch einer *systematischen Erfahrungswissenschaft des sozialen → Handelns* und einer *Theorie der Gesellschaft*, die durch eine Kontroverse über die Frage gekennzeichnet ist, wie sich Gesellschaften überhaupt konstituieren und die Perspektive einer allgemeinen Theorie der Gesellschaft – thematisch das Verhältnis von Handlung und System oder von → Lebenswelt und systematischer Vernetzung von Handlungsfolgen – gewonnen werden kann.

Gesellschaft bildet sich als Erkenntnisgegenstand mit dem Aufstieg des Bürgertums, das sich als eigentliche Gesellschaft gegen den Hof abgrenzt und im ‹Drittenstandsbegriff› den Gegensatz zwischen den feudalen → Institutionen und den Trägergruppen des materiellen Lebensprozesses theoretisch ausdrückt (→ Feudalismus). Die Selbstthematisierung der bürgerlichen Gesellschaft als einheitlicher und allgemeiner Lebenszusammenhang konstituiert den Gegenstand der S. und bestimmt den Begriff von Gesellschaft. Die englischen Moralphilosophen benutzen den Ausdruck Gesellschaft für die zivilisierte Menschheit. Der französische Begriff «société», aus dem Comte die Bezeichnung S. entwickelt, bedeutet für die Enzyklopädisten Gesellschaft und Geselligkeit gleichermaßen. Die in den Salons gepflegte Geselligkeit fördert Wissenschaft und Gesellschaftsordnung gleichermaßen.

Die am Modell des Genfer Bürgerstaats orientierte begriffliche Trennung von Gesellschaft und Regierung hat für J.-J. Rousseau die Voraussetzung, daß die Individuen als Staatsbürger Privatpersonen sind und es eine bürgerliche Gesellschaft neben dem Staat gibt, deren materielles Substrat die Wirtschaft als staatsfreie Sphäre ist.

Der Prozeß, der zur Formierung der bürgerlichen Gesellschaft führt, ist durch eine unaufhaltsame Veränderung politischer Herrschafts- und persönlicher Abhängigkeitsverhältnisse gekennzeichnet und setzt einen durch die kapitalistische Form des Warenverkehrs und der gesellschaftlichen → Arbeit bestimmten Vergesellschaftungsprozeß in Gang, dessen Reflexion sich in den gesellschaftstheoretischen Ansätzen des frühbürgerlichen Liberalismus und der Aufklärung findet (→ Gesellschaftstheorien).

Anfänge soziologischen Denkens finden sich im England des 18. und im Frankreich des beginnenden 19. Jahrhunderts, als Gesellschaft als ganze ins Blickfeld rückt. Der Legitimation von Herrschaftsordnungen durch Abstammungsprivilegien stellt die frühbürgerliche Gesellschaftstheorie Prinzipien der natürlichen Freiheit und → Gleichheit entgegen. In einem Vertrag geben die Bürger ihre ‹natürliche› Freiheit auf und unterwerfen sich der Herrschaft des Gesetzes als Ausdruck des Gemeinwillens.

Die schottischen Moralphilosophen (Ferguson, Smith, Millar) wenden sich mit der Bestimmung eines optimalen Gleichgewichtszustandes, der aus der selbsttätigen Verfolgung von Einzelinteressen hervorgeht, gegen die Vertragskonzeption. John Millar formuliert die Grundsätze, daß die Menschengattung von Natur aus disponiert ist, ihre Lebensumstände zu verbessern, und die Gleichartigkeit der Bedürfnisse und Fähigkeiten Stufen der gesellschaftlichen Entwicklung festlegt. Der Fortschritt der Zivilisierung der Menschheit ergibt sich aus der gesellschaftlichen Arbeit und der Eigentumsordnung, auf der soziale Schichtung und politische → Herrschaft beruhen (→ Schicht).

In der Perspektive von Smith ermöglicht das Prinzip des Eigennutzes eine friedliche Form der Interessendurchsetzung und wird in den aus Marktmechanismen resultierenden Abhängigkeitsverhältnissen sozial reguliert: Die in sozial anerkannten Leistungen und Verhaltensweisen zum Ausdruck kommende Legitimität von Hierarchien korrigiert zwanglos die Fehldeutungen von Selbstliebe. Da Marktmechanismen das Selbstinteresse ermöglichen und begrenzen, sind sie gegen eine Zerstörung legitim abgesichert; das Prinzip der Nützlichkeit kann das Wirtschaftssystem und die Moral gleichermaßen begründen.

Geschichte der S. und die Herausbildung des Erkenntnisgegenstandes Gesellschaft, dessen systematische Untersuchung und theoretische Darstellung hängen eng zusammen. Nach einem von Habermas (1963) vorgeschlagenen Phasenschema für die Entstehungsgeschichte reagiert in einer ersten Phase die → Sozialphilosophie auf Reproduktionskrisen des Spätfeudalismus und artikuliert theoretische Vorstellungen einer civil-society. Die zweite Phase wird von Reaktionen auf die Französische Revolution bestimmt – eine soziologische Krisenwissenschaft entsteht (Saint-Simon, Comte). In der dritten Phase etabliert sich die S. als akademische Disziplin.

Die S. bildet sich mit dem Versuch, die Trennung von Staat und Gesellschaft zu erfassen, die Ablösung einer Sphäre des Warenverkehrs und der gesellschaftlichen Arbeit von den traditionalen politischen Ordnungen. Sie nimmt den von der Aufklärung inspirierten Fortschrittsoptimismus auf, gründet eine Verbesserung materieller und moralischer Verhaltensweisen auf die Analyse von Tatsachen, die durch Beobachtung, Vergleich und Experiment verifizierbar sind, um zwischen Stagnation und → Utopie Perspektiven eines realistischen Fortschritts aufzuzeigen. Sie richtet sich auf einen von Politik und Ökonomie auf dem Weg ihrer disziplinären Entwicklung ausgesparten Bereich: Veränderungen der sozialen Integration von Gesellschaft, hervorgerufen durch die modernen Staatensysteme und die Ausdifferenzierung eines marktregulierten Wirtschaftssystems. S. ist kritisch, weil sie die Untersuchungen der Nützlichkeit und der Mängel bestehender Institutionen fordert; sie ist konservativ, weil sie die Naturwüchsigkeit des Fortschritts nicht grundsätzlich in Frage stellt.

Ihr kritisches Interesse ist die Aufklärung bürgerlicher Privatleute in der Perspektive eines natürlichen Fortschritts des bürgerlichen Verkehrs nach Maßstäben gesellschaftlicher Nützlichkeit. Ihr konservatives Interesse bewahrt die Tradition des Fortschritts gegen den voreiligen Abbau sozial nützlicher Autoritäten, aber auch gegen das bloße Behaupten historisch überfälliger Autoritäten.

In der Französischen Revolution kommt das Programm der bürgerlichen Verwirklichung von Religion und Philosophie, eine nur durch Rechte der anderen beschränkten Entfaltung gesellschaftlicher Entwicklung zum Ausdruck, die allen ein vernünftiges Leben ermöglichen soll. Als Krisenwissenschaft im nachrevolutionären Frankreich ist die S. gespalten: als Opposition gegen und Stabilisierung von Herrschaftsstrukturen.

Nach der intellektuellen und sozialen Anarchie, die für Saint-Simon in der Französischen Revolution von 1789 offenbar wird, sollen die soziale Ordnung restauriert und die ‹moralischen und politischen Wissenschaften› auf einer empirischen Basis begründet werden. Gesellschaft soll wie Natur beobachtet und erforscht werden, um mit Hilfe einer von müßigen Kontemplationen abgelösten Gesellschaftslehre gesellschaftliches Glück zu erreichen; positiv wird die Gesellschaftslehre als Wissenschaft zur Steuerung politischer Entwicklungen.

Die nach den Entwicklungsphasen eines Organismus gedeutete gesellschaftliche Entwicklung hat ihre Reifephase mit dem Industrialismus und einer allgemeinen Assoziation der Menschen im Weltmaßstab. Diese sozioökonomisch fundierten Tendenzen zeigen sich in der Ausbreitung des wissenschaftlichen Denkens, der industrialistisch bedingten sozialen → Integration und der Ablösung der traditionalen Herrschaft durch die wissenschaftliche Leitung der Gesellschaft. Diese Aufgabe der gesellschaftlichen Leitung übernehmen die Herren der industriellen Unternehmungen, die die Gesellschaft in eine große Produktivgenossenschaft umwandeln, in der es nur noch produktive, keine müßiggehenden → Klassen mehr gibt.

Die Trennung von Staat und Gesellschaft tritt für Lorenz von Stein in den Vordergrund. Das menschliche Leben ist durch die Verteilung der Güter bedingt, durch den Organismus der Arbeit geregelt, durch das System der Bedürfnisse in Bewegung gesetzt und durch die Familie und ihr Recht an bestimmte Geschlechter dauernd gebunden. Stein schildert Not, Armut und ‹Verbrauch› von Menschen zugunsten von Kapitalinteressen, auch wenn er deren Begrenzung noch in einer neutralen, soziale Reformen durchführenden → Gewalt sieht, durch das den Staat repräsentierende und sich in einer Art Monarchie verfestigende soziale Königtum.

Hegel bestimmt die bürgerliche Gesellschaft als System der Bedürfnisse, deren Befriedigung durch Arbeit erfolgt, und begreift deren Differenzierung und Vervielfältigung als Befreiung des Menschen aus dem Naturzustand. Gesellschaftlicher Zusammenhang stellt sich über die wechselseitigen Egoismen der Selbsterhaltung her. Während Hegel den Staat als Wirklichkeit der sittlichen → Vernunft begreift, entwirft Marx mit einer Kritik der ‹Existenzbestimmungen› der kapitalistischen Gesellschaftsformation und der → Totalität naturwüchsiger Produktion eine Theorie des faktischen Substrats, die zugleich ideologiekritisch gegen das Selbstverständnis der bürgerlichen Gesellschaft gerichtet ist (→ Ideologie). In ursprünglichen Gemeinwesen ist die Einheit der Menschen mit den Bedingungen ihres Stoffwechsels mit der Natur noch nicht in Frage gestellt; die Geschichte der Entwicklung kapitalistischer Produktionsformen kennzeichnet hingegen die Trennung der Arbeit von den Bedingungen ihrer Verwirklichung. In der sich naturwüchsig vollziehenden Teilung der Arbeit wird die ‹eigene› Tat des Menschen zu einer fremden ‹Macht›.

Mit der Ablösung des Arbeitsvermögens von der Individualität des einzelnen geht der unmittelbare Zwang, der vorkapitalistische Gesellschaftsformen charakterisiert, in den ‹stummen› Zwang ökonomischer Verhältnisse über, formiert sich eine gesellschaftliche Objektivität. Deren revolutionäre Veränderung soll in der Perspektive von Marx aus der selbstbewußten Praxis des *Proletariats* hervorgehen, in dessen bloßer Existenz das Veralten einer bloß philosophischen Kritik und die Negation der kapitalistischen Produktionsweise deutlich wird.

Mit der zunehmenden Planung der liberalen Gesellschaft und ihres Produktions- und Konsumtionsprozesses wird die *Theorie* der Gesellschaft – eine kritische transzendierende politische Disziplin zur positiven Wissenschaft – von Auguste Comte verfaßt als Reform des gesellschaftlichen Ganzen im Weltmaßstab. In Angleichung an das Modell der ‹erfolgreichen› Wissenschaften faßt er gesellschaftliche Tatsachen als nahezu physikalische Gegebenheiten.

S. nennt er die Wissenschaft, die sich auf das positive Studium der sämtlichen, «den sozialen Erscheinungen zugrunde liegenden Gesetze bezieht», nachdem Quételet der «physique sociale» eine empirisch-statistische Bedeutung gegeben hatte. Die bloße Feststellung gesellschaftlicher Tatsachen sollte in der Sicht von Comte die Funktion soziologischer Theorie übernehmen und Gesetzmäßigkeiten aufdecken, die gleichsam hinter Werten und Institutionen menschliche Gesellschaften zusammenhalten.

Comte teilt mit Saint-Simon die Überzeugung, daß Fortschritt aus der Verwissenschaftlichung gesellschaftlichen Denkens und Handelns hervorgeht und → Emanzipation in einem Bewußtwerdungsprozeß erreicht werden kann, in dem das durch die Orientierung an Faktenwissen abgesicherte Gemeinwohl eine Unterordnung und eine individuelle Befreiung durch Leistung und Können verlangt. Freilich findet für ihn die Machbarkeit der Welt ihre Grenze in den egoistischen Motiven des Menschen und dem auf naturgesetzlichen Grundlagen beruhenden System von Institutionen. Neben den Mechanismen der Unterordnung, welche die soziale Statik kennzeichnen, sieht er Elemente, welche die soziale Dynamik in Gang setzen. Das Zusammenwirken beider Elemente findet seinen Ausdruck in dem *Drei-Stadien-Gesetz*.

→ Individuum und Menschheit durchlaufen in ihrer geistigen Entwicklung drei Stadien, das theologisch-fiktive, das die Phänomene aus übernatürlichen Willenskräften erklärt, das metaphysisch-abstrakte, in dem die Götter von abstrakten Wesenheiten abgelöst werden, und das positiv-reale, das Gesetze, d. h. die Relationen zwischen den Phänomenen, durch Beobachtung erforscht; die soziale Entwicklung verläuft von einer antiindustriellen Militärgesellschaft zu einer antimilitaristischen Industriegesellschaft, in welcher der positive Geist Ordnung und Fortschritt versöhnt. Mit dem Komplexitätszuwachs → sozialer Systeme und sozialstrukturellen Veränderungen gewinnt die empirische Sozialforschung als administrative Hilfswissenschaft an Bedeutung.

Während ältere Gesellschaftstheorien kontrakttheoretisch gefaßt sind, Gesellschaften aus der Perspektive eines Individuums, eines ‹sozialen Organismus› oder als sich reproduzierenden Gegensatz von Lohnarbeit und Kapital deuten, rücken im 20. Jahrhundert *soziales Handeln* und seine faktischen Abläufe in den Mittelpunkt des theoretischen Interesses:

Interessenausgleich durch normative Integration und Wertkonsens werden zu entscheidenden Momenten von Vergesellschaftung; nur so können im Verständnis der neuzeitlichen Theoretiker Gesellschaften mit einer Komplexität systemischer Leistungen und ihrer institutionellen Sicherung, einer wachsenden Interdependenz und funktionalen Abhängigkeit erklärt werden. Bedeutsam werden die Kritik des utilitaristischen Handlungskonzepts (→ Utilitarismus), des Evolutionismus (→ Evolutionstheorien) und die erkenntnistheoretische und methodologische Abgrenzung der Kulturwissenschaften von den Naturwissenschaften (→ Erkenntnistheorie). Durkheim (1961) unternimmt den Versuch, die Fakten des moralischen Lebens nach den Methoden der positiven Wissenschaften zu analysieren, die S. objektiv auf der Grundlage empirisch beobachtbarer und nachprüfbarer Fakten und der gleichrangigen Bewertung sozialer Erscheinungsformen zu begründen. Methodologisch vertritt er den Grundsatz, soziale Erscheinungen durch andere soziale Erscheinungen zu erklären und Gesellschaft als «realité sui generis» zu begreifen: Normative, nicht kontraktuelle Bedingungen gesellschaftlichen Handelns sind für ihn die eigentlichen sozialen Tatsachen. Der Übergang von einer ‹primitiven› zu einer ‹zivilisierten› Gesellschaft sprengt den Rahmen der originären Bezugsgruppe zugunsten mehrerer interagierender → Gruppen mit heterogenen Wertorientierungen. Mit der Generalisierung und Internalisierung von → Normen, die er als unabdingbare Voraussetzung der sozialen Entwicklung begreift, bringt er die gesellschaftskonstitutive Funktion moralischer Werte zur Geltung.

Pareto (1955) macht die Analyse der nichtlogischen Handlungen zur Aufgabe der S., die durch das Auseinanderfallen von Motiven und Zwekken (Residuen) und ihren ideologischen Selbstinterpretationen (Derivationen) gekennzeichnet sind.

Simmel (1983) versteht unter den «reinen Tatsachen der Vergesellschaftung» kommunikative Beziehungen positiver oder negativer Art. Gesellschaft wird als festgefügtes Netz gegenseitiger Beeinflussung interpretiert, von Wiese (1960) klassifiziert und systematisiert später diese Wechselbeziehungen. Gemeinsam ist ihnen die Betonung der gesellschaftsintegrativen Form der ‹formalen Übereinstimmung› von Verhaltensweisen.

Parsons (1961) entwickelt den strukturellen und funktionalen Aspekt der Gesellschaftsanalyse in der Tradition von Durkheim, Pareto und Weber weiter. Unter dem Typus rationalen Handelns versteht er einen komplexen Modus der Organisation aller Elemente. Handlungen haben Bezugsebenen in den strukturellen Elementen der Situation und den normativen sowie funktionalen Elementen. Gesellschaft ist ein Typus des sozialen Systems, der durch den höchsten Stand der Selbstgenügsamkeit im Verhältnis zu seiner Umwelt charakterisiert wird. Einheiten von Sozialsystemen unterscheiden sich durch ihre Interaktionsstrukturen und die Art ihrer Kontrolle über die Funktionsleistungen der Gesellschaft im Verhältnis zur Umwelt (→ soziales System).

Weber (1968) umreißt die prinzipielle Differenz zwischen Natur- und Kulturwissenschaften, die für ihn die S. einschließen. Mit deren Entwicklung steht die von ihm erhobene Forderung nach *Wertfreiheit* in Zusammenhang. Ihm zufolge ist es die Aufgabe einer Erfahrungswissenschaft wie der S., die Wahrheit der Tatsachen zu sehen, die empirische Wirklichkeit denkend zu ordnen, jedoch nicht bindende Normen und Ideale zu ermitteln, um daraus Handlungsanweisungen für die Praxis abzuleiten. Die prinzipielle Unterscheidung von Tatsachenfeststellungen und Entscheidungen impliziert auf der wissenschaftslogischen Ebene die Trennung von deskriptiven und präskriptiven Aussagen und im Bereich sozialen Handelns eine Arbeitsteilung zwischen der Rolle des erkennenden Wissenschaftlers und des entscheidenden Politikers (→ Wertbeziehung).

Weber verbindet mit dem Postulat der Wertfreiheit eine wissenschaftspolitische Absicht. Er gebraucht es, um die Sozialwissenschaften auf ein Erkenntnisinteresse einzuschränken, das sich bei der Erzeugung technisch verwertbaren Wissens, einer technischen Verfügung über vergegenständlichte Prozesse bescheidet.

Bei der Analyse der Kulturbedeutung historischer Zusammenhänge wird Weber von der Idee einer Rationalisierung aller gesellschaftlichen Bereiche geleitet. Auf ihn geht die Annahme zurück, daß Handeln rational ist, wenn es, auf das Handeln anderer bezogen, Zwecke oder Werte zu verwirklichen sucht. Für die von ihm entworfene Wissenschaft, die das deutende Verstehen des sozialen Handelns und die ursächliche Erklärung seines Ablaufs und seiner Wirkungen zum Programm hat, wird vor allem zweckrationales Handeln verständlich, das durch «Erwartungen des Verhaltens von Gegenständen der Außenwelt und von anderen Menschen» bestimmt wird und sie in der instrumentellen Perspektive der Verfolgung eigener Zwecke situiert. Obwohl der Vergleich von Kosten und Ertrag das bestimmt, was Weber wirtschaftliches Handeln nennt, entfaltet der → Kapitalismus unter Voraussetzungen einer verläßlich formulierten Rechtsordnung und Verwaltung die rationale Organisation freier Arbeit: Sie kommt einerseits in der immanenten Tendenz zur Markterweiterung, andererseits in der Zunahme abstrakter Satzungen und in der Bürokratisierung von Herrschaftsverhältnissen zum Ausdruck (Weber 1964). Mit den zweckrationalen Erwägungen von Vorteilen und Nachteilen sind Kontinuitäten des Handelns verknüpft, «Chancen», daß in einer «angebbaren Art» das faktische Verhalten den Erwartungen folgt. Über einen wert- oder zweckrational motivierten Interessenausgleich hinaus, wie er für Vergesellschaftung charakteristisch ist, werden dauerhafte Beziehungen durch eine Ordnung konstituiert, die das Prestige der Vorbildlichkeit für sich beanspruchen kann. Ihre Geltung besteht für Weber freilich nur in der Wahrscheinlichkeit, daß sich Handeln daran orientiert (→ Zweck-Mittel-Relation).

Weber hält den Widerspruch fest, daß formale und materiale Rationalität auseinanderfallen, ohne jedoch den Schein naturgesetzlicher Notwendigkeit dieser Verhältnisse analytisch und forschungsstrategisch zu durchbrechen. Die Antinomie, die er als grundlegende und unentrinnbare Irrationalität hypostasiert, ist auf eine kapitalistische Wirtschaftsordnung bezogen, die die strategische Umsetzung der Knappheit an Produktionsmitteln in Rentabilitätskalküle erzwingt.

Die gesellschaftliche *Rationalisierung* hat Horkheimer mit der kapitalistisch organisierten Naturbeherrschung in Zusammenhang gebracht. Mit der fortschreitenden → Industrialisierung entfaltet diese Rationalität die eigentümliche Dialektik einer zunehmend produktiven Auseinandersetzung mit der Natur und eine → Verdinglichung des Bewußtseins (Horkheimer 1967; Marcuse 1962). Von dieser Rationalisierung der Erfahrung bleiben die Sozialwissenschaften nicht unberührt. Sie bilden technologisch relevantes Verfügungswissen aus und deuten ihren Praxisbezug als Bewertung von Informationen im Interesse der Selbsterhaltung adaptiver Systeme. Sie richten sich perspektivisch auf einen Handlungserfolg, der sich im Zusammenhang arbeitender Gruppen und in der Suggestion ‹erfolgreicher› Herrschaftssysteme eingespielt hat, und setzen voraus, daß menschliches Handeln in Naturgesetzen kalkulierbar wird, in denen die historischen Formen der Lebenserhaltung und die investierten Erkenntnisinteressen hinter dem Interesse an der bloßen Selbsterhaltung der Gattung in den Hintergrund treten.

Mit dem Funktionszuwachs des Interventionsstaates, der sozialtechnisch immer mehr in den Wirtschaftskreislauf eingreift, sind auch die Ansprüche an die S. als *Planungswissenschaft* gestiegen, ohne daß die Soziologen auch die Autoren der Entwicklungsprogramme geworden sind: Der S. als Erfahrungswissenschaft bleiben die Zwecke und die Richtung der Planung vorgegeben.

Die heute verbreitete Diagnose einer *Krise* der Sozialwissenschaften stützt sich auf ihre gesellschaftliche Funktion und ihre fehlende makrosoziologische Perspektive (→ Makrosoziologie). Gouldner konstatiert sie für die akademische ‹westliche› S., Birnbaum für den modernen → Marxismus. Giddens schließt sich mit dem Hinweis auf eine Phase der Theoriebildung an, in der zwei Entwicklungslinien ineinander übergehen: Mechanismen der Konfliktregelung werden in den kapitalistischen Ländern in Frage gestellt, ohne daß die zugrundeliegenden strukturellen Probleme durch die akademisch etablierten Sozialwissenschaften oder den staatssozialistisch institutionalisierten Marxismus zureichend erklärt werden könnten (Gouldner 1974; Birnbaum 1971; Giddens 1979).

Die S. bietet das Bild einer pragmatischen Beliebigkeit theoretischer Orientierungen, in dem selbst noch die Thematisierung der Krise, die zu ihrer Überwindung beitragen soll, blaß bleibt: eine Ergänzung der Konsensustheorie der Politik durch einen konflikttheoretischen Ansatz, eine radikale S. als Verbindung empirisch fundierter Systemanalysen mit moralischen Regeln oder wissenssoziologisch orientierte Untersuchungen der Geschichte soziologischen Denkens (→ Konflikt/→ Krisentheorien/ →Wissenssoziologie).

Eine fehlende gesellschaftstheoretische Perspektive kennzeichnet auch die Entwicklung der S. seit ihrer Wiederbegründung nach dem Zweiten Weltkrieg in der Bundesrepublik Deutschland. Weder ein Anknüpfen an die klassischen noch eine Rezeption der neueren Theorieentwürfe ist für die S. der 50er Jahre erkennbar. Nebeneinander koexistieren kritische, philosophische, phänomenologische, anthropologische und – vereinzelt – makrosoziologische Entwürfe. Die zunehmende → Professionalisierung durch Diplom-Studiengänge erforderte schließlich eine Festlegung von Lehrinhalten, die sich nicht auf ein unstrittiges Wissenschaftsverständnis stützen konnte. Vielmehr wurden Problembereiche indirekt über einen Qualifikationsanspruch bestimmt, der weder berufspraktisch noch wissenschaftssystematisch legitimiert war und nur deshalb lange Zeit nicht in Frage gestellt wurde, weil der expansive Hochschulbetrieb und der Arbeitsmarkt die Absolventen aufnahmen. Die Kontroversen, soweit sie überhaupt noch geführt werden, richten sich auf die inhaltliche Bestimmung von Gesellschaftssystemen und die Aufgaben der S. – auf ihre praktischen Erkenntnisabsichten zwischen → Sozialtechnologie einerseits, sozialer Emanzipation andererseits. Weder die wissenschaftstheoretischen Positionen noch soziale und politische Interessen konnten aus der Disziplin heraus geklärt werden, noch ist das Programm, die praktische und politische Interessenabhängigkeit theoretischer Streitfragen herauszuarbeiten und in den Kontext einer zunehmenden Praxisbestimmtheit des theoretischen Fortschritts zu stellen, bis heute eingelöst.

Albert, H. & E. Topitsch (Hrsg.): Werturteilsstreit. Darmstadt 1971.

Arbeitsgruppe Soziologie: Denkweisen und Grundbegriffe der Soziologie. Frankfurt/New York 1982.

Birnbaum, N.: Towards a critical sociology. New York 1971.

Durkheim, E.: Die Regeln der soziologischen Methode. Hrsg. und eingeleitet von R. König, Neuwied 1961.

Giddens, A.: Die Klassenstruktur fortgeschrittener Gesellschaften. Frankfurt/M. 1979.

Gouldner, A.: Die westliche Soziologie in der Krise. Reinbek bei Hamburg 1974.
Groethuysen, B.: Die Entstehung der bürgerlichen Welt- und Lebensanschauung in Frankreich. 2 Bde. Frankfurt/M. 1979.
Habermas, J.: Theorie und Praxis. Neuwied 1963.
Horkheimer, M.: Zur Kritik der instrumentellen Vernunft. Frankfurt/M. 1967.
Institut für Sozialforschung: Soziologische Exkurse. Frankfurt/M. 1956.
Jonas, F.: Geschichte der Soziologie 1–4. Reinbek bei Hamburg 1968/69.
Kiss, G.: Einführung in die soziologischen Theorien. Bde. Köln 1975/77.
Lepenies, W. (Hrsg.): Geschichte der Soziologie. 4 Bde. Frankfurt/M. 1981.
Marcuse, H.: Vernunft und Revolution. Neuwied 1962.
Mühlfeld, C. & M. Schmid (Hrsg.): Soziologische Theorie. Hamburg 1974.
Pareto, U.: Allgemeine Soziologie. Tübingen 1955.
Parsons, T. u. a. (eds.): Theories of Society. New York 1961.
Simmel, G.: Schriften zur Soziologie. Frankfurt/M. 1983.
Tönnies, F.: Gemeinschaft und Gesellschaft. Darmstadt 1963.
Weber, M.: Wirtschaft und Gesellschaft. Köln 1964.
–: Methodologische Schriften. Frankfurt/M. 1968.
Wiese, L. v.: Soziologie. Berlin 1960.

Claus Rolshausen

Sprachsoziologie

Die S. betrachtet die Sprachpraxis in Hinblick auf ihre gesellschaftlichen Determinanten. Unterschiedliche Thematisierungsweisen definieren dabei verschiedene disziplinäre Zugänge:

- Gegenstand der *anthropologischen* (und semiotischen) Forschung ist die Sprache, verstanden als gattungsspezifisches Potential zur Strukturierung des menschlichen Verhaltens (zur Umwelt des Menschen wie zu sich selbst). Grundlegend ist hier der *Zeichen*begriff: Die Sprache ist zu verstehen als ein System von sich wechselseitig definierenden Zeichen, die in ihrer materialen Erfahrbarkeit Nicht-Präsentes symbolisch binden und damit zugänglich machen (vergangene Erfahrungen, zukünftige Möglichkeiten, verallgemeinertes Wissen usw.). Sprache ist so verstanden ein kulturelles Produktionsmittel, an das bzw. an dessen Entwicklung gebunden in der Ontogenese die kognitive Entwicklung verläuft, in der gesellschaftlichen Entwicklung die Ausdifferenzierung des gesellschaftlichen Verkehrs möglich wird.
- Gegenstand der *makrosoziologischen* (und grammatiktheoretisch orientierten sprachwissenschaftlichen) Forschung sind die Sprachen, die koextensiv zu bestimmten sozialen Gruppierungen gegeben sind. Deren Mitglieder strukturieren ihre Äußerungen mit den gleichen Kategorien

(stimmen in Hinblick auf die Unterscheidungen von formal gleichen und formal verschiedenen Äußerungen überein), machen die gleichen semantischen bzw. kulturellen Voraussetzungen für das Akzeptieren von Äußerungen. In dieser Übereinstimmung gewinnt das einzelne Mitglied seine → Identität – und grenzt sich die → Gruppe von anderen ab.

● Gegenstand der *mikrosoziologischen* (ethnographischen: kulturanthropologischen, empirischen sprachwissenschaftlichen usw.) → Forschung ist das *Sprechen* (die Rede), nicht nur als Kommunikationsprozeß zur Übermittlung von Informationen verstanden (die im übrigen in Grenzfällen zugunsten anderer Wirkungen auch gar nicht stattfinden muß), sondern auch in Hinblick auf die im Sprechen ausgedrückten persönlichen wie sozialen Konstitutionszusammenhänge sowie in Hinblick auf die Kontrolle der Form der Äußerungen mit den Bewertungskriterien, die einer sozialen Gruppe eigen sind (einer Kontrolle durch die Angesprochenen wie durch den Sprecher selbst).

Die Strukturen der Sprachen wie des Sprechens sind nicht induktiv aus den Beobachtungsdaten zu gewinnen: Sprachaufzeichnungen präsentieren inhomogene Daten, deren Regularitäten nur als Mechanismen zu ihrer Produktion (‹Grammatiken›) zu fassen sind, die invariant gegenüber faktischen Variationen sind. Der Gegenstand der Beschreibung wie der Erklärung der Sprachpraxis hat sich in der Forschung daher zunehmend auf die ihr zugrundeliegenden Fähigkeiten verschoben: auf die Strategien verbaler Planung, die die Potentiale der grammatischen Strukturen zu den situativen und zielbestimmten Faktoren der Praxis in Beziehung setzen, und schließlich auf die sprachlichen Bewertungssysteme, die den einheitlichen Bezugsrahmen für die verschiedenen sprachlichen Strategien bilden. Als noch weitgehend vortheoretischer Begriff gewinnt hier der *Stil* an Bedeutung, der nicht auf die Randbedingungen der Sprachpraxis reduziert werden kann (ein schriftsprachlicher Stil kann auch die mündliche Rede prägen, ebenso wie man gewissermaßen spontane Rede schriftlich darstellen kann; ‹urbane› Kommunikationsstrategien werden auch für ländliche Kommunikationsbereiche zunehmend wichtig; ein ‹volkstümlicher› Stil, eine saloppe [hypokorrekte] Redeweise kann zum selbstbewußten Ausdruck von Bildungsbesitz dienen usw.).

Die gesellschaftlichen Determinanten der Sprachpraxis sind nicht direkt auf die politischen bzw. institutionellen Instanzen abzubilden. Als *Sprachgemeinschaften* qualifizieren weder die ‹Nationen› oder gar territorialstaatlich definierten Verbände noch Binnengliederungen nach → Klassen, → Schichten, Berufsgruppen, Siedlungseinheiten o. ä. Insofern diese Gruppierungen Randbedingungen für die materielle Reproduktion des Lebens der einzelnen definieren, haben sie sicher einen mehr oder weniger großen Einfluß auf die Sprache (s. die dialektalen, fachsprachlichen usw. Differenzierungen); aber sie sind nicht identisch mit den sozialen

Beziehungsnetzen, als deren Mitglied der einzelne sich selbst versteht, in bezug auf die er seine persönliche Identität gewinnt und erhält – und in denen er als aktive Form des Dazugehörens sprechen lernt.

Diese sozialen Beziehungsnetze sind aber Teil des gesellschaftlichen Verbandes, in dem die materielle wie die kulturelle Reproduktion erfolgt: Der einzelne wie die Gruppe, der er sich zugehörig fühlt, eignet sich das kulturelle Produktionsmittel Sprache an, das in diesem Rahmen produziert wird. Die sprachlichen Verhältnisse im Großverband sind nicht nur durch komplexe arbeitsteilige Differenzierungen bestimmt, sondern (in allen empirisch zugänglichen Fällen) durch Herrschaftsverhältnisse, die sich eben auch in Formen der Monopolisierung sprachlicher Potentiale ausdrücken (etwa über Formen der Verkünstlichung der Schriftsprachnormen, die ihre Aneignung für die Mehrheit erschweren und die Verfügung darüber denjenigen vorbehalten, die von zu Hause her schon im ‹Bildungsbesitz› sind). Die sprachliche Entwicklung ermöglicht eine wachsende Kontrolle der Reproduktionsbedingungen, indem sie sie symbolisch dem sozialen Handeln verfügbar macht (und so insbesondere überkommene Organisationsformen, Legitimationsmuster u. dgl. zur Disposition stellt); aber diese Potentiale werden durch die faktische Entwicklung begrenzt bzw. sogar ins Gegenteil verkehrt. Das gilt für die Entwicklung der ‹Hoch-› bzw. ‹Schriftsprachen›, die durch solche soziale Ausgrenzungsmechanismen geprägt ist, wie für die wachsende Bedeutung nichtsprachlich verfaßter Steuerungs‹medien› (→ Geld, → Macht).

Die Sprachpraxis von gesellschaftlichen Teilgruppen ist bestimmt durch ihr Verhältnis zu den jeweiligen historischen Möglichkeiten der sprachlichen Entwicklung. Aber der einzelne wie seine Gruppe sind nicht nur konstituiert durch die gesellschaftlichen Verhältnisse, sie verhalten sich auch (aktiv) zu diesen: Formen von Widerstand (‹Klassenbewußtsein›) können sich im expliziten Festhalten von gesellschaftlich abgewerteten sprachlichen Ausdrucksformen ausdrücken, die so zum Medium eines starken Zusammenhalts werden; sie können auch zur Entwicklung von ‹gegenkulturellen› sprachlichen Formen führen, die als direkter Angriff (bzw. Parodie) auf die herrschenden Sprachformen praktiziert werden (‹Szenensprache› u. dgl.). Die empirische S. hat die Analyse dieser mehrfachen Artikulation der Sprachpraxis zur Aufgabe – und die naive Vorstellung von der ‹Transparenz› sprachlicher Daten (die aus der schulischen Tradition exklusiver Beschäftigung mit einer einheitlich normierten Sprachform stammt) zu überwinden.

Die S. steht vor der Schwierigkeit, die gesellschaftlichen → Widersprüche, die die Sprachpraxis artikulieren, nicht zugunsten eines Momentes zu reduzieren: weder milieutheoretisch in eine Vielfalt von unverbundenen ‹Sprachen› noch im Sinne einer elitären Kulturtheorie auf die unterschiedliche, bei der Mehrheit: defizitäre → Partizipation an der einen

‹Kultursprache› (→ Kultur). Die einheitliche Form einer Sprache (sprachwissenschaftlich als enge Ähnlichkeitsbeziehung zwischen den beobachtbaren Varianten zu explizieren) drückt den gesellschaftlichen Rahmen der materiellen Reproduktion aus – als das mit dieser geschaffene kulturelle Produktionsmittel. Auch widerständige bzw. rebellische Formen der (Sprach-)Praxis finden immer auf gesellschaftlichem Terrain statt, sind immer Aneignung und Ausübung des gesellschaftlichen Produktionsmittels Sprache: Die Sprache ist eine «Arena des Klassenkampfes», wie es der sowjetische Semiotiker Vološinov in den 20er Jahren ausdrückte.

Die derzeitige Forschung entlang sprachsoziologischer Fragestellungen findet in verschiedenen Disziplinen statt:

- in der *historischen Sprachwissenschaft*, insoweit die traditionell nur philologische Untersuchung des Sprachwandels für die ungleichzeitigen und widersprüchlichen Prozesse gesellschaftlicher Entwicklungen durchlässig wird. Von besonderer Bedeutung ist dabei die Institutionalisierung professioneller Beschäftigung mit Sprache: konservative Sprachpflege, Schule, schriftliche und audiovisuelle Medien usw.; der Entwicklung der Schrift kommt eine zentrale Rolle zu, abhängig davon, ob sie professionell oder demotisiert genutzt wird.
- in der *S.* im engeren Sinne, die auf die zunehmenden sozialen und politischen → Konflikte reagiert, die sich sprachlich artikulieren (→ Migration/ → Minderheiten/→ unterentwickelte Länder): Praktisch-politische Lösungen im Bereich der Sprachplanung (‹gesellschaftliche Modernisierung›) erfordern die Analyse von strukturellen Potentialen gegebener Sprachen ebenso wie von existierenden Bewertungssystemen (Spracheinstellungen bzw. -loyalitäten).
- in der *Soziolinguistik* die ethnographische Forschung, insbesondere auch expandierende Bereiche wie die Gesprächsanalyse, wobei allerdings mit dem Drang nach zunehmender methodischer Kontrolle der Verfahren die analysierten Ausschnitte mikroskopisch klein zu werden und sich auf die Spiegelung des Beobachteten zu beschränken drohen.

Dittmar, N.: Soziolinguistik. Teil I: Theorie, Methodik und Empirie ihrer Forschungsrichtungen. Studium Linguistik 1982, 12.20–52; Teil II: Ansätze und Untersuchungen in der BRD, im Erscheinen (Studium Linguistik 1983, 13).

Fishman, J. A.: Language and Nationalism. Two Integrative Essays. Rowley (Mass.) 1972, 1975[2].

Hager, F./Haberland, H. & R. Paris: Soziologie + Linguistik. Die schlechte Aufhebung sozialer Ungleichheit durch Sprache. Stuttgart 1973.

Luckmann, T.: Aspekte einer Theorie der Sozialkommunikation. In: Althaus, H. P./Henne, H. & H. E. Wiegand (Hrsg.): Lexikon der germanistischen Linguistik. Bd. I. Tübingen 1980[2].

Vološinov, V. N.: Marxismus und Sprachphilosophie. Grundlegende Probleme der soziologischen Methode in der Sprachwissenschaft (dt. Übersetzung). Frankfurt/M. 1975.
Weisgerber, L.: Sprache. In: A. Vierkandt (Hrsg.): Handwörterbuch der Soziologie. Stuttgart 1931.

Utz Maas

Stadtplanung

Gegenstand
Seit den Anfängen der Soziologie ist die ‹Stadt› ihr Untersuchungsgegenstand. Städte bilden Brennpunkte der gesellschaftlichen Prozesse, sie «verkörpern Formen gesellschaftlicher Beziehungen» (Bookchin 1977). So haben sie auch mit der Herausbildung der kapitalistischen Wirtschaftsgesellschaft einen Funktionswandel erfahren. Ihre Bedeutung als historisch-kulturelle Kraft ging beträchtlich verloren; ihre Bedeutung als Ort des warenförmigen Austauschs und der Konsumtion wuchs stetig an. Die S. als selbständige Disziplin ist ebenfalls ein Kind dieser Wandlungen. Ihr Handlungsrahmen ist durch die Gesellschaftsformation vorbestimmt. Ihr Gegenstand sind die mit den Urbanisierungsprozessen einhergehenden städtischen Probleme. Diese erwachsen jedoch nicht als (unbeabsichtigte) Nebenfolgen, sondern als Bestandteil politischer und wirtschaftlicher Strategien; sie erschließen sich erst in einer Analyse städtischer Politik. S. stellt somit eine politische Intervention dar in stadträumlich gebundene, problembildende gesellschaftliche Kräfte. Sie strebt an, die Lebensweise der Bewohner, insbesondere ihre Arbeitskraft, in solchen Formen zu sichern, daß dabei gleichzeitig die herrschende Produktionsweise gesichert wird (Castells 1977). S. wird bis heute weitgehend als technische Aufgabe verstanden. Die zugrunde liegende Lehre koppelt den gesellschaftlichen Zusammenhang ab und schreibt Problemursachen den baulich-räumlichen Organisationsformen zu. Der tatsächliche Gesamtprozeß politisierter Stadtentwicklung erfordert jedoch, S. als gesellschaftspolitische Aufgabe zu begreifen und als offenen politischen Prozeß zu gestalten.

Soziologische Beiträge
Soziologisches Wissen kann auf doppelte Weise in die Prozesse der S. einfließen: Zum einen bedarf es kritischer *Analysen* des S.-Geschehens und seiner sozialen Folgen. S. wird im Zusammenwirken von Wirtschaft, Verwaltung (Staat, Kommunen) und Städtebauern betrieben und ist in

der Bundesrepublik (im Gegensatz zu einigen anderen europäischen Ländern) von wenig demokratischer Kontrolle begleitet. Hier erweisen sich die technische Organisation auf engem Raum, die Erhaltung der Wirtschaftsstruktur und die Vermeidung politischer Krisen als zentrale Planungszwänge, die den faktischen sozialen Gehalt der S. bestimmen (Gude 1972). Ökonomische Interessengruppen besitzen günstige Durchsetzungschancen. Die Machtauseinandersetzungen um die Nutzung des städtischen Bodens werden mittels des erweiterten Städtebaurechts ‹entschieden›. Die politisierte Stadtentwicklung drückt sich jedoch seit den 60er Jahren auch in vermehrten Planungskonflikten und Bürgeraktivitäten aus.

Zum anderen haben sich im Rahmen konkreter Planungsvorhaben folgende Inhalte einer soziologischen *Beratung* herausgebildet: Struktur- und Tendenzanalysen, Folgenabschätzungen bei alternativen Planungen, Zielfindungen und soziale Konzepte, Prozeß- und Wirkungsanalysen. In diesen soziologischen Beiträgen steckt ein Dauerkonflikt. Die Stadtplaner erwarten Vorschläge zur Bewältigung ihrer Planungsaufgaben (Funktionsverbesserungen, Krisenvermeidung, Bewohnerzufriedenheit u. ä.); die Soziologen streben vielfach mehr Qualität der Stadt als Lebensraum an und eine dazu notwendige Mobilisierung von Bewohnergruppen. So erzwangen zwar die städtischen Probleme inzwischen eine sozialwissenschaftliche Beteiligung an der S.; soziale Kriterien ließen sich aber in den rechtlichen Instrumenten nur bruchstückhaft verankern. Nur eine reflexive Haltung bewahrt zudem Planungssoziologen davor, sich ausschließlich an administrativen Problemsichten und Vorgaben zu orientieren.

Methoden und Instrumente

Überwiegend wird S. als Verfahren praktiziert. Die Methoden sind von der Ausgestaltung räumlicher Strukturen bestimmt, insbesondere in Form der sog. Bauleitplanung und der Verkehrsplanung. In ihnen findet über Standortverteilungen und Wegenetze eine räumliche Zuordnung zwischen Betrieben, Wohnungen und Versorgungseinrichtungen statt. Neben ‹Bestandsaufnahmen› werden ‹Ordnungskonzepte› und normative Richtwerte eingesetzt. Während hierdurch allgemeine Rahmenbedingungen für Nutzungsweisen und Bauvorhaben geschaffen werden, gibt es in der Bundesrepublik auch ein gezieltes Instrumentarium zur städtebaulichen Förderung: Planungen zur Stadterneuerung (‹Sanierungsplanung›) und zur Stadterweiterung. Dabei geht es vor allem um die Unterstützung des Wohnungsbaus. Die für einzelne Bewohnergruppen erforderliche öffentliche Lenkung der Wohnungsversorgung hat in diesem Rahmen zur Ausdifferenzierung von Programmen und Richtlinien geführt, zugleich zu einem Machtzuwachs der Wohnungsbaugesellschaften.

Die bisher genannten Planungsarten sehen in begrenztem Umfang formale Partizipationsverfahren vor (→ Partizipation). Sie zeigen alle stark verrechtlichte Züge und täuschen über das faktische Steuerungspotential der Kommunen hinweg. Finanzknappheit und eine immer stärkere Anbindung an staatliche Politik (Siebel 1974) wirken sich restriktiv aus; sie erhöhen die faktische Abhängigkeit der S. von der Mobilisierung privaten Kapitals. Unter solchen Umständen konnten auch die bisherigen Anläufe zu einer umfassenden *Stadtentwicklungsplanung* kaum erfolgreich sein. Sie ist im Zuge des Ausbaus der politischen Planung seit Ende der 60er Jahre in vielen Städten begonnen worden, stößt jedoch, wenn es um die Konzipierung langfristiger Gesamtentwicklungsziele und um die Koordination mit der Finanzplanung geht, an Machtgrenzen. Bei weniger regulativer Politik sind auch soziale Aktionen im Kontext städtischer Kämpfe und Bewegungen zu den Methoden der S. zu zählen.

Gesellschaftliche Bedeutung

Die S. hatte ihre Vorläufer in frühen Unternehmersiedlungen, im Straßenbau und in Hygienemaßnahmen. Seit der Jahrhundertwende bis in die 50er Jahre bestimmte der Städtebau als Disziplin auch die gesellschaftspolitisch bedeutsame Diskussion, vor allem an Hand der sog. städtebaulichen Leitbilder (Berndt 1965; Pfeil 1972). Neben Fragen der Stadtgestaltung und der räumlichen Funktionsgliederung sind dabei unter sozialreformerischem Akzent immer wieder auch soziale Aufgaben formuliert worden. Die beiden Weltkriege haben jedoch zu Brüchen geführt, in denen die Stadtentwicklung von drängenderen Problemen überlagert worden ist. Von nachhaltigem Einfluß erwies sich freilich die Städtebau-Ideologie des ‹Funktionalismus›. Sie strebte eine ‹funktionale› Ordnung des Stadtraums zugunsten der ‹wahren Bedürfnisse› der Bewohner an und prägt bis heute die herrschenden Planungsvorstellungen. Damit wird keineswegs nur ein Rückzug auf technische Aufgaben vollzogen, sondern in deterministischer Sicht eine positive Gestaltung sozialer und gesellschaftlicher Verhältnisse mit baulich-räumlichen Mitteln verheißen. Politisch nicht integrierbare Interessenkonflikte und Machtungleichgewichte lassen solche umfassenden Leitbilder und Planungsziele nicht zu (Hesse 1972). Einige inzwischen erkennbare Wandlungen in den Wertorientierungen führen zu anderen gesellschaftspolitischen Akzenten. Dazu zählen die Rolle der Frau (andere Auffassungen über die Logik des Raums) oder die Wiederbelebung überschaubarer Sozialbeziehungen (Genossenschaften, ‹Öko-Gemeinden› u. a.). Auch wenn die Wandelbarkeit der S. zu einem Element der sozialen und gesellschaftlichen Planung skeptisch zu beurteilen ist, so wird in ihr doch stets über städtische Lebensformen mit entschieden.

Theoretische Grundlagen

Die verschiedenen Ansätze zu einer ‹Theorie der Stadt› sind Grundlagen der S.; in ihnen spiegeln sich allgemeine gesellschaftstheoretische Richtungen wider. So sind in der soziologischen Stadt- bzw. Gemeindeforschung politökonomische, sozialökologische, handlungstheoretische und verhaltenstheoretische Beiträge vertreten. Ein Gesamtentwurf in materialistischer Sicht liegt insbesondere in den Arbeiten von Castells vor. Weitere Grundlagen entstammen allen theoretischen Entwürfen, die sich mit ‹Raum› als soziologischer Kategorie befassen, z. B. in der Soziologie des Wohnens oder in Standort- und Mobilitätstheorien. Zentral sind Planungs(prozeß)theorien in politökonomischer, systemtheoretischer oder handlungstheoretischer Sicht (→ Handeln, soziales/→ Systemtheorie). An ihnen wird deutlich, daß S. überwiegend als Konzipierung komplexer Entscheidungsabläufe begriffen wird (→ Entscheidungstheorien), weniger als → soziale Kontrolle gesellschaftlicher Kräfte und sozial-räumlicher Umweltbedingungen. Zu den Aufgaben der Theoriebildung zählt auch die Auseinandersetzung mit sozialphilosophischen Aussagen zur Idee von ‹Stadt› in normativer Absicht (→ Infrastruktur/→ Regionalplanung).

Berndt, H.: Das Gesellschaftsbild bei Stadtplanern. Frankfurt/M. 1965.
Bookchin, M.: Die Grenzen der Stadt. Berlin 1977 (New York 1974).
Castells, M.: Die kapitalistische Stadt. Hamburg 1977 (gekürzte Fassung von ‹La question urbaine›, Paris 1973).
Gude, S.: Wirtschaftsentwicklung, Infrastrukturpolitik und Stadtplanung. In: H. Korte (Hrsg.): Soziologie der Stadt. München 1972.
Hesse, J. J.: Stadtentwicklungsplanung – Zielfindungsprozesse und Zielvorstellungen. Stuttgart 1972.
Pfeil, E.: Großstadtforschung. Hannover 1972[2].
Siebel, W.: Entwicklungstendenzen kommunaler Planung. Bonn 1974.

Karl-Dieter Keim

Statistik

Mit S. bezeichnet man ein System von Methoden, mit deren Hilfe man die im Forschungsprozeß (→ Forschung) angefallenen Befunde → empirischer Sozialforschung systematisch zusammenstellen, analysieren und auf wesentliche Informationskerne reduzieren kann. Hierzu gehören auch formalisierte Vorgehensweisen beim Entscheiden zwischen alternativen Hypothesen, beim Prognostizieren von Effekten und Trends sowie beim Schätzen von bestimmten Kennwerten in den Grundgesamtheiten, welche den erhobenen Daten zugrunde liegen.

In elementarster Form – dem systematischen Sammeln und Zusammenstellen von Information – läßt sich statistisches Tun als sog. praktische oder materielle S. schon seit vielen tausend Jahren belegen: In Ägypten wurden im Alten Reich (2650–2190 v. Chr.) alle zwei Jahre Gold und Felder gezählt, Volkszählungen für die Zeit um 2000 v. Chr. sind nachgewiesen. In China (um 2300 v. Chr.) und im Persischen Großreich (um 500 v. Chr.) wurden ebenfalls statistische Zahlen ermittelt; im Römischen Reich gab es ab 433 v. Chr. regelmäßig Volkszählungen, unter Augustus (63 v. Chr. bis 14 n. Chr.) sogar eine Dokumentation der Land- und Seestreitkräfte, Staatsfinanzen usw. als ‹breviarium augusti›. Integrierte *Nationalstatistiken* und die Gründung nationaler statistischer Ämter erfolgten in Europa weitgehend erst im 19. Jahrhundert, in den USA, in Australien oder Ägypten z. B. aber sogar erst im 20. Jahrhundert. Früher und weitgehend unabhängig von dieser praktischen S. entwickelte sich die sog. *Universitätsstatistik*, eine systematische, vergleichende Staaten-Beschreibung, deren Blüte im 17. und 18. Jahrhundert war. Sie wurde abgelöst durch die – ebenfalls seit dem 17. Jahrhundert entwickelte – Politische Arithmetik, deren Ziel weniger eine Beschreibung war, als vielmehr auf analytische Weise Gesetzmäßigkeiten in gesellschaftlichen und wirtschaftlichen Erscheinungen zu finden. Durch Quetelet mit der Wahrscheinlichkeitstheorie (Pascal, Bernoulli, Gauss u. a.) verbunden, entwickelte sich im 19. Jahrhundert die neuere S., die im 20. Jahrhundert durch Ausarbeitung der Konzepte von Schätzung, Hypothesentests und → Entscheidungstheorie (Fisher, Neyman und Pearson, Wald u. a.) wesentlich erweitert wurde (ausführlicher: Menges 1968). In dieser Form ist S. heute ein Teilgebiet der Mathematik, das (auch) in den Sozialwissenschaften *angewendet* wird. Daher genügt es für Substanzwissenschaftler nicht, allein die statistischen Methoden zu betrachten, sondern ihr Stellenwert ist mit zu bedenken, wenn eine sinnvolle Anwendung gewährleistet werden soll.

Zum Stellenwert der S.

(Mathematische) S. geht grundsätzlich von Zahlen aus, zwischen denen genau festgelegte numerische Beziehungen (oder: *Relationen*) gelten. Von diesen Relationen hängt ab, welche Operationen ausgeführt werden dürfen und welche nicht. Abfolgen solcher Operationen werden nach unterschiedlichen Kriterien zu Methoden zusammengefaßt. Dabei kann prinzipiell immer festgestellt werden, ob eine Methode richtig oder falsch durchgeführt wurde. Gegenstandsbereich empirischer Wissenschaften – also auch der Sozialwissenschaften – sind nun aber keineswegs Zahlen oder axiomatisch definierte numerische Relationen. Die Frage, welche Funktion Zahlen in den Sozialwissenschaften haben, ist somit keineswegs trivial.

Gegenstand der Sozialwissenschaften sind empirische Sachverhalte, die in der Regel systematisch mit den Mitteln empirischer Sozialforschung erhoben wurden. Solche empirischen Sachverhalte stellen sich in unserem durch den indoeuropäischen Sprachtypus (und damit auch der aristotelischen Logik) geprägten wissenschaftlichen Denken in Form von Subjekt-Prädikat-Sätzen dar, mittels deren wir solche Sachverhalte kommunizieren und Erfahrung interindividuell austauschen. Subjekte bezeichnen dabei empirische Objekte – wie Menschen, Gruppen, Werturteile, Wünsche, Texte usw.; Prädikate hingegen bezeichnen empirische Beziehungen, die zwischen den Objekten festgestellt wurden – wie «ist älter als», «hat x-mal so viele Mitglieder wie», «ist scheußlich», «möchte ich lieber als», «steht im Text zwischen ... und ...» usw. Ein System von empirischen Elementen und empirischen Beziehungen zwischen ihnen heißt empirisches Relativ.

Empirische Relative sind nun – so wie sie üblicherweise aus einer bestimmten Erhebung hervorgehen – in ihrem Informationsgehalt viel zu komplex, um ohne Hilfsmittel vom Menschen aufgenommen und geistig verarbeitet werden zu können: Bei nur 10 Einstellungsfragen, die von 30 Personen beantwortet werden, ergeben sich Millionen von Aussagen (Vergleichen). Wesentliches Ziel von Wissenschaft ist es daher, die komplexe empirische Information systematisch aufzubereiten und zu reduzieren, so daß sie einerseits leichter überschaubar – und damit aufnehmbar und kommunizierbar – wird, andererseits Entscheidungen und Prognosen hinsichtlich zukünftigen Handelns ermöglicht.

Der Stellenwert von S. für die Sozialwissenschaften liegt darin, daß sie ein ausgezeichnetes Hilfsmittel zur Informationsreduktion und zur Prognose darstellen kann. Dazu wird das empirische Relativ – bestehend aus empirischen Objekten und empirischen Beziehungen zwischen diesen – auf ein numerisches Relativ – bestehend aus Zahlen und numerischen Beziehungen zwischen diesen – abgebildet. Dieser Vorgang heißt *Messen*. In Sonderfällen (in den Naturwissenschaften allerdings im Normalfall) werden die empirischen Relationen gleich bei ihrer Erfassung in Zahlenrelationen ausgedrückt. Trotzdem bleibt die Erfassung von Phänomenen und die Abbildung ihrer Strukturen auf Zahlen prinzipiell (analytisch) trennbar. Die Abbildung auf Zahlen ist natürlich nicht die einzig mögliche Form der Informations-Transformation zum Zwecke der besseren Kommunizierbarkeit. Die Vorteile der Verwendung von S. gegenüber anderen Möglichkeiten (z. B. der Verwendung sprachlich-metaphorischer Systeme) sind insbesondere:

1. Eindeutigkeit – mathematische Symbole und Operationen lassen sich

im Gegensatz zu Begriffen der natürlichen Sprachen völlig eindeutig definieren;
2. Nachvollziehbarkeit – die Operationen im mathematisch-statistischen Reduktionsprozeß sind explizit, nachvollziehbar und damit objektiviert;
3. Kommunizierbarkeit – die Bedeutung mathematischer Symbole ist definiert und damit die Verständigung nicht wie bei Sprache an räumlich/zeitlich sich sich verändernde (Sub-)Kulturen gebunden;
4. Optimierbarkeit – die formalen Operationen bei der Informationsreduktion lassen sich im Hinblick auf bestimmte, explizierbare Optimierungskriterien auswählen (z. B. ‹erwartungstreue Schätzung›, ‹Fehlerminimierung› etc.).

Aus diesem Verwendungszusammenhang von S. in den Sozialwissenschaften sollte deutlich sein, daß Zahlen im numerischen Relativ – völlig unberührt von irgendwelchen axiomatischen Eigenschaften von Zahlen – genau nur jene Bedeutung zukommt, die sich aus dem jeweils abgebildeten empirischen Relativ (d. h. den empirischen Beziehungen) herleitet. In diesem Kontext sind die mathematisch-statistischen Methoden der Informationsverringerung nichts anderes als *Modelle*. Nicht die richtige oder falsche Ausführung einer statistischen Methode hat im Vordergrund zu stehen, sondern zunächst einmal die Frage, ob die relevante Information adäquat oder inadäquat durch das statistische Modell erfaßt wird. Dies kann nicht aus formalen Axiomen heraus, sondern nur im Hinblick auf die Beantwortung einer Frage (bzw. Lösung eines Problems) begründet werden.

Klassifikation statistischer Modelle

Je nach inhaltlicher Aufgabenstellung und abhängig von der Struktur des empirischen Relativs ergeben sich unterschiedliche Einteilungen der statistischen Modelle. Eine wesentliche Strukturierung hängt mit folgendem Problem zusammen: Man kann jedem empirischen Relativ grundsätzlich eine unendliche Menge von numerischen Relativen zuordnen. Bildet man z. B. die empirische Relation «wird (von Person X) vorgezogen» durch die numerische Relation «>» ab, so können bei dem Sachverhalt «Partei A wird (von X) der Partei B vorgezogen» den beiden Objekten A und B die Zahlen 2 und 1, oder 4 und 1, oder 48 und 39 usw. usw. zugeordnet werden (d. h., jedes Zahlenpaar, bei dem die A abbildende Zahl > ist als die B abbildende, gibt den Sachverhalt isomorph wieder, andere Zahlenpaare hingegen nicht). Auf Grund der Transformationen, welche die zu einem empirischen Relativ ‹gehörenden› Zahlenmengen ineinander überführen, lassen sich Klassen bilden. Die Struktur empirischer Relative in den Sozialwissenschaften ist außerordentlich vielfältig – und entsprechend viele Klassen von numerischen Relativen (unterschieden eben durch die jeweils zulässigen Transformationen) müßten unterschieden werden; üblicherweise erfolgt allerdings eine Einteilung nur in vier Klassen oder Skalenniveaus, nämlich:

1. Nominalskala – Zahlen werden nur hinsichtlich «=» und «≠» unterschieden, so daß alle eineindeutigen Transformationen zulässig sind (d. h. rein benennende Funktion der Zahlen; z. B. Hundemarken, Postleitzahlen);
2. Ordinalskala – zusätzlich hat hier die Relation «>» und «<» empirischen Sinn, alle eigentlich monotonen Funktionen sind hier zulässig (d. h. [rang]ordnende Funktion der Zahlen; z. B. «1.», «2.» u. «3.» im Wettlauf, Rangreihe «Berufs-Prestige»);
3. Intervallskala – zusätzlich hat hier die Größe von Differenzen (und damit das «Intervall» zwischen Zahlen) einen empirischen Sinn, alle linearen Transformationen sind zulässig ($X' = aX + b$, mit $a \neq 0$) – z. B. Temperatur in Celsius/Fahrenheit;
4. Verhältnisskala – auch das Verhältnis zweier Zahlen hat empirischen Sinn (und, wie man zeigen kann, ein absoluter Nullpunkt), die zulässigen Transformationen sind auf proportionale beschränkt ($X' = aX$, mit $a \neq 0$) – z. B. Größe, Gewicht.

Daß dies nur eine grobe Einteilung ist, zeigt sich z. B. für die Postleitzahlen: Diese liegen hier nur auf der Nominalskala, weil dem numerischen «>» durchgängig keine empirische Relation entspricht. Andererseits enthält die Zuordnung deutlich mehr Information als nur die Unterscheidung von «=» und «≠»: So liegen Orte mit derselben Anfangsziffer nahe beieinander, Städte mit einer Ziffer gefolgt von drei Nullen sind größer als Städte ohne Nullen, Orte mit «8» beginnend liegen südlicher als solche mit «2» etc.

Doch für die meisten Probleme reicht die Unterscheidung in diese vier Gruppen. Mit dem Skalenniveau ist bestimmt, welche numerischen Operationen ausgeführt werden dürfen, d. h. welche statistischen Modelle für ein bestimmtes Datenmaterial überhaupt in Frage kommen; so ist die Berechnung von Mittelwerten bei Ordinalskalenniveau sinnlos (genauer z. B. Kriz 1983, 65 ff). Ein Problem für die Sozialwissenschaften ergibt sich daraus, daß die meisten klassischen – und auch heute noch am meisten verwendeten – statistischen Modelle mindestens Intervallskalenqualität voraussetzen, während sozialwissenschaftliche Daten in der Regel höchstens Ordinalskalenqualität aufweisen (genauer Kriz 1981, 120 ff; siehe auch → Methodenprobleme).

Auch hinsichtlich der Fragestellung gibt es zunächst eine recht grobe Klassifizierung der statistischen Modelle: Geht es um Zusammenfassung, Darstellung und Beschreibung von Phänomenen, spricht man von *Deskriptivstatistik*. Geht es darum, Prognosen zu erstellen, Werte zu schätzen und Entscheidungen zwischen Hypothesen zu fällen, so spricht man von *Inferenzstatistik*.

Deskriptivstatistik

Zwar können Daten nicht theorielos gesammelt werden; doch gibt es oft Situationen, wo man noch keine Entscheidungen fällen oder bestimmte Werte schätzen will, sondern sich zunächst einmal einen Überblick über einen begrenzten Gegenstandsbereich verschaffen will und hier die S. nutzt, um das Material anschaulicher zu strukturieren. Dies ist die wesentliche Aufgabe der Deskriptivstatistik; es gehört dazu:

1. Auflisten und Strukturieren von Daten in Form von Tabellen sowie deren graphische Darstellung;
2. Beschreibung von einzelnen Daten-Verteilungen durch bestimmte Kennwerte – besonders hinsichtlich der Lage der meisten Werte (Median für Ordinal- und Mittelwert für Intervallskalen) und der Dispersion (Varianz für Intervallskalen);
3. Beschreibung des Zusammenhanges zwischen zwei Variablen durch Korrelationskoeffizienten – u. a. Phi und Lambda (nominal), Gamma und Rho (ordinal) sowie die Produkt-Moment-Korrelation r (intervall);
4. Reduktion komplexerer Zusammenhänge und ihre Darstellung – u. a. Clusteranalyse, Faktorenanalyse.

Beispiel: Läßt man 10 verschiedene Materialien von 5 Gruppen à 50 Personen nach unterschiedlichen Lernkonzepten lernen und prüft die Lerngeschwindigkeit (Wiederholungen bis zum fehlerfreien Reproduzieren) und die Gedächtnisleistung (Reproduktionsanteil nach einer Woche), so kann man diese 10 (Materialien) × 5 (Gruppen) × 2 (Bedingungen) × 50 (Personen) = 5000 Einzelergebnisse zunächst in 10 × 5 × 2 Tabellen zusammenfassen. Doch diese Tabellen sind insgesamt viel zu komplex, um daraus die wesentliche Information schnell ersehen zu können. Berechnet man hingegen die Mittelwerte über die jeweils 50 Personen, lassen sich diese in 2 Tabellen zu je 5 Gruppen × 10 Bedingungen darstellen. Man kann nun unmittelbar ‹sehen›, mit welchem Lernkonzept welches Material am schnellsten erlernt wird. Dieses Vorgehen setzt allerdings voraus, daß die wesentliche Information der Daten tatsächlich durch die Mittelwerte gekennzeichnet wird. Ergibt eine Inspektion der Daten (oder eine begründete Hypothese) hingegen, daß in manchen Bedingungen alle Werte fast gleich sind, in anderen aber stark variieren, wird man zusätzlich zum Mittelwert (oder sogar statt dessen) jeweils die Varianz – als Kennwert für die Größe der Dispersion – berechnen. Welches statistische Modell zur Beschreibung von Daten jeweils adäquat ist, ist somit vorrangig eine inhaltliche und nicht eine statistische Frage.

Man kann nun weiter fragen, wie hoch der Zusammenhang zwischen Lerngeschwindigkeit und Gedächtnisleistung ist. Zur Beantwortung würde man für jede Bedingung die Korrelation zwischen beiden Variablen berechnen, wobei die Korrelationskoeffizienten (z. B. r) Werte zwischen -1 und $+1$ annehmen können: Je größer der Betrag, desto höher der Zusammenhang, das Vorzeichen hängt von der Polung der Variablen ab. Durch r wird allerdings nur der lineare Zusammenhang erfaßt (während z. B. Gamma auch nichtlineare Zusammenhänge ausdrückt), eine Korrelation von 0 bedeutet statistische Unabhängigkeit (vgl. aber → Methodenprobleme). Fragt man nach dem Zusammenhang zwischen den Materialien, so kann man 45 unterschiedliche Variablen-Paare betrachten und damit 45 Korrelationskoeffizienten berechnen. Mit einer *Faktorenanalyse* kann versucht werden, dieses komplexe Beziehungsnetz in wesentlichem Ausmaß auf wenige unabhängige Faktoren zurückzuführen. Ein ähnliches Anliegen würde die *Clusteranalyse* (ein Sammelbegriff für eine ganze Palette formal recht unterschiedlicher Modelle) verfolgen: Hier geht man der Frage nach, wie sich die 10 Materialien zu Bündeln (Cluster) zusammenfassen lassen, so daß innerhalb der Bündel eine größere Ähnlichkeit (bzw. geringere «Distanz») ist als zwischen ihnen. Eine weitere Möglichkeit der Analyse wäre, die Korrelationen zwischen den 50 Personen zu berechnen und dann mit Hilfe der Faktoren- oder der Clusteranalyse die Strukturen der Personenmenge übersichtlicher zu gestalten.

Inferenzstatistik
Oft ist das Ordnen und Umstrukturieren der Daten mittels der Deskriptivstatistik nur ein erster Schritt, und die eigentliche Fragestellung zielt weiter: Die an einer begrenzten Personenzahl und unter speziellen Bedingungen erhobenen Daten werden dann als *Stichprobe* aus einer (realen oder theoretischen) Grundgesamtheit aufgefaßt. Die Inferenzstatistik besteht im wesentlichen aus mathematischen Modellen für solche Stichprobenziehungen einschließlich der dabei relevanten Schlüsse und Entscheidungen.

Zieht man aus einer durch bestimmte (mathematisch-theoretische) Kennwerte – sog. *Parameter* – definierten Grundgesamtheit unter genau angegebenen Bedingungen Stichproben, so läßt sich eine Wahrscheinlichkeitsverteilung für die entsprechenden Kennwerte der Stichproben berechnen – die sog. *Stichprobenverteilung*. Die wichtigsten dieser Wahrscheinlichkeitsverteilungen sind die Binomial-, hypergeometrische, Poisson-, Normal-(oder Gauss-), t-, F- und Chi-Quadrat-Verteilung. Die besondere Bedeutung der Normalverteilung ergibt sich aus der Tatsache, daß sie für sehr viele andere Wahrscheinlichkeitsverteilungen bei großen Stichprobenumfängen eine gute Näherung darstellt (asymptotische Eigenschaft der Normalverteilung).

Mit Hilfe dieser Stichprobenverteilungen läßt sich angeben, innerhalb welcher Grenzen Stichprobenwerte mit einer bestimmten Wahrscheinlichkeit zu erwarten sind (sog. *Prognoseintervall*). In Umkehrung dieses Schlusses (was allerdings einige logische und statistische Probleme aufwirft) lassen sich für die Parameter der Grundgesamtheit sog. *Konfidenzintervalle* angeben. Sofern die empirischen Stichprobenbedingungen hinreichend dem statistischen Modell entsprechen, läßt sich z. B. folgern, daß bei 40 % Anhängerschaft einer bestimmten Partei in der BRD man in einer Stichprobe von N = 2000 Personen mit 95 % Wahrscheinlichkeit Werte zwischen 38 % und 42 % für diese Partei erwarten kann. Andererseits kann zu einer Stichprobe von N = 2000 Personen, in der 40 % Anhänger für diese Partei sind, ein Konfidenzintervall gefunden werden, das den ‹wahren› Wert in der Grundgesamtheit mit der Wahrscheinlichkeit von 95 % überdeckt und somit eine Intervallschätzung für diesen unbekannten Wert liefert. Dieses Intervall liegt ebenfalls zwischen 38 % und 42 %.

Neben der eben skizzierten *Schätzstatistik* ist die *Teststatistik* ein weiteres wichtiges Gebiet der Inferenzstatistik. Grob gesagt geht es darum, zwischen zwei Hypothesen – der sog. Nullhypothese H_0 und der Arbeitshypothese H_A – zu entscheiden. Hat man z. B. in einer Stichprobe eine bestimmte Korrelation, r, zwischen zwei Variablen X und Y berechnet, so könnte man H_0 – in der Grundgesamtheit sei der ‹wahre› Korrelationsparameter $\varrho = 0$ – H_A gegenüberstellen – r entstamme einer Grundgesamtheit mit $\varrho \neq 0$. Im Falle von H_0 würde r dann als Realisation einer zugrundeliegenden Verteilung mit $\varrho = 0$ interpretiert, d. h., obwohl in der Grundgesamtheit keine Korrelation zwischen X und Y besteht, hat sich in der Stichprobe ein solches r ‹zufällig› ergeben. Dieser Fall ist natürlich letztlich für kein r auszuschließen – es bedarf für die Entscheidung somit der Vorgabe einer Sicherheitswahrscheinlichkeit α sowie eines Bereiches der Stichprobenverteilung, in die r mit einer Wahrscheinlichkeit $P \leq \alpha$ fällt (der sog. Ablehnungsbereich), sofern H_0 gilt. Fällt r tatsächlich in diesen Bereich, so wird H_0 verworfen und H_A angenommen («r ist keine Realisation von $\varrho = 0$»), ansonsten wird H_0 beibehalten. Üblicherweise wird für α 5 %, 1 % oder 1 ‰ gesetzt.

Statt r und ϱ können natürlich auch andere Stichprobenwerte und Parameter genommen werden, z. B. die Differenz zweier Stichprobenmittelwerte M_1 und M_2, für welche die Hypothese H_0 getestet werden soll, sie seien Realisationen der Zufallsvariablen mit $\mu_1 - \mu_2 = 0$ (d. h., der gefundene Unterschied in den Stichproben wäre dann als rein zufällig erklärbar).

Zu beachten ist, daß statistische Tests auf Ablehnung der H_0 hin konstruiert sind: Meist kennt man nur die Stichprobenverteilung unter den Modellbedingungen von H_0 und wählt daher mit α die Irrtumswahrscheinlichkeit, mit der ein Stichprobenwert in den Ablehnungsbereich fällt, falls H_0 richtig ist (und H_0 dann fälschlicherweise abgelehnt würde – der sog. Fehler erster Art). Es gibt aber noch eine andere Art der Fehlentscheidung: wenn nämlich H_0 nicht zutreffend ist, aber dennoch beibehalten wird, weil der Stichprobenwert nicht im Ablehnungsbereich von H_0 liegt (sog. Fehler zweiter Art). Diese Fehlerwahrscheinlichkeit wird mit β bezeichnet und hängt mit der Gütefunktion des statistischen Tests zusammen. Letztere ist für viele sozialwissenschaftliche Problemstellungen allerdings nicht bekannt, so daß aus der Nicht-Ablehnung von H_0 nicht auf deren Zutreffen geschlossen werden kann (was in der Forschungspraxis nur allzuoft fälschlich geschieht), weil die Wahrscheinlichkeit einer Fehlentscheidung nicht bekannt ist und sehr groß sein könnte.

Beispiel: Sofern – in dem obigen Beispiel fortfahrend – der Lernversuch so organisiert wurde, daß die Voraussetzungen des Stichprobenmodells hinreichend erfüllt sind, kann man die Hypothese prüfen, daß Lernkonzept A bei einem Material schneller zum Erfolg führt als Lernkonzept B (H_A). Der statistische Test würde von H_0 ausgehen, daß A und B ‹an sich› gleich schnell gelernt werden, ein aufgetretener Unterschied bei den jeweils 50 Personen auf Zufall beruht; d. h. H_0 lautet: $\mu_A - \mu_B = 0$. Wählt man nun ein α, z. B. $\alpha = 0{,}05$, so läßt sich mit Hilfe der Stichprobenverteilung unter der Bedingung, daß H_0 richtig ist (hier: die t-Verteilung) ein Ablehnungsbereich angeben. Fällt der Wert $D = M_A - M_B$ in diesen Bereich, so wird H_0 verworfen und H_A angenommen. Man sagt dann, der Unterschied sei *signifikant* (auf dem Signifikanzniveau $\alpha = 5\,\%$). Die Anwendung der t-Verteilung setzt allerdings voraus, daß die Verteilung der Lernwerte selbst hinreichend durch das Modell der Normalverteilung beschreibbar ist und die beiden Varianzen übereinstimmen. Beides läßt sich wieder mit statistischen Tests prüfen: das Abweichen von der Normalverteilung mit Hilfe der Chi-Quadrat-Verteilung und zu große Unterschiede der Varianzen mit Hilfe der F-Verteilung.

Interessanter als der Vergleich jeweils nur zweier Lernbedingungen ist die Frage, welchen Einfluß die Lernkonzepte und welchen die Materialien haben und ob die Kombination bestimmter Materialien mit bestimmten Lernkonzepten besonders erfolgreich ist – d. h. ob eine Wechselwirkung zwischen beiden Variablen besteht. Dies kann mit Hilfe der *Varianzanalyse* untersucht werden, einer multivariaten Erweiterung des t-Tests (vgl. z. B. Kriz 1983; Clauss/Ebner 1977).

Neben den eben erwähnten ‹klassischen› Tests, die erhebliche Voraussetzungen an das Datenmaterial hinsichtlich Skalenqualität und Verteilungsform stellen, wurden nach dem Zweiten Weltkrieg und verstärkt wieder in den letzten Jahren eine größere Anzahl sog. verteilungsfreier (auch: nichtparametrischer) Tests und Modelle für nominale und ordinale Daten entwickelt.

Regressionsrechnung

Der dritte wesentliche Bereich der Inferenzstatistik ist die Regressionsrechnung. Diese ist eng verwandt mit der oben skizzierten Korrelationsrechnung und wird manchmal auch unter der Deskriptivstatistik aufgeführt; doch ist ihr Hauptanliegen die Prognose von Werten einer Variablen auf Grund der Kenntnis von Werten auf anderen Variablen. So kann man z. B. in dem obigen Beispiel versuchen, aus der Kenntnis der Lerngeschwindigkeit einer Person auf ihre Gedächtnisleistung zu schließen. Dazu bedarf es der Aufstellung eines Regressionsmodells in Form eines funktionalen Zusammenhanges zwischen beiden Variablen. Im elementarsten – aber auch häufigsten – Fall ist dies eine lineare Funktion. Will man also Y-Werte auf Grund der X-Werte schätzen, so würde man mit $Y = aX + b$ ansetzen. Die Werte für a und b, die Regressionskoeffizienten werden dann unter bestimmten mathematischen Optimierungskriterien berechnet (bzw. geschätzt, sofern man die Daten als Stichproben auffaßt und die ‹eigentlichen› Regressionskoeffizienten ermitteln will). Je nachdem, ob man X durch Y oder aber Y durch X schätzen will, gibt es unterschiedliche Regressionskoeffizienten (die als Sonderfall identisch sein können – dann ist die Korrelation zwischen beiden Variablen 1). Da die Schätzungen zudem mit Unsicherheit behaftet sind, kann auch hier ein Prognoseintervall berechnet werden, das den entsprechenden Wert der anderen Variablen mit z. B. 95 % Wahrscheinlichkeit enthält.

Wenn die Beziehung zwischen X und Y nicht adäquat durch eine Gerade darstellbar ist, führt dies zum Problem der nichtlinearen Regression. Der Typ dieser Funktion bedarf dabei immer einer inhaltlichen Begründung; erst dann ist es sinnvoll, die Koeffizienten dieser Funktion zu bestimmen.

Eine andere Erweiterung des Grundkonzeptes liegt darin, zur Schätzung von Y-Werten nicht nur eine Variable X, sondern viele Variable X_1, X_2, X_3, ... heranzuziehen, sofern diese in einem Zusammenhang mit Y stehen. Dies führt zum Ansatz der *multiplen Regression* – wesentliche Grundlage komplexer sozialwissenschaftlicher Prognosen und anderer, darauf aufbauender bzw. davon abgeleiteter Modelle. Ähnlich in der Fragestellung, aber mathematisch oft sehr unterschiedlich ist das Problem, die gegenseitigen Beziehungen zwischen Variablen-Netzen durch Koeffizienten darzustellen. Dies führt zu Modellen der *Kausalanalyse*, mit denen untersucht werden kann, wie eine Variable direkt und/oder indirekt (über andere) von weiteren Variablen beeinflußt wird. Oft kommen in den Sozialwissenschaften auch Daten auf unterschiedlichen Aggregationsniveaus gleichzeitig in einer Untersuchung vor. Man spricht dann von *Mehrebenen-Analysen*, für die eigene Modelle entwickelt worden sind.

Da statistische Modelle durch breiten Einsatz der Computer (→ Datenverarbeitung) auch ohne weitere Kenntnis leicht handhabbar geworden sind, haben sich für die Forschungspraxis aus der Diskrepanz zwischen Anwendungsmöglichkeit und Kenntnis dieser Modelle erhebliche Probleme ergeben.

Clauss, G. & H. Ebner: Grundlagen der Statistik. Frankfurt/M. 1977².
Kriz, J.: Statistik in den Sozialwissenschaften. Opladen 1983⁵.
–: Methodenkritik empirischer Sozialforschung. Stuttgart 1981.
Küchler, M.: Multivariate Analyseverfahren. Stuttgart 1979.
Menges, G.: Grundriß der Statistik. Opladen 1968.

Jürgen Kriz

Stereotyp

Unter einem S. versteht man relativ dauerhafte, auf wenige Merkmale reduzierte und festgelegte Vorstellungsbilder von Menschen, Gruppen, Verhältnissen oder Dingen, die in bestimmten Situationen, vom Denken als Probehandeln entlastend, verhaltensrelevant werden können.

Der Ausdruck stammt aus der Druckersprache. Hier bedeutet er starr miteinander verbundene Schriftzeichen im Gegensatz zu beweglichen Lettern. In die Sozialwissenschaften wurde er von W. Lippman in seiner Schrift «Public opinion» (1922) eingeführt. Lippman schreibt S.en die Funktion zu, Denken zu ersparen und damit Entscheidungen zu erleichtern. Man kann zwischen Autostereotypen (auf sich selbst bezogene S.e) und Heterostereotypen (auf andere bezogene S.e) unterscheiden.

Die Diskussion und Erforschung von S.en erfolgt in engem Zusammenhang mit der von Vorurteilen. Ein Vorurteil nennt man im vorwissenschaftlichen Sprachgebrauch ein «in Unkenntnis der objektiven Tatsachen voreilig gebildetes oder ungeprüft übernommenes Urteil: oft auf Fehleinschätzung beruhende Meinung» (Wörterbuch der deutschen Gegenwartssprache, 4223). Der wissenschaftliche Sprachgebrauch ist bisher eher verwirrend als klärend. Wolf (1978, 158) definiert das Vorurteil als «eine verbindliche Stellungnahme über einen Gegenstand, ohne daß den Stellungnehmenden die empirische Sachstruktur ausreichend bekannt ist oder von ihnen berücksichtigt wird». Es besteht die Tendenz, sich in der Vorurteilsforschung auf die affektiven Dimensionen zu konzentrieren; dagegen wird in der Erforschung von S.en eher die kognitive Dimension der → Einstellung gegen andere untersucht. Eine überzeugende Abgrenzung der beiden Forschungsgebiete voneinander und von anderen Forschungsfeldern wie Attitüden-, Autoritarismus-, Image-, Bild-, Konflikt- und Friedensforschung ist noch nicht möglich, vielleicht auch nicht nötig (→ Forschung).

Die politische Relevanz der S.- und Vorurteilsforschung wird an ihren Untersuchungsgegenständen deutlich. Bergler und Six (1972, 1373f) nennen u. a.: Berufs-S.en, nationale S.en, regionale S.en, charakterologische S.en, ideologische S.en (→ Ideologie) und Angebots-S.en. Wolf (1978) berücksichtigt in seiner Übersicht u. a. Antisemitismus, nationale Vorurteile, Vorurteile gegenüber → Minderheiten und Randgruppen und Anti-Ismen.

Schon die Nennung dieser Untersuchungsgegenstände und Zielgebiete macht deutlich, daß ihre unbefangene Erforschung schwierig ist. Starke Betroffenheit einerseits und starke Angst vor Betroffenheit andererseits bestimmen weitgehend die Forschung, wobei meist die Analyse der eigenen Affekte gegenüber dem Untersuchungsobjekt unterbleibt.

Besonders lebhaft wurden die Untersuchungen über die autoritäre Persönlichkeit von Th. W. Adorno u. a. diskutiert, wobei oft zureichend begründete Kritik am methodischen Vorgehen der Untersucher mit ideologischen Vorurteilen gegen die materialistische Geschichtsauffassung (→ Historischer Materialismus) und die Psychoanalyse vermengt wurden (Roghmann 1966).

Nicht nur Betroffenheit und Angst können die S.-Forschung in die Irre leiten, sondern auch eine zu enge Orientierung an einer psychologistischen Persönlichkeitsforschung. Immer wieder wurde versucht, die Entstehung von S.en und Vorurteilen aus bestimmten Persönlichkeitsstrukturen und Charaktertypen abzuleiten. Diese Kritik gilt in gewisser Hinsicht auch für die «Studien zum autoritären Charakter». Gerade eine mangelhafte Rezeption der Psychoanalyse verleitete die Forscher dazu, die universelle Neigung der Menschen zu Vorurteilen und S.en zu unterschätzen und dessen Vorkommen gleichsam aus Charakterdeformationen zu erklären.

Erkennt man dagegen die allgemeine und gewöhnliche Bereitschaft der Menschen zum Vorurteil und S. und damit verbunden zur Gewalttätigkeit (→ Gewalt), stellen sich der Forschung andere Aufgaben. Man kann dann von relativ wertfreien Definitionen der Begriffe S. und Vorurteil ausgehen und fragen: Unter welchen Bedingungen, in welchen Situationen wird die allgemeine Bereitschaft zu S.en und Vorurteilen durch Artikulation und Organisation ihrer affektiven und kognitiven Komponenten in auto- und heterodestruktive Einstellungen und Verhaltensweisen umgeformt? Die S.- und Vorurteilsforschung wird so ein Aspekt der Erforschung gesellschaftlicher → Konflikte und Antagonismen. Die Handlungskonsequenzen sind dann weniger pädagogischer und psychohygienischer als gesellschaftspolitischer Art.

Adorno, Th. W. u. a.: Studien zum autoritären Charakter. Frankfurt/M. 1973.
Bergler, R. & B. Six: Stereotype und Vorurteile. In: Handbuch der Psychologie. 7. Band. Sozialpsychologie. 2. Halbband. Göttingen 1972.
Devereux, G.: Angst und Methode in der Verhaltenswissenschaft. München 1967.

Gottschalch, W.: Minderheiten und Vorurteile. In: Ders.: Soziales Lernen und politische Bildung. Frankfurt/M. 1974[7].

Lippman, W.: Die öffentliche Meinung. München 1964.

Roghmann, K.: Dogmatismus und Autoritarismus. Meisenheim am Glan 1966.

Siegel, U.: Nationale Gruppen im Urteil Jugendlicher. In: Jugendforschung. Bd. 4. 1967.

Vorweg, M.: Untersuchungen über Einstellungsstereotype. In: Probleme und Ergebnisse der Psychologie. Bd. 16. 1966.

Wolf, H. E.: Zur Problematik der Vorurteilsforschung. In: König, R. (Hrsg.): Handbuch der empirischen Sozialforschung. Bd. 12. 1978.

Wilfried Gottschalch

Strukturalismus

Kaum eine der bedeutsamen Strömungen in den Sozialwissenschaften der Nachkriegsära hat so viel Aufmerksamkeit auf sich, zugleich aber so viele Mißverständnisse nach sich gezogen wie der S. Interesse und Verwirrung hielten sich stets die Waage, weil dem sozialwissenschaftlichen S. einerseits zwar der modische Ruf einer theoretisch umfassenden Alternative zu dem eingespielten Kanon von Theorieansätzen anhaftete, andererseits seine methodischen Prämissen und kategorialen Grundlagen aber ungeklärt bleiben mußten; denn ‹den› S. als ein einheitliches Theoriegebilde hat es im Felde der Sozialwissenschaften nie gegeben. Statt dessen existieren eine Reihe von sozialwissenschaftlichen Ansätzen im weitesten Sinn, die sich den mit der systematischen Einführung des Strukturbegriffs in anderen Disziplinen (Sprachwissenschaft, Psychologie) bereits früher verknüpften Grundgedanken zu eigen gemacht haben, indem sie der formalen Ordnung ihres jeweiligen Gegenstandes gegenüber dessen inhaltlichen Aspekten methodisch einen prinzipiellen Primat einräumten (Bottomore/Nisbet 1979) – insofern sind Unterscheidungen wie die zwischen ‹Tiefenstruktur› und ‹Oberflächenerscheinung›, ‹Regelsystem› und ‹Regelverwendung› oder auch ‹Struktur› und ‹Ereignis› allen strukturalistischen Theorieentwürfen gemeinsam.

Freilich verliert die darin zum Ausdruck kommende Leitidee ihren vagen Charakter erst dann, wenn präziser bestimmt ist, welche Art von Elementen sich in einem bestimmten Phänomenbereich kraft welcher ordnungsbildenden Instanz oder Aktivität zu welchem Typus von formaler Ordnung, also zu welcher Struktur, zusammenschließen soll; nach Maßgabe der Antworten, die auf diese Fragen nach dem sachlichen Gehalt und dem methodischen Status des Strukturbegriffs gegeben werden, variiert daher das Spektrum der strukturalistischen Konzepte in den Sozialwissenschaften (vgl. z. B. Kurzweil 1980; Piaget 1973). Aus den verschiedenen Bestrebungen, deren Gesamtheit heute als S. bezeichnet wird, heben sich indes nur zwei Ansätze heraus, die den Boden für weiterführende Forschungen wie für übergreifende Theoriebildungen abzugeben vermochten. Allein die strukturale Anthropologie Claude Lévi-Strauss', die der Entwicklung eines «semiologischen Strukturalismus» den Anstoß gegeben hat, und die genetische Epistemologie Jean Piagets, die der Entwicklung eines «genetischen Strukturalismus» den Anstoß gegeben hat, repräsentieren innerhalb des S. Positionen, welche über die engen Grenzen ihres ursprünglichen Forschungsfeldes hinaus Vorbildcharakter für die Ausarbeitung von allgemeineren Theoriemodellen in den Sozialwissenschaften besaßen. Lévi-Strauss und Piaget, die beide in demselben Klima einer durch den Vitalismus Bergsons und die → Phänomenologie Husserls geprägten Philosophie im Frankreich der 20er und 30er Jahre theoretisch groß geworden sind (vgl. Lévi-Strauss 1978, Teil 1, 2; Piaget 1974a; insgesamt Gardner 1981, Kap. I), haben mit der Verwendung des Strukturbegriffs jeweils spezifische Vorstellungen über die Eigenart menschlicher Sozialität verknüpft; nur deswegen haben sie den theoretischen Grundstein für zwei Theorieansätze legen können, die heute von größter Bedeutung für die Sozialwissenschaft sind.

Lévi-Strauss unternimmt in seiner strukturalen → Anthropologie den Versuch, der Ethnologie eine wissenschaftlich tragfähige Basis dadurch zu geben, daß er sie nach dem Modell einer spezifischen Tradition der Sprachwissenschaft einrichtet. Er knüpft an die Idee einer allgemeinen Zeichenlehre an, die Ferdinand de Saussure in seinen erst nach seinem Tode veröffentlichten Vorlesungen von 1906 bis 1911 entwickelt hatte (Saussure 1967). Darin versucht Saussure, den gegen eine rein historisch verfahrende Sprachwissenschaft gerichteten Vorschlag auszuarbeiten, an natürlichen Sprachen zwischen dem Aspekt der Sprachverwendung, nämlich den aktuellen Äußerungen *(parole)*, und dem Aspekt des Sprachsystems, also der zugrundeliegenden Ordnung sprachlicher Zeichen *(langue)*, zu unterscheiden; für ihn stellt das Sprachsystem, dem sein eigentliches Interesse gilt, eine endliche Ordnung von durch bloße Differenzbeziehungen wechselseitig bestimmten Zeichenelementen dar. Im Sinne dieser Überlegung, die eine strukturalistische Wende in verschiedenen Zweigen der Sprachwissenschaft auslöste (vgl. Bierwisch 1966), lassen sich natürliche Sprachen dann im Prinzip nach demselben Muster formal analysieren, nach dem konventionelle Zeichensysteme wie Verkehrszeichen oder Flaggencodes entschlüsselt werden können. Somit ist die Sprachwissenschaft nur ein Glied in einer allgemeinen Zeichenlehre oder Semiologie (→ Sprachsoziologie).

Lévi-Strauss nimmt die Modellvorstellung, die Saussures Vorlesungen allerdings in zweideutiger Weise enthalten (vgl. Gasché 1970), erst auf, nachdem er den Rahmen einer an Marcel Mauss orientierten Theorie sozialer Reziprozität verlassen hat, den er seiner ersten großen Untersuchung über «Die Elementaren Strukturen der Verwandtschaft» zugrunde gelegt hatte (Lévi-Strauss 1981). Während er dort die Sprache noch methodisch mit den Verwandtschaftsformen zu parallelisieren versuchte, indem er beiden die für menschliche Sozialität zentrale Funktion der Kommunikation zuerkannte, übernimmt in der Folge unter dem wachsenden Einfluß der strukturalistischen Sprachwissenschaft die Sprache die Schlüsselstellung, weil sie die Aufbaugesetze enthalten soll, nach der alle kulturellen Gebilde des sozialen Lebens konstruiert sind (u. a. Clarke 1981). Lévi-Strauss begreift in seinen späteren Werken (vgl. exemplarisch: 1967, Kap. 2, 3, 4, 11; 1968) die verschiedenen Sphären der Kultur archaischer Gesellschaften im Sinne einer allgemeinen Semiologie als Zeichensysteme, deren innere Struktur jeweils durch die unbewußte Tätigkeit eines menschlichen Geistes gestiftet sein soll, der nach der von Saussure analysierten Logik einer fortgesetzten Oppositionssetzung arbeitet.

Dieses Modell eines «semiologischen Strukturalismus» (zum Begriff vgl. Descombes 1981, 97ff) vermochte nun in den 50er und 60er Jahren einen erheblichen Einfluß in den französischen Humanwissenschaften wohl vor allem deshalb zu gewinnen, weil es jenen Begriff eines konstituierenden Subjekts vollständig außer Kraft zu setzen schien, den die französische Philosophie in ihrer phänomenologischen Richtung wie mit dem Existentialismus offensichtlich überstrapaziert hatte; daher übernahmen zwar nur wenige Autoren die anthropologischen Implikationen der Schriften Lévi-Strauss', also die Annahme einer unbewußten Tätigkeit des menschlichen Geistes; aber die Idee einer Untersuchung kultureller Sinnzusammenhänge als intentionsfreie Systeme von Zeichen bereitete einer breiten, gegen die Tradition der französischen Phänomenologie gerichteten ‹strukturalistischen Bewegung› den Boden. Die Schriften Roland Barthes', die Marx-Interpretation Althussers und die wissenschaftshistorischen Untersuchungen des frühen Foucault sind aus den unterschiedlichsten Traditionsquellen gespeiste Beispiele für den gemeinsamen Versuch, Phänomenbereiche des sozialen Lebens unter strikter Abstraktion von menschlichen Sinnleistungen auf zugrundeliegende, intentionsfrei geregelte Strukturen – sei es von gesellschaftlichen Zeichencodes, von ökonomischen Produktionsverhältnissen oder von wissenschaftlichen Weltauffassungen – zurückzuführen (vgl. Kurzweil 1980). Freilich bahnt sich bereits in den methodologischen Schriften Foucaults, vor allem in der Psychoanalysedeutung Lacans und der Philosophiekritik Derridas jene theoretische Wandlung an, die heute gemeinhin als Übergang zum Poststrukturalismus beschrieben wird (exemplarisch: Derrida 1978; überblickhaft: Frank 1980; Sturrock 1979).

Piaget entwickelt das theoretische Konzept, das unter dem Titel «genetischer Strukturalismus» gegenwärtig zu einem allgemeinen → Paradigma in den Sozialwissenschaften avanciert, auf dem Weg einer Rückübersetzung von philosophischen Fragen der → Erkenntnistheorie in die empirischen Fragen einer genetischen Erkenntnispsychologie. Wie Lévi-Strauss reagiert er auf die philosophischen Strömungen seiner Zeit, indem er deren spekulativ bleibenden Hypothesen über die Erkenntnistätigkeit des Menschen zum Thema einer wissenschaftlichen Rekonstruktion von kognitiven Prozessen macht; anders als Lévi-Strauss jedoch setzt er in seinen experimentellen Untersuchungen zur individuellen Entwicklung der Erkenntnisfähigkeit gerade bei jenen konstruktiven Leistungen des Subjekts an, die im semiologischen S. radikal ausgeklammert blieben. Piaget gelangt auf der Basis seiner empirischen Forschungen, die nacheinander die Ontogenese der logischen Urteilsfähigkeit, des moralischen Urteilsvermögens, des Zahlenbegriffs und des Zeitbewußtseins zum Gegenstand hatten (vgl. Piaget 1974b; Furth 1972), zu der Überzeugung, daß das menschliche Subjekt auf dem Weg einer durch handlungspraktische Probleme angestoßenen und in sequentiellen Stufen verlaufenden Lernprozesses jene kognitiven und moralischen Urteilsformen ausbildet, die schließlich das erwachsene Subjekt auszeichnen. Im Mittelpunkt der theoretischen Konstruktion steht mithin das tätige Subjekt, das auf dem Weg reflektierender Abstraktionen seine ursprünglich egozentrische Weltsicht zu dezentrieren lernt. Insofern die jeweiligen Urteilsformen des Heranwachsenden nun auf kognitive Strukturen zurückgeführt werden, die sich kraft der konstruktiven Leistungen des Subjekts in logisch aufeinanderfolgenden Stufen genetisch fortentwickeln, spricht Piaget in Abgrenzung auch gegenüber dem semiologischen S. Lévi-Strauss' von einem «genetischen Strukturalismus» (u. a. Piaget 1973, u. a. Kap. IV, VI, VII). Der theoretische Grundgedanke, der darin enthalten ist, ist inzwischen nicht nur im engeren Rahmen der Sozialisationstheorie, wie etwa in Kohlbergs (1974) Studien zur Ontogenese moralischer Urteilsfähigkeit (→ Sozialisation), sondern auch im weiteren Rahmen der soziologischen Theoriebildung fruchtbar geworden (vgl. allgemein: Oevermann 1979). Neben der → Gesellschaftstheorie von Jürgen Habermas, in der die Entwicklungspsychologie Piagets zum Kernstück eines Konzepts gesellschaftlicher Rationalisierung dadurch wird, daß nun auch die Gattungsgeschichte im ganzen nach dem hypothetischen Vorbild der Ontogenese als ein stufenförmiger, zugleich aber mehrdimensionaler Lernprozeß begriffen wird (v. a. Habermas 1976), sind hier vor allem die soziologischen Entwürfe Lucien Goldmanns von Bedeutung: Er hat von der Leitidee Piagets am konsequentesten Gebrauch gemacht, indem er in der Generalisierung literatursoziologischer Überlegungen soziale → Gruppen als epistemische Subjekte angesehen hat, die ihre an typische Klassenlagen gebundenen Handlungsprobleme jeweils durch eine als kognitive Struktur aufgefaßte Weltsicht aufzulösen versuchen (vgl. Goldmann 1966; 1972; Mayrl 1978). Dieser Ansatz einer soziologischen Radikalisierung des genetischen S. Piagets hat freilich bis heute keine angemessene Nachfolge gefunden.

Bierwisch, M.: Strukturalismus. Geschichte, Probleme und Methoden. Kursbuch, 1966, 5, 77–152.
Bottomore, T. & R. Nisbet: Structuralism. In: Bottomore, T. & R. Nisbet (eds.): A History of Sociological Analysis. London 1979.
Clarke, S.: The Foundations of Structuralism. Brighton (Sussex) 1981.
Derrida, J.: Die Struktur, das Zeichen und das Spiel im Diskurs der Wissenschaften vom Menschen. In: Lepenies, W. & H. H. Ritter (Hrsg.): Orte des wilden Denkens. Frankfurt/M. 1970.
Descombes, V.: Das Selbe und das Andere. Frankfurt/M. 1981.
Frank, M.: Das Sagbare und das Unsagbare. Frankfurt/M. 1980.
Furth, H. G.: Intelligenz und Erkennen. Die Grundlagen der genetischen Erkenntnistheorie Piagets. Frankfurt/M. 1972.
Gardner, H.: The Quest for Mind. Piaget, Lévi-Strauss and the Structuralist Movement. Chicago/London 1981[2].
Gasché, R.: Das wilde Denken und die Ökonomie der Repräsentation. Zum Verhältnis von Ferdinand de Saussure und Claude Lévi-Strauss. In: Lepenies, W. & H. H. Ritter (Hrsg.): Orte des wilden Denkens. Frankfurt/M. 1970.
Goldmann, L.: Dialektische Untersuchungen. Neuwied/Berlin 1966.
–: Structure: Human Reality and Methodological Concept. In: Macksey, R. & E. Donato (eds.): The Structuralist Controversy. Baltimore 1972.
Habermas, J.: Zur Rekonstruktion des Historischen Materialismus. Frankfurt/M. 1976.
Kohlberg, L.: Zur kognitiven Entwicklung des Kindes. Frankfurt/M. 1974.
Kurzweil, E.: The Age of Structuralism. New York 1980.
Lévi-Strauss, C.: Strukturelle Anthropologie. Frankfurt/M. 1967.
–: Das wilde Denken. Frankfurt/M. 1968.
–: Traurige Tropen. Frankfurt/M. 1978.
–: Die elementaren Strukturen der Verwandtschaft. Frankfurt/M. 1981.
Mayrl, W. W.: Genetic Structuralism and the Analysis of Social Consciousness. Theory and Society 1978, 5, 19–44.
Oevermann, U.: Sozialisationstheorie. Ansätze zu einer soziologischen Sozialisationstheorie und ihre Konsequenzen für die allgemeine soziologische Analyse. Kölner Zeitschrift für Soziologie und Sozialpsychologie. Sonderheft 21/1979, 143–168.
Piaget, J.: Der Strukturalismus. Olten 1973.
–: Weisheit und Illusionen der Philosophie. Frankfurt/M. 1974a.
–: Abriß der genetischen Epistemologie. Olten 1974b.
Saussure, F. de.: Grundlagen der allgemeinen Sprachwissenschaften. Berlin 1967[2].
Sturrock, J. (ed.): Structuralism and Since. From Lévi-Strauss to Derrida. Oxford 1979.

Axel Honneth

Studentenbewegung

Die S. in der BRD kennzeichnet eine Phase der Politisierung und Außenwirkung von Studenten bzw. den Hochschulen insgesamt, deren Beginn Anfang der 60er Jahre angesetzt werden kann. Die überwiegend standesorientierte oder unpolitisch sich verstehende Mehrheit studentischer Organisationen wird nach 1945 vor allem durch den Sozialistischen Deutschen Studentenbund (SDS) kritisiert. Der SDS, nach dem Krieg als Studentenverband der SPD gegründet, veröffentlicht 1961 die Denkschrift «Hochschule in der Demokratie»: Abschaffung der Ordinarienherrschaft, → Partizipation aller funktionalen Gruppen an inneruniversitären Entscheidungsprozessen (Drittelparität: Studenten, Assistenten, Hochschullehrer), Überwindung der reinen Fachbezogenheit des Studiums und Herstellung seines gesellschaftlichen Bezugs (‹Politisierung› der Wissenschaft), Öffnung der Universitäten für alle Bevölkerungsschichten und Zahlung eines Studienhonorars, um die Studenten von familiären Abhängigkeiten freizuhalten. Die offizielle Kulturpolitik der 50er Jahre, die wirtschaftliche und militärische Integration des westdeutschen Separatstaates in den von den USA dominierten Westblock sowie die Unfähigkeit, mit der die nach 1945 sich als ‹unpolitisch› begreifende Wissenschaft sich mit dem Erbe des Nationalsozialismus auseinandersetzte, sind Politisierungsmomente für die beginnende S. Die von der SPD-Führung 1961 herbeigeführte Trennung der SPD vom SDS (u. a. Meinungsverschiedenheiten über Algerienkrieg, Kontakte des SDS zu Organisationen in der DDR und Festhalten des SDS an marxistischen Positionen nach dem Godesberger Programm der SPD von 1959) bewirkt beim SDS und einem Teil der studentischen und intellektuellen Linken ein antikapitalistisches außerparlamentarisches Selbstverständnis (z. B. Ostermarsch der Atomwaffengegner). Quellen der sich zu Beginn der 60er Jahre konstituierenden und ab Mitte der 60er Jahre stabilisierenden Bewegung sind u. a.:

Antifaschismus: Die Bewältigung der nationalsozialistischen Vergangenheit war sowohl durch den theoretischen Anspruch als auch durch die personellen Repräsentanten der Adenauer-Ära für eine Generation, die im oder nach dem Krieg geboren wurde, d. h. den → Faschismus nicht mehr direkt erlebt hatte, immer problematischer geworden, zumal jede ideologische Auseinandersetzung unter dem allgemeinen Primat eines militanten Antikommunismus stand. Die Erklärungsmuster für die ‹Schuld der älteren Generation› waren nicht zu trennen von der Frage nach der Verantwortlichkeit für die Remilitarisierung Westdeutschlands. Der ‹hilflose Antifaschismus› fand eine qualitative Wende in einer Wiederentdeckung und Fruchtbarmachung der Psychoanalyse wie auch marxistischer Gesellschafts- und Kulturtheorien, die den autoritären Charakter ganzer Generationen und gesellschaftlicher Bereiche erklärbar machten (Vertreter der Frankfurter Schule wie Theodor W. Adorno, Max Horkheimer, Herbert Marcuse und Alexander Mitscherlich sowie z. B. Wolfgang Abendroth, Ernst Bloch, Karl Korsch, Wilhelm Reich und Peter Brückner) (→ Kritische Theorie).

Antiimperialismus: Vor allem französische Intellektuelle haben im Zusammenhang des Kolonialkrieges in Algerien das Problem des → Imperialismus als moralische, philosophische und politische Parteinahme für die unterdrückten Völker in der Dritten Welt postuliert. Die Wendung der moralischen Unbedingtheit des französischen Existentialismus (Camus) zu einer marxistischen Position (Sartre) hatte für die intellektuelle Übertragung eine große Bedeutung, zumal mit Beginn des Vietnamkrieges die Rolle der USA als imperialistische Weltmacht deutlich wurde.

Bürgerlich-demokratisches Erbe: Die Kulturpolitik der Adenauer-Ära hatte zu einer Enthistorisierung der deutschen Geschichte und bundesrepublikanischen Gesellschaft geführt, die im Grunde nur ein konservatives Kontinuum unter Aussparung der Faschismusproblematik zuließ oder kritische Intellektuelle an den Rand diskursiver Auseinandersetzung und/oder in den Kommunismusverdacht brachte. Die Identifikation mit dem ‹demokratischen Erbe› einer zwar durch Niederlagen gekennzeichneten, aber gleichwohl belegbaren deutschen Geschichte stand für die S. sehr stark unter dem Aspekt der öffentlichen Aufklärung und des Anknüpfens an eine Tradition, die zu einem wesentlichen Aspekt der Wissenschaftskritik innerhalb der Universitäten wurde.

Neuformulierung marxistischer Positionen: Der SDS war immer bestimmt durch ein ambivalentes Verhältnis zur marxistischen Theorie und ihren Verwaltern in den sowjetisch beherrschten Staaten Osteuropas. Die Wiederentdeckung und Neuformulierung marxistischer Theorie erfolgte in Abgrenzung zum sowjetisch orientierten → Marxismus (z. B. Georg Lukács und Herbert Marcuse) und unter Einbeziehung von Revolutions- und Emanzipationstheorien, die unter den gesellschaftlichen Bedingungen der Dritten Welt entwickelt wurden (Frantz Fanon und Che Guevara) (→ Emanzipation/→ Revolution).

Unter dem Sammelbegriff ‹Neue Linke› wurde die ‹Neuauflage› eines unbeschädigten, aber nicht puristischen Marxismus versucht. Dazu gehören u. a. die Integration kulturpolitischer, psychoanalytischer, soziologischer und auch naturwissenschaftlicher Ergänzungen; das praktische Inbeziehungsetzen der bürgerlichen Tradition mit der Revolutionsproblematik des → Kommunismus; theoretisch begründete (z. B. Karl Korsch) und durch Empirie gestützte Kritik der leninistischen Parteikonzeption. Sehr eklektisch wird die Lektüre der ‹Klassiker› Marx und Engels wiederaufgenommen. Die theoretische Vermittlung der Auffassungen der S. in die Öffentlichkeit erfolgte unter stark agitatorischem Ansatz: Demonstrationen, Flugblätter, spektakuläre Aktionen, Regelverletzungen wie Sit-ins und universitäre Streiks sowie eine intensive hochschulinterne Selbstausbildung (Teach-ins, Lese- und Schulungsgruppen, Gegenveranstaltungen wie ‹kritische Universität›).

Die Verbindung eines antiautoritären Selbstorganisationsbedürfnisses mit der Inanspruchnahme eines allgemeinpolitischen Mandats durch Studenten mit der Absicht, die Hochschule radikal zu reformieren und zu einer parteilichen, aber gerade deshalb wissenschaftlich besonders fundierten Universität zu machen, hat entscheidend zur Wirksamkeit der S. beigetragen.

Die massive repressive Reaktion des Staates auf antiautoritäre Aktionen der S. wie die Angriffe auf die antidemokratische Massenhetze des Springer-Konzerns, die Organisation eines internationalen Kongresses gegen die amerikanische Aggression in Vietnam und die Kampagne gegen die Notstandsgesetze sowie die außenpolitische Orientierung der Bundesrepublik wie die Unterstützung des Vietnamkrieges und des terroristischen Herrschaftssystems des Iran führen zu einer Eskalation der Konflikte. Die Erschießung des Studenten Benno Ohnesorg durch die Berliner Polizei am 2. Juni 1967 anläßlich des Besuchs des iranischen Schahs und das Attentat auf Rudi Dutschke (SDS) am 11. April 1968 in Berlin sind Ausdruck der staatlich-gesellschaftlichen Repression und signalisieren die Ohnmacht der S. gegenüber diesen Tendenzen. Versuche der S., dieser Entwicklung durch organisierte ‹Gegengewalt› entgegenzuwirken, erwiesen sich als kontraproduktiv, da sie die politische Isolation der S. nur förderten.

In dieser Situation war die Revolte, die längst auf Teile der Schüler und Lehrlinge übergegriffen hatte, über die Organisationsmöglichkeiten des SDS in einem Maße hinausgewachsen, daß dieser als integratives Moment nicht mehr funktionieren konnte und sich im Sommer 1969 auflöste.

Im Unterschied zu Frankreich, wo es der S. gelang, ein Bündnis mit großen Teilen der → Arbeiterbewegung einzugehen (das im Pariser Mai 1968 seinen Höhepunkt in einem Generalstreik fand, der die größte gesellschaftliche Krise im Nachkriegsfrankreich darstellt), gelang es der Berliner und westdeutschen S. nicht, in anderen gesellschaftlichen Bereichen Fuß zu fassen, was als die eigentliche Ursache ihres Scheiterns zu betrachten ist. Die Versuche verschiedener Nachfolgeorganisationen, die Niederlage durch leninistische Organisationsformen zu korrigieren, blieben in sektiererischen Parteigründungen und Abspaltungen stecken und förderten die Desorientierung und Depolitisierung des ‹antiautoritären Lagers› (Rudi Dutschke). Als langfristige Auswirkung der S. sind die heutigen massenhaften, sich als autonom begreifenden Selbstorganisationen und Bürgerinitiativen zu begreifen wie die → Frauen-, Anti-Atomkraftwerk- und Ökologiebewegung, die Initiativen von Arbeitslosen und nicht zuletzt die Friedensbewegung (→ Arbeitslosigkeit/→ Frieden/ → Ökologie/→ Partizipation).

Bergmann, U./Dutschke, R./Lefevre, W. & B. Rabehl: Rebellion der Studenten oder Die neue Opposition. Reinbek bei Hamburg 1968.
Dutschke, R.: Mein langer Marsch. Reden, Schriften und Tagebücher aus zwanzig Jahren. Hrsg. von Dutschke-Klotz, G./Gollwitzer, H. & J. Miermeister. Reinbek bei Hamburg 1980.
–: Die Revolte. Wurzeln und Spuren eines Aufbruchs. Hrsg. von Dutschke-Klotz, G./Miermeister, J. & J. Treulieb. Reinbek bei Hamburg 1983.
Koch, W.: Die Eroberung des Landtages von der Seeseite oder: Das Ende der Musterknaben-Disziplin. Montagetexte zur unterschlagenen Studentenbewegung an den Fachhochschulen der BRD 1967–1970. Stuttgart 1981.
Krahl, H.-J.: Konstitution und Klassenkampf. Zur historischen Dialektik von bürgerlicher Emanzipation und proletarischer Revolution. Frankfurt/M. 1971.
SDS-Autorenkollektiv/Springer Arbeitskreis der kritischen Universität: Der Untergang der BILD-Zeitung. Berlin 1968.

Jürgen Treulieb

Subkultur

Durch die kulturelle Bearbeitung sozialer und materieller Lebenserfahrungen erhält das ‹Rohmaterial› der gesellschaftlichen Existenz Ausdruck, Bedeutung und symbolische Ordnung. Entsprechend der unterschiedlichen sozialen Ausgangslagen der verschiedenen → Gruppen, Klassen und → Schichten kann in komplexen Gesellschaften nur von → *Kulturen* gesprochen werden, die meist in einem Dominanzverhältnis der Über- und Unterordnung zueinander stehen. Aus dem Anspruch auf Allgemeingültigkeit einer Teilkultur (Mittelschichtkultur) folgt die hierarchische Abhängigkeit und Unterbewertung der übrigen Kulturen.

Eine Theorie der S. hat zu klären, in welchem Verhältnis dominante Kultur und S. zueinander stehen. Will man von einem rein additiven Modell des Nebeneinanders absehen, bedarf es der Einbeziehung gesellschaftsanalytischer Aspekte:

1. Schwendter (1973) setzt die S. einerseits dem «Establishment» und andererseits der «kompakten Majorität» gegenüber. Unter letztere subsumiert er das Proletariat und Teile des Kleinbürgertums, die ihrerseits im → Widerspruch zum Establishment stehen. Die S.en sind von der kom-

pakten Majorität durch → Normen, Praktiken, → Ideologien und Identitätsbewußtsein getrennt.

2. Das Centre of Contemporary Cultural Studies (vgl. Clarke u. a. 1979) geht aus von einem Zwei-Kulturen-Modell: der herrschenden und der beherrschten Kultur. Im Zusammenhang mit diesen großen kulturellen Einheiten, die als Stammkulturen bezeichnet werden, bilden sich durch das Auftreten von Nebenwidersprüchen (z. B. Alter bzw. Generationen oder lokalen Zugehörigkeitsgefühlen) spezifische Muster, die S.en. Die Analyse von Phänomenen wie z. B. jugendlicher S.en der Unterschicht muß sowohl ihre Verbundenheit zur Stammkultur der Arbeiterklasse wie auch – durch sie vermittelt und durch sie hindurch – zur bürgerlich dominanten Kultur berücksichtigen.

3. Die Projektgruppe Jugendbüro (1977) vertritt eine Modifikation dieser Sichtweise. Nicht aus der Klassenherkunft von Jugendlichen läßt sich deren subkulturelle Orientierung ableiten, sondern aus der gedanklichen Vorwegnahme der künftigen Klassenlage, wie sie sich im Erfolg oder Mißerfolg von Schul- und Ausbildungslaufbahn abzeichnet (→ Jugendsoziologie).

4. Den S.en (besonders jugendlichen S.en) wird ein transitorischer Charakter zugesprochen mit von der Erwachsenenkultur semi-independenten Zügen (Bell 1965; Tenbruck 1965). Die Beobachtung, daß jugendspezifische Gesellungsformen nur vorübergehend auftreten und im zweiten Lebensjahrzehnt ihrer Mitglieder wieder verschwinden (Übergangserscheinung), führt zur Annahme einer jugendlichen Teilkultur, die vor allem durch ihre Abgrenzung gegenüber der Erwachsenenwelt gekennzeichnet ist. Die Vorstellung einer explizit klassenübergreifenden Autonomie der S. (formuliert als «autonome Jugendkultur» oder «youth culture»: Parsons 1942, Coleman 1961) wurde grundlegend in Frage gestellt. Einwände dagegen beziehen sich sowohl auf die schichtspezifisch unterschiedliche Teilnahme in quantitativer Hinsicht (Elkin/Westley 1965) wie auch auf die unterschiedlichen Inhalte und Stile (Murdock/McCron 1979; Clarke/Jefferson/Roberts 1979; Hartwig 1980; Lindner 1981).

Die Vielfalt subkultureller Erscheinungen wirft die Frage nach Beurteilungskriterien bzw. nach Gesichtspunkten für eine Systematisierung auf.

1. Freiwillige versus unfreiwillige S.en: Die Mitgliedschaft in unfreiwilligen S.en (z. B. in einer totalen → Institution oder auf Grund der Zugehörigkeit zu einer ethnischen Minderheit) geht meist mit Unterprivilegierung, oft mit Stigmatisierung einher (→ Labeling Approach). Für freiwillige S.en gilt das in geringerem Maße. Die Grenze zwischen Freiwilligkeit und Unfreiwilligkeit ist jedoch nicht immer eindeutig zu ziehen (etwa Drogensubkultur, sexuelle Minderheiten). Die Ächtungen durch die An-

gehörigen der Mehrheitskultur kann eine → Minderheit erst zur Ausbildung einer subkulturellen → Identität veranlassen. Am Beispiel der totalen Institutionen wird der Doppelcharakter der unfreiwilligen S. deutlich: Einerseits bedeutet sie sicherheitsspendenden Schutz gegen persönlichkeitsdestruierende Kontrollmechanismen der Anstalt (→ soziale Kontrolle), andererseits können Rituale der S. zu rigiden Zwangssystemen mit Korruption und Degradierung werden, die eine strenge hierarchische Rangstruktur der Mitglieder zur Folge hat.

2. Progressive versus regressive S.en: Nach Schwendter (1973) ist das Ziel progressiver S.en, den gegenwärtigen Stand der Gesellschaft aufzuheben, weiterzutreiben und einen grundsätzlich neuen Zustand zu erarbeiten. Dagegen sei es Absicht der regressiven S.en, einen vergangenen Stand der Gesellschaft wiederherzustellen. In dieses Schema lassen sich jedoch nur S.en mit bewußtem oder implizit politischem Anspruch einordnen.

3. Rationalistische versus emotionelle S.en: Während die rationalistischen S.en Wert legen auf Analyse, Selbstbestimmung und praktisches Handeln, betonen die emotionellen S.en individuelle Bewußtseinsbildung und persönliche Freiheit. Zu ersteren werden politische S.en und Intellektuellenzirkel gerechnet, zu letzteren z. B. Hippies und Gammler.

4. Delinquente versus legale S.en: Die delinquenten S.en gehören zu den am frühesten und am gründlichsten untersuchten S.en. Die Analysen wurden nach unterschiedlichen Forschungskonzepten durchgeführt. Die ersten Studien der → Chicagoer Schule gingen von einem ethnographischen bzw. sozialökologischen Ansatz aus und brachten die Delinquenz (→ Kriminalität) in Verbindung mit sozialer Desorganisation in einem Stadtteil (bei gestörter Balance des sozialen, «organischen» Gleichgewichts entstehen «pathologische» Strukturen, die gangs; Shaw/McKay 1927; Thrasher 1947). Diese subkulturellen Lebensformen werden von anderen Bewohnern dieser Stadtteile (Slums, Gettos) übernommen bzw. «gelernt» (Sutherland 1956; Kulturübertragungstheorie, Theorie der differentiellen Kontakte). Cohen (1955) führt die Überlegungen von Statusfrustration und Anpassungsproblemen männlicher Jugendlicher aus der Unterschicht ein. Eine weitere Forschungsrichtung beschäftigte sich mit der Sozialisations- und Familiengeschichte von Angehörigen delinquenter S.en (Yablonsky 1967) (→ Sozialisation). Insbesondere für gewalttätige Banden gilt, daß ihre Mitglieder Sozialisationsbelastungen und psychopathische Persönlichkeitsstrukturen aufweisen.

Die Bedeutung von S.en für den → sozialen Wandel, d. h. für eine evolutionäre oder revolutionäre Veränderung der Gesamtgesellschaft, wird in Abhängigkeit von der politischen Theorie und im Hinblick auf die unterschiedlichen S.en verschieden eingeschätzt. Marcuse (1967, 1969) hielt S.en wie die → Studentenbewegung, die Hippies und Beatniks für eine wesentliche Voraussetzung für tiefgreifende gesellschaftliche Umwandlungen, weil durch sie als Avantgarde die Loyalität gegenüber repressiven Forderungen der kapitalistischen Gesellschaft in Frage gestellt werde (→ Kapitalismus). Aus diesem Konzept heraus entwickelte sich die sog. Randgruppenstrategie, die in besonders benachteiligten subkulturellen Gruppen (Fürsorgezöglinge, Obdachlose u. a.) das Subjekt für revolutionäre Veränderungen sah. Schwendter (1973) dagegen bringt die S. in Verbindung mit dem Aufbau einer Gegenökonomie, deren geeignete Rechtsform Genossenschaften seien. Diese sollen nach seiner Vorstellung eine Föderation eingehen und die Gesellschaft im Sinne eines Gegenkonzentrationsprozesses durchdringen (‹Versubkulturierung›).

Die S.-Forscher im Centre of Contemporary Cultural Studies halten dagegen die realen Veränderungsmöglichkeiten durch die S. für sehr begrenzt. Die Widersprüche im herrschenden Gesellschaftssystem würden von Subkulturmitgliedern zwar erlebt, aber durch die Praxis nicht gelöst. Vielmehr hätten die Stilschöpfungen, die für die verschiedenen S.en charakteristisch sind, die Funktion einer magischen Quasi-Lösung von Problemen. In ihnen werde imaginäre Befreiung symbolisiert. Insofern erkläre sich die zentrale Bedeutung, die dem Stil in S.en zugeschrieben wird. Stil findet Ausdruck in Kleidung, Ritualen, Musik, Sprache (Argot), Körpersprache und Aktivitäten. Häufig werden Gegenstände und Waren aus der umgebenden Kultur aufgegriffen und mit neuen Bedeutungsgehalten zu einem subkulturellen Code kombiniert (bricolage), der Zugehörigkeit sowie Grenzen der Gruppe markiert.

In der S.-Forschung fallen zwei Leerstellen auf: Einmal wird über Mädchen und Frauen innerhalb der S. wenig berichtet (→ Frauenforschung); zum anderen wird → Arbeitslosigkeit als Ursache von S.-Bildung kaum erwähnt. In beiden Bereichen ist die Praxis bereits weiter fortgeschritten als die wissenschaftliche Analyse. Es wurde noch bis Anfang der 80er Jahre beklagt, daß Mädchen in den Beschreibungen jugendlicher S.en kaum vorkommen (McRobbie/Garber 1979). Ursache sei die männliche Orientierung der meisten S.en (Ausnahme: Hippies). Inzwischen haben sich jedoch im Zusammenhang mit der → Frauenbewegung zahlreiche weibliche S.en mit teils feministischem Charakter gebildet. Die politische und gesellschaftstheoretische Bedeutung dieser Gruppen kann nicht hoch genug eingeschätzt werden, weil durch sie die gesellschaftlichen → Konflikte in neuem Licht erscheinen: der jahrtausendealte Widerspruch zwischen → Patriarchat und menschlicher → Emanzipation wird thematisiert. Die Untersuchungen von Arbeitslosigkeit und S.-Bildung müßte in einem doppelten Sinne erfolgen: Einmal ist die eskapistische Reaktion auf (Jugend-)Arbeitslosigkeit in Form von No-Future-Bewußtsein, Drogen- und Alkoholkonsum, Gewalttätigkeit usw. zu untersuchen; zum anderen ist aufzuzeigen, inwiefern durch Veränderungen auf dem Arbeitsmarkt (bzw. des Industriesystems) Modelle von Gegenökonomie, handwerklichen Kooperativen oder Anwendung von Kleintechnik (sog. schöpferische Primitivierung) entstehen.

Bell, R. R.: Die Teilkultur der Jugendlichen. In: Friedeburg, L. v. (Hrsg.), a. a. O.
Brake, M.: Soziologie der jugendlichen Subkulturen. Frankfurt/M. 1981.
Clarke, J. u. a. (Centre of Contemporary Cultural Studies): Jugendkultur als Widerstand. Frankfurt/M. 1979.
Cohen, A. K.: Delinquent Boys. New York 1955 (dt.: Kriminelle Jugend. Hamburg 1961).
Coleman, A.: The Adolescent Society. Glencoe 1961.
Elkin, F. & W. A. Westley: Der Mythos von der Teilkultur der Jugendlichen. In: Friedeburg, L. v. (Hrsg.), a. a. O.
Friedeburg, L. v. (Hrsg.): Jugend in der modernen Gesellschaft. Köln 1965².
Hartwig, H.: Jugendkultur. Reinbek bei Hamburg 1980.
Lindner, R.: Jugendkultur und Subkultur als soziologische Konzepte. In: Brake, M., a. a. O., 172ff.
McRobbie, A. & J. Garber: Mädchen in den Subkulturen. In: Clarke, J. u. a., a. a. O.
Marcuse, H.: Der eindimensionale Mensch. Neuwied/Berlin 1967.
–: Versuch über die Befreiung. Frankfurt/M. 1969.
Murdock, G. & R. McCron: Klassenbewußtsein und Generationsbewußtsein. In: Clarke, J. u. a., a. a. O.
Parsons, T.: Age and Sex in the Social Structure of the United States (1942). In: Essays in Sociological Theory. Glencoe 1964 (dt.: Alter und Geschlecht in der Sozialstruktur der Vereinigten Staaten. In: Beiträge zur soziologischen Theorie. Neuwied/Berlin 1973).
Projektgruppe Jugendbüro: Subkultur und Familie als Orientierungsmuster. München 1977.
Schwendter, R.: Theorie der Subkultur. Köln 1973.
Shaw, C. R. & H. D. McKay: Juvenile Delinquency and Urban Areas. Chicago 1927.
The Sutherland Papers. Hrsg. v. A. Cohen u. a. Bloomington 1956.
Tenbruck, F. H.: Moderne Jugend als soziale Gruppe. In: Friedeburg, L. v. (Hrsg.), a. a. O.
Thrasher, F. M.: The gang. Chicago 1947.
Yablonsky, L.: The violent gang. Harmondsworth 1967.

Hildegard Müller-Kohlenberg

Symbolischer Interaktionismus (Chicago-Schule)

S. I. nennt sich eine Nebenströmung der amerikanischen → Soziologie, welche ursprünglich aus der in der Zeit vor dem Zweiten Weltkrieg dominanten Chicagoer Schule der Soziologie hervorging und einige von deren Grundideen bewahrte und fortentwickelte. Diese Strömung existierte jahrzehntelang als «loyale Opposition» (N. Mullins) zur vorherrschenden Parsonsschen Theorie und zur vornehmlich quantitativ orientierten empirischen Forschung; sie rückte in den 60er Jahren in unklarer Verknüpfung mit phänomenologischen und anderen Ansätzen in den Vordergrund eines fast modischen Interesses. Heute setzt diese Tradition sich einerseits ungebrochen fort; andererseits sind in ihr Tendenzen zur Überwindung einer Konzentration auf mikrosoziologische Phänomene und zur Gewinnung eines historisch reflektierten Selbstverständnisses auszumachen.

Der Begriff S. I. wurde 1937 von Herbert Blumer eingeführt. Er kennzeichnet, daß diese Richtung soziologischer und sozialpsychologischer Wissenschaft ihr Augenmerk auf Prozesse der → Interaktion – der unmittelbar wechselseitig orientierten sozialen Handlung – richtet und daß dabei ein bestimmter Begriff von Interaktion zugrunde gelegt wird, welcher den symbolvermittelten Charakter solchen Handelns akzentuiert (→ Handeln, soziales). Zu denken ist an soziale Beziehungen, bei denen Handeln sich nicht als bloße Umsetzung fester Vorschriften in die Tat darstellt, sondern in denen gemeinsam und wechselseitig Beziehungsdefinitionen vorgeschlagen und etabliert werden. Soziale Beziehungen erscheinen dann nicht als ein für allemal stabilisierte, sondern als offen und an stete gemeinsame Anerkennung gebunden. Diese zentrale Intuition läßt verstehen, daß auf methodischer Ebene eine Affinität dieser Richtung vornehmlich zu den sogenannten qualitativen Verfahren bestand, insbesondere zur teilnehmenden Beobachtung und zur Verwendung biographischer Materialien, und daß auf der inhaltlichen Seite insbesondere innerfamiliale Interaktionsprozesse, die Vorgänge bei der Entstehung und der Definition von abweichendem Verhalten und in → Subkulturen sich zur Untersuchung anboten.

Gleichwohl wäre ein Bild dieser Richtung, das sich auf eine vage Kennzeichnung einer Grundidee und der aus ihr erwachsenden thematischen und methodischen Tendenzen beschränkt, völlig unzureichend. Zunächst ist festzuhalten, daß Blumers (1973) Programm mehr oder weniger eine vereinfachende Zusammenfassung des komplexen Gedankengebäudes von G. H. Mead aus dem Blickwinkel sozialpsychologischer Interessen darstellt. Mead nämlich entwickelt – ohne den Begriff zu verwenden – die Konzeption symbolvermittelter Interaktion im Rahmen einer anthropologischen Kommunikationstheorie, d. h. im Vergleich tierischer und menschlicher Kommunikationsweise bzw. Sozialität (Mead 1968; 1980/83; dazu Joas 1980). Er arbeitet dabei die Bedeutung von Selbstwahrnehmung und Verhaltensantizipation heraus und zeigt, wie diese aus bloßen (stimmlichen) Lautgebärden bedeutungsvolle Symbole werden lassen. Auf dieser Grundlage führt er eine veränderte Vorstellung von der Struktur der Persönlichkeit und einen neuen Begriff des Geistes ein: Zentral ist jeweils die Fähigkeit des → Individuums, sich selbst etwas anzuzeigen und mit sich selbst zu interagieren. Ich-Identität, reflexives Denken und intentionales Handeln werden dann auf ihre onto- und phylogenetische Entstehung und Entwicklung hin ansatzweise untersucht (→ Identität). Als Grundzug menschlicher Sozialität ergibt sich dann, daß hier individuelles, aber nicht naturhaft festgelegtes Verhalten über wechselseitige Verhaltenserwartungen zu einer Gruppenaktivität integriert wird (→ Gruppe). Sowenig dies im einzelnen empirisch und auf seine soziologischen Konsequenzen hin ausgearbeitet sein mag, müßte doch deutlich sein, daß mit diesem Ansatz ein Anspruch erhoben wird, der auf den vorgenannten thematischen Feldern nur begrenzt eingelöst werden kann.

Die Kritik am S. I. bezieht sich meist auf die methodologische Programmatik Blumers. Sie greift eine angebliche Beschränktheit auf Phänomene interpersoneller Unmittelbarkeit an, wirft die Abstraktion von → Macht und → Herrschaft vor, behauptet eine Sicht gesamtgesellschaftlicher Zusammenhänge als bloßen Horizonts der lebensweltlichen Sozialität und eine völlige Ignoranz gegenüber der Dimension gesellschaftlicher Naturbeherrschung oder der Verselbständigung gesellschaftlicher Verhältnisse gegenüber den Handlungen und Orientierungen der Akteure (→ Lebenswelt/→ Verdinglichung). Wenngleich viele dieser Einwände Blumers Programmatik und an ihr sich ausrichtende Autoren zumindest teilweise treffen, sind sie doch gegenüber der Breite der theoretischen und empirischen Beiträge dieser Richtung etwas merkwürdig. Dies zeigt sich sofort, wenn nicht nur Blumers Werk, sondern etwa auch das des Arbeits- und Berufssoziologen Everett Hughes (vgl. 1971) und seiner Schüler mit berücksichtigt wird.

Die wirkliche Bedeutung und das Potential des S. I. lassen sich nur verstehen, wenn er auf dem Hintergrund der alten *Chicagoer Schule* (dazu Carey 1975; Faris 1967) gesehen wird, die er zwar fortsetzt, aber auch verengt. In gewissem Sinn ist er eine Verfallsform jenes lockeren interdisziplinären Geflechts von Theoretikern, Sozialforschern und Sozialreformern an der University of Chicago, welches in der eigentlichen Institutionalisierungsphase der amerikanischen Soziologie zwischen 1890 und 1940 bestimmend für das Fach war. Zwar gibt es nicht einen eindeutigen Schlüsseltheoretiker oder ein klar umrissenes Forschungsprogramm dieser Schule; doch formte sich ein Ganzes aus der – in sich heterogenen –

Philosophie des → Pragmatismus von William James oder John Dewey, der politisch-reformerischen Ausrichtung auf die Möglichkeiten von Demokratie unter den Bedingungen rapider → Industrialisierung und Urbanisierung sowie den Versuchen zur Empirisierung der Soziologie unter starker Betonung vorwissenschaftlicher Erfahrungsquellen. Neben den schon genannten Theoriestücken Meads sind bis heute vornehmlich bekannt W. I. Thomas' Begründung der biographischen Methode, sein Theorem von der Wirkungsmacht subjektiver Situationsdefinition und Robert Parks Anstöße zu einer Sozialökologie. Vorbildhaft sind auch zahlreiche Pionierstudien zur Erschließung diverser großstädtischer Lebenswelten. Der innere Zusammenhang der Teilstücke ist dagegen nirgendwo ausgearbeitet und wird seit langem kaum mehr überhaupt erkannt. Er ist aus der an Demokratie-Idealen ausgerichteten Konzeption sozialer Ordnung, einer handlungstheoretisch begründeten Priorität des Sozialen und den vom Pragmatismus entwickelten Zügen des Handlungsbegriffs zu verstehen. In den konkreten Analysen sozialer Probleme der zeitgenössischen amerikanischen Gesellschaft wurde aus diesem theoretischen Grundrahmen allerdings etwa bei Park ein Dualismus zweier Typen sozialer Ordnung, deren einer von der Konkurrenz, deren anderer von der Kommunikation bestimmt sei.

Ein wichtiger Gesichtspunkt zur Rekonstruktion der Geschichte des S. I. ist zu fragen, ob dieser Dualismus aufgelöst wurde oder dadurch verdeckt, daß nur die eine Seite, die kommunikativ erzeugter sozialer Ordnung, behandelt wurde. Die erwiesene Fruchtbarkeit dieser Tradition weit über mikrosoziologische Phänomene hinaus vornehmlich bei der Analyse von Arbeitsteilung bei professionellen Berufsrollen (Freidson 1979; Strauss u. a. 1963) und in der Analyse von kollektivem Verhalten und sozialer Bewegungen könnte zum Anlaß werden, dieser seit Jahrzehnten eher theoriearm verfahrenden soziologischen Strömung ein konsistentes theoretisches Selbstverständnis zu geben, das in der gegenwärtigen Theoriediskussion konkurrenzfähig ist.

Becker, H. S.: Außenseiter. Zur Soziologie abweichenden Verhaltens. Frankfurt/M. 1973.
– u. a.: Boys in White. Chicago 1961.
Blumer, H.: Social Psychology. In: Schmidt, E. (ed.): Man and Society. New York 1938.
–: Der methodologische Standort des Symbolischen Interaktionismus. In: Arbeitsgruppe Bielefelder Soziologen (Hrsg.): Alltagswissen, Interaktion und gesellschaftliche Wirklichkeit. Bd. 1. Reinbek bei Hamburg 1973.
–: Symbolic Interactionism. Perspective and Method. Englewood Cliffs 1969.
Carey, J. T.: Sociology and Public Affairs. The Chicago School. London 1975.
Faris, E.: The Nature of Human Nature. New York 1937.

Faris, R. E. L.: Chicago Sociology 1920–1932. Chicago 1967.
Freidson, E.: Der Ärztestand. Berufs- und wissenschaftssoziologische Durchleuchtung einer Profession. Stuttgart 1979.
Glaser, B. & A. Strauss: The Discovery of Grounded Theory. Strategies for Qualitative Research. London 1967.
Hughes, E.: The Sociological Eye. Selected Papers. Chicago 1971.
Joas, H.: Praktische Intersubjektivität. Die Entwicklung des Werks von G. H. Mead. Frankfurt/M. 1980.
Lewis, J. D. & R. Smith: American Sociology and Pragmatism. Mead, Chicago Sociology, and Symbolic Interaction. Chicago 1980.
Maines, D.: Social Organization and Social Structure in Symbolic Interactionist Thought. Annual Review of Sociology, 1977, 3, 235–259.
Manis, J. & B. Meltzer (eds.): Symbolic Interaction. Boston 1973[2].
Mead, G. H.: Geist, Identität und Gesellschaft. Frankfurt/M. 1968.
–: Gesammelte Aufsätze. 2 Bde Frankfurt/M. 1980/83.
Park, R.: On Social Control and Collective Behavior. Selected Papers. Chicago 1967.
– & E. Burgess: Introduction to the Science of Sociology. Chicago 1921.
Rock, P.: The Making of Symbolic Interactionism. London 1979.
Shibutani, T.: Society and Personality. An Interactionist Approach to Social Psychology. Englewood Cliffs (N. J.) 1961.
Stone, G. & H. Farberman (eds.): Social Psychology through Symbolic Interaction. Waltham (Mass.) 1970.
Strauss, A.: Spiegel und Masken. Die Suche nach Identität. Frankfurt/M. 1968.
– u. a.: The Hospital and Its Negotiated Order. In: Freidson, E. (ed.): The Hospital in Modern Society. New York 1963.
Thomas, W. I.: Person und Sozialverhalten. Neuwied 1965.
– & F. Znaniecki: The Polish Peasant in Europe and America. 2 Bde. New York (1918ff) 1974.

Hans Joas

Systemtheorie

Im Gegensatz zur Tradition der Handlungstheorie, in der die Aktoren als handelnde Subjekte im Vordergrund stehen, dienen diese in der (entfalteten) S. lediglich als Bezugspunkte für die Zurechnung von (kollektiven) Handlungseffekten. Nicht Handlungsorientierungen, sondern (nichtintendierte) Handlungsfolgen stehen im Mittelpunkt des Interesses. Dieser Umstand verdankt sich dem Bezugsproblem der sozialwissenschaftlichen S.

Parsons (Parsons/Shils 1951) geht zwar vom Begriff der Einzelhandlung (‹unit act›) aus, beantwortet aber in seinem Spätwerk (1966) die Frage nach der Möglichkeit sozialer Ordnung durch das Konzept des Handlungs*systems* (zu diesem Begriff und den theorietechnischen Gründen seiner Zentralstellung bei Parsons → soziales System, sowie Habermas 1981, Bd. 2, 297ff). Die Komponenten der (Einzel-)Handlung (Werte, → Normen, Ziele, Ressourcen) werden zu ‹Produkten› von gesellschaftlichen Subsystemen (kulturelles, soziales, politisches und ökonomisches System), denen Funktionen (bestandserhaltende Leistungen) zugerechnet werden: Werterhaltung, soziale → Integration, Zielerreichung und Anpassung. In diesem Rahmen macht es ersichtlich wenig Sinn, die Handlungsorientierungen der Akteure in den Mittelpunkt zu stellen. Unter funktionalen Gesichtspunkten interessieren allein die kollektiven Handlungsfolgen der in den Subsystemen ablaufenden Handlungen: Gewährleisten sie ‹geregelte› Austauschbeziehungen zwischen den Subsystemen? Folgerichtig fallen für Parsons kollektive Handlungsfolgen und (bestandserhaltende) *Funktionen* zusammen. «Handlungssysteme handeln nicht, sie funktionieren» (Habermas).

Luhmann (1971) radikalisiert diese Konstruktion, indem er – vor allem – die Hierarchisierung gesellschaftlicher Subsysteme (mit den Wertesystemen an der Spitze), die Unterordnung von Funktionen unter Strukturen und das Bezugsproblem sozialer Ordnung durch Erhalt eines obersten Wertesystems verwirft. Dadurch gewinnt er Spielraum für die Erhaltung und/oder Variation beliebiger Bestände im Hinblick auf das Bezugsproblem der «Reduktion äußerster Komplexität» (der Welt). Unter diesem Gesichtspunkt kann nach der Funktion von Strukturen, ja nach der Funktion von Systembildung überhaupt gefragt werden. Funktionen dienen nicht einfach der Erhaltung von Strukturen, sondern diese selbst haben eine Funktion: die Reduktion von (äußerster) Komplexität (der Welt). So konstituiert sich eine funktional-strukturelle (System-)Theorie durch die Kritik an ihrem strukturell-funktionalen ‹Vorgänger›.

Komplexität als Gesamtheit der möglichen Ereignisse resultiert aus der *Sinnhaftigkeit* allen menschlichen Handelns: Während Parsons Sinn als eine Eigenschaft von Handlungen begreift, faßt Luhmann (1981a, 11f) Handlungen (und Sinn selbst) als Selektionen aus einem prinzipiell unabschließbaren Verweisungshorizont von Sinn. Sinn verweist auf jeweils anderen Sinn und zwingt so zur Selektion (aus anderen Möglichkeiten). Handlungen sind kontingent, insofern sie jeweils auch anders hätten ausfallen können. Angesichts der kontingenten Selektivität aller Handlung kann jene ‹doppelte Kontingenz› der Erwartungen von Ego und Alter nicht einfach durch ‹geteilte Werte› reduziert werden (Parsons). Diese sind selber kontingent – im Sinne einer selektiven Präferenz zuungunsten anderer (Wert-)Möglichkeiten. Doppelte Kontingenz entsteht nicht erst durch wechselseitige Abhängigkeit, sondern durch die Erfahrung wechselseitiger Selektivität. Ego und Alter wählen beide aus einem Horizont anderer Möglichkeiten aus und produzieren dabei eine Grenzziehung – gegen (jeweils) andere Möglichkeiten der sinnhaften Selektion. Doppelte Kontingenz als Problem «erklärt die Autokatalyse sozialer Systeme» (Luhmann 1981a, ibid.): Soziale Systeme stellen einen Sinnzusammenhang von sozialen Handlungen dar, die aufeinander verweisen und sich von einer Umwelt nicht dazugehöriger Handlungen abgrenzen lassen (Luhmann 1971, 115). Das Problem der doppelten Kontingenz (allen selektiven Handlungssinnes) führt unmittelbar zum Begriff des sozialen Systems (als einer Innen- und Außendifferenz) und nicht erst über einen handlungstheoretischen ‹Umweg› (Parsons).

Soziale Systeme eliminieren (immer gegebene) andere Möglichkeiten des Erlebens und Handelns durch selektive Prozesse der Selbststeuerung. Insofern reduzieren sie Komplexität. Handlung, Prozeß, Struktur, System etc. sind allesamt Mechanismen zur Reduktion von Komplexität: Sie tragen in unterschiedlicher Weise dazu bei, grundsätzlich kontingente (auch anders mögliche), aber faktisch nichtbeliebige Grenzen zwischen sinnhaften Handlungssystemen zu produzieren, zu erhalten – und gegebenenfalls zu ändern.

Folgende Mechanismen lassen sich hervorheben: Soziale Systeme haben eine Struktur, die durch Grenzen definiert ist. Diese müssen situationsunabhängig etabliert werden (soziale Ordnung!), und zwar durch *Generalisierung* von Verhaltenserwartungen. Verhaltenserwartungen werden in zeitlicher Hinsicht generalisiert, indem ihnen kontrafaktische (enttäuschungsfeste) Dauergeltung verschafft wird. Sachlich werden Verhaltenserwartungen durch situationsunabhängige Typisierung ihres Sinnes generalisiert (in Gestalt von Zwecken etwa) und in sozialer Hinsicht durch Institutionalisierung: Verhaltenserwartungen wird Geltung verschafft, ohne daß ihre Berechtigung immer erneut erst hergestellt werden müßte. Ein zentraler Weg zur Durchsetzung solcher Generalisierung ist Organisationsbildung, die Anerkennung von (organisationsbezogenen) Verhaltenserwartungen über die formale Mitgliedschaft verbindlich macht. Generalisierung von Verhaltenserwartungen steigert Systemkomplexität, insofern mehr Handlungen möglich werden. Ab einer bestimmten Größe des Systems können Verhaltenserwartungen jedoch diffus und widersprüchlich werden. Komplexität kann dann durch (funktionale) *Differenzierung* gesteigert werden. Systeme bilden Untersysteme, die untereinander «Schwellen der Effektübertragung» ausbilden («Ultrastabilität»). Umwelteinwirkungen können in Teilsystemen abgearbeitet werden, ohne daß alles und jedes immer gleich «das Ganze» betrifft. Evolutionär werden segmentäre, schichtenmäßige und funktionale Differenzierungen unterschieden (Luhmann 1975, 150ff). Funktionale Differenzierung steigert Systemkomplexität ins Unüberschaubare: Subsysteme sind von Rücksichtnahmen auf funktionale Imperative anderer Subsysteme (relativ) freigestellt («funktionale Spezifikation») und können so ihre Binnenkomplexität im Rahmen «relativer Autonomie» erheblich steigern. Die Steigerung von Komplexität erzeugt komplementär eine Verschärfung des Selektionsdrucks: In kürzerer Zeit müssen mehr Möglichkeiten eliminiert werden. Selektivitätsverstärkende «Mechanismen» sind in der Anwendung von Prozessen auf sich selbst (Reflexivität) und in der Sicherstellung der Übertragbarkeit von Selektionsleistungen (Kommunikationsmedien) zu sehen. Die Anwendung von Macht auf Macht («Übermächtigung» des Vorgesetzten etwa), von Recht auf Recht (Recht wird durch Recht geändert), von Erziehung auf Erziehung (Supervision in der Sozialarbeit etwa) steigert die Sortierleistung selektiver Mechanismen. Es entsteht eine Art doppelter Selektivität.

Andererseits können Strukturen unter Wahrung des Selbstbezugs geändert werden. Sie können höherer Umweltkomplexität gerecht werden, ohne bei Umweltänderungen diesen direkt («Punkt für Punkt») korrespondieren zu müssen. Die Prämissen für (umweltbedingte) Komplexitätsreduktionen werden in eine zweite Verteidigungslinie zurückgeschoben, die *selbstreferentielle* Strukturänderungen erlaubt (Luhmann 1981b). Umweltänderungen schlagen nicht direkt auf das System durch, sondern werden durch systeminterne Reflexivität «gebrochen» (zugespitzt: im politischen System wird nicht auf → Arbeitslosigkeit, sondern auf wachsende Finanzierungsprobleme reagiert). Unter Bedingungen hoher Komplexität wird die Übertragung von Selektionsleistungen prekär. Handlungsalternativen und die Komplexität von Handlungsfolgen nehmen zu. Um jene ausscheiden und diese reduzieren zu können, bedarf es generalisierter (binär schematisierter) «Kunstsprachen»: Kommunikationsmedien. → Geld, → Wahrheit und → Macht (etwa) schalten Begründungsprobleme bei der Selektionsübertragung ab. Solange Ego den Preis akzeptiert, die Wahrheit hinnimmt, der Macht nachgibt, kann es Alter egal sein, warum Ego das tut, und Ego kann es egal sein – grundsätzlich zumindest –, wie es zur Preis-, Wahrheits-, Machtbildung kommt (vgl. zur Kritik: Habermas 1981, Bd. II, 384ff). Medien virtualisieren die Komplexität von Selektionsleistungen (durch Einräumung von «kommunikativem Kredit») und sichern dadurch ihre Übertragbarkeit (vgl. Luhmann 1975, 170ff). Man versuche, sich eine Investitionsentscheidung ohne Geldmechanismus, eine Rechtsänderung ohne Machtmechanismus vorzustellen!

Unter *methodischen* Gesichtspunkten ist ersichtlich, daß innerhalb eines funktionalstrukturellen Bezugsrahmens kausale Erklärungen nur noch Grenzfälle darstellen können. Komplexität und Selektivität von Handlungsstrukturen werfen vielmehr die Frage nach funktionalen Äquivalenzen und darüber hinaus die Frage danach auf, aus welchen Gründen und mit Hilfe welcher Mechanismen äquivalente (bzw. alternative) Strukturen sich keine Geltung verschaffen konnten (*strukturelle* Selektion: vgl. Schmid 1981; gegenstandsspezifisch: Rödel/Guldimann 1978, 13ff).

Diese Gesichtspunkte könnten zugleich Bezugspunkt einer ‹soziologischen Aufklärung› sein.

Unter ‹paradigmatischen› Gesichtspunkten ist von Bedeutung, daß Luhmann die Hierarchisierung von (Handlungs-)Systemen nicht dem Bezugsproblem der Strukturerhaltung unterordnet (Parsons), sondern ausschließlich dem der Komplexität: Interaktions-, Organisations- und Gesellschaftssysteme indizieren zunehmendes Fassungsvermögen für Komplexität durch ihre (zunehmend abstrakten) Strukturmerkmale: personale Anwesenheit – formale Mitgliedschaft – (schließlich:) kommunikative Erreichbarkeit. Gerade aber die ‹Reduktion› eines Theorieprogramms auf die Reduktion von Komplexität ist (primär von seiten der → Kritischen Theorie) auf heftige Kritik gestoßen: Wie können (evolutionäre) ‹Lernstufen› vergesellschafteter Akteure unterschieden werden, wenn doch nur Grade der Komplexitätssteigerung bestimmt werden können (vgl. exemplarisch Habermas 1976, 129ff)?

Eine radikalere Kritik zielt auf das Verschwinden gesellschaftlicher Praxis (im Sinne der ‹Herstellung› von Gesellschaft) durch handelnde Akteure überhaupt (etwa Touraine 1976). Es ist allerdings schwer zu übersehen, daß diese ‹kritischen Theorien› bislang keine vergleichbaren gegenstandsspezifischen (vs. analytischen Konstruktionen!) Untersuchungen gesellschaftlicher Teilbereiche (vgl. nur Luhmann 1971; die amerikanische Politik- und Organisationsforschung: Easton, Etzioni, March, Simon u. v. a. m.) zustande gebracht haben (→ Organisationssoziologie). Das ‹Unbehagen an der Systemtheorie› bleibt davon allerdings unberührt.

Habermas, J.: Zur Rekonstruktion des Historischen Materialismus. Frankfurt/M. 1976.

–: Theorie des kommunikativen Handelns. Bd. II. Frankfurt/M. 1981.

Luhmann, N.: Soziologische Aufklärung 1. Opladen 1971^2.

–: Soziologische Aufklärung 2. Opladen 1975.

–: Soziologische Aufklärung 3. Opladen 1981a.

–: Politische Theorie im Wohlfahrtsstaat. München/Wien 1981b.

Parsons, T. & E. A. Shils (eds.): Towards a General Theory of Action. New York 1951.

Parsons, T.: Societies. Evolutionary and Comparative Perspectives. Englewood Cliffs 1966 (dt. Frankfurt/M. 1975).

Rödel, U. & T. Guldimann: Sozialpolitik als soziale Kontrolle. In: Starnberger Studien 2. Frankfurt/M. 1978.

Schmid, M.: Struktur und Selektion. Zeitschrift für Soziologie, 1981, 10, 17–37.

Touraine, A.: Was nützt die Soziologie? Frankfurt/M. 1976.

Zur Einführung

Gabriel, K.: Analysen der Organisationsgesellschaft. Frankfurt/New York 1979.

Greven, M. Th.: Systemtheorie und Gesellschaftsanalyse. Darmstadt/Neuwied 1974.
Jensen, St. (Hrsg.): Talcott Parsons. Zur Theorie sozialer Systeme. Opladen 1976.
Prevo, R./Ritsert, J. & E. Stracke: Systemtheoretische Ansätze in der Soziologie. Eine kritische Analyse. Reinbek bei Hamburg 1973.

Klaus-Peter Japp

Tausch

Unter T. versteht man den im gegenseitigen Einverständnis vollzogenen Besitzwechsel von Gütern oder Dienstleistungen durch die Hingabe von Gegenleistungen. Die einfachste Form des T. kennt zwei T.-Partner im Besitz von je einem vom andern begehrten Gut. Der T. vollzieht sich, nachdem eine Einigung über die als gleichwertig geltenden Mengen erzielt wurde. Die Erklärung der quantitativen T.-Verhältnisse ist Gegenstand der ökonomischen Theorie, während sich in der Soziologie Untersuchungen über die sozialen Bedingungen und Folgen gesellschaftlich verallgemeinerten T. neben Übertragungen ökonomischer Modelle auf soziale Beziehungen finden.

Durch den T. wird die Teilhabe des einzelnen am arbeitsteilig erzeugten gesellschaftlichen Reichtum ermöglicht, ohne daß es im Prinzip einer zentralen Steuerung bedarf. Allerdings setzt die tauschförmige Gewährleistung des «gesellschaftlichen Stoffwechsels» (Marx 1962, 119) nicht nur Geldgebrauch, die Existenz von organisierten Märkten und entsprechende normative Orientierungen voraus (→ Normen), die zudem durch rechtliche und politische Garantien abgestützt werden müssen, sondern auch eine bestimmte, erst mit dem modernen → Kapitalismus entstandene Form der gesellschaftlichen Produktion. Deshalb sind einerseits die älteren → Gesellschaftstheorien untauglich, soweit sie von der Universalität der erst mit der bürgerlichen Gesellschaft entstandenen → Institutionen ausgehen (vgl. Macpherson 1962), andererseits aber auch die historischen Stufentheorien, die die gesellschaftliche Entwicklung mit der von T.-Formen in eins setzen (vgl. Hildebrand 1864). Dagegen haben ökonomisch-anthropologische Forschungen gezeigt, daß es Alternativen zum T. gibt, die die Einheit und Stabilität von Wirtschaften gewährleisten können. Reziprozität und Redistribution sind solche Alternativen (nach Polanyi 1971, 149). Bei der Reziprozität handelt es sich um die wechselseitige Unterstützung symmetrisch aufeinander bezogener → Gruppen, die vom Unterhalt noch nicht oder nicht mehr produzierender Familienmitglieder bis zum ritualisierten, obligatorischen Schenken reicht (vgl. Mauss 1923–4; Malinowski 1922). Bei der Redistribution handelt es sich um zentral gesteuerte Umverteilungsprozesse, die von staatsförmigen Institutionen durchgeführt werden. Im Vergleich zu Reziprozität und Redistribution sind die hervorstechenden Merkmale des T. auf Märkten als soziale Integrationsform der Kauf und Verkauf zu Geldpreisen, die paarweise Struktur, Flüchtigkeit und Unpersönlichkeit von T.-Beziehungen, schließlich die Individualisierung und Rationalisierung des T.-Handelns.

Die Erklärung der Geldpreise ist vordringlicher Gegenstand der ökonomischen Theorie, die deshalb auch als Katallaktik (= T.-Lehre) verstanden wurde. Dabei nähert man sich dieser Erklärung mittels einer Abstraktion vom → Geld und untersucht die Bestimmungsgründe des unmittelbaren Güter-T. Die klassische → politische Ökonomie (mit den Hauptvertretern A. Smith, D. Ricardo und – trotz Sonderstellung – K. Marx) findet die Erklärung des T.-Werts von Produkten in der gesellschaftlich notwendigen Arbeit. Die neoklassische Ökonomie (zuerst W. S. Jevons, L. Walras und C. Menger) sucht hingegen den T.-Wert aus dem Grenznutzen der Güter zu erklären, d. h. aus dem Nutzenzuwachs, der durch die letzte verfügbare Gütereinheit entsteht. Der T. wird vom → Individuum so lange fortgesetzt, bis sich der durch Erwerb zusätzlicher Einheiten eines Gutes hervorgerufene Nutzenzuwachs und der durch Weggabe des eigenen Gutes entstehende Nutzenverlust ausgleichen. Dieses Prinzip des Nutzenausgleichs wird in der Neoklassik zur handlungssteuernden Regel, an der sich die Rationalität des individuellen Handelns bemißt. Daß damit aber die soziale Situation des T. noch nicht erklärt ist, zeigt sich darin, daß eine quantitative eindeutige Bestimmung des T.-Werts gerade im einfachsten Fall des sog. isolierten T. nicht gelingt. Trotz angenommener Kenntnis der Güterarten und -mengen und der je individuellen Nutzenfunktionen läßt sich nicht vorhersagen, zu welchen Bedingungen zwei isoliert gedachte Individuen tauschen. Die Neoklassik entzieht sich diesem Problem dadurch, daß sie von der Situation des T. zu zweien zur massenhaften → Konkurrenz übergeht, in der bestimmte überindividuelle Ausgleichsmechanismen wirken und so eine Bestimmung der T.-Werte erlauben sollen. Weder in der Klassik noch in der Neoklassik gelingt im übrigen eine Erklärung des Geldes im Zuge der T.-Analyse. Hierzu hat nur Marx mit seiner Wertformenlehre einen Ansatz vorgelegt, in dem T.-Wert- und Gelderklärung so zusammengeführt sind, daß Geld als notwendige Strukturbildung von Gesellschaften verstehbar wird, in denen arbeitsteilig für den T. produziert wird.

Für die → Soziologie steht allerdings im Vordergrund einer Beschäftigung mit dem T. dessen Funktion als Mechanismus der gesellschaftlichen → Integration, woraus sich erst in der Folge das Problem der Gelderklärung stellt. Denn das Verständnis des T. als «Sozialzement» (Gehlen

1956, 51) setzt die Möglichkeit stabiler Reproduktion einer Gesellschaft voraus, die sich in flüchtigen Beziehungen paarweise angeordneter Individuen darstellt. Einerseits gilt: «Die Tauschgesellschaft paart sich ab» (Wieser 1924, 123). Andererseits ist die Vergesellschaftung durch T. «insofern spezifisch ephemer, als sie mit der Übergabe der Tauschgüter erlischt» (Weber 1972, 382). In dieser Problemstellung rücken Bedingungen der Strukturierung von Tauschakten jenseits von Nutzenmaximierung oder materiellen Reproduktionszwängen ins Blickfeld: Institutionen, die das Handeln auf Märkten rechtlich und politisch abstützen, normativ auf bestimmte materiale Ziele einstellen oder selbstregulativ koordinieren. Als solches Steuerungsmittel wird in der Soziologie Geld eingeführt, als Vorbild für alle «generalisierten Medien der Kommunikation» (vgl. Luhmann 1972).

Wenn so die soziologische Tradition verdeutlicht, daß der T. als Vergesellschaftungsform von sich selbst regulierenden → sozialen Systemen in rein ökonomischen Analysen nur unvollständig erklärt wird, so haben letztere doch in zweierlei Hinsicht die soziologische Theoriebildung beeinflußt. Einmal bilden ökonomische Modelle wegen der exklusiven Berücksichtigung rationalen Handelns als Nutzen- oder Gewinnmaximierung Handlungszusammenhänge ab, die in zugespitzter Weise jenen epochalen Rationalisierungsprozeß ausdrücken, der die gesellschaftliche Entwicklung seit der Entstehung des modernen → Kapitalismus geprägt hat: Gerade der verallgemeinerte T. erzwingt jene Versachlichung und Entpersönlichung des Handelns, deren Übergriff auf alle Lebensbereiche zum großen Thema der Soziologie wurde. Zum andern haben die aus der Beschränkung auf rationales Handeln erwachsenen Erklärungsvorteile der ökonomischen Theorie, insbesondere die Exaktheit und Quantifizierbarkeit von Aussagen, Soziologen dazu gebracht, ökonomische Erklärungsschemata auf nichtökonomische Phänomene anzuwenden.

Das Programm, alles soziale Verhalten nach dem Muster von T.-Beziehungen zu erklären (vgl. Homans 1958: ferner Heath 1976), hat sich jedoch als wenig fruchtbar erwiesen. Die Grundbegriffe der neoklassischen T.-Analyse (Nutzen, Knappheit) sind schon auf ihrem eigentlichen Anwendungsgebiet fragwürdig genug, da sie die soziale Seite ökonomischer Vorgänge ausblenden. Übertragen auf die Analyse sozialer Tatbestände schlechthin verlieren sie ihren Sinn, weil sich bei Einbeziehung entsprechender ‹Güter› (z.B. Liebe, Freundschaft) in das Nutzenkalkül jedes Verhalten als Maximierung auslegen läßt. Dann erscheint die Übernahme des spieltheoretischen Ansatzes schon vielversprechender; denn dieser bezog sich ursprünglich ausdrücklich auf das beim T. auftretende Problem der Kontingenz bei wechselseitig aufeinander bezogenem, rationalem Handeln (vgl. von Neumann/Morgenstern 1953, 10f).

Gehlen, A.: Urmensch und Spätkultur. Bonn 1956.
Heath, A.: Rational Choice and Social Exchange. Cambridge 1976.
Hildebrand, B.: Natural-, Geld- und Creditwirtschaft. In: Jahrbücher für Nationalökonomie und Statistik, 1864, 2, 1–24.
Homans, G. C.: Social Behavior as Exchange. American Journal of Sociology, 1958, 63, 597–606.
Luhmann, N.: Knappheit, Geld und die bürgerliche Gesellschaft. In: Jahrbuch für Sozialwissenschaft, 1972, 23, 186–210.
Macpherson, C. B.: The Political Theory of Possessive Individualism. Oxford 1962.
Malinowski, B.: Argonauts of the Western Pacific. London 1922.
Marx, K.: Das Kapital. Bd. 1. MEW Bd. 23. Berlin (DDR) 1962.
Mauss, M.: Essai sur le don. Année sociologique, n. s., 1923–4, 1. 30–186.
Neumann, J. von & O. Morgenstern: Theory of Games and Economic Behavior. Princeton 1953³.
Polanyi, K.: Primitive, Archaic and Modern Economies. Boston 1971².
Weber, M.: Wirtschaft und Gesellschaft. Tübingen 1972⁵.
Wieser, F. v.: Theorie der gesellschaftlichen Wirtschaft. Tübingen 1924².

Heiner Ganßmann

Taylorismus

Als T. im engeren Sinne, auch «orthodoxer Taylorismus» genannt (Vahrenkamp 1981, 36f), bezeichnet man eine spezielle Methode der Leistungssteigerung, die durch Taylor Ende des 19. Jahrhunderts konzipiert und von seinen Nachfolgern Gilbreth, Gantt und White weiterentwickelt wurde. T. wird zugleich als Dachbegriff verwendet, unter dem alle möglichen arbeitsorganisatorischen Lehrmeinungen und Anschauungen, die vorherrschenden leistungspolitischen Bestrebungen und die gleichzeitig entstehenden spätindustriellen Arbeitsbedingungen und -anforderungen sowie betrieblichen Sozialbeziehungen in einer Zeit zunehmender Mechanisierung zusammengefaßt sind. Die in der zweiten Variante des T.-Begriffs enthaltenen Bestimmungen verdichten sich in der Charakterisierung des T. als «adäquate Formbestimmung des kapitalistischen Arbeitsprozesses» (Mendner 1975, 151f). Verweist diese Charakterisierung auf die marxistisch orientierte Kritik kapitalistischer Arbeitsorganisation überhaupt (→ Kapitalismus), so ergibt sich konsequenterweise daraus eine negative Akzentuierung der Funktion des T. in der industriellen Arbeitswelt: er bilde die methodische Grundlage für Maßnahmen des → Managements, die der Tendenz der «Entfremdung des Menschen von seiner Arbeit» (Mendner 1975, 153) Vorschub leisten (→ Entfremdung).

‹T.› steht heute auch für dehumanisierende Implikationen unternehmerischer Rationalisierungsprogramme (siehe Kursbuch 1976).

Insbesondere in der sozialwissenschaftlichen Fachliteratur wird der T. mit einem negativen Akzent versehen: Als ‹wissenschaftliche Betriebsführung› erhebe er einen unberechtigten Anspruch auf Anerkennung als wissenschaftliche Forschungsmethode sozialer Zusammenhänge im Betrieb. Daß er keine wissenschaftliche Systematik besitzt, wird nach der vorherrschenden Meinung in der Sozialwissenschaft dadurch bewiesen, daß Taylor kein analytisch-deduktives, sondern ein normatives Wissenschaftsverständnis hatte, das ihn zur Konzipierung eines verfeinerten Ideensystems ohne Erklärungswert geführt hat (vgl. Wachtler 1979, 116). Entsprechend dazu wird ihm die Eigenschaft bescheinigt, die konkreten sozialen Probleme industrieller → Arbeit systematisch ignoriert zu haben – weswegen ihm auch jede Fähigkeit aberkannt wird, etwas für das Verständnis der sozialen Beziehungen im Industriebetrieb beigetragen zu haben. Folgerichtig wird die ‹wissenschaftliche Betriebsführung› immer explizit oder implizit als Negation der «sozialen Dimensionen der Arbeitsorganisation» angesehen (Littek 1973, 19ff).

Der T. wird bisweilen in den Stand einer «Sozialtheorie» erhoben (Schmidt 1974, 80), die eben wegen ihrer falschen idealistischen Annahmen über Mensch und Betrieb zwar praktisch hinsichtlich der Intensivierung individueller Arbeitsleistungen wirksam, theoretisch im Sinne einer Theorie des Arbeitsverhaltens jedoch unbedeutsam bleiben mußte. Das Verhältnis von T. und → Soziologie stellt sich als ein reziprokes dar: Der beliebigen Unterstellung, der T. habe sich als eine Ideologie des ‹Homo oeconomicus› diskreditiert, steht die Überzeugung entgegen, daß die Soziologie die einseitige ökonomistische Definition des Arbeitsverhaltens überwunden hat, indem sie den Arbeiter als soziales Wesen in den Mittelpunkt ihrer Untersuchungen gestellt habe (vgl. Krysmanski 1971, 43).

Als Beginn des wissenschaftlichen Studiums der sozialen Beziehungen im Betrieb betrachtet man die Hawthorne-Untersuchungen der Mayo-Gruppe, deren Methode mit dem Namen → «Human-Relations-Bewegung» fortan als das Gegenstück zum Taylor-System gilt (vgl. Landsberger/Fürstenberg 1969, 431f). Die Rolle des T. für die Entwicklung der Industrie- und Betriebssoziologie wird infolgedessen durch die Konstruktion eines Paradoxons definiert: In ihm sieht man nur das negative Beispiel einer falschen Betrachtung von Arbeitsverhalten, das jedoch die positive Funktion eines gleichsam ‹advocatus diaboli› bei der Anerkennung dieser Disziplin als der Wissenschaft von den sozialen Beziehungen im Produktionsprozeß ausgeübt hat. Darauf verweist das allgemeingültige Urteil: «An der Widerlegung der falschen Voraussetzungen Taylors hat diese Disziplin sich entwickelt» (Burisch 1972, 34).

Es gibt mittlerweile Bemühungen, die Beurteilung des T. als einer in Mißkredit geratenen → Ideologie zu revidieren und die Kritik an ihm unter Hinweis auf seine Bedeutung für die Management-Praxis differenzierter zu gestalten. Für Braverman z. B. stellen die früheren Taylor-Kritiken «eine klägliche Mißdeutung der tatsächlichen Dynamik der Entwicklung des Managements dar» (1977, 74). Auch Bruder und Volpert bemühen sich um eine differenzierte kritische Darstellung des T. an Hand seiner praktischen betriebspolitischen Relevanz, wobei sie sich mehr auf die ideologischen Implikationen der Taylorschen individualpsychologischen Konditionierungsmethoden des Arbeitsverhaltens beziehen (s. Bruder 1973, 132ff, und Volpert 1975, 45ff).

Damit zeichnen sich – pauschal ausgedrückt – zwei gegensätzliche Beurteilungsweisen des T. ab: Für die einen gilt er als ein Konglomerat falscher idealistischer Annahmen über Mensch und Betrieb – woraus seine methodische Insuffizienz abgeleitet wird –; für die anderen repräsentiert er die Grundprinzipien der Arbeitsorganisation bis zur Gegenwart. Diese widersprüchlichen Interpretationen des T. sind auf die Konzeption der ‹wissenschaftlichen Betriebsführung› selbst zurückzuführen, die zweigleisig ist: Zum einen ist sie ein System von Anweisungen und Anleitungen für die Intensivierung individueller Arbeitsleistung sowie für die Systematisierung und Strukturierung der betrieblichen Abläufe und deren Organisation und Steuerung (vgl. Vahrenkamp 1981, 36); zum anderen sind Zielsetzung und Voraussetzung der Praktizierung dieses Systems durch Taylor selbst ideologisch definiert, wobei sie als Tautologie erscheinen: Der Erfolg des Systems hängt von der Akzeptanz einer sozialpartnerschaftlichen Ideologie ab, das System soll zugleich harmonische (konfliktlose) Arbeitsbeziehungen herstellen helfen.

Auch wenn die Elemente des T., die nach Problemfeldern der Betriebsorganisation analytisch geordnet werden können (vgl. Vahrenkamp 1981, 36ff), auf die Zweckbestimmung des Systems, nämlich die Steigerung der Arbeitsintensität mittels ökonomischer, psychologischer und arbeitsorganisatorischer Ausbeutungsmethoden menschlicher Arbeitskraft, verweisen (→ Ausbeutung), postuliert er selbst über die Verkündung einer diesen Methoden zugrunde liegenden «Philosophie der menschlichen Zusammenarbeit» eine humanisierende Auswirkung seiner Verfahrensbestimmungen (siehe Giesel 1963, 77ff). Die Verbindung von arbeitswissenschaftlichen Techniken zur Lösung praktischer Probleme im Interesse der Betriebsleitung und sozialer Demagogie macht den besonderen sozialtechnologischen Gehalt des T. aus (→ Arbeitswissenschaften/→ Sozialtechnologie).

Liegt dem Taylorschen Modell der Gedanke eines möglichst reibungslosen Ablaufs des betrieblichen Produktionsprozesses, einer möglichst optimalen Zuordnung und Aufeinanderabstimmung der subjektiven und sachlichen Produktionsfaktoren zugrunde, so ist es offensichtlich, daß die bezweckte Optimalität ohne – freilich instrumentelle – Berücksichtigung des Menschen in der Produktion nicht möglich ist. Inzwischen ist denn auch der lange Zeit in der soziologischen Literatur gepflegte Mythos, daß erst durch die Hawthorne-Experimente und die daraus sich entwickelnde betriebliche Sozialforschung der ‹human factor› in die Betrachtung einbezogen wurde, während der Mensch im T. keine Rolle spiele, zerstört worden. Für die nichtpositivistische Sozialforschung gilt dies als zu einfacher Versuch, «sich verbal abzusetzen von der inhaltlich ungebrochen fortgeführten Position, die bei Taylor eben nur mit naivem Zynismus vertreten, unter der modernen Formel der ‹Anpassung der Arbeit an den Menschen› weiterbesteht. In beiden Fällen handelt es sich um Untersuchung und Einrichtung der Arbeitsbedingungen im Zusammenhang der menschlichen Möglichkeiten und insofern unter ‹Berücksichtigung›, als man sie dadurch effektiver ausbeuten kann, wenn man ihre Möglichkeiten kennt» (Bruder 1973, 142). Es wäre methodologisch falsch, würde man T. – losgelöst von seinem historischen Kontext – ausschließlich ideologisch behandeln und ihm als wichtigste Fehlleistung zuschreiben, er stelle den Geldanreiz in den Mittelpunkt des motivationalen Bestimmungszusammenhangs menschlichen Arbeitsverhaltens. Diese in den Lehrbüchern der Industrie- und Betriebssoziologie vorherrschende Mißdeutung führt zu der irrigen Schlußfolgerung, die Human-Relations-Schule habe den T. überflüssig gemacht. So unbestritten es ist, daß diese beiden Schulen auf unterschiedlichen Dimensionen operieren, so deutlich ist andererseits, daß beide gemeinsam das Arbeits- und Leistungsverhalten als Gegenstand haben. Daß auch Taylor sich mit den vielen sozialen Dimensionen der Arbeit beschäftigt hat, weist Littler (1978, 185 ff) in seiner differenzierten Darstellung des Taylor-Systems nach.

Wenn die moderne Industrie- und Betriebssoziologie oft mit Verachtung auf ihre tayloristische Tradition herabsieht, dann dokumentiert sie dadurch nur ihr Selbstbewußtsein, daß die instrumentelle Bezugnahme auf den menschlichen Faktor in der Betriebswirtschaft nur mit verfeinerten Methoden, die nicht den Argwohn von Moralisten provozieren, erfolgen muß. Jedoch ist der Wechsel von aufeinanderfolgenden Theorien und Methoden nicht auf das Selbstverständnis der betrieblichen Sozialforschung zurückzuführen. Eine Theorie oder eine Methode ist dann überwunden oder geht in die andere über, wenn sie nicht mehr den praktischen Zwecken der Produktion nützlich ist; eine arbeitswissenschaftliche Methode ist also nur so lange gut, wie sie für die jeweilige konkrete Konstellation von Problemen taugt bzw. dem aktuellen Stand der Erforschung menschlichen Arbeitsverhaltens entspricht. Weder die Taylorsche noch die Mayosche Theorie über den effektiven Umgang mit der lebendigen Arbeit waren außerhalb dieser historischen Konstellation, sie wurden in die Ebene eben dieser Probleme bzw. der Forschungsergebnisse betrieblichen Arbeitsverhaltens hineingezogen; sie überstiegen sie nicht, und insofern konnten sie nur historisch bedingte Lösungsmöglichkeiten anbieten.

Braverman, H.: Die Arbeit im modernen Produktionsprozeß. Frankfurt/New York 1977.
Bruder, K.-J.: Entwurf der Kritik der bürgerlichen Psychologie. In: Ders. (Hrsg.): Kritik der bürgerlichen Psychologie. Frankfurt/M. 1973.
Burisch, W.: Industrie- und Betriebssoziologie. Berlin/New York 1972.
Giesel, H.: Der soziale Gehalt des Taylor-Systems. Diss. Köln 1963.
Krysmanski, H. J.: Soziologie des Konflikts. Reinbek bei Hamburg 1971.
Kursbuch Nr. 43/1976: Arbeitsorganisation – Ende des Taylorismus?
Landsberger, H. A. & F. Fürstenberg: Art.: Human Relations in Industry. In: Wörterbuch der Soziologie. Hrsg. von W. Bernsdorf. Stuttgart 1969.
Littek, W.: Industriearbeit und Gesellschaftsstruktur. Frankfurt/M. 1973.
Littler, C. R.: Understanding Taylorism. In: British Journal of Sociology, 1978, 2, Vol. 29.
Mendner, J.: Technologische Entwicklung u. Arbeitsprozeß. Frankfurt/M. 1975.
Schmidt, G.: Gesellschaftliche Entwicklung u. Industriesoziologie in den USA. Frankfurt/M. 1974.
Vahrenkamp, R.: Taylorismus u. Massenproduktion. Unver. Manuskript. Kassel 1981.
Volpert, W.: Die Lohnarbeitswissenschaft u. d. Psychologie d. Arbeitstätigkeit. In: Groskurth, P. & W. Volpert: Lohnarbeitspsychologie. Frankfurt/M. 1975.
Wachtler, G.: Humanisierung der Arbeit und Industriesoziologie. Stuttgart/Berlin/Köln/Mainz 1979.

Michael Gikas

Technokratie

Noch vor nicht langer Zeit lautete eine weitverbreitete Annahme, die Probleme, die durch die Technik geschaffen würden, seien durch die Technik wiederum zu lösen. Heute wissen wir, bedingt vor allem durch die atomenergietechnologische, -politische und ökologische Debatte, daß großtechnologische Systeme ein überdimensioniertes Risikopotential schaffen können, demgegenüber wir nur ohnmächtig auf das Nichteintreten unvermeidlicher und quantitativ wie qualitativ katastrophaler Begleitfolgen hoffen können. Die alte Grundannahme ist im Schwinden, daß die Technik, für sich selber genommen, neutral sei und durch einen geeigneten sozialen Kontext ihrer Verwendung schließlich immer zum Guten gewendet werden könnte. Heute wissen wir, daß es Formen, Größenordnungen und Risiken von Techniken gibt, die sich den sozialen Kontext ihrer Verwendung gleichsam erzwingen und den Spielraum sozialer Gestaltung rapide schrumpfen lassen. ‹Atomstaat› und ‹Genstaat› sind zwei Bezeichnungen für die von moderner Großtechnologie geprägten Sozialgebilde mit totalitären Zwangsstrukturen. Heute wissen wir, daß die ‹Sachzwänge› sehr real sein können und Technik ‹herrschen› kann, genauer: daß sich vermittels Technik → Herrschaft optimieren läßt, indem ihr (reibungsloses) Funktionieren als deren (alleinige) Legitimation ausgegeben und beansprucht wird.

Ursprünglich der Name für eine von Ökonomen und Naturwissenschaftlern, Technikern und Ingenieuren getragene *wirtschaftspolitische* Protestbewegung in den USA der 20er und 30er Jahre, deren wesentliche Vorstellungen von einer ‹anderen› kapitalistischen Wirtschaftspolitik mit dem Präsidentschaftsantritt Franklin Delano Roosevelts und seiner «New-Deal»-Politik erfüllt wurden (vgl. Mohler 1974, 251 ff; Senghaas 1970, 282 ff), hat der Begriff T. vor allem in der konservativen deutschen → Sozialphilosophie der Nachkriegszeit eine Fundierung erfahren, die ihn zu einem Epochenbegriff für die wissenschaftlich-technische Zivilisation schlechthin gemacht hat. Die Initialzündung der deutschen T.-Diskussion gab Schelsky (1961 a) → (Sozialtechnologie). In vielen seiner Gedanken geht er dabei auf Arnold Gehlen und Hans Freyer zurück.

Wenn von T. die Rede ist, so in der Regel in zwei Varianten:

1. T. als eine der platonisierenden Idee der Philosophenkönige analoge Herrschaft von Wissenschaftlern und Technikern, denen allein die Fähigkeit zugesprochen wird, eine universell durch wissenschaftliche Technik geprägte Zivilisation, die dem Status der → Automation zugehe, sachangemessen und effizient zu steuern. Was nicht heißen muß, daß sie die Rolle der Politiker einnehmen, wohl aber, daß sie die maßgebliche Politikberatung monopolisieren (These von der Expertokratie). – In ihrer krassen Zuspitzung spricht diese Variante den Naturwissenschaftlern die Erkenntnis dessen, was feststeht, und den Technikern die Exekution jener eindeutig vorgegebenen ‹Sachzwänge› zu. Dies ist kein politisches Handeln mehr, da keine dezisionistischen Entscheidungen zu treffen sind (These von der Sachzwangsherrschaft).

2. Eine zweite, oft vernachlässigte Bedeutung hat der Begriff der T. als ‹Szientokratie›: Die Verbreitung einer Denkhaltung, die dem naturwissenschaftlichen Erkenntnisideal entspricht (experimentell, quantitativ, wertfrei, objektiv), ist als instrumentelle Vernunft zur «offiziellen Geisteshaltung» (Marcuse) geworden. Diese Geisteshaltung unterscheidet sich deutlich von den traditionellen, religiösen, ästhetischen und intuiti-

ven Betrachtungs- und Verhaltensweisen. Ihr Bestreben ist es, die Dinge logisch, praktisch und diszipliniert Schritt für Schritt anzugehen und sich dabei auf Berechnung, Präzision und Messung zu verlassen. Es herrscht die Überzeugung vor, alles Wirkliche sei meßbar. Was sich solcher Messung entzieht, wird als spekulativ und utopisch verworfen. Nicht allein das Denken ist szientokratisch borniert, sondern auch die Mentalität, so daß die kritische Psychologie einen «technokratischen Charakter» (vgl. Adorno 1973, 335f) ausmachen konnte: Er ist der außengeleitete Konguist, eine ‹Steigerung› des Konformisten, der sich mit dem Status der → Entfremdung voll und ganz identifiziert.

Am technokratischen Charakter fallen zwei Eigenschaften auf: Konkretismus und Quantomanie. Damit ist zum einen ein überrealistischer Instrumentalismus bezeichnet, der den ‹Macher› kennzeichnet, für den es die Hauptsache ist, daß etwas getan wird, Nebensache aber, was getan wird. Horkheimer vergleicht den Konkretisten mit dem Bastler, den an der Uhr die Räder interessieren, nicht die Zeit, die sie mißt. Zum anderen ist der technokratische Charakter der Quantomanie erlegen, der Zahlengläubigkeit und dem sie umgebenden Fluidum der Nüchternheit (vgl. Hansen 1978, 216ff).

Der Name Schelskys verbindet sich vor allem mit den politischen Konsequenzen, die aus dem technisch-wissenschaftlichen Zustand unserer Zivilisation zu ziehen sind. Schelsky ist der Programmatiker des «technischen Staates», der korrekter ‹technodemokratischer Staat› hieße. Der «Staatsstreich der Technik» in der wissenschaftlichen Zivilisation hat der Demokratie ihre Substanz entzogen: «An die Stelle des politischen Volkswillens tritt die Sachgesetzlichkeit.» Aufgabe des Staates ist es fortan, den «technischen Vollzug unserer Existenz funktional zu sichern» (Schelsky 1961 b 99f). Oberstes Ziel des Staatshandelns ist die höchste Wirksamkeit der verfügbaren technischen Mittel. Insistiert man auf der Frage, wozu und für wen dieses Ziel, so wird eine schlüssige Antwort nicht gegeben: «Die wissenschaftlichen Möglichkeiten, die technischen Mittel selbst bestimmen, worauf das praktische Leben zugeht und was ‹Zweck› und ‹Nützlichkeit› ist» (Schelsky 1965, 464). Der Staatsmann im technischen Staat «herrscht» gar nicht mehr; er führt lediglich aus, was sich als Sachnotwendigkeit aus dem Widerspiel von Apparaturgesetzlichkeiten und jeweiliger Sachlage ergibt. Daß im technischen Staat überhaupt niemand mehr «herrscht», sondern eine Apparatur abläuft, die sachgemäß bedient sein will, ist Schelskys Quintessenz. Damit reduziert er den Sinn eines politischen Gemeinwesens auf die pure Leistungseffizienz eines technischen Körpers. Der aus der pluralistisch-demokratischen Epoche eines «Staates der Interessengruppen» überkommene Willensbildungsmodus findet im technischen Staat keine Berechtigung mehr.

Die Technodemokratie ist strukturell undemokratisch. Sachentscheidungen und Fachfragen fallen unter die natürliche Kompetenz des Sachverstandes, «gegen dessen Urteil eine Berufung auf die allgemeine Meinung nicht möglich ist» (Lübbe 1971, 52). Hierin kommt der wissenssoziologische Kern der T.-Theorie besonders deutlich zum Vorschein: die These vom «postideologischen Zeitalter» (vgl. Burisch 1971; Lenk 1973) (→ Wissenssoziologie).

Um eine ebenso affektlose Hinnahme der auf Grund von Sachgesetzlichkeiten getroffenen Entscheidungen beim Staatsbürgerpublikum des technischen Staates zu veranlassen, treten die vom Staat überwachten oder ganz bei ihm monopolisierten Anthropotechniken in Kraft. Diese reichen von staatlich getragener Erziehung bis zum quasi-staatlichen Rundfunkmonopol. Demoskopie und Propaganda nennt Schelsky weiterhin. Mit Hilfe der Anthropotechniken soll der Prozeß der politischen Meinungs-, Willens- und Motivbildung zu einem wissenschaftlich-deduzierbaren und manipulierbaren Produktionsvorgang werden. Menschliches Verhalten soll damit bis in seine innerseelischen Bereiche seiner naturwüchsigen Entstehung enthoben und geplant, funktionalisiert werden, um zur Rechtfertigung herangezogen werden zu können für das, was unter sachlogischen Gesichtspunkten sowieso geschieht.

Im Wort Technodemokratie ist die Silbe *demo* zur Konzessionssilbe geworden. Die Vollzugsbeamten der Technodemokratie gehören der technisch-wissenschaftlichen → Elite an. Ihre Eliteherrschaft teilt mit allen Arten von Eliteherrschaften die konservative Skepsis in die Volksherrschaft und deren Tendenz zur Mobokratie (vgl. Bachrach 1970).

Der geschichtsphilosophische Kern der T.-Theorie ist die These vom Posthistoire. Gehlen (vgl. 1965, 311ff) und Freyer (vgl. 1970, 131ff) haben in ihrer unterkühlten Schlußpunktdiktion eindringlich beschrieben, wie das Ende der Geschichte zu denken sei, das heißt das Ende des von Menschen initiierten und kontrollierten Fortschritts in der Beherrschung ihrer natürlichen und gesellschaftlichen Natur. Fortschritt, schreibt Freyer, werde zu einer von den Gesinnungen und Entschlüssen unabhängigen Struktur des «Aktionsfeldes». Er überkomme die Menschen «von den Sachen her».

Am posthistorischen Ende der T. steht die Verwirklichung des konservativen Traums einer allseitigen statischen Grundstruktur. ‹Kristallisation› und ‹Verkrustung› sind die angemessenen Zustandsbeschreibungen. Der Mensch ist nach einer labilisierenden Phase institutionenzerstörerischer Demokratisierung und Individualemanzipation in die Zucht seiner gebieterischen technischen → Institutionen genommen. Sein höchstes Vermögen besteht nun darin, sich in sein Schicksal zu fügen, seine Heroik im heldenhaften Verzicht auf die Sinnfrage wie auf Rebellion.

Die T.-Theorie ist ein sozialphilosophisches Konstrukt mit politisch autoritären und ethisch nihilistischen Konsequenzen. Indem der moderne, herrschende Konservativismus zum «technokratischen Konservativismus» (vgl. Greiffenhagen 1974, 15ff) konvertiert, verläßt er den Horizont seiner eigenen Werttradition und tritt an die Seite des Nihilismus.

Adorno, Th. W.: Studien zum autoritären Charakter. Frankfurt/M. 1973.
Bachrach, P.: Die Theorie demokratischer Elitenherrschaft. Frankfurt/M. 1970.
Burisch, W.: Ideologie und Sachzwang. Tübingen 1971.
Freyer, H.: Leben aus zweiter Hand. Wuppertal o.J. (1959).
–: Über das Dominantwerden technischer Kategorien in der Lebenswelt der industriellen Gesellschaft. In: Ders.: Gedanken zur Industriegesellschaft. Mainz 1970.
Gehlen, A.: Über die Geburt der Freiheit aus der Entfremdung. In: Ders.: Studien zur Anthropologie und Soziologie. Neuwied/Berlin 1965.
–: Über kulturelle Kristallisation. In: Ders.: ebd.
Greiffenhagen, M.: Neokonservatismus in der Bundesrepublik. In: Ders. (Hrsg.): Der neue Konservatismus der siebziger Jahre. Reinbek bei Hamburg 1974.
Hansen, K.: Technokratie und Kommunikation. Frankfurt/M. 1978.
Lenk, H. (Hrsg.): Technokratie als Ideologie. Stuttgart 1973.
Lübbe, H.: Zur politischen Theorie der Technokratie. In: Ders.: Theorie und Entscheidung. Freiburg 1971.
Mohler, A.: Howard Scott und die ‹Technocracy›. In: Forsthoff, E. & R. Hörstel (Hrsg.): Standorte im Zeitstrom. Festschrift für Arnold Gehlen zum 70. Geburtstag am 29. Januar 1974. Frankfurt/M. 1974.
Schelsky, H.: Der Mensch in der wissenschaftlichen Zivilisation. Köln/Opladen 1961a.
–: Demokratischer Staat und moderne Technik. In: Atomzeitalter, 1961b, 2, 99–103.
–: Auf der Suche nach der Wirklichkeit. Düsseldorf/Köln 1965.
Senghaas, D.: The Technocrats. In: Koch C. & D. Senghaas (Hrsg.): Texte zur Technokratiediskussion. Frankfurt/M. 1970.

Klaus Hansen

Totalität

Die Frage nach dem allgemeinen Zusammenhang in der Geschichte, der über die bloße Kompilation von Tatsachen hinausgeht, hat den Hegel-Gegner Ranke dazu verleitet, neben der bloßen Tatsachenfeststellung und Tatsachenordnung diesen Zusammenhang auf dem Wege einer intuitiv-‹künstlerischen› Formgebung herstellen zu wollen; zumindest geht sein Vorschlag in der Einleitung zu seiner Geschichte Englands nach dieser Richtung. Andere wie Joël oder Croce greifen auf den Begriff des

‹Zeitgeistes› als das alle Erscheinungen einer Epoche verbindende Mittel zurück. Im letzten dient auch der berühmte Begriff des ‹Verstehens›, dies ungeachtet der methodisch ‹individuellen› Vorgangsweise, dieser Aufgabe (vor allem bei Dilthey).

Es ist nicht zu übersehen, daß auch die Anstrengungen des bürgerlich-naturwissenschaftlichen Materialismus im 18. Jahrhundert, mittels des Rückgriffs auf Geographie und Klima eine historische Gesetzmäßigkeit plausibel zu machen, dem gleichen Zweck dient, nämlich die Vielfalt und Widersprüchlichkeit der Geschichte auf einen einheitlichen Nenner zu bringen, welches Bemühen unter den Begriff der T. zu subsumieren ist.

Den entscheidenden Anstoß zur philosophischen und theoretischen Formulierung eines brauchbaren Begriffs der T. hat Hegel gegeben. Zwar ist bei ihm die T. identisch mit dem «absoluten Geist», der die Stufen des Seins vom Mechanischen über das Pflanzliche und Tierische bis hin zum Menschen hervorbringt: zwar bleibt er damit beim alles und jedes umfassenden, sozusagen unendlichen und zugleich einem absoluten Ende zustrebenden Begriff der T. stehen. Jedoch darf nicht übersehen werden, daß für Hegel der zur T. geronnene absolute Geist zugleich das Allerkonkreteste ist, weil er die «Abstraktheit» (Hegel), d. h. die empiristische und auf «Meinungen» – wir würden heute sagen → Ideologie – beruhende Isoliertheit der Einzelerscheinungen überwindet, sie aus der «Unmittelbarkeit» der «Reflexion» in die «Vermittlung» überführt (→ Dialektik).

Wegen der Gleichsetzung von endzeitlicher Gesamtgeschichte und T., d. h. wegen der so gearteten unüberwundenen Abstraktheit, hat der Hegelsche Begriff der T. die metaphysischen Hüllen nicht abzuwerfen vermocht. Das ist der Grund, weshalb der Begriff der T., der noch immer im Hegelschen Sinne als die auf «Endzeitliches» hinstrebende Gesamtgeschichte verstanden wird, in der Wissenschaft an Boden verloren hat. Es ist zugleich nicht zu bestreiten, daß er in einem System fortlebt, das die metaphysische Abstraktheit des T.-Begriffs Hegels zu überwinden versucht, nämlich im → Marxismus. Indem dieser an die Stelle der metaphysischen T. die empirisch-konkret faßbare der Gesellschaftsordnung oder der Produktionsverhältnisse setzt, gewinnt er eine Basis der T.-Betrachtung, die, oft uneingestanden, tief auch in die nichtmarxistische Wissenschaft (besonders Geschichtsschreibung) eingedrungen ist.

Nichtsdestoweniger bleibt ein theoretischer Zusammenhang zwischen Hegel und Marx bestehen. Er liegt im genauen terminologischen und philosophischen Verständnis dessen, was die eigentliche Aktualität Hegels ausmacht: in der Kritik Hegels an allem «Positiven», die ihre Explikationen auf den dialektischen Zusammenhang von Schein, Erscheinung und → Wesen richtet. Nach Hegel scheint das Wesen in der Gestalt der Erscheinung durch den Schein hindurch, wodurch dieser nicht bloß zufällig existiert, sondern Notwendigkeit beansprucht. Diese Betrachtungsweise, die bereits jener des modernen → Positivismus grundsätzlich widerspricht, hat eine tiefe Wirkung auf das marxistische Denken gehabt.

Gegen die dem bloßen irreführenden Schein unterliegenden ‹positiven› Empiriker, die mit dem ‹Stoff› anzufangen pflegen, unterstreicht Hegel energisch die Vermittlung zur T. Zugleich unterstreicht er die Anfangslosigkeit einer jeden auf T. tendierenden Untersuchung, weil, wie er sagt, der Anfang «leer» ist und das radikale Mißtrauen gegen die vorhandenen und gesetzten Begriffe vorherrschen muß; erst in fortschreitender «vermittelnder» Anstrengung kann eine vorläufige und später gefestigte Vorstellung von der T. gewonnen werden. Mit der T. selbst zu beginnen ist für Hegel ein ebenso leeres Unterfangen: «Die eigentliche positive Ausführung des Anfangs ist zugleich umgekehrt ebensosehr ein negatives Verhalten gegen ihn.» «In der Nacht sind alle Kühe grau», sagt einmal Hegel bildlich, wobei es keinen wesentlichen Unterschied ausmacht, ob es die Nacht des empiristischen ‹gesunden Menschenverstandes› ist oder die Nacht der leeren T.

Erst in der Anstrengung der fortschreitenden Vermittlung der Erscheinungen zueinander und zum Prozeß, dem sie entstammen, bildet sich allmählich ein ‹konkreter› Begriff des Ganzen heraus und so in unendlicher Progression weiter. Deshalb ist in der Hegelschen Sprache die Einzelerscheinung «abstrakt» und das Ganze, die T., «konkret». Das Ganze ist konkret, sagt dementsprechend Marx, weil es die Zusammenfassung vieler Bestimmungen ist. Die so gewonnene Vorstellung von der T. historischen Geschehens sind für Marx die «Produktionsverhältnisse» einer bestimmten Epoche, d. h. die (strukturelle) T. der Verhältnisse der Menschen zueinander, wie sie unter Anwendung bestimmter Produktivkräfte untereinander eingegangen sind. Und selbst hier kommt es nicht auf die «Summe» von allem und jedem, sondern primär auf den inneren Aufbau, die «Struktur» der T. der Produktionsverhältnisse an, was mit dem Begriff der ihr innewohnenden «Gesetzmäßigkeit» zusammenfällt.

Entgegen allen metaphysischen Unterstellungen, durch die der Begriff der T. mißdeutet wird – ‹Endzeitlichkeit›, ‹Prophetie›, ‹Diesseitsreligiosität›, ‹Sozialismus als Paradies› usw. –, wonach der Marxismus einen absoluten Begriff der T. im Sinne eines erstrebten Endzustandes vertritt, zeigen die Texte eine andere Sprache. Während es bei Hegel noch heißt: «Der Geist ... bringt sich in der Totalität dessen hervor, was zu seiner Gestaltung gehört; und das ist eine Gestaltung der Weltgeschichte. Wenn der Geist fortschreitet, so muß er in seiner Totalität fortschreiten», so unterstreicht demgegenüber Marx, daß «die Konstruktion der Zukunft oder das Fertigwerden für alle Zeiten nicht unsere Sache ist». Engels assistiert: «Ebensowenig kann die Geschichte einen vollkommenen Abschluß finden in einem vollkommenen Idealzustand der Menschheit» (Ludwig Feuerbach und der Ausgang der klassischen deutschen Philosophie) (→ Erkenntnistheorie).

Engels, F.: Herrn Eugen Dührings Umwälzung der Wissenschaft. Berlin 1953.
Hegel, G. W. F.: Phänomenologie. Leipzig 1948 (Vorrede).
–: Wissenschaft der Logik. 2. Teil. Leipzig 1932 (Abschnitt: Die absolute Idee).
Kofler, L.: Geschichte und Dialektik. Neuwied 1973.
Lukács, G.: Der junge Hegel. Berlin 1954.
Marcuse, H.: Vernunft und Revolution. Neuwied 1962.
Marx, K.: Zur Kritik der politischen Ökonomie. Berlin 1951.
–: Der Achtzehnte Brumaire des Louis Bonaparte. Berlin 1953.
Plechanow, G. W.: Über die materialistische Geschichtsauffassung. Berlin 1946.
Warynski, St.: Die Wissenschaft von der Gesellschaft. Bern 1944.
Willms, B.: Einführung in die Staatslehre. Paderborn 1979.

Leo Kofler

Tradition

Das Wort als solches zeigt schon seine Schwierigkeiten. Im lateinischen Ursprung bedeutete es die Übergabe etwa einer Stadt, darüber hinaus den Bericht von etwas. Von hierher hat sich allerdings das Bedeutungsfeld des Wortstamms erweitert bis zum englischen trade (Handel, Gewerbe, Handwerk) und zur englischen trades-union (Gewerkschaft). Das Englische kennt freilich auch ‹tradition› im Sinn des deutschen Worts T. als Überlieferung.

Als wissenschaftlicher Begriff wirft T. das Problem auf: Ist der Sachverhalt des Überlieferns gemeint oder die → Ideologie des Werts von Überlieferung? Der Sachverhalt kann nur all das umreißen, was die folgende Generation von der vorangegangenen übernimmt, von der Produktion bis zu Weisen des Wissens. Dafür gibt es den Begriff der → Kultur, sofern man sich nicht einläßt auf das fragwürdige Gegeneinanderausspielen zwischen Kultur und Zivilisation. Das Gegeneinanderausspielen gehört schon zur Ideologie der T. Bei dem weiten Begriff der Kultur handelt es sich um die Gemeinsamkeiten, die eine jeweilige Gesellschaft zunächst und anfänglich hat, und bestünden auch die Gemeinsamkeiten in eingefahrenen Trennungen, Isolierungen, Diskretionen. Denkt man dabei an den Übertrag der Gemeinsamkeiten von Generation zu Generation, dann wird klar, daß der Sachverhalt der T. auch heutige äußerst bewegliche Industriegesellschaften weithin bestimmt. Dennoch existiert geschichtlich unbezweifelbar Unterschied zwischen stärker traditionsgebundenen Generationsfolgen der Gesellschaft und schwächer traditionsgebundenen. Sofern keine Eindeutigkeit des von Generation zu Generation Übertragbaren vorliegt, hat → Hermeneutik als der Vorgang der T.

zu gelten bis in die Überlieferung der materiellen Produktionsweisen hinein. Und Hermeneutik kann zwanghaft anpassend funktionieren, aber auch zu Befreiung überholend.

Ludwig Wittgenstein hat Eindeutigkeit des Mitteilens auf wissenschaftliche Kunstsprachen beschränkt gesehen. Danach gibt es wegen des Spielraums gerade auch einer materiell-produktiven Hermeneutik T.-Gebundenheit im strikten Sinn nicht. Andererseits – denkt man an das heutige Anwachsen des Geltungs- und Anwendungsbereichs von tendenziell auf Eindeutigkeit getrimmten Sprachen in Recht, Verwaltung, Didaktik und Medizin der modernen Industriegesellschaften – spürt man die Möglichkeit neuer, dadurch gesteigerter T.-Gebundenheit nach Bruch mit naturwüchsiger T., sogar nach Bruch mit der Ideologie der T.

Die Ideologie der T. propagiert deren Wert, sei es mit Hinweis auf Entlastung von Lebensdruck, sei es mit Hinweis auf Identitätsängste (→ Identität), sei es mit Hinweis auf die Qualitäten der erreichten Kultur, sei es mit Hinweis auf das gerad gebändigte Wölfisch-Barbarische im Menschen (Freud 1930), sei es – geschichtlich zuletzt im Nazismus aufgetreten – mit Hinweis auf den Konkurrenzkampf der Völker. Erst die Ideologie der T. wird zum Widerpart von Rationalität und → Utopie. Doch der Ideologie der T. ist schon vorausgesetzt der angebrochene Zweifel an unbefragter Selbstverständlichkeit der T. als Sachverhalt.

Von der Ideologie der T. sind zu unterscheiden die gesellschaftlich wirksamen Rückwenden an Vergangenheiten, welche ohne Anschluß an die Gegenwart vorliegen, also die Renaissancen bis in die neogotischen Bewegungen des 19. Jahrhunderts, sei es in der deutschen Romantik, sei es in England bei John Ruskin und William Morris. In den Renaissancen wird ein früherer Gesellschaftszustand als Ideal gesehen und so utopisch wie kritisch gegen den Gesellschaftszustand einer jeweiligen Gegenwart gewendet. Eine Erschwerung bringt der Vergangenheitskult der Faschisten (→ Faschismus). Doch abgesehen vom gegenüber der eigenen Gegenwart kritiklosen Betrug mit einiger ideologischer Anleihe an Renaissancehaftem geht es darin um Verherrlichung nationaler Größe oder rassistische Rückorientierung (→ Rasse), also um den Schein kontinuierlicher T., während Renaissancen die Kontinuierlichkeit der T. unterbrachen oder wenigstens unterbrochen sahen.

Zu unterscheiden ist die Ideologie der T. des weiteren vom Historismus, obgleich sich der in seiner gesellschaftlichen Praxis oft genug mit der Ideologie der T. verband. Doch strenggenommen müßte seine positivistische Wertfreiheit (→ Positivismus) ein aufklärerisches Moment sein gegen T.-Gebundenheit. Und im Zitierfähigmachen jeder Vergangenheit, wie sie etwa die unter seinem Namen laufende Gründerzeit-Architektur vortrug, hat er auch den vollendeten T.-Bruch der Moderne vorbereitet. Das wertfreie Zitierbarmachen jeder Vergangenheit, das verständigungslose Zusammenhalten des Vergangenen nur in den formalen Kontinuen von Zeit und Raum oder in den äußerlichen Klassifikationen musealer Sammelpräsentation entspricht dem Verfügbarmachen der ganzen Erde und ihrer Rohstoffgeschichte durch den ‹imperialistischen Weltmarkt›. Gründerzeit hat außer im gepflegt ideologischen Schein mit T.-Gebundenheit wenig zu tun, so wie die Musealität hohn spricht auf wirksame T.; die ist transportierbar geworden.

Walter Benjamin sah das äußerlich-formale Kontinuum der Geschichte im Blick des Historismus zusammenschießen zum unverbindlichen Kontinuum der Bildung und diese als triumphale Beute der herrschenden → Klassen. Benjamin sucht jede Ideologie geschichtlicher Kontinuität zu erschüttern, auch die Ansicht der Geschichte als Fortschritt. Sein Angriff auf die Kontinuität der Geschichte läßt erstaunlicherweise die Traditionslosigkeit der unbestimmten Tradierbarkeit von allem sich berühren mit der bestimmtesten T.-Gebundenheit unter dem Selektionsprinzip des Fortschritts. Dagegen fordert er traditionsungebundenen diskontinuierlichen Anschluß an T.en, die nicht tradiert wurden, also an bloß in ‹Spuren› merkliche T.en des Unterdrückten, des Subversiven gescheiterter Revolutionen. Ganz nah steht diese Forderung der Lehre Blochs von einer «Zukunft in der Vergangenheit», die eine T. des «Unabgegoltenen» meint, also desjenigen, was noch nie gegolten hat. Der übliche T.-Begriff dagegen hat in jedem seiner Züge mit durchgesetzter Geltung zu tun, mit dem Erfolgskriterium der Geschichte.

Die neue Auffassung einer Tradierbarkeit des Untradierten ist freilich rückbeziehbar auf den «Impuls Nietzsche» (Bloch), wo der aus Produktivitätsgesinnung Kontinuierlichkeit der Geschichte untergräbt. Doch Nietzsche meinte kulturelle Produktivität, während es Benjamin und Bloch in ihrem politischen Engagement um die menschliche Produktion des menschlichen Lebens gegangen ist. Das heutige Grundproblem der T. steckt in der Aktualisierbarkeit des Untradierten. Es sei denn, man würde Jürgen Habermas' Vielleicht-Resignation teilen, es ginge nur noch um das Behaupten von erreichten Positionen antitraditioneller Real-Liberalität, welche zur Zeit wieder kassiert werden sollen.

Benjamin, W.: Geschichtsphilosophische Thesen. Illuminationen. Frankfurt/M. 1961.
Bloch, E.: Tübinger Einleitung in die Philosophie. Frankfurt/M. 1970.
Eisenstadt, S. N.: Tradition, Wandel und Modernität. Frankfurt/M. 1978.
Freud, S.: Das Unbehagen in der Kultur (zus. mit Abriß der Psychoanalyse). Frankfurt/M. 1930.
Nietzsche, F.: Vom Nutzen und Nachteil der Historie. In: Werke. Hrsg. von K. Schlechta. Bd. I. München 1954.
Popper, K.: Das Elend des Historizismus. Tübingen 1965/1979.

Schmidt, B.: Benjamin zur Einführung. Hannover 1983.
Windelband, W.: Über Wesen und Wert der Tradition im Kulturleben. Präludien. Bd. 2. 1924[9].

Burghart Schmidt

Typologie

Im Zusammenhang der wissenschaftlichen Begriffsbildung ist T. ein (geordnetes) System von Typenbegriffen oder ein System von Gegenständen, insofern diese mit solchen Typenbegriffen dargestellt sind. Typenbegriffe sind über besondere Einzelfälle gebildet, denen sie zugeschrieben werden können. Diese Einzelfälle dienen als Muster für weitere Begriffszuschreibungen, sind in diesem Sinne als ‹Musterbeispiele› anzusehen. Durch die Beschreibung von Gegenständen bzw. die Darstellung von Sachverhalten mit Typenbegriffen wird so eine größere oder geringere Nähe zu dem Musterbeispiel bzw. werden Ähnlichkeiten mit ihm oder mit einzelnen seiner Züge mitgeteilt. Eine solche Darstellung durch Typenbegriffe ist daher komparativ – im Unterschied zu den Darstellungen durch Allgemeinbegriffe, in denen ein Einzelfall als prinzipiell äquivalent mit jedem anderen Einzelfall unter diesen Allgemeinbegriff subsumiert wird (so wie die Elemente einer Klasse dieser Klasse ohne komparative Bedeutung zugeordnet werden).

Die Diskussion von Typenbegriffen erhält eine bedeutsame Rolle in der Auseinandersetzung um die Frage nach dem Sonderstatus kulturwissenschaftlicher Begriffe. Diese Rolle kommt den kulturwissenschaftlichen Begriffen im Rahmen einer Kontext-Theorie der Bedeutung zu: Wenn nämlich ein einzelner Sachverhalt, insbesondere eine einzelne Handlung, erst im Rahmen des jeweiligen Kontextes, d. h. des Rede- und Handlungszusammenhangs, von dem er bzw. sie ein Teil ist, eine Bedeutung erhält, dann muß zur Darstellung dieses Sachverhaltes auch der gesamte Kontext ‹im Umriß› (griech. týpō) mit dargestellt werden. Durch die Lehre Max Webers von der idealtypischen Begriffsbildung ist die Auseinandersetzung um die sinnvolle Verwendung von Typenbegriffen und T.n in den Wissenschaften vom menschlichen Handeln zu einem eigenen Thema geworden. Die mit den idealtypischen Begriffsbildungen zu leistenden Konstruktionen haben zwei Aspekte: den der Idealisierung und den der Typisierung.

Die *Idealisierung* besteht in der ‹einseitigen Steigerung› rationaler Eigenschaften, die dem Handeln zugeschrieben werden können: insbesondere darin, das Handeln – soweit wie möglich – als ein geeignetes Mittel zu Zwecken darzustellen, die im Rahmen der gesellschaftlich anerkannten Werte verfolgt werden (→ Wertbeziehung/→ Zweck-Mittel-Relation). Methodisch ist diese Idealisierung dadurch begründet, daß ein rationales Handeln uns unmittelbar verständlich ist und keiner weiteren Erklärung mehr bedarf. Eigens erklärt werden müssen nur die Abweichungen von den → Normen der Rationalität. Daß jemand in einer bestimmten Situation das ‹Richtige› tut, sich also so verhält, wie es den allgemein anerkannten Normen entspricht, braucht nicht erklärt zu werden. Weicht jemand in seinem Verhalten hingegen von Normen ab, macht er insbesondere einen ‹Fehler› in seinem Verhalten, so suchen wir nach einer Erklärung dafür. Ein Handeln wird so erst über seinen Bezug zu idealisiert dargestellten Handlungsmöglichkeiten – nämlich als Realisierung eines rationalen Handelns oder als Abweichung davon – als dieses oder jenes Handeln identifiziert und beschreibbar. Die idealisierende Konstruktion von Handlungsmöglichkeiten liefert auf diese Weise die elementaren Beschreibungsmittel für die Darstellung unseres Handelns. Weber unterscheidet dabei verschiedene Stufen der erklärungsbedürftigen «Irrationalität» bzw. verständlichen «Rationalität». Die höchste Verständlichkeit erreicht ein Handeln dann, wenn es nicht nur subjektiv zweckrational, d. h. nach der Meinung lediglich des Handelnden ein geeignetes Mittel zu einem von diesem verfolgten Zweck ist, sondern auch objektiv richtig, nämlich tatsächlich geeignet ist. Nicht-zweckrationales Handeln kann auch dann noch verständlich sein, wenn es eine «sinnhafte», durch seine Beziehung auf bestimmte Werte erklärbare Abweichung vom rationalen Handeln darstellt. Auch dieses Handeln läßt sich durch seinen Bezug auf eine idealisierende Handlungskonstruktion identifizieren und erklären, solange für die Abweichung von der Rationalität noch eine sinnhafte Erklärung gefunden werden kann. Ist dies nicht der Fall, handelt es sich um «unverständliches Sich-Verhalten» (Weber 1973, 432–438) (→ Handeln, soziales).

Daß mit den idealisierenden Konstruktionen auch eine Beschreibung des tatsächlichen Handelns gelingt, verdankt sich der Konvergenz wissenschaftlicher und gesellschaftlicher Rationalität in der Gesellschaft, deren Handeln dargestellt und erklärt werden soll. Nur dadurch, daß die Normen wissenschaftlicher Rationalität – wie sie insbesondere durch die Zweckrationalität bestimmt sind – auch als Normen des gesellschaftlichen Handelns anerkannt sind und befolgt werden, erreicht die idealisierende Konstruktion rationalen Handelns ihren Gegenstand.

Die *Typisierung* besteht darin, daß das Handeln in einem verständlichen Handlungszusammenhang, in seiner (idealisierten) ‹Genese› aus den ‹Wertideen› und Zwecken der Handelnden auf der einen Seite, aus den Handlungsmöglichkeiten und -erwartungen (d. h. den Handlungssituationen) auf der anderen Seite, ‹im Umriß› dargestellt wird. Erst eine solche Darstellung des Handelns in seiner Genese aus einem Kontext liefert eine verständliche Darstellung dieses Handelns. Idealtypische Begriffe werden daher von M. Weber auch als genetische Begriffe verstanden. Diese stehen den klassifikatorischen Begriffen gegenüber, mit denen einem Gegenstand bestimmte Merkmale ohne jeden Bezug auf einen Kontext zugeschrieben werden, und den Kollektivbegriffen (wie Landwirtschaft, Interessen der Landwirtschaft), mit denen eine Mannigfaltigkeit von Einzelerscheinungen lediglich gekennzeichnet wird. Gegenüber solchen Begriffen sollen die idealtypischen genetischen Begriffe unser Handeln (einschließlich der es bestimmenden → Institutionen) erst dadurch verständlich unterscheidbar werden lassen, daß man seine Entstehung, Erhaltung und Weiterentwicklung rational oder doch ‹sinnhaft verständlich› rekonstruiert. Die Möglichkeit zur Typisierung, d.h. zur Ausarbeitung von ‹im Umriß› darstellbaren Handlungsmustern, ergibt sich mit dieser genetischen Darstellung auf Grund der realen Fixierung verständlicher Handlungsentwicklungen und -zusammenhänge.

Mit den Idealtypen, so wie M. Weber sie darstellt, werden daher die Kontexte von Gesellschaften expliziert, deren Entwicklung sich als Tendenz zur Rationalität (im Sinne des Allgemeinwerdens der Zweckrationalität) beschreiben läßt. Die idealtypische Darstellung benutzt so als Beschreibungsmittel die Prinzipien der realen gesellschaftlichen Entwicklung, ‹spiegelt› in idealisierender Steigerung begrifflich die Realität. Versteht man diese gesellschaftliche Entwicklung als einen Prozeß fortschreitender Rationalisierung – wie dies Weber für unsere Gesellschaften tatsächlich getan hat –, so wird das Prinzip dieser Rationalisierung sich in der idealtypischen Begriffsbildung in der dargestellten Weise wiederfinden. Versteht man hingegen den gesellschaftlichen Entwicklungsprozeß aus anderen Prinzipien oder versucht man, Gesellschaften, die anderen Entwicklungsprinzipien folgen, in ihren Handlungszusammenhängen zu beschreiben und zu erklären, wird man diese anderen Entwicklungsprinzipien für die Idealisierungen und Typisierungen benutzen. Jedenfalls würden aber solche alternativen Konstruktionen bzw. Konstruktionen für andere Gesellschaften ihre Anwendbarkeit ebenfalls den realen Prinzipien und Tendenzen in der Entwicklung der Gesellschaft verdanken, für deren Verständnis die idealtypischen Begriffe gebildet worden sind.

Hempel, C. G.: Typologische Methoden in den Sozialwissenschaften. In: Topitsch, E. (Hrsg.): Logik der Sozialwissenschaften. Köln 1976[9].

– & P. Oppenheim: Der Typusbegriff im Lichte der neuen Logik. Wissenschaftstheoretische Untersuchungen zur Konstitutionsforschung und Psychologie. Leiden 1936.

Lazarsfeld, P.F.: Wissenschaftslogik und empirische Sozialforschung. In: Topitsch, E. (Hrsg.): Logik der Sozialwissenschaften. Köln 1976[9].

Prewo, R.: Max Webers Wissenschaftsprogramm. Versuch einer methodischen Neuerschließung. Frankfurt/M. 1979.
Schelting, A. V.: Max Webers Wissenschaftslehre. Das logische Problem der historischen Kulturerkenntnis. Die Grenzen der Soziologie des Wissens. Tübingen 1934.
Schieder, T.: Der Typus in der Geschichtswissenschaft. In: Schmidt, R. H. (Hrsg.): Methoden der Politologie. Darmstadt 1967.
Weber, M.: Gesammelte Aufsätze zur Wissenschaftslehre. Tübingen 1973[4].
Zittel, B.: Der Typus in der Geschichtswissenschaft. In: Schmidt, R. H. (Hrsg.): Methoden der Politologie. Darmstadt 1967.

Oswald Schwemmer

Übergangsgesellschaften

Unter Ü. versteht man solche, die sich in ihrer Entwicklung zwischen → Kapitalismus und → Kommunismus befinden. Sie entsprechen ungefähr dem, was Marx unter → ‹Sozialismus› verstanden hat; dementsprechend kennzeichnen sie sich durch eine Form der ‹Demokratie›, die in den älteren Verfassungen dieser Länder (in der SU von 1936) in der These der Herrschaft der arbeitenden Mehrheit des Volkes über die vordem herrschende bürgerliche Minderheit, in der sog. Diktatur des Proletariats, wobei die letztere Bezeichnung neuerdings wieder fallengelassen wird, ihren Niederschlag findet.

Die sozialistischen Länder bezeichnen sich auch als ‹bolschewistische›, und zwar nach den Beschlüssen der unter Führung Lenins 1903 in London und 1911 in Prag stattgefundenen Kongresse, auf denen die Leninisten gegen die Menschewisten (Minderheitler) die Mehrheit (bolsche = mehr) erhielten. Den Namen ‹Sowjets› (Sowjetrepublik = Räterepublik) erhielt Rußland durch Lenins Begründung der sozialistischen Räterepublik. Die Arbeiterräte, die der Republik den Namen gaben, wurden von Lenin im Jahre 1919 infolge ihrer – so die Begründung – geringen Schulung und Wirksamkeit wieder suspendiert und bis zum heutigen Tage nicht wieder eingeführt.

Unter Stalin hat allerdings die ‹Diktatur des Proletariats› in Abwendung von der Marxschen Auffassung die Gestalt eines offenen Staatsterrorismus angenommen, der nach dessen Tod (1953) insbesondere unter Chruschtschow und folgend in wellenmäßigen Aufundabbewegungen schrittweise demokratischeren Regierungs- und Lebensformen wich.

In der «Kritik des Gothaer Programms» beschreibt Marx den im Übergang zum ‹Kommunismus› sich installierenden ‹Sozialismus› dahingehend, daß außer der ‹Diktatur des Proletariats›, die an die Stelle der Diktatur der Bourgeoisie im Kapitalismus getreten ist, im Sozialismus bestimmte Züge des öffentlichen Lebens für längere Zeit erhalten bleiben, die typisch für den Kapitalismus sind: so vor allem die erhebliche Unterschiedlichkeit in der Entlohnung als Reizmittel für die Leistung und die bürgerliche Rechtsform (→ Öffentlichkeit). Im großen und ganzen entspricht der heutige Sozialismus diesen Marxschen Vorstellungen, obgleich er sich, besonders in den entwickelteren Ländern des Ostblocks, bereits dem Stadium des Kommunismus nahegerückt sieht.

Das Hauptproblem des Aufbaus des Sozialismus, zunächst in der SU und dann nach dem Hitlerkrieg, dessen Niederlage den Weg zur Begründung weiterer sozialistischer Länder frei machte, war der Eintritt in das Stadium der ‹ursprünglichen Akkumulation› und in weiterer Folge deren Beendigung. Unter der ‹ursprünglichen Akkumulation› versteht man den im Übergang zu jeder neuen Gesellschaftsordnung (z.B. Frührenaissance, Manufaktur, industrielle Revolution) unvermeidlichen ökonomischen Prozeß der Erstellung der für die Lebenskraft dieser Ordnung unverzichtbaren wirtschaftlichen (finanziellen, technischen usw.) Mittel, und dies ebenso unvermeidlich auf Kosten der Arbeitskraft und der kulturellen Substanz des Volkes (z.B. Kinderarbeit, 12- bis 14stündige Arbeitszeit, stark verkürzte Lebenszeit zu Beginn des Industriekapitalismus). Marx definiert im ‹Kapital› die ursprüngliche Akkumulation durch Armut, Blut und Tränen. Immerhin vollzog sich dieser Prozeß in der SU im Gegensatz zum bürgerlichen in der industriellen Revolution des Westens auf dem Wege einer durchaus geregelten Arbeitszeit, fast ohne Kinderarbeit und unter Inanspruchnahme einer umfassenden Sozialgesetzgebung und Schulbildung (→ Industrialisierung).

Nur der DDR wurde dieser Durchgang durch die ursprüngliche Akkumulation erspart, weil sie aus den Erfahrungen und Kenntnissen der kapitalistischen Gesellschaft, der sie selbst entstammte, schöpfen konnte, obgleich auch sie infolge der Zerstörungen des Krieges und der Reparationen an die SU (90%, dagegen die BRD nur 3%) gleichfalls beim Punkt Null beginnen mußte. Die Tatsache, daß die DDR heute an der siebten Stelle der Länder steht, die ökonomisch führend sind, verdankt sie dem Umstand, daß sie bereits über eine geschulte Arbeiterschaft, eine ausgebildete technische Intelligenz und über Forschungsinstitute verfügte, als sie sich dem Sozialismus zuwandte.

Das nach der ursprünglichen Akkumulation zweitnächste gravierende Problem des Sozialismus ist die → Bürokratie. Zahlenmäßig keineswegs umfangreicher als die des Westens, fiel ihr als staatlicher und unter dem Druck des Mangels nicht nur eine Verteiler- und Aufsichtsfunktion, sondern geradezu eine Polizeifunktion zu. Sie drang in alle Poren der Gesellschaft und brachte selbst das Privatleben unter ihre strenge Aufsicht, was einen eigenartigen sozialistischen ‹Puritanismus› zur Folge hatte. In den letzten Jahren zeigen sich allerdings erhebliche Tendenzen der Auflokkerung, ohne daß aber von einer endgültigen Überwindung der stalinoiden Überbleibsel gesprochen werden kann.

Den zurückgebliebenen ökonomischen und gesellschaftlichen Verhältnissen entsprechend, an die die sozialistischen Staaten zur Zeit ihrer Installierung anknüpfen mußten, entwickelte sich eine eigenartige dogmatisch-mechanistische Überbauideologie, die wesentlich geprägt wurde von einem vulgärmaterialistisch entstellten → Marxismus. Er beherrscht trotz gewisser Ansätze der Änderung und Verfeinerung in den letzten Jahren das Denken insbesondere der Stadtbevölkerung bis tief in den Privatbereich hinein. Auf den Universitäten und Akademien wie bereits in den Schulen setzt sich ein entsprechend dogmatischer, d.h. dürftig trockener – «langweilig-trockener», sagt Marx, selbstverständlich in einem anderen Zusammenhang – Denk- und Redestil durch. Für die Presse ist charakteristisch das Überwiegen einer geistlosen Reflexion der ‹Tatsachen›, ein undialektischer Naturalismus, wie er von allen führenden Marxisten seit Marx der schärfsten Kritik unterworfen worden ist. Im allgemeinen besehen kann man gewisse Gegentendenzen im Schul-, Museums- und Theaterwesen beobachten, die sich neuerdings bemerkbar machen. Auch die Literatur verläßt zunehmend den Boden des stalinistischen Naturalismus, der sich ehedem unter dem irreführenden Titel des ‹optimistischen Realismus› zu verbergen versuchte.

Im religiösen und kirchlichen Bereich konnte (mit Ausnahme von Albanien) nach anfänglichen Schwierigkeiten eine Übereinkunft über ein friedliches Nebeneinander von Atheismus und Glaube erzielt werden. Der atheistische Staat beschränkt seinen Einfluß auf seine Erziehungsanstalten und auf die öffentliche Propaganda.

Trotz der Aufstände in der DDR, in Ungarn, Polen und in der Tschechoslowakei blieben diese relativ bedeutungslos gegenüber den zweimaligen bruchartigen Versuchen: (1) unter Chruschtschow, dessen harte Kritik am Stalinismus und dessen Reformneigungen nach seiner Absetzung teilweise wieder zurückgenommen wurden; (2) in Polen unter der Führung der zunächst zugelassenen Gewerkschaft ‹Solidarität›. Die in Polen bis August 1980, insbesondere unter der Regierung Jaruzelskys, stabilisierten Reformen hätten sehr bald ihre Wirkung auf die übrigen sozialistischen Staaten nicht verfehlt; jedoch haben das Ungeschick und die (teilweise reaktionäre) Maßlosigkeit der neuen Gewerkschaft, denen der gewählte Gewerkschaftsführer Wałęsa widersprach, diese Aussichten zerstört, was zur Konservierung der bestehenden Strukturen geführt hat. Diese Tragödie spiegelt sich u.a. darin, daß es der prinzipielle Reformer Jaruzelsky gewesen ist, der – allerdings mit dem Versprechen, zu

Reformen zurückzukehren – alle Neuerungen mittels des Kriegsrechts rückgängig machte.

Zusammenfassend läßt sich sagen, daß trotz der verheerenden Auswirkungen des Stalinismus, des Bürokratismus und der theoretischen wie allgemein ideologischen Dogmatik sich in den sozialistischen Ländern nicht zu unterschätzende Veränderungen abzeichnen, die als solche am besten durch den Vergleich mit der Zeit unter Stalin erkennbar werden.

Engels, F.: Ludwig Feuerbach und der Ausgang der klassischen deutschen Philosophie. Berlin 1953.
–: Die Entwicklung des Sozialismus von der Utopie zur Wissenschaft. Berlin 1951.
Kofler, L.: Stalinismus und Bürokratie. Neuwied 1970.
–: Marxismus und Sprache. Neuwied 1970.
–: Mexistischer oder stalinistischer Marxismus? Köln 1951.
–: Der Fall Lukács. Köln 1952.
Leonhard, W.: Die Revolution entläßt ihre Kinder. Köln/Berlin 1966.
Marcuse, H.: Die Sowjetgesellschaft. Neuwied 1972.
Marx, K.: Kritik des Gothaer Programms. Berlin 1923.

Leo Kofler

Unterentwickelte Länder

Unterentwicklung bezeichnet im allgemeinen wie im soziologischen Sprachgebrauch einen Mangelzustand der Länder, die nicht oder noch nicht den ‹entwickelten› Zustand der westeuropäischen oder nordamerikanischen Industrieländer erreicht haben (→ Industrialisierung). Als Meßgrößen für Unterentwicklung dienen meist technische Ausstattung sowie wirtschaftliche und soziale Leistungsfähigkeit. Implizit enthält der Begriff u. L. gleichzeitig die Vorstellung, daß sie mit Unterstützung der Industrieländer (Entwicklungshilfe) vor allem auf der Basis von Kapital- und technischer Hilfe ‹entwickelt› werden können. Obwohl der Begriff soziologisch problematisch ist, hat er sich allgemein durchgesetzt und steht synonym mit Entwicklungsländern und Ländern der Dritten Welt.

Als Indikatoren für Unterentwicklung gelten: niedriges Pro-Kopf-Einkommen, niedrige Spar- und Investitionsquoten, niedrige Kapitalausstattung und Produktivität der → Arbeit, niedriger Industrialisierungs- und Verarbeitungsgrad der meist wenigen agrarischen oder mineralischen Rohstoffe, hohe offene und versteckte → Arbeitslosigkeit, ungenügende → Infrastruktur außerhalb der direkt an den Weltmarkt angeschlossenen

Exportenklaven. Laut Weltbank (Weltentwicklungsbericht 1982, 118) gibt es heute 96 u. L. gegenüber 19 marktwirtschaftlich und 6 planwirtschaftlich orientierten Industrieländern (ohne Kleinststaaten).

In Teilen der entwicklungstheoretischen Debatte, vor allem in der herrschenden Entwicklungspolitik wird von Erklärungskonzepten ausgegangen, die den sogenannten Dualismus zum Hintergrund haben. Das Dualismuskonzept geht davon aus, daß innerhalb einer Gesellschaft zwei Teilgesellschaften einander unverbunden gegenüberstehen. Die eine wird ‹modern, hochentwickelt, kapitalistisch› genannt. Es handelt sich bei ihr um strategische Positionen zur Entwicklung des ganzen Landes. Diese Bereiche haben das Entwicklungsziel bereits erreicht. Ihre Effektivität wird aber eingeschränkt und behindert durch den anderen Gesellschaftsteil, der als ‹traditional, archaisch, feudalistisch, rückständig› gilt. Nach diesem Konzept ist Entwicklung nur in dem Maße denkbar, wie der moderne Teil den anderen zurückdrängt und immer größere Teile der Bevölkerung des traditionellen Teils assimiliert.

Eine Gesellschaftsspaltung hat es nach Ansicht der Dualisten auch in den heute entwickelten Gesellschaften gegeben, wo sie allerdings nur «Ausdruck eines bestimmten Übergangsstadiums auf dem Wege von der Eigenwirtschaft zur modernen Marktwirtschaft» (Egner 1966, 1082) waren. Ein solches Übergangsstadium müssen auch die u. L. durchlaufen. Nach der Phasentheorie von Rostow (1960) verläuft die Entwicklung einer Gesellschaft in fünf Phasen: die traditionelle Phase, die Übergangsphase, die Phase des Starts in sich-selbst-tragendes Wachstum, die Konsolidierungs- und Reifephase, die Phase des Massenkonsums. Die u. L. befinden sich demnach mehrheitlich in dem zweiten Stadium. Die dritte Phase ist die entscheidende, die den Übergang von der unterentwickelten zur modernen Gesellschaft markiert.

Die Kritik an den Modernisierungsstrategien zielt auf die Methode der Analyse ab, die historische Dimensionen außer acht läßt. An Stelle einer Realanalyse der u. L. wird der Zustand der Industrieländer gleichsam idealtypisch gesetzt und diese Art der ‹Modernität› als Entwicklungsmaßstab für die u. L. genommen, wobei die «vertikale Dimension der Geschichte durch die horizontale Gegenüberstellung solcher Modernisierungskriterien ersetzt wird» (Addicks/Bünning 1979, 13).

Wesentliche Anstöße für eine Theorie der Unterentwicklung entstammen der sogenannten Dependencia-(Abhängigkeits-)Debatte, die vor allen Dingen in Lateinamerika entwickelt wurde. Die zentralen Aussagen dieser Debatte lassen sich wie folgt zusammenfassen: (a) Die Situation der u. L. kann nur erklärt werden, wenn dabei die Rolle externer Faktoren berücksichtigt wird. Die Sozialstrukturen dieser Länder sind entscheidend geprägt durch die Dominanz ausländischer Hegemonialmächte; (b) Unterentwicklung ist kein der Entwicklung vorausgehendes

Stadium, sondern es sind aufeinander bezogene gleichzeitige Prozesse innerhalb des kapitalistischen Weltsystems (→ Imperialismus/→ Kapitalismus); (c) Überwindung von Unterentwicklung setzt voraus, daß die verursachende externe Beherrschung aufgehoben wird (Evers/Wogau 1973).

Diese Debatte hat für die Analyse der u. L. im wesentlichen zwei Schlüsselbegriffe hervorgebracht: strukturelle Abhängigkeit und strukturelle Heterogenität. *Strukturelle Heterogenität* bezeichnet dabei zunächst – wie auch der Dualismusbegriff – die augenfällige Desintegration der Sozialstrukturen u. L., geht aber über dessen statische Begrenztheit hinaus. Strukturelle Heterogenität meint, daß sich in den u. L. zwar die von außen importierte kapitalistische Produktionsweise (strukturelle Abhängigkeit) als die vorherrschende durchgesetzt hat, aber vorkapitalistische Produktionsweisen weiterexistieren. Die vorkapitalistischen Produktionsweisen sind für die Aufrechterhaltung des Systems insofern von struktureller Bedeutung, als sie für den kapitalistischen Sektor Krückenfunktion haben, z. B. als Auffangbecken für überschüssige Arbeitskräfte oder zur Niedrighaltung der vom Kapital zu leistenden Reproduktionskosten der Lohnarbeiter. Strukturelle Heterogenität ist also keine Übergangsphase, die im Zuge der Durchkapitalisierung aller Wirtschaftsbereiche zur Homogenisierung führt, sondern ein Prozeß, der immer neu Desintegration und Verarmung reproduziert.

Dieser sich ständig reproduzierende Verarmungsprozeß wird als *Marginalisierungsprozeß* und das Phänomen der massenhaften absoluten Armut in u. L. als Marginalität bezeichnet. Scheint der Begriff Marginale für einen Großteil oder oft die Mehrheit der Bevölkerung auch widersinnig, so hat er sich doch in den Sozialwissenschaften durchgesetzt. Allerdings bezeichnet Marginalität heute nicht nur allein den Zustand der Armut, sondern auch den verursachenden Prozeß, der darin begründet liegt, daß die Marginalen ihre Arbeitskraft nicht realisieren können.

Entwicklungstheorie und Entwicklungspolitik bemühen sich, Auswege aus diesem ‹Teufelskreis der Armut› aufzuzeigen. Während der kapitalorientierte Entwicklungsweg auf hohe Akkumulationsraten und Schaffung von ‹Entwicklungspolen› setzt, die durch ‹spread effects› die Entwicklung der gesamten Region nach sich ziehen, erkennt der arbeitsorientierte Entwicklungsweg dagegen bewußt die lebendige Arbeit als die entscheidende Variable im Entwicklungsprozeß an. Zentrale Forderung des arbeitsorientierten Entwicklungsweges ist es, die → Interessen der betroffenen Menschen in den Vordergrund des entwicklungspolitischen Handelns zu stellen, dem sich die des Kapitals unterzuordnen hat (Neuhoff 1982). Den im Zusammenhang dieser Diskussion radikalsten Weg zur Überwindung der Unterentwicklung vertritt Senghaas mit seinem Konzept der «autozentrierten Entwicklung». Unter autozentrierter Entwicklung ist «ein eigenbestimmter politischer, sozioökonomischer und kultureller Entwicklungsweg zu verstehen, dessen Ergebnis sich in einer sukzessiven Binnenmarkterschließung bei gleichzeitiger Herausbildung von gesellschaftlich relevanten Leitorientierungen, von politischen Kräften und von sozialen → Institutionen mit einer hohen Selbststeuerungsfähigkeit dokumentiert» (Senghaas 1982, 359). Gegenüber diesem umfassenden politisch-ökonomischen Konzept verweisen die Diskussionen über einzuschlagende Strategien zur ‹Befriedigung der Grundbedürfnisse› der Massen in den u. L. auf die Hilflosigkeit der Entwicklungspolitik. Nicht die allseitige → Emanzipation der u. L. ist das anzustrebende Ziel, sondern schon die Befriedigung elementarer Bedürfnisse der Menschen erscheint als utopische Vorstellung.

Addicks, G. & H. H. Bünning: Strategien der Entwicklungspolitik. Stuttgart 1979.
Bennholdt-Thomsen, V.: Marginalität in Lateinamerika – Eine Theoriekritik. In: Bennholdt-Thomsen, V. u. a. (Hrsg.): Lateinamerika – Analysen und Berichte 3. Berlin 1979.
Egner, E.: Dual Economics. In: Besters, H. & E. Boesch (Hrsg.): Entwicklungspolitik. Berlin/Mainz 1966.
Evers, T. & P. Wogau: «Dependencia». Lateinamerikanische Beiträge zur Theorie der Unterentwicklung. Das Argument, 1973, 79, 404–452.
Neuhoff, H.-P.: Der arbeitsorientierte Entwicklungsweg – Grundlagen einer alternativen Entwicklungspolitik. In: Nohlen, D. & F. Nuscheler (Hrsg.): Handbuch der Dritten Welt. Hamburg 1982.
Rostow, W. W.: The Stages of Economic Growth. Cambridge 1960.
Senghaas, D.: Autozentrierte Entwicklung. In: Nohlen, D. & F. Nuscheler (Hrsg.): a. a. O., 1982.
Weltbank: Weltentwicklungsbericht 1982. Washington 1982.

Hartmut Kärner

Utilitarismus

U. beinhaltet einen der ältesten theoretischen Standpunkte der Bourgeoisie seit der englischen Revolution (Hobbes 1538–1679, Locke 1632–1704), wonach alles Handeln am Maßstab der (ökonomischen) Nützlichkeit zu messen sei und der deshalb in der Ökonomie zuerst entfaltet war. Im Bereich der Ökonomie reichen ‹gute Absichten› nicht aus, um eine Handlung zu rechtfertigen. Absicht und Handlung lassen sich nur an den Konsequenzen, die sie – auf dem Markt – hervorrufen, als richtig oder falsch erweisen: Gewinn oder Verlust.

Die Verallgemeinerung dieses Standpunktes auf alle menschlichen

Verhältnisse über die ökonomischen hinaus ging parallel mit der Durchdringung dieser Verhältnisse durch die bürgerliche Produktionsweise (→ Kapitalismus) und der Durchsetzung der → Herrschaft der Bourgeoisie über die übrigen Klassen der Gesellschaft.

Von dieser Entwicklung blieb die Theorie selbst nicht unberührt. Ihre verschiedenen Phasen hängen genau zusammen mit den verschiedenen Entwicklungsphasen der Bourgeoisie. Entsprechend der oppositionellen Stellung der noch unentwickelten französischen Bourgeoisie vor der → Revolution, diente bei Helvétius (1715–1771) und Holbach (1723–1789) die Theorie der Nützlichkeit der Forderung nach Zugang der (ökonomisch produktiven = nützlichen) Klassen zur politischen Macht gegenüber den ‹unproduktiven› Klassen des Ancien Régime, die ihre Ansprüche aus Geburt und Herkunft hergeleitet hatten (→ Klassengesellschaften/Klasse).

Bei Bentham (1748–1832) und Mill (1806–1873) entspricht die Nützlichkeitstheorie dagegen der bereits herrschenden entwickelten Bourgeoisie, die – nach der Französischen Revolution und der Entwicklung der großen Industrie in England (→ Industrialisierung) – nicht mehr als eine besondere Klasse auftritt, sondern als die Klasse, deren Bedingungen die Bedingungen der ganzen Gesellschaft sind. Sie verwandelten die Nützlichkeitstheorie allmählich in eine bloße Apologie des Bestehenden, in den Nachweis, daß die bestehenden Verhältnisse der Menschen zueinander die vorteilhaftesten seien und es nur darauf ankomme, den größten Nutzen aus ihnen zu ziehen (Marx/Engels, Deutsche Ideologie, MEW 3, 393ff). Sozialdarwinismus (Spencer, 1820–1903), Egoismustheorien (Nietzsche, 1844–1900; Hartmann, 1842–1906) setzen diese Linie fort; der → Pragmatismus, der meist in diesem Zusammenhang gebracht wird, ist dagegen aus deren Kritik zu verstehen.

Der U. wurde zur Weltanschauung der bürgerlichen Gesellschaft, als «Teil der typischen Alltagskultur der Mittelklasse» (Gouldner 1974, 80): die Beurteilung aller Dinge, Menschen, Beziehungen nach ihrer Nützlichkeit. In ihrem Horizont wurden die Probleme des menschlichen Handelns immer mehr zu einer Angelegenheit der Folgen, Konsequenzen des Verhaltens und nicht der Moral (Gouldner 1974, 86). Erfolg und Mißerfolg entscheiden über die gesellschaftliche Akzeptierung von Handlungen. Die gesellschaftliche Position gilt als Konsequenz von Leistung und Fähigkeiten. Was innerhalb dieses Systems keinen Nutzen hat, gilt als schlechthin unnütz, irrelevant, als bloß privat.

Diesem U. des Alltagsdenkens entspricht die Psychologie des → Behaviorismus, die Bewußtsein, Absicht, Moral als irrelevant betrachtet und sich auf das (beobachtbare) Verhalten beschränkt. Ihr Erklärungsprinzip ist die Steuerung des Verhaltens durch äußere Bedingungen und Folgen. Sie beansprucht, das Verhalten des einzelnen und die gesellschaftlichen

Verhältnisse aus dem utilitaristischen Prinzip des Strebens nach Nutzen und Nützlichkeit zu erklären.

Hier setzt die Kritik der Soziologie am U. an, wie sie vor allem Talcott Parsons (geb. 1902) vorgetragen hat: Der U. sei nicht in der Lage, eine Theorie des gesellschaftlichen Zusammenhangs zu formulieren. Der Markt, der → Tausch, die → Konkurrenz als Voraussetzungen des Konzepts der Nützlichkeit könnten soziale Ordnung nicht hinreichend gewährleisten, soziale Ordnung beruhe nicht (allein) auf dem durch den Markt geregelten Ausgleich der → Interessen der – im Sinn des U. – nach dem größtmöglichen Nutzen strebenden → Individuen.

Der U. hatte allerdings dieses Problem von Anfang an gesehen. Hobbes hatte bereits die Frage gestellt, wie angesichts des Egoismus der Wirtschaftssubjekte ein geordneter gesellschaftlicher Zusammenhang möglich sein soll (Brückner 1982, 145). Hobbes' Antwort war der Souverän, an den die Wirtschaftssubjekte per Gesellschaftsvertrag freiwillig einen Teil der Macht delegierten, damit er den aus der Gefahr der entfesselten Konkurrenz der Kapitalisten untereinander drohenden Krieg aller gegen alle verhindere und den Frieden garantiere, in dem allein jeder am besten in der Lage sei, seine egoistischen Interessen zu verfolgen.

Der Staat als Konstitutionsbedingung gesellschaftlicher Ordnung. Mit der Entwicklung der Bourgeoisie zur herrschenden Klasse war das Problem nicht mehr das der Konkurrenz der Kapitalisten untereinander, sondern der der Klassen. Der soziale Friede mußte gegen die beherrschten Klassen durchgesetzt werden. Aus der Freiwilligkeit des Gesellschaftsvertrags wurde die Zwangsgewalt der herrschenden Autorität. Dieser veränderten Situation hat die Soziologie Comtes (1798–1857) Rechnung zu tragen versucht: Soziologie als Wissenschaft der sozialen Ordnung (→ Positivismus), und zwar mit einer charakteristischen Differenz: Die Anerkennung der herrschenden Autorität durch die Beherrschten sollte den durch diese Autorität erzwungenen gesellschaftlichen Zusammenhalt ergänzen. Das regulative Prinzip wurde (wieder): Moral, d.h. Selbsteinschränkung, Internalisierung der Autorität des Souveräns. Der Hobbessche Gesellschaftsvertrag wird ersetzt durch psychische Zurichtung: ‹Sozialisation› – der König wird verinnerlicht.

Parsons greift auf Comte und die Soziologie des 19. Jahrhunderts (Durkheim, Weber), in der die Erfahrungen des Bürgertums mit der entstehenden → Arbeiterbewegung theoretisiert worden sind, zurück, zur Kritik am U., zur Zeit der Weltwirtschaftskrise. Er betont die Notwendigkeit der Internalisierung gesellschaftlicher → Normen, Ordnung, also Herrschaft, als Bedingungen sozialen Zusammenhalts in einer Zeit, in der diese (Internalisierung der) Normen brüchig geworden sind durch den Zusammenbruch ihrer Grundlage, der Ökonomie, der Grundlage des U.

Die → Soziologie von Comte bis Parsons war Kritik am U., insofern dieser die Notwendigkeit der Internalisierung von Herrschaft für deren Aufrechterhaltung nicht thematisiert hatte. Doch die soziale Ordnung, die durch Internalisierung ihrer Normen aufrechterhalten werden soll, ist die des U.: die der Warenproduktion, der → Ausbeutung, der Konkurrenz. Und: dieses Programm der Soziologie bedarf der «bewaffneten Ergänzung»: «hinter der Moralität», der «Internalisierung von Herrschaft» steht die Autorität der herrschenden Gewalt (Brückner); sie wird nur verdeckt im Unterschied zu Hobbes' expliziter Behauptung ihrer Notwendigkeit. Diese Differenz erscheint wieder in der Kontroverse zwischen Soziologie und behavioristischer Psychologie. Der Behaviorismus, der die Notwendigkeit der Internalisierung bestreitet und statt ihrer die Steuerung des Verhaltens durch äußere Konditionierung behauptet, expliziert die Tatsache von Herrschaft, statt sie zu verdecken. Allerdings macht er daraus eine psychologische ‹Tatsache›: eine Grundbedingung menschlichen Verhaltens. Herrschaft sei nur eine Form der Kontrolle von Verhalten durch die Stimulusbedingungen seiner Äußerung.

Die wirklich radikale Kritik des U. ist der Hedonismus der Revolten von der Romantik bis zur großen Verweigerung: Kritik nicht nur des utilitaristischen Leistungsprinzips, sondern auch Kritik der Herrschaft in allen ihren Manifestationen.

Brückner, P.: Psychologie und Geschichte. Berlin 1982.

Bruder, K. J.: Propaganda der sozialen Kontrolle. Psychologie und Gesellschaftskritik, 1978, 8.

Gouldner; A. W.: Die westliche Soziologie in der Krise. Reinbek bei Hamburg 1974.

Marx, K. & F. Engels: 1845/46. Die deutsche Ideologie. MEW Bd. 3. Berlin 1962.

Klaus-Jürgen Bruder

Utopie

Die utopische Idee ist älter als ihre besondere Form in der Neuzeit, der Thomas Morus den Namen gab. Die Prophezeiungen der Bücher Moses, die Visionen eines apokalyptischen Messianismus, die Exoduspartien der Bibel, die Eschatologie des himmlischen Jerusalem, der platonische Begriff vom Eros als dem Kind von Armut und Reichtum mit utopischer Spannung zwischen Nicht-Haben und Haben sowie seine aristokratische Kommune im Dialog «Politeia» (372 v. Chr.), die Sehnsucht der Materie nach der höchsten, göttlichen Form bei Aristoteles, die Mysterien Christi (Auferstehung, Himmelfahrt, Wiederkehr), der Kampf des Lichts des Gottesreichs mit der Finsternis des Weltreichs in Augustins «De civitate Dei» (um 425: *Dies septimus nos ipsi erimus;* der siebte Tag werden wir selber sein), das vom Abt Di Fiore im 13. Jahrhundert prophezeite und im deutschen Bauernkrieg revolutionär treibende *tertium evangelium* – diese Wegbeispiele zeugen vom frühen Anfangsort utopischer Zielinhalte, gehören als Sedimente menschlicher Sehnsucht, menschlicher Verweigerung zum Altneuland der U.

Mit dem Anschluß des utopischen Denkens an die bürgerliche → Emanzipation ändert sich seine Bestimmung: Während in den antiken U.n die für den Freien schändliche Arbeit kaum eine Rolle spielt, während in den religiösen Reichsintentionen die konstruktiven Einzelzüge noch ungenau sind, erscheint in den U.n der Renaissance der planende *homo faber*. Die Erfahrung gesellschaftlichen Mangels mündet in den Anspruch, das ideale Gemeinwesen selber herzustellen, es als herstellbar zu antizipieren. Die rationalen Sozial-U.n als Stammhaus des utopischen Entwerfens finden ihren Ausdruck im Staatsroman: Thomas Morus in England («Vom besten Zustand des Staates und über die neue Insel Utopia», 1516), Thomas Campanella in Süditalien («Sonnenstaat», 1623), Francis Bacon in England («Neu-Atlantis», 1627) sind seine Autoren. Ihrer Form gemeinsam ist die Verlegung der idealen Menschenordnung, des gelungenen Staates also, auf eine ferne, fiktive, glückliche Insel, von der im Stil einer Reisebeschreibung berichtet wird. Diese Insel heißt modellbildend bei Morus U-topia, Nirgend-wo: die freie Gemeinschaft gibt es auf der Welt noch nicht.

«Utopien haben ihren Fahrplan» (Bloch 1959, 555ff); sie sind eine Tendenzform nach vorn in Zeiten des krisenhaften Verfalls der überkommenen Struktur. Morus' «Utopia» fällt in die Periode des beginnenden Bürgertums in England mit der Entfaltung des freien Handelskapitals; Campanellas «Sonnenstaat», etwa hundert Jahre später, steht am Übergang vom zersplitterten Handwerk zur großen Manufaktur unter zentralisierter Königsgewalt. Der Freiheits-U. nach → Gleichheit der Menschen gegen alle ständischen Unterschiede bei Morus folgt Campanellas U. der Ordnung, in der das bürgerliche Interesse der fortgeschrittenen Länder des europäischen Barock an einer einheitlichen Wirtschaft mit den Interessen der absolutistischen Monarchie zusammentrifft. In Bacons auf Wissenschaft und Technik beruhendem Glücksmodell wird die enge Form der sozialen U. durchbrochen. Mit Bezug auf Bloch erinnert Schmidt (1978, 17ff) an die Breite utopischer Horizonte sowie an ihre materialistische

Verankerung fern abstrakter Beliebigkeit: In ihnen kündigt sich die jeweils nächste geschichtliche Tendenz an. Die Enzyklopädie dieser Entwürfe umfaßt neben den Sozial-U.n solche des Rechts (Bloch 1961), des ‹aufrechten Gangs› also in der bürgerlichen Emanzipation bei Hobbes («De cive», 1642; «Leviathan», 1651), bei Rousseau («Contrat social», 1762), bei Kant («Zum ewigen Frieden», 1795) oder Fichte («Der geschlossene Handelsstaat», 1801). Dann ärztliche, technische, architektonische, geographische U.n und solche in Kunst, Religion, Naturphilosophie, Metaphysik – dieses nicht in klassifikatorischer Absicht, sondern als Hinweis auf den umgreifenden Gehalt des antizipierenden Bewußtseins, auf die in ihm aufspürbare «utopische Funktion» (Bloch 1959, 161 f; Furter 1978, 577 f): Bacons utopisches Laboratorium der technischen Wohltaten auf der Insel Atlantis, Kolumbus' Ausfahrt und Suche nach dem irdischen Paradies, der ärztliche Wunschtraum nach Abschaffung des Todes, Franz Marcs «Malen ist Auftauchen in einen anderen Ort», das Trompetensignal in Beethovens «Fidelio» oder die naturmythischen Signaturen Jakob Böhmes: Jene durchziehenden «Träume nach vorwärts» überschreiten eine nur gesellschaftliche Modellfunktion utopischen Denkens.

Verlegen in der Renaissance Morus und Campanella die vollkommene Gesellschaft auf eine ferne Insel, so geschieht diese Projektion bei den späteren Sozialutopisten Owen («The Social System», 1820), Fourier («Traité de l'association domestique agricole», 1822) und Saint-Simon («Système industriel», 1821) in die Zukunft. Auf dem Boden der zur Entfaltung gelangenden bürgerlichen → Widersprüche entstehen Owens Zukunftsgemeinden auf agrarisch-handwerklicher Basis unter Wegfall des Profits, Fouriers genossenschaftliche Organisation der Erzeugung und Verteilung von Gütern in Gestalt individueller Kommunen, Saint-Simons an Campanella erinnernde zentralistische U. der organisierten Großindustrie, in der mittels rationaler Leitung die Willkür ausbeuterischer Einzelunternehmen planvoll aufgehoben wird.

Bloch begreift die Marxsche Theorie mit vorscheinendem Reich der Freiheit als «Wissenschaft der Hoffnung» mit utopischem Gehalt: «Derart bietet das ferne Ganze Utopias das Bild eines sich in nichts mehr ökonomisch rentierenden Baus: jeder produzierend nach seinen Fähigkeiten, jeder konsumierend nach seinen Bedürfnissen» (Bloch 1964, 306). Angesichts einer kommunistischen Partei, die in Weimar die öffentliche Phantasie nicht nährte und eine greifende Propaganda den Faschisten überließ (→ Faschismus) sowie in nachfolgender Erfahrung realsozialistischer Erstarrung, mahnt er eingedenk des utopischen Humanum im → Marxismus, es könne einen «allzu großen Fortschritt des Sozialismus von der Utopie zur Wissenschaft» geben (Bloch 1959, 726; 1962, 66; et passim). In der «konkreten U.» sind → Sozialismus, U. und Wissenschaft vermittelt, in diesem Treffpunkt «konzentriert sich für Bloch das Problem einer marxistischen Theorie-Praxis der Weltveränderung» (Fahrenbach 1983, 112). Entscheidend, entschieden für diese Einheit steht daher der Passus: «So ist denn Marxismus nicht keine U., sondern das Novum einer konkreten Utopie» (Bloch 1975, 88).

Die Hoffnung der Philosophie Blochs, die *docta spes*, ist jene prüfende, geprüfte Verbindung des Erwartungsaffekts mit der Ratio, der antizipatorischen Horizonte mit marxistischer Erkenntnis, die Utopie, als Geschichtsmöglichkeit untersucht: «... es gibt keine U., außer im Ineinander mit Ideologie» (Schmidt 1982, 201). Im Ineinander geschieht die Begegnung der U. mit Ideologieverdacht wie auch die Begegnung der → Ideologie mit U.-Verdacht: Die Wunschbilder werden mit Ideologiekritik gewaschen bis zum konkret-utopischen Gold, und die Ideologien wiederum werden auf ihren utopischen Gehalt hin untersucht – was in ihnen an kulturellem Überschuß, an beerbbarer Übergleichzeitigkeit enthalten ist.

Bloch, E.: Das Prinzip Hoffnung. Frankfurt/M. 1959.
–: Naturrecht und menschliche Würde. Frankfurt/M. 1961.
–: Erbschaft dieser Zeit. Frankfurt/M. 1962.
–: Geist der Utopie (Zweite Fassung). Frankfurt/M. 1964.
–: Experimentum Mundi. Frankfurt/M. 1975.
Fahrenbach, H.: Ernst Bloch und das Problem der Einheit von Philosophie und marxistischer Theorie. In: Schmidt, B. (Hrsg.): Seminar: Zur Philosophie Ernst Blochs. Frankfurt/M. 1983.
Furter, P.: Ernst Blochs «Prinzip Hoffnung» in der Diskussion übers utopische Denken. In: Schmidt, B. (Hrsg.): Materialien zu Ernst Blochs «Prinzip Hoffnung». Frankfurt/M. 1978.
Schmidt, B.: Utopie ist keine Literaturgattung. In: Ueding, G. (Hrsg.): Literatur ist Utopie. Frankfurt/M. 1978.
–: Utopischer und kritisch-realistischer Aspekt der Kunst: Ineins oder Gegeneinander? In: Kasseler Philosophische Schriften. Bd. 7. Kassel 1982.

Weiterführende Literatur
Engels, F.: Die Entwicklung des Sozialismus von der Utopie zur Wissenschaft. MEW Bd. 19. Berlin (DDR) 1956.
Krysmanski, H.-F.: Die utopische Methode. Köln/Opladen 1963.
Mannheim, K.: Ideologie und Utopie. Frankfurt/M. 1965.
Manuel, F. E.: Wunschtraum und Experiment. Freiburg 1970.
Neusüss, A.: Utopie. Neuwied/Berlin 1972.
Schatz, O.: Abschied von Utopia? Graz/Wien/Köln 1977.
Villgradter, R. & F. Krey: Der utopische Roman. Darmstadt 1973.

Jan Robert Bloch

Verdinglichung

In der Marxschen Theorie gemeinter und von Lukács (1923) explizit diskutierter Begriff über das von Marx analysierte Phänomen der Verselbständigung der gesellschaftlichen Verhältnisse gegenüber den Individuen und deren Bewußtsein. Verselbständigung meint hier realen Schein, dessen Universalität aus der Universalisierung eines gesellschaftlichen Verhältnisses entspringt, das auf Warentausch und -produktion beruht. Marx (1962, 87) spricht vom «Fetischcharakter der Warenwelt», der den Arbeitsprodukten in Gestalt der Warenform anklebt, wobei er hier auf eine dreifache Gestalt dieses Charakters – Wertgegenständlichkeit, Wertgröße und gesellschaftliches Verhältnis der Arbeitsprodukte – verweist (vgl. ebd., 86). Daraus ergibt sich ihm als Fazit, daß es «das gesellschaftliche Verhältnis der Menschen selbst» ist, das hier «die phantasmagorische Form eines Verhältnisses von Dingen annimmt» (ebd., 86). Die gesellschaftlichen Verhältnisse «erscheinen» danach den als Warenbesitzern und -produzenten gefaßten Personen «als das was sie sind», nämlich als «sachliche Verhältnisse der Personen und gesellschaftliche Verhältnisse der Sachen» (ebd., 87). Das Geld als allgemeine Äquivalentform ist dingliche Manifestation dieser Selbstverkehrung (vgl. ebd., 168f).

→ Emanzipation ist nach Marx gleichzusetzen mit der Aufhebung bzw. Auflösung dieser Struktur vermittels ihres eigenen widersprüchlichen Charakters.

Lukács sieht entsprechend, indem er u. a. an den Weberschen Rationalitätsbegriff anknüpft, V. im Zusammenhang mit der Universalisierung der Warenform im → Kapitalismus. V. durchdringt hier nach ihm sämtliche – subjektive und objektive – Erscheinungen der Gesellschaft (vgl. ebd., 96). Nach Lukács bleiben in der bürgerlichen Gesellschaft alle Bewußtseins- und Denkformen, mit Ausnahme der historisch-genetisch verfahrenden Marxschen Theorie, unter die V. subsumiert. Gerade in der Philosophie ist nach ihm – paradigmatisch hier der formale Rationalismus der Kantischen → Erkenntnistheorie – «die hoffnungslose Entfernung von einem Durchschauen der Verdinglichung (...) endgültig vollendet» (ebd., 122; vgl. zur Psychopathologie Gabel 1967).

Die V.-Struktur und damit die diese produzierenden gesellschaftlichen Verhältnisse sind gemäß Lukács der Möglichkeit nach nur durch das von ihm unter geschichtsontologischen Prämissen verstandene Proletariat als das identische Subjekt-Objekt des Geschichtsprozesses aufhebbar (vgl. ebd., 156 u. 185).

Horkheimer und Adorno verstehen in der «Dialektik der Aufklärung» V. als einen die Geschichte durchziehenden schicksalhaften Vorgang, durch den die Aufklärung selber geprägt ist. Für sie strahlt «die vollends aufgeklärte Erde ... im Zeichen triumphalen Unheils» (Horkheimer/Adorno 1947, 13), und «Denken verdinglicht sich» ihnen zu einem «selbsttätig ablaufenden, automatischen Prozeß, der Maschine nacheifernd, die er selber hervorbringt, damit sie ihn schließlich ersetzen kann» (ebd., 38) (→ Kritische Theorie).

Ist damit die Thematik einer fortschreitenden → Herrschaft über die äußere und innere Natur u. d. h. eine Kritik der instrumentellen → Vernunft angeschlagen, so zeigt sich bei Sohn-Rethel, daß bei ihm V. als – bis auf die Antike zurückreichende – Universalisierung einer Denkstruktur begriffen wird, die – so im naturwissenschaftlichen Begriff von Wissenschaft – an einem zeitlosen und absoluten Begriff der Objektwahrheit orientiert ist. Diese Denkstruktur artikuliert sich nach ihm «in Formen der gesellschaftlichen Abstraktion von der Gesellschaft» (Sohn-Rethel 1972, 162), d. h. weist zurück auf den universellen Charakter und die Universalisierung der Tauschhandlung und deren immanenter Zeitlosigkeit im Gegensatz zu der und getrennt von der Gebrauchshandlung. Emanzipation ist hiernach gedacht unter der Prämisse der Vereinigung von Hand- und Kopfarbeit, wodurch statt zeitungebundener nun «zeitgebundene Wahrheit» (ebd., 116) maßgebend würde (→ Arbeit/→Tausch).

Für Habermas ist die Moderne geprägt durch die völlige Entkopplung von System und → Lebenswelt, woraus sich die Möglichkeit von V. ergibt (→ soziales System/→ Systemtheorie). Gegenüber der Prämisse, daß die über die Medien → Geld und → Macht ausdifferenzierten Subsysteme der institutionellen Verankerung in der durch kommunikative Rationalität geprägten Lebenswelt bedürfen, erweist sich V. als innere Kolonialisierung dieser Welt: Die systemischen Imperative dringen infolge der Schwäche der Institutionen im Verhältnis zu ihrem eigenen Antriebsmechanismus «von außen» in sie ein und «erzwingen die Assimilation». Dem korrespondiert infolge nur selektiver Rationalisierung der Lebenswelt ein fragmentiertes Alltagsbewußtsein, das der Aufklärung über V. «vorbeugt». Gefordert wäre: differenzierte Rückkopplung der Kulturgehalte mit der Alltagspraxis und institutionelle Sicherung kommunikativer Rationalität gegenüber systemischer Expansion (Habermas 1981, Bd. 2, 522; Brunkhorst 1983).

In der von der Spannung von → Individuum und Gesellschaft ausgehenden und phänomenologisch und pragmatisch orientierten → Wissenssoziologie von Berger und Luckmann, die von der subjektiven Konstitution gesellschaftlich-institutioneller Gebilde und deren Rückbezüglichkeit auf die → Sozialisation und gesellschaftliche → Integration des Individuums ausgeht, wird V. als Vorgang erfaßt, wo diese Konstitution nicht als bewußte verläuft, d. h. die objektive Welt «als außermenschliche Faktizität» (Berger/Luckmann 1966, 94) begriffen wird, also als Dingstruktur. Unterschieden wird zwischen Versachlichung und Vergegenständlichung als epistemologischem Begriff sowie zwischen → Entfremdung und V. als entfremdeter Vergegenständlichung, wodurch das «Merkmal des Ding-Seins zum Maßstab der objektiven Realität wird» (Berger/Pullberg 1965, 102). V. wird in Anspielung auf Lukács und Goldmann (1966) bezogen auf die «Verselbständigung der sozialen Beziehungen überhaupt» (ebd., 100), ist aber verstanden als «interkulturelles und historisch wiederkehrendes Phänomen» schlechthin (ebd., 109). Die so begriffene V. betrifft nach Berger et al. das Alltagsbewußtsein, onto- und phylogenetisch primäre Gesellschaftsauffassungen wie auch bestimmte Konstruktionsarten von Wissenssystemen, die dann selber legitimierend auf die vortheoretische V. wirken (ebd.; zur Struktur von verdingl. Theorien Israel 1972). Der frühe Marx hatte gegenüber Hegels Identifikation von Vergegenständlichung und Entfremdung und der Aufhebung des Gegenständlichen im absoluten Wissen betont, daß der Mensch «nur Gegenstände» setzen könne, «weil» er durch «Gegenstände gesetzt» ist (Marx 1966, 117), und er hatte Entfremdung als bestimmte historisch-transitorische Struktur gefaßt. Für die u. a. der → Anthropologie Gehlens verpflichtete Theorie von Berger et al. ergibt sich hingegen, daß V., verstanden als V. von Institutionen, ursprünglich gegründet sein kann «in der Angst vor dem Chaos» (1965, 10). V. sei zwar «keine anthropologische Notwendigkeit», erweise sich aber als «de-facto-Wirklichkeit der meisten sozio-historischen Situationen» (ebd., 109). Phänomenologisch-wissenstheoretische Analysen u. a. haben hier demnach den Status gesellschaftstheoretischer Aufklärung über die V. wie über Phänomene von Ent-V. auch innerhalb von V. (vgl. ebd., 109ff).

V., verstanden als Entfremdung, wird in nachmarxschen Theorien überdies entweder – so in der Lebensphilosophie bei G. Simmel – zu einer allgemeinen kulturellen Tragik «der Verselbständigung sozialer Institutionen gegenüber den menschlichen Bedürfnissen» (Lenk 1964, 261; vgl. auch Israel 1972, 153–167), oder es wird, neokonservativ, in der Überantwortung der Subjektivität an die Fremdheit der da- und soseienden → Institutionen die Form einer «vielleicht höheren Art von Freiheit» (Gehlen 1963, 245) erblickt als im Gedanken der Emanzipation, wie er, nach dieser Darstellung, allen «Idealismus» – von Fichte bis Marx – prägt, der «nach einem rätselhaften Verhängnis der Schrittmacher der Guillotine» sei (ebd., 244).

Bei Israel, der in der V. einen «der wichtigsten Aspekte des modernen gesellschaftlichen Lebens» sieht (Israel 1972, 83), wird die von M. Weber unter dem Gesichtspunkt der Schicksalshaftigkeit des neuzeitlichen Rationalisierungsprozesses verstandene zunehmende Bürokratisierung der Lebensbezüge unter relativer Abkopplung des V.-Phänomens von seiner Gebundenheit ans Privateigentum, wie es noch für Marx relevant war, zu beschreiben versucht. Da, wie Israel darstellt, Privateigentum an den

Produktionsmitteln auch mit Kontrolle und Planung durch die Regierung vereinbar ist und umgekehrt vergesellschaftete Produktionsmittel auch mit Marktmechanismen kombinierbar sind, verschiebt sich für ihn das Phänomen der V. wie seine mögliche Aufhebung auf die Art der Verfügungsgewalt und Kontrolle (→ soziale Kontrolle) über das → Eigentum, ist also nicht mehr direkt gebunden an die Eigentumsstruktur selbst. Israel knüpft an frühere Überlegungen von Habermas an, der auf das ‹Mißverhältnis› zwischen der Entwicklung und den Ergebnissen technischer Rationalität und einer bisher unter diese Rationalität subsumierten und damit nicht reflektierten gesellschaftspraktischen Zielsetzung verweist (Habermas 1971, 117; vgl. auch Israel 1972, 376), von der aus nun, gemäß Israel, ihrerseits die Entwicklung und die Ergebnisse der technischen Rationalität an dem Maßstab der Ermöglichung eines guten Lebens zu messen wären (vgl. ebd., 376). – Die Marxsche Gesellschaftsanalyse und sein Gedanke des «general intellect» (Marx 1953, 594) sind hier substituiert durch die Forderung nach einer Umkehrung des bisherigen, V. erzeugenden Verhältnisses von technischer und lebenspraktischer Rationalität.

Berger, P. & Th. Luckmann: Die gesellschaftliche Konstruktion der Wirklichkeit. Frankfurt/M. 1966.
Berger, L. & St. Pullberg: Verdinglichung und die soziologische Kritik des Bewußtseins. In: Soziale Welt, 1965, 16. Jg., 97–112.
Brunkhorst, H.: Kommunikative Vernunft und rächende Gewalt. In: Sozialwissenschaftliche Literatur Rundschau, 1983, 8/9.
Gabel, J.: Ideologie und Schizophrenie, Formen der Entfremdung. Frankfurt/M. 1967.
Gehlen, A.: Über die Geburt der Freiheit aus der Entfremdung. In: Gehlen, A.: Studien zur Anthropologie und Soziologie. Neuwied/Berlin 1963.
Goldmann, L.: Dialektische Untersuchungen. Neuwied/Berlin 1966.
Habermas, J.: Technik und Wissenschaft als Ideologie. Frankfurt/M. 1971.
–: Theorie des kommunikativen Handelns, 2 Bde. Frankfurt/M. 1981.
Horkheimer, M. & Th. W. Adorno: Dialektik der Aufklärung. Amsterdam 1947.
Israel, J.: Der Begriff Entfremdung. Reinbek bei Hamburg 1972.
Lenk, K.: Das tragische Bewußtsein in der deutschen Soziologie. In: Kölner Zeitschrift für Soziologie und Sozialpsychologie, 1964, 16. Jg., 257–287.
Lukács, G.: Geschichte und Klassenbewußtsein. Berlin 1923.
Marx, K.: Das Kapital. 3 Bde. Bd. 1. MEW Bd. 23. Berlin (DDR) 1962.
–: Grundrisse der Kritik der politischen Ökonomie. Berlin (DDR) 1953.
–: Texte zu Methode und Praxis II. Hamburg 1966.
Sohn-Rethel, A.: Geistige und körperliche Arbeit. Frankfurt/M. 1972.

Harald Kerber

Verelendungstheorien

Die Erfahrung sich ausbreitenden Elends im Übergang von traditionalen zu modernen, auf kapitalistischer Grundlage wirtschaftenden Gesellschaften bildet den empirischen Hintergrund für die Formulierung von V., die einen systemnotwendigen, mit der kapitalistischen → Industrialisierung verknüpften Elendszustand oder gar eine mit deren Fortschritt noch zunehmende Verschlechterung der Lage der arbeitenden Bevölkerung behaupten. Derartige, als V. bezeichenbare Annahmen über das Los der Arbeiter im → Kapitalismus lassen sich bis ins 18. Jahrhundert zurückverfolgen (vgl. Michels 1928). Obwohl sich das Wort im Marxschen Werk nicht findet, wird eine solche Theorie heute so gut wie ausschließlich der marxistischen → politischen Ökonomie zugerechnet. Die Kernaussage der Theorie besteht (jedenfalls in den Augen ihrer Kritiker) in der Behauptung, daß entgegen dem Augenschein einer noch ständig zunehmenden «ungeheueren Warensammlung», in der «der Reichtum kapitalistischer Gesellschaften» sich ausdrückt (vgl. Marx 1968, 49), die Lage eben der Produzenten dieses Reichtums sich im Verlauf der kapitalistischen Entwicklung nicht verbessert, sondern verschlechtert. In der Tat hat Marx die «Akkumulation des Kapitals» von einer «Akkumulation des Elends» begleitet gesehen: «die Akkumulation von Reichtum auf dem einen Pol ist also zugleich Akkumulation von Elend, Arbeitsqual, Sklaverei, Unwissenheit, Brutalisierung und moralischer Degradation auf dem Gegenpol, d. h. auf Seite der Klasse, die ihr eignes Produkt als Kapital produziert» (Marx 1968, 675) – so lautet eine klassische, als V. interpretierte Passage im «Kapital». Mit Verweis auf die durch Wirtschaftswachstum, Sozialreformen und die Erstarkung von Arbeiterparteien und → Gewerkschaften bedingte, nicht wegzuleugnende erhebliche Verbesserung der materiellen Lage der Arbeiterschaft seit dem ausgehenden 19. Jahrhundert fällt es dann leicht, die Marx zugerechnete V. empirisch zu widerlegen.

Marx' Behauptung, «daß im Maße wie Kapital akkumuliert, die Lage des Arbeiters, welches immer seine Zahlung, hoch oder niedrig, sich verschlechtern muß» (ebd., 675), ist aber weit mehr als eine Prognose über das Los der Arbeiterschaft im Kapitalismus. Ihre eigentliche Brisanz gewinnt sie als Grundlage einer Revolutionstheorie (→ Revolution), der zufolge die Verschlechterung der Lebenslage der Arbeiter die Vorbedingung für revolutionäres Klassenbewußtsein und Klassenkampf bildet (→ Klassengesellschaften/Klasse) (Marx: mit der «Masse des Elends» «wächst auch die Empörung ... der Arbeiterklasse»; vgl. ebd., 798). Derartige Annahmen sind zur Grundlage des «Erfurter Programms» der deutschen Sozialdemokratie geworden. Eine als Revolutionstheorie interpretierte Verelendungsannahme bildet den Kern des alsbald ausbrechenden Revisionismusstreits in der deutschen Sozialdemokratie zwischen Bernstein, Luxemburg, Kautsky u. a. (vgl. Wagner 1976).

Bevor über die V. (mit oder ohne revolutionstheoretische Implikationen) und ihre empirische Haltbarkeit der Stab gebrochen wird, sollten drei Fragen ernsthaft erörtert werden.

1. Mit welchen empirischen Indikatoren wird die Verelendung und Lageverschlechterung gemessen? – Marx hat die Verelendungsbehauptung nicht strikt an die Verteilungskomponente gebunden, sondern sie in einen umfassenden, die Selbstentfaltungsmöglichkeiten der Arbeiter unter Bedingungen kapitalistischer Produktion betreffenden Kontext gerückt.

2. Ist die Aussage einer Lageverschlechterung absolut und relativ (zu der Lage anderer gesellschaftlicher Gruppen, dem anwachsenden Reichtum der Gesellschaft etc.) zu verstehen? – In Marx' reifem Werk findet sich jedenfalls nirgendwo die Behauptung über die Zeit sinkender Reallöhne (vgl. Sowell 1960). In diesem Zusammenhang verdient Marx' Kritik an dem «ehernen Lohngesetz» von Lassalle Beachtung (vgl. Marx 1972). Marx' eigene Lohntheorie ist in Abgrenzung gegen Lassalle eine Verteilungskampftheorie des Lohns. Die Durchsetzungschancen des Arbeiters in diesem Verteilungskampf sind im wesentlichen durch die Expansion und Kontraktion der industriellen Reservearmee als abhängiger Variabler des Akkumulationsprozesses bestimmt.

3. Handelt es sich bei der V. um ein Gesetz im Sinne einer empirisch beobachtbaren Wirklichkeitsaussage oder um eine ‹innere Tendenz› im Sinne einer Möglichkeitsaussage: Was würde geschehen, wenn der kapitalistischen Entwicklung freier Lauf gelassen würde (vgl. Meek 1973)? – Liest man die V. als ‹innere Tendenz›, dann ist die Verbesserung der Lebensbedingungen, die eine in Gewerkschaften zusammengeschlossene → Arbeiterbewegung durchgesetzt hat, keine Widerlegung der V., sondern dann bildet die Verelendungstendenz einen Anstoß für soziale Reformen.

Wie immer diese drei Fragen entschieden werden: eine (von Marx nicht aufgestellte) Verelendungsbehauptung im Sinne sinkender Reallöhne im Kapitalismus läßt sich nicht aufrechterhalten.

Marx, K.: Das Kapital. Kritik der Politischen Ökonomie, 1. Bd. MEW Bd. 23. Berlin (DDR) 1968.

–: Kritik des Gothaer Programms. MEW Bd. 19. Berlin (DDR) 1972.

Meek, R. L.: Marx' «Doktrin der wachsenden Verelendung». In: Ders.: Ökonomie und Ideologie. Frankfurt/M. 1973.

Michels, R.: Die Verelendungstheorie. Studien und Untersuchungen zur internationalen Dogmengeschichte der Volkswirtschaft. Leipzig 1928.

Sowell, Th.: Marx' «Increasing Misery» Doctrine. In: American Economic Review, Bd. 50, 1960, 111–120.
Wagner, W.: Verelendungstheorie – die hilflose Kapitalismuskritik. Frankfurt/M. 1976.

Johannes Berger

Vernunft

Im alltäglichen Sprachgebrauch gilt als vernünftig, wer es versteht, seinen → Interessen gemäß zu handeln. Nicht Sachkompetenz ist gemeint, sondern die Fähigkeit, Erfahrungen zu widerspruchsfreien und, bezogen auf den intendierten Zweck, rationellen Handlungskonzepten zu verknüpfen. Wenig Beachtung findet die Frage, ob diese Zwecke an sich vernünftig sind. An diesen Begriff der *subjektiven* V. knüpft die aktuelle → Wissenschaftstheorie an. ‹Kritische V.› (Albert) gilt als Mittel, Probleme zu lösen und Lösungsvorschläge auf ihre Konsistenz zu prüfen. Bei allen Kontroversen scheinen moderner Empirismus, Rationalismus und → Positivismus darin einig, als vernünftig dasjenige Verfahren zu qualifizieren, das nach einem denkökonomisch universalisierten Modell (Mach) von ‹Versuch und Irrtum› verläßliche Erfahrungen generiert, gleichviel zu welchem Zweck. Hat der Alltagsverstand die Tendenz, ‹seine› Erfahrungen festzuhalten (→ Alltag), qualifiziert sich die szientistische Praxis durch ihr Bestreben, wissenschaftliche Erfahrung aus vorgegebenen individuellen oder gesellschaftlichen Zusammenhängen zu lösen. Diese ‹methodische Objektivität›, verbunden mit Offenheit, Unvoreingenommenheit und Skepsis, gilt als Kennzeichen vernünftigen Verhaltens, das sich von nichts und niemandem imponieren läßt: außer von neuen Erfahrungsdaten. So erscheint V. als gleichbedeutend mit ‹Erfahrung-machen-Können› unabhängig vom Inhalt der Erfahrung: als Technik.

Doch ist deren ‹Objektivität› wie auch die reklamierte ‹Autonomie› des Wissenschaftlers Schein. Sie hängt an der Positivität der Fakten und unterschlägt deren Bedingtsein durch das Ganze des gesellschaftlichen Produktionsprozesses. Sie übergeht, daß die vielbeschworene ‹Rationalität› des empiristischen Erfahrungsbegriffs relativ ist auf das gesellschaftliche System der Bedürfnisse und Zwecke. Als vernünftig kann er nur gelten im Kontext seiner gesellschaftlichen Wirksamkeit und/oder Anerkennung. Das betont die Kritik der szientistisch ‹halbierten V.› von Habermas und Apel. Ihnen gilt V. nicht als Mittel, sondern als Bedingung der Problemlösung. V. ist die Praxis der kritischen Qualifikation der Erfahrungen im Horizont der ‹wohlverstandenen Interessen der Betroffenen›.

Ort und Modus dieser Prüfung ist der praktische → Diskurs. Seine Voraussetzung ist die Sistierung lebenspraktischer, gesellschaftlicher Zwänge, die so nicht mehr blind befolgt, sondern thematisierbar werden. Diese Möglichkeit ist in der Sprache verankert, die als virtuelles Handeln verstanden wird. Kontrafaktisch enthalte sie die Anweisung auf gewaltfreie Verständigung. Sprachhandeln ist somit die Bedingung der *praktischen* V. Es ermöglicht immer schon, das Gesetz bloßer Selbsterhaltung zu transzendieren in Richtung auf ein gemeinsam projektiertes gutes Leben. Nicht jedoch dieses Ziel, die Weise seiner Projektierung, ist Kriterium der Vernünftigkeit. So bleibt die praktische V. des Diskurses subjektive V.

Das knüpft an die Intentionen der frühbürgerlichen Aufklärung an, reduziert jedoch deren Anspruch. Ihr Zentralbegriff war die *objektive* V. Sie galt als die subjektive, aber überindividuelle Kraft, das Vernünftige in den und durch die realen Verhältnisse der Menschen untereinander wie zur Natur zu realisieren. Der herrschenden Wirklichkeit des Feudalabsolutismus entgegengesetzt, wird V. dem bürgerlichen Denken und Handeln zum Inbegriff des Wirklichen überhaupt (→ Wesen): Subjekt, Substanz, Aktivität; das Medium und der Grund menschlicher Freiheit. Als Ziel (Endzweck) ist V. zugleich dessen Grund: Sie ist das Unbekannte, das seinerseits erst der Begründung bedürfte.

Die «Dialektik der Aufklärung» (Adorno, Horkheimer) entspringt dieser Unbestimmtheit der objektiven V. Dies ist nicht zuerst ein (erkenntnis)theoretisches (→ Erkenntnistheorie), sondern vor allem ein politisch-praktisches Problem. Das → Individuum sollte begreifen, daß sein Leben von dem des Ganzen abhängt; darum erscheint die Unterwerfung des einzelnen unter das herrschende Allgemeine (Gesellschaft; Staat) als vernünftig. Dahinter erkennt man den Zwang der Selbsterhaltung des vereinzelten einzelnen (→ Konkurrenz), der aus purer Not seine Abhängigkeit vom Ganzen anerkennen muß. Dessen Unbeherrschtheit wirft das Individuum auf die Rationalität der Selbsterhaltung zurück, die einzig unmittelbar gewisse Erfahrung. Das mochte für den Besitzer der Produktionsmittel angehen, solange er im Rahmen des Ganzen ‹frei› über die Bedingungen seiner Reproduktion verfügen konnte (→ Eigentum). Die unmittelbaren Arbeitsbedingungen des Nichtbesitzers (→ Klasse) sind dagegen fremdbestimmt. Seine Unterwerfung unter das herrschende Ganze kann kaum als zwanglos vernünftig erscheinen. Die Idee des vernünftigen Ganzen schlägt um in Repression. Der Anspruch der V. reduziert sich auf die Rationalität bloßer Selbsterhaltung (Horkheimer). Die → Herrschaft des Systems der kapitalistischen Produktion (→ Kapitalismus), seine → Verdinglichung verkehrt den Sinn des Systemprogramms von Hegel, «die Substanz ebensosehr als Subjekt» aufzufassen. Aus dem der herrschenden Wirklichkeit kritisch-aktiv entgegengesetzten Begriff wird der Ausdruck der immanenten, unentrinnbaren Rationalität des Systems.

Die bürgerliche Philosophie des 19. Jahrhunderts sanktioniert den Zerfall des bürgerlichen V.-Begriffs, indem sie dessen Triebkraft biologisch oder triebdynamisch umdeutet (Marquardt). Der Zwang zur Selbsterhaltung im fremden System wird zum ‹Schicksal› (Lebensphilosophie, Existentialontologie) oder, szientistisch, zur trivialen Voraussetzung, die keinen Gedanken lohnt. Der Begriff der objektiven V. wird gegenstandslos, Denken auf die herrschende Ökonomie verpflichtet.

Zwar hat V. die gesellschaftliche Realität nie tatsächlich bestimmt. Doch spricht das weniger gegen den Begriff als gegen die Verhältnisse, denen der Begriff immerhin entsprang. Unbestimmt ist nicht die V. dieser Feststellung, sondern die wirkliche Gestalt dieses → Widerspruchs, d. h. der Gegenstand und nicht die Art und Weise einer Erfahrung, die realem Leiden standhält. Es bleibt blind ohne den Begriff eines vernünftigen Ganzen, wie umgekehrt der Begriff leer bleibt ohne die Erfahrung des realen Leidens. Dieses bezeichnet nicht allein einen subjektiven Zustand, sondern ist ebensosehr Ausdruck der objektiven Verhältnisse, damit auch des objektiv Möglichen (Bloch). Darum bleibt ihm der Begriff einer bloß subjektiven V. unangemessen, schon gar der szientistisch formalisierte.

Der Gefahr der Formalisierung der V. unterliegt auch der ‹praktische Diskurs›. Hier soll nicht der verhandelte Gegenstand, sondern die Verständigung über den Gegenstand, seine ‹Rekonstruktion› nach den diskursiven Grundsätzen über die praktische V. der gemeinsamen Erfahrung entscheiden. Damit wird vor allem das Leiden als subjektiver Zustand aufgehoben, aber nicht dessen objektive Wirklichkeit. Die Verständigung über reales Leiden ist eine, nicht die Bedingung seiner Aufhebung. Kommunikation (Theorie) und materielle Praxis treten auseinander, die im Begriff der objektiven V. zusammengedacht waren. Darum sucht der → Historische Materialismus wie auch die Kritik der politischen Ökonomie (Marx) den Realprozeß der Gesellschaft, die Bewegung des Kapitals und den Klassenkampf, als *subjektiv-objektive* Wirklichkeit zu fassen. Zentralbegriff der Kritik und ihrer V. ist Praxis (Schmidt). Zur Darstellung des «falschen Ganzen» (Adorno) tritt die subjektive V. nicht nachträglich auffordernd hinzu. Die kritische Darstellung erhellt den Realprozeß, sofern nicht nur die Gedanken zur Wirklichkeit drängen, «sondern auch die Wirklichkeit zum Gedanken» (Marx): Wirklich sind die Individuen in ihren Verhältnissen, sie sind es als gegenständlich-sinnliche Wesen (Marx). Die Aufhebung ihres Leidens im Glück der befreiten Menschheit – das ist der noch nicht wirkliche, gleichwohl substantielle Grund (Bloch) eines materialistischen Begriffs der V., der diesen Namen verdient. Sie ist in den herrschenden Verhältnissen wirklich und nicht wirklich, dieser historische Widerspruch (→ Dialektik) der V. ist subjektiv und objektiv zugleich.

Adorno, Th. W.: Einleitung zum Positivismusstreit in der deutschen Soziologie. In: Ders.: Ges. Schriften. Bd. 8. Frankfurt/M. 1972.
Albert, H.: Der Mythos der totalen Vernunft. In: Der Positivismusstreit in der deutschen Soziologie. Neuwied/Berlin 1969.
Apel, O.: Transformation der Philosophie. Bd. 2: Das Apriori der Kommunikationsgemeinschaft. Frankfurt/M. 1973.
Bloch, E.: Das Prinzip Hoffnung. Bes. 2. Teil: Das antizipierende Bewußtsein. Frankfurt/M. 1959.
Habermas, J.: Wahrheitstheorien. In: Wirklichkeit und Reflexion. W. Schulz zum 60. Geburtstag. Pfullingen 1973.
Horkheimer, M.: Vernunft und Selbsterhaltung (1941–1942). In: Autoritärer Staat. Frankfurt/M. 1972.
– & Th. W. Adorno: Dialektik der Aufklärung. Amsterdam 1947.
Mach, E.: Erkenntnis und Irrtum. Leipzig 1926[6].
Marquardt, O.: Zur Geschichte des philosophischen Begriffs «Anthropologie». In: Ders.: Schwierigkeiten mit der Geschichtsphilosophie. Frankfurt/M. 1973.
Marx, K. & F. Engels: Die deutsche Ideologie. MEW Bd. 3. Berlin (DDR) 1969.
Marx, K.: Thesen über Feuerbach. MEW Bd. 3. Berlin (DDR) 1969.
Schmidt, A.: Praxis. In: Handbuch philosophischer Grundbegriffe. Hrsg. v. H. Krings u. a. München 1973.

Klaus Binder

Wahrheit

Hegels zwiefache Formulierung des W.-Problems: «Nennen wir das *Wissen* den *Begriff*, das Wesen oder das *Wahre* aber das Seiende oder den *Gegenstand*, so besteht die Prüfung darin, zuzusehen, ob der Begriff dem Gegenstande entspricht. Nennen wir aber *das Wesen* oder das Ansich *des Gegenstandes den Begriff* und verstehen dagegen unter dem *Gegenstande* ihn als *Gegenstand*, nämlich wie er *für ein Anderes* ist, so besteht die Prüfung darin, daß wir zusehen, ob der Gegenstand seinem Begriffe entspricht» (Hegel 1973, 77) bezeichnet eine durchgängig wichtige Unterscheidung. Nach dem Wahren nämlich nicht nur in Ansehung des erkennenden Subjekts, sondern auch angesichts unerreichter W. auf Seite des Objekts. Die klassische Formel Thomas von Aquins *«veritas est adaequatio rei et intellectus»* erhält dergestalt die entscheidende Ausfächerung in zwei wechselseitige Bestimmungen: die Entsprechung des Begriffs mit dem zu erkennenden Gegenstand wie auch, in und mittels dieser erkennenden Adäquation, die Bewegung des Gegenstandes zum angemessenen, zum wahren Begriff. Diese Ausfächerung unterwandert die Kantische Erkenntniskritik, in der das schöpferische Apriori des Logischen die wissenschaftliche Erfahrung schafft («Der Verstand schreibt der Natur ihre Gesetze vor»). Lehrreich korreliert Hegels Kritik an der ganz auf Subjektseite geworfenen naturwissenschaftlichen Erkenntnis durch die selbsttätigen Kategorien des Verstands (gleichsam ein *adaequatio rei ad intellectum*) mit der Umkehrung der transzendentalen Grundfrage in der Naturphilosophie Schellings, worin Kants Frage «Wie kommt das Subjekt zum Objekt? Wie ist das Verhältnis des Erkennens zu dem erkannten Gegenstand?» ergänzt wird: «Wie kommt das Objekt zum Subjekt und dadurch zu sich selbst?» (s. Bloch 1977, 306f, und Tiedemann 1973).

Am Negativen ausgedrückt schreibt Hegel (1970, 86): «Unwahr heißt dann soviel als schlecht, in sich selbst unangemessen. In diesem Sinne ist ein schlechter Staat ein unwahrer Staat, und das Schlechte und Unwahre überhaupt besteht in dem Widerspruch, der zwischen der Bestimmung oder dem Begriff und der Existenz eines Gegenstandes stattfindet. Von einem solchen schlechten Gegenstand können wir uns eine richtige Vorstellung machen, aber der Inhalt dieser Vorstellung ist ein in sich Unwahres.» Auf das Diktum des Jugendfreundes Lukács «Der schlechteste Sozialismus ist immer noch besser als der beste Kapitalismus» erwiderte Bloch (1975, 139f) dieses Sinns «Nein, denn der schlechteste Sozialismus ist eben keiner mehr». In positiver Wendung meint das Urteil «der Freund ist wahr» nicht nur die Übereinstimmung eines Gegenstandes mit unserer Vorstellung, sondern die Übereinstimmung «des Inhalts mit sich selbst». Das Prädikat «wahr» reichert den Begriff eines Freundes mit Bestimmungen an (wahrhaftig, aufrichtig, ehrlich, treu usw.), es formuliert einen sachhaften Geltungsanspruch (den Begriff eines Freundes) und bezeichnet schließlich das Verhalten des Subjekts Freund eben als Freund: «... in dem Urteil des Begriffs (ist) das Prädikat gleichsam die Seele des Subjekts, durch welche dieses, als der Leib dieser Seele, durch und durch bestimmt ist» (Hegel 1970, 324).

Der so gesetzte Doppelsinn im W.-Begriff, im subjektiven Sinn als Wissen und im objektiven als → Wesen, weist auf zwei Traditionslinien in der Bestimmung der W. Eine Linie von Platon und Aristoteles (die den *adaequatio*-Ausdruck anbahnen) bis hin zum → Positivismus definiert W. als Entsprechung zwischen Begriff und Wirklichkeit. In Wittgensteins Bildtheorie (1964; 1970) wird die Sprache als Spiegelbild der Welt aufgefaßt, und Russell (1980, 88) erklärt zum Wesen der W. «die Übereinstimmung mit Tatsachen, die Korrespondenz zwischen Meinung und Tatsache». Im → Pragmatismus (Peirce, James, Dewey) entscheidet die Nützlichkeit über den W.-Wert von Theorien, bestimmt ein voraussetzungsloser Empirismus die Frage der Entsprechung. Selbst die sprachlogische Antithese zur *adaequatio*-Formel in Tarskis (1980, 140f) semantischer Konzeption der W. (in der bis hin zu Carnaps «Bewährung» die Abdankung des Prädikats «wahr» eingeleitet wird) verschiebt die Adäquation bloß zu einer zwischen «Objekt-» und «Metasprache».

Der zweite W.-Begriff, der in der philosophischen Tradition mit eher ketzerischer Wirksamkeit vorhanden ist, geht über die hinnehmenden Aussagen dessen, was der Fall ist, hinaus. Er bedeutet: Wenn die Tatsachen nicht mit der Theorie übereinstimmen, desto schlimmer für die Tatsachen. Bei diesem Begriff «bezeichnet Wahrheit immer auch die Antizipation der richtigen, d. h. befreiten Zustände der Gesellschaft. Kategorien, die in diesem Sinn für die Analyse der Realität benutzt werden, können nicht einfach durch Realität widerlegt werden, es sei denn, sie werden eingelöst» (Negt 1982, 80f). Solcherart steckt im Christentum die Revolte: «Wer aus der Wahrheit ist, der höre meine Stimme.» In diesem Verhör (Ev. Joh. 18, 37, 38) stellt Pilatus die ironische und abstrakte Gegenfrage «Was ist Wahrheit?». Das römische Recht ist für eine W., die die schlechte Vorhandenheit transzendiert, einen utopischen Horizont hat, nicht zuständig. Der Stachel jener W. aber bleibt, wie in Beethovens «Fidelio» mit Florestan im Kerker: «Wahrheit wagt ich kühn zu sagen, und die Ketten sind mein Lohn.» Sinnverwandt hat nach Mauthner (1980, 547) «*Wahrheit* als ethische *Wahrhaftigkeit* und *Wahrheit* als Übereinstimmung des Urteils mit der Wirklichkeit miteinander nicht mehr zu tun, als (nach dem alten Philosophenscherz) *konkret* mit *konkav*».

Die von Hegel (1970, 323) betonte Unterscheidung «Richtigkeit und Wahrheit werden im gemeinen Leben sehr häufig als gleichbedeutend betrachtet, und demgemäß wird oft von der Wahrheit eines Inhalts gesprochen, wo es sich um die bloße Richtigkeit handelt» findet eine besondere Bedeutung in der Diskussion von W.-Theorien (Skirbekk 1980; Puntel 1978) bei der rechtstheoretischen Bestimmung von W.: «Die bekannteste theoretische Grundlegung des modernen Positivismus ist die sogenannte reine Rechtslehre Kelsens, der die Frage nach der Wahrheit aus dem juristischen Bereich grundsätzlich ausschließt» (Fechner 1966, 124f). Logische Richtigkeit ist eine unabweisbare Voraussetzung eines Rechts, das W. sucht, und entstammt dieser Suche. Indem diese Richtigkeit in Gestalt des Übereinstimmungspostulats mit der jeweiligen Rechtsnorm zum alleinigen Regenten der W. erklärt wird, entschwindet jene W. hinter dem Recht, die seinen Geltungsanspruch schließlich begründet. In «Wahrheit und Methode» (Gadamer 1960) steht → Hermeneutik (als Lehre vom Verstehen begreift sie Erkenntnis als geschichtlich bedingte Deutung) gegen die Verkürzung des W.-Begriffs auf methodisch-exakte Forschung, und Jacobi (1962) wendet sich gegen den Anspruch der mathematischen Logistik auf die philosophische Logik. Rechtsdogmatik, szientistische

Verfahren und mathematische Logistik sind Beispiele der ersten Entwicklungslinie, die, sofern sie ihr Fundament des Wahren in seiner inhaltlichen Bedeutung verläßt, zu einer fortschreitenden Reduzierung des W.-Begriffs auf eine formal- und sprachlogische Ebene bis hin zur Trivialität (Tarski: «Der Satz: ‹Der Schnee ist weiß› ist genau dann wahr, wenn der Schnee weiß ist.») führt. Die zweite Linie weist auf übergreifende Veränderung der Vorhandenheit, mit neuen Horizonten in der Erkenntnis des Wahren. Es ist «die *erkannte* Wahrheit der veränderbaren Sachen, welche gerade der *essentiellen* Wahrheit in den dazu veränderbaren Sachen selbst zum Durchbruch verhelfen mag» (Bloch 1970, 170).

Jenseits beider Linien liegen sprachpragmatische Konzepte, die durch Konstruktion einer anderen Ebene die adaequatio-Formel zu überwinden trachten: «Der Ansatz beim Subjekt ebenso wie die Orientierung am Objekt werden bestritten, indem die intersubjektive Verständigung in der Sprache zum neuen universalen Bezugssystem wird» (Tugendhat 1970, 23). Diesen Intersubjektivitätstheorien der W. gemeinsam ist die Frage der argumentativen Einlösung von Geltungsansprüchen: Der Konsens tritt an die Stelle eines integralen W.-Begriffs, er wird nicht nur zur W. selber, sondern auch ihre Bedingung und ihr Kriterium. Zu diesen Theorien zählen die am Logistiker Frege orientierte «logische Propädeutik» (Kamlah/Lorenzen 1967), in der wahre Aussagen nicht über Entsprechung mit der Wirklichkeit definiert werden, sondern über die Übereinstimmung zwischen vernünftigen Gesprächspartnern, des weiteren Apels (1973) transzendental-pragmatische Philosophie einer argumentativen Kommunikationsgemeinschaft, deren Konstituierung die transzendentale Voraussetzung für sinnvolles Handeln bildet, und schließlich die diskursive Konsenstheorie der W. bei Habermas (1973). Auch er erklärt eine ideale Sprechsituation im → Diskurs, eine unverzerrte Kommunikationsstruktur also, zur Grundlage eines berechtigten Konsenses.

Marx verbindet die Frage nach den Bedingungen der Möglichkeit von objektiver Erkenntnis und damit von W. mit der Frage der gesellschaftlichen Ordnung: Das Bewußtsein ist Widerschein dieser Ordnung. Als einerseits notwendig falsches Bewußtsein einer antagonistischen Gesellschaft bereitet dieser Widerschein die Rechtfertigung der bestehenden Verhältnisse (→ Ideologie), in Negation der Verhältnisse andererseits enthält er die antizipatorische Gegenbewegung (→ Utopie). Nach Mannheim ist dergestalt ideologisches Denken das der Herrschenden, utopisches das der Unterdrückten (zur «Begegnung der utopischen Funktion mit Ideologie» siehe aber Bloch 1959, 174).

Marxistisch kann die W. nicht durch bloße begriffliche Anstrengung freigelegt werden: «Wie alle Wahrheit eine Wahrheit wozu ist ..., gibt es keinen vollen Beweis einer Wahrheit aus ihr selbst als einer bloß theoretisch bleibenden» (Bloch 1959, 311). Gemäß der zweiten der «Thesen über Feuerbach» (Marx 1969, 5) wird die Praxis, in der die menschliche Wirklichkeit geschaffen wird, zum Kriterium der → Erkenntnistheorie (siehe auch Kosik 1976; Horkheimer 1980). Somit wird im → Marxismus das W.-Problem zum einen eine Frage der Ideologiekritik, in der (verwandt der Idolenlehre Bacons) die herrschenden Gedanken der Herrschenden als ideologische Verblendung aufzuzeigen und deren Realursache bloßzulegen sind, zum anderen eine Frage der Einlösung gesellschaftlicher Bedingungen, in denen die wahren Ideen (Freiheit, Gleichheit und Brüderlichkeit) sich verwirklichen können.

Apel, K.-O.: Transformation der Philosophie. Frankfurt/M. 1973.
Bloch, E.: Das Prinzip Hoffnung. Frankfurt/M. 1959.
–: Tübinger Einleitung in die Philosophie. Frankfurt/M. 1970.
–: Ein falscher Sozialismus ist kein Sozialismus. In: Traub, R. & H. Wiesner (Hrsg.): Gespräche mit Ernst Bloch. Frankfurt/M. 1975.
–: Zwischenwelten in der Philosophiegeschichte. Frankfurt/M. 1977.
Fechner, E.: Wahrheit und Recht. In: Ulmer, K. (Hrsg.): Die Wissenschaften und die Wahrheit. Stuttgart 1966.
Gadamer, H.-G.: Wahrheit und Methode. Tübingen 1960.
Habermas, J.: Wahrheitstheorien. In: Fahrenbach, H. (Hrsg.): Wirklichkeit und Reflexion. Pfullingen 1973.
Hegel, G. W. F.: Enzyklopädie der philosophischen Wissenschaften I. Frankfurt/M. 1970.
–: Phänomenologie des Geistes. Frankfurt/M. 1973.
Horkheimer, M.: Zum Problem der Wahrheit. Zeitschrift für Sozialforschung, 1935, 3, 321–363 (Nachdruck 1980, München).
Jacobi, G.: Die Ansprüche der Logistiker auf die Logik und ihre Geschichtschreibung. Stuttgart 1962.
Kamlah, W. & P. Lorenzen: Logische Propädeutik. Mannheim 1967.
Kosik, K.: Die Dialektik des Konkreten. Frankfurt/M. 1976.
Marx, K.: Thesen über Feuerbach. MEW Bd. 3. Berlin (DDR) 1969.
Mauthner, F.: Wörterbuch der Philosophie. Zürich 1980.
Negt, O. & A. Kluge: Die Geschichte der lebendigen Arbeitskraft. Ästhetik und Kommunikation, 1982, 48, 79–109.
Puntel, L. B.: Wahrheitstheorien in der neueren Philosophie. Darmstadt 1978.
Russell, B.: Wahrheit und Falschheit. In: Skirbekk, G. (Hrsg.): Wahrheitstheorien. Frankfurt/M. 1980.
Skirbekk, G. (Hrsg.): Wahrheitstheorien. Frankfurt/M. 1980.
Tarski, A.: Die semantische Konzeption der Wahrheit. In: Skirbekk, G. (Hrsg.): Wahrheitstheorien. Frankfurt/M. 1980.
Tiedemann, R.: Studien zur Philosophie Walter Benjamins. Frankfurt/M. 1973.
Tugendhat, E.: Phänomenologie und Sprachanalyse. In: Bubner, R. u. a. (Hrsg.): Hermeneutik und Dialektik. Tübingen 1970.
Wittgenstein, L.: Tractatus logico-philosophicus. Frankfurt/M. 1964.
–: Über Gewißheit. Frankfurt/M. 1970.

Jan Robert Bloch

Weltbilder

‹Weltbild/er› ist im Deutschen seit der Romantik im Gebrauch. Diese explizite Wortprägung signalisiert den Bedarf, den Eurozentrismus und die ideologischen Flügelkämpfe innerhalb des Bürgertums ‹realistisch› zu benennen. Die sprachliche Suggestion dahinter (vergleichbar der Welt-‹Anschauung›) ist die Reduktion komplexer Handlungsorientierung auf Operationen auf einer Karte; auch lassen sich so Differenzen leicht erklären. Der andere hat eine andere ideologische ‹Brille› auf, von der er selbstverständlich leugnet, daß es sie überhaupt gibt. Es lassen sich wenigstens vier Verwendungsweisen von W. unterscheiden:

Naturgenealogische, naturphilosophische, naturwissenschaftliche Verwendung
Die meisten uns bekannten Schöpfungsmythen führen in einer Urszene die Herstellung der wichtigen Elemente der ‹Welt› vor, die dann im zyklischen Leben der Feldbestellung, Regenzeiten, Gestirnläufe und Lebensrhythmen wiedererkannt wird. Dabei treffen wir auch allerlei synkretistische Mischungen an, ohne daß das zu einem Bruch ‹des› W. führte. So bedeutet in den altgriechischen Mythologien ein bestimmter Göttername zugleich ein wichtiges Naturereignis, eine individuelle und gesellschaftliche Handlungsdisposition, und bezieht sich irgendwie auf die Stammes- oder Stadtgeschichte. Gegen diese ‹anschaulichen›, sich in ‹Analogiezauber› ausbreitenden W. haben die ersten Philosophen des 6. Jahrhunderts v. Chr. unanschauliche Totalisierungsversuche gesetzt. Im Verlauf dieser Entwicklung brachten die Griechen auch die gegen die Wahrnehmung gerichtete Vorstellung der Erde als Kugel mit ziemlich genauer Größenabschätzung hervor, die sich aber nicht durchsetzen konnte. Im abendländischen Kreis genügten für eineinhalb Jahrtausende Land- und Seekarten auf einer ‹ebenen› Erde und das ptolemäische W., das den Lauf der Gestirne nach der Wahrnehmung darstellt. In der Auseinandersetzung mit Kopernikus bestand der Skandal vor allem darin, daß die ideologische Vorstellung, die mit dem W. harmonierte (d. h. Abbild der Einheit war), abgekoppelt werden könnte. Die umständlichen Rechnungen von Kopernikus waren nur wenigen verständlich, die gesellschaftlichen Folgen einer ‹Dezentrierung› der Erde dagegen vielen. Erst mit Newton (1687) wurden irdische und himmlische Bewegungen vereinheitlicht, und ein ‹naturwissenschaftliches› W. setzte sich durch. Entsprechend treffen wir dann Modelle der bürgerlichen Gesellschaft an als Wolken von gleichen Atomen, in denen Freiheit als mittlere freie Weglänge zwischen Konfliktzusammenstößen herrscht. Als erster hat im 18. Jahrhundert Kant eine neue Einheit von Naturgesetz, Gesellschaftsformation und individuellem

Handlungsimpuls zu schmieden versucht. Man trifft in diesem Sinne heute öfters Aufforderungen, unser ‹politisch-moralisches› W. unter der Devise ‹Weg mit den Ideologien› dem Einsteinschen oder dem quantenphysikalischen W. anzugleichen.

Ethnologisch-imperialistische Verwendung

Im Inneren der Gesellschaften treten soziale Typen oder → Gruppen auf, deren Handlungsorientierung nicht für die sich ‹Normal-Fühlenden› nachvollziehbar sind; Verrückte, Ungläubige, Kinder leben in einer ‹eigenen› Welt, die angepaßt, überwacht oder ausgemerzt werden muß. Nach außen treffen die Europäer im Zuge der Kolonialisierung und imperialistischen → Ausbeutung immer mehr verschiedene Völker an (→ Imperialismus), was in der → Ideologie und den ‹Humanwissenschaften› verarbeitet werden mußte. Im 18. Jahrhundert entstanden zumeist aufklärerische Aufnahmen vom ‹guten Wilden›, vom schönen Naturzustand, der gegen die zivilisatorische Komplexität/Unmoral ausgespielt wurde. Im 19. Jahrhundert finden wir eher wissenschaftlich legitimierte Ordnungen vor, worin die indogermanische Sprache(nfamilie), der selbstbewußte Geist, die zur Freiheit aller gelangte Staatsorganisation den obersten Rang innehat. Entsprechend ließ sich die Ausbeutung als Erziehung beschönigen. Im 20. Jahrhundert endlich haben sich Forschungen über andere Völker und deren W. entwickelt, die von der inneren Struktur und Geschichte dieser Gesellschaften ausgehen und die europäisch-christianische Einmaligkeits- und Überwertigkeitsthese ablehnen (→ Ethnologie). Zugleich aber wird in den Theorien der Linguisten und Ethnologen überhaupt jeder Vergleich idealistisch abgetan, z. B. in der sogenannten Humboldt-Whorf-Hypothese, die besagt, daß die Sprache das W. bestimme, was logisch unsinnig ist, weil wir dann strenggenommen nichts über andere W. sagen könnten und die Einmaligkeit unseres W. nicht auszudrücken vermöchten. Praktisch läuft diese Hypothese allerdings darauf hinaus, daß man über Sprache (→ Sprachsoziologie), → Kultur und Gesellschaftsform anderer Völker nur etwas sagen kann, wenn man sich zu einem gewissen Grad teilnehmend in sie ‹eingelebt› hat. Eine Verlängerung hat diese Hypothese über W. in den 50er Jahren anläßlich des Streites über ‹Chancengleichheit› in unseren westlichen Industriestaaten erfahren, in Form der Bernstein-Hypothese, die behauptet, daß spezielle sprachliche Codes verschiedener Sozialschichten (→ Schicht) unvergleichliche oder stark ungleichwertige W. produzierten.

Logisch-ideologische Verwendung

‹Welt› läßt sich im Sinne der mathematischen Logik fassen als Menge der Objekte, die für ein Bewußtsein/Wissen/Denken/praktische Haltung existieren mitsamt den zwischen diesen Objekten bestehenden Relationen. W. sind in dieser Fassung eines Rekonstruktionsversuches ‹mögliche Welten›, d. h. eine Auswahl aus einer festen Grundmenge zusammen mit der Erfüllung gewisser Axiome. Diese Grundmenge läßt sich allerdings niemals absolut geben, da keine ‹mögliche Welt› in diesem Sinne alle Elemente enthält. Mit dieser groben Skizze lassen sich auch die ideologischen Verwendungen von W. umschreiben: Vielerlei Aspekte des Alltagshandelns und des Alltagsgesprächs laufen darauf hinaus, mit den Partnern das ‹gleiche› W. zu teilen; von denen, die nicht das gleiche W. haben, droht Gefahr wegen anderer ‹Objekte› an uns, in unserer Umwelt und anderer Regeln, denen ihre Handlungen unterliegen; der so andere ist nicht aus unserem Selbstverständnis ‹berechenbar› (→ Alltag).

Die wissenssoziologische Verwendung
Im engeren Umkreis soziologischer Theorie ist die ‹Weltbildgebundenheit› von Verhalten und Bewußtsein insbesondere in der → Wissenssoziologie debattiert worden (Mannheim, Scheler, Schütz). Diese Schule versucht, gewisse Annahmen der → Phänomenologie und der Weberschen Analysen zu kombinieren. In ihrer gröbsten Ausformung treffen wir Zuordnungen von Klassenmerkmalen mit Denkarten, z. B. ‹mechanische Weltbetrachtung = Unterklasse, teleologische Weltbetrachtung = Oberklasse›, ‹Realismus (Welt als Widerstand) = Unterklasse, Idealismus (Welt als Ideenreich) = Oberklasse› etc. (vgl. Lenk 1970) (→ Klassengesellschaften/Klasse). In solchen Zusammenstellungen wird gänzlich ausgeklammert, ob solche Klassifikationen überhaupt beurteilbar sind und wie der Zusammenhang zwischen Denkformen und Lebensformen individuell, historisch und kollektiv entsteht.

Verwendung im offiziellen → Marxismus
Mit der Übernahme der Staatsmacht und der Entwicklung des ‹utopischen zum wissenschaftlichen Sozialismus› entsteht das Bedürfnis, auf Grund eines ‹wissenschaftlichen› W. zu handeln. Dabei gibt es den gefährlichen Kurzschluß der → ‹Widerspiegelungstheorie›, d. h. des neuen ptolemäischen W. der Bürokratie: Es gibt nur das, was die Partei sieht; wer etwas nicht so sieht wie die Partei, ist ein willentlicher Verräter. Demgegenüber hängt die Revolution der Verhältnisse genau davon ab, daß man etwas herstellt, was es noch nicht gibt, was sich also gerade nicht ‹widerspiegeln› kann: «Freiheit ist jene kleine Bewegung, die aus einem völlig gesellschaftlich bedingten Wesen einen Menschen macht, der nicht in allem das darstellt, was von seinem Bedingtsein herrührt» (Sartre).

Lenk, K. (Hrsg.): Ideologiekritik und Wissenssoziologie. Neuwied 1970.
Sartre, J.-P.: Kritik der dialektischen Vernunft. Reinbek bei Hamburg 1967.
Whorf, B. L.: Sprache, Denken, Wirklichkeit. Reinbek bei Hamburg 1963 u. 1984.

Martin Lang

Wertbeziehung

W. ist vor allem in der Soziologie Max Webers eine zentrale Kategorie für die Klärung des Wissenschaftsverständnisses in den Sozialwissenschaften. In Übernahme der Redeweise seines philosophischen Lehrers H. Rickert von der W. und im Anschluß an dessen erkenntnistheoretische Position soll der Begriff der W. auch für M. Weber dazu dienen, das *logische* Verhältnis der interessengebundenen Erkenntnisperspektive des Forschers und der Objektivität seiner Forschungsergebnisse darzustellen. Dieser durch die W. charakterisierte Zusammenhang zwischen Forscherperspektive und Forschungsobjektivität zeigt sich in der Rekonstruktion der subjektiven Leistungen, die für empirische Untersuchungen der (sozialen und psychischen) Realität zu erbringen sind: Die «Unausschöpfbarkeit» der Beschreibungsmöglichkeiten «selbst des kleinsten Ausschnittes der Wirklichkeit» macht eine «voraussetzungslose» Beschreibung dieser Wirklichkeit unmöglich (Weber 1973, 177). Daher ist die perspektivische Einschränkung der Beschreibungsmöglichkeiten schon für eine Beschreibung von Wirklichkeit überhaupt notwendig. Diese perspektivische Einschränkung besteht in der Verwendung eines bestimmten Begriffssystems zur Erklärung und Beschreibung der Wirklichkeit. Denn mit jeder durch einen Begriff getroffenen Unterscheidung ist zugleich eine Entscheidung gefällt darüber, was wir für darstellenswert halten und was nicht.

In den Kultur- bzw. Sozialwissenschaften stellen wir mit solchen ‹Begriffsentscheidungen› eine W. in dem Sinne her, daß wir alle jene Beschreibungsmöglichkeiten anerkennen, mit denen wir wertrelevante Sachverhalte darstellen können, d. h. solche Sachverhalte, die für die Verwirklichung der von uns erkannten Werte eine – sei es positive, sei es negative – Rolle spielen. Nur dann jedenfalls, wenn ein Sachverhalt überhaupt die Verwirklichung eines (von uns erkannten) Wertes ermöglicht oder verhindert, befördert oder erschwert, d. h. wenn er für uns wertrelevant ist bzw. eine W. für uns besitzt, ist er für uns auch ein bedeutsamer Sachverhalt, der zum Gegenstand einer wissenschaftlichen Untersuchung werden kann. Die Werte selbst, auf die ein Sachverhalt in dieser Weise bezogen ist, sind dabei nicht nur die Werte, die ein Forscher für sein eigenes Handeln und Leben vertritt, sondern auch alle jene Werte, die er – zunächst als Mitglied einer bestimmten → Gruppe und Gesellschaft und darüber hinaus eines ganzen Kulturkreises (→ Kultur), dann aber auch als methodisch seine Verstehensmöglichkeiten erweiternder (Sozial- bzw. Kultur-)Wissenschaftler – als handlungs- und lebensleitende Werte überhaupt zu erkennen in der Lage ist. Die Bedeutsamkeit eines Sachverhaltes wird daher nicht durch die Berufung auf einen festgelegten Wertekatalog zu begründen sein, sondern sich mit der praktischen Wertentwicklung und theoretischen Werterkenntnis jeweils ergeben.

Daß für einen Sachverhalt eine W. besteht, kann auch dadurch dargestellt werden, daß der Forscher am Bestehen dieses Sachverhaltes ein *Interesse* nimmt. Für M. Weber widerspricht dieses Interesse – das ja für die Gegenstände der Sozial- bzw. Kulturwissenschaften konstitutiv ist – weder der Objektivität der Forschungsergebnisse noch der sogenannten Wertfreiheit – bzw. genauer: Werturteilsfreiheit – der Wissenschaften. Denn das mit der W. seiner Gegenstände hervorgerufene Interesse des Forschers bestimmt zwar die Fragen, die er für seine Untersuchungen formuliert. Die Antworten auf diese Fragen aber sind nur dann wissenschaftlich, wenn sie allein dem Wert der → Wahrheit verpflichtet sind, d. h. wenn sie die Ausschaltung der praktischen Wertungen der Forscher durch die intersubjektive Überprüfbarkeit ihrer Argumente und Resultate zum Forschungsprinzip haben (→ Wissenschaftstheorie).

Ebensowenig wie die wissenschaftlichen Argumente und Resultate durch bestimmte praktische Wertungen begründet sein sollen, können solche praktischen Wertungen wissenschaftlich begründet werden. Hingegen ist eine wissenschaftliche Kritik praktischer Wertungen durchaus möglich, und zwar in dem Sinne, daß die ‹letzten Wertaxiome› verschiedener Überzeugungen herausgearbeitet werden, daß die (im weiteren Sinne) logischen Folgen aus einer Anwendung dieser Axiome auf die jeweilige Situation abgeleitet werden und schließlich, daß die ‹faktischen Folgen›, also die erwarteten oder bereits eingetretenen Wirkungen eines Handelns, das den abgeleiteten Entscheidungen folgt, festgestellt werden. Bei dieser wissenschaftlichen Kritik können sich dann durchaus auch – und zwar aus logischen oder empirischen, also wissenschaftlichen, Gründen – neue Wertungen ergeben (Weber 1973, 510f).

Mit diesem Verhältnis von W., Wertfreiheit und Wertkritik der (Sozial- bzw. Kultur-)Wissenschaften sollen zugleich der genetische Zusammenhang dieser Wissenschaften mit ihrem lebensweltlichen Gegenstand, ihre Freiheit von den praktischen Wertungen der Wissenschaftler und ihre gleichwohl bestehende Bedeutsamkeit für diese praktischen Wertungen gezeigt werden. Insbesondere gegen das Postulat der Wertfreiheit ist in der Folgezeit – und zwar unter Berufung auf eine andere Interpretation des Verhältnisses von W. und Wertfreiheit der Wissenschaften – immer wieder argumentiert worden. Dabei läßt sich eine logisch-begriffliche Argumentation zur formalen Struktur von wissenschaftlichen Aussagen und Werturteilen von einer (gesellschafts)theoretischen Argumentation zur sozialen Funktion insbesondere der Enthaltung von Werturteilen in den Wissenschaften unterscheiden.

Die logisch-begrifflichen Argumente sollen zeigen, daß der W. nicht nur eine heuristische Funktion für die Auswahl der Gegenstände, für die Formulierung der ‹Fragen› der Wissenschaften, zukommt, sondern daß die W. auch für das Verständnis der Gegenstände selbst, also für die Erarbeitung der ‹Antworten› der Wissenschaften, konstitutiv bleibt. Im allgemeinen und für alle Wissenschaften ist dies dadurch zu begründen versucht worden, daß man den Handlungscharakter des wissenschaftlichen Forschens und Argumentierens hervorgehoben und nach der Rechtfertigung der → Normen gefragt hat, denen das wissenschaftliche Handeln folgt. Im besonderen und für die Sozial- bzw. Kulturwissenschaften stützt sich diese Kritik am Postulat der Wertfreiheit auf eine begriffliche Reflexion auf den zentralen Gegenstand dieser Wissenschaften, nämlich das menschliche Handeln (→ Handeln, soziales). Nach dieser Argumentation kann man von einem *Handeln* im Unterschied zu einem bloßen Verhalten nur dann sprechen, wenn man die Gründe erkannt hat, die zu dem jeweiligen Tun geführt haben. Ein Motiv – einen ‹Beweggrund› – aber auch als einen Grund – als einen ‹Vernunftgrund› – anerkennen heißt, diesem Motiv eine Vernünftigkeit zuzubilligen, eine auch für den Interpreten verständliche (wenn auch darum nicht schon praktisch anerkannte) Überzeugungskraft. Das Verstehen ist dabei gebunden an die zumindest theoretische Anerkennung dieser Überzeugungskraft, d. h. an eine wertende Stellungnahme, die auch den fremden Sinnzusammenhang als in sich – also für Menschen, deren Denken, Empfinden und Handeln ich zwar nicht übernehmen muß, aber verstehen kann – vernünftig zu begreifen vermag (→ Hermeneutik).

Die (gesellschafts)theoretischen Argumente sollen zeigen, daß mit der Enthaltung von Wertungen in den Wissenschaften lediglich die in der jeweiligen Gesellschaft dominanten Wertungen reproduziert und verstärkt werden. Mit diesen Argumenten gegen das Postulat der Wertfreiheit wird der Vorwurf begründet, daß die Wissenschaften auf ihre (gesellschafts) kritischen Möglichkeiten verzichten würden, wenn sie dem kritisierten Postulat tatsächlich folgten.

In der gegenwärtigen Diskussion hat eine erneute Reflexion auf das Verhältnis von W., Wertfreiheit und Wertkritik der Wissenschaften begonnen, die – nach den polemischen Phasen des Werturteilsstreits (vgl. Ferber 1959 und Albert/Topitsch 1971) und des sogenannten «Positivismusstreits» (Adorno u. a. 1969) – sowohl die logisch-begrifflichen als auch die theoretischen Argumente auf ihren Kontext und ihre Prinzipien hin untersucht und diese dabei als differenzierende Weiterentwicklung der Weberschen Konzeption zu verstehen beginnt (vgl. etwa Habermas 1981).

Adorno, Th. W. u. a.: Der Positivismusstreit in der deutschen Soziologie. Neuwied/Berlin 1969.
Albert, H.: Wertfreiheit als methodisches Prinzip. Zur Frage der Notwendigkeit einer normativen Sozialwissenschaft. In: Topitsch, E. (Hrsg.): Logik der Sozialwissenschaften. Köln 1976[9].
– & E. Topitsch (Hrsg.): Werturteilsstreit. Darmstadt 1971.
Ferber, Ch. v.: Der Werturteilsstreit 1909/1959. Versuch einer wissenschaftsgeschichtlichen Interpretation. In: Topitsch, E. (Hrsg.): Logik der Sozialwissenschaften. Köln 1976[9].
Habermas, J.: Theorie des kommunikativen Handelns. Bd. 1: Handlungsrationalität und gesellschaftliche Rationalisierung. Frankfurt/M. 1981.
Henrich, D.: Die Einheit der Wissenschaftslehre Max Webers. Tübingen 1952.
Kambartel, F. (Hrsg.): Praktische Philosophie und konstruktive Wissenschaftstheorie. Frankfurt/M. 1974.
Prewo, R.: Max Webers Wissenschaftsprogramm. Versuch einer methodischen Neuerschließung. Frankfurt/M. 1979.
Schelting, A. V.: Max Webers Wissenschaftslehre. Das logische Problem der historischen Kulturerkenntnis. Die Grenzen der Soziologie des Wissens. Tübingen 1934.
Weber, M.: Gesammelte Aufsätze zur Wissenschaftslehre. Tübingen 1973[4] (darin besonders: Die «Objektivität» sozialwissenschaftlicher und sozialpolitischer Erkenntnis; und: Der Sinn der «Wertfreiheit» der soziologischen und ökonomischen Wissenschaften).
Weiß, J.: Max Webers Grundlegung der Soziologie. Eine Einführung. München 1975.

Oswald Schwemmer

Wesen

W. bezeichnet eine einzelne Person oder Sache (Sachverhalt) und den Inbegriff eines einzelnen (Daseienden), der dessen unverwechselbare Eigenschaften bestimmt als das Wesentliche und Beständige: das *Identische* eines Sachverhalts in seinen wechselhaften Zuständen. In dieser Spannung zwischen Einzelwesen (Erscheinung) und seinem wesentlichen Inhalt oder Grund (W.) bestimmt sich das Ziel der Erkenntnis (→ Wahrheit). Sie hat das notwendige Verhältnis von W. und Erscheinung zum Gegenstand. Deren Differenz ist das Motiv des Erkennens. Ihre Bestimmung eröffnet die Möglichkeit, das Faktische am Begriff einer umfassenderen Wirklichkeit bestimmt kritisieren zu können.

Da Erkenntnis des W. sinnliche Erfahrung allemal überschreiten muß in Namen und Richtung des (noch) Unbekannten, liegt die Gefahr des Zirkels der Erkenntnis nahe (→ Erkenntnistheorie). Er zeigt sich in der Verselbständigung des W.-Begriffs. Wie die Verselbständigung des W. in der Geschichte der neuzeitlichen Philosophie kritisiert wurde, daran läßt sich die Stellung des diese Philosophie tragenden Bürgertums zu der von ihm bestimmten gesellschaftlichen Wirklichkeit ablesen.

Die neuzeitliche sog. kopernikanische Wende des Denkens hebt an mit der Kritik der mittelalterlich-scholastischen W.-Lehre. Derzufolge galt das W. (lt. *essentia*) als das allem Daseienden vorausgehende, eigentlich Wirkliche: als substantielle *Idee*. Erkenntnis konnte aufgefaßt werden als Abbilden der ideell gegebenen Seinsordnung, der nichts Wesentliches hinzugefügt werden konnte. Gegen diese Vorstellung der Erkenntnis als Unterordnung unter die dogmatisch verteidigte Seinsordnung wendet sich das neuzeitliche Denken. W.-Erkenntnis wird nun vorgestellt als abhängig von der kritischen Autonomie vernünftiger Subjektivität (→ Vernunft); wahr und gut ist, was die Vernunft in Freiheit bestimmt hat. Die praktische Frage nach dem Sein-Sollen des W. wird zur Frage nach der Vernunft selbst.

Dahinter läßt sich die vom frühen Bürgertum intendierte Stellung zu Gesellschaft und Natur erkennen. Man wollte die Welt nicht nur bebauen, man begann sie umzubauen mit den Mitteln der auf der Idee vernünftiger Selbsterhaltung basierenden bürgerlichen Wirtschaftsweise (→ Kapitalismus). In deren sich entfaltendem System ist die Freiheit der Selbstbestimmung nur eine des ersten Schritts. Die Konkurrenzgesellschaft zwingt das einzelne, sich selbst erhalten wollende Subjekt im Verfolg seiner → Interessen unter ihr Gesetz, das unabhängig von seinem Willen besteht und von dem es abhängig ist. Darum konzipiert schon Descartes das W. des Menschen als denkendes W. *(res cogitans)*; ideell zumindest bleibt die Vorstellung der aktiven W.-Bestimmung aufbewahrt.

Am Ende des bürgerlichen Zeitalters hat W.-Erkenntnis vor allem die Funktion, «die kritische Freiheit des Individuums an vorgegebene, unbedingt gültige Notwendigkeiten zu binden» (Marcuse). Nicht mehr die Spontaneität der Vernunfttätigkeit treibt W.-Erkenntnis in praktischer Absicht voran, sondern die passive Rezeptivität der Anschauung (Husserl) oder der Intuition (Bergson; Simmel). Damit verpflichtet sich das bürgerliche Subjekt wiederum zur Anerkennung übersubjektiv gegebener Seinsstrukturen, W.-Gesetzen. Zeitlos-unveränderlich dargestellt, legitimiert der W.-Begriff die erscheinende Wirklichkeit der spätbürgerlichen Gesellschaft. Er wird fundiert in Begriffen wie ‹Leben›, ‹Natur des Menschen› oder ‹Rasse› und ‹Volk›.

Die *Enthistorisierung* der Differenz von W. und Erscheinung hat sich im Idealismus Hegels vorbereitet. Zwar faßt er das W. als historischen

Prozeß der Realisierung des «Geistes», als «Fortschritt im Bewußtsein der Freiheit», gewinnt so im W.-Begriff das Mittel der Kritik der erscheinenden Wirklichkeit und ihrer Überschreitung; doch setzt das W., das «erscheinen muß», alle materialen Gestalten der Geschichte und Gesellschaft, alles Einzelne zum bloßen Träger des Entfaltungsprozesses des W. herab. Denn nach Hegel ist nicht der historische, sondern der selbst wesentliche Gegensatz von W. und Erscheinung der Beweggrund der Geschichte, das in sich selbst widersprüchliche W. oder die «Negativität des Geistes». In der Platonischen W.-Lehre ist W. einer Sache dasjenige, was im Vollzug der dialogischen Bestimmung des ‹Guten› als das darauf bezogene ‹Wahre› einer Sache erkannt werden kann; die praktisch-politische Bedeutung überwiegt die theoretisch-ontologische der W.-Lehre. Daraus läßt sich die kritische Unterscheidung von *richtiger* Erkenntnis der Tatsachen und deren *wahrer* Erkenntnis gewinnen. W. ist die Möglichkeit eines Sachverhalts, sich zum Guten hin zu entwickeln. Das frühbürgerliche Denken, daran anknüpfend, fügt dem hinzu die Bestimmung des Guten in den Akten der Vernunft. Darin enthalten ist die historische Erfahrung, daß der Zustand der menschlichen Verhältnisse dem nicht entspricht, was sie sein könnten.

Diese Erfahrung geht der spätbürgerlichen W.-Lehre ebenso verloren wie der szientistischen Kritik an ihr. Schlick, Carnap, später Popper (→ Positivismus) ebnen die kritische Differenz von W. und Erscheinung ein mit dem Argument: Der W.-Begriff ist für Erkenntnis folgenlos, da er kein Gegenstand sinnlicher Erfahrung sein kann. Erkenntnis habe sich mit den ‹Regelmäßigkeiten› im Bereich der konstatierbaren Erscheinungen zu befassen. Doch bedarf bereits deren Beschreibung solcher Begriffe, die selbst nicht wiederum der Erfahrung entstammen können. Wird die Vorstellung einer sachlich gegebenen, praktisch bedeutsamen Differenz von W. und Erscheinung sistiert, gerinnen solche Begriffe zu bloßen Allgemeinbegriffen und die Gesetze zu äußerlichen Beschreibungen der Sachverhalte, die relativ sind zur Methode ihrer Gewinnung. Daran ändert auch das Falsifizierungspostulat Poppers nichts (→ kritischer Rationalismus). Zum Selbstzweck wird, was doch nur Mittel wahrer Erkenntnis sein kann: das Sammeln von Daten. Das (methodisch) richtig Erkannte ist nicht die ganze Wahrheit eines Sachverhalts. Der Szientismus isoliert das richtig Erkannte gegen die erkenntnisleitende Vorstellung des guten Lebens (Habermas); diese Vorstellung wird der außertheoretischen, privaten Entscheidung des einzelnen anheimgegeben.

Die damit zerfallende Einheit von *theoretischer* und *praktischer* Vernunft wiederherzustellen ist erkenntnisleitendes Motiv des → Historischen Materialismus. Er faßt die Differenz von W. und Erscheinung als historischen, prozessierenden → Widerspruch der bürgerlichen Gesellschaft, der in den sachlichen Verhältnissen verankert ist und zugleich die

Erfahrungen der Menschen leidvoll bestimmt. Der Anspruch der bürgerlichen Gesellschaft: die Verwirklichung der Freiheit und Wohlfahrt der Menschheit mit den Mitteln der → politischen Ökonomie, wird konfrontiert mit der Wirklichkeit des ökonomischen Prozesses. Ihm wird der Prozeß gemacht nicht im Namen einer überhistorischen Idee, sondern ausgehend vom Ergebnis der kritisch dargestellten Wirklichkeit des Systems und seiner Tendenzen. Die Idee der befreiten Menschheit (→ Sozialismus) wird entwickelt aus der historischen Erfahrung der bürgerlichen Geschichte, in ihr sind die emanzipatorischen Ideologien ebenso aufgehoben wie die Erfahrung der realen Kämpfe um ihre Verwirklichung (→ Emanzipation/→ Ideologie), die erfahrenen Widersprüche des Realprozesses. Er entscheidet, als Prozeß realer Praxis, über die Alternative ‹Sozialismus oder Barbarei›.

Die Erfahrung dieser Idee wie auch des widersprüchlichen W. der bürgerlichen Gesellschaft ist *historisch-praktischer Prozeß*, nicht Gegenstand rezeptiver Anschauung, nicht bloßer Vernunftbegriff und noch weniger Allgemeinbegriff, der der Sammlung empirischer Daten entspringt (s. dagegen → Systemtheorie). Sie ist auch nicht → ‹Widerspiegelung› des Realprozesses; wird wie im orthodoxen Marxismus der historische Prozeß wiederum als unbedingt notwendig gefaßt, gerinnt die Idee zum Abstraktum, dessen Realisierung außer Frage steht. Entsprechend erstarrt die kritische Methode zur Subsumtion der Erscheinungen des gesellschaftlichen Prozesses unter das ‹Naturgesetz› der historischen Entwicklung. Die politisch-praktische Dimension der Erkenntnis des W. wird der theoretischen untergeordnet. Darum Engels' Warnung, «daß die materialistische Methode in ihr Gegenteil umschlägt, wenn sie nicht als *Leitfaden zum historischen Studium* behandelt wird, sondern als fertige Schablone, wonach man die historischen Tatsachen zurechtschneidet».

Bergson, H.: Die schöpferische Entwicklung. Jena 1912.
Engels, F.: Brief an F. A. Sorge (12.5.1894). In: MEW Bd. 39. Berlin (DDR) 1968.
Hegel, G. W. F.: Enzyklopädie der philosophischen Wissenschaften (1830). §§ 112–159.
Husserl, E.: Ideen zu einer reinen Phänomenologie und phänomenologischen Philosophie. In: Jahrbuch f. Philosophie und phänomenologische Forschung. Bd. 1. Halle 1913.
Marcuse, H.: Zum Begriff des Wesens. In: Ders.: Schriften. Bd. 3. Frankfurt/M. 1979.
Marx, K.: Thesen über Feuerbach (1844). In: MEW Bd. 3. Berlin (DDR) 1969.
Platon: Phaidon 75d; Sophistes 247e ff; Philebos 23b ff.
Popper, K.: Die offene Gesellschaft und ihre Feinde. 1. Band: Der Zauber Platons. Bern 1957.

Simmel, G.: Hauptprobleme der Philosophie. 2. Kapitel: Vom Sein und vom Werden. Leipzig 1911.
Schlick, M.: Erscheinung und Wesen. In: Kant-Studien. Bd. 23, H. 2–3. Berlin 1918.

Klaus Binder

Widerspiegelungstheorie / Widerspiegelung

Unter W. wird im allgemeinen ein Erkenntnis- bzw. Wahrnehmungsvorgang kognitiver bzw. sinnlicher Abbildung natürlicher wie sozialer Wirklichkeiten verstanden. Die Theorie der W. unterstellt die objektive Realität als denkunabhängige Wirklichkeit *sui generis*, in unendlich vielen und voneinander als kognitive, sprachliche, psychische, ideologische, künstlerische, juristische differenzierte W.-Beziehungen mit dem individuellen und kollektiven (gesellschaftlichen) Bewußtsein (Denken, Sinnlichkeit) verbunden. Die Art der Verbundenheit unterscheidet die Theorien der W. (diese z. B. verstanden als einfaches Abbilden, Reflexion oder dialektische Aneignung von Realität): Alltagsbewußtsein, → Ideologie und Wissenschaften sind je widergespiegelte Wirklichkeiten in verschiedener Abstraktion.

Die Theorie der W. ist mit diesen Prämissen die → Erkenntnistheorie des philosophischen Materialismus, deren erstes Paradigma in der griechischen Antike durch Demokrit vorgelegt wurde: Materielle Gegenstände, durch Abbilder *(Eidola)* repräsentiert, verursachen im Falle des Zusammentreffens mit menschlichen Sinnesorganen Wahrnehmung und Erkenntnis. Englischer Sensualismus und französischer Materialismus erneuern im 18. Jahrhundert die Lehre von der W. Th. Hobbes und J. Locke unterscheiden primäre Qualitäten der gegenständlichen Realität, die in Wahrnehmungen (von Größe, Anzahl, Bewegung und Ort) abgebildet werden von sekundären Qualitäten (Geruch, Geschmack, Farbe), die ihrerseits über Empfindungen die Einwirkungen der primären Qualitäten auf die menschlichen Sinnesorgane darstellen. E. Holbach und D. Diderot betonen die objektive, bewußtseinsunabhängige Existenz materieller Gegenstände. Wahrnehmung und Denken (Ideen) bilden diese zusammen mit ihren Eigenschaften (z. B. der Schwere) in dem Maße ab, als sie auf Sinne und Gehirn einwirken. Die französischen Materialisten erkennen somit im Vorgang der W. ein Tätigkeitsmoment auf der Objektseite der W.-Beziehung. B. Spinoza schließlich postuliert für die wahre Erkenntnis der Welt, daß Übereinstimmung von Gedanken-(Ideen-)Ordnung und Naturordnung erreicht werde (Adäquationstheorie der Wahrheit). Mit dem deutschen Idealismus wird die Leistung (Tätigkeit) des erkennenden Subjekts im W.-Prozeß mit Vorrang thematisiert (durch Reflexion der Beziehung von Subjektivität und Wirklichkeit). I. Kant bestimmt den Verstand als Konstrukteur, G. W. F. Hegel die Vernunft als produzierend-tätige in bezug auf die zu erkennende natürliche, historische und soziale Realität. Damit ist das Problem der W., aus dem Verhältnis der Wechselwirkung von Subjekt und Objekt gestellt, in Richtung seiner dialektischen Fassung weiterentwickelt.

In der Theorie der materialistischen → Dialektik wird den gegenständlichen Erkenntnismitteln, durch die abbildendes Subjekt und abgebildetes Objekt aufeinander bezogen sind, zum Verständnis konkreter Einheit und Differenz von kognitiver und materieller Realität der W. eine vergleichbare Bedeutung zugesprochen wie den Arbeitsmitteln in der materiellen Produktion (Ruben 1978). Überhaupt gewinnt die W.-Th. insgesamt eine Erweiterung ihres Geltungsbereichs dadurch, daß W. als wissenschaftliche Erkenntnis auf die menschliche Arbeit (bzw. gesellschaftliche Produktion) als deren genetische Voraussetzung bezogen wird (Furth 1980). Diese theoretische Zuspitzung erfuhr die W.-Th., vermittelt über Hegel und A. Feuerbach, bei K. Marx, F. Engels und W. I. Lenin, die W. als dialektischen Erkenntnisprozeß tätiger Aneignung der Wirklichkeit verstanden, wobei in der gesellschaftlichen Praxis die Prüfinstanz (Wahrheitskriterium) der Erkenntnis als W. sowie ihrer systematischen Darstellung in den empirischen Wissenschaften gesehen wird. Insofern z. B. in der Nationalökonomie der Engländer (A. Smith; D. Ricardo) bereits theoretisch angeeignete Realität vorlag, ist die methodologische Analyse und Kritik dieser Theorien durch Marx dialektische W. historisch vorliegender, in der Form wissenschaftlicher Theorie vergegenständlichter Systeme von W. Marx bestimmt daher den W.-Prozeß als ein «Aufsteigen vom Abstrakten» (des in den Wissenschaften vorliegenden Wissens) «zum Konkreten», d. h. im Wege des Denkens reproduzierter Wirklichkeit (Marx 1974, 22). F. Engels betont für die materialistische Theorie der W. den Primat (Monismus) der Materie dergestalt, daß die W.-Th. die Aufgabe erhält, Phylogenese und Ontogenese menschlichen Bewußtseins und Denkens evolutionstheoretisch zu reproduzieren (→ Evolutionstheorien). W. I. Lenin verallgemeinert den Geltungsbereich der W.-Th. in der These von der materiellen Einheit der Welt mit der Begründung, daß Beziehungen der W. nicht nur im Verhältnis menschlichen Bewußtseins zu objektiver Realität gegeben sind, sondern die gesamte Wirklichkeit als Prozeß strukturieren.

Detaillierte Untersuchungen zum W.-Problem liegen heute, abgesehen von seiner Erörterung im Kontext der Theorie materialistischer → Dialektik, auf der Grundlage einzelwissenschaftlicher Forschung vor, u. a. der Erkenntnispsychologie, der kritischen Psychologie, der genetischen Erkenntnistheorie, der Evolutionsbiologie.

Furth, P.: Arbeit und Reflexion. In: Ders. (Hrsg.): Arbeit und Reflexion. Köln 1980.
Holz, H. H.: Dialektik und Widerspiegelung. Köln 1983.
Klaus, G. & M. Buhr (Hrsg.): Philosophisches Wörterbuch. Art. Widerspiegelung. Leipzig 1964.
Marx, K.: Grundrisse. Berlin (DDR) 1974.
Ruben, P.: Wissenschaft als allgemeine Arbeit. In: Ders.: Dialektik und Arbeit der Philosophie. Köln 1978.

Bernhard Heidtmann

Widerspruch (dialektischer)

Die Entdeckung des W. als Phänomen der *Bewegung* geht auf die griechischen Philosophen Heraklit und Zenon von Elea zurück. Heraklit bestimmt das Verhältnis von Gegensätzen als ihren sie zugleich vereinigenden und trennenden ‹Kampf› und diesen als den ‹Vater aller Dinge›. Ihm folgend erkennt die griechische Naturphilosophie den W. als Prinzip (Ursache, Quelle) aller objektiven Entwicklung (Bewegung, Veränderung). Zenon stößt beim Studium der Bewegung auf die Erscheinung des W. durch die Paradoxie des ‹fliegenden Pfeils›, d. h. auf die Tatsache, daß ein Seiendes an einem Ort sein und zugleich nicht sein kann, die von der eleatischen Schule insgesamt als denkunmöglich ausgeschlossen wurde. Mit Aristoteles' ‹Satz vom ausgeschlossenen Dritten› (man kann über ein und dasselbe Seiende nicht einander widersprechende Behauptungen aufstellen) kommt es zur ersten philosophischen Theorie des logischen W.

Das Problem des W. bleibt in Mittelalter und Renaissance in theologischem, metaphysischem und naturphilosophischem Kontext erhalten. Vermittelt über G. Leibniz, R. Descartes und I. Kant, wird auf der Grundlage neuzeitlicher empirischer Wissenschaften und der Mathematik, der Wissenschaft des W.-Ausschlusses par excellence, eine vollständige Theorie des W. im Rahmen von Hegels Dialektik ausgebildet (Wolff 1981). Nach Hegel (1969, 64ff) ist der W. realisierte «Negativität», «Prinzip aller Selbstbewegung», «Wurzel aller Lebendigkeit», «alle Dinge sind an sich selbst widersprechend», «nur insofern etwas in sich selbst einen Widerspruch hat, bewegt es sich, hat Trieb und Tätigkeit». Hegel bestimmt den W. als Einheit und Differenz entgegengesetzter Momente, das Verhältnis des W. als Identität der Identität und Nichtidentität. Mit Hegels Begriff ist → Dialektik wesentlich philosophische Theorie der Selbstentwicklung aller Wirklichkeit.

Aus der kritischen Aneignung Hegels entstehen bei K. Marx, F. Engels und W. I. Lenin die Grundlagen einer *materialistischen* Theorie des W., bei Marx als ökonomische Theorie der historischen Wirklichkeit des W. von → Klassen, Produktivkräften und Produktionsverhältnissen, gesellschaftlicher → Arbeit und privater Aneignung des Mehrprodukts. Engels thematisiert das W.-Problem bei ständigem Bezug auf die Naturforschung seiner Zeit im Kontext seiner Theorie objektiver Dialektik der Natur, Lenin für die Theorie und Praxis der → Arbeiterbewegung. Der dialektische W. wird heute von verschiedenen philosophischen Standorten aus und in unterschiedlichen Bezügen zum Problem. Im Kontext der materialistischen Philosophie werden die Kategorien der Dialektik (des Konkreten, der Wirklichkeit, der Entwicklung) als Begriffe von W.-Verhältnissen verstanden. Die Theorie des W. ist kategoriale Analyse, sofern sie in den empirischen Wissenschaften geläufige Abstraktionen (Begriffe und Systeme, physikalische, ökonomische, sozialwissenschaftliche) in dem Sinne ‹aufhebt›, daß die Abstraktionen als einseitige Momente der Wirklichkeit erkannt und auf sie zurückgeführt werden. Vom Standpunkt der materialistischen W.-Theorie setzt jede einzelwissenschaftliche Systembildung objektive Dialektik (der Natur, der Geschichte, der Gesellschaftsformationen) *ontologisch* voraus, wie umgekehrt W.-Dialektik ihrerseits *erkenntnistheoretisch* die in den Wissenschaften verarbeitete und dargestellte Wirklichkeit voraussetzt.

Mit dem Begriff W. wird die genetische Darstellung der Geschichtlichkeit von sozial- und naturwissenschaftlichen Systemen erreicht, und zwar durch Bestimmung von Einheit und Differenz der Systemerhaltung und -veränderung, des (z. B. natürlichen) Gegenstandes und seines Verhaltens, der Möglichkeit und der Wirklichkeit von Realität. Der Begriff des ‹Konkreten› ist W.-Begriff, da mit ihm nicht Gegenstände sinnlicher Anschauung, sondern Verhältnisse gegensätzlicher Art bestimmt werden, die als natürliche und soziale Entwicklung Existenz haben. Entwicklung (Bewegung) heißt dann nichts anderes als Setzung und Lösung eines dialektischen W. (Ruben 1972).

Im Rahmen physikalischer Grundlagenforschung gewinnt der Begriff des W. insofern methodologische Bedeutung, als er das allgemeine Ordnungsschema für das genetische und systematische Verständnis physikalischer Theoriebildung darstellt. Als messende Naturwissenschaft natürlicher Bewegungen treten in der Physik Dualismen (Raum – Zeit, Teilchen – Feld) auf, welche die physikalische Erscheinungsform des naturdialektischen W. darstellen. Die physikalische Bewegung wird damit als daseiender W. verstanden. Um die Bewegung in Größenvergleichen messen zu können, werden die Momente eines Konkretums (des physikalischen Sachverhalts) nicht nur theoretisch unterschieden, sondern auch faktisch getrennt, da nur voneinander getrennte aneinander gemessen werden können: Die physikalische Erscheinung des dialektischen W. besteht dann darin, daß beide Seiten des Dualismus vereinigt und nicht vereinigt sind, sie nicht auseinanderfallen, da sie als entgegengesetzte Momente durch den realen Meßvorgang zugleich aufeinander bezogen sind und unabhängig von dieser Beziehung keine theoretische Bedeutung besitzen (Borzeszkowski/Wahsner 1980).

Die Hegel-Marxsche Theorie des dialektischen W. legt Theunissen (1975) in sozialtheoretischer Perspektive aus: W. als Struktur von → Macht und → Herrschaftsverhältnissen im objektiven Sinne, im subjektiven Sinne als ‹Macht des Übergreifens›, d. h. als Verhalten auf anderes, der Identität (Gleichheit) und der Nichtidentität (des Unterschieds). Nach der Seite der Identität gegensätzlicher Momente handelt es sich im W. um eine Einheit, welche den Unterschied übergreift, indem diese durch die Macht des Übergreifens das ihr gegenüber andere sich unterworfen hat. W. ist somit nicht nur wechselwirkende Gegensätzlichkeit; deren Einheit erscheint vielmehr in Dominanzbeziehungen. Nach der Seite des Unterschieds (der Nichtidentität) der Momente ist ihr Verhältnis als antagonistischer *Widerstreit*, als Kampf wider Herrschafts- und Machtansprüche bestimmt. Aus der Macht des Übergreifens entsteht ein Kampf um die Macht, der W. in der Gestalt des Widerstreits, die ‹Krise der Macht›. Der W. als Einheit und Kampf der Gegensätze oder der zur *Dialogik* gegenseitiger Anerkennung ausgebildete W. sind Alternativen für eine Sozialtheorie, die seinen Begriff in sich aufgenommen hat.

Borzeszkowski, H.-H. von & R. Wahsner: Über die Notwendigkeit der Philosophie für die Naturwissenschaften. In: Dialektik I. Köln 1980.
Hegel, G. W. F.: Werke Bd. 6. Frankfurt/M. 1969.
Ruben, P.: Die materialistische Dialektik und ihre Grundgesetze. In: Gesetz – Erkenntnis – Handeln. Berlin 1972.
Theunissen, M.: Krise der Macht. In: Hegel-Jahrbuch 1974. Köln 1975.
Wolff, M.: Der Begriff des Widerspruchs. Königstein 1981.

Bernhard Heidtmann

Wissenschaftstheorie

Allgemeines

Es scheint eine Eigentümlichkeit soziokultureller Phänomene zu sein, daß sie – ab einer bestimmten Entwicklungsstufe – reflexiv werden. Auch die Wissenschaft kann sich selbst thematisieren als Wissenschaft von den Wissenschaften (science of science). Die sich bei diesem Prozeß herausdifferenzierte und schließlich auch institutionell etablierte Disziplin nennen wir W.

Die angesprochene Thematisierung kann wiederum doppelt sein: zum einen im Sinne empirischer Untersuchungen über Psychologie, Soziologie, Geschichte und über Ökonomie und Folgelasten der Wissenschaften, zum anderen im Sinne der Logik der Wissenschaften und der → Forschung, ihrer Methodologien, also ihrer Verfahren des Aufstellens und Präzisierens, des Akzeptierens und Verwerfens von Hypothesen bzw. Theorien. Hier wird klar, daß W. eine Metawissenschaft ist, die Wissenschaft unter differierenden Aspekten, z. B. psychologischer, soziologischer, geschichtlicher Art, untersucht mit derzeit deutlicher Dominanz der logischen Analyse. Da die W. teils Betrachtungen über für alle Wissenschaften bedeutsame Bausteine wie Begriffe, Definitionen, Aussagen, Logiken, Sprachen und Verfahren anstellt, teils über spezielle Wissenschaftsdisziplinen, können wir in allgemeine und spezielle W. differenzieren. Schließlich trennt man häufig in analytische W. und in nichtanalytische. Die analytische W. in ihrer engen Fassung ist weitgehend mit der Wissenschaftslogik identisch; in ihrer toleranten Fassung versucht sie sich nicht auf spezielle Logiken und Methoden festzulegen, sondern alternative Systeme von Methoden und Begriffen zu vergleichen und zu präzisieren. Vertreter der nichtanalytischen W. versuchen, den analytischen Aspekt um erkenntnis- und verstehenstheoretische Arbeiten (→ Hermeneutik) zu erweitern oder die Gesellschaftsbezogenheit der W. herauszuarbeiten (marxistische Richtung) (→ Erkenntnistheorie/→ Marxismus).

Theorie, Gesetz, Aussagen, Verifikation, Falsifikation

Theorien sind, so jedenfalls die etablierte Auffassung, das Spezifische der Wissenschaften. «Wissenschaftliche Theorien sind allgemeine Sätze. Sie sind, wie jede Darstellung, Symbole, Zeichensysteme» (Popper 1973, 31). Wir unterscheiden synthetische Sätze von spezifischer und numerischer Allgemeinheit. *Synthetisch* heißt hier soviel wie auf Grund der Erfahrung geltend und neue Erkenntnisse vermittelnd; der Wahrheitsanspruch dieser Aussagen fußt also auf empirischen Informationen. Die oben angesprochenen allgemeinen Sätze der Wissenschaft, die Theorien und Naturgesetze, sind *spezifische* allgemeine Sätze, d. h., es sind Allsätze, deren ‹Allcharakter› sich nicht auf abzählbare Elemente reduzieren läßt. *Numerisch* allgemeine Sätze sind hingegen grundsätzlich durch eine Konjunktion von singulären Sätzen ersetzbar und daher als wahr erweisbar, also verifizierbar (z. B. «Alle Kugeln in diesem Sack sind weiß», also: Kugel k_1 und k_2 und k_3 ...). Naturgesetze aber sind allgemeine theoretische Sätze oder Allsätze. Daher sind sie, weil sie für alle Raum-Zeit-Gebiete gelten, selbstredend auch nicht verifizierbar, d. h. nicht in eine Konjunktion von endlich vielen Sätzen überführbar. Sie haben die Form: «Für alle Raum-Zeit-Punkte (oder alle Raum-Zeit-Gebiete) gilt: ...» (Popper 1973, 35).

Ein *Allsatz* ist in einen negierten universellen Es-gibt-Satz transformierbar. So kann der Satz «Alle Raben sind schwarz» in «Es gibt keine nichtschwarzen Raben» umgeformt werden. Dieser Satz stellt ein Verbot dar; denn es wird quasi das Vorkommen nichtschwarzer (andersfarbiger) Raben verboten. Da Naturgesetze als allgemeine synthetische Sätze aufzufassen sind und die Allsätze ihrerseits in logisch äquivalente Existenzsätze übergeführt werden können (es gibt nicht, kein, ...), sind sie falsifizierbar (als falsch erweisbar), da es prinzipiell möglich ist, das Verbot zu durchbrechen. Z. B. wäre es prinzipiell möglich, weiße Raben aufzufinden, etwa strahlengeschädigte Mutanten. Naturgesetze behaupten also nicht, daß etwas existiert, sondern daß etwas nicht existiert. Als synthetische Sätze von spezifischer Allgemeinheit stellen sie Verbote dar und können so mit besonderen Aussagen (Basissätzen, Prüfaussagen) in Widerspruch geraten, sie sind falsifizierbar.

Zur Logik der Erklärung, der Prognose/Retrodiktion, der Akzeptanz und des Verwerfens

Betrachten wir folgendes Beispiel:

G: Wettbewerb entsteht dann, wenn Menschen dieselbe Belohnung wertvoll finden und wenn jeder Konkurrent Tätigkeiten ausübt, die, soweit sie belohnt werden, dazu neigen, den anderen die Belohnung zu untersagen.

A: Die Belohnung kann nur durch eine Art von Tätigkeit erreicht werden.

C: Mitglieder konkurrierender Gruppen gleichen sich in ihren Tätigkeiten.

G bezeichnet ein verhaltenstheoretisches Gesetz, also eine allgemeine Aussage, allerdings nicht von höchster Allgemeinheitsstufe (für alle Raum-Zeit-Punkte gilt ...), A eine Aussage, die Randbedingungen angibt, C die deduktionslogische Folgerung aus G und A (wobei es in bezug auf das Beispiel gleichgültig ist, ob zur Deduktion noch etwaige Zusatzbedingungen hinzukommen müßten). Die Aussage C ist eine theoretische Aussage niederen Niveaus, eine relativ spezielle Aussage. C läßt sich also auch durch Deduktion aus G und A gewinnen. Meist sind jedoch verschiedene Gesetze und Randbedingungen zur Ableitung von C nötig. Die Konjunktion ($G_1 \ldots G_k$) und ($A_1 \ldots A_n$) nennen wir Explanans oder Explikans, das Erklärende; C, das zu erklärende Phänomen, das Explanandum oder Explikandum, ausgedrückt in einer Aussage. (Die Struktur dieses deduktiv-nomologischen Erklärungsmodells. s. S. 667 oben.)

Eine Erklärung liegt vor, wenn zu einem gegebenen Explanandum ein passendes Explanans gefunden wird, aus dem sich E logisch ableiten läßt; eine Prognose dann, wenn aus dem gegebenen Explanans E logisch gefolgert und in die Zukunft projiziert wird; eine rückwärts gerichtete Pro-

Gesetze	$G_1 \ldots G_k$	Explanans
Rand- oder Antezedens- bedingungen	$A_1 \ldots A_n$	oder Explikans
	———	
Konklusion	E	Explanandum oder Explikandum

gnose (Retrodiktion), wenn die aus dem Explanans gefolgerte Konklusion in der Vergangenheit angesiedelt wird. Auch für die technische Anwendung läßt sich dieses Modell ausschlachten. Das herzustellende Produkt kann als Explanandum aufgefaßt werden; bekannt sind weiterhin allgemeine Gesetze und etwaige praktische Erfahrungsregeln in bezug auf das Produkt, gesucht sind dann die Anwendungsbedingungen (Antezedensbedingungen). Von der Logik des Modells her liegt also eine strukturelle Identität zwischen Erklärung und Prognose (Retrodiktion) inklusive der technischen Anwendung vor. Es scheint, daß die differierenden Interessen, nämlich das theoretische (Erklärungen zu finden) und das praktische (Prognose, technische Anwendung) «vom logischen Standpunkt betrachtet ... lediglich eine Art Umkehrung des fundamentalen Erklärungsschemas darstellen» (Popper 1972, 52).

Richtet man sein Augenmerk auf die Art der in diesem Modell benutzten Gesetze, so kann zwischen der deterministischen Erklärung (wichtigste Form der deduktiv-nomologischen Erklärung) und der statistischen Erklärung unterschieden werden. Die deterministische Erklärung benutzt deterministische Sukzessionsgesetze (Ablaufgesetze): Wann immer ein gewisser Zustand realisiert wurde, so folgt stets als unmittelbarer Nachfolger ein gewisser anderer Zustand. Die statistische Erklärung benutzt Gesetze oder theoretische Prinzipien mit statistischer Grundform.

Dieses Erklärungsmodell, das ursprünglich so etwas wie ein Grundmuster wissenschaftlicher Exaktheit abgeben und in modifizierter Form für alle Wissenschaftsdisziplinen gelten sollte, ist nicht ohne Schwächen (vgl. Stegmüller 1974, 775–789). Es ist nicht geglückt, schlüssige Kriterien zur Identifikation und zur Unterscheidung gesetzesartiger Aussagen/sonstige Generalisierungen anzugeben. Ebenso wichtig ist das Problem um die Strukturidentität von Erklärung und Prognose (vgl. Hempel 1975, 69–78), die bei Popper auf technische Anwendung ausgedehnt wurde. Daß technische Anwendung, bei der zweifelsohne praktisches, also nicht in naturwissenschaftlichen Gesetzen fixiertes Wissen dominiert, nicht strukturgleich mit der Erklärung ist, ist unmittelbar einsehbar. Was nun die Strukturidentität von Erklärung und Prognose anbelangt, so werden unterschiedliche Aspekte thematisiert. Während der Schwerpunkt bei der Erklärung auf der Logik liegt, wird bei der Prognose die Zeit thematisiert, die sich nicht auf Logik reduzieren läßt und den Glauben an die Kostanz gewisser Phänomene innerhalb eines Gegenstands- und Zeitbereichs voraussetzt. Eine Erklärung ist ein rekonstruktiver logischer Akt (die Prämissen werden rekonstruiert), eine Prognose eine praktische Option (Anwartschaft) auf zukünftige Ereignisse. Für die Praxis ist der Zwang der Logik (z. B. Deduktion) nicht zwingend. Wer dies behauptet, setzt Logik identisch mit Onto-(Seins-)Logik.

Eine mögliche Art des Überprüfens von Gesetzen (Theorien) besteht darin, daß wir ein Gesetz mit einer Reihe von differierenden Antezedensbedingungen koppeln und Prognosen ableiten sowie diese Versuche realisieren, d. h. überprüfen, ob tatsächlich das prognostizierte Ereignis eintritt. Tritt es ein, so ist ein Falsifikationsversuch gescheitert. Das Gesetz (Theorie) wird weiterhin akzeptiert. Widerspricht das beobachtete Ereignis, ausgedrückt in Prüfaussagen (Basissätzen), dem Gesetz, so kann zumindest auf die Falschheit des Explanans geschlossen werden, es wird verworfen. Da hier von singulären Aussagen bzw. Aussagen niederer Allgemeinheitsstufe auf allgemeinere Aussagen geschlossen wird, sozusagen in induktiver Richtung, ist – immer Deduktionslogik vorausgesetzt – der deduktionslogische Schluß in induktive Richtung anzugeben, es ist der *modus tollens*: aus dem Explanans folgt das Explanandum, und nun folgt dieses nicht (die Prüfaussagen widersprechen ihm): Prämissen; also ist das Explanans falsch (bei sonst gleichen Bedingungen): Konklusion. Diese Art des Überprüfens kann als Akzeptanz- und Verwerfungsverfahren einfachster Natur aufgefaßt werden.

Das empiristische Theorienkonzept

Dem bisher skizzierten Theorienverständnis als ein komplexes, logisch geordnetes Aussagensystem mit Benutzung der stärksten Logik, der Deduktionslogik, die sowohl für das umfassende Erklärungsmodell als auch für das Überprüfen (Akzeptanz-, Verwerfungsverfahren) eingesetzt wird, steht das empiristische Theorienkonzept entgegen, obgleich es eine Reihe von Ähnlichkeiten gibt. Es besteht im Grunde aus zwei Komponenten: aus dem Aussagenkonzept und aus dem empiristischen Reduktionsismus. Die Grundidee von Vertretern des «Wiener Kreises» (→ Positivismus) war folgende: Die Wahrheit einer allgemeinen wissenschaftlichen Aussage ist abhängig von Einzelsätzen, die diese allgemeine Aussage zusammensetzen. Demgemäß ist die allgemeine wissenschaftliche Aussage nicht mehr als die Summe dieser Einzelaussagen, und Verifikation ist möglich. Die Einzelaussagen sind dann durch direktes Wahrerweisen, durch Erleben des die Einzelaussage repräsentierenden Sachverhaltes auszuzeichnen. Gelingt das, so ist auch die allgemeine Aussage (Gesetz) sowohl wahr als auch empirisch und sinnvoll. Eine Schwierigkeit dieses Konzepts liegt natürlich im direkten Wahrerweisen dieser Einzelaussagen, den sog. Protokollsätzen. Die Auseinandersetzung hierüber spiegelt sich vor allem im Protokollsatzstreit der frühen 30er Jahre wider. Folgende Stufen durchlief dieser: Protokollsätze sind absolut gültig; Protokollsätze sind revidierbare, durch Entscheidung fixierte Aussagen; Uminterpretation von Protokollsätzen in einen deiktischen Akt, also eine Konstatierung. Popper (→ kritischer Rationalismus) war es schließlich, der – das empiristische Erkenntnisprogramm nicht billigend – das Konzept der Basissätze einführte. Basissätze sind bei ihm ebenfalls nur Hypothesen, wie Gesetze.

Im empiristischen Theorienkonzept ist eine deutliche Dichotomie beobachtbare/theoretische Begriffe angelegt. Diese Differenz wurde ursprünglich durch unterschiedliche reduktionistische Verfahren (angeblich) überbrückt. Eine Möglichkeit besteht darin, wissenschaftliche Terme (theoretische Begriffe), etwa soziale Mobilität, durch operationale Anwendungskriterien empirisch zu interpretieren; das ist ein Programm des *Operationalismus*. Wissenschaftliche Begriffe oder Terme sind reduzierbar auf Operationen, die intersubjektiv nachvollziehbar sind und sie völlig erschöpfen. Weitere Reduktionsmöglichkeiten bestehen darin, theoretische Begriffe, also solche, die sich nicht auf unmittelbar Beobachtbares beziehen, über Reduktionssätze oder durch Definitionsketten auf Beobachtbares zu reduzieren. Doch sind die Ergebnisse solcher reduktionistischer Verfahren nicht mit der Theorie äquivalent, und damit gerät dieses Programm in eine Reihe von Schwierigkeiten.

Theorien als Zugriff zur Welt, der ganzheitliche Aspekt, Voraussetzungen

Vom pragmatischen Gesichtspunkt aus leisten wissenschaftliche Theorien gezielten Zugriff zu Phänomenen vermittels Reproduktion, Erklärung, Prognose und technische Nutzbarkeit eben dieser Phänomene (Zugriffswissen). Hierher gehört auch, daß Theorien sehr wohl als Suchmuster, als vorstrukturiertes Forschungsprogramm dienen können. Wissenschaftliche Theorien sind überdies kreative und innovative Abstraktionsleistungen, die weit über das aus Beobachtungen und Messungen Stammende hinausgehen; sie haben also empirietranszendierenden Charakter. Dies gilt schon für die sog. Prüfaussagen, die im Grunde nichts anderes darstellen als theoretische Aussagen niederen Niveaus. Die Aussage, «Theorien müssen an der Erfahrung scheitern können», ist somit umzuformen in «Theoretische Aussagen hoher Allgemeinheitsstufe müssen an theoretischen Aussagen niedrigerer Allgemeinheitsstufe scheitern können». Liberalisieren wir diese Aussage erneut, so bleibt nur mehr: «Theoretische Aussagen unterschiedlicher Allgemeinheitsstufe, die inhaltlich miteinander verbunden sind, können in ein Verhältnis gegenseitigen Sichabstützens, der Konkurrenz, des Widerspruchs und des Verstärkens gebracht wird.» Es wird also deutlich der ganzheitliche Aspekt von Theorien betont und nicht so sehr die Sichtweise Theorie/Experiment bzw. Theorie/Empirie. Erst aus diesem Wechselspiel lassen sich vernünftige Akzeptanz- und Verwerfungsverfahren aufbauen. Überdies implizieren wissenschaftliche Theorien meist so etwas wie einen metaphysischen Realismus. Denn zum einen setzt die Wissenschaft die Existenz gewisser erkennbarer Regularitäten in Natur und Gesellschaft voraus; zum anderen baut Wissenschaft hierauf ihre physische Rückkoppelung, nämlich Experimente, praktische Nutzung von Theorien auf. In diesem Sinne sind wissenschaftliche Theorien nicht kontrafaktisch und unterscheiden sich so von rein normativen Aussagen, die auch dann gelten, wenn die ‹Wirklichkeit› anders verläuft (z. B. die Aussage: «Du sollst nicht töten» gilt trotz realer Gegeninstanzen).

Verstehen versus Erklären

Ein Großteil der Wissenschaftstheorie ist am Vorbild der exaktesten aller empirischen Wissenschaften, der Physik, orientiert. Diese setzte ursprünglich gewisse Bedingungen über ihren Gegenstand voraus, die ihr die Exaktheit erst ermöglichten, z. B. waren die von ihr beobachteten Gegenstände nicht-antwortend. Nicht-antwortend heißt, daß Ergebnisse über einen Gegenstandsbereich diesen in seinem ‹Verhalten› nicht ändern. Aber gerade dies scheint mit zu dem Spezifischen von sozial Handelnden zu gehören (→ Handeln, soziales): Sie sind antwortend und lernfähig, sie selbst sind es, die Regularitäten konstituieren, reproduzieren und ändern, sie selbst sind es, die Fakten zu sozialen Fakten machen. Dies könnte die → Soziologie zu erheblichen Abstrichen in der Übernahme klassischen wissenschaftstheoretischen Gedankenguts zwingen.

Das Konzept der Erklärung läßt sich für die Soziologie in etwa so rekonstruieren:

- Es gibt soziale Tatsachen (z. B. → Normen etc.). Diese sozialen Tatsachen gleichen physischen Tatsachen darin, daß sie, wie diese, uns Widerstand entgegensetzen, werden sie nicht als solche akzeptiert oder er- und anerkannt (Widerstandsthese).
- Die sozialen Tatsachen sind wie Dinge der systematischen Beobachtung zugänglich, sie existieren unabhängig vom jeweiligen Gutdünken des Forschers (Eigenexistenzthese).
- Weder Beobachter noch das Beobachtete (Forschungsgegenstand) nehmen Einfluß auf das zu Erkennende (objektive Erkenntnis). Diese Objektivitätsfähigkeit sozialer Tatsachen folgt aus der Widerstandsthese und der Eigenexistenzthese sozialer Tatsachen.
- Das zu erkennende Phänomen hat eine Funktion, d. h., es kann als

Beitragsleistung zur Bestandserhaltung des sozialen Organismus angesehen werden, der seinerseits Ursache für das zu erkennende Phänomen ist (→ soziales System).

Ob dieses soziologische Erkenntnisprogramm Durkheim gerecht wird oder nicht, entscheidend ist, daß es über Kausalanalyse zu Erklärungen führen soll und Rückkoppelungsprozesse, etwa der Art Forscher/soziale Tatsachen und soziale Tatsachen/handelndes Subjekt, weitgehendst negiert. Demgegenüber hat das Verstehenskonzept in der Soziologie von allem Anfang an versucht, diesen Tatbestand in den Griff zu bekommen. In den divergierenden Wissenschaftsstrategien, für das Erklären und Verstehen nur symptomatisch stehen, wurden die Weichen gestellt für die verschiedenen Wissenschaftsauffassungen bzw. Vorgehensweisen in der Soziologie. Die entscheidende Frage ist hier: Reduktion der Soziologie auf die exakten Methoden der Naturwissenschaften oder Anerkennung einer aus dem spezifischen Gegenstandsbereich der Soziologie resultierenden eigenen Methodologie, die jedoch durchaus Elemente aus dem Erklärenskonzept beinhalten kann (→ Methodenprobleme). So leugnet M. Weber keineswegs die Möglichkeit, ursächliche Regularitäten (Gesetze) der Gesellschaft festzustellen; sie sind aber als solche betrachtet doppelt sinnlos. Erstens bedeutet Erkenntnis von sozialen Gesetzen keine Erkenntnis des sozial Wirklichen, sie sind nur ein Mittel hierzu, und zweitens hängt diese Erkenntnis von Kulturvorgängen von der Bedeutung ab, die wir der sozialen Wirklichkeit auf Grund von Wertideen verleihen. Das Apriori der Soziologie ist daher der Sachverhalt, «daß wir Kulturmenschen sind, begabt mit der Fähigkeit und dem Willen, bewußt zur Welt Stellung zu nehmen und ihr Sinn zu verleihen» (Weber 1973, 180), sie also zu verstehen (Sinnverstehen). Die Erklärens-/Verstehenskontroverse läuft letztendlich auf erkenntnistheoretische und ontologische Festlegungen bzw. Probleme hinaus, etwa der Art: Ist die soziale Wirklichkeit ähnlich vorstrukturiert und erkennbar wie die physische Wirklichkeit? Dies bejaht die am Erklärenskonzept orientierte Soziologie und gibt sich damit weitgehend zufrieden. Aber diese Bescheidenheit entbindet sie nicht davon, daß dahinter Festlegungen in bezug auf die soziale Wirklichkeit stehen. Die verstehende Soziologie samt ihren Modifikationen braucht dieses Postulat der Empiristen gar nicht zu leugnen, nur fragt sie weiter: Selbst wenn sie dies ist, haben wir nach Vorliegen dieser Gesetze die soziale Wirklichkeit verstanden?

Die Wertproblematik

Von eminentem Einfluß war M. Webers (1973, 151) methodisches Prinzip: «Eine empirische Wissenschaft vermag niemanden zu lehren, was er soll, sondern nur, was er kann und – unter Umständen – was er will.» Er ist damit ein Verfechter des Wertfreiheitsprinzips in den Wissenschaften.

Wertfreiheit heißt aber: Selbstverständlich werden Werturteile im wissenschaftskonstitutiven Bereich gefällt. Im Bereich des wissenschaftlichen Aussagensystems sind aber jegliche Werturteile zu unterlassen, im übrigen auch überflüssig. Ein weiterer Problemkreis wird mit der Frage umschrieben: Kann die Soziologie wertfrei Wertungen zu ihrem Gegenstandsbereich machen? Die Antwort der Verfechter der Wertfreiheit lautet: selbstverständlich; Wertungen sind nichts anderes als soziale Tatsachen und unterscheiden sich in dieser Hinsicht durch nichts von anderen möglichen Forschungsgegenständen in der Soziologie (vgl. Albert 1972, 181–210, und zum Komplex der Wertfreiheit selbst den Artikel → Wertbeziehung). Wird nun aber die Aufgabe der Soziologie in der Parteinahme gesehen (Eichhorn u. a. 1971, 331), dann ist es für ein wissenschaftliches Aussagensystem nicht nur notwendig, Informationen über einen gewissen Objektbereich zu geben, sondern auch für gewisse Werte und Problemlösungen Partei zu ergreifen. Unabhängig davon, daß auch der metaphysische Normativismus (vgl. Strauss, 1956, 37–82) und der Neonormativismus (vgl. Weisser 1953, 16–30) die Unmöglichkeit, aber auch die Nichtwünschbarkeit einer wertfreien Soziologie betonen, liegt die eigentliche Schwierigkeit im Werturteilsstreit im Wechselverhältnis wissenschaftliche Konstituentien/konstituiertes Wissen. Die Trennung in Meta- und Objektebene (wissenschaftliches Aussagensystem) täuscht einen wertfreien Status der wissenschaftlichen Ergebnisse vor, ohne der Tatsache Rechnung zu tragen, daß sich in diesen die konstitutiven Wertungen niederschlagen. Zugleich wird die deutliche normative Dominanz des wissenschaftlichen Wissens unterschlagen.

Theoriendynamik
Unter Theoriendynamik verstehen wir den Problemkreis, der sich mit der Abfolge wissenschaftlicher Theorien beschäftigt. Obwohl es dem modernen Verständnis plausibel erscheint, daß Theorien für eine gewisse Zeitspanne benutzt und dann von einer besseren ersetzt werden, beinhaltet der Begriff eine Reihe von Vorentscheidungen, die durchaus nicht selbstverständlich sind und über lange Zeiträume auch nicht selbstverständlich waren. Der *episteme* (Wissenschafts-)Begriff bei Aristoteles (vgl. NE, 1139b 14–35) hatte es mit der Entdeckung (Entbergung) von Wissen zu tun, das Sachverhalte widerspiegelt, welche sich nur so und nicht anders verhalten können. Die ersten Prinzipien der Wissenschaften können nicht falsch sein, sie drücken notwendige Wahrheiten aus. Wenn dies zuträfe, ist Theoriendynamik überflüssig; nur Entdeckungs- und Ergänzungsarbeit unterhalb dieser ersten Prinzipien ist nötig.

Auch der moderne Wissenschaftsbegriff etwa Galileis, Descartes' oder Newtons war noch darauf ausgerichtet, bei evidenten Wahrheiten zu beginnen bzw. wissenschaftliche Gesetze als unbedingt wahr und nicht als provisorisch bzw. Annäherung an die → Wahrheit hinzustellen. Da sich aber die komplexe physische Welt nicht identisch mit den wissenschaftlichen Gesetzen verhielt, sondern nur annäherungsweise, setzte sich allmählich der hypothetisch-deduktive Wissenschaftsbegriff durch, der gleichsam die Dynamik und die Fallibilität aller wissenschaftlichen Theorien impliziert; denn hypothetisch heißt eben möglicherweise falsch und damit hinfällig. Diese Einstellung kann über das Postulat des organisierten Skeptizismus (logische und experimentelle Überprüfung einer Theorie) zur Erklärung der Theorienabfolge herangezogen werden. Die Ausselektion einer Theorie würde dann bereits beim Auftreten von Gegenbeispielen erfolgen. Diese Verwerfungsstrategie ist aber viel zu simpel; denn zum einen werden Theorien mit zahlreichen Anomalien geboren, zum anderen beschränkt sich der Selektionsakt nur auf Theorie/interne logische Prüfung/Experiment und nicht auf konkurrierende Theorien. Eine mögliche Verbesserung bestünde darin, konkurrierende wissenschaftliche Theorien über Kriterien zu ‹messen› und den Selektionsprozeß an diese Kriterien zu binden. Die Kriterien würden gleichsam den internen und externen Selektionsdruck ausüben. Solche Kriterien sind: Tatsachenkonformität, Widerspruchsfreiheit, Reichweite, Einfachheit und Fruchtbarkeit der Theorien. Doch selbst bei Einsatz dieser Kriterien läßt sich der tatsächliche Theorienwechsel nicht mit dem normativen – diese Theorie hätte eigentlich fallen müssen – in Einklang bringen.

Um zwischen konkurrierenden und vergleichbaren Theorien auf logisch-rationale Weise zu wählen, führte Popper (1974, 215–250) die Theorie der Wahrheitsnähe ein. Die besser bewährte zweier vergleichbarer und konkurrierender Theorien, also die wahrheitsnähere, ist jene, die – intuitiv verständlich ausgedrückt – all das erklären und prognostizieren kann, was ihre Konkurrentin vermag und darüber hinaus einen Zusatzgehalt bzw. zusätzliche Erklärungskraft besitzt. Diese These fußt auf zwei nicht unproblematischen, im verborgenen bleibenden Hintergrundsannahmen: erstens darauf, daß die Theoriendynamik ein teleologischer Prozeß in Richtung Annäherung an die Wahrheit ist, zweitens auf einer zumindest partiellen Reduktionsfähigkeit der schlechteren, abzulösenden Theorie auf die bessere. Denn zumindest der formalwissenschaftliche Apparat (Logik, Mathematik) muß gültig bleiben, um den intertheoretischen Vergleich zu ermöglichen.

Kuhn (1973) hat an Hand wissenschaftsgeschichtlicher Untersuchungen gezeigt, daß Perioden der Normalwissenschaft, in denen den Wissenschaften der einzelnen Disziplinen ein nicht hinterfragtes → Paradigma zur Verfügung steht, mit Perioden wissenschaftlicher Revolutionen abwechseln. Seine Theorie der Theoriendynamik ist nichtteleologisch und nichtreduktionistisch. Nirgendwo in der W. als im Theoriendynamikstreit bricht deutlicher die Kluft zwischen W., betrieben als reine

Wissenschaftslogik, und W., fußend auch auf Empirie, hervor. Nicht selten in der modernen W. führte eine zu konsequente, d. h. empiriearme Logik der Forschung bzw. Logik der Wissenschaft an der ‹Logik› der Empirie vorbei. In diesem Sinne droht einer zu empiriearm betriebenen W. die Gefahr, nicht mehr als der permanent erhobene logische Zeigefinger zu sein, der die Einzeldisziplinen mitunter anmaßend und unfruchtbar begleitet (→ Paradigma).

Albert, H.: Wertfreiheit als methodisches Prinzip. In: Topitsch, E. (Hrsg.): Logik der Sozialwissenschaften. Köln 1972[8].
–: Probleme der Wissenschaftslehre in der Sozialforschung. In: König, R. (Hrsg.): Handbuch der empirischen Soziologie. I. Stuttgart 1973[3].
– & E. Topitsch (Hrsg.): Werturteilsstreit. Darmstadt 1979[2].
Aristoteles: Nikomachische Ethik (= NE). 1139b 14–35.
Eberlein, G.: Theoretische Soziologie heute. Stuttgart 1971.
Eichhorn, W. u. a. (Hrsg.): Wörterbuch der marxistisch-leninistischen Soziologie. Opladen 1972[2].
Essler, W. K.: Wissenschaftstheorie II. Theorie und Erfahrung. Freiburg/München 1971.
Feyerabend, P. K.: Die Wissenschaftstheorie – eine bisher unerforschte Form des Irrsinns? In: Ders.: Der wissenschaftstheoretische Realismus und die Autorität der Wissenschaften. Braunschweig 1978.
Galtung, J.: Methodologie und Ideologie. Frankfurt/M. 1978.
Giesen, B. & M. Schmid: Basale Soziologie: Wissenschaftstheorie. München 1976.
Helle, J.: Grundlagen der verstehenden Soziologie. In: Ders.: Verstehende Soziologie und Theorie der Symbolischen Interaktion. Stuttgart 1977.
Hempel, C. G.: Deduktiv-nomologische Erklärungen. In: Giesen, P. & M. Schmid (Hrsg.): Theorie, Handeln und Geschichte. Hamburg 1975.
Kuhn, Th. S.: Die Struktur wissenschaftlicher Revolutionen. Frankfurt/M. 1973.
Kutschera, F. v.: Theorie und Wirklichkeit. In: Ders.: Grundfragen der Erkenntnistheorie. Berlin/New York 1982.
Leat, D.: Das mißverstandene ‹Verstehen›. In: Acham, K. (Hrsg.): Methodologische Probleme der Sozialwissenschaften. Darmstadt 1978.
Losee, J.: Wissenschaftstheorie. Eine historische Einführung. München 1977.
Popper, K. R.: Naturgesetze und theoretische Systeme. In: Albert, H. (Hrsg.): Theorie und Realität. Tübingen 1972[2].
–: Logik der Forschung. Tübingen 1973[5].
–: Conjectures and Refutations. London 1974[5].
Rombach, H.: Pascals Wissenschaftslehre. In: Ders.: Substanz, System, Struktur. Bd. II. Freiburg/München 1966.
Speck, J. (Hrsg.): Handbuch wissenschaftstheoretischer Begriffe. Bd. 1–3. Göttingen 1980.
Stegmüller, W.: Probleme und Resultate der Wissenschaftstheorie und Analytischen Philosophie. Bd. I. Heidelberg/New York 1974.
Strauss, L.: Naturrecht und Geschichte. Stuttgart 1956.
Toulmin, S.: Voraussicht und Verstehen. Frankfurt/M. 1981.
Weber, M.: Gesammelte Aufsätze zur Wissenschaftslehre. Tübingen 1973[4].

Weingartner, P.: Wissenschaftstheorie I. Einführung in die Hauptprobleme. Stuttgart-Bad Cannstatt 1971.
Weisser, G.: Zur Erkenntniskritik der Urteile. Über den Wert sozialer Gebilde und Prozesse. In: Kölner Zeitschrift für Soziologie und Sozialphilosophie, 1953, 6, 16–30.
Wright, G. H. v.: Erklären und Verstehen. Frankfurt/M. 1974.

Otto Peter Obermeier

Wissenssoziologie

Die W. steht von Anbeginn im Zeichen einer kaum lösbaren Problematik, die schon in ihrem Begriff enthalten ist: Sie soll einerseits eine spezielle soziologische Forschungsrichtung bezeichnen, benennt andererseits als deren Gegenstand einen Problemzusammenhang, der so allgemein ist, daß er sich der Eingrenzung in die Besonderheit einer ‹Bindestrich-Soziologie› prinzipiell widersetzt. Denn nicht nur ist der Ausdruck ‹Wissen› selbst schon problematisch genug und meint in den Kontexten der W. mehr, oft geradezu anderes, als dessen übliches Verständnis vermuten läßt; einer Soziologie von ‹Wissen› geht es vielmehr noch dazu um dessen gesellschaftliche Voraussetzungen, Bedingungen, Bestimmungen, Prägungen etc., also um die Relation von ‹Wissen› und Gesellschaft oder, mit dem Ausdruck Karl Mannheims, in dem Wissen durch Denken ersetzt ist, um die «Seinsverbundenheit des Denkens». Dieser Problemzusammenhang ragt aber nicht nur, mehr oder minder direkt, in eigentlich alle Forschungsrichtungen der → Soziologie hinein, er bezeichnet auch die *selbstreflexive* Dimension von Soziologie, Sozialwissenschaft, ja von Wissenschaft überhaupt. Die W. ist daher genötigt, fundamentale *erkenntnistheoretische* Fragen ebenso in ihren Kontext einzubeziehen, wie sie die spezielleren Probleme auch der *Wissenschafts*-Soziologie berühren muß, auch wenn sie sich vornehmlich dem Phänomen des Alltagsbewußtseins und seiner Meinungen, der «Weltanschauungen» und «Denkstile» (K. Mannheim) widmen möchte.

Die Reflexions- und Forschungsgeschichte der W. ist von dieser grundsätzlichen Problematik gezeichnet: Sie schwankt zwischen dem erkenntnis- und sozialtheoretisch Allgemeinen, das ihre Problemstellung impliziert, und dem Interesse an der Erforschung plausibel abgrenzbarer Felder im Gesellschaftsleben, daher zwischen Selbstauflösungstendenz und Selbsterhaltungswillen. Die prekäre Lage, die sich aus diesem Dilemma ergibt, stellt den Versuch einer Dogmengeschichte der ‹Disziplin› vor Probleme. Stehr/Meja (1981, 7ff) schlagen vor, die Entwicklung der W. in drei Phasen zu unterteilen: die der Wegbereitung, die der Begründung und die der «Normalisierung». Der ersten werden Bacon, Comte, Marx, Nietzsche, Pareto und Freud zugeordnet; die zweite soll die deutsche W. der 20er Jahre einerseits, die Soziologien Durkheims, Levy-Bruhls und M. Mauss' andererseits umfassen; die dritte soll Aufnahme und Wirkung wissenssoziologischer Fragestellungen, deren weitere Verfolgung im deutschen Kontext durch den → Faschismus abgebrochen war, in der amerikanischen Soziologie bezeichnen (z. B. bei R. K. Merton, T. Parsons, L. Coser, C. W. Mills). Da die Probleme der W. irgendwie in jeder Theorie der Gesellschaft aufscheinen, wird es möglich, ihr eine ungemein reiche Tradition zuzubilligen, so daß man – freilich um den Preis, die Entwicklung der Sozialwissenschaft tendenziell überhaupt zu einer wissenssoziologischen zu erklären – dann sagen kann, die W. repräsentiere «eine Art ‹kopernikanischer Revolution› in der Analyse kultureller Produkte» (ebd.).

Will man diese Universalisierung vermeiden, so ergibt sich dagegen eine vergleichsweise dürftige Lehrtradition. Sie ist dann wesentlich auf den deutschen Kontext der 20er Jahre beschränkt, dem auch ihr Name entstammt (M. Scheler). Sofern die als Wegbereiter bezeichneten Autoren überhaupt einen theoretischen Impuls gemeinsam haben, so wäre er mit dem Begriff der → Ideologie und der Intention der Ideologiekritik zu benennen. Die deutsche W. der 20er Jahre läßt sich aber gerade als der Versuch charakterisieren, einerseits den relativistischen Konsequenzen der spezifisch deutschen Tradition des Historismus zu entgehen, andererseits und vor allem jener Gefährdung der Idee geistiger Autonomie zu begegnen, die besonders die Ideologietheorie von Marx darstellte (vgl. Lenk 1978, 342ff). War die originäre W. wesentlich «eine Theorie des schlechten Gewissens gegenüber Marx» (Plessner, in: Berger/Luckmann 1980, XI), so handelte es sich in ihr um eine Wende gegen jene «kopernikanische Revolution», die die Ideologietheorie in ihrer Zuspitzung bei Marx allerdings bedeutet.

Die deutsche W. der 20er Jahre wurde von Max Scheler und Karl Mannheim begründet; die Debatten, die sie bewirkte (vgl. die Dokumentation von Meja/Stehr 1982), bezogen sich vor allem auf deren Werk. Sosehr sich beider Bemühungen auch in philosophischer Provenienz, theoretischer Struktur und analytischer Perspektive unterscheiden mögen, so sehr sind sie doch gleichermaßen von der Absicht bestimmt, eine Sphäre sozial un-bedingten ‹Wissens› gegen die ökonomisch-klassenanalytisch verfahrende, am Basis-Überbau-Modell orientierte Ideologietheorie von Marx zu verteidigen, der die Behauptung einer solchen Sphäre selbst nur ‹Ideologie› sein kann. Diese zu neutralisieren, ihre kritische Dimension zu entschärfen, war durch einfaches Widersprechen – worauf noch die gleichzeitige Ideologietheorie Th. Geigers hinauslief – nicht zu leisten; dem → Historischen Materialismus war nur zu begegnen, wenn Teile seiner Einsichten, als Soziologie, gegen ihn gekehrt wurden. Der Ausdruck W. findet darin seine primäre Bedeutung: Es ging weniger um das Programm, die soziale Bedingtheit von ‹Wissen› zu studieren, als darum, ein Feld auszugrenzen, in dem Meinen, Bewußtsein, Denken noch die Würde gesellschaftsunabhängiger Gültigkeit beanspruchen darf.

Scheler hat dies mittels einer Konzeption angestrebt, in der «Ideal-» von «Realfaktoren» unterschieden werden. Die einen sollen ein Reich ewiger Wahrheiten, Ideen und Wertsubstanzen bilden, aus denen die anderen auswählen je nach Maßgabe des sozialen Bedarfs. Daraus folgt, daß zwar die Realfaktoren insofern dominieren, als sie die Idealfaktoren per Selektion bestimmen, daß diese aber – und darauf kommt es an – dadurch nicht ihrer Eigenqualität als unabhängiger Wesenheiten beraubt werden. Die Ohnmacht des Geistes wird, was immer damit gewonnen sein mag, durch die Behauptung seiner substantiellen Identität kompensiert. Dieser gewissermaßen naiven Konzeption der W., die an ihren metaphysischen Voraussetzungen krankte, hat Mannheim, bei gleicher Intention, eine geschmeidigere Variante entgegengesetzt, die deren statisches Moment historisch zu dynamisieren suchte. Dem Stachel der Marxschen Ideologietheorie wurde durch deren Übertrumpfung im ‹totalen Ideologieverdacht› begegnet: Was in jener noch eine interessenspezifisch-spezielle Gestalt gefunden habe, werde durch diesen erst auf die Höhe durchdringender Reflexion gehoben. Gleichzeitig wird das ‹soziale Sein›, aus dem die ‹Standortgebundenheit› allen Denkens resultiert, seines materiellen Charakters beraubt und als selbst schon wesentlich geistiges Element verstanden, so daß die ‹Zuordnung› von Geistigem sich nur mehr auf ebenfalls Geistiges einer freilich irgendwie anderen Qualität beziehen kann. Dem Vorhalt, daß damit dem Strudel eines unabsehbaren Relativismus Bahn gegeben werde, hat Mannheim eine geschichtsphilosophische Konstruktion der Neuzeit und eine Art Soziologie der Intelligenz entgegengehalten; beide sind für den Gesamtentwurf konstitutiv. Als Diagnostiker der ‹Kulturkrise› sah sich Mannheim einerseits vor der Aufgabe, die ‹Weltanschauungssysteme› der Neuzeit auf ihren je ‹relationalen›, d. h. auf ihren von der jeweils zuzuordnenden Klassenlage eingeschränkten Wahrheitsgehalt hin abzuklopfen, andererseits in der Pflicht, jene ‹Kultursynthese› zu fördern, deren nur mehr eine aus allen → Klassen rekrutierte, aber auch von deren jeweiligen Sonderinteressen abgelöste, also ‹freischwebende› Intelligenz, als deren Repräsentant er sich fühlte, fähig sein können sollte. An die Stelle der ewigen Werte Schelers tritt damit eine → Elite, deren historisch erwachsene Qualifikation eben das leisten sollte, was jene an Glaubwürdigkeit verloren hatten.

Die intentionale Beschränktheit der deutschen W. der 20er Jahre auf ihre historische Stunde ist ersichtlich. Gegenwärtig wird versucht, die W., gewissermaßen als Beginn einer vierten Phase, zu rekonstituieren und dabei auch jene ‹Begründungsphase› neu zu bedenken. Es fragt sich freilich, ob dies gelingen kann. Denn wie die originäre W. an die Ideologieproblematik gebunden und damit an die ‹Wahrheits›-Frage fixiert war, so sind jene Problemstellungen, die sie, davon vielleicht ablösbar, traktierte, längst zu Momenten anderer Forschungsrichtungen geworden, etwa des → Symbolischen Interaktionismus, der → Ethnomethodologie, der Theorie kommunikativen Handelns (Habermas), überhaupt aller handlungs- und systemtheoretischen Ansätze der Soziologie (→ Systemtheorie). Daß sich gewisse Implikationen dieser Richtungen wieder unter dem bereits altbackenen Titel einer W. integrieren lassen, ist unwahrscheinlich.

Berger, P. L. & Th. Luckmann: Die gesellschaftliche Konstruktion der Wirklichkeit. Frankfurt/M. 1980.
Lenk, K. (Hrsg.): Ideologie. Darmstadt/Neuwied 1978[8].
Lieber, H. J. & P. Furth: Wissenssoziologie. HdSW, Bd. 12, 1964.
Meja, V. & N. Stehr: Der Streit um die Wissenssoziologie. 2 Bde. Frankfurt/M. 1982.
Stehr, N. & V. Meja: Wissenssoziologie. Sonderheft 22 der Kölner Zeitschrift für Soziologie und Sozialpsychologie. Opladen 1981.

Arnhelm Neusüss

Zweck-Mittel-Relation

ZMR. bezeichnet eine Grundkategorie für die Verständnisbildung vom menschlichen, insbesondere vom → sozialen Handeln. Als *Zweck* einer Handlung lassen sich die Sachverhalte (Zustände oder Ereignisse) definieren, deren Eintreten man mit der Ausführung dieser Handlung zu ermöglichen, zu erreichen oder doch zu befördern wünscht und erwartet. Die Erwartung, daß eine Handlung tatsächlich ein *Mittel* zu einem bestimmten Zweck ist – also eine notwendige oder hinreichende Bedingung oder aber einen nützlichen Zusatzfaktor für dessen Erreichung darstellt –, gründet sich auf das *Wissen* des Handelnden: auf sein Wissen von den jeweils bestehenden Situationen (d. i. den für die Erreichung seines Zwecks relevanten Tatsachen) und sein Wissen von jeweils zutreffenden allgemeinen Bedingungs- und Wirkungszusammenhängen (d. i. von den für das Handeln geltenden Regeln und Gesetzen). Außerdem verlangt die Darstellung einer Handlung als Mittel zu einem Zweck, daß dem Handelnden ein hinreichend deutliches Zweckbewußtsein bzw. klares Wollen zugeschrieben wird. Denn nur, wenn die erwünschten Sachverhalte zu den geplanten Handlungen als deren (zumindest mögliche) Wirkungen in eine Beziehung gesetzt werden können und sie damit hinsichtlich ihrer Eigenschaften selbst wie auch hinsichtlich der (Wege der) Erreichbarkeit dieser Eigenschaften geklärt sind, lassen sich diese Handlungen vom Handelnden in eine ZMR. bringen. Die Verwendung der ZMR. für die Darstellung unseres Handelns unterstellt daher, daß die dargestellten Handlungen auf Grund einer *rationalen* Kalkulation zustande gekommen sind, die entweder der Handelnde selbst durchgeführt hat oder dem Handelnden so zur ‹Gewohnheit› oder ‹(zweiten) Natur› geworden ist, daß er den Regeln einer solchen rationalen Kalkulation auch dort folgt, wo er die Kalkulation selbst nicht (mehr) durchführt. Die Möglichkeit, die Rationalität des durch die ZMR. dargestellten Handelns unabhängig von den tatsächlichen Überlegungen oder (einsozialisierten) ‹Gewohnheiten› der Handelnden aus kontraintuitiven Systemzwängen zu erklären, führt in besondere (begriffliche) Schwierigkeiten.

Eine prominente Rolle spielt die ZMR. vor allem in den Theorien über die Rationalisierung der Gesellschaft (vgl. Max Weber), in denen der Begriff der Rationalität über die ZMR. bestimmt wird, und beim Problem des Verstehens fremder (zumeist ‹primitiver›) Kulturen und abweichenden oder ‹auffälligen› Verhaltens.

Das Erfordernis, die ZMR. im Modell einer rationalen Kalkulation zu explizieren, hat zu einer Diskussion über die Möglichkeiten und Grenzen einer sinnvollen Anwendung der ZMR. auf das menschliche, vor allem das soziale Handeln geführt, in der die Beschränktheit des Bereichs, in dem eine rationale Kalkulation überhaupt als Phänomen präsent ist, das Hauptargument für die Gegner einer allgemeinen Verwendung der ZMR. in der Handlungs- und → Gesellschaftstheorie liefert. Tatsächlich lassen sich rationale Kalkulationen nur in einigen Bereichen des Handelns als Phänomene präsent machen, etwa in den Bereichen des ökonomischen und bürokratischen Handelns, in denen allgemein bekannte und anerkannte Bewertungssysteme für Kosten und Nutzen, für Korrektheit und Effektivität die Präferenzen möglicher Zwecke klären und in denen auch die Wege zur Erreichung der gesetzten Zwecke weitgehend geregelt sind. Die allgemeine Verwendung der ZMR. für die Darstellung und Erklärung des Handelns überhaupt – wie sie besonders deutlich wird in den Definitionen menschlichen Handelns durch seinen Bezug auf Zwecke – ist daher dem Vorwurf der Phänomenblindheit ausgesetzt, in der nichtzweckrationale Formen des Handelns nicht mehr wahrgenommen werden können, oder aber auch dem Vorwurf der aktiven Phänomenunterdrückung als dem theoretisch explizierten (und damit die Phänomenunterdrückung legitimierenden) Indiz für den universalen Versuch der

Angleichung allen Handelns an die → Normen der ökonomisch und bürokratisch exemplifizierten Zweckrationalität (→ Bürokratie).

Auf der anderen Seite ist die phänomenale Präsenz der ZMR. in den Handlungsbereichen, in denen die Rationalität des Handelns (und also die Kalkulierbarkeit der ZMR.) über die tatsächlich eintretenden Wirkungen dieses Handelns definiert – und das Handeln eben durch diese Wirkungszusammenhänge auch ‹gesteuert› – wird, als Argument für die *Eliminierbarkeit* der ZMR. sogar und gerade in diesen Handlungsbereichen angeführt worden. Denn da hier gezeigt werden kann, daß es nicht die bloß erwarteten, sondern die auch tatsächlich eintretenden Wirkungen im Rahmen eines den individuellen Wünschen vorausliegenden und insofern ‹objektiven› Präferenzsystems sind, die ein Handeln rational machen und – sozusagen in einem Prozeß der Selektion – ‹steuern›, kann man die individuelle Beherrschung rationaler Kalkulationen als eine Anpassung an die ‹objektiv gegebenen› oder systemischen Bedingungen und Regeln eines Handelns verstehen, dessen Gestaltung und Erhaltung sich nicht der individuellen Rationalität der Handelnden, sondern diesen ‹objektiven› *Systemzusammenhängen* bzw. *-zwängen* verdankt.

Die phänomenologische Kritik an der universellen Anwendung der ZMR. für das Handlungsverstehen und die systemtheoretische Kritik an der Verwendbarkeit der ZMR. für die Gesellschaftstheorie überhaupt treffen sich darin, daß sie das menschliche Handeln nicht primär von den (expliziten) Überlegungen und Entscheidungen der Handelnden her erklären, sondern von einem ‹Handlungsrahmen› her, der – im Falle der → Phänomenologie – als → *Lebenswelt* den Handelnden (einer → Gruppe, Gesellschaft oder → Kultur) ein gemeinsames und selbstverständlich gewordenes Repertoire eingespielter Orientierungen, Denk-, Wahrnehmungs-, Empfindungs- und Handlungsweisen zur Verfügung stellt und sie damit in deren Handeln auch (unbemerkt) bestimmt, oder der – im Falle der → Systemtheorie – als → *soziales System* über die tatsächlichen und zumeist nicht mehr überschauten (‹Fern-›)Wirkungen des Handelns dem Handeln Bestimmungen auferlegt, die von den Handelnden nur insoweit überhaupt rezipiert werden, als sie sie aus ihrer jeweiligen Perspektive (und also auf die Sicht ihrer individuell realisierten Wahrnehmungs- und Deutungsmöglichkeiten reduziert) zu Handlungsmotiven ‹rationalisieren› können. In beiden Konzeptionen wird damit die von den Handelnden beanspruchte und angestrebte *Autonomie* ihrer Überlegungen und Entscheidungen und also auch ihres zweckrationalen Handelns zum bloß vermeintlich wahren Ergebnis einer (lebensweltlich gestützten oder systemisch gesteuerten) → Rationalisierung relativiert.

Die Reflexion dieser begrifflichen Zusammenhänge läßt sich in der Frage konzentrieren, welche kritischen und begründet konstruktiven Möglichkeiten denn – und zwar durchaus in Kenntnis der phänomenologischen und systemtheoretischen Kritik – durch die Verwendung der ZMR. auf handlungs- und gesellschaftstheoretische Probleme gewonnen werden. Der phänomenologischen Kritik kann dadurch Rechnung getragen werden, daß man den Charakter der ZMR. auch als einer *normativen Kategorie* hervorhebt: Die Explikation der Zwecke und der Wege zu ihrer Erreichung ist für unser Handeln nur teilweise eine Tatsache, jedenfalls aber eine Forderung. Denn erst über eine solche Explikation lassen sich die Gründe für oder gegen ein bestimmtes Handeln – bestimmte Handlungsweisen oder bestimmte Einzelhandlungen – klären und beurteilen. Wenn also ein Handeln als Mittel zu bestimmten Zwecken dargestellt wird, dann wird damit der Versuch unternommen, bereits in die Darstellung dieses Handelns die Begründungsmöglichkeiten für (oder gegen) dieses Handeln aufzunehmen. Das Handeln wird auf diese Weise in den Kontext des praktischen Argumentierens gestellt – und zwar auch dort, wo sich dieser Kontext für die Handelnden nicht als Phänomen zeigen läßt. (Gleichwohl wird mit dieser argumentativen ‹Kontextualisierung› unterstellt, daß diese Kontexte prinzipiell für jedermann sowohl theoretisch einsichtig als auch praktisch anerkennbar gemacht werden können.) Dabei wird das jeweilige Verständnis der ZMR. allerdings auf seine phänomenale Angemessenheit hin zu begründen und nicht nur auf einige Typen des ökonomisch oder bürokratisch rationalen Handelns einzuengen sein. Insbesondere wird man die (definitorische) Bindung der ZMR. an die Ursache-Wirkungs-Relation zu überprüfen haben.

Der systemtheoretischen Kritik kann dadurch Rechnung getragen werden, daß man die prinzipielle Differenz zwischen den von den Handelnden überschauten und den tatsächlich eintretenden (für die Zwecke der Handelnden und die Bedingungen ihres Handelns relevanten) Wirkungen, damit auch die Existenz kontraintuitiver systemischer Bestimmungsfaktoren des Handelns anerkennt, daß man in eben diesen systemtheoretischen Erkenntnissen aber auch die Erweiterungsmöglichkeiten für die Verwendung der ZMR. sieht: Mit der theoretischen Explikation der zunächst kontraintuitiven Wirkungszusammenhänge des Handelns werden diese Zusammenhänge zu möglichen Teilen des praktischen Wissens der Handelnden. Die systemtheoretisch aufgeklärte ZMR. wird zwar – durch den Versuch einer immer stärkeren Berücksichtigung auch der ‹Fern›-Wirkungen des Handelns bei den Zwecksetzungen wie bei der Mittelausarbeitung – von einer höheren Komplexität sein als die ZMR., die sich auf den Bereich der Wirkungen beschränkt, die sich im Lebensumkreis der Handelnden als Erreichung oder Verfehlung, Ermöglichung oder Verhinderung, Beförderung oder Behinderung ihrer Absichten verstehen lassen. Aber sie wird durch diese Aufklärung nicht eliminierbar. Denn eine Eliminierung der ZMR. auf Grund der systemtheoretischen Aufklärung kontraintuitiver Zusammenhänge würde den Handelnden, wenn er handelt und sich dabei Zwecke setzt, mit seiner Einsichtsfähigkeit in eben die Grenzen einschließen wollen, die er als Theoretiker gerade überschritten hat. Auch der Systemtheoretiker beginnt ja zunächst mit der Darstellung des Handelns als zweckbezogen und analysiert dann die Begrenztheit der Perspektive, die sich aus der Berücksichtigung nur der intuitiv zugänglichen Wirkungen ergibt. Sieht man aber in der Explikation des Handlungsverständnisses durch die ZMR. bereits eine Leistung der → Vernunft, und zwar derselben Vernunft, die auch den Systemtheoretiker – in der Erforschung der Systemzusammenhänge – zur weiteren Explikation von Handlungswirkungen führt (und an die Belehrbarkeit seiner Adressaten appellieren läßt), dann würde die Eliminierung der ZMR. das Mißtrauensvotum gegenüber eben dem Erkenntnisvermögen bzw. eben den Argumentationsprinzipien bedeuten, dem bzw. denen die systemtheoretischen Analysen selbst folgen.

Apel, K.-O.: Die Erklären:Verstehen-Kontroverse in transzendentalpragmatischer Sicht. Frankfurt/M. 1979.
Habermas, J.: Theorie des kommunikativen Handelns. Bd. 1: Handlungsrationalität und gesellschaftliche Rationalisierung. Frankfurt/M. 1981.
Luhmann, N.: Zweckbegriff und Systemrationalität. Über die Funktion von Zwecken in sozialen Systemen. Frankfurt/M. 1973.
Schluchter, W.: Die Entwicklung des okzidentalen Rationalismus. Eine Analyse von Max Webers Gesellschaftsgeschichte. Tübingen 1979.
Schwemmer, O.: Theorie der rationalen Erklärung. Zu den methodischen Grundlagen der Kulturwissenschaften. München 1976.
Wright, G. H. v.: Erklären und Verstehen. Frankfurt/M. 1974.

Oswald Schwemmer

Zyklentheorien

Z. (synonym: Konjunkturtheorien, Theorien des industriellen Zyklus; business cycle theories) haben die Erklärung der periodischen Schwankungen des Niveaus der volkswirtschaftlichen Aktivitäten im → Kapitalismus zum Gegenstand. Sie unterscheiden sich von den → Krisentheorien dadurch, daß sie i. d. R. das dort thematisierte Problem der langfristigen Stabilität des Wirtschaftssystems bzw. der ihm möglicherweise innewohnenden Tendenz zu Stagnation und Zusammenbruch aus methodischen oder ideologischen Gründen ausklammern.

Das (aktuelle oder zu erwartende) Niveau der wirtschaftlichen Aktivitäten wird durch ein Bündel einzelner volkswirtschaftlicher Aggregatgrößen – wie Meßziffern für Produktion, Einkommen, Konsum, Investition, Beschäftigung, Geldumlauf, Kreditvolumen etc. oder mit Hilfe zusammengesetzter Indikatoren (‹Konjunkturbarometer›) – beschrieben. Die Periodizität der Niveauschwankungen dieser gesamtwirtschaftlichen Aggregate ist eine relativ späte Entdeckung der Wirtschaftswissenschaft (vgl. insb. Juglar 1860), da die für eine systematische empirische Wirtschaftsforschung erforderlichen regelmäßigen Aufzeichnungen im Rahmen eines gesamtwirtschaftlichen Rechnungswesens im 19. Jahrhundert noch fehlten. Denn eine derartige volkswirtschaftliche Gesamtrechnung setzt ihrerseits eine differenzierte Vorstellung gesamtwirtschaftlicher Zusammenhänge voraus. Mit Ausnahme der umfassenden theoretischen Analyse des Kapitalismus durch Karl Marx in seinem Werk «Das Kapital» (1867, 1885, 1894), die jedoch keine systematische Konjunkturerklärung enthält, ist diese Voraussetzung erst im 20. Jahrhundert geschaffen worden. Mit der Jahrhundertwende beginnt dann auch auf der Grundlage einer wesentlich verbesserten wirtschaftsstatistischen Dokumentation die systematische theoretische und empirische Erforschung des Konjunkturphänomens und führt zu einer heute kaum noch überschaubaren Vielfalt ökonomischer Z.

Weitgehend übereinstimmend werden innerhalb eines Konjunkturzyklus vier aufeinanderfolgende Phasen unterschieden: Konjunkturaufschwung (Prosperität), Hochkonjunktur (Boom), Konjunkturabschwung (Rezession) und Depression. Im Anschluß an A. Schumpeter (1939) differenziert die statistische Konjunkturforschung zwischen drei Typen von Konjunkturzyklen unterschiedlicher Periodizität: dem erstmals von W. L. Crum (1923) und J. Kitchin (1923) beschriebenen 40-Monats-Zyklus (Kitchin-Zyklus), dem Juglar-Zyklus mit einer Periodenlänge von 8–11 Jahren (Juglar 1860) und der langen Kondratieff-Welle (Kondratieff 1926), die eine Zeitspanne von durchschnittlich 50 bis 60 Jahren umfaßt. Daneben haben S. S. Kuznets (1930) und C. A. R. Wardwell (1927) Zyklen in den Zeitreihen für Preise und Produktion von 25 bzw. 15 Jahren Länge nachgewiesen. Während für die beiden kürzeren Zyklen innerökonomische Mechanismen bzw. Anpassungsprozesse (vgl. Schumpeter 1939, 180 und 184ff) verantwortlich gemacht werden, gelten historisch kontingente und selbst nicht weiter erklärte (exogene) Ursachenkonstellationen (insbesondere technologische Innovationsprozesse, → Kriege, Veränderungen der institutionellen Rahmenbedingungen, Strukturwandel der Wirtschaft) als Urheber der langen Wellen. Die wesentlich historisch-institutionell orientierten Theorien der langen Wellen haben eine selbständige Fortentwicklung und Vertiefung neben den konjunkturellen Z. erfahren (Mandel 1980; Mensch 1975, aber auch die Theoretiker historisch-spezifischer ‹Akkumulationsregime›: Aglietta

1979; Altvater 1978, 1982; Berger 1981) und teilweise die von Schumpeter und Kuznets verfolgte Frage nach der Interdependenz konjunktureller und mittelfristiger Entwicklungsprozesse wiederaufgenommen (Ipsen/Künzel/Rohwer 1983).

Die ökonomische und soziale Bedeutung derartiger Zyklen hängt allerdings nicht nur von der Länge der einzelnen Phasen, sondern auch von der Größe der Amplituden sowie vom Niveau der zyklusdurchschnittlichen ökonomischen Aktivitäten und ihrem Trend ab. So war die Entwicklung der Bundesrepublik Deutschland mit Ausnahme des Konjunktureinbruchs 1966/67 bis zum Anfang der 70er Jahre von relativ milden ‹Wachstumszyklen› bei ungewöhnlich hohem trendmäßigem Wirtschaftswachstum gekennzeichnet, während sich in der Folgezeit die zyklische Entwicklung der Gesamtwirtschaft um einen deutlich niedrigeren Wachstumstrend vollzog. Für die Konjunkturtheorie stellt sich daher das Problem, die den Wachstumstrend bestimmenden Faktoren von den Determinanten des Konjunkturzyklus zu trennen, eine einheitliche Erklärung für den gesamten Zyklus, also nicht nur für jede einzelne seiner Phasen, zu liefern und schließlich die wechselseitigen Beziehungen zwischen Zyklus und Trend aufzudecken.

Die Komplexität der gesamten Problemstellung ist das Resultat der schrittweisen Erweiterung der bei den frühen Kapitalismustheoretikern dominanten Frage nach den Existenzbedingungen des Kapitalismus um die Frage nach seiner Entwicklungsdynamik und dem hiermit eventuell verbundenen politischen Interventionsbedarf. Während also in der napoleonischen Epoche die Erfahrung wiederkehrender Absatzstockungen auf den europäischen Warenmärkten nur die Frage aufwarf, ob sie als Resultat partieller Störungen des volkswirtschaftlichen Gleichgewichts infolge exogener Faktoren oder als Ausdruck einer allgemeinen Überproduktion (relativ zur wirksamen Nachfrage) auf Grund weitgehend endogener Ursachenkonstellationen aufzufassen sei, betrachtet die moderne Konjunkturtheorie die Zyklen als Ergebnis einer weitgehend endogenen, d.h. dem volkswirtschaftlichen Funktionszusammenhang im Kapitalismus immanenten Entwicklungsdynamik. Danach führt die durch sie bewirkte – und durch systemwidriges Verhalten der Träger wirtschaftlicher und wirtschaftspolitischer Entscheidungen eventuell noch beförderte – Verletzung der Bedingungen gleichgewichtiger Wirtschaftsentwicklung zu Abweichungen vom Trend, die einer Tendenz zur kumulativen Selbstverstärkung unterliegen. Die Periodizität der durch den Konjunkturzyklus zum Ausdruck gebrachten Ungleichgewichtslagen verweist daher auf Beschränkungen der Steuerungsleistung des Preiszusammenhangs der Märkte sowie der Möglichkeiten staatlicher Wirtschaftsregulierung. Die konjunkturellen Zyklen sind somit Ausdruck einer nicht in jedem Zeitpunkt zureichenden Koordination der wirtschaftlichen Aktivitäten oder – soweit exogene Störungen vorliegen – einer nicht unbeschränkten Anpassungsfähigkeit des Wirtschaftssystems an veränderte Rahmenbedingungen (Daten).

Die Tatsache, daß die Koordination der wirtschaftlichen Aktivitäten im Kapitalismus über die Herstellung eines (mehr oder weniger) konsistenten Zusammenhangs von Geldbeziehungen erfolgt, hat Anlaß zur Entwicklung zahlreicher monetärer Z. gegeben (vgl. den Überblick bei Haberler 1938). Sie stellen auf die mit dem Konjunkturzyklus verbundene Expansion und Kontraktion des Kreditvolumens, der Preise und der Geldmenge ab und arbeiten – insbesondere auch in ihren modernen Varianten – die von der Rolle des → Geldes sowie den institutionellen Eigenheiten und Funktionsprinzipien der Geld- und Finanzmärkte ausgehenden Störpotentiale und Interaktionsmuster mit dem güterwirtschaftlichen (‹realen›) Bereich der Ökonomie heraus.

Die moderne Konjunkturtheorie hat die Trennung von monetären und realen Erklärungsansätzen weitgehend überwunden und trägt dem monetären Charakter des Zusammenhangs der privaten Wirtschaftsaktivitäten zunehmend besser Rechnung. In welcher Weise die Geldförmigkeit der ökonomischen Beziehungen für die Entscheidungen der Wirtschaftssubjekte relevant wird, ist allerdings weiterhin umstritten. Während die eine der beiden großen Orthodoxien der herrschenden Wirtschaftstheorie, die Neoklassik, destabilisierende Wirkungen von Geldmengenänderungen behauptet, bestreitet die andere, der Keynesianismus, eine derartige unmittelbare Bedeutung der Geldmengenentwicklung für die Konjunktur. Sie sieht vielmehr die entscheidende Rolle des Geldes darin, daß es die Ware der Kontrakte ist, so daß monetäre konjunkturelle Wirkungen – wenn überhaupt – nur über Änderungen des Geldwerts ausgelöst werden können.

Als wesentliche Ursachen für das Entstehen periodischer Ungleichgewichte gelten jedoch für Keynesianer und Marxisten gleichermaßen die systematischen Änderungen der Handlungsparameter von Unternehmern und Arbeitnehmern im Zuge des kapitalistischen Prozesses. Die endogene Dynamik der kapitalistischen Entwicklung erzeugt hier also eine dem Wirtschaftssystem inhärente Instabilität, der gegenüber die Steuerungsleistung des Preissystems nicht ausreicht. Die neoklassischen Theoretiker machen demgegenüber ausschließlich exogene Datenänderungen für die Störung der gleichgewichtigen Entwicklung verantwortlich und vertrauen der Selbstregulierungsfähigkeit des Marktsystems, solange der Preismechanismus nicht durch staatliche Intervention, Kartelle (Gewerkschaften) und/oder Monopole in seiner Funktion beeinträchtigt wird. Wegen ihrer Überzeugung von der inhärenten Stabilität des Kapitalismus haben die Neoklassiker keine (endogene) Theorie des Konjunkturzyklus entwickelt.

Die Erklärung von Konjunkturen aus prozeßendogenen Umständen stellt auf eine dem Kapitalismus eigentümliche Tendenz zur Auseinanderentwicklung von Produktionspotential und gesamtwirtschaftlicher Nachfrage ab. Disproportionalitäts- resp. Kredittheorien der Konjunktur haben in diesem Zusammenhang disparitäre Entwicklungen im Stufenaufbau der Produktion bzw. monetäre Impulse oder Hindernisse als Zyklusursachen hervorgehoben. Diese Sichtweise wird heute jedoch überwiegend einer Darstellung des konjunkturellen Prozesses untergeordnet, in der dieser selbst entweder auf eine im Verhältnis zum Wert der Güter- und Dienstleistungsproduktion unzureichende Entwicklung der konsumtiven Nachfrage (Unterkonsumtionstheorie) oder auf ein davon unabhängiges periodisches Absinken und Ansteigen der unternehmerischen Investitionsbereitschaft zurückgeführt wird. Die unterkonsumtionstheoretischen Z. (vgl. Zimmermann 1967 und Hofmann 1966) können zwar wegen ihrer speziellen Voraussetzungen nicht als allgemeine Konjunkturerklärungen gelten; ihre Affinität zur keynesianischen Theorie und Konjunkturpolitik und zur einkommenspolitischen Interessenlage der Arbeitnehmervertretungen sichert ihnen jedoch einen prominenten Platz in der öffentlichen Auseinandersetzung.

Den Investitionen kommt schon wegen ihres empirisch auffälligen Schwankungsbereichs eine besondere Bedeutung zu. Da sie nicht nur einen Teil der Gesamtnachfrage bilden, sondern auch die Entwicklung des Produktionspotentials bestimmen sowie wegen ihrer Abhängigkeit von Finanzierungsbedingungen, politischen Konstellationen und einer weit in die Zukunft reichenden Abschätzung der Profitabilität der Kapitalanlage Entscheidungen unter Unsicherheit verlangen, sind Schwankungen in der Investitionsnachfrage der entscheidende Auslöser kumulativer Mengenprozesse (Zusammenwirken von Akzelerations- und Multiplikatorprinzip) und hierdurch induzierter Verteilungsänderungen. In dieser Perspektive haben die periodischen Krisen der Kapitalakkumulation die ‹Funktion›, die Verteilungsverhältnisse durch → Arbeitslosigkeit jeweils wieder zugunsten der Kapitalbesitzer zu korrigieren und damit einen erneuten Boom möglich zu machen. Hieraus folgt, daß eine konjunkturpolitische Intervention des Staates mit dem Ziel der Aufrechterhaltung des Booms und damit eines hohen Beschäftigungsgrades nur erfolgreich sein kann, solange es gelingt, die Verteilungsverhältnisse auf inflationärem Wege zu korrigieren, ohne intolerable Nebenwirkungen der Inflation hervorzurufen. Da jedoch, wie Kalecki (1943) in einem bedeutenden Aufsatz über die politischen Aspekte der Vollbeschäftigung herausgearbeitet hat, die Aufrechterhaltung der Vollbeschäftigung zugleich zu einer Entschärfung des gegenüber der Arbeiterschaft einzig wirksamen Disziplinierungsinstruments, der Arbeitslosigkeit, führen würde, ist eine derartige Politik im Rahmen der kapitalistischen Institutionen auf die Dauer nicht möglich.

Vogt (1981) hat hieraus den Schluß gezogen, daß bei Berücksichtigung der von Kalecki hervorgehobenen institutionellen Bedingungen die Keynessche (und die Marxsche) Behauptung einer notwendigen Koexistenz von Gleichgewicht und Arbeitslosigkeit wesentlich stringenter begründet werden könne. Dieses ‹kapitalistische Gleichgewicht› bei institutionell bedingter Arbeitslosigkeit sei jedoch von dem im Zentrum der neoklassischen Theorie stehenden allgemeinen Gleichgewicht zu unterscheiden, welches Vollbeschäftigung impliziere. Ein solches (neoklassisches) allgemeines Gleichgewicht sei im Rahmen kapitalistischer Institutionen nicht realisierbar. Denn die von den Arbeiterparteien und → Gewerkschaften favorisierte links-keynesianische Variante der Stabilisierungspolitik, die wegen ihrer inflationären Folgen immer wieder mit Versuchen zur Änderung der kapitalistischen Institutionen (Preiskontrolle, Investitionslenkung, Einkommenspolitik usw.) verbunden sei, scheitere letztlich an der mangelnden Steuerungsleistung dieser den Preismechanismus der kapitalistischen Märkte substituierenden Ersatzinstitutionen. Andererseits stehe die neoklassische Antiinflationspolitik der Konservativen periodisch vor dem Dilemma, die sich entgegen ihrer Behauptung über die Möglichkeit eines Gleichgewichts bei Vollbeschäftigung regelmäßig einstellende Arbeitslosigkeit politisch, d. h. schließlich auch institutionell, verarbeiten zu müssen. «So spiegelt sich der Charakter des kapitalistischen Gleichgewichts nach wie vor auch in den Erfolgen und Mißerfolgen der beiden großen politischen Richtungen ... Da der jeweilige Erfolg den Widerspruch aufbrechen läßt, ist er gleichzeitig auch schon Mißerfolg. So vollziehen die beiden politischen Richtungen durch ihre Erfolge und Mißerfolge den politischen Zyklus der ökonomischen Bewegung ...» (Vogt 1981, 233)

Aglietta, M.: A Theory of Capitalist Regulation: The U. S. Experience. New York 1979.
Altvater, E.: Politische Implikationen der Krisenbereinigung – Überlegungen zu den Austerity-Tendenzen in Westeuropa. In: Prokla 1978, 32, 43–72.
–: Umbau oder Abbau des Sozialstaats? – Überlegungen zur Restrukturierung des ‹Welfare State› in der Krise. Prokla 1982, 49, 121–143.
–/ Hoffmann, J. & W. Semmler: Vom Wirtschaftswunder zur Wirtschaftskrise – Politik und Ökonomie in der Bundesrepublik. Berlin 1980.
Berger, J.: Wandlungen von Krisenursachen im wohlfahrtsstaatlichen Kapitalismus. Argument Sonderband 68. Berlin 1981.
Bowles, S./Gordon, D. & Th. E. Weisskopf: Long Swings and the Non-Reproductive Cycle. In: American Economic Review. Papers and Proceedings, May 1983.
Buhbe, M. & S. Hilmer: Konjunktur und Staat. Würzburg 1981.
Clausing, G.: Konjunkturen. In: Handwörterbuch der Sozialwissenschaft 6. Göttingen 1959.

Crum, W. L.: Cycles of Rates on Commercial Paper. Review of Economic Statistics, Jan. 1923, 5, 17–27.

Haberler, G.: Prosperity and Depression – A Theoretical Analysis of Cyclical Movements. Genf 1938 (deutsch: Prosperität und Depression. Bern 1948).

Hofmann, W.: Sozialökonomische Studientexte, Bd. 3: Theorie der Wirtschaftsentwicklung. Berlin 1966.

Ipsen, D./Künzel, R. & G. Rohwer: Marx' Gesetz des tendenziellen Falls der Profitrate – Kritik und Ansatzpunkte für eine Reformulierung. Überarbeitetes Tagungspapier. Darmstadt 1983.

Jöhr, W. A.: Konjunktur. In: Handwörterbuch der Sozialwissenschaft 6. Göttingen 1959.

Juglar, C.: Des crises commerciales et leurs retour périodiques en France, en Angleterre et aux Etats-Unis. Paris 1860.

Kalecki, M.: Political Aspects of Full Employment. Political Quarterly, 1943, 14, 322–331 (deutsch: Politische Theorie der Vollbeschäftigung. In: Frey, B. S. & W. Meißner [Hrsg.]: Zwei Ansätze der Politischen Ökonomie – Marxismus und ökonomische Theorie der Politik. Frankfurt/M. 1974).

Kitchin, J.: Cycles and Trends in Economic Factors. Review of Economic Statistics, Jan. 1923, 5, 10–16.

Kleinknecht, A.: Innovation, Akkumulation und Krise – Überlegungen zu den «langen Wellen» der Konjunktur vor dem Hintergrund neuerer Ergebnisse der historischen Innovationsforschung. Prokla 1979, 35, 85–104.

Kondratieff, N. D.: Die langen Wellen der Konjunktur. In: Archiv für Sozialwissenschaft und Sozialpolitik, Dez. 1926.

Kuznets, S. S.: Secular Movements in Production and Prices. Boston 1930.

Mandel, E.: Long Waves of Capitalist Development – The Marxist Interpretation. Cambridge/Paris 1980.

Mensch, G.: Das technologische Patt – Innovationen überwinden die Depression. Frankfurt/M. 1975.

Schumpeter, J. A.: Business Cycles. A Theoretical, Historical and Statistical Analysis of the Capitalist Process. New York 1939 (deutsch: Konjunkturzyklen. 2 Bde. Göttingen 1961).

Shaikh, A.: Eine Einführung in die Geschichte der Krisentheorien. Prokla 1978, 30, 3–42.

Stavenhagen, G.: Geschichte der Wirtschaftstheorie. Kapitel XVII: Die Theorie der Konjunkturen. Göttingen 1969⁴.

Vogt, W.: Kapitalistisches Gleichgewicht und ökonomische Ungleichgewichte. In: IHS-Journal 1981, 5, 223–236.

Wardwell, C. A. R.: An Investigation of Economic Data for Major Cycles, 1927.

Zimmermann, R. J.: Geschichte der theoretischen Volkswirtschaftslehre. Kapitel X: Die Konjunkturtheorie. Köln 1967³.

Rainer Künzel

Die Welt des Geistes und des Geldes

ENGLAND

«Keine Gesellschaft kann gedeihen
und glücklich sein …

… in der der weitaus größte Teil ihrer Mitglieder arm und elend ist.»

Adam Smith

Es ist auch ein Verdienst der Aufklärung, daß man begann, über Möglichkeiten der Vermögensbildung für alle Bevölkerungsschichten nachzudenken, und dabei zu Formen des Sparens kam, die heute noch genauso hochgeschätzt werden.

Über die Verfasser

Axmacher, Dirk, geb. 1944, Prof. Dr. rer. pol., Hochschullehrer für Soziologie und Ökonomie der Ausbildung am Fachbereich Sozialwissenschaften der Universität Osnabrück (Jugendsoziologie)

Bayertz, Kurt, geb. 1948, Dr. phil., Wissenschaftlicher Mitarbeiter am Universitätsschwerpunkt Wissenschaftsforschung der Universität Bielefeld (Forschung)

Beckenbach, Niels, geb. 1941, Prof. Dr. rer. pol., Hochschullehrer für Industrie- und Betriebssoziologie an der Gesamthochschule Kassel (Human Relations; Industrialisierung)

Bennhold, Martin, geb. 1934, Prof. Dr. jur., Hochschullehrer für Rechtssoziologie am Fachbereich Sozialwissenschaften der Universität Osnabrück (Rechtssoziologie)

Berger, Johannes, geb. 1939, Prof. Dr. phil., Hochschullehrer für Soziologie an der Fakultät für Soziologie der Universität Bielefeld (Ausbeutung; Verelendungstheorien)

Berger, Peter A., geb. 1955, Diplom-Soziologe, Wissenschaftlicher Mitarbeiter am Lehrstuhl für Soziologie II an der Fakultät für Sozial- und Wirtschaftswissenschaften der Universität Bamberg. Redakteur der «Sozialen Welt» (Klassengesellschaften/Klasse)

Binder, Klaus, geb. 1946, Dr. phil., Lehrbeauftragter am Fachbereich Gesellschaftswissenschaften der Johann-Wolfgang-Goethe-Universität Frankfurt/Main, Verlagslektor (Vernunft; Wesen)

Bloch, Jan Robert, geb. 1937, Dr. phil., Wissenschaftlicher Mitarbeiter am Institut für Pädagogik der Naturwissenschaften an der Universität Kiel (Utopie; Wahrheit)

Borneman, Ernest, geb. 1915, Prof. Dr. phil., Vorsitzender der Österreichischen Gesellschaft für Sexualforschung, Vorsitzender der Deutschen Gesellschaft für Sozialwissenschaftliche Sexualforschung (Patriarchat; Sexualität)

Briefs, Ulrich, geb. 1939, Dr. rer. pol., Diplom-Volkswirt, Wissenschaftlicher Referent im Wirtschafts- und Sozialwissenschaftlichen Institut (WSI) des DGB in Düsseldorf; Lehrbeauftragter im Fachbereich Mathematik/Informatik an der Universität Bremen (Bürokratie; Gewerkschaften)

Bruder, Klaus-Jürgen, geb. 1941, Dr. phil. habil., Privatdozent für Psychologie an der Fakultät für Geistes- und Sozialwissenschaften der Universität Hannover (Behaviorismus; Pragmatismus; Utilitarismus)

Brunkhorst, Hauke, geb. 1945, Dr. phil. habil., Privatdozent am Fachbereich Erziehungswissenschaften der Universität Frankfurt (Kultur)

Busch, Hans-Joachim, geb. 1951, Dr. phil., Wissenschaftlicher Angestellter am Sigmund-Freud-Institut in Frankfurt/Main (Individuum; Sozialisation; Interaktion)

Busch, Klaus, geb. 1945, Privatdozent Dr. rer. pol., Akademischer Oberrat für Politikwissenschaften am Fachbereich Sozialwissenschaften der Universität Osnabrück (Imperialismus)

Damus, Renate, geb. 1940, Prof. Dr. phil., Hochschullehrerin für Wissenschaft von der Politik, Planwirtschaftliche Systeme am Fachbereich Sozialwissenschaften der Universität Osnabrück (Kommunismus)

Daxner, Michael, geb. 1947, Prof. Dr. phil., Hochschullehrer für Hochschuldidaktik am Fachbereich Erziehungswissenschaft, Musik, Sport, Ev. Theologie der Universität Osnabrück (Gleichheit)

Dewe, Bernd, geb. 1949, Dr. rer. pol., Wissenschaftlicher Angestellter für Berufliche Bildung und Berufsfeldforschung am Fachbereich Sozialwissenschaften der Universität Osnabrück (Alltag; Deutungsmuster; Soziale Kontrolle; Sozialer Wandel – zusammen mit *W. Ferchhoff*)

Dopslaff, Ulrich, geb. 1943, Dipl.-Soz., Wissenschaftlicher Assistent für Strafrecht an der Fakultät für Rechtswissenschaft der Technischen Universität Hannover (Kriminalität)

Dröge, Franz, geb. 1937, Prof. Dr. phil., Hochschullehrer für Kommunikationswissenschaft am Fachbereich 10 der Universität Bremen (Einstellung; Massenkommunikation)

Eberling, Wolfgang, geb. 1948, Dr. rer. soc., freiberuflich als Psychologe in Bremen (Ethnomethodologie)

Eisfeld, Rainer, geb. 1941, Prof. Dr. rer. pol., Hochschullehrer für Politikwissenschaft am Fachbereich Sozialwissenschaften der Universität Osnabrück (Nationalismus)

Elsner, Gine, geb. 1943, Prof. Dr. med., Hochschullehrerin für Sozialmedizin an der Universität Bremen, Kooperationsbereich Universität – Arbeiterkammer (Medizinsoziologie)

Famulla, Gerd-E., geb. 1941, Dr. rer. pol. habil., Wissenschaftlicher Assistent an der Fakultät für Wirtschaftswissenschaften der Universität Bielefeld (Arbeit)

Ferchhoff, Wilfried, geb. 1946, Dr. phil., Wissenschaftlicher Angestellter an der Fakultät für Pädagogik der Universität Bielefeld (Alltag; Deutungsmuster; Soziale Kontrolle; Sozialer Wandel – zusammen mit *B. Dewe*)

Flechtheim, Ossip K., geb. 1909, Prof. Dr. jur., Dr. phil., Emeritus für die Wissenschaft von der Politik der Freien Universität Berlin (Futurologie; Herrschaft; Krieg; Sozialismus)

Fleischer, Helmut, geb. 1927, Prof. Dr. phil., Hochschullehrer für Philosophie an der Technischen Hochschule Darmstadt (Marxismus)

Ganßmann, Heiner, geb. 1944, Prof. Dr. rer. pol., Hochschullehrer für Soziologie am Institut für Soziologie der Freien Universität Berlin (Tausch)

Giesen, Bernhard, geb. 1948, Prof. Dr. rer. pol., Hochschullehrer für Soziologie am Fachbereich Gesellschaftswissenschaften, Institut für Soziologie der Justus-Liebig-Universität Gießen (Evolutionstheorien; Makrosoziologie)

Gikas, Michael, geb. 1940, Dr. phil., Hochschulassistent für Soziologie am Fachbereich Sozialwissenschaften der Universität Osnabrück (Taylorismus)

Glagow, Manfred, geb. 1941, Dr. rer. pol., Akademischer Oberrat an der Fakultät für Soziologie der Universität Bielefeld (Entscheidungstheorien – zusammen mit *H. Willke*)

Göttner-Abendroth, Heide, geb. 1941, Dr. phil., Lehrbeauftragte für Philosophie am Institut für Philosophie und Wissenschaftstheorie der Universität München (Matriarchat)

Gottschalch, Wilfried, geb. 1929, Prof. Dr. rer. pol., Hochschullehrer für theoretische und historische Andragologie an der Faculteit der Soziale Wetenschappen der Universität Amsterdam (Familiensoziologie; Stereotyp)

Gronemeyer, Reimer, geb. 1939, Prof. Dr. theol., Dr. rer. soc., Hochschullehrer für Soziologie am Fachbereich Gesellschaftswissenschaften der Justus-Liebig-Universität Gießen (Leitbilder, soziale; Partizipation)

Hagemann-White, Carol, geb. 1942, Dr. phil., Privatdozentin für Soziologie an der Freien Universität Berlin (Frauenforschung)

Halfmann, Jost, geb. 1947, Prof. Dr. phil., Hochschullehrer für Soziologie am Fachbereich Sozialwissenschaften der Universität Osnabrück (Entfremdung; Paradigma)

Hansen, Klaus, geb. 1948, Dr. phil., Dozent für Kulturpolitik an der Theodor-Heuss-Akademie Gummersbach (Technokratie; Protest, politischer)

Hauck, Gerhard, geb. 1939, Dr. phil., Privatdozent an der Universität Heidelberg (Ethnologie)

Haug, Frigga, geb. 1937, Dr. phil., Privatdozentin an der Freien Universität Berlin; lehrt an der Hochschule für Wirtschaft und Politik in Hamburg (Rollentheorie)

Haug, Wolfgang Fritz, geb. 1936, Prof. Dr. phil., Hochschullehrer für Philosophie am Fachbereich Philosophie und Sozialwissenschaften I, Institut für Philosophie der Freien Universität Berlin (Sozialphilosophie)

Heidtmann, Bernhard, geb. 1938, Dr. phil., Privatdozent für Philosophie am Fachbereich Philosophie und Sozialwissenschaften I, Institut für Philosophie der Freien Universität Berlin (Dialektik; Widerspruch, dialektischer; Widerspiegelungstheorie/Widerspiegelung)

Heidtmann-Frohme, Susanne, Dipl.-Soz., Professorin für Soziologie an der Fachhochschule für Sozialarbeit und Sozialpädagogik Berlin (Integration; Migration; Minderheiten)

Honneth, Axel, geb. 1949, Dr. phil., Hochschulassistent am Institut für Philosophie der Johann-Wolfgang-Goethe-Universität Frankfurt (Strukturalismus)

Hoppmann, Johann, geb. 1951, Dipl.-Päd., z. Zt. Bildungsreferent für entwicklungspolitische Fragen im Aktionszentrum Dritte Welt in Osnabrück (Kybernetik)

Jaeggi, Urs, geb. 1931, Prof. Dr. rer. pol., Hochschullehrer für Soziologie am Fachbereich für Philosophie und Sozialwissenschaften I, Institut für Soziologie der Freien Universität Berlin (Macht; Revolution)

Japp, Klaus-Peter, geb. 1947, Dr. phil. habil., Privatdozent an der Fakultät für Soziologie der Universität Bielefeld (Soziales System; Systemtheorie)

Joas, Hans, geb. 1948, Dr. phil., Privatdozent für Soziologie an der Freien Universität Berlin. Heisenberg-Stipendiat am Max-Planck-Institut für Bildungsforschung in Berlin (Anthropologie; Symbolischer Interaktionismus/Chicago-Schule; Handeln, soziales)

Kärner, Hartmut, geb. 1943, Dr. phil., Sozialwissenschaftler am Institut für Soziologie der Justus-Liebig-Universität Gießen (Unterentwickelte Länder)

Keim, Karl-Dieter, geb. 1939, Prof. Dr. phil., Hochschullehrer für Sozialplanung an der Fakultät Sozial- und Wirtschaftswissenschaften der Universität Bamberg (Stadtplanung; Sozialplanung)

Kerber, Harald, geb. 1932, Prof. Dr. phil., Hochschullehrer für erkenntnistheoretische und methodologische Grundlagen der Psychologie am Fachbereich Sozialwissenschaften der Universität Osnabrück (Erkenntnistheorie; Verdinglichung)

Kerber-Ganse, Waltraut, geb. 1938, Prof. Dr. phil., Hochschullehrerin für Erziehungswissenschaften am Fachbereich Erziehungswissenschaften, Institut für Sozialpädagogik der Technischen Universität Berlin (Sozialarbeit)

Keupp, Heiner, geb. 1943, Prof. Dr. phil., Hochschullehrer am Institut für Psychologie-Sozialpsychologie der Ludwig-Maximilian-Universität München (Gruppe; Labeling Approach)

Klingemann, Carsten, geb. 1950, Dr. phil., Akademischer Rat für Methodologische Grundlagen der Sozialwissenschaften am Fachbereich Sozialwissenschaften der Universität Osnabrück (Faschismus; Rasse/Rassentheorien [Sozialdarwinismus])

Kofler, Leo, geb. 1907, Prof. Dr. phil., Honorarprofessor am Institut für Sozialwissenschaft der Universität Bochum (Elite, bürgerliche; Historischer Materialismus; Übergangsgesellschaften; Totalität)

Kriz, Jürgen, geb. 1944, Prof. Dr. phil., Hochschullehrer für Empirische Sozialforschung und Statistik und ihre wissenschaftstheoretischen Grundlagen am Fachbereich Psychologie der Universität Osnabrück (Datenverarbeitung; Empirische Sozialforschung; Methodenprobleme; Statistik)

Krüger, Wolfgang, geb. 1937, Dr. rer. pol. habil., Privatdozent und Oberstudienrat im Hochschuldienst am Fachbereich 22 der Universität Münster (Professionalisierung)

Künzel, Rainer, geb. 1942, Prof. Dr. rer. pol., Hochschullehrer für Wirtschaftstheorie am Fachbereich Sozialwissenschaften der Universität Osnabrück (Kapitalismus; Zyklentheorien)

Lang, Martin, geb. 1943, Prof. Dr. phil., Hochschullehrer für Allgemeine Sprachwissenschaft am Fachbereich Kultur- und Geowissenschaften der Universität Osnabrück (Diskurs; Weltbilder)

Lenk, Kurt, geb. 1929, Prof. Dr. phil., Hochschullehrer für Politische Wissenschaft am Institut für Politische Wissenschaft der Rheinisch-Westfälischen Technischen Hochschule Aachen (Homo sociologicus; Ideologie; Konflikt)

Lisch, Ralf, geb. 1951, Dr. phil., Leiter der Abteilung Dienstleistungen der Stiftung Warentest in Berlin (Demoskopie)

Maas, Utz, geb. 1942, Prof. Dr. phil., Hochschullehrer für allgemeine und germanische Sprachwissenschaft am Fachbereich Sprache, Literatur, Medien der Universität Osnabrück (Sprachsoziologie)

Massarrat, Mohssen, geb. 1942, Prof. Dr. rer. pol., Hochschullehrer für Politikwissenschaft am Fachbereich Sozialwissenschaften der Universität Osnabrück (Politische Ökonomie)

Massing, Otwin, geb. 1934, Prof. Dr. phil., o. Professor für Wissenschaft von der Politik am Fachbereich Rechtswissenschaften der Universität Hannover (Kritische Theorie; Öffentlichkeit)

Mückenberger, Ulrich, geb. 1944, Dr. jur., Vertretung einer Professur für Wirtschaftsrecht am Fachbereich Rechtswissenschaft der Universität Bremen (Rationalisierung)

Müller, Rudolf Wolfgang, geb. 1934, Prof. Dr. phil., o. Professor für Wissenschaft von der Politik am Institut für Politische Wissenschaft der Universität Hannover (Geld)

Müller, Ursula, geb. 1944, Dr. phil. nat., Wissenschaftliche Mitarbeiterin in der Abteilung Medizinische Soziologie am Zentrum für Psychosomatische Medizin der Universität Gießen (Frauenbewegung)

Müller-Kohlenberg, Hildegard, Prof. Dr. phil., Hochschullehrerin für Sozialpädagogik und Sozialarbeit am Fachbereich Erziehungswissenschaften, Musik, Sport, Ev. Theologie der Universität Osnabrück (Subkultur)

Neuendorff, Hartmut, geb. 1940, Prof. Dr. phil., Hochschullehrer für Soziologie, insbesondere Arbeitssoziologie an der Abteilung Wirtschafts- und Sozialwissenschaften der Universität Dortmund (Arbeiterbewußtsein; Interesse)

Neusüss, Arnhelm, geb. 1937, Prof. Dr. phil., Hochschullehrer für Politikwissenschaft am Fachbereich 15 des Otto-Suhr-Instituts der Freien Universität Berlin (Emanzipation; Wissenssoziologie)

Niggemann, Maria, geb. 1947, Dipl.-Soz. und Sozialarbeiterin, Wissenschaftliche Mitarbeiterin in Soziologie am Fachbereich 3 der Universität Oldenburg (Organisationssoziologie – zusammen mit *R. Pollvogt*)

Nunner-Winkler, Gertrud, geb. 1941, Dr. rer. pol. habil., Wissenschaftliche Mitarbeiterin am Max-Planck-Institut für Psychologische Forschung, München (Normen)

Obermeier, Otto Peter, geb. 1941, Dr. med. vet. und Dr. phil., Akademischer Rat am Lehrstuhl für Philosophie der Universität Augsburg (Kritischer Rationalismus; Positivismus; Wissenschaftstheorie)

Osterland, Martin, geb. 1937, Prof. Dr. phil., Hochschullehrer für Soziologie am Fachbereich Sozialwissenschaften der Universität Bremen (Beruf)

Otten, Dieter, geb. 1943, Prof. Dr. phil., Hochschullehrer für Soziologie und Sozialgeschichte am Fachbereich Sozialwissenschaften der Universität Osnabrück (Sozialgeschichte)

Pabst, Manfred, geb. 1944, Dr. phil., z. Zt. Lehrbeauftragter für Soziologie am Fachbereich Gesellschaftswissenschaften der Johann-Wolfgang-Goethe-Universität Frankfurt (Institution)

Papcke, Sven, geb. 1939, Prof. Dr. rer. soc., Hochschullehrer für Soziologie an der Westfälischen Wilhelms-Universität Münster (Gewalt)

Pollvogt, Renate, geb. 1952, Dipl.-Soz., Wissenschaftliche Angestellte für Empirische Sozialforschung und Statistik und ihre wissenschaftstheoretischen Grundlagen am Fachbereich Sozialwissenschaften der Universität Osnabrück (Organisationssoziologie – zusammen mit *M. Niggemann*)

Psychopedis, Kosmas, geb. 1944, Prof. Dr. phil., Hochschullehrer für Politikwissenschaft an der Universität Göttingen und der Hochschule für Politik in Athen (Eigentum; Naturrecht)

Regenbogen, Arnim, geb. 1939, Dr. phil., Akademischer Oberrat für Philosophie am Fachbereich Kultur- und Geowissenschaften der Universität Osnabrück (Lerntheorien)

Rolshausen, Claus, geb. 1941, Prof. Dr. phil., Hochschullehrer für Politische Wirtschaftslehre am Fachbereich Sozialwissenschaften der Universität Osnabrück (Gesellschaftstheorien; Krisentheorien; Schicht; Soziologie)

Roth, Wolfgang, geb. 1939, Prof. Dr. phil., Hochschullehrer für Psychologie an der Pädagogischen Hochschule in Freiburg (Frieden)

Schmidt, Burghart, geb. 1942, Dr. phil. habil., z. Zt. Lehrbeauftragter für Philosophie an der Hochschule für angewandte Kunst in Wien und an der Fakultät für Architektur der Universität Hannover (Hermeneutik; Tradition)

Schmidt, Helmut, geb. 1944, Dipl.-Volksw., Dr. rer. oec., Wissenschaftlicher Angestellter für Arbeit/Wirtschaft am Fachbereich Sozialwissenschaften der Universität Osnabrück (Konkurrenz)

Schmieder, Arnold, geb. 1947, Dr. phil., Akademischer Rat für Soziologie und Sozialpsychologie am Fachbereich Sozialwissenschaften der Universität Osnabrück (Identität; Sozialtechnologie)

Schulz zur Wiesch, Jochen, geb. 1945, Dr. rer. soc., Wissenschaftlicher Mitarbeiter im Deutschen Institut für Urbanistik in Berlin (Infrastruktur; Regionalplanung)

Schwemmer, Oswald, geb. 1941, Prof. Dr. phil., Hochschullehrer für Philosophie am Institut für Philosophie der Philipps-Universität Marburg (Typologie; Wertbeziehung; Zweck-Mittel-Relation)

Staeuble, Irmingard, geb. 1941, Prof. Dr. phil., Hochschullehrerin für Gesellschaftliche Entwicklungsbedingungen der Psychologie am Fachbereich Philosophie und Sozialwissenschaften I, Psychologisches Institut der Freien Universität Berlin (Sozialpsychologie)

Steinberg, Hans-Josef, geb. 1935, Prof. Dr. phil., Hochschullehrer für Neuere Geschichte am Fachbereich Geschichte, Soziologie, Geographie der Universität Bremen (Arbeiterbewegung)

Sternstein, Holm P. v., geb. 1939, Dr. phil., Akademischer Oberrat für Soziologie am Fachbereich Sozialwissenschaften der Universität Osnabrück (Anomie)

Széll, György, geb. 1941, Prof. Dr. sc. pol., Hochschullehrer für Soziologie/Berufs- und Praxisfeldforschung am Fachbereich Sozialwissenschaften der Universität Osnabrück (Arbeitswissenschaft)

Treulieb, Jürgen, geb. 1943, Dr. phil., Hochschulassistent am Fachbereich Sozialwissenschaften der Universität Osnabrück (Studentenbewegung)

Trieba, Volker, geb. 1953, Dipl.-Soz., Wissenschaftlicher Mitarbeiter am Fachbereich Sozialwissenschaften der Universität Osnabrück (Automatisierung)

Vester, Frederic, geb. 1925, Prof. Dr. rer. nat., Geschäftsführer der Studiengruppe für Biologie und Umwelt GmbH, München. Hochschullehrer für Interdependenz von technischem und sozialem Wandel an der Hochschule der Bundeswehr, München (Ökologie)

Wacker, Ali, geb. 1942, Prof. Dr. phil., Hochschullehrer für Psychologie am Psychologischen Institut der Universität Hannover (Arbeitslosigkeit)

Waldenfels, Bernhard, geb. 1934, Prof. Dr. phil., Hochschullehrer für Philosophie der Universität Bochum (Lebenswelt; Phänomenologie)

Weber, Hajo, geb. 1947, Dipl.-Soz. u. Dipl.-Betriebswirt, Wissenschaftlicher Angestellter an der Fakultät für Soziologie im Praxisschwerpunkt Betriebliches Organisations- und Personalwesen an der Universität Bielefeld (Management)

Wiese, Michael, geb. 1947, Dr. rer. soc., z. Zt. Lehrbeauftragter für Soziologie am Fachbereich Gesellschaftswissenschaften, Institut für Soziologie der Universität Gießen (Aktionsforschung)

Willke, Helmut, geb. 1945, Prof. Dr. jur., Hochschullehrer für Soziologie, Planungs- und Entscheidungstheorien der Fakultät für Soziologie an der Universität Bielefeld (Entscheidungstheorien – zusammen mit *M. Glagow*)

Wunder, Heide, geb. 1939, Prof. Dr. phil., Hochschullehrerin für Sozial- und Verfassungsgeschichte der Gesamthochschule Kassel (Feudalismus)

Bibliographische Hinweise zur Soziologie

1. Nachschlagewerke: Sach- und Sprachwörterbücher

1.1. Lexika und Handbücher

Assmann, G. u. a. (Hrsg.): Wörterbuch der marxistisch-leninistischen Soziologie. 3. Aufl. Opladen 1983; 758 S.

Hillmann, K.-H. (Bearb.): Hartfiel, G.: Wörterbuch der Soziologie. 3. Aufl. Stuttgart 1982; 832 S.

Schoeck, H.: Soziologisches Wörterbuch. 11. Aufl. Freiburg 1982; 400 S.

Das Fischer Lexikon. Bd. 10: König, R. (Hrsg.): Soziologie. Frankfurt/M. 1980; 396 S.

Blinkert, B. (Bearb.): Herder Lexikon. Soziologie. 2. Aufl. Freiburg 1978; 240 S.

Fuchs, W. u. a. (Hrsg.): Lexikon zur Soziologie. 2. Aufl. Opladen 1978; 890 S.

Beyme, K. von (Bearb.): Soziologie. Frankfurt/M. 1973. Bd. 1: Agrarsoziologie bis Jugendliche; 348 S.; Bd. 2: Kommunikation bis Verelendung; 324 S. (*Marxismus im Systemvergleich*)

Bernsdorf, W. (Hrsg.): Wörterbuch der Soziologie. 2. Aufl. Stuttgart 1969; 1317 S. [als Taschenbuchausgabe: Bd. 1–3; Frankfurt/M. 1979; 961 S.]

Ziegenfuss, W. (Hrsg.): Handbuch der Soziologie. Stuttgart 1956; 1243 S.

Vierkandt, A. (Hrsg.): Handwörterbuch der Soziologie. Stuttgart 1931; 690 S. [als gekürzte Studienausgabe: Stuttgart 1982; 235 S.]

1.2. Handbücher zu Teil- und Randgebieten

König, R. (Hrsg.): Handbuch der empirischen Sozialforschung. Bd. 1–14. Stuttgart 1973–1979; insgesamt über 5200 S.

Eyferth, H. u. a. (Hrsg.): Handbuch zur Sozialarbeit/Sozialpädagogik. Neuwied 1984; 1322 S.

Hurrelmann, K. u. a. (Hrsg.): Handbuch der Sozialisationsforschung. 2. Aufl. Weinheim 1982; 864 S.

Fachlexikon der sozialen Arbeit. Frankfurt/M.: Eigenverlag des Deutschen Vereins für öffentliche und private Fürsorge 1980; 938 S.

1.3. Sprachwörterbücher

Endruweit, G.: Dreisprachiges Wörterbuch der Soziologie. 2. Aufl. Königstein 1982; 133 S.

Smith, R. E. F. (Bearb.): A Russian-English dictionary of social science terms. London 1962; 495 S.

Bibliography of mono- and multilingual vocabularies, thesauri, subject headings and classification schemes in the social sciences. Paris: UNESCO 1982; 101 S. *(Reports and papers in the social sciences. 54)*

2. Nachschlagewerke: Personen, Institutionen, Daten

2.1. Biographische Lexika und Personennachweise

Bernsdorf, W. u. a. (Hrsg.): Internationales Soziologenlexikon. 2. Aufl. Stuttgart. Bd. 1: Beiträge über bis Ende 1969 verstorbene Soziologen. 1980; 517 S.; Bd. 2: Beiträge über lebende oder nach 1969 verstorbene Soziologen. 1984; 963 S.

Käsler, D. (Hrsg.): Klassiker des soziologischen Denkens. München: Bd. 1: Von Comte bis Durkheim. 1976; 532 S.; Bd. 2: Von Weber bis Mannheim. 1978; 594 S.

Sills, D. L. (ed.): International encyclopedia of the social sciences. Bd. 18: Biographical supplement. New York 1979; 820 S.

American men and women of science. Social and behavioral sciences. 13. Aufl. New York 1978; 1545 S.

2.2. Institutionenverzeichnisse und Datensammlungen

World directory of social science institutions. 1982. Research, advanced training, documentation, professional bodies. 3. Aufl. Paris: UNESCO 1982; 535 S. (*World social science information services. 2*)

International directory of social science organizations. 1981–1982. International Federation of Social Science Organizations (ed.) Stockholm 1981; 155 S.

Zien-Adler, U. u. a. (Bearb.): Datenquellen für Sozialwissenschaftler. Ein Verzeichnis von Institutionen und ihren Datenbeständen. Bonn: Informationszentrum Sozialwissenschaften 1983; 384 S.

Borneman, E. u. a. (Bearb.): Verzeichnis sozialwissenschaftlicher Forschungseinrichtungen in der Bundesrepublik Deutschland. Nebst bibliographischem Anhang... Göttingen 1966; 102 S.

Bauske, F. (Bearb.): Umfragen aus der empirischen Sozialforschung 1945–1982. Datenbestandskatalog des Zentralarchivs für empirische Sozialforschung. Zentralarchiv für empirische Sozialforschung (Hrsg.). Frankfurt/M. 1983; 532 S.

Gesellschaftliche Daten 1982. Bundesrepublik Deutschland. Bonn: Presse- und Informationsamt der Bundesregierung 1982; 356 S.

Ballerstedt, E./Glatzer, W.: Soziologischer Almanach. Handbuch gesellschaftlicher Daten und Indikatoren. 3. Aufl. Frankfurt/M. 1979; 615 S. (*Sozialpolitisches Entscheidungs- und Indikatorensystem*)

Hakim, C.: Secondary analysis in social research. A guide to data sources and methods with examples. London 1982; 202 S. (*Contemporary social research series. 5*)

Foster, A.: Which database? An evaluative guide to online bibliographic databases in business and the social sciences. Hartlepool 1981; 102 S.

Selective inventory of information services. 1981. Paris: UNESCO 1981; 140 S. (*World social science information services. 3*)

3. Forschung und Studium

3.1. Forschungsdokumentationen

SoFid. Sozialwissenschaftlicher Fachinformationsdienst. Informationszentrum Sozialwissenschaften (Hrsg.) Loseblattausgabe in 29 Teilen. Bonn 1984ff. [Gemeinsame Fortsetzung von: SoLid. Soziologischer Literaturinformationsdienst & Standardprofil ...]

Forschungsarbeiten in den Sozialwissenschaften 19... Dokumentation. 1969ff. Informationszentrum Sozialwissenschaften (Hrsg.). Stuttgart.

Empirische Sozialforschung 19... Eine Dokumentation ... 1968ff. Zentralarchiv für empirische Sozialforschung (Hrsg.). München.

Historische Sozialforschung 19... Dokumentation. 1979ff. Zentrum für Historische Sozialforschung (Hrsg.). Stuttgart (*Historisch-Sozialwissenschaftliche Forschungen*)

Forschungsdokumentation zur Arbeitsmarkt- und Berufsforschung. 1970ff. Institut für Arbeitsmarkt- und Berufsforschung der Bundesanstalt für Arbeit (Hrsg.). Nürnberg.

3.2. Dissertationen und Diplomarbeiten

Dissertation abstracts international. A. The humanities and social sciences. 1966 ff. Ann Arbor.

Wakeford, F. (ed.): Sociology theses register. 2. Aufl. London: Social Science Research Council & British Sociological Association; 77 S.

Thum, K. P.: Soziologische Dissertationen 1960–1976. Zur gesellschaftlichen Relevanz der Sozialwissenschaften. Institut für Soziologie der Grund- und Integrativwissenschaftlichen Fakultät der Universität Wien 1977; 67 S.

Schneider, H. R. u. a. (Bearb.): Zehn Jahrgänge Diplom-Soziologen der Universität Bielefeld. Eine kommentierte Bibliographie der Diplomarbeiten der Jahrgänge 1972–1981 der Fakultät für Soziologie. Prüfungsamt der Fakultät für Soziologie der Universität Bielefeld 1982; 715 S.

3.3. Studienorganisation

Schneider, H. R.: Chancen und Risiken berufsfeldorientierter Soziologenausbildung. Eine Evaluation des Bielefelder Reformmodells und eine vergleichende Analyse ... Bielefeld: AJZ 1983; 165 S. (*BDS-Schriftenreihe. 1*)

Jäger, L./Nickolmann, F.: Zu Studienreform und Berufspraxis in den Sozialwissenschaften. Bochum: Wissenschaftliches Sekretariat für die Studienreform beim Minister für Wissenschaft und Forschung des Landes Nordrhein-Westfalen 1981; 152 S. (*Schriften zur Studienreform. 2*)

Ring, S./Seidenspinner, G./Seidenspinner, G.: Fachstudienführer Soziologie. Weil der Stadt 1980; 104 S. (*Fachstudienführer. 11*)

Buß, E./Schöps, M.: Kompendium für das wissenschaftliche Arbeiten in der Soziologie. Heidelberg 1979; 181 S.

Hamers, J.: Die Universitätsausbildung von Sozialwissenschaftlern. Frankfurt/M. 1978; 252 S.

Junne, G.: Kritisches Studium der Sozialwissenschaften. Eine Einführung in Arbeitstechniken. Stuttgart 1976; 137 S.

4. Literaturverzeichnisse

4.1. Fachübergreifende Verzeichnisse

Literaturführer mit Angaben zu Umfang und Anlage einiger der unten genannten Bibliographien sowie weiteren allgemeinen und zahlreichen speziellen Bibliographien zur Soziologie und ihrer Nachbardisziplinen:

Walford, A. J. (ed.): Walford's guide to reference material. Bd. 2: Social & historical sciences, philosophy & religion. 4. Aufl. London: Library Association 1982; 812 S.

Heidtmann, F.: Wie finde ich Literatur zur Volkswirtschaft, Betriebswirtschaft, Psychologie, Soziologie, Politologie, Publizistik, Statistik? Berlin 1984; ca. 600 S. (*Orientierungshilfen. 13*)

Tagungs- und Kongreßberichte verzeichnen:

InterDok. Directory of published proceedings. Series SSH. Social sciences/humanities. 1968 ff. Harrison.

Index to social sciences humanities proceedings. 1978 ff. Philadelphia.

Zitierungsindex mit vielfältiger Erschließung der Literatur durch Citation index, Source index, Corporate adress index und Permuterm subject index:

Social sciences citation index. An international multidisciplinary index to the literature of the social, behavioral and related sciences. 1973 ff. Philadelphia.

4.2. Bibliographien der Soziologie

International bibliography of sociology. 1951 ff. London. (*International bibliography of the social sciences*)

Sociological abstracts. 1952 ff. San Diego.

Current sociology. La sociologie contemporaine. 1952 ff. London.

Wepsiec, J.: Sociology. An international bibliography of serial publications 1880–1980. London 1983; 183 S.

Jahreskatalog Soziologie. 1970 ff. Berlin.

Bette, K.-H. u. a. (Hrsg.): Bibliographie zur deutschen Soziologie. 1945–1977. Göttingen 1980; 800 S.

4.3. Zeitschriften und Jahrbücher mit soziologischen Beiträgen

World list of social science periodicals. 1982. 6. Aufl. Paris: UNESCO 1983. 446 S. (*World social science information services. 1*)

Über die Inhalte vorwiegend angelsächsischer sozialwissenschaftlicher Zeitschriften informiert wöchentlich durch Abdruck der Inhaltsfahnen:

Current contents. Social & behavioral sciences. 1969 ff. Philadelphia.

Für die Soziologie wichtige deutschsprachige Periodika, darunter fast alle nachfolgend genannten Titel, werden referiert in:

SoFid. Sozialwissenschaftlicher Fachinformationsdienst. Bonn 1984 f (s. a. Abschnitt 3.1. und 4.4.)

Auswahl deutschsprachiger Zeitschriften und Jahrbücher

Ästhetik und Kommunikation
AfA-Informationen
Analyse und Kritik
Angewandte Sozialforschung
Archiv für Rechts- und Sozialphilosophie
Archiv für Sozialgeschichte
Archiv für Wissenschaft und Praxis der sozialen Arbeit
Argument
Autonomie. Neue Folge
Beiträge zur feministischen Theorie und Praxis
Beiträge zur Konfliktforschung
Demokratie und Recht
Demokratische Erziehung
Die Dritte Welt
Extra Sozialarbeit
Feministische Studien
Frankfurter Hefte
Frauenforschung
Geschichte und Gesellschaft
Gewerkschaftliche Monatshefte
Historical social research. Historische Sozialforschung
Informationsdienst zur Ausländerarbeit
Interview und Analyse
Jahrbuch für kritische Medizin
Jahrbuch für Rechtssoziologie und Rechtstheorie
Jahrbuch für Soziologie und Sozialpolitik
Jahrbuch für Wirtschaftsgeschichte
Journal für Sozialforschung
Kölner Zeitschrift für Soziologie und Sozialpsychologie
Kriminalsoziologische Bibliografie
Kriminologisches Journal
Kritik
Kritische Justiz
Kursbuch
Leviathan
Marxistische Blätter
Marxistische Studien
Medizin, Mensch, Gesellschaft
Medizinische Soziologie. Jahrbuch
Mehrwert
Migration
Mitbestimmung
Mitteilungen. Soziologisches Forschungsinstitut Göttingen
Mitteilungen aus der Arbeitsmarkt- und Berufsforschung

Monatsschrift für Kriminologie und Strafrechtsform
Österreichische Zeitschrift für Soziologie
Peripherie
Prokla
Psychologie und Gesellschaftskritik
Psychosozial
Schweizerische Zeitschrift für Soziologie
Sociologia internationalis
Sociologus
Sowjetwissenschaft. Gesellschaftswissenschaftliche Beiträge
Soziale Sicherheit
Soziale Welt
Sozialismus
Sozialwissenschaftliche Literaturrundschau
Soziologie
Soziologische Revue
Staat
Technik kontrovers
Technik und Gesellschaft. Jahrbuch
Theorie und Praxis der sozialen Arbeit
Vierteljahresschrift für Sozial- und Wirtschaftsgeschichte
Vorgänge
Wechselwirkung
Widersprüche
WSI-Mitteilungen
Zeitschrift für Agrargeschichte und Agrarsoziologie
Zeitschrift für allgemeine Wissenschaftstheorie
Zeitschrift für Arbeitswissenschaft
Zeitschrift für Bevölkerungswissenschaft
Zeitschrift für neuere Rechtsgeschichte
Zeitschrift für Rechtssoziologie
Zeitschrift für Sozialisationsforschung und Erziehungssoziologie
Zeitschrift für Sozialpsychologie
Zeitschrift für Soziologie

4.4. Spezialbibliographien zu Teil- und Randgebieten

Anthropologie

Abstracts in German anthropology. 1980ff. Göttingen.
International bibliography of social and cultural anthropology. 1955ff. London. (*International bibliography of the social sciences*)

Berufssoziologie

SoFid. Berufssoziologie. Bonn 1984ff.
Literaturdokumentation zur Arbeitsmarkt- und Berufsforschung. 1972ff. Nürnberg.

Bildungssoziologie

SoFid. Bildungssoziologie. Bonn 1984ff.
Sociology of education abstracts. 1965ff. Abingdon.
Cordasco, F./Alloway, D.N.: Sociology of education. A guide to information sources. Detroit 1979; 266 S. (*Education information guide series. 2*)

Demographie

Population index. 1935ff. Princeton.
Bibliographie deutschsprachiger bevölkerungswissenschaftlicher Literatur. Wiesbaden: Bundesinstitut für Bevölkerungsforschung; H. 23: Lengsfeld, W./Clausen, G.: 1945–1965. 1981; 530 S.; H. 10: Lengsfeld, W./Cornelius, I.: 1966–1975. 1979; 678 S.; H. 26: Lengsfeld, W./Clausen, G.: 1976–1980. 1981; 545 S. (*Materialien zur Bevölkerungswissenschaft. 10 & 23 & 26*)

Empirische Sozialforschung

SoFid. Methoden der Sozialforschung. Bonn 1984ff.
SoFid. Sozialwissenschaftliche Instrumente und Indikatoren. Bonn 1984ff.

Entwicklungssoziologie

SoFid. Entwicklungssoziologie. Bonn 1984ff.

Devindex. Index to 19... literature on economic and social development 1977ff. International Development Research Centre (ed.) Ottawa.

Noorgaard, O.: Social science literature on developing countries. An annotated guide... Kopenhagen: Centre for Development Research 1978; 150 S.

Familiensoziologie

SoFid. Familienforschung. Bonn 1984ff.

Kürn, H.-C.: Familiensoziologie. Eine kommentierte Bibliographie. Sozialreferat der Landeshauptstadt München 1981; 269 S.

International bibliography of research in marriage and the family. Minneapolis. [Bd. 1]: Aldous, J./Hill, R.: 1900–1964. 2. Aufl. 1969; 508 S.; Bd. 2: Aldous, J./ Dahl, N.: 1965–1972. 1974; 1530 S. [fortgesetzt als:]

Inventory of marriage and family literature. 1973ff. Beverly Hills.

Frauenforschung

SoFid. Frauenforschung. Bonn 1984ff.

Bock, U./Witych, B.: Thema: Frau. Bibliographie der deutschsprachigen Literatur zur Frauenfrage 1949–1979. Bielefeld: AJZ 1980; 293 S.

Sveistrup, H. u. a. (Hrsg.): Die Frauenfrage in Deutschland. Strömungen und Gegenströmungen. 1790–1930. 2. Aufl. Tübingen 1961; 800 S.

Die Frauenfrage in Deutschland. Bibliographie. Bd. 10: Delvendahl, I. (Bearb.): 1931–1980. Deutscher Akademikerinnenbund (Hrsg.). München 1982; 957 S.

Die Frauenfrage in Deutschland. Bibliographie. Neue Folge. Deutscher Akademikerinnenbund (Hrsg.). München 1983ff.

Münscher, A.: Ausländische Frauen. Annotierte Bibliographie. München: Deutsches Jugendinstitut 1980; 107 S.

Freizeitsoziologie

SoFid. Freizeit und Sport. Bonn 1984ff.

Billion, F. (Bearb.): Bibliographie zur Freizeitliteratur. Ab 1965. Deutsche Gesellschaft für Freizeit (Hrsg.). Düsseldorf: Freizeit Verl. 1976; 136 S.

Friedens- und Konfliktforschung und Militärsoziologie

SoFid. Friedens- und Konfliktforschung + Militärsoziologie. Bonn 1984ff.

Peace research abstracts journal. 1964ff. Canadian Peace Research Institute (ed.) Dundas.

Klein, P./Lippert, E.: Militär und Gesellschaft. Bibliographie zur Militärsoziologie. München 1979; 139 S.

Harries-Jenkins, G./Moskos, C. C.: Armed forces and society. Trend report. In: *Current sociology*. Jg. 29 (1981), H. 3; S. 1–170.

Divale, W. T.: Warfare in primitive societies. A bibliography. Santa Barbara 1973; 123 S. (*War/peace bibliography series*)

Industrie-, Betriebs- und Arbeitssoziologie

SoFid. Industrie- und Betriebssoziologie. Bonn 1984ff.

Profildienst aus der Arbeitsmarkt- und Berufsforschung. Wirtschaftliche und soziale Aspekte technischer Entwicklungen. Literaturdokumentation. 1982ff. Institut

für Arbeitsmarkt- und Berufsforschung der Bundesanstalt für Arbeit (Hrsg.). Nürnberg.
Schnepf, G. u. a. (Bearb.): Neue Informations- und Kommunikationstechniken. Nutzungsmöglichkeiten und soziale Auswirkungen. Dokumentation 1978–1980. Sonderdokumentation für die Enquete-Kommission «Neue Informations- und Kommunikationstechniken» des Deutschen Bundestages. Bonn: Informationszentrum Sozialwissenschaften 1982; 275 S. (*Technology assessment. 1*)
Schnepf, G. u. a. (Bearb.): Soziale und wirtschaftliche Auswirkungen neuer Technologien. Technologiefolgenabschätzung im Produktions-, Verwaltungs- und Energiebereich. Dokumentation 1978–1980. Bonn: Informationszentrum Sozialwissenschaften 1982; 227 S. (*Technology assessment. 2*)
Pettman, B. O.: Industrial democracy. A selected bibliography. Bradford: MCB Publ. 1978; 95 S. (*Bibliography. Institute of Scientific Business. 11*)
Bibliography on major aspects of the humanisation of work and the quality of working life. 2. Aufl. Genf: International Labour Office 1978; 300 S.

Jugendsoziologie

SoFid. Jugendsoziologie. Bonn 1984ff.
Herrmann, U. / Renftle, S. / Roth, L.: Bibliographie zur Geschichte der Kindheit, Jugend und Familie. München 1980; 254 S.
Braun, F. / Gravalas, B.: Bibliographie Jugendarbeitslosigkeit und Ausbildungskrise. Bundesinstitut für Berufsbildung u. a. (Hrsg). München: Deutsches Jugendinstitut 1980. Bd. 1: Situationsanalysen, Maßnahmen, politische Diskussion; 345 S.; Bd. 2: Die Diskussion um die Berufsbildungsreform 1974–1978; 136 S.

Kommunikationssoziologie und Soziolinguistik

SoFid. Kommunikationssoziologie + Soziolinguistik. Bonn 1984ff.
Gordon, T. F. / Verna, M. E.: Mass communication effects and processes. A comprehensive bibliography. 1950–1975. Beverly Hills 1978; 227 S.
Ubbens, W. (Bearb.): Sozialstruktur und Kommunikation. Systematisch gegliederte Auswahlbibliographie internationaler kommunikationswissenschaftlicher Literatur ... Universitätsbibliothek Bremen 1980; 118 S.
Simon, G. (Hrsg.): Bibliographie zur Soziolinguistik. Tübingen 1974; 179 S.

Kriminal- und Rechtssoziologie

SoFid. Kriminalsoziologie + Rechtssoziologie. Bonn 1984ff.
Kriminalsoziologische Bibliografie. 1973ff. Wien.
Bestandsverzeichnis Kriminologie. Universitätsbibliothek Tübingen 1979; 568 S.
Bestandsverzeichnis Kriminologie. 1. Supplement. Erwerbungen 1979–1981. Universitätsbibliothek Tübingen 1981; 424 S.
Rehbinder, M.: Internationale Bibliographie der rechtssoziologischen Literatur. 2. Aufl. Berlin 1977; 124 S.

Kultur- und Kunstsoziologie

SoFid. Kultursoziologie + Kunstsoziologie. Bonn 1984ff.
Silbermann, A.: Empirische Kunstsoziologie. Eine Einführung mit kommentierter Bibliographie. Stuttgart 1973; 238 S.

Medizinsoziologie und Sozialmedizin

SoFid. Medizinsoziologie + Sozialmedizin. Bonn 1984ff.
Harrison, I. E. / Cosminsky, S.: Traditional medicine. Implications for ethnomedicine, ethnopharmacology, maternal and child health, mental health, and public health. An annotated bibliography ... New York 1976; 229 S.

Ökologie, Umwelt, Zukunft

SoFid. Ökologie, Umweltforschung, Zukunftsforschung. Bonn 1984 ff.

Environmental periodicals bibliography. 1972 ff. International Academy at Santa Barbara, Environmental Studies Institute (ed.). Santa Barbara.

Bachmann, G. u. a. (Bearb.): Umweltfragen. Kommentierte Bibliographie 1. Landwirtschaft, Militär, Ökologie, Ökonomie, sozialistische Umweltpolitik, Technik. Berlin 1981; 78 S. (*Argument-Studienhefte. 50*)

Borremans, V.: Guide to convivial tools. Vorwort: Illich, I. New York 1979; 112 S. (*LJ special report. 13*)

Organisationssoziologie

SoFid. Organisationssoziologie. Bonn 1984 ff.

Organizational communication 19... Abstracts, analysis, and overview. 1976 ff. American Business Communication Association u. a. (ed.). Champaign.

Franklin, J. L.: Organization development. An annotated bibliography. 2. Aufl. Ann Arbor: University of Michigan 1974; 104 S.

Politische Soziologie

SoFid. Politische Soziologie. Bonn 1984 ff.

SoFid. Internationale Beziehungen. Bonn 1984 ff.

International bibliography of political science. 1952 ff. London. (*International bibliography of the social sciences*)

Lenk, K.: Politische Soziologie. Strukturen und Integrationsformen der Gesellschaft. Mit einer ausführlichen Bibliographie. Stuttgart 1982; 200 S.

Henry-Huthmacher, C. u. a. (Bearb.): Alternativbewegungen – Protest. Eine Dokumentation von Forschungsarbeiten und Literatur. Bonn: Informationszentrum Sozialwissenschaften 1983; 127 S.

Religionssoziologie

SoFid. Religionsforschung. Bonn 1984 ff.

Bibliographie internationale de sociologie des religions 1981. International bibliography of sociology of religions 1981. In: *Social compass*. Jg. 29 (1982), H. 2–3; S. 223–255.

Soziale Probleme

SoFid. Sozialpolitik, Sozialwesen, allgemeine soziale Probleme. Bonn 1984 ff.

Sozialwissenschaftliche Literaturrundschau. Sozialarbeit, Sozialpädagogik, Sozialpolitik, Soziale Probleme. 1978 ff. Neuwied.

SoFid. Spezielle soziale Probleme I: – Alkohol, Drogen, Sucht – Alter – Armut. Bonn 1984 ff.

Zeitschriftenbibliographie Gerontologie 19... 1977 ff. Deutsches Zentrum für Altersfragen (Hrsg.). Berlin.

SoFid. Spezielle soziale Probleme II: – Ausländer, Auswanderer, Einwanderer, ausländische Arbeitnehmer – Behinderte – sonstige spezielle Problemgruppen / Probleme. Bonn 1984 ff.

Weidacher, A.: Ausländische Arbeiterfamilien. Kinder und Jugendliche. Situationsanalysen und Maßnahmen. München: Deutsches Jugendinstitut [Bd. 1]: 1981; 437 S.; Bd. 2: Bibliographie Teil II. 1982; 252 S.; Bd. 3: Bibliographie Teil III. 1983; 211 S.

Stallberg, F. W.: Bibliographie zur Soziologie der Prostitution. Bremen: Universität, Forschungsschwerpunkt: Soziale Probleme 1982; 25 S.

Herzer, M. (Bearb.): Bibliographie zur Homosexualität. Verzeichnis des deutschsprachigen nichtbelletristischen Schrifttums zur weiblichen und männlichen Homosexualität aus den Jahren 1466 bis 1975 in chronologischer Reihenfolge. Berlin: rosa Winkel 1982; 255 S.

Stallberg, F. W.: Bibliographie zur Soziologie der Prostitution. Bremen: Universität, Forschungsschwerpunkt: Soziale Probleme 1982; 25 S.

Hefele, B. (Bearb.): Gewalt und Kriminalität in den Massenmedien. Eine Auswahlbibliographie des internationalen Schrifttums zur Darstellung von Gewalt, Kriminalität und Polizei in Film, Fernsehen und Literatur. Wiesbaden: Bibliothek des Bundeskriminalamtes 1980; 304 S. (*BKA-Bibliographienreihe. 2*)

Sozialisation

SoFid. Sozialisation. Bonn 1984ff.

Bibliographie Sozialisation und Sozialpädagogik. Eine periodische Literaturdokumentation. 1976ff. Deutsches Jugendinstitut (Hrsg.). München.

Profildienst aus der Arbeitsmarkt- und Berufsforschung. Berufliche Sozialisation. Literatur-/Forschungsdokumentation. 1981ff. Institut für Arbeitsmarkt- und Berufsforschung der Bundesanstalt für Arbeit. (Hrsg.). Nürnberg.

Cremer, G.: Sozialisations- und Jugendforschung 1970–1982. Eine Literaturdokumentation. München: Deutsches Jugendinstitut 1983; 245 S.

Seifert-Schröder, B.: Bildung und Beratung zur Stützung familialer Sozialisation. Eine Bibliographie. München: Deutsches Jugendinstitut 1981; 74 S.

Schäfer, H. / Schröder, B.: Schulische Sozialisation und Schulversagen. Eine Dokumentation. München: Deutsches Jugendinstitut 1978; 242 S.

Dennis, J.: Political socialization research. A bibliography. Beverly Hills 1973; 54 S. (*Sage professional papers in American politics. 04–002*)

Sozialpsychologie

SoFid. Sozialpsychologie. Bonn 1984ff.

Hutter, H. M.: Bibliographie selbständiger und unselbständiger Beiträge zum Problemkreis: Sozialpsychologie des Kapitalismus. Erscheinungsjahrgänge 1965 bis einschließlich 1973. München: Verl. Basis 1974; 176 S.

Stadt- und Regionalsoziologie

SoFid. Stadt- und Regionalforschung. Bonn 1984ff.

Simonis, H. / Autzen, R. / Simonis, U. E.: Stadtentwicklung – Stadterneuerung. Eine Auswahlbibliographie zur städtischen Lebensqualität. Frankfurt/M. 1980; 296 S. (*Beiträge zur kommunalen und regionalen Planung. 4*)

Pampe, U. / Weber, K.: Bibliographie Wohnen in der Stadt. Stuttgart: Städtebauliches Institut im Fachbereich Orts-, Regional- und Landesplanung 1978; 165 S. (*Arbeitsbericht des Städtebaulichen Instituts der Universität Stuttgart. 29*)

Wirtschaftssoziologie

SoFid. Wirtschaftssoziologie. Bonn 1984ff.

International bibliography of economics. 1952ff. London. (*International bibliography of the social sciences*)

Wissenschafts- und Wissenssoziologie

SoFid. Wissenschaftsforschung + Wissenschaftstheorie + Wissenssoziologie + Geschichte der Soziologie. Bonn 1984ff.

Maus, H. (Bearb.): Bibliographie. In: Mannheim, K.: Ideologie und Utopie. 6. Aufl. Frankfurt/M. 1978; S. 271–299.

Namenregister

Das Register umfaßt Autoren der Soziologie, aber auch der philosophischen Tradition und Gesellschaftstheorie sowie der Soziologie benachbarter Disziplinen nur insoweit, als Teile ihrer zentralen Gedanken oder ihre theoriegeschichtliche Relevanz in den Artikeln zum Ausdruck kommen. Je Artikel erfolgt jeweils nur eine Nennung.

Sachregister

Die Stichwörter der Artikel sind halbfett gesetzt, ebenso die Seitenzahlen der Artikel; weitere Sachwörter wurden nur insoweit aufgenommen, als sie in den einzelnen Artikeln erklärt sind oder einen weiterführenden Stellenwert haben; es erfolgt nur eine Nennung je Artikel.

Gerhard Hauck
Geschichte der soziologischen Theorie
Eine ideologiekritische Einführung (401)

Richard Huelsenbeck (Hg.)
Dada
Eine literarische Dokumentation (402)

Benjamin Lee Whorf
Sprache - Denken - Wirklichkeit
Beiträge zur Metalinguistik
und Sprachphilosophie (403)

Robert von Ranke-Graves
Griechische Mythologie
Quellen und Deutung (404)

Günther Schiwy
Der französische Strukturalismus
Mode, Methode, Ideologie
Mit einem Textanhang (405)

Eberhard Braun/Felix Heine/Uwe Opolka
Politische Philosophie
Ein Lesebuch
Texte, Analysen, Kommentare (406)

Harald Kerber/Arnold Schmieder (Hg.)
Handbuch Soziologie
Zur Theorie und Praxis sozialer
Beziehungen (407)

José Ortega y Gasset
Der Aufstand der Massen
(409)

Walter Hess
Dokumente zum Verständnis der modernen Malerei (410)

C 2097/31

2025/1

Deutsche Literatur Eine Sozialgeschichte

Von den Anfängen bis zur Gegenwart in 10 Bänden
Herausgegeben von Horst Albert Glaser

handbuch rororo

1	Anfänge – Höfische Dichtung (6250)	6	**Vormärz:** Biedermeier – Junges Deutschland – Demokraten (6255)
2	Spätmittelalter – Reformation – Humanismus (6251)	7	**Vom Nachmärz zur Gründerzeit:** Realismus (6256)
3	Barock – Frühaufklärung (6252)	8	**Jahrhundertwende:** Naturalismus – Impressionismus – Expressionismus (6257)
4	**Zwischen Absolutismus und Aufklärung:** Rationalismus – Empfindsamkeit – Sturm und Drang (6253)	9	In Vorbereitung: Neue Sachlichkeit – Faschismus – Innere Emigration (6258)
5	**Zwischen Revolution und Restauration:** Klassik – Romantik (6254)	10	In Vorbereitung: Gegenwart (6259)

1023/5

Geschichte griffbereit

Grundkurs und Nachschlagewerk für Studenten, Praktiker, Geschichtsinteressierte zum Verstehen und Behalten welthistorischer Prozesse.
Von Imanuel Geiss.

1 **Daten** der Weltgeschichte
Die chronologische Dimension der Geschichte
(6235)

2 **Personen** der Weltgeschichte
Die biographische Dimension der Geschichte
(6236)

3 **Schauplätze**
Die geographische Dimension der Weltgeschichte
(6237)

4 **Begriffe**
Die sachsystematische Dimension der Weltgeschichte
(6238)

5 **Staaten**
Die nationale Dimension der Weltgeschichte
(6239)

6 **Epochen** der Weltgeschichte
Die universale Dimension der Geschichte
(6240)

handbuch rororo

957/1